最新法律文件解读丛书 2022 年精选版

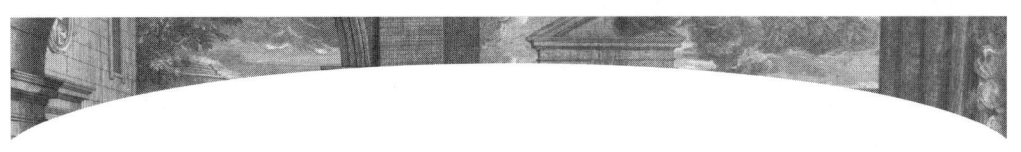

# 最高人民法院
# 司法解释与指导性案例
# 理解与适用

### 第十一卷

Understanding and
Application of The Supreme People's Court Judicial
Interpretations and Guiding Cases

最新法律文件解读丛书编选组　编

人民法院出版社

图书在版编目（CIP）数据

最高人民法院司法解释与指导性案例理解与适用. 第十一卷 / 最新法律文件解读丛书编选组编. -- 北京：人民法院出版社，2023.7
ISBN 978-7-5109-3859-7

Ⅰ．①最… Ⅱ．①最… Ⅲ．①法律解释－中国②案例－中国③法律适用－中国 Ⅳ．①D920.5

中国国家版本馆CIP数据核字(2023)第134412号

**最高人民法院司法解释与指导性案例理解与适用（第十一卷）**
最新法律文件解读丛书编选组　编

| | |
|---|---|
| 策划编辑 | 丁丽娜 |
| 责任编辑 | 路建华 |
| 执行编辑 | 杨　洁 |
| 出版发行 | 人民法院出版社 |
| 地　　址 | 北京市东城区东交民巷 27 号（100745） |
| 电　　话 | （010）67550562（责任编辑）　67550558（发行部查询） |
| | 　　　　65223677（读者服务部） |
| 客服QQ | 2092078039 |
| 网　　址 | http://www.courtbook.com.cn |
| E－mail | courtbook@sina.com |
| 印　　刷 | 三河市国英印务有限公司 |
| 经　　销 | 新华书店 |
| 开　　本 | 787 毫米×1092 毫米　1/16 |
| 字　　数 | 995 千字 |
| 印　　张 | 62.5 |
| 版　　次 | 2023 年 7 月第 1 版　2023 年 7 月第 1 次印刷 |
| 书　　号 | ISBN 978-7-5109-3859-7 |
| 定　　价 | 158.00 元 |

版权所有　侵权必究

# 编辑说明

最高人民法院就人民法院在审判工作中具体应用法律问题制定的司法解释是司法实践中法院裁判纠纷的重要规则依据。2010年11月，最高人民法院制定了《关于案例指导工作的规定》，明确规定由最高人民法院确定并统一发布对全国法院审判、执行工作具有指导作用的指导性案例。指导性案例所确定的裁判要点，对人民法院审理类似案件、作出裁判具有指导作用。司法解释及指导性案例对于统一法律适用、提高审判质量、维护司法公正均具有重要意义。

同时，最高人民法院还发布了为数不少的在事实上对法律适用活动产生重大乃至决定性影响的司法文件，这些司法文件包括却不限于"会议纪要""通知""意见"等。最高人民法院发布的"会议纪要""座谈会纪要"呈现的是以"纪要"的形式所创制的法律规则，并使之成为下级法院裁判案件的依据，如《关于审理上市公司破产重整案件工作座谈会纪要》（法〔2012〕261号）等。除了"纪要"这一类文件之外，最高人民法院发布的各种冠以"通知"或"意见"名称的司法文件，对于下级法院的案件审理工作也有着举足轻重的影响，如《关于依法妥善审理民间借贷纠纷案件促进经济发展维护社会稳定的通知》（法〔2011〕336号）等。这类司法文件往往表征着最高司法机关在特定阶段的司法政策取向，并以此来宏观指导各级法院的司法裁判工作。最高人民法院通过颁行抽象性司法文件，在规范各级法院和法官个案审理中自由裁量的同时，也为裁判者提供了比较明确的法律适用标准，保证了司法权威及法律适用标准的统一。

为帮助读者准确理解与适用最高人民法院发布的司法解释、指导性案例及司法文件，以指导审判实践，我们专门策划、编辑出版了《最高人民法院司法解释与指导性案例理解与适用》，自2013年起每年出版一卷。本卷全面收录了最高人民法院2022年制发的司法解释21部、指导性案例6批、重要司法文件18余部，除部分文件外，均附有司法解释、司法文件起草者及指导性案例编选者等撰写的理解与适用文章。同时，增补了未收录的2021年司法解释及指导案例的理解与适用文章。

为方便读者阅读，在编辑体例上，本书以刑事、民商事、行政与国家赔偿、其他及指导性案例划分篇章，篇内文件按照时间顺序及效力等级排序。

希望本书能为各级人民法院法官及律师等各界读者提供有益的指引与参考。

# 目　　录

## 【刑事篇】

最高人民法院
　关于修改《最高人民法院关于审理非法集资刑事案件具体
　　应用法律若干问题的解释》的决定
　　　（2022年2月23日　法释〔2022〕5号）………………（1）
最高人民法院　最高人民检察院
　关于办理危害药品安全刑事案件适用法律若干问题的解释
　　　（2022年3月3日　高检发释字〔2022〕1号）…………（9）
《最高人民法院、最高人民检察院关于办理危害药品安全
　刑事案件适用法律若干问题的解释》的理解与适用
　　………………………………周加海　喻海松　李　静（16）
最高人民法院　最高人民检察院
　关于办理破坏野生动物资源刑事案件适用法律若干问题的解释
　　　（2022年4月6日　法释〔2022〕12号）………………（31）
《最高人民法院、最高人民检察院关于办理破坏野生动物资源
　刑事案件适用法律若干问题的解释》的理解与适用
　　………………………………周加海　喻海松　李振华（38）
最高人民法院　最高人民检察院
　关于办理危害生产安全刑事案件适用法律若干问题的解释（二）
　　　（2022年12月15日　法释〔2022〕19号）……………（57）

《最高人民法院、最高人民检察院关于办理危害生产安全刑事
　案件适用法律若干问题的解释（二）》的理解与适用
　　……………………………………… 滕　伟　叶邵生　李加玺（61）
最高人民法院　最高人民检察院　公安部　工业和信息化部
住房和城乡建设部　交通运输部　应急管理部　国家铁路局
中国民用航空局　国家邮政局
　关于依法惩治涉枪支、弹药、爆炸物、易燃易爆危险物品
　　犯罪的意见
　　（2021年12月28日　法发〔2021〕35号）………………（75）
《最高人民法院、最高人民检察院等关于依法惩治涉枪支、弹药、
　爆炸物、易燃易爆危险物品犯罪的意见》的理解与适用
　　……………………………………… 滕　伟　王军强　李加玺（81）
最高人民法院
　印发《关于进一步加强涉种子刑事审判工作的指导意见》的通知
　　（2022年3月2日　法〔2022〕66号）………………（93）
《最高人民法院关于进一步加强涉种子刑事审判工作的
　指导意见》的理解与适用 ………………………………（96）
最高人民法院　最高人民检察院　公安部　司法部
　关于印发《关于未成年人犯罪记录封存的实施办法》的通知
　　（2022年5月24日　高检发办字〔2022〕71号）………（99）
最高人民法院、最高人民检察院、公安部、司法部相关部门负责人就
　《关于未成年人犯罪记录封存的实施办法》答记者问 ………（105）
最高人民法院　最高人民检察院　公安部　国家移民管理局
　印发《关于依法惩治妨害国（边）境管理违法犯罪的
　　意见》的通知
　　（2022年6月29日　法发〔2022〕18号）………………（110）
最高人民法院研究室、最高人民检察院法律政策研究室、公安部
　法制局、国家移民管理局政策法规司负责人就《最高人民法院、
　　最高人民检察院、公安部、国家移民管理局关于依法惩治
　　　妨害国（边）境管理违法犯罪的意见》答记者问……………（117）

最高人民法院
　　关于充分发挥环境资源审判职能作用依法惩处盗采矿产
　　　　资源犯罪的意见
　　　　（2022年7月1日　法发〔2022〕19号）……………（123）
《最高人民法院关于充分发挥环境资源审判职能作用依法
　　惩处盗采矿产资源犯罪的意见》的理解与适用 …… 黄　鹏（127）
最高人民法院　最高人民检察院　公安部
　　关于办理信息网络犯罪案件适用刑事诉讼程序若干问题的意见
　　　　（2022年8月26日　法发〔2022〕23号）……………（140）
《最高人民法院、最高人民检察院、公安部关于办理信息网络
　　犯罪案件适用刑事诉讼程序若干问题的意见》的理解与适用
　　…………………………………… 周加海　喻海松　李振华（146）
最高人民法院　最高人民检察院　公安部　国家文物局
　　关于办理妨害文物管理等刑事案件若干问题的意见
　　　　（2022年8月16日　公通字〔2022〕18号）…………（159）
最高人民法院　最高人民检察院　教育部
　　印发《关于落实从业禁止制度的意见》的通知
　　　　（2022年11月10日　法发〔2022〕32号）……………（164）
《最高人民法院、最高人民检察院、教育部关于落实从业禁止
　　制度的意见》的理解与适用
　　…………………… 段农根　周加海　江继海　张济坤（167）

# 【民商事篇】

最高人民法院
　　关于审理生态环境侵权纠纷案件适用惩罚性赔偿的解释
　　　　（2022年1月12日　法释〔2022〕1号）………………（174）
《最高人民法院关于审理生态环境侵权纠纷案件适用惩罚性
　　赔偿的解释》的理解与适用 …………… 刘竹梅　刘牧晗（178）
最高人民法院
　　关于审理证券市场虚假陈述侵权民事赔偿案件的若干规定
　　　　（2022年1月21日　法释〔2022〕2号）………………（190）

《最高人民法院关于审理证券市场虚假陈述侵权民事赔偿
　　案件的若干规定》的理解与适用
　　　　………………………………… 林文学　付金联　周伦军（200）
最高人民法院
　　关于内地与香港特别行政区法院相互认可和执行婚姻家庭
　　　民事案件判决的安排
　　　（2022年2月14日　法释〔2022〕4号）………………（218）
关于内地与香港婚姻家庭案件判决互认的若干问题 … 司艳丽（224）
最高人民法院
　　关于适用《中华人民共和国民法典》总则编若干问题的解释
　　　（2022年2月24日　法释〔2022〕6号）………………（239）
《最高人民法院关于适用〈中华人民共和国民法典〉总则编
　　若干问题的解释》的理解与适用
　　　…………………… 郭　锋　陈龙业　蒋家棣　刘　婷（247）
最高人民法院
　　关于内地与澳门特别行政区就仲裁程序相互协助保全的安排
　　　（2022年2月24日　法释〔2022〕7号）………………（273）
《最高人民法院关于内地与澳门特别行政区就仲裁程序相互
　　协助保全的安排》的理解与适用
　　　…………………… 司艳丽　张鑫萌　刘　琨　吴延波（276）
最高人民法院
　　关于审理网络消费纠纷案件适用法律若干问题的规定（一）
　　　（2022年3月1日　法释〔2022〕8号）…………………（286）
《最高人民法院关于审理网络消费纠纷案件适用法律若干问题的
　　规定（一）》的理解与适用 …… 郑学林　刘　敏　高燕竹（290）
最高人民法院
　　关于适用《中华人民共和国反不正当竞争法》若干问题的解释
　　　（2022年3月16日　法释〔2022〕9号）………………（302）
《最高人民法院关于适用〈中华人民共和国反不正当竞争法〉若干
　　问题的解释》的理解与适用 …… 林广海　李　剑　佟　姝（307）

最高人民法院
　　关于修改《最高人民法院关于适用〈中华人民共和国
　　民事诉讼法〉的解释》的决定
　　　　（2022年4月1日　法释〔2022〕11号）……………（320）
《最高人民法院关于适用〈中华人民共和国民事诉讼法〉的
　　解释》修改内容及其理解与适用
　　　　……………郭　锋　陈龙业　贾玉慧　牛晓煜（401）
最高人民法院
　　关于修改《最高人民法院关于审理人身损害赔偿案件适用
　　法律若干问题的解释》的决定
　　　　（2022年4月24日　法释〔2022〕14号）……………（414）
人身损害赔偿司法解释的两次修改与重点解读………潘　杰（420）
最高人民法院
　　关于审理森林资源民事纠纷案件适用法律若干问题的解释
　　　　（2022年6月13日　法释〔2022〕16号）……………（433）
《最高人民法院关于审理森林资源民事纠纷案件适用法律
　　若干问题的解释》的理解与适用
　　　　……………杨临萍　刘竹梅　刘小飞　朱　婧（438）
最高人民法院
　　关于办理人身安全保护令案件适用法律若干问题的规定
　　　　（2022年7月14日　法释〔2022〕17号）……………（451）
《最高人民法院关于办理人身安全保护令案件适用法律若干问题
　　的规定》的理解与适用………郑学林　吴景丽　王　丹（454）
最高人民法院
　　关于涉外民商事案件管辖若干问题的规定
　　　　（2022年11月14日　法释〔2022〕18号）……………（466）
《最高人民法院关于涉外民商事案件管辖若干问题的
　　规定》的理解与适用……………沈红雨　郭载宇（468）
人力资源和社会保障部　最高人民法院
　　关于劳动人事争议仲裁与诉讼衔接有关问题的意见（一）
　　　　（2022年2月21日　人社部发〔2022〕9号）……………（477）

人力资源和社会保障部调解仲裁司、最高人民法院民一庭负责人就
《人力资源和社会保障部、最高人民法院关于劳动人事争议仲裁与
诉讼衔接有关问题的意见（一）》答记者问…………………(482)

最高人民法院　全国妇联　教育部　公安部　民政部　司法部
卫生健康委
关于加强人身安全保护令制度贯彻实施的意见
（2022年3月3日　法发〔2022〕10号）…………………(487)

最高人民法院民一庭负责人就《最高人民法院关于加强
人身安全保护令制度贯彻实施的意见》答记者问…………(491)

## 【行政与国家赔偿篇】

最高人民法院
关于审理涉执行司法赔偿案件适用法律若干问题的解释
（2022年2月8日　法释〔2022〕3号）………………(494)

《最高人民法院关于审理涉执行司法赔偿案件适用法律
若干问题的解释》的理解与适用　…………　江勇　魏星(499)

最高人民法院
关于审理行政赔偿案件若干问题的规定
（2022年3月20日　法释〔2022〕10号）………………(504)

《最高人民法院关于审理行政赔偿案件若干问题的规定》的
理解与适用　…………　于厚森　郭修江　杨科雄　牛延佳(511)

最高人民法院
关于进一步推进行政争议多元化解工作的意见
（2021年12月22日　法发〔2021〕36号）………………(521)

最高人民法院行政审判庭负责同志就《最高人民法院关于
进一步推进行政争议多元化解工作的意见》答记者问………(526)

## 【其他篇】

最高人民法院
关于第一审知识产权民事、行政案件管辖的若干规定
（2022年4月20日　法释〔2022〕13号）………………(529)

《最高人民法院关于第一审知识产权民事、行政案件管辖的
　　若干规定》的理解与适用 ……… 林广海　李　剑　许常海（531）
最高人民法院　最高人民检察院
　　关于办理海洋自然资源与生态环境公益诉讼案件若干问题的规定
　　　　（2022年5月10日　法释〔2022〕15号） ………（542）
《最高人民法院、最高人民检察院关于办理海洋自然资源与
　　生态环境公益诉讼案件若干问题的规定》的理解与适用
　　　　……………………………………… 王淑梅　胡　方（544）
最高人民法院
　　关于成渝金融法院案件管辖的规定
　　　　（2022年12月20日　法释〔2022〕20号）………（554）
最高人民法院民二庭负责人就《最高人民法院关于成渝
　　金融法院案件管辖的规定》答记者问 ………………（557）
最高人民法院
　　关于印发《人民法院在线运行规则》的通知
　　　　（2022年1月26日　法发〔2022〕8号）…………（561）
《人民法院在线运行规则》的理解与适用
　　…………………………… 许建峰　孙福辉　张　娴（571）
最高人民法院
　　关于涉及发明专利等知识产权合同纠纷案件上诉管辖问题的通知
　　　　（2022年4月27日　法〔2022〕127号）…………（580）
最高人民法院
　　关于加强区块链司法应用的意见
　　　　（2022年5月23日　法发〔2022〕16号）………（581）
《最高人民法院关于加强区块链司法应用的意见》的
　　理解与适用 ………………………………… 孙福辉（587）
最高人民法院
　　关于规范合议庭运行机制的意见
　　　　（2022年10月26日　法发〔2022〕31号）………（601）
《最高人民法院关于规范合议庭运行机制的意见》的
　　理解与适用 ……………………… 刘　峥　何帆　马骁（604）

最高人民法院
　关于加强中医药知识产权司法保护的意见
　　（2022年12月21日　法发〔2022〕34号）…………（612）
最高人民法院民三庭负责人就《最高人民法院关于加强中医药
　知识产权司法保护的意见》答记者问…………………………（617）
最高人民法院
　关于为促进消费提供司法服务和保障的意见
　　（2022年12月26日　法发〔2022〕35号）…………（621）
最高人民法院
　关于为稳定就业提供司法服务和保障的意见
　　（2022年12月26日　法发〔2022〕36号）…………（630）
最高人民法院民一庭负责人就《最高人民法院关于为促进消费
　提供司法服务和保障的意见》和《最高人民法院关于为稳定
　就业提供司法服务和保障的意见》答记者问…………………（636）

# 【指导案例篇】

最高人民法院
　关于发布第32批指导性案例的通知
　　（2022年7月4日　法〔2022〕167号）……………（641）
最高人民法院
　关于发布第33批指导性案例的通知
　　（2022年11月29日　法〔2022〕236号）……………（661）
最高人民法院
　关于发布第34批指导性案例的通知
　　（2022年12月8日　法〔2022〕240号）……………（672）
最高人民法院
　关于发布第35批指导性案例的通知
　　（2022年12月26日　法〔2022〕265号）……………（683）
最高人民法院
　关于发布第36批指导性案例的通知
　　（2022年12月27日　法〔2022〕267号）……………（695）

最高人民法院
　关于发布第 37 批指导性案例的通知
　　（2022 年 12 月 30 日　法〔2022〕277 号）……………（712）
指导案例 97 号《王某军非法经营再审改判无罪案》的理解与参照
　　——正确理解适用非法经营罪中的"其他严重扰乱市场秩序的
　　　非法经营行为"…………………………………………（748）
指导案例 98 号《张某福、张某凯诉朱某彪生命权纠纷案》的
　理解与参照
　　——见义勇为行为在诉讼中的认定………………………（753）
指导案例 99 号《葛某生诉洪某快名誉权、荣誉权纠纷案》的
　理解与参照
　　——以细节考据、观点争鸣等方式对英雄烈士的事迹和精神
　　　进行贬损、丑化的行为构成对英雄烈士名誉权、
　　　荣誉权的侵害…………………………………………（757）
指导案例 100 号《山东登海先锋种业有限公司诉陕西农丰种业
　有限责任公司、山西大丰种业有限公司侵害植物新品种权
　纠纷案》的理解与参照
　　——侵害植物新品种纠纷中"同一性"的认定………………（763）
指导案例 101 号《罗某昌诉重庆市彭水苗族土家族自治县地方
　海事处政府信息公开案》的理解与参照
　　——行政机关应对政府信息不存在承担举证责任…………（771）
指导案例 102 号《付某豪、黄某超破坏计算机信息系统案》的
　理解与参照
　　——"DNS 劫持"型流量劫持行为的刑事司法认定…………（780）
指导案例 103 号《徐某破坏计算机信息系统案》的理解与参照
　　——侵入并破坏机械远程监控系统构成破坏计算机信息
　　　系统罪……………………………………………………（790）
指导案例 104 号《李某、何某民、张某勃等人破坏计算机
　信息系统案》的理解与参照
　　——干扰环境质量检测采样设备致使监测数据严重失真的
　　　司法认定…………………………………………………（802）

指导案例 105 号《洪某强、洪某沃、洪某泉、李某荣开设
赌场案》的理解与参照
　　——利用微信群控制管理，持续组织他人赌博构成开设
　　　　赌场罪 ·················································· (809)
指导案例 106 号《谢某军、高某、高某樵、杨某彬开设
赌场案》的理解与参照
　　——以微信抢红包形式进行网络赌博的定性 ············ (816)
指导案例 107 号《中化国际（新加坡）有限公司诉蒂森克虏伯冶金
产品有限责任公司国际货物买卖合同纠纷案》的理解与参照
　　——《联合国国际货物销售合同公约》与约定准据法的
　　　　适用及根本违约的认定 ································ (822)
指导案例 108 号《浙江隆达不锈钢有限公司诉 A. P. 穆勒-马士基
有限公司海上货物运输合同纠纷案》的理解与参照
　　——托运人变更解除权在海上货物运输合同中的适用 ········ (830)
指导案例 109 号《安徽省外经建设（集团）有限公司诉东方置业
房地产有限公司保函欺诈纠纷案》的理解与参照
　　——受益人在基础交易中存在违约情形并不必然构成
　　　　独立保函项下的欺诈性索款 ··························· (839)
指导案例 110 号《交通运输部南海救助局诉阿昌格罗斯投资公司、
香港安达欧森有限公司上海代表处海难救助合同纠纷案》的
理解与参照
　　——雇佣救助合同的法律属性及适用法律之阐明 ········ (849)
指导案例 111 号《中国建设银行股份有限公司广州荔湾支行诉广东
蓝粤能源发展有限公司等信用证开证纠纷案》的理解与参照
　　——跟单信用证下持有提单的开证行享有何种权利 ······ (857)
指导案例 112 号《阿斯特克有限公司申请设立海事赔偿责任
限制基金案》的理解与参照
　　——海事赔偿责任限制基金中"事故原则"判断之阐明 ······ (865)
指导案例 113 号《迈克尔·杰弗里·乔丹与国家工商行政管理
总局商标评审委员会、乔丹体育股份有限公司"乔丹"商标
争议行政纠纷案》的理解与参照
　　——商标法视野下的在先姓名权保护 ··················· (871)

指导案例 114 号《克里斯蒂昂迪奥尔香料公司诉国家工商行政管理
　　总局商标评审委员会商标申请驳回复审行政纠纷案》的理解与参照
　　——商标国际申请进入中国国家阶段的审查程序与法律适用标准
　　　…………………………………………………………………（883）

指导案例 115 号《瓦莱奥清洗系统公司诉厦门卢卡斯汽车配件
　　有限公司等侵害发明专利权纠纷案》的理解与参照
　　——功能性特征的认定标准以及部分判决与临时禁令的
　　　制度衔接 ………………………………………………（888）

指导案例 116 号《丹东益阳投资有限公司申请丹东市中级人民法院
　　错误执行国家赔偿案》的理解与参照
　　——因被执行人确无清偿能力而终结本次执行的可以申请
　　　国家赔偿 ………………………………………………（895）

指导案例 117 号《中建三局第一建设工程有限责任公司与澳中财富
　　（合肥）投资置业有限公司、安徽文峰置业有限公司执行
　　复议案》的理解与参照
　　——以开具、交付商业承兑汇票方式履行执行依据确定的债务，
　　　汇票不能对付的，不能认定为已经实际履行了债务 ……（904）

指导案例 118 号《东北电气发展股份有限公司与国家开发银行
　　股份有限公司、沈阳高压开关有限责任公司等执行复议案》的
　　理解与参照
　　——债权人撤销权诉讼的执行问题 ………………………（912）

指导案例 119 号《安徽省滁州市建筑安装工程有限公司与湖北
　　追日电气股份有限公司执行复议案》的理解与参照
　　——当事人在申请强制执行前达成的和解协议对执行程序的
　　　影响及救济程序 ………………………………………（921）

指导案例 120 号《青海金泰融资担保有限公司与上海金桥工程
　　建设发展有限公司、青海三工置业有限公司执行复议案》的
　　理解与参照
　　——诉讼保全的执行担保中关于"无财产可供执行或其财产不足
　　　清偿债务"的规定，应当适用一般保证的执行规则 ……（930）

指导案例 121 号《株洲海川实业有限责任公司与中国银行股份
　　有限公司长沙市蔡锷支行、湖南省德奕鸿金属材料有限公司
　　财产保全执行复议案》的理解与参照
　　　　——保全执行中协助执行义务的确定 ………………………… (938)
指导案例 122 号《河南神泉之源实业发展有限公司与赵某军、
　　汝州博易观光医疗主题园区开发有限公司等执行监督案》的
　　理解与参照
　　　　——合并执行不改变受偿顺位 ………………………………… (946)
指导案例 123 号《于某岩与锡林郭勒盟隆兴矿业有限责任公司
　　执行监督案》的理解与参照
　　　　——因未经批准而未生效的矿权转让合同纠纷判决的准确
　　　　　　理解及执行的边界 ………………………………………… (954)
指导案例 124 号《中国防卫科技学院与联合资源教育发展（燕郊）
　　有限公司执行监督案》的理解与参照
　　　　——执行和解协议履行不能时可继续执行原生效裁判 ……… (962)
指导案例 125 号《陈某果与刘某坤、广东省汕头渔业用品进出口
　　公司等申请撤销拍卖执行监督案》的理解与参照
　　　　——网络司法拍卖属于强制执行措施应适用民事诉讼法及
　　　　　　司法解释 …………………………………………………… (972)
指导案例 126 号《江苏天宇建设集团有限公司与无锡时代盛业
　　房地产开发有限公司执行监督案》的理解与参照
　　　　——被执行人在规定期限内未履行和解协议且在和解协议约定
　　　　　　义务履行完毕前申请执行人申请恢复执行的，根据案件
　　　　　　具体情形并非当然应当恢复执行 ………………………… (980)

# 【刑事篇】

最高人民法院
关于修改《最高人民法院关于审理非法集资刑事案件具体应用法律若干问题的解释》的决定

法释〔2022〕5 号

(2021 年 12 月 30 日最高人民法院审判委员会第 1860 次会议通过
2022 年 2 月 23 日最高人民法院公告公布
自 2022 年 3 月 1 日起施行)

根据刑法修改和司法实践,现决定对《最高人民法院关于审理非法集资刑事案件具体应用法律若干问题的解释》(法释〔2010〕18 号,以下简称《解释》)作如下修改:

一、将第一条第一款第一项修改为:"未经有关部门依法许可或者借用合法经营的形式吸收资金",第二项修改为:"通过网络、媒体、推介会、传单、手机信息等途径向社会公开宣传"。

二、将第二条第八项修改为:"以网络借贷、投资入股、虚拟币交易等方式非法吸收资金的",第九项修改为:"以委托理财、融资租赁等方式非法吸收资金的",增加一项作为第十项:"以提供'养老服务'、投资'养老项目'、销售'老年产品'等方式非法吸收资金的",原第十项、第十一项改为第十一项、第十二项。

三、将第三条修改为:"非法吸收或者变相吸收公众存款,具有下列情形之一的,应当依法追究刑事责任:

"(一)非法吸收或者变相吸收公众存款数额在 100 万元以上的;

"(二)非法吸收或者变相吸收公众存款对象 150 人以上的;

"（三）非法吸收或者变相吸收公众存款，给存款人造成直接经济损失数额在50万元以上的。

"非法吸收或者变相吸收公众存款数额在50万元以上或者给存款人造成直接经济损失数额在25万元以上，同时具有下列情节之一的，应当依法追究刑事责任：

"（一）曾因非法集资受过刑事追究的；

"（二）二年内曾因非法集资受过行政处罚的；

"（三）造成恶劣社会影响或者其他严重后果的。"

四、增加一条，作为第四条："非法吸收或者变相吸收公众存款，具有下列情形之一的，应当认定为刑法第一百七十六条规定的'数额巨大或者有其他严重情节'：

"（一）非法吸收或者变相吸收公众存款数额在500万元以上的；

"（二）非法吸收或者变相吸收公众存款对象500人以上的；

"（三）非法吸收或者变相吸收公众存款，给存款人造成直接经济损失数额在250万元以上的。

"非法吸收或者变相吸收公众存款数额在250万元以上或者给存款人造成直接经济损失数额在150万元以上，同时具有本解释第三条第二款第三项情节的，应当认定为'其他严重情节'。"

五、增加一条，作为第五条："非法吸收或者变相吸收公众存款，具有下列情形之一的，应当认定为刑法第一百七十六条规定的'数额特别巨大或者有其他特别严重情节'：

"（一）非法吸收或者变相吸收公众存款数额在5000万元以上的；

"（二）非法吸收或者变相吸收公众存款对象5000人以上的；

"（三）非法吸收或者变相吸收公众存款，给存款人造成直接经济损失数额在2500万元以上的。

"非法吸收或者变相吸收公众存款数额在2500万元以上或者给存款人造成直接经济损失数额在1500万元以上，同时具有本解释第三条第二款第三项情节的，应当认定为'其他特别严重情节'。"

六、增加一条，作为第六条："非法吸收或者变相吸收公众存款的数额，以行为人所吸收的资金全额计算。在提起公诉前积极退赃退赔，减少损害结果发生的，可以从轻或者减轻处罚；在提起公诉后退赃退赔的，可以作为量刑情节酌情考虑。

"非法吸收或者变相吸收公众存款，主要用于正常的生产经营活动，能够在提起公诉前清退所吸收资金，可以免予刑事处罚；情节显著轻微危害不大的，不作为犯罪处理。

"对依法不需要追究刑事责任或者免予刑事处罚的，应当依法将案件移送有关行政机关。"

七、将原第四条改为第七条。

八、将原第五条改为第八条，修改为："集资诈骗数额在10万元以上的，应当认定为'数额较大'；数额在100万元以上的，应当认定为'数额巨大'。

"集资诈骗数额在50万元以上，同时具有本解释第三条第二款第三项情节的，应当认定为刑法第一百九十二条规定的'其他严重情节'。

"集资诈骗的数额以行为人实际骗取的数额计算，在案发前已归还的数额应予扣除。行为人为实施集资诈骗活动而支付的广告费、中介费、手续费、回扣，或者用于行贿、赠与等费用，不予扣除。行为人为实施集资诈骗活动而支付的利息，除本金未归还可予折抵本金以外，应当计入诈骗数额。"

九、增加一条，作为第九条："犯非法吸收公众存款罪，判处三年以下有期徒刑或者拘役，并处或者单处罚金的，处五万元以上一百万元以下罚金；判处三年以上十年以下有期徒刑的，并处十万元以上五百万元以下罚金；判处十年以上有期徒刑的，并处五十万元以上罚金。

"犯集资诈骗罪，判处三年以上七年以下有期徒刑的，并处十万元以上五百万元以下罚金；判处七年以上有期徒刑或者无期徒刑的，并处五十万元以上罚金或者没收财产。"

十、将原第六条改为第十条。

十一、将原第七条改为第十一条。

十二、将原第八条改为第十二条，并将原第八条第二款修改为："明知他人从事欺诈发行证券，非法吸收公众存款，擅自发行股票、公司、企业债券，集资诈骗或者组织、领导传销活动等集资犯罪活动，为其提供广告等宣传的，以相关犯罪的共犯论处。"

十三、增加一条，作为第十三条："通过传销手段向社会公众非法吸收资金，构成非法吸收公众存款罪或者集资诈骗罪，同时又构成组织、领导传销活动罪的，依照处罚较重的规定定罪处罚。"

十四、增加一条，作为第十四条："单位实施非法吸收公众存款、集资诈骗犯罪的，依照本解释规定的相应自然人犯罪的定罪量刑标准，对单位判处罚金，并对其直接负责的主管人员和其他直接责任人员定罪处罚。"

十五、将原第九条改为第十五条。

本决定自2022年3月1日起施行。

根据本决定，对《解释》作相应修改并调整条文顺序后，重新公布。

# 最高人民法院
## 关于审理非法集资刑事案件具体应用法律若干问题的解释

（2010年11月22日最高人民法院审判委员会第1502次会议通过 根据2021年12月30日最高人民法院审判委员会第1860次会议通过的《最高人民法院关于修改〈最高人民法院关于审理非法集资刑事案件具体应用法律若干问题的解释〉的决定》修正）

为依法惩治非法吸收公众存款、集资诈骗等非法集资犯罪活动，根据《中华人民共和国刑法》的规定，现就审理此类刑事案件具体应用法律的若干问题解释如下：

第一条 违反国家金融管理法律规定，向社会公众（包括单位和个人）吸收资金的行为，同时具备下列四个条件的，除刑法另有规定的以外，应当认定为刑法第一百七十六条规定的"非法吸收公众存款或者变相吸收公众存款"：

（一）未经有关部门依法许可或者借用合法经营的形式吸收资金；

（二）通过网络、媒体、推介会、传单、手机信息等途径向社会公开宣传；

（三）承诺在一定期限内以货币、实物、股权等方式还本付息或者给付回报；

（四）向社会公众即社会不特定对象吸收资金。

未向社会公开宣传，在亲友或者单位内部针对特定对象吸收资金的，不属于非法吸收或者变相吸收公众存款。

第二条 实施下列行为之一，符合本解释第一条第一款规定的条件的，应当依照刑法第一百七十六条的规定，以非法吸收公众存款罪定罪处罚：

（一）不具有房产销售的真实内容或者不以房产销售为主要目的，以返本销售、售后包租、约定回购、销售房产份额等方式非法吸收资金的；

（二）以转让林权并代为管护等方式非法吸收资金的；

（三）以代种植（养殖）、租种植（养殖）、联合种植（养殖）等方式非法吸收资金的；

（四）不具有销售商品、提供服务的真实内容或者不以销售商品、提供服务为主要目的，以商品回购、寄存代售等方式非法吸收资金的；

（五）不具有发行股票、债券的真实内容，以虚假转让股权、发售虚构债券等方式非法吸收资金的；

（六）不具有募集基金的真实内容，以假借境外基金、发售虚构基金等方式非法吸收资金的；

（七）不具有销售保险的真实内容，以假冒保险公司、伪造保险单据等方式非法吸收资金的；

（八）以网络借贷、投资入股、虚拟币交易等方式非法吸收资金的；

（九）以委托理财、融资租赁等方式非法吸收资金的；

（十）以提供"养老服务"、投资"养老项目"、销售"老年产品"等方式非法吸收资金的；

（十一）利用民间"会""社"等组织非法吸收资金的；

（十二）其他非法吸收资金的行为。

第三条 非法吸收或者变相吸收公众存款，具有下列情形之一的，应当依法追究刑事责任：

（一）非法吸收或者变相吸收公众存款数额在100万元以上的；

（二）非法吸收或者变相吸收公众存款对象150人以上的；

（三）非法吸收或者变相吸收公众存款，给存款人造成直接经济损失数额在50万元以上的。

非法吸收或者变相吸收公众存款数额在50万元以上或者给存款人造成直接经济损失数额在25万元以上，同时具有下列情节之一的，应当依法追究刑事责任：

（一）曾因非法集资受过刑事追究的；

（二）二年内曾因非法集资受过行政处罚的；

（三）造成恶劣社会影响或者其他严重后果的。

**第四条** 非法吸收或者变相吸收公众存款，具有下列情形之一的，应当认定为刑法第一百七十六条规定的"数额巨大或者有其他严重情节"：

（一）非法吸收或者变相吸收公众存款数额在500万元以上的；

（二）非法吸收或者变相吸收公众存款对象500人以上的；

（三）非法吸收或者变相吸收公众存款，给存款人造成直接经济损失数额在250万元以上的。

非法吸收或者变相吸收公众存款数额在250万元以上或者给存款人造成直接经济损失数额在150万元以上，同时具有本解释第三条第二款第三项情节的，应当认定为"其他严重情节"。

**第五条** 非法吸收或者变相吸收公众存款，具有下列情形之一的，应当认定为刑法第一百七十六条规定的"数额特别巨大或者有其他特别严重情节"：

（一）非法吸收或者变相吸收公众存款数额在5000万元以上的；

（二）非法吸收或者变相吸收公众存款对象5000人以上的；

（三）非法吸收或者变相吸收公众存款，给存款人造成直接经济损失数额在2500万元以上的。

非法吸收或者变相吸收公众存款数额在2500万元以上或者给存款人造成直接经济损失数额在1500万元以上，同时具有本解释第三条第二款第三项情节的，应当认定为"其他特别严重情节"。

**第六条** 非法吸收或者变相吸收公众存款的数额，以行为人所吸收的资金全额计算。在提起公诉前积极退赃退赔，减少损害结果发生的，可以从轻或者减轻处罚；在提起公诉后退赃退赔的，可以作为量刑情节酌情考虑。

非法吸收或者变相吸收公众存款，主要用于正常的生产经营活动，能够在提起公诉前清退所吸收资金，可以免予刑事处罚；情节显着轻微危害不大的，不作为犯罪处理。

对依法不需要追究刑事责任或者免予刑事处罚的，应当依法将案件移送有关行政机关。

**第七条** 以非法占有为目的，使用诈骗方法实施本解释第二条规定所列行为的，应当依照刑法第一百九十二条的规定，以集资诈骗罪定罪处罚。

使用诈骗方法非法集资，具有下列情形之一的，可以认定为"以非法占有为目的"：

（一）集资后不用于生产经营活动或者用于生产经营活动与筹集资金规模明显不成比例，致使集资款不能返还的；

（二）肆意挥霍集资款，致使集资款不能返还的；

（三）携带集资款逃匿的；

（四）将集资款用于违法犯罪活动的；

（五）抽逃、转移资金、隐匿财产，逃避返还资金的；

（六）隐匿、销毁账目，或者搞假破产、假倒闭，逃避返还资金的；

（七）拒不交代资金去向，逃避返还资金的；

（八）其他可以认定非法占有目的的情形。

集资诈骗罪中的非法占有目的，应当区分情形进行具体认定。行为人部分非法集资行为具有非法占有目的的，对该部分非法集资行为所涉集资款以集资诈骗罪定罪处罚；非法集资共同犯罪中部分行为人具有非法占有目的，其他行为人没有非法占有集资款的共同故意和行为的，对具有非法占有目的的行为人以集资诈骗罪定罪处罚。

**第八条** 集资诈骗数额在10万元以上的，应当认定为"数额较大"；数额在100万元以上的，应当认定为"数额巨大"。

集资诈骗数额在50万元以上，同时具有本解释第三条第二款第三项情节的，应当认定为刑法第一百九十二条规定的"其他严重情节"。

集资诈骗的数额以行为人实际骗取的数额计算，在案发前已归还的数额应予扣除。行为人为实施集资诈骗活动而支付的广告费、中介费、手续费、回扣，或者用于行贿、赠与等费用，不予扣除。行为人为实施集资诈骗活动而支付的利息，除本金未归还可予折抵本金以外，应当计入诈骗数额。

**第九条** 犯非法吸收公众存款罪，判处三年以下有期徒刑或者拘役，并处或者单处罚金的，处五万元以上一百万元以下罚金；判处三年以上十年以下有期徒刑的，并处十万元以上五百万元以下罚金；判处十年以上有期徒刑的，并处五十万元以上罚金。

犯集资诈骗罪，判处三年以上七年以下有期徒刑的，并处十万元以上五百万元以下罚金；判处七年以上有期徒刑或者无期徒刑的，并处五十万元以上罚金或者没收财产。

**第十条** 未经国家有关主管部门批准，向社会不特定对象发行、以转让股权等方式变相发行股票或者公司、企业债券,或者向特定对象发行、变相发行股票或者公司、企业债券累计超过200人的,应当认定为刑法第一百七十九条规定的"擅自发行股票或者公司、企业债券"。构成犯罪的,以擅自发行股票、公司、企业债券罪定罪处罚。

**第十一条** 违反国家规定,未经依法核准擅自发行基金份额募集基金,情节严重的,依照刑法第二百二十五条的规定,以非法经营罪定罪处罚。

**第十二条** 广告经营者、广告发布者违反国家规定,利用广告为非法集资活动相关的商品或者服务作虚假宣传,具有下列情形之一的,依照刑法第二百二十二条的规定,以虚假广告罪定罪处罚:

(一)违法所得数额在10万元以上的;
(二)造成严重危害后果或者恶劣社会影响的;
(三)二年内利用广告作虚假宣传,受过行政处罚二次以上的;
(四)其他情节严重的情形。

明知他人从事欺诈发行证券,非法吸收公众存款,擅自发行股票、公司、企业债券,集资诈骗或者组织、领导传销活动等集资犯罪活动,为其提供广告等宣传的,以相关犯罪的共犯论处。

**第十三条** 通过传销手段向社会公众非法吸收资金,构成非法吸收公众存款罪或者集资诈骗罪,同时又构成组织、领导传销活动罪的,依照处罚较重的规定定罪处罚。

**第十四条** 单位实施非法吸收公众存款、集资诈骗犯罪的,依照本解释规定的相应自然人犯罪的定罪量刑标准,对单位判处罚金,并对其直接负责的主管人员和其他直接责任人员定罪处罚。

**第十五条** 此前发布的司法解释与本解释不一致的,以本解释为准。

## 最高人民法院　最高人民检察院
## 关于办理危害药品安全刑事案件适用法律若干问题的解释

高检发释字〔2022〕1号

（2022年2月28日最高人民法院审判委员会第1865次会议、2022年2月25日最高人民检察院第十三届检察委员会第九十二次会议通过　2022年3月3日最高人民法院、最高人民检察院公告公布　自2022年3月6日起施行）

为依法惩治危害药品安全犯罪，保障人民群众生命健康，维护药品管理秩序，根据《中华人民共和国刑法》《中华人民共和国刑事诉讼法》及《中华人民共和国药品管理法》等有关规定，现就办理此类刑事案件适用法律的若干问题解释如下：

**第一条**　生产、销售、提供假药，具有下列情形之一的，应当酌情从重处罚：

（一）涉案药品以孕产妇、儿童或者危重病人为主要使用对象的；

（二）涉案药品属于麻醉药品、精神药品、医疗用毒性药品、放射性药品、生物制品，或者以药品类易制毒化学品冒充其他药品的；

（三）涉案药品属于注射剂药品、急救药品的；

（四）涉案药品系用于应对自然灾害、事故灾难、公共卫生事件、社会安全事件等突发事件的；

（五）药品使用单位及其工作人员生产、销售假药的；

（六）其他应当酌情从重处罚的情形。

**第二条**　生产、销售、提供假药，具有下列情形之一的，应当认定为

刑法第一百四十一条规定的"对人体健康造成严重危害":

（一）造成轻伤或者重伤的；

（二）造成轻度残疾或者中度残疾的；

（三）造成器官组织损伤导致一般功能障碍或者严重功能障碍的；

（四）其他对人体健康造成严重危害的情形。

**第三条** 生产、销售、提供假药，具有下列情形之一的，应当认定为刑法第一百四十一条规定的"其他严重情节"：

（一）引发较大突发公共卫生事件的；

（二）生产、销售、提供假药的金额二十万元以上不满五十万元的；

（三）生产、销售、提供假药的金额十万元以上不满二十万元，并具有本解释第一条规定情形之一的；

（四）根据生产、销售、提供的时间、数量、假药种类、对人体健康危害程度等，应当认定为情节严重的。

**第四条** 生产、销售、提供假药，具有下列情形之一的，应当认定为刑法第一百四十一条规定的"其他特别严重情节"：

（一）致人重度残疾以上的；

（二）造成三人以上重伤、中度残疾或者器官组织损伤导致严重功能障碍的；

（三）造成五人以上轻度残疾或者器官组织损伤导致一般功能障碍的；

（四）造成十人以上轻伤的；

（五）引发重大、特别重大突发公共卫生事件的；

（六）生产、销售、提供假药的金额五十万元以上的；

（七）生产、销售、提供假药的金额二十万元以上不满五十万元，并具有本解释第一条规定情形之一的；

（八）根据生产、销售、提供的时间、数量、假药种类、对人体健康危害程度等，应当认定为情节特别严重的。

**第五条** 生产、销售、提供劣药，具有本解释第一条规定情形之一的，应当酌情从重处罚。

生产、销售、提供劣药，具有本解释第二条规定情形之一的，应当认定为刑法第一百四十二条规定的"对人体健康造成严重危害"。

生产、销售、提供劣药，致人死亡，或者具有本解释第四条第一项至第五项规定情形之一的，应当认定为刑法第一百四十二条规定的"后果特别严重"。

**第六条** 以生产、销售、提供假药、劣药为目的，合成、精制、提取、储存、加工炮制药品原料，或者在将药品原料、辅料、包装材料制成成品过程中，进行配料、混合、制剂、储存、包装的，应当认定为刑法第一百四十一条、第一百四十二条规定的"生产"。

药品使用单位及其工作人员明知是假药、劣药而有偿提供给他人使用的，应当认定为刑法第一百四十一条、第一百四十二条规定的"销售"；无偿提供给他人使用的，应当认定为刑法第一百四十一条、第一百四十二条规定的"提供"。

**第七条** 实施妨害药品管理的行为，具有下列情形之一的，应当认定为刑法第一百四十二条之一规定的"足以严重危害人体健康"：

（一）生产、销售国务院药品监督管理部门禁止使用的药品，综合生产、销售的时间、数量、禁止使用原因等情节，认为具有严重危害人体健康的现实危险的；

（二）未取得药品相关批准证明文件生产药品或者明知是上述药品而销售，涉案药品属于本解释第一条第一项至第三项规定情形的；

（三）未取得药品相关批准证明文件生产药品或者明知是上述药品而销售，涉案药品的适应症、功能主治或者成分不明的；

（四）未取得药品相关批准证明文件生产药品或者明知是上述药品而销售，涉案药品没有国家药品标准，且无核准的药品质量标准，但检出化学药成分的；

（五）未取得药品相关批准证明文件进口药品或者明知是上述药品而销售，涉案药品在境外也未合法上市的；

（六）在药物非临床研究或者药物临床试验过程中故意使用虚假试验用药品，或者瞒报与药物临床试验用药品相关的严重不良事件的；

（七）故意损毁原始药物非临床研究数据或者药物临床试验数据，或者编造受试动物信息、受试者信息、主要试验过程记录、研究数据、检测数据等药物非临床研究数据或者药物临床试验数据，影响药品的安全性、有效性和质量可控性的；

（八）编造生产、检验记录，影响药品的安全性、有效性和质量可控性的；

（九）其他足以严重危害人体健康的情形。

对于涉案药品是否在境外合法上市，应当根据境外药品监督管理部门或者权利人的证明等证据，结合犯罪嫌疑人、被告人及其辩护人提供的证据材料综合审查，依法作出认定。

对于"足以严重危害人体健康"难以确定的，根据地市级以上药品监督管理部门出具的认定意见，结合其他证据作出认定。

**第八条** 实施妨害药品管理的行为，具有本解释第二条规定情形之一的，应当认定为刑法第一百四十二条之一规定的"对人体健康造成严重危害"。

实施妨害药品管理的行为，足以严重危害人体健康，并具有下列情形之一的，应当认定为刑法第一百四十二条之一规定的"有其他严重情节"：

（一）生产、销售国务院药品监督管理部门禁止使用的药品，生产、销售的金额五十万元以上的；

（二）未取得药品相关批准证明文件生产、进口药品或者明知是上述药品而销售，生产、销售的金额五十万元以上的；

（三）药品申请注册中提供虚假的证明、数据、资料、样品或者采取其他欺骗手段，造成严重后果的；

（四）编造生产、检验记录，造成严重后果的；

（五）造成恶劣社会影响或者具有其他严重情节的情形。

实施刑法第一百四十二条之一规定的行为，同时又构成生产、销售、提供假药罪、生产、销售、提供劣药罪或者其他犯罪的，依照处罚较重的规定定罪处罚。

**第九条** 明知他人实施危害药品安全犯罪，而有下列情形之一的，以共同犯罪论处：

（一）提供资金、贷款、账号、发票、证明、许可证件的；

（二）提供生产、经营场所、设备或者运输、储存、保管、邮寄、销售渠道等便利条件的；

（三）提供生产技术或者原料、辅料、包装材料、标签、说明书的；

（四）提供虚假药物非临床研究报告、药物临床试验报告及相关材料的；

（五）提供广告宣传的；

（六）提供其他帮助的。

**第十条** 办理生产、销售、提供假药、生产、销售、提供劣药、妨害药品管理等刑事案件，应当结合行为人的从业经历、认知能力、药品质量、进货渠道和价格、销售渠道和价格以及生产、销售方式等事实综合判断认定行为人的主观故意。具有下列情形之一的，可以认定行为人有实施相关犯罪的主观故意，但有证据证明确实不具有故意的除外：

（一）药品价格明显异于市场价格的；

（二）向不具有资质的生产者、销售者购买药品，且不能提供合法有效的来历证明的；

（三）逃避、抗拒监督检查的；

（四）转移、隐匿、销毁涉案药品、进销货记录的；

（五）曾因实施危害药品安全违法犯罪行为受过处罚，又实施同类行为的；

（六）其他足以认定行为人主观故意的情形。

**第十一条** 以提供给他人生产、销售、提供药品为目的，违反国家规定，生产、销售不符合药用要求的原料、辅料，符合刑法第一百四十条规定的，以生产、销售伪劣产品罪从重处罚；同时构成其他犯罪的，依照处罚较重的规定定罪处罚。

**第十二条** 广告主、广告经营者、广告发布者违反国家规定，利用广告对药品作虚假宣传，情节严重的，依照刑法第二百二十二条的规定，以虚假广告罪定罪处罚。

**第十三条** 明知系利用医保骗保购买的药品而非法收购、销售，金额五万元以上的，应当依照刑法第三百一十二条的规定，以掩饰、隐瞒犯罪所得罪定罪处罚；指使、教唆、授意他人利用医保骗保购买药品，进而非法收购、销售，符合刑法第二百六十六条规定的，以诈骗罪定罪处罚。

对于利用医保骗保购买药品的行为人是否追究刑事责任，应当综合骗取医保基金的数额、手段、认罪悔罪态度等案件具体情节，依法妥当决定。利用医保骗保购买药品的行为人是否被追究刑事责任，不影响对非法收购、销售有关药品的行为人定罪处罚。

对于第一款规定的主观明知，应当根据药品标志、收购渠道、价格、规模及药品追溯信息等综合认定。

**第十四条** 负有药品安全监督管理职责的国家机关工作人员，滥用职权或者玩忽职守，构成药品监管渎职罪，同时构成商检徇私舞弊罪、商检失职罪等其他渎职犯罪的，依照处罚较重的规定定罪处罚。

负有药品安全监督管理职责的国家机关工作人员滥用职权或者玩忽职守，不构成药品监管渎职罪，但构成前款规定的其他渎职犯罪的，依照该其他犯罪定罪处罚。

负有药品安全监督管理职责的国家机关工作人员与他人共谋，利用其职务便利帮助他人实施危害药品安全犯罪行为，同时构成渎职犯罪和危害药品安全犯罪共犯的，依照处罚较重的规定定罪从重处罚。

**第十五条** 对于犯生产、销售、提供假药罪、生产、销售、提供劣药罪、妨害药品管理罪的，应当结合被告人的犯罪数额、违法所得，综合考虑被告人缴纳罚金的能力，依法判处罚金。罚金一般应当在生产、销售、提供的药品金额二倍以上；共同犯罪的，对各共同犯罪人合计判处的罚金一般应当在生产、销售、提供的药品金额二倍以上。

**第十六条** 对于犯生产、销售、提供假药罪、生产、销售、提供劣药罪、妨害药品管理罪的，应当依照刑法规定的条件，严格缓刑、免予刑事处罚的适用。对于被判处刑罚的，可以根据犯罪情况和预防再犯罪的需要，依法宣告职业禁止或者禁止令。《中华人民共和国药品管理法》等法律、行政法规另有规定的，从其规定。

对于被不起诉或者免予刑事处罚的行为人，需要给予行政处罚、政务处分或者其他处分的，依法移送有关主管机关处理。

**第十七条** 单位犯生产、销售、提供假药罪、生产、销售、提供劣药罪、妨害药品管理罪的，对单位判处罚金，并对直接负责的主管人员和其他直接责任人员，依照本解释规定的自然人犯罪的定罪量刑标准处罚。

单位犯罪的，对被告单位及其直接负责的主管人员、其他直接责任人员合计判处的罚金一般应当在生产、销售、提供的药品金额二倍以上。

**第十八条** 根据民间传统配方私自加工药品或者销售上述药品，数量不大，且未造成他人伤害后果或者延误诊治的，或者不以营利为目的实施带有自救、互助性质的生产、进口、销售药品的行为，不应当认定为犯罪。

对于是否属于民间传统配方难以确定的，根据地市级以上药品监督管理部门或者有关部门出具的认定意见，结合其他证据作出认定。

**第十九条** 刑法第一百四十一条、第一百四十二条规定的"假药""劣药"，依照《中华人民共和国药品管理法》的规定认定。

对于《中华人民共和国药品管理法》第九十八条第二款第二项、第四项及第三款第三项至第六项规定的假药、劣药，能够根据现场查获的原料、包装，结合犯罪嫌疑人、被告人供述等证据材料作出判断的，可以由地市级以上药品监督管理部门出具认定意见。对于依据《中华人民共和国药品管理法》第九十八条第二款、第三款的其他规定认定假药、劣药，或者是否属于第九十八条第二款第二项、第三款第六项规定的假药、劣药存在争议的，应当由省级以上药品监督管理部门设置或者确定的药品检验机构进行检验，出具质量检验结论。司法机关根据认定意见、检验结论，结合其他证据作出认定。

第二十条　对于生产、提供药品的金额，以药品的货值金额计算；销售药品的金额，以所得和可得的全部违法收入计算。

第二十一条　本解释自 2022 年 3 月 6 日起施行。本解释公布施行后，《最高人民法院、最高人民检察院关于办理危害药品安全刑事案件适用法律若干问题的解释》（法释〔2014〕14 号）、《最高人民法院、最高人民检察院关于办理药品、医疗器械注册申请材料造假刑事案件适用法律若干问题的解释》（法释〔2017〕15 号）同时废止。

# 《最高人民法院、最高人民检察院关于办理危害药品安全刑事案件适用法律若干问题的解释》的理解与适用

周加海　喻海松　李　静[*]

2022年3月3日，最高人民法院、最高人民检察院联合发布《关于办理危害药品安全刑事案件适用法律若干问题的解释》（以下简称《解释》），自2022年3月6日起施行。为便于司法实践中正确理解与适用，现就《解释》的制定背景、起草中的主要考虑和主要内容介绍如下。

## 一、《解释》的制定背景与经过

药品安全责任重大，事关人民群众生命健康，事关健康中国建设。党的十八大以来，以习近平同志为核心的党中央高度重视人民群众生命安全和身体健康，习近平总书记多次强调保障药品安全的重要性，强调要切实加强药品安全监管，用最严谨的标准、最严格的监管、最严厉的处罚、最严肃的问责，加快建立科学完善的药品安全监管体系，严把从实验室到医院的每一道防线。

人民法院高度重视依法惩治危害药品安全犯罪。近年来，最高人民法院会同最高人民检察院，先后制定了《关于办理生产、销售假药、劣药刑事案件具体应用法律若干问题的解释》（法释〔2009〕9号，已废止，以下简称《2009年解释》）、《关于办理危害药品安全刑事案件适用法律若干问题的解释》（法释〔2014〕14号，以下简称《2014年解释》）、《关

---

[*] 作者单位：最高人民法院研究室。

于办理药品、医疗器械注册申请材料造假刑事案件适用法律若干问题的解释》（法释〔2017〕15号，已废止，以下简称《2017年解释》），对生产、销售假药罪，生产、销售劣药罪等危害药品安全犯罪的定罪量刑标准和有关法律适用问题作出规定。上述司法解释的发布施行，对于依法严惩危害药品安全犯罪，保障人民群众生命健康安全发挥了重要作用。

2019年8月26日，十三届全国人大常委会第十二次会议修订通过药品管理法，自2019年12月1日起施行。2020年12月26日，十三届全国人大常委会第二十四次会议通过刑法修正案（十一），自2021年3月1日起施行。药品管理法对假药、劣药认定标准和程序等作了完善；刑法修正案（十一）将修改药品犯罪规定、强化药品安全保障作为重点内容之一。在药品管理法修订和刑法修正案（十一）施行后，亟须制定新的危害药品安全犯罪司法解释，确保法律正确、全面、统一贯彻执行。

针对危害药品安全犯罪的新情况和新问题，在公安部、国家药监局等部门的大力支持下，最高人民法院会同最高人民检察院，经深入调查研究、广泛征求意见、反复论证完善，起草了《解释》。《解释》于2022年2月28日由最高人民法院审判委员会第1865次会议、2022年2月25日由最高人民检察院第十三届检察委员会第九十二次会议审议通过。

## 二、《解释》起草中的主要考虑

《解释》坚持以习近平新时代中国特色社会主义思想为指导，深入贯彻习近平法治思想，充分发挥司法职能作用，依法严惩制售假劣药犯罪，切实保障药品安全，有力维护人民群众生命健康。具体而言，在起草过程中，着重注意把握了以下几点。

第一，依法严惩危害药品安全犯罪，保障公众用药安全。当前，我国药品安全形势总体稳定，但生产、销售假药、劣药等犯罪案件仍时有发生。药品安全是人命关天的大事。《解释》坚持以人民为中心的发展思想，以保障人民群众用药安全和生命健康为首要考虑，通篇贯彻体现依法严惩危害药品安全犯罪的基本立场和政策导向。

第二，准确把握立法精神，确保法律正确有效实施。修订后的药品管理法以药品的质量功效为标准，对假药、劣药的种类作出了新的规定，并全方位完善了对药品生产、经营活动的监管。刑法修正案（十一）相应删去了刑法中关于"假药""劣药"界定的规定，增加了"提供"假药、劣药的行为方式，并增设了妨害药品管理罪。《解释》根据修改后的法律规定和立法精神，结合司法实践情况，对危害药品安全犯罪的定罪量刑标准等问题作出了全面系统的规定。

第三，聚焦司法疑难问题，确保案件依法公正处理。调研反映，修订后的药品管理法和刑法修正案（十一）施行后，一些办案人员对假药、劣药的认定，妨害药品管理罪"足以严重危害人体健康"入罪要件的具体情形，以及非法收购、销售骗保药品的处理等问题普遍感觉难以把握。《解释》坚持问题导向，对司法实践反映的疑难问题予以充分回应，作出了有针对性的规定，明确了适用法律的具体规则，为依法公正处理危害药品安全犯罪案件奠定了扎实基础。

## 三、《解释》的主要内容

《解释》依照刑法、刑事诉讼法和药品管理法的规定，对生产、销售、提供假药罪，生产、销售、提供劣药罪，妨害药品管理罪等危害药品安全犯罪的定罪量刑标准和相关法律适用问题作了较为全面、系统的规定，共二十一个条文，大致可以归纳为如下十个方面的问题。

### （一）假劣药犯罪的定罪量刑标准

刑法第一百四十一条、第一百四十二条分别规定了生产、销售、提供假药罪，生产、销售、提供劣药罪。《解释》第一条至第五条明确了相关定罪量刑标准。

1. 关于假劣药犯罪的从重处罚情节

《解释》第一条、第五条第一款参考药品管理法第一百三十七条关于对药品违法行为的从重处罚规定，并根据司法实践具体情况作了补充，明确了假劣药犯罪的从重处罚情节。具体而言，生产、销售、提供假药、劣药，具有下列情形之一的，应当酌情从重处罚：（1）涉案药品以孕产妇、儿童或者危重病人为主要使用对象的；（2）涉案药品属于麻醉药品、精神药品、医疗用毒性药品、放射性药品、生物制品（《药品管理法实施条例》第三十八条有"疫苗类制品、血液制品、用于血源筛查的体外诊断试剂以及国务院药品监督管理部门规定的其他生物制品"的表述），或者以药品类易制毒化学品冒充其他药品的；（3）涉案药品属于注射剂药品、急救药品的；（4）涉案药品系用于应对自然灾害、事故灾难、公共卫生事件、社会安全事件等突发事件的；（5）药品使用单位及其工作人员生产、销售假药、劣药的；（6）其他应当酌情从重处罚的情形。

2. 关于生产、销售、提供假药罪的定罪量刑标准

根据刑法第一百四十一条的规定，生产、销售、提供假药罪是抽象危险犯，生产、销售、提供假药的，处三年以下有期徒刑或者拘役，并处罚金；对人体健康造成严重危害或者有其他严重情节的，处三年以上十年以下有期徒刑，并处罚金；致人死亡或者有其他特别严重情节的，处十年以上有期徒刑、无期徒刑或者死刑，并处罚金或者没收财产。

《解释》未设置入罪门槛，对于生产、销售、提供假药的行为，原则上都应当追究刑事责任。《解释》第二条至第四条进一步明确了生产、销售、提供假药罪的升档量刑标准。具体而言，生产、销售、提供假药，具有下列情形之一的，应当认定为刑法第一百四十一条规定的"对人体健康造成严重危害"：（1）造成轻伤或者重伤的；（2）造成轻度残疾或者中度残疾的；（3）造成器官组织损伤导致一般功能障碍或者严重功能障碍的；（4）其他对人体健康造成严重危害的情形。具有下列情形之一的，应当认定为刑法第一百四十一条规定的"其他严重情节"：（1）引发较大突发公共卫生事件的；（2）生产、销售、提供假药的金额二十万元以上不满五十万元的；（3）生产、销售、提供假药的金额十万元以上不满二十万元，并具有《解释》第一条规定情形之一的；（4）根据生产、销售、提供的时间、数量、假药种类、对人体健康危害程度等，应当认定为情节严重的。具有下列情形之一的，应当认定为刑法第一百四十一条规定的"其他特别严重情节"：（1）致人重度残疾以上的；（2）造成三人以上重伤、中度残疾或者器官组织损伤导致严重功能障碍的；（3）造成五人以上轻度残疾或者器官组织损伤导致一般功能障碍的；（4）造成十人以上轻伤的；（5）引发重大、特别重大突发公共卫生事件的；（6）生产、销售、提供假药的金额五十万元以上的；（7）生产、销售、提供假药的金额二十万元以上不满五十万元，并具有本《解释》第一条规定情形之一的；（8）根据生产、销售、提供的时间、数量、假药种类、对人体健康危害程度等，应当认定为情节特别严重的。需要提及的是，如果生产、销售、提供假药，延误诊

治，虽未造成死亡、伤害等结果，但致人病情恶化、重度恶化的，可视情认定为"其他严重情节"或者"其他特别严重情节"。

3. 关于生产、销售、提供劣药罪的定罪量刑标准

根据刑法第一百四十二条的规定，生产、销售、提供劣药罪为结果犯，对人体健康造成严重危害的，处三年以上十年以下有期徒刑，并处罚金；后果特别严重的，处十年以上有期徒刑或者无期徒刑，并处罚金或者没收财产。《解释》第五条进一步明确了定罪量刑标准。具体而言，生产、销售、提供劣药，具有《解释》第二条规定情形之一的，应当认定为刑法第一百四十二条规定的"对人体健康造成严重危害"；致人死亡，或者具有《解释》第四条第一项至第五项规定情形之一的，应当认定为刑法第一百四十二条规定的"后果特别严重"。

## （二）关于"生产""销售""提供"的认定

《解释》第六条第一款规定，以生产、销售、提供假药、劣药为目的，合成、精制、提取、储存、加工炮制药品原料，或者在将药品原料、辅料、包装材料制成成品过程中，进行配料、混合、制剂、储存、包装的，应当认定为刑法第一百四十一条、第一百四十二条规定的"生产"。对于印制包装材料、标签、说明书的行为，如果是生产行为人同时实施的附随行为，应当一并纳入"生产"予以评价；如果属于其他人为生产药品者实施的行为，则属于帮助行为，应当根据《解释》第九条关于共同犯罪的规定予以处理。

刑法修正案（十一）对刑法第一百四十一条规定的生产、销售假药罪和第一百四十二条规定的生产、销售劣药罪增加了"提供"的行为方式。由此，对于"提供"与"销售"的界分，究竟应当以支付对价（是不是有偿）还是主体（是不是药品使用单位的人员）作为标准，存在不同认识。经研究，《解释》第六条第二款以是否支付对价作为界分标准，规定："药品使用单位及其工作人员明知是假药、劣药而有偿提供给他人使用的，应当认定为刑法第一百四十一条、第一百四十二条规定的'销售'；无偿提供给他人使用的，应当认定为刑法第一百四十一条、第一百四十二条规定的'提供'。"

### （三）关于妨害药品管理罪的定罪量刑标准

刑法第一百四十二条之一对妨害药品管理罪的定罪量刑标准规定为"足以严重危害人体健康""对人体健康造成严重危害或者有其他严重情节"。《解释》第七条、第八条对妨害药品管理罪的定罪量刑标准作了进一步明确。

1. 关于入罪门槛

妨害药品管理罪的客观方面表现为四种行为方式，即生产、销售国务院药品监督管理部门禁止使用的药品；未取得药品相关批准证明文件生产、进口药品或者明知是上述药品而销售；药品申请注册中提供虚假的证明、数据、资料、样品或者采取其他欺骗手段；编造生产、检验记录。根据刑法规定，妨害药品管理罪为具体危险犯，并非一实施有关行为就构成犯罪，而是以"足以严重危害人体健康"为入罪要件。

综合各方意见反复研究认为，对于"足以严重危害人体健康"，应当根据行为类型作出具体判断。根据药品管理法的相关规定，结合司法实践经验，《解释》第七条第一款规定了认定"足以严重危害人体健康"的具体情形：（1）就生产、销售国务院药品监督管理部门禁止使用的药品行为类型而言，将"综合生产、销售的时间、数量、禁止使用原因等情节，认为具有严重危害人体健康的现实危险"作为认定标准之一（第一项）。所谓"禁止使用原因"，主要是指药品管理法第六十七条"禁止进口疗效不确切、不良反应大或者因其他原因危害人体健康的药品"的规定所涉情形。之所以要求综合生产、销售的时间、数量等情节，主要是考虑此类药品此前经过批准生产，与自始未经批准的药品在对人体健康的危害程度方面尚有差异。（2）就未取得药品相关批准证明文件生产、进口药品或者明知是上述药品而销售行为类型而言，鉴于境内未经批准药品和走私境外药品存在差异，作了区分处理。对于未取得药品相关批准证明文件生产药品或者明知是上述药品而销售，以特定药品使用对象（以孕产妇、儿童或者危重病人为主要使用对象）、特定类型（麻醉药品、精神药品、医疗用毒性药品、放射性药品、生物制品，或者以药品类易制毒化学品冒充其他药品，以及注射剂药品、急救药品）作为认定"足以严重危害人体健康"的情形之一（第二项）；根据经验和常识，药品的适应症、功能主治或者成分不明的,或者药品没有国家药品标准,且无核准的药品质量标准,但检出化学药成分的,通常质量无法保障,具有严重危险性,也作为认定情形(第三项、第四项)。对于未取得药品相关批准证明文件进口药品或者明知是上述药品而销售,如果有关药品系在境外合法上市的药品,不宜认为具有严重危害人体健康的危险性,反之,如在境外也未合法上市的,应作为认定"足以严重危害人体健康"情形(第五项)。(3)就药品申请注册中提供虚假的证明、数据、资料、样品或者采取其他欺骗手段行为类型而言,以故意使用虚假试验药品,或者瞒报与药物临床试验用药品相关的严重不良事件(第六项),以及故意损毁试验数据,或者编造试验数据对药品的安全性、有效性和质量可控性造成影响(第七项)作为认定情形。(4)就编造生产、检验记录行为类型而言,以影响药品的安全性、有效性和质量可控性(第八项)作为认定情形。此外,还设置了兜底项(第九项)。实践中,对于未经批准进口使人形成瘾癖的麻醉药品、精神药品或者明知是上述药品而销售,特别是面向未成年人销售,即使不构成毒品犯罪的,也可以根据案件情况考虑是否属于妨害药品管理罪规定的其他"足以严重危害人体健康"的情形。

为了便于司法实践操作,《解释》第七条第二款、第三款还设置了程序规定:对于涉案药品是否在境外合法上市,应当根据境外药品监督管理部门或者权利人的证明等证据,结合犯罪嫌疑人、被告人及其辩护人提供的证据材料综合审查,依法作出认定;对于"足以严重危害人体健康"难以确定的,根据地市级以上药品监督管理部门出具的认定意见,结合其他证据作出认定。

2. 关于升档量刑情节

根据刑法第一百四十二条之一的规定,实施妨害药品管理的行为,对人体健康造成严重危害或者有其他严重情节的,处三年以上七年以下有期徒刑,并处罚金。《解释》第八条第一款、第二款对升档量刑标准的具体情形作了明确。同时,第三款重申了刑法第一百四十二条之一第二款关于同时构成生产、销售、提供假药罪、生产、销售、提供劣药罪或者其他犯罪的,择一重罪处断的规定。

### (四) 关于生产、销售不符合药用要求的原料、辅料行为的定性规则

《解释》第十一条明确，以提供给他人生产、销售、提供药品为目的，违反国家规定，生产、销售不符合药用要求的原料、辅料，符合刑法第一百四十条规定的，以生产、销售伪劣产品罪从重处罚；同时构成其他犯罪的，依照处罚较重的规定处罚。之所以规定以生产、销售伪劣产品罪从重处罚，主要是考虑所涉行为与一般伪劣产品犯罪尚有不同，直接涉及药品安全，牵涉千家万户，社会危害更为严重。

### (五) 关于非法收购利用医保骗保购买的药品行为的处理

医保基金是人民群众的"救命钱"，事关广大群众的切身利益。当前，司法实践之中存在利用医保骗保购买药品的现象。这一现象情况复杂。不少是医保人员贪图"蝇头小利"偶尔骗购医保药品，有的则是长期、多次骗保，还存在医疗机构工作人员利用职务、职业便利骗取医保基金的情况。特别值得关注的是，存在一批以倒卖利用医保骗保药品为业的不法分子，他们指使、教唆、引诱医保人员骗保，或者从骗保者手中收购药品，之后加价出售。正因为这些不法分子"穿针引线"、推波助澜，利用医保骗保逐渐形成一个地下产业和市场，亟须有效整治、重点打击。

由于利用医保骗保的药品质量本身没有问题，无法适用假药、劣药相关犯罪和妨害药品管理罪的规定。基于此，《解释》第十三条第一款对相关收购、销售行为区分是否事前通谋，分别适用掩饰、隐瞒犯罪所得罪和诈骗罪，即"明知系利用医保骗保购买的药品而非法收购、销售，金额五万元以上的，应当依照刑法第三百一十二条的规定，以掩饰、隐瞒犯罪所得罪定罪处罚；指使、教唆、授意他人利用医保骗保购买药品，进而非法收购、销售，符合刑法第二百六十六条规定的，以诈骗罪定罪处罚"。

鉴于利用医保骗保案件情况复杂，《解释》第十三条第二款专门明确了此类案件的处理政策：(1) "对于利用医保骗保购买药品的行为人是否追究刑事责任，应当综合考虑骗取医保基金的数额、手段、认罪悔罪态度等案件具体情节，依法妥当决定"，即重点惩治医保骗保犯罪的组织者、职业骗保人和利用职务职业便利骗取医保基金的行为人；对于虽实施骗保

行为，数额达到诈骗罪入罪标准，但具有系初犯、偶犯、受人指使、认罪悔罪、本人也是患者等情节，综合考量认为犯罪情节轻微的，可以依法不起诉或者免予刑事处罚；情节显著轻微危害不大的，不作为犯罪处理。

(2)"利用医保骗保购买药品的行为人是否被追究刑事责任，不影响对非法收购、销售有关药品的行为人定罪处罚"，即要重点惩治倒卖医保骗保药品"中间商"，斩断"回流药"的产业链。对此需要说明两点。其一，传统上，一般认为帮助犯，包括共同犯罪中的帮助犯和事后帮助犯，罪责往往要相对轻于实行犯。但从利用医保骗保类案件情况看，倒卖利用医保骗保药品的"中间商"往往罪责更为严重，表现在，他们往往是"一对多"地从医保人员手中收购骗保药品；不少是以此为业；涉案数额往往特别巨大；是"回流药"形成产业、市场的关键因素。将其作为打击重点，完全符合罪责刑相适应的刑法基本原则和宽严相济刑事政策，因此，《解释》第十三条第二款作出了上述规定。其二，综合看来，《解释》第十三条第一款和第二款规定，在一定程度上系对刑法第三百一十二条所规定的"犯罪"作了更符合实际的解释，即不要求必须绝对查明上游行为已符合有关犯罪的入罪标准，只要非法收购、销售的金额累计在五万元以上即可（既收购又销售的，金额应以高者计）。这是因为，倒卖骗保药品的中间商，往往是"一对多"地从医保人员手中收购药品，其累计的危害重大；从实践看，要查明其上游行为人是否已达到诈骗罪的入罪标准，往往非常困难，也无必要；特别规定非法收购、销售的药品金额在五万元以上才以掩饰、隐瞒犯罪所得罪论处，已有适当控制刑事打击面的考虑，不会形成上下游行为"罪刑倒挂"的问题。这样的规定有先例可循。针对刑法第二百八十七条之二规定的帮助信息网络犯罪活动罪，《最高人民法院、最高人民检察院关于办理非法利用信息网络、帮助信息网络犯罪活动等刑事案件适用法律若干问题的解释》（法释〔2019〕15号）第十二条规定，对于帮助对象原则上应当达到犯罪程度，但是例外情形下，确因客观条件限制无法查证被帮助对象是否达到犯罪的程度，但帮助行为的相关数额巨大或者造成特别严重后果的，亦可以适用帮助信息网络犯罪活动罪的相关规定。

为指导司法实践，《解释》第十三条第三款进一步明确了此类案件中主观明知的综合认定规则，即应当根据药品标志、收购渠道、价格、规模及药品追溯信息等综合认定。需要提及的是,《国家药监局关于药品信息化追溯体系建设的指导意见》(国药监药管〔2018〕35号)提出:"药品上市许可持有人和生产企业在销售药品时,应向下游企业或医疗机构提供相关追溯信息,以便下游企业或医疗机构验证反馈。""药品批发企业在采购药品时,向上游企业索取相关追溯信息,在药品验收时进行核对,并将核对信息反馈上游企业;在销售药品时,应向下游企业或医疗机构提供相关追溯信息。"据此,可以通过药品追溯信息的索取及相关活动,对行为人对涉案药品是否系利用医保骗保购买的药品作出判断。

### (六)关于负有药品安全监督管理职责的国家机关工作人员渎职犯罪的处理规则

刑法修正案(十一)对刑法第四百零八条之一作出调整,将食品监管渎职罪调整为食品、药品监管渎职罪。《解释》第十四条进一步明确:"负有药品安全监督管理职责的国家机关工作人员,滥用职权或者玩忽职守,构成药品监管渎职罪,同时构成商检徇私舞弊罪、商检失职罪等其他渎职犯罪的,依照处罚较重的规定定罪处罚。负有药品安全监督管理职责的国家机关工作人员滥用职权或者玩忽职守,不构成药品监管渎职罪,但构成前款规定的其他渎职犯罪的,依照该其他犯罪定罪处罚。负有药品安全监督管理职责的国家机关工作人员与他人共谋,利用其职务便利帮助他人实施危害药品安全犯罪行为,同时构成渎职犯罪和危害药品安全犯罪共犯的,依照处罚较重的规定定罪从重处罚。"

### (七)关于特定生产、进口、销售药品行为的处理规则

我国民众用药情况复杂,药品供应渠道杂乱。长期以来,民众服用利用民间偏方、土方、秘方加工的药品的情况较为普遍。近年来,随着经济社会发展,擅自销售从国外、境外携带药品入境的情况逐渐增多。有的利用民间偏方、土方、秘方私自加工的"土药",虽然未经有关部门批准,但当地群众已经普遍认可其疗效;未经批准擅自进口的"洋药",尽管违反了我国药品管理制度,但不少并不会实际危害人体健康;相反对治疗有关疾病确有效果,有的甚至是高价购买的"救命药"。对于此类案件,一律纳入刑事规制范围,不符合实事求是的精神,也难以为社会公众理解。

正是因此,《2014年解释》第十一条第二款规定:"销售少量根据民间传统配方私自加工的药品,或者销售少量未经批准进口的国外、境外药品,没有造成他人伤害后果或者延误诊治,情节显著轻微危害不大的,不认为是犯罪。"当年限定为"少量"的情形,主要是因为根据修订前药品管理法的规定,有关药品属于应当按假药论处的情形,故只能对涉案药品系"少量"的案件,依据刑法第十三条但书的规定出罪。

药品管理法修订之后,对"假药"采取实质认定标准,根据民间传统配方私自加工的药品、未经批准走私进境的药品不能当然认定为假药;尽管有关行为仍属于违反修订后药品管理法规定的妨害药品管理行为,但根据刑法修正案(十一)新增的刑法第一百四十二条之一的规定,是否构成犯罪,需以"足以严重危害人体健康"为要件。因此,《解释》第十八条第一款对《2014年解释》第十一条第二款作了修改完善,规定:"根据民间传统配方私自加工药品或者销售上述药品,数量不大,且未造成他人伤害后果或者延误诊治的,或者不以营利为目的实施带有自救、互助性质的生产、进口、销售药品的行为,不应当认定为犯罪。"该款规定从另一面对妨害药品管理罪的准确适用作出了明确。

司法实践中应当注意的是,"民间传统配方"的表述虽然相沿成习,但无明确界定。实践中,可以参考"中医药传统知识"的界定,即"基于中华民族长期实践积累、世代传承发展、具有现实或者潜在价值的中医药理论、技术和标识符号,包括但不限于中医药古籍经典名方、单验方、诊疗技术、中药炮制技术、制剂方法、养生方法等",以将其与"黑窝点"界分开来。根据《解释》第十八条第二款的规定,对于是否属于民间传统配方难以确定的,根据地市级以上药品监督管理部门或者有关部门出具的认定意见,结合其他证据作出认定。

## (八)关于"假药""劣药"的认定规则

药品管理法第一百二十一条规定:"对假药、劣药的处罚决定,应当依法载明药品检验机构的质量检验结论。"实践中,对于该条文的适用,即哪些情形的假药、劣药的认定应当出具质量检验结论,存在不同认识。有鉴于此,国家药监局综合司经征求全国人大常委会法工委意见,于2020年作出《关于假药劣药认定有关问题的复函》,提出:"……根据《药品管理法》第九十八条第二款第四项'药品所标明的适应症或者功能主治超出规定范围'认定为假药,以及根据《药品管理法》第九十八条第三款第三项至第七项认定为劣药,只需要事实认定,不需要对涉案药品进行检验,处罚决定亦无须载明药品检验机构的质量检验结论……"

考虑到刑事案件中假药、劣药的认定与行政处罚具有类似性,《解释》第十九条吸收上述复函的精神,明确对相关情形的假药、劣药,能够根据现场查获的原料、包装,结合犯罪嫌疑人、被告人供述等证据材料作出判断的,可以由地市级以上药品监督管理部门出具认定意见;只有在是否属于药品管理法第九十八条第二款第二项、第三款第六项规定的假药、劣药存在争议的情形下,才出具质量检验结论。需要提及的是,对于其他情形,如依据"未标明或者更改有效期的药品""未注明或者更改产品批号的药品"的规定认定劣药存在争议的,实际属于事实认定问题,无法通过质量检验结论解决问题。

此外,考虑到"以非药品冒充药品或者以他种药品冒充此种药品"情形的假药,同样存在能够根据现场查获的原料、包装,结合犯罪嫌疑人、被告人供述等证据材料作出判断的可能,如用面粉冒充药品,在制药现场发现面粉而无其他药品原料的,直接认定为"以非药品冒充药品"应无疑义,而无须再行出具质量检验结论。基于此,《解释》第十九条在上述复函的基础上,将"对于《中华人民共和国药品管理法》第九十八条第二款第二项……规定的假药,能够根据现场查获的原料、包装,结合犯罪嫌疑人、被告人供述等证据材料作出判断的"亦增加为可以不出具质量检验结论的情形。

顺带提及的是,对于依据药品管理法第九十八条第二款第二项规定的"以他种药品冒充此种药品"认定为假药的情形,通常是指以不具有特定功能主治的他种药品冒充此种药品的行为,如以感冒药冒充治疗高血压的药品。与之不同,对于以功能主治相同的他种药品冒充此种药品的,如药品成分、质量并无问题,不应认定属于"以他种药品冒充此种药品",符合假冒注册商标罪等侵犯知识产权犯罪的,可按相应犯罪论处。

### (九) 关于《解释》的时间效力

《解释》第二十一条规定:"本解释自 2022 年 3 月 6 日起施行。本解释公布施行后,《最高人民法院、最高人民检察院关于办理危害药品安全刑事案件适用法律若干问题的解释》(法释〔2014〕14号)、《最高人民法院、最高人民检察院关于办理药品、医疗器械注册申请材料造假刑事案件适用法律若干问题的解释》(法释〔2017〕15号)同时废止。"需要注意的是,在刑法修正案(十一)施行前,刑法未对药品申请注册造假行为规定专门罪名。囿于当时刑法的规定,《2017年解释》规定对药物非临床研究机构、药物临床试验机构、合同研究组织的工作人员,故意提供虚假的药物非临床研究报告、药物临床试验报告及相关材料,情节严重的,以提供虚假证明文件罪定罪处罚;药品注册申请单位的工作人员指使药物非临床研究机构、药物临床试验机构、合同研究组织的工作人员提供的虚假药物非临床研究报告、药物临床试验报告及相关材料的,以提供虚假证明文件罪的共同犯罪论处。刑法修正案(十一)增设妨害药品管理罪,将"药品申请注册中提供虚假的证明、数据、资料、样品或者采取其他欺骗手段的"规定为客观行为方式之一。有鉴于此,在刑法修正案(十一)施行后,对于药品注册申请造假的行为,应当适用妨害药品管理罪而非提供虚假证明文件罪的规定。基于此,《解释》明确废止《2017年解释》。司法实践中应当注意的是,对于为药品注册、申请造假提供相关证明材料或者帮助的行为,不应再使用提供虚假证明文件罪,以防止形成罪刑倒挂;符合妨害药品管理罪共同犯罪的,以共犯论处。而对于医疗器械注册申请材料造假的,由于妨害药品管理罪未涉及相关行为类型,如果相关行为符合刑法第二百二十九条关于提供虚假证明文件罪规定的,也应当注意量刑平衡的问题,原则上只应适用"处五年以下有期徒刑或者拘役,并处罚金"的量刑档次。

### (十) 关于其他问题

**1. 关于危害药品安全犯罪的共犯认定规则**

《解释》第九条规定,明知他人实施危害药品安全犯罪,而有下列情形之一的,以共同犯罪论处:(1)提供资金、贷款、账号、发票、证明、许可证件的;(2)提供生产、经营场所、设备或者运输、储存、保管、邮寄、销售渠道等便利条件的;(3)提供生产技术或者原料、辅料、包装材料、标签、说明书的;(4)提供虚假药物非临床研究报告、药物临床试验报告及相关材料的；（5）提供广告宣传的；（6）提供其他帮助的。

2. 关于危害药品安全犯罪的主观故意认定规则

危害药品安全犯罪主观故意难以认定是当前实践中的重点难点问题。司法实践中，基于趋利避害的本能，行为人往往辩称主观不知情。有鉴于此，《解释》第十条总结司法实践经验，明确了综合判断规则，并列出了可以推定行为人主观故意的情形。具体而言，办理生产、销售、提供假药、生产、销售、提供劣药、妨害药品管理等刑事案件，应当结合行为人的从业经历、认知能力、药品质量、进货渠道和价格、销售渠道和价格以及生产、销售方式等事实综合判断认定行为人的主观故意。具有下列情形之一的，可以认定行为人有实施相关犯罪的主观故意，但有证据证明确实不具有故意的除外：（1）药品价格明显异于市场价格的；（2）向不具有资质的生产者、销售者购买药品，且不能提供合法有效的来历证明的；（3）逃避、抗拒监督检查的；（4）转移、隐匿、销毁涉案药品、进销货记录的；（5）曾因实施危害药品安全违法犯罪行为受过处罚，又实施同类行为的；（6）其他足以认定行为人主观故意的情形。

3. 关于利用广告对药品作虚假宣传行为的定性规则

《解释》第十二条明确，广告主、广告经营者、广告发布者违反国家规定，利用广告对药品作虚假宣传，情节严重的，依照刑法第二百二十二条的规定，以虚假广告罪定罪处罚。

4. 关于对危害药品安全犯罪分子适用罚金刑的裁量规则

《解释》第十五条规定，对于犯生产、销售、提供假药罪、生产、销售、提供劣药罪、妨害药品管理罪的，应当结合被告人的犯罪数额、违法所得，综合考虑被告人缴纳罚金的能力，依法判处罚金。罚金一般应当在生产、销售、提供的药品金额二倍以上；共同犯罪的，对各共同犯罪人合计判处的罚金一般应当在生产、销售、提供的药品金额二倍以上。

5. 关于对危害药品安全犯罪分子适用禁止令和职业禁止的规则

《解释》第十六条第一款规定，对于犯生产、销售、提供假药罪，生产、销售、提供劣药罪，妨害药品管理罪的，应当依照刑法规定的条件，严格缓刑、免予刑事处罚的适用。对于被判处刑罚的，可以根据犯罪情况和预防再犯罪的需要，依法宣告职业禁止或者禁止令。药品管理法等法律、行政法规另有规定的，从其规定。

在此基础上,《解释》第十六条第二款进一步明确了反向行刑衔接的有关内容,明确对于被不起诉或者免予刑事处罚的行为人,需要给予行政处罚、政务处分或者其他处分的,依法移送有关主管机关处理。

6. 关于单位危害药品安全犯罪的处理规则

《解释》第十七条规定,单位犯生产、销售、提供假药罪,生产、销售、提供劣药罪,妨害药品管理罪的,对单位判处罚金,并对直接负责的主管人员和其他直接责任人员,依照《解释》规定的自然人犯罪的定罪量刑标准处罚。单位犯罪的,对被告单位及其直接负责的主管人员、其他直接责任人员合计判处的罚金一般应当在生产、销售、提供的药品金额二倍以上。

7. 关于金额的计算规则

《解释》第二十条规定,对于生产、提供药品的金额,以药品的货值金额计算;销售药品的金额,以所得和可得的全部违法收入计算。所谓"药品的货值金额",可以参照药品管理法第一百五十一条"货值金额以违法生产、销售药品的标价计算;没有标价的,按照同类药品的市场价格计算"的规定把握。

## 最高人民法院 最高人民检察院
## 关于办理破坏野生动物资源刑事案件适用法律若干问题的解释

法释〔2022〕12号

(2021年12月13日最高人民法院审判委员会第1856次会议、2022年2月9日最高人民检察院第十三届检察委员会第八十九次会议通过 2022年4月6日最高人民法院、最高人民检察院公告公布 自2022年4月9日起施行)

为依法惩治破坏野生动物资源犯罪，保护生态环境，维护生物多样性和生态平衡，根据《中华人民共和国刑法》《中华人民共和国刑事诉讼法》《中华人民共和国野生动物保护法》等法律的有关规定，现就办理此类刑事案件适用法律的若干问题解释如下：

**第一条** 具有下列情形之一的，应当认定为刑法第一百五十一条第二款规定的走私国家禁止进出口的珍贵动物及其制品：

（一）未经批准擅自进出口列入经国家濒危物种进出口管理机构公布的《濒危野生动植物种国际贸易公约》附录一、附录二的野生动物及其制品；

（二）未经批准擅自出口列入《国家重点保护野生动物名录》的野生动物及其制品。

**第二条** 走私国家禁止进出口的珍贵动物及其制品，价值二十万元以上不满二百万元的，应当依照刑法第一百五十一条第二款的规定，以走私珍贵动物、珍贵动物制品罪处五年以上十年以下有期徒刑，并处罚金；价值二百万元以上的，应当认定为"情节特别严重"，处十年以上有期徒刑或者无期徒刑,并处没收财产;价值二万元以上不满二十万元的,应当认定为"情节较轻",处五年以下有期徒刑,并处罚金。

实施前款规定的行为,具有下列情形之一的,从重处罚:

(一)属于犯罪集团的首要分子的;

(二)为逃避监管,使用特种交通工具实施的;

(三)二年内曾因破坏野生动物资源受过行政处罚的。

实施第一款规定的行为,不具有第二款规定的情形,且未造成动物死亡或者动物、动物制品无法追回,行为人全部退赃退赔,确有悔罪表现的,按照下列规定处理:

(一)珍贵动物及其制品价值二百万元以上的,可以处五年以上十年以下有期徒刑,并处罚金;

(二)珍贵动物及其制品价值二十万元以上不满二百万元的,可以认定为"情节较轻",处五年以下有期徒刑,并处罚金;

(三)珍贵动物及其制品价值二万元以上不满二十万元的,可以认定为犯罪情节轻微,不起诉或者免予刑事处罚;情节显著轻微危害不大的,不作为犯罪处理。

**第三条** 在内陆水域,违反保护水产资源法规,在禁渔区、禁渔期或者使用禁用的工具、方法捕捞水产品,具有下列情形之一的,应当认定为刑法第三百四十条规定的"情节严重",以非法捕捞水产品罪定罪处罚:

(一)非法捕捞水产品五百公斤以上或者价值一万元以上的;

(二)非法捕捞有重要经济价值的水生动物苗种、怀卵亲体或者在水产种质资源保护区内捕捞水产品五十公斤以上或者价值一千元以上的;

(三)在禁渔区使用电鱼、毒鱼、炸鱼等严重破坏渔业资源的禁用方法或者禁用工具捕捞的;

(四)在禁渔期使用电鱼、毒鱼、炸鱼等严重破坏渔业资源的禁用方法或者禁用工具捕捞的;

(五)其他情节严重的情形。

实施前款规定的行为,具有下列情形之一的,从重处罚:

(一)暴力抗拒、阻碍国家机关工作人员依法履行职务,尚未构成妨害公务罪、袭警罪的;

(二)二年内曾因破坏野生动物资源受过行政处罚的;

(三)对水生生物资源或者水域生态造成严重损害的;

（四）纠集多条船只非法捕捞的；
（五）以非法捕捞为业的。

实施第一款规定的行为，根据渔获物的数量、价值和捕捞方法、工具等，认为对水生生物资源危害明显较轻的，综合考虑行为人自愿接受行政处罚、积极修复生态环境等情节，可以认定为犯罪情节轻微，不起诉或者免予刑事处罚；情节显著轻微危害不大的，不作为犯罪处理。

**第四条** 刑法第三百四十一条第一款规定的"国家重点保护的珍贵、濒危野生动物"包括：

（一）列入《国家重点保护野生动物名录》的野生动物；
（二）经国务院野生动物保护主管部门核准按照国家重点保护的野生动物管理的野生动物。

**第五条** 刑法第三百四十一条第一款规定的"收购"包括以营利、自用等为目的的购买行为；"运输"包括采用携带、邮寄、利用他人、使用交通工具等方法进行运送的行为；"出售"包括出卖和以营利为目的的加工利用行为。

刑法第三百四十一条第三款规定的"收购""运输""出售"，是指以食用为目的，实施前款规定的相应行为。

**第六条** 非法猎捕、杀害国家重点保护的珍贵、濒危野生动物，或者非法收购、运输、出售国家重点保护的珍贵、濒危野生动物及其制品，价值二万元以上不满二十万元的，应当依照刑法第三百四十一条第一款的规定，以危害珍贵、濒危野生动物罪处五年以下有期徒刑或者拘役，并处罚金；价值二十万元以上不满二百万元的，应当认定为"情节严重"，处五年以上十年以下有期徒刑，并处罚金；价值二百万元以上的，应当认定为"情节特别严重"，处十年以上有期徒刑，并处罚金或者没收财产。

实施前款规定的行为，具有下列情形之一的，从重处罚：

（一）属于犯罪集团的首要分子的；
（二）为逃避监管，使用特种交通工具实施的；
（三）严重影响野生动物科研工作的；
（四）二年内曾因破坏野生动物资源受过行政处罚的。

实施第一款规定的行为，不具有第二款规定的情形，且未造成动物死亡或者动物、动物制品无法追回，行为人全部退赃退赔，确有悔罪表现的，按照下列规定处理：

(一)珍贵、濒危野生动物及其制品价值二百万元以上的,可以认定为"情节严重",处五年以上十年以下有期徒刑,并处罚金;

(二)珍贵、濒危野生动物及其制品价值二十万元以上不满二百万元的,可以处五年以下有期徒刑或者拘役,并处罚金;

(三)珍贵、濒危野生动物及其制品价值二万元以上不满二十万元的,可以认定为犯罪情节轻微,不起诉或者免予刑事处罚;情节显著轻微危害不大的,不作为犯罪处理。

第七条 违反狩猎法规,在禁猎区、禁猎期或者使用禁用的工具、方法进行狩猎,破坏野生动物资源,具有下列情形之一的,应当认定为刑法第三百四十一条第二款规定的"情节严重",以非法狩猎罪定罪处罚:

(一)非法猎捕野生动物价值一万元以上的;

(二)在禁猎区使用禁用的工具或者方法狩猎的;

(三)在禁猎期使用禁用的工具或者方法狩猎的;

(四)其他情节严重的情形。

实施前款规定的行为,具有下列情形之一的,从重处罚:

(一)暴力抗拒、阻碍国家机关工作人员依法履行职务,尚未构成妨害公务罪、袭警罪的;

(二)对野生动物资源或者栖息地生态造成严重损害的;

(三)二年内曾因破坏野生动物资源受过行政处罚的。

实施第一款规定的行为,根据猎获物的数量、价值和狩猎方法、工具等,认为对野生动物资源危害明显较轻的,综合考虑猎捕的动机、目的、行为人自愿接受行政处罚、积极修复生态环境等情节,可以认定为犯罪情节轻微,不起诉或者免予刑事处罚;情节显著轻微危害不大的,不作为犯罪处理。

第八条 违反野生动物保护管理法规,以食用为目的,非法猎捕、收购、运输、出售刑法第三百四十一条第一款规定以外的在野外环境自然生长繁殖的陆生野生动物,具有下列情形之一的,应当认定为刑法第三百四十一条第三款规定的"情节严重",以非法猎捕、收购、运输、出售陆生野生动物罪定罪处罚:

(一)非法猎捕、收购、运输、出售有重要生态、科学、社会价值的陆生野生动物或者地方重点保护陆生野生动物价值一万元以上的;

(二)非法猎捕、收购、运输、出售第一项规定以外的其他陆生野生动物价值五万元以上的；

（三）其他情节严重的情形。

实施前款规定的行为，同时构成非法狩猎罪的，应当依照刑法第三百四十一条第三款的规定，以非法猎捕陆生野生动物罪定罪处罚。

**第九条** 明知是非法捕捞犯罪所得的水产品、非法狩猎犯罪所得的猎获物而收购、贩卖或者以其他方法掩饰、隐瞒，符合刑法第三百一十二条规定的，以掩饰、隐瞒犯罪所得罪定罪处罚。

**第十条** 负有野生动物保护和进出口监督管理职责的国家机关工作人员，滥用职权或者玩忽职守，致使公共财产、国家和人民利益遭受重大损失，应当依照刑法第三百九十七条的规定，以滥用职权罪或者玩忽职守罪追究刑事责任。

负有查禁破坏野生动物资源犯罪活动职责的国家机关工作人员，向犯罪分子通风报信、提供便利，帮助犯罪分子逃避处罚的，应当依照刑法第四百一十七条的规定，以帮助犯罪分子逃避处罚罪追究刑事责任。

**第十一条** 对于"以食用为目的"，应当综合涉案动物及其制品的特征，被查获的地点，加工、包装情况，以及可以证明来源、用途的标识、证明等证据作出认定。

实施本解释规定的相关行为，具有下列情形之一的，可以认定为"以食用为目的"：

（一）将相关野生动物及其制品在餐饮单位、饮食摊点、超市等场所作为食品销售或者运往上述场所的；

（二）通过包装、说明书、广告等介绍相关野生动物及其制品的食用价值或者方法的；

（三）其他足以认定以食用为目的的情形。

**第十二条** 二次以上实施本解释规定的行为构成犯罪，依法应当追诉的，或者二年内实施本解释规定的行为未经处理的，数量、数额累计计算。

**第十三条** 实施本解释规定的相关行为，在认定是否构成犯罪以及裁量刑罚时，应当考虑涉案动物是否系人工繁育、物种的濒危程度、野外存活状况、人工繁育情况、是否列入人工繁育国家重点保护野生动物名录，行为手段、对野生动物资源的损害程度，以及对野生动物及其制品的认知程度等情节，综合评估社会危害性，准确认定是否构成犯罪，妥当裁量刑罚,确保罪责刑相适应;根据本解释的规定定罪量刑明显过重的,可以根据案件的事实、情节和社会危害程度,依法作出妥当处理。

涉案动物系人工繁育,具有下列情形之一的,对所涉案件一般不作为犯罪处理;需要追究刑事责任的,应当依法从宽处理:

(一)列入人工繁育国家重点保护野生动物名录的;

(二)人工繁育技术成熟、已成规模,作为宠物买卖、运输的。

**第十四条** 对于实施本解释规定的相关行为被不起诉或者免予刑事处罚的行为人,依法应当给予行政处罚、政务处分或者其他处分的,依法移送有关主管机关处理。

**第十五条** 对于涉案动物及其制品的价值,应当根据下列方法确定:

(一)对于国家禁止进出口的珍贵动物及其制品、国家重点保护的珍贵、濒危野生动物及其制品的价值,根据国务院野生动物保护主管部门制定的评估标准和方法核算;

(二)对于有重要生态、科学、社会价值的陆生野生动物、地方重点保护野生动物、其他野生动物及其制品的价值,根据销赃数额认定;无销赃数额、销赃数额难以查证或者根据销赃数额认定明显偏低的,根据市场价格核算,必要时,也可以参照相关评估标准和方法核算。

**第十六条** 根据本解释第十五条规定难以确定涉案动物及其制品价值的,依据司法鉴定机构出具的鉴定意见,或者下列机构出具的报告,结合其他证据作出认定:

(一)价格认证机构出具的报告;

(二)国务院野生动物保护主管部门、国家濒危物种进出口管理机构或者海关总署等指定的机构出具的报告;

(三)地、市级以上人民政府野生动物保护主管部门、国家濒危物种进出口管理机构的派出机构或者直属海关等出具的报告。

**第十七条** 对于涉案动物的种属类别、是否系人工繁育,非法捕捞、狩猎的工具、方法,以及对野生动物资源的损害程度等专门性问题,可以由野生动物保护主管部门、侦查机关依据现场勘验、检查笔录等出具认定意见;难以确定的,依据司法鉴定机构出具的鉴定意见、本解释第十六条所列机构出具的报告,被告人及其辩护人提供的证据材料,结合其他证据材料综合审查,依法作出认定。

**第十八条** 餐饮公司、渔业公司等单位实施破坏野生动物资源犯罪的，依照本解释规定的相应自然人犯罪的定罪量刑标准，对直接负责的主管人员和其他直接责任人员定罪处罚，并对单位判处罚金。

**第十九条** 在海洋水域，非法捕捞水产品，非法采捕珊瑚、砗磲或者其他珍贵、濒危水生野生动物，或者非法收购、运输、出售珊瑚、砗磲或者其他珍贵、濒危水生野生动物及其制品的，定罪量刑标准适用《最高人民法院关于审理发生在我国管辖海域相关案件若干问题的规定（二）》（法释〔2016〕17号）的相关规定。

**第二十条** 本解释自2022年4月9日起施行。本解释公布施行后，《最高人民法院关于审理破坏野生动物资源刑事案件具体应用法律若干问题的解释》（法释〔2000〕37号）同时废止；之前发布的司法解释与本解释不一致的，以本解释为准。

# 《最高人民法院、最高人民检察院关于办理破坏野生动物资源刑事案件适用法律若干问题的解释》的理解与适用

周加海　喻海松　李振华[*]

2022年4月6日,最高人民法院、最高人民检察院发布《关于办理破坏野生动物资源刑事案件适用法律若干问题的解释》(法释〔2022〕12号,以下简称《解释》),自2022年4月9日起施行。《解释》的公布施行,对于依法惩治破坏野生动物资源犯罪,保护生态环境,维护生物多样性和生态平衡,必将发挥重要作用。为便于司法实践中正确理解和适用,现就《解释》的制定背景、起草中的主要考虑和主要内容介绍如下。

## 一、《解释》的制定背景与经过

近年来,最高人民法院单独或者会同最高人民检察院,先后制定《关于审理破坏野生动物资源刑事案件具体应用法律若干问题的解释》(法释〔2000〕37号,以下简称《2000年动物犯罪解释》)、《关于办理走私刑事案件适用法律若干问题的解释》(法释〔2014〕10号,以下简称《2014年走私犯罪解释》)、《关于审理发生在我国管辖海域相关案件若干问题的规定(二)》〔法释〔2016〕17号,以下简称《海域案件规定(二)》〕等多部司法解释,对走私珍贵动物、珍贵动物制品罪,非法捕捞水产品罪,危害珍贵、濒危野生动物罪(罪名修改前为"非法猎捕、杀害珍贵、濒危野生动物罪""非法收购、运输、出售珍贵、濒危野生动物、珍贵、

---

[*] 作者单位:最高人民法院研究室。

濒危野生动物制品罪"),非法狩猎罪等破坏野生动物资源犯罪的定罪量刑标准和有关法律适用问题作出规定。上述司法解释的发布施行,对于依法严惩破坏野生动物资源犯罪,保护野生动物资源和生态环境发挥了重要作用。

2020年2月24日,第十三届全国人大常委会第十六次会议通过《关于全面禁止非法野生动物交易、革除滥食野生动物陋习、切实保障人民群众生命健康安全的决定》,依法全面禁止食用野生动物。2020年12月26日,第十三届全国人大常委会第二十四次会议通过刑法修正案(十一),在刑法第三百四十一条中增加一款作为第三款:"违反野生动物保护管理法规,以食用为目的非法猎捕、收购、运输、出售第一款规定以外的在野外环境自然生长繁殖的陆生野生动物,情节严重的,依照前款的规定处罚。"在全国人大常委会决定通过和刑法修改后,亟须对破坏野生动物资源犯罪的司法解释作出修改完善,确保法律的正确、全面、统一贯彻执行。此外,由于经济社会发展,近年来涉野生动物资源案件呈现出多样性、复杂性的特点,上述司法解释出现一些不能适应当前实际情况的问题。

针对破坏野生动物资源犯罪的新情况和新问题,根据法律修改情况,最高人民法院会同最高人民检察院,在公安部、农业农村部、海关总署、国家林业和草原局等有关部门的大力支持下,深入调查研究,广泛征求意见,反复论证完善,起草了《解释》。《解释》于2021年12月13日由最高人民法院审判委员会第1856次会议、2022年2月9日由最高人民检察院第十三届检察委员会第八十九次会议审议通过。

## 二、《解释》起草中的主要考虑

《解释》坚持以习近平新时代中国特色社会主义思想为指导,深入贯彻习近平生态文明思想、习近平法治思想,从司法环节发力,依法惩治破坏野生动物资源犯罪,为推进生态文明建设提供有力司法保障。具体而言,在起草过程中,着重注意把握了以下几点。

一是依法惩治破坏野生动物资源犯罪,维护生物多样性和生态平衡。保护野生动物,是维护生物多样性和生态平衡,推进生态文明建设的重要内容。当前,破坏野生动物资源犯罪仍然处于高发、多发态势。基于此,《解释》将坚持从严惩治原则,保护野生动物资源作为一条贯彻始终的主线。具体而言，整体坚持从严惩治的原则，就低设置入罪和升档量刑标准；突出对特定破坏野生动物资源犯罪的从严惩治，设定从重处罚情节；不仅惩治前端的非法捕捞、猎捕环节，也惩治后续的销赃环节，对破坏野生动物资源犯罪实现全链条惩治。

二是将定罪量刑的数量标准调整为价值标准，确保罪责刑相适应。考虑到不同野生动物存在较大差异，《解释》对破坏野生动物资源犯罪不再唯数量论，而以价值（主要由国务院野生动物保护主管部门根据野生动物的珍贵、濒危程度、生态价值和市场价值等综合评估确定）作为基本定罪量刑标准。作此调整后，对破坏野生动物资源犯罪的定罪量刑标准更加符合罪责刑相适应原则的要求，对重要野生动物的保护力度不减，能够保障相关案件办理取得更好的法律效果和社会效果。一方面，对于价值较小的野生动物不再是"一只入罪"，而是以价值为基准综合考量；另一方面，对重要野生动物的保护力度不减，以大熊猫（价值五百万元）、亚洲象（价值二百万元）为例，无论是根据调整前的数量标准还是调整后的价值标准，走私一只以上的，仍然可以判处重刑。

三是对破坏人工繁育野生动物资源案件作特殊考量，确保符合社会公众的一般认知。一方面，人工繁育的野生动物也属于野生动物资源，应当予以保护；另一方面，对人工繁育技术成熟稳定的野生动物的人工繁育种群和野外种群按照同一标准进行管理，一律适用完全相同的定罪量刑标准，不利于经济社会发展和野生动物保护，也不符合社会公众的一般认知。据此，《解释》对破坏人工繁育野生动物资源案件的定罪量刑规则作出专门规定。

四是坚持综合裁量原则，确保宽严相济、刚柔并济。《解释》虽然以价值作为定罪量刑的基本标准，但要求对具体案件的处理要兼顾其他情节。例如，对于具有系犯罪集团的首要分子的，或者为逃避监管，使用特种交通工具实施犯罪等情节的，从重处罚。此外，对相关行为在认定是否构成犯罪以及裁量刑罚时，应当全面考虑案件有关情节，综合评估社会危害性，准确认定是否构成犯罪，妥当裁量刑罚，确保罪责刑相适应。刑法是保护野生动物的重要手段，但并非唯一手段，而是最后手段。在加大生态环境司法保护力度的同时，要注意防止矫枉过正，确保案件处理符合人民群众的朴素公平正义观念。对情节轻微危害不大的行为，通过行政处罚等其他措施治理，也可以收到效果。不区分具体情形，一味严惩重判，不符合法律政策精神，会引发社会质疑，严重影响办案效果。

### 三、《解释》的主要内容

《解释》结合当前破坏野生动物资源刑事案件的特点和司法实践反映的问题，依照法律规定，对破坏野生动物资源犯罪的定罪量刑标准和相关法律适用问题作了全面、系统的规定。《解释》共二十个条文，主要可以归纳为如下十二个方面的问题。

#### （一）走私珍贵动物、珍贵动物制品罪的对象范围和行为方式

《2014年走私犯罪解释》第十条第一款规定："刑法第一百五十一条第二款规定的'珍贵动物'，包括列入《国家重点保护野生动物名录》中的国家一、二级保护野生动物，《濒危野生动植物种国际贸易公约》附录一、附录二中的野生动物，以及驯养繁殖的上述动物。"《解释》第一条根据相关行政法律和司法实践情况作出修改完善，主要体现在两个方面。

其一，第一项强调"《濒危野生动植物种国际贸易公约》附录一、附录二的野生动物及其制品"应当"经国家濒危物种进出口管理机构公布"后方可作为定罪量刑的依据。通常认为，国际条约不宜直接适用为定罪量刑依据，而是应当进行转化。对此，野生动物保护法第三十五条第一款亦规定："中华人民共和国缔结或者参加的国际公约禁止或者限制贸易的野生动物或者其制品名录，由国家濒危物种进出口管理机构制定、调整并公布。"有鉴于此，第一项要求"经国家濒危物种进出口管理机构公布"。

其二，第二项将"列入《国家重点保护野生动物名录》的野生动物及其制品"限定为"走私出境"的情形。野生动物保护法第三十五条第二款规定："进出口列入前款名录的野生动物或者其制品的，出口国家重点保护野生动物或者其制品的，应当经国务院野生动物保护主管部门或者国务院批准，并取得国家濒危物种进出口管理机构核发的允许进出口证明书。海关依法实施进出境检疫，凭允许进出口证明书、检疫证明按照规定办理通关手续。"据此，野生动物保护法明确规定对国家重点保护野生动物及其制品实行出口管制，但是，对进口上述动物及其制品的行为则未予专门规制。基于走私珍贵动物、珍贵动物制品罪的行政犯属性，走私珍贵动物、珍贵动物制品罪的行为方式也限于"走私出境"。

## (二) 走私珍贵动物、珍贵动物制品罪的定罪量刑标准

《2014年走私犯罪解释》按珍贵动物的数量对走私珍贵动物罪的定罪量刑标准作了规定。据此,走私珍贵动物的,不论动物种类和珍贵程度,走私一只即构成犯罪。根据司法实践反映的问题,《解释》第二条第一款以走私珍贵动物及其制品的价值作为定罪量刑的基本标准。主要考虑:(1) 依据价值标准定罪量刑具有行政法律依据和现实可操作性。野生动物保护法第四章"法律责任"部分设置的罚款多以猎获物价值、野生动物及其制品价值作为基数;同时,该法第五十七条专门规定:"本法规定的猎获物价值、野生动物及其制品价值的评估标准和方法,由国务院野生动物保护主管部门制定。"2017年11月原国家林业局发布了《野生动物及其制品价值评估方法》,2019年8月农业农村部发布了《水生野生动物及其制品价值评估办法》。这两个评估方法在确定价值时,考虑了相关珍贵、濒危野生动物的珍贵、濒危程度、生态价值和市场价值等,较为科学合理,且可以根据实践具体情况及时调整。这就使得根据涉案野生动物及其制品的价值定罪量刑于法有据,实际可行。(2) 依据价值标准定罪量刑更加符合罪责刑相适应原则的要求。对走私珍贵动物的行为依据数量标准定罪量刑,由于数量标准过于绝对化,导致量刑畸重。据统计,2017年至2021年五年间,走私珍贵动物、珍贵动物制品罪的重刑率高达46.07%,远高于全部犯罪的重刑率(10.70%)。而且,动物种类众多、珍贵程度有异,依照数量标准定罪量刑,走私一只双尾褐凤蝶(价值一千元)、一只天鹅(价值一万五千元)和一头黑熊(价值四万元),都要入刑,且都在五年以下有期徒刑的幅度内量刑。而改采价值标准后,根据测算,在2021年2月发布的《国家重点保护野生动物名录》中,大概有75%价值较小的动物不再是"一只入刑",而是需要走私一定数量(累计价值二万元以上)才能入刑;其余25%则价值较大且多为大型的一级保护动物,单只价值在二万元以上,仍维持"一只入刑",如走私一只扬子鳄(价值十万元)、一只穿山甲(价值八万元),即构成犯罪。根据价值大小合理划定量刑档次,更有利于适应动物种类多样和珍贵、濒危程度不同等实际情况,更有利于贯彻罪责刑相适应原则。

为贯彻宽严相济刑事政策,《解释》第二条第二款吸收完善《2014年走私犯罪解释》第九条第三款第三项的规定,设置了从重处罚情节;第三

款设置了从宽处罚情节，规定对未造成动物死亡或者动物、动物制品无法追回，行为人全部退赃退赔，确有悔罪表现的案件可以从宽处理。此外，实践反映，《2014年走私犯罪解释》第九条第四款"不以牟利为目的，为留作纪念而走私珍贵动物制品进境，数额不满十万元的，可以免予刑事处罚；情节显著轻微的，不作为犯罪处理"适用效果良好。考虑到该款规定的主要内容可为《解释》第二条第三款所涵盖，故未再作规定，实践中可以继续沿用相关做法。

### （三）非法捕捞水产品罪的定罪量刑标准

关于非法捕捞水产品罪的定罪量刑标准，以往司法解释未作规定。但是，《最高人民检察院、公安部关于公安机关管辖的刑事案件立案追诉标准的规定》（公通字〔2008〕36号，以下简称《立案追诉标准》）规定了立案追诉标准，对在内陆水域非法捕捞水产品主要是依据数量、价值标准（五百公斤或者五千元以上，特定情形五十公斤或者五百元以上）和"两禁"标准（在禁渔区、禁渔期内使用禁用的工具或者方法捕捞）决定立案追诉。根据司法实践反映的情况，《解释》第三条吸收并完善《立案追诉标准》的相关规定，明确了非法捕捞水产品罪的定罪量刑标准。

一是在沿用数量标准的同时适度上调价值标准。主要考虑：（1）根据物价上涨因素，对价值标准作了适度调整（第一款第一项将五千元调整为一万元，第二项将五百元调整为一千元），以使得数量标准与价值标准更加协调。（2）非法捕捞水产品罪的犯罪对象为珍贵、濒危水生野生动物以外的水产品，不存在根据保护级别依照相应水生野生动物的基准价值计算（根据《水生野生动物及其制品价值评估办法》，国家一级、二级保护水生野生动物的价值分别按照基准价值的十倍、五倍计算）的问题，司法实践中一般不依照水生野生动物的基准价值核算上述水产品价值，故非法捕捞水产品案件中渔获物等水产品的价值往往较低。在此情况下，一万元的入罪标准与该罪的社会危害性具有相当性，有利于控制刑事打击范围，不使渔获物数量、价值过低的行为入罪，确保案件处理符合罪责刑相适应原则和社会公众的一般认知。（3）根据对相关案例（裁判文书网随机检索50件非法捕捞水产品案件）的研究，非法捕捞水产品案件绝大部分属于使用禁用方法（32件）和禁用工具（14件）的情形，根据渔获物数量（3件）或者价值（仅1件）定罪的较少。在单纯以渔获物价值定罪的案件中，价值也在一万元以上。故而，一万元的入罪标准符合实践惯常做法。

需要注意的是，《解释》第三条第一款第一项、第二项采取了数量标准和价值标准并用的方式。主要考虑：(1)《海域案件规定（二）》《立案追诉标准》等司法解释、规范性文件在水产资源方面均采取了数量标准和价值标准并用的方式，为保证司法政策的连贯性，继续沿用这种方式；(2) 水产资源具有不同于陆地野生动物资源的特点，一些水产品数量很大，但价值很低，如果单纯用价值标准进行评判，恐会削弱对水产资源和生态环境的保护力度。例如，被告人非法捕捞螺蛳数千公斤，非法获利数千余元。法院认为被告人行为严重侵犯了国家保护水产资源的管理制度，同时破坏湖区底栖生物栖息地，影响螺蛳及其他水生生物的种群数量，破坏了湖区生物多样性，并一定程度上降低水体自净能力，危害了湖区生态安全，以非法捕捞水产品罪判处多名被告人拘役至有期徒刑一年十个月的刑罚。

二是在沿用"两禁"标准的同时作了适当完善。《解释》第三条第一款第三项、第四项沿用"两禁"标准。但是，在符合"两禁"的情形下，行为人捕获的水产品数量差异较大，有的有几百公斤甚至上千公斤，有的则只有几斤、价值只有几十元，而且是初犯，一律入罪，恐失之过严。基于此，《解释》专门规定符合"两禁"标准的非法捕捞水产品案件，根据渔获物的数量、价值和捕捞方法、工具等情节，认为对水生生物资源危害明显较轻的，综合考虑行为人自愿接受行政处罚、积极修复生态环境等情节，可以认定为犯罪情节轻微，不起诉或者免予刑事处罚；情节显著轻微危害不大的，不作为犯罪处理。这一规定赋予司法实践一定的自由裁量权，可以综合考虑网具的最小网目尺寸、渔具的功率强度、渔获物中幼鱼比例等情节综合评判行为对渔业资源的具体危害，实现对案件的妥当处理。对于捕捞水产品数量较少、价值较小，但对水产资源破坏较大的，也应当定罪处罚；对于捕捞水产品数量较少、价值较小，且对水产资源危害明显较轻的，不予刑事追究，必要时，可予以行政处罚。

此外，为贯彻宽严相济刑事政策，《解释》第三条第二款专门设置从重处罚情节，明确实施非法捕捞水产品犯罪，对暴力抗拒、阻碍国家机关工作人员依法履行职务尚未构成妨害公务罪、袭警罪的、对水产资源或者水域生态造成严重损害的、二年内曾因破坏野生动物资源受过行政处罚的，应当从重处罚。

征求意见过程中，有意见建议吸收《检察机关办理长江流域非法捕捞水产品案件刑事检察工作座谈会纪要》规定，增加"在繁育期非法捕捞""纠集多条船只非法捕捞"以及"以非法捕捞为业"三个从重处罚情节。经研究认为：（1）繁育期往往为禁渔期，一律作为从重处罚的条件，可能存在入罪情节与从重情节的重复评价问题。从重处罚在繁育期内实施的非法捕捞行为，原因在于此类行为对水产资源的破坏更加严重，对此，《解释》第三条第二款第三项已将"对水生生物资源或者水域生态造成严重损害的"作为从重处罚的情节之一，可以实现罪刑相当。（2）实践中，"纠集多条船只非法捕捞""以非法捕捞为业"往往会对水产资源造成严重破坏，应作为惩治重点，故吸收规定为从重处罚情节。

### （四）危害珍贵、濒危野生动物罪的对象范围

《2000年动物犯罪解释》第一条规定："刑法第三百四十一条第一款规定的'珍贵、濒危野生动物'，包括列入国家重点保护野生动物名录的国家一、二级保护野生动物、列入《濒危野生动植物种国际贸易公约》附录一、附录二的野生动物以及驯养繁殖的上述物种。"《解释》第四条对上述规定作出修改完善，将"列入《濒危野生动植物种国际贸易公约》附录一、附录二的野生动物"修改为"经国务院野生动物保护主管部门核准按照国家重点保护的野生动物管理的野生动物"。主要考虑有以下几点。

第一，《濒危野生动植物种国际贸易公约》在序言中指出，该公约是"为了保护某些野生动物和植物物种不致由于国际贸易而遭到过度开发利用"而进行的国际合作；并在第一条"定义"中明确规定，该条约中的"贸易"指"出口、再出口、进口和从海上引进"。由此可见，该公约规范的是国际贸易，不涉及国际贸易的国内行为，不受该国际条约管束。因此不宜将该公约附录中的野生动物直接规定为危害珍贵、濒危野生动物罪的犯罪对象。

第二，野生动物保护法第三十五条第四款规定："列入本条第一款名录的野生动物，经国务院野生动物保护主管部门核准，在本法适用范围内可以按照国家重点保护的野生动物管理。"《林业部关于核准部分濒危野生动物为国家重点保护野生动物的通知》（林护通字〔1993〕48号）规定："将《濒危野生动植物种国际贸易公约》附录一和附录二所列非原产我国的所有野生动物（如犀牛、食蟹猴、袋鼠、鸵鸟、非洲象、斑马等），分

别核准为国家一级和国家二级保护野生动物。"2018年10月，农业农村部发布《〈濒危野生动植物种国际贸易公约〉附录水生动物物种核准为国家重点保护野生动物名录》（2021年11月，农业农村部对核准名录作出调整并重新发布）规定"《濒危野生动植物种国际贸易公约》附录水生物种按照被核准的国家重点保护动物级别进行国内管理"。因此，就列入《濒危野生动植物种国际贸易公约》附录一、附录二的野生动物而言，可以适用刑法第三百四十一条第一款的，只能是经国务院野生动物保护主管部门核准按照国家重点保护的野生动物管理的情形。

### （五）危害珍贵、濒危野生动物罪的定罪量刑标准

《解释》第六条对危害珍贵、濒危野生动物罪的定罪量刑标准作了规定。具体而言，以价值作为定罪量刑的基本标准。《2000年动物犯罪解释》规定，非法猎捕、杀害珍贵、濒危野生动物罪与非法收购、运输、出售珍贵、濒危野生动物、珍贵、濒危野生动物制品罪的定罪量刑采取数量标准，且确立"一只入刑"的基本原则，不论动物大小、珍贵程度，只要是珍贵、濒危野生动物，一只即构成犯罪，至少要处五年以下有期徒刑或者拘役，并处罚金。依据数量标准定罪量刑，难以适应司法实践的复杂情况，个别案件的处理结果难以获得社会公众认同。

需要说明的是，《解释》第六条关于价值标准的具体设置，参考了《2000年动物犯罪解释》第五条关于非法收购、运输、出售珍贵、濒危野生动物制品罪的定罪量刑价值标准（数额不满十万元、十万元以上、二十万元以上）和《2014年走私犯罪解释》第九条关于走私动物制品罪的定罪量刑价值标准（数额不满二十万元、二十万元以上、一百万元以上）。根据司法实践反映的情况，可以二十万元作为五年以上有期徒刑升档量刑的门槛，但同时宜设置入罪门槛，并适当提升十年以上有期徒刑的升档量刑标准。基于此，将《解释》第六条的定罪量刑价值标准分别设置为二万元以上不满二十万元、二十万元以上不满二百万元、二百万元以上。

此外，根据宽严相济刑事政策的要求，经吸收《2000年动物犯罪解释》第四条的规定，《解释》第六条第二款、第三款分别规定了从重处罚情节和从宽处罚情节。

## （六）非法狩猎罪的定罪量刑标准

《解释》第七条明确了非法狩猎罪的定罪量刑标准。《2000年动物犯罪解释》第六条明确了非法狩猎罪的入罪门槛，主要依据数量标准（非法狩猎野生动物二十只以上的）和"两禁"标准（违反狩猎法规，在禁猎区或者禁猎期使用禁用的工具、方法狩猎的）。根据司法实践反映的情况，《解释》第七条吸收并完善《2000年动物犯罪解释》第六条的规定，明确了非法狩猎罪的定罪量刑标准。

一是将数量标准调整为价值标准。根据《2000年动物犯罪解释》第六条的规定，非法狩猎野生动物二十只以上的，即构成犯罪。这一绝对的数量标准没有考虑动物的体型大小、价值及对环境的破坏程度等因素，不区分情况一概予以刑事处罚，难以适应案件的复杂情况。例如，个别地方对捕捉几十只青蛙的行为予以刑事追究，法律效果和社会效果不佳。根据司法实践反映的问题，《解释》第七条第一款第一项将数量标准调整为价值标准（价值一万元以上的），以更好地适应案件复杂情况，体现罪责刑相适应原则的基本要求。

二是在沿用"两禁"标准的同时作了适当完善。根据《2000年动物犯罪解释》第六条的规定，符合"两禁"标准的，即使非法狩猎的野生动物数量价值只有几十元，也要追究刑事责任，个别案件裁判偏离社会公众的一般认知，未体现罪责刑相适应原则的要求。基于此，在《解释》第七条第一款第二项、第三项沿用"两禁"标准的同时，增加规定第三款，明确符合"两禁"标准，但根据猎获物的数量、价值和狩猎方法、工具等，认为对野生动物资源危害明显较轻的，综合考虑猎捕的动机、目的、行为人自愿接受行政处罚、积极修复生态环境等情节，可以认定为犯罪情节轻微，不起诉或者免予刑事处罚；情节显著轻微危害不大的，不作为犯罪处理。增加这一规定，有助于避免简单化、一刀切，有利于办案人员在综合考虑禁用的狩猎工具、方法的破坏性程度、狩猎对野生动物生息繁衍活动的影响等情节基础上，准确评判非法狩猎行为的社会危害程度，实现对案件的妥当处理。

需要注意的是，野生动物保护法第二十二条规定："猎捕非国家重点保护野生动物的，应当依法取得县级以上地方人民政府野生动物保护主管部门核发的狩猎证，并且服从猎捕量限额管理。"结合该法第十条第三款

"地方重点保护野生动物,是指国家重点保护野生动物以外,由省、自治区、直辖市重点保护的野生动物"的规定,刑法第三百四十一条第二款规定的非法狩猎罪的犯罪对象主要包括地方重点保护野生动物和有重要生态、科学、社会价值的陆生野生动物("三有动物")。当然,如果野生动物保护法对狩猎许可制度作出调整,则应当依照法律最新规定执行,妥当把握非法狩猎罪的对象范围。

此外,为贯彻宽严相济刑事政策,《解释》第七条第二款专门设置从重处罚情节,明确实施非法狩猎犯罪,暴力抗拒、阻碍国家机关工作人员依法履行职务尚未构成妨害公务罪、袭警罪的、对野生动物资源或者栖息地生态造成严重损害的、二年内曾因非法破坏野生动物资源受过行政处罚的,应当从重处罚。

### (七)非法猎捕、收购、运输、出售陆生野生动物罪的有关问题

《解释》第八条、第十一条明确了非法猎捕、收购、运输、出售陆生野生动物罪的犯罪对象、入罪标准及有关问题。

其一,犯罪对象。刑法第三百四十一条第三款规定的非法猎捕、收购、运输、出售陆生野生动物罪,犯罪对象是除第一款规定的国家重点保护的珍贵、濒危野生动物以外的其他陆生野生动物。经研究认为,具体包括两类野生动物:(1)"三有动物"和地方重点保护的陆生野生动物。具体而言,针对"三有动物"和地方重点保护的陆生野生动物进行狩猎,构成非法狩猎罪,限于"两禁"情形(违反狩猎法规,在禁猎区、禁猎期或者使用禁用的工具、方法进行狩猎)。故而,以食用为目的,非法猎捕"三有动物"和地方重点保护的陆生野生动物,不具有"两禁"情形的,不构成非法狩猎罪,但可能构成刑法第三百四十一条第三款规定的非法猎捕陆生野生动物罪。此外,以食用为目的,针对此类动物实施非法收购、运输、出售的行为,构成刑法第三百四十一条第三款规定的非法收购、运输、出售陆生野生动物罪。(2)其他陆生野生动物。从防范公共卫生安全风险的需要考虑,主要指对人类具有动物疫病传播风险的陆生脊椎野生动物,如鼠类、蝙蝠等。以食用为目的,非法猎捕、收购、运输、出售此类野生动物,构成刑法第三百四十一条第三款规定的非法收购、运输、出售陆生野生动物罪。

其二，定罪量刑标准。《解释》第八条第一款还进一步明确了非法猎捕、收购、运输、出售陆生野生动物罪的入罪标准。根据刑法第三百四十一条第三款的规定，该罪以"情节严重"作为入罪标准。具体而言，区分"三有动物"、地方重点保护的陆生野生动物和其他陆生野生动物，分别设置了一万元、五万元的入罪标准（第一项、第二项），并设置了兜底项。

其三，竞合适用规则。对于以食用为目的，同时违反"两禁"规定，非法猎捕"三有动物"和地方重点保护的陆生野生动物的，可能同时构成刑法第三百四十一条第二款规定的非法狩猎罪和该条第三款规定的非法猎捕陆生野生动物罪，对此，应当适用哪个罪名，《解释》起草过程中存在不同认识。一种意见认为，应当适用刑法第三百四十一条第二款规定的非法狩猎罪，主要考虑：（1）非法狩猎罪并不排斥"以食用为目的"的主观要件，上述行为的核心特征是违反"两禁"规定，适用非法狩猎罪更有利于准确评价行为的社会危害性；（2）在以"三有动物"和地方重点保护的陆生野生动物为对象的前提下，相较"以食用为目的"的主观要素，"两禁"情形更易于认定，以是否违反"两禁"规定作为非法狩猎罪和非法猎捕陆生野生动物罪的界分标准，便于实践操作。另一种意见则认为，应当适用刑法第三百四十一条第三款规定的非法猎捕陆生野生动物罪，主要考虑：（1）刑法修正案（十一）增设非法猎捕、收购、运输、出售陆生野生动物罪，旨在惩治"以食用为目的"破坏陆生野生动物资源的行为，保障公共卫生安全，对上述行为适用非法猎捕陆生野生动物罪，有利于贯彻修法精神，突出对相关"以食用为目的"行为的规制；（2）如对此类行为适用非法狩猎罪，对下游以食用为目的的收购、运输以及出售行为适用非法收购、运输、出售陆生野生动物罪，体系上不够协调。经研究认为，两种意见均有可取之处，且两罪的法定刑完全相同，考虑到与其他条文的协调问题，为切实贯彻刑法修改精神，统一法律适用、避免实践困惑，《解释》第八条第二款对非法狩猎罪和非法猎捕陆生野生动物罪的竞合适用规则作出明确规定："实施前款规定的行为，同时构成非法狩猎罪的，应当依照刑法第三百四十一条第三款的规定，以非法猎捕陆生野生动物罪定罪处罚。"

此外，对于以食用为目的，非法收购、出售"三有动物"和地方重点保护陆生野生动物的行为，可能同时符合掩饰、隐瞒犯罪所得罪的构成要件，此种情形下应当如何处断，涉及刑法第三百四十一条第三款与刑法第三百一十二条之间的关系问题。经研究认为，二者之间系"特别法与一般法"的关系，应当适用特别法。

其四，主观目的认定。根据刑法第三百四十一条第三款的规定，非法猎捕、收购、运输、出售陆生野生动物罪以"以食用为目的"作为主观要件。为统一司法适用，《解释》第十一条第一款明确了"以食用为目的"的综合认定规则，规定对"以食用为目的"的认定应当综合考虑在案证据，特别是如下证据：（1）相关标识，有的标识、证明可以说明涉案动物及其制品的来源、用途，应当着重查明；（2）查获地点，有的涉案野生动物在食品销售场所或者运输途中被查获；（3）加工、包装情况，有的加工、包装明显是为了食用，甚至标识食用价值或者方法。

在此基础上，《解释》第十一条第二款规定了可以推定为"以食用为目的"的具体情形。经综合考虑实践情况，对于将相关野生动物及其制品在餐饮单位、饮食摊点、超市等场所作为食品销售或者运往上述场所的（第一项），以及通过包装、说明书、广告等介绍相关野生动物及其制品的食用价值或者方法的（第二项），允许作上述推定；此外，还设置了兜底项（第三项），如对于"涉案动物实践中主要被用于食用"，且根据具体案情足以排除其他利用可能的，可作为兜底项的适用情形之一。

## （八）掩饰、隐瞒非法捕捞的水产品和非法狩猎的猎获物行为的定性

从司法实践来看，不少非法捕捞、猎捕犯罪形成了"捕捞/猎捕—收购—贩卖"的利益链条，不仅要惩治前端的非法捕捞（狩猎）环节，也要惩治后续的销赃环节。基于此，《解释》第九条明确对明知是非法捕捞的水产品和非法狩猎的猎获物而收购、贩卖或者以其他方法掩饰、隐瞒，符合刑法第三百一十二条规定的行为适用掩饰、隐瞒犯罪所得罪，以实现对破坏野生动物资源犯罪的全链条惩治。

起草过程中存在的难点问题是，如何协调处理与刑法第三百四十一条第三款的关系问题。对于猎捕野生动物犯罪的后续收购、销赃行为，属于掩饰、隐瞒犯罪所得罪的情形。但是，如果刑法对此种掩饰、隐瞒行为作了特别规定的，则根据"特别法优于一般法"的法理，应当优先适用特别规定。例如，刑法第三百四十一条第一款规定了危害珍贵、濒危野生动物罪，则对此类销赃行为不再适用掩饰、隐瞒犯罪所得罪的规定。因此，在

刑法修正案（十一）已经将收购、运输、出售国家重点保护的珍贵、濒危野生动物以外的其他陆生野生动物的行为规定为专门犯罪，并限定为"以食用为目的"的情况下，对于以食用为目的收购、贩卖非法狩猎犯罪所得猎获物的情形，无疑应当适用非法收购、出售陆生野生动物罪。

但是，对于不以食用为目的，实施上述收购、出售行为的，无法构成非法收购、出售陆生野生动物罪；但是，能否适用掩饰、隐瞒犯罪所得罪，则存在不同认识：（1）否定说认为，不能再适用掩饰、隐瞒犯罪所得罪。否则，一方面，可能导致按照择一重罪处断原则对相关行为大多适用掩饰、隐瞒犯罪所得罪，使刑法第三百四十一条第三款的规定难以适用；另一方面，可能导致不以食用为目的的行为适用刑罚更重的掩饰、隐瞒犯罪所得罪，与以食用为目的的行为相比形成罪刑倒挂。（2）肯定说认为，在刑法修正案（十一）施行后，《全国人民代表大会常务委员会关于〈中华人民共和国刑法〉第三百四十一条、第三百一十二条的解释》关于"知道或者应当知道是刑法第三百四十一条第二款规定的非法狩猎的野生动物而购买的，属于刑法第三百一十二条第一款规定的明知是犯罪所得而收购的行为"的规定继续有效，对"三有动物"、地方重点保护的陆生野生动物的收购行为，在不以食用为目的的情况下，可以适用掩饰、隐瞒犯罪所得罪。经研究，倾向于肯定说。按照这一考虑，《解释》第九条作了相应规定。

司法适用中，对于掩饰、隐瞒犯罪所得的野生动物行为的刑罚裁量，应当注意与作为上游犯罪的非法狩猎罪的量刑平衡，也要注意与非法收购、运输、出售陆生野生动物罪保持协调。

### （九）破坏野生动物资源案件的综合裁量

办理涉野生动物案件，宜根据具体案情，准确认定是否构成犯罪，综合评估社会危害性，妥当裁量刑罚，确保罪责刑相适应。有鉴于此，《解释》第十三条第一款要求对于实施《解释》规定的行为，在认定是否构成犯罪以及裁量刑罚时，应当考虑涉案动物是否系人工繁育、物种的濒危程度、野外存活状况、人工繁育情况、是否列入人工繁育国家重点保护野生动物名录，以及行为手段、对野生动物资源的损害程度等情节，综合评估社会危害性，准确认定是否构成犯罪，妥当裁量刑罚，确保罪责刑相适应。根据《解释》的规定定罪量刑明显过重的，可以根据案件的事实、情节和社会危害程度，依法作出妥当处理。

需要注意的是：其一，《国家重点保护野生动物名录（2021年）》对原名录进行了系统更新，共列入野生动物980种和8类，其中，新增的保护动物达517种（类），包括大斑灵猫等43种国家一级保护野生动物，以及狼等474种（类）国家二级保护野生动物。考虑到名录列入的野生动物种类繁多，且一半以上系新增，难以为一般社会公众在短时间内准确辨识。在认定相关行为是否构成犯罪以及裁量刑罚时，要充分考察、考虑行为人对野生动物及其制品的认知程度。其二，司法实践中要善于运用综合裁量规则，对相关案件作出妥当处理。例如，随着野生动物数量增加，野生动物致害情况不时发生，甚至出现伤人事件。有的农民为了保护农作物不被侵害而采取预防性措施猎捕野猪，对于此类案件，就应当充分考虑案发起因、行为动机，实事求是、区别对待，予以刑事追究必须严格把握。

## （十）人工繁育动物案件的处理

近年来，有的涉人工繁育野生动物案件的处理引发了社会关注。妥当确定此类案件的法律政策标准，确保相关案件处理既于法有据又符合人民群众的公平正义观念，是《解释》制定重点考虑的问题之一。

一方面，人工繁育野生动物属于野生动物范畴，也在刑法的保护范围之内。野生动物保护法第二十八条规定："对人工繁育技术成熟稳定的国家重点保护野生动物，经科学论证，纳入国务院野生动物保护主管部门制定的人工繁育国家重点保护野生动物名录……""对本法第十条规定的国家重点保护野生动物名录进行调整时，根据有关野外种群保护情况，可以对前款规定的有关人工繁育技术成熟稳定野生动物的人工种群，不再列入国家重点保护野生动物名录，实行与野外种群不同的管理措施，但应当依照本法第二十五条第二款和本条第一款的规定取得人工繁育许可证和专用标识。"由此，可以明显得出国家重点保护野生动物包括人工繁育动物在内的结论。例如，大熊猫不少是人工繁育，将人工繁育的大熊猫一概排除在刑法保护之外，显然不符合法律规定，也不符合常识常理。

另一方面，人工繁育野生动物确实具有特殊性、复杂性，需要具体分析、区别对待。有鉴于此，《解释》第十三条第二款专门针对人工繁育野生动物案件的处理规则作了进一步明确，规定涉案动物系人工繁育，具有下列情形之一的，对所涉案件一般不作为犯罪处理；需要追究刑事责任的,应当依法从宽处理。

一是列入人工繁育国家重点保护野生动物名录的。随着科研水平不断提高,不少野生动物的人工繁育得到突破,一些珍贵、濒危野生动物已经形成了稳定的、完全不依赖野外资源的人工繁育种群。根据野生动物保护法第二十八条第一款的规定,截至2022年3月底,共有四批39种动物被列入人工繁育国家重点保护野生动物名录。具体包括:(1)原国家林业局于2017年6月公布的《人工繁育国家重点保护陆生野生动物名录(第一批)》,列入梅花鹿、马鹿、尼罗鳄等9种动物;(2)原农业部于2017年11月公布的《人工繁育国家重点保护水生野生动物名录(第一批)》,列入胭脂鱼、金线鲃等6种动物;(3)农业农村部于2019年7月公布的《人工繁育国家重点保护水生野生动物名录(第二批)》,列入花龟、黄喉拟水龟、尼罗鳄等18种动物,其中,将《人工繁育国家重点保护陆生野生动物名录(第一批)》中的暹罗鳄、尼罗鳄、湾鳄3种动物纳入,作为水生动物管理;(4)农业农村部于2021年11月公布的《人工繁育国家重点保护水生野生动物名录(第三批)》,列入岩原鲤、马苏大马哈鱼、虎纹蛙、乌龟等10种动物,其中,此前列入《人工繁育国家重点保护陆生野生动物名录(第一批)》的虎纹蛙已由《国家重点保护野生动物名录(2021年)》调整为按水生动物管理。

二是人工繁育技术成熟、已成规模,作为宠物买卖、运输的。从实践来看,有些野生动物人工繁育时间长、技术成熟。例如,据媒体报道,费氏牡丹鹦鹉原生地为非洲热带丛林,列入《濒危野生动植物种国际贸易公约》附录二,被核准为国家二级保护野生动物。自20世纪80年代,费氏牡丹鹦鹉被引入我国,已有三十多年人工繁育的历史,技术十分成熟。由于历史原因,多数存在证件不全的情况。对于此类案件,追究刑事责任应当特别慎重,要重在通过完善相关行政管理加以解决。

对于涉及人工繁育技术成熟稳定的国家重点保护野生动物案件的处理,起草过程中存在不同认识:一种意见主张,对于列入人工繁育国家重点保护野生动物名录的野生动物,其人工种群应当排除在"珍贵动物"和"珍贵、濒危野生动物"的范围之外;另一种意见主张,将上述动物的人工种群一律排除在"珍贵动物"和"珍贵、濒危野生动物"的范围之外存在不妥,但对涉及相关动物的案件应当从宽处理,甚至不予追究刑事责任。经综合考虑各方意见认为,刑法规定的"珍贵、濒危野生动物"应以野生动物保护法为依据，不宜再出现刑法规定的"珍贵、濒危野生动物"。有鉴于此，《解释》采纳后一种意见。

## （十一）涉案动物及其制品的价值计算

《野生动物及其制品价值评估方法》《水生野生动物及其制品价值评估办法》明确了野生动物整体的价值，卵、蛋的价值，制品的价值，人工繁育野生动物的价值等价值标准和核算方法，为核算涉案动物及其制品价值提供了依据。对于国家重点保护的珍贵、濒危野生动物及其制品的价值，根据国务院野生动物保护主管部门综合考虑野生动物的珍贵、濒危程度、生态价值和市场价值制定的评估标准和方法核算，并无疑义。但是，对于其他野生动物及其制品的价值，可能出现评估价值与市场价值相差悬殊的情形，如麻雀依评估价值为每只三百元，实践中交易价格一般在二十元左右，相差近十五倍。上述现象的出现，究其原因，就在于国家重点保护野生动物的核算价值不仅考虑市场价值，还综合考虑了物种的珍贵、濒危程度以及相关的生态功能、科研价值等。对于国家重点保护野生动物之外的动物，如一律按评估标准和方法核算，将导致价值过高，从而实际降低了相关犯罪的入罪门槛，势必扩大刑事打击范围，难以实现罪责刑相适应，亦与社会公众的朴素公平正义观念不符。

基于上述考虑，《解释》第十五条明确了野生动物及其制品的价值认定规则。具体而言：第一项规定，对于国家禁止进出口的珍贵动物及其制品、国家重点保护的珍贵、濒危野生动物及其制品的价值，根据国务院野生动物保护主管部门制定的评估标准和方法核算。第二项规定，对于有重要生态、科学、社会价值的陆生野生动物、地方重点保护野生动物、其他野生动物及其制品的价值，根据销赃数额认定；无销赃数额、销赃数额难以查证或者根据销赃数额认定明显偏低的，根据市场价格核算，必要时，也可以参照相关评估标准和方法核算。

征求意见过程中，对于《解释》第十五条第二项规定存在不同认识。例如，有意见提出，陆生野生动物更加注重生态、科学、社会价值，对珍贵、濒危野生动物以外的陆生野生动物及其制品价值，依法应依照国务院野生动物保护主管部门制定的评估标准和方法核算，不宜简单按"销赃数额"或"市场价格"核算；司法实践中出现核算价值严重不合理的情况，可由国务院野生动物保护主管部门修订部分物种的基准价值来解决。也有意见提出,《解释》第十五条第二项不符合野生动物保护法及相关动物价值评估办法的明确规定;实践中,易导致未实际售出的动物及其制品(因为相关交易均不合法,或者此前未有此类动物交易,故市场价格无法确定)按评估价计算,价值更高,而已经售出的按交易价格计算反而价值低的情形,造成罪刑倒挂。

经研究,维持上述规定,主要考虑:(1)该项规定符合罪责刑相适应原则的要求,有利于相关案件的处理,特别是动物价值的认定,更加贴近人民群众的于法感情。(2)野生动物保护法及相关动物价值评估办法的规定,主要是基于行政执法实践操作的考虑。就刑事案件而言,涉及定罪量刑的问题,宜考虑实践情况。据向办案一线了解,有些案件,如非法捕捞案件,对涉案渔获物就是根据市场价值,而非综合考虑生态、科学、社会价值确定的评估价值认定价值。这也是《解释》相关条文在确定入罪标准时的依据,如果要采用评估价值,则相关犯罪的入罪价值标准应作大幅提升。(3)关于第二种意见所提及的罪刑倒挂问题,恰恰可以通过妥当适用本项规定予以避免。需要注意的是,本项规定"参照"而非"依照"相关评估标准和方法核算,这就赋予一线办案部门以自由裁量权,可以在核算价值的过程中裁量把握,做到"罪刑均衡"而非"罪刑倒挂"。

此外,《解释》第十六条明确了破坏野生动物资源犯罪涉案动物及其制品价值难以确定时的处理规则,具体并存司法鉴定机构鉴定、价格认证机构认证或者有关部门出具报告等多种选择路径。

### (十二) 破坏野生动物资源犯罪的其他问题

根据司法实践的情况,《解释》还对破坏野生动物资源犯罪的其他问题作了明确。

一是破坏野生动物资源犯罪案件专门性问题的认定规则。《解释》第十七条吸收了"两高两部"印发的《关于依法惩治非法野生动物交易犯罪的指导意见》的相关规定,明确了破坏野生动物资源犯罪案件专门性问题的认定规则。具体而言,基于当前司法鉴定机构的现实情况,确立了鉴定与报告"两条腿走路"原则,既可以出具鉴定意见,也允许由有关部门或者机构出具报告。对于一些判断难度不大的专门性问题,还可以由侦查机关依据现场勘验、检查笔录等出具认定意见。

二是涉野生动物资源渎职犯罪的处理规则。《解释》第十条对负有野生动物保护和进出口监督管理职责的国家机关工作人员滥用职权或者玩忽职守，以及负有查禁破坏野生动物资源犯罪活动职责的国家机关工作人员帮助犯罪分子逃避处罚的罪名适用问题作了指引性规定。

三是数量数额累计计算规则。《解释》第十二条明确了破坏野生动物资源相关犯罪的数量数额累计计算规则。具体而言，二次以上实施《解释》规定的行为构成犯罪，依法应当追诉的，或者二年内实施本解释规定的行为未经处理的，数量、数额累计计算。

四是单位犯罪的处理规则。《解释》第十八条明确了餐饮公司、渔业公司等单位实施破坏野生动物资源犯罪的，适用自然人犯罪的定罪量刑标准，以切实加大对单位破坏野生动物资源犯罪的惩治力度。

五是海洋水域破坏水生野生动物犯罪的处理规则。海洋水域和内陆水域的动物数量、价值有较大差别，《海域案件规定（二）》对在海洋水域破坏水生野生动物资源行为设定了专门定罪量刑标准，实践中并无明显问题，可以继续沿用。有鉴于此，《解释》第十八条对在海洋水域实施破坏水生野生动物犯罪的处理问题作了提示性规定。需要注意的是，《解释》第三条第三款、第六条第一款、第十三条第一款分别对非法捕捞内陆水域水产品犯罪的从宽处理，危害珍贵、濒危野生动物犯罪的入罪门槛以及破坏野生动物资源犯罪的综合裁量规则作了规定，对于在海洋水域实施的非法捕捞水产品或者危害珍贵、涉危野生动物行为，可以根据案件具体情况，参照适用上述规定，以确保案件办理符合罪责刑相适应原则的要求。

六是反向行刑衔接规则。对于实施相关破坏野生动物资源行为，被不起诉或者免予刑事处罚的行为人，依法应当给予行政处罚、政务处分或者其他处分的，《解释》第十四条明确依法移送有关主管机关处理，避免"不刑不罚"、变相放纵破坏野生动物资源的违法行为，以进一步强化刑事司法与行政执法部门的工作合力，完善行刑双向衔接的治理体系。

七是《解释》的时间效力问题。《解释》自2022年4月9日起施行。《解释》公布施行后，《2000年动物犯罪解释》同时废止；之前发布的司法解释与《解释》不一致的，以《解释》为准。需要注意的是，根据"举重以明轻"的法理，之前发布的规范性文件与《解释》不一致的，也应当以《解释》为准。

## 最高人民法院 最高人民检察院
## 关于办理危害生产安全刑事案件适用法律若干问题的解释（二）

法释〔2022〕19号

（2022年9月19日最高人民法院审判委员会第1875次会议、2022年10月25日最高人民检察院第十三届检察委员会第一百零六次会议通过　2022年12月15日最高人民法院、最高人民检察院公告公布　自2022年12月19日起施行）

为依法惩治危害生产安全犯罪，维护公共安全，保护人民群众生命安全和公私财产安全，根据《中华人民共和国刑法》《中华人民共和国刑事诉讼法》和《中华人民共和国安全生产法》等规定，现就办理危害生产安全刑事案件适用法律的若干问题解释如下：

第一条　明知存在事故隐患，继续作业存在危险，仍然违反有关安全管理的规定，有下列情形之一的，属于刑法第一百三十四条第二款规定的"强令他人违章冒险作业"：

（一）以威逼、胁迫、恐吓等手段，强制他人违章作业的；

（二）利用组织、指挥、管理职权，强制他人违章作业的；

（三）其他强令他人违章冒险作业的情形。

明知存在重大事故隐患，仍然违反有关安全管理的规定，不排除或者故意掩盖重大事故隐患，组织他人作业的，属于刑法第一百三十四条第二款规定的"冒险组织作业"。

第二条　刑法第一百三十四条之一规定的犯罪主体，包括对生产、作业负有组织、指挥或者管理职责的负责人、管理人员、实际控制人、投资人等人员，以及直接从事生产、作业的人员。

第三条 因存在重大事故隐患被依法责令停产停业、停止施工、停止使用有关设备、设施、场所或者立即采取排除危险的整改措施，有下列情形之一的，属于刑法第一百三十四条之一第二项规定的"拒不执行"：

（一）无正当理由故意不执行各级人民政府或者负有安全生产监督管理职责的部门依法作出的上述行政决定、命令的；

（二）虚构重大事故隐患已经排除的事实，规避、干扰执行各级人民政府或者负有安全生产监督管理职责的部门依法作出的上述行政决定、命令的；

（三）以行贿等不正当手段，规避、干扰执行各级人民政府或者负有安全生产监督管理职责的部门依法作出的上述行政决定、命令的。

有前款第三项行为，同时构成刑法第三百八十九条行贿罪、第三百九十三条单位行贿罪等犯罪的，依照数罪并罚的规定处罚。

认定是否属于"拒不执行"，应当综合考虑行政决定、命令是否具有法律、行政法规等依据，行政决定、命令的内容和期限要求是否明确、合理，行为人是否具有按照要求执行的能力等因素进行判断。

第四条 刑法第一百三十四条第二款和第一百三十四条之一第二项规定的"重大事故隐患"，依照法律、行政法规、部门规章、强制性标准以及有关行政规范性文件进行认定。

刑法第一百三十四条之一第三项规定的"危险物品"，依照安全生产法第一百一十七条的规定确定。

对于是否属于"重大事故隐患"或者"危险物品"难以确定的，可以依据司法鉴定机构出具的鉴定意见、地市级以上负有安全生产监督管理职责的部门或者其指定的机构出具的意见，结合其他证据综合审查，依法作出认定。

第五条 在生产、作业中违反有关安全管理的规定，有刑法第一百三十四条之一规定情形之一，因而发生重大伤亡事故或者造成其他严重后果，构成刑法第一百三十四条、第一百三十五条至第一百三十九条等规定的重大责任事故罪、重大劳动安全事故罪、危险物品肇事罪、工程重大安全事故罪等犯罪的，依照该规定定罪处罚。

第六条 承担安全评价职责的中介组织的人员提供的证明文件有下列情形之一的，属于刑法第二百二十九条第一款规定的"虚假证明文件"：

（一）故意伪造的；

（二）在周边环境、主要建（构）筑物、工艺、装置、设备设施等重要内容上弄虚作假，导致与评价期间实际情况不符，影响评价结论的；

（三）隐瞒生产经营单位重大事故隐患及整改落实情况、主要灾害等级等情况，影响评价结论的；

（四）伪造、篡改生产经营单位相关信息、数据、技术报告或者结论等内容，影响评价结论的；

（五）故意采用存疑的第三方证明材料、监测检验报告，影响评价结论的；

（六）有其他弄虚作假行为，影响评价结论的情形。

生产经营单位提供虚假材料、影响评价结论，承担安全评价职责的中介组织的人员对评价结论与实际情况不符无主观故意的，不属于刑法第二百二十九条第一款规定的"故意提供虚假证明文件"。

有本条第二款情形，承担安全评价职责的中介组织的人员严重不负责任，导致出具的证明文件有重大失实，造成严重后果的，依照刑法第二百二十九条第三款的规定追究刑事责任。

**第七条** 承担安全评价职责的中介组织的人员故意提供虚假证明文件，有下列情形之一的，属于刑法第二百二十九条第一款规定的"情节严重"：

（一）造成死亡一人以上或者重伤三人以上安全事故的；

（二）造成直接经济损失五十万元以上安全事故的；

（三）违法所得数额十万元以上的；

（四）两年内因故意提供虚假证明文件受过两次以上行政处罚，又故意提供虚假证明文件的；

（五）其他情节严重的情形。

在涉及公共安全的重大工程、项目中提供虚假的安全评价文件，有下列情形之一的，属于刑法第二百二十九条第一款第三项规定的"致使公共财产、国家和人民利益遭受特别重大损失"：

（一）造成死亡三人以上或者重伤十人以上安全事故的；

（二）造成直接经济损失五百万元以上安全事故的；

（三）其他致使公共财产、国家和人民利益遭受特别重大损失的情形。

承担安全评价职责的中介组织的人员有刑法第二百二十九条第一款行

为,在裁量刑罚时,应当考虑其行为手段、主观过错程度、对安全事故的发生所起作用大小及其获利情况、一贯表现等因素,综合评估社会危害性,依法裁量刑罚,确保罪责刑相适应。

**第八条** 承担安全评价职责的中介组织的人员,严重不负责任,出具的证明文件有重大失实,有下列情形之一的,属于刑法第二百二十九条第三款规定的"造成严重后果":

(一)造成死亡一人以上或者重伤三人以上安全事故的;

(二)造成直接经济损失一百万元以上安全事故的;

(三)其他造成严重后果的情形。

**第九条** 承担安全评价职责的中介组织犯刑法第二百二十九条规定之罪的,对该中介组织判处罚金,并对其直接负责的主管人员和其他直接责任人员,依照本解释第七条、第八条的规定处罚。

**第十条** 有刑法第一百三十四条之一行为,积极配合公安机关或者负有安全生产监督管理职责的部门采取措施排除事故隐患,确有悔改表现,认罪认罚的,可以依法从宽处罚;犯罪情节轻微不需要判处刑罚的,可以不起诉或者免予刑事处罚;情节显著轻微危害不大的,不作为犯罪处理。

**第十一条** 有本解释规定的行为,被不起诉或者免予刑事处罚,需要给予行政处罚、政务处分或者其他处分的,依法移送有关主管机关处理。

**第十二条** 本解释自 2022 年 12 月 19 日起施行。最高人民法院、最高人民检察院此前发布的司法解释与本解释不一致的,以本解释为准。

# 《最高人民法院、最高人民检察院关于办理危害生产安全刑事案件适用法律若干问题的解释（二）》的理解与适用

滕　伟　叶邵生　李加玺*

2022年12月15日，最高人民法院、最高人民检察院联合发布《关于办理危害生产安全刑事案件适用法律若干问题的解释（二）》（法释〔2022〕19号，以下简称《解释》），自2022年12月19日起施行。《解释》的出台，对于更加有效惩治危害生产安全犯罪，切实维护生产安全和公共安全，保障人民生命财产安全，进一步充分运用法治思维和法治手段推动安全生产工作，具有重要意义。为便于司法实践中正确理解和适用，现就《解释》的制定背景、研究起草中的总体原则和规定的主要内容简要介绍如下。

## 一、《解释》的制定背景

安全生产关系人民群众的生命财产安全，是经济社会协调健康发展的标志，是建设更高水平的平安中国、满足人民群众日益增长的安全需要的必然要求，意义十分重大。党的十八大以来，以习近平同志为核心的党中央高度重视安全生产工作，习近平总书记多次作出重要指示，反复强调要坚持发展决不能以牺牲安全为代价这条红线。党的二十大报告提出，要坚持以人民安全为宗旨，建设更高水平的平安中国，提高公共安全治理水平，推进安全生产风险专项整治。

---

\* 作者单位：最高人民法院刑事审判第四庭。

人民法院始终坚持以习近平新时代中国特色社会主义思想为指导，深入贯彻习近平法治思想，贯彻落实习近平总书记重要指示精神和党中央决策部署，充分发挥审判职能作用，依法从严惩治危害生产安全犯罪和相关联犯罪，取得显著成效。党的十八大以来，天津、江苏、福建等地人民法院相继审结天津港"8·12"瑞海公司危险品仓库特大火灾爆炸事故系列案、江苏响水天嘉宜公司"3·21"特大爆炸事故系列案、福建泉州欣佳酒店"3·7"坍塌事故系列案等一大批重大案件，一批重特大生产安全事故责任人和相关中介组织人员、失职渎职国家公职人员被判处刑罚，及时回应了社会关切，满足了人民群众对公共安全和公平正义的心理期待。

为明确危害生产安全犯罪的法律适用标准，最高人民法院及时总结审判工作经验，研究出台司法解释和规范性文件。2015年12月，最高人民法院会同最高人民检察院联合公布《关于办理危害生产安全刑事案件适用法律若干问题的解释》（以下简称《2015年解释》），明确了重大责任事故罪等危害生产安全犯罪相关罪名的定罪量刑标准、刑事政策把握以及缓刑期间禁止令、刑罚执行完毕后的从业禁止措施的具体适用等问题。为解决安全生产行政执法与刑事司法的衔接问题，最高人民法院于2019年4月会同最高人民检察院、公安部、应急管理部联合印发《安全生产行政执法与刑事司法衔接工作办法》（以下简称《衔接工作办法》），对安全生产违法犯罪案件移送、证据收集使用以及部门间协作工作机制等作出了规定。

上述司法解释和规范性文件为各级司法机关依法办理危害生产安全犯罪案件提供了较为完备的裁判标准，收到了良好的惩罚和预防犯罪的效果。但是，当前我国仍然处在工业化、城镇化持续推进过程中，全社会生产经营规模不断扩大，传统和新型生产经营方式并存，各类事故隐患和安全风险交织叠加，安全生产基础薄弱、监管体制机制和法律制度不完善、企业主体责任落实不力等问题依然突出，部分地区和行业领域重特大安全事故有所反弹，造成重大人员伤亡和高额财产损失，人民群众反映强烈。为解决安全生产工作中存在的突出问题，党中央作出重大决策部署，立法机关对相关法律法规作出重要修改。2014年8月和2021年6月，全国人大常委会两次修改安全生产法，进一步加强对安全生产各方面的监管力度和责任落实。中共中央、国务院2016年12月印发《关于推进安全生产领域改革发展的意见》，对进一步做好安全生产工作、提高安全生产工作水平提出明确要求。2020年12月通过的刑法修正案（十一）对刑法规定的危害生产安全犯罪作出重大修改，将强令违章冒险作业罪修改为强令、组织他人违章冒险作业罪，增设危险作业罪，并进一步明确了刑法规定的提供虚假证明文件罪的犯罪主体范围和适用第二档法定刑的条件。

为贯彻落实党中央决策部署，明确刑法修正案（十一）作出修改和增设的刑法相关条文的具体适用标准等问题，最高人民法院会同最高人民检察院共同开展调研，广泛征求了各方面意见，经反复研究论证，起草了《解释》。2022年9月19日和10月25日，最高人民法院审判委员会第1875次会议、最高人民检察院第十三届检察委员会第一百零六次会议分别审议通过了《解释》。

## 二、《解释》研究起草中的总体原则

为确保《解释》规定内容能够有效指导司法实践，研究起草过程中着重把握了以下几个总体原则。

第一，坚持以习近平法治思想为指导。《解释》深刻领会习近平总书记关于推进全面依法治国的根本目的是依法保障人民权益的重要论述，始终坚持以人民为中心的根本立场，坚持人民至上、生命至上，着力解决人民群众反映强烈的影响生产安全和公共安全的突出问题，坚持对危害生产安全犯罪和相关联的安全评价中介组织等犯罪依法从严惩处，有效回应人民群众的新要求、新期待，不断增强人民群众的获得感幸福感安全感。

第二，坚持罪刑法定原则。罪刑法定原则是刑法的基本原则，要求司法解释和规范性文件的规定内容不得与刑法相抵触。《解释》严格依照立法法确定的司法解释权限，以刑法的具体规定为依据，坚持正确理解和把握刑事立法精神，在刑法条文的文义范围内作进一步具体阐释。

第三，坚持法秩序统一性要求。《解释》注意保持法律体系内部的协调统一，避免出现相互冲突和不协调。对于刑法条文涉及的有关专门概念、术语内涵和外延的界定，原则上与安全生产法等有关法律、行政法规的规定保持一致；条文表述尽量采用有关法律、行政法规、规范性文件中的已有概念和术语，方便实践把握。

第四，坚持问题导向。危害生产安全违法犯罪可能涉及几乎所有生产经营行业领域，牵涉面广，司法实践中遇到的问题较多。《解释》不求面面俱到，着力于解决实践中存在争议的突出问题，重点明确刑法修正案

(十一)作出修改或者增设的有关罪名的司法适用标准和刑事政策把握尺度,对于各方面经研究已经取得共识的问题,尽量作出明确规定,为司法实践提供统一的裁判标准。对于起草过程中有关方面尚存在明显分歧的问题,《解释》暂不作规定或仅作原则性、导向性规定,后续在进一步总结审判工作经验的基础上,通过出台新的司法文件或者发布指导性案例等方式统筹解决。

### 三、《解释》规定的主要内容

《解释》共12条,针对现阶段安全生产工作的形势特点、刑事立法的新近发展和司法实践反映的新情况新问题,依照刑法、刑事诉讼法、安全生产法等有关法律规定,对有关危害生产安全犯罪和相关联的安全评价中介组织人员犯罪的认定标准、刑事政策把握、安全生产刑事司法与行政执法衔接等问题作出了规定。

#### (一)关于强令、组织他人违章冒险作业罪的行为方式

实践中,某些生产经营单位管理人员出于追求高额利润等目的,明知生产作业环境存在安全风险隐患,仍然强制命令或者组织一线生产作业人员冒险开展生产作业活动。此类强令、组织违章冒险作业行为极易引发重特大事故,社会危害严重,应当依法严惩。为有效惩治此类行为,2006年6月通过的刑法修正案(六)对刑法第一百三十四条作出修改,将强令他人违章冒险作业行为与一般的违章生产、作业行为分开,作为该条第二款单独规定,并将刑罚从最高七年有期徒刑提高到十五年有期徒刑,从而使强令违章冒险作业罪成为危害生产安全犯罪中最重的一个罪名。《2015年解释》第五条列举了强令违章冒险作业罪的三种具体行为方式,即"(一)利用组织、指挥、管理职权,强制他人违章作业的;(二)采取威逼、胁迫、恐吓等手段,强制他人违章作业的;(三)故意掩盖事故隐患,组织他人违章作业的"。为进一步增强刑罚打击效果,刑法修正案(十一)对刑法第一百三十四条作出第二次修改,在该条第二款中增加规定"明知存在重大事故隐患而不排除,仍冒险组织作业"的犯罪情形,从而进一步扩充了犯罪行为方式,该款规定的罪名由强令违章冒险作业罪相应修改为强令、组织他人违章冒险作业罪。

在《解释》起草过程中,有意见提出,《2015年解释》第五条列举的

第三种行为方式,主要是为了满足当时司法实践的需要,对刑法第一百三十四条第二款规定作出的适度扩张性解释,在刑法修正案(十一)施行后,需要认真考虑如何合理确定刑法第一百三十四条第二款规定的两种行为方式的区分界限,正确认定罪名。研究认为,从理论上讲,刑法第一百三十四条第二款规定的强令他人违章冒险作业与组织他人违章冒险作业在行为方式上的主要区别在于,生产经营单位的管理者是否有强制命令行为、一线生产作业人员对于冒险开展作业在主观上是否情愿。具体来讲,在强令他人违章冒险作业的情况下,管理者利用自己的职权或者采用其他手段强迫一线生产作业人员在违章情况下冒险作业,对一线生产作业人员产生了精神强制,导致一线生产作业人员不敢违抗命令、不得不违章冒险作业;在组织他人违章冒险作业的情况下,并不要求管理者对一线生产作业人员的精神产生强制,即使一线生产作业人员未受到精神强制、对开展生产作业活动无明显排斥心态,管理者的行为也可能构成犯罪。根据上述标准,在生产经营单位的管理者故意掩盖重大事故隐患的情况下,一线生产作业人员对生产作业环境存在重大事故隐患、属于违章冒险作业并不明知,其主观上对开展生产作业活动并不存在排斥心态,单位管理者亦未实施强制命令行为,将此种情形认定为组织他人违章冒险作业更为妥当,且不会放纵犯罪人。故在刑法修正案(十一)施行后,对《2015年解释》第五条列举的第三种行为方式不宜再认定为强令违章冒险作业行为,在存在重大事故隐患的情况下,应以组织他人违章冒险作业罪定罪处罚。《解释》第一条明确,实施《2015年解释》第五条前两项规定行为的,属于强令他人违章冒险作业;明知存在重大事故隐患,仍然违反有关安全管理的规定,不排除或者故意掩盖重大事故隐患,组织他人作业的,属于冒险组织作业。

## (二)关于危险作业罪的相关构成要件

《解释》第二条和第三条对刑法修正案(十一)增设的危险作业罪的相关构成要件作出了规定。

第一,关于危险作业罪的犯罪主体。刑法第一百三十四条之一关于危险作业罪的罪状表述为"在生产、作业中违反有关管理的规定",与第一百三十四条第一款关于重大责任事故罪的罪状表述总体一致,仅在是否造成实际危害后果方面存在区别,故危险作业罪的犯罪主体范围原则上应与重大责任事故罪相同。另外，第一百三十四条之一规定的三种行为方式中，第二种和第三种行为方式一般情况下仅能由对生产作业活动负有组织、指挥、管理职责的人员实施，但第一种行为方式"关闭、破坏直接关系生产安全的监控、报警、防护、救生设备、设施，或者篡改、隐瞒、销毁其相关数据、信息的"行为，负有组织、指挥、管理职责的人员和一线生产作业人员均可实施。《解释》第二条明确："危险作业罪的犯罪主体，包括对生产、作业负有组织、指挥或者管理职责的负责人、管理人员、实际控制人、投资人等人员，以及直接从事生产、作业的人员。"

第二，关于危险作业罪具体行为方式的认定。司法实践中，对于刑法第一百三十四条之一第二项规定的"拒不执行"的内涵和外延存在一定争议，部分案件处理中对"拒不执行"的理解和界定过于狭窄，导致对危险作业行为的刑事处罚不力。研究认为，对于"拒不执行"的界定，应当服务于刑法规定的目的，遵循刑法解释的基本规则，立足于充分运用刑事手段依法惩治拒不执行安全生产监管部门行政决定、命令的危险作业行为。法律解释中的当然解释方法要求，运用逻辑的推演、考虑法律的规定目的，在法律条文文义的可能范围之内进行解释。[①] 在生产作业场所存在重大事故隐患的情况下，行为人无正当理由故意不执行责令停产停业、停止施工、停止使用有关设备、设施、场所或者立即采取排除危险的整改措施的，属于刑法第一百三十四条之一第二款规定的"拒不执行"。根据当然解释的要求，行为人在收到安全生产监管部门作出的上述行政决定、命令后，故意弄虚作假虚构重大事故隐患已经排除的事实，或者采取行贿等不正当手段，使安全生产监管部门解除上述处罚决定或者整改措施，规避、干扰有关行政决定、命令的执行的，与无正当理由故意不执行行为并无实质上的区别，而且社会危害性更加严重，认定为"拒不执行"符合刑法规定的目的。《解释》第三条第一款明确列举了上述三种可认定为"拒不执行"的行为方式。第二款依照刑法和已有司法解释确定的处断原则，明确以行贿等不正当手段规避、干扰执行依法作出的行政决定、命令，同时构成行贿罪、单位行贿罪等犯罪的，应当依法数罪并罚。

危险作业罪属于刑法理论上的行政犯，认定构成犯罪需要满足双重违法性要求，以行为违反行政法律法规的规定为前提。同时，司法机关对于

---

[①] 参见王利明：《法学方法论》，中国人民大学出版社2012年版，第398~400页。

某类行政违法行为是否构成犯罪，必须严格依照刑法规定进行判断，不能将所有的违反行政法律法规的行为都认定为犯罪。安全生产行政执法的具体情况比较复杂，且现阶段安全生产行政执法工作在某些方面还在不断发展完善之中，认定某些类型的安全生产行政违法行为是否构成犯罪，更需要进行认真审查。《解释》第三条第三款对认定是否属于刑法第一百三十四条之一第二项规定的"拒不执行"作了进一步原则性规定，明确应当综合考虑相关行政决定、命令是否具有法律、行政法规等依据，行政决定、命令的内容和期限要求是否明确、合理，行为人是否具有按照要求执行的能力等因素进行判断。设置上述规定，有利于合理确定危险作业罪的适用范围，也可以进一步督促安全生产监管部门规范履行安全生产监管职责。

### （三）关于危险作业罪与相关结果犯罪名的关系

对于危险作业罪与重大责任事故罪等危害生产安全犯罪结果犯罪名的关系，研究起草《解释》的过程中存在一定争议。有意见认为，行为人实施刑法第一百三十四条之一规定的危险作业行为，符合危险作业罪的构成要件，该行为又进而导致发生重大伤亡事故或者其他严重后果的，还符合重大责任事故罪等罪名的构成要件，属于刑法理论上的想象竞合犯，应当按照从一重罪原则或者从一重罪从重原则进行处断。

研究认为，上述意见值得商榷。刑法理论上的想象竞合是指一行为同时触犯数个罪名的情形，即行为人实施了一个行为，但同时符合多个罪名的构成要件而形成的竞合关系。对于危险作业罪与重大责任事故罪等罪名而言，危险作业罪的定罪条件是"具有发生重大伤亡事故或者其他严重后果的现实危险"，属于具体危险犯；重大责任事故罪等罪名的构成要件是"发生重大伤亡事故或者造成其他严重后果"，属于结果犯。根据刑法理论，作为犯罪构成要件的危险与结果是两个不同的概念，危险进一步发展才会造成结果，故作为危险作业罪定罪条件的"现实危险"不应包括发生重大伤亡事故或者造成其他严重后果的情形。行为人实施了危险作业行为、导致发生重大伤亡事故或者造成其他严重后果的，符合重大责任事故罪等结果犯罪名的构成要件，但并不符合危险作业罪的构成要件，故不属于刑法理论上的想象竞合。危险作业罪与重大责任事故罪等结果犯罪名之间总体上属于基本犯与结果加重犯的关系，不构成想象竞合犯。《解释》第五条明确，在生产、作业中违反有关安全管理的规定，有刑法第一百三十四条之一规定情形之一，因而发生重大伤亡事故或者造成其他严重后果，构成重大责任事故罪等结果犯罪名的，应当依照基本犯与结果加重犯的关系原理，以结果加重犯即重大责任事故罪等罪名定罪量刑。

实践中适用本条规定，需要注意处理好与《2015年解释》有关条文的关系。《2015年解释》第十二条第一款规定了构成危害生产安全犯罪情况下的多种从重处罚的情形，该条第一款规定的部分情形，如未经许可违法违规从事生产经营活动、关闭、破坏必要的安全监控和报警设备等行为，属于刑法第一百三十四条之一规定的危险作业行为。根据《解释》第五条和《2015年解释》第十二条第一款的规定，行为人实施属于刑法第一百三十四条之一和《2015年解释》第十二条第一款规定范围内的危险作业行为，导致发生重大伤亡事故或者其他严重后果，构成重大责任事故罪等结果犯罪名的，应当以重大责任事故罪等结果犯罪名定罪处罚，同时还应体现《2015年解释》第十二条第一款的规定精神，在量刑时酌情从重处罚。从理论上讲，如果行为人实施的非法违法生产经营行为属于刑法第一百三十四条之一规定的危险作业罪行为，说明该行为本身即具有严重的社会危害性，在该行为导致发生重大伤亡事故或者其他严重后果、又构成重大责任事故罪等结果犯罪名的情况下，以重大责任事故罪等结果犯罪名定罪并酌情从重处罚，才能对该行为以及该行为造成的危害后果进行充分评价。另外，刑法对危险作业罪的规定方式具有一定特殊性，仅选取了社会危害性较大的一部分非法违法生产经营行为作为犯罪处理，而未将所有的非法违法生产经营行为均规定为犯罪，这一点与刑法第一百一十四条、第一百一十五条等对放火罪等罪名基本犯和结果加重犯的规定方式存在明显不同。在危险作业行为导致发生重大伤亡事故或者其他严重后果、符合重大责任事故罪等结果犯罪名构成要件的情况下，如果在具体量刑时不对犯罪人酌情从重处罚，不利于做到与非法违法生产经营行为本身不符合危险作业罪行为构成要件的其他结果犯的量刑平衡。这种情况下，以重大责任事故罪等结果犯罪名定罪，并在量刑时酌情从重处罚，有利于做到罪责刑相适应。

**（四）关于对安全评价中介组织人员犯罪的行为认定和定罪量刑标准**

随着市场经济的发展，中介组织发挥着越来越重要的作用。安全评价中介组织依法接受委托开展安全评价活动、出具安全评价报告，对生产经营单位能否获得行政批准和许可、能否开展生产经营活动起到关键性作用。当前，安全评价中介组织人员故意提供虚假证明文件或者出具证明文件重大失实等问题时有发生，是导致生产安全事故发生的原因之一，必须引起重视，对相关犯罪行为予以依法惩处。《解释》立足于实践需要，对安全评价中介组织人员犯提供虚假证明文件罪和出具证明重大失实罪的行为认定和定罪量刑标准作出了规定。

第一，关于行为认定。《解释》第六条第一款根据安全生产领域相关法律、行政法规、部门规章等的规定，结合刑法理论，对刑法第二百二十九条第一款规定的提供虚假证明文件罪中与安全评价有关的"虚假证明文件"这一概念的外延作出了规定。其中，第一项规定的"故意伪造的"安全评价文件主要是指无资质组织或者个人冒用具有合法资质的安全评价中介组织名义出具的安全评价文件，属于形式伪造；第二项至第五项规定内容主要参考了安全生产监管部门有关规范性文件的规定，总体属于具有合法资质的安全评价中介组织故意出具内容虚假的安全评价文件，属于对安全评价文件的实质伪造；第六项是兜底条款。

对安全评价中介组织负有监管职责的有关行政主管部门提出，现阶段在部分刑事案件中，一定程度上存在对安全评价中介组织人员的刑事责任认定范围过广、处罚范围过大等问题，实践中，造成安全评价中介组织出具的证明文件与实际情况不符的原因很多、情况较为复杂，建议在司法解释中作出限制性规定，防止刑事打击面过广。研究认为，上述意见需要引起重视，对安全评价中介组织人员犯罪既要依法严惩，又要坚持实事求是，正确认定刑事责任，确保罚当其罪，不能将生产经营单位单方面蓄意弄虚作假导致证明文件失实失真的责任简单归咎于安全评价中介组织人员。《解释》第六条第二款明确，因为作为安全评价对象的生产经营单位单方面擅自提供虚假材料、影响安全评价结论，承担安全评价职责的中介组织人员对安全评价结论与实际情况不符无主观故意的，不属于故意提供虚假证明文件，不构成提供虚假证明文件罪。此外，在生产经营单位单方面擅自提供虚假材料的情况下，如果安全评价中介组织人员存在严重不负责任的过失心态，未按规定通过现场核查等方式对生产经营单位提供的虚假材料进行认真审核辨别，导致评价结论重大失实、造成严重后果的，仍有可能构成出具证明文件重大失实罪这一过失犯罪罪名。《解释》第六条第三款对此作出了规定，有利于正确区分罪责，严密刑事法网，充分发挥司法解释的规范引导作用。

第二，关于定罪量刑标准。最高人民检察院、公安部于 2022 年 4 月印发修订的《关于公安机关管辖的刑事案件立案追诉标准的规定（二）》[以下简称《立案追诉标准（二）》]对提供虚假证明文件罪和出具证明文件重大失实罪的定罪标准作了规定，主要以行为造成的直接经济损失数额为认定标准。各级司法机关参照《立案追诉标准（二）》的规定处理了一批安全评价中介组织人员犯罪案件。为保持裁判标准的延续性，《解释》确定的定罪直接经济损失数额标准总体上与《立案追诉标准（二）》保持一致。同时，根据司法实践中的已有判例，对安全评价中介组织人员以提供虚假证明文件罪和出具证明文件重大失实罪定罪处罚的情况一般发生在生产安全事故中，生产安全事故导致的人身伤亡结果是判断安全评价中介组织人员行为是否构成犯罪的重要标准，已有司法判例采用的定罪人身伤亡标准总体上与生产安全事故涉及的重大责任事故罪等罪名的定罪标准一致，效果良好。《解释》第七条第一款和第八条在总结审判经验的基础上，参照《立案追诉标准（二）》的有关规定，结合《2015 年解释》规定的重大责任事故罪等危害生产安全犯罪罪名的定罪标准，同时考虑到与发生在其他行业领域的提供虚假证明文件和出具证明文件重大失实犯罪行为的定罪标准的协调统一，对安全评价中介组织人员犯提供虚假证明文件罪和出具证明文件重大失实罪的定罪标准作了规定。

《解释》第七条第二款在总结已有案例裁判标准的基础上，对提供虚假证明文件罪中"致使公共财产、国家和人民利益遭受特别重大损失"这一适用第二档法定刑结果要件的认定标准作出了规定，总体上与重大责任事故罪等危害生产安全犯罪罪名适用第二档法定刑的标准保持一致。根据刑法第二百三十一条关于单位犯罪的规定，《解释》第九条明确，在安全评价中介组织构成提供虚假证明文件罪和出具证明文件重大失实罪单位犯罪的情况下，对单位直接负责的主管人员和其他直接责任人员，采用与自然人犯罪相同的标准。

出于为各级司法机关提供尽量明确的裁判标准的考虑，《解释》对安全评价中介组织人员犯罪规定了具体的人身伤亡和直接经济损失数量标准。但是，从司法实践情况看，单纯以数量为标准确定刑事责任，在某些案件中无法准确反映行为人的主观恶性和行为对引发犯罪后果所起作用大小，可能导致罪责刑不相适应以及与其他关联犯罪的量刑不平衡。特别是在安全评价中介组织人员犯罪的情况下，上述问题尤其需要引起重视。实践中，对安全评价中介组织人员认定为提供虚假证明文件罪或者出具证明文件重大失实罪，一般发生在导致生产安全事故发生的场合，与重大责任事故罪等危害生产安全犯罪同案或者分案但同时处理。生产安全事故的发生一般属于多因一果，引发事故的直接原因和主要原因一般是生产经营单位的非法违法行为，而非安全评价中介组织人员提供虚假证明文件或者出具证明文件重大失实行为。如果对安全评价中介组织人员提供虚假证明文件或者出具证明文件重大失实行为一概以事故引发的人身伤亡结果和直接经济损失数额为标准确定刑罚，可能导致对安全评价中介组织人员的处刑重于非法违法生产经营行为人，造成量刑不平衡，不符合人民群众的公平正义观念。

为确保司法解释的规定内容更加符合具有宪法位阶的罪刑法定原则、责任主义的要求，避免单纯依照数量标准定罪量刑造成的弊端，新近出台的多个司法解释立足合宪性解释原理，对相关犯罪的定罪量刑标准作出了更加合理的规定，有学者称其为司法解释的"合宪性调适"①。为确保对安全评价中介组织人员犯罪罚当其罪，《解释》设置了专门规定。《2015年解释》对重大责任事故罪等罪名适用第二档法定刑的标准确立了"事故后果+责任大小"的总体原则，即要求造成一定的事故后果、同时负事故主要责任，才适用第二档法定刑；负次要责任的，一般不适用第二档法定刑，从而有效解决了危害生产安全犯罪案件中的量刑平衡问题。但是，安全评价中介组织人员一般仅负事故次要责任，在此情况下，难以对其引发事故所负责任大小作进一步区分，以事故主要责任和次要责任为标准对安全评价中介组织人员的刑罚进行调适难度较大。为解决上述问题，《解释》在第七条第三款对安全评价中介组织人员犯罪的量刑标准作了进一步的原则性、导向性规定。考虑到刑法修正案（十一）对提供虚假证明文件罪所作修改体现出的依法严惩中介组织出具虚假证明文件犯罪的总体刑事政策导向，《解释》第七条第三款规定内容仅涉及提供虚假证明文件罪适用第二档法定刑的标准，不涉及定罪标准。《解释》第七条第三款规定，在安

---

① 参见周光权：《刑事司法领域的宪法判断与刑法制度文明》，载《中国社会科学》2022年第8期。

全评价中介组织人员的行为构成提供虚假证明文件罪的前提下，应当综合考虑其行为手段、主观过错程度、对安全事故的发生所起作用大小及其获利情况、一贯表现等各方面因素，综合评估社会危害性，依法裁量刑罚，确保罪责刑相适应。在具体案件处理过程中，如果根据《解释》第七条第二款规定的标准适用五年以上十年以下有期徒刑量刑幅度明显过重的，可以根据案件事实、情节和社会危害程度，依法作出妥当处理。对于犯提供虚假证明文件罪、未达到《解释》第七条第二款规定的适用第二档法定刑标准，以及犯出具证明文件重大失实罪的安全评价中介组织人员，在量刑时也应注意与关联的危害生产安全犯罪人之间的量刑平衡。

## （五）关于宽严相济刑事政策

宽严相济刑事政策是我国的基本刑事政策，要求在具体案件处理过程中，根据犯罪的性质和具体情况实行区别对待，做到当宽则宽、当严则严、宽严相济、罚当其罪。危险作业罪属于轻罪，且入罪不要求造成重大事故后果，具体适用过程中尤其需要注意贯彻落实宽严相济要求，防止刑罚打击面过广。《解释》第十条规定了适用危险作业罪中的宽严相济刑事政策要求，在坚持依法定罪量刑的前提下，重点对如何贯彻宽的一面作出了规定。《解释》进一步明确了对危险作业行为人予以从宽处罚和不起诉、免予刑事处罚、不作为犯罪处理的条件，有利于充分发挥司法解释的行为指引作用，鼓励危险作业行为人及时采取措施排除事故隐患、真诚认罪悔罪，也有利于合理控制刑事处罚范围，促使市场经济主体及时恢复正常生产经营活动，确保经济社会协调健康发展。

## （六）关于刑事司法与行政执法程序衔接

做好安全生产工作，需要行政、司法等机关协调配合、共同发力，综合采用包括行政和刑事等手段在内的各种手段措施，严格落实责任，实现综合治理。2019年4月印发的《衔接工作办法》对安全生产行政执法与刑事司法衔接工作程序作出了较为系统的规定，实践中收到了显著成效。《解释》第十一条根据刑法和刑事诉讼法的有关规定，进一步明确了危害生产安全犯罪案件以及相关联的提供虚假证明文件、出具证明文件重大失实犯罪案件的程序衔接问题，确保对违法犯罪人的刑事、行政等方面责任及时落到实处。

## （七）关于解释的效力

根据《解释》第十二条的规定，最高人民法院、最高人民检察院此前发布的司法解释和规范性文件与《解释》不一致的，以《解释》为准。需要注意的是，《解释》主要是对《2015年解释》未涉及、刑法修正案（十一）作出修改或者增设的危害生产安全犯罪及关联犯罪的法律适用标准作出规定，除对《2015年解释》第五条关于强令违章冒险作业罪行为方式的规定作出了部分调整外，并未对《2015年解释》的其他规定内容作出修改。《解释》施行后，《2015年解释》除第五条之外的其他规定内容仍然有效。前后两个司法解释共同明确了危害生产安全犯罪和相关联的安全评价中介组织人员犯罪、安全监管失职渎职犯罪的具体法律适用标准，构成了比较完备的刑事规范体系。

## （八）关于危险作业罪中"现实危险"的认定标准

《中共中央、国务院关于推进安全生产领域改革发展的意见》指出，研究修改刑法有关条款，将生产经营过程中极易导致重大生产安全事故的违法行为列入刑法调整的范围。为贯彻落实党中央要求，满足实践需要，刑法修正案（十一）增设了危险作业罪。根据刑法第一百三十四条之一的规定，危险作业罪的定罪条件是"具有发生重大伤亡事故或者其他严重后果的现实危险"，不要求发生现实的重大危害后果，刑法理论上把此类犯罪称为"过失危险犯"，这在刑事立法中是非常少见的。"现实危险"这个概念在刑法条文中是第一次出现，其内涵和外延应当如何界定，存在较大争议。例如，有意见提出，刑法第一百三十四条之一规定的三种危险作业行为本身就具有发生重大伤亡事故或者其他严重后果的现实危险，行为人只要实施了该条规定的三种危险作业行为中的一种，就可以直接认定具有现实危险，进而以危险作业罪定罪处罚，否则不利于有效打击非法违法生产经营行为，可能会放纵犯罪。

如何确定刑法第一百三十四条之一规定的"现实危险"的认定标准，《解释》研究起草过程中进行了反复研究，对主要问题达成了共识。鉴于有关方面对如何确定具体认定标准还存在不同认识，《解释》对此未作明确规定，但此问题直接关系危险作业罪的成立范围，还需要尽量统一思想认识，防止对司法实践造成困扰。

研究认为，上述认为只要实施了刑法第一百三十四条之一规定的三种危险作业行为之一就可以直接认定具有现实危险、进而以危险作业罪定罪处罚的意见，与立法本意不符，难以成立。如果认为行为人实施了危险作业行为就当然具有发生重大伤亡事故或者其他严重后果的现实危险，等于架空了刑法第一百三十四条之一设置的定罪条件，十分不利于正确区分行政违法和刑事犯罪，可能导致刑罚打击范围不当扩大，甚至可能干扰市场经济主体正常开展生产经营活动。刑罚是最严厉的法律制裁措施，危险作业罪虽然是轻罪，但从事生产经营活动的有关人员一旦被认定构成本罪，将对其造成严重影响，并进一步影响其所在市场主体的生产经营活动，认定构成犯罪需要慎重。对于危险作业罪的成立范围，需要进行严格把握，特别是在现阶段社会公众对危险作业罪还缺乏全面、深刻认识的情况下，对本罪的成立范围更应当进行严格限制。

经反复慎重研究认为，综合立法原意和司法实践情况，刑法第一百三十四条之一规定的"现实危险"不仅是指具体危险，而且必须是十分紧迫的危险，原则上只有在行为已经导致出现重大险情，或者已经造成了小的事故，只是因为偶然性的客观因素或者及时开展救援等原因，未造成重大事故后果的，对于这种"千钧一发"的危险才能认定为现实危险，进而以危险作业罪定罪处罚。基于上述考虑，刑法第一百三十四条之一规定的"现实危险"主要包括两种情形：一是行为人实施了该条规定的三种行为之一，并且已经因为实施该行为引发了小的事故，只是因为及时开展抢救、救援或者其他偶然性的客观因素，小事故没有发展成重大事故、没有达到重大伤亡事故或者其他严重后果的认定标准；二是行为人实施了该条规定的三种行为之一，导致出现了矿山井下冒顶、透水或者危险物品泄漏等重大事故险情，但因为及时开展抢救、救援或者其他偶然性的客观因素，险情没有发展成事故。具有上述情况之一的，才可以认定为具有现实危险，进而对行为人以危险作业罪定罪处罚。对于不符合上述两种情形的行为，不宜认定构成危险作业罪，否则可能导致刑事手段不当介入应由行政手段调整的领域范围，干扰市场主体的正常生产经营活动。

最高人民法院　最高人民检察院　公安部
工业和信息化部　住房和城乡建设部　交通运输部
应急管理部　国家铁路局　中国民用航空局　国家邮政局

## 关于依法惩治涉枪支、弹药、爆炸物、
## 易燃易爆危险物品犯罪的意见

2021年12月28日　　　　　　　　法发〔2021〕35号

为依法惩治涉枪支、弹药、爆炸物、易燃易爆危险物品犯罪，维护公共安全，保护人民群众生命财产安全，根据《中华人民共和国刑法》《中华人民共和国刑事诉讼法》《中华人民共和国安全生产法》《行政执法机关移送涉嫌犯罪案件的规定》等法律、行政法规和相关司法解释的规定，结合工作实际，制定本意见。

### 一、总体要求

1. 严禁非法制造、买卖、运输、邮寄、储存、持有、私藏、走私枪支、弹药、爆炸物；严禁未经批准和许可擅自生产、储存、使用、经营、运输易燃易爆危险物品；严禁违反安全管理规定生产、储存、使用、经营、运输易燃易爆危险物品。依法严厉打击涉枪支、弹药、爆炸物、易燃易爆危险物品违法犯罪。

2. 人民法院、人民检察院、公安机关、有关行政执法机关应当充分认识涉枪支、弹药、爆炸物、易燃易爆危险物品违法犯罪的社会危害性，坚持人民至上、生命至上，统筹发展和安全，充分发挥工作职能，依法严惩涉枪支、弹药、爆炸物、易燃易爆危险物品违法犯罪，为经济社会发展提供坚实安全保障，不断增强人民群众获得感、幸福感、安全感。

3. 人民法院、人民检察院、公安机关、有关行政执法机关应当按照法定职责分工负责、配合协作，加强沟通协调，在履行职责过程中发现涉嫌枪支、弹药、爆炸物、易燃易爆危险物品犯罪的，应当及时相互通报情况，共同进行防范和惩治，维护社会治安大局稳定。

## 二、正确认定犯罪

4. 非法制造、买卖、运输、邮寄、储存、盗窃、抢夺、抢劫、持有、私藏、走私枪支、弹药、爆炸物，并利用该枪支、弹药、爆炸物实施故意杀人、故意伤害、抢劫、绑架等犯罪的，依照数罪并罚的规定处罚。

5. 违反危险化学品安全管理规定，未经依法批准或者许可擅自从事易燃易爆危险物品道路运输活动，或者实施其他违反危险化学品安全管理规定通过道路运输易燃易爆危险物品的行为，危及公共安全的，依照刑法第一百三十三条之一第一款第四项的规定，以危险驾驶罪定罪处罚。

在易燃易爆危险物品生产、经营、储存等高度危险的生产作业活动中违反有关安全管理的规定，有下列情形之一，具有发生重大伤亡事故或者其他严重后果的现实危险的，依照刑法第一百三十四条之一第三项的规定，以危险作业罪定罪处罚：

（1）委托无资质企业或者个人储存易燃易爆危险物品的；

（2）在储存的普通货物中夹带易燃易爆危险物品的；

（3）将易燃易爆危险物品谎报或者匿报为普通货物申报、储存的；

（4）其他涉及安全生产的事项未经依法批准或者许可，擅自从事易燃易爆危险物品生产、经营、储存等活动的情形。

实施前两款行为，同时构成刑法第一百三十条规定之罪等其他犯罪的，依照处罚较重的规定定罪处罚；导致发生重大伤亡事故或者其他严重后果，符合刑法第一百三十四条、第一百三十五条、第一百三十六条等规定的，依照各该条的规定定罪从重处罚。

6. 在易燃易爆危险物品生产、储存、运输、使用中违反有关安全管理的规定，实施本意见第5条前两款规定以外的其他行为，导致发生重大事故，造成严重后果，符合刑法第一百三十六条等规定的，以危险物品肇事罪等罪名定罪处罚。

7. 实施刑法第一百三十六条规定等行为，向负有安全生产监督管理职责的部门不报、谎报或者迟报相关情况的，从重处罚；同时构成刑法第一百三十九条之一规定之罪的,依照数罪并罚的规定处罚。

8. 在水路、铁路、航空易燃易爆危险物品运输生产作业活动中违反有关安全管理的规定,有下列情形之一,明知存在重大事故隐患而不排除,足以危害公共安全的,依照刑法第一百一十四条的规定,以以危险方法危害公共安全罪定罪处罚;致人重伤、死亡或者使公私财产遭受重大损失的,依照刑法第一百一十五条第一款的规定处罚:

(1) 未经依法批准或者许可,擅自从事易燃易爆危险物品运输的;

(2) 委托无资质企业或者个人承运易燃易爆危险物品的;

(3) 在托运的普通货物中夹带易燃易爆危险物品的;

(4) 将易燃易爆危险物品谎报或者匿报为普通货物托运的;

(5) 其他在水路、铁路、航空易燃易爆危险物品运输活动中违反有关安全管理规定的情形。

非法携带易燃易爆危险物品进入水路、铁路、航空公共交通工具或者有关公共场所,危及公共安全,情节严重的,依照刑法第一百三十条的规定,以非法携带危险物品危及公共安全罪定罪处罚。

9. 通过邮件、快件夹带易燃易爆危险物品,或者将易燃易爆危险物品谎报为普通物品交寄,符合本意见第 5 条至第 8 条规定的,依照各该条的规定定罪处罚。

### 三、准确把握刑事政策

10. 对于非法制造、买卖、运输、邮寄、储存、持有、私藏、走私枪支、弹药,以及非法制造、买卖、运输、邮寄、储存爆炸物的行为,应当依照刑法和《最高人民法院关于审理非法制造、买卖、运输枪支、弹药、爆炸物等刑事案件具体应用法律若干问题的解释》《最高人民法院、最高人民检察院关于办理走私刑事案件适用法律若干问题的解释》等规定,从严追究刑事责任。

11. 对于非法制造、买卖、运输、邮寄、储存、持有、私藏、走私以压缩气体为动力且枪口比动能较低的枪支以及气枪铅弹的行为,应当依照刑法和《最高人民法院、最高人民检察院关于涉以压缩气体为动力的枪支、气枪铅弹刑事案件定罪量刑问题的批复》的规定,综合考虑案件情节,综合评估社会危害性,坚持主客观相统一,决定是否追究刑事责任以及如何裁量刑罚,确保罪责刑相适应。

12. 利用信息网络非法买卖枪支、弹药、爆炸物、易燃易爆危险物品，或者利用寄递渠道非法运输枪支、弹药、爆炸物、易燃易爆危险物品，依法构成犯罪的，从严追究刑事责任。

13. 确因正常生产、生活需要，以及因从事合法的生产经营活动而非法生产、储存、使用、经营、运输易燃易爆危险物品，依法构成犯罪，没有造成严重社会危害，并确有悔改表现的，可以从轻处罚。

14. 将非法枪支、弹药、爆炸物主动上交公安机关，或者将未经依法批准或者许可生产、储存、使用、经营、运输的易燃易爆危险物品主动上交行政执法机关处置的，可以从轻处罚；未造成实际危害后果，犯罪情节轻微不需要判处刑罚的，可以依法不起诉或者免予刑事处罚；成立自首的，可以依法从轻、减轻或者免除处罚。

有揭发他人涉枪支、弹药、爆炸物、易燃易爆危险物品犯罪行为，查证属实的，或者提供重要线索，从而得以侦破其他涉枪支、弹药、爆炸物、易燃易爆危险物品案件等立功表现的，可以依法从轻或者减轻处罚；有重大立功表现的，可以依法减轻或者免除处罚。

### 四、加强行政执法与刑事司法衔接

15. 有关行政执法机关在查处违法行为过程中发现涉嫌枪支、弹药、爆炸物、易燃易爆危险物品犯罪的，应当立即指定2名或者2名以上行政执法人员组成专案组专门负责，核实情况后提出移送涉嫌犯罪案件的书面报告，报本机关正职负责人或者主持工作的负责人审批。

有关行政执法机关正职负责人或者主持工作的负责人应当自接到报告之日起3日内作出批准移送或者不批准移送的决定。决定批准移送的，应当在24小时内向同级公安机关移送，并将案件移送书抄送同级人民检察院；决定不批准移送的，应当将不予批准的理由记录在案。

16. 有关行政执法机关向公安机关移送涉嫌枪支、弹药、爆炸物、易燃易爆危险物品犯罪案件，应当附下列材料：

（1）涉嫌犯罪案件移送书，载明移送案件的行政执法机关名称、涉嫌犯罪的罪名、案件主办人和联系电话，并应当附移送材料清单和回执，加盖公章；

（2）涉嫌犯罪案件情况的调查报告，载明案件来源、查获枪支、弹药、爆炸物、易燃易爆危险物品情况、犯罪嫌疑人基本情况、涉嫌犯罪的主要事实、证据和法律依据、处理建议等；

（3）涉案物品清单，载明涉案枪支、弹药、爆炸物、易燃易爆危险物品的具体类别和名称、数量、特征、存放地点等，并附采取行政强制措施、现场笔录等表明涉案枪支、弹药、爆炸物、易燃易爆危险物品来源的材料；

（4）有关检验报告或者鉴定意见，并附鉴定机构和鉴定人资质证明；没有资质证明的，应当附其他证明文件；

（5）现场照片、询问笔录、视听资料、电子数据、责令整改通知书等其他与案件有关的证据材料。

有关行政执法机关对违法行为已经作出行政处罚决定的，还应当附行政处罚决定书及执行情况说明。

17. 公安机关对有关行政执法机关移送的涉嫌枪支、弹药、爆炸物、易燃易爆危险物品犯罪案件，应当在案件移送书的回执上签字或者出具接受案件回执，并依照有关规定及时进行审查处理。不得以材料不全为由不接受移送案件。

18. 人民检察院应当依照《行政执法机关移送涉嫌犯罪案件的规定》《最高人民检察院关于推进行政执法与刑事司法衔接工作的规定》《安全生产行政执法与刑事司法衔接工作办法》等规定，对有关行政执法机关移送涉嫌枪支、弹药、爆炸物、易燃易爆危险物品犯罪案件，以及公安机关的立案活动，依法进行法律监督。

有关行政执法机关对公安机关的不予立案决定有异议的，可以建议人民检察院进行立案监督。

19. 公安机关、有关行政执法机关在办理涉枪支、弹药、爆炸物、易燃易爆危险物品违法犯罪案件过程中，发现公职人员有贪污贿赂、失职渎职或者利用职权侵犯公民人身权利和民主权利等违法行为，涉嫌构成职务犯罪的，应当依法及时移送监察机关或者人民检察院处理。

20. 有关行政执法机关在行政执法和查办涉枪支、弹药、爆炸物、易燃易爆危险物品案件过程中收集的物证、书证、视听资料、电子数据以及对事故进行调查形成的报告，在刑事诉讼中可以作为证据使用。

21. 有关行政执法机关对应当向公安机关移送的涉嫌枪支、弹药、爆炸物、易燃易爆危险物品犯罪案件，不得以行政处罚代替案件移送。

有关行政执法机关向公安机关移送涉嫌枪支、弹药、爆炸物、易燃易爆危险物品犯罪案件的，已经作出的警告、责令停产停业、暂扣或者吊销许可证、暂扣或者吊销执照的行政处罚决定，不停止执行。

22. 人民法院对涉枪支、弹药、爆炸物、易燃易爆危险物品犯罪案件被告人判处罚金、有期徒刑或者拘役的，有关行政执法机关已经依法给予的罚款、行政拘留，应当依法折抵相应罚金或者刑期。有关行政执法机关尚未给予罚款的，不再给予罚款。

对于人民检察院依法决定不起诉或者人民法院依法免予刑事处罚的案件，需要给予行政处罚的，由有关行政执法机关依法给予行政处罚。

## 五、其他问题

23. 本意见所称易燃易爆危险物品，是指具有爆炸、易燃性质的危险化学品、危险货物等，具体范围依照相关法律、行政法规、部门规章和国家标准确定。依照有关规定属于爆炸物的除外。

24. 本意见所称有关行政执法机关，包括民用爆炸物品行业主管部门、燃气管理部门、交通运输主管部门、应急管理部门、铁路监管部门、民用航空主管部门和邮政管理部门等。

25. 本意见自 2021 年 12 月 31 日起施行。

# 《最高人民法院、最高人民检察院等关于依法惩治涉枪支、弹药、爆炸物、易燃易爆危险物品犯罪的意见》的理解与适用

滕 伟 王军强 李加玺[*]

为依法惩治涉枪支、弹药、爆炸物、易燃易爆危险物品犯罪，维护公共安全，保护人民群众生命财产安全，最高人民法院、最高人民检察院、公安部、交通运输部、应急管理部等十部门联合发布了《关于依法惩治涉枪支、弹药、爆炸物、易燃易爆危险物品犯罪的意见》（法发〔2021〕35号，以下简称《意见》），自2021年12月31日起施行。《意见》分为总体要求、正确认定犯罪、准确把握刑事政策、加强行政执法与刑事司法衔接、其他问题五个部分，共二十五条，对实体和程序多个方面问题作出了具体规定。为便于司法实践中准确理解和正确适用，现就《意见》的制定背景、总体原则和主要内容作简要介绍。

## 一、《意见》的制定背景和总体原则

枪支、弹药、爆炸物、易燃易爆危险物品的管制和管理直接关系社会公共安全和人民群众生命财产安全，一旦失管失控流入非法途径、被不法分子用于非法目的，将造成严重社会危害，形成重大安全风险。我国对枪支、弹药、爆炸物、易燃易爆危险物品的生产、经营、持有、使用、储存、运输等均规定了严格的管制和管理措施，与此同时，我国现阶段正处于社会转型期，对枪支、弹药、爆炸物、易燃易爆危险物品的管制和管理

---

[*] 作者单位：最高人民法院刑事审判第四庭。

制度也在不断根据经济社会发展形势进行调整完善。实践中,部分非法违法生产经营行为未得到及时纠正,安全风险隐患未得到有效整治,最终导致发生重特大安全事故。典型的如2015年发生的天津港"8·12"瑞海公司危险品仓库特大火灾爆炸事故、2019年发生的江苏响水天嘉宜化工有限公司"3·21"特大爆炸事故等,造成重大人员伤亡和巨额财产损失,社会影响恶劣,迫切需要刑事法律作出及时有效应对。其中,一些单位和个人采用谎报匿报等手段,非法违法从事枪支、弹药、爆炸物、易燃易爆危险物品储存、运输等生产经营活动,造成重大安全隐患。此类行为隐蔽性强、行政执法难度大,单纯依靠行政处罚措施难以收到良好效果,需要进一步明确刑事处罚范围,密切行政执法与刑事司法工作衔接,提升执法和司法工作成效。

为进一步贯彻落实党中央关于建设更高水平平安中国的总体决策部署,统筹解决实践中存在的问题,自2021年初开始,最高人民法院牵头与最高人民检察院、公安部以及工业和信息化部、交通运输部、应急管理部等有关行政执法机关共同开展调研,广泛征求了立法机关及各方面意见,经过认真研究、反复论证,形成了《意见》。《意见》起草制定过程中,着重把握了以下几个总体原则。

第一,坚持以习近平法治思想为指导。《意见》深刻领会习近平总书记关于推进全面依法治国的根本目的是依法保障人民权益的重要论述,始终坚持以人民为中心的根本立场,着力解决实践中存在的人民群众反映强烈的影响社会和谐稳定的突出问题,依法惩治涉枪支、弹药、爆炸物、易燃易爆危险物品犯罪,切实维护社会公共安全,保护人民群众生命财产安全,回应人民群众的新要求、新期待,不断增强人民群众的获得感、幸福感、安全感。

第二,坚持罪刑法定原则和法秩序统一性要求。罪刑法定原则是刑法基本原则,这一原则要求司法解释和规范性文件的规定内容均不得与刑法相抵触。《意见》以刑法的具体规定为依据,坚持正确理解和把握刑事立法精神,在刑法条文的文义范围内作进一步具体阐释,为司法实践提供指导。另外,行政执法与刑事司法衔接问题还涉及行政法律法规的规定,《意见》坚持相关规定内容与行政法律法规保持一致,保持法律体系内部协调统一,避免出现相互冲突和不协调。在实体方面,《意见》主要以刑法和已有司法解释的有关规定为基础,对具体罪名适用、刑事责任追究原则等作进一步明确规定;在程序方面,《意见》以刑事诉讼法、相关司法解释以及安全生产法、行政处罚法等行政法律法规为依据,结合实际需要作出细化、可操作性规定,以适应实践需要。

第三,坚持问题导向,着力解决突出问题。枪支、弹药、爆炸物、易燃易爆危险物品的管制和管理牵涉面广,司法实践中遇到的问题较多。《意见》不求面面俱到,坚持问题导向,根据调研掌握的实际情况,重点针对非法违法从事易燃易爆危险物品生产经营活动的法律适用,以及涉枪支、弹药、爆炸物、易燃易爆危险物品犯罪案件的刑事政策把握和行刑衔接等实践中存在的突出问题作出具体规定,为行政执法和司法实践提供有效指引。

第四,坚持协调统一和配合协作。枪支、弹药、爆炸物、易燃易爆危险物品管制和管理工作涉及多个行政执法机关,各行政执法机关相互之间的分工配合,以及行政执法机关与司法机关的协调沟通十分重要。《意见》起草制定过程中,反复认真征求了各行政执法机关的意见,力争就有关争议问题达成共识,避免《意见》出台后因为认识理解不统一,影响实际施行效果。为使各有关单位形成工作合力,《意见》第3条专门就总体要求作出了规定,提出人民法院、人民检察院、公安机关、有关行政执法机关应当分工负责、配合协作,加强沟通协调,及时相互通报情况,共同防范和惩治涉枪支、弹药、爆炸物、易燃易爆危险物品违法犯罪,维护社会治安大局稳定,并在第四部分"加强行政执法与刑事司法衔接"中进一步明确了具体工作要求。

## 二、非法违法从事易燃易爆危险物品生产经营活动的法律适用

实践中,部分单位和个人非法违法从事易燃易爆危险物品生产经营活动,造成重大安全隐患,极易引发重特大安全事故。如在2014年发生的湖南沪昆高速"7·19"特别重大交通事故中,事故单位违法使用丙烯板材焊接的方形罐体盛装乙醇,并将乙醇伪装成普通货物上路运输,途中与载客大客车追尾导致乙醇大量泄露并起火燃烧,造成50余人死亡的严重后果。对于此类行为,必须依法严厉追究相关责任单位和个人的法律责任。此外,相关行政执法机关反映,在未发生实际事故后果的情况下,涉易燃易爆危险物品非法违法生产经营行为隐蔽性强,行政执法发现难度大,即

使可以发现并给予其行政处罚，通过采取罚款、行政拘留等处罚手段也难以有效遏制有关单位和个人再次实施非法违法行为，迫切需要明确此类行为的刑事责任，予以有效惩治。《意见》第二部分对此类行为的法律适用作出了规定，主要包括以下几个方面内容。

### （一）擅自从事易燃易爆危险物品生产、经营、储存等行为的定性

有关行政执法机关提出，天津"8·12"瑞海公司危险品仓库特大火灾爆炸事故等多起重特大事故中，均存在生产经营单位或者个人非法违法申报、储存易燃易爆危险物品的行为，建议在《意见》中对此类行为的刑事责任予以明确。经研究，《意见》第5条第2款明确规定了此类行为应当适用的具体罪名。根据调研情况，将此类行为的典型行为方式归纳为三类：（1）委托无资质企业或者个人储存易燃易爆危险物品的；（2）在储存的普通货物中夹带易燃易爆危险物品的；（3）将易燃易爆危险物品谎报或者瞒报为普通货物申报、储存的。同时设置兜底条款，明确涉及安全生产的事项未经依法批准或者许可，擅自从事易燃易爆危险物品生产、经营、储存等高度危险的生产作业活动，具有发生重大伤亡事故或者其他严重后果的现实危险的，以危险作业罪定罪处罚。作出上述规定，有利于进一步贯彻落实《中共中央、国务院关于推进安全生产领域改革发展的意见》提出的"将生产经营过程中极易导致重大生产安全事故的违法行为列入刑法调整范围"的要求，充分运用刑事手段惩治非法违法生产经营行为，及时消除事故隐患，从根本上防止安全事故发生。

刑法第一百三十四条之一规定的危险作业罪的成立条件是"具有发生重大伤亡事故或者其他严重后果的现实危险"，如何正确认定现实危险、合理确定危险作业罪的成立范围，是一个重要问题。《意见》起草制定过程中，曾考虑设置专门条款，对现实危险的具体判断标准作出规定。征求意见过程中，有意见提出，《意见》第5条第2款仅对少量特定行为是否适用危险作业罪作出规定，而危险作业罪中现实危险的解释将涉及多个行业领域，涉及企业的正常生产经营问题，影响重大，且问题较为复杂，建议在将来制定有关司法解释时对这一问题再研究作出规定。经认真研究，《意见》删去了相应条款。对于现实危险的具体判断标准，还需要在广泛收集案例、深入总结审判经验的基础上进一步研究归纳。初步研究认为，

结合安全生产法等行政法律法规的有关规定，刑法第一百三十四条之一规定的现实危险不应是抽象的危险，而应当是一种现实存在的、紧迫的危险，如果这种危险持续存在，将可能随时导致发生重大伤亡事故或者其他严重后果。考虑到生产经营活动涉及的行业领域情况各不相同，在具体案件处理过程中，对于是否具有发生重大伤亡事故或者其他严重后果的现实危险，需要结合行业属性、行为对象、现场环境、违规行为的严重程度、纠正整改措施的及时性和有效性等因素进行综合判断；难以确定的，可以依据负有安全生产监督管理职责的部门或者其指定机构出具的意见，结合其他证据进行综合认定。从已有的实际案例来看，如果行为人未经许可擅自从事易燃易爆危险物品生产、经营、储存等活动，并因此引发安全事故，但因为其及时采取了有效制止措施、及时开展抢救，或者因为其他客观原因，最终未造成重大伤亡或者其他严重后果，这种情况下，说明该非法违法行为客观上具有导致发生重大伤亡事故或者其他严重后果的高度危险性，可以认定为具有发生重大伤亡事故或者其他严重后果的现实危险，进而对行为人以危险作业罪定罪处罚。

### （二）擅自从事易燃易爆危险物品运输行为的定性

根据《危险化学品安全管理条例》第八十七条的规定，委托未依法取得危险货物道路运输许可、危险货物水路运输许可的企业承运危险化学品，在托运的普通货物中夹带危险化学品，或者将危险化学品谎报或者匿报为普通货物托运的，由交通运输主管部门责令改正，处十万元以上二十万元以下的罚款，有违法所得的，没收违法所得；拒不改正的，责令停产停业整顿；构成犯罪的，依法追究刑事责任。但是，在认定该条规定行为构成犯罪的情况下，应当适用哪个罪名追究行为人的刑事责任，实践中存在争议，导致对此类行为的法律责任无法充分落实。

《意见》起草制定过程中，对于上述行为应当适用哪个罪名追究刑事责任，主要有三种意见。第一种意见认为，危险化学品运输活动属于刑法第一百三十四条之一第三项规定的危险物品生产、经营、储存等高度危险的生产作业活动，行为人未经依法批准或者许可擅自从事易燃易爆危险化学品或者其他易燃易爆危险物品运输的，应当以危险作业罪定罪处罚；第二种意见认为，易燃易爆危险化学品和其他易燃易爆危险物品均可认定为刑法第一百二十五条第二款规定的危险物质，行为人未经依法批准或者许可擅自从事易燃易爆危险化学品或者其他易燃易爆危险物品运输的,应当以非法运输危险物质罪定罪处罚;第三种意见认为,非法违法从事易燃易爆危险化学品或者其他易燃易爆危险物品运输的行为不符合危险作业罪和非法运输危险物质罪的构成要件,应当区分不同情况,以危险驾驶罪或者以危险方法危害公共安全罪定罪处罚。

经认真反复研究,《意见》采纳了上述第三种意见,认定非法违法从事易燃易爆危险化学品或者其他易燃易爆危险物品运输行为不符合危险作业罪和非法运输危险物质罪的构成要件,主要理由有两个。首先,运输行为不属于刑法第一百三十四条之一第三项规定的生产、经营行为。考察有关行政法律法规的规定,对于"生产""经营"两个词语的使用方式不同,则其具体内涵和外延也不相同。安全生产法第二条规定:"在中华人民共和国领域内从事生产经营活动的单位(以下统称生产经营单位)的安全生产,适用本法。"将"生产""经营"两个词语连起来,组成一个词语使用,其外延较为广泛。安全生产法所称的"生产经营",既包括资源开采活动和各种产品的加工、制作活动,也包括各类工程建设和商业、娱乐业以及其他服务业的经营活动,单位和个人出于生产经营目的实施的生产、储存、运输、使用等活动,均可以包括在内。与之不同的是,《危险化学品安全管理条例》第二条规定:"危险化学品生产、储存、使用、经营和运输的安全管理,适用本条例。"将"生产""经营"两个词语分开使用,并与储存、使用、运输相并列,明显将运输行为排除在了生产、经营之外。根据法秩序统一性的要求,刑法第一百三十四条之一第三项的表述方式与《危险化学品安全管理条例》相同,规定的危险物品生产、经营的内涵和外延也应当与《危险化学品安全管理条例》一致,故危险物品运输行为不应包含在刑法第一百三十四条之一第三项规定的危险物品生产、经营之内。其次,刑法第一百三十四条之一第三项和第一百二十五条第二款均采用了不完全列举的方式,但是,对于刑法第一百三十四条之一第三项未明确列举的其他高度危险的生产作业活动,以及第一百二十五条第二款未明确列举的其他危险物质,一般不宜由司法机关采取司法意见的方式作等外解释;否则可能违反罪刑法定原则,不当扩大危险作业罪和非法运输危险物质罪的适用范围。

《意见》第5条第1款和第8条明确,对于非法违法从事易燃易爆危险物品运输的行为,应当根据案件具体情况,选择适用不同的罪名。首先，违反危险化学品安全管理规定，未经依法批准或者许可擅自从事易燃易爆危险物品道路运输活动，危及公共安全的，以危险驾驶罪定罪处罚。《意见》第5条第1款对适用危险驾驶罪的具体行为方式还设置了兜底条款，为适应未来司法实践的需要留下了余地。例如，根据共同犯罪理论，易燃易爆危险物品的生产经营单位或者个人明知他人不具有合法资质，仍然违规委托其承运易燃易爆危险物品，或者故意在托运的普通货物中夹带易燃易爆危险物品的，属于刑法理论上的间接正犯，对该生产经营单位或者个人也应以危险驾驶罪定罪处罚。其次，非法违法从事水路、铁路、航空易燃易爆危险物品运输生产作业活动的，不符合危险驾驶罪的构成要件。由于水路、铁路、航空运输方式的特殊性，一旦在水路、铁路、航空运输过程中发生事故，救援难度极大，极易造成重大人身伤亡和巨额财产损失。《意见》第8条规定，行为人在从事水路、铁路、航空易燃易爆危险物品运输生产作业活动过程中违反有关安全管理的规定，明知存在重大事故隐患而不排除，足以危害公共安全的，可以认定为以危险方法危害公共安全罪。作出上述规定，有利于督促有关单位和个人在事故发生前及时消除安全隐患，确保水路、铁路、航空运输安全。需要注意的是，以危险方法危害公共安全罪是重罪，《意见》将本罪的适用范围严格限定在水路、铁路、航空易燃易爆危险物品运输生产作业活动过程中，实践中不能随意扩大适用范围。对于水路、铁路、航空旅客个人在随身携带或者托运的行李物品中夹带少量易燃易爆危险物品，危及公共安全，情节严重的，可以认定为非法携带危险物品危及公共安全罪，不宜以以危险方法危害公共安全罪定罪处罚。《意见》第8条第2款对此作出了规定。

### （三）非法违法从事易燃易爆危险物品生产经营活动导致发生事故行为的定性

刑法规定的重大责任事故罪、重大劳动安全事故罪、危险物品肇事罪等罪名均属于结果犯，以导致发生重大伤亡事故或者造成其他严重后果为必备构成要件。行为人非法违法从事易燃易爆危险物品生产经营活动，导致发生重大事故的，应当认定为危险物品肇事罪或者重大责任事故罪、重大劳动安全事故罪等罪名。行为人在发生安全事故后，故意不报、谎报或者迟报事故情况的，严重干扰事故应急救援和调查处理，社会危害性大，应当予以从重处罚；在事故发生后不报、谎报或者迟报事故情况的行为同时构成不报、谎报安全事故罪的，该不报、谎报、迟报行为直接侵害了国家的事故调查报告制度，不属于不可罚的事后行为，应当以不报、谎报安全事故罪和危险物品肇事罪或者重大责任事故罪、重大劳动安全事故罪等罪名数罪并罚。《意见》第7条对此予以明确。

存在争议的是，行为人实施危险作业行为，因而发生重大伤亡事故或者造成其他严重后果，同时符合危险作业罪和危险物品肇事罪等结果犯罪名构成要件的，应当如何定罪处罚？有意见认为，上述情况下，应当按照重罪吸收轻罪和从一重处罚原则，以危险物品肇事罪等结果犯罪名定罪处罚即可。我们经研究认为，单纯以重罪吸收轻罪、按照从一重处罚原则处理，难以做到罪责刑相适应。这种情况下，行为人的非法违法行为属于危险物品肇事罪等结果犯罪名的必备构成要件，根据禁止重复评价原则，不宜以危险作业罪和危险物品肇事罪等结果犯罪名数罪并罚。但是，行为人的非法违法行为本身具有应受刑罚处罚的严重社会危害性，如果仅采用从一重处罚原则，无法体现出刑法对行为违法性的否定评价，存在刑法评价不足的问题，采取从一重从重处罚原则，才能充分体现刑法对危险作业行为和行为造成危害结果的否定评价。《意见》第5条第3款和第6条区分不同情况作出了规定。具体来讲，行为人实施非法违法行为导致发生重大伤亡事故或者其他严重后果，符合危险物品肇事罪等结果犯罪名构成要件的，如果该非法违法行为本身不构成犯罪，则择一重罪以危险物品肇事罪等罪名定罪处罚；如果该非法违法行为同时构成危险作业罪的，则应以危险物品肇事罪等罪名定罪并从重处罚，以确保罪责刑相适应。

## 三、涉枪支、弹药、爆炸物犯罪案件的法律适用

《意见》根据刑法和《最高人民法院、最高人民检察院关于涉以压缩气体为动力的枪支、气枪铅弹刑事案件定罪量刑问题的批复》（以下简称《压缩气枪批复》）等司法解释和规范性文件的规定进一步重申，对于非法制造、买卖、运输、邮寄、储存、持有、私藏、走私以压缩气体为动力且枪口比动能较低的枪支以及气枪铅弹的行为，应当综合考虑案件情节，综合评估社会危害性，坚持主客观相统一原则，决定是否追究刑事责任以及如何裁量刑罚，确保罪责刑相适应，不能唯数量论。另外，《意见》还根据调研掌握的涉枪支、弹药、爆炸物犯罪案件情况，对司法实践中存在的其他问题作了进一步明确规定。主要包括以下两个方面。

## (一) 涉枪支、弹药、爆炸物刑事案件中的罪数处断

行为人采用非法制造、买卖、运输、邮寄、储存、盗窃、抢夺、抢劫、持有、私藏、走私等手段非法获取枪支、弹药、爆炸物后,又利用该枪支、弹药、爆炸物实施故意杀人、故意伤害、抢劫、绑架等侵害人身权利、财产权利犯罪的,可能构成刑法理论上的牵连犯。关于牵连犯的处罚原则,理论上有从一重处罚、从一重从重处罚和数罪并罚等多种观点。我们经研究认为,在上述情况下,行为人先后实施了两个独立的行为,分别侵害了枪支、弹药、爆炸物管理制度和他人人身、财产权利两个不同的法益,以涉枪支、弹药、爆炸物犯罪罪名和侵害人身权利、财产权利犯罪罪名数罪并罚,才符合罪责刑相适应原则要求。《意见》第4条明确,对上述情况依照数罪并罚的规定处罚。

《意见》起草制定过程中,有意见提出,行为人采用非法手段获取枪支,又利用该枪支实施抢劫犯罪的,由于持枪抢劫属于抢劫罪的加重情节,如果以涉枪支犯罪罪名和抢劫罪数罪并罚,属于重复评价,这种情况下,对作为手段的非法获取枪支行为不应再单独定罪,以抢劫罪一罪定罪处罚即可。我们经研究认为,刑法规定的犯罪构成要件是成立犯罪所必须具备的条件,具有犯罪个别化机能,特定情况下予以数罪并罚是否属于重复评价,一般应当以刑法规定的犯罪构成要件为基础进行分析判断。具体来讲,如果刑法规定的某个罪名的构成要件足以包含行为人所实施行为的所有不法要素,无须再适用其他罪名的构成要件进行进一步评价,根据禁止重复评价原则,就不能再认定为其他罪名;与之相反,如果仅适用一个罪名的构成要件无法包含所有不法要素,此时如果仅认定为一个罪名,会导致刑法评价不足,则应当同时认定为其他罪名,予以数罪并罚。在行为人同时实施了多个行为的情况下,对某些构成其他犯罪的行为不作评价,人为地加以忽略,将数罪"视为"一罪,作为处断上的一罪处理,会产生评价不足的问题,难以实现刑罚积极的一般预防功能。具体到抢劫罪而言,刑法之所以将持枪抢劫规定为抢劫罪的加重情节,原因在于行为人持枪实施抢劫具有造成被害人人身伤亡的高度危险,即刑法的评价重点是枪支导致人身伤亡的高度危险性,而行为人无论持采用合法手段获取的枪支,还是持采用非法手段获取的枪支实施抢劫,均属于刑法规定的持枪抢劫。这种情况下,如果仅以抢劫罪一罪论处,则不能对行为人采用非法手

段获取枪支行为的不法要素进行评价，存在评价不足的问题。对于行为人采用非法手段获取枪支的行为和利用该枪支实施抢劫的行为，分别认定为涉枪支犯罪罪名和抢劫罪，并予以数罪并罚，才能充分评价行为人所实施行为的所有不法要素，不违反禁止重复评价原则。

## （二）关于宽严相济刑事政策

为最大限度体现宽严相济刑事政策，充分发挥刑法的威慑作用和教育功能，《意见》同时对涉枪支、弹药、爆炸物犯罪从严和从宽两个方面的处理原则作出了规定。《意见》第10条明确，对于非法制造、买卖、运输、邮寄、储存、持有、私藏、走私枪支、弹药，以及非法制造、买卖、运输、邮寄、储存爆炸物的行为，应当依照刑法和相关司法解释的规定，从严追究刑事责任。不能认为《压缩气枪批复》对涉气枪、气枪铅弹刑事案件的定罪量刑标准作了适当调整，就改变对涉枪支、弹药、爆炸物犯罪依法从严惩处的总体原则和政策。另外，《意见》第14条对涉枪支、弹药、爆炸物犯罪的从宽处罚情节作了集中规定，明确将非法枪支、弹药、爆炸物主动上交公安机关处置，或者有自首、立功情节的，可以从宽处罚，符合特定条件的可以依法不起诉或者免予刑事处罚，以达到区别对待、分化瓦解犯罪分子的积极效果。

## 四、行政执法与刑事司法衔接

实践中，大量的涉枪支、弹药、爆炸物、易燃易爆危险物品犯罪案件是由有关行政执法机关在行政执法工作过程中发现后，再移送给司法机关处理，移送过程中存在的线索材料移交不及时、证据固定缺乏统一标准等问题，直接影响对犯罪的惩罚效果。《意见》立足于解决实践中存在的突出问题，根据刑法、刑事诉讼法和相关行政法律法规的规定，在第四部分"加强行政执法与刑事司法衔接"中，对涉枪支、弹药、爆炸物、易燃易爆危险物品犯罪案件行政执法与刑事司法衔接有关方面问题作出了进一步明确规定。具体适用过程中，需要注意以下两个方面问题。

第一，关于移送涉嫌犯罪案件后不停止执行的行政处罚种类。《意见》第21条第2款根据《行政执法机关移送涉嫌犯罪案件的规定》，对有关行政执法机关向公安机关移送涉嫌枪支、弹药、爆炸物、易燃易爆危险物品犯罪案件后不停止执行的行政处罚种类作了进一步明确。需要注意的是，

《意见》第21条第2款对不停止执行的行政处罚种类作了完全列举式规定，仅限于警告、责令停产停业、暂扣或者吊销许可证、暂扣或者吊销执照四种行政处罚措施，实践中不能擅自扩大适用范围。主要原因在于，我国刑法规定的刑罚种类和范围相对较窄，主要是人身罚和财产罚，而警告、责令停产停业、暂扣或者吊销许可证、暂扣或者吊销执照属于对违法单位或者个人行为违法性的警示或者对其继续从事违法生产经营活动能力的剥夺，与刑罚相互之间不可替代，也不能相互折抵。在对实施犯罪的单位或者个人判处刑罚的情况下，同时或者提前对其给予警告、责令停产停业、暂扣或者吊销许可证、暂扣或者吊销执照行政处罚措施，有利于及时纠正违法犯罪行为，更好地打击违法犯罪。与之相反，罚款和行政拘留属于财产罚和人身罚的范畴，可以与刑罚折抵，不适用《意见》第21条第2款的规定。

第二，关于行政处罚与刑罚的折抵。刑法和行政法律法规对涉枪支、弹药、爆炸物、易燃易爆危险物品违法犯罪分别规定了刑事处罚和行政处罚措施。具体案件处理过程中，行政执法机关在将涉枪支、弹药、爆炸物、易燃易爆危险物品犯罪案件移送司法机关处理时，如果已经对行为人采取了行政处罚措施，可能涉及刑法规定的刑事责任和行政法规定的行政责任的竞合问题。我们经研究认为，对于同一不法行为在不同法律领域间的责任竞合，应当区分不同情况，综合考虑禁止重复评价等法律原则进行处理。正确解决不同部门法规定的法律责任竞合问题，要点在于区分不法者承担的公法上的责任和私法上的责任。公法上的责任属于国家权力机关对不法者的否定评价和施加的不利后果，主要体现惩罚功能，而私法上的责任属于平等民事主体之间基于法律规定产生的法律关系，除特定情形外，主要实现补偿功能。由于功能上存在明显差异，对于同一不法行为所负公法上的责任和私法上的责任，一般情况下应当坚持并科原则。而根据禁止重复评价和禁止双重危险的法律原则，一般情况下不应对同一不法行为处以两种或者两种以上公法上的责任，当不法者已经承担了一种公法上的责任时，如果其仍需承担另一种公法上的责任，则应按照一定标准进行折抵。具体到涉枪支、弹药、爆炸物、易燃易爆危险物品犯罪案件中，行政执法机关依据行政法对行为人科处的罚款、行政拘留等行政处罚措施，体现了对不法者的否定评价和惩罚功能，属于公法上的责任。在行为人已经被给予罚款、行政拘留的情况下，如果其行为又被认定为犯罪，人民法院在对其判处刑罚时,应当依法进行相应的折抵。《意见》第22条第1款明确,人民法院对涉枪支、弹药、爆炸物、易燃易爆危险物品犯罪案件被告人判处罚金、有期徒刑或者拘役的,有关行政执法机关已经依法给予的罚款、行政拘留,应当依法折抵相应罚金或者刑期。

## 五、易燃易爆危险物品的范围认定

"危险物品"这个概念同时存在于行政法律法规和刑法之中。根据安全生产法第一百一十七条的规定,危险物品,是指易燃易爆物品、危险化学品、放射性物品等能够危及人身安全和财产安全的物品。根据刑法第一百三十四条之一和第一百三十六条的规定,刑法中的危险物品,是指具有爆炸性、易燃性、放射性、毒害性、腐蚀性等性质的物品,与安全生产法的有关规定内容并不存在实质性差别。《意见》基于实践需要,将规制范围限定为易燃易爆危险物品,第23条对其外延作了原则性、指引性规定。根据《意见》第23条的规定,易燃易爆危险物品包括以下几种:第一,易燃易爆危险化学品,具体范围可以根据《危险化学品目录》确定;第二,易燃易爆危险货物,具体范围可以根据《危险货物品名表》确定;第三,其他易燃易爆危险物品,如具有明显爆炸性、易燃性的危险废物等。需要注意的是,易燃易爆危险物品的外延较为广泛,部分种类的爆炸物也可能包括在内。对于属于爆炸物范畴的易燃易爆危险物品,应当直接适用刑法中有关爆炸物的罪名定罪处罚,不再按照易燃易爆危险物品处理。

## 最高人民法院
## 印发《关于进一步加强涉种子刑事审判工作的指导意见》的通知

2022 年 3 月 2 日　　　　　　　　　　法〔2022〕66 号

各省、自治区、直辖市高级人民法院，解放军军事法院，新疆维吾尔自治区高级人民法院生产建设兵团分院：

现将《最高人民法院关于进一步加强涉种子刑事审判工作的指导意见》印发给你们，请认真贯彻执行。

## 最高人民法院
## 关于进一步加强涉种子刑事审判工作的指导意见

为深入贯彻落实中央关于种业振兴决策部署，依法惩治涉种子犯罪，全面净化种业市场，维护国家种源安全，加快种业振兴，根据有关法律规定，制定本意见。

一、切实提高政治站位，深刻认识进一步加强涉种子刑事审判工作的重要意义。农业现代化，种子是基础。党中央高度重视种业发展，把种源安全提升到关系国家安全的战略高度。种子制假售假和套牌侵权等违法犯罪，严重扰乱种业市场秩序，妨害种业健康发展，危害国家种源安全。各级人民法院要提高思想认识，不断增强工作责任感，提高涉种子刑事审判能力水平，提升案件审判质效。

二、充分发挥刑事审判职能作用，坚持依法从严惩处的基本要求。要依法加大对制假售假、套牌侵权和破坏种质资源等涉种子犯罪的惩处力度，重拳出击，形成震慑，有效维护种子生产经营者、使用者的合法权益，净化种业市场，维护国家种源安全，为种业健康发展提供有力刑事司法保障。

三、准确适用法律，依法严惩种子制假售假犯罪。对销售明知是假的或者失去使用效能的种子，或者生产者、销售者以不合格的种子冒充合格的种子，使生产遭受较大损失的，依照刑法第一百四十七条的规定以生产、销售伪劣种子罪定罪处罚。

对实施生产、销售伪劣种子行为，因无法认定使生产遭受较大损失等原因，不构成生产、销售伪劣种子罪，但是销售金额在五万元以上的，依照刑法第一百四十条的规定以生产、销售伪劣产品罪定罪处罚。同时构成假冒注册商标罪等其他犯罪的，依照处罚较重的规定定罪处罚。

四、立足现有罪名，依法严惩种子套牌侵权相关犯罪。假冒品种权以及未经许可或者超出委托规模生产、繁殖授权品种种子对外销售等种子套牌侵权行为，经常伴随假冒注册商标、侵犯商业秘密等其他犯罪行为。审理此类案件时要把握这一特点，立足刑法现有规定，通过依法适用与种子套牌侵权密切相关的假冒注册商标罪，销售假冒注册商标的商品罪，非法制造、销售非法制造的注册商标标识罪，侵犯商业秘密罪，为境外窃取、刺探、收买、非法提供商业秘密罪等罪名，实现对种子套牌侵权行为的依法惩处。同时，应当将种子套牌侵权行为作为从重处罚情节，加大对此类犯罪的惩处力度。

五、保护种质资源，依法严惩破坏种质资源犯罪。非法采集或者采伐天然种质资源，符合刑法第三百四十四条规定的，以危害国家重点保护植物罪定罪处罚。

在种质资源库、种质资源保护区或者种质资源保护地实施上述行为的，应当酌情从重处罚。

六、贯彻落实宽严相济的刑事政策，确保裁判效果。实施涉种子犯罪，具有下列情形之一的，应当酌情从重处罚：针对稻、小麦、玉米、棉花、大豆等主要农作物种子实施的，曾因涉种子犯罪受过刑事处罚的，二年内曾因涉种子违法行为受过行政处罚的，其他应当酌情从重处罚的情形。

对受雇佣或者受委托参与种子生产、繁殖的，要综合考虑社会危害程度、在共同犯罪中的地位作用、认罪悔罪表现等情节，准确适用刑罚。犯罪情节轻微的,可以依法免予刑事处罚;情节显著轻微危害不大的,不以犯罪论处。

**七、依法解决鉴定难问题,准确认定伪劣种子。**对是否属于假的、失去使用效能的或者不合格的种子,或者使生产遭受的损失难以确定的,可以依据具有法定资质的种子质量检验机构出具的鉴定意见、检验报告,农业农村、林业和草原主管部门出具的书面意见,农业农村主管部门所属的种子管理机构组织出具的田间现场鉴定书等,结合其他证据作出认定。

**八、坚持多措并举,健全完善工作机制。**各级人民法院要加强与农业农村主管部门、林业和草原主管部门、公安机关、检察机关等部门的协作配合,推动构建专业咨询和信息互通渠道,建立健全涉种子行政执法与刑事司法衔接长效工作机制,有效解决伪劣种子的认定,涉案物品的保管、移送和处理,案件信息共享等问题。

各级人民法院要延伸审判职能,参与综合治理。对涉种子刑事审判中发现的监管问题、违法犯罪线索,应当及时向有关单位进行通报,必要时应当发送司法建议,形成有效合力,实现源头治理,全面净化种业市场,积极推动种业健康发展。

# 《最高人民法院关于进一步加强涉种子刑事审判工作的指导意见》的理解与适用

2022年3月2日,最高人民法院发布《最高人民法院关于进一步加强涉种子刑事审判工作的指导意见》(以下简称《意见》)。《意见》出台的背景及主要内容如下。

## 一、《意见》出台的背景

党的十八大以来,我国种业发展取得显著成就,为粮食和重要农产品稳产保供作出重要贡献。目前,我国农业用种安全总体有保障,风险可管控,但仍存在种质资源保护利用不够、市场环境亟待优化等突出问题。以习近平同志为核心的党中央对种业高度重视,作出打一场种业翻身仗的决策部署,并把种源安全提升到关系国家安全的战略高度。中共中央办公厅、国务院办公厅联合下发《种业振兴行动方案》,部署实施种业市场净化行动,提出要"重拳出击、整治到底、震慑到位,依法严厉打击假冒伪劣、套牌侵权等违法犯罪行为,让侵权者付出沉重代价"。

近年来,全国法院全面贯彻落实中央决策部署,认真做好涉种子刑事、民事、行政审判工作,打好司法组合拳,积极服务保障种业振兴。进一步加强涉种子刑事审判工作,充分发挥刑事审判在打击涉种子犯罪、净化种业市场中的作用,是深入贯彻落实中央有关决策部署的重要举措,也是为加快种业振兴提供全方位司法保障的重要环节。

## 二、《意见》的主要内容

《意见》共计八条,从加强涉种子刑事审判工作总体要求、明确相关法律适用、健全完善工作机制三个方面作出具体规定。

## (一) 明确加强涉种子刑事审判工作总体要求

种子制假售假和套牌侵权等违法犯罪，严重扰乱种业市场秩序，妨害种业健康发展，危害国家种源安全。《意见》要求各级人民法院切实提高政治站位，深刻认识进一步加强涉种子刑事审判工作的重要意义。要充分发挥刑事审判职能作用，坚持依法从严惩处的基本要求。依法加大对制假售假、套牌侵权和破坏种质资源等涉种子犯罪的惩处力度，重拳出击，形成震慑，有效维护种子生产经营者、使用者的合法权益，净化种业市场，维护国家种源安全，为种业健康发展提供有力刑事司法保障。

## (二) 明确涉种子相关犯罪行为的法律适用

《意见》对涉种子相关犯罪行为的法律适用作出明确规定：一是准确适用法律，依法严惩种子制假售假犯罪。对生产、销售伪劣种子，使生产遭受较大损失的，以生产、销售伪劣种子罪定罪处罚。对生产、销售伪劣种子，因无法认定使生产遭受较大损失等原因，不构成生产、销售伪劣种子罪，但是销售金额在五万元以上的，以生产、销售伪劣产品罪定罪处罚。同时构成假冒注册商标罪等其他犯罪的，依照处罚较重的规定定罪处罚。二是立足现有罪名，依法严惩种子套牌侵权相关犯罪。审理案件时要把握种子套牌侵权行为经常伴随假冒注册商标、侵犯商业秘密等其他犯罪行为的特点，立足刑法现有规定，通过依法适用与种子套牌侵权密切相关的假冒注册商标罪、侵犯商业秘密罪等罪名，实现对种子套牌侵权行为的依法惩处。同时，应当将种子套牌侵权行为作为从重处罚情节，加大对此类犯罪的惩处力度。三是保护种质资源，依法严惩破坏种质资源犯罪。非法采集或者采伐天然种质资源，符合刑法第三百四十四条规定的，以危害国家重点保护植物罪定罪处罚。在种质资源库、种质资源保护区或者种质资源保护地实施上述行为的，应当从重处罚。四是贯彻落实宽严相济刑事政策，确保裁判效果。实施涉种子犯罪，具有针对稻、小麦、玉米、棉花、大豆等主要农作物种子实施，曾因涉种子犯罪受过刑事处罚，二年内曾因涉种子违法行为受过行政处罚等情形之一的，应当酌情从重处罚。对受雇佣或者受委托参与种子生产、繁殖的，要综合考虑社会危害程度、在共同犯罪中的地位作用、认罪悔罪表现等情节，准确适用刑罚。五是依法解决鉴定难问题，准确认定伪劣种子。对是否属于假的、失去使用效能的或者不合格的种子,或者使生产遭受的损失难以确定的,可以依据具有法定资质的种子质量检验机构出具的鉴定意见、检验报告,农业农村、林业和草原主管部门出具的书面意见,农业农村主管部门所属的种子管理机构组织出具的田间现场鉴定书等,结合其他证据作出认定。

### (三) 明确健全完善相关工作机制

《意见》要求,各级人民法院要坚持多措并举,健全完善相关工作机制。要加强与行政主管部门、公安机关、检察机关等相关部门的协作配合,建立健全涉种子行刑衔接长效工作机制,同时要延伸审判职能,及时梳理问题、通报情况,必要时发送司法建议,积极参与综合治理、源头治理,共同推动种业健康发展。

《意见》的出台,是最高人民法院进一步贯彻落实中央关于种业振兴决策部署的重要举措,同时也是依法惩治涉种子犯罪和推动种业健康发展的现实要求。各级人民法院要切实增强工作责任感,进一步加强涉种子刑事审判工作,为全面净化种业市场,维护国家种源安全,加快种业振兴提供有力刑事司法保障。

最高人民法院　最高人民检察院　公安部　司法部
# 关于印发《关于未成年人犯罪记录封存的实施办法》的通知

2022年5月24日　　　　高检发办字〔2022〕71号

各省、自治区、直辖市高级人民法院、人民检察院、公安厅（局）、司法厅（局），解放军军事法院、解放军军事检察院，新疆维吾尔自治区高级人民法院生产建设兵团分院，新疆生产建设兵团人民检察院、公安局、司法局：

为全面贯彻习近平法治思想，进一步规范未成年人犯罪记录封存工作，根据《中华人民共和国刑事诉讼法》等相关规定，最高人民法院、最高人民检察院、公安部、司法部联合制定了《关于未成年人犯罪记录封存的实施办法》，现印发你们，请认真贯彻执行。

最高人民法院　最高人民检察院　公安部　司法部
# 关于未成年人犯罪记录封存的实施办法

**第一条** 为了贯彻对违法犯罪未成年人教育、感化、挽救的方针，加强对未成年人的特殊、优先保护，坚持最有利于未成年人原则，根据刑法、刑事诉讼法、未成年人保护法、预防未成年人犯罪法等有关法律规定，结合司法工作实际，制定本办法。

**第二条** 本办法所称未成年人犯罪记录，是指国家专门机关对未成年犯罪人员情况的客观记载。应当封存的未成年人犯罪记录，包括侦查、起诉、审判及刑事执行过程中形成的有关未成年人犯罪或者涉嫌犯罪的全部案卷材料与电子档案信息。

**第三条** 不予刑事处罚、不追究刑事责任、不起诉、采取刑事强制措施的记录，以及对涉罪未成年人进行社会调查、帮教考察、心理疏导、司法救助等工作的记录，按照本办法规定的内容和程序进行封存。

**第四条** 犯罪的时候不满十八周岁，被判处五年有期徒刑以下刑罚以及免予刑事处罚的未成年人犯罪记录，应当依法予以封存。

对在年满十八周岁前后实施数个行为，构成一罪或者一并处理的数罪，主要犯罪行为是在年满十八岁周岁前实施的，被判处或者决定执行五年有期徒刑以下刑罚以及免予刑事处罚的未成年人犯罪记录，应当对全案依法予以封存。

**第五条** 对于分案办理的未成年人与成年人共同犯罪案件，在封存未成年人案卷材料和信息的同时，应当在未封存的成年人卷宗封面标注"含犯罪记录封存信息"等明显标识，并对相关信息采取必要保密措施。对于未分案办理的未成年人与成年人共同犯罪案件，应当在全案卷宗封面标注"含犯罪记录封存信息"等明显标识，并对相关信息采取必要保密措施。

**第六条** 其他刑事、民事、行政及公益诉讼案件，因办案需要使用了被封存的未成年人犯罪记录信息的，应当在相关卷宗封面标明"含犯罪记录封存信息"，并对相关信息采取必要保密措施。

**第七条** 未成年人因事实不清、证据不足被宣告无罪的案件，应当对涉罪记录予以封存；但未成年被告人及其法定代理人申请不予封存或者解除封存的，经人民法院同意，可以不予封存或者解除封存。

**第八条** 犯罪记录封存决定机关在作出案件处理决定时，应当同时向案件被告人或犯罪嫌疑人及其法定代理人或近亲属释明未成年人犯罪记录封存制度，并告知其相关权利义务。

**第九条** 未成年人犯罪记录封存应当贯彻及时、有效的原则。对于犯罪记录被封存的未成年人，在入伍、就业时免除犯罪记录的报告义务。

被封存犯罪记录的未成年人因涉嫌再次犯罪接受司法机关调查时，应当主动、如实地供述其犯罪记录情况，不得回避、隐瞒。

**第十条** 对于需要封存的未成年人犯罪记录，应当遵循《中华人民共和国个人信息保护法》不予公开，并建立专门的未成年人犯罪档案库，执行严格的保管制度。

对于电子信息系统中需要封存的未成年人犯罪记录数据，应当加设封存标记，未经法定查询程序，不得进行信息查询、共享及复用。

封存的未成年人犯罪记录数据不得向外部平台提供或对接。

第十一条　人民法院依法对犯罪时不满十八周岁的被告人判处五年有期徒刑以下刑罚以及免予刑事处罚的，判决生效后，应当将刑事裁判文书、《犯罪记录封存通知书》及时送达被告人，并同时送达同级人民检察院、公安机关，同级人民检察院、公安机关在收到上述文书后应当在三日内统筹相关各级检察机关、公安机关将涉案未成年人的犯罪记录整体封存。

第十二条　人民检察院依法对犯罪时不满十八周岁的犯罪嫌疑人决定不起诉后，应当将《不起诉决定书》、《犯罪记录封存通知书》及时送达被不起诉人，并同时送达同级公安机关，同级公安机关收到上述文书后应当在三日内将涉案未成年人的犯罪记录封存。

第十三条　对于被判处管制、宣告缓刑、假释或者暂予监外执行的未成年罪犯，依法实行社区矫正，执行地社区矫正机构应当在刑事执行完毕后三日内将涉案未成年人的犯罪记录封存。

第十四条　公安机关、人民检察院、人民法院和司法行政机关分别负责受理、审核和处理各自职权范围内有关犯罪记录的封存、查询工作。

第十五条　被封存犯罪记录的未成年人本人或者其法定代理人申请为其出具无犯罪记录证明的，受理单位应当在三个工作日内出具无犯罪记录的证明。

第十六条　司法机关为办案需要或者有关单位根据国家规定查询犯罪记录的，应当向封存犯罪记录的司法机关提出书面申请，列明查询理由、依据和使用范围等，查询人员应当出示单位公函和身份证明等材料。

经审核符合查询条件的，受理单位应当在三个工作日内开具有／无犯罪记录证明。许可查询的，查询后，档案管理部门应当登记相关查询情况，并按照档案管理规定将有关申请、审批材料、保密承诺书等一同存入卷宗归档保存。依法不许可查询的，应当在三个工作日内向查询单位出具不许可查询决定书，并说明理由。

对司法机关为办理案件、开展重新犯罪预防工作需要申请查询的，封存机关可以依法允许其查阅、摘抄、复制相关案卷材料和电子信息。对司法机关以外的单位根据国家规定申请查询的，可以根据查询的用途、目的与实际需要告知被查询对象是否受过刑事处罚、被判处的罪名、刑期等信息,必要时,可以提供相关法律文书复印件。

**第十七条** 对于许可查询被封存的未成年人犯罪记录的,应当告知查询犯罪记录的单位及相关人员严格按照查询目的和使用范围使用有关信息,严格遵守保密义务,并要求其签署保密承诺书。不按规定使用所查询的犯罪记录或者违反规定泄露相关信息,情节严重或者造成严重后果的,应当依法追究相关人员的责任。

因工作原因获知未成年人封存信息的司法机关、教育行政部门、未成年人所在学校、社区等单位组织及其工作人员、诉讼参与人、社会调查员、合适成年人等,应当做好保密工作,不得泄露被封存的犯罪记录,不得向外界披露该未成年人的姓名、住所、照片,以及可能推断出该未成年人身份的其他资料。违反法律规定披露被封存信息的单位或个人,应当依法追究其法律责任。

**第十八条** 对被封存犯罪记录的未成年人,符合下列条件之一的,封存机关应当对其犯罪记录解除封存:

(一)在未成年时实施新的犯罪,且新罪与封存记录之罪数罪并罚后被决定执行刑罚超过五年有期徒刑的;

(二)发现未成年时实施的漏罪,且漏罪与封存记录之罪数罪并罚后被决定执行刑罚超过五年有期徒刑的;

(三)经审判监督程序改判五年有期徒刑以上刑罚的;

被封存犯罪记录的未成年人,成年后又故意犯罪的,人民法院应当在裁判文书中载明其之前的犯罪记录。

**第十九条** 符合解除封存条件的案件,自解除封存条件成立之日起,不再受未成年人犯罪记录封存相关规定的限制。

**第二十条** 承担犯罪记录封存以及保护未成年人隐私、信息工作的公职人员,不当泄漏未成年人犯罪记录或者隐私、信息的,应当予以处分;造成严重后果,给国家、个人造成重大损失或者恶劣影响的,依法追究刑事责任。

**第二十一条** 涉案未成年人应当封存的信息被不当公开,造成未成年人在就学、就业、生活保障等方面未受到同等待遇的,未成年人及其法定代理人可以向相关机关、单位提出封存申请,或者向人民检察院申请监督。

**第二十二条** 人民检察院对犯罪记录封存工作进行法律监督。对犯罪记录应当封存而未封存,或者封存不当,或者未成年人及其法定代理人提出异议的,人民检察院应当进行审查,对确实存在错误的,应当及时通知有关单位予以纠正。

有关单位应当自收到人民检察院的纠正意见后及时审查处理。经审查无误的,应当向人民检察院说明理由;经审查确实有误的,应当及时纠正,并将纠正措施与结果告知人民检察院。

第二十三条 对于 2012 年 12 月 31 日以前办结的案件符合犯罪记录封存条件的,应当按照本办法的规定予以封存。

第二十四条 本办法所称"五年有期徒刑以下"含本数。

第二十五条 本办法由最高人民法院、最高人民检察院、公安部、司法部共同负责解释。

第二十六条 本办法自 2022 年 5 月 30 日起施行。

**附件:** 1. 无犯罪记录证明
　　　　2. 保密承诺书

**附件 1**

# 无犯罪记录证明

×公/检/法/司(×)证字【 】××号

经查,被查询人:＿＿,国籍＿＿,证件名称:＿＿＿＿,证件号码:＿＿＿＿＿＿＿＿＿＿＿,(在××××年××月××日至××××年××月××日期间),未发现有犯罪记录。

业务编号及二维码

单位(盖章)
××××年××月××日

注:1. 此证明书只反映出具证明时信息查询平台内的犯罪记录信息情况。

2. 如未注明查询时间范围,即查询全时段信息。
3. 此证明书自开具之日起三个月内有效。

附件2

## 保密承诺书

_____:
　　为了_____(目的),根据_____,我(我们)受_____委派,查询贵单位_____卷宗。为保证该案未成年人犯罪记录不被泄露,特作出以下承诺:
　　1. 查询获得的未成年人犯罪信息仅用于以上事由,不超越范围使用。
　　2. 严格控制知情人范围,除必须接触的人员外,不向任何个人和单位披露。
　　3. 对获取的信息,采取严格的保密措施,谨防信息泄露。
　　违背以上承诺,造成后果的,愿意承担相应责任。


承诺人:　　　　　单位:


　　　　　　　　　　　　　　　年　月　日

# 最高人民法院、最高人民检察院、公安部、司法部相关部门负责人就《关于未成年人犯罪记录封存的实施办法》答记者问

2022年5月24日，最高人民法院、最高人民检察院、公安部、司法部联合发布《关于未成年人犯罪记录封存的实施办法》（以下简称《实施办法》），自2022年5月30日起施行。为更好地理解和适用《实施办法》，最高人民法院研究室负责人、最高人民检察院第九检察厅负责人、公安部刑侦局负责人、司法部相关部门负责人接受了记者采访。

问：我们看到，刑事诉讼法仅规定"犯罪的时候不满十八周岁，被判处五年有期徒刑以下刑罚的，应当对相关犯罪记录予以封存"，而《实施办法》在封存范围方面列举了很多，这样规定是否突破了法律？检察机关在牵头起草《实施办法》过程中是如何考虑的？

答：刑事诉讼法设立犯罪记录封存制度，有利于涉轻罪的失足未成年人消除因犯罪记录产生的标签效应、重新回归社会，也有利于推动社会善治。检察机关一直非常重视未成年人犯罪记录封存工作。早在2017年，《未成年人刑事检察工作指引（试行）》就对此项工作作出专章规定，在顶层设计层面对刑事诉讼法相关内容进行了细化，各地检察机关也会同相关部门制定实施细则，进一步规范了工作程序。2021年，最高人民检察院专门制发了犯罪记录封存样章，会同档案部门对未成年人案卷的归档、存放、封存加以进一步规范。上述各项措施保障了检察环节的封存效果。

但同时我们也看到，虽然各部门内部均制定了较为完善的制度，但相互之间衔接不畅，个别规定甚至存在冲突，亟须在国家层面统一标准，因此，我们在专项调研基础上着手起草《实施办法》。起草过程中，我们确实发现很多问题，例如，刑事诉讼法规定"犯罪的时候不满十八周岁，被

判处五年有期徒刑以下刑罚的，应当对相关犯罪记录予以封存"，但对于何种材料属于"相关犯罪记录"并未明确。这导致司法实践中有些地方认为未成年人违法记录，如绝对不起诉、附条件不起诉、相对不起诉、宣告无罪、社区矫正、接受专门教育、行政处罚等不属于"犯罪记录"，因此不在封存范围，致使涉案未成年人前科劣迹材料泄露；有些地方认为犯罪记录仅限于判决、不起诉等终局处理结果，而强制措施记录、立案文书、侦查文书、刑罚执行文书等过程文书均不包含在封存范围内，导致有的案件在侦查、起诉环节各种信息资料已经不当泄漏，判决作出后再进行封存为时已晚。

未成年人保护法第一百零三条规定："公安机关、人民检察院、人民法院、司法行政部门以及其他组织和个人不得披露有关案件中未成年人的姓名、影像、住所、就读学校以及其他可能识别出其身份的信息，但查找失踪、被拐卖未成年人等情形除外。"预防未成年人犯罪法第五十九条规定："未成年人的犯罪记录依法被封存的，公安机关、人民检察院、人民法院和司法行政部门不得向任何单位或者个人提供，但司法机关因办案需要或者有关单位根据国家有关规定进行查询的除外。依法进行查询的单位和个人应当对相关记录信息予以保密。未成年人接受专门矫治教育、专门教育的记录，以及被行政处罚、采取刑事强制措施和不起诉的记录，适用前款规定。"因此，针对前述问题，《实施办法》第二条明确规定"应当封存的未成年人犯罪记录，包括侦查、起诉、审判及刑事执行过程中形成的有关未成年人犯罪或者涉嫌犯罪的全部案卷材料与电子档案信息"，第三条进一步规定"不予刑事处罚、不追究刑事责任、不起诉、采取刑事强制措施的记录，以及对涉罪未成年人进行社会调查、帮教考察、心理疏导、司法救助等工作的记录，按照本办法规定的内容和程序进行封存"。对封存范围作出这样的细化，既是考虑到此类可能影响、降低对涉案未成年人社会评价的相关记录被查询、泄露问题，在实践中确实存在并造成了严重不利影响，也是落实未成年人保护法、预防未成年人犯罪法的具体举措。特别需要强调的是，鉴于线上系统缺乏对未成年人犯罪案件单独录入、管理及加密的设置，《实施办法》特别规定电子档案信息也应当封存，即第十条规定"对于电子信息系统中需要封存的未成年人犯罪记录数据，应当加设封存标记，未经法定查询程序，不得进行信息查询、共享及复用。封存的未成年人犯罪记录数据不得向外部平台提供或对接"。确保了对全部案卷材料封存到位。下一步，检察机关要认真履行好对犯罪记录封存工作的检察监督权，确保《实施办法》落地见效。

需要强调的是，未成年人身心未完全成熟，依法应当予以特殊优先保护，但实践中也要坚持宽严相济，对罪行较轻的，着力教育感化挽救；对涉嫌严重犯罪的，依法批捕起诉，刑期超过五年的，依法不予封存犯罪记录。

**问**：司法实践中，公安机关办理犯罪记录查询的事项较多。公安机关对下一步落实《实施办法》有什么考虑？

**答**：公安部历来高度重视犯罪记录查询工作。2021年12月，在充分调研论证基础上，通过接入最高人民法院相关数据，建成了全国犯罪记录信息系统，印发了《公安机关办理犯罪记录查询工作规定》（以下简称《规定》），明确犯罪记录以人民法院裁判文书为准，群众开具《无犯罪记录证明》实现"跨省通办"，在户籍地和居住地均可办理，切实为群众提供了便利。

在未成年人犯罪记录封存方面，《规定》第十条作出了专门规定："对于个人查询，申请人有犯罪记录，但犯罪的时候不满十八周岁，被判处五年有期徒刑以下刑罚的，受理单位应当出具《无犯罪记录证明》。对于单位查询，被查询对象有犯罪记录，但犯罪的时候不满十八周岁，被判处五年有期徒刑以下刑罚的，受理单位应当出具《查询告知函》，并载明查询对象无犯罪记录。法律另有规定的，从其规定。"《实施办法》对犯罪记录的封存作出了进一步明确，并特别强调既要封存办案过程中形成的纸质材料，也要封存相关电子数据。各地公安机关将按照《实施办法》的要求，严格做到"应封尽封"。同时，《实施办法》还对涉案未成年人查询犯罪记录作出进一步细化，这是对《规定》的重要补充和完善，各地公安机关也将严格落实，切实帮助罪错未成年人顺利入学、就业、重新回归社会。

**问**：请问为保障法院环节对涉案未成年人信息的封存效果，《实施办法》作了哪些完善性规定？

**答**：犯罪记录封存制度是教育挽救犯有较轻罪行的失足未成年人的一项重要法律制度，其功能和意义在于，尽可能降低轻罪前科对未成年人回归社会的影响，促使其悔过自新、重回正轨。一直以来，人民法院高度重视未成年人司法保护工作，认真贯彻落实犯罪记录封存制度。但是，由于刑事诉讼法的规定相对较为原则，对犯罪记录封存制度的一些具体操作问题在实践中尚存在不同认识。经过深入调研论证,《实施办法》对有关问题作出了统一、明确的规定。一是明确了十八周岁前后实施数个犯罪的犯罪记录封存问题。即在年满十八周岁前后实施数个行为,构成一罪或者一并处理的数罪,主要犯罪行为是在年满十八周岁前实施的,被判处或者决定执行五年有期徒刑以下刑罚以及免予刑事处罚的未成年人犯罪记录,应当对全案依法予以封存。二是明确了未成年人与成年人共同犯罪的犯罪记录封存问题。根据是否分案办理分别作出了明确具体规定:如果分案处理,在封存未成年人案卷材料和信息的同时,应当在未封存的成年人卷宗封面标注"含犯罪记录封存信息"等明显标识,并对相关信息采取必要保密措施;如果未分案处理,应当在全案卷宗封面标注"含犯罪记录封存信息"等明显标识,并对相关信息采取必要保密措施。三是对成年后又实施故意犯罪应当如何处理封存的犯罪记录问题作出明确规定。对于被封存犯罪记录的未成年人,成年后再故意犯罪,综合考虑犯罪记录封存制度设立的目的、被告人前罪的改造情况、后罪的主观恶性等因素,《实施办法》明确规定,人民法院应当在裁判文书中载明其之前的犯罪记录。

《实施办法》的出台,必将有助于犯罪记录封存制度更加全面、准确的贯彻实施,有助于该项制度重要功能的充分发挥。

**问:刑事执行环节是未成年人犯罪记录封存的重要环节,司法部对在刑事执行环节贯彻落实《实施办法》有什么考虑?**

**答:** 未成年人犯罪记录封存制度是刑事司法保护未成年人合法权益的一项重要制度。一直以来,司法部高度重视对犯罪未成年人隐私和信息保护工作,严格执行刑事诉讼法、社区矫正法等相关法律法规,认真做好未成年人犯罪记录封存相关工作,为守护未成年人健康成长创造了良好法治环境。

为进一步规范刑事执行中未成年人犯罪记录封存工作,下一步,司法部将指导各地司法行政机关认真学习贯彻落实《实施办法》,组织开展相关宣传和培训,加强与公、检、法等部门之间衔接配合,规范工作程序,确保未成年罪犯的合法权益得到切实保障。主要做好以下三方面工作:一是及时全面做好犯罪记录封存。《实施办法》第十三条对刑事执行中犯罪记录封存内容和封存时限等作出明确规定,即"对于被判处管制、宣告缓刑、假释或者暂予监外执行的未成年罪犯,依法实行社区矫正,执行地社区矫正机构应当在刑事执行完毕后三日内将涉案未成年人的犯罪记录封存"。司法部将指导各地司法行政机关贯彻及时、有效原则,将刑事执行过程中形成的有关未成年人犯罪的全部卷宗材料与电子档案信息依法及时封存,建立健全严格的保管制度,确保封存效果到位。二是严格依法办理封存犯罪记录查询。《实施办法》对封存犯罪记录查询主体、程序及出具证明的形式等作出详细规定,司法部将指导各地司法行政机关严格审核查询理由、依据和使用范围的合法性,严格按照法定程序办理相关查询工作,严格要求保密承诺书签订,依法在法定时限内出具犯罪记录证明,确保未成年人权益保护到位。三是强化保密措施和保密责任的落实。《实施办法》对犯罪记录封存的保密措施和保密责任作出明确规定,司法部将指导各地司法行政机关依法落实犯罪记录封存相关卷宗材料的保密管理、电子档案信息的加密保存,严格落实相关工作人员的保密要求,建立健全责任体系,对不当泄露未成年人犯罪记录或者隐私、信息的,依法严肃追究相关人员责任,确保保密责任到位。

# 最高人民法院 最高人民检察院 公安部 国家移民管理局印发《关于依法惩治妨害国（边）境管理违法犯罪的意见》的通知

2022年6月29日　　　　　　　　　　　法发〔2022〕18号

各省、自治区、直辖市高级人民法院、人民检察院、公安厅（局），解放军军事法院、军事检察院，新疆维吾尔自治区高级人民法院生产建设兵团分院、新疆生产建设兵团人民检察院、公安局，各出入境边防检查总站：

为依法惩治妨害国（边）境管理违法犯罪活动，切实维护国（边）境管理秩序和人民群众人身财产安全，根据《中华人民共和国刑法》以及有关法律、司法解释的规定，结合执法、司法实践，最高人民法院、最高人民检察院、公安部、国家移民管理局联合制定了《关于依法惩治妨害国（边）境管理违法犯罪的意见》。现予以印发，请结合实际认真贯彻执行。在执行中遇到的新情况、新问题，请及时分别报告最高人民法院、最高人民检察院、公安部、国家移民管理局。

## 关于依法惩治妨害国（边）境管理违法犯罪的意见

为依法惩治妨害国（边）境管理违法犯罪活动，切实维护国（边）境管理秩序，根据《中华人民共和国刑法》《中华人民共和国刑事诉讼法》《中华人民共和国出境入境管理法》《最高人民法院、最高人民检察院关于办理妨害国（边）境管理刑事案件应用法律若干问题的解释》（法释

〔2012〕17号，以下简称《解释》）等有关规定，结合执法、司法实践，制定本意见。

## 一、总体要求

1. 近年来，妨害国（边）境管理违法犯罪活动呈多发高发态势，与跨境赌博、电信网络诈骗以及边境地区毒品、走私、暴恐等违法犯罪活动交织滋长，严重扰乱国（边）境管理秩序，威胁公共安全和人民群众人身财产安全。人民法院、人民检察院、公安机关和移民管理机构要进一步提高政治站位，深刻认识妨害国（边）境管理违法犯罪的严重社会危害，充分发挥各自职能作用，依法准确认定妨害国（边）境管理犯罪行为，完善执法、侦查、起诉、审判的程序衔接，加大对组织者、运送者、犯罪集团骨干成员以及屡罚屡犯者的惩治力度，最大限度削弱犯罪分子再犯能力，切实维护国（边）境管理秩序，确保社会安全稳定，保障人民群众切身利益，努力实现案件办理法律效果与社会效果的有机统一。

## 二、关于妨害国（边）境管理犯罪的认定

2. 具有下列情形之一的，应当认定为刑法第三百一十八条规定的"组织他人偷越国（边）境"行为：

（1）组织他人通过虚构事实、隐瞒真相等方式掩盖非法出入境目的，骗取出入境边防检查机关核准出入境的；

（2）组织依法限定在我国边境地区停留、活动的人员，违反国（边）境管理法规，非法进入我国非边境地区的。

对于前述行为，在决定是否追究刑事责任以及如何裁量刑罚时，应当综合考虑组织者前科情况、行为手段、组织人数和次数、违法所得数额及被组织人员偷越国（边）境的目的等情节，依法妥当处理。

3. 事前与组织、运送他人偷越国（边）境的犯罪分子通谋，在偷越国（边）境人员出境前或者入境后，提供接驳、容留、藏匿等帮助的，以组织他人偷越国（边）境罪或者运送他人偷越国（边）境罪的共同犯罪论处。

4. 明知是偷越国（边）境人员，分段运送其前往国（边）境的，应当认定为刑法第三百二十一条规定的"运送他人偷越国（边）境"，以运送他人偷越国（边）境罪定罪处罚。但是，在决定是否追究刑事责任以及

如何裁量刑罚时，应当充分考虑行为人在运送他人偷越国（边）境过程中所起作用等情节，依法妥当处理。

5.《解释》第一条第二款、第四条规定的"人数"，以实际组织、运送的人数计算；未到案人员经查证属实的，应当计算在内。

6. 明知他人实施骗取出境证件犯罪，提供虚假证明、邀请函件以及面签培训等帮助的，以骗取出境证件罪的共同犯罪论处；符合刑法第三百一十八条规定的，以组织他人偷越国（边）境罪定罪处罚。

7. 事前与组织他人偷越国（边）境的犯罪分子通谋，为其提供虚假证明、邀请函件以及面签培训等帮助，骗取入境签证等入境证件，为组织他人偷越国（边）境使用的，以组织他人偷越国（边）境罪的共同犯罪论处。

8. 对于偷越国（边）境的次数，按照非法出境、入境的次数分别计算。但是，对于非法越境后及时返回，或者非法出境后又入境投案自首的，一般应当计算为一次。

9. 偷越国（边）境人员相互配合，共同偷越国（边）境的，属于《解释》第五条第二项规定的"结伙"。偷越国（边）境人员在组织者、运送者安排下偶然同行的，不属于"结伙"。

在认定偷越国（边）境"结伙"的人数时，不满十六周岁的人不计算在内。

10. 偷越国（边）境，具有下列情形之一的，属于《解释》第五条第六项规定的"其他情节严重的情形"：

（1）犯罪后为逃避刑事追究偷越国（边）境的；

（2）破坏边境物理隔离设施后，偷越国（边）境的；

（3）以实施电信网络诈骗、开设赌场等犯罪为目的，偷越国（边）境的；

（4）曾因妨害国（边）境管理犯罪被判处刑罚，刑罚执行完毕后二年内又偷越国（边）境的。

实施偷越国（边）境犯罪，又实施妨害公务、袭警、妨害传染病防治等行为，并符合有关犯罪构成的，应当数罪并罚。

11. 徒步带领他人通过隐蔽路线逃避边防检查偷越国（边）境的，属于运送他人偷越国（边）境。领导、策划、指挥他人偷越国（边）境，并实施徒步带领行为的，以组织他人偷越国（边）境罪论处。

徒步带领偷越国（边）境的人数较少，行为人系初犯，确有悔罪表现，综合考虑行为动机、一贯表现、违法所得、实际作用等情节，认为对国（边）境管理秩序妨害程度明显较轻的，可以认定为犯罪情节轻微，依法不起诉或者免予刑事处罚；情节显著轻微危害不大的，不作为犯罪处理。

12. 对于刑法第三百二十一条第一款规定的"多次实施运送行为"，累计运送人数一般应当接近十人。

## 三、关于妨害国（边）境管理刑事案件的管辖

13. 妨害国（边）境管理刑事案件由犯罪地的公安机关立案侦查。如果由犯罪嫌疑人居住地的公安机关立案侦查更为适宜的，可以由犯罪嫌疑人居住地的公安机关立案侦查。

妨害国（边）境管理犯罪的犯罪地包括妨害国（边）境管理犯罪行为的预备地、过境地、查获地等与犯罪活动有关的地点。

14. 对于有多个犯罪地的妨害国（边）境管理刑事案件，由最初受理的公安机关或者主要犯罪地的公安机关立案侦查。有争议的，按照有利于查清犯罪事实、有利于诉讼的原则，由共同上级公安机关指定有关公安机关立案侦查。

15. 具有下列情形之一的，有关公安机关可以在其职责范围内并案侦查：

（1）一人犯数罪的；

（2）共同犯罪的；

（3）共同犯罪的犯罪嫌疑人、被告人还实施其他犯罪的；

（4）多个犯罪嫌疑人、被告人实施的犯罪存在关联，并案处理有利于查明案件事实的。

## 四、关于证据的收集与审查

16. 对于妨害国（边）境管理案件所涉主观明知的认定，应当结合行为实施的过程、方式、被查获时的情形和环境，行为人的认知能力、既往经历、与同案人的关系、非法获利等，审查相关辩解是否明显违背常理，综合分析判断。

在组织他人偷越国（边）境、运送他人偷越国（边）境等案件中，具

有下列情形之一的，可以认定行为人主观明知，但行为人作出合理解释或者有相反证据证明的除外：

（1）使用遮蔽、伪装、改装等隐蔽方式接送、容留偷越国（边）境人员的；

（2）与其他妨害国（边）境管理行为人使用同一通讯群组、暗语等进行联络的；

（3）采取绕关避卡等方式躲避边境检查，或者出境前、入境后途经边境地区的时间、路线等明显违反常理的；

（4）接受执法检查时故意提供虚假的身份、事由、地点、联系方式等信息的；

（5）支付、收取或者约定的报酬明显不合理的；

（6）遇到执法检查时企图逃跑，阻碍、抗拒执法检查，或者毁灭证据的；

（7）其他足以认定行为人明知的情形。

17. 对于不通晓我国通用语言文字的嫌疑人、被告人、证人及其他相关人员，人民法院、人民检察院、公安机关、移民管理机构应当依法为其提供翻译。

翻译人员在案件办理规定时限内无法到场的，办案机关可以通过视频连线方式进行翻译，并对翻译过程进行全程不间断录音录像，不得选择性录制，不得剪接、删改。

翻译人员应当在翻译文件上签名。

18. 根据国际条约规定或者通过刑事司法协助和警务合作等渠道收集的境外证据材料，能够证明案件事实且符合刑事诉讼法规定的，可以作为证据使用，但提供人或者我国与有关国家签订的双边条约对材料的使用范围有明确限制的除外。

办案机关应当移送境外执法机构对所收集证据的来源、提取人、提取时间或者提供人、提供时间以及保管移交的过程等相关说明材料；确因客观条件限制，境外执法机构未提供相关说明材料的，办案机关应当说明原因，并对所收集证据的有关事项作出书面说明。

19. 采取技术侦查措施收集的材料，作为证据使用的，应当随案移送，并附采取技术侦查措施的法律文书、证据清单和有关情况说明。

20. 办理案件中发现的可用以证明犯罪嫌疑人、被告人有罪或者无罪的各种财物,应当严格依照法定条件和程序进行查封、扣押、冻结。不得查封、扣押、冻结与案件无关的财物。凡查封、扣押、冻结的财物,都要及时进行审查。经查明确实与案件无关的,应当在三日以内予以解除、退还,并通知有关当事人。

查封、扣押、冻结涉案财物及其孳息,应当制作清单,妥善保管,随案移送。待人民法院作出生效判决后,依法作出处理。

公安机关、人民检察院应当对涉案财物审查甄别。在移送审查起诉、提起公诉时,应当对涉案财物提出处理意见。人民法院对随案移送的涉案财物,应当依法作出判决。

## 五、关于宽严相济刑事政策的把握

21. 办理妨害国(边)境管理刑事案件,应当综合考虑行为人的犯罪动机、行为方式、目的以及造成的危害后果等因素,全面把握犯罪事实和量刑情节,依法惩治。做好行政执法与刑事司法的衔接,对涉嫌妨害国(边)境管理犯罪的案件,要及时移送立案侦查,不得以行政处罚代替刑事追究。

对于实施相关行为被不起诉或者免予刑事处罚的行为人,依法应当给予行政处罚、政务处分或者其他处分的,依法移送有关主管机关处理。

22. 突出妨害国(边)境管理刑事案件的打击重点,从严惩处组织他人偷越国(边)境犯罪,坚持全链条、全环节、全流程对妨害国(边)境管理的产业链进行刑事惩治。对于为组织他人偷越国(边)境实施骗取出入境证件,提供伪造、变造的出入境证件,出售出入境证件,或者运送偷越国(边)境等行为,形成利益链条的,要坚决依法惩治,深挖犯罪源头,斩断利益链条,不断挤压此类犯罪滋生蔓延空间。

对于运送他人偷越国(边)境犯罪,要综合考虑运送人数、违法所得、前科情况等依法定罪处罚,重点惩治以此为业、屡罚屡犯、获利巨大和其他具有重大社会危害的情形。

对于偷越国(边)境犯罪,要综合考虑偷越动机、行为手段、前科情况等依法定罪处罚,重点惩治越境实施犯罪、屡罚屡犯和其他具有重大社会危害的情形。

23. 对于妨害国(边)境管理犯罪团伙、犯罪集团,应当重点惩治首要分子、主犯和积极参加者。对受雇佣或者被利用从事信息登记、材料递交等辅助性工作人员,未直接实施妨害国(边)境管理行为的,一般不追究刑事责任,可以由公安机关、移民管理机构依法作出行政处罚或者其他处理。

24. 对于妨害国(边)境管理犯罪所涉及的在偷越国(边)境之后的相关行为,要区分情况作出处理。对于组织、运送他人偷越国(边)境,进而在他人偷越国(边)境之后组织实施犯罪的,要作为惩治重点,符合数罪并罚规定的,应当数罪并罚。

对于为非法用工而组织、运送他人偷越国(边)境,或者明知是偷越国(边)境的犯罪分子而招募用工的,在决定是否追究刑事责任以及如何裁量刑罚时,应当综合考虑越境人数、违法所得、前科情况、造成影响或者后果等情节,恰当评估社会危害性,依法妥当处理。其中,单位实施上述行为,对组织者、策划者、实施者依法追究刑事责任的,定罪量刑应作综合考量,适当体现区别,确保罪责刑相适应。

25. 对以牟利为目的实施妨害国(边)境管理犯罪,要注重适用财产刑和追缴犯罪所得、没收作案工具等处置手段,加大财产刑的执行力度,最大限度剥夺其重新犯罪的能力和条件。

26. 犯罪嫌疑人、被告人提供重要证据或者重大线索,对侦破、查明重大妨害国(边)境管理刑事案件起关键作用,经查证属实的,可以依法从宽处理。

# 最高人民法院研究室、最高人民检察院法律政策研究室、公安部法制局、国家移民管理局政策法规司负责人就《最高人民法院、最高人民检察院、公安部、国家移民管理局关于依法惩治妨害国（边）境管理违法犯罪的意见》答记者问

2022年6月29日，最高人民法院、最高人民检察院、公安部、国家移民管理局联合发布《关于依法惩治妨害国（边）境管理违法犯罪的意见》（法发〔2022〕18号，以下简称《意见》）。为便于实践准确理解与适用，最高人民法院研究室、最高人民检察院法律政策研究室、公安部法制局、国家移民管理局政策法规司有关负责人接受了采访。

**问：** 请介绍一下《意见》的制定背景和主要经过。

**答：** 2012年6月30日，出境入境管理法正式公布，进一步规范出境入境管理工作。同年12月，最高人民法院、最高人民检察院联合发布《关于办理妨害国（边）境管理刑事案件应用法律若干问题的解释》（法释〔2012〕17号，以下简称《解释》），对妨害国（边）境管理犯罪的定罪量刑标准和有关法律适用问题作出规定。十年来，各级人民法院、人民检察院、公安机关和移民管理机构严格适用刑法、出境入境管理法和《解释》规定，依法严惩妨害国（边）境管理违法犯罪，切实维护国（边）境管理秩序和人民群众切身利益，取得了良好效果。

随着经济社会发展和我国对外开放的持续深化，近年来，妨害国（边）境管理违法犯罪出现了一些新的情况和特点，迫切需要加强对妨害国（边）境管理行为的治理。具体而言：（1）案件快速增长，社会危害严重。当前，妨害国（边）境管理犯罪高发多发，且呈现明显的增长趋势。

2012年至2021年十年间，全国法院审理的妨害国（边）境管理刑事案件持续增长，2021年的案件数量、生效判决人数分别较2012年增长超过10倍、23倍。妨害国（边）境管理犯罪往往与跨境犯罪交织滋长，损害经济社会发展秩序和人民群众人身财产安全，具有严重的社会危害性；新冠疫情发生以来，"带疫偷渡"又增加了境外疫情输入风险，给我国疫情防控工作和边境地区社会稳定带来重大不利影响。2021年，全国检察机关起诉涉嫌妨害国（边）境管理犯罪嫌疑人人数是2020年的3.3倍。（2）行为样态多变，法律适用复杂。一方面，我国与各国往来渠道日益拓宽，组织他人"持证"偷越国（边）境等问题突出；另一方面，随着主管部门防范打击水平提升，妨害国（边）境管理犯罪的手段翻新，分段运送、徒步带领他人偷越国（边）境等情形逐渐增多。对于这些行为应当如何定性处理，实践中存在争议，需要加以指导和明确。（3）地域存在差异，处理尺度不一。我国是世界上陆地边界线最长的国家，陆地边界线全长超过2万公里，受相关边境地区地理特征等因素影响，部分违法行为具有明显的地域性，行为目的、行为方式、行为频次以及对国（边）境管理秩序的妨害程度均存在一定的差异。实践中，相关案件的处理尺度不尽一致，法律政策尺度亟须进一步规范。

针对妨害国（边）境管理违法犯罪的新情况、新问题，最高人民法院会同最高人民检察院、公安部、国家移民管理局共同深入调研，广泛征求意见，反复论证完善，特别是充分吸收相关案件高发地区办案一线的意见建议，制定了《意见》。

**问**：请介绍一下《意见》制定的主要考虑。

**答**：《意见》坚持以习近平新时代中国特色社会主义思想为指导，深入贯彻习近平法治思想，坚持依法惩治妨害国（边）境管理违法犯罪活动，切实维护国（边）境管理秩序，为高水平对外开放提供有力法治保障。具体而言，在制定过程中，重点把握了以下几点。

一是应对形势变化，依法从严惩治犯罪。基于当前妨害国（边）境管理犯罪的高发态势，特别是与跨境赌博、电信网络诈骗等交织滋长，以及增加境外疫情输入风险的实际情况，《意见》从执法、司法各环节发力，切实加大对妨害国（边）境管理违法犯罪的惩治力度，以有效维护国（边）境安全，深入治理跨境犯罪，筑牢国境疫情防线，保障人民群众人身财产安全。

二是聚焦实践难点，细化法律适用标准。对于妨害国（边）境管理犯罪的法律适用，实践中存在一定认识分歧。例如，对于限定在我国边境地区停留、活动的外国人，非法进入我国非边境地区的行为能否认定为"偷越国（边）境"；再如，偷越国（边）境行为的次数是按入境、出境行为分别计算还是合并计算等。《意见》针对困扰实践的突出问题，进一步细化明确相关规定，注重规范执法、司法尺度，确保法律统一正确适用。

三是突出惩治重点，准确贯彻刑事政策。《意见》强调依法从严惩处组织行为、犯罪集团的首要分子、主犯和积极参加者，通过"严"的政策要求，达到有效遏制犯罪、预防犯罪的目的。在此基础上，《意见》对受雇佣或者被利用从事辅助工作，未直接实施妨害国（边）境管理行为的，明确一般不追究刑事责任，通过"宽"的政策导向，实现罪责刑相适应，确保案件办理取得良好效果。

**问：组织他人偷越国（边）境罪是妨害国（边）境管理犯罪的重点罪名。请介绍一下《意见》对此有何规定。**

**答：** 针对当前司法实践反映的突出问题，《意见》就组织他人偷越国（边）境罪的认定作了专门规定。概括而言，主要有如下三个方面的内容。

一是关于组织他人"持证"骗取核准出入境行为的认定。当前，利用我国与其他国家的互免签证等政策，组织已持有出入境证件的人员通过虚构事实、隐瞒真相等方式掩盖非法出入境目的，骗取出入境边防检查机关核准出入境的情况较为普遍，日益成为相关妨害国（边）境管理活动的重要方式。对此，《意见》明确对于此类组织"持证"人员骗取出入境边防检查机关核准出入境的行为，应当认定为组织他人偷越国（边）境。

二是关于组织外国边民等非法进入非边境地区行为的认定。近年来，部分人员受利益驱动，利用边民往来的便利政策，组织外国边民进入我国非边境地区务工、居留等。此类活动在部分边境地区有规模化、产业化的趋势，对境内社会管理和经济秩序带来一定冲击。对此，《意见》明确对于组织依法限定在我国边境地区停留、活动的人员，违反国（边）境管理法规，非法进入我国非边境地区的行为，应当认定为组织他人偷越国（边）境。

三是对相关行为刑事追究的政策把握。一方面，对于"持证"偷越国（边）境和边民等非法进入非边境地区，《意见》将刑事规制的对象限定于组织行为；另一方面，组织"持证"人员偷越国（边）境行为和组织边民等非法进入非边境地区,在社会危害程度上存在明显的个案差异。有的组织外国人入境从事非法劳务,有的组织我国公民出境参与电信网络诈骗、赌博等犯罪,应当区分情况,依法处理。基于此,《意见》要求"在决定是否追究刑事责任以及如何裁量刑罚时,应当综合考虑组织者前科情况、行为手段、组织人数和次数、违法所得数额及被组织人员偷越国(边)境的目的等情节,依法妥当处理"。

**问:《意见》细化了运送他人偷越国(边)境犯罪的认定。请介绍一下有关情况。**

**答:** 我国国界线漫长,边境地区地理环境复杂。受利益驱动,运送他人偷越国(边)境犯罪较为多发。近年来,一些边境地区的不法分子采用私开通道、破坏边境拦阻设施等方式,专门从事运送、引带他人非法出入境活动;有的不法分子采用接驳、容留、藏匿等方式将偷越国(边)境人员"化整为零"再实施运送;有的交替使用车辆、船舶运输或徒步带领等方式,频繁变换运送线路,意图逃避打击。与时俱进细化此类犯罪的认定标准,成为实践迫切需要。

对此,《意见》主要作了如下规定:(1)对明知是偷越国(边)境人员,分段运送其前往国(边)境的,应当认定为刑法第三百二十一条规定的"运送他人偷越国(边)境",以运送他人偷越国(边)境罪定罪处罚。(2)徒步带领他人通过隐蔽路线逃避边防检查偷越国(边)境的,属于运送他人偷越国(边)境。(3)惩罚与教育相结合,综合考虑运送人数、违法所得、前科情况等依法定罪处罚,重点惩治以此为业、屡罚屡犯、获利巨大和其他具有重大社会危害的情形。

**问:近年来,偷越国(边)境犯罪呈上升趋势。请问《意见》对偷越国(边)境罪作了哪些细化规定?**

**答:** 根据刑法规定,违反国(边)境管理法规,偷越国(边)境,情节严重的,构成偷越国(边)境罪。《意见》针对近年来偷越国(边)境犯罪呈现的动机、手段、危害后果等情况,进一步明确了偷越国(边)境犯罪的认定问题。

一是将破坏边境物理隔离设施作为偷越国(边)境"情节严重"的适用情形。近年来,我国边境地区出现了故意破坏铁丝隔离网、监控、报警设备等边境设施后偷越国(边)境的案件,严重侵害国(边)境管理秩序,造成重大风险隐患,有必要依法惩治。

二是明确偷越国（边）境次数的计算规则。按照《解释》规定，偷越国（边）境"三次以上"构成偷越国（边）境罪。《意见》进一步明确按照非法出境、入境的次数分别计算偷越国（边）境次数，同时规定"对于非法越境后及时返回，或者非法出境后又入境投案自首的，一般应当计算为一次"，区分情形确定计算标准，实现依法精准打击。

三是对"结伙"偷越国（边）境作出界定。"三人以上结伙偷越国（边）境"属于偷越国（边）境"情节严重"的情形。考虑到实践情况较为复杂，《意见》明确偷越国（边）境的人员相互配合、共同偷越国（边）境的，属于"结伙"，在组织者、运送者安排下偶然同行的，不属于"结伙"，以进一步突出惩治重点，实现罪责刑相适应。

**问：当前，妨害国（边）境管理犯罪呈现组织化、国际化、网络化等特点。请问《意见》对此有何针对性规定？**

**答：** 从办案实践看，当前妨害国（边）境管理犯罪确实呈现出明显的组织化、国际化、网络化特点。犯罪团伙操控犯罪，内部组织严密、分工明确；团伙头目在境外远程指挥，使用"黑话""暗语"联络，逃避打击；网上发布虚假信息，引诱、招徕偷渡人员。随着犯罪手段不断翻新，作案方式更加隐蔽，打击治理难度加大。对此，《意见》从以下四个方面作出针对性规定，以进一步提升治理效能。

一是强化对共同犯罪的惩治。《意见》明确，事前与组织、运送他人偷越国（边）境的犯罪分子通谋，在偷越国（边）境人员出境前或者入境后，提供接驳、容留、藏匿等帮助的，以组织他人偷越国（边）境罪或者运送他人偷越国（边）境罪的共同犯罪论处。

二是提升打击的精准化水平。《意见》强调，从严惩处组织他人偷越国（边）境犯罪，坚持全链条、全环节、全流程对妨害国（边）境管理的产业链进行刑事惩治。对于偷越国（边）境犯罪，重点惩治越境实施犯罪、屡罚屡犯，和其他具有重大社会危害的情形。对于妨害国（边）境管理犯罪团伙、犯罪集团，应当重点惩治首要分子、主犯和积极参加者。

三是加强执法、司法国际合作。《意见》规定，根据国际条约规定或者通过刑事司法协助、警务合作等渠道收集的境外证据材料，能够证明案件事实且符合刑事诉讼法规定的，可以作为证据使用。

四是铲除再犯罪的经济基础。《意见》要求注重适用财产刑和追缴犯罪所得、没收作案工具等处置手段，加大财产刑的执行力度，最大限度剥夺犯罪分子重新犯罪的能力和条件。

**问：《意见》发布后，最高人民法院、最高人民检察院、公安部、国家移民管理局对贯彻实施工作有何考虑？**

答：《意见》是最高人民法院、最高人民检察院、公安部、国家移民管理局贯彻落实中央关于深化妨害国（边）境管理违法犯罪治理的重要举措。下一步，最高人民法院、最高人民检察院、公安部、国家移民管理局，将充分发挥各自职能作用，依法严惩妨害国（边）境管理违法犯罪，切实维护国（边）境管理秩序和人民群众人身财产安全。

一是严格依法办案。采取有力措施，指导地方办案机关严格执行刑法和有关法律规定，准确把握案件办理政策要求，切实加大惩治力度，依法办理组织、运送他人偷越国（边）境等相关案件，突出打击重点，彰显严惩立场，回应社会关切。

二是强化行刑衔接。做好行政执法与刑事司法双向衔接，对涉嫌妨害国（边）境管理犯罪的案件，要及时移送立案侦查，不得以行政处罚代替刑事追究。对于实施相关行为被不起诉或者免予刑事处罚的行为人，依法应当给予行政处罚、政务处分或者其他处分的，依法移送有关主管机关处理。

三是推动源头治理、综合治理。进一步健全完善国（边）境管理领域综合治理机制，助力相关行政管理部门强化行政执法和社会治理，推动铲除相关跨境犯罪滋生土壤，从源头上有效预防妨害国（边）境管理违法犯罪的发生。

四是加强普法宣传。认真落实"谁执法，谁普法"责任制，结合相关妨害国（边）境管理案件办理，引导广大群众自觉遵守出境入境管理法规，共同防范跨境违法犯罪，维护国（边）境秩序和自身合法权益，确保口岸边境安全稳定。

最高人民法院
# 关于充分发挥环境资源审判职能作用依法惩处盗采矿产资源犯罪的意见

2022 年 7 月 1 日　　　　　　　　　　法发〔2022〕19 号

党的十八大以来，以习近平同志为核心的党中央把生态文明建设作为关系中华民族永续发展的根本大计，高度重视和持续推进环境资源保护工作。矿产资源是国家的宝贵财富，是人民群众生产、生活的物质基础，是山水林田湖草沙生命共同体的重要组成部分。盗采矿产资源犯罪不仅破坏国家矿产资源及其管理秩序，妨害矿业健康发展，也极易造成生态环境损害，引发安全事故。为充分发挥人民法院环境资源审判职能作用，依法惩处盗采矿产资源犯罪，切实维护矿产资源和生态环境安全，根据有关法律规定，制定本意见。

**一、提高政治站位，准确把握依法惩处盗采矿产资源犯罪的根本要求**

1. 坚持以习近平新时代中国特色社会主义思想为指导，深入贯彻习近平生态文明思想和习近平法治思想，紧紧围绕党和国家工作大局，用最严格制度、最严密法治筑牢维护矿产资源和生态环境安全的司法屏障。坚持以人民为中心，完整、准确、全面贯彻新发展理念，正确认识和把握惩罚犯罪、保护生态与发展经济、保障民生之间的辩证关系，充分发挥司法的规则引领与价值导向功能，服务经济社会高质量发展。

2. 深刻认识盗采矿产资源犯罪的严重社会危害性，准确把握依法打击盗采矿产资源犯罪的形势任务，增强工作责任感和使命感。严格依法审理各类盗采矿产资源案件,紧盯盗采、运输、销赃等各环节,坚持"全要素、全环节、全链条"标准,确保裁判政治效果、法律效果、社会效果、生态效果相统一。

3. 坚持刑法和刑事诉讼法的基本原则,落实宽严相济刑事政策,依法追究盗采行为人的刑事责任。落实民法典绿色原则及损害担责、全面赔偿原则,注重探索、运用预防性恢复性司法规则,依法认定盗采行为人的民事责任。支持和保障行政主管机关依法行政、严格执法,切实追究盗采行为人的行政责任。贯彻落实全面追责原则,依法妥善协调盗采行为人的刑事、民事、行政责任。

4. 突出打击重点,保持依法严惩态势。落实常态化开展扫黑除恶斗争部署要求,持续依法严惩"沙霸""矿霸"及其"保护伞",彻底斩断其利益链条、铲除其滋生土壤。结合环境保护法、长江保护法、黑土地保护法等法律实施,依法严惩在划定生态保护红线区域、大江大河流域、黑土地保护区域以及在禁采区、禁采期实施的盗采矿产资源犯罪。立足维护矿产资源安全与科学开发利用,依法严惩针对战略性稀缺性矿产资源实施的盗采犯罪。

## 二、正确适用法律,充分发挥依法惩处盗采矿产资源犯罪的职能作用

5. 严格依照刑法第三百四十三条及《最高人民法院、最高人民检察院关于办理非法采矿、破坏性采矿刑事案件适用法律若干问题的解释》(以下简称《解释》)的规定,对盗采矿产资源行为定罪量刑。对犯罪分子主观恶性深、人身危险性大,犯罪情节恶劣、后果严重的,坚决依法从严惩处。

6. 正确理解和适用《解释》第二条、第四条第一款、第五条第一款规定,准确把握盗采矿产资源行为入罪的前提条件。对是否构成"未取得采矿许可证"情形,要在综合考量案件具体事实、情节的基础上依法认定。

7. 正确理解和适用《解释》第三条、第四条第二款、第五条第二款规定,对实施盗采矿产资源行为同时构成两种以上"情节严重"或者"情节特别严重"情形的,要综合考虑各情节,精准量刑。对在河道管理范围、海域实施盗采砂石行为的,要充分关注和考虑其危害堤防安全、航道畅通、通航安全或者造成岸线破坏等因素。

8. 充分关注和考虑实施盗采矿产资源行为对生态环境的影响，加强生态环境保护力度。对具有破坏生态环境情节但非依据生态环境损害严重程度确定法定刑幅度的，要酌情从重处罚。盗采行为人积极修复生态环境、赔偿损失的，可以依法从轻或者减轻处罚；符合《解释》第十条规定的，可以免予刑事处罚。

9. 正确理解和适用《解释》第十三条规定，准确把握矿产品价值认定规则。为获取非法利益而对矿产品进行加工、保管、运输的，其成本支出一般不从销赃数额中扣除。销赃数额与评估、鉴定的矿产品价值不一致的，要结合案件的具体事实、情节作出合理认定。

10. 依法用足用好罚金刑，提高盗采矿产资源犯罪成本，要综合考虑矿产品价值或者造成矿产资源破坏的价值、生态环境损害程度、社会影响等情节决定罚金数额。法律、行政法规对同类盗采矿产资源行为行政罚款标准有规定的，决定罚金数额时可以参照行政罚款标准。盗采行为人就同一事实已经支付了生态环境损害赔偿金、修复费用的，决定罚金数额时可予酌情考虑，但不能直接抵扣。

11. 准确理解和把握刑法第七十二条规定，依法正确适用缓刑。对盗采矿产资源犯罪分子具有"涉黑""涉恶"或者属于"沙霸""矿霸"，曾因非法采矿或者破坏性采矿受过刑事处罚，与国家工作人员相互勾结实施犯罪或者以行贿等非法手段逃避监管，毁灭、伪造、隐藏证据或者转移财产逃避责任，或者数罪并罚等情形的，要从严把握缓刑适用。依法宣告缓刑的，可以根据犯罪情况，同时禁止犯罪分子在缓刑考验期限内从事与开采矿产资源有关的特定活动。

12. 准确理解和把握法律关于共同犯罪的规定，对明知他人盗采矿产资源，而为其提供重要资金、工具、技术、单据、证明、手续等便利条件或者居间联络，结合全案证据可以认定为形成通谋的，以共同犯罪论处。

13. 正确理解和适用《解释》第十二条规定，加强涉案财物处置力度。对盗采矿产资源犯罪的违法所得及其收益，用于盗采矿产资源犯罪的专门工具和供犯罪所用的本人财物，坚决依法追缴、责令退赔或者没收。对在盗采、运输、销赃等环节使用的机械设备、车辆、船舶等大型工具，要综合考虑案件的具体事实、情节及工具的属性、权属等因素，依法妥善认定是否用于盗采矿产资源犯罪的专门工具。

14. 依法妥善审理国家规定的机关或者法律规定的组织提起的生态环

境保护附带民事公益诉讼，综合考虑盗采行为人的刑事责任与民事责任。既要依法全面追责，又要关注盗采行为人的担责能力，保证裁判的有效执行。鼓励根据不同环境要素的修复需求，依法适用劳务代偿、补种复绿、替代修复等多种修复责任承担方式，以及代履行、公益信托等执行方式。支持各方依法达成调解协议，鼓励盗采行为人主动、及时承担民事责任。

## 三、坚持多措并举，健全完善有效惩治盗采矿产资源犯罪的制度机制

15. 完善环境资源审判刑事、民事、行政审判职能"三合一"体制，综合运用刑事、民事、行政法律手段惩治盗采矿产资源犯罪，形成组合拳。推进以湿地、森林、海洋等生态系统，或者以国家公园、自然保护区等生态功能区为单位的环境资源案件跨行政区划集中管辖，推广人民法院之间协商联动合作模式，努力实现一体化司法保护和法律统一适用。全面加强队伍专业能力建设，努力培养既精通法律法规又熟悉相关领域知识的专家型法官，不断提升环境资源审判能力水平。

16. 加强与纪检监察机关、检察机关、公安机关、行政主管机关的协作配合，推动构建专业咨询和信息互通渠道，建立健全打击盗采矿产资源行政执法与刑事司法衔接长效工作机制，有效解决专业性问题评估、鉴定，涉案物品保管、移送和处理，案件信息共享等问题。依法延伸审判职能，积极参与综合治理工作，对审判中发现的违法犯罪线索、监管疏漏等问题，及时向有关单位移送、通报，必要时发送司法建议，形成有效惩治合力。

17. 因应信息化发展趋势，以人工智能、大数据、区块链为依托，促进信息技术与执法办案、调查研究深度融合，提升环境资源审判的便捷性、高效性和透明度。加速建设全国环境资源审判信息平台，构建上下贯通、横向联通的全国环境资源审判"一张网"，为实现及时、精准惩处和预防盗采矿产资源犯罪提供科技支持。

18. 落实人民陪审员参加盗采矿产资源社会影响重大的案件和公益诉讼案件审理的制度要求，积极发挥专业人员在专业事实查明中的作用，充分保障人民群众知情权、参与权和监督权。着力提升巡回审判、典型案例发布等制度机制的普法功能，深入开展法治宣传和以案释法工作，积极营造依法严惩盗采矿产资源犯罪的社会氛围，引导人民群众增强环境资源保护法治意识，共建天蓝、地绿、水清的美丽家园。

# 《最高人民法院关于充分发挥环境资源审判职能作用依法惩处盗采矿产资源犯罪的意见》的理解与适用

黄 鹏*

为充分发挥人民法院环境资源审判职能作用，依法惩处盗采矿产资源犯罪，切实维护矿产资源和生态环境安全，根据刑法、刑事诉讼法、民法典、矿产资源法、水法、长江保护法的有关规定，结合审判实践，最高人民法院印发了《关于充分发挥环境资源审判职能作用依法惩处盗采矿产资源犯罪的意见》（以下简称《意见》）。为便于司法实践中正确理解和适用，现就《意见》的制定背景、起草原则和主要内容介绍如下。

## 一、《意见》的制定背景

党的十八大以来，以习近平同志为核心的党中央把生态文明建设作为关系中华民族永续发展的根本大计，高度重视和持续推进环境资源保护工作。矿产资源是人民群众生产、生活的物质基础，是山水林田湖草沙生命共同体的重要组成部分。矿产资源法明确规定，矿产资源属于国家所有，勘查、开采矿产资源，必须依法分别申请、经批准取得探矿权、采矿权，并办理登记，禁止任何组织或者个人用任何手段侵占或者破坏矿产资源。习近平总书记指出，要加强矿产资源勘查、保护、合理开发，提高矿产资源勘查合理开采和综合利用水平。

1997年刑法第三百四十三条规定了非法采矿罪和破坏性采矿罪，2011

---

\* 作者单位：最高人民法院环境资源审判庭。

年刑法修正案（八）进一步完善了非法采矿罪的规定。2016年最高人民法院、最高人民检察院发布《关于办理非法采矿、破坏性采矿刑事案件适用法律若干问题的解释》（法释〔2016〕25号，以下简称《解释》），体现了从严惩治的政策取向，并将生态环境损害因素纳入考量范围，针对非法采矿罪，根据造成生态环境损害的程度设置了定罪量刑标准，对有效保护矿产资源和生态环境发挥了重要作用。实践中，对盗采矿产资源行为（以下简称盗采行为）一般以非法采矿罪定罪处罚。

2014年最高人民法院环境资源审判庭成立，开展环境资源刑事、民事、行政"三合一"归口审判模式探索。2021年12月，最高人民法院将刑法分则第六章第六节"破坏环境资源保护罪"案件的审理、审判指导及其相关职能划归环境资源审判庭行使，实现了环境资源审判刑事、民事、行政审判职能"三合一"。截至2022年6月底，全国31个省市区高级人民法院及新疆生产建设兵团分院中已有31家设立了环境资源审判机构，其中28家实行环境资源刑事、民事、行政案件"三合一"或者包含执行在内的"四合一"归口审判模式。该项改革，为进一步提升对矿产资源和生态环境的司法保护水平，提供了重要制度保障。

但近年来，受国内国际多种因素影响，盗采矿产资源违法犯罪活动出现了反弹迹象，盗采行为造成矿产资源和生态环境双重损害乃至危及防洪安全、耕地保护等多重损害的问题较为突出。2022年初，最高人民法院根据工作需要启动了《意见》起草工作。最高人民法院环境资源审判庭在全国法院范围内调研了近年来办理非法采矿、破坏性采矿案件情况（因疫情原因，采取了书面调研方式），同时征集了相关典型案例。在充分掌握盗采矿产资源案件审判情况的基础上，经过充分研究、讨论形成征求意见稿，分别征求最高人民检察院、公安部、自然资源部、水利部等中央有关单位的意见，以及部分高级人民法院、最高人民法院有关庭室的意见。在充分吸收、采纳各单位反馈意见的基础上，形成送审稿。2022年6月2日，最高人民法院审判委员会刑事审判专业委员会第428次会议审议通过了《意见》。

## 二、《意见》的起草原则

《意见》起草制定过程中，最高人民法院坚持以习近平新时代中国特色社会主义思想为指导，深入贯彻习近平生态文明思想和习近平法治思想，坚持问题导向，深入研究惩治盗采矿产资源犯罪对策，着力完善审判规则和工作机制，推动对环境资源的科学保护和合理利用。

一是坚持依法从严惩治犯罪的政策取向。矿产资源属于不可再生资源，处于持续递减的消耗之中。盗采矿产资源犯罪不仅严重破坏矿产资源，妨害社会管理秩序和矿业健康发展，也极易严重破坏生态环境，给生态文明建设造成严峻挑战。因此，对盗采矿产资源犯罪刑事政策的基本取向应当是从严惩治，当然，这并非意味着对矿产资源犯罪一律从重，仍然应当依法区分情况，突出惩治重点，充分发挥刑罚的威慑和教育功能。《意见》第5条明确，对犯罪分子主观恶性深、人身危险性大、犯罪情节恶劣、后果严重的，坚决依法从严惩处。《意见》第4条专门规定了依法严惩的重点；《意见》第2条规定紧盯盗采、运输、销赃等各环节，坚持"全要素、全环节、全链条"标准；《意见》第3条规定贯彻落实全面追责原则，从不同角度强调了从严要求。此外，《意见》作为司法指导性文件，严格在现行法律及司法解释规定范围之内提出惩治盗采矿产资源犯罪对策，不创设新的法律适用规则。

二是坚持贯彻新发展理念和最严法治观。矿产资源具有经济和生态双重属性，保护矿产资源、严惩盗采矿产资源犯罪的根本目的是要使矿产资源得到合理开发和持续利用，更好地服务于中华民族永续发展。人民法院作为国家的审判机关和重要政治机关，始终紧紧围绕党和国家工作大局，坚持以人民为中心，完整、准确、全面贯彻新发展理念，正确认识和把握惩罚犯罪、保护生态与发展经济、保障民生之间的辩证关系。坚持保护优先、预防为主，切实用最严格制度、最严密法治筑牢维护矿产资源和生态环境安全的司法屏障，充分发挥司法的规则引领与价值导向功能，落实好习近平总书记关于"站在人与自然和谐共生的高度来谋划经济社会发展"的要求。这些内容和要求，在《意见》第1条至第3条中有明确规定。

三是坚持深度融合刑事司法审判与生态环境保护原则理念。突出发挥环境资源刑事审判职能作用的主线，重申严格遵守罪刑法定、罪刑相适应、法律面前人人平等、疑罪从无、证据裁判等刑法和刑事诉讼法的基本原则，坚定不移贯彻落实宽严相济刑事政策。同时发挥环境资源审判"三合一"优势，综合运用刑事、民事、行政法律手段惩治盗采矿产资源犯罪，依法妥善协调盗采行为人的刑事、民事、行政责任。尤其是落实民法典绿色原则及损害担责、全面赔偿原则，注重探索、运用预防性恢复性司法规则，加强对生态环境的有效保护。这些内容和要求，《意见》第3条、

第15条等条文中有明确规定。

四是坚持公众参与和多元共治理念。依法惩处和有效预防盗采矿产资源犯罪，整治矿产资源领域存在的突出问题，需要全社会共同行动。人民法院在严格依法审理盗采矿产资源各类案件的同时，还应着眼建立健全和有效执行相关制度机制，推动综合治理、源头治理，切实形成打击盗采矿产资源犯罪的合力。这些内容和要求，《意见》第三部分有具体规定。

## 三、《意见》的主要内容

《意见》共分三大部分十八条。第一部分"提高政治站位，准确把握依法惩处盗采矿产资源犯罪的根本要求"，共四条，是《意见》的总纲；第二部分"正确适用法律，充分发挥依法惩处盗采矿产资源犯罪的职能作用"，共十条，针对审判实践中存在的突出问题提出具体指导意见，是《意见》的重点；第三部分"坚持多措并举，健全完善有效惩治盗采矿产资源犯罪的制度机制"，共四条，提出了相关工作要求。

### （一）关于未取得采矿许可证的认定

未取得采矿许可证是盗采行为入罪的前提条件，《解释》第2条明确规定了无许可证，许可证被注销、吊销、撤销，超越许可证规定的矿区范围或者开采范围，超出许可证规定的矿种（共生、伴生矿种除外）和其他未取得许可证的情形。《解释》第四条第一款、第五条第一款对"采矿许可证"作扩大解释，将开采河砂需要申请的采矿许可证、河道采砂许可证和开采海砂需要申请的采矿许可证、海砂开采海域使用权证均涵括在内。实践中，某些未持有合法有效许可证的开采矿产资源行为，能否认定为刑法第三百四十三条规定的"未取得采矿许可证而擅自采矿"，往往存在较大争议，比如，有的属于"超期开采"即采矿许可证到期后继续开采，有的属于"超量开采"即超出采矿许可证规定的额度开采，有的属于"以探代采"即以探矿（已取得探矿许可证）为名行采矿之实，有的属于"借证开采"即挂靠、租借他人采矿许可证实施开采，有的属于"边采边办证"即经当地政府默许甚至鼓励（发包、招标）先行采矿再办许可证。征求意见过程中，有一些单位建议对《意见》第6条尽量作细化规定，对前述行为是否属于"未取得采矿许可证"情形予以明确。经研究认为，前述行为的具体情形及其原因十分复杂，目前尚不具备作出一般性认定规则的条件，且《意见》不能突破《解释》作出新的规定。因此，《意见》第6条仅作出原则性规定，即对是否构成"未取得采矿许可证"情形，要在综合考量案件具体事实、情节的基础上依法认定。具体可从以下几点把握：一是坚持主客观相统一原则，在个案中具体把握行为的社会危害性，避免"一刀切"，既要防止放纵犯罪，也要防止扩大打击面。比如，对"超量开采"的，可以结合超出核定开采额度的比例、为获取采矿权缴纳的费用、超量开采获利的数额等情节认定，对明显超出核定开采数量、非法获利巨大、社会危害性严重的，其超量开采的部分应当认定为构成"未取得采矿许可证"情形。二是全面考量案件具体事实、情节，既要坚持从严打击犯罪，也要充分考虑对被告人有利的因素。比如，对"超期开采"的，可以根据行为人是否已按照法定期限和程序申请办理延续登记手续、未申请办理延续登记手续是否有正当理由、登记管理机关是否明确告知不予办理、有关主管机关是否作出责令停止开采决定、登记管理机关是否补办延续登记手续等情节认定。对于行为人主观故意和行为社会危害性明显的，可以依照《解释》第二条第五项规定处理；对已经被行政主管机关吊销许可证的，可以认定为《解释》第二条第二项规定的情形。三是依法审查和运用技术性证据，积极发挥专业人员在专业事实查明中的作用。比如，对"共生、伴生矿种"的认定，属于重要的专门性问题，参照《解释》第十四条规定，应当依据省级以上行政主管部门出具的报告，并结合其他证据作出认定，必要时可以要求相关技术人员出庭作证，而不宜由法院直接作出判断，更不能滥用有利于被告原则。四是准确把握《解释》第二条规定，不能任意扩大解释。《解释》第二条各项中使用"许可证"而非"采矿许可证作"的表述方式，主要是考虑到与第四条第一款、第五条第一款的衔接协调，并非对"采矿许可证"作出其他扩大解释，尤其不能混淆采矿许可证和探矿许可证。比如，对"以探代采"的，不能仅因行为人取得探矿许可证而认为不符合《解释》第二条的情形。

### (二) 关于多种法定量刑情节的把握

刑法修正案（八）将非法采矿罪由以"造成矿产资源破坏"为入罪标准的结果犯，修改为以"情节严重"为入罪标准的情节犯。根据《解释》第三条、第四条第二款、第五条第二款规定，"情节严重"有多种判断标准，包括开采的矿产品价值或者造成矿产资源破坏的价值、二年内因非法采矿受过两次以上行政处罚、造成生态环境严重损害、危害河道防洪安全、造成海岸线严重破坏等;"情节特别严重"也有开采的矿产品价值或者造成矿产资源破坏的价值、造成生态环境特别严重损害等判断标准。实践中,同一盗采行为经常具有两种或者两种以上"情节严重"或者"情节特别严重"的情形,比如,在河道管理范围内盗采砂石的,可能同时符合开采的矿产品价值、造成生态环境损害、危害河道防洪安全和二年内因非法采矿受过两次以上行政处罚等判断标准。应该说,每一种情形都从不同角度反映了盗采行为的社会危害性,与盗采行为人的罪责大小直接相关。但一些案件中反映出"唯价值论"的倾向,只注重依据盗采的矿产品价值定罪量刑,对其他法定量刑情节考虑不充分。因此,《意见》第7条强调要综合考虑各情节,精准量刑。具体可从以下两方面把握:一方面,要全面考量各种法定量刑情节,以最严重的情节确定法定刑幅度和基准刑,将其他情节作为从重从严惩处因素;另一方面,综合考量多种"情节严重"情形后,不能直接升档为"情节特别严重"。

此外,《意见》第7条单独强调,对在河道管理范围、海域实施盗采砂石行为的,要充分关注和考虑其危害堤防安全、航道畅通、通航安全或者造成岸线破坏等因素。主要是基于两点考虑:一是据不完全统计,近年来盗采砂石类案件在非法采矿刑事案件中一直占比很高,盗采江河砂石、盗采海砂犯罪比较突出,非法采砂损害河床、改变河势、破坏堤防、破坏海岸线现象屡见不鲜,对防洪、供水、航运和重要基础设施安全造成不利影响,有必要加大惩处和警示力度。《意见》起草过程中,水利部建议规定"安全影响因素作为非法采矿罪定罪量刑标准和酌定量刑因素的相关表述",我们对此予以吸纳。二是在盗采矿产资源案件中,造成生态环境损害或者严重损害的情形也很常见,但考虑到生态环境损害鉴定、生态环境保护等问题更具特殊性,故另用一条规定。

### (三) 关于加强生态环境司法保护

盗采矿产资源犯罪往往采取高强度、破坏性方法,对植被、山体、水土等生态环境造成严重损害,甚至导致严重地质灾害。充分发挥人民法院环境资源审判职能作用,在依法惩处盗采矿产资源犯罪的同时加强生态环境司法保护,是《意见》的重点也是亮点。

一方面,《意见》强调盗采行为人对造成的生态环境损害,要切实承担相应的刑事责任。首先是《意见》第4条，明确将在划定生态保护红线区域、大江大河流域、黑土地保护区域以及在禁采区、禁采期实施的盗采矿产资源犯罪，列为打击重点。这主要是考虑到上述区域环境资源的重要性或者脆弱性，环境保护法、长江保护法、黑土地保护法等法律分别提出了加强保护的要求。其次是《意见》第8条，明确对具有破坏生态环境情节但非依据生态环境损害严重程度确定法定刑幅度的，要酌情从重处罚。这主要是考虑到，《解释》虽然将"造成生态环境严重损害"和"造成生态环境特别严重损害"单独作为入罪和升档量刑的标准，但由于生态环境损害鉴定不确定因素多、各地差异大、费用高等原因，实践中很少单独据以定罪量刑。在很多案件中，既然依据其他标准足以定罪量刑，也就不再鉴定、评估生态环境损害，甚至对生态环境因素未予必要的考量，不利于精准量刑。有鉴于此，如果现有条件难以准确查证造成的生态环境损害程度，也可以矿产品价值等标准为主定罪或者升档量刑，将造成的生态环境损害作为从严从重惩处因素，确保让盗采行为人对生态环境损害后果承担刑事责任。最后是《意见》第9条，明确决定罚金数额时，也要考虑生态环境损害程度。这主要是考虑从经济角度增强刑事处罚效果，有效发挥罚金限制、消灭再犯条件的功能，以加强生态环境司法保护。

另一方面，《意见》强调盗采行为人对造成的生态环境损害，要切实承担相应的民事责任。首先是《意见》第3条，强调落实民法典绿色原则及损害担责、全面赔偿原则，注重探索、运用预防性恢复性司法规则，依法认定盗采行为人的民事责任。这是环境资源审判的突出特点和重要理念。其次是《意见》第8条，规定盗采行为人积极修复生态环境、赔偿损失的，可以依法从轻或者减轻处罚；符合《解释》第十条规定的，可以免予刑事处罚。这主要是考虑到，生态环境被破坏影响是多方面的，恢复越及时越有利，应当鼓励盗采行为人积极履行生态环境修复义务，这也是预防性恢复性司法规则的具体体现。对此，《意见》第14条延伸规定，审理刑事附带民事公益诉讼案件时，支持各方依法达成调解协议，鼓励盗采行为人主动、及时承担民事责任。需要注意的是，在盗采矿产资源刑事案件中乃至全部破坏环境资源保护刑事案件中，主动修复生态环境、赔偿损失是非常重要的酌定从轻处罚情节，其对量刑的影响不亚于法定从轻处罚情节，应当准确把握。当然，也不能不加区分一律从轻、突破底线从轻。最后是《意见》第14条，规定综合考虑盗采行为人的刑事责任与民事责任，既要依法全面追责,又要关注盗采行为人的担责能力,保证裁判的有效执行。这主要是考虑到,一味强调从严惩处、全面担责未必能够起到惩治实效,过度追责有损司法公正,不能执行的裁判有损司法公信,因此要避免"苛责"和"空判"。该条进一步规定,鼓励根据不同环境要素的修复需求,依法适用劳务代偿、补种复绿、替代修复等多种修复责任承担方式,以及代履行、公益信托等执行方式。其主旨也是在于提升裁判可执行性和生态环境保护实效。

(四)关于矿产品价值认定规则的把握

实践中,开采的矿产品价值是认定非法采矿"情节严重"或者"情节特别严重"最主要、最常用的依据。根据《解释》第十三条规定,矿产品价值一般根据销赃数额认定,无销赃数额、销赃数额难以查证、根据销赃数额认定明显不合理的,根据矿产品价格和数量认定;矿产品价值难以确定的,依据符合条件的机构出具的报告并结合其他证据认定。实施盗采矿产资源犯罪,往往需要投入大量人力、机械设备作业,有的长距离运输,有的加工成成品或者半成品后销售,有的形成采、运、储、销"一条龙"产业链条,支付的相关费用最终摊入销赃价格。对于这些"成本支出"应否从销赃数额中扣除,实践中存在争议。经研究认为,盗采矿产资源犯罪属于贪利型犯罪,最终目的是销赃获利,盗采、运输、销赃等各环节原则上应视为一个整体,而成本投入恰恰能够从另一个角度体现犯罪的社会危害程度。一般而言,盗采犯意越坚决、盗采规模越大、盗采链条越完整,成本投入也就越多。因此,《意见》第9条规定,为获取非法利益而对矿产品进行加工、保管、运输的,其成本支出一般不从销赃数额中扣除。当然,个别特殊情况,比如矿产品附加值畸高,可能导致罚过于罪的,也可以按照《解释》第十三条关于"明显不合理"的规则处理。此外,在一些盗采矿产资源刑事案件中,既能够查清销赃数额,也委托符合条件的机构就开采的矿产品价值或者造成矿产资源破坏的价值进行了评估、鉴定,而评估、鉴定价格与销赃价格或者销赃数额差距较大,对此应优先采用哪个认定依据,实践中也存在争议。经研究认为,《解释》第十三条规定的矿产品价值认定规则并不具有强制性,采用哪个认定依据,根本上还是要遵循罪责刑相适应原则,确保罚当其罪,既不能机械地认为按销赃数额认定优先,也不能一味"就高"认定。因此,《意见》第9条规定,销赃数额与评估、鉴定的矿产品价值不一致的，要结合案件的具体事实、情节作出合理认定。当然，依据符合条件的机构出具的评估、鉴定进行认定的，也要结合其他证据，不能简单地"以鉴代审"。

## （五）关于加强经济制裁力度

首先，加强罚金刑适用。罚金刑在弥补矿产资源损失、增强刑事处罚效果、提高犯罪成本、剥夺再犯能力等方面，能够发挥不可替代的重要作用。刑法对非法采矿罪规定"并处或者单处罚金""并处罚金"，对破坏性采矿罪规定"并处罚金"，属于不定限额制罚金，由人民法院在具体案件中行使自由裁量权来确定罚金数额。当然，这并不意味着可以随意决定罚金数额。《意见》起草过程中，对盗采矿产资源犯罪适用罚金缺乏统一的标准或者规则容易造成同罪异罚的反映强烈，也有不少意见提出实际掌握的罚金标准过低导致犯罪成本低，还有建议最高人民法院规定罚金的比例或者幅度。经研究认为，罚金的比例或者幅度问题超出了司法指导性文件的立法权限，不能在《意见》中直接规定。刑法第五十二条规定，判处罚金，应当根据犯罪情节决定罚金数额。这里的"犯罪情节"包括犯罪后果、犯罪对象、违法所得、犯罪手段、犯罪动机和目的等。一般来说，非法获利的数额大、情节严重的，罚金应当多些；反之，则应当少些。当然，也要综合考虑犯罪分子或者犯罪单位的实际担负能力，既要考虑刑罚的惩戒效果，又要考虑裁判的执行效果。在盗采矿产资源刑事案件中，开采的矿产品价值或者造成矿产资源破坏的价值、生态环境损害程度、社会影响等是体现犯罪情节严重程度的主要因素，特别是在盗采行为造成的矿产资源损失远大于追缴没收的违法所得、造成生态环境损害而未提起民事公益诉讼等情况下，更应当充分考虑前述情节，原则上要提高罚金数额，以弥补矿产资源和生态环境损失，提高犯罪成本。因此，《意见》第10条规定，依法用足用好罚金刑，提高盗采矿产资源犯罪成本，要综合考虑矿产品价值或者造成矿产资源破坏的价值、生态环境损害程度、社会影响等情节决定罚金数额。

其次，注意刑事处罚与行政处罚相协调。2021年长江保护法施行，该法第九十一条规定了对非法采砂的行政罚款标准，以十万元为界，非法采砂货值超过十万元的，处货值金额二倍以上二十倍以下罚款；不足十万元的，处二十万元以上二百万元以下罚款。而根据《解释》第三条的规定，实施非法采矿,开采的矿产品价值或者造成矿产资源破坏的价值在十万元至三十万元以上的,或者在禁采区、禁采期内采矿,开采的矿产品价值或者造成矿产资源破坏的价值在五万元至十五万元以上的,构成非法采矿罪;数额达到前述标准五倍以上的,构成情节特别严重,升档量刑。据此有意见提出,对在长江盗采江砂行为的行政处罚与刑事处罚衔接不畅,根据行政处罚法第二十七条第一款规定,刑事处罚优先于行政处罚,行政机关对违法行为涉嫌犯罪的应当及时移送司法机关,故长江保护法对非法采砂货值金额十万元以上的处罚规定仅在少数省份有适用空间,高额罚款或严格处罚流于形式,有悖于立法本意。而且,对于接近入罪数额的非法采砂而言,刑事处罚有可能适用缓刑或者单处罚金,罚金数额一般也达不到长江保护法的罚款力度,刑事处罚与行政处罚打击力度"倒挂"。当行政违法成本远高于刑事犯罪时,可能刺激行为人铤而走险,宁愿接受刑事处罚而不愿意接受行政处罚。经研究认为,其一,对非法采砂准确定罪量刑,应当根据具体的犯罪事实、性质、情节和对社会危害程度,不能仅考虑采砂价值因素。即便采砂价值达到入罪数额标准,但符合《解释》第十条规定的,可以认定为犯罪情节轻微,不起诉或者免予刑事处罚。但这种情况下,依法应当追究行政责任的,仍要移送有关主管机关处理。且《解释》第十五条授权各省、自治区、直辖市根据本地区实际情况,确定本地区执行的入罪数额标准。故长江保护法对非法采砂规定的行政罚款标准,有其适用空间,不会被"架空"。其二,刑事处罚与行政处罚有着本质区别。就非法采砂而言,刑事处罚一般要对犯罪分子判处自由刑并处罚金,即便适用缓刑也会留下犯罪前科,违法所得和犯罪工具同样要被没收、追缴,其总体制裁力度远大于行政处罚,不能简单地就罚金与罚款数额进行对比,所谓打击力度"倒挂"是不成立的。至于对"行为人宁愿接受刑事处罚"的担忧,尚未发现相关实例。但是,长江保护法规定的行政罚款标准与《解释》规定的入罪标准存在交叉是客观存在的,审判实践中应当予以充分关注,保持相互协调,保证对法律及司法解释全面正确贯彻执行。因此,《意见》第10条规定,法律、行政法规对同类盗采行为行政罚款标准有规定的,决定罚金数额时可以参照行政罚款标准。

再次,准确把握刑事罚金与民事赔偿。盗采行为人缴纳罚金属于承担刑事责任,而支付生态环境损害赔偿金、修复费用属于承担民事责任,即便针对生态环境侵权适用的惩罚性赔偿,亦属于民事责任范畴,故不能相互抵扣。行为人承担了民事责任原则上不影响其承担刑事责任，但就同一事实承担财产性责任而言，刑事与民事应当保持协调、适度，以保障裁判的公正性和可执行性。《最高人民法院关于审理生态环境侵权纠纷案件适用惩罚性赔偿的解释》第十条第二款规定，因同一污染环境、破坏生态行为已经被行政机关给予罚款或者被人民法院判处罚金，侵权人主张免除惩罚性赔偿责任的，人民法院不予支持，但在确定惩罚性赔偿金数额时可以综合考虑。与此同理，《意见》第10条规定，盗采行为人就同一事实已经支付了生态环境损害赔偿金、修复费用的，决定罚金数额时可予酌情考虑，但不能直接抵扣。

最后，加强涉案财物处理。严格依法处置违法所得、犯罪工具等涉案财物，提高犯罪经济成本，是落实依法从严惩处要求的重要环节。《意见》第13条对此提出明确要求，并就犯罪的专门工具认定问题作出规定。根据刑法第六十四规定，违禁品和供犯罪所用的本人财物，应当予以没收。《解释》第十二条规定"犯罪的专门工具和供犯罪所用的本人财物，应当依法没收"，实质上作了扩大解释。实施盗采矿产资源犯罪往往使用价值较高的大型工具，比如采砂船、运砂船，这些工具的来源和权属关系复杂，有时其价值明显大于盗采的矿产品。据有关部门统计，2021年以来在长江流域查扣非法采砂涉案船舶中，手续齐全船舶占比远大于"三无"船舶。对类似手续齐全船舶的情形，能否认定为犯罪的专门工具或者说认定为犯罪的专门工具是否合理，实践中分歧较大。有意见提出，对盗采矿产资源犯罪分子自有的工具或者假挂靠、长期不作登记、虚假登记等实为盗采矿产资源犯罪分子所有的工具，对所有人明知或者应当知道他人实施盗采矿产资源犯罪而出租、出借的工具，应当认定为犯罪的专门工具。出租人、出借人未经有关部门批准，擅自将工具改装为可运载矿产资源用，或者进行伪装的；出租人、出借人默许盗采矿产资源犯罪分子将工具改装为可运载矿产资源用，或者进行伪装的；因出租、出借工具用于盗采矿产资源受过行政处罚的，又出租、出借给同一犯罪分子或者同一犯罪团伙使用的；出租人、出借人拒不提供真实的实际使用人信息或者提供虚假的实际使用人信息的，可以认定为明知或者应当知道的情形。经研究认为，实践中，实施盗采矿产资源犯罪使用的机械设备、车辆、船舶等大型工具的状况十分复杂，应否认定犯罪的专门工具，各种情形难以全面列举。在具体案件中，主要可以从两个角度考量：一是工具的状态及其与犯罪的关联性，比如工具是否手续齐全，是否为了盗采而进行过非法改装、改造，是否初次用于盗采；二是工具权利人的主观认知及其与犯罪的关联性，比如工具是否为盗采矿产资源犯罪分子所有或者实质上归其支配，工具的权利人是否明知用于盗采，盗采矿产资源犯罪分子与工具的权利人之间是否存在真实的租用、借用关系。依法应当没收的不能"手软"，不应没收的及时返还。因此，《意见》第13条强调，要综合考虑案件的具体事实、情节及工具的属性、权属等因素，依法妥善认定。

## （六）关于正确适用缓刑

如何对盗采矿产资源犯罪分子正确适用缓刑，是实践中关注度较高、争议较多的问题之一。据统计，近年来，非法采矿刑事案件对犯罪分子适用缓刑呈逐步上升趋势，且缓刑适用率一直高于同期全国刑事案件缓刑适用率。究其原因，一方面，非法采矿刑事案件一般涉案人员较多、主体复杂，但非法采矿罪法定刑最高为有期徒刑七年，考虑到量刑均衡等因素，需要对部分犯罪分子适用缓刑；另一方面，宽严相济刑事政策贯彻落实越来越深入，非羁押、非监禁处理方式日渐得到认可，全国刑事案件缓刑适用率呈上升趋势，非法采矿刑事案件缓刑适用率亦随之提高，而为了激励、引导盗采矿产资源犯罪分子积极承担生态环境修复责任，也需要适用缓刑。有意见提出，适用缓刑过多、过宽不利于打击盗采矿产资源犯罪，在暴利面前不足以形成有效震慑；实践中，一些案件适用缓刑的效果很不理想，有的犯罪分子甚至在缓刑考验期内再次实施盗采矿产资源犯罪。经研究认为，缓刑是重要的刑罚执行方式，依法适用缓刑是落实宽严相济、实现罪刑相适应的重要方式，应当充分发挥缓刑功能和积极作用。同时也要清醒认识缓刑的"双刃剑"特性，避免适用不当影响刑事处罚效果、放纵犯罪分子。就当前惩治盗采矿产资源犯罪形势任务而言，对犯罪分子适用缓刑应当保持审慎，《意见》第11条就正确适用缓刑提出指导意见。其基本思路是，从严把握刑法第七十二条规定的缓刑适用条件，而非超越刑法增加不适用缓刑的情形。一方面，明确对盗采矿产资源犯罪分子具有"涉黑""涉恶"或者属于"沙霸""矿霸"，曾因非法采矿或者破坏性采矿受过刑事处罚，与国家工作人员相互勾结实施犯罪或者以行贿等非法手段逃避监管，毁灭、伪造、隐藏证据或者转移财产逃避责任，或者数罪并罚等严重、恶劣情形的，一般应认为不符合"犯罪情节较轻""有悔罪表现"或者"没有再犯罪的危险"的法定条件，故不予适用缓刑。另一方面，考虑到盗采矿产资源犯罪的特点，对于符合缓刑适用条件的，应鼓励依法适用禁止令。

起草过程中，有意见提出"沙霸""矿霸"法律含义不清晰，建议予以界定。经研究认为，"沙霸""矿霸"一般是指采取暴力、胁迫等方式抢占矿产资源、排挤竞争对手、抗拒监督管理、打击报复他人（检举、控告、阻止非法开采），对他人的人身财产权利和经济社会秩序造成危害的盗采矿产资源犯罪分子。在"涉黑""涉恶"的盗采矿产资源刑事案件中，首要分子和主犯一般属于"沙霸""矿霸"。但"涉黑""涉恶"的盗采矿产资源犯罪分子与"沙霸""矿霸"不完全重合，有的案件虽然没有定性为黑恶势力犯罪，但不影响盗采矿产资源的主犯构成"沙霸""矿霸"；有的"涉黑""涉恶"刑事案件中，单从盗采矿产资源情节来看，可能"沙霸""矿霸"的特征不明显。"沙霸""矿霸"文义明显、约定俗成，近年来在国家机关的正式文件中经常使用，没有必要在《意见》中界定。

## （七）关于帮助型共犯的认定

实践中，一些行为人未直接实施盗采行为，也不是犯罪团伙成员，但在盗采、运输、销赃等环节充当"幕后黄牛"，提供便利条件或者居间联络，比如联系采砂船、运砂船以及出具虚假江砂来源证明，对盗采行为实现或者持续实施起到了实质性帮助作用。对类似情形，应当坚持"全要素、全环节、全链条"标准，坚决依法惩治。对于事前有通谋的，依法以共同犯罪论处；对于事前没有通谋，但事中共谋或者达成默契的，亦可依法以共同犯罪论处。因此，《意见》第12条专门作出了规定。有意见提出，即便双方不存在隶属关系，只要事中存在"心照不宣"的合意即可认定为存在意思联络。还有意见提出，为准确区分盗采矿产资源帮助型共犯与掩饰、隐瞒犯罪所得、犯罪所得收益犯罪，应规定以"形成相对固定的产销链条"为限定。经研究认为，任何共同犯罪的认定都应依据法律规定，遵循共同犯罪理论共识。认定共同犯罪的关键在于，主观上行为人之间存在意思联络，客观上帮助行为与本罪犯罪后果之间存在因果关系。所谓"心照不宣""相对固定的产销链条"均不易把握，可能导致放宽或者收紧共犯主客观标准，增加认定中的分歧。综合考虑，《意见》第12条最终采用了"结合全案证据可以认定为形成通谋"的概括性表述方式。

## 最高人民法院　最高人民检察院　公安部
## 关于办理信息网络犯罪案件适用刑事诉讼程序若干问题的意见

2022 年 8 月 26 日　　　　　　　　　　法发〔2022〕23 号

为依法惩治信息网络犯罪活动,根据《中华人民共和国刑法》《中华人民共和国刑事诉讼法》以及有关法律、司法解释的规定,结合侦查、起诉、审判实践,现就办理此类案件适用刑事诉讼程序问题提出以下意见。

### 一、关于信息网络犯罪案件的范围

1. 本意见所称信息网络犯罪案件包括:

(1) 危害计算机信息系统安全犯罪案件;

(2) 拒不履行信息网络安全管理义务、非法利用信息网络、帮助信息网络犯罪活动的犯罪案件;

(3) 主要行为通过信息网络实施的诈骗、赌博、侵犯公民个人信息等其他犯罪案件。

### 二、关于信息网络犯罪案件的管辖

2. 信息网络犯罪案件由犯罪地公安机关立案侦查。必要时,可以由犯罪嫌疑人居住地公安机关立案侦查。

信息网络犯罪案件的犯罪地包括用于实施犯罪行为的网络服务使用的服务器所在地,网络服务提供者所在地,被侵害的信息网络系统及其管理者所在地,犯罪过程中犯罪嫌疑人、被害人或者其他涉案人员使用的信息网络系统所在地,被害人被侵害时所在地以及被害人财产遭受损失地等。

涉及多个环节的信息网络犯罪案件，犯罪嫌疑人为信息网络犯罪提供帮助的，其犯罪地、居住地或者被帮助对象的犯罪地公安机关可以立案侦查。

3. 有多个犯罪地的信息网络犯罪案件，由最初受理的公安机关或者主要犯罪地公安机关立案侦查。有争议的，按照有利于查清犯罪事实、有利于诉讼的原则，协商解决；经协商无法达成一致的，由共同上级公安机关指定有关公安机关立案侦查。需要提请批准逮捕、移送审查起诉、提起公诉的，由立案侦查的公安机关所在地的人民检察院、人民法院受理。

4. 具有下列情形之一的，公安机关、人民检察院、人民法院可以在其职责范围内并案处理：

（1）一人犯数罪的；

（2）共同犯罪的；

（3）共同犯罪的犯罪嫌疑人、被告人还实施其他犯罪的；

（4）多个犯罪嫌疑人、被告人实施的犯罪行为存在关联，并案处理有利于查明全部案件事实的。

对为信息网络犯罪提供程序开发、互联网接入、服务器托管、网络存储、通讯传输等技术支持，或者广告推广、支付结算等帮助，涉嫌犯罪的，可以依照第一款的规定并案侦查。

有关公安机关依照前两款规定并案侦查的案件，需要提请批准逮捕、移送审查起诉、提起公诉的，由该公安机关所在地的人民检察院、人民法院受理。

5. 并案侦查的共同犯罪或者关联犯罪案件，犯罪嫌疑人人数众多、案情复杂的，公安机关可以分案移送审查起诉。分案移送审查起诉的，应当对并案侦查的依据、分案移送审查起诉的理由作出说明。

对于前款规定的案件，人民检察院可以分案提起公诉，人民法院可以分案审理。

分案处理应当以有利于保障诉讼质量和效率为前提，并不得影响当事人质证权等诉讼权利的行使。

6. 依照前条规定分案处理，公安机关、人民检察院、人民法院在分案前有管辖权的，分案后对相关案件的管辖权不受影响。根据具体情况，分案处理的相关案件可以由不同审级的人民法院分别审理。

7. 对于共同犯罪或者已并案侦查的关联犯罪案件，部分犯罪嫌疑人未到案,但不影响对已到案共同犯罪或者关联犯罪的犯罪嫌疑人、被告人的犯罪事实认定的,可以先行追究已到案犯罪嫌疑人、被告人的刑事责任。之前未到案的犯罪嫌疑人、被告人归案后,可以由原办案机关所在地公安机关、人民检察院、人民法院管辖其所涉及的案件。

8. 对于具有特殊情况,跨省(自治区、直辖市)指定异地公安机关侦查更有利于查清犯罪事实、保证案件公正处理的重大信息网络犯罪案件,以及在境外实施的信息网络犯罪案件,公安部可以商最高人民检察院和最高人民法院指定侦查管辖。

9. 人民检察院对于审查起诉的案件,按照刑事诉讼法的管辖规定,认为应当由上级人民检察院或者同级其他人民检察院起诉的,应当将案件移送有管辖权的人民检察院,并通知移送起诉的公安机关。人民检察院认为需要依照刑事诉讼法的规定指定审判管辖的,应当协商同级人民法院办理指定管辖有关事宜。

10. 犯罪嫌疑人被多个公安机关立案侦查的,有关公安机关一般应当协商并案处理,并依法移送案件。协商不成的,可以报请共同上级公安机关指定管辖。

人民检察院对于审查起诉的案件,发现犯罪嫌疑人还有犯罪被异地公安机关立案侦查的,应当通知移送审查起诉的公安机关。

人民法院对于提起公诉的案件,发现被告人还有其他犯罪被审查起诉、立案侦查的,可以协商人民检察院、公安机关并案处理,但可能造成审判过分迟延的除外。决定对有关犯罪并案处理,符合《中华人民共和国刑事诉讼法》第二百零四条规定的,人民检察院可以建议人民法院延期审理。

### 三、关于信息网络犯罪案件的调查核实

11. 公安机关对接受的案件或者发现的犯罪线索,在审查中发现案件事实或者线索不明,需要经过调查才能够确认是否达到刑事立案标准的,经公安机关办案部门负责人批准,可以进行调查核实;经过调查核实达到刑事立案标准的,应当及时立案。

12. 调查核实过程中,可以采取询问、查询、勘验、检查、鉴定、调取证据材料等不限制被调查对象人身、财产权利的措施,不得对被调查对象采取强制措施,不得查封、扣押、冻结被调查对象的财产,不得采取技

术侦查措施。

13. 公安机关在调查核实过程中依法收集的电子数据等材料，可以根据有关规定作为证据使用。

调查核实过程中收集的材料作为证据使用的，应当随案移送，并附批准调查核实的相关材料。

调查核实过程中收集的证据材料经查证属实，且收集程序符合有关要求的，可以作为定案依据。

### 四、关于信息网络犯罪案件的取证

14. 公安机关向网络服务提供者调取电子数据的，应当制作调取证据通知书，注明需要调取的电子数据的相关信息。调取证据通知书及相关法律文书可以采用数据电文形式。跨地域调取电子数据的，可以通过公安机关信息化系统传输相关数据电文。

网络服务提供者向公安机关提供电子数据的，可以采用数据电文形式。采用数据电文形式提供电子数据的，应当保证电子数据的完整性，并制作电子证明文件，载明调证法律文书编号、单位电子公章、完整性校验值等保护电子数据完整性方法的说明等信息。

数据电文形式的法律文书和电子证明文件，应当使用电子签名、数字水印等方式保证完整性。

15. 询（讯）问异地证人、被害人以及与案件有关联的犯罪嫌疑人的，可以由办案地公安机关通过远程网络视频等方式进行并制作笔录。

远程询（讯）问的，应当由协作地公安机关事先核实被询（讯）问人的身份。办案地公安机关应当将询（讯）问笔录传输至协作地公安机关。询（讯）问笔录经被询（讯）问人确认并逐页签名、捺指印后，由协作地公安机关协作人员签名或者盖章，并将原件提供给办案地公安机关。询（讯）问人员收到笔录后，应当在首页右上方写明"于某年某月某日收到"，并签名或者盖章。

远程询（讯）问的，应当对询（讯）问过程同步录音录像，并随案移送。

异地证人、被害人以及与案件有关联的犯罪嫌疑人亲笔书写证词、供词的，参照执行本条第二款规定。

16. 人民检察院依法自行侦查、补充侦查，或者人民法院调查核实相关证据的,适用本意见第14条、第15条的有关规定。

17. 对于依照本意见第14条的规定调取的电子数据,人民检察院、人民法院可以通过核验电子签名、数字水印、电子数据完整性校验值及调证法律文书编号是否与证明文件相一致等方式,对电子数据进行审查判断。

对调取的电子数据有疑问的,由公安机关、提供电子数据的网络服务提供者作出说明,或者由原调取机关补充收集相关证据。

## 五、关于信息网络犯罪案件的其他问题

18. 采取技术侦查措施收集的材料作为证据使用的,应当随案移送,并附采取技术侦查措施的法律文书、证据材料清单和有关说明材料。

移送采取技术侦查措施收集的视听资料、电子数据的,应当由两名以上侦查人员制作复制件,并附制作说明,写明原始证据材料、原始存储介质的存放地点等信息,由制作人签名,并加盖单位印章。

19. 采取技术侦查措施收集的证据材料,应当经过当庭出示、辨认、质证等法庭调查程序查证。

当庭调查技术侦查证据材料可能危及有关人员的人身安全,或者可能产生其他严重后果的,法庭应当采取不暴露有关人员身份和技术侦查措施使用的技术设备、技术方法等保护措施。必要时,审判人员可以在庭外对证据进行核实。

20. 办理信息网络犯罪案件,对于数量特别众多且具有同类性质、特征或者功能的物证、书证、证人证言、被害人陈述、视听资料、电子数据等证据材料,确因客观条件限制无法逐一收集的,应当按照一定比例或者数量选取证据,并对选取情况作出说明和论证。

人民检察院、人民法院应当重点审查取证方法、过程是否科学。经审查认为取证不科学的,应当由原取证机关作出补充说明或者重新取证。

人民检察院、人民法院应当结合其他证据材料,以及犯罪嫌疑人、被告人及其辩护人所提辩解、辩护意见,审查认定取得的证据。经审查,对相关事实不能排除合理怀疑的,应当作出有利于犯罪嫌疑人、被告人的认定。

21. 对于涉案人数特别众多的信息网络犯罪案件,确因客观条件限制无法收集证据逐一证明、逐人核实涉案账户的资金来源,但根据银行账户、非银行支付账户等交易记录和其他证据材料,足以认定有关账户主要

用于接收、流转涉案资金的，可以按照该账户接收的资金数额认定犯罪数额，但犯罪嫌疑人、被告人能够作出合理说明的除外。案外人提出异议的，应当依法审查。

22. 办理信息网络犯罪案件，应当依法及时查封、扣押、冻结涉案财物，督促涉案人员退赃退赔，及时追赃挽损。

公安机关应当全面收集证明涉案财物性质、权属情况、依法应予追缴、没收或者责令退赔的证据材料，在移送审查起诉时随案移送并作出说明。其中，涉案财物需要返还被害人的，应当尽可能查明被害人损失情况。人民检察院应当对涉案财物的证据材料进行审查，在提起公诉时提出处理意见。人民法院应当依法作出判决，对涉案财物作出处理。

对应当返还被害人的合法财产，权属明确的，应当依法及时返还；权属不明的，应当在人民法院判决、裁定生效后，按比例返还被害人，但已获退赔的部分应予扣除。

23. 本意见自 2022 年 9 月 1 日起施行。《最高人民法院、最高人民检察院、公安部关于办理网络犯罪案件适用刑事诉讼程序若干问题的意见》（公通字〔2014〕10 号）同时废止。

# 《最高人民法院、最高人民检察院、公安部关于办理信息网络犯罪案件适用刑事诉讼程序若干问题的意见》的理解与适用

周加海　喻海松　李振华[*]

2022年8月26日,最高人民法院、最高人民检察院、公安部联合发布《关于办理信息网络犯罪案件适用刑事诉讼程序若干问题的意见》(法发〔2022〕23号,以下简称《意见》),自2022年9月1日起施行。《意见》的施行,对于依法惩治信息网络犯罪,有效维护清朗网络空间,必将发挥重要作用。为便于司法实践中正确理解和适用,现就《意见》的制定背景、起草中的主要考虑和主要内容介绍如下。

## 一、《意见》的制定背景

2014年5月,最高人民法院、最高人民检察院、公安部联合发布《关于办理网络犯罪案件适用刑事诉讼程序若干问题的意见》(公通字〔2014〕10号,以下简称《2014年意见》),对网络犯罪案件的范围、管辖、初查、跨地域取证、电子数据的收集与审查及其他问题作了规定。《2014年意见》施行以来,各级公安机关、人民检察院、人民法院严格执行相关规定,依法惩治网络犯罪,对于维护网络秩序和人民群众合法权益,发挥了重要作用。

近年来,我国信息技术应用广泛,数字经济飞速发展。在此背景下,信息网络犯罪快速增长。《涉信息网络犯罪特点和趋势(2017.1—2021.12)》司

---

[*] 作者单位:最高人民法院研究室。

法大数据专题报告》显示，2017年至2021年，全国法院一审审结涉信息网络犯罪案件共计28.2万余件，且案件量呈逐年上升趋势，2018年、2019年、2020年、2021年分别同比上升57.18%、28.43%、20.90%、104.56%。上述案件共涉及66万余名被告人、282个罪名，其中，诈骗案件数量占比高达36.53%，开设赌场案件占比为14.81%。而且，随着信息网络技术门槛降低，信息网络犯罪的链条性、跨地域性、涉众性特征更加凸显，犯罪形态愈加复杂，社会危害愈加严重，防范、查处难度进一步加大。例如，电信网络诈骗的被害人往往遍布全国，而行为链条上负责技术支持、引流、资金转移、提现等各环节的行为人可能分布多地，有的甚至在境外，大量的异地取证工作制约案件侦办效率；再如，网络赌博的涉案资金、账户、参赌人员众多，为逃避打击，资金流转往往十分复杂，数额认定、赃物处置等面临诸多实际困难。鉴于此，亟须对信息网络犯罪案件的程序规则作出相应调整完善。

为有效查处、惩治信息网络犯罪，解决司法实践难题，最高人民法院、最高人民检察院、公安部在《2014年意见》的基础上，深入调查研究，广泛征求意见，反复论证完善，制定了《意见》，对信息网络犯罪案件的办理规则作出了完善。

## 二、《意见》起草中的主要考虑

《意见》坚持以习近平新时代中国特色社会主义思想为指导，深入贯彻习近平法治思想和习近平总书记关于网络强国的重要思想，深化信息网络犯罪治理工作，进一步规范信息网络犯罪案件的办理程序，为推进网络强国建设提供有力法治保障。具体而言，在起草过程中，着重把握了以下几点。

一是贯彻新要求，深化犯罪治理。习近平总书记强调"网络犯罪已成为危害我国国家政治安全、网络安全、社会安全、经济安全等的重要风险之一""没有网络安全就没有国家安全"。2020年12月，中共中央印发《法治社会建设实施纲要（2020—2025年）》，要求"推动社会治理从现实社会向网络空间覆盖，建立健全网络综合治理体系，加强依法管网、依法办网、依法上网，全面推进网络空间法治化，营造清朗的网络空间"。《意见》深入贯彻落实推进网络治理的新部署、新要求，进一步完善相关程序规则，依法惩治信息网络犯罪，为深化网络生态治理、推动网络文明建设提供有力的司法保障。

二是应对新形势,完善程序规则。当前,信息网络犯罪案件仍然持续高发,且犯罪的链条性、跨地域性、技术性等特点更加突显。《2014年意见》不能完全适应当前信息网络犯罪的新问题、新情况。鉴于此,《意见》根据刑法、刑事诉讼法以及相关法律、司法解释的规定,结合实践反映的突出问题,对办理此类案件的程序规则作出进一步明确。

三是吸收新经验,服务办案实践。规则来自实践,服务于实践。近年来,一线公检法机关根据实践情况,充分借助信息技术手段,在办理信息网络犯罪的过程中作了诸多有益探索。《意见》吸收实践中较为成熟的经验做法,提炼为统一的司法规则,依法规范案件办理,有效服务司法实践。

## 三、《意见》的主要内容

《意见》针对当前办案实践反映的新问题、新情况,依照刑法、刑事诉讼法以及有关法律、司法解释的规定,结合侦查、起诉、审判实践,对信息网络犯罪案件的诉讼程序问题作了全面系统的规定。《意见》共二十三条,主要涉及案件范围、管辖、调查核实、取证、其他问题五个方面的内容。

### (一) 关于信息网络犯罪案件的范围

基于司法实践的情况,《意见》第1条对信息网络犯罪案件界定如下:(1) 危害计算机信息系统安全犯罪案件,涉及刑法第二百八十五条、第二百八十六条规定的非法侵入计算机信息系统罪,非法获取计算机信息系统数据、非法控制计算机信息系统罪,提供侵入、非法控制计算机信息系统程序、工具罪,破坏计算机信息系统罪四个罪名。(2) 拒不履行信息网络安全管理义务、非法利用信息网络、帮助信息网络犯罪活动的犯罪案件。(3) 主要行为通过信息网络实施的诈骗、赌博、侵犯公民个人信息等其他犯罪案件,以将一般涉网犯罪排除在外。从实践来看,相关涉众型涉信息网络刑事案件,可以根据情况纳入第2项和第3项规定的情形。

《意见》起草过程中,有意见提出,掩饰、隐瞒犯罪所得、洗钱等犯罪越来越多地通过互联网实施,成为信息网络犯罪黑灰产业链的重要组成部分，建议将其纳入信息网络犯罪案件的范围。经研究认为，此类犯罪情况较为复杂，主要行为是否通过互联网实施，难以一概而论。基于此，《意见》未明确规定掩饰、隐瞒犯罪所得、洗钱等犯罪属于信息网络犯罪，实践中，对于符合第3项规定情形的案件，可适用《意见》的相关规定。

### （二）关于信息网络犯罪案件的管辖

信息网络犯罪案件环节多、链条长，犯罪人、被害人往往人数众多、散布各地，案件管辖常存在争议。基于此，《意见》第二部分专门对信息网络犯罪案件的管辖规则作了规定。具体而言有以下几方面。

1. 信息网络犯罪案件的管辖原则

根据刑事诉讼法关于刑事案件的管辖规定，《意见》第2条第1款明确："信息网络犯罪案件由犯罪地公安机关立案侦查。必要时，可以由犯罪嫌疑人居住地公安机关立案侦查。"

针对信息网络犯罪匿名性、远程性的特点，为方便被害人报案维权，及时查处犯罪，《意见》第2条第2款对管辖连接点采取了相对宽松的标准，规定："信息网络犯罪案件的犯罪地包括用于实施犯罪行为的网络服务使用的服务器所在地，网络服务提供者所在地，被侵害的信息网络系统及其管理者所在地，犯罪过程中犯罪嫌疑人、被害人或者其他涉案人员使用的信息网络系统所在地，被害人被侵害时所在地以及被害人财产遭受损失地等。"需要提及的是，实践中诸如网络赌博犯罪等案件，通常不存在被害人，并且相当比例由境外人员使用境外网络平台、设备实施，案件管辖往往存在争议。考虑到境内参赌人员等涉案人员往往是侦查相关犯罪的重要线索来源，以其使用的信息网络系统所在地作为管辖连接点，更有利于案件办理。基于此，《意见》第2条第2款将"犯罪过程中其他涉案人员使用的信息网络系统所在地"纳入信息网络犯罪案件的犯罪地范围，以满足及时侦办案件、惩治相关犯罪的实践需要。

此外，考虑到信息网络犯罪案件的多环节特点，特别是实行行为与帮助行为往往相对独立，实行犯与帮助犯常处异地，《意见》第2条第3款规定："涉及多个环节的信息网络犯罪案件，犯罪嫌疑人为信息网络犯罪提供帮助的，其犯罪地、居住地或者被帮助对象的犯罪地公安机关可以立案侦查。"

还需提及的是，其他规范性文件对特定信息网络犯罪案件的管辖设有专门规定，如《最高人民法院、最高人民检察院、公安部关于办理电信网络诈骗等刑事案件适用法律若干问题的意见（二）》第一条规定："电信网络诈骗犯罪地，除《最高人民法院、最高人民检察院、公安部关于办理电信网络诈骗等刑事案件适用法律若干问题的意见》规定的犯罪行为发生地和结果发生地外，还包括：（一）用于犯罪活动的手机卡、流量卡、物联网卡的开立地、销售地、转移地、藏匿地；（二）用于犯罪活动的信用卡的开立地、销售地、转移地、藏匿地、使用地以及资金交易对手资金交付和汇出地；（三）用于犯罪活动的银行账户、非银行支付账户的开立地、销售地、使用地以及资金交易对手资金交付和汇出地；（四）用于犯罪活动的即时通讯信息、广告推广信息的发送地、接受地、到达地；（五）用于犯罪活动的'猫池'（Modem Pool）、GOIP设备、多卡宝等硬件设备的销售地、入网地、藏匿地；（六）用于犯罪活动的互联网账号的销售地、登录地。"对有关案件，除可以适用《意见》关于信息网络犯罪案件管辖的一般规定外，还可以适用相关规范性文件的特别规定。

2. 信息网络犯罪案件管辖争议的处理

根据刑事诉讼法和相关规定，《意见》第3条明确："有多个犯罪地的信息网络犯罪案件，由最初受理的公安机关或者主要犯罪地公安机关立案侦查。有争议的，按照有利于查清犯罪事实、有利于诉讼的原则，协商解决；经协商无法达成一致的，由共同上级公安机关指定有关公安机关立案侦查。需要提请批准逮捕、移送审查起诉、提起公诉的，由立案侦查的公安机关所在地的人民检察院、人民法院受理。"相较《2014年意见》，本条增加了协商程序的规定，以强化工作协调，及时解决管辖争议，提高办案效率。

需要注意的是，本条规定系针对争议公安机关均是犯罪地公安机关、依法享有管辖权的情形，因此，上级公安机关指定管辖后，受指定公安机关所在地人民检察院、人民法院，作为犯罪地司法机关当然可以依法管辖相关案件，无须就批准逮捕、审查起诉、提起公诉以及案件审判办理指定管辖。基于此，《意见》第3条进一步明确："需要提请批准逮捕、移送审查起诉、提起公诉的，由立案侦查的公安机关所在地的人民检察院、人民法院受理。"

### 3. 信息网络犯罪案件的并案处理

信息网络犯罪呈现明显的链条化特征，内部分工关系复杂，依法并案处理，有利于查清案件事实、提高办案质效。基于此，根据《最高人民法院、最高人民检察院、公安部、国家安全部、司法部、全国人大常委会法制工作委员会关于实施刑事诉讼法若干问题的规定》第3条的规定，《意见》第4条第1款明确，具有下列情形之一的，公安机关、人民检察院、人民法院可以在其职责范围内并案处理：（1）一人犯数罪的；（2）共同犯罪的；（3）共同犯罪的犯罪嫌疑人、被告人还实施其他犯罪的；（4）多个犯罪嫌疑人、被告人实施的犯罪行为存在关联，并案处理有利于查明全部案件事实的。

在此基础上，《意见》第4条第2款明确："对为信息网络犯罪提供程序开发、互联网接入、服务器托管、网络存储、通讯传输等技术支持，或者广告推广、支付结算等帮助，涉嫌犯罪的，可以依照第一款的规定并案侦查。"

同时，为确保相关案件顺利批准逮捕、移送审查起诉、提起公诉，《意见》第4条第3款专门规定："有关公安机关依照前两款规定并案侦查的案件，需要提请批准逮捕、移送审查起诉、提起公诉的，由该公安机关所在地的人民检察院、人民法院受理。"

### 4. 并案侦查信息网络犯罪案件的分案处理

基于便利侦查的考虑，《意见》第4条规定公检法机关可以在其职责范围内并案处理。同案同审是诉讼的一般原则。但从实践看，相当数量的信息网络犯罪案件被告人人数众多，有的甚至可达上百人，作为一个案件审理，既影响诉讼质量和效率，也会增加当事人等诉讼参与人的诉累。对此类案件，分案移送审查起诉或者提起公诉，有其现实必要性。基于此，《意见》第5条明确，并案侦查的共同犯罪或者关联犯罪案件，犯罪嫌疑人人数众多、案情复杂的，公安机关可以分案移送审查起诉。分案移送审查起诉的，应当对并案侦查的依据、分案移送审查起诉的理由作出说明。对于相关案件未作分案处理的，人民检察院可以分案提起公诉，人民法院可以分案审理。当然，上述分案处理，应当以有利于保障诉讼质量和效率为前提，并不得影响当事人质证权等诉讼权利的行使。

此外，针对司法实践中存在的并案处理案件在分案后可能引发管辖权争议的问题,《意见》第 6 条专门规定:"依照前条规定分案处理,公安机关、人民检察院、人民法院在分案前有管辖权的,分案后对相关案件的管辖权不受影响。根据具体情况,分案处理的相关案件可以由不同审级的人民法院分别审理。"

5. 信息网络共同犯罪的先行追诉及后到案犯罪嫌疑人、被告人的管辖

信息网络犯罪由于跨地域实施且多存在分工合作,经常出现只抓获部分犯罪嫌疑人,而其他犯罪嫌疑人没有到案的情况(有些案件的犯罪嫌疑人甚至在境外)。针对这一情况,《意见》第 7 条规定:"对于共同犯罪或者已并案侦查的关联犯罪案件,部分犯罪嫌疑人未到案,但不影响对已到案共同犯罪或者关联犯罪的犯罪嫌疑人、被告人的犯罪事实认定的,可以先行追究已到案犯罪嫌疑人、被告人的刑事责任……"

此外,在部分犯罪嫌疑人、被告人被先行追究刑事责任后,对于后到案的犯罪嫌疑人的管辖问题,《意见》第 7 条进一步明确:"……之前未到案的犯罪嫌疑人、被告人归案后,可以由原办案机关所在地公安机关、人民检察院、人民法院管辖其所涉及的案件。"

6. 跨省(区、市)和跨境信息网络犯罪案件的指定管辖

实践中,对于具有特殊情况的重大信息网络犯罪案件,跨省(区、市)指定异地公安机关侦查更有利于查清犯罪事实、保证案件公正处理;在境外实施的信息网络犯罪案件,有时也需要指定管辖。对此,《意见》第 8 条明确,对上述案件,"公安部可以商最高人民检察院和最高人民法院指定侦查管辖"。作出这一规定,主要是考虑,刑事诉讼中的管辖是针对审判管辖而言的。为此,在指定侦查管辖前,不仅要考虑便利侦查的需要,也要充分考虑相应检察机关起诉和人民法院审判工作实际,做好沟通协调,保证后续刑事诉讼程序依法有序、顺利推进。这一做法也有先例可循。例如,实践中,对于涉案人数超过 80 人,以及在境外实施的电信网络诈骗及其关联犯罪案件,公安部根据工作需要指定异地管辖的,指定管辖前通常会协商最高人民检察院和最高人民法院。

7. 对于审查起诉案件发现没有管辖权的处理

由于信息网络犯罪具有管辖地复杂、犯罪活动关系复杂的特点,人民检察院对于公安机关移送审查起诉的网络犯罪案件,可能出现经审查发现没有管辖权的情形。对此,《意见》第 9 条规定:"人民检察院对于审查起

诉的案件，按照刑事诉讼法的管辖规定，认为应当由上级人民检察院或者同级其他人民检察院起诉的，应当将案件移送有管辖权的人民检察院，并通知移送起诉的公安机关。人民检察院认为需要依照刑事诉讼法的规定指定审判管辖的，应当协商同级人民法院办理指定管辖有关事宜。"

8. 信息网络犯罪案件的合并处理

对于一人犯数罪的案件，应依法并案处理，以更好地查明案件事实和妥当定罪量刑。然而，从当前的司法实践来看，由于各种原因，经常存在多地公安机关根据不同被害人的报案分别立案侦查的情形。人民法院或者人民检察院发现这一问题后，如果继续分案处理，可能会增加耗费司法资源，也难以对案件事实作出全面、准确的审查、认定，同时还可能不当加重被告人的刑罚。基于此，《意见》第 10 条专门对信息网络犯罪案件的合并处理作了规定，明确不同诉讼阶段对信息网络犯罪案件合并处理的情形：（1）犯罪嫌疑人被多个公安机关立案侦查的，有关公安机关一般应当协商并案处理，并依法移送案件。协商不成的，可以报请共同上级公安机关指定管辖。（2）人民检察院对于审查起诉的案件，发现犯罪嫌疑人还有犯罪被异地公安机关立案侦查的，应当通知移送审查起诉的公安机关。（3）人民法院对于提起公诉的案件，发现被告人还有其他犯罪被审查起诉、立案侦查的，可以协商人民检察院、公安机关并案处理，但可能造成审判过分迟延的除外。决定对有关犯罪并案处理，且符合刑事诉讼法第二百零四条关于延期审理适用情形规定的，人民检察院可以建议人民法院延期审理。

## （三）关于信息网络犯罪案件的调查核实

为依法规范公安机关在信息网络犯罪案件中的调查核实，《意见》第三部分专门对信息网络犯罪案件的调查核实程序作出规定。具体包括以下三个方面。

1. 信息网络犯罪案件调查核实的条件

根据《意见》第 11 条的规定，公安机关对接受的案件或者发现的犯罪线索，在审查中发现案件事实或者线索不明，需要经过调查才能够确认是否达到刑事立案标准的，经公安机关办案部门负责人批准，可以进行调查核实；经过调查核实达到刑事立案标准的，应当及时立案。

2. 信息网络犯罪案件调查核实的措施

根据《意见》第 12 条的规定，调查核实过程中，可以采取询问、查询、勘验、检查、鉴定、调取证据材料等不限制被调查对象人身、财产权利的措施，不得对被调查对象采取强制措施，不得查封、扣押、冻结被调查对象的财产，不得采取技术侦查措施。

3. 信息网络犯罪案件调查核实证据材料的使用

刑事诉讼法第五十条第一款规定："可以用于证明案件事实的材料，都是证据。"第五十四条第二款规定："行政机关在行政执法和查办案件过程中收集的物证、书证、视听资料、电子数据等证据材料，在刑事诉讼中可以作为证据使用。"起草过程中，有意见提出，既然行政机关在行政执法过程中收集的相关证据材料具有刑事证据资格，对于公安机关在调查核实过程中收集的物证、书证、视听资料、电子数据等证据材料，更应当承认其证据资格。但是，也有意见提出，如果明确赋予调查核实过程中收集证据材料的证据资格，客观上可能导致公安机关普遍采取调查核实措施收集证据。综合考虑上述意见，鉴于电子数据是信息网络犯罪案件的主要证据类型，而《最高人民法院、最高人民检察院、公安部关于办理刑事案件收集提取和审查判断电子数据若干问题的规定》（法发〔2016〕22 号）第六条已规定"初查过程中收集、提取的电子数据，以及通过网络在线提取的电子数据，可以作为证据使用"，并对收集提取程序作了严格要求，《意见》第 13 条第 1 款规定："公安机关在调查核实过程中依法收集的电子数据等材料，可以根据有关规定作为证据使用。"

在此基础上，《意见》第 13 条第 2 款、第 3 款对相关证据的随案移送和审查运用作了进一步规定。具体而言，调查核实过程中收集的材料作为证据使用的，应当随案移送，并附批准调查核实的相关材料。调查核实过程中收集的证据材料经查证属实，且收集程序符合有关要求的，可以作为定案依据。

## （四）关于信息网络犯罪案件的取证

信息网络犯罪的相关银行账户、网络数据往往遍布各地，采用传统取证方式往往效率低下。为此，《意见》第四部分吸收实践经验，借助技术手段，对信息网络犯罪案件取证的有关问题作了规定。具体而言有以下几方面。

1. 向网络服务提供者调取电子数据的规则

《意见》第14条明确了公安机关向网络服务提供者调取电子数据的具体方式：（1）公安机关向网络服务提供者调取电子数据的，应当制作调取证据通知书，注明需要调取的电子数据的相关信息。调取证据通知书及相关法律文书可以采用数据电文形式。跨地域调取电子数据的，可以通过公安机关信息化系统传输相关数据电文。（2）网络服务提供者向公安机关提供电子数据的，可以采用数据电文形式。采用数据电文形式提供电子数据的，应当保证电子数据的完整性，并制作电子证明文件，载明调证法律文书编号、单位电子公章、完整性校验值等保护电子数据完整性方法的说明等信息。（3）为确保相关法律文书和电子证明文件不被篡改，数据电文形式的法律文书和电子证明文件，应当使用电子签名、数字水印等方式保证完整性。

在此基础上，《意见》第17条规定，依照上述规定调取的电子数据，人民检察院、人民法院可以通过核验电子签名、数字水印、电子数据完整性校验值及调证法律文书编号是否与证明文件相一致等方式，对电子数据进行审查判断。对调取的电子数据有疑问的，由公安机关、提供电子数据的网络服务提供者作出说明，或者由原调取机关补充收集相关证据。

2. 异地询（讯）问的规则

《意见》第15条规定，询（讯）问异地证人、被害人以及与案件有关联的犯罪嫌疑人的，可以由办案地公安机关通过远程网络视频等方式进行并制作笔录。远程询（讯）问的，应当由协作地公安机关事先核实被询（讯）问人的身份。办案地公安机关应当将询（讯）问笔录传输至协作地公安机关。询（讯）问笔录经被询（讯）问人确认并逐页签名、捺指印后，由协作地公安机关协作人员签名或者盖章，并将原件提供给办案地公安机关。询（讯）问人员收到笔录后，应当在首页右上方写明"于某年某月某日收到"，并签名或者盖章。远程询（讯）问的，应当对询（讯）问过程同步录音录像，并随案移送。异地证人、被害人以及与案件有关联的犯罪嫌疑人亲笔书写证词、供词的，参照执行上述规定。

此外，需要注意的是，根据《意见》第16条的规定，人民检察院依法自行侦查、补充侦查，或者人民法院调查核实相关证据的，适用上述规则。

### （五）关于信息网络犯罪案件的其他问题

1. 信息网络犯罪案件的技术侦查措施

从实践来看，信息网络犯罪案件侦查过程中技术侦查措施的运用，以及所收集证据材料在刑事诉讼中的使用，还有待进一步规范。为此，《意见》第18条、第19条对办理信息网络犯罪案件采取技术侦查措施所收集证据材料的使用问题作了规定：（1）采取技术侦查措施收集的材料作为证据使用的，应当随案移送，并附采取技术侦查措施的法律文书、证据材料清单和有关说明材料。移送采取技术侦查措施收集的视听资料、电子数据的，应当由两名以上侦查人员制作复制件，并附制作说明，写明原始证据材料、原始存储介质的存放地点等信息，由制作人签名，并加盖单位印章。（2）采取技术侦查措施收集的证据材料，应当经过当庭出示、辨认、质证等法庭调查程序查证。当庭调查技术侦查证据材料可能危及有关人员的人身安全，或者可能产生其他严重后果的，法庭应当采取不暴露有关人员身份和技术侦查措施使用的技术设备、技术方法等保护措施。必要时，审判人员可以在庭外对证据进行核实。

2. 信息网络犯罪案件的按比例或者数量取证

一些信息网络犯罪涉及海量证据材料，例如，在非法控制计算机信息系统犯罪案件中，黑客通过网站"挂马"等方式可以在短时间内控制数百万台计算机，此种情形下，既无必要，客观上也不可能逐一核实每一台涉案计算机，从而认定被控制的计算机信息系统数量。但是，相关证据材料往往具有同质性，这就为按比例或者数量取证创造了条件。基于此，《意见》第20条对按比例或者数量取证的规则作了专门规定。具体而言：（1）证据选取规则。办理信息网络犯罪案件，对于数量特别众多且具有同类性质、特征或者功能的物证、书证、证人证言、被害人陈述、视听资料、电子数据等证据材料，确因客观条件限制无法逐一收集的，应当按照一定比例或者数量选取证据，并对选取情况作出说明和论证。需要强调的是，为规范涉案财物处置，保护被害人利益，根据《意见》第22条第2款的规定，对于涉案财物需返还被害人的信息网络犯罪案件，应当尽可能查明被害人损失情况。（2）证据审查规则。人民检察院、人民法院应当重点审查取证方法、过程是否科学。经审查认为取证不科学的,应当由原取证机关作出补充说明或者重新取证。(3) 证据采信规则。人民检察院、人民法院应当结合其他证据材料,以及犯罪嫌疑人、被告人及其辩护人所提辩解、辩护意见,审查认定取得的证据。经审查,对相关事实不能排除合理怀疑的,应当作出有利于犯罪嫌疑人、被告人的认定。

3. 涉众型信息网络犯罪案件的账户资金推定规则

信息网络犯罪的一个重要特点就是被害人、涉案人分散在全国各地,对于以涉案资金数额等作为定罪量刑标准的案件,通常难以逐一对涉案资金进行取证。例如,网络赌博案件涉及的参赌人员动辄成千上万,不具备向所有参赌人逐一取证认定参赌数额的可能性。为解决这一问题,《意见》第21条对涉众型信息网络犯罪案件的账户资金推定规则作出明确:"对于涉案人数特别众多的信息网络犯罪案件,确因客观条件限制无法收集证据逐一证明、逐人核实涉案账户的资金来源,但根据银行账户、非银行支付账户等交易记录和其他证据材料,足以认定有关账户主要用于接收、流转涉案资金的,可以按照该账户接收的资金数额认定犯罪数额,但犯罪嫌疑人、被告人能够作出合理说明的除外。案外人提出异议的,应当依法审查。"

具体而言,对于涉众型信息网络犯罪案件的账户资金推定规则需要注意以下几点:(1) 适用范围为涉案人数特别众多的信息网络犯罪案件,对于一般的信息网络犯罪案件,不能适用。(2) 有银行账户、非银行支付账户等交易记录和其他证据材料,即对于证明基本犯罪事实已经有相应的客观性证据。但是,由于客观条件的限制,无法收集证据逐一证明、逐人核实涉案账户的资金来源。如电信网络诈骗中犯罪嫌疑人的银行账号中往往有成千上万笔汇款记录,无法一一找到被害人并制作笔录。(3) 足以认定有关账户主要用于接收、流转涉案资金的,可以按照该账户接收的资金数额认定犯罪数额,但犯罪嫌疑人、被告人能够作出合理说明的除外。例如,犯罪嫌疑人提出涉嫌诈骗的账户里有合法收入并提供相应证据,经查证属实或者不能排除合理怀疑的,则不能认定该笔犯罪数额。此外,对于案外人就涉案账户资金的认定提出异议的,应当依法审查。

4. 信息网络犯罪案件涉案财物的处理

逐利性是当前信息网络犯罪的重要特征,不少信息网络犯罪案件的涉案财物数量众多、权属来源复杂,如何依法妥当处置信息网络犯罪案件的涉案财物成为实践中的突出问题。基于此,《意见》第22条对信息网络犯罪涉案财物的处置作出专门规定。(1)明确涉案财物处置目标。办理信息网络犯罪案件,应当依法及时查封、扣押、冻结涉案财物,督促涉案人员退赃退赔,及时追赃挽损。(2)明确公检法机关职责。基于以往办案实践中重定罪量刑、轻涉案财物处置的现实情况,《意见》坚持涉案财物处置与定罪量刑并重,从公安机关收集证据、检察机关提出处理意见、人民法院裁判处理等方面分别提出要求。具体而言,公安机关应当全面收集证明涉案财物性质、权属情况、依法应予追缴、没收或者责令退赔的证据材料,在移送审查起诉时随案移送并作出说明。其中,涉案财物需要返还被害人的,应当尽可能查明被害人损失情况。人民检察院应当对涉案财物的证据材料进行审查,在提起公诉时提出处理意见。人民法院应当依法作出判决,对涉案财物作出处理。(3)明确涉案财物返还规则。对应当返还被害人的合法财产,权属明确的,应当依法及时返还;权属不明的,应当在人民法院判决、裁定生效后,按比例返还被害人,但已获退赔的部分应予扣除。

最高人民法院　最高人民检察院　公安部　国家文物局
# 关于办理妨害文物管理等刑事案件若干问题的意见

2022年8月16日　　　　　　　　　　　公通字〔2022〕18号

各省、自治区、直辖市高级人民法院、人民检察院、公安厅（局）、文物局（文化和旅游厅/局）、新疆维吾尔自治区高级人民法院生产建设兵团分院，新疆生产建设兵团人民检察院、公安局、文物局：

　　为依法惩治文物犯罪，加强对文物的保护，根据《中华人民共和国刑法》《中华人民共和国刑事诉讼法》《中华人民共和国文物保护法》和《最高人民法院、最高人民检察院关于办理妨害文物管理等刑事案件适用法律若干问题的解释》（法释〔2015〕23号，以下简称《文物犯罪解释》）等有关规定，结合司法实践，制定本意见。

## 一、总体要求

　　文物承载灿烂文明，传承历史文化，维系民族精神，是国家和民族历史发展的见证，是弘扬中华优秀传统文化的珍贵财富，是培育社会主义核心价值观、凝聚共筑中国梦磅礴力量的深厚滋养。保护文物功在当代、利在千秋。当前，我国文物安全形势依然严峻，文物犯罪时有发生，犯罪团伙专业化、智能化趋势明显，犯罪活动向网络发展蔓延，犯罪产业链日趋成熟，地下市场非法交易猖獗，具有严重的社会危害性。各级人民法院、人民检察院、公安机关、文物行政部门要坚持以习近平新时代中国特色社会主义思想为指导，坚决贯彻落实习近平总书记关于文物工作系列重要论述精神，从传承中华文明、对国家对民族对子孙后代负责的战略高度，提高对文物保护工作重要性的认识,增强责任感使命感紧迫感,勇于担当作为、忠诚履职尽责,依法惩治和有效防范文物犯罪,切实保护国家文化遗产安全。

## 二、依法惩处文物犯罪

(一) 准确认定盗掘行为

1. 针对古建筑、石窟寺等不可移动文物中包含的古文化遗址、古墓葬部分实施盗掘,符合刑法第三百二十八条规定的,以盗掘古文化遗址、古墓葬罪追究刑事责任。

盗掘对象是否属于古文化遗址、古墓葬,应当按照《文物犯罪解释》第八条、第十五条的规定作出认定。

2. 以盗掘为目的,在古文化遗址、古墓葬表层进行钻探、爆破、挖掘等作业,因意志以外的原因,尚未损害古文化遗址、古墓葬的历史、艺术、科学价值的,属于盗掘古文化遗址、古墓葬未遂,应当区分情况分别处理:

(1) 以被确定为全国重点文物保护单位、省级文物保护单位的古文化遗址、古墓葬为盗掘目标的,应当追究刑事责任;

(2) 以被确定为市、县级文物保护单位的古文化遗址、古墓葬为盗掘目标的,对盗掘团伙的纠集者、积极参加者,应当追究刑事责任;

(3) 以其他古文化遗址、古墓葬为盗掘目标的,对情节严重者,依法追究刑事责任。

实施前款规定的行为,同时构成刑法第三百二十四条第一款、第二款规定的故意损毁文物罪、故意损毁名胜古迹罪的,依照处罚较重的规定定罪处罚。

3. 刑法第三百二十八条第一款第三项规定的"多次盗掘"是指盗掘三次以上。对于行为人基于同一或者概括犯意,在同一古文化遗址、古墓葬本体周边一定范围内实施连续盗掘,已损害古文化遗址、古墓葬的历史、艺术、科学价值的,一般应认定为一次盗掘。

(二) 准确认定盗窃行为

采用破坏性手段盗窃古建筑、石窟寺、石刻、壁画、近现代重要史迹和代表性建筑等不可移动文物未遂，具有下列情形之一的，应当依法追究刑事责任：

1. 针对全国重点文物保护单位、省级文物保护单位中的建筑构件、壁画、雕塑、石刻等实施盗窃，损害文物本体历史、艺术、科学价值，情节严重的；

2. 以被确定为市、县级以上文物保护单位整体为盗窃目标的；

3. 造成市、县级以上文物保护单位的不可移动文物本体损毁的；

4. 针对不可移动文物中的建筑构件、壁画、雕塑、石刻等实施盗窃，所涉部分具有等同于三级以上文物历史、艺术、科学价值的；

5. 其他情节严重的情形。

实施前款规定的行为，同时构成刑法第三百二十四条第一款、第二款规定的故意损毁文物罪、故意损毁名胜古迹罪的，依照处罚较重的规定定罪处罚。

（三）准确认定掩饰、隐瞒与倒卖行为

1. 明知是盗窃文物、盗掘古文化遗址、古墓葬等犯罪所获取的文物，而予以窝藏、转移、收购、加工、代为销售或者以其他方法掩饰、隐瞒的，符合《文物犯罪解释》第九条规定的，以刑法第三百一十二条规定的掩饰、隐瞒犯罪所得罪追究刑事责任。

对是否"明知"，应当结合行为人的认知能力、既往经历、行为次数和手段，与实施盗掘、盗窃、倒卖文物等犯罪行为人的关系，获利情况，是否故意规避调查，涉案文物外观形态、价格等主、客观因素进行综合审查判断。具有下列情形之一，行为人不能做出合理解释的，可以认定其"明知"，但有相反证据的除外：

（1）采用黑话、暗语等方式进行联络交易的；

（2）通过伪装、隐匿文物等方式逃避检查，或者以暴力等方式抗拒检查的；

（3）曾因实施盗掘、盗窃、走私、倒卖文物等犯罪被追究刑事责任，或者二年内受过行政处罚的；

（4）有其他证据足以证明行为人应当知道的情形。

2. 出售或者为出售而收购、运输、储存《中华人民共和国文物保护法》第五十一条规定的"国家禁止买卖的文物"，可以结合行为人的从业经历、认知能力、违法犯罪记录、供述情况、交易的价格、次数、件数、场所、文物的来源、外观形态等综合审查判断，认定其行为系刑法第三百二十六条规定的"以牟利为目的"，但文物来源符合《中华人民共和国文物保护法》第五十条规定的除外。

### 三、涉案文物的认定和鉴定评估

对案件涉及的文物等级、类别、价值等专门性问题，如是否属于古文化遗址、古墓葬、古建筑、石窟寺、石刻、壁画、近代现代重要史迹和代表性建筑等不可移动文物，是否具有历史、艺术、科学价值，是否属于各级文物保护单位，是否属于珍贵文物，以及有关行为对文物造成的损毁程度和对文物价值造成的影响等，案发前文物行政部门已作认定的，可以直接对有关案件事实作出认定；案发前未作认定的，可以结合国务院文物行政部门指定的机构出具的《涉案文物鉴定评估报告》作出认定，必要时，办案机关可以依法提请文物行政部门对有关问题作出说明。《涉案文物鉴定评估报告》应当依照《涉案文物鉴定评估管理办法》（文物博发〔2018〕4号）规定的程序和格式文本出具。

### 四、文物犯罪案件管辖

文物犯罪案件一般由犯罪地的公安机关管辖，包括文物犯罪的预谋地、工具准备地、勘探地、盗掘地、盗窃地、途经地、交易地、倒卖信息发布地、出口（境）地、涉案不可移动文物的所在地、涉案文物的实际取得地、藏匿地、转移地、加工地、储存地、销售地等。多个公安机关都有权立案侦查的文物犯罪案件，由主要犯罪地公安机关立案侦查。

具有下列情形之一的，有关公安机关可以在其职责范围内并案处理：

（1）一人犯数罪的；

（2）共同犯罪的；

（3）共同犯罪的犯罪嫌疑人还实施其他犯罪的；

（4）三人以上时分时合，交叉结伙作案的；

（5）多个犯罪嫌疑人实施的盗掘、盗窃、倒卖、掩饰、隐瞒、走私等犯罪存在直接关联，或者形成多层级犯罪链条，并案处理有利于查明案件事实的。

### 五、宽严相济刑事政策的应用

（一）要着眼出资、勘探、盗掘、盗窃、倒卖、收赃、走私等整个文物犯罪网络开展打击，深挖幕后金主，斩断文物犯罪链条，对虽未具体参与实施有关犯罪实行行为，但作为幕后纠集、组织、指挥、筹划、出资、教唆者，在共同犯罪中起主要作用的，可以依法认定为主犯。

（二）对曾因文物违法犯罪而受过行政处罚或者被追究刑事责任、多次实施文物违法犯罪行为、以及国家工作人员实施本意见规定相关犯罪行为的，可以酌情从重处罚。

（三）正确运用自首、立功、认罪认罚从宽等制度，充分发挥刑罚的惩治和预防功能。对积极退回或协助追回文物，协助抓捕重大文物犯罪嫌疑人，以及提供重要线索，对侦破、查明其他重大文物犯罪案件起关键作用的，依法从宽处理。

（四）人民法院、人民检察院、公安机关应当加强与文物行政等部门的沟通协调，强化行刑衔接，对不构成犯罪的案件，依据有关规定及时移交。公安机关依法扣押的国家禁止经营的文物，经审查与案件无关的，应当交由文物行政等有关部门依法予以处理。文物行政等部门在查办案件中，发现涉嫌构成犯罪的案件，依据有关规定及时向公安机关移送。

## 最高人民法院　最高人民检察院　教育部
## 印发《关于落实从业禁止制度的意见》的通知

2022 年 11 月 10 日　　　　　　　　法发〔2022〕32 号

各省、自治区、直辖市高级人民法院、人民检察院、教育厅（教委），解放军军事法院、军事检察院、新疆维吾尔自治区高级人民法院生产建设兵团分院、新疆生产建设兵团人民检察院、教育局：

  为严格执行犯罪人员从业禁止制度，净化校园环境，保护未成年人，根据刑法、未成年人保护法、教师法等法律规定，结合执法司法实践反映的情况，最高人民法院会同最高人民检察院、教育部制定了《关于落实从业禁止制度的意见》。现予以印发，请结合实际认真贯彻执行。在执行中遇到问题，请及时分别报告最高人民法院、最高人民检察院、教育部。

## 最高人民法院　最高人民检察院　教育部
## 关于落实从业禁止制度的意见

  为贯彻落实学校、幼儿园等教育机构、校外培训机构教职员工违法犯罪记录查询制度，严格执行犯罪人员从业禁止制度，净化校园环境，切实保护未成年人，根据《中华人民共和国刑法》（以下简称《刑法》）、《中华人民共和国未成年人保护法》（以下简称《未成年人保护法》）、《中华人民共和国教师法》（以下简称《教师法》）等法律规定，提出如下意见：

  一、依照《刑法》第三十七条之一的规定，教职员工利用职业便利实施犯罪，或者实施违背职业要求的特定义务的犯罪被判处刑罚的，人民法院可以根据犯罪情况和预防再犯罪的需要，禁止其在一定期限内从事相关职业。其他法律、行政法规对其从事相关职业另有禁止或者限制性规定的，从其规定。

《未成年人保护法》、《教师法》属于前款规定的法律，《教师资格条例》属于前款规定的行政法规。

二、依照《未成年人保护法》第六十二条的规定，实施性侵害、虐待、拐卖、暴力伤害等违法犯罪的人员，禁止从事密切接触未成年人的工作。

依照《教师法》第十四条、《教师资格条例》第十八条规定，受到剥夺政治权利或者故意犯罪受到有期徒刑以上刑罚的，不能取得教师资格；已经取得教师资格的，丧失教师资格，且不能重新取得教师资格。

三、教职员工实施性侵害、虐待、拐卖、暴力伤害等犯罪的，人民法院应当依照《未成年人保护法》第六十二条的规定，判决禁止其从事密切接触未成年人的工作。

教职员工实施前款规定以外的其他犯罪，人民法院可以根据犯罪情况和预防再犯罪的需要，依照《刑法》第三十七条之一第一款的规定，判决禁止其自刑罚执行完毕之日或者假释之日起从事相关职业，期限为三年至五年；或者依照《刑法》第三十八条第二款、第七十二条第二款的规定，对其适用禁止令。

四、对有必要禁止教职员工从事相关职业或者适用禁止令的，人民检察院在提起公诉时，应当提出相应建议。

五、教职员工犯罪的刑事案件，判决生效后，人民法院应当在三十日内将裁判文书送达被告人单位所在地的教育行政部门；必要时，教育行政部门应当将裁判文书转送有关主管部门。

因涉及未成年人隐私等原因，不宜送达裁判文书的，可以送达载明被告人的自然情况、罪名及刑期的相关证明材料。

六、教职员工犯罪，人民法院作出的判决生效后，所在单位、教育行政部门或者有关主管部门可以依照《未成年人保护法》、《教师法》、《教师资格条例》等法律法规给予相应处理、处分和处罚。

符合丧失教师资格或者撤销教师资格情形的，教育行政部门应当及时收缴其教师资格证书。

七、人民检察院应当对从业禁止和禁止令执行落实情况进行监督。

八、人民法院、人民检察院发现有关单位未履行犯罪记录查询制度、从业禁止制度的，应当向该单位提出建议。

九、本意见所称教职员工，是指在学校、幼儿园等教育机构工作的教师、教育教学辅助人员、行政人员、勤杂人员、安保人员，以及校外培训机构的相关工作人员。

学校、幼儿园等教育机构、校外培训机构的举办者、实际控制人犯罪，参照本意见执行。

十、本意见自2022年11月15日起施行。

# 《最高人民法院、最高人民检察院、教育部关于落实从业禁止制度的意见》的理解与适用

段农根　周加海　江继海　张济坤[*]

2022年11月10日，最高人民法院会同最高人民检察院、教育部发布《关于落实从业禁止制度的意见》（法发〔2022〕32号，以下简称《意见》），自2022年11月15日起施行。《意见》的公布施行，对于准确适用刑法、未成年人保护法的从业禁止规定，依法惩治教职员工实施侵害未成年人权益犯罪，推动未成年人司法保护、学校保护和社会保护协同发力，为未成年人健康成长提供平安清朗校园环境，具有重要意义，必将发挥重要作用。为便于司法实践中正确理解和适用，现就《意见》的制定背景、起草中的主要考虑和主要内容介绍如下。

## 一、《意见》的制定背景与经过

习近平总书记强调，评价教师队伍素质的第一标准应该是师德师风；要将害群之马清除出教师队伍，并依法进行惩处，对侵害学生的行为必须零容忍。党的二十大报告也指出，要加强师德师风建设，保障儿童合法权益。

为了防止犯罪人"重操旧业"、再次犯罪，2015年，刑法修正案（九）增加第三十七条之一，规定了从业禁止制度，即对于利用职业便利实施犯罪，或者实施违背职业要求的特定义务的犯罪被判处刑罚的，人民法院可以根据犯罪情况和预防再犯罪的需要，判决禁止其从事相关职业，期限为三年至五年。法律、行政法规另有禁止或限制性规定的，从其规

---

[*] 作者单位：最高人民法院研究室。

定。为了强化对未成年人保护，2020年修订的未成年人保护法新增了第六十二条，针对密切接触未成年人的工作规定了终身禁业制度，明确："密切接触未成年人的单位招聘工作人员时，应当向公安机关、人民检察院查询应聘者是否具有性侵害、虐待、拐卖、暴力伤害等违法犯罪记录；发现其具有前述行为记录的，不得录用。密切接触未成年人的单位应当每年定期对工作人员是否具有上述违法犯罪记录进行查询。通过查询或者其他方式发现其工作人员具有上述行为的，应当及时解聘。"

未成年人保护法修订后，对于如何协调刑法第三十七条之一与未成年人保护法第六十二条的关系，对符合未成年人保护法第六十二条规定情形的人民法院在判决中是否要作出、如何作出从业禁止的决定，存在不同认识，实践中判法也不一致，有的甚至对本应终身禁业的情形只判处了一定期限禁业，引发社会议论。同时，由于教育行政部门不能及时掌握教职员工犯罪的判决结果，导致有的教师犯罪后隐瞒犯罪情况仍从事教师职业。

为深入贯彻落实习近平总书记重要指示批示和党的二十大精神，保障法律准确实施，有效落实从业禁止制度，净化校园环境，切实保护未成年人，最高人民法院会同最高人民检察院、教育部，在有关部门的大力支持下，深入调查研究，广泛征求意见，反复论证完善，起草了《意见》。

## 二、《意见》起草中的主要考虑

《意见》坚持以习近平新时代中国特色社会主义思想为指导，深入贯彻落实习近平法治思想和习近平总书记关于少年儿童工作重要指示批示精神，按照从小切口入手解决目前亟须解决的问题的思路，针对学校、幼儿园等教育机构、校外培训机构的教职员工犯罪问题，依法落实犯罪人员从业禁止制度，切实为保护未成年人提供强有力司法服务保障。具体而言，在起草过程中，着重注意把握了以下几点。

一是突出对未成年人的特殊、优先保护。按照最有利于未成年人的原则，《意见》明确规定，教职员工实施性侵害、虐待、拐卖、暴力伤害等犯罪的，人民法院应当依照未成年人保护法第六十二条的规定，判决禁止其从事密切接触未成年人的工作，即终身不得从事密切接触未成年人的工作。如此判决，既能够让被告人明确知晓自己被禁业的范围，也能够让用人单位更好落实入职查询义务，还能够向全社会宣示，起到监督和警示作用，充分体现了对未成年人的特殊、优先保护。同时，为严密未成年人保护法网,《意见》还明确,学校、幼儿园等教育机构、校外培训机构的举办者、实际控制人犯罪,参照《意见》执行。

二是突出强化从业禁止制度的有效落实。《意见》明确人民法院判决生效后,犯罪教职员工所在单位、主管部门可以依照未成年人保护法、教师法等法律法规给予相应处理、处分和处罚。符合丧失教师资格或者撤销教师资格情形的,教育行政部门应当及时收缴其教师资格证书,这就从行政管理的角度进一步保障了从业禁止制度的有效落实。同时《意见》还规定,对于有必要适用从业禁止措施的,人民检察院在提起公诉时应当提出相应建议;对于判处从业禁止的,人民检察院应当就落实情况进行监督;对于有关单位未履行犯罪记录查询制度、从业禁止制度的,人民法院、人民检察院应当向该单位提出建议。

三是突出工作的协同配合和密切衔接。《意见》规定,所有教职员工犯罪案件,判决生效后,人民法院应当在三十日内将裁判文书送达被告人单位所在地的教育行政部门。同时,考虑教育机构、校外培训机构主管行政部门复杂多样的现实,《意见》特别规定,不属于自己管理的教育机构、校外培训机构,教育行政部门应当将裁判文书转送有关主管部门。这样,就更加有利于及时送达裁判文书,有利于从业禁止制度的及时落实。

## 三、《意见》的主要内容

《解释》共十个条文,主要可以归纳为以下五个方面的问题。

### (一) 教职员工犯罪从业禁止的法律依据及其相互关系

在刑事司法领域,从业禁止制度的基本法律依据是刑法第三十七条之一。根据该条第一款规定,因利用职业便利实施犯罪,或者实施违背职业要求的特定义务的犯罪被判处刑罚的,人民法院可以根据犯罪情况和预防再犯罪的需要,禁止其在一定期限内从事相关职业。同时,该条第三款规定,其他法律、行政法规对其从事相关职业另有禁止或者限制性规定的,从其规定。具体到未成年人保护领域和教育行业,未成年人保护法第六十二条规定,实施性侵害、虐待、拐卖、暴力伤害等违法犯罪的人员,禁止从事密切接触未成年人的工作。教师法第十四条、《教师资格条例》第十八条规定,受到剥夺政治权利或者故意犯罪受到有期徒刑以上刑罚的,不能取得教师资格;已经取得教师资格的,丧失教师资格,且不能重新取得教师资格。这些规定属于从业禁止制度的特别规定。据此,《意见》第一条明确规定,未成年人保护法、教师法属于刑法第三十七条之一第三款规定的法律,《教师资格条例》属于该款规定的行政法规。

## (二) 教职员工犯罪从业禁止的刑事裁判规则

《意见》第三条明确了对犯罪的教职员工判决从业禁止的具体规则。

其一,教职员工犯性侵害、虐待、拐卖、暴力伤害等犯罪的,人民法院应当依照未成年人保护法第六十二条的规定,判决禁止其从事密切接触未成年人的工作。在理解和适用时,有以下四个方面需要注意。

第一,本条中的性侵害、虐待、暴力伤害犯罪是指实施的犯罪行为,其范围应当包括刑法第二百三十六条规定的强奸罪,第二百三十六条之一规定的负有照护职责人员性侵罪,第二百三十七条规定的强制猥亵、侮辱罪、猥亵儿童罪,第三百五十八条规定的组织卖淫罪、强迫卖淫罪、协助组织卖淫罪,第三百五十九条规定的引诱、容留、介绍卖淫罪、引诱幼女卖淫罪,第二百六十条规定的虐待罪,第二百六十条之一规定的虐待被监护、看护人罪,第二百三十二条规定的故意杀人罪,第二百三十三条规定的故意伤害罪等。对本条规定中的"等",笔者认为应当作等外理解,但有关犯罪行为在性质、危害、手段等方面,应当与未成年人保护法第六十二条所明确列举的性侵害、虐待、拐卖、暴力伤害具有类似性。

第二,根据本条规定,对实施性侵害、虐待、拐卖、暴力伤害等犯罪的教职员工判决从业禁止,并不要求其必须利用职业便利实施犯罪或者违背职业要求的特定义务。例如,行为人奸淫幼女构成犯罪,即便奸淫的对象并非自己的学生,也应判决从业禁止。

第三,人民法院依据本条作出从业禁止判决时,援引的法律依据应当是刑法第三十七条之一第三款和未成年人保护法第六十二条。

第四,人民法院依据本条作出从业禁止判决时,其判项的表述应当是"禁止被告人×××从事密切接触未成年人的工作"。在执行过程中,密切接触未成年人的工作应当参照未成年人保护法第一百三十条的规定进行把握。

征求意见过程中,对于教职员工实施未成年人保护法第六十二条规定的四类犯罪的,各方一致认为应当依法禁止其从事密切接触未成年人的工作,但是,对于人民法院是否可以依照刑法第三十七条之一第三款规定作出从业禁止的判项,前期曾有分歧意见。有意见提出,应由有关部门、单位依照未成年人保护法的有关规定执行,人民法院无须就从业禁止作出判决。理由是:其一,刑法关于从业禁止的规定,相对于其他专门法律、行政法规的规定而言,具有一定的补充性。对于法律、行政法规已经有相应规定的,应直接由主管部门依照法律、行政法规作出禁止从业的决定。其二,"从其规定"不仅指从业禁止的期限依照相关法律、行政法规的规定,而且包括给予从业禁止的主体、条件等也应依照有关法律、行政法规的规定,而不是指人民法院可以不受刑法第三十七条之一第一款规定的三至五年的期限限制,直接根据有关法律、行政法规规定的期限,给予从业禁止的裁判。其三,目前有20余部法律、行政法规对从业禁止作了规定,情况较为复杂,如何做好刑法与行政法律的衔接和统一适用,需要进一步总结实践经验。

经认真研究,笔者认为,人民法院应当依法作出判决,主要考虑以下几个方面:(1)就从业禁止作出判决更有利于贯彻落实最有利于未成年人的原则。(2)判决从业禁止的效果更好。人民法院判决后既可以让被告人明确知晓自己被禁业的范围,也可以让用人单位更好落实入职查询义务,还可以向全社会宣示,起到监督和警示作用,有利于堵塞可能出现的漏洞,有利于加强社会管理。(3)更有利于从业禁止的执行。如果被告人不遵守法院的从业禁止判决,公安机关可以根据刑法第三十七条之一第二款的规定进行处罚;情节严重的,可以按照拒不执行法院判决、裁定罪定罪处罚。(4)判决并不存在法律上的障碍。未成年人保护法并未规定有关的从业禁止由行政主管部门作出决定,人民法院不能判决。反之,如果不就从业禁止作出判决,则可能产生诸多问题。一是可能会引起当事人误解,认为不存在从业禁止。二是会引发困惑、疑问:相对较轻的犯罪判处从业禁止,严重侵害或者威胁未成年人的犯罪反而不判决从业禁止。三是在从业查询制度尚不健全的情况下,如果不就从业禁止作出判决,将会给用人单位落实从业查询制度带来困难。因此,《意见》作出了应当判决的有关规定,主要是为了有效落实未成年人保护法第六十二条的规定,体现对未成年人的优先、特殊保护。

其二,教职员工实施《意见》第三条第一款规定以外的其他犯罪,人民法院可以根据犯罪情况和预防再犯罪的需要,依照刑法第三十七条之一第一款的规定,判决禁止其自刑罚执行完毕之日或者假释之日起从事相关职业，期限为三年至五年；或者依照刑法第三十八条第二款、第七十二条第二款的规定，对其适用禁止令。《意见》第三条第二款与该条第一款比较周延地明确了教职员工犯罪从业禁止问题的刑事裁判规则。例如，学校的财务工作人员利用职务便利实施侵占犯罪，可以依据本款作出三年至五年从业禁止判决。

### （三）教职员工犯罪从业禁止判决的送达

针对教育部门无法及时掌握教职员工犯罪判决结果的问题，《意见》第五条规定，教职员工犯罪的刑事案件，判决生效后，人民法院应当在三十日内将裁判文书送达被告人单位所在地的教育行政部门；必要时，教育行政部门应当将裁判文书转送有关主管部门。因涉及未成年人隐私等原因，不宜送达裁判文书的，可以送达载明被告人的自然情况、罪名及刑期的相关证明材料。在理解和适用时，有以下几个方面需要注意。

第一，送达的判决包括所有教职员工犯罪的判决，并非仅送达作出从业禁止的判决。判决必须是生效判决。

第二，送达的时间应当在判决生效后的三十日内。三十日的送达期间系综合地方法院和教育行政部门意见设定，既充分考虑了人民法院的工作实际，也保障了教育等行政主管部门能够及时掌握教职员工犯罪的判决结果，及时作出后续处理。

第三，送达的对象是被告人单位所在地的教育行政部门。不属于教育行政部门主管的，《意见》规定由教育行政部门转送。这主要是考虑到，教育行政部门是教育机构、校外培训机构最主要的主管行政部门，由人民法院统一向教育行政部门送达，必要时再由教育行政部门向有关主管部门送达，有利于相关工作严密衔接。

第四，送达裁判文书时，应当注意对未成年人隐私的保护。需要指出的是，生效裁判文书由一审法院送达还是由二审法院送达，《意见》未作统一规定，留给各地法院根据工作实际作出安排。

### （四）教职员工犯罪从业禁止判决与行业管理的衔接

目前，教育领域的很多法律、行政法规都对教职员工的职业资格、履职条件等作出了规定，并对违反有关要求的处理、处分等作出了规定，处理包括丧失教师资格、撤销教师资格、解聘、通报批评、责令检查、诫勉谈话、批评教育，以及取消在职务晋升、职称评定等方面的资格等。处分包括警告、记过、降低岗位等级或撤职、开除等。是中共党员的，应当同时给予党纪处分。

为加强教职员工犯罪从业禁止判决与行业管理的衔接，消除法律法规适用疑惑，切实落实从业禁止规定，《意见》第六条规定，教职员工犯罪的，人民法院作出的判决生效后，所在单位、教育行政部门或者有关主管部门可以依照未成年人保护法、教师法、《教师资格条例》等法律法规给予相应处理、处分和处罚。符合丧失教师资格或者撤销教师资格情形的，教育行政部门应当及时收缴其教师资格证书，避免有关人员继续持证上岗。

### （五）其他问题

1. 《意见》的适用范围

《意见》主要适用于学校、幼儿园等教育机构、校外培训机构教职员工犯罪案件。教职员工，是指在学校、幼儿园等教育机构工作的教师、教育教学辅助人员、行政人员、勤杂人员、安保人员，以及校外培训机构的相关工作人员。同时，针对司法实践反映的问题，根据地方法院建议，《意见》特别规定，学校、幼儿园等教育机构、校外培训机构的举办者、实际控制人犯罪，参照《意见》执行。

2. 从业禁止制度有效落实的制度保障

为保障从业禁止制度得到有效落实，《意见》规定，人民检察院在提起公诉时，可以根据案件具体情况向人民法院提出相应的建议，在判决后对执行落实情况进行监督。同时，人民法院、人民检察院发现有关单位未履行犯罪记录查询制度、从业禁止制度的，可以向有关单位提出司法建议、检察建议。

3. 《意见》的时间效力问题

《意见》自 2022 年 11 月 15 日起施行。因《意见》是对已有法律规定的贯彻落实，综合考虑从业禁止制度的性质、最有利于未成年人原则的要求等，笔者认为，《意见》公布施行后，尚未处理或正在处理的案件，均应依照《意见》的规定办理。

# 【民商事篇】

## 最高人民法院
## 关于审理生态环境侵权纠纷案件适用惩罚性赔偿的解释

法释〔2022〕1号

(2021年12月27日最高人民法院审判委员会第1858次会议通过
2022年1月12日最高人民法院公告公布
自2022年1月20日起施行)

为妥善审理生态环境侵权纠纷案件，全面加强生态环境保护，正确适用惩罚性赔偿，根据《中华人民共和国民法典》《中华人民共和国环境保护法》《中华人民共和国民事诉讼法》等相关法律规定，结合审判实践，制定本解释。

**第一条** 人民法院审理生态环境侵权纠纷案件适用惩罚性赔偿，应当严格审慎，注重公平公正，依法保护民事主体合法权益，统筹生态环境保护和经济社会发展。

**第二条** 因环境污染、生态破坏受到损害的自然人、法人或者非法人组织，依据民法典第一千二百三十二条的规定，请求判令侵权人承担惩罚性赔偿责任的，适用本解释。

**第三条** 被侵权人在生态环境侵权纠纷案件中请求惩罚性赔偿的，应当在起诉时明确赔偿数额以及所依据的事实和理由。

被侵权人在生态环境侵权纠纷案件中没有提出惩罚性赔偿的诉讼请求，诉讼终结后又基于同一污染环境、破坏生态事实另行起诉请求惩罚性赔偿的，人民法院不予受理。

**第四条** 被侵权人主张侵权人承担惩罚性赔偿责任的，应当提供证据证明以下事实：

（一）侵权人污染环境、破坏生态的行为违反法律规定；

（二）侵权人具有污染环境、破坏生态的故意；

（三）侵权人污染环境、破坏生态的行为造成严重后果。

**第五条** 人民法院认定侵权人污染环境、破坏生态的行为是否违反法律规定，应当以法律、法规为依据，可以参照规章的规定。

**第六条** 人民法院认定侵权人是否具有污染环境、破坏生态的故意，应当根据侵权人的职业经历、专业背景或者经营范围，因同一或者同类行为受到行政处罚或者刑事追究的情况，以及污染物的种类，污染环境、破坏生态行为的方式等因素综合判断。

**第七条** 具有下列情形之一的，人民法院应当认定侵权人具有污染环境、破坏生态的故意：

（一）因同一污染环境、破坏生态行为，已被人民法院认定构成破坏环境资源保护犯罪的；

（二）建设项目未依法进行环境影响评价，或者提供虚假材料导致环境影响评价文件严重失实，被行政主管部门责令停止建设后拒不执行的；

（三）未取得排污许可证排放污染物，被行政主管部门责令停止排污后拒不执行，或者超过污染物排放标准或者重点污染物排放总量控制指标排放污染物，经行政主管机关责令限制生产、停产整治或者给予其他行政处罚后仍不改正的；

（四）生产、使用国家明令禁止生产、使用的农药，被行政主管部门责令改正后拒不改正的；

（五）无危险废物经营许可证而从事收集、贮存、利用、处置危险废物经营活动，或者知道或者应当知道他人无许可证而将危险废物提供或者委托给其从事收集、贮存、利用、处置等活动的；

（六）将未经处理的废水、废气、废渣直接排放或者倾倒的；

（七）通过暗管、渗井、渗坑、灌注、篡改、伪造监测数据，或者以不正常运行防治污染设施等逃避监管的方式，违法排放污染物的；

（八）在相关自然保护区域、禁猎（渔）区、禁猎（渔）期使用禁止使用的猎捕工具、方法猎捕、杀害国家重点保护野生动物、破坏野生动物栖息地的；

（九）未取得勘查许可证、采矿许可证，或者采取破坏性方法勘查开采矿产资源的；

（十）其他故意情形。

**第八条** 人民法院认定侵权人污染环境、破坏生态行为是否造成严重后果，应当根据污染环境、破坏生态行为的持续时间、地域范围，造成环境污染、生态破坏的范围和程度，以及造成的社会影响等因素综合判断。

侵权人污染环境、破坏生态行为造成他人死亡、健康严重损害，重大财产损失，生态环境严重损害或者重大不良社会影响的，人民法院应当认定为造成严重后果。

**第九条** 人民法院确定惩罚性赔偿金数额，应当以环境污染、生态破坏造成的人身损害赔偿金、财产损失数额作为计算基数。

前款所称人身损害赔偿金、财产损失数额，依照民法典第一千一百七十九条、第一千一百八十四条规定予以确定。法律另有规定的，依照其规定。

**第十条** 人民法院确定惩罚性赔偿金数额，应当综合考虑侵权人的恶意程度、侵权后果的严重程度、侵权人因污染环境、破坏生态行为所获得的利益或者侵权人所采取的修复措施及其效果等因素，但一般不超过人身损害赔偿金、财产损失数额的二倍。

因同一污染环境、破坏生态行为已经被行政机关给予罚款或者被人民法院判处罚金，侵权人主张免除惩罚性赔偿责任的，人民法院不予支持，但在确定惩罚性赔偿金数额时可以综合考虑。

**第十一条** 侵权人因同一污染环境、破坏生态行为，应当承担包括惩罚性赔偿在内的民事责任、行政责任和刑事责任，其财产不足以支付的，应当优先用于承担民事责任。

侵权人因同一污染环境、破坏生态行为，应当承担包括惩罚性赔偿在内的民事责任，其财产不足以支付的，应当优先用于承担惩罚性赔偿以外的其他责任。

**第十二条** 国家规定的机关或者法律规定的组织作为被侵权人代表，请求判令侵权人承担惩罚性赔偿责任的，人民法院可以参照前述规定予以处理。但惩罚性赔偿金数额的确定，应当以生态环境受到损害至修复完成期间服务功能丧失导致的损失、生态环境功能永久性损害造成的损失数额作为计算基数。

**第十三条** 侵权行为实施地、损害结果发生地在中华人民共和国管辖海域内的海洋生态环境侵权纠纷案件惩罚性赔偿问题，另行规定。

**第十四条** 本规定自 2022 年 1 月 20 日起施行。

# 《最高人民法院关于审理生态环境侵权纠纷案件适用惩罚性赔偿的解释》的理解与适用

刘竹梅　刘牧晗[*]

为妥善审理生态环境侵权纠纷案件,全面加强生态环境保护,正确适用惩罚性赔偿,根据民法典、环境保护法、民事诉讼法等相关法律规定,结合审判实践,最高人民法院制定了《最高人民法院关于审理生态环境侵权纠纷案件适用惩罚性赔偿的解释》(以下简称《解释》)。

## 一、《解释》起草的背景和意义

生态文明建设是关乎中华民族永续发展的根本大计,良好的生态环境是最普惠的民生福祉。党的十八大以来,以习近平同志为核心的党中央以前所未有的力度抓生态文明建设。党的十八届三中全会提出,"对造成生态环境损害的责任者严格实行赔偿制度"。党的十九大报告要求,"加大生态系统保护力度""实行最严格的生态环境保护制度"。党的十九届四中全会报告明确,要"加大对严重违法行为处罚力度,实行惩罚性赔偿制度"。2021年1月1日起施行的民法典,除在总则编将绿色原则确立为基本原则,在第一百七十九条继续沿用民法总则关于惩罚性赔偿的原则性规定之外,还专门在第一千二百三十二条增加规定了生态环境惩罚性赔偿制度,有力回应了社会发展所提出的环境问题,具有鲜明的中国特色、实践特色、时代特色。

惩罚性赔偿,作为损害赔偿填平原则的突破,通过让恶意的不法行为人承担超出实际损害数额的赔偿,达到充分救济受害人、制裁恶意侵权人

---

[*] 作者单位:最高人民法院环境资源审判庭。

的效果，具有惩罚、震慑、预防等多重功能。民法典新增生态环境惩罚性赔偿制度，为惩治生态环境侵权行为，推动生态文明建设，满足人民日益增长的对优美生态环境新期待，进一步提供了制度保障，对以法治方式推进环境治理体系和治理能力现代化，具有重要意义。

最高人民法院把贯彻实施好民法典生态环境惩罚性赔偿制度，作为践行习近平生态文明思想、习近平法治思想的生动实践，指导各级法院积极开展工作探索。在认真总结各地法院司法经验的基础上，经过反复调研论证和广泛征求意见，就生态环境侵权纠纷案件适用惩罚性赔偿的范围、认定要件、计算基数和倍数等具体问题予以规范，制定出台《解释》。

## 二、《解释》起草的指导思想

习近平总书记指出："生态环境没有替代品，用之不觉，失之难存……我们要坚持节约资源和保护环境的基本国策，像保护眼睛一样保护生态环境，像对待生命一样对待生态环境。"[1]《解释》的起草，始终坚持以习近平生态文明思想、习近平法治思想为指导，贯彻落实用最严格制度最严密法治保护生态环境，找准环境司法审判统筹生态环境保护、经济社会发展和保障民生的平衡点。起草的主要思路包括以下三点。

一是准确适用民法典生态环境惩罚性赔偿制度。民法典第一千二百三十二条规定："侵权人违反法律规定故意污染环境、破坏生态造成严重后果的，被侵权人有权请求相应的惩罚性赔偿。"《解释》的起草，明确了人民法院审理生态环境侵权纠纷案件适用惩罚性赔偿的原则，进一步细化了当事人主张惩罚性赔偿的时点和具体请求，惩罚性赔偿的适用条件、履行顺位等问题，确保民法典生态环境惩罚性制度在审判实践中落实落细，见行见效。

二是立足破解环境违法成本低这一突出问题。生态环境损害具有累积性、潜伏性、缓发性、公害性等特点，生态环境领域违法成本低问题突出。《解释》的起草，立足解决上述问题，同时围绕审判实践中亟待统一的惩罚性赔偿的适用范围、责任构成以及惩罚性赔偿金数额的确定等问题进行规范，充分发挥惩罚性赔偿的制度功能，依法提高环境违法成本，严惩突出环境违法行为，让恶意侵权人付出应有代价。

---

[1] 《习近平：深入理解新发展理念》，载《求是》2019年第10期。

三是坚持统筹环境保护和经济发展。生态环境保护和经济发展辩证统一，保护生态环境就是保护生产力，改善生态环境就是发展生产力。《解释》的起草，坚持统筹保护和发展，合理设置惩罚性赔偿金数额、惩罚倍数，综合考量同一环境污染、破坏生态行为已被处以行政罚款、刑事罚金的情形，在维护国家利益、环境公共利益和人民群众环境权益的同时，引导全社会加快形成绿色生产生活方式，推动经济发展和环境保护协同共进。

## 三、《解释》的主要内容

《解释》共十四条，主要包括生态环境惩罚性赔偿的适用原则、适用范围、请求的时间和内容、要件认定、基数倍数、公益诉讼的参照适用等相关内容。

### （一）审理生态环境侵权纠纷案件适用惩罚性赔偿应遵循的原则

环境污染和生态破坏，是现代社会工业化快速发展带来的重大社会风险之一。当前，我国资源环境约束趋紧、生态系统退化等问题突出，各类环境污染、生态破坏仍呈高发态势，也给社会公众人身和财产权利造成巨大损失。生态环境侵权纠纷案件具有专业性强、举证难、鉴定贵、评估周期长等特点，传统侵权法中的补偿性损害赔偿，不足以弥补受害人的实际损失，也难以遏制、震慑和预防污染环境、破坏生态行为，故民法典在总则编规定绿色原则的同时，又在生态环境侵权领域引入惩罚性赔偿制度。值得注意的是，生态环境侵权不同于一般的民事侵权，企业生产经营活动在污染环境、破坏生态的同时，也在为社会创造财富、提供就业。在《解释》起草调研中，多数意见亦提出，惩罚性赔偿作为对传统侵权法填平原则的突破，具有私人执法属性，针对同一环境污染、生态破坏行为同时适用惩罚性赔偿、行政罚款和刑事罚金有可能造成过度、重复惩罚。

鉴于此，《解释》第一条明确了审理生态环境侵权案件适用惩罚性赔偿制度应遵循的原则，以更好地实现惩罚性赔偿的制度功能和民法典新增此项制度的目的。一是严格审慎适用惩罚性赔偿，统筹适用惩罚性赔偿制度的法律效果和社会效果，防止被滥诉滥用。二是注重公平公正，在依法保护被侵权人合法权益的同时，兼顾侵权人尤其是生产经营企业的生存发展需要。三是正确处理保护和发展的辩证关系，统筹生态环境保护和经济社会发展。

## （二）生态环境惩罚性赔偿的适用范围

实践中，关于民法典第一千二百三十二条规定的生态环境惩罚性赔偿的适用范围问题，主要存在两种不同认识：一种认为生态环境惩罚性赔偿仅适用于环境私益诉讼，另一种认为应同时适用于环境私益诉讼和环境民事公益诉讼、生态环境损害赔偿诉讼。主张惩罚性赔偿不应适用于公益诉讼的理由主要有：一是民法典第一千二百三十二条使用了"被侵权人"的表述，该表述的文义解释表明，受害人应是特定的主体；二是该条文规定在民法典第一千二百三十四条、第一千二百三十五条有关公益诉讼的规定之前，体系解释表明，其主要针对私益损害的情形；三是由国家规定的机关或者法律规定的组织取得该部分赔偿金缺乏正当性。

我们经研究认为，惩罚性赔偿主要针对因侵权人的邪恶动机或其他莽撞地无视他人的权利而具有恶劣性质的行为而作出，其适用与否不应过多地受被侵权人影响。单纯就"被侵权人"的文义解释而言，难以得出受害人是特定主体的唯一结论。且从体系解释的角度看，民法典第一千二百三十四条、第一千二百三十五条位列侵权责任编第七章最后两条，可谓全章的特殊规定，位列前五条的第一千二百二十九条至第一千二百三十三条，则系全章的一般规定。至于惩罚性赔偿金的支付问题，根据《最高人民法院关于审理生态环境损害赔偿案件的若干规定（试行）》第十五条规定，生态环境损失赔偿资金，并非向提起诉讼的国家规定的机关或者法律规定的组织直接支付，而是应当依照法律、法规、规章予以缴纳、管理和使用。《生态环境损害赔偿资金管理办法（试行）》第六条第二款、第十五条对生态环境损害赔偿资金的支付进一步作了明确。按照上述规定，生态环境惩罚性赔偿金，并非由提起诉讼的国家规定的机关或者法律规定的组织取得。

此外，按照全国人大常委会王晨副委员长在第十三届全国人民代表大会第三次会议所作的关于民法典草案的说明，惩罚性赔偿制度恰是为了解决生态环境损害问题而引入民法典。民法典施行之后出台的多个中央文件中，亦对探索适用民事公益诉讼惩罚性赔偿制度作出了部署要求。如2021年1月，中共中央印发的《法治中国建设规划（2020—2025年）》第五部分第（十七）条中明确要求，要"拓展公益诉讼案件范围，完善公益诉讼法律制度，探索建立民事公益诉讼惩罚性赔偿制度"。2021年6月，"十四五"规划和2035年远景目标纲要规定，探索建立食品安全民事公益诉讼惩罚性赔偿制度。2021年9月，国务院新闻办公室发布的《国家人权行动计划》第二部分第八条中规定："完善公益诉讼法律制度。拓展公益诉讼案件范围，探索建立生态环境、食品药品安全领域民事公益诉讼惩罚性赔偿制度。"《解释》征求意见中，最高人民检察院、司法部、自然资源部、生态环境部等部门认为，惩罚性赔偿既适用于环境私益诉讼，也适用于环境民事公益诉讼和生态环境损害赔偿诉讼。最高人民检察院于2021年7月公布施行的《人民检察院公益诉讼办案规则》中明确规定，人民检察院在办理破坏生态环境和资源保护领域案件时，可以提出惩罚性赔偿的诉讼请求。就审判实践而言，案例检索显示，民法典实施后适用惩罚性赔偿的生态环境侵权纠纷案件中，环境民事公益诉讼、生态环境损害赔偿诉讼的案件占绝大多数。

《解释》起草过程中，我们专门就惩罚性赔偿的适用范围问题赴全国人大常委会法工委民法室进行沟通。其称，民法典制定过程中关于惩罚性赔偿是否适用于环境民事公益诉讼、生态环境损害赔偿诉讼，采取的是有争议但未封死的态度。《解释》征求意见中，全国人大常委会法工委的书面反馈意见认为，根据民法典第一千二百三十二条规定，惩罚性赔偿主要适用于由被侵权人提起的私益诉讼。在公益诉讼中，如果国家规定的机关或者法律规定的组织能够被法院认定为被侵权人代表的，可以适用该条的规定。关于如何理解"作为被侵权人代表"的问题，全国人大常委会法工委民法室明确，此"代表"并非私益诉讼中的代表人诉讼，并以海洋环境保护法第八十九条第二款关于"行使海洋环境监督管理权的部门代表国家对责任者提出损害赔偿要求"的规定佐证说明。

综合上述意见和审判实践需要，《解释》在遵照立法目的、原则和原意的基础上，第二条规定："因环境污染、生态破坏受到损害的自然人、法人或者非法人组织，依据民法典第一千二百三十二条的规定，请求判令侵权人承担惩罚性赔偿责任的，适用本解释。"第十二条规定："国家规定的机关和法律规定的组织作为被侵权人代表，请求判令侵权人承担惩罚性赔偿责任的，人民法院可以参照前述规定予以处理……"

## （三）生态环境惩罚性赔偿的适用要件

根据民法典第一千二百二十九条规定，生态环境侵权责任适用无过错责任归责原则，即在侵权人的污染、破坏行为与他人损害有因果关系的情形下，不考虑侵权人是否存在过错、排污是否符合规定的标准，均应承担侵权责任。但惩罚性赔偿作为一种主要针对具有不法性和道德上应受谴责性的行为而适用的责任方式，其赔偿数额更高，具有一般生态环境侵权责任不具备的惩罚功能，在构成要件上更为严格。《解释》第四条至第八条，用五个条文规定了生态环境惩罚性赔偿的特别构成要件及其认定的考量因素和典型情形。

根据民法典第一千二百三十二条规定，生态环境侵权惩罚性赔偿责任的特别构成要件有三个。

1. 侵权人实施了不法行为，即侵权人的污染环境、破坏生态行为违反了法律规定

企业的正常生产经营活动不仅是社会正常发展所必需，也应为法律所保护和鼓励，故对企业的排污行为施以惩罚，必须以企业违反法律规定为前提，否则不具有正当性。《解释》起草过程中，关于认定污染环境、破坏生态行为是否违反法律规定应以何者为依据的问题，有两种意见：一种意见认为，应仅限于全国人大及其常委会制定的法律；另一种意见认为，应包括法律、法规在内，并可参照规章。我们经研究认为，将民法典第一千二百三十二条中的"法律"作狭义解读，固然有严格限定惩罚性赔偿构成要件的合理性，但某一污染环境、破坏生态行为是否具有违法性，应充分关注政府在环境治理体系中所处的主导地位。且根据环境保护法规定，关于环境质量标准的项目、污染物排放标准的项目等问题，可以在无国家标准时制定地方性标准，或者在有国家标准时制定高于国家标准的地方性标准，故行政法规、地方性法规以及民族自治地方的自治条例和单行条例亦应包括在内。同时，基于生态环境保护需要，避免因法律、法规的天然滞后性和制定修改的程序复杂性，来不及就新污染物出现做出反应的考虑，必要时亦可参照规章。故《解释》第五条规定："人民法院认定侵权人污染环境、破坏生态的行为是否违反法律规定，应当以法律、法规为依据，可以参照规章的规定。"

## 2. 侵权人主观上具有故意

惩罚性赔偿责任的主要目的，就是制裁不法的恶意侵权人，故侵权人是否具有主观故意，是惩罚性赔偿责任能否成立的特别要件之一。民法典对新增加规定的生态环境惩罚性赔偿制度保持了谦抑性，将侵权人的主观状态限定为故意，而未包括重大过失。《解释》结合审判实践中的典型案例，对认定侵权人是否具有主观故意的考量因素进行了总结提炼。根据《解释》第六条规定，人民法院认定侵权人是否具有污染环境、破坏生态的故意，综合判断的因素如下：一是侵权人的职业经历、专业背景或者经营范围。例如，广东卫洁垃圾处理厂污染环境案，系垃圾处理厂违法倾倒垃圾；江苏胜科公司污染环境案中，江苏胜科公司本身即化学工业园区污水处理企业。二是侵权人因同一或者同类污染环境、破坏生态行为受到行政处罚或者刑事追究的情况。例如，因同一或者同类污染环境、破坏生态行为受到行政处罚后仍拒不改正，或者累犯、多次结伙实施污染环境、破坏生态违法犯罪行为等。三是污染物的种类，污染环境、破坏生态行为的方式等。例如，将未经处理的废水、废气、废渣直接予以倾倒，或者在禁渔期、禁渔区使用"电""炸""毒""绝户网"等禁止使用的工具非法捕捞水产品的，可以作为人民法院认定侵权人具有污染环境、破坏生态的主观故意的酌定因素。

此外，故意作为一种主观状态，难以直接证明，司法实践中往往通过侵权人的外在行为来认定。《解释》第七条在第六条概括规定认定故意考量因素的基础上，根据刑法、环境保护法、野生动物保护法、矿产资源法等相关法律的禁止性规定，列举了九种足以从侵权人的外在行为认定其具有污染环境、破坏生态主观故意的情形，为审判实践提供明确、具体的裁判指引。同时，为防止挂一漏万，设置了兜底条款。根据《解释》规定，九种故意情形包括：因同一污染环境、破坏生态行为，已被人民法院认定构成破坏环境资源保护犯罪的；建设项目未依法进行环境影响评价，或者提供虚假材料导致环境影响评价文件严重失实，被行政主管部门责令停止建设后拒不执行的；未取得排污许可证排放污染物，被行政主管部门责令停止排污后拒不执行，或者超过污染物排放标准或者重点污染物排放总量控制指标排放污染物，经行政主管机关责令限制生产、停产整治或者给予其他行政处罚后仍不改正的；生产、使用国家明令禁止生产、使用的农药，被行政主管部门责令改正后拒不改正的；无危险废物经营许可证而从事收集、贮存、利用、处置危险废物经营活动的，或者知道或者应当知道他人无许可证而将危险废物提供或者委托给其从事收集、贮存、利用、处置等活动的；将未经处理的废水、废气、废渣直接排放或者倾倒的；通过暗管、渗井、渗坑、灌注、篡改、伪造监测数据，或者以不正常运行防治污染设施等逃避监管的方式，违法排放污染物的；在相关自然保护区域、禁猎（渔）区、禁猎（渔）期使用禁止使用的猎捕工具、方法猎捕、杀害国家重点保护野生动物、破坏野生动物栖息地的；未取得勘查许可证、采矿许可证，或者采取破坏性方法勘查开采矿产资源的。

3. 侵权人的行为造成严重后果

惩罚性赔偿应保持其适用上的谦抑性，应聚焦于损害后果严重的生态环境侵权行为，避免侵权人动辄得咎。且此种严重后果，必须是已经实际发生的、现实存在的人身损害、财产损失或者生态环境损害，不能仅是一种风险。环境损害指因污染环境或破坏生态行为导致人体健康、财产价值或生态环境及其生态系统服务的可观察的或可测量的不利改变。此种"不利改变"是否严重，涉及环境损害程度的确定甚至后果的量化，具有较高的专业技术性。《解释》第八条第一款结合审判实践，根据固体废物污染环境防治法、《自然保护区条例》等法律、法规的规定，参考《最高人民法院、最高人民检察院关于办理环境污染刑事案件适用法律若干问题的解释》（以下简称《环境刑事解释》）关于严重污染环境的界定，以及《环境损害鉴定评估推荐方法》（第Ⅱ版）关于量化量度损害程度参数的规定，明确了认定是否造成严重后果的酌定因素，包括污染环境、破坏生态行为的持续时间，如某涉案地块上数十年进行化工生产，损害的累积性明显；污染环境、破坏生态行为的地域范围，如法律、法规特别保护的生态保护红线区域、自然保护区核心区、饮用水水源地、永久基本农田保护区等；环境污染、生态破坏的范围和程度，如某特定类型栖息地的范围，某种资源的单位或数量，植被密度、覆盖度或生物量等；社会影响，如曾被媒体披露的湖南儿童血铅事件等。《解释》第八条第二款是对足以认定为造成严重后果情形的规定。《解释》起草过程中，有意见认为应参考《环境刑事解释》的相关规定，明确具体标准，如财产损失达三十万元。但调研中，绝大多数意见认为，惩罚性赔偿作为民事责任，其认定标准应与刑事责任有所区别，且我国幅员广阔，各地生态环境特点不一，如从生态价值和修复难度看，"西北一棵树相当于东北一片林"，过于确定的标准反而不利于司法实践基于实际灵活掌握,故未以具体数额设置认定标准。此外,因环境私益侵权的损害是以生态环境受到损害为前提的,即侵权人污染环境、破坏生态的行为,首先损害的是生态环境,如污染空气、水、土壤,破坏植物或动物种群等,以这些被污染的空气、水、土壤或者被破坏的生态系统为媒介,侵害个体权益,故《解释》第八条对损害后果的衡量,除人身损害、财产损失外,并不排除生态环境损害。此点与被侵权人在环境私益诉讼中亦有权提出停止侵害,排除妨碍,或者修复与其人身、财产密切相关的受损生态环境等诉讼请求的司法实践亦契合。

需要说明的是,《解释》第四条同时规定,应由被侵权人对是否满足生态环境惩罚性赔偿的特别构成要件负举证证明责任。这一举证责任分配符合民事诉讼法上"谁主张,谁举证"的原则,仅针对生态环境惩罚性赔偿的特别构成要件,即侵权人实施的污染环境、破坏生态行为违反了法律规定、具有主观故意和造成的后果严重,并不因此改变民法典第一千二百三十条"因污染环境、破坏生态发生纠纷,行为人应当就法律规定的不承担责任或者减轻责任的情形及其行为与损害之间不存在因果关系承担举证责任"有关环境侵权中举证责任倒置的特别规定。

## (四) 生态环境惩罚性赔偿金的计算基数

惩罚性赔偿,是指行为人恶意实施某种行为时,以对行为人实施惩罚和追求一般抑制效果为目的,法院在判令行为人支付通常赔偿金的同时,还可以判令行为人支付受害人高于实际损失的赔偿金。民法典第一千二百三十二条规定,被侵权人有权请求相应的惩罚性赔偿,但未明确具体的赔偿幅度以及惩罚性赔偿金数额的计算方法。《解释》第九条、第十二条规定了生态环境惩罚性赔偿金的计算基数。

惩罚性赔偿作为传统侵权责任填平原则的例外,应以补偿性损害赔偿为前提。相应地,同为民法典第一百七十九条规定的承担民事责任的方式,惩罚性赔偿应以赔偿损失这一责任方式为基础,其数额的确定应以被侵权人因环境污染、生态破坏受到的实际损失作为计算基数。对此,消费者权益保护法第五十五条第二款规定,经营者提供有缺陷的商品或者服务时,以所受损失为基数确定惩罚性赔偿金;食品安全法第一百四十八条第二款规定,生产或者经营不符合食品安全标准食品的,以支付价款或者所受损失为基数确定惩罚性赔偿金;商标法第六十三条第一款、著作权法第五十四条规定，侵犯商标专用权或者著作权的，以权利人因被侵权所受到的实际损失为基数确定惩罚性赔偿金；等等，均采同理。甚至有观点认为，消费者权益保护法第五十五条第二款正是彻底摆脱以商品价款或服务费用为基础确定惩罚性赔偿金的窠臼，首次将消费者所受损失规定为惩罚性赔偿数额的确定基础。

具体到环境私益诉讼，被侵权人的实际损失，是指因环境污染、生态破坏受到的人身损害和财产损失。故《解释》第九条第一款规定，环境私益诉讼中的惩罚性赔偿金数额，应当以环境污染、生态破坏造成的人身损害赔偿金、财产损失数额作为计算基数。至于人身损害赔偿金、财产损失数额本身的确定问题，因生态环境侵权具有复杂性，在法律适用上除民法典外，还可能涉及诸多生态环境单行法、特别法，故《解释》第九条第二款规定："前款所称人身损害赔偿金、财产损失数额，依照民法典第一千一百七十九条、第一千一百八十四条规定予以确定。法律另有规定的，依照其规定。"

值得注意的是，环境公益诉讼中惩罚性赔偿金的计算基数不同于环境私益诉讼。根据民法典第一千二百三十四条规定，生态环境损害适用修复优先原则。且民法典第一千二百三十五条关于生态环境损害赔偿范围的规定对损失和费用作了区分，其中第三项鉴定评估费用、第五项止损费用不能反映和衡量侵权人的主观恶意以及法益受到侵害的程度，不应成为惩罚性赔偿的计算基数。第四项生态环境修复费用，根据《最高人民法院关于审理环境民事公益诉讼案件适用法律若干问题的解释》第二十三条的规定，其确定的考量因素中已包括了侵权人的过错程度，如再以生态环境修复费用作为生态环境损害惩罚性赔偿的计算基数，有重复考量侵权人过错之嫌。且实践中生态环境修复费用往往金额较大，将其纳入惩罚性赔偿计算基数难免会使企业陷入困境，不利于统筹保护与发展、保障企业正常生产经营。综上考虑，《解释》第十二条规定，生态环境损害惩罚性赔偿金，应以生态环境受到损害至修复完成期间服务功能丧失导致的损失、生态环境功能永久性损害造成的损失数额，即民法典第一千二百三十五条第一项、第二项规定的赔偿范围作为计算基数。根据《环境损害鉴定评估推荐方法》（第Ⅱ版），期间损害"指生态环境损害发生至生态环境恢复到基线状态期间，生态环境因其物理、化学或生物特性改变而导致向公众或者其他生态系统提供服务的丧失或减少，即受损生态环境从损害发生到恢复至基线状态期间提供生态系统服务的损失量"。永久性损害"指受损生态环境及其服务难以恢复,其向公众或其他生态系统提供服务能力的完全丧失"。

### (五) 生态环境惩罚性赔偿金的量定因素和倍数

惩罚性赔偿,旨在针对恶意的、在道德上具有可非难性的行为而实施特殊救济,具有制裁、震慑和预防等功能。作为损害补偿原则的例外,其数额不应是无限的,而应是"相应"的。人民法院判令侵权人赔偿超出实际损失数额的额度,应与侵权人的主观恶意、损害后果以及对侵权人的震慑等大致相当。在有惩罚性赔偿制度传统的普通法国家或者地区,惩罚性赔偿金数额的量定因素,包括被告不法行为的非难程度与其获利可能性、原告受害的性质与程度、被告的财务状况以及被告遭受其他处罚的可能性等,其中以被告不法行为的非难性为最重要的考量标准。我国台湾地区"消费者保护法"适用中的审酌因素包括被告行为的道德恶性、"断臂非中彩"的法理、取得不法利益的大小、有无受刑事制裁、原告受损害的程度、被告事发后的处理态度等。基于上述考察,结合审判实际,《解释》第十条第一款规定:"人民法院确定惩罚性赔偿金数额,应当综合考虑侵权人的恶意程度、侵权后果的严重程度、侵权人因污染环境、破坏生态行为所获得的利益或者侵权人所采取的修复措施及其效果等因素,但一般不超过人身损害赔偿金、财产损失数额的二倍。"其中,"侵权人的恶意程度、侵权后果的严重程度"回应了生态环境惩罚性赔偿责任的制度目的和特别构成要件,"侵权人因污染环境、破坏生态行为所获得的利益",符合任何人不得因非法行为获利的法理,"侵权人所采取的修复措施及其效果",则体现了侵权人在环境污染、生态破坏事发后的态度,如能积极主动履行修复义务并取得修复效果,亦可表明其主观恶意和损害后果的程度。

现行法律、司法解释中关于惩罚性赔偿的倍数限定,存在三种模式。第一种是固定倍数,如价款十倍或者损失三倍;第二种是弹性倍数,如一倍以上五倍以下;第三种是不设定倍数限制。民法典编纂过程中,关于惩罚性赔偿的赔偿幅度问题存有较大争议,但最终未就具体标准作出规定。《解释》起草中,经过充分调研论证,为兼顾可操作性和灵活性,采取了弹性倍数的模式。同时,考虑到生态环境惩罚性赔偿以造成严重后果为要件,其损害基数往往较大,将其倍数规定为一般不超过损失数额的二倍,在遵循谦抑原则的同时，亦备特别情势之需。需要说明的是，二倍以内的倍数规定，并不要求必须是整倍数，根据个案的具体情况，可以确定为小数。

此外，关于惩罚性赔偿与行政罚款、刑事罚金是否构成重复惩罚、能否相互抵扣的问题。根据行政处罚法第三十五条第二款的规定，行政罚款和刑事罚金可以相互折抵。惩罚性赔偿，尽管有观点认为其具有私人执法的公法属性，但其作为民法典规定的民事责任承担方式之一，在缺乏上位法依据的情况下，不宜直接折抵行政罚款、刑事罚金。故《解释》第十条第二款规定："因同一污染环境、破坏生态行为已经被行政机关给予罚款或者被人民法院判处罚金，侵权人主张免除惩罚性赔偿责任的，人民法院不予支持，但在确定惩罚性赔偿金数额时可以综合考虑。"

### （六）生态环境惩罚性赔偿请求的一并提起、一并解决

生态环境侵权纠纷案件涉及多种生态环境要素，点多面广，具有高度的复合性、专业技术性，侵权行为和损害结果等事实的认定具有举证难、鉴定贵、评估周期长等特点。为提高人民法院审理生态环境侵权纠纷案件的水平和效率，《解释》第三条第一款规定"被侵权人在生态环境侵权纠纷案件中请求惩罚性赔偿的，应当在起诉时明确赔偿数额以及所依据的事实和理由"，对当事人及时、全面主张权利、提出诉讼请求予以明确指引。

此外，惩罚性赔偿是补偿性损害赔偿之上的附加性责任，须以补偿性损害赔偿责任的成立和确定为前提。根据民事诉讼"一事不再理"理论和民事诉讼法的相关规定，《解释》第三条第二款规定："被侵权人在生态环境侵权纠纷案件中没有提出惩罚性赔偿的诉讼请求，诉讼终结后又基于同一污染环境、破坏生态事实另行起诉请求惩罚性赔偿的，人民法院不予受理。"即生态环境惩罚性赔偿的诉讼请求，应由当事人在生态环境侵权诉讼中一并提起，由人民法院一并解决。其目的有三个：一是督促当事人及时、正当地行使自己的权利，以提供公平、高效、充分的救济。二是遵循"两便"原则，当事人赔偿损失的请求和惩罚性赔偿的请求都是基于同一污染环境、破坏生态行为产生的，应当在一个诉讼中进行审理和作出判决，既便于法院审理，也便于当事人诉讼。同时，也防止诉讼资源的浪费。三是防止人民法院对同一事实作出相互矛盾的判决。

# 最高人民法院
## 关于审理证券市场虚假陈述侵权民事赔偿案件的若干规定

法释〔2022〕2号

(2021年12月30日最高人民法院审判委员会第1860次会议通过
2022年1月21日最高人民法院公告公布
自2022年1月22日起施行)

为正确审理证券市场虚假陈述侵权民事赔偿案件，规范证券发行和交易行为，保护投资者合法权益，维护公开、公平、公正的证券市场秩序，根据《中华人民共和国民法典》《中华人民共和国证券法》《中华人民共和国公司法》《中华人民共和国民事诉讼法》等法律规定，结合审判实践，制定本规定。

### 一、一般规定

**第一条** 信息披露义务人在证券交易场所发行、交易证券过程中实施虚假陈述引发的侵权民事赔偿案件，适用本规定。

按照国务院规定设立的区域性股权市场中发生的虚假陈述侵权民事赔偿案件，可以参照适用本规定。

**第二条** 原告提起证券虚假陈述侵权民事赔偿诉讼，符合民事诉讼法第一百二十二条规定，并提交以下证据或者证明材料的，人民法院应当受理：

(一)证明原告身份的相关文件；

(二)信息披露义务人实施虚假陈述的相关证据；

（三）原告因虚假陈述进行交易的凭证及投资损失等相关证据。

人民法院不得仅以虚假陈述未经监管部门行政处罚或者人民法院生效刑事判决的认定为由裁定不予受理。

**第三条** 证券虚假陈述侵权民事赔偿案件，由发行人住所地的省、自治区、直辖市人民政府所在的市、计划单列市和经济特区中级人民法院或者专门人民法院管辖。《最高人民法院关于证券纠纷代表人诉讼若干问题的规定》等对管辖另有规定的，从其规定。

省、自治区、直辖市高级人民法院可以根据本辖区的实际情况，确定管辖第一审证券虚假陈述侵权民事赔偿案件的其他中级人民法院，报最高人民法院备案。

## 二、虚假陈述的认定

**第四条** 信息披露义务人违反法律、行政法规、监管部门制定的规章和规范性文件关于信息披露的规定，在披露的信息中存在虚假记载、误导性陈述或者重大遗漏的，人民法院应当认定为虚假陈述。

虚假记载，是指信息披露义务人披露的信息中对相关财务数据进行重大不实记载，或者对其他重要信息作出与真实情况不符的描述。

误导性陈述，是指信息披露义务人披露的信息隐瞒了与之相关的部分重要事实，或者未及时披露相关更正、确认信息，致使已经披露的信息因不完整、不准确而具有误导性。

重大遗漏，是指信息披露义务人违反关于信息披露的规定，对重大事件或者重要事项等应当披露的信息未予披露。

**第五条** 证券法第八十五条规定的"未按照规定披露信息"，是指信息披露义务人未按照规定的期限、方式等要求及时、公平披露信息。

信息披露义务人"未按照规定披露信息"构成虚假陈述的，依照本规定承担民事责任；构成内幕交易的，依照证券法第五十三条的规定承担民事责任；构成公司法第一百五十二条规定的损害股东利益行为的，依照该法承担民事责任。

**第六条** 原告以信息披露文件中的盈利预测、发展规划等预测性信息与实际经营情况存在重大差异为由主张发行人实施虚假陈述的，人民法院不予支持，但有下列情形之一的除外：

（一）信息披露文件未对影响该预测实现的重要因素进行充分风险提

示的;

（二）预测性信息所依据的基本假设、选用的会计政策等编制基础明显不合理的;

（三）预测性信息所依据的前提发生重大变化时,未及时履行更正义务的。

前款所称的重大差异,可以参照监管部门和证券交易场所的有关规定认定。

**第七条** 虚假陈述实施日,是指信息披露义务人作出虚假陈述或者发生虚假陈述之日。

信息披露义务人在证券交易场所的网站或者符合监管部门规定条件的媒体上公告发布具有虚假陈述内容的信息披露文件,以披露日为实施日;通过召开业绩说明会、接受新闻媒体采访等方式实施虚假陈述的,以该虚假陈述的内容在具有全国性影响的媒体上首次公布之日为实施日。信息披露文件或者相关报导内容在交易日收市后发布的,以其后的第一个交易日为实施日。

因未及时披露相关更正、确认信息构成误导性陈述,或者未及时披露重大事件或者重要事项等构成重大遗漏的,以应当披露相关信息期限届满后的第一个交易日为实施日。

**第八条** 虚假陈述揭露日,是指虚假陈述在具有全国性影响的报刊、电台、电视台或监管部门网站、交易场所网站、主要门户网站、行业知名的自媒体等媒体上,首次被公开揭露并为证券市场知悉之日。

人民法院应当根据公开交易市场对相关信息的反应等证据,判断投资者是否知悉了虚假陈述。

除当事人有相反证据足以反驳外,下列日期应当认定为揭露日:

（一）监管部门以涉嫌信息披露违法为由对信息披露义务人立案调查的信息公开之日;

（二）证券交易场所等自律管理组织因虚假陈述对信息披露义务人等责任主体采取自律管理措施的信息公布之日。

信息披露义务人实施的虚假陈述呈连续状态的,以首次被公开揭露并为证券市场知悉之日为揭露日。信息披露义务人实施多个相互独立的虚假陈述的,人民法院应当分别认定其揭露日。

**第九条** 虚假陈述更正日,是指信息披露义务人在证券交易场所网站或者符合监管部门规定条件的媒体上,自行更正虚假陈述之日。

### 三、重大性及交易因果关系

**第十条** 有下列情形之一的,人民法院应当认定虚假陈述的内容具有重大性:

(一) 虚假陈述的内容属于证券法第八十条第二款、第八十一条第二款规定的重大事件;

(二) 虚假陈述的内容属于监管部门制定的规章和规范性文件中要求披露的重大事件或者重要事项;

(三) 虚假陈述的实施、揭露或者更正导致相关证券的交易价格或者交易量产生明显的变化。

前款第一项、第二项所列情形,被告提交证据足以证明虚假陈述并未导致相关证券交易价格或者交易量明显变化的,人民法院应当认定虚假陈述的内容不具有重大性。

被告能够证明虚假陈述不具有重大性,并以此抗辩不应当承担民事责任的,人民法院应当予以支持。

**第十一条** 原告能够证明下列情形的,人民法院应当认定原告的投资决定与虚假陈述之间的交易因果关系成立:

(一) 信息披露义务人实施了虚假陈述;

(二) 原告交易的是与虚假陈述直接关联的证券;

(三) 原告在虚假陈述实施日之后、揭露日或更正日之前实施了相应的交易行为,即在诱多型虚假陈述中买入了相关证券,或者在诱空型虚假陈述中卖出了相关证券。

**第十二条** 被告能够证明下列情形之一的,人民法院应当认定交易因果关系不成立:

(一) 原告的交易行为发生在虚假陈述实施前,或者是在揭露或更正之后;

(二) 原告在交易时知道或者应当知道存在虚假陈述,或者虚假陈述已经被证券市场广泛知悉;

(三) 原告的交易行为是受到虚假陈述实施后发生的上市公司的收购、重大资产重组等其他重大事件的影响;

(四) 原告的交易行为构成内幕交易、操纵证券市场等证券违法行为的；

(五) 原告的交易行为与虚假陈述不具有交易因果关系的其他情形。

## 四、过错认定

**第十三条** 证券法第八十五条、第一百六十三条所称的过错，包括以下两种情形：

(一) 行为人故意制作、出具存在虚假陈述的信息披露文件，或者明知信息披露文件存在虚假陈述而不予指明、予以发布；

(二) 行为人严重违反注意义务，对信息披露文件中虚假陈述的形成或者发布存在过失。

**第十四条** 发行人的董事、监事、高级管理人员和其他直接责任人员主张对虚假陈述没有过错的，人民法院应当根据其工作岗位和职责、在信息披露资料的形成和发布等活动中所起的作用、取得和了解相关信息的渠道、为核验相关信息所采取的措施等实际情况进行审查认定。

前款所列人员不能提供勤勉尽责的相应证据，仅以其不从事日常经营管理、无相关职业背景和专业知识、相信发行人或者管理层提供的资料、相信证券服务机构出具的专业意见等理由主张其没有过错的，人民法院不予支持。

**第十五条** 发行人的董事、监事、高级管理人员依照证券法第八十二条第四款的规定，以书面方式发表附具体理由的意见并依法披露的，人民法院可以认定其主观上没有过错，但在审议、审核信息披露文件时投赞成票的除外。

**第十六条** 独立董事能够证明下列情形之一的，人民法院应当认定其没有过错：

(一) 在签署相关信息披露文件之前，对不属于自身专业领域的相关具体问题，借助会计、法律等专门职业的帮助仍然未能发现问题的；

(二) 在揭露日或更正日之前，发现虚假陈述后及时向发行人提出异议并监督整改或者向证券交易场所、监管部门书面报告的；

(三) 在独立意见中对虚假陈述事项发表保留意见、反对意见或者无法表示意见并说明具体理由的，但在审议、审核相关文件时投赞成票的除外；

(四) 因发行人拒绝、阻碍其履行职责，导致无法对相关信息披露文

件是否存在虚假陈述作出判断,并及时向证券交易场所、监管部门书面报告的;

(五) 能够证明勤勉尽责的其他情形。

独立董事提交证据证明其在履职期间能够按照法律、监管部门制定的规章和规范性文件以及公司章程的要求履行职责的,或者在虚假陈述被揭露后及时督促发行人整改且效果较为明显的,人民法院可以结合案件事实综合判断其过错情况。

外部监事和职工监事,参照适用前两款规定。

第十七条　保荐机构、承销机构等机构及其直接责任人员提交的尽职调查工作底稿、尽职调查报告、内部审核意见等证据能够证明下列情形的,人民法院应当认定其没有过错:

(一) 已经按照法律、行政法规、监管部门制定的规章和规范性文件、相关行业执业规范的要求,对信息披露文件中的相关内容进行了审慎尽职调查;

(二) 对信息披露文件中没有证券服务机构专业意见支持的重要内容,经过审慎尽职调查和独立判断,有合理理由相信该部分内容与真实情况相符;

(三) 对信息披露文件中证券服务机构出具专业意见的重要内容,经过审慎核查和必要的调查、复核,有合理理由排除了职业怀疑并形成合理信赖。

在全国中小企业股份转让系统从事挂牌和定向发行推荐业务的证券公司,适用前款规定。

第十八条　会计师事务所、律师事务所、资信评级机构、资产评估机构、财务顾问等证券服务机构制作、出具的文件存在虚假陈述的,人民法院应当按照法律、行政法规、监管部门制定的规章和规范性文件,参考行业执业规范规定的工作范围和程序要求等内容,结合其核查、验证工作底稿等相关证据,认定其是否存在过错。

证券服务机构的责任限于其工作范围和专业领域。证券服务机构依赖保荐机构或者其他证券服务机构的基础工作或者专业意见致使其出具的专业意见存在虚假陈述,能够证明其对所依赖的基础工作或者专业意见经过审慎核查和必要的调查、复核,排除了职业怀疑并形成合理信赖的,人民法院应当认定其没有过错。

第十九条 会计师事务所能够证明下列情形之一的,人民法院应当认定其没有过错:

(一)按照执业准则、规则确定的工作程序和核查手段并保持必要的职业谨慎,仍未发现被审计的会计资料存在错误的;

(二)审计业务必须依赖的金融机构、发行人的供应商、客户等相关单位提供不实证明文件,会计师事务所保持了必要的职业谨慎仍未发现的;

(三)已对发行人的舞弊迹象提出警告并在审计业务报告中发表了审慎审计意见的;

(四)能够证明没有过错的其他情形。

## 五、责任主体

第二十条 发行人的控股股东、实际控制人组织、指使发行人实施虚假陈述,致使原告在证券交易中遭受损失的,原告起诉请求直接判令该控股股东、实际控制人依照本规定赔偿损失的,人民法院应当予以支持。

控股股东、实际控制人组织、指使发行人实施虚假陈述,发行人在承担赔偿责任后要求该控股股东、实际控制人赔偿实际支付的赔偿款、合理的律师费、诉讼费用等损失的,人民法院应当予以支持。

第二十一条 公司重大资产重组的交易对方所提供的信息不符合真实、准确、完整的要求,导致公司披露的相关信息存在虚假陈述,原告起诉请求判令该交易对方与发行人等责任主体赔偿由此导致的损失的,人民法院应当予以支持。

第二十二条 有证据证明发行人的供应商、客户,以及为发行人提供服务的金融机构等明知发行人实施财务造假活动,仍然为其提供相关交易合同、发票、存款证明等予以配合,或者故意隐瞒重要事实致使发行人的信息披露文件存在虚假陈述,原告起诉请求判令其与发行人等责任主体赔偿由此导致的损失的,人民法院应当予以支持。

第二十三条 承担连带责任的当事人之间的责任分担与追偿,按照民法典第一百七十八条的规定处理,但本规定第二十条第二款规定的情形除外。

保荐机构、承销机构等责任主体以存在约定为由,请求发行人或者其控股股东、实际控制人补偿其因虚假陈述所承担的赔偿责任的,人民法院不予支持。

## 六、损失认定

**第二十四条** 发行人在证券发行市场虚假陈述，导致原告损失的，原告有权请求按照本规定第二十五条的规定赔偿损失。

**第二十五条** 信息披露义务人在证券交易市场承担民事赔偿责任的范围，以原告因虚假陈述而实际发生的损失为限。原告实际损失包括投资差额损失、投资差额损失部分的佣金和印花税。

**第二十六条** 投资差额损失计算的基准日，是指在虚假陈述揭露或更正后，为将原告应获赔偿限定在虚假陈述所造成的损失范围内，确定损失计算的合理期间而规定的截止日期。

在采用集中竞价的交易市场中，自揭露日或更正日起，被虚假陈述影响的证券集中交易累计成交量达到可流通部分100%之日为基准日。

自揭露日或更正日起，集中交易累计换手率在10个交易日内达到可流通部分100%的，以第10个交易日为基准日；在30个交易日内未达到可流通部分100%的，以第30个交易日为基准日。

虚假陈述揭露日或更正日起至基准日期间每个交易日收盘价的平均价格，为损失计算的基准价格。

无法依前款规定确定基准价格的，人民法院可以根据有专门知识的人的专业意见，参考对相关行业进行投资时的通常估值方法，确定基准价格。

**第二十七条** 在采用集中竞价的交易市场中，原告因虚假陈述买入相关股票所造成的投资差额损失，按照下列方法计算：

（一）原告在实施日之后、揭露日或更正日之前买入，在揭露日或更正日之后、基准日之前卖出的股票，按买入股票的平均价格与卖出股票的平均价格之间的差额，乘以已卖出的股票数量；

（二）原告在实施日之后、揭露日或更正日之前买入，基准日之前未卖出的股票，按买入股票的平均价格与基准价格之间的差额，乘以未卖出的股票数量。

**第二十八条** 在采用集中竞价的交易市场中，原告因虚假陈述卖出相关股票所造成的投资差额损失，按照下列方法计算：

（一）原告在实施日之后、揭露日或更正日之前卖出，在揭露日或更

正日之后、基准日之前买回的股票,按买回股票的平均价格与卖出股票的平均价格之间的差额,乘以买回的股票数量;

(二)原告在实施日之后、揭露日或更正日之前卖出,基准日之前未买回的股票,按基准价格与卖出股票的平均价格之间的差额,乘以未买回的股票数量。

**第二十九条** 计算投资差额损失时,已经除权的证券,证券价格和证券数量应当复权计算。

**第三十条** 证券公司、基金管理公司、保险公司、信托公司、商业银行等市场参与主体依法设立的证券投资产品,在确定因虚假陈述导致的损失时,每个产品应当单独计算。

投资者及依法设立的证券投资产品开立多个证券账户进行投资的,应当将各证券账户合并,所有交易按照成交时间排序,以确定其实际交易及损失情况。

**第三十一条** 人民法院应当查明虚假陈述与原告损失之间的因果关系,以及导致原告损失的其他原因等案件基本事实,确定赔偿责任范围。

被告能够举证证明原告的损失部分或者全部是由他人操纵市场、证券市场的风险、证券市场对特定事件的过度反应、上市公司内外部经营环境等其他因素所导致的,对其关于相应减轻或者免除责任的抗辩,人民法院应当予以支持。

## 七、诉讼时效

**第三十二条** 当事人主张以揭露日或更正日起算诉讼时效的,人民法院应当予以支持。揭露日与更正日不一致的,以在先的为准。

对于虚假陈述责任人中的一人发生诉讼时效中断效力的事由,应当认定对其他连带责任人也发生诉讼时效中断的效力。

**第三十三条** 在诉讼时效期间内,部分投资者向人民法院提起人数不确定的普通代表人诉讼的,人民法院应当认定该起诉行为对所有具有同类诉讼请求的权利人发生时效中断的效果。

在普通代表人诉讼中,未向人民法院登记权利的投资者,其诉讼时效自权利登记期间届满后重新开始计算。向人民法院登记权利后申请撤回权利登记的投资者,其诉讼时效自撤回权利登记之次日重新开始计算。

投资者保护机构依照证券法第九十五条第三款的规定作为代表人参加

诉讼后，投资者声明退出诉讼的，其诉讼时效自声明退出之次日起重新开始计算。

## 八、附则

**第三十四条** 本规定所称证券交易场所，是指证券交易所、国务院批准的其他全国性证券交易场所。

本规定所称监管部门，是指国务院证券监督管理机构、国务院授权的部门及有关主管部门。

本规定所称发行人，包括证券的发行人、上市公司或者挂牌公司。

本规定所称实施日之后、揭露日或更正日之后、基准日之前，包括该日；所称揭露日或更正日之前，不包括该日。

**第三十五条** 本规定自 2022 年 1 月 22 日起施行。《最高人民法院关于受理证券市场因虚假陈述引发的民事侵权纠纷案件有关问题的通知》《最高人民法院关于审理证券市场因虚假陈述引发的民事赔偿案件的若干规定》同时废止。《最高人民法院关于审理涉及会计师事务所在审计业务活动中民事侵权赔偿案件的若干规定》与本规定不一致的，以本规定为准。

本规定施行后尚未终审的案件，适用本规定。本规定施行前已经终审，当事人申请再审或者按照审判监督程序决定再审的案件，不适用本规定。

# 《最高人民法院关于审理证券市场虚假陈述侵权民事赔偿案件的若干规定》的理解与适用

林文学　付金联　周伦军[*]

为正确审理证券市场虚假陈述侵权民事赔偿案件，规范证券发行和交易行为，保护投资者合法权益，维护公开、公平、公正的证券市场秩序，2021年12月30日，最高人民法院审判委员会第1860次会议审议通过了《最高人民法院关于审理证券市场虚假陈述侵权民事赔偿案件的若干规定》（法释〔2022〕2号，以下简称《规定》），对《最高人民法院关于审理证券市场因虚假陈述引发的民事赔偿案件的若干规定》（法释〔2003〕2号，以下简称原解释）进行了修订，自2022年1月22日起施行。

这是最高人民法院贯彻落实中央对资本市场财务造假"零容忍"要求，依法提高违法违规成本、震慑违法违规行为的重要举措。《规定》的修订发布，充实和完善了证券市场民事责任制度，进一步强化了资本市场制度供给，畅通了投资者的权利救济渠道，夯实了市场参与各方归位尽责的规则基础，健全了中国特色证券司法体制，为资本市场的规范发展提供了更加有力的司法保障。为便于审判工作中正确理解和适用，本文就《规定》修订的背景及主要内容作一介绍。

## 一、关于《规定》的修改背景

习近平总书记指出，发展资本市场是中国的改革方向，要建设一个规范、透明、开放、有活力、有韧性的资本市场，完善资本市场基础性制度。在资本市场中，证券行政监管与证券司法审判是保障证券市场健康发

---

[*] 作者单位：最高人民法院民事审判第二庭。

展、维护投资者合法权益的两大主要力量。

在我国三十多年的资本市场法治化进程中,人民法院切实履行证券商事审判工作职责,积极发挥审判职能,在保护投资者合法权益、防控金融风险、打击欺诈发行和财务造假等资本市场痼疾、促进资本市场改革发展方面做了一系列工作。

证券虚假陈述是资本市场违法行为的典型形式,也是严重损害投资者合法权益的易发多发行为,依法追究证券虚假陈述相关责任主体的民事责任,是投资者权利救济的主要途径。

2003年2月1日,最高人民法院发布原解释之后,人民法院开始受理并审理了大庆联谊、银广夏等证券虚假陈述侵权民事赔偿案件,为投资者维护自身权利提供了法律武器,取得了较好的实施效果。

随着我国证券市场的飞速发展,证券种类、市场层次、交易方式都发生了翻天覆地的变化,资本市场的法治建设也日益完善,有必要对原解释进行修改完善,以应对新形势新挑战。

2021年7月6日,中共中央办公厅、国务院办公厅印发《关于依法从严打击证券违法活动的意见》,要求修改因虚假陈述引发民事赔偿的有关司法解释。

为此,最高人民法院会同中国证监会等有关监管部门,详细梳理了原解释实施以来市场发展、立法演变和审判工作中面临的疑难问题,形成了修订稿。

修订稿完成后,通过走访发行人、中介机构进行实地调查研究、召开座谈会、书面征求意见等方式,广泛征求并充分吸收了全国人大常委会法工委、中国人民银行、中国证监会、中国银保监会、司法部、发改委、财政部等国家部委、相关行业协会、专家学者以及地方法院的意见建议,对原解释中的相关制度根据形势变化进行了增删,经最高人民法院审委会讨论通过后正式出台。

## 二、关于《规定》的主要内容

《规定》在整合原解释相关内容的基础上,新增了十五条重要内容。全文共计三十五条,分为一般规定、虚假陈述的认定、重大性及交易因果关系、过错认定、责任主体、损失认定、诉讼时效、附则等八个部分。与原解释相比,《规定》扩大了原解释的适用范围,废除了案件受理的前置程序，进一步明确了虚假陈述的内涵和外延，细化了过错认定、重大性、交易因果关系、损失因果关系等民事责任的构成要件，增加了财务造假的"首恶"和"帮凶"等责任主体。在审判工作中，应当注意重点把握如下几个方面。

## （一）关于《规定》的适用范围

原解释实施以来，证券法经过了两次大的修改，证券的范围、证券发行和交易方式以及证券市场层次等都发生了巨大变化。原解释将证券类型限定为股票、将大宗交易和协议转让排除在适用范围之外的做法，难以满足审判实践的需要。

《规定》第一条对适用范围进行了明确，规定信息披露义务人在证券交易场所（包括证券交易所、国务院批准的其他全国性证券交易场所）发行、交易证券过程中实施虚假陈述引发的侵权民事赔偿案件，都适用《规定》。之所以作出这种调整，主要的考虑包括三个方面。

首先，信息披露义务人在证券交易场所实施虚假陈述，可以分为证券发行市场和证券交易市场两种类型。

在证券发行市场，发行人实施虚假陈述行为致使投资者认购证券的，因发行人与投资者之间存在合同关系，无论相关证券的发行是公开发行还是私募，都构成合同一方当事人（发行人）对相对人实施了欺诈行为；在证券交易市场，信息披露义务人实施的虚假陈述致使投资者因此交易证券并遭受损失的，因交易关系发生在投资者之间，信息披露义务人并非投资者交易活动的相对人，无论交易方式是集中竞价交易还是协议转让，都构成合同当事人之外的第三方实施欺诈行为。

民法典第一百四十八条规定了合同一方当事人欺诈时对方当事人的撤销权，第一百四十九条规定了第三人实施欺诈时被欺诈一方当事人的撤销权，但这两种救济方式在证券市场无法适用。为维护证券市场的结算交收秩序，证券法第一百一十七条规定，除因不可抗力、意外事件、重大技术故障、重大人为差错等突发性事件导致证券交易结果出现重大异常外，按照依法制定的交易规则进行的交易，不得改变其交易结果，即全国性证券交易场所中的交易原则上不可撤销。

据此，为维护正常的交易结算秩序，在发行人欺诈发行时，虽然投资者与发行人之间存在合同关系，也不能按照民法典第一百四十八条的规定行使撤销权；在投资者之间因信息披露义务人实施虚假陈述遭受损失时，被欺诈一方也无法根据民法典第一百四十九条的规定行使撤销权。

也就是说，投资者难以通过撤销合同的方式获得救济。为保护受到虚假陈述误导的投资者的合法权益，证券法第八十五条和第一百六十三条规定了虚假陈述的民事责任，其法源依据应当溯源至民法典第一千一百六十五条关于"行为人因过错侵害他人民事权益造成损害的，应当承担侵权责任。依照法律规定推定行为人有过错，其不能证明自己没有过错的，应当承担侵权责任"的规定，是侵权责任。

基于上述考虑，《规定》将欺诈发行和虚假陈述引发的民事赔偿案件统一称之为证券市场虚假陈述侵权民事赔偿案件，一体化进行规范。

其次，在证券的类型方面，证券法第二条规定的证券，包括股票、债券、存托凭证、证券投资基金份额、资产支持证券、资产管理产品等多种类型。

在这些证券的发行和交易活动中，发行人等信息披露义务人均应当充分披露投资者作出价值判断和投资决策所必需的信息，并负有保证信息披露内容真实、准确、完整的法定义务。

也就是说，投资者免受欺诈的法定权利不因证券种类而有所不同，只要信息披露义务人实施了虚假陈述行为，就应当赔偿投资者因此造成的损失。按照《规定》第一条的规定，无论是哪种类型的证券，只要信息披露义务人在证券发行、交易过程中实施了虚假陈述，人民法院在确定其民事责任时，都应当适用《规定》。

最后，在市场层次方面，随着多层次资本市场体系的发展，我国已经形成了全国性交易市场和区域性股权市场并存的市场层次。

区域性股权市场中的发行和交易方式与全国性证券交易场所相比，主要是私募和协议转让，但其纠纷本质均为当事人一方或第三方实施的欺诈行为，并无本质不同。

故《规定》第一条第二款明确，对于按照国务院规定设立的区域性股权市场中因虚假陈述引发的证券发行、转让等民事纠纷，当事人除了可以根据民法典第一百四十八条、第一百四十九条、第一千一百六十五条所规定的撤销交易、恢复原状、赔偿损失等合同法的方式来救济外，还可以参照《规定》，从侵权法的角度获得救济。

## （二）关于废除前置程序

证券市场的侵权民事赔偿案件具有当事人众多、证据取得困难、专业知识复杂等特点。

在我国证券市场发展的早期阶段，为减轻投资者的举证负担，根据当时的立法和司法实践情况，原解释第六条规定了前置程序，即人民法院受理虚假陈述纠纷案件，以该虚假陈述行为已经行政处罚或刑事裁判文书认定为前提。

从实践效果看，前置程序在减轻原告举证责任、防范滥诉、统一行政处罚与司法裁判标准等方面发挥了重要作用，但与此同时，前置程序也存在投资者诉权保障不足、权利实现周期过长等问题，需要在制度层面进行改进，《中共中央办公厅、国务院办公厅关于依法从严打击证券违法活动的意见》也对取消民事赔偿诉讼前置程序提出了明确的要求。

按照我国现行证券法的规定，投资者提起虚假陈述侵权赔偿案件需要负担的举证责任主要包括两个方面：一是证明被告实施了虚假陈述行为；二是提供初步证据证明自己因此受到误导并遭受了损失。

在此基础上，被告需要承担证明自己没有过错、虚假陈述行为不具有重大性、原告没有受到虚假陈述的误导、损失并非虚假陈述所导致等举证责任。

在前置程序取消后，为避免无序维权给上市公司的正常经营带来负面影响，给资本市场秩序带来不适当的冲击，有必要针对潜在滥诉风险作出针对性的制度安排。

在充分研究各方意见的基础上，《规定》第二条从正反两个方面对起诉条件予以明确：首先，原告提起证券虚假陈述侵权民事赔偿诉讼，只要符合民事诉讼法第一百二十二条规定并提交相应证据，人民法院就应当予以受理；其次，人民法院在案件受理后，不得仅以虚假陈述未经监管部门行政处罚或者人民法院生效刑事判决认定为由裁定不予受理。

在审判工作中应当注意，按照《规定》第二条的要求，原告提起诉讼时，必须提交信息披露义务人实施虚假陈述的相关证据，以及原告因虚假陈述进行交易的凭证及投资损失等相关证据，才符合法定的起诉条件。

为切实降低投资者举证难度、畅通投资者诉讼救济途径，在司法解释制定过程中，最高人民法院和中国证监会就人民法院案件审理和证监会的专业支持工作机制进行了认真研究,与司法解释同步发布《最高人民法院、中国证监会关于适用〈最高人民法院关于审理证券市场虚假陈述侵权民事赔偿案件的若干规定〉有关问题的通知》(法〔2022〕23号),建立案件通报机制,为了查明事实,人民法院可以依法向中国证监会有关部门或者派出机构调查收集有关证据,中国证监会有关部门或者派出机构依法依规予以协助配合。

在案件审理过程中,人民法院可以就相关专业问题征求中国证监会及其相关派出机构、相关会管单位的意见。

同时,为更好地提升案件审理的专业化水平,鼓励各地法院积极开展专家咨询和专业人士担任人民陪审员的探索,中国证监会派出机构和有关部门做好相关专家、专业人士担任人民陪审员的推荐等配合工作。

我们相信,通过上述衔接性的安排,证券案件审理体制机制将会不断完善,在司法审判和行政监管的合力之下,我国投资者保护水平将持续和稳步提高。

### (三) 关于案件的管辖

原解释对管辖作了较为细致的规定,但从实践效果来看,通过案件移送的安排,大多还是最终由发行人或上市公司住所地的省会城市中级人民法院管辖。

在实践中,由于管辖地的多元化,不仅会发生法院之间"抢管辖""推管辖"等管辖权争议,也使得当事人利用管辖权异议拖延诉讼的现象时有发生,不利于纠纷的及时化解。

《规定》第四条进一步强化了集中管辖的基本思路,以发行人、上市或挂牌公司住所地的省、自治区、直辖市人民政府所在的市、计划单列市和经济特区中级人民法院或者专门人民法院管辖为基本原则。《最高人民法院关于证券纠纷代表人诉讼若干问题的规定》等司法解释对特别代表人诉讼等案件管辖另有规定的,从其规定。

在研究的过程中,上海、广东、江苏、四川等案件较多的地方法院提出,由于人案矛盾突出,集中在省会城市中院审理将会使得省会城市中院不堪重负。

经研究,增设第二款:省、自治区、直辖市高级人民法院可以根据本辖区的实际情况,确定管辖第一审证券虚假陈述侵权民事赔偿案件的其他中级人民法院，报最高人民法院备案。

## （四）关于虚假陈述侵权民事责任的构成要件

传统民法理论认为，侵权责任的构成要件包括侵权行为、过错、损失、因果关系四个要件。针对证券市场虚假陈述侵权责任，证券法理论发展出了重大性和交易因果关系两个独立的构成要件，《规定》对此进行了明确。

1. 虚假陈述行为的内涵和外延

按照证券法第八十五条的规定，虚假陈述包括未按照规定披露信息、虚假记载、误导性陈述、重大遗漏四种类型。

在司法解释修订过程中，经与中国证监会共同研究，将虚假陈述的定义和分类进行修改完善。

《规定》第四条第一款规定，信息披露义务人违反法律、行政法规、监管部门制定的规章和规范性文件关于信息披露的规定，在披露的信息中存在虚假记载、误导性陈述或者重大遗漏的，人民法院应当认定为虚假陈述。

结合《规定》第十一条和第十二条关于交易因果关系的规定，这一定义方式体现了虚假陈述主观欺诈性、内容重大性、效果误导性等特点，并在第四条第二款、第三款和第四款分别完善了虚假记载、误导性陈述和重大遗漏的定义：

虚假记载，是指信息披露义务人披露的信息中对相关财务数据进行重大不实记载，或者对其他重要信息作出与真实情况不符的描述。

误导性陈述，是指信息披露义务人披露的信息隐瞒了与之相关的部分重要事实，或者未及时披露相关更正、确认信息，致使已经披露的信息因不完整、不准确而具有误导性。

重大遗漏，是指信息披露义务人违反关于信息披露的规定，对重大事件或者重要事项等应当披露的信息未予披露。

未按照规定披露信息，是指信息披露义务人未按照规定的期限、方式等要求及时、公平披露信息，不能完全等同于虚假陈述。

《规定》根据未按照规定披露信息的行为类型，对其民事责任作了类型化的指引：信息披露义务人未按照规定的期限披露信息构成误导性陈述、重大遗漏等虚假陈述的，依照《规定》承担民事责任；未按照规定的方式公平披露信息构成内幕交易的，依照证券法第五十三条的规定承担民事责任；构成公司法第一百五十二条规定的损害股东利益行为的，依照该法承担民事责任。

与此同时，为因应鼓励发行人自愿披露信息的监管导向，防止民事责任的寒蝉效应，《规定》第六条根据近年来对软信息披露的监管实践，为预测性信息规定了"安全港"。

根据近年来审判实践的发展，《规定》第七条、第八条、第九条在原解释规定的基础上，对虚假陈述的实施日、揭露日及更正日的认定作了更为细致的指引。

虚假陈述实施日，是指信息披露义务人作出虚假陈述或者发生虚假陈述之日。信息披露义务人作出虚假陈述之日，是指以积极作为的方式实施虚假陈述，原则上应当以虚假陈述的内容首次公开披露或在媒体上公布之日为实施日，但对交易日收市后发布虚假陈述的，则应以其后的第一个交易日为实施日。

发生虚假陈述之日，是指信息披露义务人以消极不作为的方式实施虚假陈述，即因未及时披露相关更正、确认信息构成误导性陈述，或者未及时披露重大事件或者重要事项等构成重大遗漏的，以应当披露相关信息期限届满后的第一个交易日为实施日。

虚假陈述揭露日，是指虚假陈述在具有全国性影响的报刊、电台、电视台或监管部门网站、交易场所网站、主要门户网站、行业知名的自媒体等媒体上，首次被公开揭露并为证券市场知悉之日。

在审判工作中，判断证券市场是否知悉虚假陈述，还应当根据公开交易市场对相关信息的反应等证据加以认定。

在案件审理中，监管部门以涉嫌信息披露违法为由对信息披露义务人立案调查的信息公开之日，或者证券交易场所等自律管理组织因虚假陈述对信息披露义务人等责任主体采取自律管理措施的信息公布之日，原则上可以推定为揭露日，但当事人有相反证据足以反驳的除外。

由于虚假陈述所涉及的都是发行人内部的信息，其揭露过程往往呈现出不断接近真相的状态，对于这种情况下虚假陈述揭露日的判断标准，实践中存在不同认识。

《全国法院民商事审判工作会议纪要》（法〔2019〕254号）第84条明确，虚假陈述的揭露和更正，是指虚假陈述被市场所知悉、了解，其精确程度并不以"镜像规则"为必要,不要求达到全面、完整、准确的程度。

在此基础上,《规定》第八条第四款规定,信息披露义务人实施的虚假陈述呈连续状态的,以首次被公开揭露并为证券市场知悉之日为揭露日。

信息披露义务人实施多个相互独立的虚假陈述的,人民法院应当分别认定其揭露日。

虚假陈述更正日,是指信息披露义务人在证券交易场所网站或者符合监管部门规定条件的媒体上,自行更正虚假陈述之日。

实施日、揭露日和更正日,与损失认定的基准日和基准价紧密相连,审判实践中一般将其简称为"三日一价"。

在基准日和基准价的认定方面,《规定》第二十六条规定,在采用集中竞价的交易市场中,自揭露日或更正日起,被虚假陈述影响的证券集中交易累计成交量达到可流通部分100%之日为基准日。

如果自揭露日或更正日起,集中交易累计换手率在10个交易日内达到可流通部分100%的,以第10个交易日为基准日;在30个交易日内未达到可流通部分100%的,以第30个交易日为基准日。

与之相应,虚假陈述揭露日或更正日起至基准日期间每个交易日收盘价的平均价格,为损失计算的基准价格。

对于不能根据基准日后的价格变化确定基准价格的情形,人民法院可以根据有专门知识的人的专业意见,参考对相关行业进行投资时的通常估值方法,确定基准价格。

2. 关于过错的定义及审查认定

证券法第八十五条对发行人的责任规定为无过错责任,对发行人的控股股东、实际控制人、董事、监事、高级管理人员等内部人规定了过错推定责任;第一百六十三条对证券服务机构规定了过错推定责任。

对于上述条文中的过错应当如何理解,国内学界分为两种观点:一种观点认为,证券法中的过错与民法中的过错同其含义,包括故意、重大过失和轻微过失。另一种观点认为,证券法中的过错与民法上的过错含义不同,二级市场上的虚假陈述,发行人与交易的投资者之间没有合同关系,不能完全以合同义务来确定责任。对中介机构而言,应当区分是否有故意或重大过失,如果是轻微的过失,不应当承担责任。

《规定》采纳了第二种观点,第十三条将过错限定为故意和重大过失,主要是基于三个方面的理由:一是法律体系解释;二是比较法解释;三是司法实践中的传统做法。

首先,从体系解释的角度,证券法第八十五条规定,信息披露义务人实施虚假陈述致使投资者在证券交易中遭受损失的,信息披露义务人应当承担赔偿责任;发行人的控股股东、实际控制人、董事、监事、高级管理人员和其他直接责任人员以及保荐人、承销的证券公司及其直接责任人员应当与发行人承担连带赔偿责任,但是能够证明自己没有过错的除外。

这一立法规定,突破了传统民法关于职务行为免予对外承担个人责任的原则,其规范意旨在于以连带责任的方式为受害人提供更为充分的保护。

但在民法典中,发行人及承销保荐机构的工作人员因职务行为承担个人责任的前提,是其具有故意或重大过失。例如,民法典第一千一百九十一条规定,用人单位的工作人员因执行工作任务造成他人损害的,由用人单位承担侵权责任。用人单位承担侵权责任后,可以向有故意或者重大过失的工作人员追偿。

此外,从体系解释的角度,将证券法第八十五条的过错,限定为故意和重大过失,是保持法律体系内在自洽的需要。证券法第一百六十三条规定,证券服务机构制作、出具的文件有虚假记载、误导性陈述或者重大遗漏,给他人造成损失的,应当与委托人承担连带赔偿责任,但是能够证明自己没有过错的除外。

对于本条规定的过错的理解,由于证券服务机构属于对信息披露文件进行审核、验证的看门人,属于发行人的外部人,在发行人董事、监事、高级管理人等内部人仅因故意和重大过失才承担民事责任的情况下,按照举重以明轻的解释方法,外部监督者的责任当然不能重于内部人,因此,将证券法第一百六十三条的过错限定为故意和重大过失,亦有其必要。

其次,从比较法的角度,从立法例看,美国证券法所称的过错(scienter)概念包括欺诈的故意(intent to deceive, manipulate, or defraud)和重大过失(recklessness),只有故意欺诈、明知虚假陈述具有误导投资者的危险仍然放任,以及罔顾事实的重大过失行为,才能构成证券法上的过错,程度较轻的过失不能产生巨额的民事赔偿责任,以免产生信息披露的寒蝉效应,以及对企业招揽和保持管理人才队伍产生不利影响。

这一立场,为德国、日本及我国台湾地区所采纳。

最后,从一贯的司法传统看,在审判工作中,将二级市场虚假陈述侵权的过错理解为故意和重大过失两种形式,在司法解释和司法政策中均有体现。

例如,《最高人民法院关于审理涉及会计师事务所在审计业务活动中民事侵权赔偿案件的若干规定》第七条规定:"会计师事务所能够证明存在以下情形之一的,不承担民事赔偿责任:(一)已经遵守执业准则、规则确定的工作程序并保持必要的职业谨慎,但仍未能发现被审计的会计资料错误;(二)审计业务所必须依赖的金融机构等单位提供虚假或者不实的证明文件,会计师事务所在保持必要的职业谨慎下仍未能发现其虚假或者不实……"。

《全国法院审理债券纠纷案件座谈会纪要》第29条明确,债券承销机构严重违反规范性文件、执业规范和自律监管规则中关于尽职调查的要求,导致信息披露文件中关于发行人偿付能力的重要内容存在虚假陈述的,人民法院应当认定其存在过错。第30条明确,债券承销机构能够证明其尽职调查工作虽然存在瑕疵,但即使完整履行了相关程序也难以发现信息披露文件存在虚假陈述的,人民法院应当认定其没有过错。

由于上述理解都只是从单一中介机构的角度对过错进行界定,导致审判实践中对于其他处于相似地位的市场主体是否应该适用同样的标准存在不同认识。

为进一步统一裁判尺度,《规定》第十三条将证券法第八十五条、第一百六十三条所称的过错,界定为包括故意和重大过失两种情形。

由于信息披露文件的制作涉及会计、审计、企业经营管理等其他学科等专门知识,导致审判工作中,如何审查并认定信息披露义务人的过错及其程度,存在一定的困难。

《规定》第十四条至第十九条分别对董事、监事、高级管理人员等内部人,独立董事,履行承销保荐职责的机构,证券服务机构的过错审查及免责抗辩理由进行了规定。

关于内部人过错的审查认定方法,第十四条第一款规定,信息披露义务人的董事、监事、高级管理人员或者履行同等职责的人员和其他直接责任人员主张对虚假陈述没有过错的抗辩理由,人民法院应当根据其在发行人中的实际地位、信息披露资料的形成和发布等活动中所起的作用、取得和了解相关信息的渠道、为核验相关信息所采取的措施等实际情况进行审查认定。第二款规定，前款所列人员不能提供其勤勉尽责的相应证据，仅以其不从事日常经营管理、无相关职业背景和专业知识、相信发行人或管理层提供的资料、相信证券服务机构出具的专业意见等理由主张其没有过错的，人民法院不予支持。

为保障异议董事、监事、高级管理人员的合法权利，《规定》第十五条规定了异议董事的免责抗辩事由：发行人的董事、监事、高级管理人员依照证券法第八十二条第四款的规定，以书面方式发表附具体理由的意见并依法披露的，人民法院可以认定其主观上没有过错，但在审议、审核信息披露文件时投赞成票的除外。

在康美药业集团诉讼一案判决后，独立董事的责任成为社会关注的热点问题。为更好地回应社会关切，经与中国证监会法律部、上市部反复磋商，《规定》第十六条规定了独立董事的免责和减责抗辩事由。与此同时，本着相类似之事件应为相同之处理原则，第十六条第三款规定，外部监事和职工监事，适用前款规定。

实践中，履行承销保荐职责的机构主要包括证券公司和商业银行以及资产管理产品的管理人，承销保荐机构依法负有全面核查的义务。为配合注册制下压实中介机构责任、归位尽责的监管要求，第十七条规定了保荐机构、承销机构的免责抗辩事由。

第十八条对会计师事务所、律师事务所、资信评级机构、资产评估机构、财务顾问等证券服务机构的过错审查作了明确。

针对近年来会计师事务所责任案件审理中的实际情况，《规定》在《最高人民法院关于审理涉及会计师事务所在审计业务活动中民事侵权赔偿案件的若干规定》第七条规定的基础上，吸收财政部、证监会等监管部门的意见，在第十九条规定了会计师事务所的免责抗辩事由，以保障依法执业的会计师事务所免于讼累。

3. 关于虚假陈述的重大性及证明方法

在前置程序的背景下，虚假陈述的重大性问题大多在前置程序中已经解决，故原解释对此未予过多涉及。

在取消前置程序后，法院在审理相关案件时须就相关信息的重大性作出认定，需要进一步明确虚假陈述重大性的认定标准。

2015年的第八次全国法院民事审判工作会上，最高人民法院民二庭在

《关于当前商事审判工作中的若干具体问题》中，曾就虚假陈述重大性的司法判断原则进行了明确，要求以虚假陈述对投资者决策的影响程度为基本原则，对于证券市场的影响为客观标准，综合判断某一虚假陈述内容是否构成重大事件。

从我国的监管实践来看，虚假陈述重大性的认定标准主要有两点：一是理性投资者标准，信息的披露将会实质性地影响投资者的交易决策，那么该信息具有重大性；二是价格敏感性标准，信息的披露将会对相关股票价格产生实质性的影响，那么该信息具有重大性。

经研究，《规定》在结合境内外司法审判及行政处罚实践的基础上，第十条明确了主客观相结合的重大性认定标准：一是属于证券法规定的重大事件的信息；二是未按国务院证券监督管理机构规定的信息披露内容；三是虚假陈述实施或揭露后对相关证券的交易价格和交易量产生了明显影响。

但对前述第一项、第二项所列情形，被告提交证据足以证明虚假陈述并未导致相关证券交易价格或者交易量明显变化的，人民法院应当认定虚假陈述的内容不具有重大性。

由于重大性属于民事责任的构成要件之一，因此，被告能够证明虚假陈述不具有重大性，并以此抗辩不应当承担民事责任的，人民法院应当予以支持。

4. 关于交易因果关系

交易因果关系是传统民法中一方实施欺诈行为与对方因此作出错误意思表示要件在证券法中的表达。

《最高人民法院关于贯彻执行〈中华人民共和国民法通则〉若干问题的意见（试行）》第68条关于"一方当事人故意告知对方虚假情况，或者故意隐瞒真实情况，诱使对方当事人作出错误意思表示的，可以认定为欺诈行为"的规定，明确了欺诈行为与表意错误之间的因果关系。这一因果关系延伸到证券法领域，要求虚假陈述与投资者决定之间必须具有因果关系。这一构成要件，有人称之为信赖要件，亦有人称之为交易因果关系要件。

由于投资者人数众多，情况各异，特别是二级市场的交易中，信息交流主要通过招股说明书、定期报告等信息披露文件进行，并无传统商业生活中的面对面谈判，投资者往往难以提供证据证明自己信赖了信息披露文件这一事实。

为避免这一证明窘境和负担,证券法在经济学有效市场假说的基础上发展出欺诈市场理论,确立了一个可反驳的推定:市场受到了欺诈即推定投资者受到了欺诈,但实际情况证明投资者并未受到欺诈的除外。此即为推定信赖与实际信赖。推定信赖主要是根据信息披露时点和交易时点等客观证据判断;实际信赖则以个体投资者的实际知情程度为准,由被告提出反证。

原解释第十八条并未对交易因果关系和损失因果关系进行明确区分,但随着审判实践的发展,各地法院开始使用交易因果关系的分析框架,审查虚假陈述行为是否诱发了相关交易行为。

最早是贵州省高级人民法院在朱阁强与国创能源案［(2012)黔高民商终字第3号］中对交易因果关系进行了明确,认为因果关系包括虚假陈述与交易决定之间的交易因果关系和虚假陈述与投资者损失之间的损失因果关系,两者缺一不可。

随着时间的推移,"交易因果关系"概念被一线法官广为接受。如在游久游戏案中［(2018)沪74民初1185号］,上海金融法院认为,如果所涉信息不会对投资者的投资决策、股票价格产生实质影响致使投资者遭受损失,那么虚假陈述行为与投资者的损失之间即缺乏因果关系。

重庆市第一中级人民法院在北大医药案［(2018)渝01民初259号］中、浙江省宁波市中级人民法院在圣莱达案［(2018)浙02民初967号］中,都对实施日后投资者的买入决策是否系受到案涉虚假陈述行为的诱导进行了分析,并对被告关于不存在交易因果关系的主张予以支持。

在最高人民法院层面,第三巡回法庭在顺灏股份再审案［(2018)最高法民再339号］中,认定原审判决未全面考量顺灏股份实施的两项虚假陈述行为与投资者交易决定之间的因果关系,属于认定基本事实不清,裁定撤销原判,发回重审。

由此可见,将交易因果关系作为一个构成要件加以考量,已经成为近年来各地法院在案件审理中较为常见的做法。

基于此,《规定》第十一条对原解释第十八条予以适当拆分,单独规定交易因果关系的认定。

第十二条系在对既往我国司法实践中的案例进行总结的基础上,结合原先的条文表述进行了充实,强调未受欺诈的投资者不享有索赔的权利,避免民事责任制度异化为保险制度。

5. 关于损失计算

《规定》第二十四条至第三十条的内容,是在原解释规定的基础上,增补了诱空型虚假陈述的损失赔偿计算方法。

其内在逻辑与原解释相同,都是以揭露日之后的价格变化作为确定投资者实际损失的依据。

第二十八条规定,在采用集中竞价的交易市场中,原告因虚假陈述卖出相关股票所造成的投资差额损失,按照下列方法计算:

(1) 原告在实施日之后、揭露日或更正日之前卖出,在揭露日或更正日之后、基准日之前买回的股票,按买回股票的平均价格与卖出股票的平均价格之间的差额,乘以买回的股票数量;

(2) 原告在实施日之后、揭露日或更正日之前卖出,基准日之前未买回的股票,按基准价格与卖出股票的平均价格之间的差额,乘以未买回的股票数量。

6. 损失因果关系认定

《规定》第三十一条是关于损失因果关系认定的规定。

原解释第十九条第四项规定,被告举证证明损失或者部分损失是由证券市场系统风险等其他因素所导致的,人民法院应当认定虚假陈述与损害结果之间不存在因果关系。

对"系统风险"的表述,审判实践存在不同认识,如有的法院曾将系统风险理解为金融体系危机,这种认识可以通过概念澄清得到解决。

为防望文生义引发的歧义,本次修订将"系统风险"的表述改为"证券市场的风险"。

从审判实践看,系统风险和非系统风险因素已经得到越来越多的重视和承认,如上海金融法院与中证中小投资服务中心、上海高级金融学院合作开发的系统中,均将系统风险和非系统风险扣除作为考量因素。

根据审判实践的发展情况,《规定》第三十一条规定,人民法院在确定赔偿责任范围时,应当在查明虚假陈述与投资者损失之间的因果关系,以及虚假陈述与导致投资者损失的其他原因等案件基本事实的基础上,综合判断。

被告能够举证证明原告的损失部分或全部是由他人操纵市场、证券市场的风险、证券市场对特定事件的过度反应、上市公司内外部经营环境等其他因素所导致的，对其关于应当相应减轻或者免除责任的抗辩理由，人民法院应当予以支持。

## （五）关于民事责任主体

对虚假陈述侵权民事赔偿责任，除了证券法第八十五条、第一百六十三条所列明的民事责任主体外，《规定》根据民法典的规定，明确了"首恶"和"帮凶"的责任，以依法震慑财务造假活动。

"追首恶"，本意是指追究违法违规犯罪活动中的主谋和首要分子。

在财务造假活动中，"首恶"首先是指发行人的董事、经理、财务负责人等核心高管团队，证券法第八十五条已经对其责任进行了明确。

此外，实践中，不少影响恶劣的上市公司财务造假案件是由控股股东、实际控制人组织、指使上市公司所为，对这类"首恶"，《规定》第二十条第一款规定，在原告起诉请求直接判令相关控股股东、实际控制人依照《规定》赔偿损失的，人民法院应当予以支持，免却嗣后追偿诉讼的诉累。同时，为进一步明确"首恶"的责任，第二款明确上市公司承担责任后，有权向负有责任的控股股东、实际控制人追偿上市公司实际承担的赔偿责任和诉讼成本，以进一步压实组织、指使造假的控股股东和实际控制人责任。

在上市公司重大资产重组中，交易对方掌握与标的公司有关的真实信息，如果发生财务造假，交易对方应当是始作俑者，也属于"首恶"的范畴，因此，《规定》第二十一条规定，公司重大资产重组的交易对方所提供的信息不符合真实、准确、完整的要求，导致公司披露的相关信息存在虚假陈述，原告起诉请求判令该交易对方与发行人等责任主体赔偿由此导致的损失的，人民法院应当予以支持。

实践中，有的金融机构和上市公司串通，出具虚假的银行询证函回函、虚假银行回单、虚假银行对账单，欺骗注册会计师；一些上市公司的供应商和销售客户为上市公司财务造假提供虚假的交易合同、货物流转及应收应付款凭证，成为财务造假的帮手。

为明确上述帮助造假者的法律责任，《规定》第二十二条规定，有证据证明发行人的供应商、客户，以及为发行人提供服务的金融机构等明知发行人实施财务造假活动，仍然为其提供相关交易合同、发票、存款证明等予以配合，或者故意隐瞒重要事实致使发行人的信息披露文件存在虚假陈述,原告起诉请求判令其与发行人等责任主体赔偿由此导致的损失的,人民法院应当予以支持。

### (六) 关于诉讼时效

原解释在规定前置程序的同时,将行政处罚决定或生效刑事判决作出之日作为诉讼时效的起算点。

但是,根据民法典第一百八十八条的规定,诉讼时效期间自权利人知道或者应当知道权利受到损害以及义务人之日起计算。具体到证券市场上,投资者知道或者应当知道虚假陈述之日,是其知道或者应当知道权利受到损害以及义务人之日。

在废除前置程序的情况下,以行政处罚决定或生效刑事判决作出之日起算诉讼时效的做法,已经不符合民法典等民事法律的规定。

据此,《规定》第三十二条规定,当事人主张以揭露日或更正日起算诉讼时效的,人民法院应当予以支持。

由于新旧司法解释在诉讼时效方面的规定发生了明显变化,为避免出现投资者因未及时主张权利而无法得到救济的情况发生,充分保护投资者的诉讼权利和合法民事权利,在《规定》施行后,最高人民法院及时下发《最高人民法院关于证券市场虚假陈述侵权民事赔偿案件诉讼时效衔接适用相关问题的通知》(法〔2022〕36号),明确了以下两点。

(1) 在《规定》施行前国务院证券监督管理机构、国务院授权的部门及有关主管部门已经作出行政处罚决定的证券市场虚假陈述侵权民事赔偿案件,诉讼时效仍按照原解释第五条的规定计算。

(2) 在《规定》施行前国务院证券监督管理机构、国务院授权的部门及有关主管部门已经对虚假陈述进行立案调查,但尚未作出处罚决定的证券市场虚假陈述侵权民事赔偿案件,自立案调查日至《规定》施行之日已经超过三年,或者按照揭露日或更正日起算至《规定》施行之日诉讼时效期间已经届满或者不足六个月的,从《规定》施行之日起诉讼时效继续计算六个月。

我们注意到,在《规定》颁布后,有投资者和代理律师担心,因为多元化解工作机制、法院示范判决、专项风险化解等工作安排原因没有在法院立案的案件,法院会不会对其民事权利不予保护。

这种担心是没有必要的。

一方面,根据民法典、《最高人民法院关于审理民事案件适用诉讼时效制度若干问题的规定》等法律和司法解释的规定,在诉讼时效期间内,只要投资者以书面或者口头方式向人民法院起诉,或者向有关调解组织、国家机关、事业单位、社会团体等社会组织提出过保护相应民事权利的请求,或者向公安机关、人民检察院、人民法院报案或者控告,请求保护其民事权利的,都构成诉讼时效的中断。

另一方面,为更进一步保护投资者的权利,《规定》第三十三条还规定了代表人诉讼情况下投资者的时效保护问题。根据这一规定,只要有部分投资者向人民法院提起了普通代表人诉讼,这一起诉行为对所有具有同类诉讼请求的投资者都产生诉讼时效中断的法律效果,对代表人诉讼采取一人维权、惠及他人的司法政策,对投资者保护作出了更为有利的安排。

## 最高人民法院
## 关于内地与香港特别行政区法院相互认可和执行婚姻家庭民事案件判决的安排

法释〔2022〕4号

(2017年5月22日最高人民法院审判委员会第1718次会议通过
2022年2月14日最高人民法院公告公布
自2022年2月15日起施行)

根据《中华人民共和国香港特别行政区基本法》第九十五条的规定，最高人民法院与香港特别行政区政府经协商，现就婚姻家庭民事案件判决的认可和执行问题作出如下安排。

**第一条** 当事人向香港特别行政区法院申请认可和执行内地人民法院就婚姻家庭民事案件作出的生效判决，或者向内地人民法院申请认可和执行香港特别行政区法院就婚姻家庭民事案件作出的生效判决的，适用本安排。

当事人向香港特别行政区法院申请认可内地民政部门所发的离婚证，或者向内地人民法院申请认可依据《婚姻制度改革条例》（香港法例第178章）第Ⅴ部、第ⅤA部规定解除婚姻的协议书、备忘录的，参照适用本安排。

**第二条** 本安排所称生效判决：

（一）在内地，是指第二审判决，依法不准上诉或者超过法定期限没有上诉的第一审判决，以及依照审判监督程序作出的上述判决；

（二）在香港特别行政区，是指终审法院、高等法院上诉法庭及原讼法庭和区域法院作出的已经发生法律效力的判决，包括依据香港法律可以在生效后作出更改的命令。

前款所称判决，在内地包括判决、裁定、调解书，在香港特别行政区包括判决、命令、判令、讼费评定证明书、定额讼费证明书，但不包括双方依据其法律承认的其他国家和地区法院作出的判决。

**第三条** 本安排所称婚姻家庭民事案件：

（一）在内地是指：

1. 婚内夫妻财产分割纠纷案件；

2. 离婚纠纷案件；

3. 离婚后财产纠纷案件；

4. 婚姻无效纠纷案件；

5. 撤销婚姻纠纷案件；

6. 夫妻财产约定纠纷案件；

7. 同居关系子女抚养纠纷案件；

8. 亲子关系确认纠纷案件；

9. 抚养纠纷案件；

10. 扶养纠纷案件（限于夫妻之间扶养纠纷）；

11. 确认收养关系纠纷案件；

12. 监护权纠纷案件（限于未成年子女监护权纠纷）；

13. 探望权纠纷案件；

14. 申请人身安全保护令案件。

（二）在香港特别行政区是指：

1. 依据香港法例第 179 章《婚姻诉讼条例》第 III 部作出的离婚绝对判令；

2. 依据香港法例第 179 章《婚姻诉讼条例》第 IV 部作出的婚姻无效绝对判令；

3. 依据香港法例第 192 章《婚姻法律程序与财产条例》作出的在讼案待决期间提供赡养费令；

4. 依据香港法例第 13 章《未成年人监护条例》、第 16 章《分居令及赡养令条例》、第 192 章《婚姻法律程序与财产条例》第 II 部、第 IIA 部作出的赡养令；

5. 依据香港法例第 13 章《未成年人监护条例》、第 192 章《婚姻法律程序与财产条例》第Ⅱ部、第ⅡA部作出的财产转让及出售财产令；

6. 依据香港法例第182章《已婚者地位条例》作出的有关财产的命令；

7. 依据香港法例第192章《婚姻法律程序与财产条例》在双方在生时作出的修改赡养协议的命令；

8. 依据香港法例第290章《领养条例》作出的领养令；

9. 依据香港法例第179章《婚姻诉讼条例》、第429章《父母与子女条例》作出的父母身份、婚生地位或者确立婚生地位的宣告；

10. 依据香港法例第13章《未成年人监护条例》、第16章《分居令及赡养令条例》、第192章《婚姻法律程序与财产条例》作出的管养令；

11. 就受香港法院监护的未成年子女作出的管养令；

12. 依据香港法例第189章《家庭及同居关系暴力条例》作出的禁制骚扰令、驱逐令、重返令或者更改、暂停执行就未成年子女的管养令、探视令。

**第四条** 申请认可和执行本安排规定的判决：

（一）在内地向申请人住所地、经常居住地或者被申请人住所地、经常居住地、财产所在地的中级人民法院提出；

（二）在香港特别行政区向区域法院提出。

申请人应当向符合前款第一项规定的其中一个人民法院提出申请。向两个以上有管辖权的人民法院提出申请的，由最先立案的人民法院管辖。

**第五条** 申请认可和执行本安排第一条第一款规定的判决的，应当提交下列材料：

（一）申请书；

（二）经作出生效判决的法院盖章的判决副本；

（三）作出生效判决的法院出具的证明书，证明该判决属于本安排规定的婚姻家庭民事案件生效判决；

（四）判决为缺席判决的，应当提交法院已经合法传唤当事人的证明文件，但判决已经对此予以明确说明或者缺席方提出申请的除外；

（五）经公证的身份证件复印件。

申请认可本安排第一条第二款规定的离婚证或者协议书、备忘录的，应当提交下列材料：

（一）申请书；

（二）经公证的离婚证复印件，或者经公证的协议书、备忘录复印件；

（三）经公证的身份证件复印件。

向内地人民法院提交的文件没有中文文本的，应当提交准确的中文译本。

第六条 申请书应当载明下列事项：

（一）当事人的基本情况，包括姓名、住所、身份证件信息、通讯方式等；

（二）请求事项和理由，申请执行的，还需提供被申请人的财产状况和财产所在地；

（三）判决是否已在其他法院申请执行和执行情况。

第七条 申请认可和执行判决的期间、程序和方式，应当依据被请求方法律的规定。

第八条 法院应当尽快审查认可和执行的请求，并作出裁定或者命令。

第九条 申请认可和执行的判决，被申请人提供证据证明有下列情形之一的，法院审查核实后，不予认可和执行：

（一）根据原审法院地法律，被申请人未经合法传唤，或者虽经合法传唤但未获得合理的陈述、辩论机会的；

（二）判决是以欺诈方法取得的；

（三）被请求方法院受理相关诉讼后，请求方法院又受理就同一争议提起的诉讼并作出判决的；

（四）被请求方法院已经就同一争议作出判决，或者已经认可和执行其他国家和地区法院就同一争议所作出的判决的。

内地人民法院认为认可和执行香港特别行政区法院判决明显违反内地法律的基本原则或者社会公共利益，香港特别行政区法院认为认可和执行内地人民法院判决明显违反香港特别行政区法律的基本原则或者公共政策的，不予认可和执行。

申请认可和执行的判决涉及未成年子女的，在根据前款规定审查决定是否认可和执行时，应当充分考虑未成年子女的最佳利益。

第十条 被请求方法院不能对判决的全部判项予以认可和执行时，可以认可和执行其中的部分判项。

**第十一条** 对于香港特别行政区法院作出的判决,一方当事人已经提出上诉,内地人民法院审查核实后,可以中止认可和执行程序。经上诉,维持全部或者部分原判决的,恢复认可和执行程序;完全改变原判决的,终止认可和执行程序。

内地人民法院就已经作出的判决裁定再审的,香港特别行政区法院审查核实后,可以中止认可和执行程序。经再审,维持全部或者部分原判决的,恢复认可和执行程序;完全改变原判决的,终止认可和执行程序。

**第十二条** 在本安排下,内地人民法院作出的有关财产归一方所有的判项,在香港特别行政区将被视为命令一方向另一方转让该财产。

**第十三条** 被申请人在内地和香港特别行政区均有可供执行财产的,申请人可以分别向两地法院申请执行。

两地法院执行财产的总额不得超过判决确定的数额。应对方法院要求,两地法院应当相互提供本院执行判决的情况。

**第十四条** 内地与香港特别行政区法院相互认可和执行的财产给付范围,包括判决确定的给付财产和相应的利息、迟延履行金、诉讼费,不包括税收、罚款。

前款所称诉讼费,在香港特别行政区是指讼费评定证明书、定额讼费证明书核定或者命令支付的费用。

**第十五条** 被请求方法院就认可和执行的申请作出裁定或者命令后,当事人不服的,在内地可以于裁定送达之日起十日内向上一级人民法院申请复议,在香港特别行政区可以依据其法律规定提出上诉。

**第十六条** 在审理婚姻家庭民事案件期间,当事人申请认可和执行另一地法院就同一争议作出的判决的,应当受理。受理后,有关诉讼应当中止,待就认可和执行的申请作出裁定或者命令后,再视情终止或者恢复诉讼。

**第十七条** 审查认可和执行判决申请期间,当事人就同一争议提起诉讼的,不予受理;已经受理的,驳回起诉。

判决获得认可和执行后,当事人又就同一争议提起诉讼的,不予受理。

判决未获认可和执行的,申请人不得再次申请认可和执行,但可以就同一争议向被请求方法院提起诉讼。

**第十八条** 被请求方法院在受理认可和执行判决的申请之前或者之后，可以依据其法律规定采取保全或者强制措施。

**第十九条** 申请认可和执行判决的，应当依据被请求方有关诉讼收费的法律和规定交纳费用。

**第二十条** 内地与香港特别行政区法院自本安排生效之日起作出的判决，适用本安排。

**第二十一条** 本安排在执行过程中遇有问题或者需要修改的，由最高人民法院和香港特别行政区政府协商解决。

**第二十二条** 本安排自 2022 年 2 月 15 日起施行。

# 关于内地与香港婚姻家庭案件判决互认的若干问题

司艳丽[*]

2017年6月20日,最高人民法院与香港特别行政区政府律政司签署了《关于内地与香港特别行政区法院相互认可和执行婚姻家庭民事案件判决的安排》(以下简称《婚姻家事安排》)。该安排在内地将转化为司法解释,且已经最高人民法院审判委员会审议通过;在香港将转换为本地立法。2021年5月5日,香港立法会已通过《内地婚姻家庭案件判决(相互承认及强制执行)条例草案》,标志着香港的本地立法程序亦已完成。最高人民法院与香港特别行政区政府律政司已协商一致,该安排于2022年初同时在两地生效实施。该安排被业界誉为两地司法协助领域最聚焦民意、最贴近民生、最合乎民心的一项创举,是以法律文件形式落实和丰富"一国两制"方针的重大举措。为及时回应业界关切,本文拟介绍《婚姻家事安排》的几个重点问题。

## 一、《婚姻家事安排》的签署背景

近年来,随着内地与香港联系日益紧密,人员流动频繁,跨境婚姻越来越多,每年均达2万余件。根据香港司法机构的统计数据,2017年至2019年,当事人向香港家事法庭提出的共68374宗离婚案件中,涉及内地婚姻的案件数约占18%,即平均每年超过4000宗。

在跨境婚姻中,当事人往往在内地和香港均有财产,且婚姻双方在两地的流动性也较高。香港法院颁布的离婚令及赡养令涉及分割内地财产

---

[*] 作者单位:最高人民法院研究室。

时，则需要获得内地人民法院的认可和执行。同时，如果赡养令的付款人其后迁到内地工作或者居住，并停止在香港向对方支付赡养费，以及香港法院作出的有关子女管养权的命令，也需要获得内地人民法院的认可和执行，否则，当事人一方只能向内地人民法院重新提起诉讼。然而，根据内地法律相关规定，只能通过个案方式认可香港法院的离婚判令，且仅限于认可离婚判令中有关离婚的效力，涉及财产和子女抚养的部分只能另诉。比如，香港居民林某兴与周某荣等监护权案即是典型案例。香港居民林某兴1989年与案外人周某华结婚，生育两个孩子（均为香港居民）。2002年，周某华将两个孩子由香港带到重庆，将孩子交由本案被告周某荣（周某华之父）、周某卫（周某华之妹）抚养。2004年，香港法院判令林某兴取得两个孩子的管养权，并解除林某兴与周某华的婚姻关系。随后，林某兴向重庆市九龙坡区人民法院申请认可香港法院作出的管养权命令。本案经一审、二审，法院裁判认为，在内地与香港就相互认可民商事判决事宜未达成协议前，人民法院对于林某兴申请认可香港法院命令效力的申请不予受理，但林某兴就子女抚养问题，可以另行向内地人民法院提请民事诉讼，并确认被告周某荣侵犯了原告林某兴的监护权。同样，根据香港法律相关规定，香港法院曾依据香港法例第179章《婚姻诉讼条例》规定，以个案方式认可内地诉讼离婚效力，但离婚判决所涉财产部分，因缺乏认可和执行的法律依据，也只能由当事人一方向香港法院重新提起诉讼。

因此，为保护跨境婚姻双方及家庭的利益，内地与香港有必要建立机制性安排，让有关婚姻家庭案件判决在两地之间可以相互认可和执行，避免当事人重复起诉，从而节省时间和费用，并且减轻当事人的精神压力。关于机制性安排的建立，曾有两种解决方案。一种方案是两地签署全面的相互认可和执行民商事案件判决的框架安排，一揽子解决民商事案件判决认可和执行问题，既包括婚姻家庭案件，也包括其他民商事案件；既包括协议管辖的案件，也包括非协议管辖的案件。另一种方案是就相互认可和执行婚姻家庭案件判决签署专门的安排，以及时回应社会的迫切需要。经最高人民法院与香港特别行政区政府律政司协商，双方本着先易后难、循序渐进的原则，先商签《婚姻家事安排》，并商定力争2017年6月底前签署，将其作为两地司法法律界庆祝香港回归二十周年的献礼。

## 二、相互认可和执行的婚姻家庭案件范围

由于两地法律规定的婚姻家庭案件范围有所不同,故并非所有的婚姻家庭案件均能适用《婚姻家事安排》。为最大程度便利两地当事人,最大范围相互认可和执行,最高人民法院与香港特别行政区政府律政司反复协商,一致同意采取最大公约数原则,将两地同属婚姻家庭纠纷的案件纳入该安排。同时,鉴于同一类纠纷在两地的称谓和具体内涵有所不同,比如内地的抚养在香港被称为赡养,内地的监护在香港被称为管养,故《婚姻家事安排》第三条采取分别列举的方式,规定两地婚姻家庭案件的范围。

### (一)关于纳入《婚姻家事安排》的内地婚姻家庭案件

适用《婚姻家事安排》的内地婚姻家庭案件范围,以最高人民法院2011年《民事案件案由规定》"婚姻家庭纠纷"中的案件为基础,同时将《中华人民共和国反家庭暴力法》中的申请人身安全保护令案件列入,共14类。也就是说,当事人就内地人民法院作出的这14类案件判决,可以请求香港法院认可和执行。以案由确定内地婚姻家庭案件范围,主要是考虑案由是判决书的必备记载事项,香港法院透过内地人民法院的生效判决,即可一目了然判断此类纠纷是否属于《婚姻家事安排》适用范围。

这14类案件具体包括:婚内夫妻财产分割纠纷案件、离婚纠纷案件、离婚后财产纠纷案件、婚姻无效纠纷案件、撤销婚姻纠纷案件、夫妻财产约定纠纷案件、同居关系子女抚养纠纷案件、亲子关系确认纠纷案件、抚养纠纷案件、扶养纠纷案件(限于夫妻之间扶养纠纷)、确认收养关系纠纷案件、监护权纠纷案件(限于未成年子女监护权纠纷)、探望权纠纷案件、申请人身安全保护令案件。

需要说明的是,在《婚姻家事安排》起草过程中,关于是否限定离婚纠纷案件当事人的籍属,有两种观点。一种观点认为,根据香港法律规定,应限定离婚纠纷当事人的籍属。比如,在内地提起离婚诉讼,那么在提起离婚诉讼的当日,任何一方配偶应为内地公民;如在香港提起离婚诉讼,那么在提起离婚诉讼的当日,任何一方配偶应为香港永久性居民。只有符合这些条件,相关离婚判决才能得到对方法院的认可和执行。另一种观点认为,应参照最高人民法院与香港特别行政区政府律政司2006年签署的《关于内地与香港特别行政区法院相互认可和执行当事人协议管辖的民

商事案件判决的安排》(以下简称《协议管辖安排》)的做法,在相互认可和执行时无须考虑当事人双方的籍属。经研究,《婚姻家事安排》采纳了第二种观点。主要考虑,如果限定当事人的籍属,将导致一部分离婚案件无法相互认可和执行,不能更好地满足实践需要。比如,夫妻双方原为内地居民,在内地结婚登记,婚后取得香港永久居留权,后又向内地人民法院提起离婚诉讼,内地人民法院可否受理?如果可以受理,内地人民法院作出的离婚判决可否向香港法院申请认可和执行?首先,根据最高人民法院相关司法解释的规定,对于夫妻双方均居住在港澳的同胞,原在内地登记结婚的,现在发生离婚诉讼,如果他们向内地人民法院起诉,内地原结婚登记地或原户籍地人民法院可以受理。那么,内地人民法院作出离婚判决后,可否申请香港法院认可和执行?若按第一种观点,香港法院将不能认可和执行;若按第二种观点,当事人籍属并非不予认可和执行的情形。综上,第二种观点有利于最大范围便利当事人。

## (二)关于纳入《婚姻家事安排》的香港婚姻家庭案件

香港婚姻家庭案件的规定散见于《婚姻诉讼条例》《婚姻法律程序与财产条例》《已婚者地位条例》《领养条例》《未成年人监护条例》等香港法例中。根据这些规定,向香港法院提起离婚诉讼,一般包括三个相对独立的部分:第一,离婚诉讼程序,即夫妻双方围绕是否应当解除婚姻关系展开争讼;第二,子女安排程序,即夫妻双方对子女的监护、抚养、探望等问题作出安排;第三,财产争议程序,即在婚姻关系解除之时或之后,法庭以附属济助命令的方式,对婚姻财产的分配作出裁决。在离婚诉讼程序中,香港法官可能会先后作出一项或者多项命令。比如在袁某诉吕某的离婚案件中,诉讼双方于1992年结婚,于2004年开始分居,丈夫于2007年1月基于双方分居超过二年提出离婚呈请。诉讼双方有一个子女,系未成年人。对于这起离婚案件,香港法院作出如下处理:第一,关于婚姻关系,香港法庭于2008年8月颁发暂准离婚令,后又在符合条件的情况下,颁发了绝对离婚令;第二,关于子女安排,香港法庭于2009年6月颁令儿子的管养权归妻子,丈夫有合理的探视权;第三,关于附属济助(财产分配),香港法庭于2011年3月颁发附属济助命令:在绝对离婚令颁发的六个月内,双方作出相关物业的转名,比如丈夫将北京某公寓转名给妻子、妻子将广州某大厦转名给丈夫等,所有转名的费用及支出(包括税项及物业的有关欠款）由最终得到全部业权的一方负责；第四，香港法庭最后发出满意的子女安排声明。

从以上案例可以看出，两地法律关于离婚程序的规定不尽相同。另外，两地婚姻家庭案件范围亦不尽相同，因此，根据选取两地法律最大公约数的原则，纳入《婚姻家事安排》的香港婚姻家庭案件共12类。也就是说，当事人就香港法院作出的这12类案件判令，可以申请内地人民法院认可和执行。

1. 离婚绝对判令

此类案件类似于内地的离婚纠纷。依据香港法例第179章《婚姻诉讼条例》第Ⅲ部第11至18B条的规定，当事人向法院提起离婚诉讼之后，若法院认为当事人的婚姻已破裂至无可挽救，可颁布离婚暂准判令。需注意的是，离婚暂准判令并非最终的离婚判令，其可以按照香港法院命令撤销，故不能向内地人民法院申请认可和执行。在离婚暂准判令颁布一段时间以后，当事人认为已就家庭、子女的福利作出了令人满意的安排，可向法庭申请转为离婚绝对判令。

2. 婚姻无效绝对判令

此类案件类似于内地的婚姻无效纠纷和撤销婚姻纠纷。依据香港法例第179章《婚姻诉讼条例》第Ⅳ部的规定，香港婚姻无效有两种情形：一种是"绝对无效"，包括近亲结婚、未到法定婚龄、重婚、同性婚姻；另一种是"可使无效"，比如婚姻是出于威迫等。

3. 在讼案待决期间提供赡养费令

此类案件类似于内地的婚内夫妻财产分割纠纷。依据香港法例第192章《婚姻法律程序与财产条例》第3条的规定，当事人提起离婚诉讼或者婚姻无效诉讼期间，法庭可命令婚姻的任何一方在法庭认为合理的期间内，向另一方作出法庭认为合理的定期付款作为赡养费，但该段期间开始之日不得早于提起诉讼的日期，并须于该讼案裁定当日结束。

4. 赡养令

此类案件类似于内地的抚养纠纷和夫妻扶养纠纷。根据香港《赡养令（交互强制执行）条例》（第188章）和《外地判决（交互强制执行）条例》（第319章），在其他司法管辖区作出的婚姻命令，如符合某些条件，便可在香港执行，但这两个条例均不适用于在内地作出的婚姻命令。因此，赡养令的受款人不能根据这两个条例，寻求在香港执行内地人民法院所作的判决。同样，根据内地相关法律规定，在内地以外其他地方法院所作的婚姻财产分割、附属济助及子女管养命令，也不能得到认可。为此，将赡养令纳入相互认可和执行范围，有助于填补法律空白，使在内地或者香港任何一地作出的赡养令，受款人可以从速寻求法院认可和执行，让他们得到较好的保障。赡养令包括向配偶、婚生或者非婚生子女支付定期付款及整笔款项的命令。根据香港法律规定，赡养令散见于香港法例第13章《未成年人监护条例》、第16章《分居令及赡养令条例》、第192章《婚姻法律程序与财产条例》第II部和第IIA部的规定。

5. 财产转让及出售财产令

此类案件类似于内地的离婚纠纷和离婚后财产纠纷，散见于香港法例第13章《未成年人监护条例》、第192章《婚姻法律程序与财产条例》第II部和第IIA部的规定，即法院在颁布离婚判令、婚姻无效判令或者裁判分居判令时或者在其后的任何时候，可以颁布一项或者多项有关财产转让及出售财产的命令。比如，命令婚姻一方将指明的财产转让给另一方或者任何家庭子女，或者为该子女的利益而转让给命令中指明的人；再比如，香港法庭在离婚等案件中作出经济给养命令时，可以同时或者在其后的任何时候，进一步作出出售财产的命令，命令一方出售指定的财产；还比如，应未成年人的监护人申请，香港法庭可以发出命令，命令该未成年人的父亲或母亲将某项财产移转给该未成年人或为该未成年人的利益而移转给该申请人。

6. 《已婚者地位条例》下有关财产的命令

此类案件类似于内地的婚内夫妻财产分割纠纷，系法庭就夫妻间因财产所有权或者管有权发生的争议而作出的命令。需要注意的是，尽管婚姻已解除或者无效，也不影响婚姻任何一方就财产所有权或者管有权争议向法院提出申请，只要申请是在婚姻解除或者无效之日起三年内提出即可。

7. 双方在生时修改赡养协议的命令

此类案件类似于内地的夫妻财产约定纠纷。"赡养协议"指婚姻双方在婚姻持续期间或者在婚姻解除、废止后达成的载有财务安排的协议；或在该婚姻双方并无订立任何载有财务安排的其他书面协议下，达成的一份载有财务安排的分居协议。双方在生且均以香港为居籍或在香港居住时，法庭可经任一方申请，基于情况出现变化而对原有财务安排作出修改；没有适当财务安排的，法庭可以更改、撤销任何财务安排条文，或增加为协议一方或家庭子女的利益而作出的财务安排条文。

8. 领养令

此类案件类似于内地的确认收养关系纠纷。根据香港《领养条例》的规定，法院可依符合规定的申请作出命令，授权申请人领养某幼年人。需要注意的是，领养关系一旦成立，则成为拟制血亲，不允许解除。因此，在香港没有解除收养关系的纠纷。

9. 父母身份、婚生地位或者确立婚生地位的宣告

此类案件类似于内地的亲子关系确认纠纷，系香港法庭依据香港法例第179章《婚姻诉讼条例》、第429章《父母与子女条例》作出的宣告。需要注意的是，向香港法院提出此宣告申请的，申请人需要符合下列条件：在申请之日需以香港为其居籍；在提出申请当日之前的一年期间内，申请人一直惯常居于香港或者申请人与香港有密切联系。若宣告内容的真实性经证明而为法院所信纳，则除非作出该项宣告明显地有违公共政策，否则法院须作出该项宣告。

10. 管养令

此类案件类似于内地的监护权纠纷、探望权纠纷、抚养权纠纷等，散见于香港法例第13章《未成年人监护条例》、第16章《分居令及赡养令条例》、第192章《婚姻法律程序与财产条例》。主要包括以下几种情形：

（1）应未成年人的父或母或社会福利署署长的申请，香港法庭可就未成年人的管养及父母其中一方探视未成年人的权利，发出其认为适当的命令。法院在作出命令时，须以未成年人的最佳利益为首要考虑事项。

（2）任何已婚人士符合特定情况时，则婚姻另一方可向香港区域法院提出申请，请求法院发出命令，就子女的法定管养权交付予丈夫或妻子，直至该子女年满18岁为止。

（3）在任何离婚、婚姻无效或裁判分居的法律程序中，香港法庭于作出最后判令之当时、之前或之后，可以作出其认为是适宜的命令，为任何18岁以下的子女提供管养及教育。并且，基于未成年人的最佳利益考虑，在该子女年满18岁之前，法庭可以解除或者更改其作出的命令。

11. 就受香港法院监护的未成年子女作出的管养令

香港法庭可以针对特定情况，为保障未成年子女福利发出法庭认为合适的命令，包括探视子女、将子女交还或交付一方父母等。

在磋商过程中，香港律政司提出，实践中，有些香港当事人为规避离

婚及相关诉讼程序，将儿童视为货物或者筹码带到内地，不仅影响了儿童正常的学习和生活，也损害了夫妻另一方对子女的监护权和探视权。为此，香港律政司建议将子女管养令纳入两地法院相互认可和执行的范围，以交还被父母掳拐的子女。经研究认为，两地法院相互认可和执行管养令，在实践中有其需要，目的是确保将在父母掳拐案中被不当迁移的子女交还其惯常居住地，符合儿童利益最大化原则。国际社会亦认为此等交还符合子女的最佳利益，比如海牙《国际掳拐儿童民事方面公约（1980年）》的基本原则是，除非情况特殊，将子女不当迁移或者扣留，并不符合其最佳利益，而把子女交还其惯常居住的司法管辖区，则可维护子女与父母双方联系的权利、协助子女安稳地生活。比如，前面所述的香港居民林某兴与周某荣案。香港法院判令两个孩子的管养权，若两地当时已有《婚姻家事安排》，林某兴可直接向内地人民法院请求认可和执行香港法院的管养令。内地人民法院一旦认可林某兴的申请，则可以要求周某荣将藏匿的孩子交给林某兴带回香港。如果周某荣拒不执行的，内地人民法院可以依法对周某荣拘留、罚款，情节严重的，可以拒不执行判决、裁定罪定罪处罚。

12.《家庭及同居关系暴力条例》下的强制令

此类案件类似于内地的申请人身安全保护令纠纷，包括香港法庭依据香港法例第189章《家庭及同居关系暴力条例》作出的禁制骚扰令、驱逐令、重返令或者更改、暂停执行就未成年子女的管养令、探视令。

### （三）关于未纳入《婚姻家事安排》的婚姻家庭案件判决的相互认可和执行问题

如前所述，并非所有的婚姻家庭案件均适用《婚姻家事安排》，对比最高人民法院《民事案件案由规定》，未纳入《婚姻家事安排》的内地婚姻家庭案件有两类：一是香港法律没有规定的纠纷，包括赡养纠纷、解除收养关系纠纷、兄弟姐妹间的扶养关系纠纷、成年人监护纠纷；二是香港法律中有类似规定但不属于婚姻家庭纠纷的，包括婚约财产纠纷、离婚后损害责任纠纷、分家析产纠纷、同居关系析产纠纷。

当事人就内地人民法院针对这两类纠纷作出的判决，不能依据《婚姻家事安排》请求香港法院认可和执行，那么，可否依据其他法律和司法解释规定请求香港法院认可和执行，是实践中无法回避的问题。对此问题的处理，应当把握以下原则：一是对于婚约财产纠纷、分家析产纠纷，可以依据 2019 年 1 月 18 日最高人民法院与香港特别行政区政府律政司签署的《关于内地与香港特别行政区法院相互认可和执行民商事案件判决的安排》，请求香港法院认可和执行；二是对于赡养纠纷、解除收养关系纠纷、兄弟姐妹间的扶养关系纠纷、成年人监护纠纷、离婚后损害责任纠纷、同居关系析产纠纷，既不能适用《婚姻家事安排》，也不能适用《关于内地与香港特别行政区法院相互认可和执行民商事案件判决的安排》，但是，可以按照个案协助的原则和程序根据具体情况来判断。

## 三、婚姻家庭案件生效判决的认定

根据《婚姻家事安排》第一条规定，当事人可以向香港特别行政区法院申请认可和执行内地人民法院就婚姻家庭案件作出的生效判决，也可以向内地人民法院申请认可和执行香港特别行政区法院就婚姻家庭案件作出的生效判决。可见，对"生效判决"的判断，是认可和执行的基础和前提。

在磋商过程中，对于两地法院认可和执行的对象，曾拟沿用《协议管辖安排》的规定，使用"终审判决"的概念。值得注意的是，《协议管辖安排》所称"具有执行力的终审判决"，将原审法院依照审判监督程序作出的判决排除在外。也就是说，依据内地法律规定，原审法院依照审判监督程序作出的再审判决，在内地虽然属于具有执行力的终审判决，但在《协议管辖安排》中却未被承认。这主要是基于香港普通法所秉持的"最终及不可推翻的原则"，认为作出判决的法院不能对其作出的判决撤销或者改判。对此认识，可以追溯至香港法院审理的集友银行案：原告集友银行在内地向客户某公司提供贷款，由被告香港居民陈某提供担保。1994 年 3 月，原告在福建某中级人民法院起诉被告，并于 1995 年 1 月取得了一审胜诉判决。一审判决后，被告向福建省人民高级人民法院提起上诉而被驳回。随后，原告向香港高等法院起诉，请求执行内地人民法院的判决。1995 年 10 月，被告向福建省人民检察院提出再审申请。1996 年 3 月，福建省人民检察院向最高人民检察院提交了请求抗诉的报告。基于此，被告以避免重复诉讼为由，向香港高等法院提出了搁置诉讼程序的申请，并且认为内地判决仅为"暂时的""最终及不可推翻"的判决。香港高等法院承办法官认为，本案在内地的抗诉虽尚未正式提出，但有关程序已启动，若检察院正式提起抗诉，原审法院可能在再审中变更其判决，即原审法院保留了变更其原判决的权力，故原审法院作出的判决并不符合"最终及不可推翻"的要求，从而不应被执行。此后，香港多个案件受本案影响，导致内地判决在香港难以获得认可和执行。

需要特别说明的是，对于两地法院认可和执行的对象，经两地反复研究，《婚姻家事安排》以"生效判决"取代了"终审判决"。其主要理由如下：第一，"终审判决"的概念在两地法律中差异较大。此外，"最终及不可推翻的原则"也并非适用于香港法律中所有的命令，比如，就香港法院作出的附属济助命令而言，法律容许法院保留司法管辖权，在向婚姻一方或者家庭子女作出经济给养命令后，也可基于情况的变化而更改、解除、暂停执行或者恢复执行该命令；第二，《中华人民共和国民事诉讼法》修改后，当事人对已经发生法律效力的判决、裁定，认为有错误的，原则上应向上一级人民法院申请再审，即原审人民法院作出再审判决的比例在实践中很小；第三，香港司法法律界对内地判决终局性的理解经过漫长曲折的过程后，态度也发生了转变。比如在香港高等法院上诉法庭处理的李某荣诉李某群案（案号：CACV159/2005）中，钟安德法官认为，内地审判监督程序的启动需要具备法定情形，与香港法律规定的上诉理由，实质上并无不同，仅因审判监督制度的存在，并不足以认定内地判决不属于"最终及不可推翻"的判决，且法庭之友在本案上诉聆讯时也同意，在裁定内地判决是否属于"最终及不可推翻"的判决时，香港法院不应只从纯理论的角度考虑重审的可能性，而应兼顾涉案事实是否显示有合理的可能性。尽管钟安德法官的观点在该案中属于少数意见，但对于香港司法法律界全面客观理解内地人民法院判决是否为"最终及不可推翻"判决，具有非常重要的意义。基于以上几点考虑，《婚姻家事安排》使用了"生效判决"的概念，将判决在原审法院地是否具有效力并可予执行作为判断是否认可和执行的关键，而无须考虑是否为"终审判决"。这样规定，一方面，体现出对对方法律的充分尊重；另一方面，可以在更大范围相互认可和执行，相较于《协议管辖安排》，双方更加开放务实。

关于"生效判决"的范围，依据原审法院地的法律来判断，在内地包括第二审判决，依法不准上诉或者超过法定期限没有上诉的第一审判决，以及依照审判监督程序作出的上述判决；在香港，包括终审法院、高等法院上诉法庭及原讼法庭和区域法院作出的已经发生法律效力的判决，包括依据香港法律可以在生效后作出更改的命令。其中,依据香港法律可以在生效后作出更改的命令,是指香港法院在离婚诉讼期间作出赡养费令、分期整笔付款或定期付款令、赡养令、管养令之后,经当事人申请,有权根据实际情况变化就此前作出的命令作出更改。

关于"判决"的种类,在内地,包括判决书、裁定书、调解书,但不包括内地人民法院依据内地法律承认的其他国家和地区法院作出的判决;在香港,包括判决书、命令、判令、诉讼费评定证明书、定额讼费证明书,但不包括香港法院依据香港法律承认的其他国家和地区法院作出的判决。其中,依据香港法律规定,判决书、命令、判令具有不同的含义。在香港离婚诉讼中,当事人如果无法对财产分割或者子女管养达成一致意见,则由法庭作出判决书,判决书中的判项即为命令;当事人如果自行达成协议交由法庭核准,则由法庭直接签发命令。判令是原衡平法上的概念,在普通法诉讼与衡平法诉讼程序合一后,一般用判决代替判令。但是,在香港法例中,解除婚姻关系或者宣布婚姻无效时仍采用判令。诉讼费评定证明书,是指当事人双方就诉讼费未协商一致时,由法庭结合案件具体情况确定合理费用后,作出支付命令。定额讼费证明书,是香港婚姻诉讼中特有的一种讼费方式,如一方律师选择收取定额讼费,由司法常务官审查该律师提交的申请核准金额,经律师再次确认后,发出定额讼费证明书。需要注意的是,无论以上哪种"判决",必须是法院就实质问题作出的决定,财产保全裁定等针对临时性救济措施作出的裁定不属于此处规定的判决。

## 四、协议离婚是否适用《婚姻家事安排》

依据《婚姻家事安排》第一条第一款规定,当事人向香港特别行政区法院申请认可内地民政部门所发的离婚证,或者向内地人民法院申请认可依据《婚姻制度改革条例》(香港法例第178章)第V部、第VA部规定解除婚姻的协议书、备忘录的,参照适用本安排。

### (一)将在内地取得的"离婚证"纳入认可范围

内地的离婚制度分为协议离婚和诉讼离婚。协议离婚也叫"双方自愿离婚"。其主要特征:一是当事人双方在离婚以及子女和财产问题上意愿一致,达成协议;二是按照婚姻登记程序办理离婚登记,取得离婚证,即解除婚姻关系。协议离婚充分尊重当事人的意愿，且程序简便，因此，越来越多的当事人选择协议离婚。关于内地协议离婚的效力在香港可否获得认可，有不同的认识。一种观点认为，依据香港《婚姻诉讼条例》第55条的规定，外地离婚如要在香港获承认为有效，必须"在香港以外的任何地方藉司法或者其他法律程序而获准"，以及根据该地方的法律具有效力。此处的"其他法律程序"包括在内地民政部门登记离婚的程序。另一种观点认为，内地登记离婚程序属于行政程序，在没有任何法院批准的情况下，通过登记程序而获准的离婚，不能构成本条中所讲的"其他法律程序"。经研究，双方均认为，《婚姻家事安排》应涵盖内地的协议离婚，以使协议离婚与诉讼离婚在法律上更为平等，也可以使更多人受惠于《婚姻家事安排》。

### （二）将香港协议离婚纳入《婚姻家事安排》

1930年以前，香港大多数华人沿用清代一夫一妻多妾的礼俗，此为"旧式婚姻"。1930年南京国民政府颁布民法，规定了一种新型婚姻方式，需有两名以上见证人在场并以公开仪式举行婚礼，此为"新式婚姻"。1970年7月10日，港英当局公布《婚姻制度改革条例》（香港法例第178章），以1971年10月7日为指定日期，自此日起实行一夫一妻婚姻制度，不再承认旧式婚姻，但有条件地认可新式婚姻，符合法律规定条件的新式婚姻被称为"认可婚姻"。旧式婚姻中的夫妻（不包括妾）以及认可婚姻的双方可以补办婚姻登记手续。

第178章第Ⅴ部规定的是上述认可婚姻和在香港举行婚礼的旧式婚姻的解除。因1971年10月7日以后，不论一方申请抑或双方共同申请的离婚，必须经过司法程序。所以，《婚姻制度改革条例》第Ⅴ部规定，认可婚姻的双方可以在1971年10月7日以前，以两名以上见证人在场、签署协议书或备忘录的方式解除婚姻，此后的婚姻须经司法程序解除。

第178章第ⅤA部规定的是1931年5月4日至1950年5月1日、按照当时有效的法律在内地举行婚礼的旧式婚姻在香港的解除，解除程序与上述认可婚姻的解除程序相同。

为解决以上历史遗留问题，依据《婚姻制度改革条例》（香港法例第178章）第Ⅴ部、第ⅤA部规定解除婚姻的协议书、备忘录，可以参照适用《婚姻家事安排》，向内地人民法院申请认可。

需要注意的是，通过协议离婚而取得的离婚证、协议书、备忘录等，不能等同于法院作出的离婚判决。对于协议离婚的效力，两地法院仅相互认可"离婚"的身份关系，不涉及子女抚养、财产处分等事项的认可和执行。比如，当事人在内地协议离婚的，双方需就子女抚养和财产分割达成书面协议，但该协议不能直接作为执行依据。一旦履行协议出现争议，属于抚养纠纷或者离婚后财产纠纷，双方应另诉解决，法院就另诉作出相应判决之后，当事人可依据《婚姻家事安排》向香港法院申请认可和执行。

## 五、有关财产判项的认可和执行

实践中，不少婚姻家庭案件判决包括财产调整的判项。对于是否将财产调整的判项纳入《婚姻家事安排》，有两种观点。一种观点认为，婚姻家庭案件判决的相互认可和执行，应参照海牙《承认离婚和分居公约》的规定，仅限于身份关系的认可。其主要理由是，财产所在地的法院往往有专属管辖权，与此同时，财产的转让及分配由财产所在地的法律所规管，财产的转让亦需要通过注册或者其他形式的财产转移程序方为有效。因此，那些在境外作出的命令还需要财产所在地法院的合作才能执行，而这已超出婚姻家事法的范畴，鉴于其复杂性，建议将财产调整的命令摒除在《婚姻家事安排》之外。另一种观点认为，内地与香港同属"一国"，其协助力度应超过国际公约。两地婚姻家庭案件判决的相互认可和执行，应立足实践需要，不应限于身份关系。实践中，跨境离婚诉讼中，往往会涉及异地财产的处分，比如，香港区域法院审理的 CL 诉 LMP 及另二人案，女方提出离婚呈请，争议的财产包括四处物业及现金，其中一处物业位于武汉市（以下简称武汉物业）。基于案件事实，法院判令男方无偿转让给女方其于武汉物业的全部法定权益和实益权益。如果该财产判项不能得到内地人民法院的认可和执行，将导致当事人就财产分割问题在内地重新提起诉讼，势必增加当事人的讼累。鉴此，双方同意将财产调整的判项纳入《婚姻家事安排》。同时，考虑到内地人民法院有关财产调整的判项通常表述为归夫妻一方"所有"，这与香港法律规定和审判实践存在较大差异，为此，《婚姻家事安排》创新表述技术，规定"在本安排下，内地人民法院作出的有关财产归一方所有的判项，在香港将被视为命令一方向另一方转让该财产"，有效实现了两地法律制度的对接，将大量涉及财产分割的判决成功纳入《婚姻家事安排》适用范围，实现了"一国"之内的紧密协助，协助范围和力度远超国家与国家之间的司法协助。

## 六、申请认可和执行判决的具体程序

依据《婚姻家事安排》第七条规定，申请认可和执行判决的期间、程序和方式，应当依据被请求方法律的规定。

### （一）向内地人民法院申请认可和执行香港法院判决的具体程序

申请认可和执行香港法院判决的，按照《中华人民共和国民事诉讼法》第二百四十六条规定，申请执行的期间为二年。期间的计算，具体分为以下几种情形：一是法律文书载明履行期间的，从法律文书规定履行期间的最后一日起计算；二是法律文书规定分期履行的，从规定的每次履行期间的最后一日起计算；三是法律文书未规定履行期间的，从法律文书生效之日起计算；四是当事人仅申请认可而未同时申请执行的，申请执行的期间自人民法院对认可申请作出的裁定生效之日起重新计算；五是申请认可有关身份关系的判决，不受执行期间限制，比如解除婚姻关系的离婚判决不受申请执行期间限制。

### （二）向香港法院申请认可和执行内地人民法院判决的具体程序

香港《内地婚姻家庭案件判决（相互承认及强制执行）条例草案》将《婚姻家事安排》第三条规定的内地人民法院作出的十四类案件判决分为三大类：一是看顾相关命令，包括针对抚养权纠纷、监护权纠纷、探望权纠纷、申请人身安全保护令等作出的判决或者判项；二是状况相关命令，包括针对离婚纠纷、婚姻无效纠纷、撤销婚姻纠纷、亲子关系确认纠纷、确认收养关系纠纷等作出的判决或者判项；三是赡养相关命令，包括针对抚养费纠纷、夫妻之间扶养纠纷、财产分割纠纷等作出的判决或者判项。

这三类命令的认可和执行程序，有其共性，也有不同。共性是指，当事人申请认可和执行的，首先向香港区域法院（家事法庭设在区域法院）申请登记，由法官颁发登记命令。此后，申请人应当通知被申请人在法庭规定的期限内（一般是两周，具体的时间根据案件不同由法官确定）向法庭提出登记作废申请。在规定的期限内，被申请人未提出登记作废申请，或者被申请人提出登记作废申请而被驳回的,申请人可以向法院申请强制执行。需要说明的是,申请人向区域法院提出登记申请,区域法院如果认为由高等法院原讼法庭处理该登记申请将更加便捷,则可以颁发移交令,将该登记申请移交给高等法院原讼法庭处理。

  三类命令的认可和执行程序的区别之一,在于申请的条件有所不同。一是对于状况相关命令,比如离婚判决、婚姻无效判决、撤销婚姻判决、亲子关系确认判决、收养关系确认判决等,其登记申请没有时效的限制。二是对于看顾相关命令,比如有关监护权判决、抚养权判决、探望权判决、人身安全保护令等,提出登记申请的先决条件有两种情形:第一,截至申请日,并无不遵从该命令的情况;第二,截至申请日,如有不遵从该命令的情况,申请人应当在该情况首次出现之日起二年内提出登记申请。三是对于赡养相关命令,即有关支付款项或者履行行为,申请人提出登记申请的先决条件大概分为两种情形:第一,支付款项或者履行行为有明确期限的,被申请人若逾期未履行,应在期限届满之日起二年内提出登记申请;第二,支付款项或者履行行为没有明确期限的,应在判决生效之日起二年内提出登记申请。总之,对于看顾相关命令和赡养相关命令的申请执行时效,一般是二年,法官批准可以延期的除外。

## 最高人民法院
## 关于适用《中华人民共和国民法典》总则编若干问题的解释

法释〔2022〕6号

(2021年12月30日最高人民法院审判委员会第1861次会议通过
2022年2月24日最高人民法院公告公布
自2022年3月1日起施行)

为正确审理民事案件,依法保护民事主体的合法权益,维护社会和经济秩序,根据《中华人民共和国民法典》《中华人民共和国民事诉讼法》等相关法律规定,结合审判实践,制定本解释。

### 一、一般规定

**第一条** 民法典第二编至第七编对民事关系有规定的,人民法院直接适用该规定;民法典第二编至第七编没有规定的,适用民法典第一编的规定,但是根据其性质不能适用的除外。

就同一民事关系,其他民事法律的规定属于对民法典相应规定的细化的,应当适用该民事法律的规定。民法典规定适用其他法律的,适用该法律的规定。

民法典及其他法律对民事关系没有具体规定的,可以遵循民法典关于基本原则的规定。

**第二条** 在一定地域、行业范围内长期为一般人从事民事活动时普遍遵守的民间习俗、惯常做法等,可以认定为民法典第十条规定的习惯。

当事人主张适用习惯的,应当就习惯及其具体内容提供相应证据;必要时，人民法院可以依职权查明。

适用习惯，不得违背社会主义核心价值观，不得违背公序良俗。

**第三条** 对于民法典第一百三十二条所称的滥用民事权利，人民法院可以根据权利行使的对象、目的、时间、方式、造成当事人之间利益失衡的程度等因素作出认定。

行为人以损害国家利益、社会公共利益、他人合法权益为主要目的行使民事权利的，人民法院应当认定构成滥用民事权利。

构成滥用民事权利的，人民法院应当认定该滥用行为不发生相应的法律效力。滥用民事权利造成损害的，依照民法典第七编等有关规定处理。

## 二、民事权利能力和民事行为能力

**第四条** 涉及遗产继承、接受赠与等胎儿利益保护，父母在胎儿娩出前作为法定代理人主张相应权利的，人民法院依法予以支持。

**第五条** 限制民事行为能力人实施的民事法律行为是否与其年龄、智力、精神健康状况相适应，人民法院可以从行为与本人生活相关联的程度，本人的智力、精神健康状况能否理解其行为并预见相应的后果，以及标的、数量、价款或者报酬等方面认定。

## 三、监护

**第六条** 人民法院认定自然人的监护能力，应当根据其年龄、身心健康状况、经济条件等因素确定；认定有关组织的监护能力，应当根据其资质、信用、财产状况等因素确定。

**第七条** 担任监护人的被监护人父母通过遗嘱指定监护人，遗嘱生效时被指定的人不同意担任监护人的，人民法院应当适用民法典第二十七条、第二十八条的规定确定监护人。

未成年人由父母担任监护人，父母中的一方通过遗嘱指定监护人，另一方在遗嘱生效时有监护能力，有关当事人对监护人的确定有争议的，人民法院应当适用民法典第二十七条第一款的规定确定监护人。

**第八条** 未成年人的父母与其他依法具有监护资格的人订立协议，约定免除具有监护能力的父母的监护职责的，人民法院不予支持。协议约定在未成年人的父母丧失监护能力时由该具有监护资格的人担任监护人的，人民法院依法予以支持。

依法具有监护资格的人之间依据民法典第三十条的规定，约定由民法典第二十七条第二款、第二十八条规定的不同顺序的人共同担任监护人，或者由顺序在后的人担任监护人的，人民法院依法予以支持。

**第九条** 人民法院依据民法典第三十一条第二款、第三十六条第一款的规定指定监护人时，应当尊重被监护人的真实意愿，按照最有利于被监护人的原则指定，具体参考以下因素：

（一）与被监护人生活、情感联系的密切程度；

（二）依法具有监护资格的人的监护顺序；

（三）是否有不利于履行监护职责的违法犯罪等情形；

（四）依法具有监护资格的人的监护能力、意愿、品行等。

人民法院依法指定的监护人一般应当是一人，由数人共同担任监护人更有利于保护被监护人利益的，也可以是数人。

**第十条** 有关当事人不服居民委员会、村民委员会或者民政部门的指定，在接到指定通知之日起三十日内向人民法院申请指定监护人的，人民法院经审理认为指定并无不当，依法裁定驳回申请；认为指定不当，依法判决撤销指定并另行指定监护人。

有关当事人在接到指定通知之日起三十日后提出申请的，人民法院应当按照变更监护关系处理。

**第十一条** 具有完全民事行为能力的成年人与他人依据民法典第三十三条的规定订立书面协议事先确定自己的监护人后，协议的任何一方在该成年人丧失或者部分丧失民事行为能力前请求解除协议的，人民法院依法予以支持。该成年人丧失或者部分丧失民事行为能力后，协议确定的监护人无正当理由请求解除协议的，人民法院不予支持。

该成年人丧失或者部分丧失民事行为能力后，协议确定的监护人有民法典第三十六条第一款规定的情形之一，该条第二款规定的有关个人、组织申请撤销其监护人资格的，人民法院依法予以支持。

**第十二条** 监护人、其他依法具有监护资格的人之间就监护人是否有民法典第三十九条第一款第二项、第四项规定的应当终止监护关系的情形发生争议，申请变更监护人的，人民法院应当依法受理。经审理认为理由成立的，人民法院依法予以支持。

被依法指定的监护人与其他具有监护资格的人之间协议变更监护人的，人民法院应当尊重被监护人的真实意愿，按照最有利于被监护人的原则作出裁判。

**第十三条** 监护人因患病、外出务工等原因在一定期限内不能完全履行监护职责，将全部或者部分监护职责委托给他人，当事人主张受托人因此成为监护人的，人民法院不予支持。

## 四、宣告失踪和宣告死亡

**第十四条** 人民法院审理宣告失踪案件时，下列人员应当认定为民法典第四十条规定的利害关系人：

（一）被申请人的近亲属；

（二）依据民法典第一千一百二十八条、第一千一百二十九条规定对被申请人有继承权的亲属；

（三）债权人、债务人、合伙人等与被申请人有民事权利义务关系的民事主体，但是不申请宣告失踪不影响其权利行使、义务履行的除外。

**第十五条** 失踪人的财产代管人向失踪人的债务人请求偿还债务的，人民法院应当将财产代管人列为原告。

债权人提起诉讼，请求失踪人的财产代管人支付失踪人所欠的债务和其他费用的，人民法院应当将财产代管人列为被告。经审理认为债权人的诉讼请求成立的，人民法院应当判决财产代管人从失踪人的财产中支付失踪人所欠的债务和其他费用。

**第十六条** 人民法院审理宣告死亡案件时，被申请人的配偶、父母、子女，以及依据民法典第一千一百二十九条规定对被申请人有继承权的亲属应当认定为民法典第四十六条规定的利害关系人。

符合下列情形之一的，被申请人的其他近亲属，以及依据民法典第一千一百二十八条规定对被申请人有继承权的亲属应当认定为民法典第四十六条规定的利害关系人：

（一）被申请人的配偶、父母、子女均已死亡或者下落不明的；

（二）不申请宣告死亡不能保护其相应合法权益的。

被申请人的债权人、债务人、合伙人等民事主体不能认定为民法典第四十六条规定的利害关系人，但是不申请宣告死亡不能保护其相应合法权益的除外。

**第十七条** 自然人在战争期间下落不明的，利害关系人申请宣告死亡的期间适用民法典第四十六条第一款第一项的规定，自战争结束之日或者有关机关确定的下落不明之日起计算。

### 五、民事法律行为

**第十八条** 当事人未采用书面形式或者口头形式，但是实施的行为本身表明已经作出相应意思表示，并符合民事法律行为成立条件的，人民法院可以认定为民法典第一百三十五条规定的采用其他形式实施的民事法律行为。

**第十九条** 行为人对行为的性质、对方当事人或者标的物的品种、质量、规格、价格、数量等产生错误认识，按照通常理解如果不发生该错误认识行为人就不会作出相应意思表示的，人民法院可以认定为民法典第一百四十七条规定的重大误解。

行为人能够证明自己实施民事法律行为时存在重大误解，并请求撤销该民事法律行为的，人民法院依法予以支持；但是，根据交易习惯等认定行为人无权请求撤销的除外。

**第二十条** 行为人以其意思表示存在第三人转达错误为由请求撤销民事法律行为的，适用本解释第十九条的规定。

**第二十一条** 故意告知虚假情况，或者负有告知义务的人故意隐瞒真实情况，致使当事人基于错误认识作出意思表示的，人民法院可以认定为民法典第一百四十八条、第一百四十九条规定的欺诈。

**第二十二条** 以给自然人及其近亲属等的人身权利、财产权利以及其他合法权益造成损害或者以给法人、非法人组织的名誉、荣誉、财产权益等造成损害为要挟，迫使其基于恐惧心理作出意思表示的，人民法院可以认定为民法典第一百五十条规定的胁迫。

**第二十三条** 民事法律行为不成立，当事人请求返还财产、折价补偿或者赔偿损失的，参照适用民法典第一百五十七条的规定。

**第二十四条** 民事法律行为所附条件不可能发生，当事人约定为生效条件的，人民法院应当认定民事法律行为不发生效力；当事人约定为解除条件的，应当认定未附条件，民事法律行为是否失效，依照民法典和相关法律、行政法规的规定认定。

### 六、代理

**第二十五条** 数个委托代理人共同行使代理权，其中一人或者数人未与其他委托代理人协商，擅自行使代理权的，依据民法典第一百七十一条、第一百七十二条等规定处理。

**第二十六条** 由于急病、通讯联络中断、疫情防控等特殊原因，委托代理人自己不能办理代理事项，又不能与被代理人及时取得联系，如不及时转委托第三人代理，会给被代理人的利益造成损失或者扩大损失的，人民法院应当认定为民法典第一百六十九条规定的紧急情况。

**第二十七条** 无权代理行为未被追认，相对人请求行为人履行债务或者赔偿损失的，由行为人就相对人知道或者应当知道行为人无权代理承担举证责任。行为人不能证明的，人民法院依法支持相对人的相应诉讼请求；行为人能够证明的，人民法院应当按照各自的过错认定行为人与相对人的责任。

**第二十八条** 同时符合下列条件的，人民法院可以认定为民法典第一百七十二条规定的相对人有理由相信行为人有代理权：

（一）存在代理权的外观；

（二）相对人不知道行为人行为时没有代理权，且无过失。

因是否构成表见代理发生争议的，相对人应当就无权代理符合前款第一项规定的条件承担举证责任；被代理人应当就相对人不符合前款第二项规定的条件承担举证责任。

**第二十九条** 法定代理人、被代理人依据民法典第一百四十五条、第一百七十一条的规定向相对人作出追认的意思表示的，人民法院应当依据民法典第一百三十七条的规定确认其追认意思表示的生效时间。

## 七、民事责任

**第三十条** 为了使国家利益、社会公共利益、本人或者他人的人身权利、财产权利以及其他合法权益免受正在进行的不法侵害，而针对实施侵害行为的人采取的制止不法侵害的行为，应当认定为民法典第一百八十一条规定的正当防卫。

**第三十一条** 对于正当防卫是否超过必要的限度，人民法院应当综合不法侵害的性质、手段、强度、危害程度和防卫的时机、手段、强度、损害后果等因素判断。

经审理，正当防卫没有超过必要限度的，人民法院应当认定正当防卫人不承担责任。正当防卫超过必要限度的，人民法院应当认定正当防卫人在造成不应有的损害范围内承担部分责任；实施侵害行为的人请求正当防卫人承担全部责任的，人民法院不予支持。

实施侵害行为的人不能证明防卫行为造成不应有的损害，仅以正当防卫人采取的反击方式和强度与不法侵害不相当为由主张防卫过当的，人民法院不予支持。

**第三十二条** 为了使国家利益、社会公共利益、本人或者他人的人身权利、财产权利以及其他合法权益免受正在发生的急迫危险，不得已而采取紧急措施的，应当认定为民法典第一百八十二条规定的紧急避险。

**第三十三条** 对于紧急避险是否采取措施不当或者超过必要的限度，人民法院应当综合危险的性质、急迫程度、避险行为所保护的权益以及造成的损害后果等因素判断。

经审理，紧急避险采取措施并无不当且没有超过必要限度的，人民法院应当认定紧急避险人不承担责任。紧急避险采取措施不当或者超过必要限度的，人民法院应当根据紧急避险人的过错程度、避险措施造成不应有的损害的原因力大小、紧急避险人是否为受益人等因素认定紧急避险人在造成的不应有的损害范围内承担相应的责任。

**第三十四条** 因保护他人民事权益使自己受到损害，受害人依据民法典第一百八十三条的规定请求受益人适当补偿的，人民法院可以根据受害人所受损失和已获赔偿的情况、受益人受益的多少及其经济条件等因素确定受益人承担的补偿数额。

## 八、诉讼时效

**第三十五条** 民法典第一百八十八条第一款规定的三年诉讼时效期间，可以适用民法典有关诉讼时效中止、中断的规定，不适用延长的规定。该条第二款规定的二十年期间不适用中止、中断的规定。

**第三十六条** 无民事行为能力人或者限制民事行为能力人的权利受到损害的，诉讼时效期间自其法定代理人知道或者应当知道权利受到损害以及义务人之日起计算，但是法律另有规定的除外。

**第三十七条** 无民事行为能力人、限制民事行为能力人的权利受到原法定代理人损害，且在取得、恢复完全民事行为能力或者在原法定代理终止并确定新的法定代理人后，相应民事主体才知道或者应当知道权利受到损害的，有关请求权诉讼时效期间的计算适用民法典第一百八十八条第二款、本解释第三十六条的规定。

**第三十八条** 诉讼时效依据民法典第一百九十五条的规定中断后,在新的诉讼时效期间内,再次出现第一百九十五条规定的中断事由,可以认定为诉讼时效再次中断。

权利人向义务人的代理人、财产代管人或者遗产管理人等提出履行请求的,可以认定为民法典第一百九十五条规定的诉讼时效中断。

## 九、附则

**第三十九条** 本解释自 2022 年 3 月 1 日起施行。

民法典施行后的法律事实引起的民事案件,本解释施行后尚未终审的,适用本解释;本解释施行前已经终审,当事人申请再审或者按照审判监督程序决定再审的,不适用本解释。

# 《最高人民法院关于适用〈中华人民共和国民法典〉总则编若干问题的解释》的理解与适用

郭 锋 陈龙业 蒋家棣* 刘 婷**

为正确审理民事案件,依法保护民事主体的合法权益,维护社会和经济秩序,2021年12月30日,最高人民法院审判委员会第1861次全体会议审议通过了《最高人民法院关于适用〈中华人民共和国民法典〉总则编若干问题的解释》(法释〔2022〕6号,以下简称《总则编解释》),自2022年3月1日起施行。为便于广大法官在司法实践中正确理解与适用,现就《总则编解释》的起草背景和过程、基本原则、主要内容以及有关重点问题作一阐述。

## 一、《总则编解释》起草的背景和过程

民法典是在以习近平同志为核心的党中央坚强领导下取得的新时代我国社会主义法治建设重大成果。2020年5月29日,习近平总书记在中共中央政治局第二十次集体学习时作重要讲话,强调指出:"民法典实施水平和效果,是衡量各级党和国家机关履行为人民服务宗旨的重要尺度。""要及时完善相关民事司法解释,使之同民法典及有关法律规定和精神保持一致,统一民事法律适用标准。"为深入学习贯彻习近平法治思想和习近平总书记重要讲话精神,指导全国各级人民法院统一正确实施民法典,2020年6月最高人民法院启动司法解释全面清理工作,并同步启动《总则编解释》的起草工作。

---

\* 作者单位:最高人民法院研究室。
\*\* 作者单位:江苏省南通市中级人民法院。

在起草初期，最高人民法院有关部门对标民法典的规定，对《最高人民法院关于贯彻执行〈中华人民共和国民法通则〉若干问题的意见（试行）》（以下简称《民法通则意见》）、《最高人民法院关于适用〈中华人民共和国合同法〉若干问题的解释（一）》（以下简称《合同法解释一》）、《最高人民法院关于适用〈中华人民共和国合同法〉若干问题的解释（二）》（以下简称《合同法解释二》）等司法解释的每一个条文提出废、改、留的意见，并组织专家进行逐条研讨，后将拟保留或修改后保留的条文送全国人大常委会法工委征求意见，形成《总则编解释》的初稿。

2021年3月，最高人民法院向各高级人民法院发出通知，征集民法典总则编适用问题及起草建议。此后，根据反馈意见和《全国法院贯彻实施民法典工作会议纪要》（以下简称《贯彻民法典会议纪要》）的有关内容，起草形成了《总则编解释》修改稿，并先后召开7次法院系统座谈会、4次民法学专家研讨会、1次由审判业务专家代表和法学专家代表共同组成的封闭改稿会。同年11月，最高人民法院先后征求了院内各相关部门、全国各高级人民法院意见，并送中宣部、中政委、中央依法治国办、最高人民检察院、公安部、司法部、民政部、市场监管总局、中国法学会、中国社科院、全国工商联等有关单位征求意见，后又进一步征求中国法学会民法学研究会的意见，两次书面征求全国人大常委会法工委的意见，最终形成送审稿，提交最高人民法院审判委员会讨论通过。

## 二、《总则编解释》起草的基本原则

为确保《总则编解释》严格遵循民法典规定精神，切实解决司法实践中具有一定普遍性的法律适用问题，《总则编解释》的起草始终遵循以下基本原则。

一是坚持正确政治方向。全面深入贯彻习近平法治思想和习近平总书记关于贯彻实施民法典的重要讲话精神，将以人民为中心的发展思想贯穿始终。例如，通过规定权利滥用的认定与法律后果，细化监护制度适用规则，明确民事责任的认定，突出了权利保护理念。

二是坚持严格依法。充分尊重、全部采纳立法机关意见，确保准确理解贯彻民法典的立法意图。坚守不创设新规则的基本立场，只根据民商事审判工作的实际需要对总则编制度作配套补充细化，确保民法典总则编的新增亮点制度在司法审判中准确落实落地。

三是坚持问题导向和强基导向。坚持以解决司法实践中的突出问题为出发点，以指导各级人民法院准确适用民法典为落脚点，注重听取法院系统尤其是中基层法院一线审判业务专家及骨干的意见。在条文规范上尽量给予清晰明确的指引，对法官裁量权予以必要限制；对于不宜或者无法作出"一刀切"规定的，采取动态系统论的思路，细化适用节点和参考因素，为法官适用法律提供指引。

四是坚持充分研究论证。一方面，坚持理论与实践相结合。通过类案检索、学术资料整理和专家论证的方式，确保条文设计均有人民法院典型案例和主流学术观点支撑。另一方面，坚持解决国内问题与借鉴域外经验相结合，广泛研究借鉴德国、日本、法国等20多个国家或地区的民法典等域外规则设计。

### 三、《总则编解释》的主要内容和特点

起草《总则编解释》主要是为了解决三个方面问题。

一是确保民法典与旧法的有序衔接。民法典施行后，民法通则、民法总则、合同法等法律废止，最高人民法院相应废止了《民法通则意见》《合同法解释一》《合同法解释二》等司法解释。但这些司法解释中仍有不少条文与民法典一致，在审判实践中仍有重要指导价值，有必要予以保留并梳理整合，以免出现法律衔接适用空档，影响民法典的实施。

二是系统梳理人民法院在长期司法实践中总结积累的经验智慧。民法典采取的是编纂式的立法技术，大多数条文是对原有法律的承继。人民法院在适用这些法律规定处理民事纠纷时积累了许多行之有效的经验，有必要将此一并纳入，以更好地实现统一裁判尺度的目的。比如，关于表见代理的具体适用，最高人民法院2009年发布的《关于当前形势下审理民商事合同纠纷案件若干问题的指导意见》作了细化规定，历经十余年的审判实践检验，一些内容有必要吸收到《总则编解释》中。基于同样的考虑，《全国法院民商事审判工作会议纪要》中的一些规定精神也被吸收到《总则编解释》中。

三是积极回应民法总则施行后亟须明确的具体法律适用问题。民法典总则编的绝大多数规定源自民法总则，实际上已实施了四年多。其间，人民法院积累了丰富的审判经验，也发现了一些亟须统一规范的具体法律适

用问题。特别是，民法典总则编凝练了民事法律制度中具有普遍适用性和引领性的规则，集中体现了民法典严谨逻辑体系中"总"的特点和规律，这就要求各级人民法院牢固树立体系化思维，准确把握民法典总则编与各分编、民法典与其他民商事法律、基本原则与具体规定之间的适用逻辑关系。

上述三个方面的目的，归根结底是为了统一民事案件裁判尺度，更好地贯彻实施民法典，维护民法典权威。

《总则编解释》共三十九条，分为一般规定、民事权利能力和民事行为能力、监护、宣告失踪和宣告死亡、民事法律行为、代理、民事责任、诉讼时效和附则九个部分。

其中，第一部分一般规定共三条，主要针对民法典总则编"总"的特点，对实践中法官普遍感到难以把握的民事法律适用规则、习惯作为法源的适用、滥用民事权利的认定与法律后果等一般性问题作出规定。

第二至第四部分属于对总则编自然人制度中有关民事权利能力和民事行为能力、监护、宣告失踪和宣告死亡等具体规则的细化规定。通过解决诉讼保护胎儿利益问题，遗嘱指定监护人、协议确定监护人、指定监护、意定监护等监护制度适用问题，以及申请宣告失踪、宣告死亡的利害关系人范围确定等问题，实现对胎儿、被监护人、失踪人及利害关系人的权利保护。

第五、第六部分属于对总则编民事法律行为和代理制度中有关具体规则的配套、细化规定。该部分主要是在《民法通则意见》《合同法解释二》等的基础上，立足理论进步与实践发展，重点解决重大误解、欺诈、胁迫的认定，以及无权代理、表见代理的具体适用等问题，突出保护善意相对人的利益。

第七、第八部分属于对总则编民事责任制度和诉讼时效制度中有关规则的细化规定。重点解决防卫过当、避险不当的认定标准，见义勇为受益人适当补偿数额的确定等问题，并对无民事行为能力人、限制民事行为能力人的权利受损害时诉讼时效期间的起算作出补充规定。

第九部分附则规定了《总则编解释》的施行日期以及适用案件范围。

《总则编解释》的条文内容主要有以下三个显著特点。

一是理念上大力弘扬社会主义核心价值观。通过细化习惯的适用规则、监护制度、民事法律行为、民事责任、诉讼时效等制度规则，将社会主义核心价值观贯穿始终，彰显民法典强调公平正义、倡导诚实守信的价值导向。特别是细化了正当防卫、紧急避险、见义勇为的制度规则，进一步在"扶不扶""劝不劝""追不追""救不救""为不为""管不管"等问题上亮明态度，坚决防止"和稀泥"，让司法有力量、有是非、有温度，让群众有温暖、有遵循、有保障。

二是内容上突出强调权利保护。贯彻以人民为中心的发展思想，将自然人的权利保护置于中心位置，从保护未成年人、胎儿利益，规范权利的行使，平衡失踪人与利害关系人利益等方面作出系统规定，体现了人民至上的司法立场。

三是形式上体现小而精的起草思路。始终坚持以问题为导向、以审判执行需求为出发点、以准确理解和适用民法典为原则，不追求大而全的体系，不追求一揽子解决所有问题，而是聚焦总则编适用中审判实践亟须解决、有较为丰富的实践基础，且能够最大限度凝聚共识的问题明确相应的法律适用规则。

## 四、一般规定部分的重点内容

本部分主要是对人民法院适用民事法律、习惯和禁止权利滥用原则作出指引，对司法实践中的重点难点问题作出回应。

### （一）民事法律适用规则

民法典呈现鲜明的总分结构，不仅在总则编规定了整个法典的一般性规则，在各分编中也是先规定一般性规则，再规定具体规则或者特别规则。这种提取公因式的立法技术，使得民事法律规范在呈现法典化、体系化特征的同时，也增加了法官"找法"的难度。为帮助广大法官适应民法典的体系性，树立法典化思维，《总则编解释》第一条在明确民法典各编适用关系的同时，也对民法典与其他民事法律的适用问题、法律具体规则与基本原则的适用问题作出规定。

准确把握民法典总则编与各分编的适用关系，首先要明确民法典总分式架构的内在逻辑。从体系上讲，总则编主要是围绕主体、客体、法律行为、民事责任等法律关系的基本要素展开，而有关具体的民事权利、义务内容则规定在各分编中。① 各分编的具体规定通常可以直接适用于案件审理，但当各分编没有相应具体规定时，往往需要适用总则编中的一般规定。

例如，在处理某一具体的合同纠纷案件时，先要到民法典合同编的典型合同分编中查找是否存在与该合同有关的特别规定。如果有，就要优先适用特别规定，只有在没有找到特别规定时，才能适用合同编通则部分的规定；也只有在合同编通则部分没有特别规定时，才能适用总则编关于法律行为与代理的一般规定。② 当然，并非所有各分编未具体规定的问题都可以适用总则编的规定，尤其是涉及身份关系的情形。

因此，《总则编解释》第一条第一款规定："民法典第二编至第七编对民事关系有规定的，人民法院直接适用该规定；民法典第二编至第七编没有规定的，适用民法典第一编的规定，但是根据其性质不能适用的除外。"

关于民法典与其他民事法律的适用关系，民法典第十一条规定："其他法律对民事关系有特别规定的，依照其规定。"这就明确了特别法优先于一般法的原则。

但应当注意，在民法典未明确规定适用其他法律的情况下，适用单行法的前提是单行法的规定属于对民法典相应规定细化的规定，且不能违反民法典的规定，如此才能体现出民法典基础性法律的地位。③

同时，根据立法法第九十四条第一款的规定，法律之间对同一事项的新的一般规定与旧的特别规定不一致，不能确定如何适用时，由全国人民代表大会常务委员会裁决。

为指导各级人民法院正确适用民法典第十一条的规定，处理好民法典与其他民事法律的适用关系，《总则编解释》第一条第二款明确了以下两种规则。

一是对于同一民事关系，其他民事法律的规定属于对民法典相应规定的细化的，应当适用该民事法律的规定。例如，民法典第一千一百六十五

---

① 参见王利明：《以法律关系为主线构建民法典总则体系》，载《社会科学文摘》2016年第1期。
② 参见刘贵祥：《民法典适用的几个重大问题》，载《人民司法》2021年第1期。
③ 参见王利明：《一部有力保障民法典总则编实施的司法解释——评〈最高人民法院关于适用《中华人民共和国民法典》总则编若干问题的解释〉》，载《人民法院报》2022年2月27日。

条第二款规定："依照法律规定推定行为人有过错，其不能证明自己没有过错的，应当承担侵权责任。"而个人信息保护法第六十九条第一款明确规定了处理个人信息侵害个人信息权益造成损害，适用过错推定责任。对此类纠纷，就应当适用个人信息保护法的这一规定。又如，电子签名法第二十八条关于侵害电子签名人利益归责原则的规定就构成了对民法典第一千一百六十五条第二款有关过错推定责任规定的细化，此时应当适用电子签名法的规定。需要注意的是，这里的"民事法律"实质上是指民商事法律。①

二是民法典规定适用其他法律规定的，适用该法律的规定。因为在此情形下，民法典已经作出了适用其他法律的指引或者授权，此时适用其他法律的规定也不存在与立法法规定相冲突的问题。例如，产品质量法第四十五条规定因产品存在缺陷造成损害要求赔偿的诉讼时效期间为二年，民法典第一百八十八条明确"法律另有规定的，依照其规定"，此时应当适用产品质量法的规定。

《总则编解释》第一条第三款主要解决民事法律具体规定与基本原则的关系问题。民法典所规定的基本原则能否直接作为裁判规范以及如何作为裁判规范一直有争议。该款在梳理有关学术成果、实务做法、各方意见的基础上，明确了法律有具体规定的，"应当"适用该具体规定；法律没有具体规定时"可以遵循"基本原则。采用"可以遵循"基本原则的表述，使得条文内容更具包容性，也与法律没有具体规定时运用法律解释方法确定适用或者参照适用其他具体规定的做法相一致。

通常而言，基本原则的适用可以与有关法律解释和漏洞填补方法相结合，在没有可以适用或者参照适用的具体条文的情况下，可以遵循基本原则的规定。有学者认为，在纠纷的处理缺乏具体法律规定的情况下，可以结合习惯、法律原则等创造尚未由立法计划所预测或者完成的法律规则，进而填补漏洞。② 这一见解较有道理，值得在审判实践中紧密结合民法典的制度体系和规定精神进行有益探索。因此，有必要注意的是，在审判实践中对于法律没有具体规定的情形，并非当然直接适用基本原则。

---

① 参见于飞：《民法典总则编解释第一条评析——民法适用的体系化》，载《人民法院报》2022年3月1日。
② 参见王利明：《法律解释学导论：以民法为视角》，法律出版社2009年版，第45~46页。

## (二) 习惯作为法源的适用

根据民法典第十条规定，处理民事纠纷可以适用习惯，明确了习惯可以作为法源适用。在我国审判实践中，习惯作为法源多见于与丧葬事宜相关的案件，比如遗体瞻仰、告别、吊唁、祭奠等。① 需要注意的是，此处所讲的习惯不同于当事人之间形成的交易习惯，要求可以作为裁判依据。

关于习惯的认定，是人民法院适用习惯时首要明确的标准问题。对此，《总则编解释》第二条第一款规定作为法源意义上的习惯，通常表现为民间习俗、惯常做法等，其核心要义在于能够在一定范围内为特定群体长期确信并自觉遵守。这就意味着，判断是否构成民法法源的习惯，关键在于该习俗或者做法是否具备两方面的条件：一是是否具有长期性、恒定性、内心确信性；二是是否具有具体行为规则属性，即并非宽泛的道德评价标准，而能够具体引导人们的行为。②

关于习惯的证明，主要涉及举证责任的分配问题。对于习惯是否存在、何为习惯的具体内容，这首先是一项事实问题。因此，当事人主张适用习惯的，应当根据民事诉讼法第六十七条第一款的规定提供证据，必要时，人民法院可以依职权查明。正如王泽鉴先生所言，主张习惯法者，对于习惯法的存在，"固应负举证责任，惟法律亦应依职权调查之"。③

调研中有意见认为，习惯作为法源，应当由法官依职权查明。我们经研究未采纳上述意见，主要是考虑到我国幅员辽阔、风俗多样，人员流动情况复杂，法官事实上难以真正了解掌握当地习惯的情况。采取以由当事人主张并提供证据为主、人民法院依职权查明为辅的方式，不仅符合民事诉讼法第六十七条第二款的规定精神，也是立足我国国情，确保民法典第十条规定有效施行的可行做法。

关于习惯的适用，民法典明确习惯要作为裁判依据，必须是在法律没有具体规定的前提下，且该习惯不得违背公序良俗。由于我国历史悠久，不少习惯中文明与糟粕并存，有必要对习惯的适用采取审慎的态度。为

---

① 参见浙江省绍兴市中级人民法院（2012）浙绍民终字第950号民事判决、江苏省南通市中级人民法院（2015）通中民终字第00832号民事判决。
② 参见王利明：《论习惯作为民法渊源》，载《法学杂志》2016年第11期。
③ 王泽鉴：《民法总则》，中国政法大学出版社2001年版，第57~58页。

此,《总则编解释》第二条第三款明确"适用习惯,不得违背社会主义核心价值观,不得违背公序良俗"。

### (三) 滥用民事权利的认定与法律后果

民法典第一百三十二条规定禁止权利滥用,为权利设定了范围,明确了权利行使的边界。考虑到该规定是指导民事主体依法行使民事权利的一般准则,具有较强的原则性和抽象性,有必要在司法适用时进一步具体化,《总则编解释》在第三条的位置对滥用民事权利的认定与法律后果问题作出规定。

在学理上,禁止权利滥用原则通常被认为是诚信原则的具体化表现之一,衡量权利是否滥用应围绕诚信原则展开,[①] 但诚信原则属于抽象性法律原则,法官在适用时仍需具体判断。为解决实务中如何认定构成权利滥用的问题,《总则编解释》第三条第一款、第二款对滥用民事权利的认定作出规定。

第一款采用动态系统论的思路,明确人民法院在判断是否构成权利滥用时,可以从权利行使的对象、目的、时间、方式、造成当事人之间利益失衡的程度等因素予以考量。例如,在姚某与潘某相邻损害防免关系纠纷中,姚某安装的可视门铃对潘某进出住宅等活动信息进行自动记录、存储,超出了防盗的必要范围和合理限度,法院认定其构成滥用民事权利。[②] 此即从权利行使的目的、方式、造成当事人之间利益失衡的程度等角度,对当事人行使权利是否超出合理范围作出的界定。

第二款主要是从损害目的的角度对人民法院应当认定构成权利滥用的特定情形作出明确。德国民法典、俄罗斯联邦民法典明确权利滥用为"专以加害(损害)他人为目的"行使权利,我国学界也认为,权利滥用正是民事主体利用权利的合法形式,来实现损害他人或社会之目的。[③] 据此,解释明确,行为人以损害国家利益、社会公共利益、他人合法权益为主要目的行使民事权利的,构成权利滥用。

---

[①] 参见陈甦主编:《民法总则评注》,法律出版社2017年版,第910页。
[②] 参见江苏省无锡市中级人民法院(2019)苏02民终5307号民事判决、江苏省无锡市梁溪区人民法院(2019)苏0213民初6264号民事判决。
[③] 参见佟柔:《中国民法学·民法总则》,人民法院出版社2008年版,第52页。

在此需要说明的是，凡符合第二款规定情形的，应当认定构成滥用民事权利；存在第二款规定以外情形的，应根据第一款规定的参考因素，结合具体案情认定是否构成滥用民事权利。例如在一则案件中，被告将厨房改为厕所后，导致其厕所位于原告厨房之上，引起原告心理不适。此时因不能证明被告有损害原告利益之目的，难以直接适用第二款规定，但其权利行使方式明显不当，法院判决其恢复原状。①

关于滥用民事权利的法律后果，学界多认为，权利滥用的效果以承认权利存在而否认其行使为原则，以权利丧失为例外。② 滥用权利行为将发生两方面的后果：一是不能发生行为人预期的法律效果；二是造成他人损害，将承担法律责任。③

我们经过多次研究论证后，在第三款规定"构成滥用民事权利的，人民法院应当认定该滥用行为不发生相应的法律效力"。换言之，权利行使本来应产生的效果，因其滥用的关系，法律遂不使之发生。④

但需注意的是，此处否定的应生效果限于该滥用行为，并不包括在合理范围内的权利行使部分。另考虑到滥用民事权利可能造成他人损害，权利滥用者应当承担相应的民事责任，故《总则编解释》选取此情形中适用法律的典型领域，列明适用民法典侵权责任编的规定。

当然，滥用民事权利危及他人人身、财产安全的，不仅涉及民法典侵权责任编的适用，还可能涉及人格权编、物权编等有关规定，对于公司股东滥用公司法人独立地位和股东有限责任损害公司债权人的利益等情形，更涉及公司法的有关规定，对此直接按照相应规定处理即可，难以一一列举，故使用"等"字予以概括，避免条文过于烦琐。

## 五、监护部分的重点内容

民法典确立了"以家庭监护为基础，以社会监护为补充，以国家监护为兜底"的监护制度体系。为将监护制度准确落实落地，《总则编解释》从监护能力的认定、监护人的确定、监护职责的委托行使等角度作了补充

---

① 参见江西省赣州市中级人民法院（2021）赣07民终4407号民事判决。
② 参见梁慧星：《读条文 学民法》，人民法院出版社2017年版，第60页。
③ 参见王利明：《民法总则研究》，中国人民大学出版社2018年版，第45页。
④ 参见钱玉林：《禁止权利滥用的法理分析》，载《现代法学》2002年第1期。

规定。其中，遗嘱指定监护人、协议确定监护人、意定监护属于当事人通过意思自治确定监护人的方式，为加强相关规则适用，《总则编解释》第七条、第八条、第十一条作出进一步细化规定。

## （一）遗嘱指定监护人

《总则编解释》第七条关于遗嘱指定监护人的规定，旨在解决以下两种情形中的监护人确定问题：一是遗嘱生效时，被指定的人不同意担任监护人；二是被监护人是未成年人时，父母中的一方通过遗嘱指定监护人，因而与遗嘱生效时有监护能力的另一方的法定监护之间产生冲突。

对于第一种情形，《总则编解释》第七条第一款明确，人民法院应当适用民法典第二十七条、第二十八条的规定确定监护人。在此需要说明的是以下方面。

第一，关于被指定的人拒绝担任监护人的权利。按照遗嘱的性质，遗嘱人订立遗嘱无论是自书遗嘱或者公证遗嘱，均不要求事先征得拟指定的人（个人或者组织）同意，依据意思自治原则，遗嘱内容公开后被指定的个人或者组织理当可以拒绝担任监护人。[1] 且对被指定人而言，担任监护人意味着重大的法律职责，应充分考虑其自愿性，应当允许其拒绝接受指定。[2] 在比较法上，魁北克民法典第202条第2款、第203条规定更是直接明确了遗嘱指定监护人应当考虑被指定的人的意愿（魁北克民法典第202条第2款规定：如被指定人知悉指定后30日内未拒绝，推定为接受职责。第203条规定：父亲或母亲指定的监护人接受或拒绝监护职责，应告知遗产清算人和公共保佐人）。

第二，关于被指定的人拒绝担任监护人时的监护人确定规则。被指定的人拒绝接受指定的，应当视为没有遗嘱指定监护人，故应当按照法律的规定，即适用民法典第二十七条、第二十八条的规定确定监护人。

对于第二种情形，为减少实践争议，《总则编解释》第七条第二款明确人民法院应当适用民法典第二十七条第一款的规定确定监护人，即由父母中有监护能力的另一方担任监护人。这主要是考虑到，父母担任未成年子女的法定监护人是无条件的，只有在父母死亡或者没有监护能力的情况

---

[1] 参见梁慧星：《民法总则讲义》，法律出版社2021年版，第68页。
[2] 参见满洪杰：《〈民法总则〉监护设立制度解释论纲》，载《法学论坛》2018年第3期。

下，才可以由其他组织或者有关组织担任监护人。①

## （二）协议确定监护人

民法典第三十条规定，依法具有监护资格的人之间可以协议确定监护人。由于民法典第二十七条第一款明确规定未成年人的父母为其监护人，故未成年人的父母有监护能力的，当然不得与其他人签订协议，确定由其他人担任监护人，推卸自身责任。② 为此，《总则编解释》第八条第一款对未成年人的父母协议确定监护人的权限作出规定，明确父母不得通过协议免除该具有监护能力的父母的监护职责，而仅得约定在其丧失监护能力时由具有监护资格的人担任监护人。这既兼顾了父母对未成年子女负有法定监护职责的要求，也体现了对父母预先安排未成年子女监护问题的尊重。

关于以协议监护方式确定的监护人能否突破法定监护顺序的问题，有观点认为，有权协商的人，必须是根据民法典第二十七条和第二十八条有监护资格的人，而且应当遵守这两条关于监护顺位的规定，即必须先由上一顺位的数位具有监护资格的人进行协商。③ 这就意味着，协议确定的监护人将受到监护顺序的限制。也有观点认为，这一解释对于监护顺序的理解过于严苛，将以亲属血缘关系为基础的监护顺序置于被监护人的最大利益考虑之上，且不符合监护顺序弱化的发展趋势。④

我们经研究认为，民法典第三十条的立法本意是在尊重被监护人真实意愿的基础上，通过依法具有监护资格的人之间的协商确定，最大程度体现最有利于被监护人的原则。如对协议监护在顺序上作严苛限制，可能因受限于法定监护顺序，而难以确定最合适的监护人，进而与民法典第三十条的立法目的相悖。

因此，《总则编解释》第八条第二款明确，协议确定的监护人不受法定监护顺序的限制，不同顺序依法具有监护资格的人可以共同担任监护人，顺序在后的具有监护资格的人也可以经协议约定作为监护人。

---

① 参见黄薇主编：《中华人民共和国民法典释义》，法律出版社2020年版，第58页。
② 参见黄薇主编：《中华人民共和国民法典总则编释义》，法律出版社2020年版，第82页。
③ 参见王利明主编：《中华人民共和国民法总则详解》，中国法制出版社2017年版，第142页。
④ 参见满洪杰：《〈民法总则〉监护设立制度解释论纲》，载《法学论坛》2018年第3期。

## (三) 意定监护

意定监护，以书面的监护协议为成立要件。实践中，关于该监护协议能否参照适用委托合同的问题，一直存有争议。

一种观点认为，一方委托另一方当事人，在一方丧失或者部分丧失民事行为能力时，另一方为其担任监护人的协议，显然具有委托合同的属性。[1] 也有观点认为，意定监护协议在原则上可以适用委托合同的原理和规则，但需考虑意定监护的特别之处。因为按照意定监护的委托合同构造，委托合同仅给予受托人处理他人事务的事务管理权，不一定包括代理权授予，而意定监护中的代理权主要源于意定授权。[2] 且意定监护协议具体参照适用委托合同到什么程度很难确定，比如违约责任、违约金调整以及是否区分有偿与无偿等问题，一概参照适用委托合同不够妥当。最终，《总则编解释》第十一条重点聚焦实践中普遍关注的意定监护中监护协议的任意解除权问题作出规定。

一是充分考虑监护本身包含的职责或者负担属性，以及双方当事人的信任关系是意定监护的基础等因素，参照民法典第九百三十三条关于委托合同中委托人和受托人任意解除权的规定，明确在成年人丧失或者部分丧失民事行为能力前，成年人和意定监护人均享有任意解除监护协议的权利。这是因为在监护协议生效以前，受托人尚未成为监护人，无须履行监护职责，委托人也尚处于完全民事行为能力阶段，通过意思自治原则完全能充分维护自己的权益，如果任何一方萌生解除协议的念头，强行维持的监护关系也不能最大限度地维护被监护人的利益。[3]

二是明确在成年人已经丧失或者部分丧失民事行为能力的情况下，意定监护人无正当理由不享有解除监护协议的权利。这主要考虑到，此时意定监护人已经负有依据该监护协议履行监护职责的义务，并且此处的监护职责与法定监护、指定监护规则下的监护职责在本质上具有一致性，即具有法定性乃至强制性。如仍允许监护人行使任意解除权，极易产生监护真

---

[1] 参见杨立新：《民法典总则编司法解释对成年意定监护制度的完善》，载《人民法院报》2022年2月28日。

[2] 参见朱晓喆：《意定监护与信托协同应用的法理基础——以受托人的管理权限和义务为重点》，载《环球法律评论》2020年第5期。

[3] 参见张素华：《意定监护制度实施中的困境与破解》，载《东方法学》2020年第2期。

空，使得意定监护制度功能价值大打折扣。但是如果在此情形下一概认定监护人不享有任意解除权，过于绝对，我们参考借鉴我国台湾地区"民法"的做法，增加了"无正当理由"这一限定。

考虑到成年人丧失或者部分丧失民事行为能力后，意定监护人应当开始履行监护职责，为引导意定监护人依法履行监护职责，保护被监护人的合法利益，《总则编解释》第十一条第二款明确了有关撤销意定监护人监护资格的规则。

需要说明的是，该款规定特别注意了与民法典第四百六十四条第二款规定的衔接。因为意定监护系以有关监护关系的协议为基础，应当适用有关监护关系的法律规定，仅在监护制度没有规定的情况下，才可以根据协议性质参照适用合同编的规定。鉴于通过意定监护和法定监护方式确定的监护人，监护行为都应当受到整个民法典监护制度的约束，故《总则编解释》第十一条第二款将对意定监护人的监督指向民法典第三十六条第一款，不仅没有突破民法典第三十六条的立法本意，还满足了对意定监护人进行监督的实践需要。

有观点认为，这一规定为当事人通过协议选择监护监督人也预留了空间。如果成年人与民法典第三十六条第二款规定的其他依法具有监护资格的人、居民委员会、村民委员会、医疗机构、妇女联合会、残疾人联合会、依法设立的老年人组织、民政部门等民事主体签订意定监护监督协议，依据合同自愿原则，没有不认可其效力的理由。这既不违反法律的现行规定，又能认可意定监护监督协议的效力，对意定监护协议进行监督，更好地保护意定被监护人的合法权益。[①]

这一见解较有道理，在《总则编解释》起草过程中，我们曾根据实践需要对监护监督制度作了规定，后因各方意见尚未完全一致而未规定，但这不影响实践中继续探索积累经验。

## 六、宣告失踪、宣告死亡部分的重点内容

《总则编解释》关于宣告失踪、宣告死亡部分的规定共四条，主要是对申请宣告失踪、宣告死亡的利害关系人范围，财产代管人的诉讼地位，

---

① 杨立新：《民法典总则编司法解释对成年意定监护制度的完善》，载《人民法院报》2022年2月28日。

战争期间下落不明申请宣告死亡的期间作出规定。

### (一) 申请宣告失踪的利害关系人

宣告失踪为对自然人失踪事实之司法确定，其具有双重目的：首先，维护失踪人自身的合法利益，使其不因财产无人管理而遭受不测之损害；其次，维护与失踪人有利害关系的当事人的合法权益，使其不受失踪人失踪之事实而导致的财产损害。①

因此，在确定申请宣告失踪的利害关系人范围时，应注重平衡被申请宣告失踪人与利害关系人的利益。

为此，《总则编解释》第十四条第一项沿用了《民法通则意见》第24条的做法，明确被申请人的近亲属有权申请宣告失踪。

第二项明确了依据民法典第一千一百二十八条、第一千一百二十九条规定对被申请人有继承权的亲属也有权申请宣告失踪。这是因为，民法典第一千一百二十八条规定的代位继承人、第一千一百二十九条规定的丧偶儿媳或者丧偶女婿作为典型的继承人，与被申请人存在财产上的利害关系，且难以为近亲属所涵盖，有必要予以规定。

第三项主要是在《民法通则意见》有关"与被申请人有民事权利义务关系的人"的规定基础上，将债权人、债务人、合伙人作为典型的与被申请人有民事权利义务关系的民事主体予以列明，同时为防止申请宣告失踪制度的滥用，设定了"不申请宣告失踪不影响其权利行使、义务履行"的除外条件。

### (二) 申请宣告死亡的利害关系人

关于申请宣告死亡的利害关系人范围，《贯彻民法典会议纪要》曾专门阐释利害关系人申请宣告死亡无顺序限制的问题，对此不再赘述。《总则编解释》的起草也遵循这一思路，并为防止宣告死亡制度的滥用，对申请宣告死亡的利害关系人条件作出严格限制。

考虑到宣告死亡制度对亲属身份利益的影响重大，且主要涉及继承人利益问题，《总则编解释》第十六条第一款明确作为第一顺序继承人的配偶、父母、子女以及依据民法典第一千一百二十九条规定对被申请人有继

---

① 参见尹田：《论宣告失踪与宣告死亡》，载《法学研究》2001年第6期。

承权的亲属有权申请宣告死亡。

第二款主要从尽量减少对近亲属间身份利益尤其夫妻身份权益方面不利影响的角度,对被申请人的其他近亲属以及依据民法典第一千一百二十八条规定对被申请人有继承权的亲属申请宣告死亡的条件作出明确。如对于被申请人的其他近亲属而言,其属于第二顺序的法定继承人,在第一顺序的法定继承人均已死亡或者下落不明时才享有继承权利,此时可认定与被申请人有利害关系。或者其他近亲属符合"不申请宣告死亡不能保护其相应合法权益"的条件的,也可以认定为利害关系人。

另外,考虑到多数情况下,债权人、债务人、合伙人等的利益保护问题可以通过财产权益保护制度解决,不宜在申请宣告死亡方面过分"开口子",故在第三款明确了债权人、债务人、合伙人等民事主体无权申请宣告死亡的一般原则,同时结合现实需要,设有"但是不申请宣告死亡不能保护其相应合法权益的除外"的但书规定,给特殊情形下上述主体申请宣告死亡留有空间。如有学者即指出:"自改革开放以来,已经发生利害关系人出于侵占下落不明的自然人的财产、损害其他利害关系人合法权益,以及冒领其退休金、养老金、补助金等违法目的,故意不提出死亡宣告申请的社会问题。"①

## 七、民事法律行为部分的重点内容

《总则编解释》在民事法律行为部分,对认定民事法律行为的其他形式、重大误解、欺诈、胁迫的认定,以及意思表示的误传、民事法律行为不成立的法律后果、民事法律行为附不可能条件的效力认定作出规定。

### (一) 重大误解

关于重大误解的认定问题,《总则编解释》第十九条对《民法通则意见》第七十一条的规定作了较大调整。调研中,关于如何构建重大误解的认定规则,有两种不同观点。

一种观点主张参考比较法上的做法,强化对善意相对人的保护,严格

---

① 梁慧星:《民法总则讲义》,法律出版社2021年版,第103页。

限制行为人的撤销权。①

另一种观点认为，不宜对行为人的撤销权作过多限制，不论相对人是否善意，均得主张撤销，故在《民法通则意见》第七十一条的规定基础上作适当修改即可。调研中有意见反映，限制撤销权的行使虽有一定道理，但是过于抽象，且易与欺诈等情形混淆，实践中不易操作，故我们在传承《民法通则意见》第七十一条规定的基础上，主要作以下调整。

一是增加价格作为典型的重大误解情形。这一规定旨在回应实践需求，考虑到因"薅羊毛"问题引发的经营者主张撤销合同问题，主要源于经营者在商品价格方面的标示性错误，故将价格作为重大误解的典型情形予以列举。

二是根据调研意见适当调整重大误解中重大性的判断标准。调研中，关于重大误解中对"重大"的认定是否需以造成较大损失为标准，存在不同意见。有意见认为，造成较大损失是《民法通则意见》施行以来形成的共识，法官容易掌握；也有意见认为，较大损失本身很难界定，可操作性不强。我们经研究认为，重大误解的认定不应以造成或者可能造成较大损失为构成要件。例如，卖家混淆买家想购买的纪念品颜色，弄错节日带有特定意义的花束品种，虽未对买家造成重大损失，但违背了买家的交易目的，同样构成重大误解。因此《总则编解释》第十九条第一款明确将"重大"解释为"按照通常理解如果不发生该错误认识行为人就不会作出相应意思表示"。

三是明确主张重大误解的举证责任和不得主张重大误解的情形。行为人主张基于重大误解请求撤销民事法律行为，应当举证证明其在实施民事法律行为时存在重大误解，同时考虑到古董买卖等交易习惯的特殊性，以及社会生活发展的复杂性，作但书规定"根据交易习惯等认定行为人无权请求撤销的除外"。

---

① 如《国际商事合同通则》（PICC）第 3.2.2 条、《欧洲合同法原则》（PECL）第 4：103 条、《欧洲示范民法典草案》（DCFR）第 2-7：201 条，以及荷兰民法典第 6：228 条等的规定，均强调相对人参与了行为人的错误认识的，应当保护行为人的真意。反之，相对人属于善意，行为人不得主张撤销。

## (二) 其他重点内容

### 1. 民事法律行为的其他形式

民法典第一百三十五条延续了民法通则、合同法有关规定的精神，明确民事法律行为可以采取其他形式。同时，民法典第一百四十条为新增规定，明确意思表示可以通过默示或者沉默的方式作出。此前，《合同法解释二》第二条就订立合同的其他方式作过规定。我们认为，有关"其他形式"问题，虽以合同领域为典型，但并不限于合同，故有必要在遵循民法典规定精神的基础上，总结《合同法解释二》的经验做法，上升为总则编的细化规则，并衔接好民法典第一百三十五条和第一百四十条的规定，为司法实践中准确认定以其他形式实施民事法律行为作出指引。

### 2. 意思表示的转达错误

关于意思表示的转达错误，民法典未作规定，而《民法通则意见》第77条的规定没有解决有关意思表示人与相对人之间的关系问题。对此，调研中有两种不同意见。一种意见认为，应当参照域外立法的通行做法，按照意思表示错误（重大误解）的思路解决；另一种意见主张，意思表示人与转达人之间是委托关系，可参照表见代理的规则，强调对善意相对人的保护。经研究，我们采纳了第一种意见，主要考虑是：第一，对转达错误参照表见代理的规则，缺乏明确的法律依据。第二，意思表示的转达错误属于意思表示错误范畴，通过重大误解来解决符合法理。特别是转达意思表示的第三人本质上是使者，与代理人存在显著区别，如代理人需有民事行为能力而使者无此限制。第三，符合域外法例的通行规则。

### 3. 欺诈、胁迫

《总则编解释》在《民法通则意见》的基础上修改完善了欺诈、胁迫的认定要件。

关于欺诈的认定，主要修改是明确行为人故意隐瞒真实情况构成欺诈的，应当以其负有告知义务为前提。欺诈行为包括（故意）告知虚假情况和（故意）隐瞒真实情况两种情形，但二者在评价上不应完全相同。在前一种情形下，行为人积极地通过编造虚假事实、提供误导信息等方式使对方陷入错误认识，违反了交易磋商过程中的普遍性不作为义务，必然对相对人的意思决定自由造成严重侵害；而在后一种情形下，相对人只是因行为人消极地不提供重要交易信息而陷入错误认识，但由于双方当事人之间存在利益冲突，原则上应由相对人亲自搜寻对己方有利之交易信息，除非行为人负有主动告知的义务。① 需要注意的是，这里的告知义务可以来源于法律规定、诚信原则、交易习惯等。

关于胁迫的认定，采纳学术界的意见，明确被胁迫人是基于恐惧心理作出意思表示。

4. 民事法律行为不成立

民法典第一百五十七条规定了民事法律行为无效、被撤销或者确定不发生效力的法律后果，调研中，部分高院建议吸收 2019 年《全国法院民商事审判工作会议纪要》第三十二条的规定，明确规定民事法律行为不成立的法律后果。我们经研究，采纳有关建议，明确民事法律行为不成立，当事人请求返还财产、折价补偿或者赔偿损失的，参照适用民法典第一百五十七条的规定。这是因为，在隐藏的未达成合意时，尽管合同因双方意思表示不一致而不能成立，但当事人完全可能因不知合同不成立的事实而履行合同，此时也存在返还财产、折价补偿、损害赔偿等问题。由于不成立已超出民法典第一百五十七条之可能文义的范围，故是"参照适用"。②

5. 附不可能条件的民事法律行为

对附不可能条件的民事法律行为的效力，《民法通则意见》第七十五条直接规定为无效，未考虑生效条件、解除条件对民事法律行为效力的不同影响。《总则编解释》根据调研意见对《民法通则意见》第七十五条作出较大调整，分别针对所附条件为生效条件或者解除条件作出规定。当事人约定不可能条件为生效条件的，从意思表示解释的角度看，应当解释为当事人根本不希望民事法律行为发生效力。当事人约定上述条件为解除条件的，因解除条件不可能成就，民事法律行为应视为未附解除条件，民事法律行为是否失效应当依照民法典和相关法律、行政法规的规定认定。

## 八、代理部分的重点内容

《总则编解释》在代理部分的规定共有五条，主要规定了共同代理、

---

① 参见申卫星：《民法典总则编司法解释对法律行为制度的发展》，载《人民法院报》2022 年 3 月 1 日。

② 参见朱广新：《经验、法理与体系：民法典总则编司法解释的三重思维》，载《人民法院报》2022 年 2 月 28 日。

紧急情况下的转代理、无权代理的适用、表见代理中相对人有理由相信行为人有代理权的认定，以及追认意思表示的作出对象与生效时间。其中，对表见代理制度作出细化规定，是实务界尤其关注的重点。据统计，2019年1月1日至2021年12月31日，涉表见代理的民事案件达67665件。①

如何认定相对人有理由相信行为人有代理权，是表见代理认定的核心问题。此前，《最高人民法院关于当前形势下审理民商事合同纠纷案件若干问题的指导意见》第十三条明确："合同法第四十九条规定的表见代理制度不仅要求代理人的无权代理行为在客观上形成具有代理权的表象，而且要求相对人在主观上善意且无过失地相信行为人有代理权……"鉴于该规定在各级人民法院裁判中得到了普遍遵循，适用效果较好，我们将之上升为司法解释规则。

为细化表见代理制度的适用规则，《总则编解释》第二十八条第一款第二项将"相对人善意且无过失"进一步明确为"相对人不知道行为人行为时没有代理权，且无过失"。调研中，对于应当采纳无过失标准还是无重大过失标准，存在不同认识。

一种意见认为，可以参考《最高人民法院关于适用〈中华人民共和国民法典〉物权编的解释（一）》第十四条有关善意取得的认定规则，规定为无重大过失，以体现规则的一致性。

另一种意见认为，无过失标准更有利于平衡被代理人与相对人的利益。

经研究认为，较之善意取得，在表见代理中，行为人必须以被代理人的名义作出代理行为，相对人至少知道被代理人的存在，获知行为人无权代理的信息成本要低一些，因此，表见代理中相对人善意的要求程度更高一些。②相对人不仅主观上不能有重大过失，而且应无一般过失，否则容易因滥用表见代理制度损害被代理人的利益。

还有学者指出，表见代理是以牺牲被代理人的利益为代价实现交易安全保护的一项制度，在未将代理权外观的形成可归责于被代理人规定为表见代理的一个构成要件的情况下，如果仅要求相对人负担较轻的注意义务

---

① 在中国裁判文书网上以"表见代理"为关键词检索，2022年1月12日访问。
② 参见王利明主编：《中国民法典释评总则编》，中国人民大学出版社2020年版，第433页。

(无重大过失），被代理人通常会面临较为宽泛的受损害风险。①

因此，我们采取了无过失的标准。对此情形的认定，需要结合代理行为存在诸如合同书、公章、印鉴等有权代理的客观表象形式要素，以及合同的缔结时间、以谁的名义签字、是否盖有相关印章及印章真伪、标的物的交付方式与地点等因素综合判断。

此外，《总则编解释》第二十八条第二款还规定了有关举证责任的分配问题。这是为了贯彻善意推定的原则，明确相对人就行为人存在代理权的外观承担举证责任，被代理人就相对人非善意承担举证责任，为审判实践提供指引。因为"按照社会生活经验，'不知道'是难于举证证明的，故法庭不要求相对人就自己属于善意举证，而依'善意推定'的法理进行判断"。②

## 九、民事责任部分的重点内容

《总则编解释》第七部分通过对正当防卫的认定、防卫过当的认定和责任、紧急避险的认定、避险不当的认定和责任、见义勇为受益人适当补偿数额的确定等细化规定，明确了有关认定标准和责任分担问题，鲜明体现了弘扬社会主义核心价值观的价值导向。

### （一）关于正当防卫、紧急避险的认定

关于正当防卫、紧急避险的认定，民事法律和司法解释一直未作明确规定，此前审判实践中通常是依据民法法理来认定，调研中不少意见认为有必要予以明确，为类似案件审理提供统一具体的法律适用规则。对此，《总则编解释》第三十条、第三十二条在参考有关刑事法律规定的基础上作出明确。《总则编解释》第三十条从防卫的起因、目的、时间、对象等角度，为人民法院正确适用正当防卫制度作出指引。《总则编解释》第三十二条为法官认定是否构成紧急避险，明确了避险的起因、目的、时间、紧迫性等重要参考因素。

---

① 参见朱广新：《经验、法理与体系：民法典总则编司法解释的三重思维》，载《人民法院报》2022年2月28日。
② 梁慧星：《民法总则讲义》，法律出版社2021年版，第316~317页。

## (二) 关于防卫过当、避险不当的认定与责任

关于防卫过当、避险不当的认定,《总则编解释》第三十一条、第三十三条均采取了动态系统论的思路,为人民法院依法认定作出指引。

对于防卫过当的民事责任,《总则编解释》第三十一条第二款规定明确了民法典第一百八十一条第二款规定的"适当的民事责任"是指部分责任,而不是全部责任,即正当防卫人只在造成不应有的损害范围内承担部分责任。

对于避险不当的民事责任,考虑到实践中紧急避险的情形非常复杂(从危险发生的原因看,可能是自然原因引起的,也可能是第三人行为引起的,还有可能是避险人的行为引起的;从避险目的看,可能是为了保护避险人利益,可能是为了保护引起险情的人的利益,也可能是为了保护其他人利益,或者兼而有之;从避险过当造成的损害后果看,可能造成了避险人损害,可能造成了引起险情的人的损害,也可能造成了其他人的损害),《总则编解释》第三十三条列出参考因素,指引法官在认定紧急避险人的责任时可以综合紧急避险人的过错程度、避险措施造成不应有的损害的原因力大小、紧急避险人是否为受益人等因素认定。

## (三) 关于见义勇为受益人适当补偿数额的确定规则

因见义勇为使自己受到损害,在侵害人无力赔偿或者没有侵害人的情况下,受害人提出请求的,《民法通则意见》第一百四十二条规定,人民法院可以根据受益人受益的多少及其经济状况,责令受益人给予适当补偿。为鼓励见义勇为行为,不让见义勇为者流血又流泪,《总则编解释》第三十四条在此基础上,采用动态系统论的思路,明确了见义勇为受益人适当补偿数额的确定规则。

第一,保留《民法通则意见》规定中"受益人受益的多少及其经济状况"作为考量因素。

第二,增加受害人所受损失的情况作为考量因素。主要考虑是,受益人对受害人的法定补偿是侵权责任法分配正义的体现,[①] 虽不适用赔偿责

---

[①] 参见 [美] 约翰·罗尔斯:《正义论》,何怀宏等译,中国社会科学出版社2009年版,第12页。

任的填平原则,但受害人的受损情况仍是最重要的考量因素。因为只有先确定受损情况,才能进一步确定补偿数额。一般而言,受害人所受损害严重的,应适当增加受益人补偿数额。

第三,增加受害人已获赔偿的情况作为考量因素。因为按照立法本意,见义勇为受害人的损失原则上应当由侵权人负责赔偿,在有侵权人时受益人仅是可以给予适当补偿,而只有在没有侵权人、侵权人逃逸或者侵权人无力赔偿的情况下,才应当由受益人适当补偿。因此,受害人的损失已经由侵权人部分填补的,受益人的补偿责任应当相应减轻。

## 十、其他部分的重点内容

### (一) 关于父母诉讼保护胎儿利益的时间问题

关于胎儿利益能否在娩出前得到保护,理论与实务中主要存在法定解除条件说和法定停止条件说两种观点。① 前者认为,根据民法典第十六条的规定,在涉及遗产继承、接受赠与等胎儿利益保护情形下,胎儿视为具有民事权利能力,虽未出生视为已出生,应当肯定其诉的利益;后者认为,胎儿娩出是否为活体尚未确定,如为死体则涉及利益返还问题,并且胎儿姓名尚未确定,实践中在诉讼主体列明方面存在操作困难,故以胎儿娩出为活体后再起诉为宜。

对此,《总则编解释》第四条明确胎儿利益可以在娩出前得到保护,并且可由父母作为法定代理人主张相应权利。主要理由是,虽然父母在胎儿出生后代为起诉,相对于在胎儿娩出前起诉,人民法院处理有关诉讼案件更为简易,但肯定父母在胎儿娩出前代为起诉的权利,更符合民法典第十六条关于加强胎儿利益保护的立法本意。② 反之,如"一刀切"否定胎儿出生前的诉权,并不利于胎儿利益的保护。不仅不符合民法典的立法精神,且可能导致个案诉讼中出现极不公平的局面,比如给侵权人恶意转让财产提供时间,致使胎儿健康维护所需费用得不到及时赔付等。况且,随着医疗卫生事业的发展,胎儿娩出时死亡率较低,即使胎儿娩出为死体,

---

① 参见最高人民法院民法典贯彻实施工作领导小组主编:《中华人民共和国民法典总则编理解与适用》,人民法院出版社2020年版,第115页。

② 参见黄薇主编:《中华人民共和国民法典释义》,法律出版社2020年版,第39页。

亦可通过受理后中止审理、中止执行甚至执行回转等方式解决。故《总则编解释》采取对胎儿利益可在娩出前诉讼保护的态度，有利于从真正意义上将民法典前沿性保护胎儿利益这一亮点规则落实落地。

关于民法典总则编第十六条规定的"涉及遗产继承、接受赠与等"中的"等"的细化问题，我们在起草过程中曾规定了损害赔偿的情形，但由于这一问题较为复杂，且涉及伦理问题，实践中争议也较大，最终对此未作规定。特别是涉及胎儿身体健康权益侵害的问题，往往与其母体受到相应损害密切相连，有观点认为，对此完全可以通过孕妇主张对自身身体健康权进行损害赔偿进行救济。我们认为，不少情形下通过这一做法可以解决问题，也有利于避免法律关系过于复杂化，但考虑到社会生活及有关纠纷案件的多样性，对于胎儿的损害与孕妇自身所遭受损害的关联性及合理界分问题，还有必要在实践中通过具体案例进一步探索积累经验。

## （二）关于诉讼时效的规定

**1. 关于诉讼时效中止、中断和延长**

《总则编解释》第三十五条对诉讼时效中止、中断和延长的具体适用作了规定，重点是明确民法典第一百八十八条规定的三年诉讼时效期间可否延长的问题。对此，理论和实践中存在不同认识。

有观点认为，民法典第一百八十八条第二款规定的诉讼时效延长主要适用于普通诉讼时效期间，而不适用于最长诉讼时效期间。法律规定最长诉讼时效制度的主要目的是给权利行使设定一个固定期限，如果允许该期限延长，就会使该最长期限变成可变期限，法律设置该最长期限的目的也将不复存在。[1]《民法通则意见》第一百七十五条则规定，民法通则第一百三十五条、第一百三十六条规定的诉讼时效期间，可以适用中止、中断和延长的规定，二十年期间可以适用延长的规定，不适用中止、中断的规定。

还有观点认为，民法典第一百八十八条仅规定了最长诉讼时效期间的延长，普通诉讼时效不再适用延长的规则。民法典的有关释义性资料也持相同观点。[2]

---

[1] 参见王利明、杨立新、王轶、程啸：《民法学》，法律出版社2020年版，第303页。
[2] 参见黄薇主编：《中华人民共和国民法典释义》，法律出版社2020年版，第377页。

部分学术著作亦指出:"所谓诉讼时效期间的延长,只能适用于二十年长期时效期间。三年普通时效期间,因有中止、中断的规定,不发生延长问题。"①

产生以上认识分歧的一个重要原因就是民法典第一百八十八条第二款规定相较于民法通则第一百三十七条规定的标点符号调整,民法通则第一百三十七条但书中"有特殊情况的"前面为句号,而民法典中为逗号。考虑到立法本意是普通诉讼时效期间不适用延长,而在调研中发现绝大多数法官依然存在《民法通则意见》第一百七十五条规定形成的思维惯性,故在充分调研并征询立法机关意见后达成共识,明确规定普通诉讼时效期间可以适用中止、中断的规定,不适用延长的规定,最长诉讼时效期间不适用中止、中断的规定。

2. 关于无民事行为能力人、限制民事行为能力人的诉讼时效期间起算规则

《总则编解释》第三十六条明确,无民事行为能力人、限制民事行为能力人遭受法定代理人以外的人侵害的,诉讼时效期间自法定代理人知道或者应当知道损害事实以及义务人之日起计算。此即对照民法典第一百八十八条第二款,明确无民事行为能力人、限制民事行为能力人权利受到损害的,以其法定代理人知道或者应当知道的时间为起算点。

此外,《总则编解释》第三十七条还补充规定了无民事行为能力人、限制民事行为能力人对法定代理人的诉讼时效期间起算规则。主要考虑是,虽然民法典第一百九十条规定"无民事行为能力人、限制民事行为能力人对其法定代理人的请求权的诉讼时效期间,自该法定代理终止之日起计算",但在实践中,已经发生法定代理终止时,无民事行为能力人、限制民事行为能力人仍不知道损害事实和义务人,或者仍因民事行为能力欠缺而无法亲自主张权利的情形。

因此,该条规定,即使原法定代理已经终止,诉讼时效期间也并非当然按照民法典第一百九十条的规定开始计算,而是适用民法典第一百八十八条第二款、《总则编解释》第三十六条的规定,自相应民事主体知道或者应当知道权利受到损害之日起计算。具体而言,无民事行为能力人、限制民事行为能力人如系因取得、恢复完全民事行为能力导致法定代理终

---

① 梁慧星:《民法总论》,法律出版社2017年版,第265页。

止,且在终止后才知道权利受到损害的,自其本人知道或者应当知道权利受到损害之日起计算;如系原法定代理终止并确定新的法定代理人,且新的法定代理人在原法定代理终止后才知道权利受损害的,自其新的法定代理人知道或者应当知道权利受到损害之日起计算。

3. 关于与相关司法解释的衔接

调研中,有学者建议将《最高人民法院关于审理民事案件适用诉讼时效制度若干问题的规定》(2020年修正,以下简称《诉讼时效规定》)整体纳入《总则编解释》。

我们经研究认为,《总则编解释》和《诉讼时效规定》有不同的侧重点。《总则编解释》的本部分规则紧密围绕对民法典关于诉讼时效的具体条文的细化展开,旨在解决民法典关于诉讼时效规则的相互衔接问题,在体系上保持了与《民法通则意见》的连续性;而《诉讼时效规定》则是针对司法实践中涉及诉讼时效适用的具体问题展开,在内容上与《总则编解释》各有侧重,且在2020年司法解释全面清理工作中已经系统清理修订后重新发布。按照最高人民法院审委会关于构建民法典司法解释体系的思路,《总则编解释》起到一般规则的作用,应当紧扣总则编的条文进行;而《诉讼时效规定》系对具体问题的规定,属于另一层级的司法解释。因此二者在体系上也各有分工,可以相互呼应,形成完整体系。

### 最高人民法院
### 关于内地与澳门特别行政区就仲裁程序相互协助保全的安排

法释〔2022〕7号

（2022年2月15日最高人民法院审判委员会第1864次会议通过
2022年2月24日最高人民法院公告公布
自2022年3月25日起施行）

根据《中华人民共和国澳门特别行政区基本法》第九十三条的规定，经最高人民法院与澳门特别行政区协商，现就内地与澳门特别行政区关于仲裁程序相互协助保全作出如下安排。

**第一条** 本安排所称"保全"，在内地包括财产保全、证据保全、行为保全；在澳门特别行政区包括为确保受威胁的权利得以实现而采取的保存或者预行措施。

**第二条** 按照澳门特别行政区仲裁法规向澳门特别行政区仲裁机构提起民商事仲裁程序的当事人，在仲裁裁决作出前，可以参照《中华人民共和国民事诉讼法》《中华人民共和国仲裁法》以及相关司法解释的规定，向被申请人住所地、财产所在地或者证据所在地的内地中级人民法院申请保全。被申请人住所地、财产所在地或者证据所在地在不同人民法院辖区的，应当选择向其中一个人民法院提出申请，不得分别向两个或者两个以上人民法院提出申请。

在仲裁机构受理仲裁案件前申请保全，内地人民法院采取保全措施后三十日内未收到仲裁机构已受理仲裁案件的证明函件的，内地人民法院应当解除保全。

**第三条** 向内地人民法院申请保全的,应当提交下列材料:

(一)保全申请书;

(二)仲裁协议;

(三)身份证明材料:申请人为自然人的,应当提交身份证件复印件;申请人为法人或者非法人组织的,应当提交注册登记证书的复印件以及法定代表人或者负责人的身份证件复印件;

(四)在仲裁机构受理仲裁案件后申请保全的,应当提交包含主要仲裁请求和所根据的事实与理由的仲裁申请文件以及相关证据材料、仲裁机构出具的已受理有关仲裁案件的证明函件;

(五)内地人民法院要求的其他材料。

身份证明材料系在内地以外形成的,应当依据内地相关法律规定办理证明手续。

向内地人民法院提交的文件没有中文文本的,应当提交中文译本。

**第四条** 向内地人民法院提交的保全申请书应当载明下列事项:

(一)当事人的基本情况:当事人为自然人的,包括姓名、住所、身份证件信息、通讯方式等;当事人为法人或者非法人组织的,包括法人或者非法人组织的名称、住所以及法定代表人或者主要负责人的姓名、职务、住所、身份证件信息、通讯方式等;

(二)请求事项,包括申请保全财产的数额、申请行为保全的内容和期限等;

(三)请求所依据的事实、理由和相关证据,包括关于情况紧急,如不立即保全将会使申请人合法权益受到难以弥补的损害或者将使仲裁裁决难以执行的说明等;

(四)申请保全的财产、证据的明确信息或者具体线索;

(五)用于提供担保的内地财产信息或者资信证明;

(六)是否已提出其他保全申请以及保全情况;

(七)其他需要载明的事项。

**第五条** 依据《中华人民共和国仲裁法》向内地仲裁机构提起民商事仲裁程序的当事人,在仲裁裁决作出前,可以根据澳门特别行政区法律规定,向澳门特别行政区初级法院申请保全。

在仲裁机构受理仲裁案件前申请保全的,申请人应当在澳门特别行政区法律规定的期间内,采取开展仲裁程序的必要措施,否则该保全措施失效。申请人应当将已作出必要措施及作出日期的证明送交澳门特别行政区法院。

**第六条** 向澳门特别行政区法院申请保全的，须附同下列资料：

（一）仲裁协议；

（二）申请人或者被申请人为自然人的，应当载明其姓名以及住所；为法人或者非法人组织的，应当载明其名称、住所以及法定代表人或者主要负责人的姓名、职务和住所；

（三）请求的详细资料，尤其包括请求所依据的事实和法律理由、申请标的的情况、财产的详细资料、须保全的金额、申请行为保全的详细内容和期限以及附同相关证据，证明权利受威胁以及解释恐防受侵害的理由；

（四）在仲裁机构受理仲裁案件后申请保全的，应当提交该仲裁机构出具的已受理有关仲裁案件的证明；

（五）是否已提出其他保全申请以及保全情况；

（六）法院要求的其他资料。

如向法院提交的文件并非使用澳门特别行政区的其中一种正式语文，则申请人应当提交其中一种正式语文的译本。

**第七条** 被请求方法院应当尽快审查当事人的保全申请，可以按照被请求方法律规定要求申请人提供担保。

经审查，当事人的保全申请符合被请求方法律规定的，被请求方法院应当作出保全裁定。

**第八条** 当事人对被请求方法院的裁定不服的，按被请求方相关法律规定处理。

**第九条** 当事人申请保全的，应当根据被请求方法律的规定交纳费用。

**第十条** 本安排不减损内地和澳门特别行政区的仲裁机构、仲裁庭、仲裁员、当事人依据对方法律享有的权利。

**第十一条** 本安排在执行过程中遇有问题或者需要修改的，由最高人民法院和澳门特别行政区协商解决。

**第十二条** 本安排自 2022 年 3 月 25 日起施行。

# 《最高人民法院关于内地与澳门特别行政区就仲裁程序相互协助保全的安排》的理解与适用

司艳丽　张鑫萌　刘　琨　吴延波[*]

2022年2月25日，最高人民法院常务副院长贺荣和澳门特别行政区政府行政法务司司长张永春分别代表两地签署《最高人民法院关于内地与澳门特别行政区就仲裁程序相互协助保全的安排》（以下简称《仲裁保全安排》）。根据两地法律规定和以往做法，《仲裁保全安排》在内地将转化为司法解释（2022年2月15日，最高人民法院审判委员会第1864次全体会议讨论并通过了《最高人民法院关于内地与澳门特别行政区就仲裁程序相互协助保全的安排》），在澳门将刊登在政府公报。经双方协商一致，《仲裁保全安排》已于2022年3月25日在两地同时生效。这是自澳门回归祖国以来，内地与澳门签署的第五项司法协助安排，标志着两地仲裁协助的全面覆盖，实现"一国"之内比与其他国家更加紧密的司法协助。这既是"一国两制"制度优势的充分体现，又是两地贯彻落实"一国两制"方针和《中华人民共和国澳门特别行政区基本法》（以下简称澳门基本法）的具体举措，有利于内地和澳门创新和完善跨境商事争议多元化解决机制，推进法律规则深度衔接，为粤港澳大湾区建设和横琴粤澳深度合作区建设提供高效便捷的法律服务和保障。

## 一、《仲裁保全安排》的商签背景

第一，澳门基本法为两地开展司法协助提供了法律依据。根据"一国

---

[*] 作者单位：最高人民法院研究室。

两制"方针和澳门基本法规定,内地与澳门系一个国家之内两个不同的法域,有开展司法协助之必要。澳门基本法第九十三条规定,澳门特别行政区可与全国其他地区的司法机关通过协商依法进行司法方面的联系和相互提供协助,这为最高人民法院与澳门特别行政区开展司法协助提供了法律依据。据此,澳门回归祖国以来,最高人民法院与澳门特别行政区有关方面持续推进民商事司法协助安排商签工作,基本实现了民商事领域司法协助的全面覆盖。《仲裁保全安排》为进一步降低当事人解纷成本、妥善化解跨境纠纷、切实增进两地民众福祉提供了制度资源。

第二,两地经济社会发展对仲裁程序相互协助保全提出了现实需求。内地与澳门同根同源、血脉相连,既是利益共同体,又是命运共同体。当前,粤港澳大湾区建设和横琴粤澳深度合作区建设蓬勃发展,"一国两制三法域"的独特性决定了区际法律冲突客观存在、互涉法律纠纷不可避免、区际司法协助亟待深化。随着内地仲裁业迅速发展,澳门仲裁制度逐步国际化和现代化,仲裁在化解跨境纠纷中的地位更加举足轻重。《仲裁保全安排》贯彻《横琴粤澳深度合作区建设总体方案》关于加强粤澳司法交流合作的要求,通过临时性救济措施保障两地仲裁裁决的有效执行,体现了司法对仲裁的引领、支持作用,有利于澳门仲裁业发展,有利于两地仲裁机构为粤港澳大湾区乃至"一带一路"沿线国家和地区商事主体纠纷解决提供更有效服务,有利于推动完善国际商事审判、仲裁、调解等多元化商事纠纷解决机制。

第三,两地司法法律界的精诚合作为实现两地更紧密协助创造了有利条件。最高人民法院与澳门特别行政区有关方面同舟共济、砥砺前行,建立并不断完善定期化、常态化交流合作机制和平台,实现了更紧密的协作和更深入的融合。2021年12月17日,最高人民法院与澳门特别行政区签署《关于进一步加强司法法律交流合作的会谈纪要》(以下简称《会谈纪要》),作为两地首份司法法律交流合作的框架性文件,对两地共同推进司法法律规则衔接和机制对接作出了全方位、系统性规定,为两地进一步深化司法合作提供了指引。《仲裁保全安排》遵循《会谈纪要》划定的时间表和路线图,实现两地仲裁领域司法法律规则的深度衔接,达成仲裁领域更紧密的协助和联系。

第四,内地与香港有关安排的签署和实施为《仲裁保全安排》提供了有益经验。2019 年 4 月 2 日,最高人民法院与香港特别行政区政府律政司签署《关于内地与香港特别行政区法院就仲裁程序相互协助保全的安排》(以下简称《内地与香港仲裁保全安排》),其签署和施行受到两地以及海外法律界人士的高度关注和充分肯定。《内地与香港仲裁保全安排》施行以来,内地人民法院已受理 57 起就香港仲裁程序提供协助保全的申请,保全财产价值达 127 亿元。《仲裁保全安排》借鉴《内地与香港仲裁保全安排》,并结合澳门仲裁法规相关规定和澳门仲裁业现状作出相应调整,更加符合内地与澳门司法协助工作实际。

## 二、《仲裁保全安排》的磋商过程和总体思路

2021 年 7 月,最高人民法院与澳门特别行政区政府行政法务司正式启动《仲裁保全安排》的磋商工作。双方克服新冠疫情影响,通过电话、邮件、视频会议等形式开展磋商工作,经反复协商和交换文本,并最终达成共识。

根据澳门仲裁法,内地有关仲裁程序开始前或者进行中,当事人可向澳门法院申请保全措施;但根据《中华人民共和国民事诉讼法》《中华人民共和国仲裁法》《中华人民共和国海事诉讼特别程序法》等相关法律规定,除海事案件外,内地人民法院不能对包括澳门在内的域外仲裁提供保全协助。《仲裁保全安排》旨在建立允许有关澳门仲裁程序当事人向内地人民法院申请保全的机制,同时,进一步明确内地仲裁程序当事人向澳门法院申请保全的程序。

## 三、《仲裁保全安排》的主要内容

《仲裁保全安排》共十二条,对保全的类型、适用的仲裁程序、申请保全的程序、保全申请的处理等作了规定。

### (一) 关于保全的类型

1. 向内地人民法院申请的保全

依据《中华人民共和国仲裁法》,一方当事人因另一方当事人的行为或者其他原因,可能使裁决不能执行或者难以执行的,可以申请财产保全;在证据可能灭失或者以后难以取得的情况下,当事人可以申请证据保

全。依据《中华人民共和国民事诉讼法》，人民法院对于可能因当事人一方的行为或者其他原因，使判决难以执行或者造成当事人其他损害的案件，根据对方当事人的申请，可以责令其作出一定行为或者禁止其作出一定行为。《仲裁保全安排》赋予澳门仲裁程序当事人与内地仲裁程序当事人相同的权利，将上述法律规定的财产保全、证据保全、行为保全悉数纳入，真正体现了"一国"之内更紧密的合作。

2. 向澳门法院申请的保全

依据澳门仲裁法，在仲裁程序开始前或进行期间，当事人可以向法院申请采取保全措施。澳门的保全分为普通保全和特定保全，规定于澳门民事诉讼法典第三编。普通保全是指，任何人有理由恐防他人对其权利造成严重且难以弥补之侵害，得声请采取具体适当之保存或预行措施，以确保受威胁之权利得以实现。同时，法院有权命令采取非为所声请人具体声请采取之措施。特定保全包括占有之临时返还、法人决议之中止执行、临时扶养、裁定给予临时弥补、假扣押、新工程之禁制、制作清单等七种。《仲裁保全安排》意在涵盖澳门法律规定的所有保全类型，考虑到澳门民事诉讼法典对于保全设定了较为灵活和开放的机制，为最大限度保护当事人合法权利，采用概括方式表述可向澳门法院申请的保全措施。

## （二）关于适用的仲裁程序

《仲裁保全安排》将适用的仲裁程序限定于内地与澳门仲裁机构管理的仲裁程序，不包括临时仲裁程序和其他国家或者地区仲裁机构管理的仲裁程序。需要说明的是，考虑到澳门仲裁机构数量较少，《仲裁保全安排》未再限定澳门仲裁机构的条件。

1. 排除临时仲裁程序

虽然依据《承认及执行外国仲裁裁决公约》，外国的临时仲裁裁决可以在我国得到承认和执行；依据内地与香港、澳门分别签署的仲裁裁决互认安排，香港、澳门的临时仲裁裁决也可以在内地获得认可和执行，但考虑以下几点，《仲裁保全安排》排除临时仲裁程序：一是提供仲裁保全协助时，仲裁裁决尚未作出，一旦保全错误，涉及对另一方当事人的救济，应当持较为谨慎的态度；二是《内地与香港仲裁保全安排》排除了临时仲裁，《仲裁保全安排》与其保持一致；三是《中华人民共和国仲裁法》没有规定临时仲裁程序，对此有待进一步研究。

值得注意的是，2016年12月30日最高人民法院发布《最高人民法院关于为自由贸易试验区建设提供司法保障的意见》，有限度地引入了临时仲裁制度，规定在自贸试验区内注册的企业相互之间约定在内地特定地点、按照特定仲裁规则、由特定人员对有关争议进行仲裁的，可以认定该仲裁协议有效。修改《中华人民共和国仲裁法》已列入第十三届全国人大常委会立法规划和国务院2021年度立法工作计划。从《中华人民共和国仲裁法（修订）（征求意见稿）》看，其拟增加临时仲裁制度。考虑上述因素和临时仲裁快速、简便、高效并被各国法律和国际公约广泛认可的特点，下一步最高人民法院将持续关注和研究域外临时仲裁保全协助的发展，秉持循序渐进、由易到难的原则推进有关工作。

2. 排除其他国家或者地区仲裁机构管理的仲裁程序

主要有以下两点考虑：一是《内地与香港仲裁保全安排》排除了其他国家或者地区仲裁机构管理的仲裁程序，《仲裁保全安排》与之相一致。二是《最高人民法院关于内地与澳门特别行政区相互认可和执行仲裁裁决的安排》（以下简称《仲裁裁决互认安排》）排除了其他国家或者地区仲裁机构所作仲裁裁决，因此，可提供保全协助的仲裁程序范围，不宜广于相互认可和执行的仲裁程序范围。

### （三）关于受理保全申请的管辖法院

1. 内地受理保全申请的法院

《仲裁保全安排》第二条第一款规定，内地的管辖法院为被申请人住所地、财产所在地或者证据所在地的内地中级人民法院。采取仲裁保全措施的目的是保障终局性仲裁裁决的顺利执行，故受理仲裁保全申请的法院一般应与受理仲裁裁决申请认可和执行案件的法院相一致。参照《最高人民法院关于涉外民商事案件诉讼管辖若干问题的规定》，有关案件由具有涉港澳案件管辖权的法院受理；依据《最高人民法院关于审查知识产权纠纷行为保全案件适用法律若干问题的规定》等，有关案件由相应的专门法院管辖。被申请人住所地、财产所在地或者证据所在地在不同人民法院辖区的，应当选择向其中一个人民法院提出保全申请，不得分别向两个或者两个以上人民法院提出保全申请。

2. 澳门受理保全申请的法院

依据澳门仲裁法，澳门初级法院具有行使保全措施的管辖权。《仲裁保全安排》第五条第一款规定，依据《中华人民共和国仲裁法》向内地仲裁机构提起民商事仲裁程序的当事人，在仲裁裁决作出前，可以根据澳门特别行政区法律规定，向澳门特别行政区初级法院申请保全。需要说明的是，根据《仲裁裁决互认安排》相关规定，澳门特别行政区有权受理认可仲裁裁决申请的法院为中级法院，有权执行仲裁裁决的法院为初级法院。

## （四）关于可申请保全的阶段

《中华人民共和国民事诉讼法》和《中华人民共和国仲裁法》规定的保全包括仲裁前保全和仲裁中保全。根据澳门仲裁法，不论仲裁地是否为澳门特别行政区，法院均有管辖权命令在仲裁程序开始前或者仲裁程序进行中采取与仲裁程序有关的保全措施。因此，即便在《仲裁保全安排》签署之前，无论在内地仲裁程序开始前还是仲裁程序进行中，仲裁程序当事人均可向澳门特别行政区法院申请保全。《仲裁保全安排》在保全方面将澳门仲裁程序与内地仲裁程序同等视之，同时不减损内地仲裁程序当事人依据澳门法律享有的权利，既包括仲裁中的保全，也包括仲裁前的保全。

1. 仲裁中的保全

《仲裁保全安排》第二条第一款规定，按照澳门特别行政区仲裁法规向澳门特别行政区仲裁机构提起民商事仲裁程序的当事人，在仲裁裁决作出前，可以参照《中华人民共和国民事诉讼法》《中华人民共和国仲裁法》以及相关司法解释的规定，向内地人民法院申请保全。第五条第一款规定，依据《中华人民共和国仲裁法》向内地仲裁机构提起民商事仲裁程序的当事人，在仲裁裁决作出前，可以根据澳门特别行政区法律规定，向澳门特别行政区初级法院申请保全。此处限定"民商事"仲裁程序，是因为依据澳门仲裁法的规定，任何可由当事人订立和解协议的争议，包括行政性质的争议，均可作为仲裁的标的，而根据《中华人民共和国仲裁法》的规定，只有平等主体之间发生的合同纠纷和其他财产权益纠纷，才可仲裁。

需要说明的是，根据《中华人民共和国民事诉讼法》第二百七十九条的规定，内地涉外仲裁机构受理的案件，当事人申请采取保全的，应当由该涉外仲裁机构将当事人的申请提交人民法院。《仲裁保全安排》将澳门的仲裁机构视为内地涉外仲裁机构处理,如参照上述规定,当事人在仲裁过程中申请保全的,应由受理仲裁案件的澳门仲裁机构向内地人民法院提交当事人的保全申请。为体现"一国"之内两地更紧密的司法合作,以及考虑到保全的临时性、紧急性,《仲裁保全安排》未要求仲裁程序中的保全申请由澳门仲裁机构转递,澳门仲裁程序的当事人可以直接向内地人民法院申请保全,以减少转递环节、提高保全效率。

2. 仲裁前的保全

《仲裁保全安排》第二条第二款参照《中华人民共和国民事诉讼法》第一百零四条,规定在澳门仲裁机构受理仲裁案件前当事人向内地人民法院申请保全的,如内地人民法院采取保全措施后三十日内未收到澳门仲裁机构已受理仲裁案件的证明函件的,内地人民法院应当解除保全。《仲裁保全安排》第五条第二款根据澳门仲裁法第十五条第二款、第三款,规定了内地仲裁机构受理仲裁案件前当事人向澳门法院申请保全的,申请人应当在澳门特别行政区法律规定的期间内,采取开展仲裁程序的必要措施,否则该保全措施失效,并应当及时将已作出必要措施及作出日期的证明送交澳门特别行政区法院。

此外,《仲裁保全安排》与《仲裁裁决互认安排》有机结合,可实现两地就仲裁程序相互协助保全的全流程覆盖。《仲裁裁决互认安排》涵盖仲裁裁决作出后、法院受理认可和执行仲裁裁决申请之前或者之后的保全,但不包括仲裁裁决作出前的保全。《仲裁保全安排》进一步将两地相互协助保全向前延伸至仲裁前和仲裁中,从而实现了从仲裁程序开始前到仲裁程序进行中,从申请认可和执行仲裁裁决前到法院裁定作出前的全流程保全协助。

### (五) 关于应当提交的申请材料

1. 向内地人民法院申请保全应当提交的材料及申请书内容

《仲裁保全安排》第三条规定了澳门仲裁程序的当事人向内地人民法院申请保全时应提交的材料。该条参考了内地有关法律、司法解释以及以往司法协助安排特别是《内地与香港仲裁保全安排》的规定。第三条第一款第一项规定的保全申请书,包括当事人基本情况、保全事实、理由和证据等。第二项规定仲裁协议,主要为方便内地人民法院判断当事人之间的基础法律关系,此为形式审查,并不对仲裁协议的效力等实质问题进行审查。第三项为身份证明材料。第四项为规定仲裁申请文件及相关证明材料、仲裁机构出具的已受理有关仲裁案件的证明函件。第五项为兜底条款,如内地人民法院根据具体案情认为还需其他材料的,可要求申请人提供。为了更好体现"一国"原则,方便两地当事人,第三条第二款参照《内地与香港仲裁保全安排》放宽了对申请材料"公证、认证"的要求,仅针对在内地以外形成的身份证明材料作出需要依照内地相关法律规定办理证明手续的规定。

《仲裁保全安排》第四条参考《内地与香港仲裁保全安排》《中华人民共和国民事诉讼法》及相关司法解释、《最高人民法院关于人民法院办理财产保全案件若干问题的规定》《最高人民法院关于审查知识产权纠纷行为保全案件适用法律若干问题的规定》规定了保全申请书应当载明的内容,包括当事人的基本情况,请求事项,请求所依据的事实、理由和相关证据,申请保全的财产、证据的明确信息或者具体线索,用于提供担保的内地财产信息或者资信证明,是否已提出其他保全申请和保全情况,以及其他需要载明的事项。

2. 向澳门法院申请保全应当提交的材料及内容

《仲裁保全安排》第六条列明了当事人向澳门特别行政区法院申请保全应当提交的材料以及应当载明的内容,包括:仲裁协议;申请人信息;请求的详细资料;在仲裁机构受理仲裁案件后申请保全的,应当提交该仲裁机构出具的已受理有关仲裁案件的证明;是否已提出其他保全申请以及保全情况;法院要求的其他资料。

如向澳门特别行政区法院提交的文件并非使用澳门特别行政区的其中一种正式语文,即中文或葡文,则申请人应当提交其中一种正式语文的译本。

## (六) 关于保全申请的审查以及救济

《仲裁保全安排》第七条规定:"被请求方法院应当尽快审查当事人的保全申请,可以按照被请求方法律规定要求申请人提供担保。经审查,当事人的保全申请符合被请求方法律规定的,被请求方法院应当作出保全裁定。"第一，关于要求"尽快审查"。因保全具有紧迫性，如审查拖延将可能使保全失去意义。根据《中华人民共和国民事诉讼法》第一百零四条第二款、第三款的规定，对于申请仲裁前保全的，对案件有管辖权的人民法院接受申请后，应当在四十八小时内作出裁定；裁定采取保全措施的，应当立即开始执行。申请人在人民法院采取保全措施后三十日内不依法提起诉讼或者申请仲裁的，人民法院应当解除保全。根据澳门民事诉讼法典的规定，就保全申请，第一审时应于两个月期间内作出裁判；如无保全措施所针对之人，应于十五日期间内作出裁判。第二，向内地人民法院申请保全的，申请人应当根据内地法律以及司法解释规定提供担保；向澳门特别行政区法院申请保全的，根据澳门法律规定，法院可命令申请人提供担保。第三，是否采取保全、要求申请人提供何种担保，都依据被请求方法律来判断。

《仲裁保全安排》第八条规定了对被请求方法院裁定不服的救济途径，即按照被请求方相关法律规定处理。在内地，当事人对保全裁定不服的，可以自收到裁定书之日起五日内向作出裁定的人民法院申请复议。人民法院应当在收到复议申请后十日内审查。裁定正确的，驳回当事人的申请；裁定不当的，变更或者撤销原裁定。

在澳门特别行政区，当事人若认为法院不应批准保全措施的，可按一般程序对法院采取措施的批示提起上诉；当事人若认为法院采取的措施不当，比如超标的查封等，可以提出申辩，由法官作出裁判，当事人对该裁判也可以上诉。

## （七）关于《仲裁保全安排》与现有法律及司法解释的关系

1.《仲裁保全安排》与《仲裁裁决互认安排》的关系

一是两者规范调整的对象不同，《仲裁保全安排》针对仲裁裁决尚未作出时的保全协助事宜；《仲裁裁决互认安排》针对两地终局性仲裁裁决的相互认可和执行事宜。二是两者规定的保全申请阶段不同。如前所述，《仲裁保全安排》并不针对仲裁裁决作出后、向对方法院申请认可和执行之前或者之后的保全事宜。《仲裁裁决互认安排》第十一条则对此类情形下的保全作出规定。

2. 与两地现有法律的关系

《仲裁保全安排》不减损两地相关权利人根据对方法律已经享有的权利。本安排签署前，内地仲裁机构、仲裁庭、当事人即可依据澳门民事诉讼法典和澳门仲裁法向澳门特别行政区法院申请保全，有关权利不因《仲裁保全安排》的签署生效而有所减损。如根据澳门仲裁法第十五条第四款规定，不论仲裁地是否为澳门特别行政区，澳门特别行政区法院均有权采取与仲裁程序有关的保全措施。据此，由内地仲裁机构管理的、仲裁地在境外的仲裁程序当事人，也可以向澳门特别行政区法院申请保全。

## （八）其他需要说明的问题

《中华人民共和国仲裁法》并未授权仲裁机构命令采取临时措施的权利。但是按照澳门仲裁法，仲裁庭应任一方当事人的请求，并在听取他方当事人的意见后，可命令采取临时措施，包括：（1）在解决争议的过程中，维持现状或恢复原状；（2）采取措施防止目前或即将对仲裁程序造成的损害或损失，或不采取可能造成此等损害或损失的措施；（3）提供保全资产的必要手段以执行后续的仲裁裁决；（4）保全对解决争议可能具相关性和重要性的证据。仲裁庭命令采取的临时措施应被确认为具有约束力，应透过向法院提出声请加以执行。

# 最高人民法院
# 关于审理网络消费纠纷案件适用法律若干问题的规定（一）

法释〔2022〕8号

（2022年2月15日最高人民法院审判委员会第1864次会议通过
2022年3月1日最高人民法院公告公布
自2022年3月15日起施行）

为正确审理网络消费纠纷案件，依法保护消费者合法权益，促进网络经济健康持续发展，根据《中华人民共和国民法典》《中华人民共和国消费者权益保护法》《中华人民共和国电子商务法》《中华人民共和国民事诉讼法》等法律规定，结合审判实践，制定本规定。

**第一条** 电子商务经营者提供的格式条款有以下内容的，人民法院应当依法认定无效：

（一）收货人签收商品即视为认可商品质量符合约定；

（二）电子商务平台经营者依法应承担的责任一概由平台内经营者承担；

（三）电子商务经营者享有单方解释权或者最终解释权；

（四）排除或者限制消费者依法投诉、举报、请求调解、申请仲裁、提起诉讼的权利；

（五）其他排除或者限制消费者权利、减轻或者免除电子商务经营者责任、加重消费者责任等对消费者不公平、不合理的内容。

**第二条** 电子商务经营者就消费者权益保护法第二十五条第一款规定的四项除外商品做出七日内无理由退货承诺，消费者主张电子商务经营者应当遵守其承诺的，人民法院应予支持。

**第三条** 消费者因检查商品的必要对商品进行拆封查验且不影响商品完好，电子商务经营者以商品已拆封为由主张不适用消费者权益保护法第二十五条规定的无理由退货制度的，人民法院不予支持，但法律另有规定的除外。

**第四条** 电子商务平台经营者以标记自营业务方式或者虽未标记自营但实际开展自营业务所销售的商品或者提供的服务损害消费者合法权益，消费者主张电子商务平台经营者承担商品销售者或者服务提供者责任的，人民法院应予支持。

电子商务平台经营者虽非实际开展自营业务，但其所作标识等足以误导消费者使消费者相信系电子商务平台经营者自营，消费者主张电子商务平台经营者承担商品销售者或者服务提供者责任的，人民法院应予支持。

**第五条** 平台内经营者出售商品或者提供服务过程中，其工作人员引导消费者通过交易平台提供的支付方式以外的方式进行支付，消费者主张平台内经营者承担商品销售者或者服务提供者责任，平台内经营者以未经过交易平台支付为由抗辩的，人民法院不予支持。

**第六条** 注册网络经营账号开设网络店铺的平台内经营者，通过协议等方式将网络账号及店铺转让给其他经营者，但未依法进行相关经营主体信息变更公示，实际经营者的经营活动给消费者造成损害，消费者主张注册经营者、实际经营者承担赔偿责任的，人民法院应予支持。

**第七条** 消费者在二手商品网络交易平台购买商品受到损害，人民法院综合销售者出售商品的性质、来源、数量、价格、频率、是否有其他销售渠道、收入等情况，能够认定销售者系从事商业经营活动，消费者主张销售者依据消费者权益保护法承担经营者责任的，人民法院应予支持。

**第八条** 电子商务经营者在促销活动中提供的奖品、赠品或者消费者换购的商品给消费者造成损害，消费者主张电子商务经营者承担赔偿责任，电子商务经营者以奖品、赠品属于免费提供或者商品属于换购为由主张免责的，人民法院不予支持。

**第九条** 电子商务经营者与他人签订的以虚构交易、虚构点击量、编造用户评价等方式进行虚假宣传的合同，人民法院应当依法认定无效。

**第十条** 平台内经营者销售商品或者提供服务损害消费者合法权益，其向消费者承诺的赔偿标准高于相关法定赔偿标准，消费者主张平台内经营者按照承诺赔偿的，人民法院应依法予以支持。

**第十一条** 平台内经营者开设网络直播间销售商品，其工作人员在网络直播中因虚假宣传等给消费者造成损害，消费者主张平台内经营者承担赔偿责任的，人民法院应予支持。

**第十二条** 消费者因在网络直播间点击购买商品合法权益受到损害，直播间运营者不能证明已经以足以使消费者辨别的方式标明其并非销售者并标明实际销售者的，消费者主张直播间运营者承担商品销售者责任的，人民法院应予支持。

直播间运营者能够证明已经尽到前款所列标明义务的，人民法院应当综合交易外观、直播间运营者与经营者的约定、与经营者的合作模式、交易过程以及消费者认知等因素予以认定。

**第十三条** 网络直播营销平台经营者通过网络直播方式开展自营业务销售商品，消费者主张其承担商品销售者责任的，人民法院应予支持。

**第十四条** 网络直播间销售商品损害消费者合法权益，网络直播营销平台经营者不能提供直播间运营者的真实姓名、名称、地址和有效联系方式的，消费者依据消费者权益保护法第四十四条规定向网络直播营销平台经营者请求赔偿的，人民法院应予支持。网络直播营销平台经营者承担责任后，向直播间运营者追偿的，人民法院应予支持。

**第十五条** 网络直播营销平台经营者对依法需取得食品经营许可的网络直播间的食品经营资质未尽到法定审核义务，使消费者的合法权益受到损害，消费者依据食品安全法第一百三十一条等规定主张网络直播营销平台经营者与直播间运营者承担连带责任的，人民法院应予支持。

**第十六条** 网络直播营销平台经营者知道或者应当知道网络直播间销售的商品不符合保障人身、财产安全的要求，或者有其他侵害消费者合法权益行为，未采取必要措施，消费者依据电子商务法第三十八条等规定主张网络直播营销平台经营者与直播间运营者承担连带责任的，人民法院应予支持。

**第十七条** 直播间运营者知道或者应当知道经营者提供的商品不符合保障人身、财产安全的要求，或者有其他侵害消费者合法权益行为，仍为其推广，给消费者造成损害，消费者依据民法典第一千一百六十八条等规定主张直播间运营者与提供该商品的经营者承担连带责任的，人民法院应予支持。

**第十八条** 网络餐饮服务平台经营者违反食品安全法第六十二条和第一百三十一条规定，未对入网餐饮服务提供者进行实名登记、审查许可证，或者未履行报告、停止提供网络交易平台服务等义务，使消费者的合法权益受到损害，消费者主张网络餐饮服务平台经营者与入网餐饮服务提供者承担连带责任的，人民法院应予支持。

**第十九条** 入网餐饮服务提供者所经营食品损害消费者合法权益，消费者主张入网餐饮服务提供者承担经营者责任，入网餐饮服务提供者以订单系委托他人加工制作为由抗辩的，人民法院不予支持。

**第二十条** 本规定自 2022 年 3 月 15 日起施行。

# 《最高人民法院关于审理网络消费纠纷案件适用法律若干问题的规定（一）》的理解与适用

郑学林　刘　敏　高燕竹[*]

为正确审理网络消费纠纷案件，依法保护消费者合法权益，促进网络经济健康持续发展，2022年2月15日，最高人民法院审判委员会第1864次会议通过了《最高人民法院关于审理网络消费纠纷案件适用法律若干问题的规定（一）》（以下简称《规定》），并已于2022年3月15日起施行。本文就《规定》的起草背景、基本原则及主要问题进行说明，便于实践中准确理解与适用。

## 一、《规定》制定的背景

党的十八大以来，以习近平同志为核心的党中央高度重视发展数字经济，并将其上升为国家战略。党的十八届五中全会提出，实施网络强国战略和国家大数据战略。党的十九届五中全会提出，发展数字经济，推进数字产业化和产业数字化，推动数字经济和实体经济深度融合。习近平总书记多次就网络治理、平台经济作出重要指示。2020年11月16日，习近平总书记在中央全面依法治国工作会议上指出，数字经济、互联网金融、人工智能、大数据、云计算等新技术新应用快速发展，催生一系列新业态新模式，但相关法律制度还存在时间差、空白区。2021年3月15日，习近平总书记在中央财经委员会第九次会议上指出，要健全完善规则制度，加快健全平台经济法律法规，及时弥补规则空白和漏洞，推动平台经济规范健康持续发展。

---

[*] 作者单位：最高人民法院民事审判第一庭。

近年来,随着我国数字经济的蓬勃发展,网络消费当前已经成为社会大众的基本消费方式。据统计,自 2013 年起,我国已连续多年成为全球最大的网络零售市场。截至 2021 年 12 月,我国网络购物用户规模达 8.42 亿,占网民整体的 81.6%。2021 年网上零售额达 13.1 万亿元,同比增长了 14.1%。伴随网络经济的快速发展,网络消费纠纷案件呈现出快速增长的特点,司法实践中也出现了一些新情况和新问题。

正是在这一背景下,最高人民法院经过深入调研,多次召开专家学者、消费者代表、政府部门、企业以及法院系统座谈会,并向全社会公开征求意见,在反复研究论证的基础上,制定《规定》。

## 二、《规定》坚持的原则

我们在司法解释制定过程中,坚持以下理念和原则。

第一,坚持以人民为中心,加大对消费者合法权益保护力度。网络消费问题关系千家万户,关系人民群众的切身利益。《规定》制定过程中,始终坚持将人民群众的利益放在首位,努力解决人民群众普遍关切的问题,努力使互联网发展成果惠及最广大人民群众,切实增强人民群众的安全感、获得感和幸福感。

第二,贯彻落实新发展理念,促进网络经济健康持续发展。当前,数字经济已经成为我国经济高质量发展的重要支撑。推动网络消费经济健康持续发展,对于巩固脱贫攻坚成果,推进乡村振兴战略,构建以国内大循环为主体、国内国际双循环相互促进的新发展格局、不断实现人民群众对美好生活的向往均具有重要意义。《规定》制定过程中,注意平衡保护,妥善处理好消费者、电商平台、平台内经营者等各方利益关系,为网络经济健康持续发展提供有力司法服务和保障。

第三,遵循网络消费特点,科学合理制定规则。网络消费具有参与交易主体多样化、交易环境虚拟化、交易空间跨地域性、合同格式化等特点,《规定》制定过程中,注重把握规律,制定符合网络消费特点的司法规则。

第四,立足现状,预留未来创新空间。《规定》坚持问题导向,对于实践中迫切需要解决的问题及时予以明确,以统一裁判尺度,回应审判实践需要。同时,我们也认识到,网络经济领域的发展日新月异,新模式新样态不断衍生。《规定》既注重立足现状,解决现实问题,也注意为市场未来创新留出空间。

## 三、关于网络消费合同格式条款问题

由于网络消费是在虚拟环境中完成，交易合同一般采用格式条款方式订立，消费者一般不具有与电子商务经营者协商合同条款的机会和能力。消费者在合同订立方面处于弱势地位，通常要么接受格式条款，要么放弃交易。实践中，存在电子商务经营者利用其优势地位，制定不公平不合理的格式条款，侵害消费者合法权益的情况。因此，依法规制网络消费格式条款，在尊重合同自由原则的同时进行合法性审查，对于维护消费者权益则显得格外重要。

关于格式条款问题，民法典和消费者权益保护法等法律都作了规定。为了进一步明确相关问题，更好地维护消费者合法权益，《规定》对实践中较为常见的依法应当认定无效的格式条款进行了列举，并作了兜底性规定。《规定》第一条明确，电子商务经营者提供的格式条款有以下内容的，人民法院应当依法认定无效：(1) 收货人签收商品即视为认可商品质量符合约定；(2) 电子商务平台经营者依法应承担的责任一概由平台内经营者承担；(3) 电子商务经营者享有单方解释权或者最终解释权；(4) 排除或者限制消费者依法投诉、举报、请求调解、申请仲裁、提起诉讼的权利；(5) 其他排除或者限制消费者权利、减轻或者免除电子商务经营者责任、加重消费者责任等对消费者不公平、不合理的内容。

实践中，消费者签收商品时一般不会拆开商品详细查看，更没有时间试用。但有些网络消费合同格式条款单方规定，消费者签收商品后，就不得提出质量问题，这种格式条款显然是不合理的。征求意见过程中，有意见提出，有些生鲜商品，收货人签收商品应当视为认可商品质量符合约定。我们认为，即使消费者签收了生鲜商品，并不意味着认可了商品质量合格，如果有证据证明商品质量不符合约定，消费者有权要求商家承担相应责任。

另外，关于兜底条款的写法问题。根据民法典第四百九十七条的规定，提供格式条款一方不合理地免除或者减轻其责任、加重对方责任、限制对方主要权利或者提供格式条款一方排除对方主要权利的格式条款无效。根据消费者权益保护法第二十六条第二款的规定，经营者不得以格式条款、通知、声明、店堂告示等方式，作出排除或者限制消费者权利、减轻或者免除经营者责任、加重消费者责任等对消费者不公平、不合理的规定，不得利用格式条款并借助技术手段强制交易。关于兜底条款是采用民法典关于格式条款的写法还是消费者权益保护法的写法问题，考虑到就格式条款来说，民法典合同编的规定与消费者权益保护法的规定是一般法与特别法的关系，消费者权益保护法有特别规定的，要适用消费者权益保护法的规定。消费者权益保护法对格式条款的无效情形作了特别规定，应适用该规定，故《规定》第一条兜底条款采用了消费者权益保护法的表述。

### 四、关于七日无理由退货问题

消费者权益保护法第二十五条第一款规定，经营者采用网络、电视、电话、邮购等方式销售商品，消费者有权自收到商品之日起七日内退货，且无须说明理由，但下列商品除外：（1）消费者定作的；（2）鲜活易腐的；（3）在线下载或者消费者拆封的音像制品、计算机软件等数字化商品；（4）交付的报纸、期刊。无理由退货制度，实质是赋予消费者在合同缔结之后适当期间内单方解除合同的权利。赋予消费者单方解除合同的权利，与消费者在特定交易中由于信息不对称而导致的意思表示不真实有关。消费者权益保护法第二十五条第一款规定无理由退货制度适用的四项例外情形，主要是基于平衡经营者正当利益的需要，是法律对消费者权益保护的一般标准，法律并不禁止经营者作出对消费者更高保护的承诺。实践中，存在电子商务经营者作出更优承诺的情况，比如就消费者定作的商品承诺无理由退货。如果电子商务经营者就该四项除外商品作出无理由退货承诺，则应当遵守其承诺。《规定》第二条对此进行了明确。

消费者权益保护法确立消费者无理由退货制度的目的，是使网购消费者享有与在实体商场购物同等的检查、试用商品的机会从而自主决定是否进行交易。根据消费者权益保护法第二十五条第三款的规定，消费者退货的商品应当完好。消费者购买商品后需要拆开包装后对商品进行查验，如果要求消费者退回的商品必须未拆封，那么规定无理由退货制度从某种程度上就失去了意义。但实践中，存在电子商务经营者以商品已拆封为由拒绝消费者行使无理由退货权的情况。我们认为，消费者因检查商品的必要对商品进行拆封查验，只要不影响商品完好，就依法享有无理由退货权。国外立法例对相关问题也有类似规定，比如韩国电子交易消费者保护法（2002年）第17条第2款规定，由于消费者过失而导致商品受损或者损毁的,撤销权消灭;但消费者拆开包装和封套以查验商品的除外。《规定》第三条明确,消费者因检查商品的必要对商品进行拆封查验且不影响商品完好,电子商务经营者以商品已拆封为由主张不适用消费者权益保护法第二十五条规定的无理由退货制度的,人民法院不予支持,但法律另有规定的除外。

值得注意的是,考虑到行政规章等对于超出查验需要而使用商品,导致商品不完好的判断标准作了较为明确的规定,我们规定了但书条款,此处"法律另有规定的除外"中的"法律"作广义理解,包括法律、行政法规、部门规章等。

## 五、关于网络经营账号及店铺转让问题

现实中常有经营者注册网络经营账号开设网络店铺后,将网络经营账号及店铺转让给其他经营者,但未进行经营主体信息变更,消费者在该网络店铺进行交易产生纠纷后,公示经营主体与实际经营者互相推诿的问题。

电子商务法第十五条规定,电子商务经营者应当在其首页显著位置,持续公示营业执照信息、与其经营业务有关的行政许可信息、属于依照该法第十条规定的不需要办理市场主体登记情形等信息,或者上述信息的链接标识;并规定上述信息发生变更的,电子商务经营者应当及时更新公示信息。

我们认为,网络经营者的主体信息依法应当进行公示,消费者对公示交易主体信息的信赖应当受到法律保护,不论账号后台实际经营者是否系公示主体,消费者均有权主张由公示经营主体承担责任。同时,给消费者造成损害的是实际经营者的经营活动,实际经营者也负有及时更新公示信息的义务,从有利于保护消费者的角度出发,实际经营者也应当为自己的经营行为承担责任。《规定》第六条明确,平台内经营者将网络账号及店铺转让给其他经营者,但未依法进行相关经营主体信息变更公示,实际经营者的经营活动给消费者造成损害,消费者有权主张注册经营者、实际经营者承担赔偿责任,最大限度保护消费者合法权益。

司法实践中应当注意的是,关于出借网络账号及店铺给他人经营的,如果经营行为给消费者造成损害,由谁承担责任的问题,法律和司法解释均未明确规定。根据相关法律及行政管理规定,已经办理市场主体登记的

网络交易经营者应当如实公示相关信息，相关信息发生变更的，电子商务经营者应当及时更新公示信息。平台内经营者出借网络账号及店铺给他人经营，但未依法及时对相关主体信息进行公示的，侵犯了消费者的知情权以及建立在充分知情基础上的消费选择权。我们初步倾向认为，从有利于保护消费者的角度出发，注册经营者、实际经营者原则上均应承担责任。当然，实践中情况比较复杂，仍应结合具体情况予以认定。

另外，实践中还存在平台内经营者将店铺交由他人打理的情况，此种情况下，经营利益等仍为平台内经营者享有，消费者交易对象为平台内经营者，帮助打理店铺的人实际上类似平台内经营者的工作人员，承担销售者责任的通常应为平台内经营者。

## 六、关于平台外支付问题

实践中，存在平台内经营者的客服等工作人员引导消费者通过交易平台提供的支付方式以外的方式进行支付，比如通过客服个人微信支付的情况。当商品出现质量等问题双方产生纠纷后，平台内经营者又以未经过交易平台支付为由主张其不承担责任。我们认为，平台内经营者出售商品或者提供服务过程中，平台内经营者的客服等工作人员引导支付的行为属于职务行为，消费者交易对象仍是平台内经营者，平台内经营者应当承担销售者或者服务提供者责任。《规定》第五条明确，平台内经营者出售商品或者提供服务过程中，其工作人员引导消费者通过交易平台提供的支付方式以外的方式进行支付，消费者主张平台内经营者承担商品销售者或者服务提供者责任，平台内经营者以未经过交易平台支付为由抗辩的，人民法院不予支持。

适用中应当注意的是，如果是消费者明知交易对象并非平台内经营者，比如客服明确告知消费者其提供的商品另有渠道，并非平台内经营者提供，此时消费者明知交易对象并非平台内经营者而是另有他人，此种情形类似实践中所称"飞单"情形，与《规定》第五条规定的消费者交易对象为平台内经营者的情形不同，责任主体及责任承担应当结合案件情况予以认定。

## 七、关于二手商品责任问题

闲置物品交易模式是网络经济中的一种典型模式。随着"互联网+"

时代的到来，闲置物品交易平台也应运而生。闲置物品交易平台的出现有利于闲置物品的盘活、再利用，避免浪费，节约资源，但由于相关法律规制并不明确，司法实践中对如何认定责任存在不同认识。消费者权益保护法第三条规定，经营者为消费者提供其生产、销售的商品或者提供服务，应当遵守该法；该法未作规定的，应当遵守其他有关法律、法规。交易双方是否为经营者与消费者关系是消费者权益保护法适用与否的依据。经营者生产、销售商品或者提供服务应具有持续性，偶尔、零星地售出商品或者提供服务的，不宜认定为经营者。比如，某人在网上偶尔出售自己的二手自行车，某家庭主妇偶尔在网上出售自己的物品等，这些不应当认定为经营者。但在现实中，有些人在二手交易平台以交易闲置物品的名义进行经营行为，以达到规避监管和相关法律规制的目的。我们认为，销售者以该平台作为商品经营活动的平台，对同一类产品进行连续的、多次的、重复的销售行为，实质上已经构成经营行为，应适用消费者权益保护法进行调整，以切实保护消费者合法权益。《规定》第七条明确，消费者在二手商品网络交易平台购买商品受到损害，人民法院综合销售者出售商品的性质、来源、数量、价格、频率、是否有其他销售渠道、收入等情况，能够认定销售者系从事商业经营活动，消费者主张销售者依据消费者权益保护法承担经营者责任的，人民法院应予支持。

## 八、关于奖品、赠品造成损害问题

随着网络购物快速发展，电子商务经营者之间的竞争也日益激烈，打折、提供奖品、赠品、返券、赠积分、换购等促销手段渐趋常态化。这些促销活动活跃了市场，刺激了消费。但是，也出现了线下服务和线上促销承诺不一致、奖品或赠品给消费者造成损害等问题。在促销活动中提供的奖品、赠品，虽然消费者在形式上未支付对价，但经营者实际上已经将奖品、赠品的费用摊入经营成本中，转嫁给消费者。另外，实践中，消费者有时可以用积分或者是较低价格换购商品，这也是商家一种促销手段。消费者支付的价格虽然较低，但通常是在购买其他商品的情况下进行换购，经营者已经将差价计入成本。奖品、赠品、换购商品给消费者造成损害的，电子商务经营者也应当承担赔偿责任，不得以奖品、赠品属于免费提供或者商品属于换购为由主张免责。

也有观点认为，考虑到消费者毕竟在形式上属于无偿获得，应作一定限制。因此，征求意见稿也曾表述为："电子商务经营者在促销活动中提供的奖品、赠品因存在质量安全问题给消费者造成损害，消费者主张电子商务经营者承担赔偿责任，电子商务经营者以奖品、赠品属于免费提供为由主张免责的，人民法院不予支持。"经征求意见，立法机关认为，促销奖品、赠品等虽然对消费者来说是无偿获得的，但与消费者的消费行为密切相关，如给消费者造成损害，电子商务经营者应依法予以赔偿。故《规定》第八条明确，电子商务经营者在促销活动中提供的奖品、赠品或者消费者换购的商品给消费者造成损害，消费者主张电子商务经营者承担赔偿责任，电子商务经营者以奖品、赠品属于免费提供或者商品属于换购为由主张免责的，人民法院不予支持。

## 九、关于网络直播间运营者民事责任问题

网络直播电商作为一种数字经济新模式，近年来得到迅速发展。根据有关统计数据，截至 2021 年 12 月，我国网络直播用户规模达 7.03 亿，占网民整体的 68.2%。其中，电商直播用户规模为 4.64 亿，占网民整体的 44.9%。如何引导新业态健康发展，保护好消费者合法权益，是司法实践面临的新课题。调研过程中我们对网络直播问题予以了充分关注，《规定》对此作了比较详尽的规定。需要说明的是，《规定》规制的网络直播营销是指商业直播营销，公益性的直播营销不属于《规定》调整的范围。

其一，《规定》第十一条对平台内经营者开设网络直播间销售商品的情况作出规定。经营者在自己开设的直播间中以网络直播的方式售卖商品，实务中通常称为品牌自播。此种情况下，只是经营者展示和销售商品的方式发生了变化，其责任承担与普通经营者无本质区别，平台内经营者直接承担销售者责任，并无争议。经营者的工作人员在直播中对商品进行展示介绍，相当于商家的导购介绍自家的商品，其在直播中的推介行为属于职务行为，因虚假宣传等给消费者造成损害，消费者主张平台内经营者承担赔偿责任的，人民法院应予支持。《规定》第十一条对此予以明确。

其二，除品牌自播情形以外，实践中更为常见的是商家以外的主体开设直播间专门从事直播营销业务。这种情况下，直播间运营者，可能是直播营销服务机构（MCN 机构），也可能是自然人主播、其他机构等。根据我们调研的情况，在实务中，此种直播营销又分为自播和代播两种情况。具体操作中，自播与代播情形下，消费者点击商品链接后均是跳转至商品

详情页：自播情况下，一般是跳转到直播间运营者自己开设的平台内店铺完成交易；代播情况下，是跳转到他人店铺完成交易。自播情况下，因直播间运营者与店铺经营者主体相同，责任承担并无争议，即直播间运营者承担销售者责任。在代播的情况下，责任承担则存在较大争议。直播间运营者应当承担何种责任，存在不同观点。

一种观点认为，直播间运营者应当承担销售者责任。该观点认为，实务中，消费者通过直播间下单，通常会认为交易对象为直播间运营者，消费者很难辨别实际销售者；消费者通常基于对直播间与主播的好感和信任，才去购买直播间所推荐的商品，通常会认为交易对象为直播间运营者；直播间运营者通常从中分成、提取佣金、收取费用，应当认定直播间以其知名度、影响力等与经营者构成共同经营，直播间运营者应当承担销售者责任。

另一种观点认为，在代播的情况下，直播间运营者仅提供商品推广服务，不能等同于商品销售者，应当属于广告法调整的范围。商品销售者与消费者建立商品买卖关系，应当对其交付给消费者的商品承担进货检查验收、保持商品质量等义务，并应承担修理、更换、退货、损害赔偿等责任。而在代播情形下，商品付款、发货、退换货等均发生在消费者与销售者之间。直播间运营者仅提供推广服务，并不连接商品生产者、上游销售者，也不负责进货发货，如果"一刀切"地让直播间运营者承担销售者责任，则直播间运营者为避免将来承担责任，要么需要对每一批每一件货物进货查验，在实质上成为销售者，要么不提供购买链接，只做宣传，可能会导致代播模式逐渐消失，仅留下自播或"种草"推荐模式，对电商新业态的发展会造成比较大的影响。

基于以上争议，《规定》征求意见稿列了两种方案。经征求市场监管部门等社会各方面意见，并经过反复论证，采纳目前方案。针对实践中网络直播带货操作不规范，导致消费者对实际销售主体辨识不清的情况，《规定》第十二条第一款规定，直播间运营者不能证明已经以足以使消费者辨别的方式标明其并非销售者并标明实际销售者的，消费者主张直播间运营者承担商品销售者责任的，人民法院应予支持。《网络交易监督管理办法》（国家市场监督管理总局令第37号公布）第二十条第一款规定，通过网络社交、网络直播等网络服务开展网络交易活动的网络交易经营者，应当以显著方式展示商品或者服务及其实际经营主体、售后服务等信息，或者上述信息的链接标识。直播间运营者本身为实际销售者的,承担销售者责任,并无争议。直播间运营者并非实际销售者,而是为实际销售者进行推广宣传,但未尽到法定标明义务,消费者有理由相信其交易对象为网络直播间的,直播间运营者应当承担商品销售者责任。

对于直播间运营者已经尽到标明义务的,并非一概不承担销售者责任。在法律后果认定上存在多种可能性:(1)直播间运营者仍有可能承担销售者责任。比如,虽然标明并非销售者,但是属于为了逃避责任虚假标明;虽然标明并非销售者,但直播间运营者与经营者签订的是经销协议或者合作经营协议,或者与经营者存在较为紧密的合作关系,根据事实能够认定是销售者或者共同经营者;在直播过程中,直播间承诺承担销售者责任;等等。(2)直播间运营者承担广告责任,构成商业广告的,发布虚假广告需承担广告经营者、发布者责任。(3)还有可能构成委托等其他法律关系。《规定》第十二条第二款规定,直播间运营者能够证明已经尽到第一款所列标明义务的,人民法院应当综合交易外观、直播间运营者与经营者的约定、与经营者的合作模式、交易过程以及消费者认知等因素予以认定。

直播样态不断发展,法律关系及责任形式可能会更加丰富,目前《规定》所选择的方案在维护消费者知情权和选择权的同时,旨在引导新业态健康规范发展,不作"一刀切"规定,通过较为弹性的规定为将来发展和司法个案裁量预留出空间。

### 十、关于网络直播营销平台民事责任问题

网络直播营销平台对于整个直播营销市场的作用应当说是举足轻重的。实践中,有时会发生消费者因无法找到直播间运营者,难以求偿的情况。根据电子商务法第九条第二款的规定,该法所称电子商务平台经营者,是指在电子商务中为交易双方或者多方提供网络经营场所、交易撮合、信息发布等服务,供交易双方或者多方独立开展交易活动的法人或者非法人组织。网络直播营销平台也属于为交易双方或者多方提供网络经营场所、交易撮合、信息发布等服务,应当承担电子商务法关于电子商务平台经营者的责任。消费者权益保护法第四十四条第一款规定,消费者通过网络交易平台购买商品或者接受服务,其合法权益受到损害的,可以向销售者或者服务者要求赔偿。网络交易平台提供者不能提供销售者或者服务

者的真实名称、地址和有效联系方式的，消费者也可以向网络交易平台提供者要求赔偿。根据《网络直播营销管理办法》第八条的规定，直播营销平台负有对直播间运营者、直播营销人员进行基于身份证件信息、统一社会信用代码等真实身份信息认证的义务。为使消费者得到更为充分的保护，《规定》第十四条规定，网络直播间销售商品损害消费者合法权益，网络直播营销平台经营者不能提供直播间运营者的真实姓名、名称、地址和有效联系方式的，消费者依据消费者权益保护法第四十四条规定向网络直播营销平台经营者请求赔偿的，人民法院应予支持。网络直播营销平台经营者承担责任后，有权向直播间运营者追偿。

《规定》特别关注了网络直播售卖食品情况。实践中，网络直播间销售推广食品的情况很普遍，包括预包装食品和散装食品，还有家庭作坊制作的食品。根据食品安全法的规定，入网食品经营者依法应当取得许可证的，平台提供者应当审查其许可证。如果直播营销平台经营者不能对食品经营者的资质把好关，消费者面临食品安全隐患的风险则会大大增加。《规定》第十五条明确，网络直播营销平台经营者对依法需取得食品经营许可的网络直播间的食品经营资质未尽到法定审核义务，使消费者的合法权益受到损害，消费者依据食品安全法第一百三十一条等规定主张网络直播营销平台经营者与直播间运营者承担连带责任的，人民法院应予支持。

应当注意的是，根据2021年4月29日修正的食品安全法第三十五条第一款的规定，销售食用农产品和仅销售预包装食品的，不需要取得许可。仅销售预包装食品的，应当报所在地县级以上地方人民政府食品安全监督管理部门备案。

另外，根据电子商务法第三十八条第一款的规定，电子商务平台经营者知道或者应当知道平台内经营者销售的商品或者提供的服务不符合保障人身、财产安全的要求，或者有其他侵害消费者合法权益行为，未采取必要措施的，依法与该平台内经营者承担连带责任。网络直播营销平台经营者作为平台经营者也应依法承担相应责任。《规定》第十六条对此予以明确。

## 十一、关于外卖餐饮民事责任问题

近年来，网络外卖订餐的便捷性、高效性和低成本性赢得了消费者的青睐，截至2021年12月，我国网上外卖用户规模达5.44亿。然而，由于这些网络食品交易虚拟性、隐蔽性、跨地域性的特点，消费者在交易过程中，也面临着食品安全的隐患。有的入网餐饮服务提供者没有任何餐饮卫生资质甚至经营许可证，却利用外卖平台的审核漏洞违法经营。

食品安全法第六十二条和第一百三十一条规定了网络食品交易第三方平台提供者负有对入网食品经营者进行实名登记、审查许可证，以及对违法行为履行报告、停止提供网络交易平台服务的义务，食品安全法第一百三十一条规定，违反上述义务，使消费者的合法权益受到损害的，应当与食品经营者承担连带责任。司法实践中，很多人对于在餐饮服务纠纷案件中是否适用以及如何适用食品安全法并不清楚。根据食品安全法第二条的规定，餐饮服务属于食品经营，也应当遵守食品安全法的规定。《规定》第十八条明确，网络餐饮服务平台经营者违反食品安全法第六十二条和第一百三十一条规定，未对入网餐饮服务提供者进行实名登记、审查许可证，或者未履行报告、停止提供网络交易平台服务等义务，使消费者的合法权益受到损害，消费者主张网络餐饮服务平台经营者与入网餐饮服务提供者承担连带责任的，人民法院应予支持。该条规定旨在压实外卖餐饮平台责任，让外卖餐饮平台为消费者把好食品安全关，确保人民群众"舌尖上的安全"。

另外，《规定》明确了入网餐饮服务提供者委托他人加工制作食品时的责任主体。为更好地保障网络餐饮食品安全，《网络餐饮服务食品安全监督管理办法》第十八条规定，入网餐饮服务提供者应当在自己的加工操作区内加工食品，不得将订单委托其他食品经营者加工制作。实践中，仍然有经营者违规操作的情况，将订单委托他人加工制作，出现纠纷后，入网餐饮服务提供者又以系他人加工为由进行抗辩。我们认为，与消费者之间建立餐饮服务合同关系的是入网餐饮服务提供者，入网餐饮服务提供者负有保证食品质量安全的法定义务和合同义务。并且，入网餐饮服务提供者将订单委托其他食品经营者加工制作，违反行政管理规定，具有可归责性。无论从合同角度还是侵权角度，消费者均有权主张入网餐饮服务提供者承担经营者责任。

# 最高人民法院
# 关于适用《中华人民共和国反不正当竞争法》若干问题的解释

法释〔2022〕9号

（2022年1月29日最高人民法院审判委员会第1862次会议通过
2022年3月16日最高人民法院公告公布
自2022年3月20日起施行）

为正确审理因不正当竞争行为引发的民事案件，根据《中华人民共和国民法典》《中华人民共和国反不正当竞争法》《中华人民共和国民事诉讼法》等有关法律规定，结合审判实践，制定本解释。

**第一条** 经营者扰乱市场竞争秩序，损害其他经营者或者消费者合法权益，且属于违反反不正当竞争法第二章及专利法、商标法、著作权法等规定之外情形的，人民法院可以适用反不正当竞争法第二条予以认定。

**第二条** 与经营者在生产经营活动中存在可能的争夺交易机会、损害竞争优势等关系的市场主体，人民法院可以认定为反不正当竞争法第二条规定的"其他经营者"。

**第三条** 特定商业领域普遍遵循和认可的行为规范，人民法院可以认定为反不正当竞争法第二条规定的"商业道德"。

人民法院应当结合案件具体情况，综合考虑行业规则或者商业惯例、经营者的主观状态、交易相对人的选择意愿、对消费者权益、市场竞争秩序、社会公共利益的影响等因素，依法判断经营者是否违反商业道德。

人民法院认定经营者是否违反商业道德时，可以参考行业主管部门、行业协会或者自律组织制定的从业规范、技术规范、自律公约等。

**第四条** 具有一定的市场知名度并具有区别商品来源的显著特征的标识，人民法院可以认定为反不正当竞争法第六条规定的"有一定影响的"标识。

人民法院认定反不正当竞争法第六条规定的标识是否具有一定的市场知名度，应当综合考虑中国境内相关公众的知悉程度，商品销售的时间、区域、数额和对象，宣传的持续时间、程度和地域范围，标识受保护的情况等因素。

**第五条** 反不正当竞争法第六条规定的标识有下列情形之一的，人民法院应当认定其不具有区别商品来源的显著特征：

（一）商品的通用名称、图形、型号；

（二）仅直接表示商品的质量、主要原料、功能、用途、重量、数量及其他特点的标识；

（三）仅由商品自身的性质产生的形状，为获得技术效果而需有的商品形状以及使商品具有实质性价值的形状；

（四）其他缺乏显著特征的标识。

前款第一项、第二项、第四项规定的标识经过使用取得显著特征，并具有一定的市场知名度，当事人请求依据反不正当竞争法第六条规定予以保护的，人民法院应予支持。

**第六条** 因客观描述、说明商品而正当使用下列标识，当事人主张属于反不正当竞争法第六条规定的情形的，人民法院不予支持：

（一）含有本商品的通用名称、图形、型号；

（二）直接表示商品的质量、主要原料、功能、用途、重量、数量以及其他特点；

（三）含有地名。

**第七条** 反不正当竞争法第六条规定的标识或者其显著识别部分属于商标法第十条第一款规定的不得作为商标使用的标志，当事人请求依据反不正当竞争法第六条规定予以保护的，人民法院不予支持。

**第八条** 由经营者营业场所的装饰、营业用具的式样、营业人员的服饰等构成的具有独特风格的整体营业形象，人民法院可以认定为反不正当竞争法第六条第一项规定的"装潢"。

**第九条** 市场主体登记管理部门依法登记的企业名称，以及在中国境内进行商业使用的境外企业名称，人民法院可以认定为反不正当竞争法第六条第二项规定的"企业名称"。

有一定影响的个体工商户、农民专业合作社（联合社）以及法律、行政法规规定的其他市场主体的名称（包括简称、字号等），人民法院可以依照反不正当竞争法第六条第二项予以认定。

**第十条** 在中国境内将有一定影响的标识用于商品、商品包装或者容器以及商品交易文书上，或者广告宣传、展览以及其他商业活动中，用于识别商品来源的行为，人民法院可以认定为反不正当竞争法第六条规定的"使用"。

**第十一条** 经营者擅自使用与他人有一定影响的企业名称（包括简称、字号等）、社会组织名称（包括简称等）、姓名（包括笔名、艺名、译名等）、域名主体部分、网站名称、网页等近似的标识，引人误认为是他人商品或者与他人存在特定联系，当事人主张属于反不正当竞争法第六条第二项、第三项规定的情形的，人民法院应予支持。

**第十二条** 人民法院认定与反不正当竞争法第六条规定的"有一定影响的"标识相同或者近似，可以参照商标相同或者近似的判断原则和方法。

反不正当竞争法第六条规定的"引人误认为是他人商品或者与他人存在特定联系"，包括误认为与他人具有商业联合、许可使用、商业冠名、广告代言等特定联系。

在相同商品上使用相同或者视觉上基本无差别的商品名称、包装、装潢等标识，应当视为足以造成与他人有一定影响的标识相混淆。

**第十三条** 经营者实施下列混淆行为之一，足以引人误认为是他人商品或者与他人存在特定联系的，人民法院可以依照反不正当竞争法第六条第四项予以认定：

（一）擅自使用反不正当竞争法第六条第一项、第二项、第三项规定以外"有一定影响的"标识；

（二）将他人注册商标、未注册的驰名商标作为企业名称中的字号使用，误导公众。

**第十四条** 经营者销售带有违反反不正当竞争法第六条规定的标识的商品，引人误认为是他人商品或者与他人存在特定联系，当事人主张构成反不正当竞争法第六条规定的情形的，人民法院应予支持。

销售不知道是前款规定的侵权商品，能证明该商品是自己合法取得并说明提供者，经营者主张不承担赔偿责任的，人民法院应予支持。

**第十五条** 故意为他人实施混淆行为提供仓储、运输、邮寄、印制、隐匿、经营场所等便利条件，当事人请求依据民法典第一千一百六十九条第一款予以认定的，人民法院应予支持。

**第十六条** 经营者在商业宣传过程中，提供不真实的商品相关信息，欺骗、误导相关公众的，人民法院应当认定为反不正当竞争法第八条第一款规定的虚假的商业宣传。

**第十七条** 经营者具有下列行为之一，欺骗、误导相关公众的，人民法院可以认定为反不正当竞争法第八条第一款规定的"引人误解的商业宣传"：

（一）对商品作片面的宣传或者对比；

（二）将科学上未定论的观点、现象等当作定论的事实用于商品宣传；

（三）使用歧义性语言进行商业宣传；

（四）其他足以引人误解的商业宣传行为。

人民法院应当根据日常生活经验、相关公众一般注意力、发生误解的事实和被宣传对象的实际情况等因素，对引人误解的商业宣传行为进行认定。

**第十八条** 当事人主张经营者违反反不正当竞争法第八条第一款的规定并请求赔偿损失的，应当举证证明其因虚假或者引人误解的商业宣传行为受到损失。

**第十九条** 当事人主张经营者实施了反不正当竞争法第十一条规定的商业诋毁行为的，应当举证证明其为该商业诋毁行为的特定损害对象。

**第二十条** 经营者传播他人编造的虚假信息或者误导性信息，损害竞争对手的商业信誉、商品声誉的，人民法院应当依照反不正当竞争法第十一条予以认定。

**第二十一条** 未经其他经营者和用户同意而直接发生的目标跳转，人民法院应当认定为反不正当竞争法第十二条第二款第一项规定的"强制进行目标跳转"。

仅插入链接，目标跳转由用户触发的，人民法院应当综合考虑插入链接的具体方式、是否具有合理理由以及对用户利益和其他经营者利益的影响等因素，认定该行为是否违反反不正当竞争法第十二条第二款第一项的规定。

第二十二条　经营者事前未明确提示并经用户同意，以误导、欺骗、强迫用户修改、关闭、卸载等方式，恶意干扰或者破坏其他经营者合法提供的网络产品或者服务，人民法院应当依照反不正当竞争法第十二条第二款第二项予以认定。

第二十三条　对于反不正当竞争法第二条、第八条、第十一条、第十二条规定的不正当竞争行为，权利人因被侵权所受到的实际损失、侵权人因侵权所获得的利益难以确定，当事人主张依据反不正当竞争法第十七条第四款确定赔偿数额的，人民法院应予支持。

第二十四条　对于同一侵权人针对同一主体在同一时间和地域范围实施的侵权行为，人民法院已经认定侵害著作权、专利权或者注册商标专用权等并判令承担民事责任，当事人又以该行为构成不正当竞争为由请求同一侵权人承担民事责任的，人民法院不予支持。

第二十五条　依据反不正当竞争法第六条的规定，当事人主张判令被告停止使用或者变更其企业名称的诉讼请求依法应予支持的，人民法院应当判令停止使用该企业名称。

第二十六条　因不正当竞争行为提起的民事诉讼，由侵权行为地或者被告住所地人民法院管辖。

当事人主张仅以网络购买者可以任意选择的收货地作为侵权行为地的，人民法院不予支持。

第二十七条　被诉不正当竞争行为发生在中华人民共和国领域外，但侵权结果发生在中华人民共和国领域内，当事人主张由该侵权结果发生地人民法院管辖的，人民法院应予支持。

第二十八条　反不正当竞争法修改决定施行以后人民法院受理的不正当竞争民事案件，涉及该决定施行前发生的行为的，适用修改前的反不正当竞争法；涉及该决定施行前发生、持续到该决定施行以后的行为的，适用修改后的反不正当竞争法。

第二十九条　本解释自2022年3月20日起施行。《最高人民法院关于审理不正当竞争民事案件应用法律若干问题的解释》（法释〔2007〕2号）同时废止。

本解释施行以后尚未终审的案件，适用本解释；施行以前已经终审的案件，不适用本解释再审。

# 《最高人民法院关于适用〈中华人民共和国反不正当竞争法〉若干问题的解释》的理解与适用

林广海 李 剑 佟 姝[*]

《最高人民法院关于适用〈中华人民共和国反不正当竞争法〉若干问题的解释》(以下简称2022年司法解释),由最高人民法院审判委员会第1862次全体会议通过,自2022年3月20日起施行。2022年司法解释的出台,是深入贯彻习近平法治思想、及时回应新领域新业态知识产权司法保护需求的重要举措,对于推动建设全国统一大市场、服务更高水平对外开放具有重要意义。本文对2022年司法解释的制定背景、总体思路、主要内容等进行简要介绍,以便于实践中准确理解与适用。

## 一、起草背景和过程

党中央多次指出,加快完善社会主义市场经济体制,推动形成全面开放新格局,努力实现更高质量、更有效率、更加公平、更可持续的发展。在新发展阶段,完善公平竞争制度、加强反不正当竞争司法是贯彻新发展理念的重要举措,是完善社会主义市场经济体制、推动高质量发展的内在要求。人民法院作为反不正当竞争法实施体系的重要力量,切实发挥知识产权审判激励创新创造、维护公平竞争、促进文化繁荣的职能作用,不断完善制度,清晰规则,通过司法裁判强化公平竞争意识,引导全社会形成崇尚、保护和促进公平竞争的市场环境。

---

[*] 作者单位:最高人民法院。

随着我国市场经济的不断发展，新领域新业态的市场竞争出现新的情况和问题，2007年施行的《最高人民法院关于审理不正当竞争民事案件应用法律若干问题的解释》（以下简称2007年司法解释）已不能完全适应实践发展的新需要。为此，在反不正当竞争法2019年修正后，最高人民法院及时启动新司法解释的制定工作。需要说明的是，2020年9月12日起实施的《最高人民法院关于审理侵犯商业秘密民事案件适用法律若干问题的规定》已经涵盖了2007年司法解释有关商业秘密的内容，2022年司法解释未再涉及商业秘密问题。起草期间，2022年司法解释稿广泛征求了中央有关部门、法院系统、专家学者等有关方面意见，并向社会公开征求意见。在认真梳理、充分吸收各方意见的基础上形成送审稿，经最高人民法院审判委员会审议后通过。

## 二、起草的总体思路

一是营造稳定公平透明可预期的营商环境。加强反不正当竞争，坚决制止仿冒混淆、虚假宣传、诋毁商誉等不正当竞争行为，对于净化市场环境、规范市场秩序，服务构建新发展格局具有重要意义。2022年司法解释的制定，以正确贯彻实施反不正当竞争法为立足点，以持续激发市场主体活力、及时回应社会关切为目标，积极营造各类市场主体竞相发展的良好环境。

二是维护统一的公平竞争制度。完备的法律法规体系、公正高效权威的司法体系，是保护知识产权、促进公平竞争的重要保障。反不正当竞争法实施以来，人民法院牢固树立保护知识产权就是保护创新的理念，全面深化知识产权审判领域改革，引导新技术新业态新模式的市场竞争在法治轨道上健康有序发展。2022年司法解释的制定，是人民法院立足新发展阶段、统筹完善竞争规则、维护统一的公平竞争制度的重要举措。

三是保护经营者和消费者的合法权益。近年来，随着我国市场经济的蓬勃发展，新的市场竞争方式和手段不断出现，市场主体、消费者对部分重点行业和领域的不正当竞争行为反映强烈。2022年司法解释对仿冒混淆、商业诋毁、网络不正当竞争等社会重点关注的问题作出了规则细化，力求进一步加强和改进反不正当竞争司法，稳慎把握和平衡多层次价值取向，妥善处理发展和安全、效率和公平、活力和秩序的关系，充分发挥法治的引领、规范、保障作用，为各类市场主体投资兴业、规范健康发展提供有力司法保障。

### 三、主要内容

2022年司法解释共二十九条，根据修正后反不正当竞争法的具体规定，重点对一般条款、仿冒混淆、虚假宣传、商业诋毁、网络不正当竞争行为等问题作出了细化规定。

#### （一）关于反不正当竞争法第二条的适用

自反不正当竞争法施行以来，为满足司法实践需要，人民法院在个案中不断探索将反不正当竞争法第二条作为一般条款进行适用的条件。经过多年的实践积累，反不正当竞争法第二条已经成为人民法院审理不正当竞争民事案件的主要法律依据之一，对维护公平竞争的市场秩序发挥了重要作用。为了正确适用反不正当竞争法第二条，需要厘清反不正当竞争法与知识产权专门法之间的适用关系，统一裁判标准，2022年司法解释第一条至第三条对反不正当竞争法第二条的适用条件予以细化。

1. 关于适用条件（2022年司法解释第一条）

根据2022年司法解释第一条的规定，市场经营者的被诉市场竞争行为虽然不属于反不正当竞争法第二章及专利法、著作权法等列明的禁止行为，但扰乱市场竞争秩序、损害其他经营者或者消费者合法权益的，人民法院可以适用反不正当竞争法第二条对不正当竞争行为予以认定。

人民法院在适用反不正当竞争法第二条规制不正当竞争行为时，应注意严格把握以下适用条件：一是反不正当竞争法第二章及专利法、著作权法等知识产权专门法对该市场竞争行为未作出特别规定；二是该市场竞争行为扰乱市场竞争秩序、损害其他经营者或者消费者合法权益；三是该市场竞争行为因违反诚信原则和商业道德而具有不正当性。

2. 关于其他经营者范围的规定（2022年司法解释第二条）

2022年司法解释第二条对反不正当竞争法第二条规定的"其他经营者"范围作出了细化规定，即与经营者在生产经营活动中存在可能的争夺交易机会、损害竞争优势等关系的市场主体。

反不正当竞争法第二条所称的"其他经营者"，通常是指合法权益受到不正当竞争行为损害的一方当事人，也就是案件中的原告。司法解释遵循依法解释原则，以相对灵活和宽松的存在可能的争夺交易机会、损害竞争优势等关系为标准,适当简化适格主体等问题的判断。需要注意的是,2022年司法解释第二条是针对反不正当竞争法第二条第二款中"其他经营者"范围作出的细化规定。反不正当竞争法第八条第二项虽然也使用了"其他经营者"的表述,但指向的是借助刷单炒信行为谋取不正当利益的经营者,与反不正当竞争法第二条第二款规定的"其他经营者"的范围有所不同。

3. 关于商业道德及违反商业道德的认定(2022年司法解释第三条)

2022年司法解释第三条对商业道德、认定违反商业道德的考量因素等问题作出了规定。诚实信用原则是市场活动参与者应遵循的基本准则。一方面,要鼓励和支持通过诚实劳动积累社会财富和创造社会价值,并保护在此基础上形成的合法财产性权益;另一方面,要强调在市场活动中讲究信用、诚实不欺,在不损害他人合法利益、社会公共利益和市场秩序的前提下追求自己的利益。诚实信用原则在反不正当竞争法上通常表现为商业道德的形式。司法实践中,在认定经营者是否违反商业道德时,应当注意把握以下几个问题。

一是商业道德应具有行业共识。根据2022年司法解释第三条的规定,反不正当竞争法所称的商业道德,应当是特定商业领域普遍遵循和认可的行为规范。即使是在同一商业领域,商业道德的标准也不能仅根据单一方面的立场确定,而是要考虑市场活动参与者共同或者普遍的认可,这体现了对行业良善标准的肯定和法律确定性的要求。为合理减轻当事人的举证负担,2022年司法解释将商业道德的评价标准明确为普遍遵循和认可的行为规范。

二是商业道德不同于日常伦理。商业道德在反不正当竞争领域具有特定内涵,它不同于一般的社会公德,也不等同于个人品格,而应当根据经营者在参与特定商业领域市场交易行为所应遵循的伦理标准判断,所体现的是商业伦理。实践中应注意避免简单以日常生活的道德标准衡量市场竞争行为的正当性,防止不适当地扩张反不正当竞争法的规制范围,进而损害竞争自由和经济效率。

三是商业道德标准需要结合个案把握。2022年司法解释第三条开放性地列举了个案判断中可以考量的因素,包括行业规则或者商业惯例,经营者、交易相对人的主观状态,以及对消费者权益、市场竞争秩序、社会公共利益的影响等。

在起草过程中，有意见提出，互联网行业技术和商业模式更新速度快，商业道德客观化难度更大，建议将有关自律组织、行业协会等通过总结行业内自我管理、行政管理手段等形成的行业规范、自律公约等内容纳入商业道德的考量范围。经研究，2022年司法解释采纳了这些建议。应当注意的是，数字经济背景下的网络经营行为与传统经营行为日益交叉融合，动态竞争的特点突出，某些行业领域还没有形成行业普遍认同和遵守的行为规则。对此，人民法院要结合个案情况，充分发挥行业规范、自律公约等对认定行业惯常行为标准的积极作用，在审查确定其内容合法、公正和客观的情况下，可以将自律公约等作为认定互联网行业惯常行为标准和公认商业道德的参考依据。

## （二）关于混淆行为

### 1. 关于有一定影响的标识（2022年司法解释第四条）

2022年司法解释第四条第一款细化了反不正当竞争法第六条规定的"有一定影响的"标识的认定，即具有一定的市场知名度并具有区别商品来源的显著特征的标识。反不正当竞争法对商业标识的保护虽不以注册为条件，但与商标法关于商业标识保护的本质是相通的，即通过发挥商业标识识别来源的作用，避免可能的市场混淆。为实现保护体系的完整性，对未能被商标法涵盖的保护客体，反不正当竞争法提供相应保护，但有关商业标识需要同时具备知名度与显著性的条件。理由在于，无论是对于注册商标还是未注册商标，相关公众基于商业标识的知名度与显著性，能够识别特定商品和服务的来源，是反不正当竞争法提供该相应保护的重要前提和基础。如果某种标识具有一定的市场知名度，但存在2022年司法解释第五条规定的不具有显著特征的除外情形，无法发挥识别来源作用，则不会引发市场混淆，反不正当竞争法第六条也就没有提供保护的必要。例如，在涉及"肠清茶"知名商品特有名称、包装装潢纠纷案中，最高人民法院认为，"肠清"有肠道清理之意，直接表明了商品的功能和用途，不具有识别商品来源的作用，除非该主体能证明该商品名称通过使用获得了显著特征。根据现有证据，可以认定御生堂肠清茶产品销售和宣传的时间较长、区域较广，能够为相关公众所知悉，但御生堂公司以广告方式侧重宣传的是肠清茶产品的功能，未能克服肠清茶本身所具有的描述商品功能的性质，不能达到使相关公众将"肠清茶"与某一特定来源主体联系起来的目的。御生堂公司主张"肠清茶"为其知名商品特有名称证据不足,不予支持。

此外,2022年司法解释第四条第二款规定了人民法院认定商业标识市场知名度的参考因素,也为当事人举证提供了指引。对中国境内相关公众的知悉程度这一因素,实践中应当注意:一是根据地域性原则,有关商业标识只有在中国境内具有知名度,才可能受到反不正当竞争法的保护;二是知名度的认知主体是相关经营者或者消费者,并不要求是普遍的社会公众;三是有关商业标识在一定地域范围内具有知名度即可,而不要求在全国知名。

2. 关于禁用禁注的标识不予保护的规定(2022年司法解释第七条)

根据2022年司法解释第七条的规定,反不正当竞争法第六条规定的标识或者其显著识别部分属于商标法第十条第一款规定的不得作为商标使用的标志,当事人请求依据反不正当竞争法第六条规定予以保护的,人民法院不予支持。

将禁用禁注的标识排除在各类有一定影响的标识保护范围之外,体现的是反不正当竞争法对公序良俗的维护。就商业标识而言,反不正当竞争法是在商标法之外实行相应的保护,应与商标法保持法律规则体系上的协调性。根据商标法第十条第一款的规定,与国家名称、国旗等相同或近似的八种标志不得作为商标使用和注册。可见,违反公共利益的未注册商标同样属于禁止使用的范围。商业标识权益的保护,或者第二含义的取得,当然不能以损害公共利益为代价。因此,根据体系解释的方法,对于违反商标注册的实质性要件,可能损害社会公共利益而不能使用和注册的标志,一概不能通过使用成为有一定影响的标识纳入反不正当竞争法的保护范围。例如,在涉及"特种兵"包装装潢不正当竞争纠纷案中,最高人民法院认为,如果包装、装潢的显著识别部分是可能损害公共利益的商业标识时,包装、装潢与该商业标识即均不具有获得法律保护的正当性基础。否则,将导致无法依据商标法获得保护的标志反而能够通过反不正当竞争法获得保护的不良导向。涉案包装、装潢的构成要素均指向"特种兵",在"特种兵"商标已被生效判决认定具有不良影响、不得作为商标使用的情况下,将"特种兵"文字作为显著识别部分的涉案包装、装潢同样不应当作为反不正当竞争法意义上的有一定影响的包装、装潢进行保护。

在起草2022年司法解释过程中,有意见提出,包装装潢等标识的显著识别部分对区分商品和服务来源具有较大影响，建议将不予保护的范围从标识本身扩展至显著识别部分。为加强对涉商业标识类不正当竞争行为的规制力度，经征求立法机关意见，2022年司法解释采纳了该建议，即反不正当竞争法第六条规定的标识或者其显著识别部分属于商标法第十条第一款规定的不得作为商标使用的标志，当事人请求依据反不正当竞争法第六条规定予以保护的，人民法院不予支持。

3. 关于兜底条款的适用（2022年司法解释第十三条）

为规范今后可能出现的其他混淆行为，反不正当竞争法第六条还规定了第四项兜底条款。2022年司法解释第十三条对兜底条款的适用情形作出了一定细化，具体有两个方面。

一是兜底条款的适用范围。反不正当竞争法第六条规定的被混淆对象主要包括商品标识、主体标识及网络活动标识。随着新模式、新业态不断出现，特别是市场竞争手段花样翻新，未来还可能出现符合有一定影响的标识的保护条件但表现形式未能被反不正当竞争法第六条前三项涵盖的情形。为此，2022年司法解释为实践探索留出空间。需要注意的是，兜底条款与具体条款规范对象的性质应保持一致，只有在擅自使用其他有一定影响的标识足以产生反不正当竞争法第六条规定的混淆结果时，才能适用反不正当竞争法第六条第四项的规定予以认定。

二是与商标法第五十八条的衔接。修正后的商标法第五十八条明确了商业标识权利冲突的处理原则。为统一裁判标准，实现商标法第五十八条规定与反不正当竞争法的有效衔接，2022年司法解释第十三条明确，符合商标法第五十八条规定情形的，应当适用反不正当竞争法第六条中的兜底条款进行认定。2022年司法解释起草过程中，对条款衔接的具体法律适用存在不同认识，如建议适用反不正当竞争法第二条规定。我们经研究认为：首先，经过多年的审判实践，人民法院逐步确立了审理知识产权权利冲突案件所应遵循的诚实信用、维护公平竞争和保护在先权利等基本原则，并运用这些原则较好地审理了一大批涉及知识产权权利冲突的案件。对与商标法第五十八条有关的涉及字号与注册商标、未注册驰名商标权利冲突问题的解决，同样应遵循这些原则。其次，商标法第五十八条规定的情形，本质上属于商业标识之间的权利冲突问题，与反不正当竞争法第六条的规范对象具有同质性，不属于2022年司法解释第一条规定的应当适用一般条款的情形，不宜衔接适用反不正当竞争法第二条的规定。

### 4. 关于销售者责任的规定（2022年司法解释第十四条）

2022年司法解释第十四条对涉及混淆行为的销售者责任及合法来源抗辩问题作出了规定，即经营者销售带有违反反不正当竞争法第六条规定的标识的商品，引人误认为是他人商品或者与他人存在特定联系，当事人主张构成反不正当竞争法第六条规定的情形的，人民法院应予支持。销售不知道是上述规定的侵权商品，能证明该商品是自己合法取得并说明提供者，经营者主张不承担赔偿责任的，人民法院应予支持。

对于反不正当竞争法第六条的规制对象是否包括销售行为，实践中存在不同认识，由此产生的执法司法标准不统一问题，是反不正当竞争法执法检查过程中反映的突出问题。如销售仿冒混淆商品行为是否构成反不正当竞争法第六条规定的擅自使用行为，行政执法与司法机关之间、不同司法机关之间对这一问题的认识有时也不尽一致。为加大对仿冒混淆行为的惩治力度，经征求立法机关意见，2022年司法解释第十四条规定了销售者责任。同时，为实现源头治理，合理平衡各方当事人利益关系，2022年司法解释借鉴商标法第六十四条第二款的规定，一并规定了销售者的合法来源抗辩。

### （三）关于虚假宣传行为

#### 1. 表现形式（2022年司法解释第十六条、第十七条）

修正后的反不正当竞争法调整了虚假宣传条款的表述，明确虚假宣传包括虚假或者引人误解的商业宣传两种表现方式。2022年司法解释第十六条、第十七条分别作了细化。随着经济快速发展、市场主体大幅扩容、线上线下市场加速融合，以各种引人误解的方式进行虚假宣传的形式可能更为隐蔽、多发，2022年司法解释第十七条对行为方式进行了开放式列举，并为人民法院认定引人误解的商业宣传行为提供了必要的考量因素。

司法实践中应当注意把握以下两个问题：一是贯彻落实修正后的反不正当竞争法所体现的对公共利益、经营者利益和消费者利益一体保护的精神，认定误导性宣传的损害结果并不限于消费者利益，误导对象还可能包括生产经营者，人民法院应当基于相关公众的一般注意力，对引人误解的商业宣传行为进行认定；二是市场主体为达到自己期望的宣传效果，一些商业宣传行为可能带有一定的夸张成分，如果相关公众不会因此而对商品质量、美誉度等产生误解，则不宜认定为引人误解的虚假宣传行为。

2. 损害后果（2022年司法解释第十八条）

2022年司法解释第十八条规定了损害赔偿的举证责任，即根据反不正当竞争法第八条规定提起虚假宣传之诉并请求赔偿损失的，应当举证证明因虚假宣传行为而遭受的损失。实践中，依据反不正当竞争法第八条规定提起诉讼并请求损害赔偿的，应当证明有因虚假宣传行为受到的实际损害。例如，在涉及"携程"虚假宣传纠纷案中，最高人民法院认为，对于1993年反不正当竞争法第九条第一款规定的引人误解的虚假宣传行为，引人误解和直接损害的后果问题，不能简单地以相关公众可能产生的误导性后果来替代原告对自身受到损害的证明责任。此外，2022年司法解释第十八条规定强调的是对损害事实的举证责任，而不是要求当事人必须于起诉时举证证明损失的精确数额。对于损失或获利具体数额确实难以查清的情况，人民法院可以结合个案情况，依据反不正当竞争法第十七条第四款确定赔偿数额。

## （四）关于商业诋毁行为（2022年司法解释第十九条、第二十条）

随着市场竞争日趋激烈、竞争手段花样翻新，商业诋毁类不正当竞争案件数量上升趋势明显。修正后的反不正当竞争法完善了商业诋毁行为的表现方式，将"捏造、散布虚伪事实"的表述修改为"编造、传播虚假信息或者误导性信息"，2022年司法解释第十九条、第二十条对此作出细化。司法实践中，应当注意把握以下几个问题。

一是商业诋毁的对象是广义的竞争者。通常情况下，商业诋毁的对象多为提供类似商品或服务的竞争对手，但随着互联网产业的蓬勃发展，市场利益的竞合关系和竞争程度发生较大变化。对于商业诋毁纠纷中竞争者范围的把握，应当重点审查双方是否存在可能的争夺交易机会、损害竞争优势等广义竞争关系，而不能简单地仅以双方提供的商品或服务相同或者类似作为认定构成竞争者的标准。

二是商业诋毁对象具有特定性。将商业诋毁作为不正当竞争行为规制，立足于该行为对竞争对手商业信誉、商品声誉的损害。因此，如果有关商业宣传行为并没有特定的指向性，相关公众不能凭借其中包含的信息内容与特定损害对象对应联系，自然就不会产生掠夺竞争对手交易机会和竞争优势的结果。为此，2022年司法解释第十九条明确，商业诋毁案件的原告应当举证证明其为涉案商业诋毁行为的特定损害对象。需要指出的是，经营者编造、传播的虚假信息或者误导性信息虽然没有包含竞争对手的企业名称，但结合在案证据，如比较广告中对双方经营情况、产品特点的描述等，相关公众完全可以识别竞争对手的身份，也可以认定原告已经完成了对特定损害对象的举证。例如，在涉及"蘭王"商业诋毁纠纷案中，最高人民法院认为，商业诋毁行为并不要求行为人必须直接指明诋毁的具体对象的名称，即并不要求诋毁行为人指名道姓，但商业诋毁指向的对象应当是可辨别的。

三是传播行为的性质。实践中，商业诋毁行为的表现方式可能是多样的，既包括经营者同时实施编造和传播行为，也包括经营者传播他人编造的虚假或误导性信息的情况。2022年司法解释起草过程中，有意见提出，对于仅实施传播行为的，只有在传播者具有主观过错的情况下，才能够认定其构成商业诋毁。经研究，2022年司法解释未采纳该意见。主要考虑是，经营者传播他人编造的虚假信息，只是商业诋毁行为的一种具体表现方式，2022年司法解释不宜在反不正当竞争法第十一条规定之外增加新的行为要件，否则就等于提高了商业诋毁行为的举证标准，从实质上改变了以传播方式实施商业诋毁行为的直接侵权行为性质，与立法本意不符。

四是误导性信息的认定。根据反不正当竞争法第十一条的规定，商业诋毁的内容包括虚假信息或者误导性信息。对于信息虚假或误导性的判断，人民法院可以根据个案情况，遵循2022年司法解释第十六条、第十七条的规定具体把握。

## （五）关于网络不正当竞争行为（2022年司法解释第二十一条、第二十二条）

相对于线下实体市场的情形，网络环境下不正当竞争行为的实施方式更为多样、复杂。为及时回应实践需求，修正后的反不正当竞争法增加了第十二条，专门规制网络不正当竞争行为。在总结已有司法经验的基础上，2022年司法解释第二十一条、第二十二条进一步细化了流量劫持和干扰两类行为的认定条件。实践中，应当注意把握以下几个问题。

一是注重利益衡量。在适用反不正当竞争法第十二条判断网络环境下竞争行为的正当性时，应正确理解和把握经营者利益、消费者利益和社会公共利益一体保护的精神。注意审查被诉行为是否符合法律明文列举的行为类型的同时，还应当充分考虑互联网产业的技术创新和商业模式更新迭代速度快、竞争秩序的动态发展特征突出等特点，综合评估行为对竞争的积极和消极效果，处理好技术创新与竞争秩序维护、竞争者利益保护与消费者福利改善的关系。

二是准确把握具体行为条款的适用条件。对于流量劫持行为，2022年司法解释规定，未经其他经营者和用户同意而直接发生的目标跳转，人民法院应当认定为反不正当竞争法第十二条第二款第一项规定的"强制进行目标跳转"。当目标跳转是由用户主动触发时，要综合考虑插入链接的具体方式、是否具有合理理由以及对用户和其他经营者利益的影响，认定被诉行为是否违反了第二款第一项的规定。反不正当竞争法与消费者权益保护法对消费者权益关注的侧重点有所不同，但消费者对商品和服务是否享有充分的选择权，均是侵权认定中的主要考量因素。因此，在认定强制进行目标跳转行为时，2022年司法解释强调了用户意愿的重要性。

对于干扰行为，应注意两个方面：一方面，判断网络竞争行为是否正当，重点在于判断该行为是否破坏了市场竞争秩序。要遵循科技发展的客观规律与司法规律，坚持技术中立的原则，公正与效率并重，考虑必要的技术革新空间、干扰手段的必要性和合理性，以及是否超出了正当商业竞争的限度；另一方面，经营者合法提供的网络产品或者服务，应当平等接受用户的自主选择，不应恶意干扰或者破坏其他合法终端软件的正常使用，这也是互联网行业的基本共识。因此，如果经营者滥用技术手段不正当地诱导消费者，损害公平竞争的市场秩序，即属于反不正当竞争法第十二条第二款第二项规定的不正当竞争行为。2022年司法解释据此规定，如果经营者事前没有明确提示并得到用户同意，以法律规定的诱导等方式，恶意干扰或者破坏其他经营者合法提供的网络产品或者服务，人民法院应认定为反不正当竞争法第十二条第二款第二项规定的行为。

三是严格把握兜底条款的适用条件。从法律规定的具体表述看，反不正当竞争法第十二条第二款第四项兜底条款与前三项类型化条款的行为特征具有较大相似性，即利用技术手段实施的妨碍、破坏其他经营者合法提供的网络产品或者服务正常运行的行为。人民法院在个案审理过程中，应避免对兜底性条款的理解和适用过于宽泛。

## (六) 其他问题

**1. 涉企业名称案件的判项表述（2022年司法解释第二十五条）**

2022年司法解释第二十五条对涉企业名称案件的判项表述问题作出指引，即依据反不正当竞争法第六条的规定，当事人主张判令被告停止使用或者变更其企业名称的诉讼请求依法应予支持的，人民法院应当判令停止使用该企业名称。

根据反不正当竞争法第十七条的规定，实施不正当竞争行为并给他人造成损害的经营者，应当承担相应的民事责任。但是，针对不同类型的不正当竞争行为，法律没有进一步明确停止侵权等民事责任承担的具体方式。2022年司法解释起草过程中，有意见提出，人民法院依照反不正当竞争法第六条第二项规定认定被告使用企业名称的行为构成不正当竞争后，有的判令停止使用企业名称，有的判令变更企业名称，建议2022年司法解释予以明确和统一。经研究，2022年司法解释采纳了该建议并规定，此种情形应当判令停止使用企业名称。主要考虑是，修正后的反不正当竞争法第十八条第二款规定，经营者登记的企业名称违反该法第六条规定的，应当及时办理名称变更登记。企业名称登记管理条例第二十三条第二款进一步规定，当事人应自收到生效的判令停止使用企业名称的法律文书之日起30日内，办理企业名称的变更登记。由此可见，人民法院判令停止使用企业名称后，被告应当办理企业名称变更登记手续，实质上属于履行生效裁判的行为。因此，裁判文书的判项中无须表述为"变更"企业名称。

**2. 关于地域管辖（2022年司法解释第二十六条）**

2022年司法解释第二十六条规定了不正当竞争案件的地域管辖问题，即遵循民事诉讼法及其司法解释关于侵权案件地域管辖的一般原则，由侵权行为地或被告住所地人民法院管辖，侵权行为地包括侵权行为实施地和结果发生地。同时，考虑到网络环境下不正当竞争案件的特点，如果当事人主张仅以网络购买者可以任意选择的收货地作为侵权行为地，人民法院不予支持。主要考虑以下两个方面。

首先，在民商事案件中，被诉侵权产品就是交易双方权利义务争议的实际载体。而在不正当竞争案件中，它通常只是原告据以提起诉讼和索赔的证据。例如，在擅自使用有一定影响的商品名称等不正当竞争案件中，原告购买被诉侵权产品是用以证明侵权行为已实际发生，并不涉及该产品买卖关系的权利义务争议,而一旦判决认定被告实施了不正当竞争行为,必须停止侵权(包括停止生产和销售侵权产品),那么,停止生产销售的对象则是指向全部侵权产品,不是指向原告为了本案诉讼购得的特定被诉侵权产品。因此,如果以网络购买者可以任意选择的收货地作为侵权行为地来确定案件管辖法院,其实质就是以当事人通过网购在任意一个地方收到一件物证来确定案件管辖法院,这显然是不适宜的。

其次,由于涉及网络案件的主要行为发生地与行为主体所在地不一致,有的案件管辖权难以确定,导致立案难、取证难、执行难的现象,实践中反映得已经比较突出。为增强涉及网络不正当竞争案件管辖的确定性,参考司法实践的成熟经验,更好地贯彻民事诉讼的"两便"原则,实现案件由真正意义上的侵权行为地法院管辖,2022年司法解释第二十六条规定,网络购买者可以任意选择的网络收货地不能作为不正当竞争民事案件管辖的连接点。

3. 关于级别管辖

根据《最高人民法院关于第一审知识产权民事、行政案件管辖的若干规定》第三条的规定,包括不正当竞争案件(不含技术秘密)在内的第一审知识产权民事、行政案件,由最高人民法院确定的基层人民法院管辖。因此,2022年司法解释未再涉及不正当竞争案件的级别管辖问题。

最高人民法院
# 关于修改《最高人民法院关于适用〈中华人民共和国民事诉讼法〉的解释》的决定

法释〔2022〕11号

（2022年3月22日最高人民法院审判委员会第1866次会议通过
2022年4月1日最高人民法院公告公布
自2022年4月10日起施行）

2021年12月24日，第十三届全国人大常委会第三十二次会议审议通过了《全国人民代表大会常务委员会关于修改〈中华人民共和国民事诉讼法〉的决定》。根据修改后的民事诉讼法，结合人民法院民事审判和执行工作实际，最高人民法院审判委员会第1866次会议决定，对《最高人民法院关于适用〈中华人民共和国民事诉讼法〉的解释》作如下修改：

一、将第九条修改为："追索赡养费、扶养费、抚养费案件的几个被告住所地不在同一辖区的，可以由原告住所地人民法院管辖。"

二、将第四十五条修改为："在一个审判程序中参与过本案审判工作的审判人员，不得再参与该案其他程序的审判。

"发回重审的案件，在一审法院作出裁判后又进入第二审程序的，原第二审程序中审判人员不受前款规定的限制。"

三、将第四十八条修改为："民事诉讼法第四十七条所称的审判人员，包括参与本案审理的人民法院院长、副院长、审判委员会委员、庭长、副庭长、审判员和人民陪审员。"

四、将第六十一条修改为："当事人之间的纠纷经人民调解委员会或者其他依法设立的调解组织调解达成协议后，一方当事人不履行调解协议，另一方当事人向人民法院提起诉讼的，应以对方当事人为被告。"

五、将第二百一十八条修改为："赡养费、扶养费、抚养费案件，裁判发生法律效力后，因新情况、新理由，一方当事人再行起诉要求增加或者减少费用的，人民法院应作为新案受理。"

六、将第二百五十八条修改为："适用简易程序审理的案件，审理期限到期后，有特殊情况需要延长的，经本院院长批准，可以延长审理期限。延长后的审理期限累计不得超过四个月。

"人民法院发现案件不宜适用简易程序，需要转为普通程序审理的，应当在审理期限届满前作出裁定并将审判人员及相关事项书面通知双方当事人。

"案件转为普通程序审理的，审理期限自人民法院立案之日计算。"

七、将第二百六十一条修改为："适用简易程序审理案件，人民法院可以依照民事诉讼法第九十条、第一百六十二条的规定采取捎口信、电话、短信、传真、电子邮件等简便方式传唤双方当事人、通知证人和送达诉讼文书。

"以简便方式送达的开庭通知，未经当事人确认或者没有其他证据证明当事人已经收到的，人民法院不得缺席判决。

"适用简易程序审理案件，由审判员独任审判，书记员担任记录。"

八、将第二百六十九条修改为："当事人就案件适用简易程序提出异议，人民法院经审查，异议成立的，裁定转为普通程序；异议不成立的，裁定驳回。裁定以口头方式作出的，应当记入笔录。

"转为普通程序的，人民法院应当将审判人员及相关事项以书面形式通知双方当事人。

"转为普通程序前，双方当事人已确认的事实，可以不再进行举证、质证。"

九、将第二百七十三条修改为："海事法院可以适用小额诉讼的程序审理海事、海商案件。案件标的额应当以实际受理案件的海事法院或者其派出法庭所在的省、自治区、直辖市上年度就业人员年平均工资为基数计算。"

十、删除第二百七十四条、第二百七十五条。

十一、将第二百八十一条改为第二百七十九条，修改为："当事人对按照小额诉讼案件审理有异议的，应当在开庭前提出。人民法院经审查，异议成立的，适用简易程序的其他规定审理或者裁定转为普通程序；异议不成立的，裁定驳回。裁定以口头方式作出的，应当记入笔录。"

十二、将第三百四十九条改为第三百四十七条，修改为："在诉讼中，当事人的利害关系人或者有关组织提出该当事人不能辨认或者不能完全辨认自己的行为，要求宣告该当事人无民事行为能力或者限制民事行为能力的，应由利害关系人或者有关组织向人民法院提出申请，由受诉人民法院按照特别程序立案审理，原诉讼中止。"

十三、将第三百五十三条改为第三百五十一条，修改为："申请司法确认调解协议的，双方当事人应当本人或者由符合民事诉讼法第六十一条规定的代理人依照民事诉讼法第二百零一条的规定提出申请。"

十四、将第三百五十四条改为第三百五十二条，修改为："调解组织自行开展的调解，有两个以上调解组织参与的，符合民事诉讼法第二百零一条规定的各调解组织所在地人民法院均有管辖权。

"双方当事人可以共同向符合民事诉讼法第二百零一条规定的其中一个有管辖权的人民法院提出申请；双方当事人共同向两个以上有管辖权的人民法院提出申请的，由最先立案的人民法院管辖。"

十五、条文中引用民事诉讼法相关条文序号根据修改后的民事诉讼法作相应调整。

十六、条文顺序作相应调整。

本决定自 2022 年 4 月 10 日起施行。

根据本决定，《最高人民法院关于适用〈中华人民共和国民事诉讼法〉的解释》作相应修改后重新公布。

# 最高人民法院
# 关于适用《中华人民共和国民事诉讼法》的解释

(2014年12月18日最高人民法院审判委员会第1636次会议通过 根据2020年12月23日最高人民法院审判委员会第1823次会议通过的《最高人民法院关于修改〈最高人民法院关于人民法院民事调解工作若干问题的规定〉等十九件民事诉讼类司法解释的决定》第一次修正 根据2022年3月22日最高人民法院审判委员会第1866次会议通过的《最高人民法院关于修改〈最高人民法院关于适用《中华人民共和国民事诉讼法》的解释〉的决定》第二次修正)

## 目 录

一、管辖

二、回避

三、诉讼参加人

四、证据

五、期间和送达

六、调解

七、保全和先予执行

八、对妨害民事诉讼的强制措施

九、诉讼费用

十、第一审普通程序

十一、简易程序

十二、简易程序中的小额诉讼

十三、公益诉讼

十四、第三人撤销之诉

十五、执行异议之诉

十六、第二审程序

十七、特别程序

十八、审判监督程序

十九、督促程序

二十、公示催告程序

二十一、执行程序

二十二、涉外民事诉讼程序的特别规定

二十三、附则

2012年8月31日，第十一届全国人民代表大会常务委员会第二十八次会议审议通过了《关于修改〈中华人民共和国民事诉讼法〉的决定》。根据修改后的民事诉讼法，结合人民法院民事审判和执行工作实际，制定本解释。

## 一、管辖

**第一条** 民事诉讼法第十九条第一项规定的重大涉外案件，包括争议标的额大的案件、案情复杂的案件，或者一方当事人人数众多等具有重大影响的案件。

**第二条** 专利纠纷案件由知识产权法院、最高人民法院确定的中级人民法院和基层人民法院管辖。

海事、海商案件由海事法院管辖。

**第三条** 公民的住所地是指公民的户籍所在地，法人或者其他组织的住所地是指法人或者其他组织的主要办事机构所在地。

法人或者其他组织的主要办事机构所在地不能确定的，法人或者其他组织的注册地或者登记地为住所地。

**第四条** 公民的经常居住地是指公民离开住所地至起诉时已连续居住一年以上的地方，但公民住院就医的地方除外。

**第五条** 对没有办事机构的个人合伙、合伙型联营体提起的诉讼，由被告注册登记地人民法院管辖。没有注册登记，几个被告又不在同一辖区的，被告住所地的人民法院都有管辖权。

**第六条** 被告被注销户籍的，依照民事诉讼法第二十三条规定确定管辖；原告、被告均被注销户籍的，由被告居住地人民法院管辖。

**第七条** 当事人的户籍迁出后尚未落户，有经常居住地的，由该地人民法院管辖；没有经常居住地的，由其原户籍所在地人民法院管辖。

**第八条** 双方当事人都被监禁或者被采取强制性教育措施的,由被告原住所地人民法院管辖。被告被监禁或者被采取强制性教育措施一年以上的,由被告被监禁地或者被采取强制性教育措施地人民法院管辖。

**第九条** 追索赡养费、扶养费、抚养费案件的几个被告住所地不在同一辖区的,可以由原告住所地人民法院管辖。

**第十条** 不服指定监护或者变更监护关系的案件,可以由被监护人住所地人民法院管辖。

**第十一条** 双方当事人均为军人或者军队单位的民事案件由军事法院管辖。

**第十二条** 夫妻一方离开住所地超过一年,另一方起诉离婚的案件,可以由原告住所地人民法院管辖。

夫妻双方离开住所地超过一年,一方起诉离婚的案件,由被告经常居住地人民法院管辖;没有经常居住地的,由原告起诉时被告居住地人民法院管辖。

**第十三条** 在国内结婚并定居国外的华侨,如定居国法院以离婚诉讼须由婚姻缔结地法院管辖为由不予受理,当事人向人民法院提出离婚诉讼的,由婚姻缔结地或者一方在国内的最后居住地人民法院管辖。

**第十四条** 在国外结婚并定居国外的华侨,如定居国法院以离婚诉讼须由国籍所属国法院管辖为由不予受理,当事人向人民法院提出离婚诉讼的,由一方原住所地或者在国内的最后居住地人民法院管辖。

**第十五条** 中国公民一方居住在国外,一方居住在国内,不论哪一方向人民法院提起离婚诉讼,国内一方住所地人民法院都有权管辖。国外一方在居住国法院起诉,国内一方向人民法院起诉的,受诉人民法院有权管辖。

**第十六条** 中国公民双方在国外但未定居,一方向人民法院起诉离婚的,应由原告或者被告原住所地人民法院管辖。

**第十七条** 已经离婚的中国公民,双方均定居国外,仅就国内财产分割提起诉讼的,由主要财产所在地人民法院管辖。

**第十八条** 合同约定履行地点的,以约定的履行地点为合同履行地。

合同对履行地点没有约定或者约定不明确,争议标的为给付货币的,接收货币一方所在地为合同履行地;交付不动产的,不动产所在地为合同履行地;其他标的,履行义务一方所在地为合同履行地。即时结清的合同，交易行为地为合同履行地。

合同没有实际履行，当事人双方住所地都不在合同约定的履行地的，由被告住所地人民法院管辖。

**第十九条** 财产租赁合同、融资租赁合同以租赁物使用地为合同履行地。合同对履行地有约定的，从其约定。

**第二十条** 以信息网络方式订立的买卖合同，通过信息网络交付标的的，以买受人住所地为合同履行地；通过其他方式交付标的，收货地为合同履行地。合同对履行地有约定的，从其约定。

**第二十一条** 因财产保险合同纠纷提起的诉讼，如果保险标的物是运输工具或者运输中的货物，可以由运输工具登记注册地、运输目的地、保险事故发生地人民法院管辖。

因人身保险合同纠纷提起的诉讼，可以由被保险人住所地人民法院管辖。

**第二十二条** 因股东名册记载、请求变更公司登记、股东知情权、公司决议、公司合并、公司分立、公司减资、公司增资等纠纷提起的诉讼，依照民事诉讼法第二十七条规定确定管辖。

**第二十三条** 债权人申请支付令，适用民事诉讼法第二十二条规定，由债务人住所地基层人民法院管辖。

**第二十四条** 民事诉讼法第二十九条规定的侵权行为地，包括侵权行为实施地、侵权结果发生地。

**第二十五条** 信息网络侵权行为实施地包括实施被诉侵权行为的计算机等信息设备所在地，侵权结果发生地包括被侵权人住所地。

**第二十六条** 因产品、服务质量不合格造成他人财产、人身损害提起的诉讼，产品制造地、产品销售地、服务提供地、侵权行为地和被告住所地人民法院都有管辖权。

**第二十七条** 当事人申请诉前保全后没有在法定期间起诉或者申请仲裁，给被申请人、利害关系人造成损失引起的诉讼，由采取保全措施的人民法院管辖。

当事人申请诉前保全后在法定期间内起诉或者申请仲裁，被申请人、利害关系人因保全受到损失提起的诉讼，由受理起诉的人民法院或者采取保全措施的人民法院管辖。

**第二十八条** 民事诉讼法第三十四条第一项规定的不动产纠纷是指因

不动产的权利确认、分割、相邻关系等引起的物权纠纷。

农村土地承包经营合同纠纷、房屋租赁合同纠纷、建设工程施工合同纠纷、政策性房屋买卖合同纠纷，按照不动产纠纷确定管辖。

不动产已登记的，以不动产登记簿记载的所在地为不动产所在地；不动产未登记的，以不动产实际所在地为不动产所在地。

**第二十九条** 民事诉讼法第三十五条规定的书面协议，包括书面合同中的协议管辖条款或者诉讼前以书面形式达成的选择管辖的协议。

**第三十条** 根据管辖协议，起诉时能够确定管辖法院的，从其约定；不能确定的，依照民事诉讼法的相关规定确定管辖。

管辖协议约定两个以上与争议有实际联系的地点的人民法院管辖，原告可以向其中一个人民法院起诉。

**第三十一条** 经营者使用格式条款与消费者订立管辖协议，未采取合理方式提请消费者注意，消费者主张管辖协议无效的，人民法院应予支持。

**第三十二条** 管辖协议约定由一方当事人住所地人民法院管辖，协议签订后当事人住所地变更的，由签订管辖协议时的住所地人民法院管辖，但当事人另有约定的除外。

**第三十三条** 合同转让的，合同的管辖协议对合同受让人有效，但转让时受让人不知道有管辖协议，或者转让协议另有约定且原合同相对人同意的除外。

**第三十四条** 当事人因同居或者在解除婚姻、收养关系后发生财产争议，约定管辖的，可以适用民事诉讼法第三十五条规定确定管辖。

**第三十五条** 当事人在答辩期间届满后未应诉答辩，人民法院在一审开庭前，发现案件不属于本院管辖的，应当裁定移送有管辖权的人民法院。

**第三十六条** 两个以上人民法院都有管辖权的诉讼，先立案的人民法院不得将案件移送给另一个有管辖权的人民法院。人民法院在立案前发现其他有管辖权的人民法院已先立案的，不得重复立案；立案后发现其他有管辖权的人民法院已先立案的，裁定将案件移送给先立案的人民法院。

**第三十七条** 案件受理后，受诉人民法院的管辖权不受当事人住所地、经常居住地变更的影响。

**第三十八条** 有管辖权的人民法院受理案件后，不得以行政区域变更为由，将案件移送给变更后有管辖权的人民法院。判决后的上诉案件和依审判监督程序提审的案件，由原审人民法院的上级人民法院进行审判；上级人民法院指令再审、发回重审的案件，由原审人民法院再审或者重审。

**第三十九条** 人民法院对管辖异议审查后确定有管辖权的，不因当事人提起反诉、增加或者变更诉讼请求等改变管辖，但违反级别管辖、专属管辖规定的除外。

人民法院发回重审或者按第一审程序再审的案件，当事人提出管辖异议的，人民法院不予审查。

**第四十条** 依照民事诉讼法第三十八条第二款规定，发生管辖权争议的两个人民法院因协商不成报请它们的共同上级人民法院指定管辖时，双方为同属一个地、市辖区的基层人民法院的，由该地、市的中级人民法院及时指定管辖；同属一个省、自治区、直辖市的两个人民法院的，由该省、自治区、直辖市的高级人民法院及时指定管辖；双方为跨省、自治区、直辖市的人民法院，高级人民法院协商不成的，由最高人民法院及时指定管辖。

依照前款规定报请上级人民法院指定管辖时，应当逐级进行。

**第四十一条** 人民法院依照民事诉讼法第三十八条第二款规定指定管辖的，应当作出裁定。

对报请上级人民法院指定管辖的案件，下级人民法院应当中止审理。指定管辖裁定作出前，下级人民法院对案件作出判决、裁定的，上级人民法院应当在裁定指定管辖的同时，一并撤销下级人民法院的判决、裁定。

**第四十二条** 下列第一审民事案件，人民法院依照民事诉讼法第三十九条第一款规定，可以在开庭前交下级人民法院审理：

（一）破产程序中有关债务人的诉讼案件；

（二）当事人人数众多且不方便诉讼的案件；

（三）最高人民法院确定的其他类型案件。

人民法院交下级人民法院审理前，应当报请其上级人民法院批准。上级人民法院批准后，人民法院应当裁定将案件交下级人民法院审理。

## 二、回避

**第四十三条** 审判人员有下列情形之一的，应当自行回避，当事人有权申请其回避：

（一）是本案当事人或者当事人近亲属的；

（二）本人或者其近亲属与本案有利害关系的；

（三）担任过本案的证人、鉴定人、辩护人、诉讼代理人、翻译人员的；

（四）是本案诉讼代理人近亲属的；

（五）本人或者其近亲属持有本案非上市公司当事人的股份或者股权的；

（六）与本案当事人或者诉讼代理人有其他利害关系，可能影响公正审理的。

**第四十四条** 审判人员有下列情形之一的，当事人有权申请其回避：

（一）接受本案当事人及其受托人宴请，或者参加由其支付费用的活动的；

（二）索取、接受本案当事人及其受托人财物或者其他利益的；

（三）违反规定会见本案当事人、诉讼代理人的；

（四）为本案当事人推荐、介绍诉讼代理人，或者为律师、其他人员介绍代理本案的；

（五）向本案当事人及其受托人借用款物的；

（六）有其他不正当行为，可能影响公正审理的。

**第四十五条** 在一个审判程序中参与过本案审判工作的审判人员，不得再参与该案其他程序的审判。

发回重审的案件，在一审法院作出裁判后又进入第二审程序的，原第二审程序中审判人员不受前款规定的限制。

**第四十六条** 审判人员有应当回避的情形，没有自行回避，当事人也没有申请其回避的，由院长或者审判委员会决定其回避。

**第四十七条** 人民法院应当依法告知当事人对合议庭组成人员、独任审判员和书记员等人员有申请回避的权利。

**第四十八条** 民事诉讼法第四十七条所称的审判人员，包括参与本案审理的人民法院院长、副院长、审判委员会委员、庭长、副庭长、审判员和人民陪审员。

**第四十九条** 书记员和执行员适用审判人员回避的有关规定。

### 三、诉讼参加人

**第五十条** 法人的法定代表人以依法登记的为准,但法律另有规定的除外。依法不需要办理登记的法人,以其正职负责人为法定代表人;没有正职负责人的,以其主持工作的副职负责人为法定代表人。

法定代表人已经变更,但未完成登记,变更后的法定代表人要求代表法人参加诉讼的,人民法院可以准许。

其他组织,以其主要负责人为代表人。

**第五十一条** 在诉讼中,法人的法定代表人变更的,由新的法定代表人继续进行诉讼,并应向人民法院提交新的法定代表人身份证明书。原法定代表人进行的诉讼行为有效。

前款规定,适用于其他组织参加的诉讼。

**第五十二条** 民事诉讼法第五十一条规定的其他组织是指合法成立、有一定的组织机构和财产,但又不具备法人资格的组织,包括:

（一）依法登记领取营业执照的个人独资企业;
（二）依法登记领取营业执照的合伙企业;
（三）依法登记领取我国营业执照的中外合作经营企业、外资企业;
（四）依法成立的社会团体的分支机构、代表机构;
（五）依法设立并领取营业执照的法人的分支机构;
（六）依法设立并领取营业执照的商业银行、政策性银行和非银行金融机构的分支机构;
（七）经依法登记领取营业执照的乡镇企业、街道企业;
（八）其他符合本条规定条件的组织。

**第五十三条** 法人非依法设立的分支机构,或者虽依法设立,但没有领取营业执照的分支机构,以设立该分支机构的法人为当事人。

**第五十四条** 以挂靠形式从事民事活动,当事人请求由挂靠人和被挂靠人依法承担民事责任的,该挂靠人和被挂靠人为共同诉讼人。

**第五十五条** 在诉讼中,一方当事人死亡,需要等待继承人表明是否参加诉讼的,裁定中止诉讼。人民法院应当及时通知继承人作为当事人承担诉讼,被继承人已经进行的诉讼行为对承担诉讼的继承人有效。

**第五十六条** 法人或者其他组织的工作人员执行工作任务造成他人损害的,该法人或者其他组织为当事人。

**第五十七条** 提供劳务一方因劳务造成他人损害,受害人提起诉讼的,以接受劳务一方为被告。

**第五十八条** 在劳务派遣期间,被派遣的工作人员因执行工作任务造成他人损害的,以接受劳务派遣的用工单位为当事人。当事人主张劳务派遣单位承担责任的,该劳务派遣单位为共同被告。

**第五十九条** 在诉讼中,个体工商户以营业执照上登记的经营者为当事人。有字号的,以营业执照上登记的字号为当事人,但应同时注明该字号经营者的基本信息。

营业执照上登记的经营者与实际经营者不一致的,以登记的经营者和实际经营者为共同诉讼人。

**第六十条** 在诉讼中,未依法登记领取营业执照的个人合伙的全体合伙人为共同诉讼人。个人合伙有依法核准登记的字号的,应在法律文书中注明登记的字号。全体合伙人可以推选代表人;被推选的代表人,应由全体合伙人出具推选书。

**第六十一条** 当事人之间的纠纷经人民调解委员会或者其他依法设立的调解组织调解达成协议后,一方当事人不履行调解协议,另一方当事人向人民法院提起诉讼的,应以对方当事人为被告。

**第六十二条** 下列情形,以行为人为当事人:

(一)法人或者其他组织应登记而未登记,行为人即以该法人或者其他组织名义进行民事活动的;

(二)行为人没有代理权、超越代理权或者代理权终止后以被代理人名义进行民事活动的,但相对人有理由相信行为人有代理权的除外;

(三)法人或者其他组织依法终止后,行为人仍以其名义进行民事活动的。

**第六十三条** 企业法人合并的,因合并前的民事活动发生的纠纷,以合并后的企业为当事人;企业法人分立的,因分立前的民事活动发生的纠纷,以分立后的企业为共同诉讼人。

**第六十四条** 企业法人解散的,依法清算并注销前,以该企业法人为当事人;未依法清算即被注销的,以该企业法人的股东、发起人或者出资人为当事人。

**第六十五条** 借用业务介绍信、合同专用章、盖章的空白合同书或者银行账户的,出借单位和借用人为共同诉讼人。

第六十六条 因保证合同纠纷提起的诉讼,债权人向保证人和被保证人一并主张权利的,人民法院应当将保证人和被保证人列为共同被告。保证合同约定为一般保证,债权人仅起诉保证人的,人民法院应当通知被保证人作为共同被告参加诉讼;债权人仅起诉被保证人的,可以只列被保证人为被告。

第六十七条 无民事行为能力人、限制民事行为能力人造成他人损害的,无民事行为能力人、限制民事行为能力人和其监护人为共同被告。

第六十八条 居民委员会、村民委员会或者村民小组与他人发生民事纠纷的,居民委员会、村民委员会或者有独立财产的村民小组为当事人。

第六十九条 对侵害死者遗体、遗骨以及姓名、肖像、名誉、荣誉、隐私等行为提起诉讼的,死者的近亲属为当事人。

第七十条 在继承遗产的诉讼中,部分继承人起诉的,人民法院应通知其他继承人作为共同原告参加诉讼;被通知的继承人不愿意参加诉讼又未明确表示放弃实体权利的,人民法院仍应将其列为共同原告。

第七十一条 原告起诉被代理人和代理人,要求承担连带责任的,被代理人和代理人为共同被告。

原告起诉代理人和相对人,要求承担连带责任的,代理人和相对人为共同被告。

第七十二条 共有财产权受到他人侵害,部分共有权人起诉的,其他共有权人为共同诉讼人。

第七十三条 必须共同进行诉讼的当事人没有参加诉讼的,人民法院应当依照民事诉讼法第一百三十五条的规定,通知其参加;当事人也可以向人民法院申请追加。人民法院对当事人提出的申请,应当进行审查,申请理由不成立的,裁定驳回;申请理由成立的,书面通知被追加的当事人参加诉讼。

第七十四条 人民法院追加共同诉讼的当事人时,应当通知其他当事人。应当追加的原告,已明确表示放弃实体权利的,可不予追加;既不愿意参加诉讼,又不放弃实体权利的,仍应追加为共同原告,其不参加诉讼,不影响人民法院对案件的审理和依法作出判决。

第七十五条 民事诉讼法第五十六条、第五十七条和第二百零六条规定的人数众多,一般指十人以上。

第七十六条 依照民事诉讼法第五十六条规定,当事人一方人数众多在起诉时确定的，可以由全体当事人推选共同的代表人，也可以由部分当事人推选自己的代表人；推选不出代表人的当事人，在必要的共同诉讼中可以自己参加诉讼，在普通的共同诉讼中可以另行起诉。

**第七十七条** 根据民事诉讼法第五十七条规定，当事人一方人数众多在起诉时不确定的，由当事人推选代表人。当事人推选不出的，可以由人民法院提出人选与当事人协商；协商不成的，也可以由人民法院在起诉的当事人中指定代表人。

**第七十八条** 民事诉讼法第五十六条和第五十七条规定的代表人为二至五人，每位代表人可以委托一至二人作为诉讼代理人。

**第七十九条** 依照民事诉讼法第五十七条规定受理的案件，人民法院可以发出公告，通知权利人向人民法院登记。公告期间根据案件的具体情况确定，但不得少于三十日。

**第八十条** 根据民事诉讼法第五十七条规定向人民法院登记的权利人，应当证明其与对方当事人的法律关系和所受到的损害。证明不了的，不予登记，权利人可以另行起诉。人民法院的裁判在登记的范围内执行。未参加登记的权利人提起诉讼，人民法院认定其请求成立的，裁定适用人民法院已作出的判决、裁定。

**第八十一条** 根据民事诉讼法第五十九条的规定，有独立请求权的第三人有权向人民法院提出诉讼请求和事实、理由，成为当事人；无独立请求权的第三人，可以申请或者由人民法院通知参加诉讼。

第一审程序中未参加诉讼的第三人，申请参加第二审程序的，人民法院可以准许。

**第八十二条** 在一审诉讼中，无独立请求权的第三人无权提出管辖异议，无权放弃、变更诉讼请求或者申请撤诉，被判决承担民事责任的，有权提起上诉。

**第八十三条** 在诉讼中，无民事行为能力人、限制民事行为能力人的监护人是他的法定代理人。事先没有确定监护人的，可以由有监护资格的人协商确定；协商不成的，由人民法院在他们之中指定诉讼中的法定代理人。当事人没有民法典第二十七条、第二十八条规定的监护人的，可以指定民法典第三十二条规定的有关组织担任诉讼中的法定代理人。

**第八十四条** 无民事行为能力人、限制民事行为能力人以及其他依法不能作为诉讼代理人的，当事人不得委托其作为诉讼代理人。

**第八十五条** 根据民事诉讼法第六十一条第二款第二项规定,与当事人有夫妻、直系血亲、三代以内旁系血亲、近姻亲关系以及其他有抚养、赡养关系的亲属,可以当事人近亲属的名义作为诉讼代理人。

**第八十六条** 根据民事诉讼法第六十一条第二款第二项规定,与当事人有合法劳动人事关系的职工,可以当事人工作人员的名义作为诉讼代理人。

**第八十七条** 根据民事诉讼法第六十一条第二款第三项规定,有关社会团体推荐公民担任诉讼代理人的,应当符合下列条件:

(一)社会团体属于依法登记设立或者依法免予登记设立的非营利性法人组织;

(二)被代理人属于该社会团体的成员,或者当事人一方住所地位于该社会团体的活动地域;

(三)代理事务属于该社会团体章程载明的业务范围;

(四)被推荐的公民是该社会团体的负责人或者与该社会团体有合法劳动人事关系的工作人员。

专利代理人经中华全国专利代理人协会推荐,可以在专利纠纷案件中担任诉讼代理人。

**第八十八条** 诉讼代理人除根据民事诉讼法第六十二条规定提交授权委托书外,还应当按照下列规定向人民法院提交相关材料:

(一)律师应当提交律师执业证、律师事务所证明材料;

(二)基层法律服务工作者应当提交法律服务工作者执业证、基层法律服务所出具的介绍信以及当事人一方位于本辖区内的证明材料;

(三)当事人的近亲属应当提交身份证件和与委托人有近亲属关系的证明材料;

(四)当事人的工作人员应当提交身份证件和与当事人有合法劳动人事关系的证明材料;

(五)当事人所在社区、单位推荐的公民应当提交身份证件、推荐材料和当事人属于该社区、单位的证明材料;

(六)有关社会团体推荐的公民应当提交身份证件和符合本解释第八十七条规定条件的证明材料。

**第八十九条** 当事人向人民法院提交的授权委托书,应当在开庭审理前送交人民法院。授权委托书仅写"全权代理"而无具体授权的,诉讼代理人无权代为承认、放弃、变更诉讼请求，进行和解，提出反诉或者提起上诉。

适用简易程序审理的案件，双方当事人同时到庭并径行开庭审理的，可以当场口头委托诉讼代理人，由人民法院记入笔录。

### 四、证据

**第九十条** 当事人对自己提出的诉讼请求所依据的事实或者反驳对方诉讼请求所依据的事实，应当提供证据加以证明，但法律另有规定的除外。

在作出判决前，当事人未能提供证据或者证据不足以证明其事实主张的，由负有举证证明责任的当事人承担不利的后果。

**第九十一条** 人民法院应当依照下列原则确定举证证明责任的承担，但法律另有规定的除外：

（一）主张法律关系存在的当事人，应当对产生该法律关系的基本事实承担举证证明责任；

（二）主张法律关系变更、消灭或者权利受到妨害的当事人，应当对该法律关系变更、消灭或者权利受到妨害的基本事实承担举证证明责任。

**第九十二条** 一方当事人在法庭审理中，或者在起诉状、答辩状、代理词等书面材料中，对于己不利的事实明确表示承认的，另一方当事人无需举证证明。

对于涉及身份关系、国家利益、社会公共利益等应当由人民法院依职权调查的事实，不适用前款自认的规定。

自认的事实与查明的事实不符的，人民法院不予确认。

**第九十三条** 下列事实，当事人无须举证证明：

（一）自然规律以及定理、定律；

（二）众所周知的事实；

（三）根据法律规定推定的事实；

（四）根据已知的事实和日常生活经验法则推定出的另一事实；

（五）已为人民法院发生法律效力的裁判所确认的事实；

（六）已为仲裁机构生效裁决所确认的事实；

（七）已为有效公证文书所证明的事实。

前款第二项至第四项规定的事实，当事人有相反证据足以反驳的除外;第五项至第七项规定的事实,当事人有相反证据足以推翻的除外。

**第九十四条** 民事诉讼法第六十七条第二款规定的当事人及其诉讼代理人因客观原因不能自行收集的证据包括:

(一) 证据由国家有关部门保存,当事人及其诉讼代理人无权查阅调取的;

(二) 涉及国家秘密、商业秘密或者个人隐私的;

(三) 当事人及其诉讼代理人因客观原因不能自行收集的其他证据。

当事人及其诉讼代理人因客观原因不能自行收集的证据,可以在举证期限届满前书面申请人民法院调查收集。

**第九十五条** 当事人申请调查收集的证据,与待证事实无关联、对证明待证事实无意义或者其他无调查收集必要的,人民法院不予准许。

**第九十六条** 民事诉讼法第六十七条第二款规定的人民法院认为审理案件需要的证据包括:

(一) 涉及可能损害国家利益、社会公共利益的;

(二) 涉及身份关系的;

(三) 涉及民事诉讼法第五十八条规定诉讼的;

(四) 当事人有恶意串通损害他人合法权益可能的;

(五) 涉及依职权追加当事人、中止诉讼、终结诉讼、回避等程序性事项的。

除前款规定外,人民法院调查收集证据,应当依照当事人的申请进行。

**第九十七条** 人民法院调查收集证据,应当由两人以上共同进行。调查材料要由调查人、被调查人、记录人签名、捺印或者盖章。

**第九十八条** 当事人根据民事诉讼法第八十四条第一款规定申请证据保全的,可以在举证期限届满前书面提出。

证据保全可能对他人造成损失的,人民法院应当责令申请人提供相应的担保。

**第九十九条** 人民法院应当在审理前的准备阶段确定当事人的举证期限。举证期限可以由当事人协商,并经人民法院准许。

人民法院确定举证期限,第一审普通程序案件不得少于十五日,当事人提供新的证据的第二审案件不得少于十日。

举证期限届满后,当事人对已经提供的证据,申请提供反驳证据或者对证据来源、形式等方面的瑕疵进行补正的，人民法院可以酌情再次确定举证期限，该期限不受前款规定的限制。

**第一百条** 当事人申请延长举证期限的，应当在举证期限届满前向人民法院提出书面申请。

申请理由成立的，人民法院应当准许，适当延长举证期限，并通知其他当事人。延长的举证期限适用于其他当事人。

申请理由不成立的，人民法院不予准许，并通知申请人。

**第一百零一条** 当事人逾期提供证据的，人民法院应当责令其说明理由，必要时可以要求其提供相应的证据。

当事人因客观原因逾期提供证据，或者对方当事人对逾期提供证据未提出异议的，视为未逾期。

**第一百零二条** 当事人因故意或者重大过失逾期提供的证据，人民法院不予采纳。但该证据与案件基本事实有关的，人民法院应当采纳，并依照民事诉讼法第六十八条、第一百一十八条第一款的规定予以训诫、罚款。

当事人非因故意或者重大过失逾期提供的证据，人民法院应当采纳，并对当事人予以训诫。

当事人一方要求另一方赔偿因逾期提供证据致使其增加的交通、住宿、就餐、误工、证人出庭作证等必要费用的，人民法院可予支持。

**第一百零三条** 证据应当在法庭上出示，由当事人互相质证。未经当事人质证的证据，不得作为认定案件事实的根据。

当事人在审理前的准备阶段认可的证据，经审判人员在庭审中说明后，视为质证过的证据。

涉及国家秘密、商业秘密、个人隐私或者法律规定应当保密的证据，不得公开质证。

**第一百零四条** 人民法院应当组织当事人围绕证据的真实性、合法性以及与待证事实的关联性进行质证，并针对证据有无证明力和证明力大小进行说明和辩论。

能够反映案件真实情况、与待证事实相关联、来源和形式符合法律规定的证据，应当作为认定案件事实的根据。

**第一百零五条** 人民法院应当按照法定程序，全面、客观地审核证据，依照法律规定，运用逻辑推理和日常生活经验法则，对证据有无证明力和证明力大小进行判断，并公开判断的理由和结果。

**第一百零六条** 对以严重侵害他人合法权益、违反法律禁止性规定或者严重违背公序良俗的方法形成或者获取的证据，不得作为认定案件事实的根据。

**第一百零七条** 在诉讼中，当事人为达成调解协议或者和解协议作出妥协而认可的事实，不得在后续的诉讼中作为对其不利的根据，但法律另有规定或者当事人均同意的除外。

**第一百零八条** 对负有举证证明责任的当事人提供的证据，人民法院经审查并结合相关事实，确信待证事实的存在具有高度可能性的，应当认定该事实存在。

对一方当事人为反驳负有举证证明责任的当事人所主张事实而提供的证据，人民法院经审查并结合相关事实，认为待证事实真伪不明的，应当认定该事实不存在。

法律对于待证事实所应达到的证明标准另有规定的，从其规定。

**第一百零九条** 当事人对欺诈、胁迫、恶意串通事实的证明，以及对口头遗嘱或者赠与事实的证明，人民法院确信该待证事实存在的可能性能够排除合理怀疑的，应当认定该事实存在。

**第一百一十条** 人民法院认为有必要的，可以要求当事人本人到庭，就案件有关事实接受询问。在询问当事人之前，可以要求其签署保证书。

保证书应当载明据实陈述、如有虚假陈述愿意接受处罚等内容。当事人应当在保证书上签名或者捺印。

负有举证证明责任的当事人拒绝到庭、拒绝接受询问或者拒绝签署保证书，待证事实又欠缺其他证据证明的，人民法院对其主张的事实不予认定。

**第一百一十一条** 民事诉讼法第七十三条规定的提交书证原件确有困难，包括下列情形：

（一）书证原件遗失、灭失或者毁损的；

（二）原件在对方当事人控制之下，经合法通知提交而拒不提交的；

（三）原件在他人控制之下，而其有权不提交的；

（四）原件因篇幅或者体积过大而不便提交的；

（五）承担举证证明责任的当事人通过申请人民法院调查收集或者其他方式无法获得书证原件的。

前款规定情形，人民法院应当结合其他证据和案件具体情况，审查判断书证复制品等能否作为认定案件事实的根据。

**第一百一十二条** 书证在对方当事人控制之下的，承担举证证明责任的当事人可以在举证期限届满前书面申请人民法院责令对方当事人提交。

申请理由成立的，人民法院应当责令对方当事人提交，因提交书证所产生的费用，由申请人负担。对方当事人无正当理由拒不提交的，人民法院可以认定申请人所主张的书证内容为真实。

**第一百一十三条** 持有书证的当事人以妨碍对方当事人使用为目的，毁灭有关书证或者实施其他致使书证不能使用行为的，人民法院可以依照民事诉讼法第一百一十四条规定，对其处以罚款、拘留。

**第一百一十四条** 国家机关或者其他依法具有社会管理职能的组织，在其职权范围内制作的文书所记载的事项推定为真实，但有相反证据足以推翻的除外。必要时，人民法院可以要求制作文书的机关或者组织对文书的真实性予以说明。

**第一百一十五条** 单位向人民法院提出的证明材料，应当由单位负责人及制作证明材料的人员签名或者盖章，并加盖单位印章。人民法院就单位出具的证明材料，可以向单位及制作证明材料的人员进行调查核实。必要时，可以要求制作证明材料的人员出庭作证。

单位及制作证明材料的人员拒绝人民法院调查核实，或者制作证明材料的人员无正当理由拒绝出庭作证的，该证明材料不得作为认定案件事实的根据。

**第一百一十六条** 视听资料包括录音资料和影像资料。

电子数据是指通过电子邮件、电子数据交换、网上聊天记录、博客、微博客、手机短信、电子签名、域名等形成或者存储在电子介质中的信息。

存储在电子介质中的录音资料和影像资料，适用电子数据的规定。

**第一百一十七条** 当事人申请证人出庭作证的，应当在举证期限届满前提出。

符合本解释第九十六条第一款规定情形的，人民法院可以依职权通知证人出庭作证。

未经人民法院通知，证人不得出庭作证，但双方当事人同意并经人民法院准许的除外。

**第一百一十八条** 民事诉讼法第七十七条规定的证人因履行出庭作证义务而支出的交通、住宿、就餐等必要费用,按照机关事业单位工作人员差旅费用和补贴标准计算;误工损失按照国家上年度职工日平均工资标准计算。

人民法院准许证人出庭作证申请的,应当通知申请人预缴证人出庭作证费用。

**第一百一十九条** 人民法院在证人出庭作证前应当告知其如实作证的义务以及作伪证的法律后果,并责令其签署保证书,但无民事行为能力人和限制民事行为能力人除外。

证人签署保证书适用本解释关于当事人签署保证书的规定。

**第一百二十条** 证人拒绝签署保证书的,不得作证,并自行承担相关费用。

**第一百二十一条** 当事人申请鉴定,可以在举证期限届满前提出。申请鉴定的事项与待证事实无关联,或者对证明待证事实无意义的,人民法院不予准许。

人民法院准许当事人鉴定申请的,应当组织双方当事人协商确定具备相应资格的鉴定人。当事人协商不成的,由人民法院指定。

符合依职权调查收集证据条件的,人民法院应当依职权委托鉴定,在询问当事人的意见后,指定具备相应资格的鉴定人。

**第一百二十二条** 当事人可以依照民事诉讼法第八十二条的规定,在举证期限届满前申请一至二名具有专门知识的人出庭,代表当事人对鉴定意见进行质证,或者对案件事实所涉及的专业问题提出意见。

具有专门知识的人在法庭上就专业问题提出的意见,视为当事人的陈述。

人民法院准许当事人申请的,相关费用由提出申请的当事人负担。

**第一百二十三条** 人民法院可以对出庭的具有专门知识的人进行询问。经法庭准许,当事人可以对出庭的具有专门知识的人进行询问,当事人各自申请的具有专门知识的人可以就案件中的有关问题进行对质。

具有专门知识的人不得参与专业问题之外的法庭审理活动。

**第一百二十四条** 人民法院认为有必要的,可以根据当事人的申请或者依职权对物证或者现场进行勘验。勘验时应当保护他人的隐私和尊严。

人民法院可以要求鉴定人参与勘验。必要时,可以要求鉴定人在勘验中进行鉴定。

### 五、期间和送达

**第一百二十五条** 依照民事诉讼法第八十五条第二款规定，民事诉讼中以时起算的期间从次时起算；以日、月、年计算的期间从次日起算。

**第一百二十六条** 民事诉讼法第一百二十六条规定的立案期限，因起诉状内容欠缺通知原告补正的，从补正后交人民法院的次日起算。由上级人民法院转交下级人民法院立案的案件，从受诉人民法院收到起诉状的次日起算。

**第一百二十七条** 民事诉讼法第五十九条第三款、第二百一十二条以及本解释第三百七十二条、第三百八十二条、第三百九十九条、第四百二十条、第四百二十一条规定的六个月，民事诉讼法第二百三十条规定的一年，为不变期间，不适用诉讼时效中止、中断、延长的规定。

**第一百二十八条** 再审案件按照第一审程序或者第二审程序审理的，适用民事诉讼法第一百五十二条、第一百八十三条规定的审限。审限自再审立案的次日起算。

**第一百二十九条** 对申请再审案件，人民法院应当自受理之日起三个月内审查完毕，但公告期间、当事人和解期间等不计入审查期限。有特殊情况需要延长的，由本院院长批准。

**第一百三十条** 向法人或者其他组织送达诉讼文书，应当由法人的法定代表人、该组织的主要负责人或者办公室、收发室、值班室等负责收件的人签收或者盖章，拒绝签收或者盖章的，适用留置送达。

民事诉讼法第八十九条规定的有关基层组织和所在单位的代表，可以是受送达人住所地的居民委员会、村民委员会的工作人员以及受送达人所在单位的工作人员。

**第一百三十一条** 人民法院直接送达诉讼文书的，可以通知当事人到人民法院领取。当事人到达人民法院，拒绝签署送达回证的，视为送达。审判人员、书记员应当在送达回证上注明送达情况并签名。

人民法院可以在当事人住所地以外向当事人直接送达诉讼文书。当事人拒绝签署送达回证的，采用拍照、录像等方式记录送达过程即视为送达。审判人员、书记员应当在送达回证上注明送达情况并签名。

**第一百三十二条** 受送达人有诉讼代理人的，人民法院既可以向受送达人送达,也可以向其诉讼代理人送达。受送达人指定诉讼代理人为代收人的,向诉讼代理人送达时,适用留置送达。

**第一百三十三条** 调解书应当直接送达当事人本人,不适用留置送达。当事人本人因故不能签收的,可由其指定的代收人签收。

**第一百三十四条** 依照民事诉讼法第九十一条规定,委托其他人民法院代为送达的,委托法院应当出具委托函,并附需要送达的诉讼文书和送达回证,以受送达人在送达回证上签收的日期为送达日期。

委托送达的,受委托人民法院应当自收到委托函及相关诉讼文书之日起十日内代为送达。

**第一百三十五条** 电子送达可以采用传真、电子邮件、移动通信等即时收悉的特定系统作为送达媒介。

民事诉讼法第九十条第二款规定的到达受送达人特定系统的日期,为人民法院对应系统显示发送成功的日期,但受送达人证明到达其特定系统的日期与人民法院对应系统显示发送成功的日期不一致的,以受送达人证明到达其特定系统的日期为准。

**第一百三十六条** 受送达人同意采用电子方式送达的,应当在送达地址确认书中予以确认。

**第一百三十七条** 当事人在提起上诉、申请再审、申请执行时未书面变更送达地址的,其在第一审程序中确认的送达地址可以作为第二审程序、审判监督程序、执行程序的送达地址。

**第一百三十八条** 公告送达可以在法院的公告栏和受送达人住所地张贴公告,也可以在报纸、信息网络等媒体上刊登公告,发出公告日期以最后张贴或者刊登的日期为准。对公告送达方式有特殊要求的,应当按要求的方式进行。公告期满,即视为送达。

人民法院在受送达人住所地张贴公告的,应当采取拍照、录像等方式记录张贴过程。

**第一百三十九条** 公告送达应当说明公告送达的原因;公告送达起诉状或者上诉状副本的,应当说明起诉或者上诉要点,受送达人答辩期限及逾期不答辩的法律后果;公告送达传票,应当说明出庭的时间和地点及逾期不出庭的法律后果;公告送达判决书、裁定书的,应当说明裁判主要内容,当事人有权上诉的,还应当说明上诉权利、上诉期限和上诉的人民法院。

第一百四十条　适用简易程序的案件，不适用公告送达。

第一百四十一条　人民法院在定期宣判时，当事人拒不签收判决书、裁定书的，应视为送达，并在宣判笔录中记明。

## 六、调解

第一百四十二条　人民法院受理案件后，经审查，认为法律关系明确、事实清楚，在征得当事人双方同意后，可以径行调解。

第一百四十三条　适用特别程序、督促程序、公示催告程序的案件，婚姻等身份关系确认案件以及其他根据案件性质不能进行调解的案件，不得调解。

第一百四十四条　人民法院审理民事案件，发现当事人之间恶意串通，企图通过和解、调解方式侵害他人合法权益的，应当依照民事诉讼法第一百一十五条的规定处理。

第一百四十五条　人民法院审理民事案件，应当根据自愿、合法的原则进行调解。当事人一方或者双方坚持不愿调解的，应当及时裁判。

人民法院审理离婚案件，应当进行调解，但不应久调不决。

第一百四十六条　人民法院审理民事案件，调解过程不公开，但当事人同意公开的除外。

调解协议内容不公开，但为保护国家利益、社会公共利益、他人合法权益，人民法院认为确有必要公开的除外。

主持调解以及参与调解的人员，对调解过程以及调解过程中获悉的国家秘密、商业秘密、个人隐私和其他不宜公开的信息，应当保守秘密，但为保护国家利益、社会公共利益、他人合法权益的除外。

第一百四十七条　人民法院调解案件时，当事人不能出庭的，经其特别授权，可由其委托代理人参加调解，达成的调解协议，可由委托代理人签名。

离婚案件当事人确因特殊情况无法出庭参加调解的，除本人不能表达意志的以外，应当出具书面意见。

第一百四十八条　当事人自行和解或者调解达成协议后，请求人民法院按照和解协议或者调解协议的内容制作判决书的，人民法院不予准许。

无民事行为能力人的离婚案件，由其法定代理人进行诉讼。法定代理人与对方达成协议要求发给判决书的，可根据协议内容制作判决书。

**第一百四十九条** 调解书需经当事人签收后才发生法律效力的,应当以最后收到调解书的当事人签收的日期为调解书生效日期。

**第一百五十条** 人民法院调解民事案件,需由无独立请求权的第三人承担责任的,应当经其同意。该第三人在调解书送达前反悔的,人民法院应当及时裁判。

**第一百五十一条** 根据民事诉讼法第一百零一条第一款第四项规定,当事人各方同意在调解协议上签名或者盖章后即发生法律效力的,经人民法院审查确认后,应当记入笔录或者将调解协议附卷,并由当事人、审判人员、书记员签名或者盖章后即具有法律效力。

前款规定情形,当事人请求制作调解书的,人民法院审查确认后可以制作调解书送交当事人。当事人拒收调解书的,不影响调解协议的效力。

## 七、保全和先予执行

**第一百五十二条** 人民法院依照民事诉讼法第一百零三条、第一百零四条规定,在采取诉前保全、诉讼保全措施时,责令利害关系人或者当事人提供担保的,应当书面通知。

利害关系人申请诉前保全的,应当提供担保。申请诉前财产保全的,应当提供相当于请求保全数额的担保;情况特殊的,人民法院可以酌情处理。申请诉前行为保全的,担保的数额由人民法院根据案件的具体情况决定。

在诉讼中,人民法院依申请或者依职权采取保全措施的,应当根据案件的具体情况,决定当事人是否应当提供担保以及担保的数额。

**第一百五十三条** 人民法院对季节性商品、鲜活、易腐烂变质以及其他不宜长期保存的物品采取保全措施时,可以责令当事人及时处理,由人民法院保存价款;必要时,人民法院可予以变卖,保存价款。

**第一百五十四条** 人民法院在财产保全中采取查封、扣押、冻结财产措施时,应当妥善保管被查封、扣押、冻结的财产。不宜由人民法院保管的,人民法院可以指定被保全人负责保管;不宜由被保全人保管的,可以委托他人或者申请保全人保管。

查封、扣押、冻结担保物权人占有的担保财产,一般由担保物权人保管;由人民法院保管的,质权、留置权不因采取保全措施而消灭。

**第一百五十五条** 由人民法院指定被保全人保管的财产,如果继续使用对该财产的价值无重大影响，可以允许被保全人继续使用；由人民法院保管或者委托他人、申请保全人保管的财产，人民法院和其他保管人不得使用。

**第一百五十六条** 人民法院采取财产保全的方法和措施，依照执行程序相关规定办理。

**第一百五十七条** 人民法院对抵押物、质押物、留置物可以采取财产保全措施，但不影响抵押权人、质权人、留置权人的优先受偿权。

**第一百五十八条** 人民法院对债务人到期应得的收益，可以采取财产保全措施，限制其支取，通知有关单位协助执行。

**第一百五十九条** 债务人的财产不能满足保全请求，但对他人有到期债权的，人民法院可以依债权人的申请裁定该他人不得对本案债务人清偿。该他人要求偿付的，由人民法院提存财物或者价款。

**第一百六十条** 当事人向采取诉前保全措施以外的其他有管辖权的人民法院起诉的，采取诉前保全措施的人民法院应当将保全手续移送受理案件的人民法院。诉前保全的裁定视为受移送人民法院作出的裁定。

**第一百六十一条** 对当事人不服一审判决提起上诉的案件，在第二审人民法院接到报送的案件之前，当事人有转移、隐匿、出卖或者毁损财产等行为，必须采取保全措施的，由第一审人民法院依当事人申请或者依职权采取。第一审人民法院的保全裁定，应当及时报送第二审人民法院。

**第一百六十二条** 第二审人民法院裁定对第一审人民法院采取的保全措施予以续保或者采取新的保全措施的，可以自行实施，也可以委托第一审人民法院实施。

再审人民法院裁定对原保全措施予以续保或者采取新的保全措施的，可以自行实施，也可以委托原审人民法院或者执行法院实施。

**第一百六十三条** 法律文书生效后，进入执行程序前，债权人因对方当事人转移财产等紧急情况，不申请保全将可能导致生效法律文书不能执行或者难以执行的，可以向执行法院申请采取保全措施。债权人在法律文书指定的履行期间届满后五日内不申请执行的，人民法院应当解除保全。

**第一百六十四条** 对申请保全人或者他人提供的担保财产，人民法院应当依法办理查封、扣押、冻结等手续。

**第一百六十五条** 人民法院裁定采取保全措施后，除作出保全裁定的人民法院自行解除或者其上级人民法院决定解除外，在保全期限内，任何单位不得解除保全措施。

**第一百六十六条** 裁定采取保全措施后,有下列情形之一的,人民法院应当作出解除保全裁定:

(一)保全错误的;

(二)申请人撤回保全申请的;

(三)申请人的起诉或者诉讼请求被生效裁判驳回的;

(四)人民法院认为应当解除保全的其他情形。

解除以登记方式实施的保全措施的,应当向登记机关发出协助执行通知书。

**第一百六十七条** 财产保全的被保全人提供其他等值担保财产且有利于执行的,人民法院可以裁定变更保全标的物为被保全人提供的担保财产。

**第一百六十八条** 保全裁定未经人民法院依法撤销或者解除,进入执行程序后,自动转为执行中的查封、扣押、冻结措施,期限连续计算,执行法院无需重新制作裁定书,但查封、扣押、冻结期限届满的除外。

**第一百六十九条** 民事诉讼法规定的先予执行,人民法院应当在受理案件后终审判决作出前采取。先予执行应当限于当事人诉讼请求的范围,并以当事人的生活、生产经营的急需为限。

**第一百七十条** 民事诉讼法第一百零九条第三项规定的情况紧急,包括:

(一)需要立即停止侵害、排除妨碍的;

(二)需要立即制止某项行为的;

(三)追索恢复生产、经营急需的保险理赔费的;

(四)需要立即返还社会保险金、社会救助资金的;

(五)不立即返还款项,将严重影响权利人生活和生产经营的。

**第一百七十一条** 当事人对保全或者先予执行裁定不服的,可以自收到裁定书之日起五日内向作出裁定的人民法院申请复议。人民法院应当在收到复议申请后十日内审查。裁定正确的,驳回当事人的申请;裁定不当的,变更或者撤销原裁定。

**第一百七十二条** 利害关系人对保全或者先予执行的裁定不服申请复议的,由作出裁定的人民法院依照民事诉讼法第一百一十一条规定处理。

**第一百七十三条** 人民法院先予执行后,根据发生法律效力的判决,申请人应当返还因先予执行所取得的利益的,适用民事诉讼法第二百四十条的规定。

### 八、对妨害民事诉讼的强制措施

**第一百七十四条** 民事诉讼法第一百一十二条规定的必须到庭的被告,是指负有赡养、抚育、扶养义务和不到庭就无法查清案情的被告。

人民法院对必须到庭才能查清案件基本事实的原告,经两次传票传唤,无正当理由拒不到庭的,可以拘传。

**第一百七十五条** 拘传必须用拘传票,并直接送达被拘传人;在拘传前,应当向被拘传人说明拒不到庭的后果,经批评教育仍拒不到庭的,可以拘传其到庭。

**第一百七十六条** 诉讼参与人或者其他人有下列行为之一的,人民法院可以适用民事诉讼法第一百一十三条规定处理:

(一)未经准许进行录音、录像、摄影的;

(二)未经准许以移动通信等方式现场传播审判活动的;

(三)其他扰乱法庭秩序,妨害审判活动进行的。

有前款规定情形的,人民法院可以暂扣诉讼参与人或者其他人进行录音、录像、摄影、传播审判活动的器材,并责令其删除有关内容;拒不删除的,人民法院可以采取必要手段强制删除。

**第一百七十七条** 训诫、责令退出法庭由合议庭或者独任审判员决定。训诫的内容、被责令退出法庭者的违法事实应当记入庭审笔录。

**第一百七十八条** 人民法院依照民事诉讼法第一百一十三条至第一百一十七条的规定采取拘留措施的,应经院长批准,作出拘留决定书,由司法警察将被拘留人送交当地公安机关看管。

**第一百七十九条** 被拘留人不在本辖区的,作出拘留决定的人民法院应当派员到被拘留人所在地的人民法院,请该院协助执行,受委托的人民法院应当及时派员协助执行。被拘留人申请复议或者在拘留期间承认并改正错误,需要提前解除拘留的,受委托人民法院应当向委托人民法院转达或者提出建议,由委托人民法院审查决定。

**第一百八十条** 人民法院对被拘留人采取拘留措施后,应当在二十四小时内通知其家属;确实无法按时通知或者通知不到的,应当记录在案。

**第一百八十一条** 因哄闹、冲击法庭,用暴力、威胁等方法抗拒执行公务等紧急情况，必须立即采取拘留措施的，可在拘留后，立即报告院长补办批准手续。院长认为拘留不当的，应当解除拘留。

**第一百八十二条** 被拘留人在拘留期间认错悔改的，可以责令其具结悔过，提前解除拘留。提前解除拘留，应报经院长批准，并作出提前解除拘留决定书，交负责看管的公安机关执行。

**第一百八十三条** 民事诉讼法第一百一十三条至第一百一十六条规定的罚款、拘留可以单独适用，也可以合并适用。

**第一百八十四条** 对同一妨害民事诉讼行为的罚款、拘留不得连续适用。发生新的妨害民事诉讼行为的，人民法院可以重新予以罚款、拘留。

**第一百八十五条** 被罚款、拘留的人不服罚款、拘留决定申请复议的，应当自收到决定书之日起三日内提出。上级人民法院应当在收到复议申请后五日内作出决定，并将复议结果通知下级人民法院和当事人。

**第一百八十六条** 上级人民法院复议时认为强制措施不当的，应当制作决定书，撤销或者变更下级人民法院作出的拘留、罚款决定。情况紧急的，可以在口头通知后三日内发出决定书。

**第一百八十七条** 民事诉讼法第一百一十四条第一款第五项规定的以暴力、威胁或者其他方法阻碍司法工作人员执行职务的行为，包括：

（一）在人民法院哄闹、滞留，不听从司法工作人员劝阻的；

（二）故意毁损、抢夺人民法院法律文书、查封标志的；

（三）哄闹、冲击执行公务现场，围困、扣押执行或者协助执行公务人员的；

（四）毁损、抢夺、扣留案件材料、执行公务车辆、其他执行公务器械、执行公务人员服装和执行公务证件的；

（五）以暴力、威胁或者其他方法阻碍司法工作人员查询、查封、扣押、冻结、划拨、拍卖、变卖财产的；

（六）以暴力、威胁或者其他方法阻碍司法工作人员执行职务的其他行为。

**第一百八十八条** 民事诉讼法第一百一十四条第一款第六项规定的拒不履行人民法院已经发生法律效力的判决、裁定的行为，包括：

（一）在法律文书发生法律效力后隐藏、转移、变卖、毁损财产或者无偿转让财产、以明显不合理的价格交易财产、放弃到期债权、无偿为他人提供担保等，致使人民法院无法执行的；

（二）隐藏、转移、毁损或者未经人民法院允许处分已向人民法院提供担保的财产的；

（三）违反人民法院限制高消费令进行消费的；

（四）有履行能力而拒不按照人民法院执行通知履行生效法律文书确定的义务的；

（五）有义务协助执行的个人接到人民法院协助执行通知书后，拒不协助执行的。

**第一百八十九条** 诉讼参与人或者其他人有下列行为之一的，人民法院可以适用民事诉讼法第一百一十四条的规定处理：

（一）冒充他人提起诉讼或者参加诉讼的；

（二）证人签署保证书后作虚假证言，妨碍人民法院审理案件的；

（三）伪造、隐藏、毁灭或者拒绝交出有关被执行人履行能力的重要证据，妨碍人民法院查明被执行人财产状况的；

（四）擅自解冻已被人民法院冻结的财产的；

（五）接到人民法院协助执行通知书后，给当事人通风报信，协助其转移、隐匿财产的。

**第一百九十条** 民事诉讼法第一百一十五条规定的他人合法权益，包括案外人的合法权益、国家利益、社会公共利益。

第三人根据民事诉讼法第五十九条第三款规定提起撤销之诉，经审查，原案当事人之间恶意串通进行虚假诉讼的，适用民事诉讼法第一百一十五条规定处理。

**第一百九十一条** 单位有民事诉讼法第一百一十五条或者第一百一十六条规定行为的，人民法院应当对该单位进行罚款，并可以对其主要负责人或者直接责任人员予以罚款、拘留；构成犯罪的，依法追究刑事责任。

**第一百九十二条** 有关单位接到人民法院协助执行通知书后，有下列行为之一的，人民法院可以适用民事诉讼法第一百一十七条规定处理：

（一）允许被执行人高消费的；

（二）允许被执行人出境的；

（三）拒不停止办理有关财产权证照转移手续、权属变更登记、规划审批等手续的；

（四）以需要内部请示、内部审批，有内部规定等为由拖延办理的。

**第一百九十三条** 人民法院对个人或者单位采取罚款措施时，应当根据其实施妨害民事诉讼行为的性质、情节、后果，当地的经济发展水平，以及诉讼标的额等因素，在民事诉讼法第一百一十八条第一款规定的限额内确定相应的罚款金额。

## 九、诉讼费用

**第一百九十四条** 依照民事诉讼法第五十七条审理的案件不预交案件受理费，结案后按照诉讼标的额由败诉方交纳。

**第一百九十五条** 支付令失效后转入诉讼程序的，债权人应当按照《诉讼费用交纳办法》补交案件受理费。

支付令被撤销后，债权人另行起诉的，按照《诉讼费用交纳办法》交纳诉讼费用。

**第一百九十六条** 人民法院改变原判决、裁定、调解结果的，应当在裁判文书中对原审诉讼费用的负担一并作出处理。

**第一百九十七条** 诉讼标的物是证券的，按照证券交易规则并根据当事人起诉之日前最后一个交易日的收盘价、当日的市场价或者其载明的金额计算诉讼标的金额。

**第一百九十八条** 诉讼标的物是房屋、土地、林木、车辆、船舶、文物等特定物或者知识产权，起诉时价值难以确定的，人民法院应当向原告释明主张过高或者过低的诉讼风险，以原告主张的价值确定诉讼标的金额。

**第一百九十九条** 适用简易程序审理的案件转为普通程序的，原告自接到人民法院交纳诉讼费用通知之日起七日内补交案件受理费。

原告无正当理由未按期足额补交的，按撤诉处理，已经收取的诉讼费用退还一半。

**第二百条** 破产程序中有关债务人的民事诉讼案件，按照财产案件标准交纳诉讼费，但劳动争议案件除外。

**第二百零一条** 既有财产性诉讼请求，又有非财产性诉讼请求的，按照财产性诉讼请求的标准交纳诉讼费。

有多个财产性诉讼请求的，合并计算交纳诉讼费；诉讼请求中有多个非财产性诉讼请求的，按一件交纳诉讼费。

**第二百零二条** 原告、被告、第三人分别上诉的，按照上诉请求分别预交二审案件受理费。

同一方多人共同上诉的，只预交一份二审案件受理费；分别上诉的，按照上诉请求分别预交二审案件受理费。

**第二百零三条** 承担连带责任的当事人败诉的，应当共同负担诉讼费用。

**第二百零四条** 实现担保物权案件，人民法院裁定拍卖、变卖担保财产的，申请费由债务人、担保人负担；人民法院裁定驳回申请的，申请费由申请人负担。

申请人另行起诉的，其已经交纳的申请费可以从案件受理费中扣除。

**第二百零五条** 拍卖、变卖担保财产的裁定作出后，人民法院强制执行的，按照执行金额收取执行申请费。

**第二百零六条** 人民法院决定减半收取案件受理费的，只能减半一次。

**第二百零七条** 判决生效后，胜诉方预交但不应负担的诉讼费用，人民法院应当退还，由败诉方向人民法院交纳，但胜诉方自愿承担或者同意败诉方直接向其支付的除外。

当事人拒不交纳诉讼费用的，人民法院可以强制执行。

## 十、第一审普通程序

**第二百零八条** 人民法院接到当事人提交的民事起诉状时，对符合民事诉讼法第一百二十二条的规定，且不属于第一百二十七条规定情形的，应当登记立案；对当场不能判定是否符合起诉条件的，应当接收起诉材料，并出具注明收到日期的书面凭证。

需要补充必要相关材料的，人民法院应当及时告知当事人。在补齐相关材料后，应当在七日内决定是否立案。

立案后发现不符合起诉条件或者属于民事诉讼法第一百二十七条规定情形的，裁定驳回起诉。

**第二百零九条** 原告提供被告的姓名或者名称、住所等信息具体明确，足以使被告与他人相区别的，可以认定为有明确的被告。

起诉状列写被告信息不足以认定明确的被告的，人民法院可以告知原告补正。原告补正后仍不能确定明确的被告的，人民法院裁定不予受理。

**第二百一十条** 原告在起诉状中有谩骂和人身攻击之辞的，人民法院应当告知其修改后提起诉讼。

第二百一十一条 对本院没有管辖权的案件,告知原告向有管辖权的人民法院起诉;原告坚持起诉的,裁定不予受理;立案后发现本院没有管辖权的,应当将案件移送有管辖权的人民法院。

第二百一十二条 裁定不予受理、驳回起诉的案件,原告再次起诉,符合起诉条件且不属于民事诉讼法第一百二十七条规定情形的,人民法院应予受理。

第二百一十三条 原告应当预交而未预交案件受理费,人民法院应当通知其预交,通知后仍不预交或者申请减、缓、免未获批准而仍不预交的,裁定按撤诉处理。

第二百一十四条 原告撤诉或者人民法院按撤诉处理后,原告以同一诉讼请求再次起诉的,人民法院应予受理。

原告撤诉或者按撤诉处理的离婚案件,没有新情况、新理由,六个月内又起诉的,比照民事诉讼法第一百二十七条第七项的规定不予受理。

第二百一十五条 依照民事诉讼法第一百二十七条第二项的规定,当事人在书面合同中订有仲裁条款,或者在发生纠纷后达成书面仲裁协议,一方向人民法院起诉的,人民法院应当告知原告向仲裁机构申请仲裁,其坚持起诉的,裁定不予受理,但仲裁条款或者仲裁协议不成立、无效、失效、内容不明确无法执行的除外。

第二百一十六条 在人民法院首次开庭前,被告以有书面仲裁协议为由对受理民事案件提出异议的,人民法院应当进行审查。

经审查符合下列情形之一的,人民法院应当裁定驳回起诉:

(一)仲裁机构或者人民法院已经确认仲裁协议有效的;

(二)当事人没有在仲裁庭首次开庭前对仲裁协议的效力提出异议的;

(三)仲裁协议符合仲裁法第十六条规定且不具有仲裁法第十七条规定情形的。

第二百一十七条 夫妻一方下落不明,另一方诉至人民法院,只要求离婚,不申请宣告下落不明人失踪或者死亡的案件,人民法院应当受理,对下落不明人公告送达诉讼文书。

第二百一十八条 赡养费、扶养费、抚养费案件,裁判发生法律效力后,因新情况、新理由,一方当事人再行起诉要求增加或者减少费用的,人民法院应作为新案受理。

第二百一十九条 当事人超过诉讼时效期间起诉的,人民法院应予受理。受理后对方当事人提出诉讼时效抗辩，人民法院经审理认为抗辩事由成立的，判决驳回原告的诉讼请求。

**第二百二十条** 民事诉讼法第七十一条、第一百三十七条、第一百五十九条规定的商业秘密，是指生产工艺、配方、贸易联系、购销渠道等当事人不愿公开的技术秘密、商业情报及信息。

**第二百二十一条** 基于同一事实发生的纠纷，当事人分别向同一人民法院起诉的，人民法院可以合并审理。

**第二百二十二条** 原告在起诉状中直接列写第三人的，视为其申请人民法院追加该第三人参加诉讼。是否通知第三人参加诉讼，由人民法院审查决定。

**第二百二十三条** 当事人在提交答辩状期间提出管辖异议，又针对起诉状的内容进行答辩的，人民法院应当依照民事诉讼法第一百三十条第一款的规定，对管辖异议进行审查。

当事人未提出管辖异议，就案件实体内容进行答辩、陈述或者反诉的，可以认定为民事诉讼法第一百三十条第二款规定的应诉答辩。

**第二百二十四条** 依照民事诉讼法第一百三十六条第四项规定，人民法院可以在答辩期届满后，通过组织证据交换、召集庭前会议等方式，作好审理前的准备。

**第二百二十五条** 根据案件具体情况，庭前会议可以包括下列内容：

（一）明确原告的诉讼请求和被告的答辩意见；

（二）审查处理当事人增加、变更诉讼请求的申请和提出的反诉，以及第三人提出的与本案有关的诉讼请求；

（三）根据当事人的申请决定调查收集证据，委托鉴定，要求当事人提供证据，进行勘验，进行证据保全；

（四）组织交换证据；

（五）归纳争议焦点；

（六）进行调解。

**第二百二十六条** 人民法院应当根据当事人的诉讼请求、答辩意见以及证据交换的情况，归纳争议焦点，并就归纳的争议焦点征求当事人的意见。

**第二百二十七条** 人民法院适用普通程序审理案件，应当在开庭三日前用传票传唤当事人。对诉讼代理人、证人、鉴定人、勘验人、翻译人员应当用通知书通知其到庭。当事人或者其他诉讼参与人在外地的,应当留有必要的在途时间。

**第二百二十八条** 法庭审理应当围绕当事人争议的事实、证据和法律适用等焦点问题进行。

**第二百二十九条** 当事人在庭审中对其在审理前的准备阶段认可的事实和证据提出不同意见的,人民法院应当责令其说明理由。必要时,可以责令其提供相应证据。人民法院应当结合当事人的诉讼能力、证据和案件的具体情况进行审查。理由成立的,可以列入争议焦点进行审理。

**第二百三十条** 人民法院根据案件具体情况并征得当事人同意,可以将法庭调查和法庭辩论合并进行。

**第二百三十一条** 当事人在法庭上提出新的证据的,人民法院应当依照民事诉讼法第六十八条第二款规定和本解释相关规定处理。

**第二百三十二条** 在案件受理后,法庭辩论结束前,原告增加诉讼请求,被告提出反诉,第三人提出与本案有关的诉讼请求,可以合并审理的,人民法院应当合并审理。

**第二百三十三条** 反诉的当事人应当限于本诉的当事人的范围。

反诉与本诉的诉讼请求基于相同法律关系、诉讼请求之间具有因果关系,或者反诉与本诉的诉讼请求基于相同事实的,人民法院应当合并审理。

反诉应由其他人民法院专属管辖,或者与本诉的诉讼标的及诉讼请求所依据的事实、理由无关联的,裁定不予受理,告知另行起诉。

**第二百三十四条** 无民事行为能力人的离婚诉讼,当事人的法定代理人应当到庭;法定代理人不能到庭的,人民法院应当在查清事实的基础上,依法作出判决。

**第二百三十五条** 无民事行为能力的当事人的法定代理人,经传票传唤无正当理由拒不到庭,属于原告方的,比照民事诉讼法第一百四十六条的规定,按撤诉处理;属于被告方的,比照民事诉讼法第一百四十七条的规定,缺席判决。必要时,人民法院可以拘传其到庭。

**第二百三十六条** 有独立请求权的第三人经人民法院传票传唤,无正当理由拒不到庭的,或者未经法庭许可中途退庭的,比照民事诉讼法第一百四十六条的规定,按撤诉处理。

**第二百三十七条** 有独立请求权的第三人参加诉讼后,原告申请撤诉，人民法院在准许原告撤诉后，有独立请求权的第三人作为另案原告，原案原告、被告作为另案被告，诉讼继续进行。

**第二百三十八条** 当事人申请撤诉或者依法可以按撤诉处理的案件，如果当事人有违反法律的行为需要依法处理的，人民法院可以不准许撤诉或者不按撤诉处理。

法庭辩论终结后原告申请撤诉，被告不同意的，人民法院可以不予准许。

**第二百三十九条** 人民法院准许本诉原告撤诉的，应当对反诉继续审理；被告申请撤回反诉的，人民法院应予准许。

**第二百四十条** 无独立请求权的第三人经人民法院传票传唤，无正当理由拒不到庭，或者未经法庭许可中途退庭的，不影响案件的审理。

**第二百四十一条** 被告经传票传唤无正当理由拒不到庭，或者未经法庭许可中途退庭的，人民法院应当按期开庭或者继续开庭审理，对到庭的当事人诉讼请求、双方的诉辩理由以及已经提交的证据及其他诉讼材料进行审理后，可以依法缺席判决。

**第二百四十二条** 一审宣判后，原审人民法院发现判决有错误，当事人在上诉期内提出上诉的，原审人民法院可以提出原判决有错误的意见，报送第二审人民法院，由第二审人民法院按照第二审程序进行审理；当事人不上诉的，按照审判监督程序处理。

**第二百四十三条** 民事诉讼法第一百五十二条规定的审限，是指从立案之日起至裁判宣告、调解书送达之日止的期间，但公告期间、鉴定期间、双方当事人和解期间、审理当事人提出的管辖异议以及处理人民法院之间的管辖争议期间不应计算在内。

**第二百四十四条** 可以上诉的判决书、裁定书不能同时送达双方当事人的，上诉期从各自收到判决书、裁定书之日计算。

**第二百四十五条** 民事诉讼法第一百五十七条第一款第七项规定的笔误是指法律文书误写、误算，诉讼费用漏写、误算和其他笔误。

**第二百四十六条** 裁定中止诉讼的原因消除，恢复诉讼程序时，不必撤销原裁定，从人民法院通知或者准许当事人双方继续进行诉讼时起，中止诉讼的裁定即失去效力。

**第二百四十七条** 当事人就已经提起诉讼的事项在诉讼过程中或者裁判生效后再次起诉，同时符合下列条件的，构成重复起诉：

（一）后诉与前诉的当事人相同；

（二）后诉与前诉的诉讼标的相同；

（三）后诉与前诉的诉讼请求相同，或者后诉的诉讼请求实质上否定前诉裁判结果。

当事人重复起诉的，裁定不予受理；已经受理的，裁定驳回起诉，但法律、司法解释另有规定的除外。

**第二百四十八条** 裁判发生法律效力后，发生新的事实，当事人再次提起诉讼的，人民法院应当依法受理。

**第二百四十九条** 在诉讼中，争议的民事权利义务转移的，不影响当事人的诉讼主体资格和诉讼地位。人民法院作出的发生法律效力的判决、裁定对受让人具有拘束力。

受让人申请以无独立请求权的第三人身份参加诉讼的，人民法院可予准许。受让人申请替代当事人承担诉讼的，人民法院可以根据案件的具体情况决定是否准许；不予准许的，可以追加其为无独立请求权的第三人。

**第二百五十条** 依照本解释第二百四十九条规定，人民法院准许受让人替代当事人承担诉讼的，裁定变更当事人。

变更当事人后，诉讼程序以受让人为当事人继续进行，原当事人应当退出诉讼。原当事人已经完成的诉讼行为对受让人具有拘束力。

**第二百五十一条** 二审裁定撤销一审判决发回重审的案件，当事人申请变更、增加诉讼请求或者提出反诉，第三人提出与本案有关的诉讼请求的，依照民事诉讼法第一百四十三条规定处理。

**第二百五十二条** 再审裁定撤销原判决、裁定发回重审的案件，当事人申请变更、增加诉讼请求或者提出反诉，符合下列情形之一的，人民法院应当准许：

（一）原审未合法传唤缺席判决，影响当事人行使诉讼权利的；

（二）追加新的诉讼当事人的；

（三）诉讼标的物灭失或者发生变化致使原诉讼请求无法实现的；

（四）当事人申请变更、增加的诉讼请求或者提出的反诉，无法通过另诉解决的。

**第二百五十三条** 当庭宣判的案件，除当事人当庭要求邮寄发送裁判文书的外，人民法院应当告知当事人或者诉讼代理人领取裁判文书的时间和地点以及逾期不领取的法律后果。上述情况，应当记入笔录。

**第二百五十四条** 公民、法人或者其他组织申请查阅发生法律效力的判决书、裁定书的,应当向作出该生效裁判的人民法院提出。申请应当以书面形式提出,并提供具体的案号或者当事人姓名、名称。

**第二百五十五条** 对于查阅判决书、裁定书的申请,人民法院根据下列情形分别处理:

(一)判决书、裁定书已经通过信息网络向社会公开的,应当引导申请人自行查阅;

(二)判决书、裁定书未通过信息网络向社会公开,且申请符合要求的,应当及时提供便捷的查阅服务;

(三)判决书、裁定书尚未发生法律效力,或者已失去法律效力的,不提供查阅并告知申请人;

(四)发生法律效力的判决书、裁定书不是本院作出的,应当告知申请人向作出生效裁判的人民法院申请查阅;

(五)申请查阅的内容涉及国家秘密、商业秘密、个人隐私的,不予准许并告知申请人。

## 十一、简易程序

**第二百五十六条** 民事诉讼法第一百六十条规定的简单民事案件中的事实清楚,是指当事人对争议的事实陈述基本一致,并能提供相应的证据,无须人民法院调查收集证据即可查明事实;权利义务关系明确是指能明确区分谁是责任的承担者,谁是权利的享有者;争议不大是指当事人对案件的是非、责任承担以及诉讼标的争执无原则分歧。

**第二百五十七条** 下列案件,不适用简易程序:

(一)起诉时被告下落不明的;

(二)发回重审的;

(三)当事人一方人数众多的;

(四)适用审判监督程序的;

(五)涉及国家利益、社会公共利益的;

(六)第三人起诉请求改变或者撤销生效判决、裁定、调解书的;

(七)其他不宜适用简易程序的案件。

**第二百五十八条** 适用简易程序审理的案件,审理期限到期后,有特殊情况需要延长的,经本院院长批准,可以延长审理期限。延长后的审理期限累计不得超过四个月。

人民法院发现案件不宜适用简易程序，需要转为普通程序审理的，应当在审理期限届满前作出裁定并将审判人员及相关事项书面通知双方当事人。

案件转为普通程序审理的，审理期限自人民法院立案之日计算。

**第二百五十九条** 当事人双方可就开庭方式向人民法院提出申请，由人民法院决定是否准许。经当事人双方同意，可以采用视听传输技术等方式开庭。

**第二百六十条** 已经按照普通程序审理的案件，在开庭后不得转为简易程序审理。

**第二百六十一条** 适用简易程序审理案件，人民法院可以依照民事诉讼法第九十条、第一百六十二条的规定采取捎口信、电话、短信、传真、电子邮件等简便方式传唤双方当事人、通知证人和送达诉讼文书。

以简便方式送达的开庭通知，未经当事人确认或者没有其他证据证明当事人已经收到的，人民法院不得缺席判决。

适用简易程序审理案件，由审判员独任审判，书记员担任记录。

**第二百六十二条** 人民法庭制作的判决书、裁定书、调解书，必须加盖基层人民法院印章，不得用人民法庭的印章代替基层人民法院的印章。

**第二百六十三条** 适用简易程序审理案件，卷宗中应当具备以下材料：

（一）起诉状或者口头起诉笔录；

（二）答辩状或者口头答辩笔录；

（三）当事人身份证明材料；

（四）委托他人代理诉讼的授权委托书或者口头委托笔录；

（五）证据；

（六）询问当事人笔录；

（七）审理（包括调解）笔录；

（八）判决书、裁定书、调解书或者调解协议；

（九）送达和宣判笔录；

（十）执行情况；

（十一）诉讼费收据；

（十二）适用民事诉讼法第一百六十五条规定审理的，有关程序适用的书面告知。

第二百六十四条　当事人双方根据民事诉讼法第一百六十条第二款规定约定适用简易程序的，应当在开庭前提出。口头提出的，记入笔录，由双方当事人签名或者捺印确认。

本解释第二百五十七条规定的案件，当事人约定适用简易程序的，人民法院不予准许。

第二百六十五条　原告口头起诉的，人民法院应当将当事人的姓名、性别、工作单位、住所、联系方式等基本信息，诉讼请求，事实及理由等准确记入笔录，由原告核对无误后签名或者捺印。对当事人提交的证据材料，应当出具收据。

第二百六十六条　适用简易程序案件的举证期限由人民法院确定，也可以由当事人协商一致并经人民法院准许，但不得超过十五日。被告要求书面答辩的，人民法院可在征得其同意的基础上，合理确定答辩期间。

人民法院应当将举证期限和开庭日期告知双方当事人，并向当事人说明逾期举证以及拒不到庭的法律后果，由双方当事人在笔录和开庭传票的送达回证上签名或者捺印。

当事人双方均表示不需要举证期限、答辩期间的，人民法院可以立即开庭审理或者确定开庭日期。

第二百六十七条　适用简易程序审理案件，可以简便方式进行审理前的准备。

第二百六十八条　对没有委托律师、基层法律服务工作者代理诉讼的当事人，人民法院在庭审过程中可以对回避、自认、举证证明责任等相关内容向其作必要的解释或者说明，并在庭审过程中适当提示当事人正确行使诉讼权利、履行诉讼义务。

第二百六十九条　当事人就案件适用简易程序提出异议，人民法院经审查，异议成立的，裁定转为普通程序；异议不成立的，裁定驳回。裁定以口头方式作出的，应当记入笔录。

转为普通程序的，人民法院应当将审判人员及相关事项以书面形式通知双方当事人。

转为普通程序前，双方当事人已确认的事实，可以不再进行举证、质证。

第二百七十条　适用简易程序审理的案件，有下列情形之一的，人民

法院在制作判决书、裁定书、调解书时,对认定事实或者裁判理由部分可以适当简化:

(一)当事人达成调解协议并需要制作民事调解书的;

(二)一方当事人明确表示承认对方全部或者部分诉讼请求的;

(三)涉及商业秘密、个人隐私的案件,当事人一方要求简化裁判文书中的相关内容,人民法院认为理由正当的;

(四)当事人双方同意简化的。

### 十二、简易程序中的小额诉讼

**第二百七十一条** 人民法院审理小额诉讼案件,适用民事诉讼法第一百六十五条的规定,实行一审终审。

**第二百七十二条** 民事诉讼法第一百六十五条规定的各省、自治区、直辖市上年度就业人员年平均工资,是指已经公布的各省、自治区、直辖市上一年度就业人员年平均工资。在上一年度就业人员年平均工资公布前,以已经公布的最近年度就业人员年平均工资为准。

**第二百七十三条** 海事法院可以适用小额诉讼的程序审理海事、海商案件。案件标的额应当以实际受理案件的海事法院或者其派出法庭所在的省、自治区、直辖市上年度就业人员年平均工资为基数计算。

**第二百七十四条** 人民法院受理小额诉讼案件,应当向当事人告知该类案件的审判组织、一审终审、审理期限、诉讼费用交纳标准等相关事项。

**第二百七十五条** 小额诉讼案件的举证期限由人民法院确定,也可以由当事人协商一致并经人民法院准许,但一般不超过七日。

被告要求书面答辩的,人民法院可以在征得其同意的基础上合理确定答辩期间,但最长不得超过十五日。

当事人到庭后表示不需要举证期限和答辩期间的,人民法院可立即开庭审理。

**第二百七十六条** 当事人对小额诉讼案件提出管辖异议的,人民法院应当作出裁定。裁定一经作出即生效。

**第二百七十七条** 人民法院受理小额诉讼案件后,发现起诉不符合民事诉讼法第一百二十二条规定的起诉条件的,裁定驳回起诉。裁定一经作出即生效。

第二百七十八条 因当事人申请增加或者变更诉讼请求、提出反诉、追加当事人等，致使案件不符合小额诉讼案件条件的，应当适用简易程序的其他规定审理。

前款规定案件，应当适用普通程序审理的，裁定转为普通程序。

适用简易程序的其他规定或者普通程序审理前，双方当事人已确认的事实，可以不再进行举证、质证。

第二百七十九条 当事人对按照小额诉讼案件审理有异议的，应当在开庭前提出。人民法院经审查，异议成立的，适用简易程序的其他规定审理或者裁定转为普通程序；异议不成立的，裁定驳回。裁定以口头方式作出的，应当记入笔录。

第二百八十条 小额诉讼案件的裁判文书可以简化，主要记载当事人基本信息、诉讼请求、裁判主文等内容。

第二百八十一条 人民法院审理小额诉讼案件，本解释没有规定的，适用简易程序的其他规定。

### 十三、公益诉讼

第二百八十二条 环境保护法、消费者权益保护法等法律规定的机关和有关组织对污染环境、侵害众多消费者合法权益等损害社会公共利益的行为，根据民事诉讼法第五十八条规定提起公益诉讼，符合下列条件的，人民法院应当受理：

（一）有明确的被告；

（二）有具体的诉讼请求；

（三）有社会公共利益受到损害的初步证据；

（四）属于人民法院受理民事诉讼的范围和受诉人民法院管辖。

第二百八十三条 公益诉讼案件由侵权行为地或者被告住所地中级人民法院管辖，但法律、司法解释另有规定的除外。

因污染海洋环境提起的公益诉讼，由污染发生地、损害结果地或者采取预防污染措施地海事法院管辖。

对同一侵权行为分别向两个以上人民法院提起公益诉讼的，由最先立案的人民法院管辖，必要时由它们的共同上级人民法院指定管辖。

第二百八十四条 人民法院受理公益诉讼案件后，应当在十日内书面告知相关行政主管部门。

第二百八十五条　人民法院受理公益诉讼案件后,依法可以提起诉讼的其他机关和有关组织,可以在开庭前向人民法院申请参加诉讼。人民法院准许参加诉讼的,列为共同原告。

第二百八十六条　人民法院受理公益诉讼案件,不影响同一侵权行为的受害人根据民事诉讼法第一百二十二条规定提起诉讼。

第二百八十七条　对公益诉讼案件,当事人可以和解,人民法院可以调解。

当事人达成和解或者调解协议后,人民法院应当将和解或者调解协议进行公告。公告期间不得少于三十日。

公告期满后,人民法院经审查,和解或者调解协议不违反社会公共利益的,应当出具调解书;和解或者调解协议违反社会公共利益的,不予出具调解书,继续对案件进行审理并依法作出裁判。

第二百八十八条　公益诉讼案件的原告在法庭辩论终结后申请撤诉的,人民法院不予准许。

第二百八十九条　公益诉讼案件的裁判发生法律效力后,其他依法具有原告资格的机关和有关组织就同一侵权行为另行提起公益诉讼的,人民法院裁定不予受理,但法律、司法解释另有规定的除外。

## 十四、第三人撤销之诉

第二百九十条　第三人对已经发生法律效力的判决、裁定、调解书提起撤销之诉的,应当自知道或者应当知道其民事权益受到损害之日起六个月内,向作出生效判决、裁定、调解书的人民法院提出,并应当提供存在下列情形的证据材料:

(一)因不能归责于本人的事由未参加诉讼;

(二)发生法律效力的判决、裁定、调解书的全部或者部分内容错误;

(三)发生法律效力的判决、裁定、调解书内容错误损害其民事权益。

第二百九十一条　人民法院应当在收到起诉状和证据材料之日起五日内送交对方当事人,对方当事人可以自收到起诉状之日起十日内提出书面意见。

人民法院应当对第三人提交的起诉状、证据材料以及对方当事人的书面意见进行审查。必要时,可以询问双方当事人。

经审查,符合起诉条件的,人民法院应当在收到起诉状之日起三十日内立案。不符合起诉条件的，应当在收到起诉状之日起三十日内裁定不予受理。

**第二百九十二条** 人民法院对第三人撤销之诉案件，应当组成合议庭开庭审理。

**第二百九十三条** 民事诉讼法第五十九条第三款规定的因不能归责于本人的事由未参加诉讼，是指没有被列为生效判决、裁定、调解书当事人，且无过错或者无明显过错的情形。包括：

（一）不知道诉讼而未参加的；

（二）申请参加未获准许的；

（三）知道诉讼，但因客观原因无法参加的；

（四）因其他不能归责于本人的事由未参加诉讼的。

**第二百九十四条** 民事诉讼法第五十九条第三款规定的判决、裁定、调解书的部分或者全部内容，是指判决、裁定的主文，调解书中处理当事人民事权利义务的结果。

**第二百九十五条** 对下列情形提起第三人撤销之诉的，人民法院不予受理：

（一）适用特别程序、督促程序、公示催告程序、破产程序等非讼程序处理的案件；

（二）婚姻无效、撤销或者解除婚姻关系等判决、裁定、调解书中涉及身份关系的内容；

（三）民事诉讼法第五十七条规定的未参加登记的权利人对代表人诉讼案件的生效裁判；

（四）民事诉讼法第五十八条规定的损害社会公共利益行为的受害人对公益诉讼案件的生效裁判。

**第二百九十六条** 第三人提起撤销之诉，人民法院应当将该第三人列为原告，生效判决、裁定、调解书的当事人列为被告，但生效判决、裁定、调解书中没有承担责任的无独立请求权的第三人列为第三人。

**第二百九十七条** 受理第三人撤销之诉案件后，原告提供相应担保，请求中止执行的，人民法院可以准许。

**第二百九十八条** 对第三人撤销或者部分撤销发生法律效力的判决、裁定、调解书内容的请求，人民法院经审理，按下列情形分别处理：

（一）请求成立且确认其民事权利的主张全部或部分成立的，改变原

判决、裁定、调解书内容的错误部分;

（二）请求成立，但确认其全部或部分民事权利的主张不成立，或者未提出确认其民事权利请求的，撤销原判决、裁定、调解书内容的错误部分;

（三）请求不成立的，驳回诉讼请求。

对前款规定裁判不服的，当事人可以上诉。

原判决、裁定、调解书的内容未改变或者未撤销的部分继续有效。

**第二百九十九条** 第三人撤销之诉案件审理期间，人民法院对生效判决、裁定、调解书裁定再审的，受理第三人撤销之诉的人民法院应当裁定将第三人的诉讼请求并入再审程序。但有证据证明原审当事人之间恶意串通损害第三人合法权益的，人民法院应当先行审理第三人撤销之诉案件，裁定中止再审诉讼。

**第三百条** 第三人诉讼请求并入再审程序审理的，按照下列情形分别处理：

（一）按照第一审程序审理的，人民法院应当对第三人的诉讼请求一并审理，所作的判决可以上诉；

（二）按照第二审程序审理的，人民法院可以调解，调解达不成协议的，应当裁定撤销原判决、裁定、调解书，发回一审法院重审，重审时应当列明第三人。

**第三百零一条** 第三人提起撤销之诉后，未中止生效判决、裁定、调解书执行的，执行法院对第三人依照民事诉讼法第二百三十四条规定提出的执行异议，应予审查。第三人不服驳回执行异议裁定，申请对原判决、裁定、调解书再审的，人民法院不予受理。

案外人对人民法院驳回其执行异议裁定不服，认为原判决、裁定、调解书内容错误损害其合法权益的，应当根据民事诉讼法第二百三十四条规定申请再审，提起第三人撤销之诉的，人民法院不予受理。

## 十五、执行异议之诉

**第三百零二条** 根据民事诉讼法第二百三十四条规定，案外人、当事人对执行异议裁定不服，自裁定送达之日起十五日内向人民法院提起执行异议之诉的，由执行法院管辖。

**第三百零三条** 案外人提起执行异议之诉，除符合民事诉讼法第一百

二十二条规定外,还应当具备下列条件:

(一)案外人的执行异议申请已经被人民法院裁定驳回;

(二)有明确的排除对执行标的执行的诉讼请求,且诉讼请求与原判决、裁定无关;

(三)自执行异议裁定送达之日起十五日内提起。

人民法院应当在收到起诉状之日起十五日内决定是否立案。

**第三百零四条** 申请执行人提起执行异议之诉,除符合民事诉讼法第一百二十二条规定外,还应当具备下列条件:

(一)依案外人执行异议申请,人民法院裁定中止执行;

(二)有明确的对执行标的继续执行的诉讼请求,且诉讼请求与原判决、裁定无关;

(三)自执行异议裁定送达之日起十五日内提起。

人民法院应当在收到起诉状之日起十五日内决定是否立案。

**第三百零五条** 案外人提起执行异议之诉的,以申请执行人为被告。被执行人反对案外人异议的,被执行人为共同被告;被执行人不反对案外人异议的,可以列被执行人为第三人。

**第三百零六条** 申请执行人提起执行异议之诉的,以案外人为被告。被执行人反对申请执行人主张的,以案外人和被执行人为共同被告;被执行人不反对申请执行人主张的,可以列被执行人为第三人。

**第三百零七条** 申请执行人对中止执行裁定未提起执行异议之诉,被执行人提起执行异议之诉的,人民法院告知其另行起诉。

**第三百零八条** 人民法院审理执行异议之诉案件,适用普通程序。

**第三百零九条** 案外人或者申请执行人提起执行异议之诉的,案外人应当就其对执行标的享有足以排除强制执行的民事权益承担举证证明责任。

**第三百一十条** 对案外人提起的执行异议之诉,人民法院经审理,按照下列情形分别处理:

(一)案外人就执行标的享有足以排除强制执行的民事权益的,判决不得执行该执行标的;

(二)案外人就执行标的不享有足以排除强制执行的民事权益的,判决驳回诉讼请求。

案外人同时提出确认其权利的诉讼请求的,人民法院可以在判决中一并作出裁判。

**第三百一十一条** 对申请执行人提起的执行异议之诉，人民法院经审理，按照下列情形分别处理：

（一）案外人就执行标的不享有足以排除强制执行的民事权益的，判决准许执行该执行标的；

（二）案外人就执行标的享有足以排除强制执行的民事权益的，判决驳回诉讼请求。

**第三百一十二条** 对案外人执行异议之诉，人民法院判决不得对执行标的执行的，执行异议裁定失效。

对申请执行人执行异议之诉，人民法院判决准许对该执行标的执行的，执行异议裁定失效，执行法院可以根据申请执行人的申请或者依职权恢复执行。

**第三百一十三条** 案外人执行异议之诉审理期间，人民法院不得对执行标的进行处分。申请执行人请求人民法院继续执行并提供相应担保的，人民法院可以准许。

被执行人与案外人恶意串通，通过执行异议、执行异议之诉妨害执行的，人民法院应当依照民事诉讼法第一百一十六条规定处理。申请执行人因此受到损害的，可以提起诉讼要求被执行人、案外人赔偿。

**第三百一十四条** 人民法院对执行标的裁定中止执行后，申请执行人在法律规定的期间内未提起执行异议之诉的，人民法院应当自起诉期限届满之日起七日内解除对该执行标的采取的执行措施。

## 十六、第二审程序

**第三百一十五条** 双方当事人和第三人都提起上诉的，均列为上诉人。人民法院可以依职权确定第二审程序中当事人的诉讼地位。

**第三百一十六条** 民事诉讼法第一百七十三条、第一百七十四条规定的对方当事人包括被上诉人和原审其他当事人。

**第三百一十七条** 必要共同诉讼人的一人或者部分人提起上诉的，按下列情形分别处理：

（一）上诉仅对与对方当事人之间权利义务分担有意见，不涉及其他共同诉讼人利益的，对方当事人为被上诉人，未上诉的同一方当事人依原审诉讼地位列明；

（二）上诉仅对共同诉讼人之间权利义务分担有意见，不涉及对方当事人利益的，未上诉的同一方当事人为被上诉人，对方当事人依原审诉讼地位列明；

（三）上诉对双方当事人之间以及共同诉讼人之间权利义务承担有意见的，未提起上诉的其他当事人均为被上诉人。

第三百一十八条 一审宣判时或者判决书、裁定书送达时，当事人口头表示上诉的，人民法院应告知其必须在法定上诉期间内递交上诉状。未在法定上诉期间内递交上诉状的，视为未提起上诉。虽递交上诉状，但未在指定的期限内交纳上诉费的，按自动撤回上诉处理。

第三百一十九条 无民事行为能力人、限制民事行为能力人的法定代理人，可以代理当事人提起上诉。

第三百二十条 上诉案件的当事人死亡或者终止的，人民法院依法通知其权利义务承继者参加诉讼。

需要终结诉讼的，适用民事诉讼法第一百五十四条规定。

第三百二十一条 第二审人民法院应当围绕当事人的上诉请求进行审理。

当事人没有提出请求的，不予审理，但一审判决违反法律禁止性规定，或者损害国家利益、社会公共利益、他人合法权益的除外。

第三百二十二条 开庭审理的上诉案件，第二审人民法院可以依照民事诉讼法第一百三十六条第四项规定进行审理前的准备。

第三百二十三条 下列情形，可以认定为民事诉讼法第一百七十七条第一款第四项规定的严重违反法定程序：

（一）审判组织的组成不合法的；

（二）应当回避的审判人员未回避的；

（三）无诉讼行为能力人未经法定代理人代为诉讼的；

（四）违法剥夺当事人辩论权利的。

第三百二十四条 对当事人在第一审程序中已经提出的诉讼请求，原审人民法院未作审理、判决的，第二审人民法院可以根据当事人自愿的原则进行调解；调解不成的，发回重审。

第三百二十五条 必须参加诉讼的当事人或者有独立请求权的第三人，在第一审程序中未参加诉讼，第二审人民法院可以根据当事人自愿的原则予以调解；调解不成的，发回重审。

**第三百二十六条** 在第二审程序中,原审原告增加独立的诉讼请求或者原审被告提出反诉的,第二审人民法院可以根据当事人自愿的原则就新增加的诉讼请求或者反诉进行调解;调解不成的,告知当事人另行起诉。

双方当事人同意由第二审人民法院一并审理的,第二审人民法院可以一并裁判。

**第三百二十七条** 一审判决不准离婚的案件,上诉后,第二审人民法院认为应当判决离婚的,可以根据当事人自愿的原则,与子女抚养、财产问题一并调解;调解不成的,发回重审。

双方当事人同意由第二审人民法院一并审理的,第二审人民法院可以一并裁判。

**第三百二十八条** 人民法院依照第二审程序审理案件,认为依法不应由人民法院受理的,可以由第二审人民法院直接裁定撤销原裁判,驳回起诉。

**第三百二十九条** 人民法院依照第二审程序审理案件,认为第一审人民法院受理案件违反专属管辖规定的,应当裁定撤销原裁判并移送有管辖权的人民法院。

**第三百三十条** 第二审人民法院查明第一审人民法院作出的不予受理裁定有错误的,应当在撤销原裁定的同时,指令第一审人民法院立案受理;查明第一审人民法院作出的驳回起诉裁定有错误的,应当在撤销原裁定的同时,指令第一审人民法院审理。

**第三百三十一条** 第二审人民法院对下列上诉案件,依照民事诉讼法第一百七十六条规定可以不开庭审理:

(一)不服不予受理、管辖权异议和驳回起诉裁定的;
(二)当事人提出的上诉请求明显不能成立的;
(三)原判决、裁定认定事实清楚,但适用法律错误的;
(四)原判决严重违反法定程序,需要发回重审的。

**第三百三十二条** 原判决、裁定认定事实或者适用法律虽有瑕疵,但裁判结果正确的,第二审人民法院可以在判决、裁定中纠正瑕疵后,依照民事诉讼法第一百七十七条第一款第一项规定予以维持。

**第三百三十三条** 民事诉讼法第一百七十七条第一款第三项规定的基本事实,是指用以确定当事人主体资格、案件性质、民事权利义务等对原判决、裁定的结果有实质性影响的事实。

**第三百三十四条** 在第二审程序中,作为当事人的法人或者其他组织分立的,人民法院可以直接将分立后的法人或者其他组织列为共同诉讼人;合并的,将合并后的法人或者其他组织列为当事人。

**第三百三十五条** 在第二审程序中,当事人申请撤回上诉,人民法院经审查认为一审判决确有错误,或者当事人之间恶意串通损害国家利益、社会公共利益、他人合法权益的,不应准许。

**第三百三十六条** 在第二审程序中,原审原告申请撤回起诉,经其他当事人同意,且不损害国家利益、社会公共利益、他人合法权益的,人民法院可以准许。准许撤诉的,应当一并裁定撤销一审裁判。

原审原告在第二审程序中撤回起诉后重复起诉的,人民法院不予受理。

**第三百三十七条** 当事人在第二审程序中达成和解协议的,人民法院可以根据当事人的请求,对双方达成的和解协议进行审查并制作调解书送达当事人;因和解而申请撤诉,经审查符合撤诉条件的,人民法院应予准许。

**第三百三十八条** 第二审人民法院宣告判决可以自行宣判,也可以委托原审人民法院或者当事人所在地人民法院代行宣判。

**第三百三十九条** 人民法院审理对裁定的上诉案件,应当在第二审立案之日起三十日内作出终审裁定。有特殊情况需要延长审限的,由本院院长批准。

**第三百四十条** 当事人在第一审程序中实施的诉讼行为,在第二审程序中对该当事人仍具有拘束力。

当事人推翻其在第一审程序中实施的诉讼行为时,人民法院应当责令其说明理由。理由不成立的,不予支持。

## 十七、特别程序

**第三百四十一条** 宣告失踪或者宣告死亡案件,人民法院可以根据申请人的请求,清理下落不明人的财产,并指定案件审理期间的财产管理人。公告期满后,人民法院判决宣告失踪的,应当同时依照民法典第四十二条的规定指定失踪人的财产代管人。

**第三百四十二条** 失踪人的财产代管人经人民法院指定后,代管人申请变更代管的,比照民事诉讼法特别程序的有关规定进行审理。申请理由成立的，裁定撤销申请人的代管人身份，同时另行指定财产代管人；申请理由不成立的，裁定驳回申请。

失踪人的其他利害关系人申请变更代管的，人民法院应当告知其以原指定的代管人为被告起诉，并按普通程序进行审理。

**第三百四十三条** 人民法院判决宣告公民失踪后，利害关系人向人民法院申请宣告失踪人死亡，自失踪之日起满四年的，人民法院应当受理，宣告失踪的判决即是该公民失踪的证明，审理中仍应依照民事诉讼法第一百九十二条规定进行公告。

**第三百四十四条** 符合法律规定的多个利害关系人提出宣告失踪、宣告死亡申请的，列为共同申请人。

**第三百四十五条** 寻找下落不明人的公告应当记载下列内容：

（一）被申请人应当在规定期间内向受理法院申报其具体地址及其联系方式。否则，被申请人将被宣告失踪、宣告死亡；

（二）凡知悉被申请人生存现状的人，应当在公告期间内将其所知道情况向受理法院报告。

**第三百四十六条** 人民法院受理宣告失踪、宣告死亡案件后，作出判决前，申请人撤回申请的，人民法院应当裁定终结案件，但其他符合法律规定的利害关系人加入程序要求继续审理的除外。

**第三百四十七条** 在诉讼中，当事人的利害关系人或者有关组织提出该当事人不能辨认或者不能完全辨认自己的行为，要求宣告该当事人无民事行为能力或者限制民事行为能力的，应由利害关系人或者有关组织向人民法院提出申请，由受诉人民法院按照特别程序立案审理，原诉讼中止。

**第三百四十八条** 认定财产无主案件，公告期间有人对财产提出请求的，人民法院应当裁定终结特别程序，告知申请人另行起诉，适用普通程序审理。

**第三百四十九条** 被指定的监护人不服居民委员会、村民委员会或者民政部门指定，应当自接到通知之日起三十日内向人民法院提出异议。经审理，认为指定并无不当的，裁定驳回异议；指定不当的，判决撤销指定，同时另行指定监护人。判决书应当送达异议人、原指定单位及判决指定的监护人。

有关当事人依照民法典第三十一条第一款规定直接向人民法院申请指定监护人的，适用特别程序审理，判决指定监护人。判决书应当送达申请人、判决指定的监护人。

**第三百五十条** 申请认定公民无民事行为能力或者限制民事行为能力的案件，被申请人没有近亲属的，人民法院可以指定经被申请人住所地的居民委员会、村民委员会或者民政部门同意，且愿意担任代理人的个人或者组织为代理人。

没有前款规定的代理人的，由被申请人住所地的居民委员会、村民委员会或者民政部门担任代理人。

代理人可以是一人，也可以是同一顺序中的两人。

**第三百五十一条** 申请司法确认调解协议的，双方当事人应当本人或者由符合民事诉讼法第六十一条规定的代理人依照民事诉讼法第二百零一条的规定提出申请。

**第三百五十二条** 调解组织自行开展的调解，有两个以上调解组织参与的，符合民事诉讼法第二百零一条规定的各调解组织所在地人民法院均有管辖权。

双方当事人可以共同向符合民事诉讼法第二百零一条规定的其中一个有管辖权的人民法院提出申请；双方当事人共同向两个以上有管辖权的人民法院提出申请的，由最先立案的人民法院管辖。

**第三百五十三条** 当事人申请司法确认调解协议，可以采用书面形式或者口头形式。当事人口头申请的，人民法院应当记入笔录，并由当事人签名、捺印或者盖章。

**第三百五十四条** 当事人申请司法确认调解协议，应当向人民法院提交调解协议、调解组织主持调解的证明，以及与调解协议相关的财产权利证明等材料，并提供双方当事人的身份、住所、联系方式等基本信息。

当事人未提交上述材料的，人民法院应当要求当事人限期补交。

**第三百五十五条** 当事人申请司法确认调解协议，有下列情形之一的，人民法院裁定不予受理：

（一）不属于人民法院受理范围的；

（二）不属于收到申请的人民法院管辖的；

（三）申请确认婚姻关系、亲子关系、收养关系等身份关系无效、有效或者解除的；

（四）涉及适用其他特别程序、公示催告程序、破产程序审理的；

（五）调解协议内容涉及物权、知识产权确权的。

人民法院受理申请后，发现有上述不予受理情形的，应当裁定驳回当事人的申请。

**第三百五十六条** 人民法院审查相关情况时，应当通知双方当事人共同到场对案件进行核实。

人民法院经审查，认为当事人的陈述或者提供的证明材料不充分、不完备或者有疑义的，可以要求当事人限期补充陈述或者补充证明材料。必要时，人民法院可以向调解组织核实有关情况。

**第三百五十七条** 确认调解协议的裁定作出前，当事人撤回申请的，人民法院可以裁定准许。

当事人无正当理由未在限期内补充陈述、补充证明材料或者拒不接受询问的，人民法院可以按撤回申请处理。

**第三百五十八条** 经审查，调解协议有下列情形之一的，人民法院应当裁定驳回申请：

（一）违反法律强制性规定的；

（二）损害国家利益、社会公共利益、他人合法权益的；

（三）违背公序良俗的；

（四）违反自愿原则的；

（五）内容不明确的；

（六）其他不能进行司法确认的情形。

**第三百五十九条** 民事诉讼法第二百零三条规定的担保物权人，包括抵押权人、质权人、留置权人；其他有权请求实现担保物权的人，包括抵押人、出质人、财产被留置的债务人或者所有权人等。

**第三百六十条** 实现票据、仓单、提单等有权利凭证的权利质权案件，可以由权利凭证持有人住所地人民法院管辖；无权利凭证的权利质权，由出质登记地人民法院管辖。

**第三百六十一条** 实现担保物权案件属于海事法院等专门人民法院管辖的，由专门人民法院管辖。

**第三百六十二条** 同一债权的担保物有多个且所在地不同，申请人分别向有管辖权的人民法院申请实现担保物权的，人民法院应当依法受理。

**第三百六十三条** 依照民法典第三百九十二条的规定，被担保的债权既有物的担保又有人的担保，当事人对实现担保物权的顺序有约定，实现担保物权的申请违反该约定的，人民法院裁定不予受理；没有约定或者约定不明的，人民法院应当受理。

**第三百六十四条** 同一财产上设立多个担保物权，登记在先的担保物权尚未实现的，不影响后顺位的担保物权人向人民法院申请实现担保物权。

**第三百六十五条** 申请实现担保物权，应当提交下列材料：

（一）申请书。申请书应当记明申请人、被申请人的姓名或者名称、联系方式等基本信息，具体的请求和事实、理由；

（二）证明担保物权存在的材料，包括主合同、担保合同、抵押登记证明或者他项权利证书，权利质权的权利凭证或者质权出质登记证明等；

（三）证明实现担保物权条件成就的材料；

（四）担保财产现状的说明；

（五）人民法院认为需要提交的其他材料。

**第三百六十六条** 人民法院受理申请后，应当在五日内向被申请人送达申请书副本、异议权利告知书等文书。

被申请人有异议的，应当在收到人民法院通知后的五日内向人民法院提出，同时说明理由并提供相应的证据材料。

**第三百六十七条** 实现担保物权案件可以由审判员一人独任审查。担保财产标的额超过基层人民法院管辖范围的，应当组成合议庭进行审查。

**第三百六十八条** 人民法院审查实现担保物权案件，可以询问申请人、被申请人、利害关系人，必要时可以依职权调查相关事实。

**第三百六十九条** 人民法院应当就主合同的效力、期限、履行情况，担保物权是否有效设立、担保财产的范围、被担保的债权范围、被担保的债权是否已届清偿期等担保物权实现的条件，以及是否损害他人合法权益等内容进行审查。

被申请人或者利害关系人提出异议的，人民法院应当一并审查。

**第三百七十条** 人民法院审查后，按下列情形分别处理：

（一）当事人对实现担保物权无实质性争议且实现担保物权条件成就的，裁定准许拍卖、变卖担保财产；

（二）当事人对实现担保物权有部分实质性争议的，可以就无争议部分裁定准许拍卖、变卖担保财产；

（三）当事人对实现担保物权有实质性争议的，裁定驳回申请，并告知申请人向人民法院提起诉讼。

**第三百七十一条** 人民法院受理申请后，申请人对担保财产提出保全申请的，可以按照民事诉讼法关于诉讼保全的规定办理。

**第三百七十二条** 适用特别程序作出的判决、裁定，当事人、利害关系人认为有错误的，可以向作出该判决、裁定的人民法院提出异议。人民法院经审查，异议成立或者部分成立的，作出新的判决、裁定撤销或者改变原判决、裁定；异议不成立的，裁定驳回。

对人民法院作出的确认调解协议、准许实现担保物权的裁定，当事人有异议的，应当自收到裁定之日起十五日内提出；利害关系人有异议的，自知道或者应当知道其民事权益受到侵害之日起六个月内提出。

## 十八、审判监督程序

**第三百七十三条** 当事人死亡或者终止的，其权利义务承继者可以根据民事诉讼法第二百零六条、第二百零八条的规定申请再审。

判决、调解书生效后，当事人将判决、调解书确认的债权转让，债权受让人对该判决、调解书不服申请再审的，人民法院不予受理。

**第三百七十四条** 民事诉讼法第二百零六条规定的人数众多的一方当事人，包括公民、法人和其他组织。

民事诉讼法第二百零六条规定的当事人双方为公民的案件，是指原告和被告均为公民的案件。

**第三百七十五条** 当事人申请再审，应当提交下列材料：

（一）再审申请书，并按照被申请人和原审其他当事人的人数提交副本；

（二）再审申请人是自然人的，应当提交身份证明；再审申请人是法人或者其他组织的，应当提交营业执照、组织机构代码证书、法定代表人或者主要负责人身份证明书。委托他人代为申请的，应当提交授权委托书和代理人身份证明；

（三）原审判决书、裁定书、调解书；

（四）反映案件基本事实的主要证据及其他材料。

前款第二项、第三项、第四项规定的材料可以是与原件核对无异的复印件。

**第三百七十六条** 再审申请书应当记明下列事项：

（一）再审申请人与被申请人及原审其他当事人的基本信息；

（二）原审人民法院的名称，原审裁判文书案号；

（三）具体的再审请求；

（四）申请再审的法定情形及具体事实、理由。

再审申请书应当明确申请再审的人民法院，并由再审申请人签名、捺印或者盖章。

**第三百七十七条** 当事人一方人数众多或者当事人双方为公民的案件，当事人分别向原审人民法院和上一级人民法院申请再审且不能协商一致的，由原审人民法院受理。

**第三百七十八条** 适用特别程序、督促程序、公示催告程序、破产程序等非讼程序审理的案件，当事人不得申请再审。

**第三百七十九条** 当事人认为发生法律效力的不予受理、驳回起诉的裁定错误的，可以申请再审。

**第三百八十条** 当事人就离婚案件中的财产分割问题申请再审，如涉及判决中已分割的财产，人民法院应当依照民事诉讼法第二百零七条的规定进行审查，符合再审条件的，应当裁定再审；如涉及判决中未作处理的夫妻共同财产，应当告知当事人另行起诉。

**第三百八十一条** 当事人申请再审，有下列情形之一的，人民法院不予受理：

（一）再审申请被驳回后再次提出申请的；

（二）对再审判决、裁定提出申请的；

（三）在人民检察院对当事人的申请作出不予提出再审检察建议或者抗诉决定后又提出申请的。

前款第一项、第二项规定情形，人民法院应当告知当事人可以向人民检察院申请再审检察建议或者抗诉，但因人民检察院提出再审检察建议或者抗诉而再审作出的判决、裁定除外。

**第三百八十二条** 当事人对已经发生法律效力的调解书申请再审，应当在调解书发生法律效力后六个月内提出。

**第三百八十三条** 人民法院应当自收到符合条件的再审申请书等材料之日起五日内向再审申请人发送受理通知书，并向被申请人及原审其他当事人发送应诉通知书、再审申请书副本等材料。

**第三百八十四条** 人民法院受理申请再审案件后，应当依照民事诉讼法第二百零七条、第二百零八条、第二百一十一条等规定，对当事人主张的再审事由进行审查。

**第三百八十五条** 再审申请人提供的新的证据，能够证明原判决、裁定认定基本事实或者裁判结果错误的，应当认定为民事诉讼法第二百零七条第一项规定的情形。

对于符合前款规定的证据，人民法院应当责令再审申请人说明其逾期提供该证据的理由；拒不说明理由或者理由不成立的，依照民事诉讼法第六十八条第二款和本解释第一百零二条的规定处理。

**第三百八十六条** 再审申请人证明其提交的新的证据符合下列情形之一的，可以认定逾期提供证据的理由成立：

（一）在原审庭审结束前已经存在，因客观原因于庭审结束后才发现的；

（二）在原审庭审结束前已经发现，但因客观原因无法取得或者在规定的期限内不能提供的；

（三）在原审庭审结束后形成，无法据此另行提起诉讼的。

再审申请人提交的证据在原审中已经提供，原审人民法院未组织质证且未作为裁判根据的，视为逾期提供证据的理由成立，但原审人民法院依照民事诉讼法第六十八条规定不予采纳的除外。

**第三百八十七条** 当事人对原判决、裁定认定事实的主要证据在原审中拒绝发表质证意见或者质证中未对证据发表质证意见的，不属于民事诉讼法第二百零七条第四项规定的未经质证的情形。

**第三百八十八条** 有下列情形之一，导致判决、裁定结果错误的，应当认定为民事诉讼法第二百零七条第六项规定的原判决、裁定适用法律确有错误：

（一）适用的法律与案件性质明显不符的；

（二）确定民事责任明显违背当事人约定或者法律规定的；

（三）适用已经失效或者尚未施行的法律的；

（四）违反法律溯及力规定的；

（五）违反法律适用规则的；

（六）明显违背立法原意的。

**第三百八十九条** 原审开庭过程中有下列情形之一的，应当认定为民事诉讼法第二百零七条第九项规定的剥夺当事人辩论权利：

（一）不允许当事人发表辩论意见的；

（二）应当开庭审理而未开庭审理的；

（三）违反法律规定送达起诉状副本或者上诉状副本，致使当事人无法行使辩论权利的；

（四）违法剥夺当事人辩论权利的其他情形。

**第三百九十条** 民事诉讼法第二百零七条第十一项规定的诉讼请求，包括一审诉讼请求、二审上诉请求，但当事人未对一审判决、裁定遗漏或者超出诉讼请求提起上诉的除外。

**第三百九十一条** 民事诉讼法第二百零七条第十二项规定的法律文书包括：

（一）发生法律效力的判决书、裁定书、调解书；

（二）发生法律效力的仲裁裁决书；

（三）具有强制执行效力的公证债权文书。

**第三百九十二条** 民事诉讼法第二百零七条第十三项规定的审判人员审理该案件时有贪污受贿、徇私舞弊、枉法裁判行为，是指已经由生效刑事法律文书或者纪律处分决定所确认的行为。

**第三百九十三条** 当事人主张的再审事由成立，且符合民事诉讼法和本解释规定的申请再审条件的，人民法院应当裁定再审。

当事人主张的再审事由不成立，或者当事人申请再审超过法定申请再审期限、超出法定再审事由范围等不符合民事诉讼法和本解释规定的申请再审条件的，人民法院应当裁定驳回再审申请。

**第三百九十四条** 人民法院对已经发生法律效力的判决、裁定、调解书依法决定再审，依照民事诉讼法第二百一十三条规定，需要中止执行的，应当在再审裁定中同时写明中止原判决、裁定、调解书的执行；情况紧急的，可以将中止执行裁定口头通知负责执行的人民法院，并在通知后十日内发出裁定书。

**第三百九十五条** 人民法院根据审查案件的需要决定是否询问当事人。新的证据可能推翻原判决、裁定的，人民法院应当询问当事人。

**第三百九十六条** 审查再审申请期间，被申请人及原审其他当事人依法提出再审申请的，人民法院应当将其列为再审申请人，对其再审事由一并审查，审查期限重新计算。经审查，其中一方再审申请人主张的再审事由成立的，应当裁定再审。各方再审申请人主张的再审事由均不成立的，一并裁定驳回再审申请。

**第三百九十七条** 审查再审申请期间,再审申请人申请人民法院委托鉴定、勘验的,人民法院不予准许。

**第三百九十八条** 审查再审申请期间,再审申请人撤回再审申请的,是否准许,由人民法院裁定。

再审申请人经传票传唤,无正当理由拒不接受询问的,可以按撤回再审申请处理。

**第三百九十九条** 人民法院准许撤回再审申请或者按撤回再审申请处理后,再审申请人再次申请再审的,不予受理,但有民事诉讼法第二百零七条第一项、第三项、第十二项、第十三项规定情形,自知道或者应当知道之日起六个月内提出的除外。

**第四百条** 再审申请审查期间,有下列情形之一的,裁定终结审查:

(一)再审申请人死亡或者终止,无权利义务承继者或者权利义务承继者声明放弃再审申请的;

(二)在给付之诉中,负有给付义务的被申请人死亡或者终止,无可供执行的财产,也没有应当承担义务的人的;

(三)当事人达成和解协议且已履行完毕的,但当事人在和解协议中声明不放弃申请再审权利的除外;

(四)他人未经授权以当事人名义申请再审的;

(五)原审或者上一级人民法院已经裁定再审的;

(六)有本解释第三百八十一条第一款规定情形的。

**第四百零一条** 人民法院审理再审案件应当组成合议庭开庭审理,但按照第二审程序审理,有特殊情况或者双方当事人已经通过其他方式充分表达意见,且书面同意不开庭审理的除外。

符合缺席判决条件的,可以缺席判决。

**第四百零二条** 人民法院开庭审理再审案件,应当按照下列情形分别进行:

(一)因当事人申请再审的,先由再审申请人陈述再审请求及理由,后由被申请人答辩、其他原审当事人发表意见;

(二)因抗诉再审的,先由抗诉机关宣读抗诉书,再由申请抗诉的当事人陈述,后由被申请人答辩、其他原审当事人发表意见;

(三)人民法院依职权再审,有申诉人的,先由申诉人陈述再审请求及理由,后由被申诉人答辩、其他原审当事人发表意见;

（四）人民法院依职权再审，没有申诉人的，先由原审原告或者原审上诉人陈述，后由原审其他当事人发表意见。

对前款第一项至第三项规定的情形，人民法院应当要求当事人明确其再审请求。

**第四百零三条** 人民法院审理再审案件应当围绕再审请求进行。当事人的再审请求超出原审诉讼请求的，不予审理；符合另案诉讼条件的，告知当事人可以另行起诉。

被申请人及原审其他当事人在庭审辩论结束前提出的再审请求，符合民事诉讼法第二百一十二条规定的，人民法院应当一并审理。

人民法院经再审，发现已经发生法律效力的判决、裁定损害国家利益、社会公共利益、他人合法权益的，应当一并审理。

**第四百零四条** 再审审理期间，有下列情形之一的，可以裁定终结再审程序：

（一）再审申请人在再审期间撤回再审请求，人民法院准许的；

（二）再审申请人经传票传唤，无正当理由拒不到庭的，或者未经法庭许可中途退庭，按撤回再审请求处理的；

（三）人民检察院撤回抗诉的；

（四）有本解释第四百条第一项至第四项规定情形的。

因人民检察院提出抗诉裁定再审的案件，申请抗诉的当事人有前款规定的情形，且不损害国家利益、社会公共利益或者他人合法权益的，人民法院应当裁定终结再审程序。

再审程序终结后，人民法院裁定中止执行的原生效判决自动恢复执行。

**第四百零五条** 人民法院经再审审理认为，原判决、裁定认定事实清楚、适用法律正确的，应予维持；原判决、裁定认定事实、适用法律虽有瑕疵，但裁判结果正确的，应当在再审判决、裁定中纠正瑕疵后予以维持。

原判决、裁定认定事实、适用法律错误，导致裁判结果错误的，应当依法改判、撤销或者变更。

**第四百零六条** 按照第二审程序再审的案件，人民法院经审理认为不符合民事诉讼法规定的起诉条件或者符合民事诉讼法第一百二十七条规定不予受理情形的，应当裁定撤销一、二审判决，驳回起诉。

**第四百零七条** 人民法院对调解书裁定再审后,按照下列情形分别处理:

(一)当事人提出的调解违反自愿原则的事由不成立,且调解书的内容不违反法律强制性规定的,裁定驳回再审申请;

(二)人民检察院抗诉或者再审检察建议所主张的损害国家利益、社会公共利益的理由不成立的,裁定终结再审程序。

前款规定情形,人民法院裁定中止执行的调解书需要继续执行的,自动恢复执行。

**第四百零八条** 一审原告在再审审理程序中申请撤回起诉,经其他当事人同意,且不损害国家利益、社会公共利益、他人合法权益的,人民法院可以准许。裁定准许撤诉的,应当一并撤销原判决。

一审原告在再审审理程序中撤回起诉后重复起诉的,人民法院不予受理。

**第四百零九条** 当事人提交新的证据致使再审改判,因再审申请人或者申请检察监督当事人的过错未能在原审程序中及时举证,被申请人等当事人请求补偿其增加的交通、住宿、就餐、误工等必要费用的,人民法院应予支持。

**第四百一十条** 部分当事人到庭并达成调解协议,其他当事人未作出书面表示的,人民法院应当在判决中对该事实作出表述;调解协议内容不违反法律规定,且不损害其他当事人合法权益的,可以在判决主文中予以确认。

**第四百一十一条** 人民检察院依法对损害国家利益、社会公共利益的发生法律效力的判决、裁定、调解书提出抗诉,或者经人民检察院检察委员会讨论决定提出再审检察建议的,人民法院应予受理。

**第四百一十二条** 人民检察院对已经发生法律效力的判决以及不予受理、驳回起诉的裁定依法提出抗诉的,人民法院应予受理,但适用特别程序、督促程序、公示催告程序、破产程序以及解除婚姻关系的判决、裁定等不适用审判监督程序的判决、裁定除外。

**第四百一十三条** 人民检察院依照民事诉讼法第二百一十六条第一款第三项规定对有明显错误的再审判决、裁定提出抗诉或者再审检察建议的,人民法院应予受理。

**第四百一十四条** 地方各级人民检察院依当事人的申请对生效判决、

裁定向同级人民法院提出再审检察建议，符合下列条件的，应予受理：

（一）再审检察建议书和原审当事人申请书及相关证据材料已经提交；

（二）建议再审的对象为依照民事诉讼法和本解释规定可以进行再审的判决、裁定；

（三）再审检察建议书列明该判决、裁定有民事诉讼法第二百一十五条第二款规定情形；

（四）符合民事诉讼法第二百一十六条第一款第一项、第二项规定情形；

（五）再审检察建议经该人民检察院检察委员会讨论决定。

不符合前款规定的，人民法院可以建议人民检察院予以补正或者撤回；不予补正或者撤回的，应当函告人民检察院不予受理。

**第四百一十五条** 人民检察院依当事人的申请对生效判决、裁定提出抗诉，符合下列条件的，人民法院应当在三十日内裁定再审：

（一）抗诉书和原审当事人申请书及相关证据材料已经提交；

（二）抗诉对象为依照民事诉讼法和本解释规定可以进行再审的判决、裁定；

（三）抗诉书列明该判决、裁定有民事诉讼法第二百一十五条第一款规定情形；

（四）符合民事诉讼法第二百一十六条第一款第一项、第二项规定情形。

不符合前款规定的，人民法院可以建议人民检察院予以补正或者撤回；不予补正或者撤回的，人民法院可以裁定不予受理。

**第四百一十六条** 当事人的再审申请被上级人民法院裁定驳回后，人民检察院对原判决、裁定、调解书提出抗诉，抗诉事由符合民事诉讼法第二百零七条第一项至第五项规定情形之一的，受理抗诉的人民法院可以交由下一级人民法院再审。

**第四百一十七条** 人民法院收到再审检察建议后，应当组成合议庭，在三个月内进行审查，发现原判决、裁定、调解书确有错误，需要再审的，依照民事诉讼法第二百零五条规定裁定再审，并通知当事人；经审查，决定不予再审的，应当书面回复人民检察院。

**第四百一十八条** 人民法院审理因人民检察院抗诉或者检察建议裁定再审的案件，不受此前已经作出的驳回当事人再审申请裁定的影响。

**第四百一十九条** 人民法院开庭审理抗诉案件，应当在开庭三日前通知人民检察院、当事人和其他诉讼参与人。同级人民检察院或者提出抗诉的人民检察院应当派员出庭。

人民检察院因履行法律监督职责向当事人或者案外人调查核实的情况，应当向法庭提交并予以说明，由双方当事人进行质证。

**第四百二十条** 必须共同进行诉讼的当事人因不能归责于本人或者其诉讼代理人的事由未参加诉讼的，可以根据民事诉讼法第二百零七条第八项规定，自知道或者应当知道之日起六个月内申请再审，但符合本解释第四百二十一条规定情形的除外。

人民法院因前款规定的当事人申请而裁定再审，按照第一审程序再审的，应当追加其为当事人，作出新的判决、裁定；按照第二审程序再审，经调解不能达成协议的，应当撤销原判决、裁定，发回重审，重审时应追加其为当事人。

**第四百二十一条** 根据民事诉讼法第二百三十四条规定，案外人对驳回其执行异议的裁定不服，认为原判决、裁定、调解书内容错误损害其民事权益的，可以自执行异议裁定送达之日起六个月内，向作出原判决、裁定、调解书的人民法院申请再审。

**第四百二十二条** 根据民事诉讼法第二百三十四条规定，人民法院裁定再审后，案外人属于必要的共同诉讼当事人的，依照本解释第四百二十条第二款规定处理。

案外人不是必要的共同诉讼当事人的，人民法院仅审理原判决、裁定、调解书对其民事权益造成损害的内容。经审理，再审请求成立的，撤销或者改变原判决、裁定、调解书；再审请求不成立的，维持原判决、裁定、调解书。

**第四百二十三条** 本解释第三百三十八条规定适用于审判监督程序。

**第四百二十四条** 对小额诉讼案件的判决、裁定，当事人以民事诉讼法第二百零七条规定的事由向原审人民法院申请再审的，人民法院应当受理。申请再审事由成立的，应当裁定再审，组成合议庭进行审理。作出的再审判决、裁定，当事人不得上诉。

当事人以不应按小额诉讼案件审理为由向原审人民法院申请再审的，人民法院应当受理。理由成立的，应当裁定再审，组成合议庭审理。作出的再审判决、裁定，当事人可以上诉。

## 十九、督促程序

**第四百二十五条** 两个以上人民法院都有管辖权的,债权人可以向其中一个基层人民法院申请支付令。

债权人向两个以上有管辖权的基层人民法院申请支付令的,由最先立案的人民法院管辖。

**第四百二十六条** 人民法院收到债权人的支付令申请书后,认为申请书不符合要求的,可以通知债权人限期补正。人民法院应当自收到补正材料之日起五日内通知债权人是否受理。

**第四百二十七条** 债权人申请支付令,符合下列条件的,基层人民法院应当受理,并在收到支付令申请书后五日内通知债权人:

(一) 请求给付金钱或者汇票、本票、支票、股票、债券、国库券、可转让的存款单等有价证券;

(二) 请求给付的金钱或者有价证券已到期且数额确定,并写明了请求所根据的事实、证据;

(三) 债权人没有对待给付义务;

(四) 债务人在我国境内且未下落不明;

(五) 支付令能够送达债务人;

(六) 收到申请书的人民法院有管辖权;

(七) 债权人未向人民法院申请诉前保全。

不符合前款规定的,人民法院应当在收到支付令申请书后五日内通知债权人不予受理。

基层人民法院受理申请支付令案件,不受债权金额的限制。

**第四百二十八条** 人民法院受理申请后,由审判员一人进行审查。经审查,有下列情形之一的,裁定驳回申请:

(一) 申请人不具备当事人资格的;

(二) 给付金钱或者有价证券的证明文件没有约定逾期给付利息或者违约金、赔偿金,债权人坚持要求给付利息或者违约金、赔偿金的;

(三) 要求给付的金钱或者有价证券属于违法所得的;

(四) 要求给付的金钱或者有价证券尚未到期或者数额不确定的。

人民法院受理支付令申请后,发现不符合本解释规定的受理条件的,应当在受理之日起十五日内裁定驳回申请。

**第四百二十九条** 向债务人本人送达支付令,债务人拒绝接收的,人民法院可以留置送达。

**第四百三十条** 有下列情形之一的,人民法院应当裁定终结督促程序,已发出支付令的,支付令自行失效:

(一) 人民法院受理支付令申请后,债权人就同一债权债务关系又提起诉讼的;

(二) 人民法院发出支付令之日起三十日内无法送达债务人的;

(三) 债务人收到支付令前,债权人撤回申请的。

**第四百三十一条** 债务人在收到支付令后,未在法定期间提出书面异议,而向其他人民法院起诉的,不影响支付令的效力。

债务人超过法定期间提出异议的,视为未提出异议。

**第四百三十二条** 债权人基于同一债权债务关系,在同一支付令申请中向债务人提出多项支付请求,债务人仅就其中一项或者几项请求提出异议的,不影响其他各项请求的效力。

**第四百三十三条** 债权人基于同一债权债务关系,就可分之债向多个债务人提出支付请求,多个债务人中的一人或者几人提出异议的,不影响其他请求的效力。

**第四百三十四条** 对设有担保的债务的主债务人发出的支付令,对担保人没有拘束力。

债权人就担保关系单独提起诉讼的,支付令自人民法院受理案件之日起失效。

**第四百三十五条** 经形式审查,债务人提出的书面异议有下列情形之一的,应当认定异议成立,裁定终结督促程序,支付令自行失效:

(一) 本解释规定的不予受理申请情形的;

(二) 本解释规定的裁定驳回申请情形的;

(三) 本解释规定的应当裁定终结督促程序情形的;

(四) 人民法院对是否符合发出支付令条件产生合理怀疑的。

**第四百三十六条** 债务人对债务本身没有异议,只是提出缺乏清偿能力、延缓债务清偿期限、变更债务清偿方式等异议的,不影响支付令的效力。

人民法院经审查认为异议不成立的,裁定驳回。

债务人的口头异议无效。

第四百三十七条　人民法院作出终结督促程序或者驳回异议裁定前，债务人请求撤回异议的，应当裁定准许。

债务人对撤回异议反悔的，人民法院不予支持。

第四百三十八条　支付令失效后，申请支付令的一方当事人不同意提起诉讼的，应当自收到终结督促程序裁定之日起七日内向受理申请的人民法院提出。

申请支付令的一方当事人不同意提起诉讼的，不影响其向其他有管辖权的人民法院提起诉讼。

第四百三十九条　支付令失效后，申请支付令的一方当事人自收到终结督促程序裁定之日起七日内未向受理申请的人民法院表明不同意提起诉讼的，视为向受理申请的人民法院起诉。

债权人提出支付令申请的时间，即为向人民法院起诉的时间。

第四百四十条　债权人向人民法院申请执行支付令的期间，适用民事诉讼法第二百四十六条的规定。

第四百四十一条　人民法院院长发现本院已经发生法律效力的支付令确有错误，认为需要撤销的，应当提交本院审判委员会讨论决定后，裁定撤销支付令，驳回债权人的申请。

## 二十、公示催告程序

第四百四十二条　民事诉讼法第二百二十五条规定的票据持有人，是指票据被盗、遗失或者灭失前的最后持有人。

第四百四十三条　人民法院收到公示催告的申请后，应当立即审查，并决定是否受理。经审查认为符合受理条件的，通知予以受理，并同时通知支付人停止支付；认为不符合受理条件的，七日内裁定驳回申请。

第四百四十四条　因票据丧失，申请公示催告的，人民法院应结合票据存根、丧失票据的复印件、出票人关于签发票据的证明、申请人合法取得票据的证明、银行挂失止付通知书、报案证明等证据，决定是否受理。

第四百四十五条　人民法院依照民事诉讼法第二百二十六条规定发出的受理申请的公告，应当写明下列内容：

（一）公示催告申请人的姓名或者名称；

（二）票据的种类、号码、票面金额、出票人、背书人、持票人、付款期限等事项以及其他可以申请公示催告的权利凭证的种类、号码、权利

范围、权利人、义务人、行权日期等事项;

（三）申报权利的期间;

（四）在公示催告期间转让票据等权利凭证，利害关系人不申报的法律后果。

第四百四十六条　公告应当在有关报纸或者其他媒体上刊登，并于同日公布于人民法院公告栏内。人民法院所在地有证券交易所的，还应当同日在该交易所公布。

第四百四十七条　公告期间不得少于六十日，且公示催告期间届满日不得早于票据付款日后十五日。

第四百四十八条　在申报期届满后、判决作出之前，利害关系人申报权利的，应当适用民事诉讼法第二百二十八条第二款、第三款规定处理。

第四百四十九条　利害关系人申报权利，人民法院应当通知其向法院出示票据，并通知公示催告申请人在指定的期间查看该票据。公示催告申请人申请公示催告的票据与利害关系人出示的票据不一致的，应当裁定驳回利害关系人的申报。

第四百五十条　在申报权利的期间无人申报权利，或者申报被驳回的，申请人应当自公示催告期间届满之日起一个月内申请作出判决。逾期不申请判决的，终结公示催告程序。

裁定终结公示催告程序的，应当通知申请人和支付人。

第四百五十一条　判决公告之日起，公示催告申请人有权依据判决向付款人请求付款。

付款人拒绝付款，申请人向人民法院起诉，符合民事诉讼法第一百二十二条规定的起诉条件的，人民法院应予受理。

第四百五十二条　适用公示催告程序审理案件，可由审判员一人独任审理;判决宣告票据无效的，应当组成合议庭审理。

第四百五十三条　公示催告申请人撤回申请，应在公示催告前提出;公示催告期间申请撤回的，人民法院可以径行裁定终结公示催告程序。

第四百五十四条　人民法院依照民事诉讼法第二百二十七条规定通知支付人停止支付，应当符合有关财产保全的规定。支付人收到停止支付通知后拒不止付的，除可依照民事诉讼法第一百一十四条、第一百一十七条规定采取强制措施外，在判决后，支付人仍应承担付款义务。

第四百五十五条　人民法院依照民事诉讼法第二百二十八条规定终结

公示催告程序后，公示催告申请人或者申报人向人民法院提起诉讼，因票据权利纠纷提起的，由票据支付地或者被告住所地人民法院管辖；因非票据权利纠纷提起的，由被告住所地人民法院管辖。

**第四百五十六条** 依照民事诉讼法第二百二十八条规定制作的终结公示催告程序的裁定书，由审判员、书记员署名，加盖人民法院印章。

**第四百五十七条** 依照民事诉讼法第二百三十条的规定，利害关系人向人民法院起诉的，人民法院可按票据纠纷适用普通程序审理。

**第四百五十八条** 民事诉讼法第二百三十条规定的正当理由，包括：

（一）因发生意外事件或者不可抗力致使利害关系人无法知道公告事实的；

（二）利害关系人因被限制人身自由而无法知道公告事实，或者虽然知道公告事实，但无法自己或者委托他人代为申报权利的；

（三）不属于法定申请公示催告情形的；

（四）未予公告或者未按法定方式公告的；

（五）其他导致利害关系人在判决作出前未能向人民法院申报权利的客观事由。

**第四百五十九条** 根据民事诉讼法第二百三十条的规定，利害关系人请求人民法院撤销除权判决的，应当将申请人列为被告。

利害关系人仅诉请确认其为合法持票人的，人民法院应当在裁判文书中写明，确认利害关系人为票据权利人的判决作出后，除权判决即被撤销。

## 二十一、执行程序

**第四百六十条** 发生法律效力的实现担保物权裁定、确认调解协议裁定、支付令，由作出裁定、支付令的人民法院或者与其同级的被执行财产所在地的人民法院执行。

认定财产无主的判决，由作出判决的人民法院将无主财产收归国家或者集体所有。

**第四百六十一条** 当事人申请人民法院执行的生效法律文书应当具备下列条件：

（一）权利义务主体明确；

（二）给付内容明确。

法律文书确定继续履行合同的，应当明确继续履行的具体内容。

**第四百六十二条** 根据民事诉讼法第二百三十四条规定，案外人对执行标的提出异议的，应当在该执行标的执行程序终结前提出。

**第四百六十三条** 案外人对执行标的提出的异议，经审查，按照下列情形分别处理：

（一）案外人对执行标的不享有足以排除强制执行的权益的，裁定驳回其异议；

（二）案外人对执行标的享有足以排除强制执行的权益的，裁定中止执行。

驳回案外人执行异议裁定送达案外人之日起十五日内，人民法院不得对执行标的进行处分。

**第四百六十四条** 申请执行人与被执行人达成和解协议后请求中止执行或者撤回执行申请的，人民法院可以裁定中止执行或者终结执行。

**第四百六十五条** 一方当事人不履行或者不完全履行在执行中双方自愿达成的和解协议，对方当事人申请执行原生效法律文书的，人民法院应当恢复执行，但和解协议已履行的部分应当扣除。和解协议已经履行完毕的，人民法院不予恢复执行。

**第四百六十六条** 申请恢复执行原生效法律文书，适用民事诉讼法第二百四十六条申请执行期间的规定。申请执行期间因达成执行中的和解协议而中断，其期间自和解协议约定履行期限的最后一日起重新计算。

**第四百六十七条** 人民法院依照民事诉讼法第二百三十八条规定决定暂缓执行的，如果担保是有期限的，暂缓执行的期限应当与担保期限一致，但最长不得超过一年。被执行人或者担保人对担保的财产在暂缓执行期间有转移、隐藏、变卖、毁损等行为的，人民法院可以恢复强制执行。

**第四百六十八条** 根据民事诉讼法第二百三十八条规定向人民法院提供执行担保的，可以由被执行人或者他人提供财产担保，也可以由他人提供保证。担保人应当具有代为履行或者代为承担赔偿责任的能力。

他人提供执行保证的，应当向执行法院出具保证书，并将保证书副本送交申请执行人。被执行人或者他人提供财产担保的，应当参照民法典的有关规定办理相应手续。

**第四百六十九条** 被执行人在人民法院决定暂缓执行的期限届满后仍不履行义务的，人民法院可以直接执行担保财产，或者裁定执行担保人的财产，但执行担保人的财产以担保人应当履行义务部分的财产为限。

**第四百七十条** 依照民事诉讼法第二百三十九条规定，执行中作为被执行人的法人或者其他组织分立、合并的，人民法院可以裁定变更后的法人或者其他组织为被执行人；被注销的，如果依照有关实体法的规定有权利义务承受人的，可以裁定该权利义务承受人为被执行人。

**第四百七十一条** 其他组织在执行中不能履行法律文书确定的义务的，人民法院可以裁定执行对该其他组织依法承担义务的法人或者公民个人的财产。

**第四百七十二条** 在执行中，作为被执行人的法人或者其他组织名称变更的，人民法院可以裁定变更后的法人或者其他组织为被执行人。

**第四百七十三条** 作为被执行人的公民死亡，其遗产继承人没有放弃继承的，人民法院可以裁定变更被执行人，由该继承人在遗产的范围内偿还债务。继承人放弃继承的，人民法院可以直接执行被执行人的遗产。

**第四百七十四条** 法律规定由人民法院执行的其他法律文书执行完毕后，该法律文书被有关机关或者组织依法撤销的，经当事人申请，适用民事诉讼法第二百四十条规定。

**第四百七十五条** 仲裁机构裁决的事项，部分有民事诉讼法第二百四十四条第二款、第三款规定情形的，人民法院应当裁定对该部分不予执行。

应当不予执行部分与其他部分不可分的，人民法院应当裁定不予执行仲裁裁决。

**第四百七十六条** 依照民事诉讼法第二百四十四条第二款、第三款规定，人民法院裁定不予执行仲裁裁决后，当事人对该裁定提出执行异议或者复议的，人民法院不予受理。当事人可以就该民事纠纷重新达成书面仲裁协议申请仲裁，也可以向人民法院起诉。

**第四百七十七条** 在执行中，被执行人通过仲裁程序将人民法院查封、扣押、冻结的财产确权或者分割给案外人的，不影响人民法院执行程序的进行。

案外人不服的，可以根据民事诉讼法第二百三十四条规定提出异议。

**第四百七十八条** 有下列情形之一的，可以认定为民事诉讼法第二百四十五条第二款规定的公证债权文书确有错误：

（一）公证债权文书属于不得赋予强制执行效力的债权文书的；

（二）被执行人一方未亲自或者未委托代理人到场公证等严重违反法律规定的公证程序的；

（三）公证债权文书的内容与事实不符或者违反法律强制性规定的；

（四）公证债权文书未载明被执行人不履行义务或者不完全履行义务时同意接受强制执行的。

人民法院认定执行该公证债权文书违背社会公共利益的，裁定不予执行。

公证债权文书被裁定不予执行后，当事人、公证事项的利害关系人可以就债权争议提起诉讼。

**第四百七十九条** 当事人请求不予执行仲裁裁决或者公证债权文书的，应当在执行终结前向执行法院提出。

**第四百八十条** 人民法院应当在收到申请执行书或者移交执行书后十日内发出执行通知。

执行通知中除应责令被执行人履行法律文书确定的义务外，还应通知其承担民事诉讼法第二百六十条规定的迟延履行利息或者迟延履行金。

**第四百八十一条** 申请执行人超过申请执行时效期间向人民法院申请强制执行的，人民法院应予受理。被执行人对申请执行时效期间提出异议，人民法院经审查异议成立的，裁定不予执行。

被执行人履行全部或者部分义务后，又以不知道申请执行时效期间届满为由请求执行回转的，人民法院不予支持。

**第四百八十二条** 对必须接受调查询问的被执行人、被执行人的法定代表人、负责人或者实际控制人，经依法传唤无正当理由拒不到场的，人民法院可以拘传其到场。

人民法院应当及时对被拘传人进行调查询问，调查询问的时间不得超过八小时；情况复杂，依法可能采取拘留措施的，调查询问的时间不得超过二十四小时。

人民法院在本辖区以外采取拘传措施时，可以将被拘传人拘传到当地人民法院，当地人民法院应予协助。

**第四百八十三条** 人民法院有权查询被执行人的身份信息与财产信息，掌握相关信息的单位和个人必须按照协助执行通知书办理。

**第四百八十四条** 对被执行的财产，人民法院非经查封、扣押、冻结不得处分。对银行存款等各类可以直接扣划的财产，人民法院的扣划裁定同时具有冻结的法律效力。

**第四百八十五条** 人民法院冻结被执行人的银行存款的期限不得超过一年，查封、扣押动产的期限不得超过两年，查封不动产、冻结其他财产权的期限不得超过三年。

申请执行人申请延长期限的，人民法院应当在查封、扣押、冻结期限届满前办理续行查封、扣押、冻结手续，续行期限不得超过前款规定的期限。

人民法院也可以依职权办理续行查封、扣押、冻结手续。

**第四百八十六条** 依照民事诉讼法第二百五十四条规定，人民法院在执行中需要拍卖被执行人财产的，可以由人民法院自行组织拍卖，也可以交由具备相应资质的拍卖机构拍卖。

交拍卖机构拍卖的，人民法院应当对拍卖活动进行监督。

**第四百八十七条** 拍卖评估需要对现场进行检查、勘验的，人民法院应当责令被执行人、协助义务人予以配合。被执行人、协助义务人不予配合的，人民法院可以强制进行。

**第四百八十八条** 人民法院在执行中需要变卖被执行人财产的，可以交有关单位变卖，也可以由人民法院直接变卖。

对变卖的财产，人民法院或者其工作人员不得买受。

**第四百八十九条** 经申请执行人和被执行人同意，且不损害其他债权人合法权益和社会公共利益的，人民法院可以不经拍卖、变卖，直接将被执行人的财产作价交申请执行人抵偿债务。对剩余债务，被执行人应当继续清偿。

**第四百九十条** 被执行人的财产无法拍卖或者变卖的，经申请执行人同意，且不损害其他债权人合法权益和社会公共利益的，人民法院可以将该项财产作价后交付申请执行人抵偿债务，或者交付申请执行人管理；申请执行人拒绝接收或者管理的，退回被执行人。

**第四百九十一条** 拍卖成交或者依法定程序裁定以物抵债的，标的物所有权自拍卖成交裁定或者抵债裁定送达买受人或者接受抵债物的债权人时转移。

**第四百九十二条** 执行标的物为特定物的，应当执行原物。原物确已毁损或者灭失的，经双方当事人同意，可以折价赔偿。

双方当事人对折价赔偿不能协商一致的，人民法院应当终结执行程序。申请执行人可以另行起诉。

**第四百九十三条** 他人持有法律文书指定交付的财物或者票证，人民法院依照民事诉讼法第二百五十六条第二款、第三款规定发出协助执行通知后，拒不转交的，可以强制执行，并可依照民事诉讼法第一百一十七条、第一百一十八条规定处理。

他人持有期间财物或者票证毁损、灭失的，参照本解释第四百九十二条规定处理。

他人主张合法持有财物或者票证的，可以根据民事诉讼法第二百三十四条规定提出执行异议。

**第四百九十四条** 在执行中，被执行人隐匿财产、会计账簿等资料的，人民法院除可依照民事诉讼法第一百一十四条第一款第六项规定对其处理外，还应责令被执行人交出隐匿的财产、会计账簿等资料。被执行人拒不交出的，人民法院可以采取搜查措施。

**第四百九十五条** 搜查人员应当按规定着装并出示搜查令和工作证件。

**第四百九十六条** 人民法院搜查时禁止无关人员进入搜查现场；搜查对象是公民的，应当通知被执行人或者他的成年家属以及基层组织派员到场；搜查对象是法人或者其他组织的，应当通知法定代表人或者主要负责人到场。拒不到场的，不影响搜查。

搜查妇女身体，应当由女执行人员进行。

**第四百九十七条** 搜查中发现应当依法采取查封、扣押措施的财产，依照民事诉讼法第二百五十二条第二款和第二百五十四条规定办理。

**第四百九十八条** 搜查应当制作搜查笔录，由搜查人员、被搜查人及其他在场人签名、捺印或者盖章。拒绝签名、捺印或者盖章的，应当记入搜查笔录。

**第四百九十九条** 人民法院执行被执行人对他人的到期债权，可以作出冻结债权的裁定，并通知该他人向申请执行人履行。

该他人对到期债权有异议，申请执行人请求对异议部分强制执行的，人民法院不予支持。利害关系人对到期债权有异议的，人民法院应当按照民事诉讼法第二百三十四条规定处理。

对生效法律文书确定的到期债权，该他人予以否认的，人民法院不予支持。

**第五百条** 人民法院在执行中需要办理房产证、土地证、林权证、专利证书、商标证书、车船执照等有关财产权证照转移手续的,可以依照民事诉讼法第二百五十八条规定办理。

**第五百零一条** 被执行人不履行生效法律文书确定的行为义务,该义务可由他人完成的,人民法院可以选定代履行人;法律、行政法规对履行该行为义务有资格限制的,应当从有资格的人中选定。必要时,可以通过招标的方式确定代履行人。

申请执行人可以在符合条件的人中推荐代履行人,也可以申请自己代为履行,是否准许,由人民法院决定。

**第五百零二条** 代履行费用的数额由人民法院根据案件具体情况确定,并由被执行人在指定期限内预先支付。被执行人未预付的,人民法院可以对该费用强制执行。

代履行结束后,被执行人可以查阅、复制费用清单以及主要凭证。

**第五百零三条** 被执行人不履行法律文书指定的行为,且该项行为只能由被执行人完成的,人民法院可以依照民事诉讼法第一百一十四条第一款第六项规定处理。

被执行人在人民法院确定的履行期间内仍不履行的,人民法院可以依照民事诉讼法第一百一十四条第一款第六项规定再次处理。

**第五百零四条** 被执行人迟延履行的,迟延履行期间的利息或者迟延履行金自判决、裁定和其他法律文书指定的履行期间届满之日起计算。

**第五百零五条** 被执行人未按判决、裁定和其他法律文书指定的期间履行非金钱给付义务的,无论是否已给申请执行人造成损失,都应当支付迟延履行金。已经造成损失的,双倍补偿申请执行人已经受到的损失;没有造成损失的,迟延履行金可以由人民法院根据具体案件情况决定。

**第五百零六条** 被执行人为公民或者其他组织,在执行程序开始后,被执行人的其他已经取得执行依据的债权人发现被执行人的财产不能清偿所有债权的,可以向人民法院申请参与分配。

对人民法院查封、扣押、冻结的财产有优先权、担保物权的债权人,可以直接申请参与分配,主张优先受偿权。

**第五百零七条** 申请参与分配,申请人应当提交申请书。申请书应当写明参与分配和被执行人不能清偿所有债权的事实、理由,并附有执行依据。

参与分配申请应当在执行程序开始后，被执行人的财产执行终结前提出。

**第五百零八条** 参与分配执行中，执行所得价款扣除执行费用，并清偿应当优先受偿的债权后，对于普通债权，原则上按照其占全部申请参与分配债权数额的比例受偿。清偿后的剩余债务，被执行人应当继续清偿。债权人发现被执行人有其他财产的，可以随时请求人民法院执行。

**第五百零九条** 多个债权人对执行财产申请参与分配的，执行法院应当制作财产分配方案，并送达各债权人和被执行人。债权人或者被执行人对分配方案有异议的，应当自收到分配方案之日起十五日内向执行法院提出书面异议。

**第五百一十条** 债权人或者被执行人对分配方案提出书面异议的，执行法院应当通知未提出异议的债权人、被执行人。

未提出异议的债权人、被执行人自收到通知之日起十五日内未提出反对意见的，执行法院依异议人的意见对分配方案审查修正后进行分配；提出反对意见的，应当通知异议人。异议人可以自收到通知之日起十五日内，以提出反对意见的债权人、被执行人为被告，向执行法院提起诉讼；异议人逾期未提起诉讼的，执行法院按照原分配方案进行分配。

诉讼期间进行分配的，执行法院应当提存与争议债权数额相应的款项。

**第五百一十一条** 在执行中，作为被执行人的企业法人符合企业破产法第二条第一款规定情形的，执行法院经申请执行人之一或者被执行人同意，应当裁定中止对该被执行人的执行，将执行案件相关材料移送被执行人住所地人民法院。

**第五百一十二条** 被执行人住所地人民法院应当自收到执行案件相关材料之日起三十日内，将是否受理破产案件的裁定告知执行法院。不予受理的，应当将相关案件材料退回执行法院。

**第五百一十三条** 被执行人住所地人民法院裁定受理破产案件的，执行法院应当解除对被执行人财产的保全措施。被执行人住所地人民法院裁定宣告被执行人破产的，执行法院应当裁定终结对该被执行人的执行。

被执行人住所地人民法院不受理破产案件的，执行法院应当恢复执行。

**第五百一十四条** 当事人不同意移送破产或者被执行人住所地人民法

院不受理破产案件的，执行法院就执行变价所得财产，在扣除执行费用及清偿优先受偿的债权后，对于普通债权，按照财产保全和执行中查封、扣押、冻结财产的先后顺序清偿。

**第五百一十五条** 债权人根据民事诉讼法第二百六十一条规定请求人民法院继续执行的，不受民事诉讼法第二百四十六条规定申请执行时效期间的限制。

**第五百一十六条** 被执行人不履行法律文书确定的义务的，人民法院除对被执行人予以处罚外，还可以根据情节将其纳入失信被执行人名单，将被执行人不履行或者不完全履行义务的信息向其所在单位、征信机构以及其他相关机构通报。

**第五百一十七条** 经过财产调查未发现可供执行的财产，在申请执行人签字确认或者执行法院组成合议庭审查核实并经院长批准后，可以裁定终结本次执行程序。

依照前款规定终结执行后，申请执行人发现被执行人有可供执行财产的，可以再次申请执行。再次申请不受申请执行时效期间的限制。

**第五百一十八条** 因撤销申请而终结执行后，当事人在民事诉讼法第二百四十六条规定的申请执行时效期间内再次申请执行的，人民法院应当受理。

**第五百一十九条** 在执行终结六个月内，被执行人或者其他人对已执行的标的有妨害行为的，人民法院可以依申请排除妨害，并可以依照民事诉讼法第一百一十四条规定进行处罚。因妨害行为给执行债权人或者其他人造成损失的，受害人可以另行起诉。

## 二十二、涉外民事诉讼程序的特别规定

**第五百二十条** 有下列情形之一，人民法院可以认定为涉外民事案件：

（一）当事人一方或者双方是外国人、无国籍人、外国企业或者组织的；

（二）当事人一方或者双方的经常居所地在中华人民共和国领域外的；

（三）标的物在中华人民共和国领域外的；

（四）产生、变更或者消灭民事关系的法律事实发生在中华人民共和国领域外的；

（五）可以认定为涉外民事案件的其他情形。

**第五百二十一条** 外国人参加诉讼，应当向人民法院提交护照等用以证明自己身份的证件。

外国企业或者组织参加诉讼，向人民法院提交的身份证明文件，应当经所在国公证机关公证，并经中华人民共和国驻该国使领馆认证，或者履行中华人民共和国与该所在国订立的有关条约中规定的证明手续。

代表外国企业或者组织参加诉讼的人，应当向人民法院提交其有权作为代表人参加诉讼的证明，该证明应当经所在国公证机关公证，并经中华人民共和国驻该国使领馆认证，或者履行中华人民共和国与该所在国订立的有关条约中规定的证明手续。

本条所称的"所在国"，是指外国企业或者组织的设立登记地国，也可以是办理了营业登记手续的第三国。

**第五百二十二条** 依照民事诉讼法第二百七十一条以及本解释第五百二十一条规定，需要办理公证、认证手续，而外国当事人所在国与中华人民共和国没有建立外交关系的，可以经该国公证机关公证，经与中华人民共和国有外交关系的第三国驻该国使领馆认证，再转由中华人民共和国驻该第三国使领馆认证。

**第五百二十三条** 外国人、外国企业或者组织的代表人在人民法院法官的见证下签署授权委托书，委托代理人进行民事诉讼的，人民法院应予认可。

**第五百二十四条** 外国人、外国企业或者组织的代表人在中华人民共和国境内签署授权委托书，委托代理人进行民事诉讼，经中华人民共和国公证机构公证的，人民法院应予认可。

**第五百二十五条** 当事人向人民法院提交的书面材料是外文的，应当同时向人民法院提交中文翻译件。

当事人对中文翻译件有异议的，应当共同委托翻译机构提供翻译文本；当事人对翻译机构的选择不能达成一致的，由人民法院确定。

**第五百二十六条** 涉外民事诉讼中的外籍当事人，可以委托本国人为诉讼代理人，也可以委托本国律师以非律师身份担任诉讼代理人；外国驻华使领馆官员，受本国公民的委托，可以以个人名义担任诉讼代理人，但在诉讼中不享有外交或者领事特权和豁免。

**第五百二十七条** 涉外民事诉讼中，外国驻华使领馆授权其本馆官员，在作为当事人的本国国民不在中华人民共和国领域内的情况下，可以以外交代表身份为其本国国民在中华人民共和国聘请中华人民共和国律师或者中华人民共和国公民代理民事诉讼。

**第五百二十八条** 涉外民事诉讼中，经调解双方达成协议，应当制发调解书。当事人要求发给判决书的，可以依协议的内容制作判决书送达当事人。

**第五百二十九条** 涉外合同或者其他财产权益纠纷的当事人，可以书面协议选择被告住所地、合同履行地、合同签订地、原告住所地、标的物所在地、侵权行为地等与争议有实际联系地点的外国法院管辖。

根据民事诉讼法第三十四条和第二百七十三条规定，属于中华人民共和国法院专属管辖的案件，当事人不得协议选择外国法院管辖，但协议选择仲裁的除外。

**第五百三十条** 涉外民事案件同时符合下列情形的，人民法院可以裁定驳回原告的起诉，告知其向更方便的外国法院提起诉讼：

（一）被告提出案件应由更方便外国法院管辖的请求，或者提出管辖异议；

（二）当事人之间不存在选择中华人民共和国法院管辖的协议；

（三）案件不属于中华人民共和国法院专属管辖；

（四）案件不涉及中华人民共和国国家、公民、法人或者其他组织的利益；

（五）案件争议的主要事实不是发生在中华人民共和国境内，且案件不适用中华人民共和国法律，人民法院审理案件在认定事实和适用法律方面存在重大困难；

（六）外国法院对案件享有管辖权，且审理该案件更加方便。

**第五百三十一条** 中华人民共和国法院和外国法院都有管辖权的案件，一方当事人向外国法院起诉，而另一方当事人向中华人民共和国法院起诉的，人民法院可予受理。判决后，外国法院申请或者当事人请求人民法院承认和执行外国法院对本案作出的判决、裁定的，不予准许；但双方共同缔结或者参加的国际条约另有规定的除外。

外国法院判决、裁定已经被人民法院承认，当事人就同一争议向人民法院起诉的，人民法院不予受理。

**第五百三十二条** 对在中华人民共和国领域内没有住所的当事人，经用公告方式送达诉讼文书,公告期满不应诉,人民法院缺席判决后,仍应当将裁判文书依照民事诉讼法第二百七十四条第八项规定公告送达。自公告送达裁判文书满三个月之日起,经过三十日的上诉期当事人没有上诉的,一审判决即发生法律效力。

**第五百三十三条** 外国人或者外国企业、组织的代表人、主要负责人在中华人民共和国领域内的,人民法院可以向该自然人或者外国企业、组织的代表人、主要负责人送达。

外国企业、组织的主要负责人包括该企业、组织的董事、监事、高级管理人员等。

**第五百三十四条** 受送达人所在国允许邮寄送达的,人民法院可以邮寄送达。

邮寄送达时应当附有送达回证。受送达人未在送达回证上签收但在邮件回执上签收的,视为送达,签收日期为送达日期。

自邮寄之日起满三个月,如果未收到送达的证明文件,且根据各种情况不足以认定已经送达的,视为不能用邮寄方式送达。

**第五百三十五条** 人民法院一审时采取公告方式向当事人送达诉讼文书的,二审时可径行采取公告方式向其送达诉讼文书,但人民法院能够采取公告方式之外的其他方式送达的除外。

**第五百三十六条** 不服第一审人民法院判决、裁定的上诉期,对在中华人民共和国领域内有住所的当事人,适用民事诉讼法第一百七十一条规定的期限;对在中华人民共和国领域内没有住所的当事人,适用民事诉讼法第二百七十六条规定的期限。当事人的上诉期均已届满没有上诉的,第一审人民法院的判决、裁定即发生法律效力。

**第五百三十七条** 人民法院对涉外民事案件的当事人申请再审进行审查的期间,不受民事诉讼法第二百一十一条规定的限制。

**第五百三十八条** 申请人向人民法院申请执行中华人民共和国涉外仲裁机构的裁决,应当提出书面申请,并附裁决书正本。如申请人为外国当事人,其申请书应当用中文文本提出。

**第五百三十九条** 人民法院强制执行涉外仲裁机构的仲裁裁决时,被执行人以有民事诉讼法第二百八十一条第一款规定的情形为由提出抗辩的,人民法院应当对被执行人的抗辩进行审查,并根据审查结果裁定执行或者不予执行。

**第五百四十条** 依照民事诉讼法第二百七十九条规定，中华人民共和国涉外仲裁机构将当事人的保全申请提交人民法院裁定的，人民法院可以进行审查，裁定是否进行保全。裁定保全的，应当责令申请人提供担保，申请人不提供担保的，裁定驳回申请。

当事人申请证据保全，人民法院经审查认为无需提供担保的，申请人可以不提供担保。

**第五百四十一条** 申请人向人民法院申请承认和执行外国法院作出的发生法律效力的判决、裁定，应当提交申请书，并附外国法院作出的发生法律效力的判决、裁定正本或者经证明无误的副本以及中文译本。外国法院判决、裁定为缺席判决、裁定的，申请人应当同时提交该外国法院已经合法传唤的证明文件，但判决、裁定已经对此予以明确说明的除外。

中华人民共和国缔结或者参加的国际条约对提交文件有规定的，按照规定办理。

**第五百四十二条** 当事人向中华人民共和国有管辖权的中级人民法院申请承认和执行外国法院作出的发生法律效力的判决、裁定的，如果该法院所在国与中华人民共和国没有缔结或者共同参加国际条约，也没有互惠关系的，裁定驳回申请，但当事人向人民法院申请承认外国法院作出的发生法律效力的离婚判决的除外。

承认和执行申请被裁定驳回的，当事人可以向人民法院起诉。

**第五百四十三条** 对临时仲裁庭在中华人民共和国领域外作出的仲裁裁决，一方当事人向人民法院申请承认和执行的，人民法院应当依照民事诉讼法第二百九十条规定处理。

**第五百四十四条** 对外国法院作出的发生法律效力的判决、裁定或者外国仲裁裁决，需要中华人民共和国法院执行的，当事人应当先向人民法院申请承认。人民法院经审查，裁定承认后，再根据民事诉讼法第三编的规定予以执行。

当事人仅申请承认而未同时申请执行的，人民法院仅对应否承认进行审查并作出裁定。

**第五百四十五条** 当事人申请承认和执行外国法院作出的发生法律效力的判决、裁定或者外国仲裁裁决的期间，适用民事诉讼法第二百四十六条的规定。

当事人仅申请承认而未同时申请执行的，申请执行的期间自人民法院对承认申请作出的裁定生效之日起重新计算。

**第五百四十六条** 承认和执行外国法院作出的发生法律效力的判决、裁定或者外国仲裁裁决的案件，人民法院应当组成合议庭进行审查。

人民法院应当将申请书送达被申请人。被申请人可以陈述意见。

人民法院经审查作出的裁定，一经送达即发生法律效力。

**第五百四十七条** 与中华人民共和国没有司法协助条约又无互惠关系的国家的法院，未通过外交途径，直接请求人民法院提供司法协助的，人民法院应予退回，并说明理由。

**第五百四十八条** 当事人在中华人民共和国领域外使用中华人民共和国法院的判决书、裁定书，要求中华人民共和国法院证明其法律效力的，或者外国法院要求中华人民共和国法院证明判决书、裁定书的法律效力的，作出判决、裁定的中华人民共和国法院，可以本法院的名义出具证明。

**第五百四十九条** 人民法院审理涉及香港、澳门特别行政区和台湾地区的民事诉讼案件，可以参照适用涉外民事诉讼程序的特别规定。

## 二十三、附则

**第五百五十条** 本解释公布施行后，最高人民法院于1992年7月14日发布的《关于适用〈中华人民共和国民事诉讼法〉若干问题的意见》同时废止；最高人民法院以前发布的司法解释与本解释不一致的，不再适用。

# 《最高人民法院关于适用〈中华人民共和国民事诉讼法〉的解释》修改内容及其理解与适用

郭　锋　陈龙业　贾玉慧\*　牛晓煜\*\*

2022年3月22日，最高人民法院审判委员会第1866次会议审议通过了《最高人民法院关于修改〈最高人民法院关于适用《中华人民共和国民事诉讼法》的解释〉的决定》（法释〔2022〕11号，以下简称《决定》），自2022年4月10日起施行。此次对《最高人民法院关于适用〈中华人民共和国民事诉讼法〉的解释》（以下简称《民诉法解释》）的修改，是对照民事诉讼法进行的适应性修改，属于"小修"。为便于准确理解和适用，本文就《决定》的制定背景、基本原则、重点内容及修改中的相关考量等进行说明。

## 一、《决定》的制定背景和过程

民事诉讼法是规范民事诉讼程序的基本规则，是人民法院审理和执行民事案件在程序方面的基本法律依据。2021年12月24日，第十三届全国人大常委会第三十二次会议审议通过《全国人民代表大会常务委员会关于修改〈中华人民共和国民事诉讼法〉的决定》，重点围绕优化司法确认程序、完善简易程序及小额诉讼程序、扩大独任制适用范围、完善在线诉讼及送达规则等制度对民事诉讼法进行了修改，进一步优化了相关程序规则，有效建立了"繁简分流、轻重分离、快慢分道"的民事诉讼程序体

---

\* 作者单位：最高人民法院研究室。
\*\* 作者单位：北京市第二中级人民法院。

系。民事诉讼法修改后,条文序号和部分条文内容发生了变化。《民诉法解释》所引用的民事诉讼法条文序号与新民事诉讼法条文序号出现了不一致,相关内容也亟待调整,人民群众特别是地方法院对修改《民诉法解释》的呼声很高。

为切实做好新民事诉讼法贯彻实施工作,2022年1月,最高人民法院成立《民诉法解释》修改调研小组,启动修改工作。前期,我们对繁简分流试点改革情况进行了充分调研,结合各方面反馈的情况,严格对标新民事诉讼法,形成了《决定(初稿)》。《决定(初稿)》包括两方面内容:一是对照新民事诉讼法作适应性修改;二是对相关诉讼制度的适用作进一步细化。院内征求意见过程中,不少意见提出,当前宜聚焦司法实践亟须解决的问题,对于尚存争议或者尚需进一步探索的内容可待新民事诉讼法施行一段时间后再作规定。因此,我们对《决定(初稿)》的条文进行了删减,修改完善后形成《决定(征求意见稿)》,先后在江苏南通、上海等地法院召开司法解释调研座谈会,听取中基层人民法院法官意见建议;书面征求清华大学张卫平教授、北京大学潘剑锋教授、北京师范大学刘荣军教授、中国人民大学肖建国教授等专家学者意见。结合权威专家、一线法官的意见,我们对《决定(征求意见稿)》予以完善并送全国人大常委会法工委征求意见。在全国人大常委会法工委的大力支持和有力指导下,形成了《决定(送审稿)》,经最高人民法院审判委员会审议通过。

## 二、《决定》起草的基本原则

《决定》起草过程中,坚持和贯彻了以下原则。

一是坚持严格依法。司法解释事关法律的正确实施、事关当事人的合法权益、事关社会的公平正义,合法性是司法解释的基本遵循。此次修改严格遵循新民事诉讼法规定精神,对条文序号、部分条文内容进行修改。比如,依照新民事诉讼法相关规定,将适用简易程序案件的最长审理期限由原来的六个月修改为四个月。

二是坚持需求导向。《民诉法解释》条文序号的调整以及个别条文内容与修改后民事诉讼法相冲突,是当前亟待解决的问题。《决定》立足实践需求导向,主要针对条文序号和条文不一致的内容进行"小修",确保一线法官准确适用新民事诉讼法。修改过程中,尽可能延续原司法解释条文主旨和解释重心。而对于普通程序独任制适用标准、独任制向合议制转换、小额诉讼程序的约定适用等规则的具体细化，还有待审判实践的进一步积累，本次修改并未涉及。

三是坚持体系化考量。由于诉讼程序的体系性较强，且司法解释条文与民事诉讼法条文并非一一对应关系，有时看似简单的文字修改，也可能会牵一发而动全身。修改过程中，我们坚持体系化考量，稳妥审慎推进，所作每一处修改，都通盘考量民事诉讼制度，尽可能避免溢出效应。

四是坚持精简原则。本次修改需要调整所引用的民事诉讼法条文序号共有200余处，加之司法解释自身条文顺序需要调整，《决定》坚持精简原则，通过两个条文对《民诉法解释》引用的民事诉讼法条文序号、《民诉法解释》本身的条文顺序作统一修改。《决定》发布的同时，一并公布新《民诉法解释》文本，便于各级人民法院准确引用司法解释相应条文。

## 三、部分条文的修改考量及具体适用

《决定》共有十六个条文，主要对照新民事诉讼法对简易程序、小额诉讼程序、司法确认程序等内容进行修改。

### （一）修改简易程序的相关规定

1. 修改适用简易程序案件审限延长的规定

修改前的《民诉法解释》第二百五十八条第一款规定，适用简易程序审理的案件，审理期限到期后，双方当事人同意继续适用简易程序的，由本院院长批准，可以延长审理期限。延长后的审理期限累计不得超过六个月。根据该规定，适用简易程序审理的案件，如果需要延长审限，必须经双方当事人同意，且可以在原三个月审限基础上再延长三个月。这一规则主要是基于诉讼经济原则以及尊重当事人程序选择权等考量。而新民事诉讼法第一百六十四条对适用简易程序案件延长审限作了明确限制，只有出现特殊情况需要延长的，经批准，方可延长。故《决定》将修改前的《民诉法解释》第二百五十八条第一款中的"双方当事人同意继续适用简易程序的"修改为"有特殊情况需要延长的"。关于简易程序的最长审限问题，调研中，有意见提出，尽管新民事诉讼法已经明确可以延长一个月，但为避免片面解读，应明确规定适用简易程序案件的最长审限。我们采纳了上述建议，将简易程序的最长审限限定为四个月。本条在适用中应当注意以下几点。第一，适用简易程序审理的案件，审限的延长不再以双方当事人同意为要件，如遇特殊情况需要延长的，人民法院可以依法延长，但应当充分保障当事人的知情权。第二，这里的"特殊情况"一般是指不能预见和不可避免，受到客观因素制约的情形。比如，因疫情防控等因素影响案件的正常审结，法院依职权调取关键性证据，需与关联案件统筹协调等。第三，新民事诉讼法仅规定了可以延长的最长期限，并没有规定报批延长的次数，实践中可灵活掌握，但需要把握的是，适用简易程序案件的最长审限不得超过四个月（自立案之日计算）。

2. 修改简易程序向普通程序转换的条件

科学合理的程序转换机制有助于不同审理程序之间的有序衔接，回应多样化的解纷需求，实现民事诉讼法律制度的体系化和结构化。修改前的《民诉法解释》第二百五十八条第二款规定："人民法院发现案情复杂，需要转为普通程序审理的，应当在审理期限届满前作出裁定并将合议庭组成人员及相关事项书面通知双方当事人。"在该款修改中，关于如何设定"简转普"的条件，有较大争议。有意见认为，该款中的"案情复杂"仅是普通程序合议制的适用条件，简易程序案件不仅可能转化为普通程序合议制，也有可能转化为普通程序独任制，故应当将普通程序独任制的适用条件增加为"简转普"的条件之一，应当将"案情复杂"修改为"人民法院发现案件符合民事诉讼法第四十条的规定或者案情复杂"。也有意见认为，新民事诉讼法第四十条第二款规定的"基本事实清楚、权利义务关系明确"仅是一审适用普通程序独任制的法定条件。案情复杂是转为普通程序的最重要原因，至于适用普通程序独任制还是适用普通程序合议制，再看是否满足"基本事实清楚、权利义务关系明确"的条件。

我们认为，前述两种观点均有一定道理，二者的分歧点在于对"案情复杂"外延的理解不同。"案情复杂"是一个弹性标准，司法解释并未明确其具体外延，审判实践中也难以把握。由于新民事诉讼法新增了普通程序独任制，对"简转普"条件设定的科学性提出了更高要求。如继续将"案情复杂"作为"简转普"的唯一条件，除非对"案情复杂"广义解读为"不符合新民事诉讼法第一百六十条所规定的简单案件"的"复杂案件"，才能实现逻辑上的周延，否则本解释中的"案情复杂"将限缩新民事诉讼法第一百七十条的"不宜适用简易程序"的规定，不符合立法本意。如将"案情复杂"与"基本事实清楚、权利义务关系明确"并列作为"简转普"的条件，则此处的"案情复杂"主要指的是"基本案件事实不清或者权利义务关系不明确",一定意义上又限缩了原第二百五十八条的"案情复杂"的范围。可见,对于"案情复杂"的界定直接影响了本条对"简转普"条件的设定。

根据新民事诉讼法第一百六十条第一款的规定,适用简易程序审理的案件是"事实清楚、权利义务关系明确、争议不大的简单的"民事案件,只要不符合上述条件之一的(当事人约定适用的除外),均不宜适用简易程序审理。该法第一百七十条规定:"人民法院在审理过程中,发现案件不宜适用简易程序的,裁定转为普通程序。"因此,从法律层面看,"简转普"条件的设定应以新民事诉讼法第一百六十条为标准。为避免上述外延之争,在全国人大常委会法工委的指导下,我们依据新民事诉讼法第一百七十条的规定,将"案情复杂"修改为"不宜适用简易程序",不仅周延涵盖简易程序转换为普通程序独任制和合议制的条件,也为下一步细化程序转换条件特别是新形势下"案情复杂"的具体判定标准预留空间。

适用《民诉法解释》第二百五十八条时应当注意,尽管本条并未明确简易程序转为普通程序独任制或者合议制的具体适用标准,但依据新民事诉讼法规定并结合繁简分流改革试点的经验做法,可以在依据新民事诉讼法第一百七十条规定的前提下,将"基本事实清楚、权利义务关系明确"作为实践中简易程序转为普通程序独任制的标准。其中,"基本事实清楚"主要是指案件的核心和关键事实总体清楚,但部分次要事实或者关联事实需要进一步查实,相关事实的查明需要经过当事人补充举证质证、评估、鉴定、审计、调查取证等程序和环节,有必要进行更充分的陈述辩论、适用更完备的审理程序。"权利义务关系明确"即法律适用明确,是指案件法律关系清晰明了,有明确的法律规范与之对应,在解释和适用上不存在空白与争议。对于既不符合新民事诉讼法第一百六十条规定的要件,也不符合"基本事实清楚、权利义务关系明确"的,则应当转换为普通程序合议制程序审理。

3. 修改驳回当事人程序异议的方式

关于不同审理程序之间转换的启动,通常包括法院依职权和当事人申请两种方式。比如,日本民事诉讼法第18条规定,诉讼虽然属于简易法院管辖,但简易法院认为适当时,根据申请或依职权,可以将诉讼的全部或一部分,向管辖其所在地的地方法院移送。再如,我国台湾地区"民事诉讼法"第435条规定,在依简易程序审理案件的过程中,因当事人为诉之变更、追加及提起反诉而致使诉之全部或一部分不属于简易程序案件范围的，除当事人合意继续适用简易程序外，法院就应以裁定改用通常诉讼程序。我国新民事诉讼法规定了小额诉讼程序向普通程序、简易程序向普通程序以及普通程序独任制向合议制的转换机制。在普通程序独任制和小额诉讼程序转换机制方面，新民事诉讼法明确了依职权启动和依申请启动两种方式。关于当事人对适用简易程序的异议，2003年《最高人民法院关于适用简易程序审理民事案件的若干规定》第三条首次作出规定，后2015年《民诉法解释》第二百六十九条继续沿用，该条第一款规定："当事人就案件适用简易程序提出异议，人民法院经审查，异议成立的，裁定转为普通程序；异议不成立的，口头告知当事人，并记入笔录。"

然而，根据新民事诉讼法第四十三条和第一百六十九条的规定，在普通程序独任制和小额诉讼程序的转换中，如果人民法院经审查认为当事人提出的程序异议不成立，应当采用裁定的方式驳回。因此，根据前述规定，基于体系一致的考量，我们认为，当事人对简易程序提出的程序异议不成立，也应当采用裁定的方式予以驳回，故《决定》将《民诉法解释》第二百六十九条第一款规定的"异议不成立的，口头告知当事人，并记入笔录"修改为"异议不成立的，裁定驳回"。同时，根据新民事诉讼法第一百五十七条第三款的规定，裁定包括书面和口头两种形式。书面裁定一般适用于与当事人权利义务关系比较重大的程序问题，如驳回起诉的裁定、财产保全和先予执行的裁定、终结诉讼的裁定等。口头裁定一般适用于比较简单的程序问题。基于前述区分，《决定》明确，驳回当事人对审理程序转换异议的，可以采取口头裁定。应当注意，采取口头方式作出裁定，只是对裁定形式的简化，不能减损当事人的合法权益。人民法院作出口头裁定的，应当将裁定内容和宣布情况记入笔录。裁定内容既应当包含裁定结果，也应当包含作出依据和理由，充分保障当事人的权利和裁定的可接受性。

## （二）修改简易程序中简便送达方式适用规则

2007年民事诉讼法第一百四十四条规定了简易程序可以用简便方式传唤当事人和证人，但并未就送达法律文书、开庭审理以及裁判文书简化等事项作出明确规定。2012年民事诉讼法对该条进行了修改，明确规定基层人民法院和它派出的法庭审理简单的民事案件，可以用简便方式传唤当事人和证人、送达诉讼文书、审理案件，但应当保障当事人陈述意见的权利。为细化简便方式送达、传唤规则，2015年《民诉法解释》第二百六十一条第一款规定："适用简易程序审理案件，人民法院可以采取捎口信、电话、短信、传真、电子邮件等简便方式传唤双方当事人、通知证人和送达裁判文书以外的诉讼文书。"该条之所以禁止适用简便方式对判决书、裁定书、调解书送达，主要是因为2012年民事诉讼法第八十七条明确规定这三类裁判文书不适用电子送达。而新民事诉讼法第九十条修改了原第八十七条的规定，将电子送达适用范围扩大至所有诉讼文书。因此，《民诉法解释》第二百六十一条第一款也需要进行修改。对照新民事诉讼法的规定精神，我们进行了反复研究，最后将该款修改为："适用简易程序审理案件，人民法院可以依照民事诉讼法第九十条、第一百六十二条的规定采取捎口信、电话、短信、传真、电子邮件等简便方式传唤双方当事人、通知证人和送达诉讼文书。"在适用本条时应当注意：第一，通过电子方式送达诉讼文书的，必须经受送达人同意，以保障受送达人的程序利益。第二，要注意本条第二款与《人民法院在线诉讼规则》第三十一条之间的衔接。本条第二款规定"以简便方式送达的开庭通知，未经当事人确认或者没有其他证据证明当事人已经收到的，人民法院不得缺席判决"，实践中所采用的简便方式为电子方式，且符合《人民法院在线诉讼规则》第三十一条第一款、第二款所规定情形的，应当认定为有效送达，不属于"未经当事人确认或者没有证据证明当事人已经收到"的情形。

### （三）修改小额诉讼程序的相关规定

新民事诉讼法通过五个条文对小额诉讼程序作了如下规定：一是完善小额诉讼程序适用范围和方式；二是明确不得适用小额诉讼程序的案件类型；三是简化小额诉讼案件的审理方式；四是明确小额诉讼的审理期限；五是明确了程序转化并赋予当事人程序异议权。其中，新民事诉讼法第一百六十五条将适用案件类型限定为"金钱给付"案件，同时提高了可适用小额诉讼程序的案件标的额上限，增加了当事人合意选择适用模式。新民事诉讼法第一百六十六条在吸收2015年《民诉法解释》第二百七十五条实践成果的基础上，通过"两增一减"对负面清单予以完善。由于前述两个条文的变动，《民诉法解释》必须作出相应调整。

1. 修改海事法院适用小额诉讼程序的案件标的额上限

修改前的《民诉法解释》第二百七十三条对海事法院适用小额诉讼程序审理海事、海商案件作出了规定。之所以专门对海事法院作出规定,主要基于两点考虑:第一,根据2012年民事诉讼法的规定,小额诉讼程序的适用限于基层人民法院和它派出的法庭。但海事诉讼特别程序法第九十八条规定,海事法院可以适用简易程序审理简单的民事案件。2013年,最高人民法院曾以批复的形式对海事法院可以适用小额诉讼程序审理简单的海事、海商案件予以明确,取得较好效果,故修改前的《民诉法解释》第二百七十三条专门对此问题作出规定。第二,我国海事法院实行跨行政区划管辖模式,部分海事法院在不同的省级行政区内设有派出法庭。例如,武汉海事法院负责审理发生在四川宜宾合江门至安徽省与江苏省交界处的长江主干线及相应的与海相通的可航长江支流水域的海事、海商案件,管辖区域跨越四川、重庆、湖北、湖南、江西、安徽六省市,设有重庆、宜昌、芜湖三个派出法庭,分别位于重庆、湖北、安徽三个省、直辖市范围内。此时,究竟是应当按照海事法院所在的省级行政区域标准还是按照其派出法庭所在地的省级行政区域的标准来确定标的额,曾有一定争议,故修改前的《民诉法解释》第二百七十三条明确规定,案件标的额以实际受理案件的海事法院或者其派出法庭所在的省、自治区、直辖市上年度就业人员年平均工资的百分之三十为限。

由于新民事诉讼法不仅提升了适用的案件标的额上限,还增加了合意选择适用规则,这使得对《民诉讼解释》第二百七十三条的修改有一定难度。经反复研究,我们采取了只规定案件标的额计算基数的方式,以最简练的表述、最少的修改实现该条的解释目的。在适用本条时应注意,本条只是确定了海事法院适用小额诉讼程序的案件标的额基数,具体标的额应当以新民事诉讼法第一百六十五条所规定的年平均工资的百分之五十为上限,对于案件标的额超过年平均工资百分之五十但在二倍以下,当事人双方约定适用小额诉讼的程序的,海事法院也可以适用小额诉讼的程序审理。

2. 删除适用小额诉讼程序案件正面清单与负面清单

由于2012年民事诉讼法仅有一条关于小额诉讼程序的规定,为了指导基层法官正确适用该条规定,2015年《民诉法解释》进行了细化。其中,第二百七十四条和第二百七十五条采取了"列举+概括+排除"的方式对小额诉讼案件类型进行规定。新民事诉讼法第一百六十六条在吸收 2015 年《民诉法解释》第二百七十五条的基础上进行了完善，故《决定》删除了原第二百七十五条。

关于修改前的《民诉法解释》第二百七十四条是否应当一并删除的问题，有意见认为不宜删除该条，主要理由是：第一，第二百七十四条从正面规定了适用小额诉讼程序的案件，有助于指导基层人民法院准确把握适用条件。第二，新民事诉讼法没有明确"金钱给付案件"的判断标准，对于包含金钱给付内容的复合诉讼请求案件等是否适用小额诉讼程序，需要司法解释结合审判实践予以细化，但在此之前，保留第二百七十四条对相关标准的判断具有重要参考价值。也有意见认为应当删除该条，主要理由是：第一，新民事诉讼法第一百六十五条将适用小额诉讼程序的案件确定为"简单金钱给付民事案件"，而对具体案件类型未作限制要求，继续保留第二百七十四条的规定可能导致限缩小额诉讼程序适用范围，不符合立法本意。第二，新民事诉讼法第一百六十六条已经从反面规定了不得适用小额诉讼程序的案件范围，在立法技术要求上，不宜再作正面列举，否则将导致司法解释条文涵盖不周延、逻辑不顺畅的问题。经反复研究，综合各方面意见，《决定》最终删除了第二百七十四条，尽可能避免不完全列举方式客观上带来的小额诉讼案件类型的趋同，切实推动我国小额诉讼程序日臻完善。

审判实践中应当注意，删除 2015 年《民诉法解释》第二百七十四条，并不意味该条所列举的案件类型不再适用小额诉讼程序。恰恰相反，只要符合新民事诉讼法第一百六十五条规定条件，且不属于该法第一百六十六条所列情形的所有类型案件，均可适用小额诉讼程序。当然，对于是否属于"金钱给付案件"难以把握的，可将修改前《民诉法解释》第二百七十四条所列情形作为参考。下一步，我们将在不断总结实践经验的基础上，进一步细化适用小额诉讼程序的相关标准。

### （四）修改司法确认案件共同管辖规则

2012 年、2017 年民事诉讼法规定的司法确认案件管辖规则单一，只有调解组织所在地基层人民法院有管辖权，因此，共同管辖的问题仅存在多个调解组织共同参与调解的情况，2015 年《民诉法解释》第三百五十四条也仅对两个以上调解组织参与调解时的共同管辖作出规定。但是，新民事诉讼法第二百零一条规定的司法确认调解协议案件的管辖规则更加立体、多元,对"人民法院邀请调解组织开展先行调解"和"调解组织自行开展调解"两种情形分别规定了不同的管辖规则。特别是调解组织自行开展调解的,不仅增加当事人住所地、标的物所在地等作为地域管辖连结点,还规定中级人民法院(含专门法院)也可以进行司法确认。在新的管辖规则下,共同管辖和管辖冲突的问题将更加突出,修改前的《民诉法解释》第三百五十四条规定的已经不能满足实践需求,故《决定》根据新民事诉讼法第二百零一条的规定,对司法确认程序中的共同管辖和冲突规则进行了适应性修改。在适用时应当注意,修改后的《民诉法解释》第三百五十二条仅针对新民事诉讼法第二百零一条中的自行开展调解的情形作出细化,本条中"两个以上调解组织参与"指的是两个以上调解组织共同参与对同一民事纠纷的调解,并形成一份调解协议。双方当事人对该调解协议共同申请司法确认的,适用本条规定,各调解组织所在地人民法院均有管辖权。如果有两个以上调解组织分别进行调解,并形成多份调解协议的,双方当事人如欲申请确认其中一份调解协议效力,只能共同向实际参与该调解协议的调解组织所在地的人民法院提出申请。

## (五)修改所引用的民事诉讼法条文序号及本解释的条文顺序

前文提到,对照新民事诉讼法调整《民诉法解释》所引用的民事诉讼法条文序号,是启动本次解释修改的重要目的之一。司法解释是人民法院对具体法律应用问题作出的解释,引用被解释对象的具体条文序号并对其内容的具体应用予以明确和细化是制定司法解释的成熟经验做法。而《民诉法解释》是人民法院专门针对民事诉讼法具体应用问题作出的较为体系化的解释,该解释中涉及民事诉讼法条文序号的条文有160余条、200余处之多。由于新民事诉讼法条文序号从第十六条开始全部发生变化,故《民诉法解释》所引用的法律条文序号相应地均需要进行调整。关于调整的方式,征求意见过程中,绝大多数意见认为应当通过一个条文对所涉民事诉讼法相关条文序号作统一修改。经慎重研究,我们采纳了该意见,在第十五条对引用民事诉讼法相关条文序号进行统一修改,在发布《决定》的同时,一并公布新《民诉法解释》文本,所引用民事诉讼法条文序号以新公布的《民诉法解释》为准。

除调整所引用民事诉讼法条文序号外,因删除了第二百七十四条、第二百七十五条，《民诉法解释》本身条文顺序也可能面临调整。关于是否调整司法解释的条文序号，我们对历次法律和司法解释修改进行了认真研究。当法律删除个别条文时，该条文及后续条文的安排，存在两种实践方案：一种方案是仅删除条文内容但保留条文序号，如刑法修正案（九）删去了刑法第一百九十九条，其后的条文顺序并未变更。这一方法在域外也被较为广泛采用，如德国民法典第15条至第20条、德国民事诉讼法典第223条、瑞士民法典第50条、瑞士民事诉讼法典第41条和第51条、日本民法典第737条，这些条文被废止后，在法典中仍然保留序号，之后的条文序号不会因删除这些条文发生变化，仍然保留原来的序号。英国、美国等传统判例法国家在修改成文法时也采用这种方式。另一种方案是将条文内容和条文序号整体删除，其后条文的序号依次前移。这是我国修法时所采取的主要方式。有意见认为，本次司法解释修改可探索适用第一种方案，好处在于，不仅本解释中引用自身的条文序号不再需要调整，其他司法解释引用本解释的条文序号也不需要调整。但是，考虑到此次民事诉讼法修改采取的是调整条文序号的方式，为了与立法保持一致，我们仍然采取删除条文内容与条文序号的方式，并调整后续条文序号，以保持条文序号的连续性。但是，对于如何让司法解释条文顺序的修改更加科学，既便于检索也有利于法律适用上的前后一致性，我们将在以后的司法解释修改过程中继续深入研究。需要注意的是，《决定》第十六条蕴含了两层意思：一是本解释的条文顺序调整，二是由于本解释条文顺序调整，条文所引用本解释的相关条文序号也进行相应调整。经统计，《民诉法解释》中援引本解释的条文一共17处，其中12处需要修改。新《民诉法解释》公布时作统一调整。

除上述重点内容外，《决定》还对照新民事诉讼法等法律对个别条文表述进行修改。如将第九条、第二百一十八条中的"抚育费"改为"抚养费"，将第四十八条中的"助理审判员"删除，将第六十一条中的"人民调解委员会"修改为"人民调解委员会或者其他依法设立的调解组织"，将第四十五条、第二百五十八条、第二百六十九条中的"合议庭组成人员"修改为"审判人员"，确保《民诉法解释》与新民事诉讼法等法律保持一致。

## 四、关于新民事诉讼法的时间效力问题

新民事诉讼法立足经济社会发展变化,对小额诉讼的程序、普通程序独任制、二审独任制、申请司法确认调解协议、在线诉讼等重要制度予以规定,这些新规则自2022年1月1日起正式施行。那么,对于2022年1月1日之前受理但尚未审结的案件,是否可以适用新民事诉讼法?这涉及民事诉讼法规定的时间效力问题。

一直以来,关于新旧法律衔接适用方面,有一个共识性的原则,即"实体(法)从旧、程序(法)从新"。"从新"规则是法律溯及既往的另类表述。基于程序法旨在提供法律救济和实现权利的方法和途径,以公正为主要价值目标,一般认为程序法溯及既往不会影响或侵害信赖利益。程序法溯及既往已经成为一个普遍的法律原则,不论在大陆法系还是在普通法系,也不论是在刑事法律领域还是在民事、行政法领域。但也有观点认为,"程序从新"并非是指程序法溯及既往,恰恰相反,"程序从新"是法不溯及既往原则在诉讼法中的特殊表现形式。新法颁布后的诉讼法律行为或者事件适用新法,新法颁布前已经完成的诉讼行为仍然有效,也即适用旧法,这其实就是民事诉讼法不溯及既往的表现。我们认为,关于"程序从新"与溯及既往的关系问题,之所以发生上述分歧,根源在于对溯及适用的判断标准不同。无论实体法还是程序法,溯及适用的大前提均为:一是行为发生时点与评价时点分别处于旧法和新法两种法律的施行区间;二是行为的依据与对行为进行评价的依据相异。此时,如果按照旧法对该行为进行评价,即为不溯及既往;如果按照新法对该行为进行评价,则为溯及既往。以此为基础并综合各方观点,2012年,最高人民法院制定了《关于修改后的民事诉讼法施行时未结案件适用法律若干问题的规定》,这是我国首次针对民事诉讼法新旧衔接问题制定的司法解释,明确了新旧民事诉讼法衔接适用的基本规则:(1)对于新法施行时未结案件,适用新法;(2)新法施行前依照旧法规定已经完成的程序事项,仍然有效;(3)涉及当事人实体权利处分的事项,原则上从旧。上述法律适用规则对于民事案件的妥善解决和民事诉讼法的统一适用发挥了重要作用。依据上述规则和理念,2021年12月,最高人民法院下发了《关于认真学习贯彻〈全国人民代表大会常务委员会关于修改〈中华人民共和国民事诉讼法〉的决定〉的通知》,并明确了如下规则:2022年1月1日之后人民法院受理的民事

案件，适用修改后的民事诉讼法。2022年1月1日之前人民法院未审结的案件，尚未进行的诉讼行为适用修改后的民事诉讼法；依照修改前的民事诉讼法或者最高人民法院印发的《民事诉讼程序繁简分流改革试点实施办法》的有关规定，已经完成的诉讼行为，仍然有效。中级人民法院、专门人民法院对2022年1月1日之后受理的第二审民事案件，可以依照修改后的民事诉讼法的有关规定适用独任制审理。

需要说明的是，民事诉讼繁简分流改革试点工作中，扩大了简易程序适用范围，允许对公告送达案件适用简易程序，此项制度调整在试点过程中取得了良好效果。《民诉法解释》修改过程中，我们对此问题进行了反复研究，但由于该项成果需进一步综合评估，故本次修改并未对修改前的《民诉法解释》第一百四十条、第二百五十七条第一项作出调整，审判实践中应予以注意。下一步，我们将继续对此问题进行调研，适时开展相应的条文修改论证工作。

## 最高人民法院
## 关于修改《最高人民法院关于审理人身损害赔偿案件适用法律若干问题的解释》的决定

法释〔2022〕14号

(2022年2月15日最高人民法院审判委员会第1864次会议通过
2022年4月24日最高人民法院公告公布
自2022年5月1日起施行)

最高人民法院审判委员会第1864次会议决定,对《最高人民法院关于审理人身损害赔偿案件适用法律若干问题的解释》作如下修改:

一、第十二条修改为:"残疾赔偿金根据受害人丧失劳动能力程度或者伤残等级,按照受诉法院所在地上一年度城镇居民人均可支配收入标准,自定残之日起按二十年计算。但六十周岁以上的,年龄每增加一岁减少一年;七十五周岁以上的,按五年计算。

"受害人因伤致残但实际收入没有减少,或者伤残等级较轻但造成职业妨害严重影响其劳动就业的,可以对残疾赔偿金作相应调整。"

二、第十五条修改为:"死亡赔偿金按照受诉法院所在地上一年度城镇居民人均可支配收入标准,按二十年计算。但六十周岁以上的,年龄每增加一岁减少一年;七十五周岁以上的,按五年计算。"

三、第十七条修改为:"被扶养人生活费根据扶养人丧失劳动能力程度,按照受诉法院所在地上一年度城镇居民人均消费支出标准计算。被扶养人为未成年人的,计算至十八周岁;被扶养人无劳动能力又无其他生活来源的,计算二十年。但六十周岁以上的,年龄每增加一岁减少一年;七十五周岁以上的,按五年计算。

"被扶养人是指受害人依法应当承担扶养义务的未成年人或者丧失劳

动能力又无其他生活来源的成年近亲属。被扶养人还有其他扶养人的,赔偿义务人只赔偿受害人依法应当负担的部分。被扶养人有数人的,年赔偿总额累计不超过上一年度城镇居民人均消费支出额。"

四、第十八条修改为:"赔偿权利人举证证明其住所地或者经常居住地城镇居民人均可支配收入高于受诉法院所在地标准的,残疾赔偿金或者死亡赔偿金可以按照其住所地或者经常居住地的相关标准计算。

"被扶养人生活费的相关计算标准,依照前款原则确定。"

五、第二十二条修改为:"本解释所称'城镇居民人均可支配收入''城镇居民人均消费支出''职工平均工资',按照政府统计部门公布的各省、自治区、直辖市以及经济特区和计划单列市上一年度相关统计数据确定。

"'上一年度',是指一审法庭辩论终结时的上一统计年度。"

六、第二十四条修改为:"本解释自 2022 年 5 月 1 日起施行。施行后发生的侵权行为引起的人身损害赔偿案件适用本解释。

"本院以前发布的司法解释与本解释不一致的,以本解释为准。"

本决定自 2022 年 5 月 1 日起施行。

根据本决定,《最高人民法院关于审理人身损害赔偿案件适用法律若干问题的解释》作相应修改后,重新公布。

# 最高人民法院
## 关于审理人身损害赔偿案件适用法律若干问题的解释

(2003 年 12 月 4 日最高人民法院审判委员会第 1299 次会议通过
根据 2020 年 12 月 23 日最高人民法院审判委员会第 1823 次会议
通过的《最高人民法院关于修改〈最高人民法院关于在民事
审判工作中适用《中华人民共和国工会法》若干问题的
解释〉等二十七件民事类司法解释的决定》第一次修正
根据 2022 年 2 月 15 日最高人民法院审判委员会第 1864 次
会议通过的《最高人民法院关于修改〈最高人民法院
关于审理人身损害赔偿案件适用法律若干问题的
解释〉的决定》第二次修正)

为正确审理人身损害赔偿案件,依法保护当事人的合法权益,根据

《中华人民共和国民法典》《中华人民共和国民事诉讼法》等有关法律规定，结合审判实践，制定本解释。

**第一条** 因生命、身体、健康遭受侵害，赔偿权利人起诉请求赔偿义务人赔偿物质损害和精神损害的，人民法院应予受理。

本条所称"赔偿权利人"，是指因侵权行为或者其他致害原因直接遭受人身损害的受害人以及死亡受害人的近亲属。

本条所称"赔偿义务人"，是指因自己或者他人的侵权行为以及其他致害原因依法应当承担民事责任的自然人、法人或者非法人组织。

**第二条** 赔偿权利人起诉部分共同侵权人的，人民法院应当追加其他共同侵权人作为共同被告。赔偿权利人在诉讼中放弃对部分共同侵权人的诉讼请求的，其他共同侵权人对被放弃诉讼请求的被告应当承担的赔偿份额不承担连带责任。责任范围难以确定的，推定各共同侵权人承担同等责任。

人民法院应当将放弃诉讼请求的法律后果告知赔偿权利人，并将放弃诉讼请求的情况在法律文书中叙明。

**第三条** 依法应当参加工伤保险统筹的用人单位的劳动者，因工伤事故遭受人身损害，劳动者或者其近亲属向人民法院起诉请求用人单位承担民事赔偿责任的，告知其按《工伤保险条例》的规定处理。

因用人单位以外的第三人侵权造成劳动者人身损害，赔偿权利人请求第三人承担民事赔偿责任的，人民法院应予支持。

**第四条** 无偿提供劳务的帮工人，在从事帮工活动中致人损害的，被帮工人应当承担赔偿责任。被帮工人承担赔偿责任后向有故意或者重大过失的帮工人追偿的，人民法院应予支持。被帮工人明确拒绝帮工的，不承担赔偿责任。

**第五条** 无偿提供劳务的帮工人因帮工活动遭受人身损害的，根据帮工人和被帮工人各自的过错承担相应的责任；被帮工人明确拒绝帮工的，被帮工人不承担赔偿责任，但可以在受益范围内予以适当补偿。

帮工人在帮工活动中因第三人的行为遭受人身损害的，有权请求第三人承担赔偿责任，也有权请求被帮工人予以适当补偿。被帮工人补偿后，可以向第三人追偿。

**第六条** 医疗费根据医疗机构出具的医药费、住院费等收款凭证，结合病历和诊断证明等相关证据确定。赔偿义务人对治疗的必要性和合理性有异议的，应当承担相应的举证责任。

医疗费的赔偿数额，按照一审法庭辩论终结前实际发生的数额确定。器官功能恢复训练所必要的康复费、适当的整容费以及其他后续治疗费，赔偿权利人可以待实际发生后另行起诉。但根据医疗证明或者鉴定结论确定必然发生的费用，可以与已经发生的医疗费一并予以赔偿。

第七条 误工费根据受害人的误工时间和收入状况确定。

误工时间根据受害人接受治疗的医疗机构出具的证明确定。受害人因伤致残持续误工的，误工时间可以计算至定残日前一天。

受害人有固定收入的，误工费按照实际减少的收入计算。受害人无固定收入的，按照其最近三年的平均收入计算；受害人不能举证证明其最近三年的平均收入状况的，可以参照受诉法院所在地相同或者相近行业上一年度职工的平均工资计算。

第八条 护理费根据护理人员的收入状况和护理人数、护理期限确定。

护理人员有收入的，参照误工费的规定计算；护理人员没有收入或者雇佣护工的，参照当地护工从事同等级别护理的劳务报酬标准计算。护理人员原则上为一人，但医疗机构或者鉴定机构有明确意见的，可以参照确定护理人员人数。

护理期限应计算至受害人恢复生活自理能力时止。受害人因残疾不能恢复生活自理能力的，可以根据其年龄、健康状况等因素确定合理的护理期限，但最长不超过二十年。

受害人定残后的护理，应当根据其护理依赖程度并结合配制残疾辅助器具的情况确定护理级别。

第九条 交通费根据受害人及其必要的陪护人员因就医或者转院治疗实际发生的费用计算。交通费应当以正式票据为凭；有关凭据应当与就医地点、时间、人数、次数相符合。

第十条 住院伙食补助费可以参照当地国家机关一般工作人员的出差伙食补助标准予以确定。

受害人确有必要到外地治疗，因客观原因不能住院，受害人本人及其陪护人员实际发生的住宿费和伙食费，其合理部分应予赔偿。

第十一条 营养费根据受害人伤残情况参照医疗机构的意见确定。

第十二条 残疾赔偿金根据受害人丧失劳动能力程度或者伤残等级，

按照受诉法院所在地上一年度城镇居民人均可支配收入标准,自定残之日起按二十年计算。但六十周岁以上的,年龄每增加一岁减少一年;七十五周岁以上的,按五年计算。

受害人因伤致残但实际收入没有减少,或者伤残等级较轻但造成职业妨害严重影响其劳动就业的,可以对残疾赔偿金作相应调整。

**第十三条** 残疾辅助器具费按照普通适用器具的合理费用标准计算。伤情有特殊需要的,可以参照辅助器具配制机构的意见确定相应的合理费用标准。

辅助器具的更换周期和赔偿期限参照配制机构的意见确定。

**第十四条** 丧葬费按照受诉法院所在地上一年度职工月平均工资标准,以六个月总额计算。

**第十五条** 死亡赔偿金按照受诉法院所在地上一年度城镇居民人均可支配收入标准,按二十年计算。但六十周岁以上的,年龄每增加一岁减少一年;七十五周岁以上的,按五年计算。

**第十六条** 被扶养人生活费计入残疾赔偿金或者死亡赔偿金。

**第十七条** 被扶养人生活费根据扶养人丧失劳动能力程度,按照受诉法院所在地上一年度城镇居民人均消费支出标准计算。被扶养人为未成年人的,计算至十八周岁;被扶养人无劳动能力又无其他生活来源的,计算二十年。但六十周岁以上的,年龄每增加一岁减少一年;七十五周岁以上的,按五年计算。

被扶养人是指受害人依法应当承担扶养义务的未成年人或者丧失劳动能力又无其他生活来源的成年近亲属。被扶养人还有其他扶养人的,赔偿义务人只赔偿受害人依法应当负担的部分。被扶养人有数人的,年赔偿总额累计不超过上一年度城镇居民人均消费支出额。

**第十八条** 赔偿权利人举证证明其住所地或者经常居住地城镇居民人均可支配收入高于受诉法院所在地标准的,残疾赔偿金或者死亡赔偿金可以按照其住所地或者经常居住地的相关标准计算。

被扶养人生活费的相关计算标准,依照前款原则确定。

**第十九条** 超过确定的护理期限、辅助器具费给付年限或者残疾赔偿金给付年限,赔偿权利人向人民法院起诉请求继续给付护理费、辅助器具费或者残疾赔偿金的,人民法院应予受理。赔偿权利人确需继续护理、配制辅助器具,或者没有劳动能力和生活来源的,人民法院应当判令赔偿义务人继续给付相关费用五至十年。

**第二十条** 赔偿义务人请求以定期金方式给付残疾赔偿金、辅助器具费的,应当提供相应的担保。人民法院可以根据赔偿义务人的给付能力和提供担保的情况,确定以定期金方式给付相关费用。但是,一审法庭辩论终结前已经发生的费用、死亡赔偿金以及精神损害抚慰金,应当一次性给付。

**第二十一条** 人民法院应当在法律文书中明确定期金的给付时间、方式以及每期给付标准。执行期间有关统计数据发生变化的,给付金额应当适时进行相应调整。

定期金按照赔偿权利人的实际生存年限给付,不受本解释有关赔偿期限的限制。

**第二十二条** 本解释所称"城镇居民人均可支配收入""城镇居民人均消费支出""职工平均工资",按照政府统计部门公布的各省、自治区、直辖市以及经济特区和计划单列市上一年度相关统计数据确定。

"上一年度",是指一审法庭辩论终结时的上一统计年度。

**第二十三条** 精神损害抚慰金适用《最高人民法院关于确定民事侵权精神损害赔偿责任若干问题的解释》予以确定。

**第二十四条** 本解释自 2022 年 5 月 1 日起施行。施行后发生的侵权行为引起的人身损害赔偿案件适用本解释。

本院以前发布的司法解释与本解释不一致的,以本解释为准。

# 人身损害赔偿司法解释的两次修改与重点解读

潘 杰[*]

民法典于 2020 年 5 月 28 日公布以后,为配合民法典贯彻实施,最高人民法院依法履行进行司法解释的职能,集中开展相关的司法解释清理工作。2020 年底,《最高人民法院关于审理人身损害赔偿案件适用法律若干问题的解释》(法释〔2003〕20 号,以下简称 2003 年《人身损害赔偿解释》)完成第一次整体清理修改,其中保留十八条①、删除十四条②、修改四条③、增加二条④,修改后的司法解释共计二十四条。

2020 年 12 月 23 日,最高人民法院审判委员会第 1823 次会议审议通过《最高人民法院关于修改最高人民法院关于在民事审判工作中适用〈中

---

[*] 作者单位:最高人民法院民事审判第一庭。

① 保留 2003 年《人身损害赔偿解释》第五条、第十二条、第十九条至第三十条、第三十二条、第三十四条至第三十六条。上述条文对应修改后的司法解释第二条、第三条、第六条至第十五条、第十七条至第十九条、第二十一条、第二十二条、第二十四条。

② 删除 2003 年《人身损害赔偿解释》第二条(过失相抵原则的适用范围与例外)、第三条(共同侵权行为的认定)、第四条(共同危险行为的认定)、第六条(安全保障义务与第三人侵权)、第七条(教育机构的过错责任)、第八条(执行职务侵权的民事责任)、第九条(雇员侵权的雇主责任)、第十条(定作人的民事责任)、第十一条(雇员工伤的雇主责任)、第十五条(受益人的补偿责任)、第十六条(物件致人损害的赔偿责任)、第十七条(人身损害赔偿的范围)、第十八条(精神损害赔偿)、第三十一条(赔偿金总额的确定)。上述条文因其内容已被民法典吸收或修改,故予删除。

③ 修改 2003 年《人身损害赔偿解释》引言、第一条(人身损害赔偿法律关系的一般规定)、第十三条(义务帮工人致人损害)、第十四条(义务帮工人遭受人身损害)、第三十三条(定期金的适用与限制)。其中,引言部分修改了制定司法解释的法律依据和文字表述,属于适应性修改;第一条、第十三条、第十四条及第三十三条属于内容的实质性修改。

④ 增加规定第十六条(被扶养人生活费计入残疾赔偿金或者死亡赔偿金)、第二十三条(精神损害抚慰金的指引适法),以保持司法解释逻辑体例的完整性。

华人民共和国工会法〉若干问题的解释等二十七件民事类司法解释的决定》（法释〔2020〕17号），据此修改后的《最高人民法院关于审理人身损害赔偿案件适用法律若干问题的解释》（以下简称2020年《人身损害赔偿解释》）于2021年1月1日起与民法典同步施行。

2022年2月15日，最高人民法院审判委员会第1864次会议审议通过《关于修改〈最高人民法院关于审理人身损害赔偿案件适用法律若干问题的解释〉的决定》，据此发布《最高人民法院关于审理人身损害赔偿案件适用法律若干问题的解释》（法释〔2022〕14号，以下简称2022年《人身损害赔偿解释》）。此次修改，主要聚焦死亡赔偿金、残疾赔偿金和被扶养人生活费的计算标准，涉及六个条文，自2022年5月1日起施行。

## 一、第一次修改涉及的实质性条款

### （一）人身损害赔偿法律关系的一般规定

损害赔偿的主体和客体系人身损害赔偿之债的核心构成要素。2020年《人身损害赔偿解释》第一条对人身损害赔偿之债的主体和客体均进行了相应修改。第一款将人身损害赔偿之债的客体范围调整为"生命、身体、健康"，将赔偿内容由"财产损失和精神损害"修改为"物质损害和精神损害"。第二款缩减了赔偿权利人范围，删除了"依法由受害人承担扶养义务的被扶养人"。第三款是关于赔偿义务人的规定，将"其他组织"修改为"非法人组织"。

对人身损害赔偿客体范围的调整，不是适应性修改，而是法律关系的实质性修改。依据民法通则，"生命健康权"是公民享有的一项民事权利；侵权责任法虽然将生命权和健康权明确划分为两种单独的权利，但是未将身体权规定为一种单独权利。[①] 早在侵权责任法制定之前，2003年《人身损害赔偿解释》参照法学理论观点，将"身体"作为一项单独权利的客体，并置于"健康"之后。民法典总则编第一百一十条更进一步，将"身

---

① 在一些国家的民事立法中仅规定身体权而未规定健康权，认为导致他人肉体组织完整性遭到破坏的情形，通常也会导致他人生理机能的完善性遭到破坏，故身体权足以包括或涵摄健康权。

体权"作为一项独立的人格权,① 与生命权、健康权并列在一起,并将身体权置于健康权之前。2020 年《人身损害赔偿解释》据此作出相应调整。

身体权与生命权、健康权密切相关又相互区分。生命权的内容是自然人生命的延续受法律保护,身体权的内容是身体完整和行动自由受法律保护,健康权的内容则是身体健康和心理健康受法律保护。② 因此,仅导致自然人生理组织的完整性遭受破坏的,构成侵害身体权,比如剪光他人头发、违法提取卵细胞,而对身体机能以及精神机能造成侵害的,则构成侵害健康权。

生命权、身体权、健康权等物质性人格权③遭受损害,既包括造成物质损害,又包括造成精神损害。这里的物质损害首先是指生命、身体、健康等生命有机体本身遭受的损害,这是第一层次的损害。为恢复生命有机体的机能或办理丧葬事宜支出的合理费用,势必造成一定的财产损失,这种财产损失是第一层次物质损害的转化形式,因此是第二层次的损害。通过赔偿方式对生命有机体本身的损害或者精神损害予以救济,最终都体现为财产损失赔偿或者以赔偿方式予以精神抚慰。基于上述法理逻辑,本条将赔偿内容调整为"物质损害"和"精神损害",不再使用"财产损失"的表述。

损害赔偿之主体包括赔偿权利人和赔偿义务人。民法典未规定被扶养人享有独立的赔偿请求权,2020 年《人身损害赔偿解释》相应将被扶养人从赔偿权利人范围中予以删除。广义的扶养,包括平辈之间的扶养、长辈对晚辈的抚养以及晚辈对长辈的赡养。依照民法典婚姻家庭编法定扶养义

---

① 民法典总则编第一百一十条规定:"自然人享有生命权、身体权、健康权……"

② 健康权是否保护心理健康,法学理论上长期存在争议。民法典第一千零四条对健康权作出规定:"自然人享有健康权。自然人的身心健康受法律保护。任何组织或者个人不得侵害他人的健康权。"该条规定将健康权的权利客体表述为身心健康,在立法上认可了心理健康属于健康权的保护范围,但立法机关同时明确,该规定的健康权不包括一个人在社会适应方面的良好状态以及道德健康等。

③ 生命权、身体权、健康权是自然人享有的最基本的人格权,其性质属于物质性人格权,与荣誉权、肖像权、名誉权、隐私权等精神性人格权相区分。

务的相关规定,①被扶养人的范围与民法典第一千零四十五条规定的近亲属②范围一致。因此,被侵权人死亡的,其近亲属作为赔偿权利人,覆盖了被扶养人的赔偿请求权。被侵权人残疾的,请求权主体虽是残疾受害人本人,但依据2020年《人身损害赔偿解释》新增的第十六条"被扶养人生活费计入残疾赔偿金和死亡赔偿金"的规定,被扶养人因被侵权人遭受侵害丧失劳动能力而产生的反射性损害③能够得到填补。被侵权人无论是死亡还是残疾,其承担法定扶养义务的被扶养人能够通过受害人近亲属或者受害人本人间接行使请求权,被扶养人的利益不因其丧失请求权主体资格而遭受减损。关于赔偿义务人,因民法典将"其他组织"修改为"非法人组织",2020年《人身损害赔偿解释》第一条据此进行了适应性调整。

(二) 无偿帮工人致人损害

民法典未规定帮工人在从事帮工活动中致人损害的侵权责任,无偿帮工的侵权责任难以纳入民法典第一千一百九十一条用人单位责任和第一千一百九十二条个人劳务侵权责任予以调整。司法实践中确实存在无偿帮工人在从事帮工活动中致人损害的案件,故有必要保留2003年《人身损害赔偿解释》第十三条关于无偿帮工人致人损害的责任规定。根据民法典的新精神,2020年《人身损害赔偿解释》第四条对无偿帮工人因帮工致人损害的责任主体和责任形态作出修改:一是将被帮工人与过错帮工人的连带责任修改为由被帮工人承担责任;二是增加被帮工人的追偿权。

被帮工人接受帮工或者未明确拒绝帮工的,帮工人因从事帮工活动致

---

① 依照民法典第一千零五十九条、第一千零六十七条、第一千零七十四条、第一千零七十五条的规定,法定抚养义务具体包括:(1) 夫妻有相互扶养的义务;(2) 父母对未成年子女或者不能独立生活的成年子女有抚养义务;(3) 成年子女对于缺乏劳动能力或者生活困难的父母有赡养义务;(4) 有负担能力的祖父母、外祖父母,对于父母已经死亡或者父母无力抚养的未成年孙子女、外孙子女,有抚养的义务;(5) 有负担能力的孙子女、外孙子女,对于子女已经死亡或者子女无力赡养的祖父母、外祖父母,有赡养的义务;(6) 有负担能力的兄、姐,对于父母已经死亡或者父母无力抚养的未成年弟、妹,有扶养的义务;(7) 由兄、姐扶养长大的有负担能力的弟、妹,对于缺乏劳动能力又缺乏生活来源的兄、姐,有扶养的义务。

② 民法典第一千零四十五条第二款规定:"配偶、父母、子女、兄弟姐妹、祖父母、外祖父母、孙子女、外孙子女为近亲属。"

③ 国外对间接受害人所受损害有固有损害说与反射损害说。反射损害说对间接受害人如何行使请求权又有直接请求权说与间接请求权说。

人损害的责任由被帮工人承担。作出这样的修改,一是因为民法典第一百七十八条第三款规定:"连带责任,由法律规定或者当事人约定",2003年《人身损害赔偿解释》第十三条关于帮工人与被帮工人承担连带责任的规定,缺乏法律依据。二是因为帮工人参加帮工活动一般是应被帮工人的请求,或者基于中华民族的善良风俗而主动为被帮工人在建房、农忙、搬家等活动中无偿提供劳务帮助。基于帮工特定关系而获益的被帮工人为帮工人的侵权行为承担民事责任,体现了风险与收益相当的原则,这与民法典第一千一百九十一条第一款用人单位责任和第一千一百九十二条第一款个人劳务关系中提供劳务一方致人损害的民事责任的立法精神一致。[①] 应注意,若被帮工人明确拒绝帮工,其主观上不存在获得帮工利益的意图,则责令其为帮工人的侵权行为承担责任,缺乏正当性,故第四条保留2003年《人身损害赔偿解释》关于"被帮工人明确拒绝帮工的,不承担责任"的规定。

被帮工人并非终局责任主体,2020年《人身损害赔偿解释》第四条特增加规定承担赔偿责任的被帮工人向有故意或者重大过失的帮工人的追偿权。一是被帮工人往往经济能力有限、在帮工活动中受益有限,由因故意或者重大过失实施侵权行为的帮工人承担终局责任,体现了过错归责,有利于促使帮工人在帮工活动中尽到必要注意义务,也避免导致被帮工人承担的风险大于因帮工获得的利益,产生利益失衡。二是被帮工人对外承担替代责任后有权向有故意或者重大过失的帮工人追偿,法理逻辑与民法典有关替代责任的规定保持一致,亦与2003年《人身损害赔偿解释》第十三条连带责任的规定在内部追偿问题上保持了一致。

### (三) 无偿帮工人因帮工遭受人身损害

2020年《人身损害赔偿解释》第五条修改了原第十四条帮工人在帮工活动中遭受人身损害和被第三人侵害两种情形的处理原则:一是帮工人因

---

[①] 民法典第一千一百九十二条规定:"个人之间形成劳务关系,提供劳务一方因劳务造成他人损害的,由接受劳务一方承担侵权责任。接受劳务一方承担侵权责任后,可以向有故意或者重大过失的提供劳务一方追偿。提供劳务一方因劳务受到损害的,根据双方各自的过错承担相应的责任。提供劳务期间,因第三人的行为造成提供劳务一方损害的,提供劳务一方有权请求第三人承担侵权责任,也有权请求接受劳务一方给予补偿。接受劳务一方补偿后,可以向第三人追偿。"

帮工活动遭受人身损害的，不再单独由被帮工人承担责任，改由帮工人和被帮工人根据各自过错承担相应责任；① 二是帮工人在帮工活动中遭受第三人侵害的，赋予帮工人对赔偿义务人的选择权，帮工人有权请求第三人承担赔偿责任，也有权请求被帮工人予以适当补偿；② 三是明确被帮工人承担补偿义务后可以向第三人追偿。

帮工人在帮工活动中遭受人身损害，根据帮工人和被帮工人各自的过错承担相应责任，其责任形态为过错按份责任。义务帮工不同于雇佣，帮工人享有较大自主权，被帮工人对帮工人并无管理控制力，被帮工人对工人的损害亦无法通过工伤保险赔付分散风险，故原第十四条规定由被帮工人承担无过错赔偿责任，责任过重，也不利于促使帮工人尽到必要注意义务。根据帮工人和被帮工人的过错来确定民事责任较为公平合理，体现了与有过失原则，亦与民法典第一千一百九十二条第一款提供劳务一方因劳务受到损害的责任规定精神一致。

帮工人因第三人的行为遭受损害，第三人应当承担侵权责任，自无疑问。被帮工人因不是侵权行为人，不应承担侵权责任，但不等于说帮工人在帮工活动中受到的损害与被帮工人无关，毕竟被帮工人因帮工而受益，被帮工人因此应当给予受害帮工人适当补偿。被帮工人的适当补偿义务，是否必然劣后于第三人的赔偿责任，对此我们持否定态度，不再规定赔偿和补偿的顺序，而是赋予受害帮工人一定的选择权。主要考虑是，不规定第三人赔偿和被帮工人补偿的顺序而赋予受害帮工人一定的选择权，便于受害帮工人选择于己有利的求偿方案，快速便捷解决争议，更有利于受害人权益的维护，这也符合民法典类似规定的精神。

基于公平原则作出补偿以后，补偿义务人能否向侵权行为人追偿，这

---

① 2003 年《人身损害赔偿解释》第十四条第一款规定："帮工人因帮工活动遭受人身损害的，被帮工人应当承担赔偿责任。被帮工人明确拒绝帮工的，不承担赔偿责任；但可以在受益范围内予以适当补偿。"修改后的第五条第一款规定："无偿提供劳务的帮工人因帮工活动遭受人身损害的，根据帮工人和被帮工人各自的过错承担相应的责任；被帮工人明确拒绝帮工的，被帮工人不承担赔偿责任，但可以在受益范围内予以适当补偿。"

② 2003 年《人身损害赔偿解释》第十四条第二款规定："帮工人因第三人侵权遭受人身损害的，由第三人承担赔偿责任。第三人不能确定或者没有赔偿能力的，可以由被帮工人予以适当补偿。"修改后的第五条第二款规定："帮工人在帮工活动中因第三人的行为遭受人身损害的，有权请求第三人承担赔偿责任，也有权请求被帮工人予以适当补偿。被帮工人补偿后，可以向第三人追偿。"

一问题曾在学界和司法实务中产生认识分歧。参照民法典第一千一百九十二条第二款"接受劳务一方补偿后,可以向第三人追偿"的规定,我们认为,应当允许被帮工人补偿后向第三人追偿。据此,2020年《人身损害赔偿解释》第五条增加规定,被帮工人补偿后可以向侵权第三人追偿。

### (四) 定期金的适用与限制

2020年《人身损害赔偿解释》第二十条关于定期金适用与限制的规定,对原第三十三条作出两处修改:一是因"被扶养人生活费"不再是单独的赔偿项目,而是作为残疾赔偿金或者死亡赔偿金的组成部分,第二十条相应删除了"被扶养人生活费"的赔偿项目;二是为与民法典以及残疾人保障法的表述一致,关于人身损害赔偿范围的规定,不再使用"残疾辅助器具费"的表述,将"残疾辅助器具费"修改为"辅助器具费"。辅助器具费是指受害人因身体功能全部或者部分丧失后需要配制补偿功能的辅助器具的费用。

## 二、第一次修改涉及的新增条文

### (一) 被扶养人生活费计入"两金"

《人身损害赔偿解释》第一次修改时增加第十六条,规定"被扶养人生活费计入残疾赔偿金或者死亡赔偿金"。《人身损害赔偿解释》第二次修改时,有观点提出应将被扶养人生活费这一赔偿项目删除,以与民法典第一千一百七十九条赔偿项目的规定保持一致。我们没有采纳此种意见。

被扶养人生活费是2003《人身损害赔偿解释》第十七条第三款规定的赔偿项目,侵权责任法制定时未在赔偿项目的规定中列明该项费用,其背景是当时最高人民法院拟提高死亡赔偿金和残疾赔偿金的计算标准,从而覆盖被扶养人生活费。后因上述"两金"计算标准未能修改,最高人民法院下发《最高人民法院关于适用〈中华人民共和国侵权责任法〉的通知》,在第四条规定"将被扶养人生活费计入残疾赔偿金或死亡赔偿金"。民法典第一千一百七十九条关于人身损害赔偿项目的规定,基本上承继了侵权责任法的规定。民法典实施后,若不支持赔偿被扶养人生活费,被扶养人作为间接受害人遭受的反射性损害①将得不到填补，这必然导致民法典实施前后同一问题赔偿标准不统一的问题。为此，2020年《人身损害赔偿解释》专门增加规定"被扶养人生活费计入残疾赔偿金或者死亡赔偿金。"

应注意的是，赔偿权利人最终获得的死亡赔偿金包括两部分，其一是按照2020年《人身损害赔偿解释》第十五条规定计算的死亡赔偿金，其二是按照2020年《人身损害赔偿解释》第十七条规定计算的被扶养人生活费。残疾赔偿金的计算亦是如此。

### （二）精神损害赔偿的指引适法

《人身损害赔偿解释》第一次修改时增加第二十三条，规定精神损害抚慰金适用《最高人民法院关于确定民事侵权精神损害赔偿责任若干问题的解释》予以确定。

从体系解释的角度，人身损害的赔偿范围应当包括民法典第一千一百八十三条规定的精神损害赔偿与第一千一百七十九条规定的人身损害赔偿。为确保《人身损害赔偿解释》内容体例完整，做好司法解释的适用衔接，《人身损害赔偿解释》2020年第一次修改时增加第二十三条，为精神损害赔偿的法律适用作出指引性规定。

## 三、第二次修改的核心内容

《人身损害赔偿解释》第二次修改，主要聚焦死亡赔偿金、残疾赔偿金和被扶养人生活费的计算标准。这次修改不再区分受害人户籍，统一按照城镇居民赔偿标准计算赔偿数额，实现了"两金一费"赔偿标准的城乡统一。

人身损害的赔偿项目，分为据实赔偿和定额赔偿两种类型。为治疗和康复支出的合理费用应当据实赔偿，即发生多少赔偿多少；死亡赔偿金、残疾赔偿金和被扶养人生活费则是定额赔偿。因我国存在城乡发展不平衡的基本国情，赔偿标准长期坚持城乡二元区分，由此引发所谓"同命不同价"的讨论，其根源就在于对残疾赔偿金和死亡赔偿金的性质存在误解。死亡赔偿金和残疾赔偿金并不是对死者生命价值或者身体伤残本身的赔

---

① 国外对间接受害人所受损害有固有损害说与反射损害说。反射损害说对间接受害人如何行使请求权又有直接请求权说与间接请求权说。

偿,不是"命价",而是对受害人未来收入损失的赔偿。人的生命是无价的,人死亡后权利能力消灭,民事主体资格已不复存在,死者不可能以权利主体资格主张死亡赔偿。死亡赔偿金是对死者近亲属(间接受害人)因受害人死亡所遭受的财产损失而给予的赔偿,并非对死者生命价值的衡量。残疾赔偿金是对自然人健康权遭受侵害导致其全部或部分丧失劳动能力从而产生未来收入损失的赔偿,不是对自然人健康权的价值衡量。因此说,"同命不同价"是对死亡赔偿金、残疾赔偿金的一种误解。

随着我国经济发展以及城乡融合发展,中共中央、国务院于2019年4月15日印发《中共中央、国务院关于建立健全城乡融合发展体制机制和政策体系的意见》,明确提出"统筹城乡社会救助体系""改革人身损害制度,统一城乡居民赔偿标准"的意见。最高人民法院在充分调研的基础上,本着积极稳妥的原则,于2019年9月授权全国各高级人民法院在辖区内开展人身损害赔偿标准城乡统一试点工作。经过为期两年的试点,在充分总结试点经验、广泛征求社会各界意见的基础上,最高人民法院启动《人身损害赔偿解释》的第二次修改工作。本次修改后的残疾赔偿金[①]、死亡赔偿金[②]按照受诉法院所在地上一年度城镇居民人均可支配收入标准计算,被扶养人生活费[③]按照受诉法院所在地上一年度城镇居民人均消费支出标准计算。同时,第十八条对属地计算标准的选择、第二十二条对赔偿标准的统计依据作了适应性修改。

---

[①] 2022年《人身损害赔偿解释》第十二条修改为:"残疾赔偿金根据受害人丧失劳动能力程度或者伤残等级,按照受诉法院所在地上一年度城镇居民人均可支配收入标准,自定残之日起按二十年计算。但六十岁以上的,年龄每增加一岁减少一年;七十五周岁以上的,按五年计算。""受害人因伤致残但实际收入没有减少,或者伤残等级较轻但造成职业妨害严重影响其劳动就业的,可以对残疾赔偿金作相应调整。"

[②] 2022年《人身损害赔偿解释》第十五条修改为:"死亡赔偿金按照受诉法院所在地上一年度城镇居民人均可支配收入标准,按二十年计算。但六十周岁以上的,年龄每增加一岁减少一年;七十五周岁以上的,按五年计算。"

[③] 2022年《人身损害赔偿解释》第十七条修改为:"被扶养人生活费根据扶养人丧失劳动能力程度,按照受诉法院所在地上一年度城镇居民人均消费支出标准计算。被扶养人为未成年人的,计算至十八周岁;被扶养人无劳动能力又无其他生活来源的,计算二十年。但六十周岁以上的,年龄每增加一岁减少一年;七十五周岁以上的,按五年计算。"被扶养人是指受害人依法应当承担扶养义务的未成年人或者丧失劳动能力又无其他生活来源的成年近亲属。被扶养人还有其他扶养人的,赔偿义务人只赔偿受害人依法应当负担的部分。被扶养人有数人的,年赔偿总额累计不超过上一年度城镇居民人均消费支出额。"

## 四、修改和适用中的若干争议

### (一) 为什么不按照民法典的法条表述将"赔偿权利人""赔偿义务人"修改为"侵权人""被侵权人"

《人身损害赔偿解释》进行修改时,有意见主张,为与民法典侵权责任编的法条表述一致,应当将"赔偿权利人"和"赔偿义务人"修改为"侵权人"和"被侵权人"。我们未采纳这一意见。在侵权损害赔偿之债的法律关系中,"赔偿权利人"和"赔偿义务人"不完全对应于"侵权人"和"被侵权人"。例如,"赔偿权利人"可以是作为直接受害人的被侵权人,也可以是作为间接受害人的死亡受害人的近亲属,还可以是为被侵权人支付医疗费、丧葬费等合理费用的人,[①] 上述主体均享有独立的赔偿请求权,均可以成为赔偿权利人。同样,"赔偿义务人"也不限于侵权行为人,与行为人或者致害动物、物件等具有一定管领控制关系的人亦可成为赔偿义务人,比如无民事行为能力人和限制民事行为能力人的监护人、致害动物和物件的所有人或管理人。因此,采用"赔偿权利人"和"赔偿义务人"来表述人身损害赔偿之债的权利义务主体,符合司法审判的实际情况,也能够更好地体现人身损害赔偿的债性质。

审判实践中应注意,被扶养人虽不再具有独立的赔偿请求权,但因被扶养人生活费仍应计入残疾赔偿金和死亡赔偿金,故在确定法定被扶养人的范围时,应严格依照民法典婚姻家庭编的相关规定,一般不得基于法官自由裁量将被侵权人自愿扶养的非近亲属的旁系血亲或者姻亲纳入被扶养人范围,从而加重赔偿义务人的赔偿责任。被侵权人有法定被扶养人的情况下,其自愿扶养的非近亲属的旁系血亲或者姻亲,因被侵权人死亡或者残疾导致生活困难的,可通过其他途径获得救济。

### (二) 共同侵权坚持必要共同诉讼是否与债权人对连带债务人享有选择权的规定相悖

2003年《人身损害赔偿解释》第五条明确了对共同侵权人提起的损害

---

[①] 民法典第一千一百八十一条第二款规定:"被侵权人死亡的,支付被侵权人医疗费、丧葬费等合理费用的人有权请求被侵权人赔偿费用,但是侵权人已经支付该费用的除外。"

赔偿之诉属于必要的、不可分的共同诉讼，如果赔偿权利人仅起诉部分共同侵权人，人民法院应当依职权追加其余共同侵权人为共同被告。有意见提出，上述规定限制了连带债务的债权人的选择权，与民法典第五百一十八条的规定冲突。① 经研究并报经立法机关同意，2022年《人身损害赔偿解释》第二条保留了共同侵权采取必要共同诉讼形式的规定，将债权人对连带债务人的选择权后移至执行程序。主要考虑是，关于债权人对连带债务的债务人追责问题，实体法与程序法的规定并不完全一致。按照现行民事诉讼法②第五十五条、第一百三十五条的规定，当事人一方或者双方为二人以上，其诉讼标的是共同的，构成必要共同诉讼。必须共同进行诉讼的当事人没有参加诉讼的，人民法院应当通知其参加诉讼。共同侵权产生的连带责任主体为二人以上，被侵权人与侵权人之间争议的并要求人民法院裁决的法律关系同一，故依程序法的逻辑，对共同侵权人提起的损害赔偿之诉应属必要共同诉讼，当事人必须一同起诉或者应诉，人民法院应当合并审理。如从诉讼处分原则的角度出发，允许债权人选择被告，人民法院为查明共同过错、因果关系等案件事实的需要，往往会将未被债权人追责的共同侵权人追加为第三人，这就面临对第三人的范围进行扩张的问题，与民事诉讼法第五十九条的规定存在冲突。考虑到将共同侵权人追加为共同被告，并不会损害债权人利益，亦符合必要共同诉讼的规定，且有利于人民法院查明事实、一次性解决纠纷，避免出现分开起诉侵权人导致作出的裁判相互抵触的情况，且债权人还可在执行程序中对法院裁判确认的连带债务人行使履行选择权。因此，2003年《人身损害赔偿解释》第五条的规定仍然具有法律适用价值，在协调实体法和程序法方面具有重要意义，所以继续予以保留。

---

① 民法典第五百一十八条第一款规定，债务人为二人以上，债权人可以请求部分或者全部债务人履行全部债务的，为连带债务。
② 《全国人民代表大会常务委员会关于修改〈中华人民共和国民事诉讼法〉的决定》已由中华人民共和国第十三届全国人民代表大会常务委员会第三十二次会议于2021年12月24日通过，自2022年1月1日起施行。本文所述现行民事诉讼法，均指2022年1月1日起施行的民事诉讼法。

## (三) 删除雇员工伤的雇主责任规定后，雇员因安全生产事故遭受人身损害的责任如何确定

2003年《人身损害赔偿解释》第十一条对雇员工伤的雇主责任作出规定，2020年第一次修改时对该条规定予以删除，主要因为该条规定第一款的内容已为民法典第一千一百九十一条用人单位责任的规定、第一千一百九十二条个人劳务关系中的侵权责任规定所吸收取代。该条第二款关于"雇员在从事雇佣活动中因安全生产事故造成人身损害，发包人、分包人知道或者应当知道接受发包或者分包业务的雇主没有相应资质或者安全生产条件的，应当与雇主承担连带责任"的规定，在当时有效的安全生产法第一百条中有类似规定，《人身损害赔偿解释》无须重复规定。2021年安全生产法修正，原第一百条规定的内容保留，条文序号修改为第一百零三条。因此，2003年《人身损害赔偿解释》第十一条第二款规定删除后，相关情形可以适用2021年修正的安全生产法第一百零三条第一款的规定来确定民事责任。①

## (四) 删除人身损害赔偿范围的规定后，受害人亲属办理丧葬事宜支出的交通费、住宿费和误工损失等其他合理费用能否继续支持赔偿

民法典第一千一百七十九条规定的人身损害赔偿范围限于"为治疗和康复支出的合理费用"，对于"造成死亡的"赔偿范围还包括丧葬费和死亡赔偿金。从字面上来看，上述规定未涵盖2003年《人身损害赔偿解释》第十七条第三款所规定的"受害人亲属办理丧葬事宜支出的交通费、住宿费和误工损失等其他合理费用"。审判实践中，对民法典实施后是否还继续支持赔偿受害人亲属办理丧葬事宜支出的交通费、住宿费和误工损失的问题，形成两种意见。一种意见认为，民法典第一千一百七十九条规定的丧葬费涵盖了奔丧费用，《人身损害赔偿解释》对丧葬费采定额化赔偿，丧葬费的计算标准不低，不应再支持赔偿。另一种意见认为，《人身损害

---

① 2021年修正的安全生产法第一百零三条第一款规定："生产经营单位将生产经营项目、场所、设备发包或者出租给不具备安全生产条件或者相应资质的单位或者个人的……导致发生安全生产事故给他人造成损害的，与承包方、承租方承担连带责任。"

赔偿解释》规定的定额化计算的丧葬费不包含奔丧费用，奔丧费用在2003年《人身损害赔偿解释》中是单独赔偿项目，丧葬费的现行计算标准与办理丧葬事宜的实际支出相比并不高，很多地方甚至买不到一块墓地。受害人近亲属奔丧属于因侵权行为产生的合理损失，国外立法例多数支持赔偿，故2003年《人身损害赔偿解释》第十七条第三款规定的受害人亲属办理丧葬事宜支出的交通费、住宿费和误工损失等合理费用仍应支持赔偿。

对此，笔者认为，目前立法机关对上述争议费用是否继续支持赔偿尚未有明确态度，人民法院可暂依照民法典第一千一百八十一条第二款"被侵权人死亡的，支付被侵权人医疗费、丧葬费等合理费用的人有权请求侵权人赔偿费用，但是侵权人已经支付该费用的除外"的规定，对"受害人亲属办理丧葬事宜支出的交通费、住宿费和误工损失等其他合理费用"予以支持。

### （五）《人身损害赔偿解释》时间效力条款如何理解

《人身损害赔偿解释》第一次修改未对原最后一条的时间效力作出修改。第二次修改将第二十四条时间效力条款修改为："本解释自2022年5月1日起施行。施行后发生的侵权行为引起的人身损害赔偿案件适用本解释。本院以前发布的司法解释与本解释不一致的，以本解释为准。"

上述规定中的"施行后发生的侵权行为"，包括2022年5月1日之后实施的侵权行为、2022年5月1日之前实施并持续至2022年5月1日之后的侵权行为以及2022年5月1日之前实施但损害后果发生在2022年5月1日之后的侵权行为。

## 最高人民法院关于审理森林资源民事纠纷案件适用法律若干问题的解释

法释〔2022〕16号

（2022年4月25日最高人民法院审判委员会第1869次会议通过
2022年6月13日最高人民法院公告公布
自2022年6月15日起施行）

为妥善审理森林资源民事纠纷案件，依法保护生态环境和当事人合法权益，根据《中华人民共和国民法典》《中华人民共和国环境保护法》《中华人民共和国森林法》《中华人民共和国农村土地承包法》《中华人民共和国民事诉讼法》等法律规定，结合审判实践，制定本解释。

**第一条** 人民法院审理涉及森林、林木、林地等森林资源的民事纠纷案件，应当贯彻民法典绿色原则，尊重自然、尊重历史、尊重习惯，依法推动森林资源保护和利用的生态效益、经济效益、社会效益相统一，促进人与自然和谐共生。

**第二条** 当事人因下列行为，对林地、林木的物权归属、内容产生争议，依据民法典第二百三十四条的规定提起民事诉讼，请求确认权利的，人民法院应当依法受理：

（一）林地承包；

（二）林地承包经营权互换、转让；

（三）林地经营权流转；

（四）林木流转；

（五）林地、林木担保；

（六）林地、林木继承；

（七）其他引起林地、林木物权变动的行为。

当事人因对行政机关作出的林地、林木确权、登记行为产生争议，提起民事诉讼的，人民法院告知其依法通过行政复议、行政诉讼程序解决。

**第三条** 当事人以未办理批准、登记、备案、审查、审核等手续为由，主张林地承包、林地承包经营权互换或者转让、林地经营权流转、林木流转、森林资源担保等合同无效的，人民法院不予支持。

因前款原因，不能取得相关权利的当事人请求解除合同、由违约方承担违约责任的，人民法院依法予以支持。

**第四条** 当事人一方未依法经林权证等权利证书载明的共有人同意，擅自处分林地、林木，另一方主张取得相关权利的，人民法院不予支持。但符合民法典第三百一十一条关于善意取得规定的除外。

**第五条** 当事人以违反法律规定的民主议定程序为由，主张集体林地承包合同无效的，人民法院应予支持。但下列情形除外：

（一）合同订立时，法律、行政法规没有关于民主议定程序的强制性规定的；

（二）合同订立未经民主议定程序讨论决定，或者民主议定程序存在瑕疵，一审法庭辩论终结前已经依法补正的；

（三）承包方对村民会议或者村民代表会议决议进行了合理审查，不知道且不应当知道决议系伪造、变造，并已经对林地大量投入的。

**第六条** 家庭承包林地的承包方转让林地承包经营权未经发包方同意，或者受让方不是本集体经济组织成员，受让方主张取得林地承包经营权的，人民法院不予支持。但发包方无法定理由不同意或者拖延表态的除外。

**第七条** 当事人就同一集体林地订立多个经营权流转合同，在合同有效的情况下，受让方均主张取得林地经营权的，由具有下列情形的受让方取得：

（一）林地经营权已经依法登记的；

（二）林地经营权均未依法登记，争议发生前已经合法占有使用林地并大量投入的；

（三）无前两项规定情形，合同生效在先的。

未取得林地经营权的一方请求解除合同、由违约方承担违约责任的，人民法院依法予以支持。

第八条 家庭承包林地的承包方以林地经营权人擅自再流转林地经营权为由，请求解除林地经营权流转合同、收回林地的，人民法院应予支持。但林地经营权人能够证明林地经营权再流转已经承包方书面同意的除外。

第九条 本集体经济组织成员以其在同等条件下享有的优先权受到侵害为由，主张家庭承包林地经营权流转合同无效的，人民法院不予支持；其请求赔偿损失的，依法予以支持。

第十条 林地承包期内，因林地承包经营权互换、转让、继承等原因，承包方发生变动，林地经营权人请求新的承包方继续履行原林地经营权流转合同的，人民法院应予支持。但当事人另有约定的除外。

第十一条 林地经营权流转合同约定的流转期限超7过承包期的剩余期限，或者林地经营权再流转合同约定的流转期限超过原林地经营权流转合同的剩余期限，林地经营权流转、再流转合同当事人主张超过部分无效的，人民法院不予支持。

第十二条 林地经营权流转合同约定的流转期限超过承包期的剩余期限，发包方主张超过部分的约定对其不具有法律约束力的，人民法院应予支持。但发包方对此知道或者应当知道的除外。

林地经营权再流转合同约定的流转期限超过原林地经营权流转合同的剩余期限，承包方主张超过部分的约定对其不具有法律约束力的，人民法院应予支持。但承包方对此知道或者应当知道的除外。

因前两款原因，致使林地经营权流转合同、再流转合同不能履行，当事人请求解除合同、由违约方承担违约责任的，人民法院依法予以支持。

第十三条 林地经营权流转合同终止时，对于林地经营权人种植的地上林木，按照下列情形处理：

（一）合同有约定的，按照约定处理，但该约定依据民法典第一百五十三条的规定应当认定无效的除外；

（二）合同没有约定或者约定不明，当事人协商一致延长合同期限至轮伐期或者其他合理期限届满，承包方请求由林地经营权人承担林地使用费的，对其合理部分予以支持；

（三）合同没有约定或者约定不明，当事人未能就延长合同期限协商一致，林地经营权人请求对林木价值进行补偿的，对其合理部分予以支持。

林地承包合同终止时，承包方种植的地上林木的处理，参照适用前款规定。

**第十四条** 人民法院对于当事人为利用公益林林地资源和森林景观资源开展林下经济、森林旅游、森林康养等经营活动订立的合同，应当综合考虑公益林生态区位保护要求、公益林生态功能及是否经科学论证的合理利用等因素，依法认定合同效力。

当事人仅以涉公益林为由主张经营合同无效的，人民法院不予支持。

**第十五条** 以林地经营权、林木所有权等法律、行政法规未禁止抵押的森林资源资产设定抵押，债务人不履行到期债务或者发生当事人约定的实现抵押权的情形，抵押权人与抵押人协议以抵押的森林资源资产折价，并据此请求接管经营抵押财产的，人民法院依法予以支持。

抵押权人与抵押人未就森林资源资产抵押权的实现方式达成协议，抵押权人依据民事诉讼法第二百零三条、第二百零四条的规定申请实现抵押权的，人民法院依法裁定拍卖、变卖抵押财产。

**第十六条** 以森林生态效益补偿收益、林业碳汇等提供担保，债务人不履行到期债务或者发生当事人约定的实现担保物权的情形，担保物权人请求就担保财产优先受偿的，人民法院依法予以支持。

**第十七条** 违反国家规定造成森林生态环境损害，生态环境能够修复的，国家规定的机关或者法律规定的组织依据民法典第一千二百三十四条的规定，请求侵权人在合理期限内以补种树木、恢复植被、恢复林地土壤性状、投放相应生物种群等方式承担修复责任的，人民法院依法予以支持。

人民法院判决侵权人承担修复责任的，可以同时确定其在期限内不履行修复义务时应承担的森林生态环境修复费用。

**第十八条** 人民法院判决侵权人承担森林生态环境修复责任的，可以根据鉴定意见，或者参考林业主管部门、林业调查规划设计单位、相关科研机构和人员出具的专业意见，合理确定森林生态环境修复方案，明确侵权人履行修复义务的具体要求。

**第十九条** 人民法院依据民法典第一千二百三十五条的规定确定侵权人承担的森林生态环境损害赔偿金额，应当综合考虑受损森林资源在调节气候、固碳增汇、保护生物多样性、涵养水源、保持水土、防风固沙等方面的生态环境服务功能，予以合理认定。

**第二十条** 当事人请求以认购经核证的林业碳汇方式替代履行森林生态环境损害赔偿责任的，人民法院可以综合考虑各方当事人意见、不同责任方式的合理性等因素，依法予以准许。

**第二十一条** 当事人请求以森林管护、野生动植物保护、社区服务等劳务方式替代履行森林生态环境损害赔偿责任的，人民法院可以综合考虑侵权人的代偿意愿、经济能力、劳动能力、赔偿金额、当地相应工资标准等因素，决定是否予以准许，并合理确定劳务代偿方案。

**第二十二条** 侵权人自愿交纳保证金作为履行森林生态环境修复义务担保的，在其不履行修复义务时，人民法院可以将保证金用于支付森林生态环境修复费用。

**第二十三条** 本解释自 2022 年 6 月 15 日起施行。施行前本院公布的司法解释与本解释不一致的，以本解释为准。

# 《最高人民法院关于审理森林资源民事纠纷案件适用法律若干问题的解释》的理解与适用

杨临萍　刘竹梅　刘小飞　朱　婧[*]

《最高人民法院关于审理森林资源民事纠纷案件适用法律若干问题的解释》(以下简称《解释》)已于2022年4月25日由最高人民法院审判委员会第1869次会议通过,自2022年6月15日起施行。《解释》对于深入贯彻习近平生态文明思想和习近平法治思想,完整准确全面贯彻新发展理念,落实民法典绿色原则,依法保护和可持续利用森林资源,具有重要的现实意义。现对《解释》的制定背景、指导思想和原则、主要内容解读如下。

## 一、《解释》的制定背景

党的十八大以来,以习近平同志为核心的党中央把生态文明建设作为关系中华民族永续发展的根本大计,坚持绿水青山就是金山银山的理念,开展了一系列根本性、开创性、长远性的工作,美丽中国建设迈出重要步伐,推动我国生态环境保护发生历史性、转折性、全局性变化。人民法院认真践行习近平生态文明思想和习近平法治思想,充分发挥审判职能作用,不断满足人民群众优美生态环境需要,努力把总书记的殷殷嘱托转化为司法护航美丽中国建设的生动实践。

习近平总书记深刻指出,森林和草原对国家生态安全具有基础性、战略性作用,林草兴则生态兴。森林作为与湿地、海洋并列的地球三大生态

---

[*] 作者单位:最高人民法院。

系统之一，在应对气候变化、保护生物多样性、水土保持、防风固沙等方面具有重要生态功能。森林、林木、林地以及依托其生存的野生动植物和微生物，是地球表面最重要的自然资源之一，也是维护国家生态安全的基本屏障。中共中央、国务院印发的《生态文明体制改革总体方案》明确，坚持节约资源和保护环境基本国策，以建设美丽中国为目标，以正确处理人与自然关系为核心，以解决生态环境领域突出问题为导向，保障国家生态安全，改善环境质量，提高资源利用效率。党的十九届六中全会要求，统筹推进"五位一体"总体布局，协调推进"四个全面"战略布局，协同推进人民富裕、国家强盛、中国美丽，为推动形成人与自然和谐共生的现代化建设新格局提供了根本遵循。

近年来，我国生态文明领域立法进程不断加快。民法典构建了绿色原则和绿色条款的规范体系，农村土地承包法明确了农村集体土地所有权、承包权、经营权三权分置的制度规则，森林法确立了生态优先、保护优先、保育结合、可持续发展的原则。随着集体林权制度改革深化、自然资源资产产权制度改革推进，林地、林木交易日益增多，诉讼纠纷亦相应增加。除私益诉讼外，破坏森林资源引发的公益诉讼在生态环境保护案件中占相当比重。2019年以来，全国各级法院审结涉及森林资源的一审案件403989件，其中民事案件268180件。如何服务保障生态文明体制改革措施依法有序推进，充分发挥市场机制在森林资源利用中的重要作用，有效解决森林资源保护中修复方案不够科学、损害赔偿不够全面等问题，成为各级人民法院面临的重要课题。

最高人民法院针对森林资源保护和利用的特点，积极回应环境资源审判实践中对丰富完善相关法律适用规则和保护修复措施的关切，在认真总结各地法院实践经验的基础上，经过反复调研论证和广泛征求意见，制定出台《解释》，指导人民法院树立正确审判理念，统一裁判规则，依法妥善审理森林资源民事纠纷案件。

## 二、《解释》制定的指导思想和原则

《解释》起草制定过程中，坚持以习近平新时代中国特色社会主义思想为指导，深入贯彻习近平生态文明思想和习近平法治思想，紧紧围绕党和国家工作大局，着力完善生态环境法律适用规则体系，依法推动森林资源的科学保护和合理利用。

## （一）完整准确全面贯彻新发展理念，坚持保护和可持续利用森林资源

习近平总书记强调，要保持战略定力，站在人与自然和谐共生的高度来谋划经济社会发展。森林资源的开发利用不仅能带来经济效益，维护林区社会稳定，还有巨大的生态效益。现代林业的基本特征之一是可持续林业，目标是建立不仅能永续生产木材和其他林产品，而且能持久保护生物多样性和改善生态状况的多种效益林业。20世纪90年代以来，"森林可持续经营"理论和多维经营目标成为美国、英国、德国、日本等大多数国家森林立法的基础，并为1992年联合国环境与发展大会通过的《关于森林问题的原则声明》所肯定。我国森林法也经历了木材管理、资源管理、生态保护三个阶段的立法目的转变。司法审判应当找准统筹生态环境保护、经济社会发展和保障民生的平衡点，服务保障经济社会发展全面绿色转型。《解释》第一条明确，人民法院应当依法推动森林资源保护和利用的生态效益、经济效益、社会效益相统一。在不同效益发生冲突时，坚持生态效益优先。

## （二）用最严格制度、最严密法治保护森林生态环境，切实维护国家利益、社会公共利益和人民群众环境权益

坚持人民至上，落实良好生态环境是最普惠民生福祉原则，加大对群众反映强烈的环境问题治理力度，依法保障人民群众在健康、舒适、优美生态环境中生存发展的权利。坚持生态优先，积极适用预防性、恢复性司法措施，灵活运用多种责任承担方式，促进受损生态环境及时有效恢复，推动将经济发展、人类活动控制在生态环境和自然资源可承载限度范围内。坚持系统观念，注重提升生态系统质量和稳定性，以生态功能区、自然保护地、重点流域等为单位，统筹山水林田湖草沙系统治理目标，建立生态环境治理协调联动机制。坚持最严密法治，准确适用刑事、民事、行政等法律责任，综合运用环境公益诉讼、生态环境损害赔偿、环境保护禁止令、环境侵权惩罚性赔偿等制度措施，加大对破坏森林资源违法行为的惩治追责力度，统筹推进生态环境国内法治和涉外法治。

## (三) 落实民法典绿色原则，促进资源节约与生态环境保护

民法典第九条规定"民事主体从事民事活动，应当有利于节约资源、保护生态环境"，将绿色原则作为开展民事活动的基本准则。绿色原则被写入民法典，开世界民事立法之先河，为世界生态文明建设提供了中国方案，具有鲜明的中国特色、实践特色、时代特色。坚持以绿色原则为引领，准确理解与适用民法典绿色条款，是环境资源审判的特色。森林资源作为一种公共产品，具有经济价值和生态价值。权利人享有权利的同时，应当遵循民法典绿色原则和绿色条款，遵守环境保护法、森林法等法律法规关于生态环境保护的规定。森林法以规范促进森林资源可持续利用和发展，维护森林生态安全，推动生态文明建设和现代林业发展为立法目的。司法审判应当充分考量森林资源的生态功能价值，避免简单将其作为普通财产处理，切实维护环境正义和代际公平。

## (四) 尊重自然、尊重历史、尊重习惯，推动森林资源科学合理利用

森林法第一条立法目的关于"实现人与自然和谐共生"和第三条基本原则关于"保护、培育、利用森林资源应当尊重自然、顺应自然"等规定，均充分肯定了尊重自然理念。涉森林资源纠纷案件的处理，在专业事实认定、责任承担方式、修复方案执行等方面，均应符合森林生长发育的自然规律。同时，我国山林权属政策经历了多次变革调整，不同阶段形成的土地证、登记册、林权执照、林权证、新林权证、不动产权证书等山林权属书证，其法律效力、证明作用须结合当时的社会政治、法律、政策背景全面审查和认定。司法审判应当尊重历史、照顾现实，妥善解决相关权益纠纷。此外，森林资源是重要的生产资料和生活资料，在林农看来，某些习惯传统文化意蕴浓厚，经过历史的考验和经验的积累，更切合地方实际并易于接受。人民法院应当依据民法典第十条规定，在不违背法律和公序良俗的前提下，尊重森林资源保护和利用方面的乡规民约、地方习惯，合理适用习惯弥补成文法不足。

## 三、《解释》的主要内容

《解释》共二十三个条文，分为一般规定、林地承包经营、新类型案

件、森林生态环境保护等四个部分法律适用问题，主要内容解析如下。

## （一）强化市场规则统一，明确林地林木交易及纠纷受理规则

《中共中央、国务院关于加快建设全国统一大市场的意见》提出，加快建设高效规范、公平竞争、充分开放的全国统一大市场，营造稳定公平透明可预期的营商环境。由于历史原因，林业政策及实践较为偏重行政管理，许多纠纷长期依赖行政调处，森林资源纠纷往往存在民事、行政法律关系相互交织的情形。《解释》针对实践中的多发性问题予以了明确。

1. 关于民事、行政案件的受理问题

依据民法典第二百三十四条的规定，利害关系人对物权的归属、内容享有物权确认请求权。而依据森林法第二十二条的规定，林木、林地所有权和使用权争议由人民政府依法处理，当事人对人民政府处理决定不服的可以向人民法院起诉。司法实践中，因不能正确认识该两条之间的关系，要求当事人向行政机关反复确权的情形时有发生。依据《最高人民法院关于适用〈中华人民共和国民法典〉物权编的解释（一）》第一条及《国土资源部办公厅关于土地登记发证后提出的争议能否按权属争议处理问题的复函》（国土资厅函〔2007〕60号）等的规定，应当区分林地、林木物权归属或登记基础关系与行政确权、登记行为。行政机关已经对林地、林木所有权或者使用权所作出了确权决定，或者森林资源已经登记发证，当事人在取得权利后的交易过程中产生的林地、林木归属和内容争议，属于发生在平等主体之间的民事纠纷。《解释》第二条以两款从正反两方面分别规定，当事人因作为物权变动原因的民事行为，对林地林木的物权归属、内容产生争议，行使物权确认请求权的，人民法院应当作为民事案件依法受理；当事人因对行政机关作出的林地林木确权、登记行为产生争议，提起民事诉讼的，人民法院要告知其依法通过行政复议、行政诉讼程序解决。此处对受理强调了"依法"的要求，依法不应由人民法院直接受理的案件，或者不应当作为民事案件受理的案件，应告知当事人另寻其他途径解决。

2. 关于未办理相关手续的合同效力问题

林业经营相关手续既包括农村土地承包法规定的批准、登记、备案、审核、审查等，也包括森林法规定的林木采伐许可等。实践中，动辄以森

林资源流转违反相关管理性规定为由否定合同效力，将造成社会资源的极大浪费，不利于流转秩序的规范和交易安全的维护。依据民法典第五百零二条及相关司法解释规定，《解释》第三条明确，当事人以未办理批准、登记、备案、审查、审核等手续为由，主张林地承包、林地承包经营权互换或者转让、林地经营权流转、林木流转、森林资源担保等合同无效的，人民法院不予支持；因此未能取得相关权利的当事人，可通过合同责任方式予以救济。

## （二）保障农村土地三权分置改革，细化林地承包经营规则

《中共中央办公厅、国务院办公厅关于引导农村土地经营权有序流转发展农业适度规模经营的意见》要求，坚持农村土地集体所有权，稳定农户承包权，放活土地经营权。林业生产周期长、投资见效慢、资源可再生。《解释》在民法典、农村土地承包法相关规定基础上，根据林业生产经营特点进行了细化。

1. 关于违反民主议定程序的处理问题

民主议定原则系农村土地承包法规定的土地承包基本原则。该法第十九条、第二十条规定了家庭承包的原则和程序，第五十二条第一款规定了其他方式承包的特殊程序，违反前述强制性规定的合同，应依法认定无效。林地承包期长，可能跨越1988年施行的村民委员会组织法（试行）、1998年施行的村民委员会组织法、2003年施行的农村土地承包法等多个政策、法律变迁时期。不同历史时期签订的承包合同效力如何认定，各地均感棘手。《解释》第五条从鼓励交易角度出发，规定三种情形下可认定承包合同有效。

一是合同订立时，法律、行政法规并无有关民主议定程序的强制性规定的。随着我国法律的不断完善，对民主议定程序的要求渐次严格。合同效力的判定取决于缔约当时的法律、行政法规是否有关于民主议定程序的强制性规定。

二是合同订立未经民主议定程序讨论决定，或者民主议定程序存在瑕疵，但一审法庭辩论终结前已经依法补正的。发包系由村民委员会讨论通过并签字认可，或者虽然召开了村民会议但决议存在代签名、未签名情形等，在农村较为普遍。前述程序瑕疵如能及时补正，应尽可能维护合同

效力。

三是承包方对村民会议或者村民代表会议决议进行了合理审查，不知道且不应当知道决议系伪造、变造，并已经对林地大量投入的。依据民法典第五百零四条规定，表见代表行为对善意相对人有效。实践中，存在村委会或相关负责人伪造、变造村民会议或者村民代表会议决议等情形，如果善意承包方已经对决议进行了合理审查，应认为其已尽审慎注意义务。农村为熟人社会，在善意承包方长期大量投入和使用林地而无人异议的情况下，应当对善意相对人的合法权益予以保护。

2. 关于重复处分林地经营权的确权顺位问题

当事人就同一集体林地订立多重经营权流转合同，在合同均为有效的情况下，需要根据物权冲突的处理规则判定林地经营权的归属，而未能取得物权的一方则通过违约责任方式进行救济。《解释》第七条规定了确定林地经营权归属的三种情形。

一是一方已经依法登记情形下，根据物权登记的公示公信原则及农村土地承包法第四十一条关于未经登记的林地经营权不得对抗善意第三人的规定，此时由已经登记的一方取得林地经营权。

二是均未依法登记的，将占有使用作为确权的第二顺位考虑因素。该占有应系在争议发生前的合法占有，且已经实际做了大量投入，争议发生后强行先占林地的不得作为确权依据。理由在于：第一，在一方已经合法占有使用林地的情形下，鉴于该方交易有一定公示外观，由实际履行的一方继续履行林地流转合同可以避免资源浪费，符合民法典绿色原则。第二，林业经营具有其特殊性，林木成材时间往往较长，为避免善意交易相对人长期大量投入后，承包方与他人串通倒签合同争夺相关利益，需要一定公示外观对善意交易人予以保护。"大量投入"的认定应以能否形成交易外观为标准，根据个案情况予以评判。第三，依据民法典第三百一十一条规定，转让的不动产依照法律规定不需要登记的，已经交付且符合其他善意取得要件的受让人可主张善意取得。可见，对林地经营权这类不要求强制登记的权利，法律更为强调交付要件。

三是均未登记或交付的，因林地经营权流转采意思主义，依据农村土地承包法第四十一条、第五十三条规定，由合同生效在先的一方取得林地经营权。

3. 关于合同终止时地上林木的处理问题

根据森林法第二十条确立的"谁造谁有"规则，植树造林为林木所有权的原始取得方式之一。但林木附着于土地之上，林地承包合同、林地经营权流转合同终止时，地上林木如何处理，实践中争议较大。林木生产周期长，承包期、经营期届满或合同解除时，林木未到主伐期或者未办理采伐许可证的，不允许砍伐。此时承包方、经营方通常不能将林地恢复到经营之前的状态，其应得收益还附着于林地上，无法彻底清走。借鉴《最高人民法院关于审理涉及农村土地承包纠纷案件适用法律问题的解释》第十六条第一款的规定，并参考相关域外立法，《解释》第十三条规定合同终止时地上林木按以下规则处理。

一是依照当事人的约定处理，此为首选方式。但该约定违反公益林保护等法律、行政法规的强制性规定，依据民法典第一百五十三条的规定应当认定无效的除外。

二是没有约定或者约定不明，发包方、承包方、经营方事后协商一致延长合同期限至轮伐期或者其他合理期限届满的，可以请求在延长的合同期限内，由继续使用林地的承包方、经营方承担合理林地使用费。

三是没有约定或者约定不明，且各方未能协商一致，发包方、承包方不同意延长合同期限的，承包方、经营方有权请求对其种植的地上林木价值进行合理补偿。

(三) 落实生态区位保护要求，明确公益林经营利用规则

森林法第四十七条根据生态保护需要，将林地和林地上的森林划分为公益林和商品林。该法 2019 年修订前，各地对公益林能否开发利用及相关经营合同的效力等问题争议较大，实践中操作不一。《中共中央、国务院关于全面推进集体林权制度改革的意见》明确，对商品林，农民可依法自主决定经营方向和经营模式，生产的木材自主销售；对公益林，在不破坏生态功能的前提下，可依法合理利用林地资源，开发林下种养业，利用森林景观发展森林旅游业等。水土保持法及《森林法实施条例》《自然保护区条例》《风景名胜区条例》《国家级公益林管理办法》等就公益林利用设定了诸多限制。2019 年修订后的森林法第四十九条第三款对合理利用公益林林地资源和森林景观资源，适度开展林下经济、森林旅游等予以肯

定,但设定了科学论证、合理利用等前提条件,同时要求严格遵守国家有关规定。《解释》第十四条据此明确,对于当事人订立的公益林经营合同,人民法院应当进行特别审查,确保符合公益林生态区位保护要求和不影响公益林生态功能,当事人仅以涉公益林为由主张经营合同无效的,人民法院不予支持。鼓励在经科学论证及严格遵守国家有关规定前提下,合理利用公益林林地资源和森林景观资源。

### (四)服务碳达峰、碳中和目标实现,规范林业碳汇交易规则

《中共中央办公厅、国务院办公厅关于建立健全生态产品价值实现机制的意见》要求,健全碳排放权交易机制,探索碳汇权益交易试点。森林是陆地生态系统中最大的碳库,我国已将林业碳汇作为国家核证自愿减排量项目纳入碳排放权交易体系。规范林业碳汇交易规则,鼓励各行各业和社会公众采取多种方式参与温室气体自愿减排交易,对于促进林业生态产品市场化,巩固提升森林生态系统碳汇能力,将"绿水青山"转变成"金山银山",具有积极意义。

1. 关于林业碳汇担保问题

林业碳汇,根据《联合国气候变化框架公约》及《京都议定书》的界定,是指利用森林的储碳功能,通过实施造林、再造林和加强森林经营管理、减少毁林、保护和恢复森林植被等活动,吸收和固定大气中的二氧化碳,并按照相关规则与碳汇交易相结合的过程、活动或机制。林业碳汇是一种以森林为载体的自然资源,是森林资源提供的生态服务产品,客观上附着于森林资源并与整个大气环境容量融为一体。林业碳汇权益是一种新型的森林资源财产权益,通说认为其性质为准物权,主体具多重性,客体为碳减排量,通过"碳信用"进行交易。

林业碳汇担保属于银行发展绿色信贷和碳金融趋势要求下的金融创新,实践中有收益权质押(以项目未来售碳收入作为质押担保)、应收账款质押(将其视为未来应收账款设立质押)、动产抵押(碳资产抵押)等不同做法。《解释》第十六条对以林业碳汇为客体的担保物权保护进行了原则性规定,鼓励实践探索,明确人民法院在坚持物权法定原则基础上,依法保护担保物权人的优先受偿权。

## 2. 关于认购林业碳汇的替代责任方式

《国务院办公厅关于完善集体林权制度的意见》明确，鼓励林业碳汇项目产生的减排量参与温室气体自愿减排交易，促进碳汇进入碳交易市场。司法实践中，多地均已出现侵权人通过自愿认购林业碳汇方式替代履行森林生态环境损害赔偿责任的案例，但存在交易机构非统一、公开市场，所购碳汇未经核证，交易完成后有再次对外转让变现风险等问题。《解释》第二十条依据国家发展改革委《温室气体自愿减排交易管理暂行办法》及生态环境部《碳排放权交易管理办法（试行）》等相关规定，在征求七个碳排放权交易试点地区高级人民法院及碳排放权交易机构意见的基础上，对通过认购林业碳汇方式替代履行生态环境损害责任进行了原则性规定，明确了三个规则。

一是当事人请求认购林业碳汇的，应当认购经核证的林业碳汇，确保交易的自愿减排项目及减排量经过了授权机构的核证，是统一市场中的规范碳汇。

二是人民法院适用该替代履行方式时，应当综合考虑各方当事人意见、各种责任方式的合理性等因素，包括当事人购买意愿、受损环境要素、侵权行为类型、损害后果及修复情况等具体案情。

三是强调"依法"要求，林业碳汇等新型权益的交易相关规则尚在构建当中，人民法院适用认购林业碳汇的替代责任方式时，应当依法妥善处理。

### （五）总结审判实践经验，丰富森林生态环境损害责任规则

《中共中央办公厅、国务院办公厅关于统筹推进自然资源资产产权制度改革的指导意见》要求，落实和完善生态环境损害赔偿制度，由责任人承担修复或赔偿责任。近年来，人民法院依法审理环境资源案件，不断完善审判体制机制，着力提升环境司法能力，探索积累了具有中国特色的生态环境司法保护经验。习近平总书记在2021年5月致世界环境司法大会的贺信中，充分肯定中国环境司法改革创新的有益经验。《解释》在充分总结吸收实践经验基础上，结合森林资源保护修复特点，将部分审判执行创新通过司法解释的形式予以固定。

1. 关于森林生态环境损害的修复问题

(1) 修复方式和修复费用。生态环境和资源保护诉讼以恢复生态环境功能为核心目标。民法典第一千二百三十四条规定，违反国家规定造成生态环境损害，生态环境能够修复的，侵权人应当承担生态环境修复责任。森林法第七十四条、第七十六条、第八十一条亦规定了补种树木及其代履行方式。各地法院在审判、执行中，对补植复绿责任方式进行了积极探索。此外，还可以采取恢复林地土壤性状、投放相应生物种群等合理方式，恢复森林生态环境。《解释》第十七条第一款明确，人民法院可以判令侵权人在合理期限内，以补种树木、恢复植被、恢复林地土壤性状、投放相应生物种群等方式承担修复责任。该条第二款依据《最高人民法院关于审理环境侵权责任纠纷案件适用法律若干问题的解释》第十四条等相关司法解释规定，明确人民法院可以同时确定侵权人不履行修复义务时应承担的生态环境修复费用。该费用由执行法院用于委托他人代履行。

(2) 修复义务的具体要求。林木生长遵循自然规律。森林法第四十六条明确，应当采取以自然恢复为主、自然恢复和人工修复相结合的措施，科学保护修复森林生态系统。实践中，存在因生效裁判确定的森林生态环境修复义务不科学、不明确，造成履行、执行困难等问题。如盲目要求侵权人在非宜林地区、非宜林时节、种植不适宜当地的树种等，不仅难以达到生态修复效果，更易造成资源浪费。在司法鉴定费用较高，并非每个案件均能够进行鉴定的情况下，《解释》第十八条规定，确定修复方案时可以参考林业主管部门、林业调查规划设计单位、相关科研机构和人员出具的专业意见，确保修复方案的科学性和可操作性。经科学论证，人民法院可以在判项中明确履行修复义务的树种、树龄、地点、数量、存活率及完成时间等具体要求，并可附详细修复方案。同时，修复方案的确定绝不仅仅是简单地补植树木，而是森林生态功能的恢复，对于修复效果应当组织有关部门验收，验收不合格的应当继续修复。对于补植的树种，可以根据当地实际情况予以选择，兼顾经济效益和社会效益。

(3) 修复保证金。毁林开荒、非法占用林地、非法猎捕或杀害野生动物等破坏森林生态环境的行为，往往涉及民事责任、行政责任甚至刑事责任。许多侵权人愿意交纳一定数量的保证金作为履行森林生态环境修复义务的担保。这种保证金实质为一种保全措施，有利于确保补植复绿等修复责任得到落实,保障生态环境及时有效恢复。人民法院通过统筹刑事责任、民事责任和行政责任,将侵权人对承担森林生态修复责任的态度和交纳保证金等行为作为其具有悔过表现的认定依据,在处罚、量刑时予以考虑,引导侵权人从生态环境的"破坏者"转变为"修复者",充分发挥环境资源审判的惩罚教育和示范引领功能。《解释》第二十二条明确,侵权人不履行修复义务时,人民法院可以将其交纳的保证金用于支付森林生态环境修复费用。

2. 关于森林生态环境损害的赔偿问题

(1)赔偿金额的确定。中共中央办公厅、国务院办公厅印发的《生态环境损害赔偿制度改革方案》明确,生态环境损害是指因污染环境、破坏生态造成大气、地表水、地下水、土壤、森林等环境要素和植物、动物、微生物等生物要素的不利改变,以及上述要素构成的生态系统功能退化。中共中央办公厅、国务院办公厅印发的《关于统筹推进自然资源资产产权制度改革的指导意见》提出,要强化自然资源资产损害赔偿责任,全面落实公益诉讼和生态环境损害赔偿诉讼等法律制度,构建自然资源资产产权民事、行政、刑事案件协同审判机制。

森林资源除经济价值之外,还具有重要的生态功能和价值,对这些功能的损害通常具有不可逆转的特点。由于审判理念未能及时更新以及生态价值鉴定难、鉴定贵等原因,一些法院在认定森林生态环境损害时,仅关注其经济价值,忽略了生态价值。而只有全面赔偿对自然资源造成的损害,才能真正落实环境保护法确立的损害担责原则,切实提高破坏森林资源的侵权行为成本。

依据民法典第一千二百三十五条规定,生态环境侵权行为造成的森林资源生态价值损失包括期间服务功能丧失导致的损失、永久性功能损害造成的损失等。《解释》第十九条明确,人民法院确定侵权人承担的森林生态环境损害赔偿金额,应当综合考虑受损森林资源在调节气候、固碳增汇、保护生物多样性、涵养水源、保持水土、防风固沙等方面的生态环境服务功能,予以合理认定。人民法院在司法鉴定、评估中,应当注意引导鉴定机构、专家充分考虑森林的生态价值和功能,依法查明生态环境损害结果。

(2)劳务代偿。环境资源案件中,因许多侵权人不具备经济赔偿能力,或者生态环境损害赔偿、惩罚性赔偿金额较高,各地法院探索出巡山、护林、护鸟等劳务代偿的创新裁判、执行方式。劳务代偿免除了侵权人过重的经济赔偿负担,通过身体力行、现身说法的方式,使侵权人改过自新,也使当地居民、环境受益。《解释》第二十一条对此予以肯定。人民法院在案件审理中,经综合考虑侵权人的代偿意愿、经济能力、劳动能力、赔偿金额、当地相应工资标准等因素,决定采用劳务代偿方式的,可以在判决中合理确定劳务代偿方案。如审理中不能确定的,也可以在执行中根据案件具体情况予以适用。

习近平总书记在参加2022年首都义务植树活动时指出,森林是水库、钱库、粮库、碳库。人民法院将认真贯彻落实习近平生态文明思想、习近平法治思想,以《解释》的出台为契机,完整准确全面贯彻新发展理念,不断强化守护绿水青山的职责使命,统筹推进森林、草原、河湖、湿地等自然生态协同保护治理,巩固增强生态系统碳汇能力,为努力建设人与自然和谐共生的美丽中国、共建清洁美丽世界作出更大贡献,以实际行动迎接党的二十大胜利召开!

# 最高人民法院关于办理人身安全保护令案件适用法律若干问题的规定

法释〔2022〕17号

（2022年6月7日最高人民法院审判委员会第1870次会议通过
2022年7月14日最高人民法院公告公布
自2022年8月1日起施行）

为正确办理人身安全保护令案件，及时保护家庭暴力受害人的合法权益，根据《中华人民共和国民法典》《中华人民共和国反家庭暴力法》《中华人民共和国民事诉讼法》等相关法律规定，结合审判实践，制定本规定。

**第一条** 当事人因遭受家庭暴力或者面临家庭暴力的现实危险，依照反家庭暴力法向人民法院申请人身安全保护令的，人民法院应当受理。

向人民法院申请人身安全保护令，不以提起离婚等民事诉讼为条件。

**第二条** 当事人因年老、残疾、重病等原因无法申请人身安全保护令，其近亲属、公安机关、民政部门、妇女联合会、居民委员会、村民委员会、残疾人联合会、依法设立的老年人组织、救助管理机构等，根据当事人意愿，依照反家庭暴力法第二十三条规定代为申请的，人民法院应当依法受理。

**第三条** 家庭成员之间以冻饿或者经常性侮辱、诽谤、威胁、跟踪、骚扰等方式实施的身体或者精神侵害行为，应当认定为反家庭暴力法第二条规定的"家庭暴力"。

**第四条** 反家庭暴力法第三十七条规定的"家庭成员以外共同生活的

人"一般包括共同生活的儿媳、女婿、公婆、岳父母以及其他有监护、扶养、寄养等关系的人。

**第五条** 当事人及其代理人对因客观原因不能自行收集的证据,申请人民法院调查收集,符合《最高人民法院关于适用〈中华人民共和国民事诉讼法〉的解释》第九十四条第一款规定情形的,人民法院应当调查收集。

人民法院经审查,认为办理案件需要的证据符合《最高人民法院关于适用〈中华人民共和国民事诉讼法〉的解释》第九十六条规定的,应当调查收集。

**第六条** 人身安全保护令案件中,人民法院根据相关证据,认为申请人遭受家庭暴力或者面临家庭暴力现实危险的事实存在较大可能性的,可以依法作出人身安全保护令。

前款所称"相关证据"包括:

(一)当事人的陈述;

(二)公安机关出具的家庭暴力告诫书、行政处罚决定书;

(三)公安机关的出警记录、讯问笔录、询问笔录、接警记录、报警回执等;

(四)被申请人曾出具的悔过书或者保证书等;

(五)记录家庭暴力发生或者解决过程等的视听资料;

(六)被申请人与申请人或者其近亲属之间的电话录音、短信、即时通讯信息、电子邮件等;

(七)医疗机构的诊疗记录;

(八)申请人或者被申请人所在单位、民政部门、居民委员会、村民委员会、妇女联合会、残疾人联合会、未成年人保护组织、依法设立的老年人组织、救助管理机构、反家暴社会公益机构等单位收到投诉、反映或者求助的记录;

(九)未成年子女提供的与其年龄、智力相适应的证言或者亲友、邻居等其他证人证言;

(十)伤情鉴定意见;

(十一)其他能够证明申请人遭受家庭暴力或者面临家庭暴力现实危险的证据。

**第七条** 人民法院可以通过在线诉讼平台、电话、短信、即时通讯工具、电子邮件等简便方式询问被申请人。被申请人未发表意见的,不影响人民法院依法作出人身安全保护令。

**第八条** 被申请人认可存在家庭暴力行为,但辩称申请人有过错的,不影响人民法院依法作出人身安全保护令。

**第九条** 离婚等案件中,当事人仅以人民法院曾作出人身安全保护令为由,主张存在家庭暴力事实的,人民法院应当根据《最高人民法院关于适用〈中华人民共和国民事诉讼法〉的解释》第一百零八条的规定,综合认定是否存在该事实。

**第十条** 反家庭暴力法第二十九条第四项规定的"保护申请人人身安全的其他措施"可以包括下列措施:

(一)禁止被申请人以电话、短信、即时通讯工具、电子邮件等方式侮辱、诽谤、威胁申请人及其相关近亲属;

(二)禁止被申请人在申请人及其相关近亲属的住所、学校、工作单位等经常出入场所的一定范围内从事可能影响申请人及其相关近亲属正常生活、学习、工作的活动。

**第十一条** 离婚案件中,判决不准离婚或者调解和好后,被申请人违反人身安全保护令实施家庭暴力的,可以认定为民事诉讼法第一百二十七条第七项规定的"新情况、新理由"。

**第十二条** 被申请人违反人身安全保护令,符合《中华人民共和国刑法》第三百一十三条规定的,以拒不执行判决、裁定罪定罪处罚;同时构成其他犯罪的,依照刑法有关规定处理。

**第十三条** 本规定自 2022 年 8 月 1 日起施行。

# 《最高人民法院关于办理人身安全保护令案件适用法律若干问题的规定》的理解与适用

郑学林　吴景丽　王　丹[*]

家庭是社会的基本细胞。家庭和谐稳定是国家发展、社会进步、民族繁荣的基石。党的十八大以来，以习近平同志为核心的党中央对家庭文明建设作出重要部署。习近平总书记深刻指出："家庭和睦则社会安定，家庭幸福则社会祥和，家庭文明则社会文明。"为深入贯彻落实习近平总书记关于注重家庭家教家风建设的重要论述精神，贯彻落实民法典关于"树立优良家风，弘扬家庭美德，重视家庭文明建设"和"禁止家庭暴力"的规定，最高人民法院制定了《最高人民法院关于办理人身安全保护令案件适用法律若干问题的规定》（以下简称《规定》）。现就其制定背景和相关重要问题介绍如下。

## 一、《规定》制定的背景

2016年实施的反家庭暴力法表明了国家禁止任何形式家庭暴力的鲜明态度。其中，人身安全保护令是反家庭暴力法创设的重要制度，也是该法的核心内容。反家庭暴力法第二十三条规定，当事人因遭受家庭暴力或者面临家庭暴力的现实危险，向人民法院申请人身安全保护令的，人民法院应当受理。反家庭暴力法实施六年来，各级人民法院积极履职尽责，所作出的人身安全保护令数量逐年上升。据统计，截至2021年12月31日，全国人民法院共作出人身安全保护令10917份，有效预防和制止了家庭暴力的发生或者再次发生，依法保护了家庭暴力受害人的人身安全和人格尊

---

[*] 作者单位：最高人民法院民事审判第一庭。

严。但是，近年来，人身安全保护令在作出和执行等环节还存在一定问题，而且逐渐凸显。为此，2021 年，最高人民法院就人身安全保护令制度实施问题开展专题调研，主要开展了以下四项工作：一是对人身安全保护令典型案例进行逐个分析，了解家庭暴力的集中发生领域，总结经验；二是在全国范围内进行书面调研；三是对各地有关人身安全保护令的司法文件进行全面、系统的梳理和比较，归纳共性规则；四是邀请全国妇联、中国女法官协会共同开展实地调研。调研中尤其听取了妇联、公安、民政等相关部门意见。在广泛充分调研基础上，2022 年 3 月，最高人民法院会同公安部、全国妇联等六部委共同发布了《关于加强人身安全保护令制度贯彻实施的意见》，对家庭暴力的发现机制、证据收集机制以及执行联动机制等作了进一步细化和完善。为统一法律适用标准，明晰裁判规则，最高人民法院制定了《规定》，经征求全国人大常委会法工委、最高人民检察院、公安部、司法部、民政部、全国妇联、国务院妇儿工委以及各高级人民法院的意见后，由最高人民法院审判委员会第 1870 次会议通过，于 2022 年 8 月 1 日起施行。

## 二、《规定》制定的原则

### （一）合法性原则

坚持在现有法律制度框架内，遵循法律规定本意，确定审判实践中的具体法律适用问题。尽管司法实践中关于扩大人身安全保护令适用范围的呼声很高，但为不突破现有的法律框架，依然未将前夫、前妻或者解除同居关系的人员纳入人身安全保护令的适用范围。

### （二）注重保护家暴受害人原则

从调研了解的情况看，目前，人身安全保护令制度实施过程中的一个瓶颈问题是证明标准不明确，签发率偏低。《规定》不仅列举了各种证据形式，给予家庭暴力受害人以明确的举证指引，同时，明确了申请人身安全保护令的证明标准为"较大可能性"，而不是"高度可能性"，从而依法减轻家庭暴力受害人的举证负担。

### (三) 可操作性原则

《规定》以问题为导向，紧贴审判实践中的热点、难点问题，不务虚，不贪大求全，切实为审判实践提供裁判依据。对于争议比较大而司法实践中又较少出现的问题未作规定。

## 三、《规定》中的几个主要问题

《规定》共十三条，以体现人身安全保护令的预防功能为出发点，着力扫清该类案件在受理和作出程序中的各种障碍，突出对家庭暴力受害人权益保护的时效性，明确规则。主要包括以下几个方面的问题。

### (一) 关于人身安全保护令案件的程序独立性问题

《规定》第一条第二款规定："向人民法院申请人身安全保护令，不以提起离婚等民事诉讼为条件。"通过该规定，明确了向人民法院申请人身安全保护令不需要在先提起离婚诉讼或者其他诉讼，也不需要在申请人身安全保护令后一定期限内提起离婚等诉讼。这主要是考虑人身安全保护令的制度目的是预防和制止家庭暴力，而与是否离婚无关。实践中，不少受害人也只是单纯希望制止家庭暴力行为，并不想解除婚姻关系。

此外，人身安全保护令与诉讼保全也不同，不以后续提起离婚等诉讼为必要。从程序法的角度看，人身安全保护令的申请、审查、执行等均具有高度的独立性，完全可以不依托于家事诉讼而独立存在。这符合人身安全保护令快速、及时制止家庭暴力的基本特征和制度目的。2016年公布的《最高人民法院关于人身安全保护令案件相关程序问题的批复》确定人身安全保护令案件比照民事诉讼法上的特别程序审理，强调了该类案件办理程序的简捷性和经济性，实际上也暗含了人身安全保护令无须依附于其他民事诉讼程序的独立性。

《规定》第一条进一步确认了人身安全保护令案件的独立性，明确人身安全保护令案件不依附于离婚等民事诉讼程序。

### (二) 家庭暴力的行为种类

反家庭暴力法第二条规定："本法所称家庭暴力，是指家庭成员之间以殴打、捆绑、残害、限制人身自由以及经常性谩骂、恐吓等方式实施的身体、精神等侵害行为。"该条列举了家庭暴力的常见形式,但实践中,除了上述列举的形式外,还存在其他可以归为家庭暴力范畴的行为,需要明确。

《规定》第三条对家庭暴力行为种类作了列举式扩充,明确冻饿以及经常性侮辱、诽谤、威胁、跟踪、骚扰等均属于家庭暴力,从而进一步明晰了人身安全保护令的适用范围,保障家庭成员免受各种形式家庭暴力的侵害。

需要特别说明的是,从现有理论研究成果和国外立法例看,将性暴力和经济控制纳入家庭暴力范畴并无大的争议。《规定》没有明确列举该两种情形,主要考虑是:第一,对于性暴力,一方面可能涉及目前争议较大的婚内强奸问题,另一方面,基于该类行为发生的时空领域的特殊性,证据收集、留存困难,导致事实认定上也存在一定难度,需要审判实践进一步总结经验;第二,对于经济控制,反家庭暴力法对家庭暴力的界定,主要是以身体和精神暴力为主。从司法实践看,因经济控制原因提出人身安全保护令的案件数量较小,目前的样本数量无法为制定规则提供实践支撑。司法实践中,对于上述两种形式,各地法院可以根据案件实际情况进行探索,积累实践经验,待条件成熟的时候再作进一步明确。

## (三)关于代为申请的问题

反家庭暴力法第二十三条第二款规定:"当事人是无民事行为能力人、限制民事行为能力人,或者因受到强制、威吓等原因无法申请人身安全保护令的,其近亲属、公安机关、妇女联合会、居民委员会、村民委员会、救助管理机构可以代为申请。"实践中,除了受到强制、威吓外,还存在因年老、残疾、重病等原因致使受害人不敢或者不能亲自申请的情况。为最大限度保障该类特殊困难群体能够依法及时获得人身安全保护令制度的救济,《规定》第二条在反家庭暴力法基础上进行了适当扩充,将年老、残疾、重病等情况纳入代为申请情形。

但考虑到该类人员生活保障仍需要以家庭为基础,而且,其并非因民事行为能力欠缺而导致意思表示受限,仅仅是因身体状况等现实原因,是否申请人身安全保护令也需要充分尊重其自身意愿,因此,《规定》在扩大代为申请情形时增加了一个限制条件,即"根据其意愿"。

同时,对于代为申请的主体,《规定》结合审判实践,在征求有关部门意见的基础上,根据部门职责分工,增加了民政部门、残疾人联合会、依法设立的老年人组织等,以充分调动全社会力量,进一步织牢织密对该类人员的保护网,合力保障其人身健康和生命安全。本条在征求意见过程中,有部门建议增加学校、幼儿园、医疗机构以及未成年人保护机构、儿童福利机构作为代为申请的主体。

我们经研究认为,学校、幼儿园、医疗机构在工作过程中较容易发现家庭暴力,故法律已经赋予其强制报告的义务,代为申请人身安全保护令与其基本职责关系较远,且在实践中不好操作,故未作出明确规定。未成年人属于无民事行为能力人或者限制民事行为能力人,考虑到反家庭暴力法对无民事行为能力人或者限制民事行为能力人代为申请的情形已经有明确规定,因此,司法解释没有重复规定。

在没有规定未成年人的情况下,《规定》相应地也没有增加未成年人保护机构和儿童福利机构作为代为申请的主体。实践中,如果家暴受害人是未成年人,未成年人保护机构或者儿童福利机构代为申请的,法院可以受理。

### (四) 关于证据形式及证明标准问题

反家庭暴力法第二十条规定:"人民法院审理涉及家庭暴力的案件,可以根据公安机关出警记录、告诫书、伤情鉴定意见等证据,认定家庭暴力事实。"但是,实践中,家庭暴力行为具有封闭性、隐秘性等特点。而且,与一般民事侵权案件不同,受害人往往处于弱势地位,不敢或缺乏收集证据的意识,未及时采取报警、验伤、拍照、住院治疗等方式固定、收集证据。有些家庭暴力发生时,当事人虽第一时间报警,但公安机关仅将其作为一般家事纠纷,只进行口头处理,不记录现场状况,不对加害人做询问笔录,甚至也不给受害人做询问笔录,未留存证据或者虽留存有证据但不允许当事人自己查看。

此外,经常性谩骂、恐吓等精神侵害行为更是难以留存证据,实践中往往只有当事人陈述。上述原因常导致家庭暴力受害人的申请因证据不足而被驳回,限制了人身安全保护令作用的发挥。法院还可以根据哪些证据作出人身安全保护令,是审判实践中亟待明确的问题。

我们经研究认为,根据民事诉讼法第六十六条的规定,证据形式包括当事人的陈述、书证、物证、视听资料、电子数据、证人证言、鉴定意见、勘验笔录等。具体到申请人身安全保护令案件中的证据，根据家庭暴力发生特点，总结审判实践经验，《规定》细化列举了十种证据形式，比较常见的如当事人的陈述（包括申请人的陈述和被申请人的陈述）、被申请人曾出具的悔过书或者保证书、双方之间的电话录音、短信，医疗机构的诊疗记录，妇联组织等收到反映或者求助的记录，公安机关的出警记录、讯问笔录、询问笔录、接警记录、报警回执等。

这不仅能够明确指导审判实践，也为家庭暴力受害人留存、收集证据提供了清晰的行为指引。法院在审查申请人身安全保护令案件中，可以综合上述证据的一种或者几种对家庭暴力事实进行认定。

人身安全保护令案件中，对家庭暴力事实的证明标准把握不准，是制约签发率的重要原因。当事人为证明自己的请求或者申请能够成立，应当提供相应的证据予以证明，这一点并无异议，问题是当事人提供的证据达到何种证明程度，法院即可作出人身安全保护令，实践中采用的标准并不一致。

不论大陆法系国家和地区，还是英美法系国家和地区，对于证明标准均作层次性的多元化区分，如德国，证明标准被确定为三级：第一级为原则性证明标准，要求法官对真相形成全面心证，达到很高的盖然性，适用于通常的实体事实的证明；第二级为降低的证明标准，要求达到令人相信的程度，相当于英美法系国家和地区盖然性占优的标准，适用于程序性事实的证明；第三级为提高的证明标准，要求达到显而易见的程度，适用于如显失公平的证明等特殊场合。人身安全保护令案件的证明标准，要根据人身安全保护令的性质、功能等作出合理认定。从内容上看，人身安全保护令可以包括禁止实施家庭暴力，禁止骚扰、跟踪、接触以及责令迁出居所等措施，主要是对被申请人行为的控制，类似于行为保全，因此，严格来说，人身安全保护令案件并不是独立的诉讼案件。从程序上看，根据反家庭暴力法第二十八条规定："人民法院受理申请后，应当在七十二小时内作出人身安全保护令或者驳回申请；情况紧急的，应当在二十四小时内作出。"可见，人身安全保护令的作用是快捷、高效地制止已经发生或者可能发生的家庭暴力行为，更多的是追求效率，而不是通过判断是非确定民事责任承担。

人身安全保护令不对申请人与被申请人的权利和义务作出终局性的判断，不对当事人的亲属关系、财产分配、子女监护权探望权等人身财产关系作出终局决定,也不是对被申请人的惩罚措施。人身安全保护令的目的是制止正在发生的家庭暴力,给受害人提供一道"隔离墙",故应当与民事案件实体事实的证明标准有所区分。

2019年修正后的《最高人民法院关于民事诉讼证据的若干规定》第八十六条第二款对于降低证明标准的情形作了规定,"降低证明标准的情形主要针对民事诉讼程序中的程序性事项,从保障当事人诉讼权利、推进诉讼程序出发,对于程序性事项降低证明标准,符合审判实际的需要。"

参照上述规定精神,《规定》根据人身安全保护令非诉程序特点,明确签发人身安全保护令的证明标准是"较大可能性",而不需要达到"高度可能性",从而减轻了当事人的举证负担,有助于充分发挥人身安全保护令的作用。

同时,《规定》还进一步重申了人民法院依职权调查取证的规定。这些规定完善了人身安全保护令案件的证据规则体系,进一步消除了家庭暴力受害人的举证困难,为保护家庭暴力受害人合法权益提供了更加坚强有力的制度支撑,从而保障人民群众更安全更有尊严地生活。

## (五)人身安全保护令适用的人员范围

反家庭暴力法第三十七条规定:"家庭成员以外共同生活的人之间实施的暴力行为,参照本法规定执行。"民法典实施之前,对于家庭成员的范围,没有明确的法律规定。民法典第一千零四十五条对家庭成员进行了界定。该条规定,亲属包括配偶、血亲和姻亲。配偶、父母、子女、兄弟姐妹、祖父母、外祖父母、孙子女、外孙子女为近亲属。配偶、父母、子女和其他共同生活的近亲属为家庭成员。也即,配偶、父母、子女以及共同生活的兄弟姐妹、祖父母、外祖父母、孙子女、外孙子女为家庭成员。

但是"家庭成员以外共同生活的人"都包括哪些,实践中存在一定的模糊认识。现实生活中比较常见的共同生活的人主要是儿媳、女婿、公婆、岳父母,也包括其他一些因监护、扶养、寄养等关系共同生活的人。这类人员与家庭成员一样,具有相似的生活紧密度和情感连接性,因为共同生活的事实,参照适用反家庭暴力法,争议不大,《规定》对此进行了明确。

需要特别说明的是,离婚后或恋爱、同居关系终止后的暴力行为,能否参照适用反家庭暴力法,对此实践中最具争议。该类情况在现实生活中并不鲜见，甚至由此产生极端恶性事件，引起舆论广泛关注。从调研了解的情况看，很多地方法院倾向于将该种暴力行为纳入参照适用范围，依当事人申请作出了人身安全保护令。

对此，我们也进行了深入研究。从反家庭暴力法的规定看，人身安全保护令适用的情形是家庭成员，家庭成员以外共同生活的人可以参照适用。而离婚后或恋爱、同居关系终止后的人员既不属于家庭成员，也未共同生活，因此，不适宜通过司法解释的方式将其纳入人身安全保护令的适用范围。目前，正在修改的妇女权益保障法征求意见稿规定，该类人员可以参照反家庭暴力法规定申请人身安全保护令。如果最终法律保留该条规定，则该类人员参照适用反家庭暴力法规定向法院申请人身安全保护令就有了明确的法律依据。在现行法律没有明确规定的情况下，该类人员之间发生的暴力行为可以通过民法典第九百九十七条规定的人格权禁令予以解决。民法典第九百九十七条规定，民事主体有证据证明行为人正在实施或者即将实施侵害其人格权的违法行为，不及时制止将使其合法权益受到难以弥补的损害的，有权依法向法院申请采取责令行为人停止有关行为的措施。

人身安全保护令是人格权行为禁令针对家庭暴力行为的具体化特殊化适用，是为有效保护受害人的生命权、身体权、健康权等人格权，由法院依法责令行为人停止家庭暴力侵害行为的一种命令制度。虽然从法律施行时间看，规定人身安全保护令的反家庭暴力法先于规定人格权禁令的民法典，但从两者内在逻辑关系看，人格权行为禁令与人身安全保护令属于一般与特殊的关系。人格权行为禁令是一般化普遍化适用于保护所有人格权主体免于所有人格权侵害的制度，具有适用主体、适用客体上的一般性，而原本规定在先的人身安全保护令反而成了人格权禁令的一种特殊适用程序。家庭暴力虽然广义上也属于人格权侵权范畴，但人身安全保护令属于特别法规定，在反家庭暴力法明确规定的人员范围内，应优先适用。但对于该范围以外人员之间实施的暴力行为，则应当适用民法典第九百九十七条的规定。

《规定》之所以没有就该部分人员申请人格权禁令作出指引性规定，主要考虑是，如果最终通过的妇女权益保障法能够保留征求意见稿的相关规定，则该类人员可以直接根据妇女权益保障法，参照适用反家庭暴力法规定，向法院申请人身安全保护令，而不需要再适用人格权禁令制度。

### (六)被申请人辩称受害人有过错如何处理的问题

实践中,被申请人对自己实施的家庭暴力行为往往提出各种辩解,以对方"有错在先"为由为自己的行为寻找借口,借机通过暴力的方式控制对方,是比较常见的情形之一,甚至有些法官在决定是否作出人身安全保护令时也会考虑对方过错情况。

为纠正上述对家庭暴力的错误认识,着重体现对家庭暴力"零容忍"的态度和原则,《规定》第八条明确规定,被申请人认可存在家庭暴力行为,但辩称受害人有过错的,法院应当依法作出人身安全保护令。该条规定明确了这样一个观念,即任何理由都不是实施家庭暴力的借口。家庭暴力是违法行为,甚至有可能构成犯罪,要坚决予以制止和打击。那种认为家庭暴力情有可原的想法是完全错误的。实践中,受害人可能存在虐待老人或出轨等过错行为,但民法典等法律已对相应情形作出了规定,比如,根据民法典第一千零八十七条规定,离婚时夫妻共同财产分割在双方协议不成时要考虑照顾无过错方权益的原则。再比如,根据民法典第一千零九十一条规定,如果一方构成虐待、遗弃家庭成员或者存在与他人同居等重大过错的,要承担损害赔偿责任。

### (七)人身安全保护令案件与离婚等案件中对家庭暴力事实认定的关系问题

据调研了解,很多基层法院法官之所以对签发人身安全保护令持谨慎态度,证据标准把握过严,一个很大的担心是,如果当事人将来提起离婚诉讼,并以法院曾作出人身安全保护令为由主张存在家庭暴力事实的,将给离婚案件审理造成被动。而在离婚案件中,一旦认定家庭暴力事实存在,就必须依法判决离婚和支持离婚损害赔偿的诉讼请求。

我们经研究认为,基层法院法官的担心有一定道理,尤其对于普通民众来讲,盖有法院印章的人身安全保护令是最好的家庭暴力证明。但该种观念在诉讼法意义上确实需要一定程度的澄清。尤其是,如果将两者捆绑,将使得法官签发人身安全保护令瞻前顾后,反倒限制了该制度作用的有效发挥,不能及时保护家庭暴力受害人。

为此,《规定》第九条从证明标准的角度对两者关系进行了澄清。主要思路是:人身安全保护令的目的在于制止正在发生或者可能发生的家庭暴力行为，要求便捷、快速，与诉讼中经过当事人举证质证程序采信证据认定事实，存在本质不同。根据《规定》第六条规定，人身安全保护令案件的证明标准是"较大可能性"，而非"高度可能性"，故同样是对家庭暴力事实的认定，由于人身安全保护令案件证明标准相较离婚案件中对涉及实体权利义务关系事实的证明标准低，如果只要作出人身安全保护令，就必须在离婚纠纷中认定家庭暴力事实，则实际上变相降低了实体权利义务关系的证明标准。

因此，仅以法院曾签发人身安全保护令为由，即在离婚案件中认定家庭暴力事实，这样的事实认定可能是不扎实的。根据反家庭暴力法规定，向法院申请人身安全保护令有两种情形：一种是面临家庭暴力的现实危险；一种是遭受了家庭暴力。如果系因面临家庭暴力现实危险作出的人身安全保护令，当然不能以人身安全保护令作为认定家庭暴力事实的证据。

实际上，《规定》第九条要规范的也并不主要是该种情形。该条主要解决的是，即便当事人以实际遭受家庭暴力为由申请人身安全保护令，但是，由于签发人身安全保护令的证明标准较低，仅为"较大可能性"即可，而不需要达到涉及实体权利义务事实的"高度可能性"证明标准。而且，在七十二小时甚至二十四小时内即必须签发，相关证据一般未经法定的举证质证程序，人身安全保护令裁定书中亦没有法院查明事实部分，故离婚纠纷中，对涉及实体权利义务内容的家庭暴力事实，还不能仅以曾签发人身安全保护令为由直接认定。

但是，签发人身安全保护令一般有一些基础证据，根据《规定》第六条规定，包括当事人陈述、被申请人曾出具的悔过书或者保证书、记录家庭暴力发生或者解决过程等的视听资料以及医疗机构的诊疗记录等。此种情况下，既要考虑法院曾作出人身安全保护令的事实，也要进一步对基础证据进行审查和质证，并根据《最高人民法院关于适用〈中华人民共和国民事诉讼法〉的解释》第一百零八条的规则对家庭暴力事实进行认定。人身安全保护令属于非诉程序，应当适用适当的职权干预和职权探知。审判实践中，考虑到家庭暴力受害人普遍举证能力比较弱，法院应当进行适当的释明，告知当事人补充提供有关证据。

（八）违反人身安全保护令构成拒不执行判决、裁定罪的问题

法院作出人身安全保护令后，被申请人理应严格遵守，不再实施家庭

暴力。如果被申请人在保护期内仍然实施家庭暴力，则不仅是对家庭成员人格权的再次侵害，也是对司法权威的漠视，应当坚决依法惩治。根据反家庭暴力法第三十四条规定，被申请人违反人身安全保护令，构成犯罪的，依法追究刑事责任；尚不构成犯罪的，人民法院应当给予训诫，可以根据情节轻重处以1000元以下罚款或者十五日以下拘留。

据调研了解，人身安全保护令制度实施中存在的主要问题之一是违反后受到的惩罚力度较弱，一般只能是训诫、1000元以下罚款或者十五日以下拘留，对施暴方起不到足够的威慑作用。反家庭暴力法第三十四条虽然规定"构成犯罪的，依法追究刑事责任"，但实践中对于违反人身安全保护令的，能否构成拒不执行判决、裁定罪，存在不同认识，需要对构成何种犯罪进一步明确。

经研究，我们认为，违反人身安全保护令的，可以构成拒不执行判决、裁定罪，主要理由是以下几点。

第一，从适用对象看。根据刑法第三百一十三条规定，拒不执行判决、裁定罪针对的是"对人民法院的判决、裁定有能力执行而拒不执行"的行为，人身安全保护令是法院依法作出的裁定，属于拒不执行判决、裁定罪的适用范畴。

第二，从体系解释的角度看。反家庭暴力法第三十三条和第三十四条均规定了刑事责任的承担问题，第三十三条规定了加害人实施家庭暴力，构成犯罪的，依法追究刑事责任，第三十四条规定了被申请人违反人身安全保护令，构成犯罪的，依法追究刑事责任。可见，第三十四条主要是对人身安全保护令本身的保障。当然，违反人身安全保护令的，一般情况下是再次实施了家庭暴力。如果通过实施家庭暴力的方式违反人身安全保护令，则可能同时构成虐待罪、故意伤害罪甚至故意杀人罪等，具体定罪量刑还要考虑犯罪竞合的问题。

第三，违反人身安全保护令本身情节严重的，可以按照拒不执行判决、裁定罪定罪处罚，这是反家庭暴力法第三十四条规定的立法初衷，不存在破坏刑法谦抑性问题。

第四，根据《最高人民法院关于审理拒不执行判决、裁定刑事案件适用法律若干问题的解释》第二条规定，违反人民法院限制高消费及有关消费令等拒不执行行为，经采取罚款或者拘留等强制措施后仍拒不执行的，可以拒不执行判决、裁定罪定罪量刑。第三条规定，申请执行人有证据证明同时具有下列情形,人民法院认为符合刑事诉讼法第二百零四条第三项规定的,以自诉案件立案审理:(1)负有执行义务的人拒不执行判决、裁定,侵犯了申请执行人的人身、财产权利,应当依法追究刑事责任的;(2)申请执行人曾经提出控告,而公安机关或者人民检察院对负有执行义务的人不予追究刑事责任的。被申请人违反人身安全保护令的,与上述情形相比,在行为特点上有相似之处,可以作一定程度的类比。

据此,《规定》第十二条明确,被申请人违反人身安全保护令,符合刑法第三百一十三条规定的,以拒不执行判决、裁定罪定罪处罚,从而将违反人身安全保护令行为本身纳入拒不执行判决、裁定罪适用范围,更有针对性地加大刑事打击力度,增强人身安全保护令的权威性,回应社会关切。

需要特别说明的是,该条只解决违反人身安全保护令本身能否构成拒不执行判决、裁定罪的问题,至于是否与其他犯罪构成竞合,需要根据案件具体情况确定。为避免产生歧义,《规定》第十二条后半段规定,同时构成其他犯罪的,按照刑法有关规定处理。之所以作此笼统规定,主要考虑是《规定》并非刑事法律适用司法解释,具体的刑事裁判规则,比如,犯罪竞合等问题,在相关刑事司法解释中均有明确规定,故在条文表述上仅笼统性地作出转引性规定,未作具体规定。实践中,在构成犯罪竞合的情况下,应当依照处罚较重的规定定罪处罚。

# 最高人民法院
# 关于涉外民商事案件管辖若干问题的规定

法释〔2022〕18号

(2022年8月16日最高人民法院审判委员会第1872次会议通过
2022年11月14日最高人民法院公告公布
自2023年1月1日起施行)

为依法保护中外当事人合法权益,便利当事人诉讼,进一步提升涉外民商事审判质效,根据《中华人民共和国民事诉讼法》的规定,结合审判实践,制定本规定。

**第一条** 基层人民法院管辖第一审涉外民商事案件,法律、司法解释另有规定的除外。

**第二条** 中级人民法院管辖下列第一审涉外民商事案件:

(一)争议标的额大的涉外民商事案件。

北京、天津、上海、江苏、浙江、福建、山东、广东、重庆辖区中级人民法院,管辖诉讼标的额人民币4000万元以上(包含本数)的涉外民商事案件;

河北、山西、内蒙古、辽宁、吉林、黑龙江、安徽、江西、河南、湖北、湖南、广西、海南、四川、贵州、云南、西藏、陕西、甘肃、青海、宁夏、新疆辖区中级人民法院,解放军各战区、总直属军事法院,新疆维吾尔自治区高级人民法院生产建设兵团分院所辖各中级人民法院,管辖诉讼标的额人民币2000万元以上(包含本数)的涉外民商事案件。

(二)案情复杂或者一方当事人人数众多的涉外民商事案件。

(三)其他在本辖区有重大影响的涉外民商事案件。

法律、司法解释对中级人民法院管辖第一审涉外民商事案件另有规定的，依照相关规定办理。

**第三条** 高级人民法院管辖诉讼标的额人民币 50 亿元以上（包含本数）或者其他在本辖区有重大影响的第一审涉外民商事案件。

**第四条** 高级人民法院根据本辖区的实际情况，认为确有必要的，经报最高人民法院批准，可以指定一个或数个基层人民法院、中级人民法院分别对本规定第一条、第二条规定的第一审涉外民商事案件实行跨区域集中管辖。

依据前款规定实行跨区域集中管辖的，高级人民法院应及时向社会公布该基层人民法院、中级人民法院相应的管辖区域。

**第五条** 涉外民商事案件由专门的审判庭或合议庭审理。

**第六条** 涉外海事海商纠纷案件、涉外知识产权纠纷案件、涉外生态环境损害赔偿纠纷案件以及涉外环境民事公益诉讼案件，不适用本规定。

**第七条** 涉及香港、澳门特别行政区和台湾地区的民商事案件参照适用本规定。

**第八条** 本规定自 2023 年 1 月 1 日起施行。本规定施行后受理的案件适用本规定。

**第九条** 本院以前发布的司法解释与本规定不一致的，以本规定为准。

# 《最高人民法院关于涉外民商事案件管辖若干问题的规定》的理解与适用

沈红雨　郭载宇[*]

为依法保护中外当事人合法权益，便利当事人诉讼，进一步提升涉外民商事审判质效，2022年8月16日，最高人民法院审判委员会第1872次会议审议通过了《关于涉外民商事案件管辖若干问题的规定》（以下简称《规定》），自2023年1月1日起施行。本文就《规定》的起草背景、主要内容、重点条款的把握等问题进行说明，便于实践中准确理解与适用。

## 一、《规定》的起草背景

党的十八届四中全会作出了完善审级制度的重大决定。为贯彻落实中共中央关于深化司法体制综合配套改革的决策部署，最高人民法院近年来一直在有序开展完善四级法院审级职能定位改革的相关工作。2021年9月27日，最高人民法院印发《关于完善四级法院审级职能定位改革试点的实施办法》，明确基层人民法院重在准确查明事实、实质化解纠纷；中级人民法院重在二审有效终审、精准定分止争；高级人民法院重在再审依法纠错、统一裁判尺度；最高人民法院监督指导全国审判工作，确保法律正确统一适用。涉外民商事案件管辖机制是涉外诉讼制度的重要组成部分，对于平等保护中外当事人合法权益、便利当事人诉讼、进一步提升涉外民商事审判质效具有重大意义。为在涉外民商事审判领域推动矛盾纠纷解决重心下移、积极落实合理定位四级法院民事审判职能的相关司改举措，进一步优化涉外民商事案件管辖机制，最高人民法院民四庭将制定《规定》作

---

[*] 作者单位：最高人民法院民事审判第四庭。

为推进涉外法治建设的一项重点工作,在充分调研、征求意见基础上起草了《规定》。

## 二、涉外民商事案件集中管辖制度的历史演进

我国涉外民商事案件集中管辖制度由来已久。为应对我国加入世界贸易组织后涉外民商事审判面临的形势和任务,最高人民法院审判委员会第1203次会议于2001年12月25日通过了《关于涉外民商事案件诉讼管辖若干问题的规定》(法释〔2002〕5号)。该规定自2002年3月1日起施行,以司法解释的形式对涉外民商事案件的管辖权作出调整,将以往分散由各基层人民法院、中级人民法院管辖的涉外民商事案件集中由少数收案较多、审判力量较强的基层人民法院和中级人民法院管辖。随着涉外民商事审判的实际需求,最高人民法院又于2004年出台《关于加强涉外商事案件诉讼管辖工作的通知》(法〔2004〕265号)、于2017年出台《关于明确第一审涉外民商事案件级别管辖标准以及归口办理有关问题的通知》(法〔2017〕359号),适时调整涉外民商事案件集中管辖机制。涉外民商事案件集中管辖机制实施二十余年来,形成了以特定管辖法院、专门审判机构、专业审判人员为特征的涉外民商事审判格局,培养造就了一支高素质、专业化的涉外法官队伍,涉外民商事案件的审判质量明显提高。

党的十八大以来,以习近平同志为核心的党中央坚定不移推进高水平对外开放,形成全方位、多层次、宽领域的全面开放新格局。随着我国开放型经济的深入发展、高质量共建"一带一路"的深入推进以及自由贸易试验区和海南自由贸易港的深化建设,涉外民商事案件数量明显上升,案件类型和分布区域发生较大变化,现有的涉外民商事案件集中管辖机制已经难以完全满足新形势新任务的要求,具体表现为以下方面。

其一,中外当事人对高效便利解决涉外民商事纠纷的新期待迫切要求改革现有管辖机制。法释〔2002〕5号文为确保涉外民商事审判质量,仅确定由极少数基层人民法院和少量中级人民法院集中管辖第一审涉外民商事案件,存在不够高效便民的情况,也不利于涉外民商事案件审判质效的持续提升。过往二十余年间,尽管最高人民法院应相关高级人民法院的请示,以复函方式陆续下放了部分地区涉外民商事案件的集中管辖权,但由于各地经济发展状况不一,出现部分地区所有中级人民法院均有涉外集中管辖权、部分地区仅有少量中级人民法院具有涉外集中管辖权的现象,难

以满足中外当事人与日俱增的司法需求。

其二，涉外民商事案件集中管辖司法实践出现的普遍性问题迫切要求改革现有管辖机制。从调研情况看，法释〔2002〕5号文实施以来，一直存在对集中管辖案件范围认识不一致、不清晰的普遍性问题。由于涉外合同纠纷、涉外侵权纠纷案件的外延十分宽泛，较多法院对涉外民间借贷纠纷、涉外人身损害赔偿纠纷是否属于集中管辖范围认识不一。较多法院反映，对于案件事实和法律适用较为简单、影响不大的涉外合同纠纷、涉外侵权纠纷案件实行集中管辖，不方便当事人诉讼，也不利于涉外审判资源的科学配置。此外，法释〔2002〕5号文规定集中管辖机制不适用于边境贸易纠纷案件和涉外房地产案件，但该两类案件均非独立的案由，司法实践对其范围的认识也不尽统一。各地法院实施涉外民商事案件集中管辖尺度不统一的问题，亟待加以解决。

其三，当前四级法院审级职能定位改革迫切要求改革现有管辖机制。完善审级制度是党的十八届四中全会确定的重要改革举措方向。2021年5月，中央全面深化改革委员会审议通过《关于完善四级法院审级职能定位改革的方案》，明确了这项改革的目标和内容。最高人民法院自2021年9月开启四级法院审级职能定位改革之路以来，出台一系列改革举措，通过调整四级法院案件结构，构建梯次过滤、层级相适的案件分布格局，第一审民商事案件进一步下沉至基层人民法院。2019年，最高人民法院发布《关于调整高级人民法院和中级人民法院管辖第一审民事案件标准的通知》（法发〔2019〕14号），规定了中级人民法院管辖第一审民事案件的诉讼标的额上限原则上为50亿元。该通知适用于涉外民商事案件。2021年9月17日，最高人民法院发布《关于调整中级人民法院管辖第一审民事案件标准的通知》（法发〔2021〕27号），统一规定了中级人民法院管辖第一审非涉外民商事案件的下限标准。如继续实施法释〔2002〕5号文规定的涉外集中管辖制度，将形成纯国内民商事案件基本集中在基层人民法院，而小标的额或者影响不大的涉外民商事案件却由中级人民法院管辖的情况，这不符合四级法院审级职能定位改革的大方向，也不利于涉外民商事审判资源的优化配置。

其四，中级、基层人民法院涉外审判队伍的长足发展为改革现有管辖机制奠定了坚实基础。党的十八大以来，各级法院深化司法体制综合配套改革，全面落实司法责任制，尤其是实施法官员额制改革后，具有涉外审判知识储备和审判能力的法官数量有了较大提升。随着涉外审判精品战略的不断深化,各中级、基层人民法院审判队伍素质不断提高,已经完全能够胜任涉外民商事审判工作,为改革现有涉外集中管辖机制提供了坚实基础和队伍保障。我们认为,改革涉外集中管辖机制的时机已经完全成熟,并有利于提升涉外司法质效,更好服务保障高水平对外开放。

最高人民法院坚持法治统一、坚持问题导向、坚持务实高效原则,着力化解制约涉外民商事审判质效的难题,在深入调研、广泛征求意见的基础上,慎重提出了重新制定涉外管辖司法解释、废止法释〔2002〕5号文的建议。

党的二十大提出,要推进高水平对外开放,营造市场化、法治化、国际化一流营商环境,推动共建"一带一路"高质量发展。《规定》的出台是贯彻落实党的二十大精神,统筹推进国内法治和涉外法治的具体举措。《规定》出台后,将进一步优化涉外民商事案件管辖机制、便利中外当事人诉讼、维护中外当事人的合法权益、提升涉外民商事案件审判质效,实现涉外民商事审判调结构、定职能的作用。

## 三、《规定》的主要内容

### (一)明确了基层人民法院管辖第一审涉外民商事案件的相关规则

关于基层人民法院管辖第一审涉外民商事案件的规则,主要体现在《规定》第一条。民事诉讼法第十八条规定,基层人民法院管辖第一审民事案件。民事诉讼法第十九条第一项、第二项规定,中级人民法院管辖第一审重大涉外案件和在本辖区有重大影响的案件,因此,非重大的第一审涉外民商事案件原则上均应由基层人民法院管辖。法释〔2002〕5号文制定之初较好地解决了我国"入世"时涉外审判力量不足的掣肘,但存在和民事诉讼法规定相冲突的问题。因此,《规定》第一条以民事诉讼法第十八条和第十九条为依据,明确第一审涉外民商事案件原则上由基层人民法院管辖。此规定符合民事诉讼法的原意,符合社会经济发展的实际,也顺应四级法院审级职能定位改革的要求。应注意的是,如果法律、司法解释对第一审涉外民商事案件管辖权另有规定的,则适用特别规定。例如,最高人民法院公布的《关于设立国际商事法庭若干问题的规定》对最高人民法院国际商事法庭受理第一审涉外商事案件有专门的规定,该类案件的管辖则应依据该规定。

## (二) 明确了中级人民法院管辖第一审涉外民商事案件的相关规则

《规定》第二条将第一审涉外民商事案件管辖权下放至所有中级人民法院,同时明确中级人民法院管辖第一审涉外民商事案件的级别管辖标准。民事诉讼法第十九条第一项规定重大涉外案件由中级人民法院管辖,最高人民法院公布的《关于适用〈中华人民共和国民事诉讼法〉的解释》(以下简称《民诉法解释》)第一条进一步明确,重大涉外案件是指争议标的额大、案情复杂,或者一方当事人人数众多等具有重大影响的案件。《规定》第二条第一款第二项和第三项与《民诉法解释》第一条的规定保持一致,第二条第一款第一项则从标的额角度界定了"争议标的额大"的标准。《规定》第二条第二款是但书条款,即现行法律和司法解释规定其他相关案件应由中级人民法院管辖的,则依照规定由中级人民法院管辖,主要是指民事诉讼法、最高人民法院公布的《关于审理仲裁司法审查案件若干问题的规定》等规定的由中级人民法院管辖的申请承认和执行外国法院判决案件、仲裁司法审查案件以及其他依法应由中级人民法院管辖的案件等情形。

《规定》根据不同区域确定不同标的额的管辖标准,主要考虑是各地外向型经济发展存在巨大差异,中级人民法院涉外民商事案件收案数量相应存在明显差异的实际情况。如果标的额采取"一刀切"模式,标的额过低可能会出现部分中级人民法院一审涉外民商事案件数量过多;过高则可能导致部分中级人民法院一审涉外民商事案件数量过少。基于均衡中级、基层人民法院涉外案件工作量、保障涉外案件裁判尺度统一、提升中西部法官涉外审判水平等多方面考虑,我们经广泛调研,多方听取意见,采取了分区域梯度划分标的额管辖标准的模式,第一档为人民币4000万元以上(包含本数),第二档为人民币2000万元以上(包含本数),加大第一审涉外民商事案件下沉力度,构建统一、稳定、可预期的涉外民商事案件管辖规则。

## （三）明确了高级人民法院管辖第一审涉外民商事案件的相关规则

《规定》第三条规定："高级人民法院管辖诉讼标的额人民币 50 亿元以上（包含本数）或者其他在本辖区有重大影响的第一审涉外民商事案件。"该规定的主要依据在于两个方面。

第一，关于"重大影响"管辖标准的把握。根据民事诉讼法第十九条第一项和第二十条的规定，中级人民法院管辖重大第一审涉外民事案件，高级人民法院管辖在本辖区有重大影响的第一审民事案件。因此，根据民事诉讼法的现行规定，在高级人民法院辖区有重大影响的第一审涉外民商事案件，应由高级人民法院管辖。实践中应注意的是，重大涉外案件应以中级人民法院管辖为原则，一般应由中级人民法院管辖，只有在高级人民法院辖区内乃至全国范围内影响极为重大的第一审涉外民商事案件，方应由高级人民法院管辖。

第二，关于诉讼标的额标准的把握。应注意到，2019 年 4 月，最高人民法院发布《关于调整高级人民法院和中级人民法院管辖第一审民事案件标准的通知》（法发〔2019〕14 号，以下简称《通知》），根据《通知》第二条、第三条的规定，高级人民法院管辖诉讼标的额 50 亿元（人民币）以上（包含本数）或者其他在本辖区有重大影响的第一审民事案件。海事海商案件、涉外民事案件的级别管辖标准按照《通知》执行。由于《通知》第二条已经对高级人民法院管辖第一审民事案件的标准予以确定，《通知》第三条明确该标准适用于涉外民事案件。为保证规则的稳定和涉外管辖规则体系的统一，《规定》沿用了《通知》第二条和第三条的内容，作出了现行规定。

## （四）明确了必要情况下基层人民法院、中级人民法院对第一审涉外民商事案件实行跨区域集中管辖的相关规则

《规定》第四条规定："高级人民法院根据本辖区的实际情况，认为确有必要的，经报最高人民法院批准，可以指定一个或数个基层人民法院、中级人民法院分别对本规定第一条、第二条规定的第一审涉外民商事案件实行跨区域集中管辖。依据前款规定实行跨区域集中管辖的，高级人民法院应及时向社会公布该基层人民法院、中级人民法院相应的管辖区域。"

理解这一规定,应把握如下要点。

首先,必须明确的是,《规定》前三条与第四条是一般规定与特殊规定、原则规定与例外规定的关系。下沉第一审涉外民商事案件的管辖是《规定》确立的一个基本原则,第四条的内容并不能动摇这一原则。

其次,因不同地区的实际情况不一,涉外案件数量分布、涉外审判力量配备不均衡,允许高级人民法院根据实际情况、因地制宜,其认为确有必要并层报最高人民法院批准,可以在部分基层人民法院、少数中级人民法院仍然实施第一审涉外民商事案件跨区域集中管辖机制。

再次,关于基层人民法院实行跨区域集中管辖的特别规定。第一审涉外民商事案件管辖下沉后,在便利中外当事人、优化涉外审判资源配置的同时,可能产生案件质量参差不齐影响涉外司法公信力、涉外审判人案配比矛盾突出等问题。从前期深圳、珠海等地将区域内第一审涉外民商事案件集中到涉外审判力量较强的一家基层人民法院审理的情况看,已经取得了较好效果。为此,《规定》第四条第一款允许各高级人民法院报经最高人民法院批准,可以指定中级人民法院辖区内一个或数个基层人民法院管辖第一审涉外民商事案件。但需要强调的是,原则上每个中级人民法院辖区内应至少确定一个基层人民法院管辖涉外民商事案件,以免造成中外当事人诉讼不便。

最后,关于中级人民法院集中管辖第一审涉外民商事案件的规定。鉴于北京、天津、上海、重庆四个直辖市辖区内的各中级人民法院基本上集中在一个城市,故《规定》第四条第一款允许直辖市的高级人民法院报经最高人民法院批准,可以指定辖区内特定的一个或数个中级人民法院集中管辖第一审涉外民商事案件。

## 四、其他需要注意的问题

### (一) 与开放型经济关系密切的特定民商事案件归口办理的问题

实践中,对于最高人民法院印发的《关于明确第一审涉外民商事案件级别管辖标准以及归口办理有关问题的通知》(法〔2017〕359号)在《规定》施行后是否予以废止存有疑问。《规定》第九条规定:"本院以前发布的司法解释与本规定不一致的,以本规定为准。"该条也适用于《规定》出台前发布的规范性文件。由于《规定》对四级法院第一审涉外民商事案件级别管辖标准作出了明确规定，取代了《关于明确第一审涉外民商事案件级别管辖标准以及归口办理有关问题的通知》第一条的规定，故该通知第一条的规定不再适用。但该通知第二条规定的与开放型经济关系密切的十类特定民商事案件由涉外审判庭或专门合议庭归口办理的内容，并未被《规定》所涵盖，因而仍然是有效的。这十类案件包括："（一）当事人一方或者双方是外国人、无国籍人、外国企业或者组织，或者当事人一方或者双方的经常居所地在中华人民共和国领域外的民商事案件；（二）产生、变更或者消灭民事关系的法律事实发生在中华人民共和国领域外，或者标的物在中华人民共和国领域外的民商事案件；（三）外商投资企业设立、出资、确认股东资格、分配利润、合并、分立、解散等与该企业有关的民商事案件；（四）一方当事人为外商独资企业的民商事案件；（五）信用证、保函纠纷案件，包括申请止付保全案件；（六）对第一项至第五项案件的管辖权异议裁定提起上诉的案件；（七）对第一项至第五项案件的生效裁判申请再审的案件，但当事人依法向原审人民法院申请再审的除外；（八）跨境破产协助案件；（九）民商事司法协助案件；（十）最高人民法院《关于仲裁司法审查案件归口办理有关问题的通知》确定的仲裁司法审查案件。"

此外，实践中对于涉外民商事案件归口办理与管辖的关系问题，存在着一定的混淆认识。对此，应当注意两者是不同层面的问题。归口办理仅涉及同一法院内设审判部门之间对办理案件的分工，即法院受理案件后由哪个民事审判庭办理，其并不涉及管辖事宜。管辖是诉讼制度的组成部分，是不同层级、不同地域法院之间对受理第一审民商事案件的分工。归口办理所涉及的十类案件的管辖应当根据民事诉讼法、仲裁法等法律以及《规定》等司法解释予以确定。综上，由于《规定》仅涉及第一审涉外民商事案件的管辖规则，并不涉及归口办理的问题，因此法〔2017〕359号文第二条仍然有效，该条规定范围内的案件仍应由涉外审判庭或专门合议庭归口办理。同时，根据该条第二款的规定，如该条规定范围内的案件属于涉外婚姻家庭纠纷、继承纠纷、劳动争议、人事争议、环境污染侵权纠纷及环境公益诉讼的，则不适用归口办理。

## （二）此前已经报批过的具有涉外管辖权的中级人民法院和基层人民法院，《规定》生效后如何处理

《规定》的出台完全改变了此前的涉外集中管辖制度，形成了中级、基层人民法院均有权依据民事诉讼法等法律及司法解释的规定审理第一审涉外民商事案件的常态化管辖机制，但根据《规定》第四条的规定，高级人民法院认为确有必要并经最高人民法院批准，可以指定少数中级、基层人民法院实施涉外集中管辖机制，即以涉外管辖权下沉为原则、集中管辖为例外。这是理解如何处理前期报批问题和后续可能的报批问题的重要出发点。

其一，尚未取得涉外管辖权的中级人民法院和基层人民法院在《规定》生效后，自动获得了对涉外民商事案件的管辖权。

其二，此前涉外集中管辖制度实施过程中，最高人民法院依据法释〔2002〕5 号文对高级人民法院要求授予中级、基层人民法院涉外民商事案件管辖权的请示作出的批复，因法释〔2002〕5 号文被废止而相应废止，不需再另行撤销。

其三，《规定》第四条涉及的层报制度是在放开涉外管辖权背景下，将跨区域集中管辖作为例外情形，由高级人民法院根据实际情况、因地制宜决定是否呈报最高人民法院批准。因此，如果高级人民法院拟在部分基层人民法院和中级人民法院仍实行跨区域集中管辖，应当重新履行报批手续。

其四，最高人民法院前期已陆续批准在苏州、北京、成都、厦门、长春、泉州、无锡、南宁等地中级人民法院设立国际商事法庭，集中管辖第一审涉外民商事案件。鉴于国际商事法庭的特殊性，为维护管辖规则的稳定和统一，其可以继续实行集中管辖机制，无须再履行向最高人民法院报批的手续。

人力资源和社会保障部　最高人民法院
## 关于劳动人事争议仲裁与诉讼衔接有关问题的意见（一）

2022年2月21日　　　　　　　　人社部发〔2022〕9号

**各省、自治区、直辖市人力资源社会保障厅（局）、高级人民法院，解放军军事法院，新疆生产建设兵团人力资源社会保障局、新疆维吾尔自治区高级人民法院生产建设兵团分院：**

为贯彻党中央关于健全社会矛盾纠纷多元预防调处化解综合机制的要求，落实《人力资源社会保障部、最高人民法院关于加强劳动人事争议仲裁与诉讼衔接机制建设的意见》（人社部发〔2017〕70号），根据相关法律规定，结合工作实践，现就完善劳动人事争议仲裁与诉讼衔接有关问题，提出如下意见。

一、劳动人事争议仲裁委员会对调解协议仲裁审查申请不予受理或者经仲裁审查决定不予制作调解书的，当事人可依法就协议内容中属于劳动人事争议仲裁受理范围的事项申请仲裁。当事人直接向人民法院提起诉讼的，人民法院不予受理，但下列情形除外：

（一）依据《中华人民共和国劳动争议调解仲裁法》第十六条规定申请支付令被人民法院裁定终结督促程序后，劳动者依据调解协议直接提起诉讼的；

（二）当事人在《中华人民共和国劳动争议调解仲裁法》第十条规定的调解组织主持下仅就劳动报酬争议达成调解协议，用人单位不履行调解协议约定的给付义务，劳动者直接提起诉讼的；

（三）当事人在经依法设立的调解组织主持下就支付拖欠劳动报酬、工伤医疗费、经济补偿或者赔偿金事项达成调解协议，双方当事人依据《中华人民共和国民事诉讼法》第二百零一条规定共同向人民法院申请司法确认，人民法院不予确认，劳动者依据调解协议直接提起诉讼的。

二、经依法设立的调解组织调解达成的调解协议生效后，当事人可以共同向有管辖权的人民法院申请确认调解协议效力。

三、用人单位依据《中华人民共和国劳动合同法》第九十条规定，要求劳动者承担赔偿责任的，劳动人事争议仲裁委员会应当依法受理。

四、申请人撤回仲裁申请后向人民法院起诉的，人民法院应当裁定不予受理；已经受理的，应当裁定驳回起诉。

申请人再次申请仲裁的，劳动人事争议仲裁委员会应当受理。

五、劳动者请求用人单位支付违法解除或者终止劳动合同赔偿金，劳动人事争议仲裁委员会、人民法院经审查认为用人单位系合法解除劳动合同应当支付经济补偿的，可以依法裁决或者判决用人单位支付经济补偿。

劳动者基于同一事实在仲裁辩论终结前或者人民法院一审辩论终结前将仲裁请求、诉讼请求由要求用人单位支付经济补偿变更为支付赔偿金的，劳动人事争议仲裁委员会、人民法院应予准许。

六、当事人在仲裁程序中认可的证据，经审判人员在庭审中说明后，视为质证过的证据。

七、依法负有举证责任的当事人，在诉讼期间提交仲裁中未提交的证据的，人民法院应当要求其说明理由。

八、在仲裁或者诉讼程序中，一方当事人陈述的于己不利的事实，或者对于己不利的事实明确表示承认的，另一方当事人无需举证证明，但下列情形不适用有关自认的规定：

（一）涉及可能损害国家利益、社会公共利益的；

（二）涉及身份关系的；

（三）当事人有恶意串通损害他人合法权益可能的；

（四）涉及依职权追加当事人、中止仲裁或者诉讼、终结仲裁或者诉讼、回避等程序性事项的。

当事人自认的事实与已经查明的事实不符的，劳动人事争议仲裁委员会、人民法院不予确认。

九、当事人在诉讼程序中否认在仲裁程序中自认事实的，人民法院不予支持，但下列情形除外：

（一）经对方当事人同意的；

（二）自认是在受胁迫或者重大误解情况下作出的。

十、仲裁裁决涉及下列事项，对单项裁决金额不超过当地月最低工资标准十二个月金额的，劳动人事争议仲裁委员会应当适用终局裁决：

（一）劳动者在法定标准工作时间内提供正常劳动的工资；

（二）停工留薪期工资或者病假工资；

（三）用人单位未提前通知劳动者解除劳动合同的一个月工资；

（四）工伤医疗费；

（五）竞业限制的经济补偿；

（六）解除或者终止劳动合同的经济补偿；

（七）《中华人民共和国劳动合同法》第八十二条规定的第二倍工资；

（八）违法约定试用期的赔偿金；

（九）违法解除或者终止劳动合同的赔偿金；

（十）其他劳动报酬、经济补偿或者赔偿金。

十一、裁决事项涉及确认劳动关系的，劳动人事争议仲裁委员会就同一案件应当作出非终局裁决。

十二、劳动人事争议仲裁委员会按照《劳动人事争议仲裁办案规则》第五十条第四款规定对不涉及确认劳动关系的案件分别作出终局裁决和非终局裁决，劳动者对终局裁决向基层人民法院提起诉讼、用人单位向中级人民法院申请撤销终局裁决、劳动者或者用人单位对非终局裁决向基层人民法院提起诉讼的，有管辖权的人民法院应当依法受理。

审理申请撤销终局裁决案件的中级人民法院认为该案件必须以非终局裁决案件的审理结果为依据，另案尚未审结的，可以中止诉讼。

十三、劳动者不服终局裁决向基层人民法院提起诉讼，中级人民法院对用人单位撤销终局裁决的申请不予受理或者裁定驳回申请，用人单位主张终局裁决存在《中华人民共和国劳动争议调解仲裁法》第四十九条第一款规定情形的，基层人民法院应当一并审理。

十四、用人单位申请撤销终局裁决，当事人对部分终局裁决事项达成调解协议的，中级人民法院可以对达成调解协议的事项出具调解书；对未达成调解协议的事项进行审理,作出驳回申请或者撤销仲裁裁决的裁定。

十五、当事人就部分裁决事项向人民法院提起诉讼的,仲裁裁决不发生法律效力。当事人提起诉讼的裁决事项属于人民法院受理的案件范围的,人民法院应当进行审理。当事人未提起诉讼的裁决事项属于人民法院受理的案件范围的,人民法院应当在判决主文中予以确认。

十六、人民法院根据案件事实对劳动关系是否存在及相关合同效力的认定与当事人主张、劳动人事争议仲裁委员会裁决不一致的,人民法院应当将法律关系性质或者民事行为效力作为焦点问题进行审理,但法律关系性质对裁判理由及结果没有影响,或者有关问题已经当事人充分辩论的除外。

当事人根据法庭审理情况变更诉讼请求的,人民法院应当准许并可以根据案件的具体情况重新指定举证期限。

不存在劳动关系且当事人未变更诉讼请求的,人民法院应当判决驳回诉讼请求。

十七、对符合简易处理情形的案件,劳动人事争议仲裁委员会按照《劳动人事争议仲裁办案规则》第六十条规定,已经保障当事人陈述意见的权利,根据案件情况确定举证期限、开庭日期、审理程序、文书制作等事项,作出终局裁决,用人单位以违反法定程序为由申请撤销终局裁决的,人民法院不予支持。

十八、劳动人事争议仲裁委员会认为已经生效的仲裁处理结果确有错误,可以依法启动仲裁监督程序,但当事人提起诉讼,人民法院已经受理的除外。

劳动人事争议仲裁委员会重新作出处理结果后,当事人依法提起诉讼的,人民法院应当受理。

十九、用人单位因劳动者违反诚信原则,提供虚假学历证书、个人履历等与订立劳动合同直接相关的基本情况构成欺诈解除劳动合同,劳动者主张解除劳动合同经济补偿或者赔偿金的,劳动人事争议仲裁委员会、人民法院不予支持。

二十、用人单位自用工之日起满一年未与劳动者订立书面劳动合同,视为自用工之日起满一年的当日已经与劳动者订立无固定期限劳动合同。

存在前款情形,劳动者以用人单位未订立书面劳动合同为由要求用人单位支付自用工之日起满一年之后的第二倍工资的,劳动人事争议仲裁委员会、人民法院不予支持。

二十一、当事人在劳动合同或者保密协议中约定了竞业限制和经济补偿,劳动合同解除或者终止后,因用人单位的原因导致三个月未支付经济补偿,劳动者请求解除竞业限制约定的,劳动人事争议仲裁委员会、人民法院应予支持。

## 人力资源和社会保障部调解仲裁司、最高人民法院民一庭负责人就《人力资源和社会保障部、最高人民法院关于劳动人事争议仲裁与诉讼衔接有关问题的意见（一）》答记者问

2022年2月21日，人力资源和社会保障部与最高人民法院联合印发了《关于劳动人事争议仲裁与诉讼衔接有关问题的意见（一）》（以下简称《意见（一）》），人力资源和社会保障部调解仲裁司、最高人民法院民一庭负责人就《意见（一）》有关内容回答了记者提问。

**问：请简要介绍印发《意见（一）》的重要意义。**

**答：** 为贯彻党中央关于健全社会矛盾纠纷多元预防调处化解综合机制的要求，落实《关于加强劳动人事争议仲裁与诉讼衔接机制建设的意见》（以下简称《裁审衔接机制意见》），人力资源和社会保障部与最高人民法院（以下简称两部门）印发了《意见（一）》。《意见（一）》主要是逐步规范裁审程序衔接、统一裁审法律适用标准，对于完善劳动人事争议多元处理机制、畅通劳动者维权渠道、维护劳动人事关系和谐与社会稳定具有重要意义。

**问：请谈谈印发《意见（一）》的主要考虑。**

**答：** 一是贯彻落实党中央、国务院重要决策部署的需要。《中共中央、国务院关于构建和谐劳动关系的意见》提出"加强裁审衔接与工作协调，积极探索建立诉讼与仲裁程序有效衔接、裁审标准统一的新规则、新制度"。二是完善劳动人事争议多元处理机制的需要。2017年3月，人力资源和社会保障部会同原中央综治办、最高人民法院等八部门联合印发的《关于进一步加强劳动人事争议调解仲裁完善多元处理机制的意见》提出，

建立党委领导、政府主导、政法协调、人力资源和社会保障部门牵头、各有关部门和单位发挥职能作用的争议多元处理机制,将"加强仲裁与诉讼的衔接"列为其中重要内容,努力实现裁审衔接机制长效化、受理范围一致化、审理标准统一化。《裁审衔接机制意见》提出"对于法律规定不明确等原因造成裁审法律适用标准不一致的突出问题,由人力资源和社会保障部与最高人民法院按照《中华人民共和国立法法》有关规定,通过制定司法解释或指导意见等形式明确统一的法律适用标准"。三是逐步解决裁审衔接问题的需要。自2017年裁审衔接机制建立以来,两部门通过广泛收集各地实践做法,梳理了一批裁审案件受理范围不一致、法律适用标准不统一、程序衔接不规范等问题。如:各地仲裁委员会对赔偿金争议受理与否理解不一、各地人民法院对当事人在仲裁程序中认可的证据在诉讼阶段的效力认识不一等,制约了争议处理质效,影响了劳动者权益维护。为回应这些问题,两部门多次座谈研讨,广泛征求各方面意见,对其中部分问题形成了一致意见,并在此基础上制定了《意见(一)》。

**问:近年来裁审衔接工作取得了哪些成效?**

**答:**《裁审衔接机制意见》出台以来,两部门通过联合召开会议、举办培训、开展调研、发布政策文件和典型案例等方式,全力推进工作落实。2019年7月,人力资源和社会保障部、最高人民法院等五部门联合印发《关于实施"护薪"行动全力做好拖欠农民工工资争议处理工作的通知》,在裁审衔接方面明确建立裁审证据衔接、相互协助查证等制度,积极推动和落实仲裁委员会与人民法院之间的案件保全、执行联动等裁审衔接工作机制建设。2020年7月,两部门联合印发第一批劳动人事争议典型案例,共发布15个案例(其中7个涉疫情案例),加大对各地仲裁委员会和人民法院办案指导力度,统一了部分法律适用标准。2021年6月,为贯彻落实党中央扎实开展党史学习教育"我为群众办实事"实践活动要求,两部门联合印发第二批劳动人事争议典型案例,发布10个超时加班典型案例,明确法律适用标准,提示用人单位违法用工行为风险,引导劳动者依法理性维权。

各地人社部门与同级人民法院在健全裁审衔接机制方面也采取了很多措施。一是召开联席会议。各地人社部门、人民法院普遍建立联席会议制度,定期分享交流办案经验做法,研判案件特点及发展趋势,探讨案件处理中的热点难点问题,研究裁审程序衔接和法律适用标准问题。如:浙江省形成了主题联席会议制度,每次会议设立劳动关系认定、工伤保险待遇赔偿等不同研讨主题,深化争议处理专门问题研究;重庆市形成了片区案例研讨会议制度,针对重点地区、重点争议类型加强案例分析。二是推进信息共享。各地为打破裁审衔接工作"信息壁垒",不断加强信息化手段的应用,共同打造数据共享、信息比对、协同办案等在线工作平台。如:上海市全部仲裁委员会均已实现裁审数据比对,经过调解、仲裁的案件有10%进入诉讼程序,进入诉讼程序的案件裁审结果一致率达75%以上;江苏省在全国率先实现仲裁委员会与人民法院信息系统对接,当事人对仲裁裁决不服向人民法院起诉的案件材料通过在线信息交换,直接传输至人民法院办案系统中,法官可直接查询仲裁阶段的案件信息,仲裁员也可直接查询案件的诉讼结果,裁审信息实时交互,有力地保障了裁审结果的一致性。三是强化办案指导。各地人社部门、人民法院针对办案中出现的裁审程序衔接不规范、法律适用标准不统一等问题,联合发布典型案例、实务手册等。如:北京市联合发布法律适用问题解答,明确新冠疫情期间劳动关系建立、工资待遇支付、劳动合同解除等22个问题的裁审口径,及时回应劳动用工中的新情况新问题;山东等省份联合发布劳动人事争议典型案例,统一法律适用标准。四是加强联合培训。做好劳动人事争议处理工作,队伍是基础,人才是关键。"十三五"时期,人力资源和社会保障部会同最高人民法院等部门开展分级分类培训,创新开展远程培训,共培训调解员、仲裁员、法官2万余人。各地也普遍建立了联合培训常态化长效化机制,人社部门与人民法院在线共享培训课程,互派业务专家授课,极大提升了劳动人事争议裁审队伍专业素质,提高了裁审法律适用的准确性。

**问:请介绍一下《意见(一)》的主要内容。**

**答:**一是规范调解协议后续程序性保障。调解协议的仲裁审查是依据《劳动人事争议仲裁办案规则》第四章第二节设立的制度,其规定了经调解组织调解达成调解协议的,双方当事人可以自调解协议生效之日起十五日内,共同向有管辖权的仲裁委员会提出仲裁审查申请。仲裁委员会经审查认为调解协议的形式和内容合法有效的,应当制作调解书。仲裁调解书自双方当事人签收后发生法律效力,一方当事人拒绝履行或者未全部履行调解书所约定的义务,对方当事人可以向人民法院申请强制执行。调解协议司法确认是依据人民调解法第三十三条、民事诉讼法第二百零一条设立的制度，规定了经依法设立的调解组织调解达成调解协议后，双方当事人认为有必要的，可以自调解协议生效之日起三十日内共同向人民法院申请司法确认，人民法院应当及时对调解协议进行审查，依法确认调解协议的效力。《意见（一）》明确在调解组织主持下达成的调解协议，当事人既可以申请仲裁审查，也可以申请司法确认；仲裁对调解协议审查申请不予受理或不予确认的，部分情形下当事人可以直接提起诉讼。上述规定完善了诉裁调对接机制，有利于推动矛盾纠纷源头化解，降低社会治理成本，提高调解协议履行率。

二是明确终局裁决范围。劳动争议调解仲裁法第四十七条规定，追索劳动报酬、工伤医疗费、经济补偿或者赔偿金不超过当地月最低工资标准十二个月金额的争议，以及因执行国家的劳动标准在工作时间、休息休假、社会保险等方面发生的争议，仲裁裁决为终局裁决，裁决书自作出之日起发生法律效力。法律设立终局裁决制度的目的是让更多涉及劳动者基本权益的简单、小额案件以及涉及劳动标准的案件终结在仲裁阶段，既减少劳动者诉累，又节约司法资源。劳动争议调解仲裁法施行后，各地对终局裁决范围理解不一致，一些地区的仲裁委员会未严格适用终局裁决规定，导致部分本应终结在仲裁阶段的案件进入诉讼程序，影响了仲裁前置作用的发挥。2017年，人力资源和社会保障部修订了《劳动人事争议仲裁办案规则》，依法细化终局裁决范围，各级仲裁委员会终局裁决率由2016年的28.4%提升到2021年的40.1%。《意见（一）》进一步规范了终局裁决范围，明确了"劳动报酬"包括劳动者在法定标准工作时间内提供正常劳动的工资和加班费等，统一了"经济补偿""赔偿金"等裁审口径，加强了终局裁决与诉讼的程序衔接。此外，明确了涉及确认劳动关系的案件不适用终局裁决，主要考虑是劳动关系是当事人诸多权利义务的前提和基础，此类案件案情相对复杂，权利义务关系并不明确，因此不适用终局裁决。上述规定，有利于提高仲裁终结率，高效便捷维护劳动者合法权益。

三是完善证据、裁决事项等方面的裁审衔接规则。《意见（一）》确立了仲裁证据的司法审查规则，规范了当事人提交证据等行为，规定当事人在仲裁程序中认可的证据，经审判人员在庭审中说明后，视为质证过的证据；依法负有举证责任的当事人，在诉讼期间提交仲裁中未提交的证据的，人民法院应当要求其说明理由。同时规定，当事人就部分裁决事项向人民法院提起诉讼的，人民法院对当事人无异议且属于受案范围的裁决事项应当在判决主文中予以确认；对仲裁委员会依法适用简易程序作出终局裁决的案件，人民法院不应以违反法定程序为由予以撤销；对仲裁委员会依照仲裁监督程序重新作出处理结果的案件，人民法院应当依法受理。上述规定有利于切实发挥仲裁前置的功能作用，促进案件公正高效审结。

四是统一部分法律适用标准。按照两部门联合发布的第一批劳动人事争议典型案例的法律适用标准，《意见（一）》明确了用人单位因劳动者违反诚信原则、提供与订立劳动合同相关的虚假个人情况构成欺诈解除劳动合同的，仲裁委员会、人民法院对劳动者提出的经济补偿或赔偿金请求不予支持；劳动者主张用人单位支付"视为订立劳动合同"期间的第二倍工资的，仲裁委员会、人民法院不予支持；当事人双方约定了竞业限制和经济补偿，劳动合同解除或者终止后因用人单位原因三个月未支付经济补偿，劳动者请求解除竞业限制约定的，仲裁委员会、人民法院应予以支持。上述规定，有利于培养用人单位、劳动者的自觉守法用法意识，提升仲裁、司法质效和公信力。

**问：下一步两部门在加强裁审衔接方面还有哪些举措？**

**答：**两部门通过持续联合发布典型案例、建立裁审信息比对制度等方式，推动各地仲裁委员会与人民法院高效、有序衔接，为统筹促进企业发展与维护劳动者权益、构建和谐劳动人事关系提供更加有力的服务和保障。

最高人民法院　全国妇联　教育部　公安部
民政部　司法部　卫生健康委
## 关于加强人身安全保护令制度贯彻实施的意见

2022年3月3日　　　　　　法发〔2022〕10号

为进一步做好预防和制止家庭暴力工作，依法保护家庭成员特别是妇女、未成年人、老年人、残疾人的合法权益，维护平等、和睦、文明的家庭关系，促进家庭和谐、社会稳定，现就加强人身安全保护令制度贯彻实施提出如下意见：

一、坚持以习近平新时代中国特色社会主义思想为指导。深入贯彻习近平法治思想和习近平总书记关于注重家庭家教家风建设的重要论述精神，在家庭中积极培育和践行社会主义核心价值观，涵养优良家风，弘扬家庭美德，最大限度预防和制止家庭暴力。

二、坚持依法、及时、有效保护受害人原则。各部门在临时庇护、法律援助、司法救助等方面要持续加大对家庭暴力受害人的帮扶力度，建立多层次、多样化、立体式的救助体系。要深刻认识家庭暴力的私密性、突发性特点，提高家庭暴力受害人证据意识，指导其依法及时保存、提交证据。

三、坚持尊重受害人真实意愿原则。各部门在接受涉家庭暴力投诉、反映、求助以及受理案件、转介处置等工作中，应当就采取何种安全保护措施、是否申请人身安全保护令、对加害人的处理方式等方面听取受害人意见，加大对受害人的心理疏导。

四、坚持保护当事人隐私原则。各部门在受理案件、协助执行、履行强制报告义务等工作中应当注重保护当事人尤其是未成年人的隐私。受害人已搬离与加害人共同住所的，不得将受害人的行踪或者联系方式告知加害人,不得在相关文书、回执中列明受害人的现住所。人身安全保护令原则上不得公开。

五、推动建立各部门协同的反家暴工作机制。积极推动将家庭暴力防控纳入社会治安综合治理体系,发挥平安建设考评机制作用。完善人民法院、公安机关、民政部门、司法行政部门、教育部门、卫生部门和妇女联合会等单位共同参与的反家暴工作体系。充分利用信息化建设成果,加强各部门间数据的协同共享。探索通过专案专档、分级预警等方式精准跟踪、实时监督。

六、公安机关应当强化依法干预家庭暴力的观念和意识,加大家庭暴力警情处置力度,强化对加害人的告诫,依法依规出具家庭暴力告诫书。注重搜集、固定证据,积极配合人民法院依职权调取证据,提供出警记录、告诫书、询(讯)问笔录等。有条件的地方可以与人民法院、民政部门、妇女联合会等建立家暴警情联动机制和告诫通报机制。

七、民政部门应当加强对居民委员会、村民委员会、社会工作服务机构、救助管理机构、福利机构等的培训和指导。居民委员会、村民委员会、社会工作服务机构、救助管理机构、福利机构及其工作人员在工作中发现无民事行为能力人、限制民事行为能力人遭受或者疑似遭受家庭暴力的,应当及时向公安机关报案。贯彻落实《关于做好家庭暴力受害人庇护救助工作的指导意见》,加强临时庇护场所建设和人员、资金配备,为家庭暴力受害人及时提供转介安置、法律援助、婚姻家庭纠纷调解等救助服务。

八、司法行政部门应当加大对家庭暴力受害人的法律援助力度,畅通法律援助申请渠道,健全服务网络。各地可以根据实际情况依托当地妇女联合会等建立法律援助工作站或者联络点,方便家庭暴力受害人就近寻求法律援助。加强对反家庭暴力法、未成年人保护法、妇女权益保障法、老年人权益保障法等法律法规的宣传。充分发挥人民调解优势作用,扎实做好婚姻家庭纠纷排查化解工作,预防家庭暴力发生。

九、医疗机构在诊疗过程中,发现可能遭受家庭暴力的伤者,要详细做好伤者的信息登记和诊疗记录,将伤者的主诉、伤情和治疗过程,准确、客观、全面地记录于病历资料。建立医警联动机制,在诊疗过程中发现无民事行为能力人或者限制民事行为能力人遭受或者疑似遭受家庭暴力的,应当及时向公安机关报案,并积极配合公安机关做好医疗诊治资料收集工作。

十、学校、幼儿园应当加强对未成年人保护法、预防未成年人犯罪法、反家庭暴力法等法律法规的宣传教育。注重家校、家园协同。在发现未成年人遭受或者疑似遭受家庭暴力的，应当根据《未成年人学校保护规定》，及时向公安、民政、教育等有关部门报告。注重保护未成年人隐私，加强心理疏导、干预力度。

十一、人民法院应当建立人身安全保护令案件受理"绿色通道"，加大依职权调取证据力度，依法及时作出人身安全保护令。各基层人民法院及其派出人民法庭应当在立案大厅或者诉讼服务中心为当事人申请人身安全保护令提供导诉服务。

十二、坚持最有利于未成年人原则。各部门就家庭暴力事实听取未成年人意见或制作询问笔录时，应当充分考虑未成年人身心特点，提供适宜的场所环境，采取未成年人能够理解的问询方式，保护其隐私和安全。必要时，可安排心理咨询师或社会工作者协助开展工作。未成年人作为受害人的人身安全保护令案件中，人民法院可以通知法律援助机构为其提供法律援助。未成年子女作为证人提供证言的，可不出庭作证。

十三、各部门在接受涉家庭暴力投诉、反映、求助或者处理婚姻家庭纠纷过程中，发现当事人遭受家庭暴力或者面临家庭暴力现实危险的，应当主动告知其可以向人民法院申请人身安全保护令。

十四、人民法院在作出人身安全保护令后，应当在24小时内向当事人送达，同时送达当地公安派出所、居民委员会、村民委员会，也可以视情况送达当地妇女联合会、学校、未成年人保护组织、残疾人联合会、依法设立的老年人组织等。

十五、人民法院在送达人身安全保护令时，应当注重释明和说服教育，督促被申请人遵守人身安全保护令，告知其违反人身安全保护令的法律后果。被申请人不履行或者违反人身安全保护令的，申请人可以向人民法院申请强制执行。被申请人违反人身安全保护令，尚不构成犯罪的，人民法院应当给予训诫，可以根据情节轻重处以一千元以下罚款、十五日以下拘留。

十六、人民法院在送达人身安全保护令时，可以向当地公安派出所、居民委员会、村民委员会、妇女联合会、学校等一并送达协助执行通知书，协助执行通知书中应当明确载明协助事项。相关单位应当按照协助执行通知书的内容予以协助。

十七、人身安全保护令有效期内，公安机关协助执行的内容可以包括：协助督促被申请人遵守人身安全保护令；在人身安全保护令有效期内，被申请人违反人身安全保护令的，公安机关接警后应当及时出警，制止违法行为；接到报警后救助、保护受害人，并搜集、固定证据；发现被申请人违反人身安全保护令的，将情况通报人民法院等。

十八、人身安全保护令有效期内，居民委员会、村民委员会、妇女联合会、学校等协助执行的内容可以包括：在人身安全保护令有效期内进行定期回访、跟踪记录等，填写回访单或记录单，期满由当事人签字后向人民法院反馈；发现被申请人违反人身安全保护令的，应当对其进行批评教育、填写情况反馈表，帮助受害人及时与人民法院、公安机关联系；对加害人进行法治教育，必要时对加害人、受害人进行心理辅导等。

十九、各部门在接受涉家庭暴力投诉、反映、求助或者处理婚姻家庭纠纷过程中，可以探索引入社会工作和心理疏导机制，缓解受害人以及未成年子女的心理创伤，矫治施暴者认识行为偏差，避免暴力升级，从根本上减少恶性事件发生。

二十、各部门应当充分认识人身安全保护令制度的重要意义，加大学习培训力度，熟悉人身安全保护令申请主体、作出程序以及协助执行的具体内容等，加强人身安全保护令制度普法宣传。

# 最高人民法院民一庭负责人就《最高人民法院关于加强人身安全保护令制度贯彻实施的意见》答记者问

2022年3月3日，最高人民法院联合全国妇联、教育部、公安部、民政部、司法部、卫生健康委共同发布了《关于加强人身安全保护令制度贯彻实施的意见》（以下简称《意见》）。最高人民法院民一庭负责人就有关问题接受了专访。

**问：** 请您介绍一下，由七个部门联合发布《意见》的主要考虑。

**答：** 预防和制止家庭暴力是一个社会性工程，需要各部门合力解决。各部门反复研究，对此取得了共识，这是联合发布《意见》的基础。反家庭暴力法明确规定，当事人因遭受家庭暴力或者面临家庭暴力的现实危险，向人民法院申请人身安全保护令的，人民法院应当受理。贯彻实施反家庭暴力法，依法作出人身安全保护令，人民法院责无旁贷。自反家庭暴力法实施以来，人民法院作出的人身安全保护令数量也是逐年上升，为家庭暴力受害人设立了一道"隔离墙"，有力地保护了家庭暴力受害人的人身安全和人格尊严。但是，实践中，我们也发现，很多当事人对人身安全保护令制度还不了解，证据意识弱，人身安全保护令执行体系还不健全。我们立足于各部门具体职责，从源头抓起，打通部门间沟通协作"堵点"。首先，要求学校、司法行政部门等加大普法宣传力度，在相关工作中告知当事人可以申请人身安全保护令，让家庭暴力受害人了解保护自己的法律武器；其次，针对家庭暴力发现难问题，进一步明确相关部门的强制报告义务，让家庭暴力尤其是针对无民事行为能力和限制民事行为能力人的家庭暴力得到有效监督；再次，针对当事人提供证据难问题，将证据的搜集和固定程序前移，明确公安机关在报警处理过程中注重搜集、固定证据，人民法院加大依职权调取证据力度,与公安机关建立互通机制;最后,细化人民法院、公安机关和民政部门等单位共同参与的人身安全保护令执行体系,织牢织密反家庭暴力防控网,真正发挥人身安全保护令的作用,打通反家庭暴力的"最后一公里"。

**问:家庭暴力主要发生在家庭内部,尤其是针对未成年人、精神病人的家庭暴力,往往是其法定监护人实施的,这就更加大了发现的难度,请问《意见》采取了哪些措施解决这个问题?**

**答:**发现是救助的前提。确如记者所言,基于未成年人、精神病人的认知能力等原因,在遭受家庭暴力时,往往无力反抗,《意见》对此也给予了特别的关注。明确坚持最有利于未成年人原则,要求各部门就家庭暴力问题听取未成年人意见或者制作询问笔录时,应当充分考虑未成年人身心特点,提供适宜的场所环境,采取未成年人能够理解的问询方式,要特别注意保护其隐私和安全。必要时,安排心理咨询师或者社会工作者协助开展工作。明确未成年人作为受害人的人身安全保护令案件中,人民法院可以通知法律援助机构为其提供法律援助。未成年人子女作为证人提供证言的,可以不出庭作证。针对学校、幼儿园与未成年人接触密切,较易发现未成年人遭遇家庭暴力的特点,《意见》明确,学校、幼儿园在发现未成年人遭受或疑似遭受家庭暴力时,应当及时向公安、民政、教育等有关部门报告。医生在诊疗过程中基于专业医学知识也较易发现和判断伤情及原因,为此,《意见》也进一步明确了医院的强制报告义务。《意见》还规定,村民委员会、居民委员会、社会工作服务机构、救助管理机构、福利机构及其工作人员在工作中发现无民事行为能力人和限制民事行为能力人遭受或者疑似遭受家庭暴力的,应当及时向公安机关报案。通过上述细化规定,充分发挥各部门合力,保证家庭暴力能够被及时发现。

**问:据了解,申请人身安全保护令案件中,很多当事人没有留存证据意识,致使举证不足,《意见》采取了哪些措施予以保障?**

**答:**从我们调研了解的情况看,人身安全保护令申请被驳回的主要原因就是证据不足。这虽然有证据标准掌握问题,但是也反映了家庭暴力受害人举证能力普遍较弱的情况。《意见》根据家庭暴力证据的形成地点、时间等特征,将防控工作前移,明确相关部门对工作中形成的证据要注重保存,从而缓解当事人举证能力不足的问题。比如,《意见》规定,医疗机构在诊疗过程中,发现可能遭受家庭暴力的伤者,要详细做好伤者的信息登记和诊疗记录,将伤者的主诉、伤情和诊疗过程,准确、客观、全面地记录于病历资料,协助公安机关搜集证据。《意见》还规定,公安机关应当依法依规出具家庭暴力告诫书,注重搜集、固定证据,积极配合人民法院依职权调取证据,提供出警记录、告诫书、询(讯)问笔录等,探索建立家暴警情联动机制和告诫通报机制。这也是解决家庭暴力受害人在申请人身安全保护令过程中举证难问题的关键举措之一。通过实现各部门信息共享,快速查证事实,及时作出人身安全保护令,保护家庭暴力受害人合法权益。目前,最高人民法院正在抓紧研究制定人身安全保护令的司法解释,以更全面、充分、及时保障受害人合法权益。

问:人身安全保护令只有得到有效履行,才能真正发挥作用,保护受害人权益,但是家庭暴力发生在家庭内部,向来是执行领域的难中之难,请问,《意见》有什么解决办法?

答:人身安全保护令的执行分为两类:一类是作为义务的执行,比如"责令被申请人迁出申请人住所";另一类是不作为义务的执行,比如"禁止被申请人骚扰、跟踪、接触申请人及其相关近亲属"。实践中,基于各方面考虑,一般采取"责令被申请人迁出申请人住所"的情况不多,绝大部分情况是被申请人的不作为义务。这向来是人民法院强制执行程序的难点和弱项。考虑人身安全保护令履行过程中的特点、与相关部门工作的紧密程度等,《意见》在各部门充分协商的基础上明确,如果被申请人不履行或者违反人身安全保护令的,申请人可以向人民法院申请强制执行。同时,就公安机关、居民委员会、村民委员会、妇女联合会等相关单位的协助执行义务,《意见》也作出了可操作性的细化规定。其中,公安部门除了协助督促遵守人身安全保护令,在被申请人违反人身安全保护令时及时出警外,还需要将情况通报给人民法院,真正地实现部门联动。居民委员会、村民委员会、妇女联合会则可以发挥矛盾纠纷化解一线优势,跟踪记录人身安全保护令执行情况,提供法治教育、心理辅导,并帮助受害人及时与人民法院、公安机关联系,切实调动各部门协同的反家暴联动机制活力。此外,《意见》根据各部门意见,还扩大了协助执行主体范围,包括当地妇联、未成年人保护组织、残疾人联合会、依法设立的老年人组织等,依托专门组织形成对特殊群体保护的专业性和合力。

## 【行政与国家赔偿篇】

### 最高人民法院
### 关于审理涉执行司法赔偿案件
### 适用法律若干问题的解释

法释〔2022〕3号

(2021年12月20日最高人民法院审判委员会第1857次会议通过
2022年2月8日最高人民法院公告公布
自2022年3月1日起施行)

为正确审理涉执行司法赔偿案件,保障公民、法人和其他组织的合法权益,根据《中华人民共和国国家赔偿法》等法律规定,结合人民法院国家赔偿审判和执行工作实际,制定本解释。

第一条 人民法院在执行判决、裁定及其他生效法律文书过程中,错误采取财产调查、控制、处置、交付、分配等执行措施或者罚款、拘留等强制措施,侵犯公民、法人和其他组织合法权益并造成损害,受害人依照国家赔偿法第三十八条规定申请赔偿的,适用本解释。

第二条 公民、法人和其他组织认为有下列错误执行行为造成损害申请赔偿的,人民法院应当依法受理:

(一)执行未生效法律文书,或者明显超出生效法律文书确定的数额和范围执行的;

(二)发现被执行人有可供执行的财产,但故意拖延执行、不执行,或者应当依法恢复执行而不恢复的;

(三)违法执行案外人财产,或者违法将案件执行款物交付给其他当事人、案外人的;

（四）对抵押、质押、留置、保留所有权等财产采取执行措施，未依法保护上述权利人优先受偿权等合法权益的；

（五）对其他人民法院已经依法采取保全或者执行措施的财产违法执行的；

（六）对执行中查封、扣押、冻结的财产故意不履行或者怠于履行监管职责的；

（七）对不宜长期保存或者易贬值的财产采取执行措施，未及时处理或者违法处理的；

（八）违法拍卖、变卖、以物抵债，或者依法应当评估而未评估，依法应当拍卖而未拍卖的；

（九）违法撤销拍卖、变卖或者以物抵债的；

（十）违法采取纳入失信被执行人名单、限制消费、限制出境等措施的；

（十一）因违法或者过错采取执行措施或者强制措施的其他行为。

**第三条** 原债权人转让债权的，其基于债权申请国家赔偿的权利随之转移，但根据债权性质、当事人约定或者法律规定不得转让的除外。

**第四条** 人民法院将查封、扣押、冻结等事项委托其他人民法院执行的，公民、法人和其他组织认为错误执行行为造成损害申请赔偿的，委托法院为赔偿义务机关。

**第五条** 公民、法人和其他组织申请错误执行赔偿，应当在执行程序终结后提出，终结前提出的不予受理。但有下列情形之一，且无法在相关诉讼或者执行程序中予以补救的除外：

（一）罚款、拘留等强制措施已被依法撤销，或者实施过程中造成人身损害的；

（二）被执行的财产经诉讼程序依法确认不属于被执行人，或者人民法院生效法律文书已确认执行行为违法的；

（三）自立案执行之日起超过五年，且已裁定终结本次执行程序，被执行人已无可供执行财产的；

（四）在执行程序终结前可以申请赔偿的其他情形。

赔偿请求人依据前款规定，在执行程序终结后申请赔偿的，该执行程序期间不计入赔偿请求时效。

**第六条** 公民、法人和其他组织在执行异议、复议或者执行监督程序审查期间，就相关执行措施或者强制措施申请赔偿的，人民法院不予受理，已经受理的予以驳回，并告知其在上述程序终结后可以依照本解释第五条的规定依法提出赔偿申请。

公民、法人和其他组织在执行程序中未就相关执行措施、强制措施提出异议、申请复议或者申请执行监督，不影响其依法申请赔偿的权利。

**第七条** 经执行异议、复议或者执行监督程序作出的生效法律文书，对执行行为是否合法已有认定的，该生效法律文书可以作为人民法院赔偿委员会认定执行行为合法性的根据。

赔偿请求人对执行行为的合法性提出相反主张，且提供相应证据予以证明的，人民法院赔偿委员会应当对执行行为进行合法性审查并作出认定。

**第八条** 根据当时有效的执行依据或者依法认定的基本事实作出的执行行为，不因下列情形而认定为错误执行：

（一）采取执行措施或者强制措施后，据以执行的判决、裁定及其他生效法律文书被撤销或者变更的；

（二）被执行人足以对抗执行的实体事由，系在执行措施完成后发生或者被依法确认的；

（三）案外人对执行标的享有足以排除执行的实体权利，系在执行措施完成后经法定程序确认的；

（四）人民法院作出准予执行行政行为的裁定并实施后，该行政行为被依法变更、撤销、确认违法或者确认无效的；

（五）根据财产登记采取执行措施后，该登记被依法确认错误的；

（六）执行依据或者基本事实嗣后改变的其他情形。

**第九条** 赔偿请求人应当对其主张的损害负举证责任。但因人民法院未列清单、列举不详等过错致使赔偿请求人无法就损害举证的，应当由人民法院对上述事实承担举证责任。

双方主张损害的价值无法认定的，应当由负有举证责任的一方申请鉴定。负有举证责任的一方拒绝申请鉴定的，由其承担不利的法律后果；无法鉴定的，人民法院赔偿委员会应当结合双方的主张和在案证据，运用逻辑推理、日常生活经验等进行判断。

**第十条** 被执行人因财产权被侵犯依照本解释第五条第一款规定申请赔偿，其债务尚未清偿的，获得的赔偿金应当首先用于清偿其债务。

**第十一条** 因错误执行取得不当利益且无法返还的，人民法院承担赔偿责任后，可以依据赔偿决定向取得不当利益的人追偿。

因错误执行致使生效法律文书无法执行，申请执行人获得国家赔偿后申请继续执行的，不予支持。人民法院承担赔偿责任后，可以依据赔偿决定向被执行人追偿。

**第十二条** 在执行过程中，因保管人或者第三人的行为侵犯公民、法人和其他组织合法权益并造成损害的，应当由保管人或者第三人承担责任。但人民法院未尽监管职责的，应当在其能够防止或者制止损害发生、扩大的范围内承担相应的赔偿责任，并可以依据赔偿决定向保管人或者第三人追偿。

**第十三条** 属于下列情形之一的，人民法院不承担赔偿责任：

（一）申请执行人提供财产线索错误的；

（二）执行措施系根据依法提供的担保而采取或者解除的；

（三）人民法院工作人员实施与行使职权无关的个人行为的；

（四）评估或者拍卖机构实施违法行为造成损害的；

（五）因不可抗力、正当防卫或者紧急避险造成损害的；

（六）依法不应由人民法院承担赔偿责任的其他情形。

前款情形中，人民法院有错误执行行为的，应当根据其在损害发生过程和结果中所起的作用承担相应的赔偿责任。

**第十四条** 错误执行造成公民、法人和其他组织利息、租金等实际损失的，适用国家赔偿法第三十六条第八项的规定予以赔偿。

**第十五条** 侵犯公民、法人和其他组织的财产权，按照错误执行行为发生时的市场价格不足以弥补受害人损失或者该价格无法确定的，可以采用下列方式计算损失：

（一）按照错误执行行为发生时的市场价格计算财产损失并支付利息，利息计算期间从错误执行行为实施之日起至赔偿决定作出之日止；

（二）错误执行行为发生时的市场价格无法确定，或者因时间跨度长、市场价格波动大等因素按照错误执行行为发生时的市场价格计算显失公平的，可以参照赔偿决定作出时同类财产市场价格计算；

（三）其他合理方式。

**第十六条** 错误执行造成受害人停产停业的，下列损失属于停产停业期间必要的经常性费用开支：

（一）必要留守职工工资；

（二）必须缴纳的税款、社会保险费；

（三）应当缴纳的水电费、保管费、仓储费、承包费；

（四）合理的房屋场地租金、设备租金、设备折旧费；

（五）维系停产停业期间运营所需的其他基本开支。

错误执行生产设备、用于营运的运输工具，致使受害人丧失唯一生活来源的，按照其实际损失予以赔偿。

第十七条 错误执行侵犯债权的，赔偿范围一般应当以债权标的额为限。债权受让人申请赔偿的，赔偿范围以其受让债权时支付的对价为限。

第十八条 违法采取保全措施的案件进入执行程序后，公民、法人和其他组织申请赔偿的，应当作为错误执行案件予以立案审查。

第十九条 审理违法采取妨害诉讼的强制措施、保全、先予执行赔偿案件，可以参照适用本解释。

第二十条 本解释自2022年3月1日起施行。施行前本院公布的司法解释与本解释不一致的，以本解释为准。

# 《最高人民法院关于审理涉执行司法赔偿案件适用法律若干问题的解释》的理解与适用

江 勇 魏 星[*]

党的十八大以来,在以习近平同志为核心的党中央坚强领导下,全国法院认真贯彻落实党的十八届四中全会关于"切实解决执行难"的重大决策部署,如期实现了"基本解决执行难"的阶段性目标,执行工作取得显著成效,人民群众获得感持续增强。但是,随着人民群众新要求、新期待的进一步提升,执行工作仍有待进一步规范,执行监督管理不到位,执行权制约机制不完善等问题仍然存在。2022年3月1日,《解释》实施,对于充分保护赔偿请求人的合法权益,进一步促进和规范执行权的行使和运行,让人民群众感受到公平正义就在身边,具有重要意义。

## 一、指导思想

《国家赔偿法》第一条确立了依法保障国家赔偿救济权和监督执行权规范运作的立法目的。在制定过程中,有的同志存在一定的隐忧,认为《解释》的出台会使得执行工作举步维艰、动辄得咎。其实不然,纵观《解释》的总体思路和具体规定,出发点均立足于执行实际和赔偿实际,其目的是进一步规范执行行为而非追偿追责。比如,《解释》中关于违法归责和过错归责多元归责原则以及责任排除情形等规定均体现了依法支持合法执行行为,保证执行工作正常顺利开展的原则。又如,《解释》中关于救济途径的衔接规定系以执行救济优先为原则,最大程度上在原有法律规定框架内充分尊重执行部门的先行判断。同时对不予认定执行错误和不

---

[*] 作者单位:浙江省高级人民法院。

承担赔偿责任的情形进行了规定,合理划定执行工作的责任界限。调研表明,错误执行赔偿案件限于对生效法律文书执行错误且产生损害后果的案件,监督"门槛"较高,案件总量有限,不仅不会影响执行工作的大局,而且监督优势日益显现,不失为纪检监督和执行部门自身监督以外的有效途径。一方面,赔偿委员会通过对个案的具体、深入和全面审理,往往能够发现执行工作中的深层次问题,从而达到"审理一案,规范一片"的效果。一是可以有效监督执行不作为、消极执行问题。从浙江审理错误执行赔偿案件的实践看,有些看似已经穷尽执行措施但仍无法执行到位的执行案件往往在进入国家赔偿程序后出现转机。二是及时预警执行工作中的问题。近年来,错误执行赔偿案件暴露出不少新情况、新问题。例如,执行中将无关人员误录入失信被执行人名单系统或者采取限制措施,未将已经履行完毕的被执行人从失信名单中移除或者解除限制措施等,在审理涉执行赔偿案件中均可及时预警从而有效规范执行行为。三是有利于发现执行工作的廉政风险点。针对执行系统存在的廉政风险,纪检监察部门虽采取了一系列措施,但依然难以杜绝执行中的廉政问题。而国家赔偿通过个案审查这一独有的监督方式,有效拓展了全方位多角度监督执行工作的路径。另一方面,国家赔偿以金钱给付作为主要赔偿方式,以追偿追责作为后盾,其作为一种相对柔性监督方式,赔偿义务机关可以通过后续执行手段弥补过错,避免赔偿。无论是赔偿请求人还是赔偿义务机关,均可接受。依法审理好涉错误执行赔偿案件,对于维护司法公信力,依法规范执行行为,正确处理支持与监督的关系大有裨益。

## 二、调整范围

《解释》调整对象为涉执行司法赔偿案件,此类案件包括但不限于上文提及的错误执行赔偿案件。《解释》第一条对涉执行司法赔偿案件的内涵与外延进行了界定,即"人民法院在执行判决、裁定及其他生效法律文书过程中,错误采取财产调查、控制、处置、交付、分配等执行措施或者罚款、拘留等强制措施,侵犯公民、法人和其他组织合法权益并造成损害"的案件。由此可见,申请国家赔偿的错误执行行为包括执行措施和强制措施。与此相对应的,根据《最高人民法院关于国家赔偿案件案由的规定》的案由规定,错误执行赔偿、违法司法罚款和违法司法拘留案件均可以《解释》作为审理依据。

需要说明的是，根据《执行权配置意见》关于对执行事项的区分规定，执行权是人民法院依法采取各类执行措施以及对执行异议、复议、申诉等事项进行审查的权力，包括执行实施权和执行审查权。执行实施权的范围主要是财产调查、控制、处分、交付和分配以及罚款、拘留措施等实施事项；执行审查权的范围主要是审查和处理执行异议、复议、申诉以及决定执行管辖权的移转等审查事项。《解释》第一条规定的执行措施和强制措施均属于执行实施行为，故执行审查行为应排除在涉执行司法赔偿案件的受案范围之外。如赔偿请求人因执行异议、复议等涉执行审查权等事项申请国家赔偿，应不予受理；如已受理，应驳回赔偿申请。

### 三、错误执行情形

《解释》第二条对错误执行情形进行了列举式规定，系在《非刑事司法赔偿解释》第五条规定的基础上进行了完善。第一，有效整合，合并类似情形。比如，将《非刑事司法赔偿解释》关于生效法律文书的规定合并规定为"执行未生效法律文书，或者明显超出生效法律文书确定的数额和范围执行的"；将涉及案外人、财、物的规定修改合并为"违法执行案外人财产，或者违法将案件执行款物交付给其他当事人或者案外人的"。第二，及时吸收，回应现实问题。执行实践纷繁复杂，轮候查封的法院违法执行首封法院已查封的执行财产，网络拍卖中违法撤销拍卖，违法纳入失信被执行人名单、采取限制消费和限制出境等问题尚有发生。第二条将上述情形纳入规范范围。第三，科学区分，合理界定条件。《解释》第二条与《非刑事司法赔偿解释》第五条的规定相比，最为明显的变化为在列举的具体情形中删除了关于损害后果的规定。比如，《非刑事司法赔偿解释》关于拖延执行或者不执行、应当恢复执行而不恢复中有"导致被执行财产流失"之规定；不履行监管职责中有"造成财产毁损、灭失"之规定；对不宜长期保存的物品有"造成物品毁损或者严重贬值"之规定。但在《解释》中，上述关于损害后果的规定均被删除，仅对违法行为本身进行表述，该做法更加科学地厘清了案件受理条件和赔偿要件的区别，对保护赔偿请求人申请国家赔偿的程序性权利大有裨益。

### 四、执行救济与国家赔偿的衔接

对于执行救济与国家赔偿两种救济途径的衔接问题，主要涉及程序和实体两方面，即立案条件的设定和合法性审查依据的确定。

根据现行的法律规定，我国执行救济程序主要包括执行异议、执行复议和执行监督程序。在"确赔合一"制度下，国家赔偿立案是否以赔偿请求人穷尽执行救济为前提，《解释》第六条对此作出明确回应，即公民、法人和其他组织在执行异议、复议或者执行监督程序审查期间，就相关执行措施或者强制措施申请赔偿的，人民法院不予受理，已经受理的予以驳回，并告知其在上述程序终结后可以依照《解释》第五条的规定依法提出赔偿申请。公民、法人和其他组织在执行程序中未就相关执行措施、强制措施提出异议、申请复议或者申请执行监督，不影响其依法申请赔偿的权利。因此，如果赔偿请求人在执行救济过程中申请国家赔偿，应不符合立案条件。如在执行程序终结后申请国家赔偿，人民法院不得以其未在执行程序中寻求救济为由不予受理。否则，相当于变相设立了要求赔偿请求人先行确认执行行为违法的前置程序，与《国家赔偿法》的"确赔合一"精神相悖。

2010年修正的《国家赔偿法》实施后，不再要求设立单独程序对执行行为的合法性进行认定，而是通过认定国家赔偿要件之一的侵权行为是否成立来实现。因此，如果要求相关生效法律文书应当作为认定执行行为的合法性依据，则等同于要求在申请国家赔偿之前必须存在前置确认程序，不符合"确赔合一"之精神。基于此，《解释》第七条采用目前共识度较高的观点，即原则上可以作为根据。具体规定为：经执行异议、复议或者执行监督程序作出的生效法律文书，对执行行为是否合法已有认定的，该生效法律文书可以作为人民法院赔偿委员会认定执行行为合法性的根据。除非赔偿请求人对执行行为的合法性提出相反主张，且提供相应证据予以证明的。

## 五、赔偿范围

根据《国家赔偿法》第三十六条第八项之规定，如错误执行行为对公民、法人和其他组织的财产权造成其他损害的，按照直接损失予以赔偿。实践中，"其他损害"如何界定，何种损失属于"直接损失"，均存在不同认识。一般而言，直接损失是指因遭受不法侵害而使现有财产必然减少或消灭，是既得利益的丧失或现有财产的减少。间接损失则是可得利益的丧失或未来财产的减损，是相对人未实际取得的期待利益，不能排除因意外情况的发生而导致无法实际取得的风险。但有时直接损失和间接损失之间存有模糊地带，比如，正在出租的房屋因错误执行导致流失或灭失，该房屋的租金损失如何认定。在司法实践中，已有法院将该租金损失认定为既得利益丧失的实际损失，并予以赔偿。

因此，如何进一步明确直接损失之赔偿范围，既有必要性亦有可行性。《解释》在充分吸收实践经验的基础上，追溯和体现了《国家赔偿法》关于"直接损失"表述的立法原意。其中第十四条规定，错误执行行为造成公民、法人和其他组织利息、租金等实际损失的，适用《国家赔偿法》第三十六条第八项的规定予以赔偿。第十六条第二款规定，错误执行生产设备、用于营运的运输工具，致使受害人丧失唯一生活来源的，按照其实际损失予以赔偿。从上述规定看，将"直接损失"解释为"实际损失"，有效弥合了法律规定与实践做法之间的裂缝，既有利于保护赔偿请求人的合法财产权益，也有力地彰显了《国家赔偿法》之立法宗旨。但应当指出，实际损失必须具备合法性，如高利贷等违法支出不受法律保护，不应当纳入赔偿范围。

《解释》施行后，部分执行案件人民群众救济的目光将从执行部门转向赔偿部门，涉执行司法赔偿案件将显著增长，应当引起各级法院的高度重视。

# 最高人民法院
## 关于审理行政赔偿案件若干问题的规定

法释〔2022〕10号

（2021年12月6日最高人民法院审判委员会第1855次会议通过
2022年3月20日最高人民法院公告公布
自2022年5月1日起施行）

为保护公民、法人和其他组织的合法权益，监督行政机关依法履行行政赔偿义务，确保人民法院公正、及时审理行政赔偿案件，实质化解行政赔偿争议，根据《中华人民共和国行政诉讼法》（以下简称行政诉讼法）《中华人民共和国国家赔偿法》（以下简称国家赔偿法）等法律规定，结合行政审判工作实际，制定本规定。

### 一、受案范围

**第一条** 国家赔偿法第三条、第四条规定的"其他违法行为"包括以下情形：

（一）不履行法定职责行为；

（二）行政机关及其工作人员在履行行政职责过程中作出的不产生法律效果，但事实上损害公民、法人或者其他组织人身权、财产权等合法权益的行为。

**第二条** 依据行政诉讼法第一条、第十二条第一款第十二项和国家赔偿法第二条规定，公民、法人或者其他组织认为行政机关及其工作人员违法行使行政职权对其劳动权、相邻权等合法权益造成人身、财产损害的，可以依法提起行政赔偿诉讼。

**第三条** 赔偿请求人不服赔偿义务机关下列行为的，可以依法提起行政赔偿诉讼：

（一）确定赔偿方式、项目、数额的行政赔偿决定；

（二）不予赔偿决定；

（三）逾期不作出赔偿决定；

（四）其他有关行政赔偿的行为。

**第四条** 法律规定由行政机关最终裁决的行政行为被确认违法后，赔偿请求人可以单独提起行政赔偿诉讼。

**第五条** 公民、法人或者其他组织认为国防、外交等国家行为或者行政机关制定发布行政法规、规章或者具有普遍约束力的决定、命令侵犯其合法权益造成损害，向人民法院提起行政赔偿诉讼的，不属于人民法院行政赔偿诉讼的受案范围。

## 二、诉讼当事人

**第六条** 公民、法人或者其他组织一并提起行政赔偿诉讼中的当事人地位，按照其在行政诉讼中的地位确定，行政诉讼与行政赔偿诉讼当事人不一致的除外。

**第七条** 受害的公民死亡，其继承人和其他有扶养关系的人可以提起行政赔偿诉讼，并提供该公民死亡证明、赔偿请求人与死亡公民之间的关系证明。

受害的公民死亡，支付受害公民医疗费、丧葬费等合理费用的人可以依法提起行政赔偿诉讼。

有权提起行政赔偿诉讼的法人或者其他组织分立、合并、终止，承受其权利的法人或者其他组织可以依法提起行政赔偿诉讼。

**第八条** 两个以上行政机关共同实施侵权行政行为造成损害的，共同侵权行政机关为共同被告。赔偿请求人坚持对其中一个或者几个侵权机关提起行政赔偿诉讼，以被起诉的机关为被告，未被起诉的机关追加为第三人。

**第九条** 原行政行为造成赔偿请求人损害，复议决定加重损害的，复议机关与原行政行为机关为共同被告。赔偿请求人坚持对作出原行政行为机关或者复议机关提起行政赔偿诉讼，以被起诉的机关为被告，未被起诉的机关追加为第三人。

第十条　行政机关依据行政诉讼法第九十七条的规定申请人民法院强制执行其行政行为，因据以强制执行的行政行为违法而发生行政赔偿诉讼的，申请强制执行的行政机关为被告。

## 三、证据

第十一条　行政赔偿诉讼中，原告应当对行政行为造成的损害提供证据；因被告的原因导致原告无法举证的，由被告承担举证责任。

人民法院对于原告主张的生产和生活所必需物品的合理损失，应当予以支持；对于原告提出的超出生产和生活所必需的其他贵重物品、现金损失，可以结合案件相关证据予以认定。

第十二条　原告主张其被限制人身自由期间受到身体伤害，被告否认相关损害事实或者损害与违法行政行为存在因果关系的，被告应当提供相应的证据证明。

## 四、起诉与受理

第十三条　行政行为未被确认为违法，公民、法人或者其他组织提起行政赔偿诉讼的，人民法院应当视为提起行政诉讼时一并提起行政赔偿诉讼。

行政行为已被确认为违法，并符合下列条件的，公民、法人或者其他组织可以单独提起行政赔偿诉讼：

（一）原告具有行政赔偿请求资格；
（二）有明确的被告；
（三）有具体的赔偿请求和受损害的事实根据；
（四）赔偿义务机关已先行处理或者超过法定期限不予处理；
（五）属于人民法院行政赔偿诉讼的受案范围和受诉人民法院管辖；
（六）在法律规定的起诉期限内提起诉讼。

第十四条　原告提起行政诉讼时未一并提起行政赔偿诉讼，人民法院审查认为可能存在行政赔偿的，应当告知原告可以一并提起行政赔偿诉讼。

原告在第一审庭审终结前提起行政赔偿诉讼，符合起诉条件的，人民法院应当依法受理；原告在第一审庭审终结后、宣判前提起行政赔偿诉讼的，是否准许由人民法院决定。

原告在第二审程序或者再审程序中提出行政赔偿请求的，人民法院可以组织各方调解；调解不成的，告知其另行起诉。

**第十五条** 公民、法人或者其他组织应当自知道或者应当知道行政行为侵犯其合法权益之日起两年内，向赔偿义务机关申请行政赔偿。赔偿义务机关在收到赔偿申请之日起两个月内未作出赔偿决定的，公民、法人或者其他组织可以依照行政诉讼法有关规定提起行政赔偿诉讼。

**第十六条** 公民、法人或者其他组织提起行政诉讼时一并请求行政赔偿的，适用行政诉讼法有关起诉期限的规定。

**第十七条** 公民、法人或者其他组织仅对行政复议决定中的行政赔偿部分有异议，自复议决定书送达之日起十五日内提起行政赔偿诉讼的，人民法院应当依法受理。

行政机关作出有赔偿内容的行政复议决定时，未告知公民、法人或者其他组织起诉期限的，起诉期限从公民、法人或者其他组织知道或者应当知道起诉期限之日起计算，但从知道或者应当知道行政复议决定内容之日起最长不得超过一年。

**第十八条** 行政行为被有权机关依照法定程序撤销、变更、确认违法或无效，或者实施行政行为的行政机关工作人员因该行为被生效法律文书或监察机关政务处分确认为渎职、滥用职权的，属于本规定所称的行政行为被确认为违法的情形。

**第十九条** 公民、法人或者其他组织一并提起行政赔偿诉讼，人民法院经审查认为行政诉讼不符合起诉条件的，对一并提起的行政赔偿诉讼，裁定不予立案；已经立案的，裁定驳回起诉。

**第二十条** 在涉及行政许可、登记、征收、征用和行政机关对民事争议所作的裁决的行政案件中，原告提起行政赔偿诉讼的同时，有关当事人申请一并解决相关民事争议的，人民法院可以一并审理。

## 五、审理和判决

**第二十一条** 两个以上行政机关共同实施违法行政行为，或者行政机关及其工作人员与第三人恶意串通作出的违法行政行为，造成公民、法人或者其他组织人身权、财产权等合法权益实际损害的，应当承担连带赔偿责任。

一方承担连带赔偿责任后，对于超出其应当承担部分，可以向其他连带责任人追偿。

**第二十二条** 两个以上行政机关分别实施违法行政行为造成同一损害,每个行政机关的违法行为都足以造成全部损害的,各个行政机关承担连带赔偿责任。

两个以上行政机关分别实施违法行政行为造成同一损害的,人民法院应当根据其违法行政行为在损害发生和结果中的作用大小,确定各自承担相应的行政赔偿责任;难以确定责任大小的,平均承担责任。

**第二十三条** 由于第三人提供虚假材料,导致行政机关作出的行政行为违法,造成公民、法人或者其他组织损害的,人民法院应当根据违法行政行为在损害发生和结果中的作用大小,确定行政机关承担相应的行政赔偿责任;行政机关已经尽到审慎审查义务的,不承担行政赔偿责任。

**第二十四条** 由于第三人行为造成公民、法人或者其他组织损害的,应当由第三人依法承担侵权赔偿责任;第三人赔偿不足、无力承担赔偿责任或者下落不明,行政机关又未尽保护、监管、救助等法定义务的,人民法院应当根据行政机关未尽法定义务在损害发生和结果中的作用大小,确定其承担相应的行政赔偿责任。

**第二十五条** 由于不可抗力等客观原因造成公民、法人或者其他组织损害,行政机关不依法履行、拖延履行法定义务导致未能及时止损或者损害扩大的,人民法院应当根据行政机关不依法履行、拖延履行法定义务行为在损害发生和结果中的作用大小,确定其承担相应的行政赔偿责任。

**第二十六条** 有下列情形之一的,属于国家赔偿法第三十五条规定的"造成严重后果":

(一)受害人被非法限制人身自由超过六个月;

(二)受害人经鉴定为轻伤以上或者残疾;

(三)受害人经诊断、鉴定为精神障碍或者精神残疾,且与违法行政行为存在关联;

(四)受害人名誉、荣誉、家庭、职业、教育等方面遭受严重损害,且与违法行政行为存在关联。

有下列情形之一的,可以认定为后果特别严重:

(一)受害人被限制人身自由十年以上;

(二)受害人死亡;

(三)受害人经鉴定为重伤或者残疾一至四级,且生活不能自理;

（四）受害人经诊断、鉴定为严重精神障碍或者精神残疾一至二级，生活不能自理，且与违法行政行为存在关联。

**第二十七条** 违法行政行为造成公民、法人或者其他组织财产损害，不能返还财产或者恢复原状的，按照损害发生时该财产的市场价格计算损失。市场价格无法确定，或者该价格不足以弥补公民、法人或者其他组织损失的，可以采用其他合理方式计算。

违法征收征用土地、房屋，人民法院判决给予被征收人的行政赔偿，不得少于被征收人依法应当获得的安置补偿权益。

**第二十八条** 下列损失属于国家赔偿法第三十六条第六项规定的"停产停业期间必要的经常性费用开支"：

（一）必要留守职工的工资；

（二）必须缴纳的税款、社会保险费；

（三）应当缴纳的水电费、保管费、仓储费、承包费；

（四）合理的房屋场地租金、设备租金、设备折旧费；

（五）维系停产停业期间运营所需的其他基本开支。

**第二十九条** 下列损失属于国家赔偿法第三十六条第八项规定的"直接损失"：

（一）存款利息、贷款利息、现金利息；

（二）机动车停运期间的营运损失；

（三）通过行政补偿程序依法应当获得的奖励、补贴等；

（四）对财产造成的其他实际损失。

**第三十条** 被告有国家赔偿法第三条规定情形之一，致人精神损害的，人民法院应当判决其在违法行政行为影响的范围内，为受害人消除影响、恢复名誉、赔礼道歉；消除影响、恢复名誉和赔礼道歉的履行方式，可以双方协商，协商不成的，人民法院应当责令被告以适当的方式履行。造成严重后果的，应当判决支付相应的精神损害抚慰金。

**第三十一条** 人民法院经过审理认为被告对公民、法人或者其他组织造成财产损害的，判决被告限期返还财产、恢复原状；无法返还财产、恢复原状的，判决被告限期支付赔偿金和相应的利息损失。

人民法院审理行政赔偿案件，可以对行政机关赔偿的方式、项目、标准等予以明确，赔偿内容确定的，应当作出具有赔偿金额等给付内容的判决；行政赔偿决定对赔偿数额的确定确有错误的，人民法院判决予以变更。

第三十二条 有下列情形之一的,人民法院判决驳回原告的行政赔偿请求:

(一)原告主张的损害没有事实根据的;
(二)原告主张的损害与违法行政行为没有因果关系的;
(三)原告的损失已经通过行政补偿等其他途径获得充分救济的;
(四)原告请求行政赔偿的理由不能成立的其他情形。

## 六、其他

第三十三条 本规定自 2022 年 5 月 1 日起施行。《最高人民法院关于审理行政赔偿案件若干问题的规定》(法发〔1997〕10 号)同时废止。

本规定实施前本院发布的司法解释与本规定不一致的,以本规定为准。

# 《最高人民法院关于审理行政赔偿案件若干问题的规定》的理解与适用

于厚森　郭修江　杨科雄　牛延佳[*]

2022年3月20日，最高人民法院发布《最高人民法院关于审理行政赔偿案件若干问题的规定》（以下简称《行政赔偿司法解释》），自2022年5月1日起施行。《行政赔偿司法解释》是在"十四五"规划开局之年以及全国上下认真学习贯彻习近平法治思想、党的十九届六中全会精神之际，最高人民法院通过的一部重要的司法解释。这部司法解释的发布，对充分保障人民群众依法获得行政赔偿，监督和支持行政机关依法行政，推进人民法院行政审判工作更好地服务于高质量发展将发挥积极作用。

## 一、《行政赔偿司法解释》的起草过程

1994年5月12日，第八届全国人民代表大会常务委员会第七次会议通过国家赔偿法。之后，根据2010年4月29日第十一届全国人民代表大会常务委员会第十四次会议《关于修改〈中华人民共和国国家赔偿法〉的决定》进行了第一次修正；根据2012年10月26日第十一届全国人民代表大会常务委员会第二十九次会议《关于修改〈中华人民共和国国家赔偿法〉的决定》进行了第二次修正。

1997年发布的《行政赔偿司法解释》共有四十条，该司法解释在贯彻实施国家赔偿法，保证人民法院依法及时公正审理各类行政赔偿案件，规范和加强行政赔偿工作，实质化解行政赔偿争议，保障赔偿请求人获得行政赔偿的权利，监督行政机关依法履行行政赔偿义务等方面，发挥了积极

---

[*] 作者单位：最高人民法院行政审判庭。

的作用。考虑到国家赔偿法、行政诉讼法等相关法律已经修改多年,民法典出台,且行政赔偿审理实践也出现了一些新情况、新问题,为了适应新形势的需要,进一步规范行政赔偿案件审理,有必要在总结近年来的经验和做法、修改完善原有司法解释的基础之上,制定一部新时代的具有中国特色的《行政赔偿司法解释》。

在起草《行政赔偿司法解释》的过程中,我们开展了多形式、多层次的调研活动。不仅听取各级法院的意见,还多次邀请行政法学专家学者参加调研座谈并听取意见;不仅征求院内相关部门的意见,还广泛征求全国人大常委会法工委、司法部等相关国家机关的意见。通过充分沟通、协商,在各方面对行政赔偿诉讼的受案范围、诉讼途径、审理对象、判决方式等基本问题达成广泛共识的基础上,多次修改,最终形成《行政赔偿司法解释(送审稿)》,由最高人民法院审判委员会讨论通过。《行政赔偿司法解释》结合行政赔偿案件审判实际,以解决实践中突出问题为导向,注重对存在分歧的重大疑难法律适用问题进行解释,注重规范的针对性、准确性和实效性。对于行政诉讼法、国家赔偿法及相关司法解释有明确规定的,不再重复作出规定;对可规定可不规定或者目前尚难以达成基本共识的内容,暂不作规定;对于旧司法解释中已经有规定且行之有效的内容,继续加以保留;对于近年来审判实践急待解决、旧司法解释未规定的内容,增加相应的条款。不追求大而全,而是根据审判实践需要确定具体条文的内容和数量。

## 二、起草《行政赔偿司法解释》的基本原则

在起草《行政赔偿司法解释》的过程中,始终坚持了以下基本原则。

一是始终坚持党对司法工作的绝对领导。《行政赔偿司法解释》起草中,我们始终坚持以习近平新时代中国特色社会主义思想为指导,深入贯彻习近平法治思想,增强"四个意识"、坚定"四个自信"、做到"两个维护",依法服务保障党和国家工作大局,监督和支持行政机关依法履行行政赔偿义务,切实维护公民、法人和其他组织的合法权益,实质化解行政赔偿争议,为人民群众提供更便捷、更高效、更优质的司法救济,通过畅通行政赔偿救济途径、完善行政赔偿诉讼判决方式等,实现行政赔偿争议实质化解,不断满足人民群众日益增长的美好生活需要的多元司法需求,推动新时代法治政府建设再上新台阶,努力让人民群众在每一个司法

案件中感受到公平正义。

二是始终坚持人民至上的根本宗旨。坚持以人民为中心是中国特色社会主义法治的本质要求。习近平总书记强调，江山就是人民、人民就是江山，打江山、守江山，守的是人民的心。党代表中国最广大人民的根本利益，没有任何自己特殊的利益。要推进全面依法治国，根本目的是依法保障人民权益。全面依法治国最广泛、最深厚的基础是人民，必须把体现人民利益、反映人民愿望、维护人民权益、增进人民福祉落实到全面依法治国各领域全过程，保障和促进社会公平公正。《行政赔偿司法解释》根据国家赔偿法和行政诉讼法的规定，进一步明确了行政赔偿的行为范围，界定了合法权益的范畴，完善了精神损害赔偿规定，对行政相对人及利害关系人给予强有力的司法保护。

三是始终坚持依法保障民营经济等各类产权的重要使命。产权制度是社会主义市场经济的基石，保护产权是坚持社会主义基本经济制度的必然要求。中央明确提出要健全以公平为原则的产权保护制度，依法平等保护国有、民营、外资等各种所有制企业产权，依法平等保护民营企业家权益。要健全支持民营企业发展的法治环境、政策环境和市场环境，不断优化营商环境，加快建设现代化经济体系、推动高质量发展的重要机制条件。《行政赔偿司法解释》切实落实平等保护公民、法人和其他组织等各种所有制产权的要求，明确规定国家赔偿法"直接损失"赔偿就是"实际损失"赔偿，行政机关违法行政行为造成公民、法人或者其他组织损害的，应当予以充分赔偿；明确规定财产赔偿的计算方式，停产停业期间必要的经常性费用开支的范畴，为充分赔偿划定具体标准；明确土地房屋征收征用过程中违法强拆造成损失的，赔偿标准和数额不低于被征收人依法应当获得的补偿安置标准和数额；等等。为民营经济的发展提供良好的政务环境和法治环境。

四是始终坚持依法精准监督政府行为的重要职责。司法监督是监督行政权力的重要方式，国家赔偿法及行政诉讼法都以监督行政机关依法行使职权为主要目的之一，《行政赔偿司法解释》则进一步具体化了监督行政机关履行行政赔偿责任的相关规定，丰富了行政行为法律概念，明确了行政赔偿相关决定纳入行政诉讼受案范围，完善了行政行为被确认违法的情形，明确了部分案件的举证责任倒置，科学划分了行政赔偿的责任。通过这些规定，实现对行政机关因违法行政行为导致赔偿问题的精准监督。

五是始终坚持服务高质量发展的重要目标。积极落实立足新发展阶段、贯彻新发展理念、构建新发展格局的要求，找准行政审判工作服务高质量发展的结合点、切入点，为实现高质量发展提供有力司法服务和保障。《行政赔偿司法解释》明确规定，行政行为与私人行为共同侵权的，当事人可以一并提起民事诉讼，同时对公、私各方的侵权责任作出合理划分；明确法院对原告未一并提起行政赔偿诉讼的告知义务，引导当事人尽可能一并解决行政赔偿争议；明确人民法院审理不履行行政赔偿义务案件要作出具有明确给付内容的判决，被诉行政赔偿决定款额计算错误的要作出变更判决，实质解决赔偿争议；明确人民法院对侵权行政行为主诉裁驳，对一并提起的行政赔偿诉讼也应当予以裁驳等，实质化解各类行政赔偿争议，为高质量发展创造良好的法治环境。

## 三、《行政赔偿司法解释》的主要内容

《行政赔偿司法解释》全文共三十三条，主要规定了以下几个方面的内容。

### （一）明确行政赔偿的范围及受案范围，实现对行政机关的全面监督

《行政赔偿司法解释》进一步明确了人民法院受理审查行政赔偿案件的核心要素——违法行为的范围以及合法权益的内涵，在法律规定的范围内最大限度地将符合受理条件的行政赔偿行为纳入受案范围，为行政赔偿案件的审理提供坚实的基础，更是实现对行政机关全面监督的重要前提。

一是界定了其他违法行为的范围。《行政赔偿司法解释》第一条规定："国家赔偿法第三条、第四条规定的'其他违法行为'包括以下情形：（一）不履行法定职责行为；（二）行政机关及其工作人员在履行行政职责过程中作出的不产生法律效果，但事实上损害公民、法人或者其他组织人身权、财产权等合法权益的行为。"根据是否积极作为，行政行为可以分为作出的行政行为和不作为行为；根据行为结果是否出自行政机关及其工作人员的主观故意，行政行为又可以分为法律行为和事实行为。行政机关不仅对作出的行政行为、法律行为违法造成损害要承担行政赔偿责任，对不履行法定职责行为和事实行为违法造成损害的，亦应承担行政赔偿责任。

二是明确了合法权益的内涵。《行政赔偿司法解释》第二条规定,公民、法人或者其他组织认为行政机关及其工作人员违法行使行政职权对其劳动权、相邻权等合法权益造成人身、财产损害的,可以依法提起行政赔偿诉讼。该规定严格落实国家赔偿法和行政诉讼法的规定,强调公民、法人或者其他组织认为行政机关及其工作人员违法行使行政职权对其劳动权、相邻权等合法权益造成人身、财产损害的,亦可以依法提起行政赔偿诉讼,大大扩展了行政赔偿保护权利的范围。

三是规定了赔偿相关决定纳入受案范围。为了进一步厘清行政赔偿案件的受案范围,《行政赔偿司法解释》第三条明确将赔偿决定、不予赔偿决定以及逾期不作出赔偿决定等行为纳入受案范围。行政赔偿诉讼要在对相关赔偿行为本身的合法性进行审查和评判的基础上,切实保护公民、法人和其他组织合法权益,避免行政赔偿程序空转,实质化解行政赔偿争议,实现对行政机关的全面监督。

## (二) 进一步明确行政赔偿诉讼主体资格,体现对当事人诉讼权利的充分保障

《行政赔偿司法解释》在遵循行政诉讼法规定的前提下,结合民法典的规定以及行政赔偿案件的特殊性,对当事人主体资格进行更为合理的界定,体现了对当事人诉讼权利的充分保障。

一是进一步明确了行政赔偿诉讼原告主体资格。对行政相对人以外的利害关系人作了更为明确的界定,《行政赔偿司法解释》第七条第一款规定,受害的公民死亡,其继承人和其他有扶养关系的人可以提起行政赔偿诉讼;为了充分保障合法权利人行使诉讼权利,且与民法典侵权责任赔偿的请求权人保持一致,《行政赔偿司法解释》第七条第二款还规定了支付受害公民医疗费、丧葬费等合理费用的人作为行政赔偿诉讼的原告;第七条第三款规定有权提起行政赔偿诉讼的法人或者其他组织分立、合并、终止,承受其权利的法人或者其他组织可以成为行政赔偿诉讼的原告,从而全面覆盖了行政赔偿诉讼利害关系人的范畴。

二是进一步明确了行政赔偿诉讼被告主体资格。行政赔偿诉讼中涉及的行政机关共同侵权以及经复议行政赔偿案件的被告资格确定问题,如何统一行政诉讼的合法性全面审查原则与尊重当事人诉权问题,《行政赔偿司法解释》第八条、第九条作了明确规定。对于两个以上行政机关共同实

施侵权行政行为造成损害的，第八条规定共同侵权行政机关为共同被告；如果当事人仅就其中一个或几个侵权机关提起行政赔偿诉讼，为了更好地解决行政赔偿争议，将未被起诉的行政机关作为第三人参加诉讼，既能够保证案件的全面审查，又充分尊重了起诉人的权利。对于复议决定加重损害情况下被告的确定问题，第九条明确了复议决定加重损害的，复议机关与原行政行为机关为共同被告；如果赔偿请求人仅对作出原行政行为机关或者复议机关提起行政赔偿诉讼，以被起诉的机关为被告，将未被起诉的机关追加为第三人，以利于行政赔偿争议的解决。

### （三）畅通行政赔偿诉讼程序，实现行政赔偿救济途径的有效衔接

行政赔偿诉讼区分为单独提起行政赔偿诉讼以及一并提起行政赔偿诉讼，同时还涉及行政复议后提起行政赔偿诉讼以及一并解决民事争议的情况，《行政赔偿司法解释》在这些问题上作了更为明确的规定，让当事人能够合理充分地选择救济途径，并且实现救济途径的畅通和有效衔接。

一是进一步完善了行政赔偿的请求时效和起诉期限制度。《行政赔偿司法解释》第十五条进一步明确了公民、法人或者其他组织应当自知道或者应当知道行政行为侵犯其合法权益之日起两年内，向赔偿义务机关申请行政赔偿。赔偿义务机关在收到赔偿申请之日起两个月内未作出赔偿决定的，公民、法人或者其他组织可以依照行政诉讼法的规定提起行政赔偿诉讼；第十六条规定，一并提起行政赔偿诉讼的，均适用行政诉讼法有关起诉期限的规定；第十七条规定，经复议行政赔偿案件，当事人仅对行政复议决定中的行政赔偿部分有异议的，可以自复议决定书送达之日起十五日内提起行政赔偿诉讼；行政机关作出有赔偿内容的行政复议决定时，未告知起诉期限的，适用《最高人民法院关于适用〈中华人民共和国行政诉讼法〉的解释》规定的最长不得超过一年的起诉期限。

二是进一步解决了一并及单独提起行政赔偿诉讼的程序问题。《行政赔偿司法解释》第十三条明确规定，公民、法人或者其他组织提起行政赔偿诉讼时，行政行为未被确认违法且符合行政诉讼起诉条件的，视为一并提起行政赔偿诉讼；对于单独提起行政赔偿诉讼的，在符合相关起诉条件的同时，还需要以行政行为已被确认为违法为前提。

三是进一步实现了公私法赔偿诉讼的衔接问题。为了畅通行政赔偿和

民事赔偿救济程序,实现公私法域司法裁判的统一,根据行政诉讼法关于一并解决民事争议的规定,《行政赔偿司法解释》第二十条明确了涉及行政许可、登记、征收、征用和行政机关对民事争议所作的裁决的行政诉讼中,原告提起行政赔偿诉讼的同时,有关当事人申请一并解决相关民事争议的,人民法院可以一并审理。

## (四)明确行政赔偿案件审理规则,推动行政赔偿审判高质量发展

为确保行政赔偿案件公正审理,推动行政审判高质量发展,《行政赔偿司法解释》对法院立案及审理中的释明义务、违法行政行为的认定规则、审理中对行政赔偿构成要件认定规则以及裁判中对损害的酌定规则等方面均作出规定。

一是强化了法院的释明义务。《行政赔偿司法解释》第十四条规定,当事人未一并提起行政赔偿诉讼,人民法院审查认为可能存在行政赔偿的,应当告知原告可以一并提起行政赔偿诉讼。该规定既能够体现对当事人实体赔偿权益的充分保护,也是为了进一步提高行政赔偿诉讼的效率,充分发挥行政赔偿诉讼的功能。

二是明确了行政行为被确认违法的情形。为了准确把握行政行为被确认违法的情形,《行政赔偿司法解释》第十八条规定,行政行为被有权机关依照法定程序撤销、变更、确认违法或无效,或者实施行政行为的行政机关工作人员因该行为被生效法律文书或监察机关政务处分确认为渎职、滥用职权的,属于行政行为被确认违法的情形。通过明确确认违法情形认定的规则,为人民法院审理行政赔偿案件提供坚实的基础。

三是完善了行政赔偿构成要件。《行政赔偿司法解释》第三十二条规定,人民法院应当对行政机关及其工作人员行使行政职权的行为是否符合法律规定、原告主张的损害事实是否存在、该职权行为与损害事实之间是否存在因果关系以及原告的损失是否已经通过行政补偿等其他途径获得充分救济等事项一并予以审查,从而完善了行政赔偿法定构成要件。

四是规范了法院对损害赔偿的酌定标准。《行政赔偿司法解释》第十一条第二款规定,人民法院对于原告主张的生产和生活所必需物品的合理损失,应当予以支持;对于原告提出的超出生产和生活所必需的其他贵重物品、现金损失,可以结合案件相关证据予以认定。在原、被告均无法举

证或举证不充分、相关损失无法鉴定的情况下,人民法院仍应当结合当事人的主张和在案证据,遵循法官职业道德,运用逻辑推理和生活经验、生活常识等,酌情确定赔偿数额。区分原告主张的生产和生活所必需物品的合理损失与超出生产和生活所必需的其他贵重物品、现金损失,规定对合理损失,应当予以支持,对重大财物损失,可以结合案件相关证据予以认定。

### (五) 厘清举证责任及赔偿责任划分,实现对违法行政行为赔偿主体精准追责

《行政赔偿司法解释》对政府在行政赔偿案件中的举证责任以及应当承担赔偿责任均进行了科学合理的界定,体现了对行政机关违法行政行为的精准追责,督促行政机关及时纠错、提高依法行政的水平,有利于进一步推进法治政府建设。

一是规定了举证责任倒置的情形。《行政赔偿司法解释》第十一条第一款规定了在行政行为被确认违法的情况下,原则上,原告应当就违法行政行为是否造成损害以及损害的大小承担举证责任,但是因被告原因导致原告无法举证的,采取举证责任倒置,由被告承担举证责任;《行政赔偿司法解释》第十二条规定,原告主张其被限制人身自由期间受到身体伤害,被告否认相关损害事实及损害与违法行政行为存在因果关系的,被告应当提供相应的证据证明。该规定对行政赔偿举证责任进行了公平合理的分配。

二是科学划分了行政赔偿责任。《行政赔偿司法解释》第二十一条至第二十五条对行政赔偿责任的划分进行了详细规定:明确了行政共同侵权连带赔偿责任;规定了行政分别侵权的连带赔偿责任和按份赔偿责任;确定了因第三人提供虚假材料导致行政行为违法的行政赔偿责任分担;规范了因第三人侵权但行政机关又不作为的行政赔偿责任分担;界定了因客观原因造成损害而行政机关又不作为的行政赔偿责任分担。通过行政赔偿责任的合理划分,实现了对行政机关赔偿责任分担的精准化,有利于从微观上保证依法行政原则的实施落地。

### (六) 科学界定损害赔偿范畴,体现对当事人合法实体权益的全面保护

为实现行政赔偿诉讼保护当事人合法权益的首要目的,《行政赔偿司

《法解释》在损害赔偿的范围、标准等方面给予行政相对人及利害关系人强有力的司法保护。

一是合理确定了直接损失的范围。国家赔偿法规定,行政赔偿仅赔偿侵犯财产权所造成的直接损失。《行政赔偿司法解释》根据行政赔偿案件的自身特点,参照司法赔偿案件司法解释相关规定,借鉴民事侵权赔偿的相关规定,适度扩大了直接损失的范围,《行政赔偿司法解释》第二十九条通过列举的方式明确了存款利息、贷款利息、现金利息、机动车停运期间的营运损失,以及通过行政补偿程序依法应当获得的奖励、补贴等均属于直接损失的范畴,同时在兜底条款明确对财产造成的其他实际损失属于直接损失,最大限度实现对当事人合法权益的保护。

二是适度提高了财产损害行政赔偿标准。国家赔偿法规定,违法行政行为造成财产损害,不能返还财产或者恢复原状的,给付相应的赔偿金。《行政赔偿司法解释》第二十七条第一款明确了赔偿金给付的标准,明确了按照损害发生时的市场价格计算损失,市场价格无法确定,或者该价格不足以弥补公民、法人或者其他组织损失的,可以采用其他合理方式计算。针对司法实践中所占比例较大的违法征收、征用土地房屋导致的行政赔偿案件,第二十七条第二款规定了人民法院判决给予被征收人的行政赔偿,不得少于被征收人依法应当获得的安置补偿权益,确保当事人获得的赔偿利益能够充分保障其安置补偿权益和实际居住权益。

三是依法完善了精神损害赔偿的规定。根据国家赔偿法关于行政赔偿精神损害的原则性规定,《行政赔偿司法解释》第三十条进一步完善了精神损害赔偿的履行方式及法院的判决方式,并明确了消除影响、恢复名誉和赔礼道歉的履行方式,可以双方协商,协商不成的,人民法院应当责令被告以适当的方式履行。造成严重后果的,应当判决支付相应的精神损害抚慰金,从而实现对当事人精神权益的合法保护。

(七)规范行政赔偿诉讼裁判方式,推动行政赔偿诉讼实质性发展

为进一步推动行政赔偿诉讼实质化解行政赔偿争议的功能,提高行政赔偿诉讼的效率,发挥行政赔偿诉讼应有的作用,避免行政赔偿案件程序空转,《行政赔偿司法解释》在裁判方式上作了更为具体的规定。

一是明确了主诉裁驳从诉一并裁驳规则。《行政赔偿司法解释》第十

九条规定,公民、法人或者其他组织一并提起行政赔偿诉讼,人民法院经审查认为行政诉讼不符合起诉条件的,对一并提起的行政赔偿诉讼,裁定不予立案;已经立案的,裁定驳回起诉。该规定明确行政行为案件作为主诉依法不能成立,一并提起行政赔偿诉讼也不符合法定起诉条件,人民法院应当裁定不予立案,已经立案的,裁定驳回起诉,有利于裁判尺度的统一和节约有限的司法资源。

二是强调了赔偿判决应更加明确具体。不论是一并提起行政赔偿诉讼还是单独提起的行政赔偿诉讼案件中,《行政赔偿司法解释》规定法院应当尽可能作出明确而具体的赔偿判决,第三十一条规定了给付判决和变更判决的方式,人民法院认为行政机关的不予赔偿决定错误或者赔偿决定在赔偿的方式、项目、标准方面违法,应当逐项说明并作出实质裁判;行政赔偿决定对赔偿数额的确定确有错误的,人民法院判决予以变更。通过赔偿判决的明确和具体化,最大限度实现行政赔偿赔偿诉讼实质化解行政争议的功能。

此外,在《行政赔偿司法解释》起草过程中,1997年《行政赔偿司法解释》一些规定虽然在条文中被删除,如被告可以提供不予赔偿或者减少赔偿数额方面的证据、人民法院审理行政赔偿案件就当事人之间的行政赔偿争议进行审理与裁判、行政赔偿案件裁判文书的名称应当是行政赔偿判决书和行政赔偿裁定书以及有关行政赔偿案件适用调解并可以制作行政赔偿调解书等,但是司法实践中长期适用,且符合国家赔偿法和行政诉讼法规定精神,相关内容可以在以后的司法实践中继续适用。

《行政赔偿司法解释》的颁布实施对于严格按照行政诉讼法和国家赔偿法的规定,公正及时审理好行政赔偿案件,将起到积极的作用,有利于进一步推进对行政机关的精准有效监督,进一步推进政府治理能力现代化,进一步推动政府行为全面纳入法治轨道,进一步强化产权保护力度。人民法院行政审判工作也将继续践行努力让人民群众在每一个司法案件中感受到公平正义的目标,以实际行动迎接党的二十大的顺利召开。

## 最高人民法院
## 关于进一步推进行政争议多元化解工作的意见

2021年12月22日　　　　　　　　法发〔2021〕36号

为进一步推进人民法院行政争议多元化解工作，充分发挥行政审判职能作用，根据《中华人民共和国行政诉讼法》（以下简称行政诉讼法）及相关司法解释的规定，结合审判工作实际，制定本意见。

### 一、总体要求

1. 始终坚持以习近平新时代中国特色社会主义思想为指导，深入贯彻习近平法治思想，把非诉讼纠纷解决机制挺在前面，从源头上预防、化解行政争议，促进行政争议诉源治理。

2. 始终坚持党的领导，在党委领导、人大监督下，积极争取政府支持，更好发挥人民法院在多元化解中的参与、推动、规范、保障作用，依法调动各类纠纷解决资源，进一步完善衔接顺畅、协调有序的行政争议多元化解机制。

3. 始终坚持以人民为中心，切实保护公民、法人和其他组织的合法权益，助推行政机关依法行政，预防和实质化解行政争议，提高人民生活品质，促进共同富裕。

### 二、注重源头预防

4. 积极助推依法行政制度体系建设。通过府院联席会商、提供咨询意见、加强规范性文件的一并审查等方式，助推提升行政法规、规章和其他规范性文件的系统性、整体性、协同性，从制度源头上预防和减少行政争议发生。

5. 鼓励和支持行政机关建立重大决策风险评估机制。对事关群众切身利益、可能引发影响社会稳定问题的重大改革措施出台、重大政策制定或调整、重大工程项目建设、重大活动举办、重大敏感事件处置等事项，要通过参与论证、提供法律咨询意见等方式，为重大行政决策的科学化、民主化和法治化提供有力司法服务。

6. 建立矛盾纠纷分析研判机制。定期对行政诉讼案件高发领域、矛盾问题突出领域进行排查梳理，充分运用司法建议、行政审判白皮书等形式，及时对行政执法中的普遍性、倾向性、趋势性问题提出预警及治理建议。

7. 助推诉源治理工作更好融入社会治理体系。积极参与党委政府牵头的一站式社会矛盾纠纷调处化解中心建设，健全诉讼服务与公共法律服务等领域的工作对接机制，拓宽与政府及其职能部门的对接途径。充分发挥人民法院的业务指导作用，做好协同疏导化解工作，促进纠纷诉前解决。

8. 完善人民法院内部风险防范机制。在出台重大司法解释和司法政策、办理重大敏感行政案件时，坚持把风险评估作为前置环节，完善风险处置预案，积极预防突发性、群体性事件发生，确保第一时间有效控制事态，努力将矛盾问题消解于萌芽阶段。

9. 统筹结合行政审判与普法宣传。充分运用司法解释公布、裁判文书上网、典型案例发布、巡回审判、庭审公开、法治专题讲座等形式，宣讲行政法律知识，引导广大群众自觉守法、遇事找法、解决问题靠法。

## 三、突出前端化解

10. 人民法院收到起诉材料后，应当主动向起诉人了解案件成因，评估诉讼风险。对下列案件，可以引导起诉人选择适当的非诉讼方式解决：

（一）行政争议未经行政机关处理的，可以引导起诉人申请由作出行政行为的行政机关或者有关部门先行处理；

（二）行政争议未经行政复议机关处理的，可以引导起诉人依法向复议机关申请行政复议；

（三）行政争议的解决需以相关民事纠纷解决为基础的，可以引导起诉人通过人民调解、行政调解、商事调解、行业调解、行政裁决、劳动仲裁、商事仲裁等程序，依法先行解决相关民事纠纷；

（四）行政争议有其他法定非诉讼解决途径的，可以引导起诉人向相关部门提出申请。

11. 对于行政赔偿、补偿以及行政机关行使法律、法规规定有裁量权的案件，在登记立案前，人民法院可以引导起诉人向依法设立的调解组织，申请诉前调解：

（一）起诉人的诉讼请求难以得到支持，但又确实存在亟待解决的实际困难的；

（二）被诉行政行为有可能被判决确认违法保留效力，需要采取补救措施的；

（三）因政策调整、历史遗留问题等原因产生行政争议，由行政机关处理更有利于争议解决的；

（四）行政争议因对法律规范的误解或者当事人之间的感情对立等深层次原因引发，通过裁判方式难以实质化解争议，甚至可能增加当事人之间不必要的感情对立的；

（五）类似行政争议的解决已经有明确的法律规范或者生效裁判指引，裁判结果不存在争议的；

（六）案情重大、复杂，涉案人员较多，或者具有一定敏感性，可能影响社会稳定，仅靠行政裁判难以实质性化解的；

（七）行政争议的解决不仅涉及对已经发生的侵害进行救济，还涉及预防或避免将来可能出现的侵害的；

（八）行政争议涉及专业技术知识或者行业惯例，由相关专业机构调解，更有利于专业性问题纠纷化解的；

（九）其他适宜通过诉前调解方式处理的案件。

12. 对诉前调解或其他非诉讼机制解决争议的案件，根据行政争议实质化解工作的需要，人民法院做好以下指导、协调工作：

（一）指导相关机构和人员充分了解行政争议形成的背景；

（二）指导相关机构和人员正确确定争议当事人、争议行政行为以及争议焦点，促使当事人围绕争议焦点配合调解工作；

（三）指导相关机构和人员在对被诉行政行为合法性进行初步判断的前提下，促进当事人达成一致意见；

（四）引导当事人自动、及时履行调解协议；

（五）其他有助于实质化解纠纷，且不违反人民法院依法、独立、公正行使审判权相关规定的工作。

**四、加强工作衔接**

13. 诉前调解过程中,证据可能灭失或者以后难以取得,当事人申请保全证据的,人民法院应当依法裁定予以证据保全。但该证据与待证事实无关联、对证明待证事实无意义,或者其他无保全必要的,人民法院裁定不予保全。

14. 经诉前调解达成调解协议,当事人可以自调解协议生效之日起三十日内,共同向对调解协议所涉行政争议有管辖权的人民法院申请司法确认。人民法院应当依照行政诉讼法第六十条规定进行审查,调解协议符合法律规定的,出具行政诉前调解书。

15. 经审查认为,调解协议具有下列情形之一的,人民法院应当裁定驳回申请:

(一)不符合行政诉讼法第六十条规定的可以调解的行政案件范围的;

(二)违背当事人自愿原则的;

(三)违反法律、行政法规或者地方性法规强制性规定的;

(四)违背公序良俗的;

(五)损害国家利益、社会公共利益或者他人合法权益的;

(六)内容不明确,无法确认和执行的;

(七)存在其他不应当确认情形的。

人民法院裁定驳回确认申请的,当事人可以就争议事项所涉行政行为依法提起行政诉讼。

16. 诉前调解出现下列情形之一的,应当及时终止调解:

(一)当事人存在虚假调解、恶意拖延,或者其他没有实质解决纠纷意愿的;

(二)当事人坚持通过诉讼途径解决纠纷的;

(三)纠纷的处理涉及法律适用分歧的;

(四)纠纷本身因诉前调解机制引起,或者当事人因其他原因对诉前调解组织及相关调解人员的能力、资格以及公正性产生合理怀疑的;

(五)通过诉前调解机制处理,超过一个月未取得实质进展,或者三个月未解决的;

(六)其他不适合通过调解解决纠纷的。

对于终止调解的案件,诉前调解组织应当出具调解情况报告,写明案件基本情况、当事人的调解意见、未能成功化解的原因、证据交换和质证等情况，一并移交人民法院依法登记立案。

17. 因非诉讼方式解决行政争议耽误的期限，人民法院计算起诉期限时，应当依照行政诉讼法第四十八条规定予以扣除，但存在本意见第19条规定情形的除外。

18. 当事人在诉前调解中认可的无争议事实，诉讼中经各方当事人同意，无需另行举证、质证，但有相反证据足以推翻的除外。

当事人为达成调解协议作出让步、妥协而认可的事实，非经当事人同意，在诉讼中不得作为对其不利的证据。

19. 当事人在诉前调解中存在虚假调解、恶意拖延、恶意保全等不诚信行为，妨碍诉讼活动的，人民法院立案后经查证属实的，可以视情节轻重，依法作出处理。

20. 对进入诉讼程序的案件，坚持以事实为根据，以法律为准绳，进一步加强裁判文书说理，提升说理的准确性、必要性、针对性，努力推出更多精品行政裁判文书，为类似纠纷的解决提供更好示范指引。

## 五、加强组织保障

21. 各级人民法院要高度重视行政争议多元化解工作，推动建立、健全诉源治理和矛盾纠纷多元化解的制度、机制，加强与其他国家机关、社会组织、企事业单位的联系，积极参与、推进创新各种非诉讼纠纷解决机制，不断满足人民群众多元司法需求。

22. 各级人民法院要加强对多元化解行政争议工作的组织领导，充实人员配备，完善工作机制和监督评价体系；要加强对相关机构和人员的管理、培训，协助有关部门建立完善诉讼外解决行政争议的机构认证和人员资质认可、评价体系。

23. 各级人民法院要主动争取地方党委、政府对行政争议多元化解机制改革工作的政策支持和经费保障，通过政府购买、单独列支或列入法院年度财政预算等方式，有效保障改革工作顺利推进。

24. 各级人民法院要及时总结行政争议多元化解机制改革的成功经验，积极争取地方人大、政府出台有关多元化解工作的地方性法规、规章或者规范性文件，将改革实践成果制度化、法律化，促进改革在法治轨道上健康发展。

# 最高人民法院行政审判庭负责同志就《最高人民法院关于进一步推进行政争议多元化解工作的意见》答记者问

为深入贯彻落实习近平总书记关于"把非诉讼纠纷解决机制挺在前面"的重要指示，进一步推进人民法院行政争议多元化解工作，最高人民法院印发《最高人民法院关于进一步推进行政争议多元化解工作的意见》（以下简称《意见》）。

**问**：请介绍一下《意见》的起草背景。

**答**：党的十八届四中全会通过的《中共中央关于全面推进依法治国若干重大问题的决定》提出，健全社会矛盾纠纷预防化解机制，完善调解、仲裁、行政裁决、行政复议、诉讼等有机衔接、相互协调的多元化纠纷解决机制。2015年中共中央办公厅和国务院办公厅印发《关于完善矛盾纠纷多元化解机制的意见》，从制度层面对多元化纠纷解决机制改革作出顶层设计。2019年，习近平总书记在中央政法工作会议上作出重要指示，明确提出要"把非诉讼纠纷解决机制挺在前面"。2021年2月19日，中央全面深化改革委员会第十八次会议审议通过《关于加强诉源治理推动矛盾纠纷源头化解的意见》，强调要推动更多法治力量向引导和疏导端用力，加强矛盾纠纷源头预防、前端化解、关口把控，完善预防性法律制度，从源头上减少诉讼增量。

源头防控、多元解纷社会治理理念的提出，回应了新时代我国社会主要矛盾变化的现实需求。坚持把非诉讼纠纷解决机制挺在前面，把诉讼作为纠纷解决最后防线，加快构建衔接顺畅、协调有序的多元化纠纷解决体系成为新时代政法改革的重要内容之一。依法妥善处理各类行政案件，有效保障人民群众合法权益，切实维护社会和谐稳定，需要在党委领导、人大监督、政府支持下，充分调动各种社会力量，积极构建纠纷化解合力。近年来，各地法院在多元化解行政争议、诉源治理方面进行了大量的实践探索，形成了许多好的经验，取得明显成效。为全面贯彻落实习近平总书记重要指示精神，确保将党中央的重大决策部署落到实处，更好推进多元化解工作，在总结各地相关工作经验的基础上，制定出台本《意见》。

**问：请介绍一下《意见》的主要内容，下一步在行政争议多元化方面还有哪些工作打算？**

**答：**《意见》共分为五个部分。主要内容是：明确人民法院推动行政争议多元化解工作的总体要求；明确人民法院应当从行政立法、行政决策、行政执法、社会综合治理、人民法院内部风险防范和全民普法、守法等方面参与诉源治理，推动行政争议的源头化解；明确案件起诉到人民法院后的诉前引导分流机制、诉前调解机制以及调解过程中人民法院的职能定位；从诉前调解与诉前证据保全、诉前调解协议的司法确认、调解与诉讼的转入、无争议事实的认定、不诚信调解的处理、裁判文书质量提升等方面，对多元化解工作中的诉讼与非诉讼衔接机制进行了规定；对多元化解行政争议的组织保障、人员保障、经费保障以及法律支撑等内容进行了规定。

下一步，最高人民法院将加强对地方各级人民法院行政争议多元化解工作的指导和监督，加强行政争议多元化解工作的宣传解读，发布实质解决行政争议典型案例，帮助各级法院正确理解和把握改革要求，并在全面总结改革经验的基础上配套完善相关司法解释和司法政策。

**问：《意见》规定多元化解行政争议的具体方式有哪些？**

**答：**《意见》规定多元化解行政争议的具体方式主要有三个方面。

一是对行政争议进行源头预防。具体包括通过府院联席会商、提供咨询意见、加强规范性文件一并审查等做法，助推提升行政立法的系统性、整体性、协同性，从规则层面预防行政争议的产生；根据政府决策机制安排，提前介入决策过程，从行政审判角度提供参考意见，保障重大行政决策的科学化、民主化和法治化，从决策层面预防行政争议的产生；通过司法建议、行政审判白皮书等形式，为行政执法提供意见和建议，促进行政机关依法行政，从行政执法层面预防行政争议的产生；将行政争议诉源治理工作融入社会治理体系，充分发挥人民法院的业务指导作用，做好协同疏导化解工作，促进纠纷诉前解决，切实把非诉讼纠纷解决机制挺在前面;在制定司法解释、司法政策,办理重大敏感案件时进行风险评估,从法院自身层面预防相关争议的发生;通过司法解释公布、裁判文书上网、典型案例发布、巡回审判、庭审公开、法治专题讲座等具体形式,提高人民群众知法、守法和依法维护权益的能力和水平,从全民守法的层面努力营造优先选择非诉讼方式解决纠纷的良好氛围。

二是加强行政争议的前端化解工作。具体包括人民法院在行政诉讼程序开启之前,引导、鼓励和支持当事人积极选择行政和解、行政复议、行政裁决、行政调解或者申请仲裁等非诉讼方式解决争议;对于起诉人的诉讼请求难以得到支持,但又确实存在亟待解决的实际困难的案件等,引导起诉人以诉前调解方式先行处理。同时,对诉前调解或其他非诉讼机制解决争议的案件,人民法院应当根据实质化解行政争议的具体需要,指导相关机构和人员充分了解行政争议形成的背景,正确确定争议当事人、争议行政行为以及争议焦点,促使当事人围绕争议焦点配合调解,指导相关机构和人员在对被诉行政行为合法性进行初步判断的基础上,协助促进当事人达成一致意见。

三是做好行政争议的诉讼与非诉讼解决机制的衔接工作。包括依法进行诉前证据保全;对符合行政诉讼法第六十条规定、依法可以进行调解案件达成的诉前调解协议进行司法确认;在当事人没有实质解决纠纷的意愿、坚持提起诉讼、调解久拖不决、案件处理涉及法律适用问题、调解组织本身的公正性受到质疑等情况下,及时终止调解,依法将案件转入诉讼程序,并做好起诉期限扣除和无争议事实的认定等工作;对于适宜裁判的案件,严格规范审理,提高裁判文书质量,不断完善示范裁判机制,为类似纠纷的解决提供可预测的法律适用案例等。

# 【其他篇】

## 最高人民法院
## 关于第一审知识产权民事、行政案件管辖的若干规定

法释〔2022〕13号

(2021年12月27日最高人民法院审判委员会第1858次会议通过 2022年4月20日最高人民法院公告公布 自2022年5月1日起施行)

为进一步完善知识产权案件管辖制度，合理定位四级法院审判职能，根据《中华人民共和国民事诉讼法》《中华人民共和国行政诉讼法》等法律规定，结合知识产权审判实践，制定本规定。

**第一条** 发明专利、实用新型专利、植物新品种、集成电路布图设计、技术秘密、计算机软件的权属、侵权纠纷以及垄断纠纷第一审民事、行政案件由知识产权法院，省、自治区、直辖市人民政府所在地的中级人民法院和最高人民法院确定的中级人民法院管辖。

法律对知识产权法院的管辖有规定的，依照其规定。

**第二条** 外观设计专利的权属、侵权纠纷以及涉驰名商标认定第一审民事、行政案件由知识产权法院和中级人民法院管辖；经最高人民法院批准，也可以由基层人民法院管辖，但外观设计专利行政案件除外。

本规定第一条及本条第一款规定之外的第一审知识产权案件诉讼标的额在最高人民法院确定的数额以上的，以及涉及国务院部门、县级以上地方人民政府或者海关行政行为的，由中级人民法院管辖。

法律对知识产权法院的管辖有规定的，依照其规定。

**第三条** 本规定第一条、第二条规定之外的第一审知识产权民事、行政案件,由最高人民法院确定的基层人民法院管辖。

**第四条** 对新类型、疑难复杂或者具有法律适用指导意义等知识产权民事、行政案件,上级人民法院可以依照诉讼法有关规定,根据下级人民法院报请或者自行决定提级审理。

确有必要将本院管辖的第一审知识产权民事案件交下级人民法院审理的,应当依照民事诉讼法第三十九条第一款的规定,逐案报请其上级人民法院批准。

**第五条** 依照本规定需要最高人民法院确定管辖或者调整管辖的诉讼标的额标准、区域范围的,应当层报最高人民法院批准。

**第六条** 本规定自 2022 年 5 月 1 日起施行。

最高人民法院此前发布的司法解释与本规定不一致的,以本规定为准。

# 《最高人民法院关于第一审知识产权民事、行政案件管辖的若干规定》的理解与适用

林广海　李　剑　许常海[*]

2021年12月27日,最高人民法院审判委员会第1858次会议审议通过《最高人民法院关于第一审知识产权民事、行政案件管辖的若干规定》(法释〔2022〕13号,以下简称《规定》),自2022年5月1日起施行。为细化《规定》第三条,最高人民法院配套发布了《最高人民法院关于印发基层人民法院管辖第一审知识产权民事、行政案件标准的通知》(法〔2022〕109号,以下简称《通知》),与《规定》同步实施。本文就《规定》的起草背景、基本原则及主要内容,并结合《通知》的有关规定进行说明,以便于实践中准确理解与适用。

## 一、《规定》制定的背景与经过

2014年以来,北京、上海、广州和海南自由贸易港知识产权法院相继设立。2017年起,最高人民法院批复同意南京等27个城市设立知识产权专门审判机构,跨区域管辖专业技术性较强的知识产权案件。2019年1月,最高人民法院知识产权法庭挂牌办公,集中管辖全国范围内专利等技术类知识产权和垄断上诉案件。在此之前,最高人民法院先后批准近200家基层人民法院集中管辖相应区域的商标、著作权等普通知识产权案件,管辖布局不断完善。随着我国经济社会快速发展,知识产权案件数量逐年激增,新类型疑难复杂案件不断涌现,现有的知识产权案件管辖布局需要作进一步优化,以便更好地发挥知识产权专门化审判体系在统一裁判标

---

[*] 作者单位:最高人民法院民事审判第三庭。

准、优化科技创新法治环境、服务知识产权强国建设等方面的职能作用。

一是民事案件诉讼标的额标准应尽可能统一，便于当事人诉讼。《最高人民法院关于调整地方各级人民法院管辖第一审知识产权民事案件标准的通知》（法发〔2010〕5号，以下简称《2010年通知》）基于当时各地案件类型和数量分布差异大等实际，规定基层人民法院管辖第一审民事案件诉讼标的额由高级人民法院自行确定并报最高人民法院批准。随着知识产权案件数量增加，各地管辖标准不统一问题日益凸显。

二是中级人民法院、基层人民法院管辖标准需要进一步优化，合理定位法院审级职能。当前有部分中级人民法院辖区没有基层人民法院管辖知识产权民事案件，以致所有知识产权民事案件，包括案情简单、诉讼标的额小的案件都由中级人民法院一审、高级人民法院二审。地方法院反映，这种情况不利于中级人民法院集中审判力量审理疑难复杂案件，也不利于高级人民法院再审纠错、统一裁判尺度职能的发挥。

三是知识产权刑事案件管辖需要进一步调整，确保"三合一"审判机制功能充分发挥。目前，部分地区第一审知识产权民事案件由中级人民法院管辖，而第一审知识产权刑事案件由基层人民法院管辖，容易造成针对同一权利的民事、刑事案件管辖不协调情形。

《中共中央关于全面推进依法治国若干重大问题的决定》要求完善审级制度，一审重在解决事实认定和法律适用，二审重在解决事实法律争议、实现二审终审，再审重在解决依法纠错、维护裁判权威。中央全面深化改革委员会审议通过的《关于完善四级法院审级职能定位的改革方案》明确了完善四级法院审级职能定位的改革目标、基本原则及主要内容。《最高人民法院关于完善四级法院审级职能定位改革试点的实施办法》（法〔2021〕242号，以下简称《实施办法》）进一步明确"基层人民法院重在准确查明事实、实质化解纠纷；中级人民法院重在二审有效终审、精准定分止争；高级人民法院重在再审依法纠错、统一裁判尺度；最高人民法院监督指导全国审判工作、确保法律正确统一适用"。中共中央、国务院印发的《知识产权强国建设纲要（2021—2035年）》强调"健全公正高效、管辖科学、权界清晰、系统完备的司法保护体制""深入推进知识产权民事、刑事、行政案件'三合一'审判机制改革，构建案件审理专门化、管辖集中化和程序集约化的审判体系"。上述决策部署为完善知识产权案件管辖制度提供了遵循，指明了方向。

为贯彻落实党中央决策部署，进一步完善管辖科学的知识产权诉讼制度，合理定位四级法院审判职能，切实解决知识产权案件管辖存在的问题，最高人民法院民三庭牵头起草《规定》。起草期间，多次征求中宣部、全国人大常委会法工委、最高人民检察院、公安部、司法部、海关总署、国家市场监管总局、国家知识产权局、全国律协等部门以及各高级人民法院意见。在充分吸收各方反馈意见的基础上，对条文稿作了反复修改完善，形成送审稿，并提交最高人民法院审判委员会讨论通过。

## 二、《规定》的基本原则

《规定》的起草，始终坚持以习近平新时代中国特色社会主义思想为指导，深入学习贯彻习近平法治思想，切实发挥知识产权审判激励创新创造、维护公平竞争、促进文化繁荣的职能作用，紧扣知识产权审判工作实际，着力促进知识产权审判体系和审判能力现代化建设，确保党中央决策部署落地见效。起草过程中，遵循以下原则。

一是坚持服务大局。兼顾推动知识产权审判重心下沉和充分发挥专门审判机构优势的指导思想，《规定》采取"特殊案由列举+其他兜底"的起草思路，明确知识产权法院等部分中级人民法院集中管辖发明专利等特定类型案件，充分聚焦重大科技创新的司法保障问题。同时，积极推进知识产权案件繁简分流，切实发挥基层人民法院多元解纷、化解矛盾的重要功能，促进社会治理体系和治理能力现代化。

二是坚持依法解释。严格依据民事诉讼法、行政诉讼法及全国人大常委会决定等法律规定，进一步明确中级人民法院、基层人民法院管辖知识产权民事、行政案件类型及诉讼标的额标准，对管辖布局作进一步细化完善。

三是坚持问题导向。积极回应社会各方关切，以方便当事人诉讼为出发点，紧扣各地经济发展及知识产权案件数量分布不均衡等实际情况，《规定》从案由、类型及标的额三个方面入手，明确第一审知识产权案件管辖范围和标准。

## 三、《规定》的主要内容

### (一) 部分中级人民法院管辖的第一审知识产权案件类型

为确保部分中级人民法院集中力量公正高效审理专业技术性强、重大疑难复杂等案件,《规定》依据《全国人民代表大会常务委员会关于专利等知识产权案件诉讼程序若干问题的决定》和《全国人民代表大会常务委员会关于在北京、上海、广州设立知识产权法院的决定》(以下简称《知识产权法院决定》),明确发明专利、实用新型专利、植物新品种、集成电路布图设计、技术秘密、计算机软件的权属、侵权纠纷及垄断纠纷这七类案件由知识产权法院、省会城市中级人民法院和最高人民法院确定的中级人民法院集中管辖。适用中需要注意以下问题。

一是涉及发明专利等的合同纠纷案件按普通知识产权案件确定管辖。起草过程中,有意见提出,鉴于《知识产权法院决定》对知识产权法院管辖的专利等案件类型作出了"专业技术性较强"的限定,而专利等知识产权合同纠纷案件通常不涉及较强的专业技术性问题,由知识产权法院等部分中级人民法院集中管辖的必要性不大,可将知识产权合同纠纷案件作为普通知识产权案件确定管辖。经征求全国人大常委会法工委意见,《规定》采纳了上述意见,即涉及发明专利等权属、侵权案件由部分中级人民法院管辖,而将知识产权合同纠纷案件作为普通知识产权案件管辖。《规定》施行后,涉及发明专利等的第一审知识产权合同纠纷案件,将由基层人民法院管辖(需符合有关诉讼标的额标准)。当事人对一审裁判不服的,应当上诉至上一级人民法院。需要注意的是,《规定》第一条、第二条所称"权属、侵权纠纷",主要是指《民事案件案由规定》所规定的"知识产权权属、侵权纠纷",包括确认不侵害知识产权纠纷、因申请知识产权临时措施损害责任纠纷、因恶意提起知识产权诉讼损害责任纠纷、专利权宣告无效后返还费用纠纷等。知识产权合同纠纷亦指《民事案件案由规定》所规定的"知识产权合同纠纷"。另外,有的商业秘密侵权案件可能既涉及技术信息又涉及经营信息,应当按照特殊优先原则,由有权管辖侵害技术秘密纠纷的法院审理。

二是垄断行政案件包括滥用行政权力排除、限制竞争的行政性垄断案件。起草过程中,有意见提出,滥用行政权力排除、限制竞争的行政案件同样涉及相关市场认定、竞争损害分析等具有普遍性的反垄断法律问题，需要与有关垄断民事案件和行政处罚类垄断行政案件保持一致，建议将滥用行政权力排除、限制竞争行政案件的管辖按照垄断民事、行政案件管辖确定。为统一司法裁判标准，《规定》采纳了该意见，亦即《规定》第一条规定的垄断行政案件包括滥用行政权力排除、限制竞争的行政性垄断案件。

另外，鉴于《知识产权法院决定》、《全国人民代表大会常务委员会关于设立海南自由贸易港知识产权法院的决定》（以下简称《海南知识产权法院决定》）对知识产权法院管辖的案件类型还有其他明确规定，如不服国务院行政部门裁定或者决定而提起的第一审知识产权授权确权行政案件，由北京知识产权法院管辖，故《规定》第一条第二款规定，法律对知识产权法院的管辖有规定的，依照其规定。

## （二）各中级人民法院管辖的第一审知识产权案件类型

《规定》第二条明确了知识产权法院和各中级人民法院可以管辖的案件类型，可分为以下三类。

第一类是外观设计专利的权属、侵权纠纷以及涉驰名商标认定第一审民事、行政案件。此前，该两类案件由部分中级人民法院集中管辖。起草过程中，有意见提出，该两类案件通常不涉及较强的专业技术性问题，跨区域集中管辖给当事人诉讼带来不便，此两类案件集中管辖的必要性不大。《规定》采纳该意见，明确该两类案件由知识产权法院和各中级人民法院管辖，不再由部分中级人民法院集中管辖，以均衡案件分布，进一步确保部分中级人民法院集中审理专业技术性较强的疑难复杂案件。

需要注意的是，就知识产权法院而言，根据《知识产权法院决定》的规定，北京、上海、广州知识产权法院跨区域管辖所在省（直辖市）的有关专利等第一审知识产权民事和行政案件；《海南知识产权法院决定》规定，海南自由贸易港知识产权法院管辖海南省有关专利等第一审知识产权民事、行政案件。全国人大常委会决定所规定的专利案件包括外观设计专利案件，故知识产权法院所属区域的其他中级人民法院不能管辖外观设计专利民事、行政案件。

关于涉驰名商标认定第一审知识产权民事、行政案件，《知识产权法院决定》未规定北京、上海、广州知识产权法院集中管辖，但考虑到北京、上海知识产权法院统一管辖北京市、上海市应当由中级人民法院管辖的第一审知识产权民事、行政案件，因此，北京、上海知识产权法院统一管辖全市涉驰名商标认定第一审民事、行政案件。根据《最高人民法院关于北京、上海、广州知识产权法院案件管辖的规定》，广州知识产权法院对涉驰名商标认定的民事案件实行跨区域集中管辖。鉴于知识产权审判经验不断积累，涉驰名商标认定案件裁判规则业已成熟，从方便当事人诉讼角度考虑，不再由广州知识产权法院统一管辖广东省内此类案件的做法，条件已经成熟，因此，根据《规定》第二条，广州知识产权法院不再集中管辖全省其他地市的涉驰名商标认定案件，此类案件由广东省各中级人民法院管辖。

也就是说，《规定》施行后，除北京市、上海市、广东省、海南省外，其他地区的中级人民法院均可以管辖外观设计专利第一审民事、行政案件；除北京市、上海市、海南省外，其他地区的中级人民法院均可以管辖涉驰名商标认定第一审案件。

起草过程中，有意见提出，个别中级人民法院案件数量多，建议经最高人民法院批准，外观设计专利民事、涉驰名商标认定案件可以由基层人民法院管辖。《规定》采纳该意见，以便于案件特别多的地区将此类案件下沉。需要注意两点：一是外观设计专利行政案件不能由基层人民法院管辖；二是基层人民法院管辖此两类案件须经最高人民法院另行批准，并不是所有具有知识产权民事案件管辖权的基层人民法院均可管辖。另外，基于《规定》第一条规定权属、侵权纠纷案件由知识产权法院等部分中级人民法院管辖，而将合同纠纷案件作为普通知识产权案件管辖的理由，《规定》第二条对外观设计专利案件亦作同样规定。

第二类是最高人民法院确定的诉讼标的额以上的普通知识产权民事案件。本文所指的普通知识产权民事、行政案件，是指《规定》第一条规定的七类案件和第二条第一款规定的两类案件之外的其他知识产权民事、行政案件，包括涉及发明专利等的合同纠纷案件。关于普通知识产权民事案件诉讼标的额的确定，考虑到各地诉讼标的额不宜"一刀切"、需要动态调整等实际情况，《规定》未涉及诉讼标的额的具体标准，而由《通知》另行明确。另外，根据民事诉讼法第十九条的规定，中级人民法院还管辖重大涉外案件、在本辖区有重大影响的第一审民事案件。需要注意的是，涉外知识产权民事案件的管辖应依照民事诉讼法及《规定》确定，不适用一般涉外民商事案件管辖司法解释的规定。

第三类是涉及国务院部门、县级以上地方人民政府或者海关行政行为的普通知识产权行政案件。另外，根据行政诉讼法第十五条的规定，中级人民法院还管辖本辖区内重大、复杂的第一审行政案件。《最高人民法院关于适用〈中华人民共和国行政诉讼法〉的解释》第五条进一步规定："有下列情形之一的，属于行政诉讼法第十五条第三项规定的'本辖区内重大、复杂的案件'：（一）社会影响重大的共同诉讼案件；（二）涉外或者涉及香港特别行政区、澳门特别行政区、台湾地区的案件；（三）其他重大、复杂案件。"知识产权行政案件同样适用行政诉讼法关于级别管辖的规定。

### （三）最高人民法院确定的基层人民法院管辖的案件类型

除《规定》第一条、第二条规定的案件外，其他第一审知识产权民事、行政案件均由基层人民法院管辖。为细化《规定》第三条，最高人民法院同步发布了《通知》。

一是确定了具有知识产权民事、行政案件管辖权的基层人民法院及其管辖区域。除个别地区外，每个中级人民法院辖区内至少有一个基层人民法院具有知识产权案件管辖权。需要注意的是，每一个基层人民法院管辖的知识产权民事案件区域范围与行政案件区域范围是一致的。

二是确定了基层人民法院管辖第一审知识产权民事案件的诉讼标的额标准。《通知》充分考虑各地区知识产权案件数量分布不均、诉讼标的额差异较大等实际情况，同时为确保标准相对简单明了，便于当事人诉讼，根据各高级人民法院的请示，明确广东省划分两个诉讼标的额标准确定基层人民法院的管辖，其他省份实行省内一个诉讼标的额标准确定基层人民法院的管辖。

### （四）关于提级管辖

完善案件提级管辖机制是四级法院审级职能定位改革试点的重要内容，有利于充分发挥较高层级法院统一法律适用、打破诉讼主客场的职能作用。就知识产权案件而言，国际影响重大、涉新领域新业态的新类型案件不断涌现，前沿法律争议问题较多，因此，知识产权案件下沉的同时，提级管辖机制显得尤为重要。根据《规定》第四条的规定，对新类型、疑难复杂或者具有法律适用指导意义等知识产权民事、行政案件，上级人民法院可以依照诉讼法的有关规定，根据下级人民法院报请或者自行决定提级审理。

需要注意的是，《实施办法》规定的可以提级的特殊类型案件的识别标准、案件提级管辖的流转程序、案件提级管辖的处理方式等，同样适用于知识产权案件。各高级人民法院可以根据辖区知识产权审判实际，依据《实施办法》细化提级管辖机制方案，积极完善符合地方审判实践的提级管辖工作机制。

### （五）关于适用效力及立案衔接

《规定》对当前中级人民法院、基层人民法院管辖知识产权民事、行政案件的类型和标准进行了较大调整，此前发布的司法解释以及最高人民法院有关批复、答复等与《规定》不一致的，以《规定》为准。需要注意的是，《规定》和《通知》施行前，具有知识产权案件管辖权的人民法院已经收到当事人起诉材料的，继续审查，不得基于《规定》移送管辖。

## 四、其他需要注意的问题

### （一）地方法院知识产权法庭管辖案件的调整

2017年起，最高人民法院先后批准在南京等27个城市中级人民法院内设知识产权法庭（审判庭），省内跨区域管辖专业技术性较强的知识产权案件。《规定》实施后，地方知识产权法庭管辖的案件类型应当根据《规定》进行调整，此前最高人民法院有关批复与《规定》不一致的，以《规定》为准。

为便于理解，现以南京知识产权法庭为例进行说明。根据《最高人民法院关于同意南京市、苏州市、武汉市、成都市中级人民法院内设专门审判机构并跨区域管辖部分知识产权案件的批复》（法〔2017〕2号）〔《最高人民法院关于同意江苏省徐州市中级人民法院内设专门审判机构跨区域管辖部分知识产权案件并调整江苏省南京市中级人民法院管辖范围的批复》（法〔2022〕15号）对南京知识产权法庭管辖区域范围等进行了调整〕，南京市中级人民法院管辖以下知识产权案件：（1）发生在南京市、镇江市等辖区内的专利、技术秘密、计算机软件、植物新品种、集成电路布图设计、涉及驰名商标认定及垄断纠纷的第一审知识产权民事案件；（2）发生在南京市、镇江市等辖区内，诉讼标的额为三百万元以上的商标、著作权、不正当竞争、技术合同纠纷的第一审知识产权民事案件；（3）发生在南京市、镇江市等辖区内，对国务院部门或者县级以上地方人民政府所作的著作权、商标、专利、不正当竞争等行政行为提起诉讼的第一审知识产权行政案件……根据《规定》和《通知》，调整事项为：

一是南京市中级人民法院跨区域集中管辖南京市、镇江市等辖区内的发明专利、实用新型专利、植物新品种、集成电路布图设计、技术秘密、计算机软件的权属、侵权纠纷以及垄断纠纷第一审民事、行政案件，而此前由南京市中级人民法院跨区域集中管辖的外观设计专利权属、侵权纠纷以及涉驰名商标认定第一审民事、行政案件则由南京市、镇江市等各中级人民法院管辖，涉及发明专利等的合同纠纷案件则按照普通知识产权案件确定管辖。

二是南京市中级人民法院管辖南京市辖区内诉讼标的额在五百万元以上（包括本数）的第一审商标、著作权、不正当竞争以及涉及发明专利等的合同纠纷等普通知识产权民事案件，而诉讼标的额在五百万元以下的此类案件则由南京市辖区内具有知识产权民事案件管辖权的基层人民法院管辖（根据江苏省高级人民法院的报请，《通知》确定江苏省辖区基层人民法院管辖诉讼标的额在五百万元以下的第一审知识产权民事案件）。

三是应当由中级人民法院管辖的涉及著作权、商标、不正当竞争等第一审普通知识产权行政案件，不再由南京市中级人民法院集中管辖，各中级人民法院均有管辖权。这里所称"普通知识产权行政案件"，主要强调不包括专利、商标授权确权类行政案件及《规定》第一条和第二条第一款规定的行政案件。

## （二）知识产权"三合一"审判机制改革的协同推进

知识产权民事、行政和刑事案件"三合一"审判机制改革，是党中央决策部署的改革任务。最高人民法院于2016年发布《最高人民法院关于在全国法院推进知识产权民事、行政和刑事案件审判"三合一"工作的意见》，"三合一"改革进一步深化。实践证明，"三合一"改革在统一司法标准、提高审判质量、优化审判资源配置、培养复合型人才、提升知识产权司法保护整体效能等方面发挥了重要作用。

随着《规定》的实施，知识产权民事、行政、刑事案件"三合一"审判机制改革将面临一些新的变化：一是知识产权刑事案件集中管辖布局将更加合理。《规定》和《通知》明确，除个别地区外，各中级人民法院辖区内均有管辖知识产权民事、行政案件的基层人民法院。在实施"三合一"的地区，知识产权刑事案件将在中级人民法院辖区内由相应的基层人民法院管辖，便于公检法三家协调配合。二是为全面铺开"三合一"改革奠定基础。原则上，第一审知识产权刑事案件的管辖法院及管辖区域范围，应当与第一审知识产权民事、行政案件保持一致。由此产生的刑事案件跨区域管辖，需报最高人民法院批准。下一步，最高人民法院将会同有关部门开展"三合一"改革专项调研，尽快制定相关规范性文件。

需要注意的是，知识产权刑事案件一般由基层人民法院管辖，而《规定》第一条中的技术秘密、计算机软件等权属、侵权纠纷第一审知识产权民事案件由有关中级人民法院管辖。为解决上述级别管辖不一致的问题，具有技术秘密、计算机软件等权属、侵权纠纷民事案件管辖权的中级人民法院可以通过提级管辖的方式，审理相关刑事案件。

### （三）高级人民法院管辖第一审知识产权民事、行政案件的标准

根据《实施办法》，高级人民法院重在再审依法纠错、统一裁判尺度。《规定》实施后，知识产权案件将进一步下沉，高级人民法院审理的案件数量会相应减少，应当通过完善案件提级管辖机制、加强审判监督等多种方式发挥监督职能。民事诉讼法第二十条规定，高级人民法院管辖在本辖区有重大影响的第一审民事案件。行政诉讼法第十六条规定，高级人民法院管辖本辖区内重大、复杂的第一审行政案件。原则上，高级人民法院可以管辖辖区内重大的第一审知识产权民事、行政案件，故《规定》未再规定高级人民法院管辖第一审知识产权民事、行政案件的具体标准。

关于高级人民法院管辖第一审知识产权民事、行政案件的具体标准。根据《最高人民法院关于调整高级人民法院和中级人民法院管辖第一审民事案件标准的通知》（法发〔2019〕14号）的规定，高级人民法院管辖诉讼标的额五十亿元以上（包含本数）或者其他在本辖区有重大影响的第一审民事案件。知识产权民事案件的级别管辖标准按照该通知执行，但发明专利、实用新型专利、植物新品种、集成电路布图设计、技术秘密、计算

机软件、垄断第一审民事案件除外。

发明专利等七类民事案件诉讼标的额标准，仍适用《2010年通知》的规定，即"高级人民法院管辖诉讼标的额在二亿元以上的第一审知识产权民事案件，以及诉讼标的额在一亿元以上且当事人一方住所地不在其辖区或者涉外、涉港澳台的第一审知识产权民事案件"。

结合《规定》所明确的涉发明专利等合同纠纷案件由基层人民法院管辖的情况，高级人民法院管辖第一审知识产权民事、行政案件的具体标准为：一是本辖区有重大影响的第一审知识产权民事案件和重大、复杂的第一审知识产权行政案件；二是诉讼标的额在二亿元以上以及诉讼标的额在一亿元以上且当事人一方住所地不在其辖区，或者涉外、涉港澳台的第一审发明专利、实用新型专利、植物新品种、集成电路布图设计、技术秘密、计算机软件的权属、侵权纠纷以及垄断纠纷案件；三是诉讼标的额在五十亿元以上的其他普通知识产权民事案件。

## 最高人民法院　最高人民检察院
## 关于办理海洋自然资源与生态环境
## 公益诉讼案件若干问题的规定

法释〔2022〕15号

(2021年12月27日最高人民法院审判委员会第1858次会议、2022年3月16日最高人民检察院第十三届检察委员会第九十三次会议通过 2022年5月10日最高人民法院、最高人民检察院公告公布 自2022年5月15日起施行)

为依法办理海洋自然资源与生态环境公益诉讼案件,根据《中华人民共和国海洋环境保护法》《中华人民共和国民事诉讼法》《中华人民共和国刑事诉讼法》《中华人民共和国行政诉讼法》《中华人民共和国海事诉讼特别程序法》等法律规定,结合审判、检察工作实际,制定本规定。

**第一条** 本规定适用于损害行为发生地、损害结果地或者采取预防措施地在海洋环境保护法第二条第一款规定的海域内,因破坏海洋生态、海洋水产资源、海洋保护区而提起的民事公益诉讼、刑事附带民事公益诉讼和行政公益诉讼。

**第二条** 依据海洋环境保护法第八十九条第二款规定,对破坏海洋生态、海洋水产资源、海洋保护区,给国家造成重大损失的,应当由依照海洋环境保护法规定行使海洋环境监督管理权的部门,在有管辖权的海事法院对侵权人提起海洋自然资源与生态环境损害赔偿诉讼。

有关部门根据职能分工提起海洋自然资源与生态环境损害赔偿诉讼的,人民检察院可以支持起诉。

**第三条** 人民检察院在履行职责中发现破坏海洋生态、海洋水产资源、海洋保护区的行为，可以告知行使海洋环境监督管理权的部门依据本规定第二条提起诉讼。在有关部门仍不提起诉讼的情况下，人民检察院就海洋自然资源与生态环境损害，向有管辖权的海事法院提起民事公益诉讼的，海事法院应予受理。

**第四条** 破坏海洋生态、海洋水产资源、海洋保护区，涉嫌犯罪的，在行使海洋环境监督管理权的部门没有另行提起海洋自然资源与生态环境损害赔偿诉讼的情况下，人民检察院可以在提起刑事公诉时一并提起附带民事公益诉讼，也可以单独提起民事公益诉讼。

**第五条** 人民检察院在履行职责中发现对破坏海洋生态、海洋水产资源、海洋保护区的行为负有监督管理职责的部门违法行使职权或者不作为，致使国家利益或者社会公共利益受到侵害的，应当向有关部门提出检察建议，督促其依法履行职责。

有关部门不依法履行职责的，人民检察院依法向被诉行政机关所在地的海事法院提起行政公益诉讼。

**第六条** 本规定自 2022 年 5 月 15 日起施行。

# 《最高人民法院、最高人民检察院关于办理海洋自然资源与生态环境公益诉讼案件若干问题的规定》的理解与适用

王淑梅 胡 方[*]

为依法办理海洋自然资源与生态环境公益诉讼案件,全面加强海洋环境司法保护,促进海洋生态文明建设,2021年12月27日最高人民法院审判委员会第1858次会议、2022年3月16日最高人民检察院第十三届检察委员会第九十三次会议审议通过了《最高人民法院、最高人民检察院关于办理海洋自然资源与生态环境公益诉讼案件若干问题的规定》(法释〔2022〕15号,以下简称《规定》),并已于2022年5月15日起施行。现就《规定》涉及的有关问题予以说明,以供相关案件办理过程中准确理解与适用。

## 一、制定背景和意义

出台《规定》,是最高人民法院、最高人民检察院贯彻落实党中央决策部署,加大海洋自然资源与生态环境司法保护力度,积极回应社会关切的重要举措。司法解释的颁布实施,对于完善海洋自然资源与生态环境保护法律体系,统一法律适用标准,规范海洋自然资源与生态环境公益诉讼案件办理,具有重要意义。

我国是海洋大国,海洋是我国经济社会可持续发展的重要资源和战略空间。随着海上活动的日益频繁,在海洋经济快速发展的同时,船舶排

---

[*] 作者单位:最高人民法院。

污、陆源污染和海洋资源的开发活动等不断影响我国海洋生态环境质量，海洋生态环境面临较大压力，涉及海洋自然资源与生态环境损害的案件数量也不断上升。

以习近平同志为核心的党中央高度重视海洋事业发展和海洋生态环境保护。党的十八大作出了建设海洋强国的重大部署，党的十九大明确提出"坚持陆海统筹，加快建设海洋强国""加快生态文明体制改革，建设美丽中国"；《中华人民共和国国民经济和社会发展第十四个五年规划和2035年远景目标纲要》提出"坚持陆海统筹、人海和谐、合作共赢，协同推进海洋生态保护、海洋经济发展和海洋权益维护，加快建设海洋强国"。保护海洋自然资源和生态环境是加快建设海洋强国、实现人海和谐共生的根本要求和基础保障，迫切需要不断加大司法保护力度，为促进海洋生态文明建设提供强有力的服务与保障。

为了保护和改善海洋环境，保护海洋资源，防治污染损害，维护生态平衡，保障人体健康，促进经济和社会的可持续发展，全国人大常委会于1982年颁布海洋环境保护法。该法于1999年12月修订时，在法律责任章节增加了由依照海洋环境保护法规定行使海洋环境监督管理权的部门代表国家对责任者提出损害赔偿要求的规定。2012年以来，随着环境保护法、民事诉讼法的修订以及《最高人民法院关于审理环境民事公益诉讼案件适用法律若干问题的解释》与《最高人民法院、最高人民检察院关于检察公益诉讼案件适用法律若干问题的解释》（以下简称《检察公益诉讼解释》）等司法解释的制定，逐步建立和细化了环境公益诉讼制度。如何正确理解上述不同法律规定的本意，如何界定海洋自然资源与生态环境损害赔偿诉讼的性质，如何在海洋环境保护中充分发挥公益诉讼制度的作用，亟待出台司法解释加以明确和规范，构建较为完善、独立的具有中国特色的海洋环境公益诉讼制度，进一步保障海洋安全、保护海洋资源、推进海洋法治、服务海洋强国建设。

## 二、主要内容说明

《规定》共六条，分别就适用范围以及海洋环境民事公益诉讼、刑事附带民事公益诉讼、行政公益诉讼的主体、管辖权等作出了规定。

## (一) 关于适用范围

第一条从案件类型、行为后果和地域三个方面界定了《规定》的适用范围，也是对海洋自然资源与生态环境公益诉讼案件的解读。

首先，《规定》系因海洋自然资源与生态环境损害而提起的海洋环境公益诉讼的专门规定，包括民事、刑事附带民事和行政公益诉讼三种案件类型。

其次，《规定》的重要法律依据是海洋环境保护法，主要是围绕如何正确理解和适用该法第八十九条第二款的规定作出的具体规范，故《规定》第一条直接援引了海洋环境保护法第八十九条第二款内容界定了《规定》适用的行为后果，即破坏海洋生态、海洋水产资源、海洋保护区。

再次，《规定》适用的地域范围与海洋环境保护法适用的海域范围一致。海洋环境保护法第二条第一款规定："本法适用于中华人民共和国内水、领海、毗连区、专属经济区、大陆架以及中华人民共和国管辖的其他海域。"第九十四条第二项进一步规定，该法中的内水是指我国领海基线向内陆一侧的所有海域。故《规定》并不适用于江河、湖泊等内陆水域。

最后，造成海洋自然资源与生态环境损害的原因，不仅包括海上航行、海上作业生产等发生在海上的行为，还包括从陆地向海域排放污染物造成海洋自然资源与生态环境损害等陆源污染行为。损害行为发生地或损害结果地位于海域，是确定《规定》适用范围的重要因素。此外，为减轻或防止海洋环境污染、生态恶化、自然资源减少，可能会采取相应的合理应急处置措施，该预防措施费用亦属于海洋自然资源与生态环境损失赔偿范围，故采取预防措施地也是界定《规定》适用范围的考量因素之一。

因此，只要损害行为发生地、损害结果地或者采取预防措施地三个因素中的一个因素发生在海洋环境保护法第二条第一款规定的海域内，因海洋自然资源与生态环境损害而提起的公益诉讼，就应当适用《规定》。《规定》的适用范围涵盖了因陆源污染造成海洋环境损害而提起的公益诉讼案件，因此，如污染行为发生在陆地，污染物经由陆地流入海洋，就海洋自然资源与生态环境损害提起的公益诉讼案件应当适用《规定》确定相应的诉讼主体和管辖权等，但是，《规定》并不影响其他相关主体依据环境保护法、民事诉讼法等法律规定仅就陆地环境污染损害提起公益诉讼的权利。

## （二）关于民事公益诉讼

《规定》第二条、第三条采用列明方式明确有权提起海洋自然资源与生态环境民事公益诉讼的主体，确定海事法院是海洋环境民事公益诉讼的专门管辖法院。

1. 关于海洋环境监督管理部门就海洋自然资源与生态环境损害提起的诉讼

海洋环境保护法是环境领域的特别法，应当优先适用于相关纠纷。该法第八十九条第二款规定，将海洋自然资源与生态环境损害索赔的权利赋予依法行使海洋环境监督管理权的部门。根据现阶段相关立法意图①，该类诉讼属于民事公益诉讼范畴。2018年1月15日起施行的《最高人民法院关于审理海洋自然资源与生态环境损害赔偿纠纷案件若干问题的规定》（以下简称《海洋环境司法解释》）通过在第十一条、第十二条规定相关公益诉讼司法解释适用规则的方式，表明了海洋环境监督管理部门提起此类诉讼的性质。《规定》系关于海洋环境公益诉讼的司法解释，通过将海洋环境监督管理部门提起诉讼的情形纳入本司法解释的方式，进一步明确了此类诉讼属于民事公益诉讼。但是在表述方式上，为了保持连贯性，继续沿用海洋环境保护法和《海洋环境司法解释》中关于"海洋自然资源与生态环境损害赔偿诉讼"的表述。

在《规定》起草过程中，有人建议，应当在海洋自然资源与生态环境损害赔偿诉讼中规定磋商前置程序，相关部门与侵权人就海洋自然资源与生态环境损害赔偿开展磋商无果的，再进入诉讼程序。我们经研究认为，2017年12月中共中央办公厅、国务院办公厅印发的《生态环境损害赔偿制度改革方案》（以下简称《改革方案》）中提出了"主动磋商，司法保障"的工作原则，生态环境损害发生后，赔偿权利人组织开展生态环境损害调查、鉴定评估、修复方案编制等工作，主动与赔偿义务人磋商。磋商未达成一致的，赔偿权利人可依法提起诉讼。据此，《最高人民法院关于审理生态环境损害赔偿案件的若干规定（试行）》第一条明确磋商是提起

---

① 2012年4月24日《全国人民代表大会法律委员会关于〈中华人民共和国民事诉讼法修正案（草案）〉修改情况的汇报》对公益诉讼制度问题作了说明："目前，有的环境保护领域的法律已规定了提出这类诉讼的机关。比如，海洋环境保护法规定，海洋环境监督管理部门代表国家对破坏海洋环境给国家造成重大损失的责任者提出损害赔偿要求。"

生态环境损害赔偿诉讼的前置程序，经磋商未达成一致或者无法进行磋商的才可以提起诉讼。2022年4月，生态环境部联合最高人民法院、最高人民检察院等14家单位印发的《生态环境损害赔偿管理规定》中也规定了磋商程序。但是《改革方案》第三条第二项、《最高人民法院关于审理生态环境损害赔偿案件的若干规定（试行）》第二条第二项和《生态环境损害赔偿管理规定》均明确规定，上述方案和规定不适用于海洋生态环境损害赔偿，涉及海洋生态环境损害赔偿的，适用海洋环境保护法等法律及相关规定。因海洋环境保护法并没有磋商前置的规定，故在海洋自然资源与生态环境损害赔偿诉讼中规定磋商前置程序，目前没有相应的法律或者国家规定作为依据。但《规定》也并不限制或影响海洋环境监督管理部门先行与侵权人进行磋商的程序，如果今后在海洋环境保护中明确了磋商机制，还可另行作出新的规定。

2. 关于检察机关就海洋自然资源与生态环境损害提起的民事公益诉讼

检察机关是否有权提起海洋环境公益诉讼，长期以来一直存在不同观点。虽然《检察公益诉讼解释》并未明确将海洋环境公益诉讼排除在外，但是，对海洋环境保护法、民事诉讼法相关规定的不同理解导致对检察机关诉权的认识不统一，从而该司法解释能否适用于海洋环境公益诉讼，也一直存在分歧。一种观点认为，海洋环境保护法第八十九条第二款的特别规定排除了其他国家机关的索赔资格，包括检察机关。根据特别法优先于一般法适用的原则，检察机关无权提起海洋环境公益诉讼。另一种观点认为，检察机关提起公益诉讼是国家赋予其的工作职能，海洋环境保护法的规定并不能排除民事诉讼法对检察机关赋权规定的适用。

我们经研究认为，首先，民事诉讼法第五十八条第一款规定：对污染环境、侵害众多消费者合法权益等损害社会公共利益的行为，法律规定的机关和有关组织可以向人民法院提起诉讼。第二款规定：在没有第一款规定的机关和组织或者第一款规定的机关和组织不提起诉讼的情况下，人民检察院可以提起诉讼。因此，依据海洋环境保护法第八十九条第二款、民事诉讼法第五十八条第二款的规定，海洋环境保护法明确规定了海洋环境监督管理部门有权提起海洋自然资源与生态环境损害赔偿，在上述部门不提起诉讼的情况下，检察机关可以就海洋自然资源与生态环境损害提起公益诉讼。其次，虽然海洋环境保护法规定海洋环境监督管理部门有权就海洋自然资源与生态环境损害提起诉讼，但是海洋环境监督管理部门在不同案件中的诉讼能力可能会影响其提起诉讼的积极性,司法实践中也确实存在海洋环境监督管理部门怠于履行提起诉讼的职责,导致海洋环境保护力度受到影响的情形。允许检察机关在海洋环境监督管理部门不起诉的情况下提起诉讼,可以充分发挥检察机关督促、协同、兜底的职能定位,符合加大海洋环境保护力度、维护国家海洋权益的价值取向。

基于加大海洋环境保护力度、完善海洋环境公益诉讼制度体系的需要,《规定》第二条、第三条体现了海洋环境保护法作为特别法应当优先适用的原则,在注重充分发挥海洋环境监督管理部门行政监管职能的同时,也明确了检察机关督促、协同、兜底的职能定位。检察机关发现破坏海洋生态、海洋水产资源、海洋保护区的行为,可以将有关线索移送海洋环境监督管理部门并告知其提起诉讼。只有在海洋环境监督管理部门经告知仍不提起诉讼的情况下,检察机关才可以直接作为原告提起公益诉讼;海洋环境监督管理部门经告知提起诉讼的,检察机关可以依据《规定》第二条第二款的规定支持起诉。这一规定体现了检察机关与海洋环境监督管理部门提起海洋环境公益诉讼的不同定位,可以实现海洋环境监督管理部门与检察机关提起公益诉讼的有效衔接,对加大海洋环境保护力度、维护国家海洋权益具有现实意义。

### (三) 关于刑事附带民事公益诉讼

破坏海洋生态、海洋水产资源、海洋保护区,涉嫌犯罪的,应当如何确定刑事附带民事诉讼适格原告,相关海洋环境监督管理部门能否提起刑事附带民事海洋环境损害赔偿,一直是争论热点。一种观点认为,海洋环境保护法第八十九条第二款对代表国家提出损害赔偿要求的主体作出了特别规定,应当优先适用,故当海洋环境遭受侵害并构成犯罪时,相关海洋环境监督管理部门具有提起刑事附带民事损害赔偿诉讼的权利,这与刑事诉讼法第一百零一条关于被害人由于被告人的犯罪行为而遭受物质损失,在刑事诉讼过程中有权提起刑事附带民事诉讼的规定也并不相悖。另一种观点认为,刑事诉讼法明确规定,附带民事诉讼原告人只有被害人和检察机关。涉及国家利益受损的,提起附带民事诉讼的主体只是检察机关,没有规定其他机关。允许海洋环境监督管理部门依据海洋环境保护法的规定提起刑事附带民事诉讼,是对刑事诉讼法规定的突破。

经研究,鉴于对破坏海洋生态、海洋水产资源、海洋保护区,涉嫌犯罪的，海洋环境监督管理部门能否提起刑事附带民事诉讼，刑事诉讼法并未作出明确规定，有关方面还存在不同认识，《规定》第四条仅就海洋环境监督管理部门与检察机关在涉及民事和刑事案件交叉的情况下，如何协调各自职能作出规定。一方面，《规定》明确了在涉嫌犯罪的情况下，海洋环境监督管理部门依然有权就海洋自然资源与生态环境损害另行提起民事诉讼；另一方面，依据刑事诉讼法第一百零一条第二款、《检察公益诉讼解释》第二十条第一款的规定，《规定》明确了在海洋环境监督管理部门未另行提起民事诉讼的情况下，检察机关可以根据实际情况，从有利于提高司法效率的角度，选择在提起刑事公诉时一并提起附带民事公益诉讼，也可以选择单独提起民事公益诉讼，以充分发挥检察机关对海洋环境保护的兜底、协同职能。

### （四）关于行政公益诉讼

为了充分发挥检察机关的监督职能作用，在制度功能层面督促行政主管机关积极依法履职，行政诉讼法规定检察机关可以通过行政诉讼促进依法行政、严格执法。根据海洋环境保护法的规定，相关海洋环境监督管理部门对破坏海洋自然资源和生态环境的行为负有监督管理职责，但实践中往往存在行政部门对海洋环境保护违法行使职权或者怠于履职不作为的现象。如何正确、充分利用行政公益诉讼制度，加大海洋环境司法保护力度，是制定《规定》第五条的主要目的。

我们经研究认为，首先，根据行政诉讼法第二十五条的规定，检察机关可以向海洋环境监督管理部门依次提出检察建议和提起诉讼，这是法律对其职能的赋权与定位。其次，根据前述规定，海洋环境行政公益诉讼的提起要以诉前检察建议为前提。实践中，检察机关发出检察建议后，多数海洋环境监督管理部门都能够及时采取有效措施依法履职，故大部分案件在行政公益诉讼的诉前程序便已终结。但对于海洋环境监督管理部门仍然不依法履职的，检察机关可以通过直接提起行政诉讼的方式，督促其依法全面履行监管职责、恢复受侵害的公共利益。再次，行政公益诉讼主要针对海洋环境监督管理部门违法行使职权或者怠于履职不作为，是为有效补足行政执法短板而采取的有利于海洋自然资源和生态环境保护的另一种监督手段。但是，对于海洋环境监督管理部门不提起诉讼的情形，通常并不采用检察建议这一特定文书形式。通过行政公益诉讼要求海洋环境监督管理部门提起海洋自然资源与生态环境损害赔偿诉讼，也不符合司法诉讼高效、便利原则。因此，对于海洋环境监督管理部门经告知仍然不提起诉讼的，检察机关可以依据《规定》第三条直接提起民事公益诉讼，而并非依据第五条提出检察建议和提起行政公益诉讼。

### （五）关于管辖权

根据《海洋环境司法解释》第二条的规定，海洋环境监督管理部门提起的海洋自然资源与生态环境损害赔偿诉讼，由损害行为发生地、损害结果地或者采取预防措施地海事法院管辖。但是由检察机关提起的海洋环境公益诉讼案件是否应当由海事法院专门管辖，起草过程中存在争论。有观点认为，根据《检察公益诉讼解释》第五条的规定，市（分、州）检察机关提起的第一审民事公益诉讼案件，由侵权行为地或者被告住所地中级人民法院管辖；基层检察机关提起的第一审行政公益诉讼案件，由被诉行政机关所在地基层人民法院管辖，故并未要求由海事法院专门管辖。

经研究，《规定》第二条、第三条和第五条最终明确了海事法院对海洋自然资源与生态环境民事公益诉讼和行政公益诉讼的专门管辖。主要理由如下：

第一，根据海事诉讼特别程序法第四条、第七条，《海洋环境司法解释》第二条，《最高人民法院关于海事法院受理案件范围的规定》第三类第65项、第五类第81项、第82项，《最高人民法院关于海事诉讼管辖问题的规定》第二条的规定，污染海洋环境、破坏海洋生态责任纠纷和海事行政案件都属于海事法院专门或者专属管辖。上述有关海事法院专门或专属管辖的规定属于特别规定，如果与《检察公益诉讼解释》的一般规定不同，应当优先适用特别规定。

第二，根据《规定》，在海洋环境监督管理部门不提起诉讼的情况下，检察机关可以依照《规定》提起民事公益诉讼。检察机关履行的系督促、协同、兜底职能，其提起的民事公益诉讼与海洋环境监督管理部门提起的诉讼请求和诉讼目的基本相同，并不因提起主体不同而改变此类案件的性质，均应当属于前述法律法规调整的范围，故检察机关提起的民事公益诉讼也应当由海事法院管辖。

第三，海洋自然资源与生态环境损害赔偿涉及国际公约、国际惯例、海商法等的适用，具有专业性、技术性、涉外性强的特点。海事法院是审理海事案件的专门法院,具有专业化审判优势,由海事法院统一审理海洋环境监督管理部门和检察机关提起的海洋自然资源与生态环境损害赔偿诉讼,有利于审判质量保障和裁判尺度统一。

第四,海事行政公益诉讼案件从性质而言也属于海事行政案件,应当由海事法院专门管辖。随着海洋强国建设对海上法治环境提出更高的要求,涉海行政部门的执法力度进一步加强。海事法院属于跨行政区划设置的专门法院,由其审理海事行政案件,有利于克服地方保护主义,可以进一步为依法开展海洋执法活动提供有力的司法支持和监督,加大海洋环境的司法保护力度,也顺应了海事司法改革的需要。

第五,全国11个海事法院共设立了40余个派出法庭,还根据需要设立了巡回审判点,以适应海事法院管辖区域线长面广的特点,增强了海事审判的服务功能,方便了当事人诉讼,已经成为海事司法保障沿海沿江地区经济发展与生态文明建设的重要前沿。

需要说明的是,《规定》第四条并未对海洋自然资源与生态环境刑事附带民事公益诉讼案件的管辖法院作出特别规定。主要理由是,根据1984年颁布的《全国人民代表大会常务委员会关于在沿海港口城市设立海事法院的决定》,海事法院不审理刑事案件。但是,随着"一带一路"和海洋强国建设的不断推进,我国周边海洋形势面临着空前激烈的外部压力和挑战,亟须我国海事司法在彰显我国海洋主权、服务保障国家海洋建设等方面发挥更大的作用。为了满足国际、国内形势发展对海事审判工作的司法需求,从有利于发挥海事法院专业优势、有利于更好维护国家海洋权益出发,最高人民法院一直将海事法院试点管辖海事刑事案件、推进海事审判"三合一",作为落实深化人民法院司法体制改革、服务保障国家重大战略要求的重要内容和具体措施。最高人民法院已指定宁波、海口海事法院作为试点法院审理了部分海上交通肇事罪和破坏海洋生态环境资源犯罪案件,取得了较好的效果。

实践证明,在海事法院实行海事刑事、民事和行政"三合一"审判,统一审理海洋自然资源与生态环境损害赔偿案件、破坏海洋生态环境资源犯罪及刑事附带民事环境公益诉讼案件、海事行政公益诉讼案件,可以在充分发挥海事法院专业化审判优势的同时,兼顾审判效率和裁判尺度的统一。目前,该项试点工作正在稳步推进。根据《检察公益诉讼解释》第二十条的规定,检察机关提起的刑事附带民事公益诉讼,由审理刑事案件的人民法院管辖。因此，如果破坏海洋生态环境资源犯罪案件属于海事法院试点管辖的刑事案件，则由海事法院一并管辖刑事附带民事公益诉讼案件；如果该刑事案件由其他人民法院管辖，则有关海洋自然资源与生态环境的刑事附带民事公益诉讼案件也由其他人民法院一并管辖，但海洋环境监督管理部门另行单独提起的海洋自然资源与生态环境损害赔偿，依然由海事法院专门管辖。

### （六）关于法律适用

鉴于海洋自然资源与生态环境损害赔偿诉讼有其自身特殊实际和规律，《海洋环境司法解释》专门针对海洋自然资源与生态环境损害赔偿的管辖权、责任承担方式、损失赔偿范围、损失认定规则、船舶污染损害赔偿法律适用等问题作出了具体的特别规定。但早期由于对检察机关诉权问题存在不同认识，故司法实践中，该司法解释主要适用于海洋环境监督管理部门提起的损害赔偿诉讼。目前，在明确检察机关提起海洋环境公益诉讼权利的情况下，对审理此类纠纷的法律适用问题亦应当予以明确。鉴于司法解释行文规范，《规定》对法律适用问题没有作出专门规定。

但是，从《海洋环境司法解释》第一条的规定来看，为请求赔偿海洋环境保护法第八十九条第二款规定的海洋自然资源与生态环境损害而提起的诉讼，都适用该司法解释。考虑到无论是海洋环境监督管理部门还是检察机关提起的诉讼，都是针对海洋环境保护法第八十九条第二款所规定的破坏海洋生态、海洋水产资源、海洋保护区而造成的海洋自然资源与生态环境的损害赔偿，都是代表国家和社会公共利益，检察机关是在海洋环境监督管理部门没有提起诉讼的情况下，行使督促、协同、兜底的职能作用而提起的诉讼，不能因提起诉讼的主体不同而适用不同法律规定，从而导致不同的处理结果。因此，应当对《海洋环境司法解释》的适用范围作从宽解释，即人民法院审理检察机关就海洋自然资源与生态环境损害提起的公益诉讼，也应当适用《海洋环境司法解释》中的相关规定。

此外，《规定》针对海洋环境公益诉讼的诉权、管辖权等问题作出了规定，《检察公益诉讼解释》对检察机关提起的公益诉讼也作出了程序性规定。对于两个司法解释中有关管辖权等问题的规定，如有冲突，应当优先适用《规定》；《规定》没有作出规定，且其他相关海事司法解释也没有作出不同规定的，可以适用《检察公益诉讼解释》的规定。

# 最高人民法院关于成渝金融法院案件管辖的规定

法释〔2022〕20号

(2022年9月19日最高人民法院审判委员会第1875次会议通过
2022年12月20日最高人民法院公告公布
自2023年1月1日起施行)

为服务和保障成渝地区双城经济圈及西部金融中心建设，进一步明确成渝金融法院案件管辖的具体范围，根据《中华人民共和国民事诉讼法》《中华人民共和国行政诉讼法》《全国人民代表大会常务委员会关于设立成渝金融法院的决定》等规定，制定本规定。

**第一条** 成渝金融法院管辖重庆市以及四川省属于成渝地区双城经济圈范围内的应由中级人民法院受理的下列第一审金融民商事案件：

（一）证券、期货交易、营业信托、保险、票据、信用证、独立保函、保理、金融借款合同、银行卡、融资租赁合同、委托理财合同、储蓄存款合同、典当、银行结算合同等金融民商事纠纷；

（二）资产管理业务、资产支持证券业务、私募基金业务、外汇业务、金融产品销售和适当性管理、征信业务、支付业务及经有权机关批准的其他金融业务引发的金融民商事纠纷；

（三）涉金融机构的与公司有关的纠纷；

（四）以金融机构为债务人的破产纠纷；

（五）金融民商事纠纷的仲裁司法审查案件；

（六）申请认可和执行香港特别行政区、澳门特别行政区、台湾地区法院金融民商事纠纷的判决、裁定案件，以及申请承认和执行外国法院金融民商事纠纷的判决、裁定案件。

第二条　下列金融纠纷案件,由成渝金融法院管辖:

(一) 境内投资者以发生在中华人民共和国境外的证券发行、交易活动或者期货和衍生品交易活动损害其合法权益为由向成渝金融法院提起的诉讼;

(二) 境内个人或者机构以中华人民共和国境外金融机构销售的金融产品或者提供的金融服务损害其合法权益为由向成渝金融法院提起的诉讼。

第三条　以住所地在重庆市以及四川省属于成渝地区双城经济圈范围内依法设立的金融基础设施机构为被告或者第三人,与其履行职责相关的第一审金融民商事案件和涉金融行政案件,由成渝金融法院管辖。

第四条　重庆市以及四川省属于成渝地区双城经济圈范围内应由中级人民法院受理的对金融监管机构以及法律、法规、规章授权的组织,因履行金融监管职责作出的行政行为不服提起诉讼的第一审涉金融行政案件,由成渝金融法院管辖。

第五条　重庆市以及四川省属于成渝地区双城经济圈范围内基层人民法院涉及本规定第一条第一至三项的第一审金融民商事案件和第一审涉金融行政案件的上诉案件,由成渝金融法院审理。

第六条　重庆市以及四川省属于成渝地区双城经济圈范围内应由中级人民法院受理的金融民商事案件、涉金融行政案件的申请再审和再审案件,由成渝金融法院审理。

本规定施行前已生效金融民商事案件、涉金融行政案件的申请再审和再审案件,仍由原再审管辖法院审理。

第七条　成渝金融法院作出的第一审民商事案件和涉金融行政案件生效裁判,重庆市以及四川省属于成渝地区双城经济圈范围内应由中级人民法院执行的涉金融民商事纠纷的仲裁裁决,由成渝金融法院执行。

成渝金融法院执行过程中发生的执行异议案件、执行异议之诉案件,重庆市以及四川省属于成渝地区双城经济圈范围内基层人民法院涉金融案件执行过程中发生的执行复议案件、执行异议之诉上诉案件,由成渝金融法院审理。

第八条　当事人对成渝金融法院作出的第一审判决、裁定提起的上诉案件,由重庆市高级人民法院审理。

当事人对成渝金融法院执行过程中作出的执行异议裁定申请复议的案件,由重庆市高级人民法院审查。

**第九条** 成渝金融法院作出发生法律效力的判决、裁定和调解书的申请再审、再审案件,依法应由上一级人民法院管辖的,由重庆市高级人民法院审理。

**第十条** 重庆市以及四川省属于成渝地区双城经济圈范围内各中级人民法院在本规定施行前已经受理但尚未审结的金融民商事案件和涉金融行政案件,由该中级人民法院继续审理。

**第十一条** 本规定自2023年1月1日起施行。

# 最高人民法院民二庭负责人就《最高人民法院关于成渝金融法院案件管辖的规定》答记者问

2022年12月20日，最高人民法院发布《最高人民法院关于成渝金融法院案件管辖的规定》（以下简称《规定》），自2023年1月1日起施行。为便于准确理解和执行《规定》，最高人民法院民二庭负责人就《规定》涉及的主要问题接受了采访，回答了记者的提问。

**问：请介绍一下《规定》的制定背景和主要经过。**

**答：**成渝地区双城经济圈建设是以习近平同志为核心的党中央作出的重大决策部署。2022年初，中央全面深化改革委员会通过了《关于设立成渝金融法院的方案》；2022年2月28日，第十三届全国人民代表大会常务委员会第三十三次会议通过《关于设立成渝金融法院的决定》，对成渝金融法院的案件管辖范围作了原则性规定。最高人民法院周强院长在向全国人大常委会作说明时专门指出，最高人民法院还将专门出台相关司法解释，进一步明确成渝金融法院的案件管辖问题。

设立成渝金融法院，是贯彻落实党中央决策部署的具体举措，对服务保障国家金融战略实施，防范化解金融风险，完善中国特色金融司法体系，维护金融安全，提升我国金融审判体系和审判能力现代化水平，促进成渝地区双城经济圈建设健康发展具有重要意义。为认真贯彻落实中央全面深化改革委员会通过的《关于设立成渝金融法院的方案》和全国人大常委会作出的《关于设立成渝金融法院的决定》，最高人民法院于2022年2月底就启动了成渝金融法院案件管辖司法解释的调研起草工作，通过召开座谈会、征求意见等方式，充分吸收了全国人大常委会法工委、中国人民银行、中国银行保险监督管理委员会、中国证券监督管理委员会、国家外汇管理局、司法部等国家部委和法院系统的意见建议，对条文进行了修改完善，并经最高人民法院审委会讨论通过后正式出台。

**问：成渝金融法院的案件管辖相较其他金融法院，有没有自身特点？《规定》对此有没有专门的考虑？**

**答：**成渝金融法院是我国第一家跨省级行政区域设立的金融专门法院，相较于北京金融法院和上海金融法院，其最大的特点在于跨省域管辖。一是管辖面积大。成渝地区双城经济圈面积18.5万平方公里，包括重庆市的中心城区及万州等27个区县以及四川省的成都、自贡等15个市。地域面积约是北京的11倍、上海的29.2倍，常住人口9600万人。二是涉及的基层法院多。受成渝金融法院管辖的基层法院超过150个，远超北京、上海金融法院管辖的基层法院数量。三是金融案件多。近三年来四川、重庆两地中级人民法院年均受理的金融案件数近1万件，而北京金融法院2021年受理案件4700余件，上海金融法院年均受理案件7000余件。

习近平总书记在中央财经委员会第六次会议上强调，推动成渝地区双城经济圈建设，要牢固树立一体化发展理念，做到统一谋划、一体部署、相互协作、共同实施。针对成渝金融法院跨省管辖的突出特点，我们在《规定》起草过程中，牢固树立一体化发展理念，不折不扣地落实中央全面深化改革委员会《关于设立成渝金融法院的方案》和全国人大常委会《关于设立成渝金融法院的决定》。《规定》立足"两地一个金融法院"的定位，确保成渝金融法院对重庆市以及四川省属于成渝地区双城经济圈范围内的金融案件要做到"应管尽管"，确保两地金融案件裁判尺度的统一，确保成渝金融法院更好服务保障成渝地区双城经济圈和西部金融中心建设。

**问：根据《规定》，成渝金融法院主要受理哪些案件？**

**答：**《规定》共设置了十一条内容，对成渝金融法院管辖的金融民商事案件、涉金融行政案件、执行案件等三大案件类型进行了全方位明确，对两地金融案件做到了"应管尽管"。在受案类型上，成渝金融法院管辖的辖区内金融民商事案件，主要包括以下六类：第一类是按照最新《民事案件案由规定》所列举的涉金融民商事纠纷，包括证券、期货交易、营业信托、保险、票据、信用证、独立保函、保理、金融借款合同、银行卡、融资租赁合同、委托理财合同、储蓄存款合同、典当、银行结算合同等；第二类是目前《民事案件案由规定》中没有的新型金融民商事纠纷，包括资产管理业务、资产支持证券业务、私募基金业务、外汇业务、金融产品销售和适当性管理、征信业务、支付业务及经有权机关批准的其他金融业务引发的金融民商事纠纷案件;第三类是涉金融机构的与公司有关的纠纷;第四类是金融机构破产案件;第五类是仲裁司法审查案件;第六类是申请认可、承认和执行我国港澳台地区及外国法院裁判案件。另外,成渝金融法院还对境外相关金融活动损害境内投资者合法权益的有关案件和辖区内金融基础设施机构所涉民商事案件,实行集中管辖。

成渝金融法院管辖的涉金融行政案件主要有,辖区内金融监管机构以及法律、法规、规章授权的组织所涉金融行政纠纷、辖区内金融基础设施机构所涉一审金融行政案件。

成渝金融法院管辖的执行案件主要有,负责执行其自身审理的第一审民商事案件和行政案件,审理由此引发的执行异议案件和执行异议之诉案件,审理辖区内基层法院执行金融案件过程中的执行复议案件和执行异议之诉上诉案件。

**问:成渝金融法院跨省域管辖四川、重庆两地金融案件,《规定》施行后,两地金融案件的审级关系如何划分?**

**答:**成渝金融法院管辖司法解释的重点和难点在于,要根据成渝金融法院跨省管辖的职能定位,对四川、重庆两地各级法院金融案件的审级关系作出了重新划分。成渝金融法院设立后,《规定》按照全国人大常委会作出的《关于设立成渝金融法院的决定》精神,对四川、重庆两地法院金融案件的审级关系作了如下明确。

第一,关于成渝金融法院的二审管辖范围。《规定》第五条明确,成渝金融法院辖区内基层人民法院作出的第一审金融民商事案件和第一审涉金融行政案件的上诉案件,由成渝金融法院审理。《规定》第十条规定,重庆市以及四川省属于成渝地区双城经济圈范围内各中级人民法院在《规定》施行前,也就是2023年1月1日前已经受理但尚未审结的二审金融民商事案件和涉金融行政案件,由该中级人民法院继续审理。

第二,关于成渝金融法院的再审管辖范围。与二审案件不同,再审管辖的案件是对已生效裁判的申请再审和再审案件。鉴于成渝金融法院跨省域管辖的实际,为保持成渝金融法院设立之前两地已生效裁判的安定性,《规定》第六条明确,成渝金融法院的再审管辖范围为,对《规定》施行后即2023年1月1日后辖区内生效的金融民商事案件、涉金融行政案件,行使中级人民法院审判监督权。也就是说，对于《规定》施行前即2023年1月1日前已生效金融民商事案件、涉金融行政案件的申请再审和再审案件，仍由原再审管辖法院审理。

第三，重庆市高级人民法院管辖成渝金融法院的二审和再审案件。《规定》第八条和第九条明确，当事人对成渝金融法院作出的第一审判决、裁定提起的上诉案件，由重庆市高级人民法院审理。成渝金融法院作出发生法律效力的判决、裁定和调解书的申请再审、再审案件，依法应由上一级人民法院管辖的，由重庆市高级人民法院审理。另外，当事人对成渝金融法院执行过程中作出的执行异议裁定申请复议的案件，由重庆市高级人民法院审查。

**问：我们注意到，成渝金融法院有权管辖境外金融活动损害境内投资者合法权益案件，与北京金融法院、上海金融法院的管辖相同，在此类案件上如何协调三家金融法院的关系？**

**答：**正如您所提到的，根据《规定》第二条，成渝金融法院有权管辖在我国境外上市的境内公司及境外公司损害境内投资者合法权益的证券、期货纠纷，以及境外其他金融产品和金融服务的提供者损害境内个人或者机构合法权益的金融纠纷。这一条与之前发布的北京金融法院、上海金融法院案件管辖规定的相关条款内容一致。三家金融法院都有权管辖境外金融活动损害境内投资者的金融纠纷，由此可能产生管辖权争议，即三家金融法院有可能对同一个案件行使管辖权。实际上，多个法院对同一案件都具有管辖权的情形，在司法实践中常见多发。对此，民事诉讼法第三十六条规定，两个以上人民法院都有管辖权的诉讼，原告可以向其中一个人民法院起诉；原告向两个以上有管辖权的人民法院起诉的，由最先立案的人民法院管辖。民事诉讼法第三十八条第二款规定，人民法院之间因管辖权发生争议，由争议双方协商解决；协商解决不了的，报请它们的共同上级人民法院指定管辖。因此，对于此类案件的管辖法院，由当事人提起诉讼时自行选择确定；当事人同时向多家金融法院起诉的，案件由最先立案的法院管辖。如多家金融法院发生管辖争议，可以就个案报请共同上级人民法院即最高人民法院指定管辖。

最高人民法院
# 关于印发《人民法院在线运行规则》的通知

2022年1月26日　　　　　　　　　法发〔2022〕8号

各省、自治区、直辖市高级人民法院，解放军军事法院，新疆维吾尔自治区高级人民法院生产建设兵团分院：

《人民法院在线运行规则》已于2021年12月30日经最高人民法院审判委员会第1861次会议通过，现予以印发，自2022年3月1日起施行。

## 人民法院在线运行规则

为支持和推进在线诉讼、在线调解等司法活动，完善人民法院在线运行机制，方便当事人及其他参与人在线参与诉讼、调解等活动，提升审判执行工作质效，根据相关法律规定，结合智慧法院建设实际，制定本规则。

### 一、总则

**第一条**　人民法院运用互联网、大数据、云计算、移动互联、人工智能和区块链等信息技术，完善智慧法院信息系统，规范应用方式，强化运行管理，以在线方式满足人民群众多元化司法需求，高效支持审判执行活动。

**第二条**　人民法院在线运行遵循以下原则：

（一）高效便民。坚持以人民为中心，提供一网通办、一站通办、一号通办等多元解纷和诉讼服务，减轻当事人诉累。

(二)注重实效。坚持司法规律、体制改革与技术变革相融合,完善信息系统,规范应用方式,强化运行管理,全方位支持人民法院开展在线审判执行活动,保障司法工作,提高司法效率。

(三)统筹共享。加强顶层统筹规划,优先建设和使用全国法院统一信息系统,持续推进信息基础设施、应用系统和数据资源兼容共享。

(四)创新驱动。贯彻实施网络强国战略,加大先进技术研究应用力度,推动业务流程、诉讼规则、审判模式与时俱进。

(五)安全可靠。依法采集、存储、处理和使用数据,保护国家秘密、商业秘密、个人隐私和个人信息,保障人民法院在线运行信息安全。

**第三条** 各级人民法院用以支持在线司法活动的信息系统建设、应用、运行和管理,适用本规则。

## 二、系统建设

**第四条** 人民法院应当建设智慧服务、智慧审判、智慧执行、智慧管理、司法公开、司法数据中台和智慧法院大脑、信息基础设施、安全保障、运维保障等智慧法院信息系统,保障人民法院在线运行。

智慧法院信息系统以司法数据中台和智慧法院大脑为核心,实现数据互联互通,支持业务协同办理。

**第五条** 智慧服务系统在互联网运行,与法院专网安全联通,为人民群众提供诉讼、调解、咨询和普法等在线服务,支撑构建一站式多元解纷和诉讼服务体系。

智慧服务系统包括人民法院在线服务、电子诉讼平台、人民法院调解平台、诉讼服务网、12368诉讼服务热线、电子送达平台、在线保全系统、在线鉴定系统等。

智慧服务系统应当具备诉讼指引、在线调解及名册管理、在线立案、在线交费、在线证据交换、在线委托鉴定、在线保全、在线庭审、在线执行、在线阅卷、在线查档、在线送达、在线公告、跨域诉讼服务等功能。

人民法院在线服务与智慧服务系统其他平台对接,作为人民法院通过互联网向人民群众提供在线服务的统一入口。

**第六条** 智慧审判系统在法院专网或电子政务网运行,为审判人员提供阅卷、查档、听证、庭审、合议、裁判辅助等在线服务,支撑构建现代化审判体系。

智慧审判系统包括审判流程管理系统、电子卷宗流转应用系统、智能裁判辅助系统、量刑规范化系统、庭审语音识别系统等。

智慧审判系统应当具备案件信息管理、审限管理、电子卷宗随案同步生成和深度应用、类案智推、文书辅助生成、量刑辅助等功能。

第七条 智慧执行系统在法院专网或电子政务网运行，为执行人员提供执行协同、执行信息管理、查人找物、财产处置、失信惩戒等在线服务，支撑构建现代化执行工作体系。

智慧执行系统包括执行指挥平台、执行案件流程信息管理系统、执行查控系统、失信惩戒系统、司法拍卖系统、一案一帐户案款管理系统、移动执行系统等。

智慧执行系统应当具备执行案件全流程网上办理、执行线索分析、执行财产网络查控、司法拍卖信息发布、网络询价、失信被执行人管理等功能。

第八条 智慧管理系统在法院专网或电子政务网运行，为法院干警提供行政办公、人事管理、审务督察和档案管理等在线服务，支撑构建现代化司法管理体系。

智慧管理系统主要包括办公平台、人事管理系统、审务督察系统、电子档案系统等。

智慧管理系统应当具备公文在线办理、人事信息管理、审务督察、电子档案管理等功能。

第九条 司法公开平台在互联网运行，为当事人及其他诉讼参与人、社会公众提供依法公开的审判流程信息、庭审活动信息、裁判文书信息、执行工作信息等在线公开服务，支撑构建开放、动态、透明、便民的阳光司法机制。

司法公开平台主要包括中国审判流程信息公开网、中国庭审公开网、中国裁判文书网、中国执行信息公开网、全国企业破产重整案件信息网、全国法院减刑、假释、暂予监外执行信息网等。

司法公开平台应当具备信息公开、信息检索、可视化展现等功能。

第十条 司法数据中台和智慧法院大脑运行在法院专网或电子政务网，为智慧服务、智慧审判、智慧执行、智慧管理和司法公开等智慧法院信息系统提供数据和智能服务。

司法数据中台和智慧法院大脑包括司法数据库、数据管理平台、数据交换平台、数据服务平台、人工智能引擎、司法知识库、知识服务平台和司法区块链平台等。

司法数据中台和智慧法院大脑应当具备数据汇聚治理、共享交换、关联融合、可视化展现、知识生成、智能计算、辅助决策、证据核验、可信操作、智能合约等功能。

**第十一条** 各级人民法院应当建设信息基础设施,为人民法院在线运行提供必要的基础条件支撑。

信息基础设施包括通信网络、计算存储、通用终端设备以及信息管理中心、执行指挥中心、诉讼服务大厅、科技法庭等重要场所专用设施。

信息基础设施应当为各类应用系统、数据资源和运维保障提供计算运行、数据存储、通信传输、显示控制等服务。

**第十二条** 各级人民法院应当建设安全保障系统,为人民法院在线运行提供网络和信息安全保障。

安全保障系统包括身份认证平台、边界防护系统、安全隔离交换系统、权限管理系统、安全管控系统和安全运维系统等。

安全保障系统应当为各类信息基础设施、应用系统和数据资源提供主机安全、身份认证、访问控制、分类分级、密码加密、防火墙、安全审计和安全管理等安全服务。

**第十三条** 各级人民法院应当建设运维保障系统,为人民法院在线运行提供运行维护保障。

运维保障系统包括质效型运维服务、可视化管理平台、运行质效报告和应急管理平台等。

运维保障系统应当为信息基础设施、应用系统、数据资源和安全保障系统提供运行、维护和运行质效分析等运维保障服务。

## 三、应用方式

**第十四条** 当事人及其他参与人应用智慧服务系统进行在线调解、在线诉讼,应当先行注册并完成身份认证,取得登录智慧服务系统的专用账号。

同一用户注册智慧服务系统应当以个人身份认证和实名注册为主，尽量使用相同的注册和身份认证信息。

智慧服务系统应当对接公安机关户籍管理系统支持核对用户身份认证信息，并支持用户信息的统一管理和共享应用。

第十五条　当事人及其他参与人在智慧服务系统相应平台完成注册后，可以在线登录并通过身份认证，关联相关案件参与在线调解、在线诉讼。

第十六条　当事人及其他参与人可以应用人民法院调解平台等开展在线调解，进行在线申请、接受、拒绝或者终止调解，获得在线调解引导等服务。

人民法院通过人民法院调解平台等，支持人民法院、当事人、在线调解组织和调解员通过电脑和移动终端设备进行在线调解，支持在线开展调解前协商和解、调解组织和调解员选定、音视频调解、制作调解协议、申请司法确认或者出具调解书等，支持在线诉非对接、诉调对接程序，保存调解过程中的所有音视频和文字材料。

人民法院、调解组织和调解员可以通过人民法院调解平台等在线管理相关组织和人员信息。

第十七条　当事人及其代理人可以通过人民法院在线服务、电子诉讼、诉讼服务网等平台在线提交立案申请。

人民法院通过智慧审判系统对接智慧服务系统在线处理立案申请，反馈立案结果。

第十八条　当事人及其代理人可以通过人民法院在线服务、电子诉讼平台、人民法院调解平台、诉讼服务网等平台在线查看案件相关诉讼费用信息并通过网上支付通道在线交费。

人民法院通过智慧审判、智慧执行系统对接智慧服务系统在线发起交费通知、查看交费状态。

第十九条　当事人及其代理人通过人民法院在线服务、电子诉讼、人民法院调解平台、诉讼服务网等平台在线填写或提交各类案件相关电子材料，应符合平台告知的相应文件的格式、体例、规范性和清晰度等要求。

第二十条　智慧服务系统中在线提交、符合要求的电子文件自动纳入案件电子卷宗，并传送智慧审判系统、智慧执行系统、智慧管理系统流转应用。

对于线下提交的案件材料,人民法院应当及时通过扫描、翻拍、转录等方式随案同步生成符合要求的电子文件,形成案件电子卷宗。

人民法院通过智慧审判、智慧执行系统支持电子卷宗随案流转应用,包括阅卷、合议、庭审、审委会讨论、跨院调卷等。

人民法院利用电子卷宗实现文件数据化、回填案件信息、文书辅助生成、卷宗自动归档等智能化应用。

**第二十一条** 人民法院通过智慧服务系统相应平台和司法区块链核验当事人通过区块链平台提交的相关电子文件和数据等证据材料。

**第二十二条** 当事人及其代理人可以通过人民法院在线服务、电子诉讼平台、诉讼服务网等平台获知相应的平台门户、通信带宽和显示分辨率等技术条件要求,开展在线证据交换、在线举证质证。

**第二十三条** 人民法院通过智慧服务、智慧审判、智慧执行、司法区块链等平台,支持对经当事人及其代理人在线举证质证后的证据材料的真实性、合法性和关联性的认定和重现。

**第二十四条** 当事人及其代理人可以通过智慧服务系统提交在线阅卷、在线查档申请。

人民法院按照相关规定从智慧审判、智慧执行和智慧管理系统中调取相应卷宗或档案流转至智慧服务系统,支持当事人及其代理人在线阅卷、在线查档。

**第二十五条** 人民法院、当事人及其代理人、证人、鉴定人等可以通过人民法院在线服务、电子诉讼平台、诉讼服务网等平台,按照相关技术条件要求,通过科技法庭、电脑和移动终端设备开展在线视频庭审,开展在线庭前准备、法庭调查、法庭辩论、语音转写、笔录签名等庭审活动,人民法院应当按照相关规定保存庭审过程中的音视频和文字材料。

**第二十六条** 受送达人可以通过人民法院在线服务、人民法院送达平台、诉讼服务网和中国审判流程信息公开网等平台在线查阅、接收、下载和签收相关送达材料。

人民法院通过智慧审判、智慧执行系统,对接人民法院送达平台,记录各方参与主体的电子邮箱、即时通讯账号、诉讼平台专用账号等电子地址,按照有关规定进行在线送达、接受送达回执,实现在线送达所有环节信息全程留痕，记录并保存送达凭证。

第二十七条 当事人及其代理人可以通过人民法院在线服务、在线保全等平台向有管辖权的法院申请保全、提交或补充申请信息和材料，交纳保全费，也可以在线提起解除保全、续行保全、保全复议等。

当事人及其代理人可以通过人民法院在线服务、在线保全等平台在线向第三方担保机构申请担保，申请通过后在线交纳担保费，也可以在线取消、变更担保等。

第三方担保机构在当事人交纳担保费用后，可以在线出具电子担保书，支持当事人及其代理人在线查看、下载电子担保书。

人民法院通过智慧审判和智慧执行系统对接智慧服务系统在线进行保全审核和后续业务办理。

第二十八条 人民法院通过智慧审判系统、智慧执行系统对接智慧服务系统，依职权或当事人申请，在线发起委托鉴定、选择鉴定机构、移送鉴定材料。

鉴定机构可以通过人民法院在线服务、在线鉴定等平台在线受理委托任务、审阅鉴定相关检材、出具鉴定意见书或报告书；鉴定申请人可以在线查阅鉴定意见书或报告书，在线提出异议或者申请出庭；人民法院可以在线对异议或出庭申请进行审核及答复。

第二十九条 当事人及其代理人可通过人民法院在线服务、12368诉讼服务热线、诉讼服务网、人民法院调解平台等平台联系人民法院，进行案件调解、审判、执行、阅卷、查档、信访、送达以及预约事项办理信息的在线咨询查询。

第三十条 人民法院通过智慧审判系统实现案件电子卷宗的随案同步生成和深度应用，支持电子卷宗智能编目、信息自动回填、在线阅批、一键归档、上诉审移送与查阅，支持案件收案、分案、庭审、合议、裁判、结案、归档全流程网上办理；对接司法数据中台和智慧法院大脑，提供案件数据服务、案情智能分析、类案精准推送、文书辅助生成等智能辅助应用；依法按需实现法院内部、不同法院之间、法院与协同部门之间的卷宗信息共享和业务协同。

第三十一条 人民法院通过智慧执行系统实现执行案件全程在线办理、执行活动全程留痕、全方位多层次监控，支持在线采取财产查控、询价评估、拍卖变卖、案款发放、信用惩戒等执行措施。

**第三十二条** 人民法院通过电子档案管理信息系统，按照档案相关法律法规，在线完成电子档案的收集、保存和提供利用。

**第三十三条** 当事人及其代理人按照依法、自愿、合理的原则，可将诉讼、调解等环节由线上转为线下，或由线下转为线上进行；人民法院在线运行方式支持部分参与者采用线上、其他参与者采用线下的方式参与诉讼、调解等活动。

诉讼、调解活动采用线下办理的，人民法院应当及时将相关案件材料制作形成电子卷宗，并上传至智慧法院相关信息系统纳入管理。

## 四、运行管理

**第三十四条** 各级人民法院应当按照信息安全等级保护要求，确定智慧法院信息系统的安全保护等级，制定安全管理制度和操作规程，确定网络安全责任人，落实网络安全保护责任。

各级人民法院应当通过安全保障系统防范计算机病毒和网络攻击、网络侵入等危害网络安全的行为，通过安全隔离交换平台支持跨网系信息互通的同时防范网间恶意入侵、非法登录和数据窃取等行为，监测、记录并留存相关信息系统运行状态和网络安全事件，强化关键信息基础设施运行安全，建立健全用户信息保护机制，加强网络安全监测预警与应急处置能力。

各级人民法院应当开展与等级保护标准相符合的信息系统安全保障建设和测评以及密码应用安全评估。

**第三十五条** 各级人民法院应当确保智慧法院信息系统相关数据全生命周期安全，制定数据分类分级保护、数据安全应急处理和数据安全审查等制度。

各级人民法院应当通过安全保障系统建立相关信息系统数据权限管理和数据安全风险信息获取、分析、研判和预警机制，遵循"安全、必要、最小范围"原则实现数据共享和安全管控，保证在线诉讼、在线调解等司法活动中的个人隐私、个人信息、商业秘密、保密商务信息、审判执行工作秘密等数据依法予以保密，不被随意泄露或非法向他人提供。

**第三十六条** 各级人民法院应当指导、监督智慧法院信息系统建设、运行和管理中的个人信息保护工作,接受、处理在线诉讼、在线调解活动中个人信息保护有关的投诉和举报,定期组织对各类信息系统个人信息保护情况进行测评并公布结果,调查、处理在线诉讼、调解等司法活动中的违法处理个人信息行为。

各级人民法院应当加强司法公开工作中的个人信息保护,严格执行法律规定的公开范围,依法公开相关信息,运用信息化手段支持个人敏感信息屏蔽、司法公开质量管控。

第三十七条　各级人民法院应当通过运维保障系统,按照一线运维、二线运维和运行质效分析等方式支持智慧法院信息系统的运行维护保障,一线运维主要负责用户管理、权限分配、系统故障修复和应急响应处理等,二线运维主要负责信息系统运行状态和质效的监控分析,最高人民法院及各高级人民法院应当定期组织进行智慧法院信息系统的运行质效分析,提出改进建议。

第三十八条　各级人民法院应当建立健全信息系统规划、立项、采购、建设、测试、验收、应用和评价等全生命周期管理体系,实现对智慧法院信息系统主机、软件、存储资源、通信网络、机房和专用设施场所等系统和设施的全面管理,支撑人民法院在线稳定运行。

第三十九条　各级人民法院应当建立健全人民法院在线运行相关数据生产、汇聚、存储、治理、加工、传输、使用、提供、公开等过程管理机制,明确数据管理责任,全面提升数据质量,提高数据应用能力。

第四十条　各级人民法院应当制定应急计划,及时有效处理人民法院在线运行过程中出现的停电、断线、技术故障、遭受网络攻击、数据安全漏洞等突发事件。无法立即修复故障时,各级人民法院应当根据故障性质暂停提供相关服务,及时向用户告知故障信息,直至系统恢复正常,并记录保存故障信息。

第四十一条　各级人民法院应当依据相关法律规定,与企业院校开展合作,推进智慧法院信息系统建设、运行、维护,支持、组织、监督合作单位依照法律规定和合同约定履行义务,严格实施合作单位人员的出入、驻场、工作、培训、安全、保密、廉政和离职管理,确保合作单位不得利用工作便利擅自更改、留存、使用、泄露或者向他人提供相关工作信息。

第四十二条　各级人民法院应当优先推广应用全国法院统建信息系

统,推进各地法院自研系统接入相应全国统建系统。

第四十三条 人民法院应当在符合安全要求的前提下加强与外部相关信息系统的按需对接和在线业务协同。

第四十四条 各级人民法院应当积极通过各种渠道向社会公众宣传智慧法院建设的重大意义,推广普及智慧法院相关信息系统应用,针对各类用户做好培训、咨询以及必要的应用演练,建立用户满意度评价、跟踪、反馈、改进机制,不断提升人民法院在线运行效能。

## 五、附则

第四十五条 本规则自2022年3月1日起施行。

# 《人民法院在线运行规则》的理解与适用

许建峰　孙福辉　张　娴*

为支持和推进在线诉讼、在线调解等司法活动，完善人民法院在线运行机制，2022年1月，最高人民法院发布了《人民法院在线运行规则》（以下简称《规则》），并于2022年3月1日起施行。《规则》是继《人民法院在线诉讼规则》《人民法院在线调解规则》之后，最高人民法院出台的又一份重要文件，将在世界范围内首次构建全方位、系统化的互联网司法规则体系，推动构建中国特色、世界领先的互联网司法模式。《规则》基于智慧法院建设应用成果，进一步指导和规范信息系统建设、完善应用方式、加强运行管理，支持和推进在线诉讼、在线调解等司法活动，完善人民法院在线运行机制，方便当事人及其他参与人在线参与诉讼、调解等活动，提升审判执行工作质效。

为便于实践中正确理解与适用，现就《规则》的起草背景和过程、出台的重大意义、主要内容等作简要阐释。

## 一、《规则》起草的背景和过程

党的十八大以来，各级人民法院认真贯彻落实习近平法治思想和习近平总书记关于网络强国的重要思想，将信息化作为一场深刻的自我变革，加快建设智慧法院，在全世界法院树立了网络覆盖最全、数据存量最大、业务支持最多、公开力度最强、协同范围最广、智能服务最新的示范样板，为广大人民群众开展在线诉讼、在线调解等活动提供了极大便利，取得了显著成效，充分体现了以人民为中心的发展思想。最高人民法院制

---

\* 作者单位：最高人民法院。

定发布了一系列指导性文件和技术标准来引领和规范智慧法院建设。

2021年6月16日和12月30日，最高人民法院分别发布《人民法院在线诉讼规则》和《人民法院在线调解规则》，对于在线诉讼和在线调解的适用范围、法律效果、程序要求等都给出了规则指引。但两个规则没有对诉讼平台、调解平台等信息系统建设、应用、保障和管理提出具体要求。

《规则》就是要基于智慧法院建设应用成果，进一步指导和规范信息系统建设、完善应用方式、加强运行管理，支持和推进在线诉讼、在线调解等司法活动，完善人民法院在线运行机制，方便当事人及其他参与人在线参与诉讼、调解等活动，提升审判执行工作质效。同时通过《人民法院在线诉讼规则》《人民法院在线调解规则》《规则》三个既各有侧重又相互配合、有机衔接、三位一体的规则体系，推动构建中国特色、世界领先的互联网司法模式。

在最高人民法院党组的领导部署下，2021年8月，最高人民法院启动《规则》起草工作。最高人民法院信息中心制定专门工作方案，分管院领导整体负责，同时成立起草工作组，成员由最高人民法院相关部门、部分高级人民法院、中级人民法院、三个互联网法院代表和部分高等院校法学专家学者组成。

2021年9月形成初稿后，在起草组内部进行多轮研究讨论修改。

2021年10月，形成《规则》征求意见稿，并面向中央政法委、最高人民检察院、中央网信办、工业和信息化部、司法部、科技部六个中央和国家机关、最高人民法院各单位、地方法院（含兵团法院）等征求意见。

各单位均对《规则》起草工作表示支持和肯定，同时反馈意见91条，含修改意见70条，其余为无意见。起草组采纳或部分采纳其中47条修改建议，解释说明23条。

2021年11月18日，最高人民法院网络安全和信息化领导小组2021年第二次会议研究讨论《规则》。

2021年11月底，《规则》（征求意见稿）送交全国人大常委会法工委进一步征求意见，全国人大常委会法工委回复无不同意见。

2021年12月30日，《规则》经最高人民法院审判委员会第1861次会议审议通过。2022年1月26日，《规则》正式印发。

## 二、《规则》出台的重大意义

《规则》的出台,对于进一步构建全方位、系统化的互联网司法规则体系具有重要意义,主要体现在以下几个方面。

一是习近平法治思想和习近平总书记关于网络强国重要思想的生动实践。习近平总书记指出,"全面依法治国最广泛、最深厚的基础是人民""没有信息化就没有现代化"。以信息化方式让信息多跑路、让群众少跑腿,是习近平总书记多次反复强调的指示要求。出台《规则》,推进以高度信息化方式支持人民群众参与在线诉讼和在线调解等活动,减少广大人民群众往返奔波,进一步从司法制度层面更加深入地体现以人民为中心的发展思想。

二是信息时代国家治理体系和治理能力现代化的具体体现。当今信息时代,我国拥有全球最多的互联网用户和最广泛的互联网应用。大力提升网络综合治理和服务能力,形成经济、法律、技术等多种手段相结合的综合治网用网格局,是不断提高经济社会治理水平的必由之路,必然要求司法制度同步跟进,为数字社会发展和网络空间治理提供有力的司法保障。《规则》的出台,必将从司法规则指引和程序约束等方面更加有力地推进审判体系和审判能力现代化,更好地服务国家治理体系和治理能力现代化。

三是深化落实民事诉讼法等相关法律规定的必要举措。2021年12月24日通过的《全国人民代表大会常务委员会关于修改〈中华人民共和国民事诉讼法〉的决定》提出16处修改内容,其中第一处修改内容便是增加一条"经当事人同意,民事诉讼活动可以通过信息网络平台在线进行。民事诉讼活动通过信息网络平台在线进行的,与线下诉讼活动具有同等法律效力";第六处提出,"经受送达人同意,人民法院可以采用能够确认其收悉的电子方式送达诉讼文书"。其中所指的"信息网络平台"和"电子方式送达"均需要予以具体明确。因此,出台《规则》,不仅能规范法院内部系统的建设和管理,也能够对人民群众参与在线诉讼和调解等活动提供充分的指引和帮助。

四是全国智慧法院建设应用成果的制度化升华。按照最高人民法院的顶层设计、规划引领和标准规范,我国智慧法院建设取得了十分显著的成效,全国3500多家法院都构建并联通了以中国移动微法院、人民法院调解平台等为载体的在线诉讼和调解平台。各地法院还形成了不同形式、覆盖不同业务阶段、各具特色的智慧法院建设和应用探索经验，但门户各异、功能参差、数据孤岛等现象仍不同程度存在，也给广大用户带来诸多不便。《规则》对全国智慧法院建设经验进行总结凝练，是以往规划、标准和指导性意见等成果的集成升华，有利于通过制度规制约束全国法院系统建设、应用、保障和管理，更好地保障当事人的合法权利和使用便利。

## 三、《规则》的主要内容

《规则》共包括五个部分四十五条内容，涵盖人民法院在线运行的基本原则、适用范围，确定了人民法院用以支持在线司法活动的信息系统建设、应用、运行和管理要求。

### （一）明确人民法院在线运行的总体要求和基本原则

《人民法院在线诉讼规则》和《人民法院在线调解规则》，为人民法院开展在线诉讼、在线调解提供程序指引，均以司法解释的形式发布。《规则》通过规范性文件的形式予以发布，旨在指引人民法院运用先进信息技术，完善智慧法院信息系统、规范应用方式、强化运行管理，为在线诉讼、在线调解等提供配套技术支撑保障体系。因此，《规则》要求，"人民法院运用互联网、大数据、云计算、移动互联、人工智能和区块链等信息技术，完善智慧法院信息系统，规范应用方式，强化运行管理，以在线方式满足人民群众多元化司法需求，高效支持审判执行活动"。

《规则》明确人民法院在线运行遵循高效便民、注重实效、统筹共享、创新驱动、安全可靠原则。高效便民原则是人民法院在线运行的首要原则，相较于线下方式，在线方式更加能够减轻群众诉累，增强人民群众获得感，是坚持以人民为中心思想的重要体现；注重实效原则因智慧法院建设坚持司法规律、体制改革与技术变革相融合，全方位支持人民法院开展在线审判执行活动，保障司法工作，提高司法效率；统筹共享原则是智慧法院服务范围越来越广、协同部门越来越多的情况下，统筹各种需求、平衡各方矛盾，实现信息资源共享的必然要求；创新驱动原则体现人民法院促进先进科技与司法工作深度融合，推进审判体系和审判能力现代化的主动性、积极性和创造性，是智慧法院与时俱进、持续发展的不竭动力；安全可信原则因在线运行相较于传统方式网络安全、数据安全和个人信息保护的矛盾更加突出，要求强化相关安全机制和措施，确保各类系统和数据的安全可信，是人民法院在线运行的必要前提和坚守底线。

### （二）明确支撑人民法院在线运行的信息系统组成和主要功能

党的十八大以来，人民法院大力推进信息化建设，建成了支持全业务网上办理、全流程依法公开、全方位智能服务的智慧法院。

在服务人民群众方面，通过互联网建成中国裁判文书网等四大公开平台、全国企业破产重整案件信息网、减刑假释信息公开网等系列司法公开平台，支持构建阳光司法机制；全国法院全面建成诉讼服务网、诉讼服务大厅、12368诉讼服务热线、人民法院在线服务平台、人民法院调解平台等智慧服务系统，支持构建一站式多元纠纷解决和诉讼服务体系。

在服务审判执行方面，全国法院全面建成网上办案平台，并上线文书辅助、量刑规范等智能审判辅助应用，支撑构建现代化审判体系；全国法院全面建成"1+2+N"的执行信息化体系，即以执行指挥中心综合管理平台为核心，以四级法院统一的执行办案系统和执行公开系统为两翼，以网络查控、评估拍卖、信用惩戒、执行委托等N个执行办案辅助系统为子系统的执行信息化系统，成为实现"基本解决执行难"目标并健全切实解决执行难长效机制的有力利器。

在服务司法管理方面，全国法院不断拓展覆盖人、案、事的行政综合管理应用，建成了覆盖文件办理、教育培训、业绩档案、编制管理、人才管理、离退休干部管理等业务的各类综合管理平台。

在全国法院大力推进信息系统建设的同时，也产生了信息系统较为分散、数据孤岛等问题。《人民法院信息化建设五年发展规划（2021—2025）》提出一体化建设目标，以更加科学的顶层规划和总体设计为指导，加强多元解纷、诉讼服务、审判执行、司法管理等各类信息系统内外部集成，充分运用共性基础平台、智慧法院大脑、司法数据中台、统一应用门户等提供融合化数据服务、知识服务和业务服务，系统提升智慧法院一体化水平。

为了指引全国法院推进智慧法院信息系统一体化建设，《规则》明确："人民法院应当建设智慧服务、智慧审判、智慧执行、智慧管理、司法公开、司法数据中台和智慧法院大脑、信息基础设施、安全保障、运维保障等智慧法院信息系统，保障人民法院在线运行。智慧法院信息系统以司法数据中台和智慧法院大脑为核心,实现数据互联互通,支持业务协同办理。"

由此,确定了人民法院在线运行所依托智慧法院信息系统的主要组成,即包括九大系统,其中智慧服务、智慧审判、智慧执行、智慧管理、司法公开是五大业务应用系统,司法数据中台和智慧法院大脑是为各类业务系统提供数据和服务支持的共性支撑平台,信息基础设施、安全保障、运维保障是综合保障平台,指引全国法院完善信息系统建设,推进系统整合优化。

《规则》第五条至第十三条分别确定了智慧法院九大信息系统运行的网系、服务的对象、包含的子系统、应当具备的功能。《规则》特别提出:"人民法院在线服务与智慧服务系统其他平台对接,作为人民法院通过互联网向人民群众提供在线服务的统一入口。"

在《规则》施行的同日,即2022年3月1日,最高人民法院将中国移动微法院转型升级为"人民法院在线服务",作为全国法院通过互联网面向人民群众提供在线服务的统一入口,集成整合调解、立案、阅卷、送达、保全、鉴定等全国通用诉讼服务功能,支持人民群众集中查询、办理全国法院的诉讼和调解等事项,实现人民法院在线服务"一网通办、一站全办",解决以往各级法院网上服务入口多、选择难的问题,满足人民群众"一站式"便捷办理各地法院诉讼和调解等事项的司法需求。

### (三) 明确人民法院在线运行的各项活动依托的平台及其应用方式

《规则》第三部分"应用方式"规定了智慧法院信息系统支持在线诉讼和在线调解等司法活动的主要途径和方法,直接指引在线司法活动的各个具体环节。《人民法院在线诉讼规则》和《人民法院在线调解规则》主要对相关在线司法活动的业务应用规则作出规定,《规则》主要从信息系统的角度说明应用的系统、程序及需要遵循的规则要求,着重对两个业务应用规则进行必要补充。

《规则》明确了当事人及代理人注册登录及身份认证的应用方式。当事人及其他参与人应用智慧服务系统进行在线调解、在线诉讼,应当先行注册并完成身份认证,取得登录智慧服务系统的专用账号。同一用户注册智慧服务系统应当以个人身份认证和实名注册为主,尽量使用相同的注册和身份认证信息。

《规则》明确了人民法院开展在线调解、在线立案、在线交费、在线材料提交、电子卷宗随案同步生成、在线证据核验、在线举证质证、在线证据认定、在线阅卷和查档、在线庭审、在线送达、在线保全、在线委托鉴定、在线服务咨询、在线审理、在线执行到在线归档全流程各类主体的应用方式，满足人民群众全流程在线诉讼、调解需求。

电子卷宗是贯穿人民法院在线诉讼、在线调解等司法活动全流程的重要主线，是全流程在线办理、智能化应用的基础，因此，《规则》对于电子卷宗的随案生成、流转、应用等给予明确规定。

关于电子卷宗的随案生成，《规则》第二十条提出，"智慧服务系统中在线提交、符合要求的电子文件自动纳入案件电子卷宗，并传送智慧审判系统、智慧执行系统、智慧管理系统流转应用"，"对于线下提交的案件材料，人民法院应当及时通过扫描、翻拍、转录等方式随案同步生成符合要求的电子文件，形成案件电子卷宗"；《规则》第三十三条提出，"诉讼、调解活动采用线下办理的，人民法院应当及时将相关案件材料制作形成电子卷宗，并上传至智慧法院相关信息系统纳入管理"。

关于电子卷宗的随案流转，《规则》第二十条第三款提出，"人民法院通过智慧审判、智慧执行系统支持电子卷宗随案流转应用，包括阅卷、合议、庭审、审委会讨论、跨院调卷等"。

关于电子卷宗的深度应用，《规则》第二十条第四款提出，"人民法院利用电子卷宗实现文件数据化、回填案件信息、文书辅助生成、卷宗自动归档等智能化应用"；《规则》第三十条提出，"人民法院通过智慧审判系统实现案件电子卷宗的随案同步生成和深度应用，支持电子卷宗智能编目、信息自动回填、在线阅批、一键归档、上诉审移送与查阅，支持案件收案、分案、庭审、合议、裁判、结案、归档全流程网上办理"。

此外，为了充分保障当事人合法权益，《规则》对线上线下衔接的问题也予以明确，第三十三条提出，"当事人及其代理人按照依法、自愿、合理的原则，可将诉讼、调解等环节由线上转为线下，或由线下转为线上进行；人民法院在线运行方式支持部分参与者采用线上、其他参与者采用线下的方式参与诉讼、调解等活动"。

## （四）明确人民法院在线运行网络安全保障要求

网络安全事关国家安全，《规则》遵照网络安全法、数据安全法、个人信息保护法、密码法等法律法规，对于人民法院在线运行相关网络安全、数据安全、个人信息保护等提出明确要求。

一是明确网络安全管理要求。要求各级人民法院应当按照信息安全等级保护要求，确定智慧法院信息系统的安全保护等级，制定安全管理制度和操作规程，确定网络安全责任人，落实网络安全保护责任。各级人民法院应当通过安全保障系统防范计算机病毒和网络攻击、网络侵入等危害网络安全的行为，通过安全隔离交换平台支持跨网系信息互通的同时防范网间恶意入侵、非法登录和数据窃取等行为，监测、记录并留存相关信息系统运行状态和网络安全事件，强化关键信息基础设施运行安全，建立健全用户信息保护机制，加强网络安全监测预警与应急处置能力。各级人民法院应当开展与等级保护标准相符合的信息系统安全保障建设和测评以及密码应用安全评估。

二是明确了数据安全管理要求。要求各级人民法院应当确保智慧法院信息系统相关数据全生命周期安全，制定数据分类分级保护、数据安全应急处理和数据安全审查等制度。各级人民法院应当通过安全保障系统建立相关信息系统数据权限管理和数据安全风险信息获取、分析、研判和预警机制，遵循"安全、必要、最小范围"原则实现数据共享和安全管控，保证在线诉讼、在线调解等司法活动中的个人隐私、个人信息、商业秘密、保密商务信息、审判执行工作秘密等数据不被随意泄露或非法向他人提供。

三是明确了个人信息保护管理要求。要求各级人民法院应当指导、监督智慧法院信息系统建设、运行和管理中的个人信息保护工作，接受、处理在线诉讼、在线调解活动中个人信息保护有关的投诉和举报，定期组织对各类信息系统个人信息保护情况进行测评并公布结果，调查、处理在线诉讼、调解等司法活动中的违法处理个人信息行为。各级人民法院应当加强司法公开工作中的个人信息保护，严格执行法律规定的公开范围，依法公开相关信息，运用信息化手段支持个人敏感信息屏蔽、司法公开质量管控。

## (五) 明确人民法院在线运行保障、宣传培训等运行管理要求

运行管理是人民法院在线运行正常稳定的前提条件，一些管理措施和要求也与当事人参与在线司法活动的具体环节或情形处置密切相关。

《规则》明确了人民法院在线运行维护保障、信息系统管理、数据管理、应急和故障管理、合作供应商管理、内接系统管理、外接系统管理、宣传推广和培训演练等要求。

智慧法院信息系统建设和运维的大量具体工作依赖于社会化外包服务，在线司法活动的很多环节与合作单位高度关联，因此合作单位也是影响在线司法活动流程和效果的重要因素。

各级法院必须按照国家政府采购法律法规，建立健全并严格落实对外合作的各个环节、各类人员、各种活动的管理制度，才能满足在线司法活动切实便利人民群众、维护社会公平正义的要求。

《规则》要求各级人民法院应当依据相关法律规定，与企业院校开展合作，推进智慧法院信息系统建设、运行、维护，支持、组织、监督合作单位依照法律规定和合同约定履行义务，严格实施合作单位人员的出入、驻场、工作、培训、安全、保密、廉政和离职管理，确保合作单位不得利用工作便利擅自更改、留存、使用、泄露或者向他人提供相关工作信息。

随着智慧法院建设不断深入，各地法院创新实践层出不穷，既解决了司法为民和审判执行工作中的不少痛点难点，同时也带来系统繁杂的问题，门户入口多、界面不统一、数据不共享等现象直接影响到社会公众参与在线司法活动的可行性和便利性。

《规则》提出，"各级人民法院应当优先推广应用全国法院统建信息系统，推进各地法院自研系统接入相应全国统建系统"，不断推进智慧法院信息系统整合共享，保障社会公众便利高效参加在线司法活动。

## 最高人民法院
## 关于涉及发明专利等知识产权合同纠纷案件上诉管辖问题的通知

2022年4月27日　　　　　　　　　　法〔2022〕127号

各省、自治区、直辖市高级人民法院，新疆维吾尔自治区高级人民法院生产建设兵团分院；各知识产权法院，具有技术类知识产权案件管辖权的中级人民法院：

《最高人民法院关于第一审知识产权民事、行政案件管辖的若干规定》（法释〔2022〕13号）已于2022年4月21日公布，将自2022年5月1日起施行。根据该司法解释有关规定，现就涉及发明专利等知识产权合同纠纷案件上诉管辖事宜进一步明确如下：

地方各级人民法院（含各知识产权法院）自2022年5月1日起作出的涉及发明专利、实用新型专利、植物新品种、集成电路布图设计、技术秘密、计算机软件的知识产权合同纠纷第一审裁判，应当在裁判文书中告知当事人，如不服裁判，上诉于上一级人民法院。

特此通知。

### 最高人民法院
## 关于加强区块链司法应用的意见

2022 年 5 月 23 日　　　　　　　　法发〔2022〕16 号

为深入贯彻落实习近平法治思想和习近平总书记关于积极推动区块链技术为人民群众提供更加智能、更加便捷、更加优质公共服务的重要指示精神，贯彻落实《中华人民共和国国民经济和社会发展第十四个五年规划和2035年远景目标纲要》和《"十四五"国家信息化规划》，充分发挥区块链在促进司法公信、服务社会治理、防范化解风险、推动高质量发展等方面的作用，全面深化智慧法院建设，推进审判体系和审判能力现代化，结合人民法院工作实际，制定本意见。

## 一、总体要求

（一）指导思想。以习近平新时代中国特色社会主义思想为指导，深入贯彻习近平法治思想和习近平总书记关于网络强国的重要思想，紧紧围绕"努力让人民群众在每一个司法案件中感受到公平正义"的目标，坚持服务大局、司法为民、公正司法，大力推动区块链技术与多元解纷、诉讼服务、审判执行和司法管理工作深度融合，积极应用区块链平台服务社会治理、优化营商环境、加强诚信体系建设、防范化解重大风险、支持构建新发展格局，努力创造更高水平的数字正义。

（二）总体目标。到 2025 年，建成人民法院与社会各行各业互通共享的区块链联盟，形成较为完备的区块链司法领域应用标准体系，数据核验、可信操作、智能合约、跨链协同等基础支持能力大幅提升；区块链在多元解纷、诉讼服务、审判执行和司法管理工作中得到全面应用，有效促进司法公信，提升司法效率，强化廉洁司法；司法区块链跨链联盟融入经济社会运行体系,实现与政法、工商、金融、环保、征信等多个领域跨链信息共享和协同,主动服务营商环境优化、经济社会治理、风险防范化解和产业创新发展,助力平安中国、法治中国、数字中国和诚信中国建设,形成中国特色、世界领先的区块链司法领域应用模式,为新时代我国经济社会数字化转型和高质量发展提供坚强有力的司法服务和保障。

(三) 基本原则

坚持依法统筹、注重协同联动。依法依规加强区块链基础设施统筹规划,面向经济社会发展和审判执行工作需要,开展区块链司法领域应用顶层设计,加强与各行各业跨链协同应用模式研究,促进多方数据共享和协同应用。

坚持开放共享、注重标准先行。建设与社会各行各业互通共享的区块链联盟,形成共性基础技术支持能力,建立统一、开放的区块链司法领域应用技术标准体系,为跨部门节点接入、跨行业数据共同维护和利用提供规范化服务。

坚持应用牵引、注重创新发展。以司法为民、公正司法和服务社会治理为牵引,充分发挥区块链在优化业务流程、提升协同效率、建设可信体系等方面的作用,持续推进区块链在司法领域深度应用,不断提高跨领域自动执行能力。

坚持安全可靠、注重有序推进。以安全可信为前提,着力提升上链数据和智能合约的准确可控水平,确保数据安全,保护个人信息,推动形成区块链在司法领域稳中求进、有序发展、安全可靠的应用生态。

## 二、人民法院区块链平台建设要求

(四) 加强区块链应用顶层设计。遵照法律规范要求,按照内外部高效协同的总体思想,针对法院业务应用和服务社会治理协同应用需求,系统开展区块链在司法领域应用的场景设计。针对内、外网协同应用需求,形成全国统一、支持跨网系、跨链协同司法应用的区块链总体建设方案。

(五) 持续推进跨链协同应用能力建设。针对主动服务经济社会治理和司法业务应用场景,构建基于分布式标识、互联互通、跨链互信的区块链联盟基础设施,有效整合执行区块链已有建设成果,充分发挥联盟链技术特点,加强司法区块链平台与各行业区块链平台跨链联盟建设,持续提升协同能力。

（六）提升司法区块链技术能力。联合优势力量，开展关键技术攻关，打造开放共享的全国法院司法区块链平台，提高数据核验、可信操作、智能合约、跨链协同等基础技术能力，支持各级人民法院基于司法链平台开展业务创新应用。

（七）建设互联网司法区块链验证平台。基于全国司法区块链平台数据，在互联网端建设司法区块链验证平台，支持当事人等相关主体对调解数据、电子证据、诉讼文书等司法数据进行真伪核验。

（八）建立健全标准规范体系。建立健全区块链在司法领域应用的技术标准和管理规范，为与相关领域区块链平台和节点接入互通、共享协同提供技术指引和标准接口支持。

### 三、充分运用区块链数据防篡改技术，进一步提升司法公信力

（九）保障司法数据安全。推进人民法院电子卷宗、电子档案、司法统计报表、案件结案状态等司法数据上链存储，确保司法数据防篡改，提升数据安全水平。

（十）保障电子证据可信。健全完善区块链平台证据核验功能，支持当事人和法官在线核验通过区块链存储的电子证据，推动完善区块链存证的标准和规则，提升电子证据认定的效率和质量。

（十一）保障执行操作合规。推动执行案件信息、当事人信息、组织机构信息、执行通知、财产查控、财产处置、案款收发、信用惩戒、执法取证、执行互动、案件报结、卷宗归档等数据和操作上链存证，常态化开展执行全业务流程操作安全审计，进一步规范执行操作行为，探索开展执行查控等敏感操作在线闭环验证，确保可靠无误。

（十二）保障司法文书权威。推动人民法院送达的诉讼文书和送达回执在司法区块链平台统一存储，支持在互联网端查验送达文书，保证送达全流程安全可靠，维护司法权威。

### 四、充分发挥区块链优化业务流程的重要作用，不断提高司法效率

（十三）支持立案信息流转应用。建立立案登记材料分级分类自动流转业务规则，支持在材料提交限定期满后案件实现分级分类自动立案，巩

固立案登记制改革成果，提高立案效率。

（十四）支持调解与审判流程衔接应用。建立调解协议不履行自动触发审判立案、执行立案等业务规则和智能合约程序，增强调解程序司法权威，支持多元纠纷化解。

（十五）支持审判与执行流程衔接联动。全面推进审判与执行办案系统信息互通和数据共享，探索建立裁判文书不履行自动触发执行立案等业务规则和联动机制，优化审执衔接，畅通信息流转，减少重复工作，支持切实破解执行难。

（十六）支持提升执行效率。探索建立符合条件的执行案件自动发起查询、冻结、扣划以及执行案款自动发放智能合约机制，在确保程序合规的前提下简化审批环节；建立对统查财产线索足额终本案件、对不履行义务的执行和解案件，无需单独提起立案流程即可自动立案恢复执行的智能合约机制。

（十七）支持执行干警便捷办案。运用区块链技术推动网络查控、评估拍卖、案款收发、失信限消、事项委托、电子卷宗随案生成等向移动端延伸，形成去中心化、去网系化、去系统化的数据串联，方便执行干警随时随地办理执行事务。

## 五、充分挖掘区块链互通联动的巨大潜力，增强司法协同能力

（十八）提高律师资质验证协同能力。针对律师资质验证需求，构建人民法院与司法行政部门跨链协同应用，支持实现参与诉讼活动的律师资质、信用报告在线查询及核验，提高核验实时性。

（十九）提高政法部门案件协同办理能力。针对减刑假释、刑事、民商事等案件跨部门协同办理和公民身份认证等需求，构建人民法院与检察、公安、司法行政等部门的跨链协同应用，提高案件在线流转效率和数据互信水平。

（二十）提高跨部门协同执行能力。针对被执行人财产查控、失信被执行人联合惩戒等需求，构建人民法院与行政执法、不动产登记、金融证券保险机构、联合信用惩戒等单位的跨链协同应用，建立自动化执行查控和信用惩戒模式，提高协同执行工作效率。

## 六、充分利用区块链联盟互认可信的价值属性，服务经济社会治理

（二十一）保护知识产权。构建与版权、商标、专利等知识产权区块链平台的跨链协同机制，支持对知识产权的权属、登记、转让等信息的查询核验，为知识产权案件的证据认定等提供便利，更好地服务国家创新驱动战略实施。

（二十二）支持营商环境优化。构建与市场监管、产权登记和交易平台等区块链平台的跨链协同应用机制，支持对企业基本信息、企业股权变动、企业间关联关系、不动产和动产权属状况、融资租赁、贵金属交易等权属登记和交易状况信息的查询核验，为权属认定和产权交易提供便利，促进基于数据与信用的分级分类监管体系建设，更好地服务国家营商环境建设。

（二十三）支持数据开发利用。构建与数据权属、数据交易等区块链平台的跨链协同应用机制，支持对数据确权、数据交易等过程信息的查询核验和智能合约处置，助力数据要素市场构建和数据价值释放，更好地服务国家大数据战略实施。

（二十四）支持金融信息流转应用。构建与金融机构区块链平台的跨链协同应用机制，支持对金融贷款合同、信用卡等审批、履行、违约过程信息的查询核验和智能合约处置，更好地服务金融风险防范化解。

（二十五）支持企业破产重组。构建与相关政府部门区块链平台的跨链协同应用机制，支持对债务人企业的经营信息和涉诉涉执行信息互通共享，支持债权申报信息在线验证质证，在保障全体债权人知情权和查阅权的同时，强化债权审核公开透明，并进一步确保网络债权人会议的表决效力，更好地服务市场主体救治和退出。

（二十六）支持征信体系建设。构建与全国信用信息共享平台、国家企业信用信息公示系统和失信惩戒部门的跨链协同应用机制，支持对失信被执行人、限制高消费信息的查询核验和智能合约处置，确保失信信息可信产生、安全传播和合规使用，更好地发挥联合失信惩戒作用，助力健全以信用为基础的新型监管机制，服务社会信用体系建设。

### 七、保障措施

（二十七）加强组织领导。各级人民法院要高度重视区块链在司法领域的建设和应用，加强统筹协调，明确任务牵头部门负责区块链应用整体推进和管理。

（二十八）建立协同机制。各级人民法院要统筹辖区区块链应用重点，联合其他政法单位、社会机构等力量强化协同工作机制，共同推进区块链在司法领域的应用。

（二十九）加大支持力度。各级人民法院要将区块链应用工作纳入智慧法院建设规划统筹组织实施，并与地方政府社会治理创新相结合，争取经费支持，加大推进力度。

（三十）注重应用示范。各级人民法院要面向服务经济社会发展和人民法院业务需求，选择较为成熟的应用场景开展典型应用示范，形成可复制、可推广的创新模式。

（三十一）确保安全可靠。各级人民法院要健全事前审核和测试评估机制，确保上链数据真实性、准确性、合规性以及链上链下数据一致性，确保智能合约的合法性、有效性、安全性和可靠性。

（三十二）积极宣传引导。各级人民法院要加强成功案例宣传推介，面向法院干警开展区块链技术应用培训，全面提升区块链在司法领域的应用成效。

# 《最高人民法院关于加强区块链司法应用的意见》的理解与适用

孙福辉[*]

为充分发挥区块链在促进司法公信、服务社会治理、防范化解风险、推动高质量发展等方面的作用,全面深化智慧法院建设,推进审判体系和审判能力现代化,最高人民法院于 2022 年 5 月发布了《最高人民法院关于加强区块链司法应用的意见》(以下简称《意见》)。《意见》明确人民法院加强区块链司法应用总体要求以及人民法院区块链平台建设要求,提出区块链技术在司法领域典型场景应用方向,明确区块链应用保障措施,对形成中国特色、世界领先的区块链司法领域应用模式有重要意义。为便于实践中正确理解与适用,本文就《意见》的起草背景和过程、发布的重要意义、主要内容等作简要阐释。

## 一、《意见》起草的背景和过程

党的十八大以来,以习近平同志为核心的党中央高度重视发展数字经济,实施网络强国战略和国家大数据战略,建设数字中国、智慧社会。习近平总书记在十八届中央政治局第三十六次集体学习时强调要做大做强数字经济、拓展经济发展新空间,在十九届中央政治局第二次集体学习、2018 年中央经济工作会议等多个重要场合对发展数字经济进行了系统阐述。习近平总书记强调,发展数字经济是把握新一轮科技革命和产业变革新机遇的战略选择,区块链技术的集成应用在新的技术革新和产业变革中起重要作用。

---

[*] 作者单位:最高人民法院。

区块链是一种将数据区块有序连接,并以密码学方式保证其不可篡改、不可伪造的分布式数据库技术,集合了分布式记账、点对点组网、非对称加解密、数字签名、智能合约等技术,可以在无须第三方背书情况下实现系统中所有数据信息的公开透明、不可篡改、不可伪造、可追溯,其作为一种底层协议或技术方案可以有效地解决信任问题,实现价值的自由传递,在诸多领域有着广阔应用场景。

当前区块链技术应用已延伸到数字金融、物联网、智能制造、供应链管理、数字资产交易等多个领域,日益融入经济社会发展各领域全过程。税务部门推出区块链电子发票"税链"平台,税务部门、开票方、受票方通过独一无二的数字身份加入"税链"网络,实现"交易即开票""开票即报销"——秒级开票、分钟级报销入账,大幅降低了税收征管成本,有效解决数据篡改、一票多报、偷税漏税等问题;当前,中国人民银行正扎实推进数字人民币研发试点,有序扩大试点范围,数字人民币逐渐深入百姓生活,相比实体货币,数字人民币兼容账户和价值特征,不可重复花费、不可非法复制伪造、交易不可篡改、抗抵赖,可满足公众对小额匿名支付服务需求,进一步满足人民群众多样化的支付需求。

在司法领域,区块链技术的应用也逐渐铺开,最高人民法院积极利用区块链技术开展应用,将区块链技术建设应用作为智慧法院4.0版的重要组成部分。2021年5月,最高人民法院办公厅发布《最高人民法院办公厅关于推进司法数据中台和智慧法院大脑建设的通知》,积极开展司法领域区块链建设,加快构建全国统一司法区块链平台,面向全国各级人民法院和人民群众提供统一数据存证和验证能力,对电子档案、执行查控、申诉信访、操作行为等数据开展区块链应用,实现执行当事人信息、限制高消费人员信息和失信被执行人信息100%上链,累计上链存证验证数据超过22亿条。各地人民法院也展开积极探索,杭州互联网法院利用区块链固定互联网数字版权保护中的电子证据,现已存证超1000万条数据。

为深入贯彻习近平法治思想,落实习近平总书记关于区块链技术的指示精神、想法和《中华人民共和国国民经济和社会发展第十四个五年规划和2035年远景目标纲要》以及《"十四五"国家信息化规划》,充分发挥区块链在司法领域应用方面的作用,在最高人民法院党组的领导部署下,2022年4月,最高人民法院启动《意见》起草工作。最高人民法院分管院领导整体负责,信息中心制定专门工作方案,结合司法区块链建设现状、区块链科研项目、区块链试点工作等相关内容，组织起草《意见》初稿，经内部多轮研究讨论修改，形成《意见（征求意见稿）》。2022年5月，分别向最高人民法院司法区块链建设协调机制成员单位、各高级人民法院（含兵团法院）等征求意见。各单位均对《意见》起草工作表示支持和肯定，信息中心针对反馈的三十一条意见进行逐一研究，进一步修订《意见》，并经最高人民法院党组会议审议通过后于2022年5月23日正式发布。

## 二、《意见》发布的重要意义

《意见》的发布，对于形成中国特色、世界领先的区块链司法领域应用模式有重要意义，主要体现在以下几个方面。

### （一）《意见》的发布是习近平法治思想和习近平总书记关于网络强国的重要思想的生动实践

党的十八大以来，以习近平同志为核心的党中央牢牢把握信息革命的"时"与"势"，高度重视互联网、积极发展互联网、有效治理互联网，明确提出努力把我国建设成为网络强国的战略目标。当前，新一轮信息革命浪潮催生全球范围的产业变革，科技创新进入空前密集活跃时期，信息化领域成为国家竞争的战略高地。习近平总书记在中央政治局第十八次集体学习中强调，"区块链技术的集成应用在新的技术革新和产业变革中起着重要作用"。发布《意见》有利于加强司法领域区块链基础设施建设，进一步推动法治与科技的深度融合，推动运用区块链等数字经济技术实现数字化变革，为人民群众创造更高水平的数字正义。

### （二）《意见》的发布是信息时代国家治理体系和治理能力现代化的具体体现

我国拥有全球最多的互联网用户和最广泛的互联网应用，受新冠肺炎疫情影响，人民群众线上办理事务的需求大幅提升，需要大力提升网络综合治理和服务能力，发挥区块链在促进数据共享、优化业务流程、降低运营成本、提升协同效率、建设可信体系等方面的作用，为人民群众提供更加智能、更加便捷、更加优质的公共服务，为人民群众带来更好的政务服务体验。《意见》的出台，必将从设计和应用引导等方面更加有力地推进审判体系和审判能力现代化，更好地服务国家治理体系和治理能力现代化。

### （三）《意见》的发布是全国智慧法院深化建设的必然要求

按照最高人民法院的顶层设计、规划引领和标准规范，智慧法院4.0版建设稳步推进，司法数据中台和智慧法院大脑逐渐形成，司法数据汇聚进一步丰富，司法数据服务进一步深化，一批针对法院痛点场景的智能化服务上线应用，全国3500多家人民法院构建并联通了以人民法院在线服务、人民法院调解平台等为载体的在线诉讼和调解平台。各地人民法院也形成了不同形式、覆盖不同业务阶段、各具特色的智慧法院建设和应用探索经验。法院信息化不断纵深发展，但越来越多信息系统的上线运营也对信息流转过程中的一致性、不同系统间的信息及时同步、不同信息系统间业务环节的自动衔接等提出了更高的要求。《意见》在前期全国智慧法院建设经验的基础上，对现阶段区块链在司法领域应用提出总体目标、建设要求，也提出可应用区块链技术优化提升的应用场景，区块链在智慧法院4.0版建设中的应用必将进一步加速，也将推动全国法院的信息化水平稳步提升。

### （四）《意见》的发布是完善区块链司法应用标准体系的重要引导

目前，全球主要国家都在加快布局区块链技术发展，我国区块链的发展既要强化基础研究，提升原始创新能力，努力让我国在区块链这个新兴领域走在理论最前沿、占据创新制高点、取得产业新优势，也要加强区块链标准化研究，提升国际话语权和规则制定权。前期，最高人民法院发布了《司法区块链管理规范》《司法区块链技术要求》《司法区块链接口要求》《司法区块链跨链协同管理规范》《司法区块链智能合约管理规范》《司法区块链跨链协同技术规范》等信息化标准，《意见》的发布有利于推动司法区块链有关信息化标准的贯彻实施，有利于指引区块链相关信息化标准健全完善。

**（五）《意见》的发布是建成互通共享的司法区块链联盟的有力推动**

《意见》提出到 2025 年建成人民法院与社会各行各业互通共享的区块链联盟，数据核验、可信操作、智能合约、跨链协同等基础支持能力大幅提升，司法区块链跨链联盟融入经济社会运行体系，主动服务营商环境优化、经济社会治理、风险防范化解和产业创新发展，助力平安中国、法治中国、数字中国和诚信中国建设。这为司法区块链联盟发展指明了方向，有利于明确司法区块链联盟的建设目的，推动形成中国特色、世界领先的区块链司法领域应用模式。

## 三、《意见》对区块链在司法领域应用和人民法院区块链平台建设的要求

《意见》设定了到 2025 年关于区块链司法应用的总目标，提出了对各级人民法院区块链平台的具体建设要求。

### （一）《意见》对区块链在司法领域应用的总体要求

在指导思想上，《意见》明确以习近平新时代中国特色社会主义思想为指导，深入贯彻习近平法治思想和习近平总书记关于网络强国的重要思想；在总体目标上，到 2025 年建成人民法院与社会各行各业互通共享的区块链联盟，区块链在多元解纷、诉讼服务、审判执行和司法管理工作中得到全面应用，司法区块链跨链联盟融入经济社会运行体系，形成中国特色、世界领先的区块链司法领域应用模式。

在基本原则上，《意见》明确了"坚持依法统筹、注重协同联动""坚持开放共享、注重标准先行""坚持应用牵引、注重创新发展""坚持安全可靠、注重有序推进"等四项原则。依法依规遵循国家政策导向是首要原则，统筹规划区块链顶层设计、建设区块链基础设施，结合经济社会发展和审判执行工作需要，开展各行各业跨链协同应用模式研究，促进多方数据共享和协同应用。坚持建设与社会各行各业互通共享的区块链联盟，建立统一、开放的区块链司法领域应用技术标准体系，为跨部门节点接入、跨行业数据共同维护和利用提供规范化服务。以司法为民、公正司法和服务社会治理为牵引，持续推进区块链在司法领域深度创新应用。以

安全可信为前提,着力提升上链数据和智能合约的准确可控水平,确保数据安全,保护个人信息,推动形成区块链在司法领域稳中求进、有序发展、安全可靠的应用生态。

## (二)《意见》对人民法院区块链平台建设的要求

《意见》明确要求人民法院加强区块链应用顶层设计、持续推进跨链协同应用能力建设、提升司法区块链技术能力、建设互联网司法区块链验证平台、建立健全标准规范体系。《意见》提出要打造开放共享的全国法院司法区块链平台,加强司法区块链平台与各行业区块链平台跨链联盟建设,持续提升协同能力;要在互联网端建设司法区块链验证平台,支持当事人等相关主体对调解数据、电子证据、诉讼文书等司法数据进行真伪核验。

区块链技术目前仍处于发展期,区块链网络的建设也处于早期阶段,未来成熟完整的区块链技术体系以及大规模稳定的区块链网络模型还有待成型,在此条件下,司法区块链平台建设应注意以下几个方面。

第一,需加强司法区块链技术研究。需要形成既适用于现行人民法院体系结构,且技术本身自主可控,可满足智慧法院建设的成熟完善的区块链技术体系。

第二,需注意司法区块链网络建设的边界。应围绕智慧法院核心建设目标、围绕司法审判业务开展司法区块链网络建设和司法区块链应用建设,不适宜在司法区块链的建设过程中随意延展司法区块链的网络边界和业务应用边界。

特别是在开展诉源治理过程中,要考虑司法区块链的边界问题,司法区块链可以只提供司法区块链接入能力,而将延展到源头的相关区块链网络和建设交给社会其他部门处理,以保持人民法院核心职能定位。以电子证据平台为例,公证行业组织也有其行业区块链平台的实践和建设规划,司法区块链的电子证据平台关注提供支撑法院审判业务的电子证据接入能力,而可暂不考虑在区块链固定证据能力上向社会提供公共法律服务。

同样在具体行业的司法支撑上,司法区块链应该向其他行业部门提供跨链接入能力,而不适宜将司法区块链网络直接建设到其他行业部门。以版权行业为例,司法区块链应该与行业区块链进行跨链对接,以司法支撑版权行业,而不适合直接对各类权利方进行直接的区块链网络节点接入。

在早期互联网法院的司法区块链建设探索实践中,更加注重探索创新,但目前阶段涉及全国司法区块链建设问题,需要严格考虑司法区块链建设和应用边界的问题。

第三,需要关注国家基础区块链网络的建设进程。目前国家级区块链网络正在建设当中,司法区块链需要统筹考虑全国司法区块链的建设问题,有机融入国家级区块链网络建设整体布局,更好地发挥司法区块链在地方法治支撑的作用。

## 四、《意见》对区块链在司法领域应用的典型场景方向的指引

人民法院在发挥审判执行职能的过程中,存在大量与区块链技术的高度可信、防篡改属性相吻合的司法应用场景,这些高度契合的业务场景为区块链技术在司法领域的应用提供了现实基础能力和广阔发展前景。全国诸多人民法院选择区块链技术作为其数字化业务发展的底层技术之一。《意见》为区块链技术在司法领域的广泛应用和深度融合提供了以下几个方向的指引,各级人民法院可应用司法区块链能力,积极进行下列场景的探索应用。

### (一)充分运用区块链数据防篡改技术,为司法数据安全、电子证据可信、执行操作合规、司法文书权威等四个典型应用场景提供技术保障,进一步提升司法公信力

数据防篡改能力是区块链技术的核心能力。区块链技术所应用的对等网络技术可以使区块链每个节点都无差别地储存一份数据,使区块链本身具有良好的容错机制;哈希嵌套的链式存储结构可以保证每个区块的内容的更改都需要更改其他所有前序区块,这样的机制使区块链系统数据更加安全,使其具有不可篡改性;数字签名技术可以记录每条数据的出处,使其具有不可抵赖性;合理的数据模型使每条数据的流转都可以追溯到最初的状态,使其具有可信任性;时间戳技术可以做到对每条数据的生成时间进行明确认定。正是这些技术的组合实现了区块链数据防篡改的能力,使之具备支持保障司法数据、电子证据、操作行为、司法文书真实性的能力。

区块链可以在保障司法数据安全方面发挥作用。相较纸质材料而言,信息时代电子材料等司法数据的易取得性、易复制性、易篡改性使得它的

真实性容易受到质疑,必须要保证司法数据的可信安全才能提升司法公信力。司法区块链具备通用的存证和验证能力,在和人民法院业务系统对接后,支持司法数据自产生至应用、归档的每一环节的存证验证,使通过区块链传输的司法数据具有高度的安全性和可靠性,并且能够基于网络共识构建一个纯粹的、跨界的"利益无关"信任网络的验证机制,从而打造一个高度安全、深度信任的内外数据流通环境,促进司法数据的可信流转。

区块链可以在保障电子证据可信方面发挥作用。数字经济时代浪潮下电子数据更为多样、复杂,人民法院面对不断涌现的新型案件,取证的技术难度上升、证据认定也更为困难,这些都使"取证难"成了人民法院信息化道路上亟待解决的一个现实问题。而区块链技术的不可篡改性恰好为保障电子证据的可信度提供了技术支撑。当电子证据在区块链上存储,即使某个节点试图进行篡改行为,区块链的多节点共识机制也会起到维护电子证据的作用,保证电子数据存证的真实可信、防篡改。

区块链可以在保障执行操作合规方面发挥作用。目前人民法院在执行环节存在很多直接涉及当事人隐私和权益的如财产查控、财产处置、案款收发、信用惩戒等敏感操作,需要在进行这些执行业务节点操作时进行及时的审计监管,在保证执行的同时也维护当事人的合法权益。因此,可以利用区块链技术将执行过程中涉及的财产查控、处置等信息进行全流程记录,实现全程可追溯,确保执行案件对被执行人财产的查控、处置流程规范可靠。以执行查控可信操作场景为例,审判办案系统在案件审理过程中将立案、裁判、结案三个关键环节的数据上链存证,方便后续验证,并确保在执行办案系统中的节点操作在必要的业务范围内。比如,法官对当事人进行财产调查、财产冻结与财产划扣等敏感操作时,在操作前通过区块链进行操作验证,利用前已存证的审判办案系统等信息确保被执行人是真实被立案的当事人、案件被裁判执行且处于未结案状态、进行执行操作的人员是该案件的承办法官等;如果上述条件无法全部满足,则操作会被警告或阻断,如上述条件均满足,则允许进行操作的同时会将操作行为、操作时间、操作人员等信息在区块链上进行存储。通过区块链技术对执行敏感操作的操作前验证、操作后存证将进一步促进执行操作合规。

区块链可以在保障司法文书权威方面发挥作用。互联网技术的普及,使得判决书、裁定书、调解书等被送达的电子文书存在被篡改的风险,也因此引出难验证真伪的问题。为此,保证司法文书的真实性一直是人民法院在开展电子送达工作中所关注的焦点。在区块链技术的支持下，提升电子送达文书真实性的电子送达文书验证场景正在建设中。送达环节中，人民法院在出具电子文书后，通过电子送达系统发起送达请求，使系统自动生成送达信息，经由送达系统和区块链的对接，送达发出的同时，被送达的原文生成的特征指纹将在司法区块链平台上链存证，并生成存证回执反馈到电子送达系统。电子送达系统会将被送达文书原件发送给当事人，当事人接收送达文书原件后，根据业务要求，也可以选择将生成的签收回执通过司法区块链平台对回执信息原文生成的特征指纹上链存证。若当事人对被送达文书存疑时，可以在司法区块链平台互联网端在线发起验证；核验通过后，司法区块链平台会返回存证编号、存证时间与验证结果等核验信息，以此来保障电子送达文书的真实性。

（二）充分发挥区块链优化司法业务流程的重要作用，支持立案信息流转应用、调解与审判流程衔接应用、审判与执行流程衔接联动、提升执行效率等典型应用场景，不断提高司法效率

区块链通过智能合约技术可以有效减少人为操作的干预，从而实现立案信息的自动化流转，以及调解、审判、执行等流程的衔接联动，减短流转环节的时间及人工成本。所谓智能合约，是指以数字形式定义的能够自动执行条款的合约，是基于预定事件触发的不可篡改的可自动执行的计算机程序。智能合约把合同的条款编制成一套计算机代码，在交易各方签署后自动运行。一旦约定的条件达成，将立即触发相应的结果。将智能合约嵌入业务流程，通过信息格式归纳技术和多方密钥授信技术，实现全流程司法业务数据的实时上链。当诉讼纠纷发生时，智能合约可以自动抽取要素信息推送至人民法院，实现批量验证并自动立案。整个事务和状态的处理都由司法区块链底层内置的智能合约系统自动完成，全程透明、不可篡改，能够提高工作效率，减少业务环节等待时间，避免出现恶意违规操作，有利于提升当事人的获得感。

区块链可以在支持立案信息流传应用方面发挥作用。当前，在立案系统中登记材料需要进行人工审核，工作效率较低，且不同系统之间的数据流转信任度低。针对存在的风险与困境，借助区块链技术建设立案登记材料分级分类自动流转智能合约，定时登记、定时触发、定时获取符合立案标准的案件信息，保证最终流向人民法院的数据真实、准确，在材料提交

限定期满后案件实现分级分类自动立案信息回填能力。现阶段正在开展的人民法院信息化创新实践中，司法区块链平台通过提供智能合约服务与立案系统、办案系统进行对接，实现立案登记材料在提交限定期满后通过合约的自动审核，在审核通过后自动推送给办案系统，并提醒该案件可以立案。分级分类自动立案合约的业务逻辑需要结合实际业务确定，基本思路是对不同级别不同案由的立案材料进行形式审查，如果缺少必要材料则不会触发自动立案业务流程。

区块链可以在支持调解、审判、执行等流程衔接应用方面发挥作用。调解程序效率仍有提高空间，审执衔接不够紧密，信息流转不够畅通，重复工作占比较高的问题也需要进一步解决。借助区块链技术，当事人申请诉前调解时可以在司法区块链上存证核心信息，运用区块链智能合约技术，多个节点通过业务规则自动触发审判立案、执行立案等操作，为当事人提供流畅、连贯的自动化服务，优化调解程序，既有利于提高工作效率，也能避免出现恶意拖延的情况，有助于维护当事人权益、减轻人民法院工作量、促进社会司法公正。具体而言，当事人在诉前调解过程中，针对诉前调解的开始时间、调解内容、调解期限等关键信息通过司法区块链平台进行上链存证，并将关键信息写入智能合约。如调解期限超期，触发智能合约，自动对当事人进行提醒；如案件调解成功，出具调解协议书或予以司法确认并明确履行标的和期限；如到期被告未履行完毕调解协议，则触发智能合约向原告自动推送是否申请执行立案的确认通知，由人民法院审核当事人申请后，确定是否转立案；如案件调解失败，当事人可以选择转审判立案，选择后，系统将调解案件信息及相关材料等关键信息发送给立案系统法官进行审核。此外，区块链可以支持审判与执行流程联动，推进以判决结案的自动执行立案智能合约应用，通过智能审执衔接服务，原告不需要再到人民法院联系承办法官开具生效证明并准备申请执行书等材料，节约了当事人的时间成本，简化了法官事务工作流程。

区块链可以在提升执行效率、便捷办案方面发挥作用。人民法院办理执行案件过程中，异地执行案件需要执行法官多次往返异地，不但耗时耗力，有时还可能因为异地而遇到种种困难。最高人民法院发布《最高人民法院关于加强中级人民法院协同执行基层人民法院执行实施案件的通知》，要求充分发挥统一管理、统一指挥、统一协调的管理机制，以执行指挥中心为枢纽，为重大、疑难、复杂案件异地执行提供了强有力的保障。区块链为人民法院信息化背景下提升执行效率、辅助执行干警便捷办案提供基础支撑技术。一方面，区块链提供的高可信度数据存证大幅提高了立案信息的利用效率，智能合约机制深度优化了立案流程，通过人工智能处理重复性、辅助性、流程性工作，切实提升执行效率；另一方面，区块链形成的去中心化、去网系化、去系统化的数据串联机制，可以在很大程度上减少执行法官办案过程中需要耗费的时间、人员和物质成本。

## （三）充分挖掘区块链互通联动的巨大潜力，提高律师资质协同审查、政法部门案件协同办理、跨部门协同执行能力等典型应用场景，增强司法协同能力

区块链技术作为跨部门信息高效可信共享的重要前提与基础保障，支撑跨部门协同办案可以让立案侦查、批捕起诉、审判执行、刑罚执行等整个司法程序实现闭环，从而加强政法各部门之间的监督制约，进一步提升办案质效，提高司法公信力。

区块链可以在提高律师资质验证协同能力方面发挥作用。通过区块链跨链基础能力建设，实现人民法院与司法行政部门业务协同，满足人民法院对律师资质、信用等信息进行实时高效核实验证的需求。面向律师执业身份中律师证核验场景，通过跨链协同可实现检察院等部门对参与诉讼活动的律师资质、信用报告的查询及核验；人民法院、人民检察院对诉讼活动中存在违规执业的律师提出司法建议，可以通过人民法院、人民检察院、司法行政机关跨链协同进行司法建议的多方送达。同时，人民法院、人民检察院、司法行政机关对当事人诉讼委托代理关系进行审查确认后可以实时上链存证，方便后续进行核验。

区块链可以在提升政法部门案件协同办理能力方面发挥作用。针对跨政法部门信息共享交换难、业务协同效率低的问题，区块链技术可以支持法院、检察院和司法行政部门的跨链协同，实现三部门高效互认互信。以减刑假释场景为例，人民检察院获取司法行政链上的罪犯基础数据、计分考核数据、裁判文书、执行通知书等提请材料，通过跨链智能合约对监狱减刑、假释流程合规性进行链上溯源核查，并反馈检察意见书；监狱获取检察链上人民检察院的意见书，并向人民法院提请减刑假释审理申请；人民法院获取司法行政链上的提请减刑或假释建议书、终审判决书、执行通知书、悔改、立功、重大立功表现等提请材料，对检察建议进行跨链核

实,并向人民检察院、监狱送达立案受理通知书;人民法院审理完成后作出裁定,并通过跨链协同能力送达人民检察院及监狱;人民检察院获取法院链上裁定书,提出裁定检察建议书,反馈给人民法院;监狱获取法院链上裁定书,核实检察链上的裁定检察建议书,执行减刑假释的裁定意见。

总体上来看,区块链跨链技术在跨部门安全、可信、高效的业务协同和信息交互、协同共享方面,有重要的应用价值。为发挥我国司法区块链建设的领先优势,司法区块链协同除了要涵盖法院内部业务协同,如裁判标准、文书送达、调查取证、证据保全、案件管辖、异地执行、区域法律服务、区域司法鉴定信息互通共享等方面,还应进一步扩大,面向人民法院与人民检察院、公安、司法行政等部门形成全范围全业务的协同应用;面向各类企事业单位、社会机构提高政企数据协同效率,持续支持营商环境优化,推进治理体系和治理能力现代化,以数字正义实现更高水平的公平正义。

**(四)充分利用区块链联盟互认可信的价值属性,实现高效保护知识产权、支持营商环境优化、支持数据开发利用等典型应用场景,服务经济社会治理**

在保护知识产权方面,针对知识产权纠纷案件日益增长且知识产权归属认定难、侵权证据认定难的问题,可依托区块链技术赋能知识产权的司法保护,进而为知识产权案件的证据认定等用途提供便利,更好地服务国家创新驱动战略实施。以视频类知识产品为例,可以通过跨链对接,加强司法要素前置,对视频类证据进行固定、存证,结合区块链的特点,通过共治方式打通内容信息存证公示、审批结果公示、权力存证公示、权力查询、交易信息存证、盗版监测任务管理、盗版证据存证、司法确认等环节,协同进行内容生态治理。未来可以以最高人民法院建设的司法链平台为基础,借助司法区块链与国家版权局的"媒体融合链"、国家广播电视总局的"视听链"等区块链对接,强化视频知识产权的保护。利用区块链实现对于证据的固定、存证,增强司法协同作用,从而对视频类知识产权增强司法保护,降低被侵权后的维权难度,减少被侵权现象发生,保障视频知识产权的核心价值免受侵害。

在支持营商环境优化方面,部门之间的数据共享与业务协同能力深刻影响着政务环境、市场环境、法治环境、人文环境等市场经济活动所涉及的机制条件和要素场景。区块链技术可以在一定程度上支持人民法院与市场监管部门、产权登记和交易平台等打破数据孤岛,形成协同监管体系,为权属认定、产权交易提供便利,广泛提升市场融资环境信任度,利用高效的数据共享与使用切实降低信息不对等带来的市场交易成本,推动营商环境优化,打开数字经济时代市场创新发展新格局。

在支持数据开发利用方面,区块链技术为数据确权、数据交易、数据安全等问题提供了全新的解决方案。区块链技术建立数据共享、分散协作的去中心化生态环境,让数据公开、透明、可追溯、不可篡改,真实反映相关参与主体的实际情况,且支持全过程信息的核验和智能合约处置,从技术工具和基础建设层面形成了数据监管的有效路径以及数据共享的快捷通道。具体而言,区块链技术一方面有助于促进数据资源流向最大化发挥其价值的主体,形成数据要素市场良性竞争环境,支持企业高效安全地利用数据提升产品服务质量以及对象的主观体验;另一方面有助于相关部门对数据采集、存储、交易、利用等场景进行监管,全方面、全流程把控数据安全,支持数据监管区块链联盟的形成,为人民法院处理涉数据纠纷提供及时协助与可靠支撑。

在支持金融信息流转应用方面,针对金融纠纷场景电子证据多、认定难、成本高等问题,利用区块链联盟技术可以形成有效的解决方案。利用司法区块链已有能力,可以广泛探索应用。考虑借由区块链支持的金融案件从立案到裁判全流程"链上"办理新模式,即当事人通过在线诉讼服务平台录入待起诉的核心要素进行立案,人民法院根据借贷合同中的电子邮箱以电子邮件等方式通过网络送达司法诉讼各阶段的法律文书;该流程同时兼容智能手机等移动产品应用端平台,可以实现庭审、调解等视频影像的自动留存、相关证据在线展示、笔录电子确认等功能;以案件事实要素为基础,结合令状式、表格式裁判文书的模板形式,系统辅助智能生成裁判文书的初稿,实现关键信息自动存证,流转环节耗时缩短。此外,基于对接司法区块链平台的线上调解平台,通过业界调解、律师调解、专家调解等多种调解手段,全面实现调解协议在线签订与司法确认在线完成等功能,大力优化完善金融案件多元纠纷的多样解决方式,减轻当事人诉讼成本和负担。

在支持企业破产重组方面,在人民法院与相关政府部门之间建立互认可信的数据共享与信息交互平台是区块链发挥技术效能的锚点。以赋强公证债权典型场景为例，随着互联网在线公证业务试点的快速发展，公证转执行立案案件将大量增加，当前赋强公证债权文书申请执行立案时，人民法院对公证过程的合规性审查往往缺乏客观依据，对立案材料的完整性主要依靠人工审查，效率较低，且数据流转不畅。通过对收案数据进行实时上链与可信验证，可以形成公证债权文书可信数据资产，解决数据流转效率问题。在链上公证债权文书智能合约方面，基于环签名技术的强隐私账户模型的链上"赋强公证"智能合约，债权人企业将经营数据事实经过数字签名后上链存证并与公证处实现互通互认，当债权人申请强制执行时，可将存证数据、存证公证债权文书推送给人民法院，自动转入执行环节。通过公证债权转立案合约技术，可以构建公证债权文书辅助立案服务、公证债权文书存证服务、公证债权可信验证服务及公证债权文书执行合约服务。根据公证信息、债权信息以及相关约定的执行计划，可以自动生成公证债权执行的智能合约实例，实现公证债权文书对接法院强制执行的线上流转及自动校验的能力。

在支持征信体系建设方面，区块链技术可以支持人民法院与全国信用信息共享平台、国家企业信用信息公示系统和失信惩戒部门在各类司法业务中实现全链条可信协同。例如，将失信执行案件中限制高消费被执行人信息进行电子上链登记存证，实现失信限制高消费被执行人信息的发布、撤销、屏蔽等行为全时段、全流程可审计可追溯，确保最大力度地发挥执行案件失信惩戒处罚的威慑力。

此外，以区块链联盟技术手段可以赋能金融小额案件诉源治理，优化法院多元化调解机制。同时配合闪信、短信、律师函、类案推送等不同手段，建立有效的智慧解纷模式，充分发挥诉源治理整体效能，缓解案多人少矛盾。通过最高人民法院建设的司法链平台，对接金融小额案件诉源治理平台，以司法链平台上链规范性为基础，为金融纠纷提供电子证据的存取和验证功能，以诉源治理方式处理金融纠纷，缓解人民法院诉讼压力大、执行难的矛盾问题。

## 最高人民法院
## 关于规范合议庭运行机制的意见

2022 年 10 月 26 日　　　　　　　　法发〔2022〕31 号

为了全面准确落实司法责任制，规范合议庭运行机制，明确合议庭职责，根据《中华人民共和国人民法院组织法》《中华人民共和国法官法》《中华人民共和国刑事诉讼法》《中华人民共和国民事诉讼法》《中华人民共和国行政诉讼法》等有关法律和司法解释规定，结合人民法院工作实际，制定本意见。

一、合议庭是人民法院的基本审判组织。合议庭全体成员平等参与案件的阅卷、庭审、评议、裁判等审判活动，对案件的证据采信、事实认定、法律适用、诉讼程序、裁判结果等问题独立发表意见并对此承担相应责任。

二、合议庭可以通过指定或者随机方式产生。因专业化审判或者案件繁简分流工作需要，合议庭成员相对固定的，应当定期轮换交流。属于"四类案件"或者参照"四类案件"监督管理的，院庭长可以按照其职权指定合议庭成员。以指定方式产生合议庭的，应当在办案平台全程留痕，或者形成书面记录入卷备查。

合议庭的审判长由院庭长指定。院庭长参加合议庭的，由院庭长担任审判长。

合议庭成员确定后，因回避、工作调动、身体健康、廉政风险等事由，确需调整成员的，由院庭长按照职权决定，调整结果应当及时通知当事人，并在办案平台标注原因，或者形成书面记录入卷备查。

法律、司法解释规定"另行组成合议庭"的案件，原合议庭成员及审判辅助人员均不得参与办理。

三、合议庭审理案件时，审判长除承担由合议庭成员共同承担的职责外，还应当履行以下职责：

（一）确定案件审理方案、庭审提纲，协调合议庭成员庭审分工，指导合议庭成员或者审判辅助人员做好其他必要的庭审准备工作；

（二）主持、指挥庭审活动；

（三）主持合议庭评议；

（四）建议将合议庭处理意见分歧较大的案件，依照有关规定和程序提交专业法官会议讨论或者审判委员会讨论决定；

（五）依法行使其他审判权力。

审判长承办案件时，应当同时履行承办法官的职责。

四、合议庭审理案件时，承办法官履行以下职责：

（一）主持或者指导审判辅助人员做好庭前会议、庭前调解、证据交换等庭前准备工作及其他审判辅助工作；

（二）就当事人提出的管辖权异议及保全、司法鉴定、证人出庭、非法证据排除申请等提请合议庭评议；

（三）全面审核涉案证据，提出审查意见；

（四）拟定案件审理方案、庭审提纲，根据案件审理需要制作阅卷笔录；

（五）协助审判长开展庭审活动；

（六）参与案件评议，并先行提出处理意见；

（七）根据案件审理需要，制作或者指导审判辅助人员起草审理报告、类案检索报告等；

（八）根据合议庭评议意见或者审判委员会决定，制作裁判文书等；

（九）依法行使其他审判权力。

五、合议庭审理案件时，合议庭其他成员应当共同参与阅卷、庭审、评议等审判活动，根据审判长安排完成相应审判工作。

六、合议庭应当在庭审结束后及时评议。合议庭成员确有客观原因难以实现线下同场评议的，可以通过人民法院办案平台采取在线方式评议，但不得以提交书面意见的方式参加评议或者委托他人参加评议。合议庭评议过程不向未直接参加案件审理工作的人员公开。

合议庭评议案件时，先由承办法官对案件事实认定、证据采信以及适用法律等发表意见，其他合议庭成员依次发表意见。审判长应当根据评议情况总结合议庭评议的结论性意见。

审判长主持评议时，与合议庭其他成员权利平等。合议庭成员评议时，应当充分陈述意见，独立行使表决权，不得拒绝陈述意见；同意他人意见的，应当提供事实和法律根据并论证理由。

合议庭成员对评议结果的表决以口头形式进行。评议过程应当以书面形式完整记入笔录，评议笔录由审判辅助人员制作，由参加合议的人员和制作人签名。评议笔录属于审判秘密，非经法定程序和条件，不得对外公开。

七、合议庭评议时，如果意见存在分歧，应当按照多数意见作出决定，但是少数意见应当记入笔录。

合议庭可以根据案情或者院庭长提出的监督意见复议。合议庭无法形成多数意见时，审判长应当按照有关规定和程序建议院庭长将案件提交专业法官会议讨论，或者由院长将案件提交审判委员会讨论决定。专业法官会议讨论形成的意见，供合议庭复议时参考；审判委员会的决定，合议庭应当执行。

八、合议庭发现审理的案件属于"四类案件"或者有必要参照"四类案件"监督管理的，应当按照有关规定及时向院庭长报告。

对于"四类案件"或者参照"四类案件"监督管理的案件，院庭长可以按照职权要求合议庭报告案件审理进展和评议结果，就案件审理涉及的相关问题提出意见，视情建议合议庭复议。院庭长对审理过程或者评议、复议结果有异议的，可以决定将案件提交专业法官会议讨论，或者按照程序提交审判委员会讨论决定，但不得直接改变合议庭意见。院庭长监督管理的情况应当在办案平台全程留痕，或者形成书面记录入卷备查。

九、合议庭审理案件形成的裁判文书，由合议庭成员签署并共同负责。合议庭其他成员签署前，可以对裁判文书提出修改意见，并反馈承办法官。

十、由法官组成合议庭审理案件的，适用本意见。依法由法官和人民陪审员组成合议庭的运行机制另行规定。执行案件办理过程中需要组成合议庭评议或者审核的事项，参照适用本意见。

十一、本意见自 2022 年 11 月 1 日起施行。之前有关规定与本意见不一致的，按照本意见执行。

# 《最高人民法院关于规范合议庭运行机制的意见》的理解与适用

刘 峥 何 帆 马 骁[*]

合议制是人民法院审理案件的基本方式,合议庭是法定的基本审判组织。为全面准确落实司法责任制,最高人民法院在深入调研基础上,制定印发了《最高人民法院关于规范合议庭运行机制的意见》(以下简称《意见》)。为方便各级人民法院正确理解适用《意见》,现就其起草背景、基本考虑、适用中的重点问题和下一步工作要求说明如下。

## 一、《意见》的起草背景和基本考虑

最高人民法院历来高度重视合议庭工作,2002年8月和2010年2月先后颁布施行《最高人民法院关于人民法院合议庭工作的若干规定》和《最高人民法院关于进一步加强合议庭职责的若干规定》,对合议庭运行和基本职责等问题作出规定,此外还有一系列规范性文件对合议庭运行相关问题提出要求。党的十八大以来,按照中央司法体制改革部署,人民法院推进实施法官员额制、司法责任制综合配套改革,强化法官依法履职保障,审判权力运行机制发生深刻变化,原有的一些规定已难以适应改革后的新特点和新要求,亟须优化调整、衔接配套。具体表现在以下五个方面:一是实行法官员额制后,院庭长编入合议庭常态化参与办案,合议庭组成模式、审判长产生机制等需要进一步明确。二是落实"让审理者裁判,由裁判者负责",强调审判组织在办案工作中的主导性作用、基础性地位,需要进一步调整优化合议庭组成人员职责。三是建立专业法官会议

---

[*] 作者单位:最高人民法院。

机制、完善审判委员会制度，其中许多涉及与合议庭运行的配套衔接，需要进一步明确相关工作机制。四是建立审判权责清单制度、"四类案件"监督管理制度后，需要进一步明确院庭长对合议庭履行审判监督管理职权的程序、范围和方式。五是人民法院在线运行的应用场景不断延伸，需要明确和规范信息化条件下合议庭的评议规则，促进充分评议、实质评议。

基于上述考虑，最高人民法院将进一步规范合议庭运行机制纳入2022年人民法院司法改革工作要点，形成初稿后，通过召开座谈会、实地调研、书面征求意见等多种方式，充分征求和吸收了中央有关单位和各级人民法院的意见。

《意见》着重体现以下三个原则：一是坚持司法规律，落实共同审理、平等行权、权责一致等基本要求，充分尊重合议庭作为基本审判组织在办案工作中的地位和作用；二是准确把握改革要求，严格执行民主集中制，坚持有序放权与有效监管相统一；三是尊重基层实际，针对需要因地制宜细化规定的问题，《意见》提出原则性、倡导性意见，不搞"一刀切"，由各级人民法院结合本院实际合理安排。

## 二、重点问题

### （一）关于合议庭履职及责任

《意见》第一条首先强调了"合议庭成员平权"原则，即合议庭全体成员平等参与案件的阅卷、庭审、评议、裁判等审判活动，确立了合议庭成员在办案中的平等地位。明确要求合议庭成员应当依照法律规定履职尽责，对案件证据采信、事实认定、法律适用、诉讼程序、裁判结果等问题独立发表意见，并合理确定各自应当承担的责任。《意见》在第三条至第五条中规定了合议庭成员的具体职责。这里，一方面对合议庭成员实质性履职提出了更高的要求，强调要充分、有效参与案件办理全过程；另一方面，较为准确地体现了司法责任制改革要求的权责相一致原则。在追究违法审判责任时，应当根据合议庭成员是否存在违法审判行为及其情节，合议庭成员发表意见的情况和过错程度，合理确定各自应当承担的责任。

### （二）关于合议庭产生方式

《意见》第二条规定了合议庭的产生方式，主要内容包括以下三个方面。

第一,合议庭可以通过指定或者随机方式产生。这既是适应司法责任制综合配套改革后"以随机分案为主,以指定分案为辅"的制度要求,也兼顾了特定类型案件或专业化案件的审理需要。《意见》第二条第一款同时还规定,审理"四类案件",或者参照"四类案件"监督管理的案件时,一般应当由院庭长按照职权以指定方式产生合议庭。

第二,院庭长对合议庭成员的指定和调整。按照《意见》第二条第一款和第三款规定,院庭长指定合议庭,或者合议庭成员确定后因回避、工作调动、身体健康、廉政风险等事由,确需由院庭长按照职权调整成员的,应当遵循全程留痕原则,通过办案平台操作,或者形成书面记录入卷备查,确保可以追溯倒查,方便后续监督管理。调整合议庭成员的,还应当将调整结果及时通知当事人。如此规定,一方面,明确了院庭长对合议庭组成的调度权限;另一方面,对院庭长行使相关职权也设置了必要的制约机制,体现了权力制约的双向性,最大限度防止权力滥用。

第三,"另行组成合议庭"的具体内涵。按照《意见》第二条第四款规定,法律、司法解释规定的"另行组成合议庭",指组成原合议庭的所有法官,以及参与原案审理的法官助理、书记员等审判辅助人员,均不得参与后案的办理工作。

## (三) 关于相对固定的合议庭

考虑到专业化审判和案件繁简分流工作机制在实践中已经普遍推开,需要与之配套相对固定的审判组织,因此,《意见》第二条第一款规定,人民法院可以组成相对固定的合议庭,但合议庭成员应当定期轮换交流,以防止合议庭固化带来的弊端。各级人民法院应当综合考虑自身案件特点和人员构成情况,确定合理的轮换交流的期限和方式,既不能过于频繁,也不宜拉得过长。从实践情况来看,合议庭可以每年替换一部分,也可以三年至五年整体轮换交流。

## (四) 关于审判长的确定

《意见》第二条第二款规定了审判长的确定方式。司法实践中需要注意以下两点。

第一,审判长由院庭长指定。这是诉讼法的明确要求,如民事诉讼法

第四十四条规定:"合议庭的审判长由院长或者庭长指定审判员一人担任……"实践中,一些法院根据随机分案制度,随机确定承办法官和审判长,但在程序上仍须按照诉讼法要求由院庭长指定。

第二,院庭长担任审判长。按照人民法院组织法第三十条第二款规定:"……院长或者庭长参加审理案件时,由自己担任审判长。"合议庭成员同时包含院、庭负责人时,由行政职务最高者担任审判长。例如,合议庭成员中既有副院长,也有审判庭庭长时,应由副院长担任审判长。

### (五) 关于评议时机

按照此前有关规定,为了确保评议质量,合议庭应当在庭审结束后五个工作日内评议案件。对此,许多地方法院反映,一些案件需要多次开庭,有的开庭后需要进一步调解或者等待被告人退赃,五个工作日内往往难以组织评议。经研究认为,不同层级法院对于何时组织评议分歧较大,不同类型的案件对评议时机要求也不相同,应当由合议庭根据案件审理进度和案件具体情况自主决定。因此,《意见》第六条第一款就评议时机问题只是原则性要求"及时评议",并未作出硬性规定,这既是提高办案效率的导向性要求,又便于合议庭合理把握组织评议的时机。

### (六) 关于在线评议

随着智慧法院建设不断推进,在线诉讼、无纸化办案普遍适用,特别是受新冠肺炎疫情影响,除在线开庭、在线调解外,许多地方法院也根据实际需要,越来越多采取在线方式评议案件,确保了疫情期间审判工作不停摆,提高了审判效率,解决了多地、居家、移动办案对合议庭工作的挑战。因此,为有效规范在线评议工作,《意见》第六条第一款对在线评议作出了规定。实践中需要注意以下三点。

第一,明确在线评议的适用条件。线下同场评议仍然是合议庭评议的最主要方式,在线评议仅仅是补充措施。只有在合议庭成员确有客观原因、难以实现线下同场评议,同时根据案件审理进展情况,确需立即组织评议时,合议庭方能适用在线方式评议。并且,基于评议保密原则,在线评议应当依托人民法院办案平台进行,确保系统平台安全可靠。

第二,确保交互评议和连续评议。不论在线评议还是线下同场评议,合议庭成员既不能以提交书面意见的方式参加评议,也不能委托他人参加评议。实践中，一些法院探索以"异步评议"方式提高工作效率，但实际上还是以提交书面意见或录音录像的方式评议，无法实现面对面评议的交互性和连续性，不利于确保办案质量。

第三，严格落实评议保密原则。确保合议庭评议过程和内容不受外界不当干扰，是维护审判权的判断权和裁量权属性、确保司法公正的题中之义，故《意见》在第六条第一款中特别强调"合议庭评议过程不向未直接参加案件审理工作的人员公开"。实践中，未直接参与案件审理的院庭长，按照相关规范性的文件规定，可以采取多种途径和方式行使监督管理权，但不得以"列席"合议庭评议的方式履行监督管理职责。

### （七）关于评议时的发言顺序

《意见》第六条第二款基于长期形成的审判实践，部分调整了合议庭评议时的发言顺序，明确了承办法官先行发言、其他成员依次发表意见、审判长总结结论性意见的发言规则。承办法官同时担任审判长的，仍由其先发言，并作最后总结。同时，为了确保实质评议、确保评议质量，防止"形合实独"现象，《意见》第六条第三款明确，合议庭成员权利平等，独立行使表决权，在评议时不得拒绝陈述意见，同意他人意见的，应当提供事实和法律根据并论证理由，不能仅作简单表态。需要说明的是，按照法官单独职务序列管理制度改革要求，法官等级与行政职级脱钩，合议庭成员就同一起案件行使审判权时，权力平等、共同担责，不存在"谁级别更高，谁审批把关"的问题。这样有利于从职业身份、履行职责等方面保障法官独立表达意见。

### （八）关于评议笔录的制作

为了规范评议笔录制作过程，《意见》第六条第四款规定，评议过程应当以书面形式完整记入笔录。同时，为落实工作责任，该款规定评议笔录应当由审判辅助人员制作，并由合议庭成员和制作笔录的审判辅助人员签名。其中，制作人既可以是法官助理，也可以是书记员，具体由合议庭根据审判辅助人员配置情况和工作安排决定。依照法律规定，合议庭评议内容属于审判工作秘密，评议笔录应当归入副卷，除非依照法定条件和程序，否则不得以任何形式公开或者调阅。

### (九) 关于少数服从多数和民主集中制

《意见》第七条第一款重申了少数服从多数的评议原则，规定如果合议庭评议存在意见分歧，应当按照多数意见作出决定，但少数意见也应当记入笔录。《意见》第七条第二款明确，合议庭可以根据案情或者院庭长提出的监督意见复议；合议庭无法形成多数意见时，审判长应当按照有关规定和程序，建议院庭长将案件提交专业法官会议讨论，或者由院长将案件提交审判委员会讨论决定。

需要特别说明的是，专业法官会议是为审判组织办案提供专业咨询意见的工作平台，讨论形成的意见仅具有参考效力，办案决策和审判责任的承担主体仍然是合议庭；同时，为了体现审判委员会作为人民法院内部最高审判组织的法定地位，《意见》第七条第二款明确，合议庭应当执行审判委员会的决定。

### (十) 关于合议庭审理"四类案件"时的监督管理

按照《意见》第二条第一款规定，人民法院审理"四类案件"或者参照"四类案件"监督管理的案件，一般应当组成合议庭。实践中需要注意以下三点。

第一，合议庭的发现和报告义务。《意见》第八条第一款进一步落实《最高人民法院关于进一步完善"四类案件"监督管理工作机制的指导意见》(法发〔2021〕30号) 确立的"全过程识别机制"，要求承办案件的合议庭发现审理的案件属于"四类案件"或者有必要参照"四类案件"监督管理时，应当及时向院庭长报告。

第二，院庭长应当依法履行监督管理职责。《意见》第八条第二款明确了院庭长对合议庭履行监督管理职责的方式，包括要求合议庭报告案件审理进展和评议结果，就案件审理涉及的相关问题提出意见，以及视情建议合议庭复议等。其中，"案件审理涉及的相关问题"既包括认定案件事实和如何适用法律的问题，也包括对案件处理效果会产生重大影响的其他相关事项。

第三，院庭长与合议庭意见分歧时的处理。按照《意见》第八条第二款规定，院庭长对审理过程或者评议、复议结果有异议的，不得直接改变合议庭意见，而应当按照有关规定决定将案件提交专业法官会议讨论，或者按照程序提交审判委员会讨论决定。相关监督管理情况应当在办案平台全程留痕，或者形成书面记录入卷备查。

### （十一）关于裁判文书的签署和印发机制

为切实提升裁判文书制作质量，《意见》第九条重申了合议庭成员对于裁判文书的签署责任，明确合议庭成员应当共同负责。同时规定，合议庭其他成员在签署前，可以对裁判文书的结构、表述、说理等内容提出修改意见，并反馈承办法官，以此确保生效裁判文书全面、完整反映合议庭评议意见。裁判文书经合议庭全体成员签署后，即可正式印发。

需要特别指出的是，按照《最高人民法院关于完善人民法院司法责任制的若干意见》（法发〔2015〕13号）第六条规定，只有经审判委员会讨论决定以及院庭长参加审理案件的裁判文书，才由院庭长审核签发；其他案件的裁判文书，合议庭成员签署后即可印发。实践中，一些法院采取裁判文书送阅后签发等方式，由院庭长实质性行使裁判文书的审核签发权，不符合司法责任制改革要求和司法规律。

### （十二）关于《意见》的适用范围

按照人民陪审员法及其司法解释相关规定，由法官和人民陪审员组成合议庭审理案件的范围和运行机制，与单纯由法官组成的合议庭存在较大差异，特别是七人合议庭在评议、表决机制和审判长职责等方面有其特殊规则，司法实践中关于事实审和法律审如何区分、事实问题清单规范化、法官对人民陪审员的指引限度等问题较为复杂，同时还涉及三人合议庭、七人合议庭的案件区分以及各自的运行规则等诸多问题，不宜在同一份文件中列明，故《意见》第十条规定，依法由法官和人民陪审员组成合议庭的运行机制另行规定。同时，执行案件办理过程中，如执行裁决、执行异议等事项，依法也需要由执行法官组成合议庭评议或者审核，可以参照适用《意见》的有关规定。

## 三、下一步工作要求

党的二十大报告对下一步深化司法改革提出了总体要求。各级人民法院要按照党中央决策部署，以规范合议庭运行机制为抓手，在"全面"和"准确"上下功夫，进一步深化司法责任制改革，加强改革综合配套，发挥改革整体效能,不断提升审判质量、效率和司法公信力。

一是做好相关文件的立改废工作。各级人民法院要对照《意见》规定,系统梳理此前印发的关于合议庭运行的规范性文件,及时修改或者废止不符合改革精神的内容,制定完善实施细则,同时按要求作好相关文件的备案工作。

二是规范办案权力运行过程。各级人民法院要严格落实《意见》精神,切实尊重合议庭办案主体地位,强调合议庭成员实质性、全程参与办案,切实防止"形合实独"现象,及时纠正不符合司法规律和司法责任制改革精神的做法,并依托专业法官会议、审判委员会等工作平台,确保案件审理、咨询、合议、监督等办案工作全过程规范高效。

三是细化《意见》原则性规定。各级人民法院要从实际出发,根据自身审级职能、案件结构和数量、队伍构成和素质,以及所处区域发展需求等因素,对"定期轮换交流""及时评议"等需要结合实际进一步明确的问题,科学合理地细化落实。

四是研究解决难点堵点问题。各级人民法院要统筹司法责任制、法官绩效考核以及法官惩戒制度等关联改革任务,加强司法责任制基本理论研究,不断探索妥善处理合议庭整体责任与合议庭成员个人责任,合议庭办案责任制与民主集中制,审判组织办案权与院庭长监督管理权、法院审判权的关系等重大问题,明确各类责任的承担方式和具体实现路径,推动改革措施不断向精细化、具体化方向延伸。

# 最高人民法院
# 关于加强中医药知识产权司法保护的意见

2022年12月21日　　　　　　　　　　法发〔2022〕34号

为深入贯彻落实党的二十大精神，落实党中央、国务院关于中医药振兴发展的重大决策部署和《知识产权强国建设纲要（2021—2035年）》有关要求，全面加强中医药知识产权司法保护，促进中医药传承精华、守正创新，推动中医药事业和产业高质量发展，制定本意见。

**一、坚持正确方向，准确把握新时代加强中医药知识产权司法保护的总体要求**

1. 指导思想。坚持以习近平新时代中国特色社会主义思想为指导，全面贯彻落实党的二十大精神，深入贯彻习近平法治思想，认真学习贯彻习近平总书记关于中医药工作的重要指示，深刻领悟"两个确立"的决定性意义，增强"四个意识"、坚定"四个自信"、做到"两个维护"，坚持以推动高质量发展为主题，在新时代新征程上不断提高中医药知识产权司法保护水平，促进中医药传承创新发展，弘扬中华优秀传统文化，推进健康中国建设，为以中国式现代化全面推进中华民族伟大复兴提供有力司法服务。

2. 基本原则。坚持以人民为中心，充分发挥司法职能作用，促进中医药服务能力提升，更好发挥中医药防病治病独特优势，更好保障人民健康。坚持促进传承创新，立足新发展阶段中医药发展需求，健全完善中医药知识产权司法保护体系，推动中医药传统知识保护与现代知识产权制度有效衔接，助力中医药现代化、产业化。坚持依法严格保护，正确适用民法典、知识产权部门法、中医药法等法律法规,切实维护社会公平正义和权利人合法权益,落实知识产权惩罚性赔偿,推动中医药创造性转化、创新性发展。坚持公正合理保护,合理确定中医药知识产权的权利边界和保护方式,实现保护范围、强度与中医药技术贡献程度相适应,促进中医药传承创新能力持续增强。

## 二、强化审判职能,全面提升中医药知识产权司法保护水平

3. 加强中医药专利保护。遵循中医药发展规律,准确把握中医药创新特点,完善中医药领域专利司法保护规则。正确把握中药组合物、中药提取物、中药剂型、中药制备方法、中医中药设备、医药用途等不同主题专利特点,依法加强中医药专利授权确权行政行为的司法审查,促进行政执法标准与司法裁判标准统一,不断满足中医药专利保护需求。结合中医药传统理论和行业特点,合理确定中医药专利权保护范围,完善侵权判断标准。严格落实药品专利纠纷早期解决机制,促进中药专利侵权纠纷及时解决。

4. 加强中医药商业标志保护。加强中医药驰名商标、传统品牌和老字号司法保护,依法妥善处理历史遗留问题,促进中医药品牌传承发展。依法制裁中医药领域商标恶意注册行为,坚决惩治恶意诉讼,遏制权利滥用,努力营造诚实守信的社会环境。严厉打击中医药商标侵权行为,切实保障权利人合法权益,促进中医药品牌建设。

5. 加强中药材资源保护。研究完善中药材地理标志保护法律适用规则,遏制侵犯中药材地理标志行为,引导地理标志权利正确行使,通过地理标志保护机制加强道地中药材的保护,推动中药材地理标志与特色产业发展、生态文明建设、历史文化传承及全面推进乡村振兴有机融合。依法加强中药材植物新品种权等保护,推动健全系统完整、科学高效的中药材种质资源保护与利用体系。

6. 维护中医药市场公平竞争秩序。坚持规范和发展并重,加强对中医药领域垄断行为的司法规制,维护统一开放、竞争有序的中医药市场。依法制裁虚假宣传、商业诋毁、擅自使用中医药知名企业名称及仿冒中药知名药品名称、包装、装潢等不正当竞争行为,强化中医药行业公平竞争意识,促进中医药事业健康有序发展,切实维护消费者合法权益和社会公共

利益。

7. 加强中医药商业秘密及国家秘密保护。依法保护中医药商业秘密，有效遏制侵犯中医药商业秘密行为，促进中医药技术传承创新。准确把握信息披露与商业秘密保护的关系，依法保护中药因上市注册、补充申请、药品再注册等原因依法向行政机关披露的中医药信息。妥善处理中医药商业秘密保护与中医药领域从业者合理流动的关系，在依法保护商业秘密的同时，维护中医药领域从业者正当就业创业合法权益。对经依法认定属于国家秘密的传统中药处方组成和生产工艺实行特殊保护，严惩窃取、泄露中医药国家秘密行为。

8. 加强中医药著作权及相关权利保护。依法把握作品认定标准，加强对中医药配方、秘方、诊疗技术收集考证、挖掘整理形成的智力成果保护和创作者权益保护。依法保护对中医药古籍版本整理形成的成果，鼓励创作中医药文化和科普作品，推动中医药文化传承发展。加强中医药遗传资源、传统文化、传统知识、民间文艺等知识产权保护，促进非物质文化遗产的整理和利用。依法保护对中医药传统知识等进行整理、研究形成的数据资源，支持中医药传统知识保护数据库建设，推进中医药数据开发利用。

9. 加强中药品种保护。依法保护中药保护品种证书持有者合法权益，促进完善中药品种保护制度，鼓励企业研制开发具有临床价值的中药品种，提高中药产品质量，促进中药市场健康有序发展。

10. 加强中医药创新主体合法权益保护。准确把握中医药传承与创新关系，依法保护以古代经典名方等为基础的中药新药研发，鼓励开展中医药技术创新活动。准确认定中医药企业提供的物质基础、临床试验条件与中医药研发人员的智力劳动对中医药技术成果形成所发挥的作用，准确界定职务发明与非职务发明的法律界限，依法支持对完成、转化中医药技术成果做出重要贡献的人员获得奖励和报酬的权利，不断激发中医药创新发展的潜力和活力。

11. 加大对侵犯中医药知识产权行为惩治力度。依法采取行为保全、制裁妨害诉讼行为等措施，及时有效阻遏中医药领域侵权行为。积极适用证据保全、证据提供令、举证责任转移、证明妨碍规则，减轻中医药知识产权权利人举证负担。正确把握惩罚性赔偿构成要件，对于重复侵权、以侵权为业等侵权行为情节严重的，依法支持权利人惩罚性赔偿请求，有效提高侵权赔偿数额。加大刑事打击力度，依法惩治侵犯中医药知识产权犯罪行为，充分发挥刑罚威慑、预防和矫正功能。

### 三、深化改革创新，健全中医药知识产权综合保护体系

12. 完善中医药技术事实查明机制。有针对性地选任中医药领域专业技术人员，充实到全国法院技术调查人才库。不断健全技术调查官、技术咨询专家、技术鉴定人员、专家辅助人员参与诉讼的多元技术事实查明机制。建立技术调查人才共享机制，加快实现中医药技术人才在全国范围内"按需调派"和"人才共享"。遴选中医药领域专业技术人员参与案件审理，推动建立专家陪审制度。完善中医药领域技术人员出庭、就专业问题提出意见并接受询问的程序。

13. 加强中医药知识产权协同保护。做好中医药领域不同知识产权保护方式的衔接，推动知识产权司法保护体系不断完善。深入推行民事、刑事、行政"三合一"审判机制，提高中医药知识产权司法保护整体效能。健全知识产权行政保护与司法保护衔接机制，加强与农业农村部、卫生健康委、市场监管总局、版权局、林草局、中医药局、药监局、知识产权局等协调配合，实现信息资源共享和协同，支持地方拓宽交流渠道和方式，推动形成工作合力。支持和拓展中医药知识产权纠纷多元化解决机制，依托人民法院调解平台大力推进诉调对接，探索行政调解协议司法确认制度，推动纠纷综合治理、源头治理。

14. 提升中医药知识产权司法服务保障能力。健全人才培养培训机制，进一步提升中医药知识产权审判人才专业化水平。深刻把握新形势新要求，积极开展中医药知识产权司法保护问题的调查研究，研判审判态势，总结审判经验，及时回应社会关切。加强中医药知识产权法治宣传，建立健全案例指导体系，积极发布中医药知识产权保护典型案例，通过典型案例的审判和宣传加强中医药知识传播，营造全社会共同关心和支持中医药发展的良好氛围。

15. 加强中医药知识产权司法保护科技和信息化建设。提升中医药知识产权审判信息化水平，运用大数据、区块链等技术构建与专利、商标、版权等知识产权平台的协同机制，支持对知识产权的权属、登记、转让等

信息的查询核验。大力推进信息化技术的普及应用,实现全流程审判业务网上办理,提高中医药知识产权司法保护质效。

16. 加强中医药知识产权司法保护国际交流合作。加强涉外中医药知识产权审判,依法平等保护中外权利人的合法权益,服务保障中医药国际化发展。坚持统筹推进国内法治和涉外法治,积极参与中医药领域国际知识产权规则构建,推进中医药融入高质量共建"一带一路",助力中医药走向世界。

## 最高人民法院民三庭负责人就《最高人民法院关于加强中医药知识产权司法保护的意见》答记者问

为更好理解与适用《最高人民法院关于加强中医药知识产权司法保护的意见》（以下简称《意见》），最高人民法院民三庭负责人接受了记者采访。

**问**：请介绍一下《意见》的起草背景和主要过程。

**答**：党的十八大以来，以习近平同志为核心的党中央把中医药工作摆在更加突出的位置。习近平总书记作出一系列重要论述，聚焦促进中医药传承创新发展这个时代课题，充分肯定中医药的历史地位和独特价值，深刻回答了新时代如何认识中医药、发展中医药、发展什么样的中医药等根本性、长远性问题，为新时代中医药传承创新发展指明了方向，为做好中医药工作提供了根本遵循和行动指南。党的二十大报告对"推进健康中国建设"作出重要部署，强调"促进中医药传承创新发展"。我国中医药发展的顶层设计加快完善，政策环境持续优化，支持力度不断加大。

知识产权司法保护是中医药保护的重要方式。《知识产权强国建设纲要（2021—2035年）》《"十四五"国家知识产权保护和运用规划》和《"十四五"中医药发展规划》等都对加强中医药知识产权保护、推动中医药传统知识保护与现代知识产权制度有效衔接提出了明确要求。立足新发展阶段，为深入学习贯彻习近平总书记系列重要指示精神，深入学习贯彻党的二十大精神，不断满足中医药传承创新和中医药事业产业高质量发展的司法需求，进一步全面加强中医药知识产权司法保护工作，更好发挥法治固根本、稳预期、利长远的保障作用，有必要制定一部专门的司法文件。

在《意见》起草过程中，我们深入贯彻习近平法治思想，坚持以人民为中心，坚持问题导向，开展了多层次、多形式的调研活动，广泛收集中医药行业的研究成果、知识产权典型案例、专题报告以及司法实践中存在的问题。不仅听取各级法院的意见，还专门邀请中医药相关领域的专家学者参加座谈会听取意见，广泛征求并充分吸收全国人大常委会法工委、科技部、中医药局、药监局、知识产权局等有关部门的意见建议。经过充分沟通、会商，在各方面形成广泛共识的基础上，多次修改完善，最终形成《意见》。

**问：《意见》的主要内容是什么，有什么特点？**

**答：**《意见》分三个部分，共十六条。引文及第一部分提出了加强中医药知识产权司法保护的总体要求，明确了指导思想和基本原则，确保中医药知识产权审判工作坚持正确的政治方向、树立正确的司法工作理念。

第二部分围绕强化中医药知识产权司法保护的审判职能，提升司法水平作出具体规定。主要包括九个条文，涵盖中医药专利、商业标志、商业秘密及国家秘密、著作权及相关权利、中药材资源、中药品种等各个领域的司法保护，加强中医药市场公平竞争秩序的维护，加强对中医药创新主体合法权益保护，加大对侵犯中医药知识产权行为的惩治力度。目的是聚焦中医药主要领域和重点问题，为中医药知识产权司法实践提供明确指引。

第三部分围绕深化改革创新，健全中医药知识产权综合保护体系提出具体措施。主要包括：完善中医药技术事实查明机制、加强中医药知识产权协同保护、提升司法服务保障能力、强化科技和信息化建设、加强国际交流合作。目的是回应中医药知识产权全链条保护的需求，积极推动构建中医药知识产权大保护格局。

《意见》是关于中医药知识产权司法保护方面的专门文件，既全面覆盖中医药知识产权各领域和环节，又立足实践需要，突出重点和难点。一是注重服务中医药高质量发展。《意见》深入贯彻党的二十大精神，坚决贯彻习近平总书记关于中医药工作的重要论述和重要指示精神，贯彻落实《知识产权强国建设纲要（2021—2035年）》和党中央对中医药事业发展的决策部署，立足新发展阶段，从完整、准确、全面贯彻新发展理念，推动高质量发展出发，着眼人民法院审判工作实际，坚持遵循中医药发展规律，对加强中医药知识产权司法保护作出系统规定。二是注重发挥司法职能。聚焦中医药主要领域和重点问题，有针对性地提出指导意见和具体措施，增强实践可操作性，为中医药知识产权审判工作提供明确指引，积极回应中医药知识产权司法保护需求和社会公众期待。三是注重提升司法保护水平。完善中医药知识产权司法保护的审判机制和工作协调机制，推动中医药知识产权司法保护工作实现新发展。

**问：下一步，人民法院对做好中医药知识产权司法保护工作有什么打算？**

**答：** 党的二十大对推动中医药高质量发展提出了明确要求，中医药知识产权审判工作面临新形势、新任务。我们将以《意见》的施行为契机，进一步加强中医药知识产权司法保护，促进中医药原始科技创新，推动中医药产业高质量发展。

第一，心怀"国之大者"，深化对中医药知识产权保护工作的认识。深入学习贯彻习近平总书记关于中医药工作的重要指示精神，深化对新时代推进中医药传承创新发展重要性的认识，切实提高人民法院服务中医药发展国家战略的能力和水平，确保党中央的决策部署在人民法院不折不扣贯彻落实。找准中医药知识产权审判工作的切入点、结合点和着力点，勇于担当、积极谋划，不断提高中医药知识产权保护法治化水平。

第二，强化审判职能，为中医药高质量发展提供有力司法服务。立足增强自主创新能力，加大对中医药领域原始创新、智能制造关键技术、重大工程项目等的保护，强化司法裁判的规则引领和价值导向作用，切实维护中医药创新主体合法权益，不断优化促进中医药创新的知识产权法治环境。

第三，深化改革创新，不断提升中医药知识产权审判质量、效率和司法公信力。实施高水平知识产权审判机构建设工程，深化体制机制改革，强化智慧法院建设。坚持统筹推进国内法治和涉外法治，积极参与中医药领域国际知识产权规则制定，助力中医药高质量融入共建"一带一路"和走向世界。加强调查研究，结合中医药特点和发展规律，探索符合我国国情的知识产权司法保护规则和体系。

第四，加强统筹协调，推动建设更高水平的中医药知识产权综合保护体系。中医药知识产权保护是一项系统工程，需要上下协同、内外联动、各方配合。加强中医药知识产权宣传教育，及时发布典型案例，在全社会营造珍视、热爱、发展中医药的良好法治氛围。健全中医药知识产权多元化纠纷解决机制,完善技术事实查明机制,综合运用多种手段,发挥多主体作用,提升中医药知识产权保护效能。强化与相关单位协同配合,积极参与中医药知识产权全链条保护,促进健全行政保护与司法保护衔接机制,促进行政执法标准和司法裁判标准统一,推动形成中医药知识产权保护合力。建立健全与行政主管机关的数据交换,推动实现大数据共享和深度应用。强化审判队伍建设,加强知识产权法官的专业化培养和职业化选拔,努力造就一支政治坚定、顾全大局、精通法律、熟悉技术、具有国际视野的知识产权审判队伍。

## 最高人民法院
## 关于为促进消费提供司法服务和保障的意见

2022 年 12 月 26 日　　　　　　　　法发〔2022〕35 号

消费对经济发展具有基础性作用，最终消费是经济增长的持久动力。促进消费对释放内需潜力、推动经济转型升级、保障和改善民生具有重要意义。为完整、准确、全面贯彻新发展理念、加快构建新发展格局、着力推动高质量发展，进一步发挥人民法院职能作用，服务保障全面促进消费、加快消费提质升级，助力实施扩大内需战略，提出如下意见。

**一、加强消费者权益司法保护**

1. 以最严的举措保护食品、药品安全。严格贯彻落实"四个最严"要求，充分发挥审判职能，对食品和药品生产、运输、仓储、销售全链条所涉制假售假行为进行严厉打击，确保人民群众"舌尖上的安全"和"针尖上的安全"。严格依法适用首负责任制，避免生产者和经营者相互推诿，及时保护消费者合法权益。依法支持和监督行政机关管理生产经营不符合食品安全标准食品的食品生产经营者、违法生产经营行为造成严重后果的食品生产经营者，以及生产、销售、使用假药、劣药的生产经营者，维护市场秩序。依法严厉惩治生产、销售不符合安全标准的食品罪和生产、销售有毒、有害食品罪，以及生产、销售假药罪和生产、销售劣药罪，充分发挥刑罚对涉食品、药品安全犯罪行为的震慑作用。

2. 以最严的手段斩断"黑作坊"生产经营链条。生产经营未依法标明生产者名称、地址、生产日期、保质期的预包装食品，消费者主张生产经营者承担惩罚性赔偿责任的，人民法院应当依法支持，但法律、行政法规、食品安全国家标准对标签标注事项另有规定的除外。未取得药品相关批准证明文件而生产药品或者明知是该类药品而销售,药品的适应症、功能主治或者成分不明的,按妨害药品管理罪惩处;药品被依法认定为假劣药,生产经营者同时构成生产、销售假药罪或者生产、销售劣药罪的,依照处罚较重的规定定罪处罚。既要依法追究生产者责任,也要依法追究经营者责任,坚决斩断"黑作坊"食品、药品的生产经营链条。

3. 以最严的赔偿责任遏制食品、药品制假售假行为。充分发挥惩罚性赔偿责任对制假售假行为的遏制作用。生产不符合食品安全标准的食品或者经营明知是不符合食品安全标准的食品,生产假药、劣药或者明知是假药、劣药仍然销售、使用,消费者、受害人或者其近亲属请求生产经营者承担惩罚性赔偿责任的,人民法院应当依法支持。

4. 加强预付式消费中消费者权益保护。经营者以打折、低价吸引消费者预存费用、办卡消费后,不兑现承诺,随意扣费、任意加价、降低商品或者服务质量,消费者请求经营者承担违约责任的,人民法院应当依法支持。经营者收取消费者预付款后未与消费者签订书面合同,导致双方对合同内容产生争议的,可依据交易习惯和民法典第五百一十一条规定认定合同内容。经营者收取预付款后,终止营业却不通知消费者退款,导致消费者既无法继续获得商品或者服务也无法申请退款,构成欺诈的,对消费者请求经营者承担惩罚性赔偿责任的诉讼请求,人民法院应当依法支持。经营者的行为构成犯罪的,依法追究刑事责任。

5. 依法整治消费领域"霸王条款"。提供格式条款的经营者未依法履行提示或者说明义务,致使消费者没有注意或者理解与其有重大利害关系的条款的,消费者有权主张该条款不成为合同的内容。消费者主张经营者提供的排除或者不合理地限制消费者主要权利的格式条款,以及不合理地免除或者减轻经营者责任的格式条款无效的,人民法院应当依法支持。对格式条款的理解发生争议,消费者主张依照民法典第四百九十八条规定进行解释,经营者以其享有最终解释权为由进行抗辩的,人民法院对其抗辩不予支持。

6. 妥善审理直播电商、平台纠纷案件。结合直播间运营者是否尽到标明义务以及交易外观、直播间运营者与经营者的约定、与经营者的合作模式、交易过程以及消费者认知等因素认定直播间运营者责任。网络餐饮服务平台经营者未尽实名登记、审查许可证等法定义务,消费者主张网络餐饮服务平台经营者与入网餐饮服务提供者承担连带责任的,人民法院应当依法支持。综合销售者出售商品的性质、来源、数量、价格、频率、是否有其他销售渠道、收入等因素，能够认定销售者系从事商业经营活动，在二手商品网络交易平台购买商品受到损害的消费者主张销售者依据消费者权益保护法承担经营者责任的，人民法院应当依法支持。

7. 加强新业态下消费者权益保护。消费者通过网络购买商品，有权依法自收到商品之日起七日内退货，无需说明理由，但是法律另有规定的除外。消费者因检查商品的必要对商品进行拆封查验且不影响商品完好，电子商务经营者不得以商品已拆封为由主张不适用七日无理由退货制度。电子商务经营者作出更优承诺的，应当遵守。收到商品七日后符合法定或者约定的合同解除条件，消费者主张及时退货的，人民法院应当依法支持。

8. 加强快递服务消费者权益保护。因快递人员擅自使用快递商品、违规打开快递包装、暴力分拣快递等故意或者重大过失行为导致快递商品丢失、毁损，消费者请求赔偿损失，快递服务提供者依据免责条款提出免责抗辩的，人民法院对其抗辩不予支持。经营者向消费者盲发快递，消费者请求无条件退货的，人民法院应当依法支持。

9. 加强消费者个人信息保护。经营者处理敏感个人信息、跨境转移个人信息等行为应当取得消费者单独同意，经营者以其获得消费者概括同意为由进行免责抗辩的，人民法院对其抗辩不予支持。经营者过度收集消费者个人信息、在消费者撤回同意后未停止处理或者未及时删除消费者个人信息、未取得未成年消费者父母或者其他监护人的同意处理不满十四周岁未成年消费者个人信息，消费者请求经营者承担停止侵害等民事责任的，人民法院应当依法支持。经营者以消费者不同意处理个人信息为由拒绝提供商品或者服务，致使消费者被迫同意经营者处理个人信息，消费者请求经营者承担停止侵害等民事责任的，人民法院应当依法支持。经营者处理个人信息侵害个人信息权益造成损害，不能证明自己没有过错的，应当承担损害赔偿等侵权责任。

10. 加强住房消费者权益保护。严格保护依法成立生效的房屋买卖合同，维护市场秩序，助力实施房地产市场平稳健康发展长效机制，积极保护居民合理自住需求，遏制投资投机性需求，促进居住消费健康发展，推动实现稳地价、稳房价、稳预期。对当事人逾期付款、逾期交房、逾期办证等违约行为引起的商品房买卖合同纠纷，人民法院要加强调解，引导当事人协商解决纠纷；当事人请求违约方承担逾期付款、逾期交房、逾期办证的违约责任的，人民法院应当依照合同约定或者商品房买卖合同司法解释第十三条和第十四条规定处理。出卖人出售房屋后又与第三人恶意串通，另行订立商品房买卖合同并将已出售房屋交付第三人使用，导致原来的买受人无法取得房屋的，人民法院应当依法认定出卖人与第三人订立的商品房买卖合同无效。

11. 妥善处理消费者出行纠纷。疫情或者疫情防控措施导致消费者不能履行旅游、客运、住宿等合同，消费者请求解除合同、退还定金和价款等费用的，人民法院应当依法支持。消费者请求变更经营者提供服务的时间等合同内容的，人民法院应当加强调解；调解不成的，人民法院可综合考虑交易习惯、合同目的、案件具体情况等因素作出裁判。经营者仅以消费者超出其公布的退款时间为由，主张拒退、少退定金和价款等费用的，人民法院不予支持。充分发挥旅游巡回法庭作用，就地、快速解决旅游纠纷，方便消费者景区维权。

12. 妥善处理涉疫情消费购物纠纷。经营者明知口罩、护目镜、防护服、消毒液等防疫物品属于假冒伪劣商品仍然经营，构成欺诈，消费者请求经营者承担惩罚性赔偿责任的，人民法院应当依法支持。经营者的行为构成犯罪的，依法追究刑事责任。疫情期间，经营者利用消费者处于危困状态、缺乏判断能力等情形，哄抬物价、收取高额快递费等费用，致使所订立合同显失公平，消费者请求撤销合同的，人民法院应当依法支持。合同被撤销后，消费者不能返还或者没有必要返还合同标的物的，人民法院可根据相关法律规定、交易习惯和公平原则认定消费者应折价补偿的价款。

13. 妥善处理医疗健康服务和体育消费纠纷。依法审理医疗损害责任纠纷案件，积极保护患者等各方当事人的合法权益。依法惩处涉医违法犯罪，严惩"医闹"，维护正常医疗秩序，构建和谐医患关系。积极引导医疗机构等主体增加高质量的医疗、养生保健、康复、健康旅游等服务，助力推进健康中国建设。准确适用自甘风险等民事法律制度，妥善处理体育消费中产生的各类纠纷，促进群众体育消费，助力实施全民健身战略。

14. 加强未成年消费者权益保护。妥善处理生育、托育、教育等服务合同纠纷，促进育幼服务消费发展，助力提升教育服务质量。学校、托幼机构等单位的食堂未严格遵守法律、行政法规和食品安全标准，未从取得食品生产经营许可的企业订餐，或者未按照要求对订购的食品进行查验，导致提供的食品不符合食品安全标准,消费者请求其承担赔偿责任的,人民法院应当依法支持。依法办理危害食品安全刑事案件,将"危害专供婴幼儿的主辅食品安全"作为加重处罚情节,加强对未成年人食品安全的特殊保护。网络游戏、网络直播服务提供者违反法律规定向未成年人提供网络游戏、网络直播服务,收取充值费用、接受直播打赏,消费者请求返还游戏充值费、打赏费的,人民法院应当依法支持。限制民事行为能力人未经其监护人同意,通过参与网络付费游戏或者网络直播平台打赏等方式支出与其年龄、智力不相适应的款项,消费者请求返还该款项的,人民法院应当依法支持。加大对网络违法行为整治力度,积极营造健康、清朗、有利于未成年人成长的网络环境。

15. 加强老年消费者权益保护。通过夸大宣传、虚构商品或者服务的治疗、保健、养生等功能,向老年消费者销售质次价高的商品或者服务,构成欺诈,消费者请求生产经营者承担惩罚性赔偿责任的,人民法院应当依法支持。经营者诱导老年消费者购买不符合其需求或者明显超出其需求范围的保健食品等商品或者服务,致使合同显失公平,消费者请求撤销合同的,人民法院应当依法支持。经营者的行为构成诈骗罪的,依法追究刑事责任;同时构成生产、销售伪劣产品罪等其他犯罪的,依照处罚较重的规定定罪处罚。通过营造良好法治环境,服务养老事业和养老产业协同发展,助力发展银发经济。

16. 加强农村消费者权益保护。依法严厉打击农村食品市场存在的假冒知名品牌、滥用食品添加剂、销售过期食品以及制售无生产厂家、无生产日期、无保质期、无食品生产许可的食品等违法行为。助推"快递进村",为大型商贸流通企业、电子商务平台和现代服务企业向农村延伸、开拓农村消费市场提供优质司法服务,让农村消费者充分享受好商品、好服务、好价格。

## 二、加强生产经营者权益司法保护

17. 依法保护生产经营者的产权和经营自主权。加强产权司法保护,全面依法平等保护各类产权,完善以公平为原则的产权保护制度,充分发挥产权保护对激励商品和服务产出的作用,助力扩大消费供给。依法审理涉市场准入和经营自主权等行政案件,充分保障生产经营者依法自行组织生产经营的权利。对于行政机关违法限制生产经营者建设汽车充电设施、物业管理公司无理阻碍业主建设汽车充电设施的行为，应依法予以规范，助力解决电动汽车消费中的痛点、堵点问题。

18. 依法保护农村各类市场主体权益。依法惩治生产销售假种子、假化肥、假农药等不符合国家强制性技术标准或者安全标准的农业生产资料、伪劣商品等违法犯罪行为，依法保护农村市场主体合法权益。严厉打击种子套牌侵权行为，切实维护种业创新主体合法权益，净化种业市场，维护粮食安全。助推实施"数商兴农"和"互联网+"农产品出村进城等工程，助力实现质量兴农、科技兴农和绿色发展目标，为实施乡村振兴战略提供有力司法服务和保障。

19. 加强知识产权保护。严格实施知识产权侵权惩罚性赔偿制度，有效遏制知识产权侵权行为，通过加强司法保护促进科技创新成果的产出和运用，助力科技强国建设。依法整治知识产权领域虚假诉讼、恶意诉讼、滥用诉权等不诚信诉讼行为，积极为广大市场主体技术研发和科技创新创造良好法治环境。加大对"专精特新"中小企业关键核心技术和原始创新成果的司法保护力度，支持和引导市场主体通过技术进步和科技创新提升核心竞争力，积极发挥供给侧对消费升级的支撑引领作用。加强文化创意产品著作权保护，鼓励文化创意产品创作，助推优质文化资源开发和中华优秀传统文化创造性转化、创新性发展，助力增加优质文化产品和服务供给。

20. 保障平台经济健康有序发展。准确认定电子商务平台经营者、平台内经营者以及货运物流服务提供者等主体的法律责任。依法保护、引导电子商务平台经营者、快递物流经营者等市场主体在疫情防控中做好防疫物资和重要民生商品保供"最后一公里"的线上线下联动。引导电子商务平台经营者等市场主体加快人工智能、云计算、区块链、操作系统、处理器等领域技术研发突破和商业模式创新，不断开拓新的消费市场。把握好平台经济发展中的"红绿灯"，稳定发展预期，激发投资活力，助力构建电子商务平台经营者、平台内经营者、消费者等各方权益均得到有效保护、各方积极性均得到充分激发的平台发展环境，让资本在促消费、稳增长、惠民生方面发挥更大更好的作用。

21. 助力培育新型消费。依法支持线上线下商品消费融合发展。助推传统线下业态数字化改造和转型升级，助力智慧超市、智慧商店、智慧餐厅等新零售业态发展。依法保护5G网络和千兆光网应用，依法支持自动驾驶、无人配送等技术应用。妥善处理"互联网+社会服务"、"互联网+医疗健康"服务等新服务类型引发的纠纷,既要依法保护消费者合法权益,又要依法支持无接触交易服务等新类型消费模式发展。妥善处理共享出行、共享住宿、共享旅游等共享经济领域产生的纠纷,合理认定相关民事主体的注意义务和法律责任,支持和引导新的生活和消费方式健康发展。依法保护新个体经济,支持社交电商、网络直播等多样化经营模式。

22. 妥善处理房屋租赁合同纠纷。疫情或者疫情防控措施导致小微企业、个体工商户等承租人没有收入或者收入明显减少,造成支付租金困难,出租人请求解除房屋租赁合同、由承租人承担违约责任的,人民法院应当加强调解,引导出租人和承租人合理分担损失,共克时艰。对国有房屋租金数额发生争议,承租人请求按照有关政府机关的规定减免租金的,人民法院应当依法支持。出租人减免租金后主张税务机关按照相关规定减免当年房产税、城镇土地使用税,符合法律规定或者国家税收政策的,人民法院应当依法支持。

### 三、维护诚信公平高效的市场秩序

23. 营造诚实守信的市场环境。生产经营者虚构、夸大商品和服务的功效,构成欺诈,消费者请求生产经营者承担惩罚性赔偿责任的,人民法院应当依法支持。生产经营者的行为构成犯罪的,依法追究刑事责任。坚决打击电信网络诈骗等犯罪活动,遏制欺诈消费者的不诚信行为,引导生产经营者通过提高商品和服务质量获得竞争优势。促进经营者诚实守信经营,保障消费者明明白白消费。

24. 维护有利于促进消费的公平竞争市场秩序。依法规制具有市场支配地位的电子商务平台经营者等市场主体实施收取垄断高价、强制"二选一"等滥用市场支配地位行为。积极营造有利于小微企业、个体工商户发展的营商环境,遏制因垄断、不正当竞争导致市场竞争环境恶化而损害消费者权益的行为,充分发挥小微企业、个体工商户在丰富商品和服务供给、增加群众收入、促进消费发展中的作用。依法规范歧视性待遇、虚假宣传、刷单炒信、强制搭售等直接损害消费者权益的垄断和不正当竞争行为,积极营造公平竞争的市场环境。

25. 推动构建有利于增强消费信心的社会信用体系。加强与行政机关等单位的信息沟通,积极对接市场监管部门消费领域失信名单制度,推动共建失信违法生产经营者信息披露平台。完善守信激励和失信惩戒机制,增加违法经营成本,营造不敢、不能、不愿违法经营的市场环境。依法支持、引导行业协会、电子商务平台经营者等主体构建协会内和平台内信用惩戒机制,通过行业自治、平台规制防范和减少欺诈等违法生产经营行为,助力加强消费信用体系建设。积极推动建设多力量参与、多渠道共建、多平台共促,有利于遏制欺诈、增强消费信心的社会信用体系。

26. 依法保障安全高效的物流体系。进一步加强行政审判,妥善处理涉商品流通等行政案件,既要依法支持行政机关采取的必要防疫举措,又要依法纠正违法设卡、阻碍物流等不当干预微观经济活动的行政行为,保障商品正常流通,推动跨区域物资运输畅通有序,助力生活必需品"保供稳价"。按照"统筹疫情防控和经济社会发展"的要求,助力防疫、生产、消费统筹兼顾、有序开展,促进全国统一大市场建设。

### 四、进一步提升司法服务水平

27. 提升消费纠纷在线化解质效。当事人及其诉讼代理人等因受疫情影响不能正常出庭参加诉讼,符合条件的,依法在线开展诉讼活动。推动完善电子认证等数字应用基础设施,主动适应互联网时代消费发展要求,回应人民群众公正、高效、便捷解纷的司法需求。准确适用在线诉讼规则等规定,充分发挥在线诉讼灵活、简便、全天候、易操作等优势。准确适用在线调解规则等规定,充分发挥在线调解多元化参与、全流程在线、开放式融合、一体化解纷等优势,实现提升消费纠纷在线化解质效与保障人民群众合法诉讼权益相统一。

28. 完善消费者权益司法救济制度。进一步完善消费民事公益诉讼与私益诉讼衔接机制,探索建立食品安全民事公益诉讼惩罚性赔偿制度。依法办理消费公益诉讼案件,充分发挥公益诉讼保护消费者合法权益、遏制违法生产经营行为、维护诚信高效市场秩序的作用。探索建立消费者集体诉讼制度,充分利用小额诉讼制度,降低消费者维权成本,及时、高效保护消费者合法权益。不断增加对农村消费者的司法服务供给,积极引导和协调消费者组织、公益诉讼主体、司法救助力量向农村地区倾斜。充分发挥人民法庭立足基层、面向群众、服务农村的优势,妥善处理涉休闲农业、乡村旅游、民宿经济等纠纷。

29. 推动构建有利于促进消费的综合治理体系。坚持系统思维,综合治理。充分发挥一站式多元纠纷解决和诉讼服务体系作用，广泛邀请人民调解、行业专业调解、行政调解的调解员，以及人大代表、政协委员、行业专家、退休法律工作者等参与消费纠纷调解，多元化解纠纷。通过发出司法建议、交换信息、联合信用惩戒等方式，对制售假冒伪劣商品、侵害个人信息权益、虚假宣传等违法生产经营行为形成规制合力。积极构建司法机关、行政机关、消费者组织、行业协会等多方参与的多元治理体系，完善多元化消费维权机制和纠纷解决机制，为保护消费者权益、促进消费营造良好法治环境。

30. 加强消费者权益司法保护宣传工作。充分发挥司法裁判的示范引领作用，通过以案说法、发布典型案例、开展巡回审判、送法进村进企进校等方式加强消费者权益司法保护宣传工作，普及消费者权益保护法律知识；依法保护新闻媒体对制售假冒伪劣商品等违法生产经营行为的舆论监督；引导生产经营者诚实守信经营，倡导节约集约的绿色生活方式，营造安全诚信放心的消费环境。

# 最高人民法院
## 关于为稳定就业提供司法服务和保障的意见

2022 年 12 月 26 日　　　　　　　　　法发〔2022〕36 号

就业是最基本的民生。坚持突出做好稳就业工作，落实落细就业优先政策，是实施就业优先战略的内在要求和重要基础。为完整、准确、全面贯彻新发展理念，加快构建新发展格局，着力推动高质量发展，更好统筹疫情防控和经济社会发展，现就进一步发挥人民法院职能作用，服务保障稳就业大局，提出如下意见。

### 一、推动落实就业优先政策，支持稳市场主体保就业

1. 推动落实阶段性缓缴社会保险费政策，减轻用人单位用工负担。依法受理因就业优惠政策实施引发的行政案件，坚决依法支持符合条件的用人单位享受阶段性降低社会保险费率、缓缴社会保险费、失业保险费稳岗返还等优惠政策，切实减轻用人单位在用工、社保等方面的经营压力和负担，帮助受疫情严重冲击的行业、中小微企业和个体工商户复工复产。妥善审理用人单位因拖欠社会保险费等被责令补缴的行政案件，依法依规考虑企业复工复产实际情况，可以通过延展补缴期限等方式协调解决，平衡好为用人单位减负与维护劳动者合法权益的关系，促进行政争议实质性化解。依法妥善审理社会保险纠纷案件，参保单位享受阶段性缓缴社会保险费政策，劳动者主张缓缴期间用人单位未依法缴纳社会保险费，依据劳动合同法第三十八条第一款第三项的规定解除劳动合同的，人民法院应当依法审慎处理。

2. 推动落实阶段性减免房产租金等助企纾困政策，支持中小微企业稳就业规模。依法妥善审理房屋租赁合同纠纷等案件，推动落实阶段性减免

国有房产租金等政策，引导出租人减免或者缓收租金，依法减轻中小微企业、个体工商户等负担，稳住中小微企业就业规模。承租国有企业房屋或者行政事业单位房屋用于经营，符合政策条件的服务业中小微企业、个体工商户等请求按照国家有关政策减免一定期限内租金的，人民法院应当依法支持。承租非国有房屋的承租人请求减免或者延期支付租金的，可以引导当事人参照有关租金减免政策、条件进行和解；和解不成的，结合案件实际情况，依照民法典有关规定处理。

3. 推动落实金融支持政策，增强服务行业就业吸纳能力。依法审理金融借款合同纠纷案件，充分考虑延期还本付息、加大普惠小微贷款支持等金融支持政策，对金融机构违反金融支持政策提出的借款提前到期、解除合同等诉讼请求，人民法院不予支持。批发零售、住宿餐饮、物流运输、文化旅游等服务行业企业、个体工商户等，因受疫情影响生产经营、复工复产暂时困难、无力还款，主张延期还款、分期还款、减免逾期利息、降低利率的，应当积极引导当事人双方协商解决纠纷；协商解决不成，借款人的主张依据充分或者符合政策条件的，人民法院应当依法支持。

4. 依法支持脱贫人口稳岗就业，推动农村劳动力转移就业。为巩固拓展脱贫攻坚成果、全面推进乡村振兴、实施乡村建设行动提供有效司法服务，妥善处理涉"三农"领域传统纠纷以及休闲农业、乡村旅游、民宿经济、健康养老等农村新业态纠纷，妥善处理涉农担保融资纠纷案件，促进农村产业融合发展，推动提升富农产业、本地特色产业就业吸纳能力。深入推进新型城镇化和乡村振兴战略有效衔接，为农村劳动力转移就业提供有效司法服务，依法保障进城落户农民农村土地承包权、宅基地使用权、集体收益分配权，依法平等保护其就业、教育、住房、医疗等民生权益，推动在城镇稳定就业生活、具有落户意愿的农业转移人口便捷落户。推动形成平等竞争、规范有序、城乡统一的劳动力市场，落实城乡劳动者平等就业、同工同酬，完善办理拖欠农民工工资案件的快立快审快执通道，依法适用先予执行，推动完善欠薪治理长效机制，依法推动农业转移人口全面融入城市。

5. 依法支持高校毕业生就业，促进多渠道灵活就业。妥善审理平等就业权纠纷案件，依法纠正用人单位因性别歧视、地域歧视等不予招录、拒绝签订劳动合同的行为，破除各种不合理限制，推动高校毕业生平等就业、多渠道灵活就业创业。依法打击"黑职介"、虚假招聘、售卖简历等违法犯罪活动,依法审理涉就业见习纠纷案件,妥善认定涉就业见习用工法律关系,维护高校毕业生合法就业权益。对因受疫情影响不能按时离校的应届毕业生,在处理相关案件时要引导用人单位推迟签约时间,相应延长报到接收、档案转递、落户办理时限。高校毕业生在试用期内因受疫情影响不能返岗的,可以引导用人单位采取灵活的试用考察方式考核其是否符合录用条件;无法采取灵活考察方式实现试用期考核目的的,无法实施考察实现试用期考核目的期间可以协商不计算在原约定试用期内,用人单位通过顺延试用期变相突破法定试用期上限的,人民法院不予支持。科学设置司法辅助岗位,深化落实基层法官助理规范便捷招录机制,畅通政法专业高校毕业生进入基层人民法院就业渠道。

## 二、依法规范新就业形态用工,推动平台经济可持续发展

6. 准确把握新就业形态民事纠纷案件审判工作要求。推进落实《人力资源社会保障部、国家发展改革委、交通运输部、应急部、市场监管总局、国家医保局、最高人民法院、全国总工会关于维护新就业形态劳动者劳动保障权益的指导意见》(以下简称新业态劳动者权益保障指导意见)有关制度和要求,加强灵活就业和新就业形态劳动者权益保障,支持和规范发展新就业形态,合理认定平台企业责任,支持网约配送、移动出行、网络直播等平台企业在引领发展、创造就业、国际竞争中大显身手。依法支持劳动者依托互联网平台就业,支持用人单位依法依规灵活用工,引导平台企业与劳动者就劳动报酬、工作时间、劳动保护等建立制度化、常态化沟通协调机制,保障新就业形态劳动者合法劳动权益。适时制定司法政策,发布典型案例,统一裁判标准,发挥个案裁判和司法政策引领作用,推动形成新就业形态用工综合治理机制。

7. 依法合理认定新就业形态劳动关系。平台企业及其用工合作单位与劳动者建立劳动关系的,应当订立书面劳动合同。未订立书面劳动合同,劳动者主张与平台企业或者用工合作单位存在劳动关系的,人民法院应当根据用工事实和劳动管理程度,综合考虑劳动者对工作时间及工作量的自主决定程度、劳动过程受管理控制程度、劳动者是否需要遵守有关工作规则、劳动纪律和奖惩办法、劳动者工作的持续性、劳动者能否决定或者改变交易价格等因素,依法审慎予以认定。平台企业或者用工合作单位要求劳动者登记为个体工商户后再签订承揽、合作等合同,或者以其他方式规

避与劳动者建立劳动关系,劳动者请求根据实际履行情况认定劳动关系的,人民法院应当在查明事实的基础上依法作出相应认定。

8. 加强新就业形态劳动者合法权益保障。不完全符合确立劳动关系情形但企业对劳动者进行劳动管理的,可以结合新业态劳动者权益保障指导意见有关规定,依法保障劳动者权益。依法保护劳动者按照约定或者法律规定获得劳动报酬的权利;劳动者因不可抗力、见义勇为、紧急救助以及工作量或者劳动强度明显不合理等非主观因素,超时完成工作任务或者受到消费者差评,主张不能因此扣减应得报酬的,人民法院应当依法支持。推动完善劳动者因执行工作任务遭受损害的责任分担机制。依法认定与用工管理相关的算法规则效力,保护劳动者取得劳动报酬、休息休假等基本合法权益;与用工管理相关的算法规则存在不符合日常生活经验法则、未考虑遵守交通规则等客观因素或者其他违背公序良俗情形,劳动者主张该算法规则对其不具有法律约束力或者请求赔偿因该算法规则不合理造成的损害的,人民法院应当依法支持。

9. 推动健全新业态用工综合治理机制。依法妥善审理涉新就业形态社会保险纠纷案件,支持完善基本养老保险、医疗保险参保办法,推动企业引导和支持不完全符合确立劳动关系情形的新就业形态劳动者,根据自身情况参加相应社会保险。依法妥善审理保险合同纠纷案件,促进平台企业通过购买人身意外、雇主责任等商业保险,提升平台灵活就业人员保障水平。妥善审理机动车交通事故责任纠纷、非机动车交通事故责任纠纷等案件,依法合理认定各方责任,推动平台企业制定注重遵守交通规则等社会秩序的算法规则和规章制度,强化外卖快递从业人员遵守交通规则等社会秩序意识。配合有关部门推动行业协会、头部企业或者企业代表与工会组织、职工代表开展协商,签订行业集体合同或者协议,推动制定行业劳动标准;畅通裁审衔接程序,完善多元化解机制,支持各类调解组织、法律援助机构等依法为新就业形态劳动者提供更加便捷、优质高效的纠纷调解、法律咨询、法律援助等服务。

## 三、妥善处理劳动争议案件,依法保护双方权益

10. 注重依法保护原则。积极贯彻落实国家助企纾困、促稳定促发展、复工复产等政策要求,正确理解和参照适用国务院有关行政主管部门以及省级人民政府等制定的相关政策文件,准确把握新阶段疫情防控各项政

策,妥善处理涉疫情劳动争议案件,积极引导用人单位与职工协商,推动构建和谐劳动关系,确保用人单位有序复工复产,保障劳动者合法权益。坚持依法保护劳动者合法权益和促进用人单位稳定有序发展相结合,努力寻找用人单位和劳动者之间的最佳利益平衡点和结合点,保障劳动者合法权益和就业稳定,为用人单位生存发展、有序运转创造条件。

11. 妥善审理劳动合同纠纷案件。用人单位生产经营困难,按照法定程序经与职工代表大会讨论或者经与工会、职工代表等民主协商,对在合理期限内延迟支付工资、轮岗轮休等事项达成一致意见的,可以作为认定双方权利义务的依据。除依法按协商程序降低劳动报酬外,用人单位安排劳动者通过居家办公或者灵活办公等方式提供正常劳动,劳动者请求按正常工资标准支付其工资的,人民法院应当依法支持。依法妥善审理相关案件,积极引导和支持用人单位与劳动者依法协商,采取协商薪酬、调整工时、轮岗轮休、在岗培训等措施稳定工作岗位。

12. 推动劳动争议纠纷多元化解。准确适用《人力资源社会保障部、最高人民法院关于劳动人事争议仲裁与诉讼衔接有关问题的意见(一)》,推动劳动争议仲裁和诉讼有序衔接,逐步统一裁审受理范围和法律适用标准;加强与人社部门、工会、行业协会联动协作,促使劳动者与企业和解协商、共克时艰,推动构建和谐劳动关系。对于群体性、突发性、敏感性、涉重大利益等劳动争议,应当坚持把非诉讼纠纷解决机制挺在前面,积极推动诉源治理,及时做好风险预警,"调、裁、审"协作发力,充分维护劳动者与用人单位合法权益。

### 四、准确适用程序法律规定,依法保障诉讼权利行使

13. 准确适用期限顺延规定。当事人依据民事诉讼法第八十六条规定申请顺延期限的,应当根据疫情防控形势变化以及当事人提供的证据情况综合考虑是否准许,依法保护当事人诉讼权利。当事人及其诉讼代理人等因受疫情影响不能正常出庭参加诉讼,符合条件的,依法在线开展诉讼活动。当事人受疫情影响耽误起诉期限的,对耽误的时间依法予以扣除。劳动争议当事人提供证据证明其因受疫情影响无法在法定仲裁时效期间内申请仲裁,主张仲裁时效中止的,人民法院应当依法支持。

14. 切实提高诉讼服务水平。对于企业以及其他市场主体涉及的复工复产纠纷案件,应当高度重视其立案、审理、执行工作,依法高效妥善处

理。对于确有困难的当事人申请免交、减交或者缓交诉讼费用的，人民法院应当依法审查并及时作出相应决定；确实需要其他司法救助的，依法及时采取救助措施。对于陷入困境的市场主体特别是中小微企业、个体工商户等，依法审慎采取财产保全措施，依法及时纠正超标的查封、乱查封，可以采取灵活的诉讼财产保全措施或者财产保全担保方式，减轻企业负担，助力复工复产。完善一站式多元解纷机制，加强线上诉讼服务和互联网审判，持续推动案件繁简分流、简案快审，使合法权益尽快得以实现，各种争议得到依法快速解决，切实降低诉讼成本。

# 最高人民法院民一庭负责人就《最高人民法院关于为促进消费提供司法服务和保障的意见》和《最高人民法院关于为稳定就业提供司法服务和保障的意见》答记者问

2022年12月27日,最高人民法院发布《关于为促进消费提供司法服务和保障的意见》(以下简称《促进消费意见》)和《关于为稳定就业提供司法服务和保障的意见》(以下简称《稳定就业意见》),最高人民法院民事审判第一庭负责人就《促进消费意见》和《稳定就业意见》回答了记者提问。

**问:**中央经济工作会议指出,要把恢复和扩大消费摆在优先位置。请问《促进消费意见》在增强居民消费信心和消费意愿方面有什么有力举措?

**答:**消费对经济发展具有基础性作用,《促进消费意见》从三方面入手,增强消费信心,提升消费意愿。

一是在消费端,加强消费者权益保护,让消费者放心消费。首先,贯彻落实"四个最严"要求,斩断"黑作坊"食品、药品生产经营链条,保护人民群众"舌尖上的安全"和"针尖上的安全"。其次,严厉整治"霸王条款"、消费欺诈、预付式消费"套路"消费者等消费领域顽疾。《促进消费意见》规定,对格式条款发生争议的,应当依法作出有利于消费者的解释;夸大或虚构治疗、保健、养生等功能,向老年消费者销售质次价高的商品或者服务构成欺诈的,应当依法承担惩罚性赔偿责任;消费者预存费用后,经营者卷款"跑路"构成欺诈的,应当依法承担惩罚性赔偿责任。最后,加强在线消费中消费者权益保护。未成年人网络游戏充值或者网络直播打赏数额过大的，消费者有权依法请求返还；经营者不得以消费者不同意处理个人信息为由拒绝提供商品或者服务；经营者盲发快递，消费者有权请求无条件退货。

二是在生产经营端，保护企业产权、经营自主权和知识产权，鼓励公平竞争、科技创新，发挥供给侧对消费的支撑引领作用。《促进消费意见》规定，依法规范违法限制生产经营者建设汽车充电设施、无理阻碍业主建设汽车充电设施的行为，助力化解电动汽车消费中的堵点；依法整治知识产权领域虚假诉讼等不诚信诉讼行为，为科技创新营造良好法治环境；把握好平台经济发展中的"红绿灯"，稳定发展预期，激发投资活力；依法支持线上线下商品消费融合发展，助力培育新型消费；妥善处理共享经济领域产生的纠纷，支持和引导新的生活和消费方式健康发展；依法保护新个体经济，支持社交电商、网络直播等多样化经营模式；妥善处理小微企业、个体工商户租房纠纷，确保生产经营有序、消费供给稳定。

三是在市场秩序方面，维护诚信公平高效的市场秩序，促进经营者诚实守信经营，保障消费者明明白白消费。《促进消费意见》要求，严厉打击电信网络诈骗等犯罪活动，遏制欺诈消费者的不诚信行为；依法规制电子商务平台等市场主体实施收取垄断高价、强制"二选一"、歧视性待遇、刷单炒信、强制搭售等垄断和不正当竞争行为，营造公平竞争的市场环境；积极对接市场监管部门消费领域失信名单制度，完善守信激励和失信惩戒机制，助力加强消费信用体系建设，推动构建有利于增强消费信心的社会信用体系；妥善处理涉商品流通等案件，保障商品正常流通，落实"统筹疫情防控和经济社会发展"要求，促进全国统一大市场建设。

**问**：中共中央、国务院印发了《扩大内需战略规划纲要（2022—2035年）》，请问《促进消费意见》对于人民法院如何贯彻实施纲要提出了哪些重要举措？

**答**：《扩大内需战略规划纲要（2022—2035年）》对"全面促进消费，加快消费提质升级"提出明确要求。《促进消费意见》对标对表纲要规定，提出了以下四方面重要举措。

一是助力提升传统消费。首先，以最严的举措保护食品、药品安全，引导生产经营者通过提高商品和服务质量获得竞争优势，助力提高吃穿等基本消费品质。其次，妥善处理消费者出行纠纷，助力释放出行消费潜力。最后，妥善处理房屋买卖合同纠纷。依法认定房屋买卖合同效力，严格保护依法成立生效的房屋买卖合同,维护市场秩序,促进居住消费健康发展,助力实现稳地价、稳房价、稳预期的目标。

二是保障发展服务消费。首先,加强文化创意作品著作权保护,助推优质文化资源开发和中华优秀传统文化创造性转化、创新性发展,助力增加优质文化产品和服务供给。其次,保护老年消费者合法权益,服务养老事业和养老产业协同发展,助力发展银发经济,妥善处理生育、托育、教育等服务合同纠纷,促进养老育幼服务消费发展。最后,妥善处理医疗健康服务和体育消费纠纷,依法严惩"医闹",构建和谐医患关系,引导医疗机构等主体增加高质量的医疗、养生保健、康复、健康旅游等服务。妥善处理体育消费中产生的各类纠纷,促进群众体育消费。

三是服务培育新型消费。首先,助推传统线下业态数字化改造和转型升级,助力智慧超市、智慧商店、智慧餐厅等新零售业态发展。其次,妥善处理"互联网+社会服务""互联网+医疗健康"服务等新服务类型引发的纠纷,依法支持无接触交易服务等新类型消费模式发展。再次,妥善处理共享出行、共享住宿、共享旅游等共享经济领域产生的纠纷,合理认定相关民事主体的注意义务和法律责任,支持和引导新的生活和消费方式健康发展。最后,依法保护新个体经济,支持和保护社交电商、网络直播等多样化经营模式。

四是完善促进消费工作机制。首先,准确适用在线诉讼规则、在线调解规则等规定,不断提升消费纠纷在线化解质效。其次,完善消费民事公益诉讼与私益诉讼衔接机制,探索建立食品安全民事公益诉讼惩罚性赔偿制度和消费者集体诉讼制度,充分利用小额诉讼制度,及时、高效保护消费者合法权益。再次,积极构建司法机关、行政机关、消费者组织、行业协会等多方参与的多元治理体系,完善多元化消费维权机制和纠纷解决机制。最后,充分发挥司法裁判示范引领作用,引导生产经营者诚实守信经营,倡导节约集约的绿色生活方式,营造安全诚信放心的消费环境。

**问:中央经济工作会议指出,要落实落细就业优先政策,把促进青年特别是高校毕业生就业工作摆在更加突出位置。《稳定就业意见》为高校毕业生就业提供了哪些司法服务和保障举措?**

**答:**高校毕业生就业关系民生福祉、经济发展和国家未来。据统计,2022年我国高校毕业生突破1000万大关,创历史新高。中央高度重视高校毕业生就业,采取一系列政策措施,国务院办公厅专门印发《关于进一步做好高校毕业生等青年就业创业工作的通知》，为做好当前和今后一个时期高校毕业生等青年创业就业工作作出安排部署。《稳定就业意见》立足人民法院职能作用，为高校毕业生就业提供有力司法服务保障举措。

一是坚决反对就业歧视。妥善审理平等就业权纠纷案件，坚决纠正用人单位因性别歧视、地域歧视等不予招录、拒绝签订劳动合同的行为，破除各种不合理限制，推动高校毕业生平等就业。

二是维护合法就业权益。依法打击"黑职介"、虚假招聘、售卖简历等违法犯罪活动，依法审理涉就业见习纠纷案件，妥善认定涉就业见习用工法律关系。对于因受疫情影响不能按时离校的应届毕业生，在处理相关案件时要引导用人单位推迟签约时间，相应延长报到接收、档案转递、落户办理时限。

三是妥善处理涉试用期纠纷案件。高校毕业生在试用期内因受疫情影响不能返岗的，可以引导用人单位采取灵活的试用考察方式考核其是否符合录用条件；无法采取灵活考察方式实现试用期考核目的的，无法实施考察实现试用期考核目的期间可以协商不计算在原约定试用期内，用人单位通过顺延试用期变相突破法定试用期上限的，人民法院不予支持。

四是完善政法专业毕业生便捷招录机制。人民法院科学设置司法辅助岗位，深化落实基层法官助理规范便捷招录机制，畅通政法专业高校毕业生进入基层人民法院就业渠道，扩大就业岗位。

**问：党的二十大报告指出，要加强灵活就业和新就业形态劳动者权益保障，支持和规范发展新就业形态。近年来，平台经济、新就业形态不断发展，保护劳动者合法权益、推动平台经济有序健康发展已成为基本共识，《稳定就业意见》对新就业形态劳动关系认定作了哪些规定？**

**答：**近年来，平台经济和新就业形态蓬勃发展，各种灵活就业模式吸纳了许多劳动力就业。国家统计局数据显示，2021年我国灵活就业人员已经达2亿人左右；一些平台外卖骑手数量达到400多万。《稳定就业意见》推进落实2021年人力资源和社会保障部、最高人民法院等八部门印发的《关于维护新就业形态劳动者劳动保障权益的指导意见》，坚持保护新就业形态劳动者合法权益与促进平台经济有序健康发展相结合，就如何认定新就业形态劳动关系作了以下规定。

一是明确根据用工事实认定劳动关系的考量因素。平台企业及其用工合作单位与劳动者建立劳动关系，应当订立书面劳动合同。未订立书面劳动合同，劳动者主张与平台企业或者用工合作单位存在劳动关系的，人民法院应当根据用工事实和劳动管理程度，综合考虑劳动者对工作时间及工作量的自主决定程度、劳动过程受管理控制程度、劳动者是否需要遵守有关工作规则、劳动纪律和奖惩办法、劳动者工作的持续性、劳动者能否决定或者改变交易价格等因素，依法审慎予以认定。

二是明确据实认定用工法律关系原则。平台企业或者用工合作单位要求劳动者登记为个体工商户后再签订承揽、合作等合同，或者以其他方式规避与劳动者建立劳动关系，劳动者请求根据实际履行情况认定劳动关系的，人民法院应当在查明事实的基础上依法作出相应认定。

三是不完全符合确立劳动关系情形的参照保障。不完全符合确立劳动关系情形但企业对劳动者进行劳动管理的，可以结合《关于维护新就业形态劳动者劳动保障权益的指导意见》有关规定，依法保护劳动者获得劳动报酬、休息保障、安全卫生保障、相应社会保障等权益。劳动者因不可抗力、见义勇为、紧急救助以及工作量或者劳动强度明显不合理等非主观因素，超时完成工作任务或者受到消费者差评，主张不能因此扣减应得报酬的，人民法院应当依法支持。

四是对用工管理算法作出规范。就用工管理算法规则效力、算法不合理致劳动者损害时的责任承担等作出指引规定，要求妥善审理机动车交通事故责任纠纷、非机动车交通事故责任纠纷等案件，推动平台企业制定注重遵守交通规则等社会秩序的算法规则和规章制度，强化外卖快递从业人员遵守社会秩序意识。

## 【指导案例篇】

### 最高人民法院
### 关于发布第 32 批指导性案例的通知

2022 年 7 月 4 日　　　　　　　　　　法〔2022〕167 号

各省、自治区、直辖市高级人民法院，解放军军事法院，新疆维吾尔自治区高级人民法院生产建设兵团分院：

　　经最高人民法院审判委员会讨论决定，现将聂美兰诉北京林氏兄弟文化有限公司确认劳动关系案等七个案例（指导案例179—185号），作为第32批指导性案例发布，供在审判类似案件时参照。

## 指导案例 179 号

### 聂美兰诉北京林氏兄弟文化有限公司确认劳动关系案

（最高人民法院审判委员会讨论通过　2022年7月4日发布）

**关键词**　民事　确认劳动关系　合作经营　书面劳动合同

**裁判要点**

1. 劳动关系适格主体以"合作经营"等为名订立协议，但协议约定的双方权利义务内容、实际履行情况等符合劳动关系认定标准，劳动者主张与用人单位存在劳动关系的，人民法院应予支持。

2. 用人单位与劳动者签订的书面协议中包含工作内容、劳动报酬、劳动合同期限等符合劳动合同法第十七条规定的劳动合同条款，劳动者以用人单位未订立书面劳动合同为由要求支付第二倍工资的，人民法院不予支持。

**相关法条**

《中华人民共和国劳动合同法》第十条、第十七条、第八十二条

**基本案情**

2016年4月8日，聂美兰与北京林氏兄弟文化有限公司（以下简称林氏兄弟公司）签订了《合作设立茶叶经营项目的协议》，内容为："第一条：双方约定，甲方出资进行茶叶项目投资，聘任乙方为茶叶经营项目经理，乙方负责公司的管理与经营。第二条：待项目启动后，双方相机共同设立公司，乙方可享有管理股份。第三条：利益分配：在公司设立之前，乙方按基本工资加业绩方式取酬。公司设立之后，按双方的持股比例进行分配。乙方负责管理和经营，取酬方式：基本工资+业绩、奖励+股份分红。第四条：双方在运营过程中，未尽事宜由双方友好协商解决。第五条：本合同正本一式两份，公司股东各执一份。"

协议签订后，聂美兰到该项目上工作，工作内容为负责《中国书画》艺术茶社的经营管理，主要负责接待、茶叶销售等工作。林氏兄弟公司的法定代表人林德汤按照每月基本工资10000元的标准，每月15日通过银行转账向聂美兰发放上一自然月工资。聂美兰请假需经林德汤批准，且实际出勤天数影响工资的实发数额。2017年5月6日林氏兄弟公司通知聂美兰终止合作协议。聂美兰实际工作至2017年5月8日。

聂美兰申请劳动仲裁，认为双方系劳动关系并要求林氏兄弟公司支付未签订书面劳动合同二倍工资差额，林氏兄弟公司主张双方系合作关系。北京市海淀区劳动人事争议仲裁委员会作出京海劳人仲字（2017）第9691号裁决：驳回聂美兰的全部仲裁请求。聂美兰不服仲裁裁决，于法定期限内向北京市海淀区人民法院提起诉讼。

**裁判结果**

北京市海淀区人民法院于2018年4月17日作出（2017）京0108民初45496号民事判决：一、确认林氏兄弟公司与聂美兰于2016年4月8日至2017年5月8日期间存在劳动关系；二、林氏兄弟公司于判决生效后七日内支付聂美兰2017年3月1日至2017年5月8日期间工资22758.62元；三、林氏兄弟公司于判决生效后七日内支付聂美兰2016年5月8日至2017

年 4 月 7 日期间未签订劳动合同二倍工资差额 103144.9 元；四、林氏兄弟公司于判决生效后七日内支付聂美兰违法解除劳动关系赔偿金 27711.51 元；五、驳回聂美兰的其他诉讼请求。林氏兄弟公司不服一审判决，提出上诉。北京市第一中级人民法院于 2018 年 9 月 26 日作出（2018）京 01 民终 5911 号民事判决：一、维持北京市海淀区人民法院（2017）京 0108 民初 45496 号民事判决第一项、第二项、第四项；二、撤销北京市海淀区人民法院（2017）京 0108 民初 45496 号民事判决第三项、第五项；三、驳回聂美兰的其他诉讼请求。林氏兄弟公司不服二审判决，向北京市高级人民法院申请再审。北京市高级人民法院于 2019 年 4 月 30 日作出（2019）京民申 986 号民事裁定：驳回林氏兄弟公司的再审申请。

**裁判理由**

法院生效裁判认为：申请人林氏兄弟公司与被申请人聂美兰签订的《合作设立茶叶经营项目的协议》系自愿签订的，不违反强制性法律、法规规定，属有效合同。对于合同性质的认定，应当根据合同内容所涉及的法律关系，即合同双方所设立的权利义务来进行认定。双方签订的协议第一条明确约定聘任聂美兰为茶叶经营项目经理，"聘任"一词一般表明当事人有雇用劳动者为其提供劳动之意；协议第三条约定了聂美兰的取酬方式，无论在双方设定的目标公司成立之前还是之后，聂美兰均可获得"基本工资""业绩"等报酬，与合作经营中的收益分配明显不符。合作经营合同的典型特征是共同出资，共担风险，本案合同中既未约定聂美兰出资比例，也未约定共担风险，与合作经营合同不符。从本案相关证据上看，聂美兰接受林氏兄弟公司的管理，按月汇报员工的考勤、款项分配、开支、销售、工作计划、备用金的申请等情况，且所发工资与出勤天数密切相关。双方在履行合同过程中形成的关系，符合劳动合同中人格从属性和经济从属性的双重特征。故原判认定申请人与被申请人之间存在劳动关系并无不当。双方签订的合作协议还可视为书面劳动合同，虽缺少一些必备条款，但并不影响已约定的条款及效力，仍可起到固定双方劳动关系、权利义务的作用，二审法院据此依法改判是正确的。林氏兄弟公司于 2017 年 5 月 6 日向聂美兰出具了《终止合作协议通知》，告知聂美兰终止双方的合作，具有解除双方之间劳动关系的意思表示，根据《最高人民法院关于民事诉讼证据的若干规定》第六条，在劳动争议纠纷案件中，因用人单位作出的开除、除名、辞退、解除劳动合同等决定而发生的劳动争议，由用人单位负举证责任，林氏兄弟公司未能提供解除劳动关系原因的相关证据，应当承担不利后果。二审法院根据本案具体情况和相关证据所作的判决，并无不当。

（生效裁判审判人员：陈伟红、符忠良、彭红运）

## 指导案例 180 号

# 孙贤锋诉淮安西区人力资源开发有限公司劳动合同纠纷案

（最高人民法院审判委员会讨论通过 2022 年 7 月 4 日发布）

**关键词** 民事 劳动合同 解除劳动合同 合法性判断

**裁判要点**

人民法院在判断用人单位单方解除劳动合同行为的合法性时，应当以用人单位向劳动者发出的解除通知的内容为认定依据。在案件审理过程中，用人单位超出解除劳动合同通知中载明的依据及事由，另行提出劳动者在履行劳动合同期间存在其他严重违反用人单位规章制度的情形，并据此主张符合解除劳动合同条件的，人民法院不予支持。

**相关法条**

《中华人民共和国劳动合同法》第三十九条

**基本案情**

2016 年 7 月 1 日，孙贤锋（乙方）与淮安西区人力资源开发有限公司（以下简称西区公司）（甲方）签订劳动合同，约定：劳动合同期限为自 2016 年 7 月 1 日起至 2019 年 6 月 30 日止；乙方工作地点为连云港，从事邮件收派与司机岗位工作；乙方严重违反甲方的劳动纪律、规章制度的，甲方可以立即解除本合同且不承担任何经济补偿；甲方违约解除或者终止劳动合同的，应当按照法律规定和本合同约定向乙方支付经济补偿金或赔偿金；甲方依法制定并通过公示的各项规章制度，如《员工手册》《奖励与处罚管理规定》《员工考勤管理规定》等文件作为本合同的附件，与本合同具有同等效力。之后，孙贤锋根据西区公司安排，负责江苏省灌南县堆沟港镇区域的顺丰快递收派邮件工作。西区公司自2016年8月25日起每月向孙贤锋银行账户结算工资，截至2017年9月25日，孙贤锋前十二个月的平均工资为6329.82元。2017年9月12日、10月3日、10月16日，孙贤锋先后存在工作时间未穿工作服、代他人刷考勤卡、在单位公共平台留言辱骂公司主管等违纪行为。事后，西区公司依据《奖励与处罚管理规定》，由用人部门负责人、建议部门负责人、工会负责人、人力资源部负责人共同签署确认，对孙贤锋上述违纪行为分别给予扣2分、扣10分、扣10分处罚，但具体扣分处罚时间难以认定。

2017年10月17日，孙贤锋被所在单位用人部门以未及时上交履职期间的营业款项为由安排停工。次日，孙贤锋至所在单位刷卡考勤，显示刷卡信息无法录入。10月25日，西区公司出具离职证明，载明孙贤锋自2017年10月21日从西区公司正式离职，已办理完毕手续，即日起与公司无任何劳动关系。10月30日，西区公司又出具解除劳动合同通知书，载明孙贤锋在未履行请假手续也未经任何领导批准情况下，自2017年10月20日起无故旷工3天以上，依据国家的相关法律法规及单位规章制度，经单位研究决定自2017年10月20日起与孙贤锋解除劳动关系，限于2017年11月15日前办理相关手续，逾期未办理，后果自负。之后，孙贤锋向江苏省灌南县劳动人事争议仲裁委员会申请仲裁，仲裁裁决后孙贤锋不服，遂诉至法院，要求西区公司支付违法解除劳动合同赔偿金共计68500元。

西区公司在案件审理过程中提出，孙贤锋在职期间存在未按规定着工作服、代人打卡、谩骂主管以及未按照公司规章制度及时上交营业款项等违纪行为，严重违反用人单位规章制度；自2017年10月20日起，孙贤锋在未履行请假手续且未经批准的情况下无故旷工多日，依法自2017年10月20日起与孙贤锋解除劳动关系，符合法律规定。

**裁判结果**

江苏省灌南县人民法院于2018年11月15日作出（2018）苏0724民初2732号民事判决：一、被告西区公司于本判决发生法律效力之日起十日内支付原告孙贤锋经济赔偿金18989.46元。二、驳回原告孙贤锋的其他诉讼请求。西区公司不服，提起上诉。江苏省连云港市中级人民法院于2019年4月22日作出（2019）苏07民终658号民事判决：驳回上诉，维持原判。

**裁判理由**

法院生效裁判认为：用人单位单方解除劳动合同是根据劳动者存在违法违纪、违反劳动合同的行为，对其合法性的评价也应以作出解除劳动合同决定时的事实、证据和相关法律规定为依据。用人单位向劳动者送达的解除劳动合同通知书，是用人单位向劳动者作出解除劳动合同的意思表示，对用人单位具有法律约束力。解除劳动合同通知书明确载明解除劳动合同的依据及事由，人民法院审理解除劳动合同纠纷案件时应以该决定作出时的事实、证据和法律为标准进行审查，不宜超出解除劳动合同通知书所载明的内容和范围。否则，将偏离劳资双方所争议的解除劳动合同行为的合法性审查内容，导致法院裁判与当事人诉讼请求以及争议焦点不一致；同时，也违背民事主体从事民事活动所应当秉持的诚实信用这一基本原则，造成劳资双方权益保障的失衡。

本案中，孙贤锋与西区公司签订的劳动合同系双方真实意思表示，合法有效。劳动合同附件《奖励与处罚管理规定》作为用人单位的管理规章制度，不违反法律、行政法规的强制性规定，合法有效，对双方当事人均具有约束力。根据《奖励与处罚管理规定》，员工连续旷工三天（含）以上的，公司有权对其处以第五类处罚责任，即解除合同、永不录用。西区公司向孙贤锋送达的解除劳动合同通知书明确载明解除劳动合同的事由为孙贤锋无故旷工达三天以上，孙贤锋诉请法院审查的内容也是西区公司以其无故旷工达三天以上而解除劳动合同行为的合法性，故法院对西区公司解除劳动合同的合法性审查也应以解除劳动合同通知书载明的内容为限，而不能超越该诉争范围。虽然西区公司在庭审中另提出孙贤锋在工作期间存在不及时上交营业款、未穿工服、代他人刷考勤卡、在单位公共平台留言辱骂公司主管等其他违纪行为，也是严重违反用人单位规章制度，公司仍有权解除劳动合同，但是根据在案证据及西区公司的陈述，西区公司在已知孙贤锋存在上述行为的情况下，没有提出解除劳动合同，而是主动提出重新安排孙贤锋从事其他工作，在向孙贤锋出具解除劳动合同通知书时也没有将上述行为作为解除劳动合同的理由。对于西区公司在诉讼期间提出的上述主张，法院不予支持。

西区公司以孙贤锋无故旷工达三天以上为由解除劳动合同，应对孙贤锋无故旷工达三天以上的事实承担举证证明责任。但西区公司仅提供了本单位出具的员工考勤表为证，该考勤表未经孙贤锋签字确认，孙贤锋对此亦不予认可，认为是单位领导安排停工并提供刷卡失败视频为证。因孙贤锋在工作期间被安排停工，西区公司之后是否通知孙贤锋到公司报到、如何通知、通知时间等事实，西区公司均没有提供证据加以证明，故孙贤锋无故旷工三天以上的事实不清，西区公司应对此承担举证不能的不利后果，其以孙贤锋旷工违反公司规章制度为由解除劳动合同，缺少事实依据，属于违法解除劳动合同。

（生效裁判审判人员：王小姣、李季、戴立国）

**指导案例 181 号**

# 郑某诉霍尼韦尔自动化控制（中国）有限公司劳动合同纠纷案

（最高人民法院审判委员会讨论通过　2022 年 7 月 4 日发布）

**关键词**　民事　劳动合同　解除劳动合同　性骚扰　规章制度

**裁判要点**

用人单位的管理人员对被性骚扰员工的投诉，应采取合理措施进行处置。管理人员未采取合理措施或者存在纵容性骚扰行为、干扰对性骚扰行为调查等情形，用人单位以管理人员未尽岗位职责、严重违反规章制度为由解除劳动合同，管理人员主张解除劳动合同违法的，人民法院不予支持。

**相关法条**

《中华人民共和国劳动合同法》第三十九条

**基本案情**

郑某于 2012 年 7 月入职霍尼韦尔自动化控制（中国）有限公司（以下简称霍尼韦尔公司），担任渠道销售经理。霍尼韦尔公司建立有工作场所性骚扰防范培训机制，郑某接受过相关培训。霍尼韦尔公司《商业行为准则》规定经理和主管"应确保下属能畅所欲言且无须担心遭到报复，所有担忧或问题都能专业并及时地得以解决"，不允许任何报复行为。2017

年版《员工手册》规定：对他人实施性骚扰、违反公司《商业行为准则》、在公司内部调查中作虚假陈述的行为均属于会导致立即辞退的违纪行为。上述规章制度在实施前经过该公司工会沟通会议讨论。

郑某与霍尼韦尔公司签订的劳动合同约定郑某确认并同意公司现有的《员工手册》及《商业行为准则》等规章制度作为本合同的组成部分。《员工手册》修改后，郑某再次签署确认书，表示已阅读、明白并愿接受2017年版《员工手册》内容，愿恪守公司政策作为在霍尼韦尔公司工作的前提条件。

2018年8月30日，郑某因认为下属女职工任某与郑某上级邓某（已婚）之间的关系有点僵，为"疏解"二人关系而找任某谈话。郑某提到昨天观察到邓某跟任某说了一句话，而任某没有回答，其还专门跑到任某处帮忙打圆场。任某提及其在刚入职时曾向郑某出示过间接上级邓某发送的性骚扰微信记录截屏，郑某当时对此答复"我就是不想掺和这个事""我往后不想再回答你后面的事情""我是觉得有点怪，我也不敢问"。谈话中，任某强调邓某是在对其进行性骚扰，邓某要求与其发展男女关系，并在其拒绝后继续不停骚扰，郑某不应责怪其不搭理邓某，也不要替邓某来对其进行敲打。郑某则表示"你如果这样干工作的话，让我很难过""你越端着，他越觉得我要把你怎么样""他这么直接，要是我的话，先靠近你，摸摸看，然后聊聊天。"

后至2018年11月，郑某以任某不合群等为由向霍尼韦尔公司人事部提出与任某解除劳动合同，但未能说明解除任某劳动合同的合理依据。人事部为此找任某了解情况。任某告知人事部其被间接上级邓某骚扰，郑某有意无意撮合其和邓某，其因拒绝骚扰行为而受到打击报复。霍尼韦尔公司为此展开调查。

2019年1月15日，霍尼韦尔公司对郑某进行调查，并制作了调查笔录。郑某未在调查笔录上签字，但对笔录记载的其对公司询问所作答复作了诸多修改。对于调查笔录中有无女员工向郑某反映邓某跟其说过一些不合适的话、对其进行性骚扰的提问所记录的"没有"的答复，郑某未作修改。

2019年1月31日，霍尼韦尔公司出具《单方面解除函》，以郑某未尽经理职责，在下属反映遭受间接上级骚扰后没有采取任何措施帮助下属不再继续遭受骚扰，反而对下属进行打击报复，在调查过程中就上述事实作虚假陈述为由，与郑某解除劳动合同。

2019年7月22日，郑某向上海市劳动争议仲裁委员会申请仲裁，要求霍尼韦尔公司支付违法解除劳动合同赔偿金368130元。该请求未得到仲裁裁决支持。郑某不服，以相同请求诉至上海市浦东新区人民法院。

**裁判结果**

上海市浦东新区人民法院于2020年11月30日作出（2020）沪0115民初10454号民事判决：驳回郑某的诉讼请求。郑某不服一审判决，提起上诉。上海市第一中级人民法院于2021年4月22日作出（2021）沪01民终2032号民事判决：驳回上诉，维持原判。

**裁判理由**

法院生效裁判认为，本案争议焦点在于：一、霍尼韦尔公司据以解除郑某劳动合同的《员工手册》和《商业行为准则》对郑某有无约束力；二、郑某是否存在足以解除劳动合同的严重违纪行为。

关于争议焦点一，霍尼韦尔公司据以解除郑某劳动合同的《员工手册》和《商业行为准则》对郑某有无约束力。在案证据显示，郑某持有异议的霍尼韦尔公司2017年版《员工手册》《商业行为准则》分别于2017年9月、2014年12月经霍尼韦尔公司工会沟通会议进行讨论。郑某与霍尼韦尔公司签订的劳动合同明确约定《员工手册》《商业行为准则》属于劳动合同的组成部分，郑某已阅读并理解和接受上述制度。在《员工手册》修订后，郑某亦再次签署确认书，确认已阅读、明白并愿接受2017年版《员工手册》，愿恪守公司政策作为在霍尼韦尔公司工作的前提条件。在此情况下，霍尼韦尔公司的《员工手册》《商业行为准则》应对郑某具有约束力。

关于争议焦点二，郑某是否存在足以解除劳动合同的严重违纪行为。一则，在案证据显示霍尼韦尔公司建立有工作场所性骚扰防范培训机制，郑某亦接受过相关培训。霍尼韦尔公司《商业行为准则》要求经理、主管等管理人员在下属提出担忧或问题时能够专业并及时帮助解决，不能进行打击报复。霍尼韦尔公司2017年版《员工手册》还将违反公司《商业行为准则》的行为列为会导致立即辞退的严重违纪行为范围。现郑某虽称相关女职工未提供受到骚扰的切实证据，其无法判断骚扰行为的真伪、对错，但从郑某在2018年8月30日谈话录音中对相关女职工初入职时向其出示的微信截屏所作的"我是觉得有点怪，我也不敢问""我就是不想掺和这个事"的评述看,郑某本人亦不认为相关微信内容系同事间的正常交流,且郑某在相关女职工反复强调间接上级一直对她进行骚扰时,未见郑某积极应对帮助解决,反而说"他这么直接,要是我的话,先靠近你,摸摸看,然后聊聊天"。所为皆为积极促成自己的下级与上级发展不正当关系。郑某的行为显然有悖其作为霍尼韦尔公司部门主管应尽之职责,其相关答复内容亦有违公序良俗。此外,依据郑某自述,其在2018年8月30日谈话后应已明确知晓相关女职工与间接上级关系不好的原因,但郑某不仅未采取积极措施,反而认为相关女职工处理不当。在任某明确表示对邓某性骚扰的抗拒后,郑某于2018年11月中旬向人事经理提出任某性格不合群,希望公司能解除与任某的劳动合同,据此霍尼韦尔公司主张郑某对相关女职工进行打击报复,亦属合理推断。二则,霍尼韦尔公司2017年版《员工手册》明确规定在公司内部调查中作虚假陈述的行为属于会导致立即辞退的严重违纪行为。霍尼韦尔公司提供的2019年1月15日调查笔录显示郑某在调查过程中存在虚假陈述情况。郑某虽称该调查笔录没有按照其所述内容记录,其不被允许修改很多内容,但此主张与郑某对该调查笔录中诸多问题的答复都进行过修改的事实相矛盾,法院对此不予采信。该调查笔录可以作为认定郑某存在虚假陈述的判断依据。

综上,郑某提出的各项上诉理由难以成为其上诉主张成立的依据。霍尼韦尔公司主张郑某存在严重违纪行为,依据充分,不构成违法解除劳动合同。对郑某要求霍尼韦尔公司支付违法解除劳动合同赔偿金368130元的上诉请求,不予支持。

(生效裁判审判人员:孙少君、韩东红、徐焰)

**指导案例 182 号**

# 彭宇翔诉南京市城市建设开发(集团)有限责任公司追索劳动报酬纠纷案

(最高人民法院审判委员会讨论通过 2022年7月4日发布)

**关键词** 民事 追索劳动报酬 奖金 审批义务

**裁判要点**

用人单位规定劳动者在完成一定绩效后可以获得奖金，其无正当理由拒绝履行审批义务，符合奖励条件的劳动者主张获奖条件成就，用人单位应当按照规定发放奖金的，人民法院应予支持。

**相关法条**

《中华人民共和国劳动法》第四条、《中华人民共和国劳动合同法》第三条

**基本案情**

南京市城市建设开发（集团）有限责任公司（以下简称城开公司）于2016年8月制定《南京城开集团关于引进投资项目的奖励暂行办法》（以下简称《奖励办法》），规定成功引进商品房项目的，城开公司将综合考虑项目规模、年化平均利润值合并表等综合因素，以项目审定的预期利润或收益为奖励基数，按照0.1%—0.5%确定奖励总额。该奖励由投资开发部拟定各部门或其他人员的具体奖励构成后提出申请，经集团领导审议、审批后发放。2017年2月，彭宇翔入职城开公司担任投资开发部经理。2017年6月，投资开发部形成《会议纪要》，确定部门内部的奖励分配方案为总经理占部门奖金的75%、其余项目参与人员占部门奖金的25%。

彭宇翔履职期间，其所主导的投资开发部成功引进无锡红梅新天地、扬州GZ051地块、如皋约克小镇、徐州焦庄、高邮鸿基万和城、徐州彭城机械六项目，后针对上述六项目投资开发部先后向城开公司提交了六份奖励申请。

直至彭宇翔自城开公司离职，城开公司未发放上述奖励。彭宇翔经劳动仲裁程序后，于法定期限内诉至法院，要求城开公司支付奖励1689083元。

案件审理过程中，城开公司认可案涉六项目初步符合《奖励办法》规定的受奖条件，但以无锡等三项目的奖励总额虽经审批但具体的奖金分配明细未经审批，及徐州等三项目的奖励申请未经审批为由，主张彭宇翔要求其支付奖金的请求不能成立。对于法院"如彭宇翔现阶段就上述项目继续提出奖励申请，城开公司是否启动审核程序"的询问，城开公司明确表示拒绝，并表示此后也不会再启动六项目的审批程序。此外，城开公司还主张，彭宇翔在无锡红梅新天地项目、如皋约克小镇项目中存在严重失职行为，二项目存在严重亏损，城开公司已就拿地业绩突出向彭宇翔发放过

奖励，但均未提交充分的证据予以证明。

**裁判结果**

南京市秦淮区人民法院于 2018 年 9 月 11 日作出（2018）苏 0104 民初 6032 号民事判决：驳回彭宇翔的诉讼请求。彭宇翔不服，提起上诉。江苏省南京市中级人民法院于 2020 年 1 月 3 日作出（2018）苏 01 民终 10066 号民事判决：一、撤销南京市秦淮区人民法院（2018）苏 0104 民初 6032 号民事判决；二、城开公司于本判决生效之日起十五日内支付彭宇翔奖励 1259564.4 元。

**裁判理由**

法院生效裁判认为：本案争议焦点为城开公司应否依据《奖励办法》向彭宇翔所在的投资开发部发放无锡红梅新天地等六项目奖励。

首先，从《奖励办法》设置的奖励对象来看，投资开发部以引进项目为主要职责，且在城开公司引进各类项目中起主导作用，故其系该文适格的被奖主体；从《奖励办法》设置的奖励条件来看，投资开发部已成功为城开公司引进符合城开公司战略发展目标的无锡红梅新天地、扬州 GZ051 地块、如皋约克小镇、徐州焦庄、高邮鸿基万和城、徐州彭城机械六项目，符合该文规定的受奖条件。故就案涉六项目而言，彭宇翔所在的投资开发部形式上已满足用人单位规定的奖励申领条件。城开公司不同意发放相应的奖励，应当说明理由并对此举证证明。但本案中城开公司无法证明无锡红梅新天地项目、如皋约克小镇项目存在亏损，也不能证明彭宇翔在二项目中确实存在失职行为，其关于彭宇翔不应重复获奖的主张亦因欠缺相应依据而无法成立。故而，城开公司主张彭宇翔所在的投资开发部实质不符合依据《奖励办法》获得奖励的理由法院不予采纳。

其次，案涉六项目奖励申请未经审核或审批程序尚未完成，不能成为城开公司拒绝支付彭宇翔项目奖金的理由。城开公司作为奖金的设立者，有权设定相应的考核标准、考核或审批流程。其中，考核标准系员工能否获奖的实质性评价因素，考核流程则属于城开公司为实现其考核权所设置的程序性流程。在无特殊规定的前提下，因流程本身并不涉及奖励评判标准，故而是否经过审批流程不能成为员工能否获得奖金的实质评价要素。城开公司也不应以六项目的审批流程未启动或未完成为由，试图阻却彭宇翔获取奖金的实体权利的实现。此外，对劳动者的奖励申请进行实体审批，不仅是用人单位的权利，也是用人单位的义务。本案中，《奖励办法》

所设立的奖励系城开公司为鼓励员工进行创造性劳动所承诺给员工的超额劳动报酬，其性质上属于《国家统计局关于工资总额组成的规定》第七条规定中的"其他奖金"，此时《奖励办法》不仅应视为城开公司基于用工自主权而对员工行使的单方激励行为，还应视为城开公司与包括彭宇翔在内的不特定员工就该项奖励的获取形成的约定。现彭宇翔通过努力达到《奖励办法》所设奖励的获取条件，其向城开公司提出申请要求兑现该超额劳动报酬，无论是基于诚实信用原则，还是基于按劳取酬原则，城开公司皆有义务启动审核程序对该奖励申请进行核查，以确定彭宇翔关于奖金的权利能否实现。如城开公司拒绝审核，应说明合理理由。本案中，城开公司关于彭宇翔存在失职行为及案涉项目存在亏损的主张因欠缺事实依据不能成立，该公司也不能对不予审核的行为作出合理解释，其拒绝履行审批义务的行为已损害彭宇翔的合法权益，对此应承担相应的不利后果。

综上，法院认定案涉六项目奖励的条件成就，城开公司应当依据《奖励办法》向彭宇翔所在的投资开发部发放奖励。

（生效裁判审判人员：冯驰、吴晓静、陆红霞）

## 指导案例 183 号

# 房玥诉中美联泰大都会人寿保险有限公司劳动合同纠纷案

（最高人民法院审判委员会讨论通过　2022 年 7 月 4 日发布）

**关键词**　民事　劳动合同　离职　年终奖

**裁判要点**

年终奖发放前离职的劳动者主张用人单位支付年终奖的，人民法院应当结合劳动者的离职原因、离职时间、工作表现以及对单位的贡献程度等因素进行综合考量。用人单位的规章制度规定年终奖发放前离职的劳动者不能享有年终奖，但劳动合同的解除非因劳动者单方过失或主动辞职所导致，且劳动者已经完成年度工作任务，用人单位不能证明劳动者的工作业绩及表现不符合年终奖发放标准，年终奖发放前离职的劳动者主张用人单位支付年终奖的，人民法院应予支持。

**相关法条**

《中华人民共和国劳动合同法》第四十条

**基本案情**

房玥于 2011 年 1 月至中美联泰大都会人寿保险有限公司（以下简称大都会公司）工作，双方之间签订的最后一份劳动合同履行日期为 2015 年 7 月 1 日至 2017 年 6 月 30 日，约定房玥担任战略部高级经理一职。2017 年 10 月，大都会公司对其组织架构进行调整，决定撤销战略部，房玥所任职的岗位因此被取消。双方就变更劳动合同等事宜展开了近两个月的协商，未果。12 月 29 日，大都会公司以客观情况发生重大变化、双方未能就变更劳动合同协商达成一致，向房玥发出《解除劳动合同通知书》。房玥对解除决定不服，经劳动仲裁程序后起诉要求恢复与大都会公司之间的劳动关系并诉求 2017 年 8 月至 12 月未签劳动合同二倍工资差额、2017 年度奖金等。大都会公司《员工手册》规定：年终奖金根据公司政策，按公司业绩、员工表现计发，前提是该员工在当年度 10 月 1 日前已入职，若员工在奖金发放月或之前离职，则不能享有。据查，大都会公司每年度年终奖会在次年 3 月份左右发放。

**裁判结果**

上海市黄浦区人民法院于 2018 年 10 月 29 日作出（2018）沪 0101 民初 10726 号民事判决：一、大都会公司于判决生效之日起七日内向原告房玥支付 2017 年 8 月至 12 月期间未签劳动合同双倍工资差额人民币 192500 元；二、房玥的其他诉讼请求均不予支持。房玥不服，上诉至上海市第二中级人民法院。上海市第二中级人民法院于 2019 年 3 月 4 日作出（2018）沪 02 民终 11292 号民事判决：一、维持上海市黄浦区人民法院（2018）沪 0101 民初 10726 号民事判决第一项；二、撤销上海市黄浦区人民法院（2018）沪 0101 民初 10726 号民事判决第二项；三、大都会公司于判决生效之日起七日内支付上诉人房玥 2017 年度年终奖税前人民币 138600 元；四、房玥的其他请求不予支持。

**裁判理由**

法院生效裁判认为：本案的争议焦点系用人单位以客观情况发生重大变化为依据解除劳动合同，导致劳动者不符合《员工手册》规定的年终奖发放条件时，劳动者是否可以获得相应的年终奖。对此，一审法院认为，大都会公司的《员工手册》明确规定了奖金发放情形，房玥在大都会公司发放 2017 年度奖金之前已经离职，不符合奖金发放情形，故对房玥要求 2017 年度奖金之请求不予支持。二审法院经过审理认为，现行法律法规并没有强制规定年终奖应如何发放，用人单位有权根据本单位的经营状况、员工的业绩表现等，自主确定奖金发放与否、发放条件及发放标准，但是用人单位制定的发放规则仍应遵循公平合理原则，对于在年终奖发放之前已经离职的劳动者可否获得年终奖，应当结合劳动者离职的原因、时间、工作表现和对单位的贡献程度等多方面因素综合考量。本案中，大都会公司对其组织架构进行调整，双方未能就劳动合同的变更达成一致，导致劳动合同被解除。房玥在大都会公司工作至 2017 年 12 月 29 日，此后两日系双休日，表明房玥在 2017 年度已在大都会公司工作满一年；在大都会公司未举证房玥的 2017 年度工作业绩、表现等方面不符合规定的情况下，可以认定房玥在该年度为大都会公司付出了一整年的劳动且正常履行了职责，为大都会公司作出了应有的贡献。基于上述理由，大都会公司关于房玥在年终奖发放月之前已离职而不能享有该笔奖金的主张缺乏合理性。故对房玥诉求大都会公司支付 2017 年度年终奖，应予支持。

（生效裁判审判人员：郭征海、谢亚琳、易苏苏）

## 指导案例 184 号

# 马筱楠诉北京搜狐新动力信息技术有限公司竞业限制纠纷案

（最高人民法院审判委员会讨论通过　2022 年 7 月 4 日发布）

**关键词**　民事　竞业限制　期限　约定无效

**裁判要点**

用人单位与劳动者在竞业限制条款中约定，因履行竞业限制条款发生争议申请仲裁和提起诉讼的期间不计入竞业限制期限的，属于劳动合同法第二十六条第一款第二项规定的"用人单位免除自己的法定责任、排除劳动者权利"的情形，应当认定为无效。

**相关法条**

《中华人民共和国劳动合同法》第二十三条第二款、第二十四条、第二十六条第一款

**基本案情**

马筱楠于 2005 年 9 月 28 日入职北京搜狐新动力信息技术有限公司（以下简称搜狐新动力公司），双方最后一份劳动合同期限自 2014 年 2 月 1 日起至 2017 年 2 月 28 日止，马筱楠担任高级总监。2014 年 2 月 1 日，搜狐新动力公司（甲方）与马筱楠（乙方）签订《不竞争协议》，其中第 3.3 款约定："……竞业限制期限从乙方离职之日开始计算，最长不超过 12 个月，具体的月数根据甲方向乙方实际支付的竞业限制补偿费计算得出。但如因履行本协议发生争议而提起仲裁或诉讼时，则上述竞业限制期限应将仲裁和诉讼的审理期限扣除；即乙方应履行竞业限制义务的期限，在扣除仲裁和诉讼审理的期限后，不应短于上述约定的竞业限制月数。"2017 年 2 月 28 日劳动合同到期，双方劳动关系终止。2017 年 3 月 24 日，搜狐新动力公司向马筱楠发出《关于要求履行竞业限制义务和领取竞业限制经济补偿费的告知函》，要求其遵守《不竞争协议》，全面并适当履行竞业限制义务。马筱楠自搜狐新动力公司离职后，于 2017 年 3 月中旬与优酷公司开展合作关系，后于 2017 年 4 月底离开优酷公司，违反了《不竞争协议》。搜狐新动力公司以要求确认马筱楠违反竞业限制义务并双倍返还竞业限制补偿金、继续履行竞业限制义务、赔偿损失并支付律师费为由向北京市劳动人事争议仲裁委员会申请仲裁，仲裁委员会作出京劳人仲字〔2017〕第 339 号裁决：一、马筱楠一次性双倍返还搜狐新动力公司 2017 年 3 月、4 月竞业限制补偿金共计 177900 元；二、马筱楠继续履行对搜狐新动力公司的竞业限制义务；三、驳回搜狐新动力公司的其他仲裁请求。马筱楠不服，于法定期限内向北京市海淀区人民法院提起诉讼。

**裁判结果**

北京市海淀区人民法院于 2018 年 3 月 15 日作出（2017）京 0108 民初 45728 号民事判决：一、马筱楠于判决生效之日起七日内向搜狐新动力公司双倍返还 2017 年 3 月、4 月竞业限制补偿金共计 177892 元；二、确认马筱楠无须继续履行对搜狐新动力公司的竞业限制义务。搜狐新动力公司不服一审判决，提起上诉。北京市第一中级人民法院于 2018 年 8 月 22 日作出（2018）京 01 民终 5826 号民事判决：驳回上诉，维持原判。

**裁判理由**

法院生效裁判认为：本案争议焦点为《不竞争协议》第3.3款约定的竞业限制期限的法律适用问题。搜狐新动力公司上诉主张该协议第3.3款约定有效，马筱楠的竞业限制期限为本案仲裁和诉讼的实际审理期限加上12个月，以实际发生时间为准且不超过二年，但本院对其该项主张不予采信。

一、竞业限制协议的审查

法律虽然允许用人单位可以与劳动者约定竞业限制义务，但同时对双方约定竞业限制义务的内容作出了强制性规定，即以效力性规范的方式对竞业限制义务所适用的人员范围、竞业领域、限制期限均作出明确限制，且要求竞业限制约定不得违反法律、法规的规定，以期在保护用人单位商业秘密、维护公平竞争市场秩序的同时，亦防止用人单位不当运用竞业限制制度对劳动者的择业自由权造成过度损害。

二、"扣除仲裁和诉讼审理期限"约定的效力

本案中，搜狐新动力公司在《不竞争协议》第3.3款约定马筱楠的竞业限制期限应扣除仲裁和诉讼的审理期限，该约定实际上要求马筱楠履行竞业限制义务的期限为：仲裁和诉讼程序的审理期限+实际支付竞业限制补偿金的月数（最长不超过12个月）。从劳动者择业自由权角度来看，虽然法律对于仲裁及诉讼程序的审理期限均有法定限制，但就具体案件而言该期限并非具体确定的期间，将该期间作为竞业限制期限的约定内容，不符合竞业限制条款应具体明确的立法目的。加之劳动争议案件的特殊性，相当数量的案件需要经过"一裁两审"程序，上述约定使得劳动者一旦与用人单位发生争议，则其竞业限制期限将被延长至不可预期且相当长的一段期间，乃至达到二年。这实质上造成了劳动者的择业自由权在一定期间内处于待定状态。另一方面，从劳动者司法救济权角度来看，对于劳动者一方，如果其因履行《不竞争协议》与搜狐新动力公司发生争议并提起仲裁和诉讼，依照该协议第3.3款约定，仲裁及诉讼审理期间劳动者仍需履行竞业限制义务，即出现其竞业限制期限被延长的结果。如此便使劳动者陷入"寻求司法救济则其竞业限制期限被延长""不寻求司法救济则其权益受损害"的两难境地，在一定程度上限制了劳动者的司法救济权利；而对于用人单位一方，该协议第3.3款使得搜狐新动力公司无须与劳动者进行协商，即可通过提起仲裁和诉讼的方式单方地、变相地延长劳动者的竞业限制期限，一定程度上免除了其法定责任。综上，法院认为，《不竞争

协议》第3.3款中关于竞业限制期限应将仲裁和诉讼的审理期限扣除的约定，即"但如因履行本协议发生争议而提起仲裁或诉讼时……乙方应履行竞业限制义务的期限，在扣除仲裁和诉讼审理的期限后，不应短于上述约定的竞业限制月数"的部分，属于劳动合同法第二十六条第一款第二项规定的"用人单位免除自己的法定责任、排除劳动者权利"的情形，应属无效。而根据该法第二十七条规定，劳动合同部分无效，不影响其他部分效力的，其他部分仍然有效。

三、本案竞业限制期限的确定

据此，依据《不竞争协议》第3.3款仍有效部分的约定，马筱楠的竞业限制期限应依据搜狐新动力公司向其支付竞业限制补偿金的月数确定且最长不超过12个月。鉴于搜狐新动力公司已向马筱楠支付2017年3月至2018年2月期间共计12个月的竞业限制补偿金，马筱楠的竞业限制期限已经届满，其无须继续履行对搜狐新动力公司的竞业限制义务。

（生效裁判审判人员：赵悦、王丽蕊、何锐）

## 指导案例185号

# 闫佳琳诉浙江喜来登度假村有限公司平等就业权纠纷案

（最高人民法院审判委员会讨论通过　2022年7月4日发布）

**关键词**　民事　平等就业权　就业歧视　地域歧视

**裁判要点**

用人单位在招用人员时，基于地域、性别等与"工作内在要求"无必然联系的因素，对劳动者进行无正当理由的差别对待的，构成就业歧视，劳动者以平等就业权受到侵害，请求用人单位承担相应法律责任的，人民法院应予支持。

**相关法条**

《中华人民共和国就业促进法》第三条、第二十六条

**基本案情**

2019年7月，浙江喜来登度假村有限公司（以下简称喜来登公司）通

过智联招聘平台向社会发布了一批公司人员招聘信息，其中包含有"法务专员""董事长助理"两个岗位。2019年7月3日，闫佳琳通过智联招聘手机App软件针对喜来登公司发布的前述两个岗位分别投递了求职简历。闫佳琳投递的求职简历中，包含有姓名、性别、出生年月、户口所在地、现居住城市等个人基本信息，其中户口所在地填写为"河南南阳"，现居住城市填写为"浙江杭州西湖区"。据杭州市杭州互联网公证处出具的公证书记载，公证人员使用闫佳琳的账户、密码登录智联招聘App客户端，显示闫佳琳投递的前述"董事长助理"岗位在2019年7月4日14点28分被查看，28分时给出岗位不合适的结论，"不合适原因：河南人"；"法务专员"岗位在同日14点28分被查看，29分时给出岗位不合适的结论，"不合适原因：河南人"。闫佳琳因案涉公证事宜，支出公证费用1000元。闫佳琳向杭州互联网法院提起诉讼，请求判令喜来登公司赔礼道歉、支付精神抚慰金以及承担诉讼相关费用。

**裁判结果**

杭州互联网法院于2019年11月26日作出（2019）浙0192民初6405号民事判决：一、被告喜来登公司于本判决生效之日起十日内赔偿原告闫佳琳精神抚慰金及合理维权费用损失共计10000元。二、被告喜来登公司于本判决生效之日起十日内，向原告闫佳琳进行口头道歉并在《法制日报》公开登报赔礼道歉（道歉声明的内容须经本院审核）；逾期不履行，本院将在国家级媒体刊登判决书主要内容，所需费用由被告喜来登公司承担。三、驳回原告闫佳琳其他诉讼请求。宣判后，闫佳琳、喜来登公司均提起上诉。杭州市中级人民法院于2020年5月15日作出（2020）浙01民终736号民事判决：驳回上诉，维持原判。

**裁判理由**

法院生效裁判认为：平等就业权是劳动者依法享有的一项基本权利，既具有社会权利的属性，亦具有民法上的私权属性，劳动者享有平等就业权是其人格独立和意志自由的表现，侵害平等就业权在民法领域侵害的是一般人格权的核心内容——人格尊严，人格尊严重要的方面就是要求平等对待，就业歧视往往会使人产生一种严重的受侮辱感，对人的精神健康甚至身体健康造成损害。据此，劳动者可以在其平等就业权受到侵害时向人民法院提起民事诉讼，寻求民事侵权救济。

闫佳琳向喜来登公司两次投递求职简历，均被喜来登公司以"河南人"不合适为由予以拒绝，显然在针对闫佳琳的案涉招聘过程中，喜来登公司使用了主体来源的地域空间这一标准对人群进行归类，并根据这一归类标准而给予闫佳琳低于正常情况下应当给予其他人的待遇，即拒绝录用，可以认定喜来登公司因"河南人"这一地域事由要素对闫佳琳进行了差别对待。

《中华人民共和国就业促进法》第三条在明确规定民族、种族、性别、宗教信仰四种法定禁止区分事由时使用"等"字结尾，表明该条款是一个不完全列举的开放性条款，即法律除认为前述四种事由构成不合理差别对待的禁止性事由外，还存在与前述事由性质一致的其他不合理事由，亦为法律所禁止。何种事由属于前述条款中"等"的范畴，一个重要的判断标准是，用人单位是根据劳动者的专业、学历、工作经验、工作技能以及职业资格等与"工作内在要求"密切相关的"自获因素"进行选择，还是基于劳动者的性别、户籍、身份、地域、年龄、外貌、民族、种族、宗教等与"工作内在要求"没有必然联系的"先赋因素"进行选择，后者构成为法律禁止的不合理就业歧视。劳动者的"先赋因素"，是指人们出生伊始所具有的人力难以选择和控制的因素，法律作为一种社会评价和调节机制，不应该基于人力难以选择和控制的因素给劳动者设置不平等条件；反之，应消除这些因素给劳动者带来的现实上的不平等，将与"工作内在要求"没有任何关联性的"先赋因素"作为就业区别对待的标准，根本违背了公平正义的一般原则，不具有正当性。

本案中，喜来登公司以地域事由要素对闫佳琳的求职申请进行区别对待，而地域事由属于闫佳琳乃至任何人都无法自主选择、控制的与生俱来的"先赋因素"，在喜来登公司无法提供客观有效的证据证明，地域要素与闫佳琳申请的工作岗位之间存在必然的内在关联或存在其他的合法目的的情况下，喜来登公司的区分标准不具有合理性，构成法定禁止事由。故喜来登公司在案涉招聘活动中提出与职业没有必然联系的地域事由对闫佳琳进行区别对待，构成对闫佳琳的就业歧视，损害了闫佳琳平等地获得就业机会和就业待遇的权益，主观上具有过错，构成对闫佳琳平等就业权的侵害，依法应承担公开赔礼道歉并赔偿精神抚慰金及合理维权费用的民事责任。

（生效裁判审判人员：石清荣、俞建明、孔文超）

## 最高人民法院
## 关于发布第 33 批指导性案例的通知

2022 年 11 月 29 日　　　　　　　　　　　法〔2022〕236 号

各省、自治区、直辖市高级人民法院，解放军军事法院，新疆维吾尔自治区高级人民法院生产建设兵团分院：

经最高人民法院审判委员会讨论决定，现将龚品文等组织、领导、参加黑社会性质组织案等三个案例（指导案例 186—188 号），作为第 33 批指导性案例发布，供审判类似案件时参照。

## 指导案例 186 号

### 龚品文等组织、领导、参加黑社会性质组织案
（最高人民法院审判委员会讨论通过　2022 年 11 月 29 日发布）

**关键词**　　刑事　组织、领导、参加黑社会性质组织罪　行为特征　软暴力

**裁判要点**

犯罪组织以其势力、影响和暴力手段的现实可能性为依托，有组织地长期采用多种"软暴力"手段实施大量违法犯罪行为，同时辅之以"硬暴力"，"软暴力"有向"硬暴力"转化的现实可能性，足以使群众产生恐惧、恐慌进而形成心理强制，并已造成严重危害后果，严重破坏经济、社会生活秩序的，应认定该犯罪组织具有黑社会性质组织的行为特征。

**相关法条**

《中华人民共和国刑法》第二百九十四条

**基本案情**

2013年以来,被告人龚品文、刘海涛在江苏省常熟市从事开设赌场、高利放贷活动,并主动结识社会闲杂人员,逐渐积累经济实力。2014年7月起,被告人龚品文、刘海涛组织被告人马海波、赵杰、王海东、王德运、陈春雷等人,形成了以被告人龚品文、刘海涛为首的较为稳定的犯罪组织,并于2015年4月实施了首次有组织犯罪。2016年下半年、2017年8月梁立志、崔海华先后加入该组织。

该组织人数众多,组织者、领导者明确,骨干成员固定。被告人龚品文为该组织的组织者、领导者,被告人刘海涛为该组织的领导者,被告人马海波、赵杰、王海东、王德运、陈春雷等人为积极参加者,被告人崔海华、梁立志等人为一般成员。该组织内部分工明确,龚品文、刘海涛负责决策和指挥整个组织的运转;被告人马海波、赵杰、王海东、王德运、陈春雷受被告人龚品文、刘海涛的指派开设赌场牟取利益,并在赌场内抽取"庄风款""放水"、记账,按照被告人龚品文、刘海涛的指派为讨债而实施非法拘禁、寻衅滋事、敲诈勒索、强迫交易等违法犯罪行为,崔海华、梁立志参与寻衅滋事违法犯罪行为。该组织为规避侦查,强化管理,维护自身利益,逐步形成了"红钱按比例分配""放贷本息如实上报,不得做手脚"等不成文的规约,对成员的行动进行约束。在借款时使用同伙名义,资金出借时留下痕迹,讨债时规避法律。建立奖惩制度,讨债积极者予以奖励,讨债不积极者予以训斥。该组织通过有组织地实施开设赌场、高利放贷等违法手段聚敛资产,具有较强的经济实力。其中,该组织通过开设赌场非法获利的金额仅查实的就达人民币300余万元。另,在上述被告人处搜查到放贷借条金额高达人民币4000余万元,资金流水人民币上亿元。该组织以非法聚敛的财产用于支持违法犯罪活动,或为违法犯罪活动"善后",如购买GPS等装备、赔付因讨债而砸坏的物品,以及支付被刑事拘留后聘请律师的费用。该组织为维护其非法利益,以暴力、威胁等手段,有组织地实施了开设赌场、寻衅滋事、非法拘禁、强迫交易、敲诈勒索等违法犯罪活动,并长期实施多种"软暴力"行为,为非作恶,欺压、残害群众,严重破坏社会治安,妨害社会管理秩序,在江苏省常熟市及周边地区造成了恶劣的社会影响。该黑社会性质组织在形成、发展过程中,为寻求建立稳定犯罪组织，牟取高额非法利益而实施大量违法犯罪活动。主要犯罪事实如下：

一、开设赌场罪

2015年4月至2018年2月，被告人龚品文、刘海涛、马海波、王海东、赵杰、王德运、陈春雷多次伙同他人在江苏省常熟市海虞镇、辛庄镇等地开设赌场，仅查明的非法获利就达人民币300余万元。

二、寻衅滋事罪

2014年至2018年，被告人龚品文、刘海涛伙同其他被告人，在江苏省常熟市原虞山镇、梅李镇、辛庄镇等多地，发放年息84%—360%的高利贷，并为索要所谓"利息"，有组织地对被害人及其亲属采取拦截、辱骂、言语威胁、砸玻璃、在被害人住所喷漆、拉横幅等方式进行滋事，共计56起120余次。

三、非法拘禁罪

2015年至2016年，被告人龚品文、刘海涛、马海波、王海东、赵杰、王德运、陈春雷在江苏省常熟市等多地，为索要高利贷等目的非法拘禁他人10起，其中对部分被害人实施辱骂、泼水、打砸物品等行为。

四、强迫交易罪

1. 2013年3月，被告人龚品文向胡某某发放高利贷，张某某担保。为索要高利贷本金及利息，在非法拘禁被害人后，被告人龚品文强迫被害人张某某到王某某家提供家政服务长达一年有余，被告人龚品文从中非法获利人民币25500元。

2. 2014年11月，被告人刘海涛、王海东向陈某某发放高利贷，陶某某担保。在多次进行滋事后，被告人王海东、刘海涛强迫被害人陶某某于2017年4月至2018年1月到被告人住处提供约定价值人民币6000余元的家政服务共计80余次。

五、敲诈勒索罪

2017年8月31日至2018年1月21日，被告人刘海涛、王海东、王德运、陈春雷实施敲诈勒索3起，以签订"车辆抵押合同"、安装GPS的方式，与被害人签订高出实际出借资金的借条并制造相应的资金走账流水，通过拖走车辆等方式对被害人进行要挟，并非法获利合计人民币58300元。

**裁判结果**

江苏省常熟市人民法院于 2018 年 10 月 19 日作出（2018）苏 0581 刑初 1121 号刑事判决，认定被告人龚品文犯组织、领导黑社会性质组织罪，与其所犯开设赌场罪、寻衅滋事罪、非法拘禁罪等数罪并罚，决定执行有期徒刑二十年，剥夺政治权利二年，并处没收个人全部财产，罚金人民币十二万元；认定被告人刘海涛犯领导黑社会性质组织罪，与其所犯开设赌场罪、寻衅滋事罪、非法拘禁罪等数罪并罚，决定执行有期徒刑十八年，剥夺政治权利二年，并处没收个人全部财产，罚金人民币十一万元；对其他参加黑社会性质组织的成员亦判处了相应刑罚。一审宣判后，龚品文、刘海涛等人提出上诉。江苏省苏州市中级人民法院于 2019 年 1 月 7 日作出（2018）苏 05 刑终 1055 号刑事裁定：驳回上诉，维持原判。

**裁判理由**

法院生效裁判认为：

（一）关于组织特征。一是该犯罪组织的成长轨迹明确。龚品文与刘海涛二人于 2007 年左右先后至江苏省常熟市打工，后龚品文从少量资金起步，与刘海涛等人合作开设赌场并放高利贷，逐步积累经济实力，后其他组织成员相继加入，参股放贷。在高利放贷过程中，因互相占股分利，组织成员利益相互交织，关系日趋紧密，架构不断成熟，并最终形成了以龚品文为组织者、领导者，刘海涛为领导者，王海东、王德运、陈春雷、马海波、赵杰为积极参加者，崔海华、梁立志为一般参加者的较稳定的违法犯罪组织。二是该犯罪组织的行为方式和组织意图明确，该组织通过开设赌场和高利放贷聚敛非法财富，在讨债过程中，以滋扰纠缠、打砸恐吓、出场摆势、言语威胁、围堵拦截等"软暴力"方式为惯常行为手段，实施一系列违法犯罪活动，目的是实现非法债权，意图最大限度攫取经济利益。由于组织成员系互相占股出资及分利，故无论组织中哪些成员实施违法犯罪活动，相关非法利益的实现均惠及全体出资的组织成员，符合组织利益及组织意图，为组织不断扩大非法放贷规模，增强犯罪能力等进一步发展提供基础，创造条件。三是该犯罪组织的层级结构明确，该组织以龚品文、刘海涛为基础，龚品文吸收发展马海波、赵杰，刘海涛吸收发展王海东、王德运、陈春雷，形成二元层级关系，各被告人对所谓"替谁帮忙、找谁商量"均有明确认识。在具体违法犯罪活动中，以共同开设赌场并非法放贷为标志，两股势力由合作进而汇流，互相占股出资放贷，共同违法犯罪讨债，后期又吸收崔海华、梁立志加入，形成三元层级结构。在组织架构中，组织、领导者非常明显，积极参加者和骨干成员基本固定，人员规模逐渐增大，且本案后续所涉及的黑社会性质组织的其他犯罪均是由这些组织成员所为。四是该犯罪组织的行为规则明确，组织成员均接受并认同出资后按比例记公账分利、讨债时替组织出头等行为规则。这些规则不仅有组织成员供述，也与组织的实际运作模式和实际违法犯罪活动情况相吻合，相关行事规则为纠合组织成员，形成共同利益，保持组织正常运转起到重要作用。综上，该组织有一定规模，人员基本稳定，有明确的组织者、领导者，骨干成员固定，内部层次分明，符合黑社会性质组织的组织特征。

（二）关于经济特征。一是该犯罪组织通过违法犯罪活动快速聚敛经济利益。该组织以开设赌场、非法高利放贷为基础和资金来源，通过大量实施寻衅滋事、非法拘禁等违法犯罪活动保障非法债权实现，大量攫取非法经济利益。其中，开设赌场并实施非法高利放贷部分，有据可查的非法获利金额就达人民币300余万元，且大部分被继续用于非法放贷。在案查获的部分放贷单据显示该组织放贷规模已达人民币4000余万元，查实银行资金流水已过亿元，具有较强的经济实力。二是该犯罪组织以经济实力支持该组织的活动。该组织获得的经济利益部分用于支持为组织利益而实施的违法犯罪活动，该组织经济利益的获取过程也是强化组织架构的过程。综上，该组织聚敛大量钱财，又继续用于维系和强化组织生存发展，符合黑社会性质组织的经济特征。

（三）关于行为特征。该组织为争取、维护组织及组织成员的经济利益，利用组织势力和形成的便利条件，有组织地多次实施开设赌场、寻衅滋事、非法拘禁、强迫交易等不同种类的违法犯罪活动，违法犯罪手段以"软暴力"为主，并体现出明显的组织化特点，多人出场摆势、分工配合，并以"硬暴力"为依托，实施多种"软暴力"讨债等违法犯罪活动，软硬暴力行为交织，"软暴力"可随时向"硬暴力"转化。这些行为系相关组织成员为确立强势地位、实现非法债权、牟取不法利益、按照组织惯常的行为模式与手段实施的，相关违法犯罪行为符合组织利益，体现组织意志，黑社会性质组织的行为特征明显。

（四）关于危害性特征。该犯罪组织通过实施一系列违法犯罪活动，为非作恶，欺压、残害群众。在社会秩序层面上，该犯罪组织长期实施开设赌场、非法放贷、"软暴力"讨债等违法犯罪活动，范围波及江苏省常熟市多个街道，给被害人及其家庭正常生活带来严重影响，给部分被害人企业的正常生产经营带来严重破坏，给部分被害人所在机关学校的正常工作和教学秩序带来严重冲击。相关违法犯罪行为败坏社会风气，冲击治安秩序，严重降低群众安全感、幸福感，影响十分恶劣。在管理秩序层面上，该犯罪组织刻意逃避公安机关的管理、整治和打击，破坏了正常社会管理秩序。在社会影响层面上，这些违法犯罪活动在一定区域内致使多名群众合法权益遭受侵害，从在案证据证实的群众切身感受看，群众普遍感觉心里恐慌，安全感下降，群众普遍要求进行整治，恢复经济、社会生活秩序。

综上所述，本案犯罪组织符合黑社会性质组织认定标准。该组织已经形成了"以黑养黑"的组织运作模式，这一模式使该组织明显区别于一般的共同犯罪和恶势力犯罪集团。龚品文犯罪组织虽然未发现"保护伞"，但通过实施违法犯罪行为，使当地群众产生心理恐惧和不安全感，严重破坏了当地的社会治安秩序、市场经济秩序。对黑社会组织的认定，不能仅根据一个或数个孤立事实来认定，而是要通过一系列的违法犯罪事实来反映。因为以"软暴力"为手段的行为通常不是实施一次就能符合刑法规定的犯罪构成，其单个的行为通常因为情节轻微或显著轻微、后果不严重而不作为犯罪处理或不能认定为犯罪，此时必须综合考虑"软暴力"行为的长期性、多样性来判断其社会影响及是否构成黑恶犯罪。黑社会性质组织犯罪的危害性特征所要求的"造成重大影响"是通过一系列的违法犯罪活动形成的，具有一定的深度和广度，而非个别的、一时的，特别是在以"软暴力"为主要手段的犯罪组织中，要结合违法犯罪活动的次数、时间跨度、性质、后果、侵害对象的个数、是否有向"硬暴力"转化的现实可能、造成的社会影响及群众安全感是否下降等因素综合判断，不能局限在必须要求具体的违法犯罪活动都要造成严重后果或者在社会上造成恶劣影响，也不能简单地以当地普通群众不知晓、非法控制不明显等，认为其危害性不严重。从本案中被告人非法放贷后通过"软暴力"讨债造成的被害人及其家庭、单位所受的具体影响和周边群众的切身感受等来看，社会危害性极其严重，构成了组织、领导、参加黑社会性质组织罪。

（生效裁判审判人员：李秀康、沈丽、王江）

## 指导案例 187 号

## 吴强等敲诈勒索、抢劫、故意伤害案

（最高人民法院审判委员会讨论通过　2022 年 11 月 29 日发布）

**关键词**　刑事　犯罪集团　恶势力犯罪集团　公然性

**裁判要点**

恶势力犯罪集团是符合犯罪集团法定条件的恶势力犯罪组织。恶势力犯罪集团应当具备"为非作恶、欺压百姓"特征，其行为"造成较为恶劣的社会影响"，因而实施违法犯罪活动必然具有一定的公然性，且手段应具有较严重的强迫性、压制性。普通犯罪集团实施犯罪活动如仅为牟取不法经济利益，缺乏造成较为恶劣社会影响的意图，在行为方式的公然性、犯罪手段的强迫压制程度等方面与恶势力犯罪集团存在区别，可按犯罪集团处理，但不应认定为恶势力犯罪集团。

**相关法条**

《中华人民共和国刑法》第二十六条

**基本案情**

2017 年 2 月初，被告人吴强、季少廷为牟取不法利益，与被告人曹兵共同商定，通过约熟人吃饭时"劝酒"，诱使被害人酒后驾驶机动车，而后再制造交通事故，以被害人系酒后驾驶机动车欲报警相要挟，索要他人钱财。后被告人曹静怡、李颖明知被告人吴强等人欲实施上述违法犯罪活动而积极加入。并在被告人吴强、季少廷的组织、安排下，逐步形成相对稳定、分工明确的犯罪团伙，开始实施敲诈勒索犯罪。在实施违法犯罪的过程中，为了增加人手，被告人吴强又通过被告人邵添麒将季某某、徐某某（均系未成年人，另案处理）带入敲诈勒索犯罪团伙。

2017 年 2 月底至 3 月初，季某某、徐某某随被告人吴强共同居住于江苏省南通市通州高新技术产业开发区的租住地，并由吴强负责二人的起居、生活及日常开销。在短时间内，快速形成以吴强为首的犯罪集团，其中吴强为该犯罪集团的首要分子，被告人季少廷及季某某、徐某某为该犯罪集团的骨干成员，被告人曹静怡、李颖、邵添麒等人为该集团的主要成员，被告人季凯文、曹立强、姜东东、曹兵以及应某某（未成年人，另案处理）、邱某某（另案处理）为该犯罪集团的积极参加者。其间，吴强纠集季少廷、曹静怡、李颖、邵添麒、曹兵以及季某某、徐某某等人，以威胁、恐吓等手段，先后五次实施敲诈勒索的犯罪行为。后吴强发现赌场内的流动资金较多，且参与赌博人员害怕处理一般不敢报警，遂又纠集季凯文、曹立强、姜东东及季某某、徐某某、应某某等人持气手枪、管制刀具、电棍等，采用暴力手段实施抢劫。

2017年12月，江苏省南通市通州区人民检察院以被告人吴强等人犯抢劫罪、敲诈勒索罪，向江苏省南通市通州区人民法院提起公诉。审理中，江苏省南通市通州区人民检察院追加起诉吴强犯故意伤害罪，同时追加认定本案是以吴强为首带有恶势力性质的犯罪集团。

**裁判结果**

江苏省南通市通州区人民法院于2018年6月28日作出（2017）苏0612刑初830号刑事判决，认定被告人吴强犯抢劫罪，判处有期徒刑十二年，剥夺政治权利二年，并处罚金人民币四千元；犯敲诈勒索罪，判处有期徒刑二年，并处罚金人民币一万元；犯故意伤害罪，判处有期徒刑十个月，决定执行有期徒刑十三年六个月，剥夺政治权利二年，并处罚金人民币一万四千元。对本案其他被告人亦判处了相应刑罚。一审宣判后，被告人均未上诉，检察机关亦未抗诉。一审判决已发生法律效力。

**裁判理由**

法院生效裁判认为：被告人吴强、季少廷、曹静怡、李颖、邵添麒、季凯文、姜东东、曹立强、曹兵等人与另案处理的季某某、徐某某、应某某等人为共同实施犯罪而组成较为固定的犯罪组织，其间采取以暴力、威胁等手段，在一定区域内多次实施敲诈勒索、抢劫等违法犯罪活动，且在实施犯罪过程中目的明确、分工明细，严重扰乱经济、社会生活秩序，造成较为恶劣的社会影响，可以认定为犯罪集团。

被告人吴强组织、领导该犯罪集团实施一系列犯罪活动，是该犯罪集团的首要分子；被告人季少廷及季某某、徐某某等人参与谋划被告人吴强组织实施的敲诈勒索犯罪或抢劫犯罪，是该犯罪集团的骨干成员；被告人曹静怡、李颖多次积极参与该犯罪集团的敲诈勒索犯罪活动，被告人邵添麒将平时跟随其的未成年人季某某、徐某某介绍给被告人吴强，并同意让季某某、徐某某加入该犯罪集团，且其本人也亲自参与该犯罪集团的敲诈勒索犯罪活动，上述被告人是该集团的主要成员；被告人季凯文、曹立强、姜东东、曹兵以及未成年人应某某明知被告人吴强为首的犯罪集团实施违法犯罪活动，而积极参与商量、实施，上述被告人是该犯罪集团的积极参加者。对公诉机关指控本案属犯罪集团，人民法院予以支持。

被告人吴强等人实施的犯罪活动明显是为了牟取不法经济利益，但缺乏"形成非法影响、谋求强势地位"，进而造成较为恶劣社会影响的意图。在敲诈勒索犯罪中，被告人吴强等人的主要犯罪手段是约熟人吃饭，设局"劝酒"造成被害人酒后驾车，再制造交通事故，进而以报警相要挟，通过所谓的"协商"实现对被害人财物的非法占有。吴强等人在单纯"谋财"意图的支配下实施敲诈勒索、抢劫犯罪，"为非作恶，欺压百姓"的特征尚不明显，犯罪手段、行为方式与典型的恶势力犯罪集团存在明显差异，实际所侵犯的法益也基本集中在公民财产权利方面。恶势力犯罪集团是符合犯罪集团法定条件的恶势力犯罪组织，其特征表现为：有三名以上的组织成员，有明显的首要分子，重要成员较为固定，组织成员经常纠集在一起，共同故意实施三次以上恶势力惯常实施的犯罪活动或其他犯罪活动。本案被告人系单纯为牟取不法经济利益而实施违法犯罪活动，不具有"为非作恶，欺压百姓"特征，参照《最高人民法院、最高人民检察院、公安部、司法部关于办理黑恶势力犯罪案件若干问题的指导意见》中关于恶势力、恶势力犯罪集团应符合"经常纠集在一起，以暴力、威胁或者其他手段，在一定区域或者行业内多次实施违法犯罪活动，为非作恶，欺压百姓，扰乱经济、社会生活秩序，造成较为恶劣的社会影响，但尚未形成黑社会性质组织的违法犯罪组织"的认定要求，本案不能认定为恶势力犯罪集团，应按一般犯罪集团对各被告人定罪量刑。

（生效裁判审判人员：李振男、金永南、施玉萍）

## 指导案例188号

# 史广振等组织、领导、参加黑社会性质组织案

（最高人民法院审判委员会讨论通过　2022年11月29日发布）

**关键词**　刑事诉讼　组织、领导、参加黑社会性质组织罪　涉案财物权属　案外人

**裁判要点**

在涉黑社会性质组织犯罪案件审理中，应当对查封、扣押、冻结财物及其孳息的权属进行调查，案外人对查封、扣押、冻结财物及其孳息提出权属异议的，人民法院应当听取其意见，确有必要的，人民法院可以通知其出庭，以查明相关财物权属。

**相关法条**

《中华人民共和国刑法》第二百九十四条

**基本案情**

被告人史广振2007年12月即开始进行违法犯罪活动。2014年以来，被告人史广振、赵振、付利刚等人先后实施组织、领导、参加黑社会性质组织，开设赌场，非法拘禁，聚众斗殴，寻衅滋事，妨害公务等违法犯罪行为。公安机关在侦查阶段查扣史广振前妻王某某房产一套及王某某出售其名下路虎越野车所得车款60万元，另查扣王某某工商银行卡一张，冻结存款2221元。河南省修武县人民检察院提起公诉后，王某某就扣押财物权属提出异议并向法院提供相关证据。审理期间，人民法院通知王某某出庭。

法院经审理查明，被告人史广振与王某某2012年9月结婚。2013年7月，王某某在河南省焦作市购置房产一处，现由王某某及其父母、女儿居住；2014年2月，史广振、王某某以王某某名义购买路虎越野车一辆；另扣押王某某工商银行卡一张，冻结存款2221元。2014年12月，史广振与王某某协议离婚，案涉房产、路虎越野车归王某某所有。路虎越野车已被王某某处分，得款60万元，现已查扣在案。

**裁判结果**

河南省修武县人民法院于2018年12月28日作出（2018）豫0821刑

初 331 号刑事判决，认定被告人史广振犯组织、领导黑社会性质组织罪，聚众斗殴罪，寻衅滋事罪，开设赌场罪，非法拘禁罪，妨害公务罪，数罪并罚，决定执行有期徒刑十六年，剥夺政治权利四年，并处没收个人全部财产（含路虎越野车的全部卖车款 60 万元及王某某银行卡存款 2221 元）。本案其他被告人分别被判处有期徒刑七年零六个月至有期徒刑六个月不等的刑罚。宣判后，史广振、赵振、付利刚等被告人提出上诉，河南省焦作市中级人民法院于 2019 年 4 月 19 日作出（2019）豫 08 刑终 68 号刑事裁定：驳回上诉，维持原判。

**裁判理由**

法院生效裁判认为：被告人史广振、赵振、付利刚等人的行为分别构成组织、领导、参加黑社会性质组织罪，聚众斗殴罪，寻衅滋事罪，开设赌场罪，非法拘禁罪，妨害公务罪。

被告人史广振前妻王某某名下的路虎越野车系史广振与王某某夫妻关系存续期间购买，但史广振与王某某均无正当职业，以二人合法收入无力承担路虎越野车的购置费用。史广振因被网上追逃无法办理银行卡，其一直使用王某某的银行卡，该卡流水显示有大量资金进出。综上所述，可以认定购置路虎越野车的费用及该银行卡中剩余钱款均属于违法所得，故已查扣的卖车款 60 万元及银行卡中剩余钱款均应当予以没收。

（生效裁判审判人员：蔡有安、徐利民、蒋扬眉）

## 最高人民法院
## 关于发布第 34 批指导性案例的通知

2022 年 12 月 8 日　　　　　　　　　　法〔2022〕240 号

各省、自治区、直辖市高级人民法院,解放军军事法院,新疆维吾尔自治区高级人民法院生产建设兵团分院:

经最高人民法院审判委员会讨论决定,现将上海熊猫互娱文化有限公司诉李岑、昆山播爱游信息技术有限公司合同纠纷案等三个案例(指导案例 189—191 号),作为第 34 批指导性案例发布,供审判类似案件时参照。

**指导案例 189 号**

## 上海熊猫互娱文化有限公司诉李岑、
## 昆山播爱游信息技术有限公司合同纠纷案

(最高人民法院审判委员会讨论通过　2022 年 12 月 8 日发布)

**关键词**　民事　合同纠纷　违约金调整　网络主播

**裁判要点**

网络主播违反约定的排他性合作条款,未经直播平台同意在其他平台从事类似业务的,应当依法承担违约责任。网络主播主张合同约定的违约金明显过高请求予以减少的,在实际损失难以确定的情形下,人民法院可以根据网络直播行业特点,以网络主播从平台中获取的实际收益为参考基础,结合平台前期投入、平台流量、主播个体商业价值等因素合理酌定。

**相关法条**

《中华人民共和国民法典》第五百八十五条（本案适用的是自 1999 年 10 月 1 日起实施的《中华人民共和国合同法》第一百一十四条）

**基本案情**

被告李岑原为原告上海熊猫互娱文化有限公司（以下简称熊猫公司）创办的熊猫直播平台游戏主播，被告昆山播爱游信息技术有限公司（以下简称播爱游公司）为李岑的经纪公司。2018 年 2 月 28 日，熊猫公司、播爱游公司及李岑签订《主播独家合作协议》（以下简称《合作协议》），约定李岑在熊猫直播平台独家进行"绝地求生游戏"的第一视角游戏直播和游戏解说。该协议违约条款中约定，协议有效期内，播爱游公司或李岑未经熊猫公司同意，擅自终止本协议或在直播竞品平台上进行相同或类似合作，或将已在熊猫直播上发布的直播视频授权给任何第三方使用的，构成根本性违约，播爱游公司应向熊猫直播平台支付如下赔偿金：（1）本协议及本协议签订前李岑因与熊猫直播平台开展直播合作熊猫公司累计支付的合作费用；（2）5000 万元人民币；（3）熊猫公司为李岑投入的培训费和推广资源费。主播李岑对此向熊猫公司承担连带责任。合同约定的合作期限为一年，从 2018 年 3 月 1 日至 2019 年 2 月 28 日。

2018 年 6 月 1 日，播爱游公司向熊猫公司发出主播催款单，催讨欠付李岑的两个月合作费用。截至 2018 年 6 月 4 日，熊猫公司为李岑直播累计支付 2017 年 2 月至 2018 年 3 月的合作费用 1111661 元。

2018 年 6 月 27 日，李岑发布微博称其将带领所在直播团队至斗鱼直播平台进行直播，并公布了直播时间及房间号。2018 年 6 月 29 日，李岑在斗鱼直播平台进行首播。播爱游公司也于官方微信公众号上发布李岑在斗鱼直播平台的直播间链接。根据"腾讯游戏"微博新闻公开报道："BIU 雷哥（李岑）是全国主机游戏直播节目的开创者，也是全国著名网游直播明星主播，此外也是一位优酷游戏频道的原创达人，在优酷视频拥有超过 20 万的粉丝和 5000 万的点击……"

2018 年 8 月 24 日，熊猫公司向人民法院提起诉讼，请求判令两被告继续履行独家合作协议、立即停止在其他平台的直播活动并支付相应违约金。一审审理中，熊猫公司调整诉讼请求为判令两被告支付原告违约金 300 万元。播爱游公司不同意熊猫公司请求，并提出反诉请求：1. 判令确认熊猫公司、播爱游公司、李岑三方于 2018 年 2 月 28 日签订的《合作协议》于2018年6月28日解除；2.判令熊猫公司向播爱游公司支付2018年4月至2018年6月之间的合作费用224923.32元；3.判令熊猫公司向播爱游公司支付律师费20000元。

**裁判结果**

上海市静安区人民法院于2019年9月16日作出（2018）沪0106民初31513号民事判决：一、播爱游公司于判决生效之日起十日内支付熊猫公司违约金2600000元；二、李岑对播爱游公司上述付款义务承担连带清偿责任；三、熊猫公司于判决生效之日起十日内支付播爱游公司2018年4月至2018年6月的合作费用186640.10元；四、驳回播爱游公司其他反诉请求。李岑不服一审判决，提起上诉。上海市第二中级人民法院于2020年11月12日作出（2020）沪02民终562号民事判决：驳回上诉，维持原判。

**裁判理由**

法院生效裁判认为：

第一，根据本案查明的事实，熊猫公司与播爱游公司、李岑签订《合作协议》，自愿建立合同法律关系，而非李岑主张的劳动合同关系。《合作协议》系三方真实意思表示，不违反法律法规的强制性规定，应认定为有效，各方理应依约恪守。从《合作协议》的违约责任条款来看，该协议对合作三方的权利义务都进行了详细约定，主播未经熊猫公司同意在竞争平台直播构成违约，应当承担赔偿责任。

第二，熊猫公司虽然存在履行瑕疵但并不足以构成根本违约，播爱游公司、李岑并不能以此为由主张解除《合作协议》。且即便从解除的方式来看，合同解除的意思表示也应当按照法定或约定的方式明确无误地向合同相对方发出，李岑在微博平台上向不特定对象发布的所谓"官宣"或直接至其他平台直播的行为，均不能认定为向熊猫公司发出明确的合同解除的意思表示。因此，李岑、播爱游公司在二审中提出因熊猫公司违约而已经行使合同解除权的主张不能成立。

第三，当事人主张约定的违约金过高请求予以适当减少的，应当以实际损失为基础，兼顾合同的履行情况、当事人的过错程度以及预期利益等综合因素，根据公平原则和诚信原则予以衡量。对于公平、诚信原则的适用尺度，与因违约所受损失的准确界定，应当充分考虑网络直播这一新兴行业的特点。网络直播平台是以互联网为必要媒介、以主播为核心资源的企业，在平台运营中通常需要在带宽、主播上投入较多的前期成本，而主播违反合同在第三方平台进行直播的行为给直播平台造成损失的具体金额实际难以量化，如对网络直播平台苛求过重的举证责任，则有违公平原则。故本案违约金的调整应当考虑网络直播平台的特点以及签订合同时对熊猫公司成本及收益的预见性。本案中，考虑主播李岑在游戏直播行业中享有很高的人气和知名度的实际情况，结合其收益情况、合同剩余履行期间、双方违约及各自过错大小、熊猫公司能够量化的损失、熊猫公司已对约定违约金作出的减让、熊猫公司平台的现状等情形，根据公平与诚信原则以及直播平台与主播个人的利益平衡，酌情将违约金调整为 260 万元。

（生效裁判审判人员：何云、张明良、邵美琳）

### 指导案例 190 号

## 王山诉万得信息技术股份有限公司竞业限制纠纷案

（最高人民法院审判委员会讨论通过　2022 年 12 月 8 日发布）

**关键词**　民事　竞业限制　审查标准　营业范围

**裁判要点**

人民法院在审理竞业限制纠纷案件时，审查劳动者自营或者新入职单位与原用人单位是否形成竞争关系，不应仅从依法登记的经营范围是否重合进行认定，还应当结合实际经营内容、服务对象或者产品受众、对应市场等方面是否重合进行综合判断。劳动者提供证据证明自营或者新入职单位与原用人单位的实际经营内容、服务对象或者产品受众、对应市场等不相同，主张不存在竞争关系的，人民法院应予支持。

**相关法条**

《中华人民共和国劳动合同法》第二十三条、第二十四条

**基本案情**

王山于 2018 年 7 月 2 日进入万得信息技术股份有限公司（以下简称万得公司）工作，双方签订了期限为 2018 年 7 月 2 日至 2021 年 8 月 31 日的劳动合同，约定王山就职智能数据分析工作岗位，月基本工资 4500 元、岗

位津贴 15500 元，合计 20000 元。

2019 年 7 月 23 日，王山、万得公司又签订《竞业限制协议》，对竞业行为、竞业限制期限、竞业限制补偿金等内容进行了约定。2020 年 7 月 27 日，王山填写《辞职申请表》，以个人原因为由解除与万得公司的劳动合同。

2020 年 8 月 5 日，万得公司向王山发出《关于竞业限制的提醒函》，载明"……您（即王山）从离职之日 2020 年 7 月 27 日起须承担竞业限制义务，不得到竞业企业范围内工作或任职。从本月起我们将向您支付竞业限制补偿金，请您在收到竞业限制补偿金的 10 日内，提供新单位签订的劳动合同及社保记录，若为无业状态的请由所在街道办事处等国家机关出具您的从业情况证明。若您违反竞业限制义务或其他义务，请于 10 日内予以改正，继续违反竞业协议约定的，则公司有权再次要求您按《竞业限制协议》约定承担违约金，违约金标准为 20 万元以上，并应将公司在离职后支付的竞业限制补偿金全部返还……"。

2020 年 10 月 12 日，万得公司向王山发出《法务函》，再次要求王山履行竞业限制义务。

另查明，万得公司的经营范围包括：计算机软硬件的开发、销售，计算机专业技术领域及产品的技术开发、技术转让、技术咨询、技术服务。

王山于 2020 年 8 月 6 日加入上海哔哩哔哩科技有限公司（以下简称哔哩哔哩公司），按照营业执照记载，该公司经营范围包括：信息科技、计算机软硬件、网络科技领域内的技术开发、技术转让、技术咨询、技术服务等。

王山、万得公司一致确认：王山竞业限制期限为 2020 年 7 月 28 日至 2022 年 7 月 27 日；万得公司已支付王山 2020 年 7 月 28 日至 2020 年 9 月 27 日竞业限制补偿金 6796.92 元。

2020 年 11 月 13 日，万得公司向上海市浦东新区劳动人事争议仲裁委员会申请仲裁，要求王山：1. 按双方签订的《竞业限制协议》履行竞业限制义务；2. 返还 2020 年 8 月、9 月支付的竞业限制补偿金 6796 元；3. 支付竞业限制违约金 200 万元。2021 年 2 月 25 日，仲裁委员会作出裁决：王山按双方签订的《竞业限制协议》继续履行竞业限制义务，王山返还万得公司 2020 年 8 月、9 月支付的竞业限制补偿金 6796 元，王山支付万得公司竞业限制违约金 200 万元。王山不服仲裁裁决，诉至法院。

**裁判结果**

上海市浦东新区人民法院于 2021 年 6 月 29 日作出（2021）沪 0115 民初 35993 号民事判决：一、王山与万得公司继续履行竞业限制义务；二、王山于本判决生效之日起十日内返还万得公司 2020 年 7 月 28 日至 2020 年 9 月 27 日竞业限制补偿金 6796 元；三、王山于本判决生效之日起十日内支付万得公司违反竞业限制违约金 240000 元。王山不服一审判决，提起上诉。上海市第一中级人民法院于 2022 年 1 月 26 日作出（2021）沪 01 民终 12282 号民事判决：一、维持上海市浦东新区人民法院（2021）沪 0115 民初 35993 号民事判决第一项；二、撤销上海市浦东新区人民法院（2021）沪 0115 民初 35993 号民事判决第二项、第三项；三、上诉人王山无须向被上诉人万得公司返还 2020 年 7 月 28 日至 2020 年 9 月 27 日竞业限制补偿金 6796 元；四、上诉人王山无需向被上诉人万得公司支付违反竞业限制违约金 200 万元。

**裁判理由**

法院生效裁判认为：关于王山是否违反了竞业限制协议的问题。所谓竞业限制是指对原用人单位负有保密义务的劳动者，于离职后在约定的期限内，不得生产、自营或为他人生产、经营与原用人单位有竞争关系的同类产品及业务，不得在与原用人单位具有竞争关系的用人单位任职。竞业限制制度的设置系为了防止劳动者利用其所掌握的原用人单位的商业秘密为自己或为他人谋利，从而抢占了原用人单位的市场份额，给原用人单位造成损失。所以考量劳动者是否违反竞业限制协议，最为核心的是应评判原用人单位与劳动者自营或者入职的单位之间是否形成竞争关系。

需要说明的是，正是因为竞业限制制度在保护用人单位权益的同时对劳动者的就业权利有一定的限制，所以在审查劳动者是否违反了竞业限制义务时，应当全面客观地审查劳动者自营或入职公司与原用人单位之间是否形成竞争关系。一方面考虑到实践中往往存在企业登记经营事项和实际经营事项不相一致的情形，另一方面考虑到经营范围登记类别是工商部门划分的大类，所以这种竞争关系的审查，不应拘泥于营业执照登记的营业范围，否则对劳动者抑或对用人单位都可能造成不公平。故在具体案件中，还可以从两家企业实际经营的内容是否重合、服务对象或者所生产产品的受众是否重合、所对应的市场是否重合等多角度进行审查，以还原事实之真相，从而能兼顾用人单位和劳动者的利益，以达到最终的平衡。

本案中，万得公司的经营范围为计算机软硬件的开发、销售、计算机专业技术领域及产品的技术开发、技术转让、技术咨询、技术服务。而哔哩哔哩公司的经营范围包括从事信息科技、计算机软硬件、网络科技领域内的技术开发、技术转让、技术咨询、技术服务等。对比两家公司的经营范围，确实存在一定的重合。但互联网企业往往在注册登记时，经营范围都包含了软硬件开发、技术咨询、技术转让、技术服务。若仅以此为据，显然会对互联网就业人员尤其是软件工程师再就业造成极大障碍，对社会人力资源造成极大的浪费，也有悖于竞业限制制度的立法本意。故在判断是否构成竞争关系时，还应当结合公司实际经营内容及受众等因素加以综合评判。

本案中，王山举证证明万得公司在其 Wind 金融手机终端上宣称 Wind 金融终端是数十万金融专业人士的选择、最佳的中国金融业生产工具和平台。而万得公司的官网亦介绍，"万得公司（以下简称 Wind）是中国大陆领先的金融数据、信息和软件服务企业，在国内金融信息服务行业处于领先地位，是众多证券公司、基金管理公司、保险公司、银行、投资公司、媒体等机构不可或缺的重要合作伙伴，在国际市场中，Wind 同样受到了众多中国证监会批准的合格境外机构投资者的青睐。此外，知名的金融学术研究机构和权威的监管机构同样是 Wind 的客户；权威的中英文媒体、研究报告、学术论文也经常引用 Wind 提供的数据……"由此可见，万得公司目前的经营模式主要是提供金融信息服务，其主要的受众为相关的金融机构或者金融学术研究机构。而反观哔哩哔哩公司，众所周知其主营业务是文化社区和视频平台，即提供网络空间供用户上传视频、进行交流。其受众更广，尤其年轻人对其青睐有加。两者对比，不论是经营模式、对应市场还是受众，都存在显著差别。即使普通百姓，也能轻易判断两者之差异。虽然哔哩哔哩公司还涉猎游戏、音乐、影视等领域，但尚无证据显示其与万得公司经营的金融信息服务存在重合之处。在此前提下，万得公司仅以双方所登记的经营范围存在重合即主张两家企业形成竞争关系，尚未完成其举证义务。且万得公司在竞业限制协议中所附录的重点限制企业均为金融信息行业，足以表明万得公司自己也认为其主要的竞争对手应为金融信息服务企业。故一审法院仅以万得公司与哔哩哔哩公司的经营范围存在重合，即认定王山入职哔哩哔哩公司违反了竞业限制协议的约定，继而判决王山返还竞业限制补偿金并支付违反竞业限制违约金，有欠妥当。

关于王山是否应当继续履行竞业限制协议的问题。王山与万得公司签订的竞业限制协议不存在违反法律法规强制性规定的内容，故该协议合法有效，对双方均有约束力。因协议中约定双方竞业限制期限为2020年7月28日至2022年7月27日，目前尚在竞业限制期限内。故一审法院判决双方继续履行竞业限制协议，并无不当。王山主张无须继续履行竞业限制协议，没有法律依据。需要强调的是，根据双方的竞业限制协议，王山应当按时向万得公司报备工作情况，以供万得公司判断其是否违反了竞业限制协议。本案即是因为王山不履行报备义务导致万得公司产生合理怀疑，进而产生了纠纷。王山在今后履行竞业限制协议时，应恪守约定义务，诚信履行协议。

（生效裁判审判人员：王茜、周寅、郑东和）

## 指导案例191号

## 刘彩丽诉广东省英德市人民政府行政复议案

（最高人民法院审判委员会讨论通过　2022年12月8日发布）

**关键词**　行政　行政复议　工伤认定　工伤保险责任

**裁判要点**

建筑施工企业违反法律、法规规定将自己承包的工程交由自然人实际施工，该自然人因工伤亡，社会保险行政部门参照《最高人民法院关于审理工伤保险行政案件若干问题的规定》第三条第一款有关规定认定建筑施工企业为承担工伤保险责任单位的，人民法院应予支持。

**相关法条**

《工伤保险条例》第十五条

**基本案情**

2016年3月31日，朱展雄与茂名市茂南建安集团有限公司（以下简称建安公司）就朱展雄商住楼工程签订施工合同，发包人为朱展雄，承包人为建安公司。补充协议约定由建安公司设立工人工资支付专用账户，户名为陆海峰。随后，朱展雄商住楼工程以建安公司为施工单位办理了工程报建手续。案涉工程由梁某某组织工人施工，陆海峰亦在现场参与管理。施工现场大门、施工标志牌等多处设施的醒目位置，均标注该工程的承建单位为建安公司。另查明，建安公司为案涉工程投保了施工人员团体人身意外伤害保险，保险单载明被保险人30人，未附人员名单。2017年6月9日，梁某某与陆海峰接到英德市住建部门的检查通知，二人与工地其他人员在出租屋内等待检查。该出租屋系梁某某承租，用于工地开会布置工作和发放工资。当日15时许，梁某某被发现躺在出租屋内，死亡原因为猝死。

梁某某妻子刘彩丽向广东省英德市人力资源和社会保障局（以下简称英德市人社局）申请工伤认定。英德市人社局作出《关于梁某某视同工亡认定决定书》（以下简称《视同工亡认定书》），认定梁某某是在工作时间和工作岗位，突发疾病在四十八小时之内经抢救无效死亡，符合《工伤保险条例》第十五条第一款第一项规定的情形，视同因工死亡。建安公司不服，向广东省英德市人民政府（以下简称英德市政府）申请行政复议。英德市政府作出《行政复议决定书》，以英德市人社局作出的《视同工亡认定书》认定事实不清，证据不足，适用依据错误，程序违法为由，予以撤销。刘彩丽不服，提起诉讼，请求撤销《行政复议决定书》，恢复《视同工亡认定书》的效力。

**裁判结果**

广东省清远市中级人民法院于2018年7月27日作出（2018）粤18行初42号行政判决：驳回刘彩丽的诉讼请求。刘彩丽不服一审判决，提起上诉。广东省高级人民法院于2019年9月29日作出（2019）粤行终390号行政判决：驳回上诉，维持原判。刘彩丽不服二审判决，向最高人民法院申请再审。最高人民法院于2020年11月9日作出（2020）最高法行申5851号行政裁定，提审本案。2021年4月27日，最高人民法院作出（2021）最高法行再1号行政判决：一、撤销广东省高级人民法院（2019）粤行终390号行政判决；二、撤销广东省清远市中级人民法院（2018）粤18行初42号行政判决；三、撤销英德市政府作出的英府复决〔2018〕2号《行政复议决定书》；四、恢复英德市人社局作出的英人社工认〔2017〕194号《视同工亡认定书》的效力。

**裁判理由**

最高人民法院认为：

一、建安公司应作为承担工伤保险责任的单位

作为具备用工主体资格的承包单位,既然享有承包单位的权利,也应当履行承包单位的义务。在工伤保险责任承担方面,建安公司与梁某某之间虽未直接签订转包合同,但其允许梁某某利用其资质并挂靠施工,参照原劳动和社会保障部《关于确立劳动关系有关事项的通知》(劳社部发〔2005〕12号)第四条、《人力资源和社会保障部关于执行〈工伤保险条例〉若干问题的意见》(人社部发〔2013〕34号,以下简称《人社部工伤保险条例意见》)第七点规定以及《最高人民法院关于审理工伤保险行政案件若干问题的规定》(以下简称《工伤保险行政案件规定》)第三条第一款第四项、第五项规定精神,可由建安公司作为承担工伤保险责任的单位。

二、建安公司应承担梁某某的工伤保险责任

英德市政府和建安公司认为,根据法律的相关规定,梁某某是不具备用工主体资格的"包工头",并非其招用的劳动者或聘用的职工,梁某某因工伤亡不应由建安公司承担工伤保险责任。对此,最高人民法院认为,将因工伤亡的"包工头"纳入工伤保险范围,赋予其享受工伤保险待遇的权利,由具备用工主体资格的承包单位承担用人单位依法应承担的工伤保险责任,符合工伤保险制度的建立初衷,也符合《工伤保险条例》及相关规范性文件的立法目的。

首先,建设工程领域具备用工主体资格的承包单位承担其违法转包、分包项目上因工伤亡职工的工伤保险责任,并不以存在法律上劳动关系或事实上劳动关系为前提条件。根据《人社部工伤保险条例意见》第七点规定、《工伤保险行政案件规定》第三条规定,为保障建筑行业中不具备用工主体资格的组织或自然人聘用的职工因工伤亡后的工伤保险待遇,加强对劳动者的倾斜保护和对违法转包、分包单位的惩戒,现行工伤保险制度确立了因工伤亡职工与承包单位之间推定形成拟制劳动关系的规则,即直接将违法转包、分包的承包单位视为用工主体,并由其承担工伤保险责任。

其次,将"包工头"纳入工伤保险范围,符合建筑工程领域工伤保险发展方向。根据《国务院办公厅关于促进建筑业持续健康发展的意见》(国办发〔2017〕19号)、《人力资源社会保障部办公厅关于进一步做好建筑业工伤保险工作的通知》(人社厅函〔2017〕53号)等规范性文件精

神，要求完善符合建筑业特点的工伤保险参保政策，大力扩展建筑企业工伤保险参保覆盖面。即针对建筑行业的特点，建筑施工企业对相对固定的职工，应按用人单位参加工伤保险；对不能按用人单位参保、建筑项目使用的建筑业职工特别是农民工，按项目参加工伤保险。因此，为包括"包工头"在内的所有劳动者按项目参加工伤保险，扩展建筑企业工伤保险参保覆盖面，符合建筑工程领域工伤保险制度发展方向。

再次，将"包工头"纳入工伤保险对象范围，符合"应保尽保"的工伤保险制度立法目的。《工伤保险条例》关于"本单位全部职工或者雇工"的规定，并未排除个体工商户、"包工头"等特殊的用工主体自身也应当参加工伤保险。易言之，无论是工伤保险制度的建立本意，还是工伤保险法规的具体规定，均没有也不宜将"包工头"排除在工伤保险范围之外。"包工头"作为劳动者，处于违法转包、分包等行为利益链条的最末端，参与并承担着施工现场的具体管理工作，有的还直接参与具体施工，其同样可能存在工作时间、工作地点因工作原因而伤亡的情形。"包工头"因工伤亡，与其聘用的施工人员因工伤亡，就工伤保险制度和工伤保险责任而言，并不存在本质区别。如人为限缩《工伤保险条例》的适用范围，不将"包工头"纳入工伤保险范围，将形成实质上的不平等；而将"包工头"等特殊主体纳入工伤保险范围，则有利于实现对全体劳动者的倾斜保护，彰显社会主义工伤保险制度的优越性。

最后，"包工头"违法承揽工程的法律责任，与其参加社会保险的权利之间并不冲突。根据社会保险法第一条、第三十三条规定，工伤保险作为社会保险制度的一个重要组成部分，由国家通过立法强制实施，是国家对职工履行的社会责任，也是职工应该享受的基本权利。不能因为"包工头"违法承揽工程违反建筑领域法律规范，而否定其享受社会保险的权利。承包单位以自己的名义和资质承包建设项目，又由不具备资质条件的主体实际施工，从违法转包、分包或者挂靠中获取利益，由其承担相应的工伤保险责任，符合公平正义理念。当然，承包单位依法承担工伤保险责任后，在符合法律规定的情况下，可以依法另行要求相应责任主体承担相应的责任。

（生效裁判审判人员：耿宝建、宋楚潇、刘艾涛）

## 最高人民法院
## 关于发布第 35 批指导性案例的通知

2022 年 12 月 26 日　　　　　　　　　　法〔2022〕265 号

各省、自治区、直辖市高级人民法院，解放军军事法院，新疆维吾尔自治区高级人民法院生产建设兵团分院：

　　经最高人民法院审判委员会讨论决定，现将李开祥侵犯公民个人信息刑事附带民事公益诉讼案等四个案例（指导性案例 192—195 号），作为第 35 批指导性案例发布，供审判类似案件时参照。

### 指导性案例 192 号

## 李开祥侵犯公民个人信息刑事附带民事公益诉讼案
（最高人民法院审判委员会讨论通过　2022 年 12 月 26 日发布）

**关键词**　　刑事　侵犯公民个人信息　刑事附带民事公益诉讼　人脸识别　人脸信息

**裁判要点**

　　使用人脸识别技术处理的人脸信息以及基于人脸识别技术生成的人脸信息均具有高度的可识别性，能够单独或者与其他信息结合识别特定自然人身份或者反映特定自然人活动情况，属于刑法规定的公民个人信息。行为人未经公民本人同意，未具备获得法律、相关部门授权等个人信息保护法规定的处理个人信息的合法事由，利用软件程序等方式窃取或者以其他方法非法获取上述信息，情节严重的，应依照《最高人民法院、最高人民检察院关于办理侵犯公民个人信息刑事案件适用法律若干问题的解释》第五条第一款第四项等规定定罪处罚。

**相关法条**

《中华人民共和国刑法》第二百五十三条之一

**基本案情**

2020年6月至9月间，被告人李开祥制作一款具有非法窃取安装者相册照片功能的手机"黑客软件"，打包成安卓手机端的"APK安装包"，发布于暗网"茶马古道"论坛售卖，并伪装成"颜值检测"软件发布于"芥子论坛"（后更名为"快猫社区"）提供访客免费下载。用户下载安装"颜值检测"软件使用时，"颜值检测"软件会自动在后台获取手机相册里的照片，并自动上传到被告人搭建的腾讯云服务器后台，从而窃取安装者相册照片共计1751张，其中部分照片含有人脸信息、自然人姓名、身份号码、联系方式、家庭住址等公民个人信息100余条。

2020年9月，被告人李开祥在暗网"茶马古道"论坛看到"黑客资料"帖子，后用其此前在暗网售卖"APK安装包"部分所得购买、下载标题为"社工库资料"数据转存于"MEGA"网盘，经其本人查看，确认含有个人真实信息。2021年2月，被告人李开祥明知"社工库资料"中含有户籍信息、QQ账号注册信息、京东账号注册信息、车主信息、借贷信息等，仍将网盘链接分享至其担任管理员的"翠湖庄园业主交流"QQ群，提供给群成员免费下载。经鉴定，"社工库资料"经去除无效数据并进行合并去重后，包含各类公民个人信息共计8100万余条。

上海市奉贤区人民检察院以社会公共利益受到损害为由，向上海市奉贤区人民法院提起刑事附带民事公益诉讼。

被告人李开祥对起诉指控的基本犯罪事实及定性无异议，且自愿认罪认罚。

辩护人提出被告人李开祥系初犯，到案后如实供述所犯罪行，且自愿认罪认罚等辩护意见，建议对被告人李开祥从轻处罚，请求法庭对其适用缓刑。辩护人另辩称，检察机关未对涉案8100万余条数据信息的真实性核实确认。

**裁判结果**

上海市奉贤区人民法院于2021年8月23日以（2021）沪0120刑初828号刑事判决，认定被告人李开祥犯侵犯公民个人信息罪，判处有期徒刑三年，宣告缓刑三年，并处罚金人民币一万元；扣押在案的犯罪工具予以没收。判决李开祥在国家级新闻媒体上对其侵犯公民个人信息的行为公开赔礼道歉、删除"颜值检测"软件及相关代码、删除腾讯云网盘上存储的涉案照片、删除存储在"MEGA"网盘上相关公民个人信息，并注销侵权所用QQ号码。一审判决后，没有抗诉、上诉，判决现已生效。

## 裁判理由

法院生效裁判认为：本案争议焦点为利用涉案"颜值检测"软件窃取的"人脸信息"是否属于刑法规制范畴的"公民个人信息"。法院经审理认为，"人脸信息"属于刑法第二百五十三条之一规定的公民个人信息，利用"颜值检测"黑客软件窃取软件使用者"人脸信息"等公民个人信息的行为，属于刑法中"窃取或者以其他方法非法获取公民个人信息"的行为，依法应予惩处。主要理由如下：第一，"人脸信息"与其他明确列举的个人信息种类均具有明显的"可识别性"特征。《最高人民法院、最高人民检察院关于办理侵犯公民个人信息刑事案件适用法律若干问题的解释》（以下简称《解释》）中列举了公民个人信息种类，虽未对"人脸信息"单独列举，但允许依法在列举之外认定其他形式的个人信息。《解释》中对公民个人信息的定义及明确列举与民法典等法律规定中有关公民个人信息的认定标准一致，即将"可识别性"作为个人信息的认定标准，强调信息与信息主体之间被直接或间接识别出来的可能性。"人脸信息"属于生物识别信息，其具有不可更改性和唯一性，人脸与自然人个体一一对应，无须结合其他信息即可直接识别到特定自然人身份，具有极高的"可识别性"。第二，将"人脸信息"认定为公民个人信息遵循了法秩序统一性原理。民法等前置法将"人脸信息"作为公民个人信息予以保护。民法典第一千零三十四条规定了个人信息的定义和具体种类，个人信息保护法进一步将"人脸信息"纳入个人信息的保护范畴，侵犯"人脸信息"的行为构成侵犯自然人人格权益等侵权行为的，须承担相应的民事责任或行政、刑事责任。第三，采用"颜值检测"黑客软件窃取"人脸信息"具有较大的社会危害性和刑事可罚性。因"人脸信息"是识别特定个人的敏感信息，亦是社交属性较强、采集方便的个人信息，极易被他人直接利用或制作合成，从而破解人脸识别验证程序，引发侵害隐私权、名誉权等违法行为，甚至盗窃、诈骗等犯罪行为，社会危害较大。被告人李开祥操纵黑客软件伪装的"颜值检测"软件窃取用户自拍照片和手机相册中的存储照片，利用了互联网平台的开放性，以不特定公众为目标，手段隐蔽、欺骗性强、窃取面广，具有明显的社会危害性，需用刑法加以规制。

关于辩护人提出本案公民个人信息数量认定依据不足的辩护意见，法院经审理认为，公安机关侦查过程中采用了抽样验证的方法，随机挑选部分个人信息进行核实，能够确认涉案个人信息的真实性，被告人、辩护人亦未提出涉案信息不真实的线索或证据。司法鉴定机构通过去除无效信息，并采用合并去重的方法进行鉴定，检出有效个人信息8100万余条，公诉机关指控的公民个人信息数量客观、真实，且符合《解释》中确立的对批量公民个人信息具体数量的认定规则，故对辩护人的辩护意见不予采纳。

综上，被告人李开祥违反国家有关规定，非法获取并向他人提供公民个人信息，情节特别严重，其行为已构成侵犯公民个人信息罪。被告人李开祥到案后能如实供述自己的罪行，依法可以从轻处罚，且自愿认罪认罚，依法可以从宽处理。李开祥非法获取并向他人提供公民个人信息的侵权行为，侵害了众多公民个人信息安全，损害社会公共利益，应当承担相应的民事责任。故依法作出上述判决。

（生效裁判审判人员：李晓杰、管玉洁、高晔涛）

## 指导性案例 193 号

## 闻巍等侵犯公民个人信息案

（最高人民法院审判委员会讨论通过　2022 年 12 月 26 日发布）

**关键词**　刑事　侵犯公民个人信息　居民身份证信息

**裁判要点**

居民身份证信息包含自然人姓名、人脸识别信息、身份号码、户籍地址等多种个人信息，属于《最高人民法院、最高人民检察院关于办理侵犯公民个人信息刑事案件适用法律若干问题的解释》第五条第一款第四项规定的"其他可能影响人身、财产安全的公民个人信息"。非法获取、出售或者提供居民身份证信息，情节严重的，依照刑法第二百五十三条之一第一款规定，构成侵犯公民个人信息罪。

**相关法条**

《中华人民共和国刑法》第二百五十三条之一

**基本案情**

2019年6月至8月间，被告人闻巍（时任上海好体信息科技有限公司运营总监）经事先联系，与微信、QQ名为"发乐""来立中""我怕冷风吹"等人约定，以人民币6元/张的价格为上述人员批量注册激活该公司"爱球钱包"App应用的"中银通·魔方元"联名预付费卡，并从上述人员处通过利用微信、QQ获得百度网盘分享链接的方式获取公民个人信息（居民身份证正反面照片），由被告人朱旭东从该网盘链接中下载至移动硬盘内，交由中银通工作人员用于批量注册激活。

2019年9月至2020年2月间，被告人朱旭东在被告人闻巍离职后，负责上述联名预付费卡的批量注册激活工作，以人民币6元/张的价格以上述相同方式继续从"发乐""来立中""我怕冷风吹"等人处通过利用微信、QQ获得百度网盘分享链接的方式获取公民个人信息（居民身份证正反面照片）并存储于其百度网盘内，后下载至其电脑硬盘内，交由中银通工作人员用于批量注册激活。

2019年10月，被告人朱旭东与张坤（另案处理）经事先用微信联系，朱旭东以人民币6元/张的价格以上述相同方式从张坤处通过利用QQ获得百度网盘分享链接的方式获取公民个人信息（居民身份证正反面照片）并存储于其百度网盘内，后下载至其电脑硬盘内，交由中银通工作人员用于批量注册激活。

2019年12月，被告人张江涛通过其所在的QQ群向他人购买公民个人信息数据并转存在其百度网盘账号内，同时将数据分多次转卖给张坤，分多次收取费用共计人民币19600元。

经核实，从被告人闻巍"ErnieGullit"网盘内清点公民个人信息（居民身份证正反面照片）10000余组，从被告人朱旭东"zhuxudn"网盘内清点公民个人信息（居民身份证正反面照片）3000余组，从张坤分享给朱旭东的网盘内清点公民个人信息（居民身份证正反面照片）41654组，从被告人张江涛的网盘内清点公民个人信息60101组。

上海市虹口区人民检察院指控被告人闻巍、朱旭东、张江涛犯侵犯公民个人信息罪，情节特别严重，其行为均应当以侵犯公民个人信息罪追究其刑事责任。

被告人闻巍及朱旭东的辩护人均提出本案指控的公民信息种类应认定为《最高人民法院、最高人民检察院关于办理侵犯公民个人信息刑事案件适用法律若干问题的解释》（以下简称《解释》）第五条第一款第五项中的普通信息范围，并非第五条第一款第四项中的特定信息种类范围，故根据现查获的数量，尚未构成情节特别严重。

**裁判结果**

上海市虹口区人民法院于2021年8月30日以（2020）沪0109刑初957号刑事判决，认定被告人闻巍犯侵犯公民个人信息罪，判处有期徒刑三年，并处罚金人民币一万元；被告人朱旭东犯侵犯公民个人信息罪，判处有期徒刑三年三个月，并处罚金人民币一万元；被告人张江涛犯侵犯公民个人信息罪，判处有期徒刑三年，并处罚金人民币二万元；违法所得及作案工具予以追缴没收。宣判后，被告人闻巍、朱旭东提起上诉。上海市第二中级人民法院于2021年11月11日以（2021）沪02刑终1055号刑事裁定，驳回上诉，维持原判。

**裁判理由**

法院生效裁判认为：本案争议焦点在于涉案居民身份证信息是否属于《解释》第五条第一款第四项中"其他可能影响人身、财产安全的公民个人信息"。根据《解释》第五条第一款第四项规定，非法获取、出售或者提供住宿信息、通讯信息、健康生理信息、交易信息等其他可能影响人身、财产安全的公民个人信息五百条以上的可认定为"情节严重"。同款第五项规定，非法获取、出售或者提供第三项、第四项规定以外的公民个人信息五千条以上的可认定为"情节严重"。即，如果认定涉案居民身份证信息属于《解释》第五条第一款第四项中"其他可能影响人身、财产安全的公民个人信息"的，那么交易五百条以上个人信息即可认定"情节严重"，五千条以上构成"情节特别严重"。

一审法院经审理认为，居民身份证上的住址是公民的实际居住地址或者名义户籍地址，无论何者，均与公民及其家人的人身安全、财产安全存在十分紧密而又重要的联系，家庭住址被非法曝光、泄露将对公民个人及其家人的人身安全、财产安全造成重大隐患，为精准实施各类违法犯罪行为大开方便之门，故理应予以重点保护，从举轻以明重的一般法理解释原则出发，其重要性也应高于作为公民临时性、过去性住所的"住宿信息"，故应被认定为《解释》第五条第一款第四项中所规定的信息种类。

二审法院经审理认为，居民身份证除包含户籍地址信息外，还是公民的姓名、人脸信息、唯一身份号码等信息的综合体，是公民重要的身份证件，在信息网络社会，居民身份证信息整体均系敏感信息，可用来注册、认证、绑定网络账号。公民的人脸信息、身份号码、姓名、地址信息结合后所形成的公民个人信息具备唯一性，可与公民个人精准匹配，并可诱发公民其他个人信息的进一步泄露，对公民个人信息权益侵害极大，应将居民身份证信息整体认定为涉公民人身、财产安全的信息。一审、二审法院虽认定思路和认定标准不同，但结论一致，认定一审法院对闻巍、朱旭东的定罪和适用法律正确，结合其犯罪手段、情节所作量刑并无不当，且审判程序合法。据此，裁定驳回上诉，维持原判。

（生效裁判审判人员：张松、白楠、张鹏飞）

## 指导性案例 194 号

# 熊昌恒等侵犯公民个人信息案

（最高人民法院审判委员会讨论通过　2022 年 12 月 26 日发布）

**关键词**　刑事　侵犯公民个人信息　微信号　社交媒体账号　非法获取　合理处理

**裁判要点**

1. 违反国家有关规定，购买已注册但未使用的微信账号等社交媒体账号，通过具有智能群发、添加好友、建立讨论群组等功能的营销软件，非法制作带有公民个人信息可用于社交活动的微信账号等社交媒体账号出售、提供给他人，情节严重的，属于刑法第二百五十三条之一第一款规定的"违反国家有关规定，向他人出售或者提供公民个人信息"行为，构成侵犯公民个人信息罪。

2. 未经公民本人同意，或未具备具有法律授权等个人信息保护法规定的理由，通过购买、收受、交换等方式获取在一定范围内已公开的公民个人信息进行非法利用，改变了公民公开个人信息的范围、目的和用途，不属于法律规定的合理处理，属于刑法第二百五十三条之一第三款规定的"以其他方法非法获取公民个人信息"行为，情节严重的，构成侵犯公民个人信息罪。

**相关法条**

《中华人民共和国刑法》第二百五十三条之一

**基本案情**

2020年6月，被告人熊昌恒邀集被告人熊昌林、熊恭浪、熊昌强一起从事贩卖载有公民个人信息可用于社交活动的成品微信号的经营活动，因缺乏经验，在此期间获利较少。为谋取更多利益，2020年9月底，被告人熊昌恒、熊昌林、熊恭浪、熊昌强共同出资在网上购买了一款名叫"微骑兵"的软件（一款基于电脑版微信运行拥有多开、多号智能群发、加人、拉群、退群、清粉的营销软件），用于非法添加微信好友，并制作成品微信号予以贩卖。2020年10月份，被告人熊昌恒的朋友秦英斌（在逃）投入5万元（占股百分之四十），熊昌恒投入2万元（占股百分之二十），被告人熊昌林、熊恭浪、熊昌强分别投入一定数量的电脑及手机（分别占股百分之十），被告人范佳聪未投资（占股百分之五），另百分之五的股份收益用于公司日常开支。后结伙共同购置办公桌、电脑、二手手机等物品，租赁江西省丰城市河洲街道物华路玲珑阁楼，挂牌成立了"丰城市昌文贸易公司"。由秦英斌负责对外采购空白微信号、销售成品微信号。被告人熊昌恒负责公司内部管理，并负责聘请公司员工。被告人熊昌林、熊恭浪、熊昌强、范佳聪与聘请的公司员工均直接参与，用"微骑兵"软件非法制作成品微信号。制作好的成品微信号通过秦英斌高价卖出，从中非法获取利益。

2021年1月，被告人熊昌恒、熊昌林、熊恭浪、熊昌强、范佳聪与秦英斌结伙，在贩卖成品微信号的同时，通过网上购买的方式，非法获取他人求职信息（含姓名、性别、电话号码等公民个人基本身份信息）后，将求职人员的信息分发给公司工作人员。以员工每添加到一名求职人员的微信号，赚约10元不等佣金的奖励方法，让员工谎称自己是"公共科技传媒"的工作人员，并通过事先准备好的"话术"以刷单兼职为理由，让求职者添加"导师"的微信，招揽被害人进群，致使部分被害人上当受骗。

经营期间，被告人熊昌恒、熊昌林、熊恭浪、熊昌强、范佳聪与秦英斌在支付工资及相关开支后，其获得的分红款共计人民币20余万元，按各自所占股份份额予以分配。具体获利数额如下：被告人熊昌恒 5.8 万余元、被告人熊昌林 2.9 万余元、被告人熊恭浪 2.9 万余元、被告人熊昌强 2.9 万余元、被告人范佳聪 1.45 万余元。

**裁判结果**

江西省丰城市人民法院于 2021 年 9 月 23 日以（2021）赣 0981 刑初 376 号刑事判决，认定被告人熊昌恒犯侵犯公民个人信息罪，判处有期徒刑三年零二个月，并处罚金人民币十万元；被告人熊昌林犯侵犯公民个人信息罪，判处有期徒刑一年零十个月，并处罚金人民币六万元；被告人熊恭浪犯侵犯公民个人信息罪，判处有期徒刑一年零十个月，并处罚金人民币六万元；被告人熊昌强犯侵犯公民个人信息罪，判处有期徒刑一年零十个月，并处罚金人民币六万元；被告人范佳聪犯侵犯公民个人信息罪，判处有期徒刑十个月，并处罚金人民币三万元（已缴纳）；被告人范佳聪退缴的违法所得人民币 1.45 万元予以没收，依法上缴国库；继续追缴熊昌恒的违法所得人民币 5.8 万元、被告人熊昌林的违法所得人民币 2.9 万元、被告人熊恭浪的违法所得人民币 2.9 万元、被告人熊昌强的违法所得人民币 2.9 万元予以没收，依法上缴国库；扣押的手机予以没收，由扣押机关依法处理。

**裁判理由**

生效裁判认为，被告人熊昌恒等人违反国家有关规定，结伙出资购买空白微信号和一款智能群发、加人、拉群的营销软件，以及通过网络购买他人求职信息等方式，非法添加微信好友，制作成品微信号出售或者将非法获取的公民个人信息提供给他人，并从中获利，情节特别严重，其行为均已构成侵犯公民个人信息罪。本罪中的公民个人信息是指与公民个人密切相关的、不愿该信息被特定人群以外的其他人群所知悉的信息，非法获取的公民个人信息如属于公民隐私类信息或泄露后可能会产生极其不良后果的信息，不仅严重侵害公民个人信息安全和合法权益，也为网络赌博、电信网络诈骗等违法犯罪活动提供了帮助，严重扰乱了社会公共秩序，具有极大的社会危害性。微信不仅作为一种通讯工具，同时还具备社交、支付等功能。微信号和手机实名绑定，与银行卡绑定，和自然人一一对应，故微信号可认为是公民个人信息。

被告人违法处理已公开的个人信息并从中获利，违背了该信息公开的目的或者明显改变其用途，该信息被进一步利用后危及个人的人身或财产安全,情节特别严重,其行为构成侵犯公民个人信息罪。

综上,各被告人在未取得权利人同意及授权的前提下,非法获取他人微信号并转卖牟利,或者非法处理已公开的公民个人信息,使他人个人信息陷入泄露、失控风险,并从中获取巨额违法所得,其行为违反国家规定,侵犯了公民个人信息权利,构成侵犯公民个人信息罪。

(生效裁判审判人员:王跃华、胡一波、李鸾芳)

## 指导性案例 195 号

罗文君、瞿小珍侵犯公民个人信息<br>刑事附带民事公益诉讼案<br>(最高人民法院审判委员会讨论通过 2022 年 12 月 26 日发布)

**关键词** 刑事 侵犯公民个人信息 验证码 出售

**裁判要点**

服务提供者专门发给特定手机号码的数字、字母等单独或者其组合构成的验证码具有独特性、隐秘性,能够单独或者与其他信息结合识别特定自然人身份或者反映特定自然人活动情况的,属于刑法规定的公民个人信息。行为人将提供服务过程中获得的验证码及对应手机号码出售给他人,情节严重的,依照侵犯公民个人信息罪定罪处罚。

**相关法条**

《中华人民共和国刑法》第二百五十三条之一

**基本案情**

2019 年 12 月,被告人罗文君了解到通过获取他人手机号和随机验证码用以注册新的淘宝、京东等 App 账号(简称"拉新")可以赚钱,其便与微信昵称"悠悠 141319"(身份不明)、"A 我已成年爱谁睡"(身份不明)、"捷京淘"(身份不明)、"胖娥"(身份不明)、"河北黑志伟 80 后的见证"(身份不明)等专门从事"拉新"的人联系。"悠悠 141319"等人在知道罗文君手里有许多学员为电信员工,学员可以直接获取客户的手机号码和随机验证码等资源时,利用罗文君担任电信公司培训老师的便利，约定由罗文君建立、管理、维护微信群，并在群内公布"拉新"的规则、需求和具体价格；学员则根据要求，将非法获取的客户手机号码和随机验证码发送至群内；"悠悠141319"等人根据发送的手机号及验证码注册淘宝、京东 App 等新账号。罗文君可对每条成功"拉新"的手机号码信息，获取 0.2—2 元/条报酬；而学员以每条 1 元至 13 元不等的价格获取报酬，该报酬由罗文君分发或者直接由"悠悠141319"等人按照群内公布的价格发送给学员。

2019 年 12 月至 2021 年 7 月间，被告人罗文君利用株洲联盛通信有限责任公司渌口手机店、中国移动营业厅销售员瞿小珍和谢青、黄英、贺长青（三人均已被行政处罚）等人的职务之便，非法获取并且贩卖被害人彭某某、谭某某等个人信息手机号码和随机验证码给"悠悠141319"等人。其中，被告人罗文君获利 13000 元，被告人瞿小珍获利 9266.5 元。

案发后，被告人瞿小珍已退缴违法所得 9926.5 元，罗文君已退缴违法所得 13000 元。被告人罗文君、瞿小珍均如实供述自己的犯罪事实并自愿认罪认罚。

另查明，株洲市渌口区人民检察院于 2021 年 7 月 22 日公告了案件情况，公告期内未有法律规定机关和有关组织提起民事公益诉讼，即株洲市渌口区人民检察院系提起附带民事公益诉讼的适格主体。

**裁判结果**

湖南省株洲市渌口区人民法院于 2021 年 11 月 30 日以（2021）湘 0212 刑初 149 号刑事判决，认定被告人罗文君犯侵犯公民个人信息罪，判处有期徒刑八个月，并处罚金人民币二万元。被告人瞿小珍犯侵犯公民个人信息罪，判处有期徒刑六个月，并处罚金人民币一万五千元。作案工具 OPPORENO 手机 1 台、华为 P30Pro 手机 1 台，予以没收，依法处理。被告人罗文君的违法所得人民币 13000 元、瞿小珍违法所得人民币 9266.5 元，予以没收，上缴国库。

**裁判理由**

法院生效裁判认为：被告人罗文君违反国家有关规定，设立出售、提供公民个人信息的通讯群组，情节严重，其行为同时构成非法利用信息网络罪和侵犯公民个人信息罪，依法应以侵犯公民个人信息罪定罪；被告人瞿小珍违反国家有关规定，在提供服务过程中将获得的公民个人信息出售给他人，情节严重，其行为已构成侵犯公民个人信息罪。公诉机关指控的犯罪事实和罪名成立，予以支持。

在共同犯罪中，被告人罗文君、瞿小珍所起作用相当，均应以主犯论。被告人瞿小珍在提供服务过程中将获得的公民个人信息出售给他人，应从重处罚；罗文君、瞿小珍到案后，如实交代全部犯罪事实，均系坦白，积极退缴全部赃款，且认罪认罚，可以从宽处理。公诉机关的量刑建议适当，予以采纳。罗文君辩护人提出手机号和验证码不属于个人信息，且"拉新"未造成具体损失的辩护意见。经查，个人信息是以电子或者其他方式记录的能够单独或者与其他信息结合识别特定自然人的各种信息，包括电话号码等；验证码系专门发给特定手机号的独一无二的数字组合，且依规不能发送给他人，证明验证码系具有识别、验证个人身份的通信内容，即二者均为能识别自然人身份的个人信息；侵犯公民个人信息罪不以造成具体损失为构成要件，故该辩护意见不予采纳。罗文君辩护人提出罗文君没有自行提供手机号和验证码。经查，罗文君不仅纠集瞿小珍等人"拉新"，还专门设立了提供、出售公民个人信息违法犯罪的通讯群组，并因此获利，依法应当从重处罚，故该意见不予采纳。罗文君辩护人提出对罗文君适用缓刑的意见。经查，综合本案的犯罪情节、对于社会的危害程度及被告人的悔罪表现，对被告人罗文君不适用缓刑，故该意见不予采纳。但其提出罗文君其他可从轻处罚的辩护意见与事实相符，予以采纳。瞿小珍辩护人提出瞿小珍有立功情节。经查，瞿小珍提供了罗文君的住址及联系方式等基本信息，系其应当交代的、与本人犯罪事实有关联的事实，不构成立功，故该意见不予采纳。其提出的可从轻处罚的辩护意见与事实相符，予以采纳。被告人罗文君、瞿小珍侵犯公民个人信息，其在承担刑事责任的同时，还应承担相应的民事责任。鉴于二被告对侵权行为均无异议，且均表示愿意公开赔礼道歉，以及永久删除涉案个人信息，故对附带民事公益诉讼起诉人的诉请，予以支持。

（生效裁判审判人员：王欣、周晓玲、赖国清、刘智群、刘云、袁水莲、曹玉婷）

## 最高人民法院
## 关于发布第 36 批指导性案例的通知

2022 年 12 月 27 日　　　　　　　　　　法〔2022〕267 号

各省、自治区、直辖市高级人民法院，解放军军事法院，新疆维吾尔自治区高级人民法院生产建设兵团分院：

经最高人民法院审判委员会讨论决定，现将运裕有限公司与深圳市中苑城商业投资控股有限公司申请确认仲裁协议效力案等六个案例（指导性案例 196—201 号），作为第 36 批指导性案例发布，供审判类似案件时参照。

**指导性案例 196 号**

## 运裕有限公司与深圳市中苑城商业投资控股有限公司申请确认仲裁协议效力案

（最高人民法院审判委员会讨论通过　2022 年 12 月 27 日发布）

**关键词**　民事　申请确认仲裁协议效力　仲裁条款成立

**裁判要点**

1. 当事人以仲裁条款未成立为由请求确认仲裁协议不存在的，人民法院应当按照申请确认仲裁协议效力案件予以审查。

2. 仲裁条款独立存在，其成立、效力与合同其他条款是独立、可分的。当事人在订立合同时对仲裁条款进行磋商并就提交仲裁达成合意的，合同成立与否不影响仲裁条款的成立、效力。

**相关法条**

《中华人民共和国仲裁法》第十六条、第十九条、第二十条第一款

**基本案情**

中国旅游集团有限公司（以下简称中旅公司），原名为中国旅游集团公司、中国港中旅集团公司，是国有独资公司。香港中旅（集团）有限公司（以下简称香港中旅公司）是中旅公司的全资子公司，注册于香港。运裕有限公司（以下简称运裕公司）是香港中旅公司的全资子公司，注册于英属维尔京群岛。新劲公司是运裕公司的全资子公司，亦注册于英属维尔京群岛。

2016年3月24日，中旅公司作出《关于同意挂牌转让NEWPOWER ENTERPRISES INC. 100%股权的批复》，同意运裕公司依法合规转让其所持有的新劲公司100%的股权。2017年3月29日，运裕公司通过北交所公开挂牌转让其持有的新劲公司100%的股权。深圳市中苑城商业投资控股有限公司（以下简称中苑城公司）作为意向受让人与运裕公司等就签订案涉项目的产权交易合同等事宜开展磋商。

2017年5月9日，港中旅酒店有限公司（中旅公司的全资子公司）投资管理部经理张欣发送电子邮件给深圳市泰隆金融控股集团有限公司（中苑城公司的上级集团公司）风控法务张瑞瑞。电子邮件的附件《产权交易合同》，系北交所提供的标准文本，载明甲方为运裕公司，乙方为中苑城公司，双方根据合同法和《企业国有产权转让管理暂行办法》等相关法律、法规、规章的规定，就运裕公司向中苑城公司转让其拥有的新劲公司100%股权签订《产权交易合同》。合同第十六条管辖及争议解决方式：16.1本合同及产权交易中的行为均适用中华人民共和国法律；16.2有关本合同的解释或履行，当事人之间发生争议的，应由双方协商解决；协商解决不成的，提交北京仲裁委员会仲裁。上述电子邮件的附件《债权清偿协议》第十二条约定：本协议适用中华人民共和国法律。有关本协议的解释或履行，当事人之间发生争议的，应由各方协商解决；协商解决不成的，任何一方均有权提交北京仲裁委员会以仲裁方式解决。

2017年5月10日，张瑞瑞发送电子邮件给张欣、刘祯，内容为："附件为我们公司对合同的一个修改意见，请贵公司在基于平等、公平的原则及合同签订后的有效原则慎重考虑加以确认"。在该邮件的附件中，《产权交易合同》文本第十六条"管辖及争议解决方式"修改为"16.1本合同

及产权交易中的行为均适用中华人民共和国法律。16.2 有关本合同的解释或履行,当事人之间发生争议的,应由双方协商解决;协商解决不成的,提交深圳国际仲裁院仲裁";《债权清偿协议》文本第十二条修改为"本协议适用中华人民共和国法律。有关本协议的解释或履行,当事人之间发生争议的,应由各方协商解决;协商解决不成的,任何一方均有权提交深圳国际仲裁院以仲裁方式解决"。

2017 年 5 月 11 日 13 时 42 分,张欣发送电子邮件给张瑞瑞和中苑城公司高级管理人员李俊,针对中苑城公司对两个合同文本提出的修改意见进行了回应,并表示"现将修订后的合同草签版发送给贵司,请接到附件内容后尽快回复意见。贵方与我司确认后的合同将被提交至北交所及我司内部审批流程,经北交所及我司集团公司最终确认后方可签署(如有修改我司会再与贵司确认)"。该邮件附件《产权交易合同》(草签版)第十六条"管辖及争议解决方式"与《债权清偿协议》(草签版)第十二条和上述 5 月 10 日张瑞瑞发送给张欣、刘祯的电子邮件附件中的有关内容相同。同日 18 时 39 分,张瑞瑞发送电子邮件给张欣,内容为"附件为我司签署完毕的《产权交易合同》(草签版)及《债权清偿协议》(草签版)、项目签约说明函等扫描件,请查收并回复"。该邮件附件《产权交易合同》(草签版)和《债权清偿协议》(草签版)的管辖及争议解决方式的内容与张欣在同日发送电子邮件附件中的有关内容相同。中苑城公司在合同上盖章,并将该文本送达运裕公司。

2017 年 5 月 17 日,张欣发送电子邮件给李俊,载明:"深圳项目我司集团最终审批流程目前正进行中,如审批顺利计划可在本周五上午在北京维景国际大酒店举办签约仪式,具体情况待我司确认后通知贵司。现将《产权交易合同》及《债权清偿协议》拟签署版本提前发送给贵司以便核对。"该邮件附件1为《股权转让项目产权交易合同》(拟签署版),附件2为《股权转让项目债权清偿协议》(拟签署版)。上述两个合同文本中的仲裁条款仍与草签版相同。

2017 年 10 月 27 日,运裕公司发函中苑城公司取消交易。2018 年 4 月 4 日,中苑城公司根据《产权交易合同》(草签版)第 16.2 条及《债权清偿协议》(草签版)第十二条的约定,向深圳国际仲裁院提出仲裁申请,将运裕公司等列为共同被申请人。在仲裁庭开庭前,运裕公司等分别向广东省深圳市中级人民法院提起诉讼,申请确认仲裁协议不存在。该院于

2018 年 9 月 11 日立案，形成了本案和另外两个关联案件。在该院审查期间，最高人民法院认为，本案及关联案件有重大法律意义，由国际商事法庭审查有利于统一适用法律，且有利于提高纠纷解决效率，故依照民事诉讼法第三十八条第一款、《最高人民法院关于设立国际商事法庭若干问题的规定》第二条第五项之规定，裁定本案由最高人民法院第一国际商事法庭审查。

**裁判结果**

最高人民法院于 2019 年 9 月 18 日作出（2019）最高法民特 1 号民事裁定，驳回运裕有限公司的申请。

**裁判理由**

最高人民法院认为：运裕公司在中苑城公司申请仲裁后，以仲裁条款未成立为由，向人民法院申请确认双方之间不存在有效的仲裁条款。虽然这不同于要求确认仲裁协议无效，但是仲裁协议是否存在与是否有效同样直接影响到纠纷解决方式，同样属于需要解决的先决问题，因而要求确认当事人之间不存在仲裁协议也属于广义的对仲裁协议效力的异议。仲裁法第二十条第一款规定："当事人对仲裁协议的效力有异议的，可以请求仲裁委员会作出决定或者请求人民法院作出裁定。据此，当事人以仲裁条款未成立为由要求确认仲裁协议不存在的，属于申请确认仲裁协议效力案件，人民法院应予立案审查。"

在确认仲裁协议效力时，首先要确定准据法。涉外民事关系法律适用法第十八条规定："当事人可以协议选择仲裁协议适用的法律。当事人没有选择的，适用仲裁机构所在地法律或者仲裁地法律。"在法庭询问时，各方当事人均明确表示同意适用中华人民共和国法律确定案涉仲裁协议效力。因此，本案仲裁协议适用中华人民共和国法律。

仲裁法第十六条第一款规定："仲裁协议包括合同中订立的仲裁条款和以其他书面方式在纠纷发生前或者纠纷发生后达成的请求仲裁的协议。"可见，合同中的仲裁条款和独立的仲裁协议这两种类型，都属于仲裁协议，仲裁条款的成立和效力的认定也适用关于仲裁协议的法律规定。

仲裁协议独立性是广泛认可的一项基本法律原则，是指仲裁协议与主合同是可分的，互相独立，它们的存在与效力，以及适用于它们的准据法都是可分的。由于仲裁条款是仲裁协议的主要类型，仲裁条款与合同其他条款出现在同一文件中，赋予仲裁条款独立性，比强调独立的仲裁协议具有独立性更有实践意义,甚至可以说仲裁协议独立性主要是指仲裁条款和主合同是可分的。对于仲裁协议的独立性,中华人民共和国法律和司法解释均有规定。仲裁法第十九条第一款规定:"仲裁协议独立存在,合同的变更、解除、终止或者无效,不影响仲裁协议的效力。"从上下文关系看,该条是在仲裁法第十六条明确了仲裁条款属于仲裁协议之后,规定了仲裁协议的独立性。因此,仲裁条款独立于合同。对于仲裁条款能否完全独立于合同而成立,仲裁法的规定似乎不是特别清晰,不如已成立合同的变更、解除、终止或者无效不影响仲裁协议效力的规定那么明确。在司法实践中,合同是否成立与其中的仲裁条款是否成立这两个问题常常纠缠不清。但是,仲裁法第十九条第一款开头部分"仲裁协议独立存在",是概括性、总领性的表述,应当涵盖仲裁协议是否存在即是否成立的问题,之后的表述则是进一步强调列举的几类情形也不能影响仲裁协议的效力。《最高人民法院关于适用〈中华人民共和国仲裁法〉若干问题的解释》第十条第二款进一步明确:"当事人在订立合同时就争议达成仲裁协议的,合同未成立不影响仲裁协议的效力。"因此,在确定仲裁条款效力包括仲裁条款是否成立时,可以先行确定仲裁条款本身的效力;在确有必要时,才考虑对整个合同的效力包括合同是否成立进行认定。本案亦依此规则,先根据本案具体情况来确定仲裁条款是否成立。

仲裁条款是否成立,主要是指当事人双方是否有将争议提交仲裁的合意,即是否达成了仲裁协议。仲裁协议是一种合同,判断双方是否就仲裁达成合意,应适用合同法关于要约、承诺的规定。从本案磋商情况看,当事人双方一直共同认可将争议提交仲裁解决。本案最早的《产权交易合同》,系北交所提供的标准文本,连同《债权清偿协议》由运裕公司等一方发给中苑城公司,两份合同均包含将争议提交北京仲裁委员会仲裁的条款。之后,当事人就仲裁机构进行了磋商。运裕公司等一方发出的合同草签版的仲裁条款,已将仲裁机构确定为深圳国际仲裁院。就仲裁条款而言,这是运裕公司等发出的要约。中苑城公司在合同草签版上盖章,表示同意,并于2017年5月11日将盖章合同文本送达运裕公司,这是中苑城公司的承诺。根据合同法第二十五条、第二十六条相关规定,承诺通知到达要约人时生效,承诺生效时合同成立。因此,《产权交易合同》《债权清偿协议》中的仲裁条款于2017年5月11日分别在两个合同的各方当事人之间成立。之后,当事人就合同某些其他事项进行交涉,但从未对仲裁条款有过争议。鉴于运裕公司等并未主张仲裁条款存在法定无效情形，故应当认定双方当事人之间存在有效的仲裁条款，双方争议应由深圳国际仲裁院进行仲裁。虽然运裕公司等没有在最后的合同文本上盖章，其法定代表人也未在文本上签字，不符合合同经双方法定代表人或授权代表签字并盖章后生效的要求，但根据《最高人民法院关于适用〈中华人民共和国仲裁法〉若干问题的解释》第十条第二款的规定，即使合同未成立，仲裁条款的效力也不受影响。在当事人已达成仲裁协议的情况下，对于本案合同是否成立的问题无需再行认定，该问题应在仲裁中解决。综上，运裕公司的理由和请求不能成立，人民法院驳回其申请。

（生效裁判审判人员：张勇健、高晓力、奚向阳、丁广宇、沈红雨）

## 指导性案例 197 号

# 深圳市实正共盈投资控股有限公司与深圳市交通运输局申请确认仲裁协议效力案

（最高人民法院审判委员会讨论通过　2022 年 12 月 27 日发布）

**关键词**　民事　申请确认仲裁协议效力　首次开庭　重新仲裁

**裁判要点**

当事人未在仲裁庭首次开庭前对仲裁协议的效力提出异议的，应当认定当事人接受仲裁庭对案件的管辖权。虽然案件重新进入仲裁程序，但仍是对同一纠纷进行的仲裁程序，当事人在重新仲裁开庭前对仲裁协议效力提出异议的，不属于《中华人民共和国仲裁法》第二十条第二款规定的"在仲裁庭首次开庭前提出"的情形。

**相关法条**

《中华人民共和国仲裁法》第二十条第二款

**基本案情**

深圳市实正共盈投资控股有限公司（以下简称实正共盈公司）诉称：实正共盈公司与深圳市交通运输局的纠纷由深圳国际仲裁院于 2020 年 2 月 20 日作出重新裁决的决定，该案目前尚未重新组庭，处于首次开庭前的阶段。两个案件程序相互独立，现在提起确认仲裁协议的效力时间应当被认定为首次开庭前，一审裁定依据《最高人民法院关于适用〈中华人民共和国仲裁法〉若干问题的解释》第十三条规定属于法律适用错误。

广东省深圳市交通运输局辩称：案涉仲裁案件于 2017 年 8 月 18 日首次开庭审理，庭审过程中，实正共盈公司当庭确认其对仲裁庭已经进行的程序没有异议，实正共盈公司已认可深圳国际仲裁院对案涉仲裁案件的管辖，其无权因案件进入重新仲裁程序而获得之前放弃的权利。一审裁定适用法律正确。

法院经审理查明：华南国际经济贸易仲裁委员会（又名深圳国际仲裁院，曾名中国国际经济贸易仲裁委员会华南分会、中国国际经济贸易仲裁委员会深圳分会）于 2016 年受理本案所涉仲裁案件。2017 年 8 月 18 日，仲裁庭进行开庭审理，在仲裁申请人陈述和固定仲裁请求依据的事实和理由前，仲裁庭询问"双方当事人对本案已经进行的程序，是否有异议"，本案申请人回答"没有异议"；在庭审结束时，本案申请人表示，"截止到目前对于已经进行的仲裁程序"没有异议。2018 年 3 月 29 日，华南国际经济贸易仲裁委员会作出裁决书。该裁决作出后，实正共盈公司向深圳市中级人民法院申请不予执行该仲裁裁决。法院经审查认为，可以由仲裁庭重新仲裁，由于仲裁庭在法院指定的期限内已同意重新仲裁，故不予执行仲裁裁决的审查程序应予终结。2020 年 2 月 26 日，法院裁定终结该案审查程序。

**裁判结果**

广东省深圳市中级人民法院于 2020 年 6 月 3 日作出（2020）粤 03 民特 249 号民事裁定，驳回申请人实正共盈公司的申请。实正共盈公司不服，向广东省高级人民法院提起上诉。广东省高级人民法院于 2020 年 9 月 18 日作出（2020）粤民终 2212 号民事裁定，驳回上诉，维持原裁定。

**裁判理由**

法院生效裁判认为：《中华人民共和国仲裁法》第二十条第二款规定："当事人对仲裁协议的效力有异议，应当在仲裁庭首次开庭前提出"，当事人未在仲裁庭首次开庭前对仲裁协议的效力提出异议的，视为当事人接受仲裁庭对案件的管辖权。本案虽然进入重新仲裁程序，但仍为同一纠纷，实正共盈公司在仲裁过程中未对仲裁协议效力提出异议并确认对仲裁程序无异议，其行为在重新仲裁过程中仍具有效力。根据《最高人民法院关于适用〈中华人民共和国仲裁法〉若干问题的解释》第十三条"依照仲裁法第二十条第二款的规定,当事人在仲裁庭首次开庭前没有对仲裁协议的效力提出异议,而后向人民法院申请确认仲裁协议无效的,人民法院不予受理"的规定,一审法院不应受理实正共盈公司提出的确认仲裁协议效力申请。一审法院受理本案后,根据《最高人民法院审理仲裁司法审查案件若干问题的规定》第八条第一款"人民法院立案后发现不符合受理条件的,裁定驳回申请"的规定,裁定驳回实正共盈公司的申请,并无不当。

(生效裁判审判人员:辜恩臻、潘晓璇、贺伟)

**指导性案例 198 号**

# 中国工商银行股份有限公司岳阳分行与刘友良申请撤销仲裁裁决案

(最高人民法院审判委员会讨论通过 2022 年 12 月 27 日发布)

**关键词** 民事 申请撤销仲裁裁决 仲裁协议 实际施工人

**裁判要点**

实际施工人并非发包人与承包人签订的施工合同的当事人,亦未与发包人、承包人订立有效仲裁协议,不应受发包人与承包人的仲裁协议约束。实际施工人依据发包人与承包人的仲裁协议申请仲裁,仲裁机构作出仲裁裁决后,发包人请求撤销仲裁裁决的,人民法院应予支持。

**相关法条**

《中华人民共和国仲裁法》第五十八条

**基本案情**

2012 年 8 月 30 日,中国工商银行股份有限公司岳阳分行(以下简称工行岳阳分行)与湖南巴陵建设有限公司(以下简称巴陵公司)签订《装修工程施工合同》,工行岳阳分行将其办公大楼整体装修改造内部装饰项目发包给巴陵公司,同时在合同第 15.11 条约定"本合同发生争议时,先由双方协商解决,协商不成时,向岳阳仲裁委员会申请仲裁解决"。2012 年 9 月 10 日,巴陵公司与刘友良签订《内部项目责任承包合同书》,巴陵公司将工行岳阳分行办公大楼整体装修改造内部装饰项目的工程内容及保修以大包干方式承包给刘友良，并收取一定的管理费及相关保证金。2013年7月23日，工行岳阳分行与巴陵公司又签订了《装饰安装工程施工补充合同》，工行岳阳分行将其八楼主机房碳纤维加固、防水、基层装饰、外屏管道整修、室内拆旧及未进入决算的相关工程发包给巴陵公司。由于工行岳阳分行未能按照约定支付工程款，2017年7月4日，刘友良以工行岳阳分行为被申请人向岳阳仲裁委员会申请仲裁。2017年8月7日，工行岳阳分行以其与刘友良未达成仲裁协议为由提出仲裁管辖异议。2017年8月8日，岳阳仲裁委员会以岳仲决字〔2017〕8号决定驳回了工行岳阳分行的仲裁管辖异议。2017年12月22日，岳阳仲裁委员会作出岳仲决字〔2017〕696号裁决，裁定工行岳阳分行向刘友良支付到期应付工程价款及违约金。工行岳阳分行遂向湖南省岳阳市中级人民法院申请撤销该仲裁裁决。

**裁判结果**

湖南省岳阳市中级人民法院于2018年11月12日作出（2018）湘06民特1号民事裁定，撤销岳阳仲裁委员会岳仲决字〔2017〕696号裁决。

**裁判理由**

法院生效裁判认为，仲裁协议是当事人达成的自愿将他们之间业已产生或可能产生的有关特定的无论是契约性还是非契约性的法律争议的全部或特定争议提交仲裁的合意。仲裁协议是仲裁机构取得管辖权的依据，是仲裁合法性、正当性的基础，其集中体现了仲裁自愿原则和协议仲裁制度。本案中，工行岳阳分行与巴陵公司签订的《装修工程施工合同》第15.11条约定"本合同发生争议时，先由双方协商解决，协商不成时，向岳阳仲裁委员会申请仲裁"，故工行岳阳分行与巴陵公司之间因工程款结算及支付引起的争议应当通过仲裁解决。但刘友良作为实际施工人，其并非工行岳阳分行与巴陵公司签订的《装修工程施工合同》的当事人，刘友良与工行岳阳分行及巴陵公司之间均未达成仲裁合意，不受该合同中仲裁条款的约束。除非另有约定，刘友良无权援引工行岳阳分行与巴陵公司之间《装修工程施工合同》中的仲裁条款向合同当事方主张权利。刘友良以巴陵公司的名义施工，巴陵公司作为《装修工程施工合同》的主体仍然存在并承担相应的权利义务，案件当事人之间并未构成《最高人民法院关于适用〈中华人民共和国仲裁法〉若干问题的解释》第八条规定的合同仲裁条款"承继"情形,亦不构成上述解释第九条规定的合同主体变更情形。2004年《最高人民法院关于审理建设工程施工合同纠纷案件适用法律问题的解释》第二十六条虽然规定实际施工人可以发包人为被告主张权利且发包人只在欠付工程款的范围内对实际施工人承担责任,但上述内容仅规定了实际施工人对发包人的诉权以及发包人承担责任的范围,不应视为实际施工人援引《装修工程施工合同》中仲裁条款的依据。综上,工行岳阳分行与刘友良之间不存在仲裁协议,岳阳仲裁委员会基于刘友良的申请以仲裁方式解决工行岳阳分行与刘友良之间的工程款争议无法律依据。实际施工人依据发包人与承包人的仲裁协议申请仲裁,仲裁机构作出仲裁裁决后,发包人请求撤销仲裁裁决的,人民法院应予支持。

(生效裁判审判人员:訚开海、宋红燕、苏洁)

## 指导性案例 199 号

## 高哲宇与深圳市云丝路创新发展基金企业、李斌申请撤销仲裁裁决案

(最高人民法院审判委员会讨论通过 2022年12月27日发布)

**关键词** 民事 申请撤销仲裁裁决 比特币 社会公共利益

**裁判要点**

仲裁裁决裁定被申请人赔偿与比特币等值的美元,再将美元折算成人民币,属于变相支持比特币与法定货币之间的兑付交易,违反了国家对虚拟货币金融监管的规定,违背了社会公共利益,人民法院应当裁定撤销仲裁裁决。

**相关法条**

《中华人民共和国仲裁法》第五十八条

**基本案情**

2017年12月2日,深圳市云丝路创新发展基金企业(以下简称云丝路企业)、高哲宇、李斌签订了《股权转让协议》,根据该协议约定,云丝路企业将其持有的深圳极驱科技有限公司(以下简称极驱公司)5%股权

以 55 万元转让给高哲宇；李斌同意代替高哲宇向云丝路企业支付 30 万元股权转让款，高哲宇直接向云丝路企业支付 25 万元股权转让款，同时高哲宇将李斌委托其进行理财的比特币全部归还至李斌的电子钱包。该协议签订后，高哲宇未履行合同义务。

云丝路企业、李斌向深圳仲裁委员会申请仲裁，主要请求为：变更云丝路企业持有的极驱公司 5% 股权到高哲宇名下，高哲宇向云丝路企业支付股权款 25 万元，高哲宇向李斌归还与比特币资产相等价值的美金 493158.40 美元及利息，高哲宇支付李斌违约金 10 万元。

仲裁庭经审理认为，高哲宇未依照案涉合同的约定交付双方共同约定并视为有财产意义的比特币等，构成违约，应予赔偿。仲裁庭参考李斌提供的 okcoin.com 网站公布的合同约定履行时点有关比特币收盘价的公开信息，估算应赔偿的财产损失为 401780 美元。仲裁庭裁决，变更云丝路企业持有的极驱公司 5% 股权至高哲宇名下；高哲宇向云丝路企业支付股权转让款 25 万元；高哲宇向李斌支付 401780 美元（按裁决作出之日的美元兑人民币汇率结算为人民币）；高哲宇向李斌支付违约金 10 万元。

高哲宇认为该仲裁裁决违背社会公共利益，请求人民法院予以撤销。

**裁判结果**

广东省深圳市中级人民法院于 2020 年 4 月 26 日作出（2018）粤 03 民特 719 号民事裁定，撤销深圳仲裁委员会（2018）深仲裁字第 64 号仲裁裁决。

**裁判理由**

法院生效裁判认为：《中国人民银行、工业和信息化部、中国银行业监督管理委员会、中国证券监督管理委员会、中国保险监督管理委员会关于防范比特币风险的通知》（银发〔2013〕289 号）明确规定，比特币不具有与货币等同的法律地位，不能且不应作为货币在市场上流通使用。2017 年中国人民银行等七部委联合发布关于防范代币发行融资风险的公告，重申了上述规定，同时从防范金融风险的角度，进一步提出任何所谓的代币融资交易平台不得从事法定货币与代币、虚拟货币相互之间的兑换业务，不得买卖或作为中央对手方买卖代币或虚拟货币，不得为代币或虚拟货币提供定价、信息中介等服务。上述文件实质上禁止了比特币的兑付、交易及流通，炒作比特币等行为涉嫌从事非法金融活动，扰乱金融秩序，影响金融稳定。涉案仲裁裁决高哲宇赔偿李斌与比特币等值的美元，再将美元折算成人民币，实质上是变相支持了比特币与法定货币之间的兑付、交易，与上述文件精神不符，违背了社会公共利益，该仲裁裁决应予撤销。

（生效裁判审判人员：朱萍、梁乐乐、赵雪琳）

## 指导性案例 200 号

# 斯万斯克蜂蜜加工公司申请承认和执行外国仲裁裁决案

（最高人民法院审判委员会讨论通过　2022 年 12 月 27 日发布）

**关键词**　民事　申请承认和执行外国仲裁裁决　快速仲裁　临时仲裁

**裁判要点**

仲裁协议仅约定通过快速仲裁解决争议，未明确约定仲裁机构的，由临时仲裁庭作出裁决，不属于《承认及执行外国仲裁裁决公约》第五条第一款规定的情形，被申请人以采用临时仲裁不符合仲裁协议约定为由，主张不予承认和执行该临时仲裁裁决的，人民法院不予支持。

**相关法条**

1.《中华人民共和国民事诉讼法》第二百九十条（本案适用的是 2017 年 6 月 27 日修正的《中华人民共和国民事诉讼法》第二百八十三条）

2.《承认及执行外国仲裁裁决公约》第五条

**基本案情**

2013 年 5 月 17 日，卖方南京常力蜂业有限公司（以下简称常力蜂业公司）与买方斯万斯克蜂蜜加工公司（Svensk Honungsfora-dling AB）（以下简称斯万斯克公司）签订了编号为 NJRS13001 的英文版蜂蜜销售《合同》，约定的争议解决条款为 "in case of disputes governed by Swedish law and that disputes should be settled by Expedited Arbitration in Sweden."（中文直译为：“在受瑞典法律管辖的情况下，争议应在瑞典通过快速仲裁解决。”）另《合同》约定了相应的质量标准：蜂蜜其他参数符合欧洲（2001/112/EC，2001 年 12 月 20 日），无美国污仔病、微粒子虫、瓦螨病等。

在合同履行过程中,双方因蜂蜜品质问题发生纠纷。2015 年 2 月 23 日,斯万斯克公司以常力蜂业公司为被申请人就案涉《合同》向瑞典斯德哥尔摩商会仲裁院申请仲裁,请求常力蜂业公司赔偿。该仲裁院于 2015 年 12 月 18 日以其无管辖权为由作出 SCCF2015/023 仲裁裁决,驳回了斯万斯克公司的申请。

2016 年 3 月 22 日,斯万斯克公司再次以常力蜂业公司为被申请人就案涉《合同》在瑞典申请临时仲裁。在仲裁审查期间,临时仲裁庭及斯德哥尔摩地方法院向常力蜂业公司及该公司法定代表人邮寄了相应材料,但截至 2017 年 5 月 4 日,临时仲裁庭除了收到常力蜂业公司关于陈述《合同》没有约定仲裁条款、不应适用瑞典法的两份电子邮件外,未收到其他任何意见。此后临时仲裁庭收到常力蜂业公司代理律师提交的关于反对仲裁庭管辖权及延长提交答辩书的意见书。2018 年 3 月 5 日、6 日,临时仲裁庭组织双方当事人进行了听证。听证中,常力蜂业公司的代理人对仲裁庭的管辖权不再持异议,常力蜂业公司的法定代表人赵上生也未提出相应异议。该临时仲裁庭于 2018 年 6 月 9 日依据瑞典仲裁法作出仲裁裁决:1. 常力蜂业公司违反了《合同》约定,应向斯万斯克公司支付 286230 美元及相应利息;2. 常力蜂业公司应向斯万斯克公司赔偿 781614 瑞典克朗、1021718.45 港元。

2018 年 11 月 22 日,斯万斯克公司向江苏省南京市中级人民法院申请承认和执行上述仲裁裁决。

法院审查期间,双方均认为应当按照瑞典法律来理解《合同》中的仲裁条款。斯万斯克公司认为争议解决条款的中文意思是"如发生任何争议,应适用瑞典法律并在瑞典通过快速仲裁解决"。而常力蜂业公司则认为上述条款的中文意思是"为瑞典法律管辖下的争议在瑞典进行快速仲裁解决"。

**裁判结果**

江苏省南京市中级人民法院于 2019 年 7 月 15 日作出(2018)苏 01 协外认 8 号民事裁定,承认和执行由 Peter Thorp、Sture Larsson 和 Nils Eliasson 组成的临时仲裁庭于 2018 年 6 月 9 日针对斯万斯克公司与常力蜂业公司关于 NJRS13001《合同》作出的仲裁裁决。

**裁判理由**

法院生效裁判认为:依据查明及认定的事实,由 Peter Thorp、Sture Larsson 和 Nils Eliasson 组成的临时仲裁庭作出的案涉仲裁裁决不具有《承认及执行外国仲裁裁决公约》第五条第一款乙、丙、丁项规定的不予承认和执行的情形,也不违反我国加入该公约时所作出的保留性声明条款,或违反我国公共政策或争议事项不能以仲裁解决的情形,故对该裁决应当予以承认和执行。

关于临时仲裁裁决的程序是否存在与仲裁协议不符的情形。该项争议系双方对《合同》约定的争议解决条款"in case of disputes governed by Swedish law and that disputes should be settled by Expedited Arbitration in Sweden."的理解问题。从双方对该条款中文意思的表述看,双方对在瑞典通过快速仲裁解决争端并无异议,仅对快速仲裁是否可以通过临时仲裁解决发生争议。快速仲裁相对于普通仲裁而言,更加高效、便捷、经济,其核心在于简化了仲裁程序、缩短了仲裁时间、降低了仲裁费用等,从而使当事人的争议以较为高效和经济的方式得到解决。而临时仲裁庭相对于常设的仲裁机构而言,也具有高效、便捷、经济的特点。具体到本案,双方同意通过快速仲裁的方式解决争议,但该快速仲裁并未排除通过临时仲裁的方式解决,当事人在仲裁听证过程中也没有对临时仲裁提出异议,在此情形下,由临时仲裁庭作出裁决,符合双方当事人的合意。故应认定案涉争议通过临时仲裁庭处理,并不存在与仲裁协议不符的情形。

(生效裁判审判人员:姜欣、蔡晓文、吴勇)

## 指导性案例 201 号

# 德拉甘·可可托维奇诉上海恩渥餐饮管理有限公司、吕恩劳务合同纠纷案

(最高人民法院审判委员会讨论通过 2022 年 12 月 27 日发布)

**关键词** 民事 劳务合同 《承认及执行外国仲裁裁决公约》 国际单项体育组织 仲裁协议效力

**裁判要点**

1. 国际单项体育组织内部纠纷解决机构作出的纠纷处理决定不属于《承认及执行外国仲裁裁决公约》项下的外国仲裁裁决。

2. 当事人约定,发生纠纷后提交国际单项体育组织解决,如果国际单

项体育组织没有管辖权则提交国际体育仲裁院仲裁,该约定不存在准据法规定的无效情形的,应认定该约定有效。国际单项体育组织实际行使了管辖权,涉案争议不符合当事人约定的提起仲裁条件的,人民法院对涉案争议依法享有司法管辖权。

**相关法条**

1. 《中华人民共和国涉外民事关系法律适用法》第十八条
2. 《承认及执行外国仲裁裁决公约》第一条第一款、第二款

**基本案情**

2017年1月23日,上海聚运动足球俱乐部有限公司(以下简称聚运动公司)与原告塞尔维亚籍教练员Dragan Kokotovic(中文名:德拉甘·可可托维奇)签订《职业教练工作合同》,约定德拉甘·可可托维奇作为职业教练为聚运动公司名下的足球俱乐部提供教练方面的劳务。2017年7月1日,双方签订《解除合同协议》,约定《职业教练工作合同》自当日终止,聚运动公司向德拉甘·可可托维奇支付剩余工资等款项。关于争议解决,《解除合同协议》第5.1条约定,"与本解除合同协议相关,或由此产生的任何争议或诉讼,应当受限于国际足联球员身份委员(FIFA Players' Status Committee,以下简称球员身份委员会)或任何其他国际足联有权机构的管理。"第5.2条约定,"如果国际足联对于任何争议不享有司法管辖权的,协议方应当将上述争议提交至国际体育仲裁院,根据《与体育相关的仲裁规则》予以受理。相关仲裁程序应当在瑞士洛桑举行。"

因聚运动公司未按照约定支付相应款项,德拉甘·可可托维奇向球员身份委员会申请解决涉案争议。球员身份委员会于2018年6月5日作出《单一法官裁决》,要求聚运动公司自收到该裁决通知之日起30日内向德拉甘·可可托维奇支付剩余工资等款项。《单一法官裁决》另载明,如果当事人对裁决结果有异议,应当按照规定程序向国际体育仲裁院提起上诉,否则《单一法官裁决》将成为终局性、具有约束力的裁决。后双方均未就《单一法官裁决》向国际体育仲裁院提起上诉。

之后,聚运动公司变更为上海恩渥餐饮管理有限公司(以下简称恩渥公司),吕恩为其独资股东及法定代表人。因恩渥公司未按照《单一法官裁决》支付款项,且因聚运动俱乐部已解散并不再在中国足球协会注册,上述裁决无法通过足球行业自治机制获得执行,德拉甘·可可托维奇向上海市徐汇区人民法院提起诉讼,请求法院判令:一、恩渥公司向德拉甘·

可可托维奇支付剩余工资等款项；二、吕恩就上述债务承担连带责任。恩渥公司和吕恩在提交答辩状期间对人民法院受理该案提出异议，认为根据《解除合同协议》第5.2条约定，案涉争议应当提交国际体育仲裁院仲裁，人民法院无管辖权，请求裁定对德拉甘·可可托维奇的起诉不予受理。

**裁判结果**

上海市徐汇区人民法院于2020年1月21日作出（2020）沪0104民初1814号民事裁定，驳回德拉甘·可可托维奇的起诉。德拉甘·可可托维奇不服一审裁定，提起上诉。上海市第一中级人民法院经审理，并依据《最高人民法院关于仲裁司法审查案件报核问题的有关规定》第八条规定层报上海市高级人民法院、最高人民法院审核，于2022年6月29日作出（2020）沪01民终3346号民事裁定，一、撤销上海市徐汇区人民法院（2020）沪0104民初1814号民事裁定；二、本案指令上海市徐汇区人民法院审理。

**裁判理由**

法院生效裁判认为：本案争议焦点包括两个方面：第一，球员身份委员会作出的《单一法官裁决》是否属于《承认及执行外国仲裁裁决公约》规定的外国仲裁裁决；第二，案涉仲裁条款是否可以排除人民法院的管辖权。

首先，球员身份委员会作出的涉案《单一法官裁决》不属于《承认及执行外国仲裁裁决公约》项下的外国仲裁裁决。根据《承认及执行外国仲裁裁决公约》的目的、宗旨及规定，《承认及执行外国仲裁裁决公约》项下的仲裁裁决是指常设仲裁机关或专案仲裁庭基于当事人的仲裁协议，对当事人提交的争议作出的终局性、有约束力的裁决，而球员身份委员会作出的《单一法官裁决》与上述界定并不相符。国际足联球员身份委员会的决定程序并非仲裁程序，而是行业自治解决纠纷的内部程序。第一，球员身份委员会系依据内部条例和规则受理并处理争议的国际单项体育组织内设的自治纠纷解决机构，并非具有独立性的仲裁机构；第二，球员身份委员会仅就其会员单位和成员之间的争议进行调处，其作出的《单一法官裁决》，系国际单项体育组织的内部决定，主要依靠行业内部自治机制获得执行，不具有普遍、严格的约束力，故不符合仲裁裁决的本质特征；第三，依据国际足联《球员身份和转会管理条例》第22条、第23条第4款之规定，国际足联处理相关争议并不影响球员或俱乐部就该争议向法院寻求救济的权利，当事人亦可就球员身份委员会作出的处理决定向国际体育仲裁院提起上诉。上述规定明确了国际足联的处理决定不具有终局性,不排除当事人寻求司法救济的权利。综上,球员身份委员会作出的《单一法官裁决》与《承认及执行外国仲裁裁决公约》项下"仲裁裁决"的界定不符,不宜认定为外国仲裁裁决。

其次,案涉仲裁条款不能排除人民法院对本案行使管辖权。案涉当事人在《解除合同协议》第5条约定,发生纠纷后应当首先提交球员身份委员会或者国际足联的其他内设机构解决,如果国际足联没有管辖权则提交国际体育仲裁院仲裁。既已明确球员身份委员会及国际足联其他内设机构的纠纷解决程序不属于仲裁程序,则相关约定不影响人民法院对本案行使管辖权。但当事人约定应将争议提交至国际体育仲裁院进行仲裁,本质系有关仲裁主管的约定,故需进一步审查仲裁协议的效力及其是否排除人民法院的管辖权。

因案涉协议中的仲裁条款并未明确约定相应的准据法,根据《中华人民共和国涉外民事关系法律适用法》第十八条之规定,有关案涉仲裁条款效力的准据法应为瑞士法。最高人民法院在依据《最高人民法院关于仲裁司法审查案件报核问题的有关规定》第八条规定审核案涉仲裁协议效力问题期间查明,瑞士关于仲裁协议效力的法律规定为《瑞士联邦国际私法》第178条。该条就仲裁协议效力规定如下:"(一)在形式上,仲裁协议如果是通过书写、电报、电传、传真或其他可构成书面证明的通讯方式作出,即为有效。(二)在实质上,仲裁协议如果符合当事人所选择的法律或支配争议标的的法律尤其是适用于主合同的法律或瑞士的法律所规定的条件,即为有效。(三)对仲裁协议的有效性不得以主合同可能无效或仲裁协议是针对尚未发生的争议为理由而提出异议。"结合查明的事实分析,《解除合同协议》第5.2条的约定符合上述瑞士法律的规定,故该仲裁条款合法有效。但依据该仲裁条款约定,只有在满足"国际足联不享有司法管辖权"的情形下,才可将案涉争议提交国际体育仲裁院进行仲裁。现球员身份委员会已经受理案涉争议并作出《单一法官裁决》,即本案争议已由国际足联行使了管辖权。因此,本案不符合案涉仲裁条款所约定的将争议提交国际体育仲裁院进行仲裁的条件,该仲裁条款不适用于本案,不能排除一审法院作为被告住所地人民法院行使管辖权。

(生效裁判审判人员:乔林、赵鹍、侯晓燕)

## 最高人民法院
## 关于发布第 37 批指导性案例的通知

2022 年 12 月 30 日　　　　　　　　　　　　法〔2022〕277 号

各省、自治区、直辖市高级人民法院，解放军军事法院，新疆维吾尔自治区高级人民法院生产建设兵团分院：

经最高人民法院审判委员会讨论决定，现将武汉卓航江海贸易有限公司、向阳等 12 人污染环境刑事附带民事公益诉讼案等十个案例（指导性案例 202—211 号），作为第 37 批指导性案例发布，供审判类似案件时参照。

**指导性案例 202 号**

## 武汉卓航江海贸易有限公司、向阳等 12 人污染环境刑事附带民事公益诉讼案

（最高人民法院审判委员会讨论通过　2022 年 12 月 30 日发布）

**关键词**　刑事　刑事附带民事公益诉讼　船舶偷排含油污水　损害认定　污染物性质鉴定

**裁判要点**

1. 船舶偷排含油污水案件中，人民法院可以根据船舶航行轨迹、污染防治设施运行状况、污染物处置去向，结合被告人供述、证人证言、专家意见等证据对违法排放污染物的行为及其造成的损害作出认定。

2. 认定船舶偷排的含油污水是否属于有毒物质时，由于客观原因无法

取样的，可以依据来源相同、性质稳定的舱底残留污水进行污染物性质鉴定。

**相关法条**

《中华人民共和国刑法》（根据 2011 年 5 月 1 日起施行的《中华人民共和国刑法修正案（八）》修正）第三百三十八条

《中华人民共和国水污染防治法》（2017 年 6 月 27 日修正）第五十九条

**基本案情**

被告单位武汉卓航江海贸易有限公司（以下简称卓航公司）通过租赁船舶从事国内水上货物定线运输业务，其经营的国裕 1 号船的航线为从江苏省南京市经安徽省芜湖市至浙江省台州市以及宁波市北仑港返回南京市。

依照法律法规，被告单位卓航公司制定《防止船舶造成污染管理须知》，该须知规定国裕 1 号船舱底含油污水可通过油水分离器处理达标后排放，也可由具备接收资质的第三方接收。被告单位卓航公司机务部常年不采购、不更换油水分离器滤芯，船舶油水分离器无法正常工作，分管机务部的副总经理等人指示工作人员用纯净水替代油水分离器出水口水样送检，纵容船舶逃避监管实施偷排；其亦未将含油污水交给有资质第三方处理，含油污水长期无合法处置去向。

2017 年 8 月至 2019 年 3 月间，先后担任国裕 1 号船船长的被告人向阳、担任轮机长的被告人殷江林、胡国政伙同同案其他被告人违反法律规定，先后五次偷排船舶含油污水。后又购买污水接收证明自行填写后附于油类记录簿应付检查。2019 年 3 月，经举报，国裕 1 号船将含油污水偷排入长江的行为及作案工具被查获。

归案后，被告人向阳等各被告人供述了国裕 1 号船轮机长等为公司利益多次指使轮机部管轮、机工等人逃避监管，拒不执行法律法规规定的防污措施，于 2017 年 8 月至 2019 年 3 月五次将舱底含油污水不经油水分离器处理偷排至长江及近海自然水域的事实。各被告人供述能够相互印证，并有证人证言佐证，亦与涉案船舶常年定线运行，含油污水积累速度和偷排频率相对稳定的情形相符，足以认定案件相关事实。

因排入外界的含油污水因客观原因已无法取样，鉴于案涉船舶常年定线运输、偷排频次稳定，设备及操作规程没有变化，舱底残留含油污水与排入外界的含油污水，来源相同且性质稳定，不存在本质变化，故就舱底残留含油污水取样送检。经鉴定，国裕 1 号船舱底含油污水属于"有毒物质"。生态环境损害的专家评估意见证实，以虚拟治理成本法计算得出五次偷排含油污水造成的生态环境损害数额为 10000 元至 37500 元。

江苏省南京市鼓楼区人民检察院同时提起刑事附带民事公益诉讼，指控被告单位卓航公司及各被告人犯污染环境罪，并请求判令被告卓航公司承担本案环境损害赔偿费用 23750 元、专家评估费用 9000 元及公告费用 700 元。

**裁判结果**

江苏省南京市玄武区人民法院于 2020 年 7 月 16 日以 (2020) 苏 0102 刑初 24 号刑事附带民事判决，认定被告单位卓航公司犯污染环境罪，判处罚金人民币四万元；以污染环境罪分别判处被告人向阳等十二名被告人有期徒刑一年六个月至八个月，并处罚金人民币三万元至一万元；判令附带民事公益诉讼被告卓航公司支付生态环境损害赔偿费用人民币 23750 元及专家评估费用人民币 9000 元、公告费用人民币 700 元，合计人民币 33450 元。宣判后，被告人向阳提出上诉。南京市中级人民法院于 2020 年 12 月 23 日以 (2020) 苏 01 刑终 575 号刑事附带民事裁定，驳回上诉，维持原判。

**裁判理由**

法院生效裁判认为：根据水污染防治法等法律法规，被告单位卓航公司虽制定了舱底含油污水等污染环境防治措施，但相关措施在实际运行中流于形式，没有实际执行，用于防治污染的油水分离器不能正常使用。被告单位卓航公司弄虚作假获取油水分离器水样合格的检测报告、低价购置含油污水接收证明逃避监管。案涉船舶常年定线运输，航线上千公里，随着航程增加必然产生并持续累积含油污水，但含油污水既未经油水分离器处理又未交由有资质第三方接收。各被告人供述、证人证言及在案物证关于偷排污水行为的方式、时间、参与人员的内容互相吻合，足以认定各被告人实施了将含油污水排至长江及近海水域的污染环境行为。涉案含油污水的性质稳定，案涉船舶常年定线运输，设备、操作规程及含油污水产生机理稳定，舱底残留含油污水与被偷排的污水系同一整体、性状一致，可以取样据以进行污染物性质鉴定。经鉴定，该含油污水系有毒物质。

案涉污染环境行为系为了被告单位卓航公司的单位利益，在公司分管副总经理指使下,由国裕1号船船长、国裕1号船轮机长、机工等多人参与,共同将未经处理的舱底含油污水偷排至驶经的长江及近海水域,应当认定为单位犯罪。卓航公司违反国家规定,以逃避监管的方式排放有毒物质,严重污染环境,其行为构成污染环境罪。被告人向阳等各被告人系单位犯罪中直接负责的主管人员或其他直接责任人员,应当以污染环境罪对其定罪处罚。

附带民事公益诉讼被告卓航公司污染环境,依法应承担生态环境损害赔偿责任。卓航公司将未经处理的舱底含油污水多次偷排至自然水域,专家意见以虚拟治理成本法量化生态环境损害数额并无不当,卓航公司对此不持异议。经评估,案涉船舶五次将未经处理的舱底含油污水偷排至驶经的长江及近海水域行为造成的生态环境损害数额为 10000 元至 37500 元。公益诉讼起诉人南京市鼓楼区人民检察院取其中间值主张的生态环境损害赔偿费用数额,具有法律和事实依据,依法予以支持。公益诉讼起诉人主张的专家评估费用及公告费用,属于为诉讼支出的合理费用,依法予以支持。

(生效裁判审判人员:姜立、刘尚雷、于元祝)

## 指导性案例 203 号

### 左勇、徐鹤污染环境刑事附带民事公益诉讼案

(最高人民法院审判委员会讨论通过  2022年12月30日发布)

**关键词**  刑事  刑事附带民事公益诉讼  应急处置措施  必要合理范围  公私财产损失  生态环境损害

**裁判要点**

对于必要、合理、适度的环境污染处置费用,人民法院应当认定为属于污染环境刑事附带民事公益诉讼案件中的公私财产损失及生态环境损害赔偿范围。对于明显超出必要合理范围的处置费用,不应当作为追究被告人刑事责任,以及附带民事公益诉讼被告承担生态环境损害赔偿责任的依据。

**相关法条**

《中华人民共和国刑法》（根据 2011 年 5 月 1 日起施行的《中华人民共和国刑法修正案（八）》修正）第三百三十八条

**基本案情**

自 2018 年 6 月始，被告人左勇在江苏省淮安市淮安区车桥镇租赁厂房，未经审批生产铝锭，后被告人徐鹤等人明知左勇无危险废物经营许可证，仍在左勇上述厂房中筛选铝灰生产铝锭，共计产生约 100 吨废铝灰。2019 年 4 月 23 日，左勇、徐鹤安排人员在淮安市淮安区车桥镇大兴村开挖坑塘倾倒上述废铝灰。在倾倒 20 余吨时，因废铝灰发热、冒烟被群众发现制止并报警。

同年 4 月 24 日，淮安市淮安区原环境保护局委托江苏新锐环境监测有限公司司法鉴定所对坑塘内废铝灰进行取样鉴定、委托淮安翔宇环境检测技术有限公司对涉案坑塘下风向的空气与废气进行取样检测。4 月 28 日，经淮安翔宇环境检测技术有限公司检测，涉案坑塘下风向氨超标。4 月 29 日，经江苏新锐环境监测有限公司司法鉴定所鉴定，涉案倾倒的废铝灰 13 个样品中，有 4 个样品氟化物（浸出毒性）超出标准值，超标份样数超出了《危险废物鉴别技术规范》（HJ/T 298—2007）中规定的相应下限值，该废铝灰为具有浸出毒性特性的危险废物。《国家危险废物名录》（2021 版）规定再生铝和铝材加工过程中，废铝及铝锭重熔、精炼、合金化、铸造熔体表面产生的铝灰渣及其回收铝过程产生的盐渣和二次铝灰属于危险废物。

同年 4 月 27 日，淮安市淮安区车桥镇人民政府组织人员对上述燃烧的废铝灰用土壤搅拌熄灭，搅拌后的废铝灰与土壤的混合物重 453.84 吨。

2019 年 11 月，江苏省环境科学研究院受淮安市淮安区车桥镇人民政府委托，编制应急处置方案认为：涉案废铝灰与土壤的混合物因经费及时间问题未进行危险废物属性鉴别工作，根据《国家危险废物名录》（2016 版）豁免管理清单第 10 条规定，建议采用水泥窑协同处置方式进行处置。该院对此次事件生态环境损害评估认为：本次污染事件无人身损害，存在财产损害，费用主要包括财产损害费用、应急处置费用和生态环境损害费用。财产损害费用为清理过程中造成农户的小麦、油菜、蚕豆、蔬菜损失共计 3400 元；应急处置费用包括应急监测费用 7800 元（实收 7200 元）、废铝灰与土壤的混合物的清理费用 76161 元、处置费用因暂未处置暂按

1000 元/吨估算；生态环境损害费用 18000 元（坑塘回填恢复，即填土费用）。

2020 年 3 月 18 日，淮安市淮安区车桥镇人民政府委托南京中联水泥有限公司对废铝灰与土壤的混合物按照危险废物进行处置，处置单价为 2800 元/吨，该价格含税、含运费。此外还产生江苏新锐环境监测有限公司鉴定费用 80000 元、江苏省环境科学研究院应急处置方案费用 70000 元及生态环境损害评估费用 250000 元，合计 400000 元。

关于本案应急处置的相关问题，江苏省环境科学研究院出庭鉴定人明确，应急处置方案针对的是已经清挖出的废铝灰与土壤的混合物，该混合物不能直接判定为危险废物，按照豁免程序处理可提高经济性和实操性，本案受污染的土壤采用水泥窑协同处置的价格为 1000 元/吨。出庭有专门知识的人认为，铝灰不会大面积燃烧，只需用土壤将明火掩盖即可，20 吨废铝灰经土壤混合搅拌后，清理出的混合物应在 60 吨至 120 吨范围内，否则属于过度处置。

淮安市淮安区人民检察院提起刑事附带民事环境公益诉讼，指控被告人左勇、徐鹤犯污染环境罪，请求判令被告左勇、徐鹤共同赔偿污染环境造成的财产损害费用 3400 元、应急处置费用 1431788 元、生态环境损害费用 18000 元以及检验、鉴定等其他合理费用 400000 元，合计 1853188 元；判令被告左勇、徐鹤在淮安市级媒体上向社会公众公开赔礼道歉。

### 裁判结果

江苏省盱眙县人民法院于 2021 年 6 月 24 日以（2019）苏 0830 刑初 534 号刑事附带民事判决，认定被告人左勇犯污染环境罪，判处有期徒刑二年，并处罚金人民币五万元；被告人徐鹤犯污染环境罪，判处有期徒刑二年，并处罚金人民币五万元；责令被告人左勇退缴违法所得人民币 13000 元，上缴国库；被告人左勇、徐鹤连带赔偿财产损害费用人民币 3400 元、应急处置费用人民币 156489 元、生态环境损害费用人民币 18000 元、鉴定评估等事务性费用等人民币 400000 元，合计人民币 577889 元，于判决生效后十五日内履行；责令被告人左勇、徐鹤在淮安市级媒体上向社会公众公开赔礼道歉；驳回刑事附带民事公益诉讼起诉人淮安市淮安区人民检察院的其他诉讼请求。宣判后，没有上诉、抗诉，判决已生效。

### 裁判理由

法院生效裁判认为：被告人左勇、徐鹤违反国家规定，共同倾倒危险废物,严重污染环境,其行为均已构成污染环境罪。二被告人的行为造成了生态环境损害,损害了社会公共利益,除应受到刑事处罚外,还应依法承担相应的民事责任,包括赔偿损失和赔礼道歉,被告人左勇、徐鹤依法应对造成的生态环境损害后果承担连带赔偿责任。

为维护国家利益和社会公共利益,刑事附带民事公益诉讼起诉人主张两被告人承担生态环境损害赔偿责任,应予以支持,但生态环境损害数额的确定应当遵循合理、必要原则。检察机关在提起公益诉讼时,更应当基于社会公共利益目的、公平正义立场和节约资源、保护生态环境原则,合理提出诉求、准确审查证据。即环境污染事故发生后,行政机关采取应急处置措施应当以必要、合理、适度为原则。对必要、合理、适度的处置费用,应当作为追究被告人刑事责任、承担生态环境损害赔偿责任的依据。但明显超出必要、合理范围的处置费用,不应当认定为环境污染事故造成的公私财产损失,不能将此不合理处置费用作为追究被告人刑事责任的依据,也不能据此作为被告人承担生态环境损害赔偿责任的依据。本案的焦点在于应急处置措施是否超出了必要、合理的限度。

一、关于用400余吨土壤覆盖20余吨废铝灰的应急处置措施是否合理、必要问题

污染环境事故发生后,行政机关为消除危险、清除污染、防止损害后果进一步扩大所采取应急处置的手段和方式应当予以认可,但在条件允许的前提下,仍应当以必要、合理、适度处置为基本原则。本案中,相关行政机关接到报警赴现场勘查后已经确定倾倒的物质系废铝灰。废铝灰不会大面积燃烧,即使局部燃烧只需用土壤将明火掩盖即可。对废铝灰的处置技术即"泥土覆盖"技术相对简单且具有普适性,本案应急处置与污染事件发生间隔几天,时间上已经不具有紧迫性,应急处置人员有充足的时间研究、制定更加合理的方案。行政机关组织人员采用土壤混合搅拌的措施具有可行性,能够达到应急的效果,但使用的泥土量应当在合理、必要范围内,否则既会造成受污染的土壤过多,消耗国家资源,也会增加相应的处置费用。本案实际清挖出混合物数量是专家建议最高值的近4倍,差距过大,此次环境污染事件使用土壤搅拌后清理出混合物453.84吨属于处置过当。根据适度处置、节约资源的原则并结合专家意见,酌定此污染事件清理出混合物合理必要的数量为120吨。

二、关于将废铝灰与土壤的混合物直接按照危险废物以 2800 元/吨价格委托处置是否合理问题

江苏省环境科学研究院制作的应急处置方案明确载明,本案中涉案废铝灰混合物转移和处置可以根据《国家危险废物名录》(2016 版)豁免管理清单第 10 条规定,不按危险废物进行管理,并建议采用水泥窑协同处置方式进行处置,处置费用估算为 1000 元/吨(含运费)。故该混合物的处置、利用可以不按危险废物进行管理,直接以受污染的土壤即 1000 元/吨的价格送交处置更加合理。但本案处置价格过高,对超出 1000 元/吨的部分,不予认定。

三、关于生态环境损害评估报告中未列入,但已实际发生的装车列支费用与运输费用是否应当计入应急处置费用的问题

经查,应急处置人员在实际处置废铝灰与土壤的混合物时,产生了混合物装车列支费用与运输费用。到庭的鉴定人明确表示生态环境损害评估报告中 1000 元/吨的处置费用包含运输费用但不包含装车列支费用,故实际处置中额外支付的运输费用,属于不合理、不必要范围,故不予支持;但装车列支费用属于《最高人民法院关于审理环境民事公益诉讼案件适用法律若干问题的解释》第十九条规定的"原告为停止侵害、排除妨碍、消除危险采取合理预防、处置措施而发生的费用",予以支持。

四、关于公私财产损失数额认定及附带民事公益诉讼赔偿数额认定的问题

经查,本案的公私财产损失包括污染环境行为直接造成的财产损失、减少的实际价值,亦包括污染场地回填等为防止污染扩大、消除污染而采取必要合理措施所产生的费用,以及处置突发环境事件的应急监测费用。依据江苏省环境科学研究院评估,结合实际处置情况,认定被告人左勇、徐鹤污染环境行为造成的公私财产损失数额如下:1. 财产损害费用 3400 元:即清理过程中造成农户的小麦、油菜、蚕豆、蔬菜损失共计 3400 元。2. 应急处置费用:156489 元。应急处置费用包括:(1)应急监测费用 7200 元;(2)清理费用 20137 元;(3)处置费用 129152 元。3. 生态环境损害费用:18000 元。坑塘经过应急清理后已基本消除污染,但需要进行回填恢复,填土费用 18000 元。以上费用共计 177889 元。即公私财产损失数额应当认定为 177889 元,但未达到司法解释规定的 1000000 元,不属于后果特别严重情节。

附带民事公益诉讼起诉人主张赔偿的生态环境损害数额包括上述公私财产损失数额，同时还包括生态环境损害赔偿鉴定及评估费用、应急方案编制费用共计 400000 元。综上，被告人左勇、徐鹤应当承担的生态环境损害赔偿数额共计 577889 元。

（生效裁判审判人员：孙在桐、蒋莹莹、王玉林、张春艳、翟顺昌、陈志艺、薛琴）

## 指导性案例 204 号

## 重庆市人民检察院第五分院诉重庆瑜煌电力设备制造有限公司等环境污染民事公益诉讼案

（最高人民法院审判委员会讨论通过  2022 年 12 月 30 日发布）

**关键词**  民事  环境污染民事公益诉讼  环保技术改造  费用抵扣  生态环境损害赔偿金

**裁判要点**

1. 受损生态环境无法修复或无修复必要，侵权人在已经履行生态环境保护法律法规规定的强制性义务基础上，通过资源节约集约循环利用等方式实施环保技术改造，经评估能够实现节能减排、减污降碳、降低风险效果的，人民法院可以根据侵权人的申请，结合环保技术改造的时间节点、生态环境保护守法情况等因素，将由此产生的环保技术改造费用适当抵扣其应承担的生态环境损害赔偿金。

2. 为达到环境影响评价要求、排污许可证设定的污染物排放标准或者履行其他生态环境保护法律法规规定的强制性义务而实施环保技术改造发生的费用，侵权人申请抵扣其应承担的生态环境损害赔偿金的，人民法院不予支持。

**相关法条**

《中华人民共和国环境保护法》第三十六条、第四十条第一款

《中华人民共和国循环经济促进法》第三条

**基本案情**

重庆市鹏展化工有限公司（以下简称鹏展公司）、重庆瑜煌电力设备制造有限公司（以下简称瑜煌公司）、重庆顺泰铁塔制造有限公司（以下简称顺泰公司）均无危险废物经营资质。2015年4月10日，鹏展公司分别与瑜煌公司、顺泰公司签订合同，约定鹏展公司以420元/吨的价格向瑜煌公司、顺泰公司出售盐酸，由鹏展公司承担运费。前述价格包含销售盐酸的价格和鹏展公司将废盐酸运回进行处置的费用。2015年7月开始，鹏展公司将废盐酸从瑜煌公司、顺泰公司运回后，将废盐酸直接非法排放。2015年7月至2016年3月，鹏展公司非法排放废盐酸累计至少达717.14吨，造成跳蹬河受到污染。经评估，本次事件生态环境损害数额为6454260元，同时还产生事务性费用25100元及鉴定费5000元。本次污染事件发生后，瑜煌公司和顺泰公司投入资金开展酸雾收集、助镀槽再生系统等多个方面的技术改造，环境保护水平有所提升。公益诉讼起诉人重庆市人民检察院第五分院认为鹏展公司、瑜煌公司和顺泰公司应承担本次环境污染事件造成的损失，遂向人民法院提起诉讼请求判决鹏展公司、瑜煌公司、顺泰公司承担生态环境损害赔偿金及鉴定费等共计6484360元，并向社会公众赔礼道歉。

**裁判结果**

重庆市第五中级人民法院于2019年11月29日作出（2019）渝05民初256号民事判决：一、被告鹏展公司赔偿因非法排放废盐酸产生的生态环境修复费用6479360元、技术咨询费5000元，合计6484360元，限本判决生效之日起十日内支付至本院指定的司法生态修复费专款账户。二、被告瑜煌公司和被告顺泰公司对本判决第一项确定的被告鹏展公司的赔偿款分别承担3242180元的连带清偿责任。三、被告鹏展公司、瑜煌公司和被告顺泰公司在本判决生效之日起三十日内在重庆市市级以上媒体向社会公众赔礼道歉。宣判后，瑜煌公司和顺泰公司不服，提起上诉，并在二审中提出分期支付申请和对其技改费用予以抵扣请求。重庆市高级人民法院于2020年12月25日作出（2020）渝民终387号民事判决：一、维持重庆市第五中级人民法院（2019）渝05民初256号民事判决第一、第三项。二、撤销重庆市第五中级人民法院（2019）渝05民初256号民事判决第二项。三、瑜煌公司、顺泰公司对鹏展公司应承担的生态环境损害赔偿金分别承担3242180元的连带清偿责任，在向重庆市第五中级人民法院提供有效担保后，按照25%、25%及50%的比例分三期支付。具体支付时间为本判决生效之日起十日内各支付809920元及技术咨询费2500元；2021年12月31日前各支付809920元；2022年12月31日前各支付1619840元。技术咨询费在执行到位后十日内支付到重庆市人民检察院第五分院指定的账户。四、如果瑜煌公司、顺泰公司在本判决生效后实施技术改造，在相同产能的前提下明显减少危险废物的产生或降低资源的消耗，且未因环境违法行为受到处罚，其已支付的技术改造费用可以凭技术改造效果评估意见和具有法定资质的中介机构出具的技术改造投入资金审计报告，可在支付第三期款项时向人民法院申请抵扣。

**裁判理由**

法院生效裁判认为，根据《中华人民共和国固体废物污染环境防治法》（2015年修正）第五十七条规定，从事收集、贮存、处置危险废物经营活动的单位，必须向县级以上人民政府环境保护行政主管部门申请领取经营许可证；从事利用危险废物经营活动的单位，必须向国务院环境保护行政主管部门或者省、自治区、直辖市人民政府环境保护行政主管部门申请领取经营许可证。本案中，瑜煌公司、顺泰公司作为危险废物的生产者，却将涉案危险废物交由未取得危险废物经营许可证的鹏展公司处置，违反了危险废物污染防治的法定义务。鹏展公司非法排放的危险废物中无法区分瑜煌公司、顺泰公司各自提供的具体数量或所占份额，构成共同侵权，故瑜煌公司和顺泰公司应对鹏展公司所造成的生态环境损害承担连带责任。

环境公益诉讼作为环境保护法确立的重要诉讼制度，其诉讼目的不仅仅是追究环境侵权责任，更重要的是督促引导环境侵权人实施环境修复，鼓励企业走生态优先、绿色发展的道路，实现环境保护同经济建设和社会发展相协调。瑜煌公司和顺泰公司在案涉污染事件发生后实施技术改造，并请求以技术改造费用抵扣生态环境损害赔偿金。对技术改造费用能否用以抵扣应承担的生态环境损害赔偿金的问题，应秉持前述环境司法理念，对企业实施的环保技术改造的项目和目的加以区分，分类对待。如果企业实施的环保技术改造的项目和目的仅满足其环境影响评价要求、达到排污许可证设定的污染物排放标准或者履行其他法定的强制性义务，那么对该部分技术改造费用应不予抵扣；如果企业在已完全履行法律对企业设定的强制性环境保护义务基础之上，通过使用清洁能源、采用更优技术、工艺或设备等方式，实现资源利用率更高、污染物排放量减少、废弃物综合利用率提升等效果，则该部分技术改造费用就应考虑予以适当抵扣。

本案中，由于河流具有自净能力，受到污染的水体现已无必要进行生态环境修复。瑜煌公司和顺泰公司愿意继续进行技术改造，其承诺实施的技术改造，有利于实现污染物的减量化、再利用和资源化，亦有利于降低当地的环境风险。因此，将瑜煌公司和顺泰公司已实际支付的环保技术改造费用于抵扣其应承担的生态环境损害赔偿金，符合环境公益诉讼维护社会公共利益的目的。为支持企业绿色转型，鼓励瑜煌公司和顺泰公司投入更多的资金用于节能减排，法院将瑜煌公司和顺泰公司各自可以抵扣的上限设定为其应承担的生态环境损害赔偿金的50%。故瑜煌公司和顺泰公司在本判决生效后开展技术改造，在相同产能的前提下明显减少危险废物的产生或降低资源的消耗，且未因环境违法行为受到处罚，其已支付的技术改造费用凭技术改造效果评估意见和具有法定资质的中介机构出具的技术改造投入资金审计报告，可向人民法院申请抵扣。

在环境民事公益诉讼案件中，既要确保受损的生态环境得到及时有效修复，又要给予正确面对自身环境违法行为、愿意积极承担环境法律责任的企业继续进行合法生产经营的机会，实现保护生态环境与促进经济发展的平衡。新冠肺炎疫情期间，瑜煌公司和顺泰公司的生产经营受到一定影响，两家企业在案发后投入大量资金实施技术改造，且部分尚欠的技术改造费用已到清偿期，两家企业当前均出现一定程度的经营困难。为促发展、稳预期、保民生，最大限度维持企业的持续经营能力，对瑜煌公司和顺泰公司请求分期支付的意见予以采纳，准许其两年内分三期支付生态环境损害赔偿金。

（生效裁判审判人员：唐亚林、赵翎、黄成）

## 指导性案例 205 号

## 上海市人民检察院第三分院诉郎溪华远固体废物处置有限公司、宁波高新区米泰贸易有限公司、黄德庭、薛强环境污染民事公益诉讼案

（最高人民法院审判委员会讨论通过　2022 年 12 月 30 日发布）

**关键词**　民事　环境污染民事公益诉讼　固体废物　走私　处置费用

**裁判要点**

1. 侵权人走私固体废物，造成生态环境损害或者具有污染环境、破坏生态重大风险，国家规定的机关或者法律规定的组织请求其依法承担生态环境侵权责任的，人民法院应予支持。在因同一行为引发的刑事案件中未被判处刑事责任的侵权人主张不承担生态环境侵权责任的，人民法院不予支持。

2. 对非法入境后因客观原因无法退运的固体废物采取无害化处置是防止生态环境损害发生和扩大的必要措施，所支出的合理费用应由侵权人承担。侵权人以固体废物已被行政执法机关查扣没收，处置费用应纳入行政执法成本作为抗辩理由的，人民法院不予支持。

**相关法条**

《中华人民共和国民法典》第一百七十九条、第一百八十七条（本案适用的是自 2010 年 7 月 1 日起实施的《中华人民共和国侵权责任法》第四条、第十五条）

**基本案情**

法院经审理查明：2015 年初，郎溪华远固体废物处置有限公司（以下简称华远公司）法定代表人联系黄德庭，欲购买进口含铜固体废物，黄德庭随即联系宁波高新区米泰贸易有限公司（以下简称米泰公司）实际经营者陈亚君以及薛强，商定分工开展进口含铜固体废物的活动。同年 9 月，薛强在韩国组织了一票 138.66 吨的铜污泥，由米泰公司以铜矿砂品名制作了虚假报关单证，并将进口的货物清单以传真等方式告知华远公司，华远公司根据货物清单上的报价向米泰公司支付了货款 458793.90 元，再由黄德庭在上海港报关进口。后该票固体废物被海关查获滞留港区，无法退运，危害我国生态环境安全。上海市固体废物管理中心认为，涉案铜污泥

中含有大量重金属，应从严管理，委托有危险废物经营许可证单位进行无害化处置。经上海市价格认证中心评估，涉案铜污泥处置费用为1053700元。

另查明，2017年12月25日，上海市人民检察院第三分院就米泰公司、黄德庭、薛强共同实施走私国家禁止进口固体废物，向上海市第三中级人民法院提起公诉。上海市第三中级人民法院于2018年9月18日作出（2018）沪03刑初8号刑事判决，判决米泰公司犯走私废物罪，判处罚金二十万元；黄德庭犯走私废物罪，判处有期徒刑四年，并处罚金三十万元；薛强犯走私废物罪，判处有期徒刑二年，并处罚金五万元。该刑事判决已生效。

**裁判结果**

上海市第三中级人民法院于2019年9月5日作出（2019）沪03民初11号民事判决：被告米泰公司、被告黄德庭、被告薛强、被告华远公司于本判决生效之日起十日内，连带赔偿非法进口固体废物（铜污泥）的处置费1053700元，支付至上海市人民检察院第三分院公益诉讼专门账户。华远公司不服，提起上诉。上海市高级人民法院于2020年12月25日作出（2019）沪民终450号民事判决：驳回上诉，维持原判。

**裁判理由**

法院生效裁判认为：行为人未在走私废物犯罪案件中被判处刑事责任，不代表其必然无须在民事公益诉讼中承担民事责任，是否应当承担民事责任，需要依据民事法律规范予以判断，若符合相应民事责任构成要件的，仍应承担民事赔偿责任。本案中，相关证据能够证明华远公司与米泰公司、黄德庭、薛强之间就进口铜污泥行为存在共同商议，其属于进口铜污泥行为的需求方和发起者，具有共同的侵权故意，符合共同实施环境民事侵权行为的构成要件。

对于非法入境的国家禁止进口的固体废物，即使因被查扣尚未造成实际的生态环境损害，但对国家生态环境安全存在重大侵害风险的，侵权行为人仍应负有消除危险的民事责任。相关行为人应当首先承担退运固体废物的法律责任，并由其自行负担退运成本，在无法退运的情形下，生态环境安全隐患和影响仍客观存在，行为人不应当因无法退运而免除排除污染风险的法律责任。故在本案中，四被告应当共同承担消除危险的民事责任。

针对非法入境而滞留境内的固体废物，无害化处置是消除危险的必要措施，相应的处置费用应由侵权行为人承担。为防止生态环境损害的发生，行为人应当承担为停止侵害、消除危险等采取合理预防、处置措施而发生的费用。案涉铜污泥无法退运，为消除环境污染危险，需要委托有关专业单位采取无害化处置，此系必要的、合理的预防处置措施。相关费用属于因消除污染危险而产生的费用，华远公司与其他各方应承担连带赔偿责任。侵权行为人以固体废物已被行政执法机关查扣没收，处置费用应纳入行政执法成本作为抗辩理由的，不应予以支持。

（生效裁判审判人员：殷勇磊、张心全、陈振宇）

## 指导性案例 206 号

# 北京市人民检察院第四分院诉朱清良、朱清涛环境污染民事公益诉讼案

（最高人民法院审判委员会讨论通过 2022年12月30日发布）

**关键词** 民事 环境污染民事公益诉讼 土壤污染 生态环境功能损失赔偿 生态环境修复 修复效果评估

**裁判要点**

1. 两个以上侵权人分别实施污染环境、破坏生态行为造成同一损害，每一个侵权人的污染环境、破坏生态行为都不足以造成全部损害，部分侵权人根据修复方案确定的整体修复要求履行全部修复义务后，请求以代其他侵权人支出的修复费用折抵其应当承担的生态环境服务功能损失赔偿金的，人民法院应予支持。

2. 对于侵权人实施的生态环境修复工程，应当进行修复效果评估。经评估，受损生态环境服务功能已经恢复的，可以认定侵权人已经履行生态环境修复责任。

**相关法条**

《中华人民共和国民法典》第一千一百六十七条、第一千二百二十九条（本案适用的是自2010年7月1日起实施的《中华人民共和国侵权责任法》第二十一条、第六十五条）

**基本案情**

2015年10月至12月,朱清良、朱清涛在承包土地内非法开采建筑用砂89370.8立方米,价值人民币4468540元。经鉴定,朱清良二人非法开采的土地覆被类型为果园,地块内原生土壤丧失,原生态系统被完全破坏,生态系统服务能力严重受损,确认存在生态环境损害。鉴定机构确定生态环境损害恢复方案为将损害地块恢复为园林地,将地块内缺失土壤进行客土回填,下层回填普通土,表层覆盖60厘米种植土,使地块重新具备果树种植条件。恢复工程费用评估核算为2254578.58元。北京市人民检察院第四分院以朱清良、朱清涛非法开采造成土壤受损,破坏生态环境,损害社会公共利益为由提起环境民事公益诉讼(本案刑事部分另案审理)。

2020年6月24日,朱清良、朱清涛的代理人朱某某签署生态环境修复承诺书,承诺按照生态环境修复方案开展修复工作。修复工程自2020年6月25日开始,至2020年10月15日完成。2020年10月15日,北京市房山区有关单位对该修复工程施工质量进行现场勘验,均认为修复工程依法合规、施工安全有序开展、施工过程中未出现安全性问题、环境污染问题,施工程序、工程质量均符合修复方案要求。施工过程严格按照生态环境修复方案各项具体要求进行,回填土壤质量符合标准,地块修复平整,表层覆盖超过60厘米的种植土,已重新具备果树种植条件。

上述涉案土地内存在无法查明的他人倾倒的21392.1立方米渣土,朱清良、朱清涛在履行修复过程中对该部分渣土进行环境清理支付工程费用75.4万元。

**裁判结果**

北京市第四中级人民法院于2020年12月21日作出(2020)京04民初277号民事判决:一、朱清良、朱清涛对其造成的北京市房山区长阳镇朱岗子村西的14650.95平方米土地生态环境损害承担恢复原状的民事责任,确认朱清良、朱清涛已根据《房山区朱清良等人盗采砂石矿案生态环境损害鉴定评估报告书》确定的修复方案将上述受损生态环境修复到损害发生之前的状态和功能(已履行完毕)。二、朱清良、朱清涛赔偿生态环境受到损害至恢复原状期间的服务功能损失652896.75元;朱清良、朱清涛在履行本判决第一项修复义务时处理涉案地块上建筑垃圾所支付费用754000元折抵其应赔偿的生态环境受到损害至恢复原状期间的服务功能损失652896.75元。三、朱清良、朱清涛于本判决生效之日起七日内给付北京市人民检察院第四分院鉴定费115000元。四、朱清良、朱清涛在一家全国公开发行的媒体上向社会公开赔礼道歉，赔礼道歉的内容及媒体、版面、字体需经本院审核，朱清良、朱清涛应于本判决生效之日起十五日内向本院提交，并于审核通过之日起三十日内刊登，如未履行上述义务，则由本院选择媒体刊登判决主要内容，所需费用由朱清良、朱清涛负担。判决后，双方当事人均未提出上诉。

**裁判理由**

法院生效裁判认为：朱清良、朱清涛非法开采的行为，造成了生态环境破坏，侵害了不特定多数人的合法权益，损害了社会公共利益，构成环境民事侵权。朱清良、朱清涛作为非法开采行为人，违反了保护环境的法定义务，应对造成的生态环境损害承担民事责任。

一、关于被告对他人倾倒渣土的处理费用能否折抵生态功能损失赔偿费用的问题。从环境法的角度而言，生态环境具有供给服务、调节服务、文化服务以及支持服务等功能。生态环境受损将导致其向公众或其他生态系统提供上述服务的功能减少或丧失。朱清良、朱清涛在其租赁的林果地上非法开采，造成地块土壤受损，属于破坏生态环境、损害社会公共利益的行为，还应赔偿生态环境受到损害至恢复原状期间的服务功能损失。根据鉴定评估报告对生态服务价值损失的评估意见，确定朱清良、朱清涛应承担的服务功能损失赔偿金额为652896.75元。《最高人民法院关于审理环境民事公益诉讼案件适用法律若干问题的解释》第二十四条第一款规定，人民法院判决被告承担的生态环境修复费用、生态环境受到损害至恢复原状期间服务功能损失等款项，应当用于修复被损害的生态环境。故被告承担的生态环境受到损害至恢复原状期间服务功能损失的款项应当专项用于该案环境修复、治理或异地公共生态环境修复、治理。朱清良、朱清涛对案涉土地进行生态修复时，土地上还存在无法查明的他人倾倒渣土。朱清涛、朱清良非法开采的行为造成受损地块原生土壤丧失、土壤的物理结构变化，而他人倾倒渣土的行为则会造成土壤养分的改变，两个侵权行为叠加造成现在的土壤生态环境损害。为全面及时恢复生态环境，朱清良、朱清涛根据修复方案对涉案地块整体修复的要求，对该环境内所倾倒渣土进行清理并为此实际支出75.4万元，系属于对案涉环境积极的修复、治理，这与法律、司法解释规定的被告承担生态功能损失赔偿责任的目的和效果是一致的。同时，侵权人在承担修复责任的同时，积极采取措施，对他人破坏环境造成的后果予以修复治理，有益于生态环境保护，在修复效果和综合治理上亦更能体现及时优化生态环境的特点。因此，综合两项费用的功能目的以及赔偿费用专项执行的实际效果考虑，朱清良、朱清涛对倾倒渣土环境进行清理的费用可以折抵朱清良、朱清涛需要承担的生态功能损失赔偿费用。

二、关于被告诉讼过程中自行进行生态修复的效果评估问题。朱清良、朱清涛在诉讼过程中主动履行环境修复义务，并于2020年6月25日至10月15日期间按照承诺书载明的生态环境修复方案对案涉地块进行了回填修复。根据《最高人民法院关于审理生态环境损害赔偿案件的若干规定（试行）》第九条规定，负有相关环境资源保护监督管理职责的部门或者其委托的机构在行政执法过程中形成的事件调查报告、检验报告、监测报告、评估报告、监测数据等，经当事人质证并符合证据标准的，可以作为认定案件事实的根据。本案中，北京市房山区有关单位积极履行环境监督管理职责，对于被告自行实施的生态修复工程进行过程监督并出具相应的验收意见，符合其职责范围，且具备相应的专业判断能力，有关单位联合出具的验收意见，可以作为认定当事人自行实施的生态修复工程质量符合标准的重要依据。同时，评估机构在此基础上，对修复工程进行了效果评估，确认案涉受损地块内土壤已恢复至基线水平，据此可以认定侵权人已经履行生态环境修复责任。

（生效裁判审判人员：马军、梅宇、赵佳、王鹏宇、张桂荣、张凤光、衡军）

**指导性案例 207 号**

# 江苏省南京市人民检察院诉
# 王玉林生态破坏民事公益诉讼案

（最高人民法院审判委员会讨论通过　2022年12月30日发布）

**关键词**　民事　生态破坏民事公益诉讼　非法采矿　生态环境损害损失整体认定　系统保护修复

**裁判要点**

1. 人民法院审理环境民事公益诉讼案件,应当坚持山水林田湖草沙一体化保护和系统治理。对非法采矿造成的生态环境损害,不仅要对造成山体(矿产资源)的损失进行认定,还要对开采区域的林草、水土、生物资源及其栖息地等生态环境要素的受损情况进行整体认定。

2. 人民法院审理环境民事公益诉讼案件,应当充分重视提高生态环境修复的针对性、有效性,可以在判决侵权人承担生态环境修复费用时,结合生态环境基础修复及生物多样性修复方案,确定修复费用的具体使用方向。

**相关法条**

《中华人民共和国环境保护法》第六十四条

《中华人民共和国民法典》第一千一百六十五条(本案适用的是自2010年7月1日起实施的《中华人民共和国侵权责任法》第六条)

**基本案情**

2015年至2018年间,王玉林违反国家管理矿产资源法律规定,在未取得采矿许可证的情况下,使用机械在南京市浦口区永宁镇老山林场原山林二矿老宕口内、北沿山大道建设施工红线外非法开采泥灰岩、泥页岩等合计十余万吨。南京市浦口区人民检察院以王玉林等人的行为构成非法采矿罪向南京市玄武区人民法院提起公诉。该案审理期间,王玉林已退赔矿石资源款4455998.6元。2020年3月、8月,江苏省环境科学研究院先后出具《"南京市浦口区王玉林等人非法采矿案"生态环境损害评估报告》(以下简称《评估报告》)《"南京市浦口区王玉林等人非法采矿案"生态环境损害(动物类)补充说明》(以下简称《补充说明》)。南京市人民检察院认为,王玉林非法采矿造成国家矿产资源和生态环境破坏,损害社会公共利益,遂提起本案诉讼,诉请判令王玉林承担生态破坏侵权责任,赔偿生态环境损害修复费用1893112元(具体包括:1. 生态资源的损失中林木的直接经济损失861750元;2. 生态系统功能受到影响的损失:森林涵养水损失440233元;水土流失损失50850元;土壤侵蚀损失81360元;树木放氧量减少损失64243元;鸟类生态价值损失243122元;哺乳动物栖息地服务价值损失18744元;3. 修复期间生物多样性的价值损失132810元)以及事务性费用400000元,并提出了相应的修复方案。

**裁判结果**

江苏省南京市中级人民法院于 2020 年 12 月 4 日作出（2020）苏 01 民初 798 号民事判决：一、被告王玉林对其非法采矿造成的生态资源损失 1893112 元（已缴纳）承担赔偿责任，其中 1498436 元用于南京市山林二矿生态修复工程及南京市浦口区永宁街道大桥林场路口地质灾害治理工程，394676 元用于上述地区生物多样性的恢复及保护。二、被告王玉林承担损害评估等事务性费用 400000 元（已缴纳），该款项于本判决生效后十日内划转至南京市人民检察院。判决后，南京市人民检察院与王玉林均未上诉，判决已发生法律效力。

**裁判理由**

法院生效裁判认为：非法采矿对生态资源造成复合性危害，在长江沿岸非法露天采矿，不仅造成国家矿产资源损失，还必然造成开采区域生态环境破坏及生态要素损失。环境和生物之间、生物和生物之间协同共生，相互影响、相互依存，形成动态的平衡。一个生态要素的破坏，必然会对整个生态系统的多个要素造成不利影响。非法采矿将直接导致开采区域的植被和土壤破坏，山体损坏影响到林、草蓄积，林、草减少影响到水土涵养，上述生态要素的破坏又直接、间接影响到鸟类和其他动物的栖息环境，造成生态系统的整体破坏及生物多样性的减少，自然要素生态利益的系统损害必将最终影响到人类的生产生活和优美生态环境的实现。被告王玉林违反矿产资源法的规定，未取得采矿许可证即实施非法采矿行为，造成生态环境的破坏，主观存在过错，非法采矿行为与生态环境损害之间具有因果关系，应当依照《中华人民共和国侵权责任法》第六条之规定，对其行为造成的生态环境损害后果承担赔偿责任。

一、关于生态环境损害计算问题

（一）生态资源的经济损失计算合理。非法采矿必将使被开采区域的植被遭到严重破坏，受损山体的修复及自然林地的恢复均需要合理周期，即较长时间才能重新恢复林地的生态服务功能水平，故《评估报告》以具有 20 年生长年限的林地作为参照计算具有一定合理性，《评估报告》制作人关于林木经济损失计算的解释科学，故应对非法采矿行为造成林木经济损失 861750 元依法予以认定。

（二）鸟类生态价值损失计算恰当。森林资源为鸟类提供了栖息地和食物来源，鸟类种群维持着食物链的完整性，保持营养物质循环的顺利进行，栖息地的破坏必然导致林鸟迁徙或者食物链条断裂，一旦食物链的完整性被破坏，必将对整个森林生态系统产生严重的后果。《补充说明》载明，两处非法开采点是林鸟种群的主要栖息地和适宜生境，非法采矿行为造成鸟类栖息地被严重破坏，由此必然产生种子传播收益额及改善土壤收益额的损失。鸟类为种子的主要传播者和捕食者，可携带或者吞食植物种子，有利于生态系统次生林的自然演替；同时，次生林和原始森林系统的良性循环，也同样为鸟类的自然栖息地提供了庇护，对植物种子的传播具有积极意义。《补充说明》制作人从生态系统的完整性和种间生态平衡的角度，对非法采矿行为造成平衡性和生物多样性的破坏等方面对鸟类传播种子损失作出了详细解释，解释科学合理，故对非法采矿造成鸟类生态价值损失243122元予以认定。

（三）哺乳动物栖息地服务价值损失客观存在。森林生态系统是陆地生态系统的重要组成部分，同时也是哺乳动物繁衍和生存的主要栖息地之一。哺乳动物不仅对维持生态系统平衡有重要作用，还能够调节植物竞争，维护系统物种多样性以及参与物质和能量循环等，是改变生态系统内部各构件配置的最基本动力。虽然因客观因素无法量化栖息地生态环境损害价值，但非法采矿行为造成山体破坏和植被毁坏，导致哺乳动物过境受到严重影响，哺乳动物栖息地服务价值损失客观存在。结合案涉非法采矿区域位于矿坑宕口及林场路口的实际情况，综合考虑上述区域植被覆盖率以及人类活动影响造成两区域内哺乳动物的种类和数量较少等客观因素，公益诉讼起诉人主张按照其他生态环境损失1874368元的1%计算哺乳动物栖息地服务价值损失18744元具有一定的合理性，应当依法予以支持。

二、关于生态环境修复问题

恢复性司法理念要求受损的生态环境切实得到有效修复，系统保护需要从各个生态要素全方位、全地域、全过程保护，对破坏生态所造成的损失修复，也要从系统的角度对不同生态要素所遭受的实际影响予以综合考量，注重从源头上系统开展生态环境修复，注重自然要素生态利益的有效发挥，对长江流域生态系统提供切实有效的保护。鉴于非法采矿给生态环境造成了严重的破坏，应当采取消除受损山体存在的地质灾害隐患，以及从尽可能恢复其生态环境功能的角度出发，结合经济、社会、人文等实际发展需要进行总体分析判断。

案涉修复方案涵盖了山体修复、植被复种、绿地平整等生态修复治理的多个方面，充分考虑了所在区域生态环境结构的功能定位，体现了强化山水林田湖草沙等各种生态要素协同治理的理念，已经法庭技术顾问论证，结论科学，方法可行。王玉林赔偿的生态环境损失费用中，属于改善受破坏的自然环境状况，恢复和维持生态环境要素正常生态功能发挥范畴的，可用于侵权行为发生地生态修复工程及地质灾害治理工程使用。本案中生物栖息地也是重要的生态保护和修复目标，生物多样性受到影响的损失即鸟类生态价值损失、哺乳动物栖息地服务价值损失、修复期间生物多样性价值恢复费用属于生物多样性恢复考量范畴，可在基础修复工程完成后，用于侵权行为发生地生物多样性的恢复及保护使用。

综上，法院最终判决王玉林对其非法采矿造成的生态资源损失承担赔偿责任，并在判决主文中写明了生态修复、地质治理等项目和生物多样性保护等费用使用方向。

（生效裁判审判人员：陈迎、姜立、刘尚雷、陈美芳、毛建美、丁茜、任重远）

## 指导性案例 208 号

## 江西省上饶市人民检察院诉张永明、张鹭、毛伟明生态破坏民事公益诉讼案

（最高人民法院审判委员会讨论通过　2022 年 12 月 30 日发布）

**关键词**　民事　生态破坏民事公益诉讼　自然遗迹　风景名胜　生态环境损害赔偿金额

**裁判要点**

1. 破坏自然遗迹和风景名胜造成生态环境损害，国家规定的机关或者法律规定的组织请求侵权人依法承担修复和赔偿责任的，人民法院应予支持。

2. 对于破坏自然遗迹和风景名胜造成的损失，在没有法定鉴定机构鉴定的情况下，人民法院可以参考专家采用条件价值法作出的评估意见，综合考虑评估方法的科学性及评估结果的不确定性，以及自然遗迹的珍稀

性、损害的严重性等因素,合理确定生态环境损害赔偿金额。

**相关法条**

《中华人民共和国环境保护法》第二条

**基本案情**

公益诉讼起诉人上饶市人民检察院诉称:张永明、张鹭、毛伟明三人以破坏性方式攀爬巨蟒峰,在世界自然遗产地、世界地质公园三清山风景名胜区的核心景区巨蟒峰上打入26个岩钉,造成严重损毁,构成对社会公共利益的严重损害。因此应判决确认三人连带赔偿对巨蟒峰非使用价值(根据环境资源价值理论,非使用价值是人们从旅游资源获得的并非来源于自己使用的效用,主要包括存在价值、遗产价值和选择价值)造成的损失最低阈值1190万元;在全国性知名媒体公开赔礼道歉;依法连带承担聘请专家所支出的评估费用15万元。

被告张永明、张鹭、毛伟明辩称:本案不属于生态环境公益诉讼,检察院不能提起民事公益诉讼;张永明等人主观上没有过错,也没有造成巨蟒峰的严重损毁,风险不等于实际的损害结果,故不构成侵权;专家组出具的评估报告不能采信。

法院经审理查明:2017年4月份左右,被告张永明、张鹭、毛伟明三人通过微信联系,约定前往三清山风景名胜区攀爬"巨蟒出山"岩柱体(又称巨蟒峰)。2017年4月15日凌晨4时左右,张永明、张鹭、毛伟明三人携带电钻、岩钉(即膨胀螺栓,不锈钢材质)、铁锤、绳索等工具到达巨蟒峰底部。被告张永明首先攀爬,毛伟明、张鹭在下面拉住绳索保护张永明的安全。在攀爬过程中,张永明在有危险的地方打岩钉,使用电钻在巨蟒峰岩体上钻孔,再用铁锤将岩钉打入孔内,用扳手拧紧,然后在岩钉上布绳索。张永明通过这种方式于早上6时49分左右攀爬至巨蟒峰顶部。毛伟明一直跟在张永明后面为张永明拉绳索做保护,并沿着张永明布好的绳索于早上7时左右攀爬到巨蟒峰顶部。在张永明、毛伟明攀爬开始时,张鹭为张永明拉绳索做保护,之后沿着张永明布好的绳索于早上7时30分左右攀爬至巨蟒峰顶部,在顶部使用无人机进行拍摄。在巨蟒峰顶部,张永明将多余的工具给毛伟明,毛伟明顺着绳索下降,将多余的工具带回宾馆,随后又返回巨蟒峰,攀爬至巨蟒峰10多米处,被三清山管委会工作人员发现后劝下并被民警控制。张鹭、张永明在工作人员劝说下,也先后于上午9时左右、9时40分左右下到巨蟒峰底部并被民警控制。经现场勘查,张永明在巨蟒峰上打入岩钉 26 个。经专家论证,三被告的行为对巨蟒峰地质遗迹点造成了严重损毁。

本案刑事部分已另案审理。

2018 年 3 月 28 日,受上饶市检察院委托,江西财经大学专家组针对张永明等三人攀爬巨蟒峰时打入的 26 枚岩钉对巨蟒峰乃至三清山风景名胜区造成的损毁进行价值评估。2018 年 5 月 3 日,江西财经大学专家组出具了《三清山巨蟒峰受损价值评估报告》。该评估报告载明:专家组依据确定的价值类型,采用国际上通行的条件价值法对上述故意损毁行为及其后果进行价值评估,巨蟒峰价值受损评估结果为,"巨蟒峰案"三名当事人的行为虽未造成巨蟒峰山体坍塌,但对其造成了不可修复的严重损毁,对巨蟒峰作为世界自然遗产的存在造成了极大的负面影响,加速了山体崩塌的可能性。因此,专家组认为:此次"巨蟒峰案的价值损失评估值"不应低于该事件对巨蟒峰非使用价值造成的损失最低阈值,即 1190 万元。

**裁判结果**

江西省上饶市中级人民法院于 2019 年 12 月 27 日作出(2018)赣 11 民初 303 号民事判决:一、被告张永明、张鹭、毛伟明在判决生效后十日内在全国性媒体上刊登公告,向社会公众赔礼道歉,公告内容应由一审法院审定;二、被告张永明、张鹭、毛伟明连带赔偿环境资源损失计人民币 6000000 元,于判决生效后三十日内支付至一审法院指定的账户,用于公共生态环境保护和修复;三、被告张永明、张鹭、毛伟明在判决生效后十日内赔偿公益诉讼起诉人上饶市检察院支出的专家费 150000 元。宣判后,张永明、张鹭提起上诉。江西省高级人民法院于 2020 年 5 月 18 日作出(2020)赣民终 317 号民事判决:驳回上诉,维持原判。

**裁判理由**

法院生效裁判认为:

一、关于人民法院对检察机关提起的本案生态破坏民事公益诉讼可否支持的问题

首先,张永明上诉称其三人行为仅构成对自然资源的破坏而非对生态环境的破坏,该主张不能成立。《中华人民共和国宪法》第二十六条明确"国家保护和改善生活环境和生态环境,防治污染和其他公害。"该法条将环境分为生活环境和生态环境。生活环境指向与人类活动有关的环境,生态环境指向与自然活动有关的环境。《中华人民共和国环境保护法》第二

条"本法所称环境,是指影响人类生存和发展的各种天然的和经过人工改造的自然因素的总体,包括大气、水、海洋、土地、矿藏、森林、草原、湿地、野生生物、自然遗迹、人文遗迹、自然保护区、风景名胜区、城市和乡村等。"该法条将环境分为自然环境和人工环境。自然环境指与人类生存和发展有密切关系的自然条件和自然资源,人工环境指经过人类活动改造过的环境。由以上分析可以认定张永明等三人采取打岩钉方式攀爬行为对巨蟒峰自然遗迹的损害构成对自然环境,亦即对生态环境的破坏。

其次,张永明等三人采取打岩钉方式攀爬对巨蟒峰的破坏损害了社会公共利益。巨蟒峰作为独一无二的自然遗迹,是不可再生的珍稀自然资源型资产,其所具有的重大科学价值、美学价值和经济价值不仅是当代人的共同财富,也是后代人应当有机会享有的环境资源。本案中,张永明等三人采取打岩钉方式攀爬对巨蟒峰的损害,侵害的是不特定社会公众的环境权益,不特定的多数人享有的利益正是社会公共利益的内涵。人们享有的环境权益不仅包含清新的空气、洁净的水源等人们生存发展所必不可少的环境基本要素,也包含基于环境而产生的可以满足人们更高层次需求的生态环境资源,例如优美的风景、具有重大科研价值的濒危动物或具有生态保护意义的稀缺植物或稀缺自然资源等。对这些资源的损害,直接损害了人们可以感受到的生态环境的自然性、多样性,甚至产生人们短时间内无法感受到的生态风险。

综上,张永明等三人的行为对巨蟒峰自然遗迹的损害,属于生态环境资源保护领域损害社会公共利益的行为,检察机关请求本案三被告依法承担破坏自然遗迹和风景名胜造成的生态环境损害赔偿责任,人民法院应予支持。

二、关于赔偿数额如何确定的问题

本案三行为人对巨蟒峰造成的损失量化问题,目前全国难以找到鉴定机构进行鉴定。依据《最高人民法院关于审理环境民事公益诉讼案件适用法律若干问题的解释》第二十三条规定,法院可以结合破坏生态的范围和程度、生态环境的稀缺性、生态环境恢复的难易程度以及被告的过错程度等因素,并可以参考相关部门意见、专家意见等合理确定。

2018年3月28日,上饶市人民检察院委托江西财经大学专家组就本案所涉巨蟒峰损失进行价值评估。江西财经大学专家组于2018年5月3日作出《三清山巨蟒峰受损价值评估报告》(以下简称《评估报告》)。该专家组成员具有环境经济、旅游管理、生态学方面的专业知识，采用国际上通行的条件价值法对本案所涉价值进行了评估，专家组成员均出庭对《评估报告》进行了说明并接受了各方当事人的质证。该《评估报告》符合《最高人民法院关于审理环境民事公益诉讼案件适用法律若干问题的解释》第十五条规定的"专家意见"，依法可作为本案认定事实的参考依据。

《评估报告》采用的条件价值法属于环境保护部下发的《环境损害鉴定评估推荐方法（第Ⅱ版）》确定的评估方法之一。虽然该方法存在一定的不确定性，但其科学性在世界范围内得到认可，且目前就本案情形没有更合适的评估方法。故根据以上意见，参考《评估报告》结论"'巨蟒峰案的价值损失评估值'不应低于该事件对巨蟒峰非使用价值造成的损失最低阈值，即1190万元"，综合考虑本案的法律、社会、经济因素，具体结合了三被告已被追究刑事责任的情形、本案查明的事实、当事人的过错程度、当事人的履行能力、江西的经济发展水平等，酌定赔偿金额为600万元。

裁判同时明确，生态环境是人类生存和发展的根基，对自然资源的破坏即是对生态环境的破坏。我国法律明确将自然遗迹、风景名胜区作为环境要素加以保护，规定一切单位和个人都有保护环境的义务，因破坏生态环境造成损害的，应当承担侵权责任。特别是在推进生态文明建设的进程中，只有实行最严格的制度、最严密的法治，才能更好地保护我们的生态环境。张永明、张鹭、毛伟明三人采用打岩钉方式攀爬行为给巨蟒峰造成不可修复的永久性伤害，损害了社会公共利益，构成共同侵权。判决三人承担环境侵权赔偿责任，旨在引导社会公众树立正确的生态文明观，珍惜和善待人类赖以生存和发展的生态环境。

（生效裁判审判人员：胡淑珠、黄训荣、王慧军）

## 指导性案例 209 号

# 浙江省遂昌县人民检察院诉
# 叶继成生态破坏民事公益诉讼案

(最高人民法院审判委员会讨论通过　2022 年 12 月 30 日发布)

**关键词**　民事诉讼　生态破坏民事公益诉讼　恢复性司法　先予执行

**裁判要点**

生态恢复性司法的核心理念为及时修复受损生态环境，恢复生态功能。生态环境修复具有时效性、季节性、紧迫性的，不立即修复将导致生态环境损害扩大的，属于《中华人民共和国民事诉讼法》第一百零九条第三项规定的"因情况紧急需要先予执行的"情形，人民法院可以依法裁定先予执行。

**相关法条**

《中华人民共和国民事诉讼法》第一百零九条（本案适用的是 2017 年 6 月 27 日修正的《中华人民共和国民事诉讼法》第一百零六条）

**基本案情**

2018 年 11 月初，被告叶继成雇请他人在浙江省遂昌县妙高街道龙潭村村后属于龙潭村范围内（土名"龙潭湾"）的山场上清理枯死松木，其间，滥伐活松树 89 株。经鉴定，叶继成滥伐的立木蓄积量为 22.9964 立方米，折合材积 13.798 立方米，且案发山场属于国家三级公益林。根据林业专家出具的修复意见，叶继成应在案涉山场补植二年至三年生木荷、枫香等阔叶树容器苗 1075 株。浙江省遂昌县人民检察院认为不需要追究叶继成的刑事责任，于 2019 年 7 月作出不起诉决定，但叶继成滥伐公益林山场林木的行为造成森林资源损失，破坏生态环境，遂于 2020 年 3 月 27 日提起环境民事公益诉讼。由于遂昌县春季绿化造林工作即将结束，公益诉讼起诉人在起诉同时提出先予执行申请，要求叶继成根据前述专家修复意见原地完成补植工作。后由于种植木荷、枫香等阔叶树的时间节点已过，难以购置树苗，经林业专家重新进行修复评估，认定根据案涉林木损毁价值及补植费用 9658.4 元核算，共需补植一年至二年生杉木苗 1288 株。检察机关据此于 2020 年 4 月 2 日变更诉讼请求和先予执行申请，要求叶继成按照重新出具的修复意见进行补植。

**裁判结果**

浙江省丽水市中级人民法院于 2020 年 3 月 31 日作出（2020）浙 11 民初 35 号裁定，裁定准予先予执行，要求被告叶继成在收到裁定书之日起三十日内在案发山场及周边完成补植复绿工作。叶继成根据变更后的修复意见，于 2020 年 4 月 7 日完成补植，浙江省遂昌县自然资源和规划局于当日验收。

浙江省丽水市中级人民法院于 2020 年 5 月 11 日作出（2020）浙 11 民初 35 号判决：一、被告叶继成自收到本院（2020）浙 11 民初 35 号民事裁定书之日起三十日内在"龙潭湾"山场补植一至二年生杉木苗 1288 株，连续抚育三年（截至 2023 年 4 月 7 日），且种植当年成活率不低于 95%，三年后成活率不低于 90%。二、如果被告叶继成未按本判决的第一项履行判决确定的义务，则需承担生态功能修复费用 9658.4 元。宣判后，双方当事人均未上诉，判决已生效。

**裁判理由**

法院生效裁判认为，森林生态环境修复需要考虑节气及种植气候等因素，如果未及时采取修复措施补种树苗，不仅增加修复成本，影响修复效果，而且将导致生态环境受到损害至修复完成期间的服务功能损失进一步扩大。叶继成滥伐林木、破坏生态环境的行为清楚明确，而当时正是植树造林的有利时机，及时补种树苗有利于新植树木的成活和生态环境的及时有效恢复。基于案涉补植树苗的季节性要求和修复生态环境的紧迫性，本案符合《中华人民共和国民事诉讼法》第一百零六条第三项规定的因情况紧急需要先予执行的情形，故对公益诉讼起诉人的先予执行申请予以准许。

林地是森林资源的重要组成部分，是林业发展的根本。林地资源保护是生态文明建设中的重要环节，对于应对全球气候变化，改善生态环境有着重要作用。被告叶继成违反《中华人民共和国森林法》第二十三条、第三十二条的规定，未经许可，在公益林山场滥伐林木，数量较大，破坏了林业资源和生态环境，对社会公共利益造成了损害，应当承担相应的环境侵权责任。综合全案事实和鉴定评估意见，人民法院对公益诉讼起诉人要求叶继成承担生态环境修复责任的主张予以支持。

（生效裁判审判人员：程建勇、单欣欣、聂伟杰、张锡斌、余俊、韩黎明、叶水火）

## 指导性案例 210 号

## 九江市人民政府诉江西正鹏环保科技有限公司、杭州连新建材有限公司、李德等生态环境损害赔偿诉讼案

（最高人民法院审判委员会讨论通过 2022 年 12 月 30 日发布）

**关键词** 民事 生态环境损害赔偿诉讼 部分诉前磋商 司法确认 证据 继续审理

### 裁判要点

1. 生态环境损害赔偿案件中，国家规定的机关通过诉前磋商，与部分赔偿义务人达成生态环境损害赔偿协议的，可以依法向人民法院申请司法确认；对磋商不成的其他赔偿义务人，国家规定的机关可以依法提起生态环境损害赔偿诉讼。

2. 侵权人虽因同一污染环境、破坏生态行为涉嫌刑事犯罪，但生态环境损害赔偿诉讼案件中认定侵权事实证据充分的，不以相关刑事案件审理结果为依据，人民法院应当继续审理，依法判决侵权人承担生态环境修复和赔偿责任。

### 相关法条

《中华人民共和国民法典》第一千二百二十九条（本案适用的是自 2010 年 7 月 1 日起实施的《中华人民共和国侵权责任法》第六十五条）

### 基本案情

2017 年至 2018 年间，江西正鹏环保科技有限公司（以下简称正鹏公司）与杭州塘栖热电有限公司（以下简称塘栖公司）等签署合同，运输、处置多家公司生产过程中产生的污泥，收取相应的污泥处理费用。正鹏公司实际负责人李德将从多处收购来的污泥直接倾倒，与丰城市志合新材料有限公司（以下简称志合公司，已注销）合作倾倒，或者交由不具有处置资质的张永良、舒正峰等人倾倒至九江市区多处地块，杭州连新建材有限公司（以下简称连新公司）明知张永良从事非法转运污泥，仍放任其持有

加盖公司公章的空白合同处置污泥。经鉴定，上述被倾倒的污泥共计1.48万吨，造成土壤、水及空气污染，所需修复费用1446.288万元。案发后，九江市浔阳区人民检察院依法对被告人张永良等六人提起刑事诉讼，后经九江市中级人民法院二审审理，于2019年10月25日判处被告人张永良、舒正峰、黄永、陈世水、马祖兴、沈孝军六人犯污染环境罪（李德、夏吉萍另案处理），有期徒刑三年二个月至有期徒刑十个月不等，并处罚金十万元至五万元不等。九江市人民政府依据相关规定开展磋商，与塘栖公司达成金额计4872387元的赔偿协议，但未能与正鹏公司、连新公司、李德等七人达成赔偿协议。塘栖公司所赔款项包括1号地块、2号地块全部修复费用及4号地块部分修复费用等，已按协议全部履行。协议双方向九江市中级人民法院申请司法确认，九江市中级人民法院已依法裁定对该磋商协议作出确认。因未能与正鹏公司、连新公司、李德等7人达成赔偿协议，九江市人民政府就3号地块、5号地块修复费用及4号地块剩余修复费用等提起本案诉讼，要求各被告履行修复生态环境义务，支付生态环境修复费用、公开赔礼道歉并承担律师费和诉讼费用。

裁判结果

江西省九江市中级人民法院于2019年11月4日作出（2019）赣04民初201号民事判决：一、被告正鹏公司、李德、黄永、舒正峰、陈世水于本判决生效后三个月内对九江市经济技术开发区沙阎路附近山坳地块（3号地块）污泥共同承担生态修复义务，如未履行该修复义务，则上述各被告应于期限届满之日起十日内共同赔偿生态修复费用280.3396万元（被告舒正峰已自愿缴纳10万元生态修复金至法院账户）；二、被告正鹏公司、连新公司、张永良、李德、黄永、舒正峰、夏吉萍、陈世水于本判决生效后三个月内对九江市经济技术开发区沙阎路伍丰村郑家湾地块（4号地块）污泥共同承担生态修复义务，如未履行该修复义务，则上述各被告应于期限届满之日起十日内共同赔偿生态修复费用201.8515万元（被告连新公司已自愿缴纳100万元生态修复金至法院账户）；三、被告正鹏公司、张永良、李德、夏吉萍、马祖兴于本判决生效后三个月内对九江市永修县九颂山河珑园周边地块（5号地块）污泥共同承担生态修复义务，如未履行该修复义务，则上述各被告应于期限届满之日起十日内共同赔偿生态修复费用448.9181万元；四、各被告应于本判决生效后十日内共同支付环评报告编制费20万元,风险评估方案编制费10万元及律师代理费4万元;五、各被告于本判决生效后十日内,在省级或以上媒体向社会公开赔礼道歉;六、驳回原告九江市人民政府的其他诉讼请求。宣判后,当事人未上诉,一审判决生效。

**裁判理由**

法院生效裁判认为:正鹏公司、连新公司、张永良、李德、舒正峰、黄永、夏吉萍、陈世水、马祖兴以分工合作的方式非法转运、倾倒污泥造成生态环境污染,损害了社会公共利益,应当承担相应的生态环境损害赔偿责任。因各被告倾倒的每一地块污泥已混同,同一地块的污泥无法分开进行修复,应由相关被告承担同一地块的共同修复责任。本案各被告对案涉3、4、5号地块环境污染应承担的侵权责任逐一认定如下:

第一,3号地块污泥系李德从长江江面多家公司接手,由黄永、舒正峰、陈世水分工合作倾倒,该地块修复费用280.3396万元,应由上述各被告共同承担。陈世水辩解其系李德雇员且在非法倾倒行为中非法所得较少及作用较小,应由雇主李德承担赔偿责任或由其承担较小赔偿责任。因环境共同侵权并非以非法所得或作用大小来计算修复责任大小,该案无证据可证明陈世水系李德雇员,陈世水与其他被告系以分工合作的方式非法倾倒污泥,应承担共同侵权连带环境修复责任。

第二,4号地块部分污泥来源于连新公司(系张永良以连新公司名义获得),由李德、黄永、舒正峰、陈世水分工合作进行倾倒,该地块剩余修复费用201.8515万元,应由上述各被告共同承担。连新公司辩称来源于张永良的污泥并不等同于来源于连新公司,连新公司不应承担赔偿责任。依据审理查明的事实可知,连新公司是在处理污泥能力有限的情况下,将公司公章、空白合同交由张永良处理污泥,其对张永良处理污泥的过程未按照法律规定的流程进行追踪,存在明显监管过失,且张永良、证人黄某某证言证实4号地块的部分污泥来源于连新公司。因而,连新公司该抗辩意见不应予以支持。

第三,5号地块污泥来源于张永良,由李德、马祖兴分工合作进行倾倒,该地块修复费用448.9181万元,应由上述各被告共同承担。环境损害鉴定报告中评估报告编制费20万元,风险评估方案编制费10万元以及律师代理费4万元,均属本案诉讼的合理支出费用,原告主张的上述费用应予以支持。生态环境损害赔偿案件承担责任的方式包括赔礼道歉，九江市人民政府要求被告在省级或以上媒体向社会公开道歉的诉讼请求于法有据，应予以支持。

本案裁判还认为，李德作为正鹏公司的实际控制人，在正鹏公司无处理污泥资质及能力的情况下，以正鹏公司的名义参与污泥的非法倾倒，李德与正鹏公司应共同承担生态环境修复责任。在上述4号、5号地块的污泥非法倾倒中，夏吉萍以志合公司的名义与正鹏公司合作处理污泥的方式参与其中，且作为志合公司实际负责人取得相关利润分成，故夏吉萍应共同承担上述地块的生态修复责任。对夏吉萍辩称其不明知被告正鹏公司非法倾倒污泥的行为，不应承担生态环境损害修复责任，其本人涉嫌环境污染刑事犯罪正在公诉，刑案应优先于本案审理的理由，本案正鹏公司与志合公司的合作协议、银行流水记录及李德、夏吉萍、张永良的供述、证人王某某的证言、志合公司转运联单等证据足以证明志合公司与正鹏公司于2017年9月14日合作后，双方共同参与了涉案污泥倾倒，夏吉萍取得倾倒污泥的利润分成，应当承担所涉污泥倾倒导致的环境损害赔偿责任。本案对夏吉萍侵权事实的认定已有相关证据予以支撑，并非必须以相关刑事案件审理结果为依据，继续审理并无不妥。

（生效裁判审判人员：鄢清员、沈双武、施龙西、钱振华、沈爱、周卉、徐军）

**指导性案例 211 号**

# 铜仁市万山区人民检察院诉铜仁市万山区林业局不履行林业行政管理职责行政公益诉讼案

（最高人民法院审判委员会讨论通过　2022年12月30日发布）

**关键词**　行政　行政公益诉讼　林业行政管理
　　　　　行政处罚与刑罚衔接　特殊功能区环境修复

**裁判要点**

1. 违法行为人的同一行为既违反行政法应受行政处罚，又触犯刑法应受刑罚处罚的情形下，行政机关在将案件移送公安机关时不应因案件移送而撤销已经作出的行政处罚。对刑事判决未涉及的行政处罚事项，行政机关在刑事判决生效后作出行政处罚决定的，人民法院应予支持。

2. 违法行为人在刑事判决中未承担生态环境修复责任的，林业等行政主管部门应当及时责令其依法履行修复义务，若违法行为人不履行或者不完全履行时应组织代为履行。林业等行政主管部门未履行法定生态修复监督管理职责，行政公益诉讼起诉人请求其依法履职的，人民法院应予支持。

3. 特殊功能区生态环境被破坏，原则上应当原地修复。修复义务人或者代履行人主张异地修复，但不能证明原地修复已不可能或者没有必要的，人民法院不予支持。

**相关法条**

《中华人民共和国森林法》（2019年修订）第七十四条、第八十一条（本案适用的是2009年修正的《中华人民共和国森林法》第十条、第四十四条）

《中华人民共和国行政处罚法》（2021年修订）第三十五条（本案适用的是2017年修正的《中华人民共和国行政处罚法》第二十八条）

**基本案情**

2014年4月，被告人沈中祥投资设立一人公司武陵农木业公司并任法定代表人。2014年5月至7月，该公司以修建种植、养殖场为由，在没有办理林地使用许可手续的情况下，雇佣施工队使用挖掘机械在贵州省铜仁市万山区茶店街道梅花村隘口山组及万山区大坪乡大坪村马鞍山等处林地剥离地表植被进行挖掘，致使地表植被毁坏，山石裸露。经鉴定，毁坏林地276.17亩，其中重点公益林49.38亩，一般公益林72.91亩，重点商品林108.93亩，一般商品林44.95亩。涉案公益林功能设定为水土保持和水源涵养。本案一审审理时，被毁坏林地部分新植马尾松苗，苗木低矮枯黄，地表干涸破碎；水源涵养公益林部分未作任何处理，山岩裸露，碎石堆积，形如戈壁。

2015年1月，铜仁市万山区林业局（以下简称万山区林业局）以上述行为涉嫌构成非法占用农用地罪移送铜仁市公安局万山分局，但公安机关立案侦查后作撤案处理。万山区林业局遂对沈中祥和武陵农木业公司作出行政处罚决定：责令限期恢复原状（未载明期限），并处罚款 1841134 元，但被处罚人均未履行。2016 年 1 月 20 日，铜仁市公安局万山分局重新立案侦查。次日，万山区林业局撤销上述行政处罚决定。2016 年 12 月，铜仁市万山区人民法院以（2016）黔 0603 刑初 67 号刑事判决，认定被告人沈中祥犯非法占用农用地罪，判处有期徒刑二年，并处罚金人民币五万元。判决生效后，铜仁市万山区人民检察院向万山区林业局发出检察建议，建议其依法履行森林资源保护监管职责，责令沈中祥限期恢复原状，按每平方米 10 元至 30 元并处罚款。万山区林业局书面回复，因沈中祥在服刑，公司倒闭，人员解散，无法实施复绿；林业局拟部分复绿造林，对其中难以复绿造林地块异地补植复绿；按一事不再罚原则不予罚款处罚。

检察机关以万山区林业局既未对沈中祥作出行政处罚，也未采取有效措施予以补植复绿，没有履行生态环境监管职责，导致林地被破坏的状态持续存在，当地生态环境遭受严重破坏为由提起行政公益诉讼，请求确认万山区林业局未依法履行监管职责的行为违法并判令其依法履行环境保护监管职责。

**裁判结果**

贵州省遵义市播州区人民法院于 2017 年 9 月 29 日作出（2017）黔 0321 行初 97 号行政判决：由被告铜仁市万山区林业局对沈中祥以铜仁市万山区武陵农木业生产开发有限公司名义毁坏铜仁市万山区茶店街道梅花村隘口山组、大坪乡大坪村马鞍山林地补植复绿恢复原状依法履行监督管理法定职责，并限期完成复绿工程验收。宣判后，双方均未上诉，判决发生法律效力。

**裁判理由**

法院生效裁判认为：

一、万山区林业局未依法履行职责

万山区林业局作为万山区人民政府林业行政主管部门，依照《中华人民共和国森林法》（2009 年修改）第十条规定，负责对万山区行政区域内森林资源保护、利用、更新的监督管理。万山区林业局应当依法履行职责，对违反林业管理法律、法规占用、毁坏森林资源、改变林地用途的行为依法查处。依照《中华人民共和国森林法》（2009 年修改）第四十四条的规定，责令违法行为人停止违法行为并按法律规定补种树木，违法行为人拒不补种或者补种不符合国家有关规定的,由林业主管部门代为补种,所需费用向违法行为人追偿,但是万山区林业局未依法履行职责。

二、公安机关立案侦查后,万山区林业局撤销行政处罚的决定违法

违法行为人的同一行为既违反行政法应受行政处罚,又触犯刑法应受刑罚处罚的情形下,行政执法机关在将案件移送司法机关之前已经作出的行政处罚,折抵相同功能的刑罚。依照《中华人民共和国行政处罚法》(2017年修正)第二十八条"违法行为构成犯罪,人民法院判处拘役或者有期徒刑时,行政机关已经给予当事人行政拘留的,应当依法折抵相应刑期。违法行为构成犯罪,人民法院判处罚金时,行政机关已经给予当事人罚款的,应当折抵相应罚金",《行政执法机关移送涉嫌犯罪案件的规定》第十一条第三款"行政执法机关向公安机关移送涉嫌犯罪案件前,已经依法给予当事人罚款的,人民法院判处罚金时,依法折抵相应罚金"的规定,这种折抵是执行上的折抵,而不是处罚决定本身的折抵,且仅折抵惩罚功能相同的处罚,功能不同的处罚内容不能折抵。因此,在刑事侦查立案前已经作出的行政处罚不应撤销。万山区林业局在将涉嫌犯罪的行政违法行为移送公安机关,公安机关立案后万山区林业局又撤销其在先已经作出的行政处罚决定时,不但撤销了与刑事裁判可能作出的罚金刑功能相同的罚款处罚,还一并撤销了不属于刑罚处罚功能的责令违法行为人补植复绿以恢复原状的行政处罚。万山区林业局这一撤销行为违反了法律规定。

三、刑事判决生效后,万山区林业局未责令违法行为人恢复被毁坏林地的行为违法

对刑事判决未涉及的处罚事项,行政机关在刑事判决生效后应作出行政处罚决定。责令犯罪人补植复绿以修复环境,不属于刑罚处罚范畴,而属于法律赋予行政主管机关的行政权,属于行政处罚范围。刑事判决生效后,在先没有作出行政处罚的,刑事判决生效后,行政机关不得基于同一行为作出与刑罚功能相同的行政处罚。在对违法行为人追究刑事责任后,刑罚处罚未涉及环境修复责任的,行政机关应当依法作出决定,责令违法行为人按森林法要求种植树木、修复环境。因此,万山区林业局在刑事判决生效后应当依法作出责令违法行为人履行补植复绿义务的行政处罚决定并监督违法行为人履行,违法行为人拒不履行或者履行不合格的,应当代为补植复绿,并责令违法行为人承担费用。被告万山区林业局未作出责令

沈中祥及武陵农木业公司补植复绿以恢复原状并监督履行的行为违法。

四、万山区林业局未履行代为补植复绿职责

特殊功能区生态环境被破坏的，原则上应当原地修复。修复义务人或者代履行人主张异地修复，但不能证明原地修复已不可能或者没有必要的，人民法院不予支持。万山区林业局在未作出责令违法行为人修复环境决定的情形下，会同乡镇人民政府等在被毁坏的林地上种植了部分树苗，但效果较差，没有保证成活率，没有达到环境修复的目的。且对于毁坏严重，形同戈壁的土地未进行治理复绿。鉴于被毁坏林地及林木的公益林性质和水源涵养、水土保持功能，补植复绿应当就地进行，不得异地替代。万山区林业局代为补植树木的行为，虽已部分履行职责，但尚未正确、全面履行，仍应继续履行。

（生效裁判审判人员：何林、李兴蓉、何德华）

# 指导案例 97 号《王某军非法经营再审改判无罪案》的理解与参照

## ——正确理解适用非法经营罪中的"其他严重扰乱市场秩序的非法经营行为"

2018年12月19日,最高人民法院发布了第19批指导性案例,包括第97号至第101号共5件指导性案例,总结了审判实践中某些普遍的疑难复杂法律适用问题,有利于进一步明确裁判规则,统一司法尺度。其中,第97号指导案例为《王某军非法经营再审改判无罪案》。为了正确理解和准确参照适用该指导案例,现对该指导案例的选编过程、裁判要点、参照适用等有关情况予以解释和说明。

### 一、案例选编过程

2017年12月6日,内蒙古自治区高级人民法院向最高人民法院案例指导工作办公室推荐该案例作为备选指导性案例。该案例被列为十八大以来十大公正司法大案要案,被评为"全国法院系统 2017 年度优秀案例分析"一等奖。该案件原一审判决生效后,在网络上引起了法学专家、新闻记者及民众的广泛关注。最高人民法院经再审决定,指令内蒙古自治区巴彦淖尔市中级人民法院对该案进行再审。再审法院撤销原一审判决,改判王某军无罪,用个案推动以良法善治为核心的法治进程及经济领域的改革,处理结果达到了法律效果和社会效果的统一。最高人民法院案例指导工作办公室经过初审认为,该案例基本符合指导性案例要求,并提交最高人民法院研究室室务会讨论。2018年3月6日,最高人民法院研究室室务会经讨论,同意推荐该案例,并要求进行修改后向最高人民法院刑二庭、审监庭征求意见。最高人民法院刑二庭、审监庭及研究室刑事处均同意推荐该案例作为指导性案例。2018年12月4日，该案例经最高人民法院刑专会第326次会议讨论，同意作为指导性案例。12月19日，最高人民法院以法〔2018〕338号文件将该案例编入第19批指导性案例予以发布。

## 二、关于本案例的相关情况

本案的基本情况：2014年11月至2015年1月，王某军未办理粮食收购许可证，未经工商行政管理机关核准登记并颁发营业执照，擅自在巴彦淖尔市临河区白脑包镇附近村组无证照经营违法收购玉米，将所收购的玉米卖给巴彦淖尔市粮油公司杭锦后旗蛮会分库，非法经营数额218288.6元，非法获利6000元。案发后，王某军主动投案自首、退缴非法获利6000元。内蒙古自治区巴彦淖尔市临河区人民法院经审理认为，被告人王某军违反国家法律和行政法规规定，未经粮食主管部门许可及工商行政管理机关核准登记并颁发营业执照，非法收购玉米，非法经营数额218288.6元，数额较大，其行为构成非法经营罪。鉴于被告人王某军案发后主动到公安机关投案自首，主动退缴全部违法所得，有悔罪表现，对其适用缓刑确实不致再危害社会，决定对被告人王某军依法从轻处罚并适用缓刑。内蒙古自治区巴彦淖尔市临河区人民法院于2016年4月15日作出（2016）内0802刑初54号刑事判决：被告人王某军犯非法经营罪，判处有期徒刑一年，缓刑二年，并处罚金二万元；被告人王某军退缴的非法获利款人民币六千元，由侦查机关上缴国库。

2016年12月16日，最高人民法院作出（2016）最高法刑监6号再审决定，指令内蒙古自治区巴彦淖尔市中级人民法院再审本案。

内蒙古自治区巴彦淖尔市中级人民法院经再审认为，原判决认定的原审被告人王某军没有办理粮食收购许可证及工商营业执照买卖玉米的事实清楚，其行为违反了当时的国家粮食流通管理有关规定，但尚未达到严重扰乱市场秩序的危害程度，不具备与刑法第二百二十五条规定的非法经营罪相当的社会危害性和刑事处罚的必要性，不构成非法经营罪。原审判决认定王某军构成非法经营罪适用法律错误，检察机关提出的王某军无证照买卖玉米的行为不构成非法经营罪的意见成立，原审被告人王某军及其辩护人提出的王某军的行为不构成犯罪的意见成立。内蒙古自治区巴彦淖尔市中级人民法院于2017年2月14日作出（2017）内08刑再1号刑事判决：(1) 撤销内蒙古自治区巴彦淖尔市临河区人民法院（2016）内 0802 刑初 54 号刑事判决；(2) 原审被告人王某军无罪。

该案件再审改判所体现的指导意义：明确了对于刑法第二百二十五条第四项规定的"其他严重扰乱市场秩序的非法经营行为"的适用，应当根据相关行为是否具有与刑法第二百二十五条前三项规定的非法经营行为相当的社会危害性、刑事违法性和刑事处罚必要性进行判断。同时，应当考虑该经营行为是否属于严重扰乱市场秩序，要充分考量立法背景及该罪的构成要件。

### 三、裁判要点的理解与说明

该指导案例的裁判要点确认：第一，对于刑法第二百二十五条第四项规定的"其他严重扰乱市场秩序的非法经营行为"的适用，应当根据相关行为是否具有与刑法第二百二十五条前三项规定的非法经营行为相当的社会危害性、刑事违法性和刑事处罚必要性进行判断。第二，判断违反行政管理有关规定的经营行为是否构成非法经营罪，应当考虑该经营行为是否属于严重扰乱市场秩序。对于虽然违反行政管理有关规定，但尚未严重扰乱市场秩序的经营行为，不应当认定为非法经营罪。

现围绕与该裁判要点相关的问题逐一解释和说明如下。

#### （一）刑法第二百二十五条第四项的适用规则

刑法第二百二十五条关于非法经营罪的规定中，第四项"其他严重扰乱市场秩序的非法经营行为"是在前三项规定明确列举的三类非法经营行为具体情形的基础上规定的条款。

有学者指出："对于其他严重扰乱市场秩序的非法经营行为，必须根据有关的法律和司法解释加以规定，只有在有关的法律、司法解释明确地对某一种非法经营行为有规定的情况下，才能根据法律、司法解释规定认定为其他严重扰乱市场秩序的非法经营行为。如果在法律、司法解释中没有明确规定，就不得认定为其他严重扰乱市场秩序的非法经营行为。"[①] 也有学者认为："设立非法经营罪并非意图将所有扰乱市场秩序的非法经营

---

① 陈兴良：《口授刑法学》，中国人民大学出版社 2007 年版，第 765 页。

行为都纳入调控范围，而是要保护通过特定许可管理形成的市场经营秩序。"① 故在适用该条款时，应当深刻理解法律体系结构及立法背景，区别行政规范与刑法规定的边界，分析适用条款后产生的社会后果，遵循罪刑法定原则进行严格解释，对于刑法第二百二十五条第四项规定的适用，应当要有充足的法律依据，而且要具备与前面三项行为相当的社会危害性和刑法处罚的必要性。本案中王某军的行为确实违反了当时《粮食流通管理条例》的相关规定，但还达不到严重扰乱市场秩序的程度。

（二）适用刑法第二百二十五条第四项应当考虑的因素

1. 从犯罪特性上分析

犯罪行为应当具有刑事违法性、严重社会危害性、应受刑事处罚必要性。第一，从刑事违法性看，本案王某军没有办理粮食经营许可证和工商营业执照而进行粮食收购活动，确实违反了当时《粮食流通管理条例》的相关规定。但违反行政管理有关规定并不等同于刑事违法，是否构成犯罪还要看其行为是否符合定罪的特征和构成要件。第二，从严重社会危害性看，入罪行为应具有与前三项规定行为严重程度相当的社会危害性，严重与否需要从实质危害性上判断，严格区别"其他严重扰乱市场秩序的非法经营行为"的质与量，并在情节和危害后果上加以限定。本案王某军收购玉米，没有取得行政许可，但其收购行为达不到严重扰乱市场秩序、情节严重的程度与非法经营罪的社会危害性相当。第三，从应受刑事处罚的必要性看，即便具备了刑事违法性和实质的严重社会危害性，也应当考虑处罚方式带来的社会效果。本案中王立军的行为不具有与刑法第二百二十五条前三项规定的非法经营行为相当的社会危害性，因此不具有刑事处罚的必要性。

2. 应当充分考量所适用的法律产生的社会背景及社会效果

"在追究嫌疑人刑事责任时注意克制，不能超过公正报应、有效预防和必要矫正所需要的限度配置和适用刑罚，防止定罪量刑过度。在现有法律范围内不逾越法律规定的框架，在有罪和无罪判断上不勉强定罪。"② 即综合案件情况对是否必须施以刑事处罚的必要性进行考量，能够用政策、

---

① 王作富、刘树德：《刑法分则专题研究》，中国人民大学出版社2013年版，第256页。
② 胡云腾：《谈谈谦抑原则在办案中的适用》，载《中国审判》2016年总第2期。

行政规范调整的，可通过民事、行政法律手段妥善处理的，不适用刑事强制措施，不必要施以严厉的刑事处罚。市场经济的本质属性要求刑法对经济自由的介入方式、程度应慎重，保持谦抑性的价值取向，尽量限制和减少刑罚权的适用。

## 四、参照适用时应注意的问题

为增强司法实践中的可操作性，最高人民法院先后发布的若干司法解释，对于在司法实践中正确理解和适用非法经营罪起到了积极作用。从刑法第二百二十五条规定的四种情形看，前三项是对专营专卖物品、经营许可证以及经营金融业务等方面的违反。据此，可以推导第四项行为的性质和危害性应当与前三项情形具有相当性。对于非法经营行为是否启动刑事处罚，司法实践中适用应当特别慎重。

（执笔人：内蒙古自治区高级人民法院　梁　宏  
　　编审人：最高人民法院研究室　马蓓蓓）

## 指导案例 98 号《张某福、张某凯诉朱某彪生命权纠纷案》的理解与参照
### ——见义勇为行为在诉讼中的认定

2018 年 12 月 19 日，最高人民法院发布了第 19 批指导性案例，包括第 97 号至第 101 号共 5 件指导性案例，总结了审判实践中某些普遍的疑难复杂法律适用问题，有利于进一步明确裁判规则，统一司法尺度。其中，第 98 号指导案例为《张某福、张某凯诉朱某彪生命权纠纷案》。为了正确理解和准确参照适用该指导案例，现对该指导案例的选编过程、裁判要点、参照适用等有关情况予以解释和说明。

### 一、案例选编过程及指导意义

2018 年 6 月 21 日，河北省高级人民法院向案例指导工作办公室推荐该案例作为备选指导性案例。最高人民法院案例指导工作办公室经过初审认为，该案例基本符合指导性案例要求，并提交最高人民法院研究室室务会讨论。2018 年 9 月 30 日，最高人民法院研究室室务会经讨论，同意推荐该案例，并建议征求最高人民法院研究室民事处和民一庭意见。最高人民法院研究室民事处、民一庭均同意推荐该案例为指导性案例。2018 年 11 月 20 日，该案例经最高人民法院民专会第 302 次会议讨论，同意其作为指导性案例。12 月 19 日，最高人民法院以法〔2018〕338 号文件将该案例编入第 19 批指导性案例予以发布。

### 二、关于本案例的相关情况

本案的基本情况是：2017 年 1 月 9 日，张某焕由南向北驾驶两轮摩托

车行驶至古柳线青坨鹏盛水产门口时发生交通事故，张某焕跌倒，对方倒地受伤、摩托车受损，后张某焕起身驾驶摩托车驶离现场。事发当时，被告朱某彪驾车经过肇事现场，并驾车追赶张某焕。朱某彪多次向公安部门电话报警。追赶过程中，张某焕走到迁曹铁路，翻过护栏，沿路堑而行，朱某彪亦翻过护栏继续跟随，朱某彪追赶的同时亦在劝阻张某焕。后张某焕自行走向两铁轨中间，被由北向南行驶的火车撞倒，后经检查被确认死亡。其间，朱某彪挥动上衣，向驶来的列车示警。张某焕之父张某福、之子张某凯向河北省滦南县人民法院起诉请求朱某彪对张某焕的死亡承担赔偿责任。2018年2月12日，河北省滦南县人民法院一审判决认定：张某焕肇事逃逸构成违法，朱某彪的追赶行为是对张某焕逃逸行为的制止，属于见义勇为，应予支持和鼓励。驳回原告张某福、张某凯的诉讼请求。原告不服，提出上诉。审理过程中，上诉人张某福、张某凯撤回上诉。2018年2月28日，河北省唐山市中级人民法院作民事裁定，准许上诉人张某福、张某凯撤回上诉。

本案的发生引发了社会的高度关注，继"扶不扶""劝不劝"后，又形成了"追不追"的社会话题，社会各界期待人民法院给出明确答案。法院经审理认为，因道路交通安全法七十条规定，交通肇事发生后，车辆驾驶人应当立即停车、保护现场、抢救伤者，故张某焕肇事逃逸的行为构成违法，朱某彪作为普通公民，发现违法行为，挺身而出，予以制止，属于见义勇为。该案的审理对于传统严格适用法律解决纠纷裁判模式进行适当拓展，承担起对社会主导价值观和行为模式的引导责任，通过司法裁判的方式认定见义勇为行为，并旗帜鲜明地予以支持和鼓励，以公正裁判树立行为规则，引领社会风尚。

### 三、裁判要点的理解与说明

该指导案例的裁判要点确认：行为人非因法定职责、法定义务或约定义务，为保护国家、社会公共利益或者他人的人身、财产安全，实施阻止不法侵害者逃逸的行为，人民法院可以认定为见义勇为。

现围绕与该裁判要点相关的问题逐一解释和说明如下。

在此类案件的审判中我们必须面对的问题就是：一何谓见义勇为；二在民事审判中能否认定见义勇为。《论语·为证》中说："见义不为，无勇也。"看到合乎道义的事，便勇敢地去做，甚至不顾个人安危，是大义。见义勇为是中华民族的传统美德，属于传统的道德规范范畴。博登海默认为，虽然道德和法律代表着不同的规范性命令，然而它们控制的领域却在部分上是重叠的。那些被视为是社会交往的基本而必要的道德正当原则，通过转化为法律规则，而在所有的社会中被赋予了具有强大力量的强制性质。在那些已成为法律一部分的道德原则与那些仍处于法律范围之外的道德原则之间有一条不易确定的分界线，且这条分界线也不是一成不变的，是受到社会发展影响的。[①] 在我国，绝大部分地方都制定了关于见义勇为的地方性法规和规章，体现了各地对见义勇为行为的鼓励和重视，但由于各地情况不同，对见义勇为行为的界定也不尽相同，这就可能会存在对同一行为作出不同认定的情形。因而，为避免对于同一行为产生不同认定的情形，在全国范围内进一步统一对于见义勇为行为的认定就显得十分必要了。

现代社会的复杂性对司法裁判提出了新要求和新期待，司法裁判要确保政治上的正确性、法律上的合法性以及伦理上的正当性，要弘扬社会主义核心价值，要让司法公正得到更广泛的社会认同。司法裁判要承担起对社会主导价值观和行为模式的引导责任，势必要对传统严格适用法律解决纠纷裁判模式进行适当拓展。具体到本案，因道路交通安全法七十条明确规定，交通肇事发生后，车辆驾驶人应当立即停车、保护现场、抢救伤者，故张某焕肇事逃逸的行为构成违法。朱某彪作为普通公民，事发当时，驾车经过肇事现场，发现肇事逃逸行为即驾车追赶，属于为了保护他人的利益，在紧急情况下自愿实施的紧急救助行为，故应当认定朱某彪的行为属于见义勇为。

## 四、参照适用时应注意的问题

本案中，朱某彪目睹交通事故的发生，并看到张某焕事故后起身驾驶摩托车驶离现场。朱某彪为了保护他人的利益，及时报警，并追赶肇事逃逸者张某焕。发生交通事故，驾驶人应当立即停车、保护现场、抢救伤

---

① 参见［美］E. 博登海默：《法理学：法律哲学与法律方法》，邓正来译，中国政法大学出版社 2004 年版，第 391~399 页。

者,这是法定义务。遵守法律,不仅是对法律的尊重,也是对自身安全的最好保护。朱某彪的行为符合行为人非因法定职责、法定义务或约定义务,为保护国家、社会公共利益或者他人的人身、财产安全,实施阻止不法侵害者逃逸的行为,故最终法院认定朱某彪的行为构成见义勇为。

(执笔人:河北省高级人民法院　王　佳
编审人:最高人民法院研究室　马蓓蓓)

# 指导案例 99 号《葛某生诉洪某快名誉权、荣誉权纠纷案》的理解与参照

## ——以细节考据、观点争鸣等方式对英雄烈士的事迹和精神进行贬损、丑化的行为构成对英雄烈士名誉权、荣誉权的侵害

2018 年 12 月 19 日，最高人民法院发布了第 19 批指导性案例，包括第 97 号至第 101 号共 5 件指导性案例，总结了审判实践中某些普遍的疑难复杂法律适用问题，有利于进一步明确裁判规则，统一司法尺度。其中，第 99 号指导案例为《葛某生诉洪某快名誉权、荣誉权纠纷案》。为了正确理解和准确参照适用该指导案例，现对该指导案例的选编过程、裁判要点、参照适用等有关情况予以解释和说明。

## 一、案例选编过程及指导意义

北京市高级人民法院向最高人民法院案例指导工作办公室推荐该案例作为备选指导性案例。该案是近年来保护英雄烈士人格权益的典型案例，对类似案件的审判具有指导意义，且推动了民法总则中相关内容的立法和英雄烈士保护法的出台，意义重大。最高人民法院案例指导工作办公室经过初审认为，该案例基本符合指导性案例要求，并提交最高人民法院研究室室务会讨论。2018 年 9 月 30 日，最高人民法院研究室室务会经讨论，同意推荐该案例，并建议征求最高人民法院研究室民事处和民一庭意见。最高人民法院研究室民事处、民一庭均同意推荐该案例为指导性案例。2018 年 11 月 20 日，该案例经最高人民法院民专会第 302 次会议讨论，同意作为指导性案例。12 月 19 日，最高人民法院以法〔2018〕338 号文件将该案例编入第 19 批指导性案例予以发布。

## 二、关于本案例的相关情况

近年来,社会上出现了以各种手段歪曲历史事实,侮辱、诽谤英雄人物和烈士的现象。这种现象,不仅损害了英雄、烈士的个人名誉、荣誉等人格权益,更直接或间接损害了英雄人物及其历史事件所体现的全民族的共同记忆和情感,同时也损害了这些英雄、烈士等英雄人物所代表的社会主义核心价值观。葛某生诉洪某快名誉权、荣誉权纠纷案件是这种现象的集中反映。依法审理好该系列案件,涉及英雄烈士个人名誉、荣誉等民事权益的保护问题,更涉及以法治手段、法治思维弘扬社会主义核心价值观,维护社会公共利益的重大问题。

本案的基本情况:1941年9月25日,在易县狼牙山发生了著名的狼牙山战斗。在这场战斗中,"狼牙山五壮士"英勇抗敌的基本事实和舍生取义的伟大精神,赢得了全中国人民的高度认同和广泛赞扬。中华人民共和国成立后,五壮士的事迹被编入义务教育教科书,五壮士被人民视为当代中华民族抗击外敌入侵的民族英雄。2013年9月9日,时任《炎黄春秋》杂志社执行主编的洪某快在财经网发表《小学课本〈狼牙山五壮士〉有多处不实》一文。文中写道:据《南方都市报》2013年8月31日报道,广州越秀警方于8月29日晚间将一位在新浪微博上"污蔑狼牙山五壮士"的网民抓获,以虚构信息、散布谣言为由予以行政拘留7日。所谓"污蔑狼牙山五壮士"的"谣言"原本就有。据媒体报道,该网友实际上是传播了2011年12月14日百度贴吧里一篇名为《狼牙山五壮士真相原来是这样!》的帖子的内容,该帖子说五壮士"五个人中有三个是当场被打死的,后来清理战场把尸体丢下悬崖。另两个当场被活捉,只是后来不知道什么原因又从日本人手上逃了出来"。2013年第11期《炎黄春秋》杂志刊发洪某快撰写的《"狼牙山五壮士"的细节分歧》一文,亦发表于《炎黄春秋》杂志网站。该文分为"在何处跳崖""跳崖是怎么跳的""敌我双方战斗伤亡""'五壮士'是否拔了群众的萝卜"等部分。文章通过援引不同来源、不同内容、不同时期的报刊资料等,对"狼牙山五壮士"事迹中的细节提出质疑。

北京市西城区人民法院于2016年6月27日判决:(1)被告洪某快立即停止侵害葛振林名誉、荣誉的行为;(2)本判决生效后三日内,被告洪某快公开发布赔礼道歉公告,向原告葛某生赔礼道歉,消除影响。该公告须连续刊登五日，公告刊登媒体及内容需经本院审核，逾期不执行，本院将在相关媒体上刊登判决书的主要内容，所需费用由被告洪某快承担。一审宣判后，洪某快向北京市第二中级人民法院提起上诉，北京市第二中级人民法院于 2016 年 8 月 15 日作出判决：驳回上诉，维持原判。

随着社会的不断发展，此类侵权行为的表现形态更为多样化，经常表现为学术文章、观点争论等。涉案文章无明显侮辱性的语言，但通过强调与基本事实无关或者关联不大的细节，引导读者对"狼牙山五壮士"这一英雄人物群体英勇抗敌事迹和舍生取义精神产生怀疑，对此，人民法院应依据现行法更为实质性地把握名誉权侵权行为的表现方式。该案的审理，分析了"狼牙山五壮士"获得个人名誉及荣誉的历史事实，并以这一英雄群体在我国当代史上发挥的作用为依据，将其精神归纳为民族的共同记忆、民族精神和社会主义核心价值观的一部分，因而构成了社会公共利益的一部分。该案的判决，保护了英雄烈士的名誉和荣誉，维护了社会公共利益，被最高人民法院确定为"依法保护英雄烈士名誉等人格权益，弘扬社会主义核心价值观典型案例"，被评为"2016 年度十大民事行政案件"，推动了民法总则关于英雄烈士等人格权益保护及英雄烈士保护法的立法进程，为网络言论、学术研究、历史人物评价确立了是非标准，划出了法律底线。

### 三、裁判要点的理解与说明

该指导案例的裁判要点确认：第一，对侵害英雄烈士名誉、荣誉等行为，英雄烈士的近亲属依法向人民法院提起诉讼的，人民法院应予受理。第二，英雄烈士事迹和精神是中华民族的共同历史记忆和社会主义核心价值观的重要体现，英雄烈士的名誉、荣誉等受法律保护。人民法院审理侵害英雄烈士名誉、荣誉等案件，不仅要依法保护相关个人权益，还应发挥司法彰显公共价值功能，维护社会公共利益。第三，任何组织和个人以细节考据、观点争鸣等名义对英雄烈士的事迹和精神进行污蔑和贬损，属于歪曲、丑化、亵渎、否定英雄烈士事迹和精神的行为，应当依法承担法律责任。

现围绕与该裁判要点相关的问题逐一解释和说明如下。

## （一）关于第一个裁判要点的说明

民事诉讼法第一百一十九条第一项规定："原告是与本案有利害关系的公民、法人和其他组织。"根据《最高人民法院关于确定民事侵权精神损害赔偿责任若干问题的解释》第三条规定，自然人死亡后，其近亲属因侮辱、诽谤、贬损、丑化或者违反社会公共利益、社会公德的其他方式侵害死者姓名、肖像、名誉、荣誉的，有权向人民法院提起诉讼。《最高人民法院关于适用〈中华人民共和国民事诉讼法〉的解释》第六十九条规定："对侵害死者遗体、遗骨以及姓名、肖像、名誉、荣誉、隐私等行为提起诉讼的，死者的近亲属为当事人。"由此可知，死者的近亲属有权就侵害死者名誉、荣誉等行为提起民事诉讼，死者的近亲属是正当当事人。具体到本案，根据在案证据可以认定，葛振林与葛某生系父子关系，葛振林系"狼牙山五壮士"之一，其已去世，葛某生作为近亲属有权就侵害葛振林名誉、荣誉的行为提起民事诉讼，葛某生作为本案原告适格。2018年5月1日起施行的英雄烈士保护法对此也予以明确，该法第二十五条第一款规定："对侵害英雄烈士的姓名、肖像、名誉、荣誉的行为，英雄烈士的近亲属可以依法向人民法院提起诉讼。"

值得注意的是，从法律规定的近亲属范围以及革命英烈的亲属现状来看，很多革命英烈已经逝世多年，没有人为其提起诉讼，或者即便有，也没有能力诉至法院，这就使得革命英烈的名誉权保护可能出现真空地带。值得欣慰的是，2018年5月1日起施行的英雄烈士保护法第二十五条第二款规定："英雄烈士没有近亲属或者近亲属不提起诉讼的，检察机关依法对侵害英雄烈士的姓名、肖像、名誉、荣誉，损害社会公共利益的行为向人民法院提起诉讼。"第三款规定："负责英雄烈士保护工作的部门和其他有关部门在履行职责过程中发现第一款规定的行为，需要检察机关提起诉讼的，应当向检察机关报告。"对英雄烈士的名誉权、荣誉权给予了周到、全面的保护。

## （二）关于第二个裁判要点的说明

本案的特殊价值在于，以"狼牙山五壮士"这一英雄群体在我国当代史上发挥的作用为依据，将其精神归纳为民族的共同记忆、民族精神和社会主义核心价值观的一部分，因而构成了社会公共利益的一部分。英雄人物的人格权益成为社会公共利益的一部分,是价值判断和选择的结果。英雄烈士的人格利益作为英雄烈士依法享有的法律上利益,首先表现为英雄烈士的个人利益。但英雄烈士的人格利益及建立在其人格利益基础之上的英雄烈士的形象、事迹和精神,在战争年代,是表征中华女儿不畏强敌、不怕牺牲、英勇奋争精神的具体载体;在和平年代,是体现中华儿女不惧艰难、勇于开拓、敢于创新的形象空间。英雄烈士的人格利益及建立在其人格利益基础之上的英雄烈士的形象、事迹和精神,已经成为中华民族的共同的历史记忆,是中华儿女共同的宝贵的精神财富,已经衍生为社会公众的民族情感和历史情感,从而构成了社会公共利益的重要组成部分,因此,它具有浓厚的社会公共利益的属性色彩,对它的保护,究其实质,是对社会公共利益的保护。

民法总则、英雄烈士保护法相继作出规定。民法总则第一百八十五条规定:"侵害英雄烈士等的姓名、肖像、名誉、荣誉,损害社会公共利益的,应当承担民事责任。"英雄烈士保护法第二十六条规定:"以侮辱、诽谤或者其他方式侵害英雄烈士的姓名、肖像、名誉、荣誉,损害社会公共利益的,依法承担民事责任……"在案件审理中,判断英雄烈士的人格权益是否构成社会公共利益的一部分,要以事实为依据,特别要以历史事实和社会现实为依据,审查这些英雄烈士之所以被认定为英雄烈士的英雄事件、历史背景。审判实践中,如何认定英雄烈士人格利益与社会公共利益之间的关系,本案确立的裁判规则可以提供参考。

(三) 关于第三个裁判要点的说明

涉案两篇文章《小学课本〈狼牙山五壮士〉有多处不实》《"狼牙山五壮士"的细节分歧》的主要内容是对我国抗日战争史中的"狼牙山五壮士"英雄事迹的解构。尽管两篇文章无明显侮辱性的语言,但被告采取的行为方式却是,通过强调与基本事实无关或者关联不大的细节,引导读者对"狼牙山五壮士"这一英雄人物群体英勇抗敌事迹和舍生取义精神产生怀疑,从而否定基本事实的真实性,进而降低他们的英勇形象和精神价值,必然依法应当承担法律责任。

值得注意的是,该案的审理推动了我国立法的完善。英雄烈士保护法通过"其他方式"的规定对此予以明确。该法第二十二条第二款规定:"任何组织和个人不得在公共场所、互联网或者利用广播电视、电影、出版物等,以侮辱、诽谤或者其他方式侵害英雄烈士的姓名、肖像、名誉、荣誉……"第二十六条规定:"以侮辱、诽谤或者其他方式侵害英雄烈士的姓名、肖像、名誉、荣誉,损害社会公共利益的,依法承担民事责任……"

## 四、参照适用时应注意的问题

在无充分证据的情况下,对英雄烈士进行似是而非的推测、质疑乃至评价,通过强调与基本事实无关或者关联不大的细节,引导公众对英雄烈士英勇事迹和舍生取义精神产生怀疑,从而否定基本事实的真实性,进而降低他们的英勇形象和精神价值,贬损、丑化英雄烈士的名誉和荣誉,损害社会公共利益,这就超越了边界,应当依法承担法律责任。

(执笔人:北京市高级人民法院　凌　巍
北京市第二中级人民法院　何江恒
编审人:最高人民法院研究室　马蓓蓓)

# 指导案例 100 号《山东登海先锋种业有限公司诉陕西农丰种业有限责任公司、山西大丰种业有限公司侵害植物新品种权纠纷案》的理解与参照

——侵害植物新品种纠纷中"同一性"的认定

2018 年 12 月 19 日,最高人民法院发布了第 19 批指导性案例,包括第 97 号至第 101 号共 5 件指导性案例,总结了审判实践中一些普遍的疑难复杂法律适用问题,有利于进一步明确裁判规则,统一司法尺度。其中,第 100 号指导案例为《山东登海先锋种业有限公司诉陕西农丰种业有限责任公司、山西大丰种业有限公司侵害植物新品种权纠纷案》。为了正确理解和准确参照适用该指导案例,现对该指导案例的选编过程、裁判要点、参照适用等有关情况予以解释和说明。

## 一、案例选编过程及指导意义

2017 年 10 月 26 日,最高人民法院民三庭向最高人民法院案例指导工作办公室推荐该案例作为备选指导性案例。该案例曾入选最高人民法院公报案例,以及最高人民法院知识产权审判典型案例和 2015 年知识产权五十大案例,并被写入 2015 年最高人民法院知识产权年度报告。在 2016 年越南河内召开的植物新品种保护执法会议中,该案例确立的规则被 UPOV 联盟(国际植物新品种保护联盟)确定为亚洲国家对植物新品种保护执法工作作出的第一个司法贡献,被 UPOV 联盟确定列入执法工作会议内容,在 UPOV 联盟官网中供品种权人以及执法部门参考。最高人民法院案例指导

工作办公室经过初审认为,该案例基本符合指导性案例要求,并提交最高人民法院研究室室务会讨论。2018年6月19日,最高人民法院研究室室务会经讨论,同意推荐该案例,并要求征求相关专家学者意见。办公室征求了农业农村部科技发展中心陈红、中国社会科学院法学研究所李菊丹两位专家意见,均表示同意推荐该案例。11月20日,该案例经最高人民法院民专会第302次会议讨论,同意作为指导性案例。12月19日,最高人民法院以法〔2018〕338号文件将该案例列在第19批指导性案例予以发布。

该案例与2017年11月15日发布的指导案例92号《莱州市金海种业有限公司诉张掖市富凯农业科技有限责任公司侵犯植物新品种权纠纷案》裁判要点均涉及品种权侵权判定规则,但各有侧重。两个指导性案例通过正确严谨的论证和说明,分析了田间种植测试与DNA鉴定这两种侵权判断方法的证明力,并阐明了各自的优缺点和适用范围,结合举证责任,明确了品种权侵权"同一性"判定的规则,为今后各级人民法院查明和审理品种权侵权案件提供了有力的参照适用规则。

## 二、关于本案例的相关情况

先锋国际良种公司是"先玉335"植物新品种权的权利人,其授权山东登海先锋种业有限公司(以下简称登海公司)作为被许可人对侵害该植物新品种权提起民事诉讼。登海公司于2014年3月16日向陕西省西安市中级人民法院起诉称,2013年山西大丰种业有限公司(以下简称大丰公司)生产、陕西农丰种业有限责任公司(以下简称农丰种业)销售的外包装为"大丰30"的玉米种子侵害"先玉335"的植物新品种权。北京玉米种子检测中心于2013年6月9日对送检的被控侵权种子依据NY/T 1432—2007玉米品种DNA指纹鉴定方法,使用3730XL型遗传分析仪,384孔PCR仪进行检测,结论为待测样品编号YA2196与对照样品编号BGG253"先玉335"比较位点数40,差异位点数0,待测样品与对照样品相同或极近似。

山西省农业种子总站于2014年4月25日出具的《"大丰30"玉米品种试验审定情况说明》记载:"大丰30"作为大丰公司2011年申请审定的品种,由于北京市农林科学院玉米研究中心所作的DNA指纹鉴定认为

"大丰 30"与"先玉 335"的 40 个比较位点均无差异,判定结论为两个品种无明显差异,2011 年未通过审定。大丰公司提出异议,该站于 2011 年委托农业部植物新品种测试中心对"大丰 30"进行 DUS 测试,即特异性(Distinctness)、一致性(Uniformity)和稳定性(Stability)测试,结论为"大丰 30"具有特异性、一致性、稳定性,与"先玉 335"为不同品种。"大丰 30"玉米种作为审定推广品种,于 2012 年 2 月通过山西省、陕西省农作物品种审定委员会的审定。

大丰公司在一审中提交了农业部植物新品种测试中心 2011 年 12 月出具的《农业植物新品种测试报告》原件,测试地点为农业部植物新品种测试(杨凌)分中心测试基地,依据的测试标准为《植物新品种 DUS 测试指南 玉米》(NY/T 2232—2012),测试材料为农业部植物新品种测试中心提供,测试时期为一个生长周期。测试报告特异性一栏记载,近似品种名称:鉴 2011-001B 先玉 335,有差异性状:41 * 果穗:穗轴颖片青贰显色强度,申请品种描述:8 强到极强,近似品种描述:5 中。所附数据结果表记载,鉴 2011-001A(大丰 30)与鉴 2011-001B 的测试结果除"41 * 果穗"外,差别还在"9 雄穗:花药花青贰显色强度",分别为"6 中到强、7 强""24.2 * 植株:高度",分别为"5 中""7 高""27.2 * 果穗:长度"分别为"5 中""3 短"。结论为,"大丰 30"具有特异性、一致性、稳定性。

二审法院审理中,大丰公司提交了于 2014 年 4 月 28 日测试审核的《农业植物新品种 DUS 测试报告》,加盖有农业部植物新品种测试(杨凌)分中心和农业部植物新品种保护办公室的印鉴。该报告依据的测试标准为《植物新品种特异性、一致性和稳定性测试指南 玉米》。测试时期为两个生长周期"2012 年 4 月—8 月、2013 年 4 月—8 月",近似品种为"先玉 335"。所记载的差异性状为:"11. 雄穗:花药花青贰显色强度,申请品种为 7. 强,近似品种为 6. 中到强""41. 籽粒:形状,申请品种为 5. 楔形,近似品种为 4. 近楔形""42. 果穗:穗轴颖片花青贰显色强度,申请品种为 9. 极强,近似品种为 6. 中到强"。测试结论为"大丰 30"具有特异性、一致性、稳定性。

陕西省西安市中级人民法院于 2014 年 9 月 29 日作出(2014)西中民四初字第 132 号判决,判令驳回登海公司的诉讼请求。登海公司不服,提出上诉。陕西省高级人民法院于 2015 年 3 月 20 日作出（2015）陕民三终字第 1 号判决，驳回上诉，维持原判。登海公司不服，向最高人民法院申请再审。最高人民法院于 2015 年 12 月 11 日作出（2015）民申字第 2633 号裁定，驳回登海公司的再审申请。

本案是侵害植物新品种纠纷案件，焦点在于判断被诉侵权繁殖材料的特征特性与授权品种的特征特性相同，即判定"同一性"。根据《最高人民法院关于审理侵犯植物新品种权纠纷案件具体应用法律问题的若干规定》（以下简称侵犯品种权司法解释）第二条的规定，是以被控侵权繁殖材料的特征、特性与授权品种的特征、特性进行比对，排除存在非遗传变异因素导致的特征、特性的不同。关于侵权"同一性"的专门性问题，侵犯品种权司法解释第四条规定，可以采取田间观察检测、基因指纹图谱检测等方法鉴定。对于所作出的鉴定结论，人民法院依法质证后，认定其证明力。本案中，涉案品种"先玉 335"的权利人，提交 DNA 鉴定报告的结论为"该样品电泳谱带与对照样先玉 335 电泳谱带比对一致"。被诉侵权方辩称不侵权，提交了结论为被诉侵权的品种与"先玉 335"比对具有特异性的 DUS 测试报告。本案中，DNA 鉴定报告和 DUS 测试报告结论存在不一致，如何审查认定其证明力是本案的关键所在。

近年来，我国利用当前主要推广品种和亲本进行改造的育种方式在不断增加，通过 DNA 检测，授权品种与侵权繁殖材料的差异位点数小于阈值，鉴定结论为相同或高度近似品种的纠纷数量有上升趋势。最高人民法院连续两年审理的植物新品种权侵权纠纷案件中，均涉及授权品种与被诉侵权品种进行 DNA 检测后，结论为相同或极近似的事实。我院指导案例 92 号《莱州市金海种业有限公司诉张掖市富凯农业科技有限责任公司侵犯植物新品种权纠纷案》，被诉侵权繁殖材料与农业部授权品种的标准样品通过 DNA 指纹测试比较，40 个位点上只有 1 个位点差异，DNA 检测结论为"与待测样品为近似品种"。指导案例 92 号明确，无法进行 DUS 测试情况下，举证责任分配给被诉侵权人有利于对品种权人的保护。该指导案例针对的是 DNA 检测差异位点数小于品种的阈值的情况，而本案出现的情况则更为典型，DNA 检测差异位点数为 0，而且还存在通过田间种植，DUS 测试结果为具有特异性的实际情况。如何解读 DNA 检测结论为"无明显差异""高度近似""极近似"甚至"相同"，如何认定 DNA 鉴定报告的证明力，以及在已存在 DNA 鉴定的情况下，是否允许当事人进行田间种植测试的申请，有较大分歧。有观点认为，将差异至少两个位点作为距离来判定是两个不同的品种，品种间差异位点数等于 1，表明两个品种非常接近，可以适用专利案件的"等同侵权"原则。也有观点认为，只有差异位点为 0 时才能认定被诉侵权的繁殖材料的性状特征与授权品种的性状特征相同。还有观点认为，可采取扩大检测位点进行加测及提交审定样品进行测定等方式对鉴定结论作补充，但不允许进行田间种植检测。审查认定结论为"无明显差异的 DNA"鉴定报告的证明力，以及统一司法实践关于当事人田间种植测试的申请，成为司法审判中的新问题。

本案裁定书对于审查认定 DNA 鉴定报告、DUS 测试报告的证明力进行了很好的阐述，明确了能否通过田间种植检测进行"同一性"判断的问题。首先，本案裁定审查分析了涉案 DUS 测试及田间种植检测行为的合法性问题。我国对主要农作物进行品种审定时，要求申请审定品种必须与已审定通过或本级品种审定委员会已受理的其他品种具有明显区别。涉案品种"大丰 30"在 2011 年的品种审定中，经 DNA 指纹鉴定，被认定与"先玉 335"无差异，视为同一品种而未能通过当年的品种审定。涉案 DUS 测试报告是大丰公司对 DNA 指纹鉴定结论提出异议，根据《主要农作物品种审定办法》关于"申请者对审定结果有异议的，可以向原审定委员会申请复审。品种审定委员会办公室认为有必要的，可以在复审前安排一个生产周期的品种试验"的规定，申请进行田间种植测试后，山西省农业种子总站委托农业部植物新品种测试中心完成的测试。涉案 DUS 测试报告具有合法性。该测试报告由农业部植物新品种测试中心按照《主要农作物品种审定办法》的规定，指定相应的 DUS 测试机构进行田间种植，依据相关测试指南整理测试数据进行的性状描述，测试报告具有真实性。经 DUS 测试，"大丰 30"与近似品种"先玉 335"存在明显且可重现的差异，所作测试对象与争议的待证事实具有关联性。依据《植物新品种特异性、一致性和稳定性测试指南 玉米》（NY/T 2232—2012）"当申请品种至少在一个性状与近似品种具有明显且可重现的差异时，即可判定申请品种具备特异性"的规定，"大丰 30"与近似品种"先玉 335"相比，特征特性并不相同。该结论真实可信。其次，对于本案存在 DNA 鉴定结论与上述 DUS 测试报告不一致的问题，本案裁定明确在案 DNA 鉴定报告的证明力问题。裁定书认为，DNA 指纹鉴定技术作为在室内进行基因型身份鉴定的方法，经济便捷，不受环境影响，测试周期短，有利于及时保护权利人的利益，同时能够提高筛选近似品种提高特异性评价效率，实践中多用来检测品种的真实性、一致性，并基于分子标记技术构建了相关品种的指纹库。DNA 指纹鉴定所采取的核心引物（位点）与 DUS 测试的性状特征之间并不一定具有对应性，而植物新品种权的审批机关对申请品种的特异性、一致性和稳定性进行实质审查所依据的是田间种植 DUS 测试。在主要农作物品种审定时，也是以申请审定品种的选育报告、比较试验报告等为基础，进行品种试验，针对品种在田间种植表现出的性状进行测试并作出分析和评价。因此，被诉侵权繁殖材料的特征特性应当依据田间种植所确定的性状特征为准。当 DNA 鉴定意见为相同或高度近似时，可通过田间表型确定身份。被诉侵权一方主张以田间种植测试推翻 DNA 鉴定意见时，应当由其提交证据予以证明。本案中，由于被诉侵权一方的大丰公司提交 DUS 测试报告证明，通过田间种植，"大丰 30"与"先玉 335"相比，具有特异性。根据侵害植物新品种权"同一性"的判定规则，"大丰 30"与"先玉 335"的特征特性不相同，因此，不存在"大丰 30"侵害"先玉 335"植物新品种权的行为。大丰公司生产、农丰种业销售的"大丰 30"并未侵害"先玉 335"的植物新品种权。

## 三、裁判要点的理解与说明

该指导案例的裁判要点确认：判断被诉侵权繁殖材料的特征特性与授权品种的特征特性相同是认定构成侵害植物新品种权的前提。当 DNA 指纹鉴定意见为两者相同或相近似时，被诉侵权方证明通过田间种植，被控侵权品种与授权品种对比具有特异性，应当认定不构成侵害植物新品种权。

植物新品种保护审批机关采用《DUS 审查及性状描述总则》以及《DUS 测试指南等测试技术与标准》，通过田间种植试验、室内分析的方法，以申请品种的特异性、一致性和稳定性对繁殖材料进行评价的过程就是 DUS 测试。DUS 测试是植物新品种管理的基本技术依据，不仅植物新品种权的审批机关对申请品种进行实质审查依据 DUS 测试，DUS 测试也是品种审定和登记的基础依据。一般测试需要繁殖植物的两个生长周期才能得出测试结论。虽然 DUS 测试是品种权授权的基础，也是国内外公认准确度最高,当事人最为认可的检测方式,但 DUS 测试耗时长,诉讼效率低。DNA 检测通过基因型身份进行鉴定,测试周期短,实践中基于分子标记技术构建了相关品种的指纹库。借助其准确度高、速度快,DNA 指纹检测技术在品种区试审定、品种权保护、种子市场监督抽查等多个领域得到了广泛应用。在品种审定区中,依据不同品种 DNA 指纹谱带对品种的一致性和真实性的判定,将 DNA 指纹的检测结果作为试验品种的淘汰、继续试验和推荐审定的依据,发现实验品种与已知品种在遗传上差异微小,即相同或高度近似(差异位点数≤1)的停止试验。如农业行业标准《玉米品种鉴定 DNA 指纹方法》(NY/T 1432—2014)检测及判定标准规定:品种间差异位点数等于 1,判定为近似品种;品种间差异位点数大于等于 2,判定为不同品种。

DNA 检测在证伪性事实上有其绝对的优势,但对于证实性事实,存在与田间种植测试结论不一致的可能。DNA 检测是通过人为设定阈值来区分品种,超过该阈值就能够判断与已知品种不同,没有超过则表明判定两品种不同的条件不充分,此时仍然需要通过田间种植进行判断。如《玉米品种鉴定 DNA 指纹方法》(NY/T 1432—2007)规定:"两个品种若在所规定的 20 对基本核心引物+20 对辅助核心引物检测范围内未发现差异,说明该两品种间遗传上相同或高度相近。但若通过田间种植,能够发现和证明两品种间至少一个质量性状差异或两个数量性状有至少一个数量级别差异或一个数量性状相差两个数量级别,则也可以认定该两品种间有明确差别,所测试品种具有特异性。"可见,不能以 DNA 检测的对应位点数量进行侵权"同一性"判断。DNA 检测所采取的核心引物(位点)与 DUS 测试的性状特征之间并不直接对应,授予植物新品种权是以田间种植进行 DUS 测试所确定的性状特征为基础,因此,对于 DNA 指纹鉴定意见为两者相同或相近似,而真实合法有效的田间种植检测报告证明两者具有明显且可重现的差异时,就不能得出两者的特征特性相同的结论。

## 四、参照适用时应注意的问题

本案针对在原告提交 DNA 检测报告及被告提交 DUS 测试报告时,如何判断证据的证明力的情形。需要强调的一点是,不能以 DNA 检测所采取的核心引物(位点)与田间测试的性状特征无对应性为由,轻易否定 DNA

鉴定的证明力。实践中，品种权侵权纠纷通常都是借助DNA指纹检测技术开展，因此，需要重视举证责任的分配以及证据证明力的审查判断，尤其是要重视，不能以田间种植测试的权威性轻易否定DNA鉴定的证明力，否则会导致品种权人维权困难，诉讼久拖不决。对于已经存在"同一性"的DNA鉴定结论时，证明不侵权的责任转移由被诉侵权一方完成。当DNA指纹鉴定意见为两者相同或相近似时，被诉侵权方举证证明通过田间种植，被控侵权品种与授权品种对比具有特异性，才能推翻构成侵害植物新品种权的主张。

（执笔人：最高人民法院知识产权法庭　罗　霞
编审人：最高人民法院研究室　石　磊）

# 指导案例 101 号《罗某昌诉重庆市彭水苗族土家族自治县地方海事处政府信息公开案》的理解与参照

## ——行政机关应对政府信息不存在承担举证责任

2018 年 12 月 19 日,最高人民法院发布了第 19 批指导性案例,包括第 97 号至第 101 号共 5 件指导性案例,总结了审判实践中某些普遍的疑难复杂法律适用问题,有利于进一步明确裁判规则,统一司法尺度。其中,第 101 号指导案例为《罗某昌诉重庆市彭水苗族土家族自治县地方海事处政府信息公开案》。为了正确理解和准确参照适用该指导案例,现对该指导案例的选编过程、裁判要点、参照适用等有关情况予以解释和说明。

### 一、案例选编过程

重庆市第四中级人民法院认为该案例较为典型,对人民法院审理类似案件具有指导价值,遂作为备选参考性案例向重庆市高级人民法院参考性案例编选委员会推荐。重庆市高级人民法院参考性案例编选委员会经审查,认为该案例所涉法律适用问题相关法律规定不明确,该案例提炼的裁判要点所确立的裁判规则具有指导意义,遂作为参考性案例和备选指导性案例提交重庆市高级人民法院审判委员会讨论。经重庆市高级人民法院 2017 年第 9 次审判委员会讨论,同意将该案例作为重庆法院第 26 号参考性案例发布,并作为备选指导性案例向最高人民法院推荐。2017 年 7 月 7 日,最高人民法院案例指导工作办公室收到该案例,经过初审,认为基本符合指导性案例的要求,建议提交最高人民法院研究室室务会讨论。2018 年 6 月 19 日,最高人民法院研究室室务会讨论同意推荐该案例,并要求征求最高人民法院行政庭意见。经征求意见后，最高人民法院案例指导工作办公室对该案例进行了修改，并报审委会讨论。11月20日，最高人民法院民专会第302次会议讨论通过该案例。12月19日，最高人民法院以法〔2018〕338号文件将该案例列在第19批指导性案例予以发布。

## 二、关于本案例的相关情况

### （一）本案例的基本案情

本案中，原告罗某昌是兴运2号船的船主，在乌江流域从事航运、采砂等业务。2014年11月17日，罗某昌通过邮政特快专递向被告重庆市彭水苗族土家族自治县地方海事处（以下简称彭水县地方海事处）邮寄书面政府信息公开申请书，申请公开的其中一项内容为：公开兴运2号船2008年5月18日、2008年9月30日两起安全事故的海事调查报告等所有事故材料。2015年1月23日，彭水县地方海事处作出（2015）彭海处告字第006号《政府信息告知书》，其第二项载明：对申请公开的海事调查报告等所有事故材料经查该政府信息不存在。2015年4月22日，罗某昌以彭水县地方海事处作出的（2015）彭海处告字第006号《政府信息告知书》不符合法律规定，且与事实不符为由，提起行政诉讼，请求撤销彭水县地方海事处作出的（2015）彭海处告字第006号《政府信息告知书》，并由彭水县地方海事处向罗某昌公开海事调查报告等涉及兴运2号船的所有事故材料。罗某昌提供被告已制作或获取并保存案涉政府信息的相关线索。在案件二审审理期间，彭水县地方海事处主动撤销了其作出的（2015）彭海处告字第006号《政府信息告知书》，罗某昌仍坚持诉讼。

重庆市彭水苗族土家族自治县人民法院于2015年6月5日作出（2015）彭法行初字第00039号行政判决，驳回罗某昌的诉讼请求。罗某昌不服一审判决，提起上诉。重庆市第四中级人民法院于2015年9月18日作出（2015）渝四中法行终字第00050号行政判决，撤销（2015）彭法行初字第00039号行政判决；确认彭水县海事处于2015年1月23日作出的（2015）彭海处告字第006号《政府信息告知书》行政行为违法。

### （二）本案例的推荐理由及指导价值

我国《政府信息公开条例》颁布实施以来，政府工作透明度及依法行政水平不断提高，公民的知情权得到更加有效的保障。但是，在政府信息公开实践中，行政机关对政府信息公开申请的答复频繁出现以信息不存在为由拒绝公开的情形。通常而言，政府信息不存在是行政机关处理公开申请的一种答复方式。但在政府信息公开行政案件中，行政机关处于信息优势地位，原告一般处于信息劣势地位。一方面，如果将证明责任分配给原告（信息申请者）极不公平，如果没有被告（被申请机关）的配合，这将是一项"不可能完成的任务"。[1] 另一方面，但若将"信息不存在"这一否定性事实的举证责任分配给被告承担，又有违背"肯定者应证明，否定者不应证明"这一证明责任分配的古老法谚。[2] 司法实践中，法院在对该类案件进行裁判时处于两难境地，由于举证责任分配标准不统一，往往会出现"同案（或类案）不同判"的情形。因此，人民法院对行政机关政府信息不存在答复是否合法应如何审查判断，事关保障公众政府信息知情权，也是审理该类案件的关键所在。

该案例旨在明确在政府信息公开案件中，被告以政府信息不存在为由答复原告的，人民法院应审查被告是否已经尽到充分合理的查找、检索义务。该案例确认的裁判规则进一步明确了此类案件的审查标准，指导价值较强，对有效监督政府依法公开信息、依法保障公民政府信息知情权具有重要意义。

## 三、裁判要点的理解与说明

该指导案例的裁判要点确认：在政府信息公开案件中，被告以政府信息不存在为由答复原告的，人民法院应审查被告是否已经尽到充分合理的查找、检索义务。原告提交了该政府信息系由被告制作或者保存的相关线索等初步证据后，若被告不能提供相反证据，并举证证明已尽到充分合理的查找、检索义务的，人民法院不予支持被告有关政府信息不存在的主张。现围绕与该裁判要点相关的问题逐一解释和说明如下。

### （一）关于政府信息不存在诉讼司法审查相关规定

根据我国《政府信息公开条例》第二条的规定，政府信息是指行政机

---

[1] 参见章剑生：《知情权及其保障——以〈政府信息公开条例〉为例》，载《中国法学》2008年第4期。

[2] 参见郑涛：《政府信息不存在诉讼之证明责任分配探析》，载《清华法学》2016年第6期。

关在履行职责过程中制作或者获取的,以一定形式记录、保存的信息。在审理行政机关以政府信息不存在为答复的案件中,首先应当明确行政机关是否具有制作或获取涉案政府信息的职责,同时这也是政府信息是否存在的前提条件。若行政机关不具有相应职责,就没有合理理由和机会制作或获取该政府信息。本案中,根据我国《内河交通事故调查处理规定》的相关规定,彭水县地方海事处作为彭水县的海事管理机构,负有对彭水县行政区域内发生的内河交通事故进行立案调查处理的职责,其在事故调查处理过程中制作或者获取的,以一定形式记录、保存的信息属于政府信息。据此,即可断定彭水县地方海事处具有制作或获取涉案政府信息的职责。但若行政机关能够说明其不可能制作或获取信息的,如申请公开的信息不属于被告的职权范围,无合理理由和机会制作或获取政府信息,在此情况下无须进一步提供证据。

我国《政府信息公开条例》第十三条、第二十一条、第三十三条规定:公民、法人或者其他组织还可以根据自身生产、生活、科研等特殊需要,向国务院部门、地方各级人民政府及县级以上地方人民政府部门申请获取相关政府信息。[①]依法不属于本行政机关公开或者该政府信息不存在的,应当告知申请人。公民、法人或者其他组织认为行政机关不依法履行政府信息公开义务的,可以向上级行政机关、监察机关或者政府信息公开工作主管部门举报。公民、法人或者其他组织认为行政机关在政府信息公开工作中的具体行政行为侵犯其合法权益的,可以依法申请行政复议或者提起行政诉讼。据此,对行政机关答复政府信息不存在的,相关信息申请人可以向人民法院提起诉讼。针对政府信息不存在的司法审查,《最高人民法院关于审理政府信息公开行政案件若干问题的规定》第五条第一款、第二款、第五款规定:被告拒绝向原告提供政府信息的,应当对拒绝的根据以及履行法定告知和说明义务的情况举证;因公共利益决定公开涉及商业秘密、个人隐私政府信息的,被告应当对认定公共利益以及不公开可能对公共利益造成重大影响的理由进行举证和说明;被告主张政府信息不存在,原告能够提供该政府信息系由被告制作或者保存的相关线索的,可以

---

[①] 本案适用的是2007年4月5日公布的《政府信息公开条例》,2019年4月3日该条例进行了修订,已删去了原第十三条规定的"公民、法人或者其他组织还可以根据自身生产、生活、科研等特殊需要"等相关规定。

申请人民法院调取证据。《最高人民法院关于审理政府信息公开行政案件若干问题的规定》第十二条第一项规定：不属于政府信息、政府信息不存在、依法属于不予公开范围或者依法不属于被告公开的，被告已经履行法定告知或者说明理由义务的，人民法院应当判决驳回原告的诉讼请求。根据上述规定，在政府信息公开诉讼中，被告拒绝提供政府信息的，应当对拒绝的根据以及履行法定告知和说明理由义务的情况举证。如果原告能够提供该政府信息系由被告制作或者保存的相关线索的，可以申请人民法院调取证据。

（二）关于政府信息是否存在的举证责任分配

我国行政诉讼法第三十四条第一款规定："被告对作出的行政行为负有举证责任，应当提供作出该行政行为的证据和所依据的规范性文件。"但在政府信息公开诉讼中，对于政府信息是否存在的举证责任如何分配问题则有其特殊性，主要存在两种认识：一是认为行政诉讼中被告对被诉行政行为的合法性承担举证责任，被告既然主张政府信息不存在，就有责任提供证据；二是认为在被告主张政府信息不存在的特殊情形下，原告认为政府信息存在，则由原告提供证据，否则法院不能否定行政机关的这一认定。从举证责任分配的一般理论来说，一方面，当事人对其认为不存在的事实不应承担直接举证责任。由此，在政府信息不存在案件中，被告行政机关就没有必要对信息不存在提供证据。另一方面，如果由原告证明"信息存在"，同样存在障碍，因为政府信息是由行政机关掌握的，要求明显处于弱势地位的原告承担全部的证明责任，几乎等同于直接宣布其败诉。[1]

由于举证责任的分配关系行政诉讼的结果，在没有法律明确规定的前提下，法院应从公平正义的角度出发，结合行政法律关系的特殊性，对原、被告的举证责任作适当的分配。在具体分配的过程中，需要考虑的因素包括：行政行为的特点、举证的难易程度、行政机关与行政相对人的举证能力、举证的便利性、公民权益的保障、行政机关行使职权的实际状况以及纠纷解决的可能性。[2]

---

[1] 参见包蕾、何斐明、余韬：《政府信息公开诉讼中的信息不存在》，载《人民司法》2013年第7期。

[2] 参见江必新、梁凤云：《行政诉讼法理论与实务》，北京大学出版社2009年版，第506页。

对此,《最高人民法院关于行政诉讼证据若干问题的规定》第一条第一款规定:"根据行政诉讼法第三十二条和第四十三条的规定,被告对作出的具体行政行为负有举证责任,应当在收到起诉状副本之日起十日内,提供据以作出被诉具体行政行为的全部证据和所依据的规范性文件。被告不提供或者无正当理由逾期提供证据的,视为被诉具体行政行为没有相应的证据。"根据上述规定,在政府信息公开诉讼中,被告对作出的政府信息不存在的具体行政行为的合法性承担举证责任。虽然政府信息不存在作为一个否定性事实,一般由主张事实存在的一方举证,但是考虑到双方的举证能力等因素,法院依然要对行政机关主张政府信息不存在的事实和理由进行合法性审查,否则容易助长被告以政府信息不存在为由规避公开责任和诉讼风险。因此,在政府信息公开诉讼中,被告承担主要的举证责任,同时原告承担补充证明责任。由于否定性事实难以从正面直接予以证明,被告需要通过向法院提供能够证明其已经尽到合理搜索义务的材料,从而完成证明信息不存在的举证责任。①

(三) 关于原告对政府信息存在的补充证明责任

如上所述,在政府信息不存在的案件中,被告需举证证明其对涉案政府信息进行了合理检索,但由于对不存在的事实很难证明,法院同时可以要求原告提供被告已制作或获取并保存涉案政府信息的相关线索。一般来讲,原告向被告申请政府信息公开,对涉案政府信息是否存在有一定的了解,原告应承担提供政府信息存在的线索及涉案政府信息系由被告制作或保存的补充证明责任。

第一,如果原告不能提供任何相关政府信息存在线索线索,人民法院可依据《最高人民法院关于审理政府信息公开行政案件若干问题的规定》第十二条第一项"不属于政府信息、政府信息不存在、依法属于不予公开范围或者依法不属于被告公开的,被告已经履行法定告知或者说明理由义务的,人民法院应当判决驳回原告的诉讼请求"之规定,认定涉案政府信息不存在,判决驳回原告的诉讼请求。

第二,如果原告进一步提供了政府信息实际存在的证据或线索的情况

---

① 参见陈振宇:《政府信息不存在情形下举证责任的分配》,载《人民司法》2010年第24期。

下,比如其他政府文件已明确将被申请信息作为依据、有明确的文号等,应认定原告已经承担了其相应的证明责任。在此情况下,若行政机关未能举示相关证据材料或作出合理说明,人民法院可以判令撤销"政府信息不存在"的答复,责令被告重新作出相应的行政行为;亦可依据《最高人民法院关于审理政府信息公开行政案件若干问题的规定》第五条第五款"被告主张政府信息不存在,原告能够提供该政府信息系由被告制作或者保存的相关线索的,可以申请人民法院调取证据"之规定,申请人民法院调取证据。若行政机关在诉讼中主动撤销其作出的"政府信息不存在"答复,原告仍坚持诉讼的,应确认其之前作出"政府信息不存在"答复的行政行为违法。

(四)关于行政机关对政府信息合理检索义务的审查

"政府信息不存在"的含义应当是明确的,也就是"从未制作过或者获取过",[①] 这是法院处理该类案件时应当明确的问题。在因政府信息不存在而引发的政府信息公开诉讼中,行政机关对于政府信息不存在负有证明责任,应举证证明其对相关政府信息尽到合理、充分的查找、检索义务。对该类案件进行裁判时,应着重对被告对告知义务的履行情况、搜寻与说明理由义务的合法性进行审查。[②] 行政机关对政府信息不存在应当承担何种举证责任,是准确审理此类案件的关键所在,一般以被告提供其已经尽到了合理搜索义务的证据材料或合理说明为判断标准。被告主张政府信息不存在的,必须提供相应的证据材料或对其查找经过作出合理说明来证明其尽到了合理的搜索义务,没有提供相关检索或工作记录的,法院对其"政府信息不存在"的主张,不予支持。

行政机关对涉案政府信息是否尽到合理检索义务是司法审查的重点。那么,如何判断行政机关尽到合理检索义务的标准?一般情况下,法院对行政机关是否正确履行检索义务应从以下几个方面进行判断:第一,用以检索的载体(如数据库、信息目录)包含的信息资料是否全面。检索载体收纳的数据越多,检索结果越具有合理性。第二,检索方法是否妥当。选用不同的检索关键词、采用不同的检索方法会产生不同的检索结果,选取

---

[①] 殷勇:《"政府信息不存在"情形下的司法审查》,载《法学》2012年第1期。
[②] 参见郑涛:《政府信息不存在诉讼之证明责任分配探析》,载《清华法学》2016年第6期。

适当的检索方法是确保检索合理性的重要内容。检索的方法包括人工检索、浏览目录、网页检索等。第三，检索人员的工作态度是否认真。检索看似一个技术性工作，但不同的工作态度直接会对检索方法的选取以及最后的检索结果产生不同的影响。若有证据证明检索工作人员的工作态度是为了尽其可能帮助申请人获取信息的话，其检索结果便更具有合理性。[①]

具体而言，法院可从以下几个方面进行审查：第一，根据原告提供的线索，要求被告提供其进行了相关搜索的证据材料，并对搜索方法和搜索结果作出说明；第二，根据原告提供的信息制作时间线索，要求被告提供相关信息公开指南、年度报告、公开目录等关联性证据；第三，根据原告提供的信息文号线索，要求被告提供相关政府信息文件编号方式以及涉诉文号的对应文件名称、时间、制作机关证据材料；第四，根据原告提供的信息出处线索，要求行政机关提供相关调查结果或者相关卷宗材料，必要时法院可以依申请调查。如果经过上述途径依旧无法证实原告所申请公开的信息存在，而原告又坚持认为该信息存在的，应由原告承担举证责任，由其提供证据证明其申请公开的政府信息在被告处实际存在。[②] 此外，在审查行政机关检索是否合理时，检索关键词的选择应以有利于检索到申请人申请获取的政府信息为原则，被告提供的生成其检索记录的数据库应是专门制作的用以开展信息公开工作的数据库，应包含其所掌握的全部政府信息。本案中，法院以行政机关是否尽到合理的查找、检索义务作为审查行政机关政府信息不存在答复是否合法的标准，符合法理、情理和事理，符合社会公众的正义观和社会发展的趋势，对法院裁判类案具有指导价值，有利于促使行政机关及其工作人员依法行政，对于依法保障公民知情权、推进法治政府建设具有重要的社会导向意义。二审中，行政机关主动撤销作出的《政府信息告知书》亦说明该裁判规则被原、被告双方认可，实现了法律效果和社会效果的统一。

## 四、参照适用时应注意的问题

合法性审查原则是行政诉讼的一项基本原则，人民法院应当围绕行政

---

[①] 参见陈振宇：《政府信息不存在情形下举证责任的分配》，载《人民司法》2010年第24期。

[②] 参见李广宇：《政府信息公开诉讼理念、方法与案例》，法律出版社2009年版，第76页。

行为证据是否确凿,适用法律、法规是否正确,是否符合法定程序进行审查。对因政府信息不存在而引发的政府信息公开诉讼,审查被告是否已经尽到充分合理的查找、检索义务建立在合理分配举证责任的基础之上,但这主要涉及行政机关"政府信息不存在"答复的证据是否确凿这一方面。值得进一步指出的是,除此之外还应当对被诉行政行为适用法律、法规是否正确,程序是否合法进行全面审查,进而对行政机关所作"政府信息不存在"答复是否合法进行准确的裁判。

(执笔人:重庆市高级人民法院研究室　游中川
　　　　　重庆市市第四中级人民法院　王　宏
　编审人:最高人民法院研究室　石　磊)

# 指导案例 102 号《付某豪、黄某超破坏计算机信息系统案》的理解与参照

## ——"DNS 劫持"型流量劫持行为的刑事司法认定

2018 年 12 月 25 日,最高人民法院发布了第 20 批指导性案例,包括第 102 号至第 106 号共 5 件指导性案例。这批案例为涉网络犯罪专题指导性案例,总结了审判实践中某些普遍的疑难复杂法律适用问题,有利于进一步明确裁判规则,统一司法尺度。其中,第 102 号指导案例为《付某豪、黄某超破坏计算机信息系统案》。为了正确理解和准确参照适用该指导案例,现对该指导案例的选编过程、裁判要点、参照适用等有关情况予以解释和说明。

## 一、案例选编过程

该案例为上海市高级人民法院研究室推荐报送。2016 年 8 月 18 日,上海市浦东新区人民法院审判委员会于 2016 年第 9 次会议讨论决定,将该案作为备选指导性案例提交上海市高级人民法院审判委员会讨论。2016 年 10 月 8 日,上海市高级人民法院审判委员会于 2016 年第 10 次会议经讨论,同意将该案作为备选指导性案例向最高人民法院案例指导工作办公室推荐。2018 年 4 月 19 日,最高人民法院研究室室务会经过讨论,同意推荐,并要求征求相关部门意见。最高人民法院刑三庭、研究室刑事处以及最高人民检察院研究室、公安部法制局均回复同意推荐。12 月 4 日,最高人民法院刑专会第 326 次会议讨论通过该案例。12 月 25 日,最高人民法院以法〔2018〕347 号文件将该案例列在第 20 批指导性案例予以发布。

## 二、关于本案例的相关情况

1. 基本案情及裁判结果

2013年底至2014年10月，被告人付某豪、黄某超等人租赁多台服务器，使用恶意代码修改互联网用户路由器的DNS设置，进而使用户登录"2345.com"等导航网站时跳转至其设置的"5w.com"导航网站，被告人付某豪、黄某超等人再将获取的互联网用户流量出售给杭州久尚科技有限公司（系"5w.com"导航网站所有者），违法所得合计人民币754762.34元。2014年11月17日，被告人付某豪接民警电话通知后自动至公安机关，被告人黄某超主动投案，二名被告人到案后均如实供述了上述犯罪事实。被告人及辩护人对罪名及事实均无异议。法院审理期间，二名被告人在亲友的帮助下退缴了全部违法所得。

上海市浦东新区人民法院于2015年5月20日作出（2015）浦刑初字第1460号刑事判决：（1）被告人付某豪犯破坏计算机信息系统罪，判处有期徒刑三年，缓刑三年。（2）被告人黄某超犯破坏计算机信息系统罪，判处有期徒刑三年，缓刑三年。（3）扣押在案的作案工具以及退缴在案的违法所得予以没收，上缴国库。一审宣判后，二被告人均未上诉，公诉机关未抗诉，判决已发生法律效力。

2. 相关法律规定、观点

我国刑法第二百八十六条第一款至第三款对破坏计算机信息系统罪早已进行了详尽的规定，刑法修正案（九）又对该罪增设了单位犯罪条款，明确了违反国家规定，对计算机信息系统功能进行删除、修改、增加、干扰，造成计算机信息系统不能正常运行，或违反国家规定，对计算机信息系统中存储、处理或者传输的数据和应用程序进行删除、修改、增加的操作，或故意制作、传播计算机病毒等破坏性程序，影响计算机系统正常运行，达到后果严重程度的，构成破坏计算机信息系统罪。但对"DNS劫持"等流量劫持行为是否构成犯罪，构成何罪，学理上和实务中鲜有涉及。由工业和信息化部电信研究院政策与经济研究所与腾讯互联网与社会研究院在首届互联网法律政策论坛上联合发布的《中国互联网法律与政策研究报告（2013）》中，提出流量劫持等新型的不正当竞争行为亟待规制①。奇虎360公司与百度公司的流量劫持②之争，法院最终认定奇虎360公司的导航网站流量劫持行为，违反了反不正当竞争法规定的诚实信用原则，构成不正当竞争，并判决奇虎360公司承担赔偿责任。在本案判决之前，对于流量劫持的犯罪行为样态及刑事司法定性尚无详尽的研究，公众的认知也主要限于将流量劫持不加区分地划为民事范畴，且因为犯罪主体的专业化、犯罪手法的隐蔽性、证据认定的困难等原因，面临入罪空白的问题。

本案在审理过程中及判决后，学理上和实务中仍存在不同的观点：第一种意见认为，流量劫持行为不构成犯罪。流量劫持行为人仅需要承担民事法律责任。流量劫持行为人构成明显侵权和不正当竞争而承担相应的民事赔偿责任。另外，根据消费者权益保护法的相关规定，消费者享有知悉网络服务真实情况的权利和对网络服务的自主选择权。流量劫持行为明显侵犯了消费者的网络服务自主选择权。流量劫持行为人对网络用户承担赔偿责任。

第二种意见认为，本案中二被告人的行为构成盗窃罪。流量具有法律意义上的财产属性，未经本人许可，他人不能非法劫持。流量劫持行为就是非法窃取他人财产，构成盗窃罪。

第三种意见认为，二名被告人的行为既符合盗窃罪的犯罪构成要件，也符合破坏计算机信息系统罪的犯罪构成要件，应当择一重罪论处，以盗窃罪追究二名被告人的刑事责任。③

3. 该案的指导价值

该案例旨在明确"DNS劫持"行为，破坏计算机信息系统功能，达到后果严重程度的，构成破坏计算机信息系统罪以及认定"后果严重"还是"后果特别严重"的考虑因素和裁量标准。"DNS劫持"是较为常见的网络安全问题，具有严重的社会危害性，而以往对于"DNS劫持"行为基本上

---

① 参见张维：《流量劫持客户端干扰等亟待规制》，载《法制日报》2014年7月16日。
② 有学者认为这种没有采取技术手段破坏计算机信息系统，而是采取诱导等手段实现流量劫持目的的"软性的流量劫持"属于不正当竞争，而"DNS劫持"等"硬性的流量劫持"构成破坏计算机信息系统罪。参见袁博：《流量劫持应当如何追责》，载《中国知识产权报》2015年12月9日。
③ 参见孟静：《付某、黄某破坏计算机信息系统案法律分析》，兰州大学2018年硕士学位论文；翟超：《流量劫持案的刑法定性研究》，南昌大学2017年硕士学位论文。

是做无罪化处理或者按照民事纠纷处理。本案系全国首例流量劫持行为入罪的刑事案件，首次以司法判决的方式确认了"DNS劫持"流量的行为构成破坏计算机信息系统罪，彰显了样本意义，统一了类案的司法裁判标准，有利于推进网络空间法治建设，有利于打击流量劫持这一网络恶疾，促进互联网行业的健康、有序发展，系2015年度人民法院十大刑事案件之一，取得了良好的法律效果和社会效果。

### 三、裁判要点的理解与说明

该指导案例的裁判要点确认：第一，通过修改路由器、浏览器设置、锁定主页或者弹出新窗口等技术手段，强制网络用户访问指定网站的"DNS劫持"行为，属于破坏计算机信息系统，后果严重的，构成破坏计算机信息系统罪。第二，对于"DNS劫持"，应当根据造成不能正常运行的计算机信息系统数量、相关计算机信息系统不能正常运行的时间以及所造成的损失或者影响等，认定其是"后果严重"还是"后果特别严重"。现围绕与该裁判要点相关的问题逐一解释和说明如下。

1. "DNS劫持"的社会危害性

流量劫持行为系互联网安全问题的恶疾、顽疾之一，具有严重的社会危害性，侵犯的是复杂客体。我国刑法虽然将破坏计算机信息系统犯罪列入妨害社会管理秩序罪一章，但其侵害的客体并不限于计算机信息系统的安全等社会管理秩序，也涉及公共安全、公私财产所有权（例如计算机系统所有人的排他性权益：所有权、使用权和处置权等）甚至国防利益等，且客体侵害的反射效果严重，因为基于互联网信息传播的独有特点，其所带来的社会影响迅速而广泛，对公众心理的影响难以消除。对于网络用户而言，流量劫持行为会使其面临购买的流量被无端浪费的经济损失，同时面临主页被篡改、弹窗不断、网页强制跳转等现象，直接导致网络使用体验感极差，并且因恶意软件、代码强行植入造成计算机信息系统的破坏，可能泄露各类账户、密码等重要个人信息资料，危及网络账户安全。对于网络服务提供商而言，流量劫持行为将影响其网站的用户访问量和市场份额，致使网站用户大量流失，造成经济损失和名誉损害，商业利益受损，更会严重影响互联网行业的健康发展。对于网络管理秩序的维护者而言，流量劫持行为人开发各类木马插件、恶意代码、病毒程序等并恶意传播，隐蔽性强、功能强大、删除困难，且流量劫持行为稍纵即逝，监管尤为困难,严重扰乱了网络运行秩序,增加了互联网的运营、维护成本。"DNS劫持"作为一种"硬性的流量劫持",其危害性尤甚。

2. "DNS劫持"行为人的主观故意

破坏计算机信息系统罪中行为人的主观方面是故意,即行为人主观方面积极追求或放任自己的行为对计算机信息系统功能进行删除、修改、增加、干扰,或对计算机信息系统中存储、处理或者传输的数据和应用程序进行删除、修改、增加的操作及制作、传播计算机病毒等破坏性程序。本案中二名被告人到案后均供述"共同商量搞DNS劫持能赚钱""通过植入代码,让用户路由器内的DNS的IP地址设置变更为我们的DNS服务器IP地址,使大量用户跳转到我们想让他们访问的网站""为了防止杀毒软件报毒而选择DNS劫持"等。二名被告人对实施的流量劫持行为的违法性及危害后果等也有一定的认识,例如,二人在聊天记录中提到"最好隐藏窗口执行""如果想要收益高,用户就得更反感,因为用户体验会越差"等。为逃避侦查,被告人自己使用的电脑均不定期删除记录、重装系统,租用境外服务器并不定期格式化或重启等以销毁作案痕迹。被告人选择劫持导航网站的流量主要也是考虑到"把用户从一个导航网站劫持到另一个导航网站,用户不会很介意,不会引起大批量的投诉和网站的注意"。

3. 流量劫持入罪的客观行为样态

我国刑法第二百八十六条第一款至第三款依次对破坏计算机信息系统罪规定了三种行为样态:一是违反国家规定,[①] 对计算机信息系统功能进行删除、修改、增加、干扰;二是违反国家规定,对计算机信息系统中存储、处理或者传输的数据和应用程序进行删除、修改、增加的操作;三是故意制作、传播计算机病毒等破坏性程序。首先需要明确的是,刑法第二百八十六条第二款的规定中"数据和应用程序"系择一关系,即破坏计算机信息系统中的数据或破坏计算机系统中的应用程序,均可以构成破坏计算机信息系统罪,至于被破坏的数据或应用程序是否可以恢复到被破坏前的状态,并非入罪与否的考量要素。违反第二款规定构成破坏计算机信息

---

① 刑法第二百八十六条中的"国家规定"主要是指《全国人民代表大会常务委员会关于维护互联网安全的决定》以及国务院颁布的《计算机信息系统安全保护条例》《计算机信息网络国际联网管理暂行规定》《计算机信息网络国际联网安全保护管理办法》《商用密码管理条例》《电信条例》《互联网信息服务管理办法》等。

系统罪的,并不要求达到"造成计算机信息系统不能正常运行"或"影响计算机系统正常运行"的结果。①

流量劫持有多种技术手法。网络用户访问网站的过程,是用户发出访问请求、到达某网站服务器、服务器返回访问请求给用户、最终网站获得流量、用户获得访问结果的过程。与此相对应,流量劫持主要有三种形式:第一种形式是客户端劫持。主要通过运行恶意插件、病毒、软件以及恶意弹窗等手段来劫持用户对网站的正常访问。第二种形式是"DNS 劫持"。DNS 是负责域名解析的服务器,是将网络用户访问的网站域名转化成具体的 IP 地址的工具。"DNS 劫持"又称域名劫持,是指通过某些手段修改域名解析,使对特定域名的访问由原 IP 地址转入到篡改后的指定 IP 地址,导致用户无法访问原 IP 地址对应的网站或访问虚假网站,从而实现窃取资料或者破坏网站原有正常服务的目的。第三种形式是运营商劫持。主要指电信、网通等基础电信服务商及互联网服务提供商利用其负责基础网络设施运营、网络数据传输、网络数据接入等便利,将用户访问第三方网站的流量劫持到已方或已方指定的网站,或在第三方网站页面弹出已方或已方指定的广告或其他信息。需要指出的是,对于行为人没有采取技术手段破坏他人计算机系统,而是采取其他手段(如带有误导性的广告、下拉框、菜单或者关键词等)诱导其他网站的潜在用户自行进入特定网站,从而实现流量劫持目的的行为,不宜评价为犯罪行为,可认定为不正当竞争。②

本案中二名被告人实施的是"DNS 劫持"。首先,被告人修改互联网用户的路由器 DNS 设置。架设好租用的 DNS 服务器,在网上购买广告流量,在弹窗广告内植入能修改用户 DNS 设置的代码,并以"看片神器"等名称诱导网络用户点击弹窗广告,从而让用户路由器内 DNS 的 IP 地址设置变更为被告人设置的 DNS 服务器 IP 地址。其次,将互联网用户访问网站的流量劫持到被告人设置的指定网站。在 DNS 服务器及其他相关的服务器内进行设置,使得使用"2345.com"等导航网站访问网页的用户被强制跳转到被告人设置的"5w.com"导航网站,从而将用户对其他导航网站的访问流量劫持到被告人设置的 5w.com"导航网站并根据用户访问数进行

---

① 参见冯江:《刑法全厚细》,中国法制出版社 2018 年版,第 960 页。
② 参见袁博:《流量劫持应当如何追责》,载《中国知识产权报》2015 年 12 月 9 日。

结算牟利。在此过程中，二名被告人利用恶意代码攻击 DNS 解析的行为，明显对网络用户的计算机信息系统中存储的数据进行了修改，符合刑法第二百八十六条第二款规定的"违反国家规定，对计算机信息系统中存储、处理或者传输的数据和应用程序进行删除、修改、增加的操作"的行为样态。

4. 流量劫持行为入罪的标准

"通常而言，法律发展要滞后于科技的发展，科技的普及应用达到一定程度后，其消极作用到了社会无法容忍的地步时才用刑法予以规制。"[①] 刑法具有谦抑性，流量劫持行为虽然具有严重的社会危害性，但要满足破坏计算机信息系统罪的犯罪构成要件，并达到"后果严重"的程度方能入罪。根据《最高人民法院、最高人民检察院关于办理危害计算机信息系统安全刑事案件应用法律若干问题的解释》第四条的规定，流量劫持行为具有以下四种情形之一的应当认定为"后果严重"：（一）造成十台以上计算机信息系统的主要软件或者硬件不能正常运行的；（二）对二十台以上计算机信息系统中存储、处理或者传输的数据进行删除、修改、增加操作的；（三）违法所得人民币五千元以上或者造成经济损失一万元以上的；（四）造成为一百台以上计算机信息系统提供域名解析、身份认证、计费等基础服务或者为一万以上用户提供服务的计算机信息系统不能正常运行累计一小时以上的……"。在第一项标准中，需要指出的是，"计算机信息系统的主要软件或者硬件不能正常运行，不能仅仅理解为计算机信息系统不能启动或者不能进入操作系统等极端情况，而是既包括计算机信息系统主要软件或者硬件的全部功能不能正常运行，也包括计算机信息系统主要软件或者硬件的部分功能不能正常运行"[②]。在第三项标准中，经济损失包括危害计算机信息系统犯罪行为给用户直接造成的经济损失，以及用户为恢复数据、功能而支出的必要费用，至于预期利益等间接损失不能计入经济损失的数额。第四项标准要注意是适用于特殊类型的计算机信息系统，该类信息系统多为其他计算机信息系统提供基础服务，即使行为人表面上

---

① 谢国刚：《关于破坏计算机信息系统罪的理论思考》，载《宜宾学院学报》2006 年第 9 期。
② 喻海松：《解读〈关于办理危害计算机信息系统安全刑事案件应用法律若干问题的解释〉》，载李少平主编：《解读最高人民法院司法解释、指导性案例（刑事卷）》，人民法院出版社 2016 年版，第 662 页。

只破坏了一台服务器的功能，但是可能造成大量的计算机信息系统无法正常使用，因此，司法解释作出了专门规定。司法实践中，是否属于该类计算机信息系统的服务用户数量标准可以采用如下方法："有注册用户的按照其注册用户数量统计，没有注册用户的按照其服务对象的数量统计。"①此外，对于后果特别严重的认定，在实务中应严格按照该司法解释规定的标准，从严把握。

本案中可以查实的能够量化的危害后果只有违法所得，经济损失及受影响的计算机台数、受影响的时长等均无证据证实。而根据前述司法解释的规定，数额达到违法所得人民币五千元的五倍以上，应当认定为破坏计算机信息系统"后果特别严重"。据此，本案中，两名被告人的违法所得人民币七十五万余元，系人民币五千元的五倍以上，依法属于"后果特别严重"。

5. 破坏计算机信息系统罪与盗窃罪的界分

流量作为一种虚拟财产，会带来相应的经济利益，具有财产属性，且根据刑法第二百八十七条的规定，利用计算机实施金融诈骗、盗窃、贪污、挪用公款、窃取国家秘密或者其他犯罪的，依照刑法有关规定定罪处罚，故有观点认为流量等虚拟财产可以成为盗窃罪的犯罪对象，"将非法获取他人虚拟财产的行为认定为财产犯罪具有合理性"②。但从我国刑法的体系上看，"DNS劫持"等流量劫持行为不能认定为盗窃罪，而应认定为破坏计算机信息系统罪，原因如下。

第一，主观要素不同。破坏计算机信息系统罪主观方面为故意，包括直接故意和间接故意，但行为人的犯罪目的与动机，不影响犯罪的成立。盗窃罪的主观方面是直接故意，盗窃罪是目的犯，要求必须以非法占有为目的。以流量劫持为例，行为人可能是出于非法占有的目的，也可能出于其他任何目的，但其主观目的并不影响破坏计算机信息系统罪的成立。

第二，侵犯客体不同。如前所述，破坏计算机信息系统罪侵犯的客体是复杂客体，而盗窃罪的客体是公私财产所有权。本案中，二名被告人利

---

① 喻海松：《解读〈关于办理危害计算机信息系统安全刑事案件应用法律若干问题的解释〉》，载李少平主编：《解读最高人民法院司法解释、指导性案例（刑事卷）》，人民法院出版社2016年版，第663页。

② 张明楷：《非法获取虚拟财产的行为性质》，载《法学》2015年第3期。

用恶意代码破坏 DNS 解析的过程，导致网络终端用户流量转向其设置的网站，网络用户的流量并未减少。这个过程中受到侵犯的主要是计算机信息系统的安全。

第三，流量等虚拟财产无法估价，其法律意义上的价值难以评价，如果将流量认定为盗窃罪的犯罪对象，在流量尚未出售变现的情形下，将面临因价值无法认定而难以定罪的境地，并不利于打击犯罪。破坏计算机信息系统罪的入罪标准有多种情形，符合其中之一即可认定，对于流量等虚拟财产的保护更为有利和有效。

第四，纵观国外的立法，均无将虚拟财产作为盗窃罪等侵犯财产罪的犯罪对象的情形。从我国的刑事立法来看，通过几次刑法修正案的补充，关于计算机犯罪的相关立法已经相对完备，对于非法获取计算机信息系统数据、非法控制计算机信息系统、破坏计算机信息系统、提供侵入、非法控制计算机信息系统程序、工具等行为已经进行了明确而详尽的规定，在此情况下，适用计算机犯罪的相关条文已能够有效保护计算机信息系统的安全。

## 四、参照适用时应注意的问题

本案判决后，理论界也有观点认为非法控制计算机信息系统罪的控制行为与破坏计算机信息系统罪的破坏行为在客观上有重合，[①] 也有观点认为 2015 年 11 月重庆市渝北区人民法院的作出的非法控制互联网域名解析系统的刑事判决[②]系第二例流量劫持入罪案例，但却认定为非法控制计算机信息系统罪，[③] 两罪之间的界限比较模糊。但从刑法的体系、立法背景及立法目的来看，两罪之间的还是有明显区别的。非法控制计算机信息系统罪是刑法修正案（七）增设的罪名，主要是针对并未破坏计算机信息系统数据或者应用程序，但是却能通过控制计算机信息系统实施特定操作的行为。具体而言，非法控制是指通过各种技术手段，使他人计算机信息系统处于其掌控之中，能够接受其发出的指令，完成相应的操作活动。[④] 实

---

[①] 参见熊苑松：《"流量劫持"的刑法规制问题研究》，华侨大学 2018 年硕士学位论文。
[②] 参见重庆市渝北区人民法院（2015）渝法刑初字第 00666 号刑事判决。
[③] 参见孙道萃：《"流量劫持"的刑法规制及完善》，载《中国检察官》2016 年第 4 期。
[④] 全国人大常委会法制工作委员会刑法室编，臧铁伟、李寿伟主编：《中华人民共和国刑法修正案（九）条文说明、立法理由及相关规定》，北京大学出版社 2016 年版，第 201 页。

践中，典型的非法控制行为主要是行为人通过侵入等技术手段控制大量的计算机信息系统，组建"僵尸网络"，或使被控制的计算机信息系统按照其发出的指令实施网络攻击等活动。本案中，行为人通过使用恶意代码修改互联网用户路由器的 DNS 设置，进而使用户登录"2345.com"等导航网站时跳转至其设置的"5w.com"导航网站，但行为人并不能向互联网用户的计算机信息系统发出其他指令，也无法主动控制、操纵互联网用户的计算机信息系统，因此符合破坏计算机信息罪的犯罪构成要件。

需要说明的是，本案发生在刑法修正案（九）通过之前，当时破坏计算机信息系统罪只规定了自然人犯罪，没有规定单位犯罪，故无法对参与的单位进行刑事处罚。2015 年 8 月 29 日通过并于 2015 年 11 月 1 日开始实施的刑法修正案（九）在刑法第二百八十六条中增加一款作为第四款："单位犯前三款罪的，对单位判处罚金，并对其直接负责的主管人员和其他直接责任人员，依照第一款的规定处罚。"据此，在 2015 年 11 月 1 日以后发生的"DNS 劫持"等犯罪行为，符合单位犯罪要件的，对单位也应追究刑事责任。

（执笔人：上海市浦东新区人民法院刑事审判庭　李　俊　白艳利
　　编审人：最高人民法院研究室　石　磊）

# 指导案例 103 号《徐某破坏计算机信息系统案》的理解与参照

## ——侵入并破坏机械远程监控系统构成破坏计算机信息系统罪

2018 年 12 月 25 日,最高人民法院发布了第 20 批指导性案例,包括第 102 号至第 106 号共 5 件指导性案例。这批案例为涉网络犯罪专题指导性案例,总结了审判实践中某些普遍的疑难复杂法律适用问题,有利于进一步明确裁判规则,统一司法尺度。其中,第 103 号指导案例为《徐某破坏计算机信息系统案》。为了正确理解和准确参照适用该指导案例,现对该指导案例的选编过程、裁判要点、参照适用等有关情况予以解释和说明。

### 一、案例选编过程

该案判决生效后,长沙市中级人民法院将其编选为备选指导性案例,并于 2017 年 3 月向湖南省高级人民法院报送,经湖南省高级人民法院审判委员会 2017 年第 21 次会议讨论修改后,湖南省高级人民法院推荐作为备选指导性案例上报。2017 年 6 月,最高人民法院案例指导办公室来湖南省高级人民法院指导案例工作,湖南省高级人民法院推荐了此案例。最高人民法院案例指导办公室经过初审,认为该案例基本符合指导性案例要求。2018 年 4 月 19 日,最高人民法院研究室室务会经过讨论,原则同意推荐该案例,并要求送最高人民法院研究室刑事处、民事处,最高人民法院刑三庭征求意见。最高人民法院案例指导办公室根据上述部门意见对该案例进行了修改,并提交审委会讨论。12 月 4 日,最高人民法院刑专会第 326 次会议讨论通过该案例,同意作为指导性案例发布。12 月 25 日,最高人民法院以法〔2018〕347 号文件将该案例列在第 20 批指导性案例予以发布。

## 二、关于本案例的相关情况

### （一）基本案情及裁判结果

为了加强对分期付款的工程机械设备的管理，中联重科股份有限公司（以下简称中联重科）投入使用了中联重科物联网 GPS 信息服务系统，该套计算机信息系统由中联重科物联网远程监控平台、GPS 终端、控制器和显示器等构成，该系统具备自动采集、处理、存储、回传、显示数据和自动控制设备的功能，其中，控制器、GPS 终端和显示器由中联重科在工程机械设备的生产制造过程中安装到每台设备上。

中联重科对"按揭销售"的泵车设备均安装了中联重科物联网 GPS 信息服务系统，并在产品买卖合同中明确约定"如买受人出现违反合同约定的行为，出卖人有权采取停机、锁机等措施"以及"在买受人付清全部货款前，产品所有权归出卖人所有。即使在买受人已经获得机动车辆登记文件的情况下，买受人未付清全部货款前，产品所有权仍归出卖人所有"的条款。然后由中联重科总部的远程监控维护平台对泵车进行监控，如发现客户有拖欠、赖账等情况，就会通过远程监控系统进行"锁机"，泵车接收到"锁机"指令后依然能发动，但不能作业。

2014 年 5 月间，被告人徐某使用"GPS 干扰器"先后为钟某某、龚某某、张某某名下或管理的五台中联重科泵车解除锁定。具体事实如下。

第一，2014 年 3 月 12 日，钟某某以人民币 100 万元的价格从黄某某处购得牌号为贵 A77462 的中联重科泵车一台。2014 年 4 月初，钟某某发现其购得的牌号为贵 A77462 的泵车即将被中联重科锁机后，安排徐某某帮忙打听解锁人。徐某某遂联系龚某某告知钟某某泵车需解锁一事。龚某某表示同意后，即通过电话联系被告人徐某给泵车解锁。2014 年 5 月 18 日，被告人徐某携带"GPS 干扰器"与龚某某一起来到贵阳市清镇市，由被告人徐某将"GPS 干扰器"上的信号线连接到泵车右侧电控柜，再将"GPS 干扰器"通电后使用干扰器成功为牌号为贵 A77462 的泵车解锁。事后，钟某某向龚某某支付了解锁费用人民币 40000 元，龚某某亦按约定将其中人民币 9600 元支付给徐某某作为介绍费。当日及次日，龚某某还带着被告人徐某为其管理的其妹夫黄某从中联重科及长沙中联重科二手设备销售有限公司以分期付款方式购得的牌号分别为湘 AB0375、湘 AA6985、湘 AA6987 的三台泵车进行永久解锁。事后,龚某某向被告人徐某支付四台泵车的解锁费用共计人民币 30000 元。

第二,2014 年 5 月间,张某某从中联重科以按揭贷款的方式购买泵车一台,因拖欠货款被中联重科使用物联网系统将泵车锁定,无法正常作业。张某某遂通过电话联系到被告人徐某为其泵车解锁。2014 年 5 月 17 日,被告人徐某携带"GPS 干扰器"来到湖北省襄阳市,采用上述同样的方式为张某某名下牌号为鄂 FE7721 的泵车解锁。事后,张某某向被告人徐某支付解锁费用人民币 15000 元。经鉴定,中联重科的上述牌号为贵 A77462、湘 AB0375、湘 AA6985、湘 AA6987 泵车 GPS 终端被拆除及控制程序被修改后,中联重科物联网 GPS 信息服务系统无法对泵车进行实时监控和远程锁车。2014 年 11 月 7 日,被告人徐某主动到公安机关投案。在本院审理过程中,被告人徐某退缴了违法所得人民币 45000 元。

湖南省长沙市岳麓区人民法院于 2015 年 12 月 17 日作出 (2015) 岳刑初字第 652 号刑事判决:(1) 被告人徐某犯破坏计算机信息系统罪,判处有期徒刑二年六个月。(2) 追缴被告人徐某的违法所得人民币 45000 元,上缴国库。被告人徐某不服,提出上诉。湖南省长沙市中级人民法院于 2016 年 8 月 9 日作出 (2016) 湘 01 刑终 58 号刑事裁定:驳回上诉,维持原判。该裁定已发生法律效力。

(二) 本案例法律适用方面的争议观点

企业自主研发的机械远程监控系统是否属于计算机信息系统?侵入并破坏该系统是否构成破坏计算机信息系统罪?以营利为目的侵入该系统是否构成非法经营?破坏监控系统损失如何计算?在机械所有权属于购买者的情况下侵入并破坏监控系统是否构成犯罪?

对于上述问题目前法律规定并不明确,实务中对侵入并破坏机械远程监控系统是否构成破坏计算机信息系统罪存在不同的认识、观点和争议。有的认为应认定为合同诈骗犯、盗窃犯的共犯,在同案被告被认定为合同诈骗罪、盗窃罪的情况下,被告人明知他人实施犯罪而予以协助,构成共同犯罪中的帮助犯,"对于法律没有规定的,所触犯几种罪名具有类型化的手段与目的、原因与结果的关系时,可以认为具有牵连关系,属于牵连犯，按照从一重罪处罚的原则处理"①；有的认为应定为非法经营罪，被告人违反国家规定非法经营，扰乱市场秩序，情节严重，构成非法经营罪；有的认为应定为破坏生产经营罪，被告人的行为只是一种破坏手段，破坏了公司正常的生产经营②；有的认为应定故意毁坏财物罪，被告人毁坏监控系统，故意毁灭或者损坏公私财物，数额较大或者有其他严重情节的，构成故意毁坏财物罪；还有的认为，泵车所有权属于买受人，"解锁"行为并不侵犯工程机械设备生产商的权益；如果所有权权属存在纠纷，也应当通过民事诉讼来解决，不能认定为犯罪。

（三）本案例的推荐理由、指导价值

该案例裁判要点根据立法本意，明确了企业自主研发的机械远程监控系统属于计算机信息系统，侵入并破坏该系统构成破坏计算机信息系统罪，而不构成非法经营罪、故意毁坏财物罪、盗窃罪与诈骗罪等侵财类犯罪共犯，解决了司法实践中的认识分歧和争议，对于统一司法标准，惩治此类新型计算机互联网犯罪，保护企业创新、保护企业财产权，保障犯罪嫌疑人权益，具有重要的现实意义。同时，该案例对于侵入并破坏企业自主研发的机械远程监控系统以破坏计算机信息系统罪定罪处罚，对于准确适用刑法与发展新型计算机网络犯罪刑法理论具有重要意义，对于侵入破坏其他类型的远程监控系统（如人工智能、共享汽车、自行车的 GPS 系统）是否属于破坏计算机信息系统罪亦有借鉴意义。

近年来，部分工程机械设备生产商为了销售冲量而选择"零首付""按揭贷款"等方式销售混凝土泵车、汽车起重机、挖掘机、推土机、装载机等工程机械设备，同时，安装机械远程监控系统对机器设备进行实时监控，如果发现客户有拖欠、赖账等情况，设备生产商就会通过远程监控系统进行"锁机"。为了脱离实时监控，工程机械设备买受人或实际使用人"聘请"技术黑客侵入并破坏机械远程监控系统，导致此类案件在一定时期内频发。该类案例的正确处理具有典型性、普遍性、指导性。

本案中，对于侵入并破坏企业自主研发的机械远程监控系统以破坏计

---

① 朱赫：《破坏计算机信息系统案件法律适用研讨》，载《人民检察》2015 年第 8 期。
② 参见李国平、姜在斌：《利用计算机信息系统破坏生产经营犯罪的定罪与量刑》，载《人民司法·案例》2015 年第 24 期。

算机信息系统罪定罪处罚,是全国该类行为入罪的首次司法实践,充分体现了立法原意,有利于明确类似案件定罪量刑标准,依法维护企业正常的生产经营市场秩序、优化营商环境。

### 三、裁判要点的理解与说明

该指导案例的裁判要点确认:企业的机械远程监控系统属于计算机信息系统。违反国家规定,对企业的机械远程监控系统功能进行破坏,造成计算机信息系统不能正常运行,后果严重的,构成破坏计算机信息系统罪。现围绕与该裁判要点相关的问题逐一解释和说明如下。

(一)企业自主研发的机械远程监控系统属于计算机信息系统

何谓计算机信息系统,刑法条文并没有明确的规定。1994年《计算机信息系统安全保护条例》第二条规定:"本条例所称的计算机信息系统,是指由计算机及其相关的和配套的设备、设施(含网络)构成的,按照一定的应用目标和规则对信息进行采集、加工、存储、传输、检索等处理的人机系统。"显然,并非所有计算机信息系统要素都能成为破坏计算机信息系统罪的犯罪对象,计算机信息系统计算机软件、信息数据和应用程序之外的计算机信息要素不属于刑法意义上的计算机信息系统。[1] 为正确区分刑法意义上的计算机信息系统与普通意义上的计算机信息系统,《最高人民法院、最高人民检察院关于办理危害计算机信息系统安全刑事案件应用法律若干问题的解释》第十一条第一款规定:"本解释所称'计算机信息系统'和'计算机系统',是指具备自动处理数据功能的系统,包括计算机、网络设备、通信设备、自动化控制设备等。"其中,"网络设备是指路由器、交换机等组成的用于连接网络的设备;通信设备包括手机、通信基站等用于提供通信服务的设备;自动化控制设备是指在工业中用于实施自动化控制的设备,如电力系统中的监测设备、制造业中的流水线控制设备等。"[2]

《最高人民法院、最高人民检察院关于办理危害计算机信息系统安全

---

[1] 参见王作富主编:《刑法分则实务研究》,中国方正出版社2006年版,第1239页。
[2] 胡云腾:《危害计算机信息系统行为的罪与罚》,载《中国审判新闻月刊》2011年第68期。

刑事案件应用法律若干问题的解释》采用概括加列举式的定义方式来界定计算机信息系统。根据该司法解释的规定，计算机信息系统以具备自动处理数据功能为特征，凡是能够自动处理数据的系统均属于"计算机信息系统"和"计算机系统"，另外，该司法解释列举了属于"计算机信息系统"和"计算机系统"的四种具体情形，其中包括通信设备与自动化控制设备等。远程监控系统从文义解释的角度属于计算机术语，远程监控从字面上理解可以分为"监"和"控"两部分，其中"监"是指通过网络获得信息为主；而"控"是指通过网络对远程计算机进行操作的方法，对远程计算机进行重新启动、关机等操作，还包括对远端计算机进行日常设置的工作。从这些特征来看，远程监控系统属于具备自动处理数据功能的系统，是刑法意义上的计算机信息系统。

具体到本案中，中联重科投入使用了中联重科物联网 GPS 信息服务系统，该系统平台综合利用全球卫星定位、地理信息、无线通信、传感器、互联网、现代机电控制等技术，对产品进行数据采集、传输、存储、分析和展示。① 该套信息系统由中联重科物联网远程监控平台、GPS 终端、控制器和显示器等构成，具备自动采集、处理、存储、回传、显示数据和自动控制设备的功能，其中，控制器、GPS 终端和显示器由中联重科在工程机械设备的生产制造过程中安装到每台设备上。根据《最高人民法院、最高人民检察院关于办理危害计算机信息系统安全刑事案件应用法律若干问题的解释》的规定，中联重科物联网 GPS 信息服务系统系具备自动处理数据功能的通信设备与自动化控制设备，属于刑法意义上的计算机信息系统。被告人在中联重科机械设备上的解锁行为破坏了中联重科物联网 GPS 信息服务系统。

2000 年 12 月 28 日第九届全国人民代表大会常务委员会第十九次会议通过的《全国人民代表大会常务委员会关于维护互联网安全的决定》第一条第三款规定："违反国家规定，擅自中断计算机网络或者通信服务，造成计算机网络或者通信系统不能正常运行，构成犯罪的，依照刑法有关规定追究刑事责任。"②

本案被告人徐某使用"GPS 干扰器"先后为钟某某、龚某某、张某某

---

① 《中联重科开创物联网 GPS 信息服务新篇章》，载《建筑机械》2012 年第 1 期。
② 张明楷：《刑法学》，法律出版社 2011 年版，第 929 页。

名下或管理的五台中联重科泵车解除锁定,其作案手段为使用 GPS 干扰器,GPS 干扰器具备破坏 GPS 信息系统对泵车进行远程锁车的功能。泵车的控制器程序被修改,使得车辆处于永久解锁状态,导致 GPS 信息系统远程监控平台中显示的车辆解锁车状态与车辆的实际状态不一致,破坏了 GPS 信息系统对泵车的实时监控功能;泵车被修改为永久解锁状态后,混凝土泵车的控制器将不再对 GPS 的定时激活指令进行判断,导致 GPS 信息系统远程监控平台无法对混凝土泵车进行远程一级锁车,破坏了 GPS 信息系统对泵车的远程锁车功能。其作案原理为:通过"GPS 干扰器"内的程序模拟发送解锁指令给控制器,使泵车不再次被锁机;通过电脑连接控制器,使用软件发送解锁 ID,每一帧 ID 自动递加,当其中某一帧符合系统的 ID 时,泵车的锁机程序就会被破解。被告人徐某使用"GPS 干扰器"进入了中联重科的计算机信息系统,并对其数据进行了破坏,应认定为破坏了中联重科的计算机信息系统。什么是刑法意义上的"破坏","客观方面表现为以下三种情形:第一,违反国家规定,对计算机信息系统功能进行删除、修改、增加、干扰,造成计算机信息系统不能正常运行,后果严重;第二,违反国家规定,对计算机信息系统中存储、处理或者传输的数据和应用程序进行删除、修改、增加的操作,后果严重;第三,故意制作、传播计算机病毒等破坏性程序,影响计算机信息系统正常运行,后果严重"。[①] 本案属于第一种情形,对计算机信息系统中的相关功能进行干扰,使得计算机信息系统失去其正常的监控功能。一审、二审法院以破坏计算机信息系统罪对被告人定罪处罚是正确的。

**(二)本案不宜认定为诈骗犯、盗窃犯的共犯,也不宜认定为非法经营罪、故意毁坏财物罪**

根据《产品买卖合同》,"如买受人出现违反合同约定的行为,出卖人有权采取停机、锁机等措施"以及"在买受人付清全部货款前,产品所有权归出卖人所有。即使在买受人已经获得机动车辆登记文件的情况下,买受人未付清全部货款前,产品所有权仍归出卖人所有"的条款。由此可见,已售泵车其所有权仍然属于中联重科企业所有。本案同案的处理情况

---

[①] 李国平、姜在斌:《利用计算机信息系统破坏生产经营犯罪的定罪与量刑》,载《人民司法·案例》2015 年第 24 期。

是：被告人黄某某犯合同诈骗罪，被判处有期徒刑十三年，并处罚金人民币六万元；被告人龚某某犯破坏计算机信息系统罪，被判处有期徒刑二年；被告人徐某某犯破坏计算机信息系统罪，被判处有期徒刑一年，宣告缓刑一年，追缴被告人龚某某违法所得人民币15000元、被告人徐关伦违法所得9600元，上缴国库。

在被告人黄某某犯合同诈骗罪的情况下，被告人徐某解锁的行为不能认定为合同诈骗罪的共犯。根据刑法第二百二十四条的规定，合同诈骗罪是指以非法占有为目的，在签订、履行合同过程中，采取虚构事实或者隐瞒真相等欺骗手段，骗取对方当事人的财物，数额较大的行为。成立合同诈骗罪的共犯要求有共同的犯罪故意，而本案黄某某与被告人徐某并没有任何沟通与联系，不可能有共同的犯意产生，因此，不能以合同诈骗的共犯对被告人徐某定罪处罚。

被告人徐某系按照本案中钟某某、张某某的要求将泵车解锁，钟某某、张某某系通过转手或按揭分期付款的方式购得工程机械设备，解锁行为是为了摆脱中联重科总部的远程监控维护平台对泵车的监控，难以认定钟某某、张某某为"以非法占有为目的"而取得工程机械设备的所有权，而盗窃罪、诈骗罪等犯罪成立的前提是具备"以非法占有为目的"这一构成要件，故钟某某、张某某不成立盗窃罪、诈骗罪。因此，被告人徐某也不能认定为盗窃罪、诈骗犯的共犯。

被告人徐某以营利为目的侵入计算机信息系统的解锁收费行为不宜认定为非法经营罪。非法经营罪，是指未经许可经营专营、专卖物品或其他限制买卖的物品，买卖进出口许可证、进出口原产地证明以及其他法律、行政法规规定的经营许可证或者批准文件，以及从事其他非法经营活动，扰乱市场秩序，情节严重的行为。根据刑法第二百二十五条的规定，非法经营罪有以下几种表现形式：（1）未经许可经营法律、行政法规规定的专营、专场物品或者其他限制买卖的物品的；（2）买卖进出口许可证、进出口原产地证明以及其他法律、行政法规规定的经营许可证或者批准文件的；（3）未经国家有关主管部门批准，非法经营证券、期货或者保险业务的；（4）其他严重扰乱市秩序的非法经营行为。被告人徐某利用解锁赚取解锁费的行为能否套用刑法第二百二十五条第四项"其他严重扰乱市秩序的非法经营行为"的规定？

这是一个富有弹性的条款，给司法机关留下较大的自由裁量余地。根据罪刑法定原则，刑法规范要求明确、具体，一般不能进行"口袋罪"立法。但如果对某些罪状规定得过于确定、具体而毫无弹性，可能不利于及时打击花样翻新的经济违法行为，也不利于刑法典的相对稳定，因此，有限制地设置一点"其他"之类的拾遗补漏条款还有必要。① 由于"经营"的含义相当宽泛，生产、流通到交换、销售等几乎所有的经济活动，都可能属于经营活动，非法经营罪的适用范围在司法实践中存在不断扩大的趋势。为了防止非法经营罪任意膨胀成为新的"口袋罪"，从而动摇罪刑法定原则的根基，《最高人民法院〈关于准确理解和适用刑法中"国家规定"的有关问题的通知〉》（法〔2011〕155号）规定："各级人民法院审理非法经营犯罪案件，要依法严格把握刑法第二百二十五条第（四）项的适用范围。对被告人的行为是否属于刑法第二百二十五条第（四）项规定的'其他严重扰乱市场秩序的非法经营行为'，有关司法解释未作明确规定的，应当作为法律适用问题，逐级向最高人民法院请示。"如同死刑复核权收归最高人民法院一样，这种方式严格限制了非法经营的司法任意适用。在处理非法经营个案时，应当严格把握罪与非罪的标准，"结合其非法经营行为的行政违法性、危害后果、非法经营数额和违法所得数额等因素来全面分析认定"②。从本案被告人徐某行为的行政违法性与非法经营数额来看，考虑到刑法的谦抑原则，因该案被告人行为司法解释未明确规定为非法经营罪，该案被告人徐某的行为不构成非法经营罪。

被告人徐某也不构成故意毁坏财物罪。故意毁坏财物罪，是指故意毁灭或者损坏公私财物，数额较大或者有其他严重情节的行为。而本案被告人徐某的作案方式并非将泵车上的GPS信息服务系统予以挖除、取出，而是通过电脑程序控制的方式将泵车解锁，GPS信息服务系统的物理性质并没有改变，因而不能认定其构成故意毁坏财物罪。

有人认为，对被告人徐某的行为应以无罪论处，"司法实践部门在一些争议行为的最终定性上都偏向于以破坏计算机信息系统罪进行认定处

---

① 参见龙兴盛：《经济违法行为刑事制裁介入度研究》，法律出版社2015年版，第134页。
② 倪亚琴、章政：《古展群等非法经营案——如何认定非法买卖、运输盐酸氯胺酮注射液行为的性质》，载最高人民法院刑事审判第一、二、三、四、五庭编：《刑事审判参考》（总第57集），法律出版社2007年版。

罚，由此出现了犯罪认定的口袋化趋势"①。本案对被告人徐某以破坏计算机信息系统罪定罪处罚，实则是与计算机犯罪作斗争的必然要求。当前针对计算机信息系统的违法行为出现许多新情况、新问题，为应对日益增长的新型技术型犯罪，与打击网络犯罪一样，刑法亟须更新，不断完善相关规定，以形成打击犯罪的高压态势。"可以预见，网络犯罪还将在相当长的时期内处于高发、频发态势，且规制的难度将逐渐加大。作为应对，网络刑法的扩张也应是长期、不间断的过程，在今后相当长的时期内，主要的趋势仍然是不断扩充网络犯罪的犯罪圈。"②

（三）关于本案犯罪情节如何认定的问题

根据上述分析，本案应当以破坏计算机信息系统罪定罪处罚，那么本案犯罪情节如何认定？《最高人民法院、最高人民检察院关于办理危害计算机信息系统安全刑事案件应用法律若干问题的解释》第四条规定："破坏计算机信息系统功能、数据或者应用程序，具有下列情形之一的，应当认定为刑法第二百八十六条第一款和第二款规定的'后果严重'：（一）造成十台以上计算机信息系统的主要软件或者硬件不能正常运行的；（二）对二十台以上计算机信息系统中存储、处理或者传输的数据进行删除、修改、增加操作的；（三）违法所得五千元以上或者造成经济损失一万元以上的；（四）造成为一百台以上计算机信息系统提供域名解析、身份认证、计费等基础服务或者为一万以上用户提供服务的计算机信息系统不能正常运行累计一小时以上的；（五）造成其他严重后果的。实施前款规定行为，具有下列情形之一的，应当认定为破坏计算机信息系统'后果特别严重'：（一）数量或者数额达到前款第（一）项至第（三）项规定标准五倍以上的；（二）造成为五百台以上计算机信息系统提供域名解析、身份认证、计费等基础服务或者为五万以上用户提供服务的计算机信息系统不能正常运行累计一小时以上的；（三）破坏国家机关或者金融、电信、交通、教育、医疗、能源等领域提供公共服务的计算机信息系统的功能、数据或者应用程序，致使生产、生活受到严重影响或者造成恶劣社会影响的；（四）造成其他特别严

---

① 周立波：《破坏计算机信息系统罪司法实践分析与刑法规范调适》，载《法治研究》2018年第4期。

② 喻海松：《网络犯罪的态势与刑事政策的调整》，载《法治现代化研究》2018年第1期。

重后果的。"

影响破坏计算机信息系统罪量刑情节的因素有：造成计算机信息系统数量、违法所得或者造成经济损失、计算机信息系统不能正常运行累计时间、社会影响等。造成计算机信息系统数量、违法所得等情节比较容易认定，而属于量刑情节之一的经济损失需要正确计算。经济损失如何计算呢？《最高人民法院、最高人民检察院关于办理危害计算机信息系统安全刑事案件应用法律若干问题的解释》第十一条第三款规定："本解释所称'经济损失'，包括危害计算机信息系统犯罪行为给用户直接造成的经济损失，以及用户为恢复数据、功能而支出的必要费用。"

被告人徐某的行为间接导致了中联重科未能按期收回泵车销售款项，但该损失属于中联重科的经济损失，不能够认定为"造成的经济损失"，"实施犯罪时尚未实际产生，将来有可能产生的利益损失，以及可通过数据恢复并采取措施避免的损失，不能认定为该类犯罪所造成的经济损失"。[1] 本案不能将中联重科的经济损失作为量刑依据。需要注意的是，违法所得与经济损失数额均为破坏计算机信息系统犯罪的入罪与量刑标准，在可能的情况下，合议庭都应对该两个数额进行查明。如果一个数额无法查明，应当以能够查明的另一个数额作为量刑依据。"如果查清的两个数额在量刑上存在冲突，应该按照处罚较重的数额进行量刑，另一个数额可作为量刑的酌定情节予以考虑，这样才能真正做到罪行相适应。"[2] 本案违法所得4.5万元，是5000元的9倍，超过《最高人民法院、最高人民检察院关于办理危害计算机信息系统安全刑事案件应用法律若干问题的解释》第四条第一款第三项规定标准五倍以上的，因而属于"后果特别严重"，在无法查明经济损失的情况下，以违法所得数额作为量刑标准是正确的。

## 四、参照适用时应注意的问题

第一，法院在审判时对该案以破坏计算机信息系统罪定罪处罚，体现了罪责刑相一致的刑法基本原则。工程机械行业为了实施特定的营销政策而安装机械远程监控系统对机器设备进行实时监控，这是企业创新经营的方式，在法院审判过程中，应当积极支持企业的创新经营，依法保护企业

---

[1] 冯莉：《破坏计算机信息系统犯罪中的经济损失》，载《人民司法·案例》2013年第6期。
[2] 冯莉：《破坏计算机信息系统犯罪中的经济损失》，载《人民司法·案例》2013年第6期。

的合法权益，打击企业创新经营过程中侵害其权益的犯罪行为，促进销售市场的有序发展，缓解企业困难。

第二，该案发生的直接原因在于机械设备使用者为了摆脱设备生产、销售企业监控而破坏计算机监控系统，如何加强技术控制，防止 GPS 信息服务系统被解锁，进一步预防犯罪，从源头上防止此类犯罪的发生，应是治本之策。

第三，对于 GPS 信息服务系统是否属于刑法第二百八十六条规定的"计算机信息系统"，司法部门难以确定的，应当委托省级以上负责计算机信息系统安全保护管理工作的部门检验。司法机关根据检验结论，并结合案件具体情况认定。

(执笔人：长沙市中级人民法院研究室　龙兴盛
　　　　　湖南省高级人民法院研究室　唐　竞
　　　　　最高人民法院研究室　石　磊)

# 指导案例 104 号《李某、何某民、张某勃等人破坏计算机信息系统案》的理解与参照

## ——干扰环境质量检测采样设备致使监测数据严重失真的司法认定

2018年12月25日,最高人民法院发布了第20批指导性案例,包括第102号至第106号共5件指导性案例。这批案例为涉网络犯罪专题指导性案例,总结了审判实践中某些普遍的疑难复杂法律适用问题,有利于进一步明确裁判规则,统一司法尺度。其中,第104号指导案例为《李某、何某民、张某勃等人破坏计算机信息系统案》。为了正确理解和准确参照适用该指导案例,现对该指导案例的选编过程、裁判要点、参照适用等有关情况予以解释和说明。

### 一、案例选编过程及指导意义

该案由西安市中级人民法院、陕西省高级人民法院刑三庭联合报送,经陕西省高级人民法院研究室初审、修改、整理,报陕西省高级人民法院审判委员会讨论通过,同意作为备选指导性案例上报。最高人民法院案例指导办公室收到该案例后,经过初审,认为基本符合指导性案例的要求,并提交研究室室务会讨论。2018年4月19日,最高人民法院研究室室务会经讨论认为,该案例进一步确认了《最高人民法院、最高人民检察院关于办理环境污染刑事案件适用法律若干问题的解释》的相关规定,对保护生态环境、建设美丽中国具有重要意义,故同意作为备选指导性案例报审委会讨论。12月4日,最高人民法院刑专会第326次会议讨论同意该案例作为指导性案例。12月25日,最高人民法院以法〔2018〕347号文件将

该案例列在第 20 批指导性案例予以发布。

该案例旨在明确环境质量监测系统属于计算机信息系统,用棉纱等物品堵塞环境监测采样器,干扰采样造成监测数据失真的,属于破坏计算机信息系统,后果严重的,应以破坏计算机信息系统罪定罪量刑。该案系国内首例此类案件,既具有法律适用方面的指导意义,也具有法律宣传教育意义。

## 二、关于本案例的相关情况

2016 年 3 月 5 日,中国环境监测总站在例行数据审核时发现西安市长安区子站(国家环境空气自动监测直管站)当日 PM10 数据明显偏低,即要求运维公司进行检查,次日运维公司经检查发现有纱布堵塞采样口进气孔,属人为阻塞,并有非运维人员违规进入子站。3 月 11 日,监测司派员会同监测总站组织专家赴西安对 12 个国控环境空气质量自动监测站点进行飞行检查,后发现长安子站、阎良子站造假问题严重。随后,环保部调查组到西安市进行了先期调查取证。2016 年 3 月 18 日,环保部部长向公安部副部长致信报案,认为此案具有典型性,须运用行政的、刑事的手段一查到底,以儆效尤。3 月 21 日,公安部指定西安市公安局受案。2016 年 9 月,西安市人民检察院以李某等七人犯破坏计算机信息系统罪分两案提起公诉。

法院审理后,以破坏计算机信息系统罪判处李某、何某民有期徒刑一年七个月,张峰勃有期徒刑一年四个月,张楠、张肖有期徒刑一年三个月。该案是干扰环境质量监测设备致使数据失真被追究刑事责任的第一案。宣判后,环保部在媒体上公开答记者问表示,该判决彰显了法律的严肃性,告诫全体环保人员应坚守实事求是的底线,提出在 2017 年建立环境监测数据弄虚作假防范和惩治机制,确保环境监测数据全面、准确、客观、真实,并于 7 月 10 日向全国通报。《人民日报》《法制日报》《人民法院报》《中国环境报》及新华网、凤凰网、新浪网等均报道了庭审及宣判过程。《人民日报》评论"要让假治污假环保付出沉重代价"。该案的审理在全社会进行了一次严肃的法治宣传教育,对地方政府和环境监管部门起到了强烈震慑和警示作用。

根据我国环境保护法、大气污染防治法及计算机信息系统安全保护条例规定,监测数据的真实性和计算机信息系统的安全性不受侵害,构成犯罪应当依法追究刑事责任。但如何追究李某等人刑事责任，有着不同的认识。一种观点认为，李某等人的行为直接干扰了环境监测系统的采样设备，损害了数据来源的真实性，造成系统运行结果异常，是对计算机信息系统的破坏，符合破坏计算机信息系统罪的构成要件，应以破坏计算机信息系统罪定罪量刑，这也是本案生效裁判的观点。另一种观点认为，尽管李某等人通过堵塞监测采样设备的方式影响了数据采集的真实性，但计算机本身采集数据并对数据进行记录保存和传输的功能未受损，计算机信息系统的运行仍然顺畅，而破坏计算信息系统罪的成立以造成计算机信息系统不能正常运行为要件，[①] 本案不宜作为破坏计算机信息系统罪定罪处罚。还有观点认为，作为具有环境保护监督管理职责的公务人员或受聘执行公务的人员，干扰环境监测采样设备，改变监测数据，以达到妨碍环境监管的目的，属于具有职权的人违反职权破坏管理目的的行为，应属于渎职行为，其行为构成渎职犯罪。[②] 实质上也不认为李某等人的行为构成破坏计算机信息系统罪。

上述观点均认同环境空气质量监测系统对于空气污染程度的数据进行收集并加工、传输，具有自动处理数据功能，属于计算机信息系统。争议的核心是：采用棉纱堵塞采样器干扰计算机信息数据采集系统致使计算机采集数据失真，运行结果异常是否为破坏计算机信息系统罪的一种犯罪行为方式；采用物理手段而非技术手段干扰计算信息系统的行为是否为破坏计算机信息系统的行为；对刑法第二百八十六条第一款规定"干扰"计算机信息系统行为如何认定。

笔者认为，该问题既涉及刑法相关条文的文义解释，也涉及打击和防范计算机犯罪的立法目的实现，应当从该罪名所保护的客体入手分析。破坏计算机信息系统罪侵犯的客体是计算机信息系统安全。犯罪对象为计算机信息系统功能和计算机信息中储存、处理、传输的数据和应用程序。[③] 对破坏计算机信息系统行为的评价，应当以犯罪客体即计算机信息系统安全是否被破坏为标准作出准确认定。凡是严重影响计算机信息系统安全的

---

[①] 参见纪冬雨：《最新污染环境罪司法解释适用评析》，载《湖北工业职业技术学院学报》2017年第2期。

[②] 参见常纪文：《完善法律法规严惩干扰环境监测行为》，载《中国环境报》2018年4月10日。

[③] 参见周道鸾、张军：《刑法罪名精释》，人民法院出版社2007年版，第556页。

行为，都应认定为破坏计算机信息系统的行为，既包括非法侵入计算机信息系统内部破坏计算机信息系统功能，导致不能正常运行的情形，也包括未侵入系统内部干扰数据采集导致计算机信息系统虽然运行，但非正常运行致运行结果发生异常的情形。随着信息化技术在社会各个领域应用不断扩展，计算机信息系统运行结果异常带来的影响和危害越来越大。那些认为影响数据采集真实性，但计算机信息系统的运行仍然顺畅，未造成计算机信息系统功能破坏不构成破坏计算机信息系统罪的观点，狭隘理解了破坏计算机信息系统罪所保护的客体，并不符合立法本意。

本案的裁判要点明确了用棉纱等物品堵塞环境监测采样器干扰采样造成监测数据失真的，可以认定为破坏计算机信息系统的行为。也即，从外部进行物理干扰而不是从计算机软件系统的内部对数据的篡改、删除等破坏，致使计算机信息系统非正常运行，也是破坏计算机信息系统犯罪的一种行为类型。李某等人通过堵塞环境监测采样的行为达到影响环境监测计算机系统数据真实性的目的，与采用技术手段直接破坏计算机信息系统一样，直接导致了该计算机信息系统不能正常运行，运行结果错误，其与对计算机信息系统内部篡改、删除造成不能正常运行，运行结果错误并无二致，侵害的对象均是计算机信息系统，行为都危害了计算机信息系统安全。本案裁判要点对于这一分歧认识的明确，有利于更加准确全面地理解破坏计算机信息系统罪的罪状，进而更加准确地理解适用刑法相关条文。

## 三、裁判要点的理解与说明

该指导案例的裁判要点确认：环境质量监测系统属于计算机信息系统。用棉纱等物品堵塞环境质量监测采样设备，干扰采样，致使监测数据严重失真的，构成破坏计算机信息系统罪。现围绕与该裁判要点相关的问题逐一解释和说明如下。

第一，以棉纱堵塞采样器造成监测数据失真属于刑法规定的破坏计算机信息系统。首先，环境监测系统应属于计算机信息系统。根据《计算机信息系统安全保护条例》第二条的规定，计算机信息系统，是指"由计算机及其相关的和配套的设备、设施（含网络）构成的，按照一定的应用目标和规则对信息进行采集、加工、存储、传输、检索等处理的人机系统"。本案中，西安市长安子站系国控环境空气质量自动监测站点，其通过空气采样器对PM10、PM2.5进行采集、加工、存储、传输和检索，空气采样器是环境空气质量监测系统的重要组成部分,PM10、PM2.5监测数据作为环境空气综合污染指数评估中的最重要两项指标,通过环保部和监测总站的政府网站实时向社会公布,产生的监测数据经过系统软件直接传输至监测总站,参与计算环境空气质量指数并实时发布。2011年9月1日起施行的《最高人民法院、最高人民检察院关于办理危害计算机信息系统安全刑事案件应用法律若干问题的解释》第十一条第一款规定:"本解释所称'计算机信息系统'和'计算机系统',是指具备自动处理数据功能的系统,包括计算机、网络设备、通信设备、自动化控制设备等。"因此,本案中的环境空气质量监测系统对于空气污染程度的数据进行收集并加工、传输,具有自动处理数据功能,且具有人机配合性,应属于司法解释中所规定的计算机信息系统。其次,用棉纱堵塞采样器,造成监测数据失真,应属于破坏计算机信息系统的行为。破坏计算机系统主要表现为三种方式。一是"对计算机信息系统功能进行删除、修改、增加、干扰";二是"对计算机信息系统中存储、处理或传输的数据和应用程序进行删除、修改、增加的操作";三是"故意制作、传播计算机病毒等破坏性程序"。依照2017年1月1日起施行的《最高人民法院、最高人民检察院关于办理环境污染刑事案件适用法律若干问题的解释》(法释〔2016〕29号)第十条第一款第二项规定,干扰采样,致使监测数据严重失真的,以破坏计算机信息系统罪论处。本案中,被告人用棉纱堵塞采样器的采样孔或拆卸采样器的行为,导致采样器内部气流场的改变,造成监测数据失真,影响国家对环境空气质量的正确评估,属于法释〔2016〕29号第十条第一款所规定的"干扰采样,致使监测数据严重失真"的破坏计算机信息系统的行为。

第二,干扰采样器采样,造成环境监测数据严重失真的破坏计算机信息系统的行为本身就属于后果严重,而且多次干扰采样,次数多、时间长、幅度大,致使影响全国大气环境治理情况评估的公正性,属于造成严重后果。根据刑法第二百八十六条第一款规定,干扰计算机信息系统致其不能正常运行,后果严重的才能被追究刑事责任。庭审中,本案被告人提出其行为未达到"后果严重"的程度,不构成犯罪的辩护意见。如何认定"后果严重",是准确适用本罪的又一关键。本罪是妨害社会管理秩序的一种犯罪,对"后果严重"的认定,应当考虑其对社会管理秩序造成的妨害,从质的规定性方面把握。对计算机信息系统功能进行删除、修改、增加、干扰,造成计算机信息系统不能正常运行,"后果严重",一般是指国家重要计算机信息系统功能受到破坏,给国家、集体和个人造成重大经济损失的;或者造成恶劣社会影响的等情形。①《最高人民法院、最高人民检察院关于办理环境污染刑事案件适用法律若干问题的解释》第十条第一款规定:"违反国家规定,针对环境质量监测系统实施下列行为,或者强令、指使、授意他人实施下列行为的,应当依照刑法第二百八十六条的规定,以破坏计算机信息系统罪论处:(一)修改参数或者监测数据的;(二)干扰采样,致使监测数据严重失真的;(三)其他破坏环境质量监测系统的行为。"该司法解释规定针对环境质量监测系统实施的三种破坏行为,直接定罪量刑,并不适用《最高人民法院、最高人民检察院关于办理危害计算机信息系统安全刑事案件应用法律若干问题的解释》②。因为一旦实施上述行为,即会造成恶劣社会影响。本案各被告人干扰采样,次数多、时间长、幅度大,直接导致国家环境监测系统输出的数据错误,使其功能完全不能实现,由其提供的错误数据造成环保部对大气环境治理情况评估的公正性,严重影响了政府治理污染的公共利益和政府公信力,属于造成严重后果。具体表现为:(1)五被告人均为环境保护工作人员,明显违反国家法律规定,针对环境质量监测系统多次实施干扰采样的行为,被告人何某民授意、指使李某干扰采样;(2)五被告人的行为致使监测数据严重失真;(3)失真的监测数据已实时发送至监测总站并向社会公布,已用于环保部编制环境质量评价的月报、季报,环保部亦在2016年二月、三月和第一季度的全国74个重点城市空气质量排名中采信上述虚假数据,已向社会公布并上报国务院,影响政府公信力;(4)失真的监测数据影响全国大气环境治理情况评估的公正性,误导环境决策,影响地方政府治理污染措施的力度。五被告人实施干扰采样行为严重扰乱社会秩序,后果严重,应当以破坏计算机信息系统罪追究刑事责任。刑法第二百八十六条第三款还明确规定,从事环境监测设施维护、运营的人员实施或者参与实施篡改、伪造自动监测数据、干扰自动监测设施、破坏环境质量监测系统等行为的,应当从重处罚。本案所判处的李某等人即属从事环境监测设施维护、运营的人员,属于履行法定职责的人员,却自己实施妨碍环境监测的行为,知

---

① 参见周道鸾、张军:《刑法罪名精释》,人民法院出版社2007年版,第557页。
② 参见周家海、喻海松:《〈关于办理环境污染刑事案件适用法律若干问题的解释〉理解与适用》,载《人民司法》2017年第4期。

法犯法,情节恶劣,应当从重处罚。

第三,合理界分破坏计算机信息系统罪与渎职犯罪,准确适用最高人民法院司法解释规定。本案中,被告人李某、何某民、张某勃均系环保局的国家机关工作人员,在何某民授意下,李某、张某勃等人采取私自截留钥匙并偷记监控电脑密码的方式进入长安子站,用棉纱堵塞采样器,干扰子站内环境空气质量自动监测系统的数据采集功能,三被告人的行为也系职务行为,客观方面符合渎职犯罪中的滥用职权,造成恶劣社会影响,构成滥用职权罪。三被告人同一犯罪行为同时触犯了两个罪名,属于想象竞合犯,应当择一重罪处罚。对比两罪名,三被告人适用滥用职权罪处三年以下有期徒刑或拘役,适用破坏计算机信息系统罪处五年以下有期徒刑,对三被告人应当适用处罚较重的罪名,即破坏计算机信息系统罪。此外,本案是由国家机关工作人员和非国家机关工作人员共同完成的犯罪,如果以身份不同,认定不同的罪名,共同犯罪整体评价受到影响,不利于实现量刑均衡,从此角度考虑,对三名公职被告人以破坏计算机信息系统罪定罪量刑更为合适。

## 四、参照适用时应注意的问题

我国刑法第二百八十六条所保护的客体既包括计算机信息系统功能的安全,也包括计算机信息系统中数据和应用程序的安全,因此,无论破坏系统功能还是系统数据及应用程序,都可以以破坏计算机信息系统罪追究刑事责任,本案即适用第二百八十六条第一款对各被告人定罪量刑。但是,随着网络及其相关技术不断发展普及,大数据、云计算等高新技术的研发和深度应用,数据逐步显示其独立的价值功能,社会管理对于数据依赖性越来越强,数据具有独立的法益。对于数据破坏的行为方式和后果,与对计算机信息系统功能破坏的方式和后果的差异日益明显,对破坏数据行为需要设置专门的数据犯罪罪名予以刑法规制。但是在目前,破坏包括干扰计算机信息系统功能和数据、应用程序行为构成犯罪的,仍应以本罪追究刑事责任。

(执笔人:陕西省高级人民法院研究室　尤　青
　　　　　西安市中级人民法院研究室　高　伟
　　　　编审人:最高人民法院研究室　石　磊)

# 指导案例 105 号《洪某强、洪某沃、洪某泉、李某荣开设赌场案》的理解与参照

——利用微信群控制管理，持续组织他人赌博构成开设赌场罪

2018年12月25日，最高人民法院发布了第20批指导性案例，包括第102号至第106号共5件指导性案例，总结了审判实践中某些普遍的疑难复杂法律适用问题，有利于进一步明确裁判规则，统一司法尺度。其中，第105号指导案例为《洪某强、洪某沃、洪某泉、李某荣开设赌场案》。为了正确理解和准确参照适用该指导案例，现对该指导案例的选编过程、裁判要点、参照适用等有关情况予以解释和说明。

## 一、案例选编过程及指导意义

江西省高级人民法院向案例指导工作办公室推荐该案例作为备选指导性案例。最高人民法院案例指导工作办公室经过初审认为，该案例基本符合指导性案例要求，并提交最高人民法院研究室室务会讨论。2017年11月30日，最高人民法院研究室室务会经讨论，同意推荐该案例，并建议征求最高人民法院刑三庭等有关单位意见。2018年7月3日，该案例经最高人民法院刑专会第313次会议讨论，同意作为指导性案例。12月25日，最高人民法院以法〔2018〕347号文件将该案例编入第20批指导性案例予以发布。

## 二、关于本案例的相关情况

（一）基本案情

2016年2月14日，被告人李某荣、洪某沃、洪某泉伙同洪某1、洪某

2（均在逃）以福建省南安市英都镇阀门基地旁一出租房为据点（后搬至福建省南安市英都镇环江路大众电器城五楼的套房），雇佣洪某3等人，运用智能手机、电脑等设备建立微信群［群昵称为"寻龙诀"，经多次更名后为"（新）九八届同学聊天"］拉拢赌客进行网络赌博。洪某1、洪某2作为发起人和出资人，负责幕后管理整个团伙；被告人李某荣主要负责财务、维护赌博软件；被告人洪某沃主要负责后勤；被告人洪某泉主要负责处理与赌客的纠纷；被告人洪某强为出资人，并介绍了陈某某等赌客加入微信群进行赌博。该微信赌博群将启动资金人民币300000元分成100份资金股，并另设10份技术股。其中，被告人洪某强占资金股6股，被告人洪某沃、洪某泉各占技术股4股，被告人李某荣占技术股2股。

参赌人员加入微信群，通过微信或支付宝将赌资转至庄家（昵称为"白龙账房""青龙账房"）的微信或者支付宝账号计入分值（一元相当于一分）后，根据"PC蛋蛋"等竞猜游戏网站的开奖结果，以押大小、单双等方式在群内投注赌博。该赌博群24小时运转，每局参赌人员数十人，每日赌注累计达数十万元。截至案发时，该团伙共接受赌资累计达3237300元。赌博群运行期间共分红2次，其中被告人洪某强分得人民币36000元，被告人李某荣分得人民币6000元，被告人洪某沃分得人民币12000元，被告人洪某泉分得人民币12000元。

（二）裁判结果

江西省赣州市章贡区人民法院于2017年3月27日作出（2016）赣0702刑初367号刑事判决，认定：（1）被告人洪某强犯开设赌场罪，判处有期徒刑四年，并处罚金人民币五万元。（2）被告人洪某沃犯开设赌场罪，判处有期徒刑四年，并处罚金人民币五万元。（3）被告人洪某泉犯开设赌场罪，判处有期徒刑四年，并处罚金人民币五万元。（4）被告人李某荣犯开设赌场罪，判处有期徒刑四年，并处罚金人民币五万元。（5）将四被告人所退缴的违法所得共计人民币66000元以及随案移送的6部手机、1台笔记本电脑、3台台式电脑主机等供犯罪所用的物品，依法予以没收，上缴国库。

宣判后，四被告人均未提出上诉，判决已发生法律效力。

（三）典型意义

现代科学技术的长足发展，在为公众日常生活带来便利与乐趣的同时，其"双刃剑"效应日渐凸显，给违法犯罪提供了新的空间。一些犯罪分子利用科学技术实现了手段翻新、行为异化和危害性升级。作为网络通讯技术和电子金融支付手段发展的产物，微信是腾讯公司于2011年推出的一个为智能终端提供即时通讯服务的社交软件程序，具有聊天、语音、视频、支付、消费和各种服务的功能。截至2018年9月，微信的月活跃用户达到10.82亿。[①] 最高人民法院将洪某强等人开设赌场案作为指导性案例发布，对于统一刑法理论和实务界的认知，指导办案机关正确办理类似案件，消除同案不同判现象具有重要意义；同时，也有利于发挥司法裁判引领作用，教育公众遵纪守法和净化社会风气，健全微信平台监管法律体系。

本案的争议在于定性问题。梳理刑法理论界与实务界的观点，可以归纳为以下两种意见。

第一种观点认为：不宜将微信群解释为开设赌场罪中的赌场和司法解释规定的赌博网站。赌博网站是面向不特定多数公众人群，只要通过互联网平台就能访问进入该网站；而微信群"一是建立极为便利，无任何成本，且随时可以解散，因而被告人对于该微信群的控制程度，与被告人对店铺、店面等实体赌博场所的控制程度并不相同；二是通过微信群聚集参赌人员，并未对社会不特定公众开放，具有一定程度的封闭性，他人亦无法通过网络搜索该群组并径自加入"[②]。

第二种观点认为：可以将微信群认定为赌场。如被告人并非单纯组织他人参与赌博，而是以营利为目的，以"庄家"的身份设定赌博规则、提供网络赌博场所，并利用微信群进行控制管理，在一段时间内持续组织他人参与网络赌博活动，这种行为与传统有形的赌场罪并无本质差异。如阮方民教授认为："赌场是一个有着特定空间的可以供多人聚集在一起进行赌博活动的场所。这个场所可以解释为一个网站，也可以解释为一个微信群，当然还可以解释成其他网络虚拟空间里可以供多人聚集在一起进行赌博的网络平台。"

---

① 参见《微信发布〈2018微信年度数据报告〉》，载搜狐网2019年1月9日，http://www.sohu.com/a/287739536-353760。

② 张建、俞小海：《建立微信群组织他人抢红包的行为应定为赌博罪》，载《中国检察官》2016年第18期。

结合洪某强、洪某沃、洪某泉、李某荣开设赌场案的各项案件事实，最终法院采纳第二种意见，以开设赌场罪对被告人定罪量刑。

### 三、裁判要点的理解与说明

该指导案例的裁判要点确认：以营利为目的，通过邀请人员加入微信群的方式招揽赌客，根据竞猜游戏网站的开奖结果等方式进行赌博，设定赌博规则，利用微信群进行控制管理，在一段时间内持续组织网络赌博活动的，属于刑法第三百零三条第二款规定的"开设赌场"。

现围绕与该裁判要点相关的问题逐一解释和说明如下。

#### （一）微信赌博群在特定条件下应解释为赌场

传统的赌博场所一般是私人住宅、宾馆酒店等物理空间，随着信息网络技术的发展，网络虚拟空间逐渐成为刑法意义上"场所"的一部分。①2005年《最高人民法院、最高人民检察院关于办理赌博刑事案件具体应用法律若干问题的解释》（以下简称《解释》）及2010年《最高人民法院、最高人民检察院、公安部关于办理网络赌博犯罪案件适用法律若干问题的意见》（以下简称《意见》）均对赌场进行了解释。《解释》将"在计算机网络上建立赌博网站，或者为赌博网站担任代理，接受投注的"解释为开设赌场行为。《意见》进一步明确："利用互联网、移动通讯终端等传输赌博视频、数据，组织赌博活动"，具有"建立赌博网站并接受投注的；建立赌博网站并提供给他人组织赌博的；为赌博网站担任代理并接受投注的；参与赌博网站利润分成的"情形之一的，属于开设赌场行为。但由于微信是2011年产生的新兴事物，晚于《解释》和《意见》的出台时间，对于微信赌博构成赌博罪抑或开设赌场罪，无法根据立法及相关司法解释直接得出结论。结合本案的具体情形分析如下。

第一，在特定情况下将微信群认定为赌场符合概念发展趋势。刑法中的概念用语不是僵化不变的，当规范条文不足以满足规制变动不居的社会现实之需时，就应根据规范精神，结合社会情势和社会需要进行合理解释，以填充规范漏洞或空白。《解释》先将赌场从有形的实体赌场先扩大

---

① 参见周立波：《建立微信群组织他人抢红包赌博的定性分析》，载《华东政法大学学报》2017年第3期。

至计算机网络上的赌博网站,《意见》后又扩大为利用互联网、移动通讯终端的行为,赌场的范围不断扩大,既包括有形的物理空间,也包括虚拟的网络空间。之所以《解释》及《意见》未明确微信群属于赌场,是因微信这一新生事物的产生较晚,尚未及被纳入司法解释和规范性文件中,而并非该两文件有意将微信群排斥在赌场之外。

第二,在特定情况下将相应微信群认定为赌场具有必要性。有人认为,将微信赌博行为认定为聚众赌博,以赌博罪定罪量刑,既足以进行定罪处罚,又可避免认定为开设赌场而产生违反罪刑法定之诟病。我们认为,开设赌场与聚众赌博的差异,决定了将利用微信群赌博认定为开设赌场罪具有必要性。从形式上看,聚众赌博和开设赌场都具有聚众性,但前者具有临时性、短暂性,后者具有连续性、稳定性;前者通常只是行为人实施召集、组织、聚集人员赌博等行为,对赌博场所、赌博规则及赌博活动等不具备控制性,而后者则对整个赌博活动进行控制或支配。① 上述差异决定了赌博罪不能完全涵摄特定情形下的微信赌博行为,更何况,微信赌博具有新型网络赌博行为的特点:犯罪成本低、隐蔽性强、传播速度快、流动性大、迷惑性强、影响面广,相比传统赌博活动,摆脱了对时间、空间、场所和服务人员的依赖,② 在侦查、处罚、预防上难度更大。因此,在符合开设赌场罪相关要件的情况下,将相应微信群解释为赌场具有处罚上的合理性和必要性。

第三,在特定情况下将相应微信群认定为赌场不违反国民预测可能性。《意见》第一条已经明确"利用互联网、移动通讯终端等传输赌博视频、数据,组织赌博活动"属于开设赌场行为,"移动通讯终端"实际上可以囊括以手机为载体的微信平台,将利用移动通讯终端传输赌博数据等的微信赌博群认定为赌场,未超出法律法规规定的内容。此外,只要严格把握将微信群赌博认定为开设赌场罪的要件,将亲友同事之间偶尔在微信群里发红包的娱乐行为和轻微的赌博行为与开设赌场行为区别开来,也不会违反普通民众的预测可能性。

---

① 参见宗凤月:《新型社交网络赌博犯罪的进化——以"微信红包"变相赌博为例》,载《犯罪研究》2016 年第 5 期。
② 参见宗凤月:《新型社交网络赌博犯罪的进化——以"微信红包"变相赌博为例》,载《犯罪研究》2016 年第 5 期。

## (二) 将微信赌博行为认定为开设赌场的条件

开设赌场罪是刑法修正案（六）从赌博罪中分立出来的罪名，其与赌博罪中的聚众赌博行为在主观营利目的、行为方式上既有相似性又有差异性，相似性表现在两种行为均具有营利目的，根据一定规则得出的胜负结果具有随机性和偶然性，符合赌博的行为特征，且两种行为均表现为纠集多人进行赌博。从某种程度而言，开设赌场就是一种聚众赌博的行为。但是，刑法将开设赌场罪从赌博罪中分立出来，并设置了较赌博罪更低的入罪门槛（《解释》和《意见》分别明确了赌博罪的定罪数额标准以及开设赌场罪的加重量刑标准，但未规定开设赌场罪的定罪数额，换言之，开设赌场罪为行为犯）和更高的法定刑（赌博罪的最高法定刑为三年有期徒刑，开设赌场罪的最高法定刑为十年有期徒刑）。这意味着立法者认为开设赌场罪的社会危害性与非难性均高于赌博罪。因此，微信群赌博认定为开设赌场罪必须谨慎，不能将所有微信群赌博的行为均认定为开设赌场罪，只有在微信群符合下列条件的情况下才能认定为赌场。

1. 控制性

控制性是开设赌场区别于聚众赌博的关键特征。[①] 聚众赌博往往是临时纠合人员和选择场地，对参赌人员和赌博场所控制性较弱；开设赌场在选定赌博场所、制定赌博规则、管理参赌人员上具有较强的支配性和控制性。微信群虽为虚拟空间，但为参赌人员提供了赌博平台，其建立极为便利、随时可以解散并不能证明控制程度弱，反而在管理参赌人员、贯彻赌博规则和逃避侦查打击上更灵活便利。本案中，被告人洪某强等人虽未开设有形赌场，也未为赌场提供物质筹码、赌具等，但雇佣他人运用智能手机、电脑等设备建立微信赌博群，并通过设置赌博规则运营赌场，如有赌客不遵守既定规则，则会被移出微信群。四被告人通过对群内赌博活动的严格控制及管理，使赌博活动长期稳定持续下去。

2. 组织性

开设赌场罪中，赌场内部组织结构完整，行为人之间分工明确，有确定的上下级关系，建立了经营制度、财务管理制度等。在本案中，四被告

---

[①] 参见宗凤月：《新型社交网络赌博犯罪的进化——以"微信红包"变相赌博为例》，载《犯罪研究》2016 年第 5 期。

人分工合作经营微信赌博，有作为出资的股东，有负责微信赌博群财务及维护赌博软件的，有负责后勤的，还有负责处理与赌客纠纷的，另外还雇佣他人在群内接受赌客投注、统计赌博输赢等，各被告人与雇员之间建立了完善的团队管理制度，开设赌场的行为组织性较为明显。

3. 持续性

聚众赌博一般是间歇式、偶发式的赌博活动，且具有临时性、短暂性的特点，一次聚众赌博结束后，下一次赌博又要再次组织。开设赌场在运营时间上则具有持续性的特点，赌博活动可以在赌场中稳定持续地开展。本案中，被告人洪某强等人从建立微信群至案发有三个多月的时间，且赌博群每日二十四小时不间断运转，赌客可以随时在群内投注赌博，具有持续性和稳定性的特征。

4. 开放性

聚众赌博的规模一般较小，组织者通常利用自己的人际关系在小范围内组织他人赌博，对参赌者人数并没有追求，甚至大部分聚众赌博排斥陌生人的加入，具有封闭性特征。开设赌场具有一定的规模，能吸引不特定多数人前来参赌，具有开放性特征。本案中，群内参赌人员不仅包括各被告人邀请的好友，还包括这些好友所邀请的其他对象，并不局限在特定人员之中，参赌人员范围不是特定和封闭的，群成员最高时接近500人，具有明显的开放性特征。

综上，只有在微信群具备控制性、组织性、持续性、开放性条件下，才能被认定为其具备与有形物理空间的赌场相同的属性。以营利为目的，通过邀请人员加入微信群的方式招揽赌客，根据竞猜游戏网站的开奖结果等方式进行赌博，设定赌博规则，利用微信群进行控制管理，在一段时间内持续组织网络赌博活动的，属于刑法第三百零三条第二款规定的"开设赌场"。当微信群不具有上述四个特征时，即使在微信群中进行赌博行为，也不能认定为开设赌场罪，而宜视案情认定为聚众赌博或纯属娱乐行为。

(执笔人：江西省赣州市章贡区人民法院　杨　菲

江西省高级人民法院　汤媛媛

编审人：最高人民法院研究室　马蓓蓓)

# 指导案例 106 号《谢某军、高某、高某樵、杨某彬开设赌场案》的理解与参照

## ——以微信抢红包形式进行网络赌博的定性

2018 年 12 月 25 日,最高人民法院发布了第 20 批指导性案例,包括第 102 号至第 106 号共 5 件指导性案例,总结了审判实践中某些普遍的疑难复杂法律适用问题,有利于进一步明确裁判规则,统一司法尺度。其中,第 106 号指导案例为《谢某军、高某、高某樵、杨某彬开设赌场案》。为了正确理解和准确参照适用该指导案例,现对该指导案例的选编过程、裁判要点、参照适用等有关情况予以解释和说明。

## 一、案例选编过程及指导意义

浙江省高级人民法院向最高人民法院案例指导工作办公室推荐该案例作为备选指导性案例。最高人民法院案例指导工作办公室经过初审认为,该案例基本符合指导性案例要求,并提交最高人民法院研究室室务会讨论。2017 年 11 月 30 日,最高人民法院研究室室务会经讨论,同意推荐该案例,并建议征求最高人民法院刑三庭等有关单位意见。2018 年 7 月 3 日,该案例经最高人民法院刑专会第 313 次会议讨论,同意作为指导性案例。12 月 25 日,最高人民法院以法〔2018〕347 号文件将该案例编入第 20 批指导性案例予以发布。

近年来,利用微信群以抢红包的方式开设赌场的案件屡见不鲜,危害严重。该案旨在明确以营利为目的,通过邀请人员加入微信群的方式招揽赌客,并利用微信群进行控制管理,根据设定的赌博规则,以抢红包方式,在一段时间内持续组织网络赌博活动的行为,属于刑法第三百零三条

第二款规定的"开设赌场"。将该案例确定为指导性案例,既能指导司法机关依法办理类似案件,又能教育引导社会公众遵纪守法,同时也有助于促进完善网络管理。

## 二、关于本案例的相关情况

### (一) 案件基本情况

2015年9月至2015年11月,向某(已判决)在杭州市萧山区活动期间,分别伙同被告人谢某军、高某、高某樵、杨某彬等人,以营利为目的,邀请他人加入其建立的微信群,组织他人在微信群里采用抢红包的方式进行赌博。其间,被告人谢某军、高某、高某樵、杨某彬分别帮助向某在赌博红包群内代发红包,并根据发出赌博红包的个数,从抽头款中分得好处费。

浙江省杭州市萧山区人民法院于2016年11月9日作出(2016)浙0109刑初1736号刑事判决:(1)被告人谢某军犯开设赌场罪,判处有期徒刑三年六个月,并处罚金人民币二万五千元。(2)被告人高某犯开设赌场罪,判处有期徒刑三年三个月,并处罚金人民币二万元。(3)被告人高某樵犯开设赌场罪,判处有期徒刑三年三个月,并处罚金人民币一万五千元。(4)被告人杨某彬犯开设赌场罪,判处有期徒刑三年,并处罚金人民币一万元。(5)随案移送的四被告人犯罪所用工具手机6只予以没收,上缴国库;尚未追回的四被告人犯罪所得赃款,继续予以追缴。宣判后,谢某军、高某樵、杨某彬不服,分别向浙江省杭州市中级人民法院提出上诉。浙江省杭州市中级人民法院经审理后认为:原判认定谢某军等四被告人构成开设赌场罪,且系情节严重,定罪正确。本案开设赌场共同犯罪中,谢某军等四被告人均系代包手,作用相对较小,非法获利相对较少,均系从犯,且二审期间杨某彬的家属又代为退赃,可对被告人谢某军从轻处罚,对被告人高某樵、杨某彬、高某减轻处罚,并于2016年12月29日作出(2016)浙01刑终1143号刑事判决:(1)维持杭州市萧山区人民法院(2016)浙0109刑初1736号刑事判决第一项、第二项、第三项、第四项的定罪部分及第五项没收犯罪工具、追缴赃款部分。(2)撤销杭州市萧山区人民法院(2016)浙0109刑初1736号刑事判决第一项、第二项、第三项、第四项的量刑部分。(3) 上诉人（原审被告人）谢某军犯开设赌场罪，判处有期徒刑三年，并处罚金人民币二万五千元。(4) 原审被告人高某犯开设赌场罪，判处有期徒刑二年六个月，并处罚金人民币二万元。(5) 上诉人（原审被告人）高某樵犯开设赌场罪，判处有期徒刑二年六个月，并处罚金人民币一万五千元。(6) 上诉人（原审被告人）杨某彬犯开设赌场罪，判处有期徒刑一年六个月，并处罚金人民币一万元。

## （二）实践中对认定赌博罪与开设赌场罪的争议

赌博罪，是指以营利为目的聚众赌博或者以赌博为业的行为。而开设赌场罪，是指以营利为目的，经营性地为赌博提供场所，设定赌博方式，提供赌具、筹码、资金等组织赌博的行为。两罪均以营利为目的，均具有一定的组织性，为赌博提供一定的场所、赌具，司法实践中较难区分。

《最高人民法院、最高人民检察院关于办理赌博刑事案件具体应用法律若干问题的解释》第9条规定："不以营利为目的，进行带有少量财物输赢的娱乐活动，以及提供棋牌室等娱乐场所只收取正常的场所和服务费用的经营行为等，不以赌博论处。"据此，亲朋好友在日常生活中娱乐性的开展较少金额的抢红包活动，并非构成刑法或行政法意义上的赌博。而本案系由同案人员向某建立微信群，伙同被告人谢某军等人组织他人在微信群内进行赌博，群主向某及代包手谢某军等人均有抽头营利，赌资数额累计116万余元，本案四被告人抽头获利在3万至18万元不等，应纳入刑法规制的范畴，以赌博类犯罪定罪处罚。本案的争议焦点在于对谢某军等四被告人的定性：一种意见认为构成赌博罪，主要理由是微信群较封闭，且参赌人员需要他人邀请才能加入，从此角度微信群具有相对固定性，规模有限；另一种意见认为构成开设赌场罪，主要理由是以微信红包形式进行网络赌博符合建立赌博网站的特征，组织者对赌场、赌博均有较强的控制性，且本案微信群规模较大，参赌人员大多是抢红包时认识的赌友，并非现实生活中的好友，开放性强。

本案通过明确以营利为目的，通过邀请人员加入微信群，利用微信群进行控制管理，以抢红包方式进行赌博，在一段时间内持续组织赌博活动的行为，属于开设赌场的行为，对社会公众明确了行为规则，有利于净化网络空间环境，提升网络空间治理水平。

### 三、裁判要点的理解与说明

该指导案例的裁判要点确认：以营利为目的，通过邀请人员加入微信群，利用微信群进行控制管理，以抢红包方式进行赌博，在一段时间内持续组织赌博活动的行为，属于刑法第三百零三条第二款规定的"开设赌场"。

区分赌博罪和开设赌场罪的关键在于赌博犯罪活动的组织性、开放性和经营性的区别，本案裁判要点也主要是从这三个方面进行说明。

（一）组织性：主要体现为组织者对赌场的管理、控制及赌场规模等方面

赌博犯罪的组织性较弱。赌博犯罪虽也表现为组织、招引他人参加赌博的行为，但对赌博场所的管理较为松散，其组织赌博一般是利用自己的人际关系、人脉资源，侧重点在招引，"呼朋引伴"去赌博，而且赌博时间和场所都具有不确定性，对赌博的时间与空间控制性较弱，随机性较大。而开设赌场犯罪则具有较强的组织性。首先，赌场内有专门人员各司其职，分工明确，组织者并非仅利用自己的人际关系招引参赌对象，更多的人是认知到赌场存在而加入，赌场有一套严密的组织体系和工作制度，组织者对赌博场所管理较为严格；其次，开设赌场的组织者对于赌博时间和空间具有较强的控制性，赌博场所在其支配之下，通常表现为赌博时间、地点相对固定；最后，开设赌场罪中赌场规模较大，社会公众认知度广。

本案中案涉微信群为赌博活动制定了详细规则，包括拉人入群、分发奖金、抽头方式、为参赌人员垫资和收取群主抽头分成、保管抽头赃款、记账等，群主和代包手的职责分工明确具体，管理严密，对于何时进行赌博、参与赌博人员等均在群主控制和支配范围内，微信群内有七八十或上百人参与赌博，规模较大，显示出严密的组织性。

（二）开放性：主要体现在赌博场所的固定性，参赌人员的流动性等方面

赌博犯罪具有相对封闭性：一是赌博场所不具有固定性，组织者所选

定的场所通常仅供一次赌博所用，下次赌博仍需临时选定一个新的场所，正所谓"打一枪换一个地方"；二是参赌成员相对较为固定，局限性较强，外部人员轻易不能加入其中，扩散面小，开放性差，具有较强的隐蔽性。而开设赌场犯罪则具有较强的开放性：一是赌博地点相对固定，以便吸引更多的人加入，这里的相对固定并不是指一成不变，而是随着赌场的发展壮大等进行更换，但赌场通常在一定范围内被相关人员所知悉，自动吸引赌客前来赌博，无须行为人每次赌博前发出赌博邀请；[①] 二是参赌成员流动性较大，每个入群的参赌人员均可邀请他人加入，群内成员彼此之间并不熟识。

本案所组建的微信群系通过网络设立的虚拟空间，具有开放性，参与赌博的人员并非均为向某、谢某军等人原有微信好友，所有入群人员均可邀请他人入群参赌，在案参赌人员亦证实自己可以拉人入群，并根据获利情况领取相应工资，群内100多人大多互不认识。涉案微信群在短时间内人数已扩展至百余人，虽然赌博微信群几经更换，但组织者每次均提前将原群中所有成员拉入新建群，新的微信群在运作过程中也会不断有新人加入，赌博场所不具有隐蔽性和封闭性，而具有开放性特征。

(三) 经营性：体现为有明确的目的，较为固定的场所和人员结构等

赌博犯罪的非法收益一般仅通过抽头获取，因其赌博的时间和地点均具有临时性、短暂性，故一般不能从赌博场所本身获取非法经营收益，组织者对整个赌博活动并无详细的筹划和管理等长远打算，经营性特征不明显。而开设赌场犯罪不仅通过组织赌博活动抽头获取非法收益，而且大多还通过提供其他与赌博配套的服务获取经营性收益，赌博的时间和地点均较为固定、持续，赌场内人员分工明确，赌场的开设者和管理者对整个赌博活动有详细的规划和管理，并通过多种方式吸引更多的人参与赌博活动，维系赌场运行，经营性特征明显。

本案中案涉微信群建群的目的非常明确，就是组织人员前来赌博，相当于为参赌人员提供了一个相对固定的场所。组织者为赌博群制定规则，

---

① 参见李连华、鞠佳佳：《开设赌场与聚众赌博的界限》，载《中国检察官》2009年第4期。

且另建有接待群、代包手群,用以接待即将入赌博群的成员并观察其信誉及与代包手进行联系,具有周密的部署和详尽的安排,并采用将部分赌资作为抢到特殊数字的奖励等方式调动大家积极性和热情,吸引更多的人参与赌博,使微信群作为一个赌博场所能够正常运行,具有经营性特征。

综上所述,本案将被告人谢某军等的行为定性为开设赌场符合法律规定,也有利于打击这一新型犯罪行为。

(执笔人:杭州市中级人民法院　钱安定
　　　　　浙江省高级人民法院　杨　治
编审人:最高人民法院研究室　马蓓蓓)

# 指导案例 107 号《中化国际（新加坡）有限公司诉蒂森克虏伯冶金产品有限责任公司国际货物买卖合同纠纷案》的理解与参照
——《联合国国际货物销售合同公约》与约定准据法的适用及根本违约的认定

2019年2月25日，最高人民法院发布了第21批指导性案例，包括第107号至第112号共6件指导性案例，总结了审判实践中某些普遍的疑难复杂法律适用问题，有利于进一步明确裁判规则，统一司法尺度。其中，第107号指导案例为《中化国际（新加坡）有限公司诉蒂森克虏伯冶金产品有限责任公司国际货物买卖合同纠纷案》。为了正确理解和准确参照适用该指导案例，现对该指导案例的选编过程、裁判要点、参照适用等有关情况予以解释和说明。

## 一、案例选编过程及指导意义

最高人民法院民四庭向最高人民法院案例指导工作办公室推荐该案例作为备选指导性案例。最高人民法院案例指导工作办公室经过初审认为，该案例基本符合指导性案例要求，并提交最高人民法院研究室室务会讨论。2018年9月30日，最高人民法院研究室室务会经讨论，同意推荐该案例。2018年11月20日，第302次民事行政审判专业委员会讨论通过该案例，同意作为指导性案例发布。2019年2月25日，最高人民法院以法〔2019〕3号文件将该案例编入第21批指导性案例予以发布。

该案例是国际货物买卖合同纠纷的典型案例，明确了在满足公约适用和有约定的准据法条件下二者的适用次序问题，即优先适用《联合国国际货物销售合同公约》的规定,在公约无相关规定之时,适用双方当事人约定的准据法。此外,该案亦对关于适用公约根本性违约条款的理解问题进行了明确,即在国际货物买卖合同中,若卖方交付货物虽有缺陷,但买方在不存在不合理的麻烦的情况下,能使用货物或转售货物,甚至打些折扣,质量不符依然不构成根本性违约。

## 二、关于本案例的相关情况

### (一) 基本案情

2008年4月11日,中化国际(新加坡)有限公司(以下简称中化新加坡公司)与蒂森克虏伯冶金产品有限责任公司(以下简称德国克虏伯公司)签订《采购合同》,约定:(1)中化新加坡公司向德国克虏伯公司采购燃料级石油焦25000吨,数量可有10%浮动,石油焦的HGI指数典型值为36至46。(2)石油焦的装货港为美国加利福尼亚匹兹堡,目的港为中国港口,具体港口由中化新加坡公司确定。(3)由双方确认的独立检验人在装货港船上采样检验并出具检验证书,该检测结果是终局的并对双方有约束力。中化新加坡公司有权在卸货港对石油焦的数量和品质进行检验,德国克虏伯公司有权委托独立检验人见证上述检验过程并自行承担相应费用。如果中化新加坡公司发现石油焦的品质或数量与在装货港确定的品质或数量不符,其应向德国克虏伯公司发出索赔通知,并有权在石油焦到达目的港之日起60日内向德国克虏伯公司提出索赔(《采购合同》第7.2.3条)。(4)本合同应当根据美国纽约州当时有效的法律订立、管辖和解释。双方还就合同内容作了其他约定。

2008年8月8日,双方认可的检验人A.J.EDMODN公司在装货港出具的检验证书载明,石油焦的HGI指数为32。同年8月11日的重量检验证书载明,德国克虏伯公司实际交付石油焦26079.63吨。

2008年7月31日,中化新加坡公司在中国交通银行新加坡分行(以下简称新加坡交行)开立信用证,信用证45A规定:石油焦HGI指数为36至46。2008年8月27日,德国克虏伯公司向新加坡交行提示包括A.J.EDMODN公司在装货港出具的检验证书在内的议付单据。该行于2008年9月2日支付了大部分货款。2008年9月11日,德国克虏伯公司开具最终商业发票，确定石油焦单价为301.56美元/吨。2008年9月25日，中化新加坡公司通过电汇方式支付了剩余小部分货款。中化新加坡公司向德国克虏伯公司总计支付货款7756828.55美元。

2008年9月8日，货物到达南京港。2008年11月10日，中国检验认证集团江苏有限公司出具的化验证书载明，石油焦的HGI指数为32。

2009年11月26日，中化新加坡公司委托中化国际（控股）股份有限公司（以下简称中化控股公司）与威海金猴进出口贸易有限公司（以下简称金猴公司）签订销售合同，将系争石油焦以人民币1575.50元/吨的价格出售给该公司。

中化新加坡公司向一审法院江苏省高级人民法院起诉称：2008年4月11日，中化新加坡公司与德国克虏伯公司签订《采购合同》，约定中化新加坡公司向德国克虏伯公司购买石油焦25000吨，石油焦的HGI指数应在36至46之间。中化新加坡公司按约支付了全部货款，但德国克虏伯公司交付的石油焦HGI指数仅为32，严重影响中化新加坡公司在中国市场销售，构成根本违约。中化新加坡公司有权解除合同，要求德国克虏伯公司返还全部货款，并赔偿中化新加坡公司由此遭受的全部损失。因此请求判令：（1）解除双方订立的《采购合同》；（2）德国克虏伯公司返还货款7756828.55美元（按2009年5月6日美元兑人民币汇率1：6.8232折合人民币52926392.56元）及自2008年9月24日至德国克虏伯公司实际返还货款之日的利息（按中国人民银行同期美元贷款利率计算）；（3）德国克虏伯公司赔偿中化新加坡公司港口包干费、堆存费人民币1523052元（暂计算至2009年5月6日）；（4）德国克虏伯公司承担本案诉讼费用。

德国克虏伯公司答辩称：（1）德国克虏伯公司交付的石油焦HGI值是32，表面看与合同约定不符，但该值不是强制性的，HGI值为32的石油焦并不影响其使用，德国克虏伯公司的行为不构成违约。（2）石油焦运抵南京港后，中化新加坡公司支付了货款，并未提出异议。中化新加坡公司之所以后来提出质量异议，是因为2009年9月、10月，石油焦市场价格大幅下跌。（3）即使德国克虏伯公司构成违约，中化新加坡公司因未在合同约定的石油焦抵达目的港之日起六十日内向德国克虏伯公司索赔，中化新加坡公司丧失索赔权。（4）中化新加坡公司已将石油焦以与涉案《采购合同》基本相同的价格出售给其母公司中化控股公司，中化新加坡公司没有损失。因此请求判令：（1）驳回中化新加坡公司的诉讼请求；（2）本案诉讼费用由中化新加坡公司负担。

（二）裁判结果

江苏省高级人民法院认为本案双方当事人双方当事人均选择《联合国国际货物销售合同公约》作为确定其权利义务关系的依据，故案涉合同适用公约的有关规定。本案中，德国克虏伯公司交付的石油焦的 HGI 指数典型值低达 32，由于此类石焦油对研磨设备有特殊要求，意味着此类石油焦的市场需求极为有限，故德国克虏伯公司的行为构成根本违约，中化新加坡公司有权宣告合同无效。江苏省高级人民法院判决德国克虏伯公司返还中化新加坡公司相应货款并支付相应利息。德国克虏伯公司不服一审判决，向最高人民法院提起上诉。最高人民法院于 2014 年 6 月 30 日作出（2013）民四终字第 35 号民事判决：撤销一审判决第一项；变更一审判决第二项与第三项。

（三）司法实务界的争议

国际货物买卖合同纠纷案件中常常会涉及准据法的适用问题。经过类案检索，实践中常涉及的有关《联合国国际货物销售合同公约》作为准据法而适用的案件类型为：当事人未在合同中明确约定合同适用的准据法，而双方当事人所处国家皆为《联合国国际货物销售合同公约》之缔约国，此时法院通常将《联合国国际货物销售合同公约》作为涉案合同之准据法。而实践中对于国际货物买卖合同纠纷中当事人约定适用的准据法与《联合国国际货物销售合同公约》的竞合问题，部分判决书中将当事人约定适用的准据法与《联合国国际货物销售合同公约》同时列为案涉合同所依据的准据法，而对于二者的适用顺序未进行明确。也有部分判决书中对二者的适用次序进行了释明，即优先适用《联合国国际货物销售合同公约》中的相关规定，在公约无相应规定时，适用当事人合意选择的准据法。

关于《联合国国际货物销售合同公约》中规定的根本违约认定问题，多数裁判文书均以是否导致为非违约方可期待合法利益之不达作为判定之标准。而对违约行为所导致的损害是否达到此判定标准，则依具体实践情形的不同，有着不同的判定分析。有些裁判文书对根本违约的认定较为简单，即未按约定的品种、质量供货即认为合同目的不达，构成根本违约，而未进行详细分析。而有些判决则从货物的性质与用途两方面对实际交付货物与约定交付货物进行对比分析从而得出构成公约所规定的根本违约之情形。

（四）指导意义

本案为国际货物买卖合同纠纷案件，其典型意义在于对国际货物买卖合同准据法适用问题以及对《联合国国际货物销售合同公约》中根本性违约的认定这两个焦点问题的解决，为相关疑难问题统一了裁判尺度。第一，明确了国际货物买卖合同纠纷中，在同时满足适用《联合国国际货物销售合同公约》与当事人双方已约定适用的准据法的条件下，准据法的适用问题。即若合同当事各方所在国为《联合国国际货物销售合同公约》的缔约国，应优先适用公约的规定，公约没有规定的内容，应当适用合同中约定适用的法律。若国际货物买卖合同当事人明确排除适用《联合国国际货物销售合同公约》的，则不应适用该公约。第二，明晰了对《联合国国际货物销售合同公约》中根本性违约的认定。在卖方交付货物有缺陷但不至于给买方带来不合理麻烦的情形下，是否可以适用公约关于根本违约的规定，这涉及对公约根本违约条款的理解问题。本案加强了这样的认识，即在国际货物买卖合同中，若卖方交付货物虽有缺陷，但买方在不存在不合理的麻烦的情况下，能使用货物或转售货物，甚至打些折扣，质量不符依然不过是非根本性违约。

## 三、裁判要点的理解与说明

该指导案例的裁判要点确认：（1）国际货物买卖合同的当事各方所在国为《联合国国际货物销售合同公约》的缔约国，应优先适用公约的规定，公约没有规定的内容，适用合同中约定适用的法律。国际货物买卖合同中当事人明确排除适用《联合国国际货物销售合同公约》的，则不应适用该公约。（2）在国际货物买卖合同中，卖方交付的货物虽然存在缺陷，但只要买方经过合理努力就能使用货物或转售货物，不应视为构成《联合国国际货物销售合同公约》规定的根本违约的情形。现围绕与该裁判要点相关的问题逐一解释和说明如下。

(一)《联合国国际货物销售合同公约》的适用问题

《联合国国际货物销售合同公约》第一章,即第一条到第六条主要规定了公约的适用范围,而其中第一条则主要规定了公约作为准据法加以适用的情形。《联合国国际货物销售合同公约》第一条规定:"(1) 本公约适用于营业地在不同国家的当事人之间所订立的货物销售合同:(a) 如果这些国家是缔约国;或 (b) 如果国际私法规则导致适用某一缔约国的法律。(2) 当事人营业地在不同国家的事实,如果从订立合同前任何时候或订立合同时,当事人之间的任何交易或当事人透露的情报均看不出应不予考虑。(3) 在确定本公约的适用时,当事人的国籍和当事人或合同的民事或商业性质,应不予考虑。"故对《联合国国际货物销售合同公约》进行适用时,首先应判断双方当事人营业地是否位于不同缔约国,如满足《联合国国际货物销售合同公约》第一条第(1)款(a)项之规定,则缔约国法院径直适用《联合国国际货物销售合同公约》,而无须诉诸法院所在地的冲突规则或国际私法规则,即便双方当事人营业地并非位于公约缔约国,依据《联合国国际货物销售合同公约》第一条第(1)款(b)项之规定,如果法院地法律指向公约缔约国法律,仍可适用《联合国国际货物销售合同公约》,此种情形包括在法院地国私法规则允许当事人选择适用法的情形下,当事人选择适用公约缔约国法为合同准据法之时,即便未提及公约,公约仍可适用。① 但我国依据《联合国国际货物销售合同公约》第九十五条对该款规定作出了保留,故当本地法院冲突规则指向公约缔约国法律时,在我国并不会直接适用《联合国国际货物销售合同公约》。

在明晰了公约作为准据法适用的基本条件的前提下,还需探析当事人在合同中约定适用的准据法与《联合国国际货物销售合同公约》产生竞合时,二者的适用次序问题。目前学理以及实践均认为当事人选择适用某一缔约国法并非构成《联合国国际货物销售合同公约》第六条所规定的排除适用情形。如本案中,当事人虽在合同中约定合同适用的准据法为美国

---

① 参见刘瑛:《论〈联合国国际货物销售合同公约〉在中国法院的适用》,载《法律科学(西北政法大学学报)》2019 年第 3 期。

法,但是在一审审理期间双方当事人一致选择适用《联合国国际货物销售合同公约》作为确定其权利义务的依据,故而并未排除《联合国国际货物销售合同公约》的适用,因此《联合国国际货物销售合同公约》与美国纽约州当时有效的法律皆被认定为涉案合同的准据法。法院在二者的适用次序问题上认为:《联合国国际货物销售合同公约》应当优先适用,而在《联合国国际货物销售合同公约》无规定时,适用当事人选择的美国纽约州法律。即肯定了《联合国国际货物销售合同公约》的优先适用性,当事人协议选择的准据法作为补充性质,仅在《联合国国际货物销售合同公约》未规定时得以适用。

(二)交付货物存在缺陷是否构成《联合国国际货物销售合同公约》中规定的根本违约情形

《联合国国际货物销售合同公约》第二十五条规定:"一方当事人违反合同的结果,如使另一方当事人蒙受损害,以至于实际上剥夺了他根据合同规定有权期待得到的东西,即为根本违反合同,除非违反合同一方并不预知而且一个同等资格、通情达理的人处于相同情况中也没有理由预知会发生这种结果。"故对于根本违约之认定在于对"实际上剥夺了他根据合同规定有权期待得到的东西"文义之理解。依据该标准,构成根本违约须违约行为的实施导致了严重的损害后果,该损害后果致使非违约方可期待利益之不达。联合国国际贸易法委员会出版的《〈联合国国际货物销售合同公约〉判例法摘要汇编》中对《联合国国际货物销售合同公约》第二十五条根本违约的解释说明,"根本违约"一词应当进行限制性解释。如果所交货物存在缺陷,根本的一点是要弄清在什么情况下交付与合同不符的货物构成根本违约。在 UGRINEKS 国内外贸易有限责任公司与沧州锐天管件制造有限公司国际货物买卖合同纠纷一案中,法院认为当事人交付的涉案货物合同约定之货物存在物理性质上的根本差异,且所交付货物与约定交付货物在使用用途方面存在明显区别。因此,该当事人的违约行为根本上剥夺了非违约方根据合同规定有权期待得到的东西,致使合同目的无法实现,构成根本违约。在该案中,一审法院以物理性质、使用用途两方面的根本区别为由,得出当事人的违约行为致使非违约方可期待利益之不达,从而判定该当事人构成根本违约。而二审法院认定,只要买方在不存在不合理的麻烦的情况下,能使用货物或转售货物,甚至打些折扣,质量不符依然不过是非根本违约。相反,如果不符合同规定的货物经过合理的努力仍不能使用或转售,则构成了根本违约,买方有权宣告合同无效。就本案而言,德国克虏伯公司虽然交付的货物规格与合同约定存在不符,但经过中化新加坡公司的努力,该批货物能够以不低于市场合理价格予以转售,综合考量其他国家裁判对《联合国国际货物销售合同公约》中关于根本违约条款的理解,买方在不存在不合理的麻烦的情况下,能使用货物或转售货物,甚至打些折扣,质量不符依然不构成根本违约。因此,不应认定德国克虏伯公司交付不符合同约定货物的行为构成根本违约。

(执笔人:最高人民法院民四庭 赵 珂
编审人:最高人民法院研究室 马蓓蓓)

# 指导案例 108 号《浙江隆达不锈钢有限公司诉 A. P. 穆勒-马士基有限公司海上货物运输合同纠纷案》的理解与参照

——托运人变更解除权在海上货物运输合同中的适用

2019 年 2 月 25 日,最高人民法院发布了第 21 批指导性案例,包括第 107 号至第 112 号共 6 件指导性案例。这批案例为涉"一带一路"建设专题指导性案例,总结了审判实践中某些普遍的疑难复杂法律适用问题,有利于进一步明确裁判规则,统一司法尺度。其中,第 108 号指导案例为《浙江隆达不锈钢有限公司诉 A. P. 穆勒-马士基有限公司海上货物运输合同纠纷案》。为了正确理解和准确参照适用该指导案例,现对该指导案例的选编过程、裁判要点、参照适用等有关情况予以解释和说明。

## 一、案例选编过程

该案例曾被评选为最高人民法院 2017 年十大典型海事案例,后经最高人民法院民四庭法官会议讨论,决定作为备选指导性案例推送。最高人民法院案例指导工作办公室收到该案例后,经初审认为基本符合要求,并提交研究室室务会讨论。2018 年 9 月 30 日,最高人民法院研究室室务会经讨论,认为该案例填补了海商法上相关法律适用领域的空白,具有一定指导价值,同意推荐该案例。11 月 20 日,最高人民法院民专会第 302 次会议讨论通过该案例。2019 年 2 月 25 日,最高人民法院以法〔2019〕3 号文件将该案例编入第 21 批指导性案例予以发布。

## 二、关于本案例的相关情况

### (一) 基本案情

2014年6月,浙江隆达不锈钢有限公司(以下简称隆达公司)由中国宁波港出口一批不锈钢无缝产品至斯里兰卡科伦坡港。隆达公司通过货代向A.P.穆勒-马士基有限公司(以下简称马士基公司)订舱,涉案货物于同年6月28日出运。2014年7月9日,隆达公司通过货代向马士基公司发邮件称,发现货物运错目的地要求改港或者退运。马士基公司于同日回复,因货物距抵达目的港不足两日,无法安排改港,如需退运则需与目的港确认后回复。次日,隆达公司的货代询问货物退运是否可以原船带回,马士基公司于当日回复:"原船退回不具有操作性,货物在目的港卸货后,需要由现在的收货人在目的港清关后,再向当地海关申请退运。海关批准后,才可以安排退运事宜。"2014年7月10日,隆达公司又提出:"这个货要安排退运,就是因为清关清不了,所以才退回宁波的,有其他办法吗?"此后,马士基公司未再回复邮件。涉案货物于2014年7月12日左右到达目的港。马士基公司应隆达公司的要求向其签发了全套正本提单。2015年5月19日,隆达公司向马士基公司发邮件表示已按马士基公司要求申请退运。马士基公司随后告知隆达公司涉案货物已被拍卖。

隆达公司向宁波海事法院诉称:2014年6月,隆达公司出口一批价值366918.97美元的不锈钢无缝产品,从中国宁波港运至斯里兰卡科伦坡港。同年6月28日,涉案货物装至马士基公司所属的"GUNDEMAERSK"船上出运。货物到达目的港后,因收货人未支付货款,隆达公司向马士基公司提出退运要求,马士基公司也同意安排退运,但马士基公司至今未能安排退运,并声称涉案货物在目的港已被拍卖但未提供任何文件予以证明。马士基公司未尽到妥善保管货物的义务或已实施无单放货,导致隆达公司提单物权落空,应向隆达公司承担赔偿责任。请求判令马士基公司向隆达公司赔偿货物损失366918.97美元(按2015年5月29日美元兑人民币汇率1:6.2002折合人民币2274971元)及利息(按中国人民银行同期贷款利率自2015年5月29日起计算至实际履行之日止)。

## (二) 裁判结果

宁波海事法院认为,隆达公司因未采取自行提货等有效措施导致涉案货物被海关拍卖,相应货损风险应由该公司承担,遂判决:驳回隆达公司的诉讼请求。一审判决后,隆达公司提出上诉。浙江省高级人民法院认为,依据合同法第三百零八条,隆达公司在马士基公司交付货物前享有请求改港或退运的权利。在隆达公司提出退运要求后,马士基公司既未明确拒绝安排退运,也未通知隆达公司自行处理,对涉案货损应承担相应的赔偿责任,判决酌定责任比例为50%。马士基公司不服二审判决,向最高人民法院申请再审。最高人民法院于2017年12月29日作出(2017)最高法民再412号民事判决:撤销二审判决;维持一审判决。

## (三) 司法实务界的争议

在海上货物运输合同项下,托运人是否可以援用合同法第三百零八条主张货运途中变更、解除运输合同的权利,一直争议很大。经过类案检索,持赞成或否定态度的相关生效裁判文书约各占一半。部分裁判文书将合同法第三百零八条的规定等同于中途停运权,有的观点则将上述权利理解为货物控制权。合同法第三百零八条规定的权利是什么性质;在海商法相关规定缺位的情况下,合同法第三百零八条应如何适用于海上货物运输合同,都是实务界亟须解决的问题。

## (四) 指导意义

在海上货物运输合同项下,托运人是否可以援用合同法第三百零八条主张货运途中变更运输合同的权利,一直争议很大。本案判决为相关疑难法律问题统一了裁判尺度,也有利于推动海商法的完善,具有以下几个典型意义。第一,统一裁判规则。本案判决紧紧围绕案件事实,通过严密逻辑推理,依据合同法之公平原则并为合理平衡海上货物运输合同中各方当事人之利益,确定了合同法第三百零八条在海上货物运输中的适用应该受到一定限制的裁判尺度。如果变更运输合同难以实现或者将严重影响承运人正常营运,承运人可以拒绝托运人改港或者退运的要求,但应当及时通知托运人不能执行的原因。第二,推动海商法修法。根据海商法第八十九条的规定，船舶在装货港开航前，托运人可以要求解除合同。但海商法并未规定海上运输途中的相关情况，此时可适用合同法第三百零八条关于托运人要求变更运输合同权利的规定。实践中，海上货物运输具有运输量大、航程预先拟定、航线相对固定等特殊性，托运人要求改港或者退运的请求有时不仅不易操作，还会妨碍承运人的正常营运或者给其他货物的托运人或收货人带来较大损害。在此情况下，如果要求承运人无条件服从托运人变更运输合同的请求，显失公平，也不利于航运业的发展。本案判决通过明确合同法第三百零八条在海上货物运输领域如何适用，有利于推动海商法根据航运业的发展不断完善。第三，坚持公平保护原则，构建良好营商环境。本案一方当事人马士基公司，是全球最大的集装箱航运公司，总部位于丹麦，在"一带一路"沿线航运业中发挥着重要的作用。另一方当事人为中国公司。本案判决从海上货物运输实践出发，坚持公平原则，合理平衡国际海上货物运输合同各方当事人的权利义务，有利于维护良好的航运贸易秩序。

## 三、裁判要点的理解与说明

该指导案例的裁判要点确认：在海上货物运输合同中，依据合同法第三百零八条的规定，承运人将货物交付收货人之前，托运人享有要求变更运输合同的权利，但双方当事人仍要遵循合同法第五条规定的公平原则确定各方的权利和义务。托运人行使此项权利时，承运人也可相应行使一定的抗辩权。如果变更海上货物运输合同难以实现或者将严重影响承运人正常营运，承运人可以拒绝托运人改港或者退运的请求，但应当及时通知托运人不能变更的原因。现围绕与该裁判要点相关的问题逐一解释和说明如下。

### （一）我国的货物控制权规定

我国海商法海上货物运输合同一章，是以《海牙-维斯比规则》为基础，吸收了《汉堡规则》若干符合国际海运立法发展趋势的条款，没有就中途停运权或者货物控制权进行规定。有人认为，海商法第八十九条是海商法对于货物控制权规定的体现。依据该条的规定，船舶在装货港开航前，托运人可以要求解除合同。该条对于开航之后，货物交付收货人之前的运输期间托运人的合同解除和变更权利没有规定，与中途停运权或货物控制权制度相去甚远。也有人认为，《最高人民法院关于审理无正本提单交付货物案件适用法律若干问题的规定》（以下简称《无正本提单交付货物规定》）第九条是关于中途停运权或者货物控制权的规定。该条规定："承运人按照记名提单托运人的要求中止运输、返还货物、变更到达地或者将货物交给其他收货人，持有记名提单的收货人要求承运人承担无正本提单交付货物民事责任的，人民法院不予支持。"该条司法解释适用范围有限，仅限于记名提单。且其目的主要为保护承运人，而非规定货物控制权。当然，该司法解释规定了记名提单下，托运人变更解除运输合同时承运人免责，也可以理解为对货物控制权规定的一点补充。

我国合同法第三百零八条关于托运人变更解除权的规定通常被视作类似中途停运权或者货物控制权的规定。该条规定的权利主体仅限于托运人，义务主体为承运人，权利行使期间为在承运人将货物交付收货人之前，权利内容包括终止运输、返还货物、变更到达地或者变更收货人。托运人行使该项权利时尚需赔偿承运人因遵从托运人的指示所受到的损失。合同法第三百零八条规定于合同法运输合同一章中。该条规定的权利的基础法律关系是运输关系，而非贸易关系；规范的是托运人和承运人，而非国际贸易卖方用以对抗买方的抗辩权。因此，我国合同法下的托运人变更解除权与中途停运权存在根本区别，而更接近于货物控制权。

通过对比合同法第三百零八条与《鹿特丹规则》第十章的规定，可以看出，《鹿特丹规则》对货物控制权的规定内容丰富，完整系统，而合同法第三百零八条的规定则简单很多。两者的区别也显而易见。规范范围方面，合同法第三百零八条调整的是所有运输合同关系，包括但不限于海上货物运输合同。《鹿特丹规则》是专门针对国际海上货物运输合同的国际公约，该规则下的货物控制权也主要针对海运货物的控制权。权利主体方面，合同法第三百零八条限于托运人，《鹿特丹规则》规定托运人、托运人指定的人或者持有全套正本单证以及持有可转让电子运输记录的人均可作为控制方。权利的内容方面，《鹿特丹规则》包括了变更运输合同的指示和未变更运输合同的指示，范围广于合同法的规定；权利的限制方面，《鹿特丹规则》限制控制方的指示必须具有合理性且不会干扰承运人的正常运营，并规定承运人可要求控制方事前提供担保，而我国合同法未作任何限制，也未建立相应担保制度。全国人大常委会法工委在解读合同法第三百零八条时指出：如果托运人或者提单持有人的指示不能执行，承运人应当立即通知托运人或者提单持有人。托运人或者提单持有人的这种单方变更或者解除权只能在货物交付收货人之前行使，如果货物已经交付给收货人，则托运人或者提单持有人的这种变更或者解除合同的权利即告终止。但是收货人拒绝接收货物的，或者承运人无法同收货人联系的，托运人或者提单持有人可以恢复行使这种权利。① 由此可见，立法机关考虑到了指示不能执行的情况，但并未继续明确这种情况下承运人应如何应对以及承运人的责任。立法机关还将合同法第三百零八条规定的权利主体从字面上的"托运人"扩展到"托运人或者提单持有人"。可见，立法机关作出的解读也在将合同法第三百零八条往国际通行的货物控制权的相关规定上靠拢。

本案中，隆达公司提出退运或改港的请求发生于案涉货物所在船舶已开航但未到目的港的运输途中，故本案不适用海商法第八十九条关于开航前托运人解除合同的规定。隆达公司主张马士基公司未按其要求退运或改港并未尽到管货义务造成货损，故本案不属于无单放货纠纷，也不应适用《无正本提单交付货物规定》第九条。一审法院适用《无正本提单交付货物规定》第八条，二审判决适用《无正本提单交付货物规定》第九条均不妥当。本案的具体情况较为符合合同法第三百零八条规定的情况。本案是否可以直接援用合同法第三百零八条认定承运人应承担未按托运人退运或者改港的指示所产生的责任，还应当继续深入分析。

## （二）海商法和合同法的关系

法律根据适用范围不同可划分为一般法和特别法，两者具有相对性。一般法应当规定适用于某一领域所有社会关系的带有普遍性的原则性规定，特别法应当针对其所调整的特定社会关系的特殊性，作出适用于该种特定社会关系的具体性规定。作为法的效力层次的特殊规则，特别法效力优于一般法。② 合同法是规定一般合同的法律，海商法是专门调整海上货

---

① 参见胡康生主编：《中华人民共和国合同法释义》，法律出版社2009年版，第472页。
② 参见张文显主编：《法理学》，法律出版社1997年版，第91页。

物运输合同的法律。所以在海上货物运输合同领域，海商法是特别法，合同法是一般法。合同法分为总则和分则，总则的规定体现了合同法的基本思想，这些规定对包括海上货物运输合同在内的各类合同均有适用效力。总则规定了合同法的基本原则，包括平等原则、合同自由原则、公平原则、诚实信用原则等，这些基本原则是适用于合同法的特定领域乃至全部领域的准则，是合同法立法的准则，具体制度及规范应当以合同法的基本原则为依据。根据"特别法优于一般法"规则，在调整与海上货物运输合同相关的法律关系时，应优先适用海商法，当海商法无相关规定时，可以适用合同法的规定，但具体法律的适用不得明显违背合同法的基本原则。一般法适用于特别法领域时，也应受到特别法基本价值取向及强制性规定的限制。

为了满足一般法和特别法之间的协调性要求，正常情况下，应当先有一般法，后有特别法。海商法自1993年7月1日生效以来从未进行过修改。合同法于1999年10月1日生效，比海商法晚了整六年。特别法早于一般法出台，会导致法律适用冲突，包括：本应优先适用的特别法反而不如一般法先进，不如一般法更加符合司法实践的需求，但依据法律适用规则，又无法适用一般法；在特别法中没有规定的问题在一般法中有规定，一般法的规定不适合特定领域，但又必须适用一般法；一般法与特别法存在重复的规定；等等。海商法生效至今已有二十余年，这期间，国际海运有了飞速的发展，国际海事立法层出不穷。二十余年的海商法司法实践表明，海商法自身存在某些不足，有待进一步完善。[①]

（三）合同法第三百零八条在海运领域适用应受限制

合同法第三百零八条的适用即属于海商法特别法规定缺位，相关案件应优先适用该条文的情况。该条文关于托运人变更解除权的规定是对所有运输方式作出的整体性规定，不如特别法的规定具体化并具有可操作性。该条文适用于海上货物运输领域，存在很多不适宜的地方。首先，该条文与海运实践严重脱节，将导致托运人与承运人的权利义务严重不对等。众

---

① 参见司玉琢、胡正良：《谈我国〈海商法〉修改的必要性》，载《中国海商法年刊》2002年年刊。

所周知，海上货物运输具有运输量大、航程预先拟定、航线相对固定等特殊性。尤其在班轮运输的情况下，船舶往往载有数个托运人的众多货物，如果其中某个托运人在货物运输途中要求退运或者改港，则势必影响其他货物相关权利者的利益，该种指示承运人基本难以实现，即便实现也面临着对其他货物托运人的巨大违约风险。虽然合同法第三百零八条规定了托运人应当赔偿承运人因此受到的损失，但该项救济为事后救济，缺乏托运人事前担保制度的保障，承运人的损失赔偿也不一定能落到实处，且极可能导致繁多的违约纠纷。因此，合同法第三百零八条仅仅赋予托运人变更解除权，但未对该种权利作任何限制，既不要求托运人的指示合理并不能影响承运人的正常运营，也未设立托运人的事前担保制度，导致托运人、承运人双方权利严重失衡。其次，托运人变更解除权权利主体单一，在签发提单的情况下，不论托运人是否持有提单，允许托运人行使变更解除运输合同的权利，将损害提单持有人的利益，有损交易安全；最后，合同法第三百零八条将控制权只授予托运人，未考虑控制权转移的情形，诸如《鹿特丹规则》中规定的控制权跟随提单转移或者由托运人转让控制权等情况，这样难以实现控制权的价值。

　　本案再审判决依据合同法公平原则及海商法的基本价值取向，排除了合同法第三百零八条的适用，认为马士基公司未按指示退运或者改港并无不当。虽然基于法律适用规则，本案应适用合同法第三百零八条，但该条规定的是一般运输合同，在适用于海上货物运输合同的情况下，应该受到海商法基本价值取向及强制性规定的限制。托运人主张变更解除运输合同的权利不得致使海上货物运输合同中各方当事人利益显失公平，也不得使承运人违反对其他托运人承担的安排合理航线等义务，或剥夺承运人关于履行海上货物运输合同变更事项的相应抗辩权。合同法总则规定的基本原则是合同法立法的准则，是合同法具体制度及规范的依据，适用于合同法全部领域。依据合同法第三百零八条的规定，在承运人将货物交付收货人之前，托运人享有要求变更解除运输合同的权利，但双方当事人仍要遵循合同法第五条规定的公平原则确定各方的权利和义务。基于海上货物运输特殊性，托运人要求改港或者退运的请求有时不仅不易操作，还会妨碍承运人的正常营运或者给其他货物的托运人或收货人带来较大损害。在此情况下，如果要求承运人无条件服从托运人变更运输合同的请求，显失公平。因此，在海上货物运输合同中，托运人并非可以无限制地行使请求变更的权利，承运人也并非在任何情况下都应无条件服从托运人请求变更的指示。为合理平衡海上货物运输合同中各方当事人利益之平衡，在托运人行使要求变更权利的同时，承运人也相应地享有一定的抗辩权利。涉案货物采用的是国际班轮运输，载货船舶除运载隆达公司托运的4个集装箱外，还运载了其他货主托运的众多货物。隆达公司在船舶航程已过大半，距离到达目的港只有两三天时才要求马士基公司退运或者改港。马士基公司以航程原因无法安排改港、原船退回不具有操作性为抗辩事由，符合案件事实情况，该抗辩事由成立，马士基公司未安排退运或者改港并无不当。

(执笔人：最高人民法院民四庭 赵 珂
编审人：最高人民法院研究室 石 磊)

# 指导案例 109 号《安徽省外经建设（集团）有限公司诉东方置业房地产有限公司保函欺诈纠纷案》的理解与参照

——受益人在基础交易中存在违约情形并不必然构成独立保函项下的欺诈性索款

2019 年 2 月 25 日，最高人民法院发布了第 21 批指导性案例，包括第 107 号至第 112 号共 6 件指导性案例。这批案例为涉"一带一路"建设专题指导性案例，总结了审判实践中某些普遍的疑难复杂法律适用问题，有利于进一步明确裁判规则，统一司法尺度。其中，第 109 号指导案例为《安徽省外经建设（集团）有限公司诉东方置业房地产有限公司保函欺诈纠纷案》。为了正确理解和准确参照适用该指导案例，现对该指导案例的选编过程、裁判要点、参照适用等有关情况予以解释和说明。

## 一、案例选编过程

本案为最高人民法院提审案件，经最高人民法院民四庭遴选，推荐为备选指导性案例。最高人民法院案例指导工作办公室收到该案例后，经初审认为基本符合要求，并提交最高人民法院研究室室务会讨论。2018 年 9 月 30 日，最高人民法院研究室室务会经讨论，认为该案例具有较强指导意义，同意作为备选指导性案例予以推荐。11 月 20 日，最高人民法院民专会第 302 次会议讨论通过该案例。2019 年 2 月 25 日，最高人民法院以法〔2019〕3 号文件将该案例编入第 21 批指导性案例予以发布。

## 二、关于本案例的相关情况

### (一) 简要案情

2010年1月16日,地产开发方东方置业公司(Inmobiliaria Palacio Oriental S.A),与承包方外经集团公司、施工方外经中美洲公司在哥斯达黎加共和国圣何塞市签订了《哥斯达黎加湖畔华府项目施工合同》。合同签订后,外经集团公司于2010年5月26日向建行安徽省分行提出申请,并以哥斯达黎加银行(Banco De Costa Rica)作为转开行,向受益人东方置业公司开立履约保函。2010年5月28日,哥斯达黎加银行开立编号为G051225的履约保函,担保人为建行安徽省分行,委托人为外经集团公司,受益人为东方置业公司,担保金额为2008000美元。保函为"无条件的、不可撤销的、必需的、见索即付的保函",保证事项为"哥斯达黎加湖畔华府项目",有效期至2011年10月12日,后延期至2012年2月12日。建行安徽省分行同时向哥斯达黎加银行开具编号为34147020000289的反担保函,承诺自收到哥斯达黎加银行通知后20日内支付保函项下的款项。反担保函载明"无条件的、不可撤销的、随时要求支付的",并约定"遵守国际商会出版的458号《见索即付保函统一规则》"。

案涉施工合同履行过程中,建筑师Jose Brenes和Mauricio Mora于2012年1月23日出具《项目工程检验报告》。该报告认定施工项目存在"施工不良""品质低劣"且需要修改或修理的情形。因就施工质量问题产生争议,外经中美洲公司于2012年2月7日以东方置业公司拖欠应支付工程款及相应利息为由向哥斯达黎加建筑师和工程师联合协会争议解决中心提交仲裁请求,请求仲裁庭裁决解除合同并裁决东方置业公司赔偿其损失。2月8日,东方置业公司向哥斯达黎加银行提交索赔声明、违约通知书、违约声明、《项目工程检验报告》等保函兑付文件,要求执行保函。2月10日,哥斯达黎加银行向建行安徽省分行发出电文,称东方置业公司提出索赔,要求支付G051225号银行保函项下款项。2月12日,哥斯达黎加共和国行政诉讼法院第二法庭应外经中美洲公司申请下达临时保护措施禁令,裁定哥斯达黎加银行暂停执行G051225号履约保函。

同年2月23日,外经集团公司向安徽省合肥市中级人民法院(一审法院)提起保函欺诈纠纷诉讼,同时申请中止支付G051225号保函、

34147020000289 号保函项下款项。外经集团公司认为在双方基础合同项下的付款义务尚在仲裁阶段，且哥斯达黎加法院已下发暂停支付禁令的情况下，东方置业公司仍然向哥斯达黎加银行申请执行上述保函，违反了诚实信用原则，是对保函独立性原则的滥用，构成欺诈。一审法院裁定中止支付 G051225 号保函及 34147020000289 号保函项下款项。3月6日，哥斯达黎加共和国行政诉讼法院第二法庭判决外经中美洲公司申请预防性措施败诉，解除了临时保护措施禁令。3月20日，应哥斯达黎加银行的要求，建行安徽省分行延长了 34147020000289 号保函的有效期。3月21日，哥斯达黎加银行向东方置业公司支付了 G051225 号保函项下款项。

2013年7月9日，哥斯达黎加建筑师和工程师联合协会作出仲裁裁决，仲裁裁决书中对于工程质量问题亦有相关表述，即："第十九期进度款未被监理和业主审查通过"，"事实表明，承包商已多次收到工程项目不达标或有瑕疵的通知，该些工程项目，承包商必须自行改善或由其他次级分包商加以修正，楼盘的外部水泥粉墙工程问题尤为突出。在履行合同期间，直到18号工程时，并未发现有业主扣押承包商工程保证金之情况"。该仲裁裁决认定东方置业公司在履行合同过程中严重违约，裁决终止施工合同，东方置业公司向外经中美洲公司支付1号至18号工程进度款共计800058.45 美元及利息；第19号工程因未获得开发商验收，相关工程款请求未予支持；因 G051225 号保函项下款项已经支付，不支持外经中美洲公司退还保函的请求。哥斯达黎加建筑师和工程师联合协会仲裁裁决作出后，东方置业公司向哥斯达黎加共和国最高法院第一法庭请求确认案涉裁决无效。2015年5月21日，哥斯达黎加共和国最高法院第一法庭作出裁决驳回东方置业公司上述请求。

2014年4月9日，一审法院作出（2012）合民四初字第00005号民事判决，认定东方置业公司针对 G051225 号履约保函的索赔行为构成欺诈，判令建行安徽省分行中止向哥斯达黎加银行支付编号为 34147020000289 的银行保函项下 2008000 美元的款项。东方置业公司上诉后，安徽省高级人民法院（二审法院）认定独立保函欺诈成立，并判决驳回上诉，维持原判。

最高人民法院提审本案后，作出（2017）最高法民再134号民事判决，认定：外经集团公司不能证明东方置业公司存在独立保函欺诈情形以及哥斯达黎加银行明知东方置业公司存在独立保函欺诈情形仍然违反诚信原则予以付款的情形，外经集团公司主张止付本案独立保函及独立反担保函项下款项没有事实依据，判决撤销一、二审判决，驳回外经集团公司的诉讼请求。

## （二）推荐理由

正确审理独立保函欺诈纠纷，对于增强我国银行及非银行金融机构在"一带一路"建设和"走出去"中的法治竞争力，推动我国开放型经济新体制的持续健康发展，营造法治化、便利化、国际化的营商环境意义重大。本案作为《最高人民法院关于审理独立保函纠纷案件若干问题的规定》施行后由最高人民法院提审并审结的第一起独立保函欺诈纠纷案件，全面论述了独立保函欺诈的有限审查原则、欺诈的认定与排除标准、独立反担保函欺诈认定中的双重权利滥用标准等诸多重要实践问题，具有相当的参考价值与借鉴意义。同时，由于独立保函及独立反担保函自身的性质与特点，对于保函项下欺诈性索赔所涉及的问题进行司法判断的过程也会日趋复杂，特别是保函欺诈例外的判断与规则建构对司法行为的精微与审慎也提出了更高的要求。此外，本案判决对国际私法领域的识别、独立保函法律适用、欺诈认定的准据法确定、外国判决在域内民事诉讼程序中的证据效力、外国仲裁裁决裁项与保函欺诈认定条件的精微判断等涉外民事法律争议中常见的实践问题均有涉及，对独立保函欺诈纠纷案件的审理具有较强的示范和指导意义。

## 三、裁判要点的理解与说明

本指导案例的裁判要点确认：（1）认定构成独立保函欺诈需对基础交易进行审查时，应坚持有限及必要原则，审查范围应限于受益人是否明知基础合同的相对人并不存在基础合同项下的违约事实，以及是否存在受益人明知自己没有付款请求权的事实。（2）受益人在基础合同项下的违约情形，并不必然影响其按照独立保函的规定提交单据并进行索款的权利。（3）认定独立反担保函项下存在欺诈时，止付申请人不仅需要证明独立保函项下的受益人存在欺诈事实，还需要证明独立保函的开立人付款并非善意，即独立保函开立人明知受益人欺诈仍向受益人付款并转而依据反担保函请求付款。现围绕与该裁判要点相关的问题逐一解释和说明如下。

(一) 关于独立保函欺诈认定中对基础交易或基础关系的审查标准或审查限度问题，判决再次重申了"有限审查"原则并对"有限审查"在案件中的具体实现进行了界定

虽然《最高人民法院关于审理独立保函纠纷案件若干问题的规定》第十八条规定，人民法院审理独立保函欺诈纠纷案件或处理止付申请，可以审查认定基础交易的相关事实。但这种审查不是无限度的。独立保函欺诈是独立保函独立性原则的唯一例外，法院在审查独立保函欺诈纠纷案件过程中，突破保函法律关系的限制对基础法律关系进行审查虽然具有理论及实务依据，但秉持怎样的审查标准以及划定怎样的审查限度是司法实践中首先应当解决的问题。本案判决总结并再次重申了"有限审查"原则。

判决首先肯定了对基础关系进行审查的必要性，即在双方当事人均主张对方在基础合同履行中存在违约行为并依据基础交易主张权利的情况下，对基础关系的审查成为司法判断的必需与前提，法院必须判断受益人是否具有初步证据可以证明基础合同项下的违约行为构成其索赔请求的基本事实依据。在确认对基础关系进行审查的必要性基础上，判决再次重申了"有限审查"原则，即对基础交易的审查应当坚持有限原则和必要原则，审查的范围应当限于受益人是否明知基础合同的相对人并不存在基础合同项下的违约事实或者不存在其他导致独立保函付款的事实。否则，对基础合同的审查将会动摇独立保函"见索即付"的制度价值。更加具有现实意义的是，判决结合案件具体事实对"有限审查"在案件中的具体实现进行了分析和界定。判决认为，保函担保的是"施工期间材料使用的质量和耐性，赔偿或补偿造成的损失，和/或承包方未履行义务的赔付"，亦即，保函担保的是施工质量和其他违约行为。因此，受益人只需提交能够证明存在施工质量问题的初步证据，即可满足保函实现所要求的"说明执行保函理由的证明文件"。本案基础合同履行过程中，东方置业公司的项目监理人员 Jose Brenes 和 Mauricio Mora 于 2012 年 1 月 23 日出具《项目工程检验报告》。该报告认定了施工项目存在"施工不良""品质低劣"且需要修改或修理的情形，该报告构成证明存在施工质量问题的初步证据。至此，对基础关系进行判断的必要性、有限性及判断内容已经十分明确了。

(二) 关于受益人在基础交易或基础关系中的违约事实与独立保函欺诈判断的关系问题方面，判决并未机械、武断地作出结论，而是结合案件事实认为东方置业公司作为受益人，其在基础合同履行中存在的违约情形，并不必然构成保函项下的欺诈性索款

审查标准确定之后，接下来的问题就是如果受益人在基础交易中存在违约事实，如何界定违约事实与保函欺诈之间的关系？也就是说，前者是否构成后者的充分必要条件？判决书关于这一问题围绕以下线索展开并层层递进：担保行的付款义务不受委托人与受益人之间基础交易项下抗辩权的影响→受益人无须先期启动争议解决程序→正在进行的争议解决程序对保函权利实现的有限影响→生效判决或者仲裁裁决认定受益人构成基础合同项下的违约，该违约事实的存在不必然成为构成保函"欺诈"的充分必要条件。

本案基础合同项下因付款争议，承包方启动了仲裁程序，生效裁决认定东方置业公司在基础交易项下构成违约，因此，案件必须解决东方置业公司作为受益人，其在基础合同履行中存在违约情形又要求实现保函权利，是否可以认为构成欺诈的问题。

判决书确立的原则是：独立保函独立于委托人和受益人之间的基础交易，出具独立保函的银行只负责审查受益人提交的单据是否符合保函条款的规定并有权自行决定是否付款，担保行的付款义务不受委托人与受益人之间基础交易项下抗辩权的影响。东方置业公司作为受益人，在提交证明存在工程质量问题的初步证据时，即使未启动任何诸如诉讼或者仲裁等争议解决程序并经上述程序确认相对方违约，也不影响其保函权利的实现。即使基础合同存在正在进行的诉讼或者仲裁程序，只要相关争议解决程序尚未作出基础交易债务人没有付款或者赔偿责任的最终认定，亦不影响受益人保函权利的实现。进而言之，即使生效判决或者仲裁裁决认定受益人构成基础合同项下的违约，该违约事实的存在亦不必然成为构成保函"欺诈"的充分必要条件。这是对独立保函性质的进一步确认，也是对独立保函"独立"特点的进一步重申。

值得注意的是，在辽宁高科能源集团有限公司与生物质电力有限公司（Biomass Electricity Co. Ltd）、中国建设银行股份有限公司辽宁省分行保函欺诈纠纷案中，最高人民法院也表达了相同的观点。在上述案件中，最高

人民法院认为，是否对基础合同项下违约事件发生的因果关系进行认定不影响生物质电力有限公司保函权利的实现。辽宁高科能源集团有限公司主张生物质电力有限公司基础合同项下违约在先，并据此要求止付独立保函项下款项没有法律依据。

（三）独立反担保函欺诈例外的双重权利滥用标准

独立反担保函项下欺诈的判断是本案涉及的新问题。在出具独立反担保函的情形下，存在独立保函和保障独立保函开立人追偿权的独立反担保函两份各自独立的独立保函。两者应当适用怎样的标准来判断欺诈例外的构成要件是一个新的实践问题。判决确立的标准是，独立反担保函必须符合双重权利滥用标准才能构成欺诈例外情形。也就是说，独立反担保函的止付申请人不仅需要证明独立保函项下的受益人存在欺诈事实，还需要证明独立保函的开立人付款并非善意，即独立保函开立人明知受益人欺诈仍向受益人付款并转而依据反担保函请求付款。

本案中，外经集团公司向建行安徽省分行提出申请，并以哥斯达黎加银行作为转开行，向作为受益人的东方置业公司开立编号为 G051225 的履约保函后，建行安徽省分行作为担保人向哥斯达黎加银行开具编号为 34147020000289 的反担保函，承诺自收到哥斯达黎加银行通知后 20 日内支付保函项下的款项。东方置业公司向哥斯达黎加银行提出索赔声明后，哥斯达黎加银行即告知建行安徽省分行有关东方置业公司之索赔事项，在哥斯达黎加共和国行政诉讼法院第二法庭下达临时保护措施禁令后，哥斯达黎加银行暂停执行 G051225 号履约保函。2012 年 3 月 6 日，哥斯达黎加共和国行政诉讼法院第二法庭解除了临时保护措施禁令。3 月 20 日，建行安徽省分行应哥斯达黎加银行的要求延长了 34147020000289 号独立反担保函的有效期。3 月 21 日，哥斯达黎加银行向东方置业公司支付了 G051225 号保函项下款项。

判决认为，外经集团公司以保函欺诈为由提起本案诉讼并诉请中止支付独立反担保函项下款项，其应当举证证明哥斯达黎加银行明知东方置业公司存在独立保函欺诈情形，仍然违反诚信原则予以付款，并进而以受益人身份在见索即付独立反担保函项下提出索款请求并构成反担保函项下的欺诈性索款。在外经集团公司不仅不能证明哥斯达黎加银行向东方置业公司支付独立保函项下款项存在欺诈，亦不能证明哥斯达黎加银行在独立反担保函项下存在欺诈性索款情形下，其主张止付独立反担保函项下款项没有事实依据。

判决确立的原则是，独立保函的性质决定了担保人于债务人之外构成对受益人的直接支付责任，即使存在受益人在独立保函项下的欺诈性索款情形，亦不能推定担保行在独立反担保函项下构成欺诈性索款。只有担保行明知受益人系欺诈性索款且违反诚信原则付款，并向反担保行主张独立反担保函项下款项时，才能认定担保行构成独立反担保函项下的欺诈性索款。

## 四、参照适用时应注意的问题

作为一件典型的涉外案件，本案涉及国际私法意义上的识别或定性、案件管辖权的确定依据、准据法的确定、外国判决在域内民事诉讼程序中的证据效力等重要问题。

### （一）关于案件的定性

定性或称识别，是国际私法领域的一个特有概念。其是冲突规范适用的一个前置环节，指对有关事实或问题加以分类，纳入特定的法律范畴，再确定适用何种冲突规范。识别是为了解决法律适用而存在，但其自身亦涉及法律适用问题。理论通说认为识别应当适用法院地法。涉外民事关系法律适用法第八条规定："涉外民事关系的定性，适用法院地法。"因此，保函的性质以及纠纷的性质应当适用法院地法进行识别。应当注意的是，有的时候独立保函会对准据法有所约定，但该法律不能适用于对保函性质的识别。

但独立保函纠纷案件的特殊性在于，案件中往往会涉及"双重识别"问题，即不仅需要识别案件是否属于独立保函纠纷，而且需要识别属于何种独立保函纠纷。判决书对"双重识别"问题专门进行了阐述。本案中，外经集团公司作为外经中美洲公司在国内的母公司，是涉案保函的开立申请人，其申请建行安徽省分行向哥斯达黎加银行开立见索即付的反担保函，由哥斯达黎加银行向受益人东方置业公司转开履约保函。根据保函文本内容，哥斯达黎加银行与建行安徽省分行的付款义务均独立于基础交易关系及保函申请法律关系，因此，上述保函可以确定为见索即付独立保函，上述反担保函可以确定为见索即付独立反担保函。在进行保函性质识别并确认法律关系为独立保函纠纷的基础上,判决对案涉独立保函纠纷的性质进行了识别,认为外经集团公司以保函欺诈为由向一审法院提起诉讼,本案性质为保函欺诈纠纷。

"双重识别"的意义在于,基于识别客体的特质,如果只进行单一识别,无法彻底解决案件准据法的确定问题。在典型的独立保函欺诈纠纷案件中,不仅需要解决独立保函开立、流转、付款关系所应适用的法律,而且需要解决独立保函欺诈(特别是欺诈的判断标准)法律关系所应适用的法律,两者缺一不可。

(二) 关于保函欺诈纠纷的法律适用问题

鉴于独立保函纠纷案件具有其识别方面的特殊性,因此,在准据法的确定方面,此类案件亦有不同之处。"双重识别"的法律效果是准据法的重叠适用。

首先,应当确定独立保函开立、流转、付款关系等与独立保函纠纷有关的法律关系之准据法。这个问题的解决,首先应当正确认识国际商会《见索即付保函统一规则》的性质和适用方式。判决确立的原则是,《见索即付保函统一规则》非经当事人明确选择不应作为解决独立保函开立、流转、付款关系的准据法。这样判断的依据是,《见索即付保函统一规则》(URDG758)第1条规定,"本规则适用于任何明确表明(expressly indicate)适用本规则的见索即付保函或反担保函",也就是说,《见索即付保函统一规则》没有强制适用的效力,必须经当事人选择才能适用。另外,其适用的法理基础是上述"规则"经由当事人的选择行为已经成为合同条款的一部分,其适用是以合同条款的性质出现。实践中有的观点认为,根据民法通则第一百四十二条第二款"中华人民共和国法律和中华人民共和国缔结或者参加的国际条约没有规定的,可以适用国际惯例"的规定,国际商会《见索即付保函统一规则》可以作为国际惯例适用。实际上,鉴于《见索即付保函统一规则》同时存在不同版本,这一观点在实践中会面临法律选择方面的困难和法律适用方面的风险。判决书在肯定《见索即付保函统一规则》是专用于见索即付保函和反担保函唯一的合约性规则的前提下,重申了《见索即付保函统一规则》的合约性质,并且明确仅当见索即付保函或者反担保函的当事人明确选择《见索即付保函统一规则》时方可适用。本案保函载明适用《见索即付保函统一规则》,应当认定上述规则的内容构成争议保函的组成部分。

其次,关于保函欺诈纠纷的准据法问题。由于《见索即付保函统一规则》没有解决保函欺诈的认定标准,因此必须确定保函欺诈纠纷的准据法并与前述《见索即付保函统一规则》叠加适用。在对案件进行"双重识别"的基础上,判决明确了根据涉外民事关系法律适用法第四十四条"侵权责任,适用侵权行为地法律"的规定,《见索即付保函统一规则》未予涉及的保函欺诈之认定标准应适用中华人民共和国法律。

最后,判决论述了《联合国独立保证与备用信用证公约》在此类案件中的适用问题,并且表达了相对谨慎的观点。鉴于我国没有加入《联合国独立保证与备用信用证公约》,本案当事人亦未约定适用上述公约或将公约有关内容作为国际交易规则订入保函,依据意思自治原则,《联合国独立保证与备用信用证公约》不应适用。

需要指出的是,独立保函欺诈纠纷案件进行"双重识别"与准据法叠加适用的理论基础在于,保函申请人并非独立保函的一方当事人,在独立保函开立人与受益人之间因独立保函的理解与适用等问题出现纠纷时,保函中约定的法律当然适用。但是,保函申请人要求确认受益人存在欺诈性索款的目的并欲中止保函项下款项的支付,该请求的基础是可能存在的欺诈性索款侵害其合法权益。因此,独立保函欺诈性索款纠纷本质上应为侵权纠纷,侵权行为地法律应当适用。本案依据《最高人民法院关于贯彻执行〈中华人民共和国民法通则〉若干问题的意见(试行)》第68条的规定认定受益人是否存在欺诈的事实。在民法总则施行以后发生的保函欺诈纠纷,则应根据民法总则和《最高人民法院关于审理独立保函纠纷案件若干问题的规定》第十二条的规定认定是否构成保函欺诈。

(执笔人:最高人民法院民四庭　杨弘磊
编审人:最高人民法院研究室　石　磊)

# 指导案例110号《交通运输部南海救助局诉阿昌格罗斯投资公司、香港安达欧森有限公司上海代表处海难救助合同纠纷案》的理解与参照

——雇佣救助合同的法律属性及适用法律之阐明

2019年2月25日，最高人民法院发布了第21批指导性案例，包括第107号至第112号共6件指导性案例。这批案例为涉"一带一路"建设专题指导性案例，总结了审判实践中某些普遍的疑难复杂法律适用问题，有利于进一步明确裁判规则，统一司法尺度。其中，第110号指导案例为《交通运输部南海救助局诉阿昌格罗斯投资公司、香港安达欧森有限公司上海代表处海难救助合同纠纷案》。为了正确理解和准确参照适用该指导案例，现对该指导案例的选编过程、裁判要点、参照适用等有关情况予以解释和说明。

## 一、案例选编过程

2016年7月7日上午，时任最高人民法院副院长贺荣大法官担任审判长，组成五人合议庭，公开开庭审理再审申请人南海救助局与被申请人投资公司、一审被告上海代表处海难救助合同纠纷一案。经审理，法庭确认一、二审判决认定的事实并当庭宣判。此案庭审在中国法院庭审直播网、最高人民法院官方微博、新浪法院频道进行了全程视频和图文直播。人民日报、新华社、中央电视台等近20家新闻媒体多角度地对此案进行了宣传报道。案件的审理引起国内外广泛关注，受到各方面好评，被评选为2016年推动法治进程十大案件、最高人民法院2016年十大典型海事案例，具有

十分重要的指导价值。经最高人民法院民四庭审判长联席会议讨论，根据庭领导指示，作为备选指导性案例推荐。最高人民法院案例指导工作办公室收到该案例后，经初审认为基本符合要求，并提交最高人民法院研究室室务会讨论。2018年9月30日，最高人民法院研究室室务会经讨论，认为该案例社会影响大，典型性强，同意推荐作为备选指导性案例予以推荐。11月20日，最高人民法院民专会第302次会议讨论通过该案例。2019年2月25日，最高人民法院以法〔2019〕3号文件将该案例编入第21批指导性案例予以发布。

## 二、关于本案例的相关情况

### （一）基本案情

投资公司所属"加百利"轮系油轮，船籍国为希腊，登记港为比雷埃夫斯，总吨位为40682吨。"加百利"轮载有卡宾达原油54580吨，自中国香港开往广西钦州，船上船员26人。2011年8月12日5时左右，该轮在琼州海峡北水道6#灯浮附近搁浅，左侧上有约3度倾斜，船首尖舱在水位线下已出现裂痕且已有海水进舱，船舶及船载货物处于危险状态，严重威胁海域环境安全。

事故发生后，投资公司立即授权上海代表处就"加百利"轮搁浅事宜向南海救助局发出紧急邮件，请南海救助局根据经验安排两艘拖轮进行救助，并表示同意南海救助局的报价。

2011年8月12日20时40分，上海代表处通过电子邮件向南海救助局提交委托书，委托南海救助局派出"南海救116"轮和"南海救101"轮到现场协助"加百利"轮出浅，承诺无论能否成功协助出浅，均同意按每马力小时3.2元的费率付费，计费周期为拖轮自其各自的值班待命点备车开始起算至上海代表处通知任务结束、拖轮回到原值班待命点为止。"南海救116"轮和"南海救101"轮只负责拖带作业，"加百利"轮脱浅作业过程中如发生任何意外南海救助局无须负责。另外，请南海救助局派遣一组潜水队员前往"加百利"轮探摸，费用为：陆地调遣费10000元；水上交通费55000元；作业费每8小时40000元，计费周期为潜水员登上交通船开始起算，到作业完毕离开交通船上岸为止。

与此同时，为预防危险局面进一步恶化造成海上污染，湛江海事局决定对"加百利"轮采取强制过驳减载脱浅措施。经湛江海事局组织安排，8月17日，中海发展股份有限公司油轮公司所属"丹池"轮对"加百利"轮上的原油进行了驳卸。18日，"加百利"轮利用高潮乘潮成功脱浅，之后安全到达目的港广西钦州港，驳卸的原油由"丹池"轮运抵目的港。

南海救助局向广州海事法院（以下简称一审法院）诉称：南海救助局受投资公司委托派出"南海救116"轮、"南海救101"轮、"南海救201"轮以及一组潜水队员前往事故现场提供救助、交通、守护等服务，依双方约定，共产生救助费用人民币（以下若无特别说明，均为人民币）7240998.24元，但投资公司一直未付。请求法院判令：投资公司和上海代表处连带向南海救助局支付救助费用7240998.24元；投资公司和上海代表处连带向南海救助局支付自2011年8月20日起至实际支付之日的迟延付款利息（按中国人民银行同期贷款利率暂计至2012年8月19日的利息数额为476449.64元）；投资公司和上海代表处连带承担本案诉讼费用。

（二）裁判结果

一审法院认为，南海救助局与投资公司之间签订的救助合同符合双方当事人真实意思表示，合法有效，双方应依约履行。而南海救助局虽在救助过程中未实际从事拖带作业，但其根据船东的安排一直在现场守护至"加百利"轮成功脱险，且海商法并未明确规定救助行为的具体形式，故南海救助局实施的上述行为属于救助行为。遂判决：投资公司向南海救助局支付救助报酬6592913.58元，以及自2011年10月19日起至判决确定支付之日止按中国人民银行同期流动资金贷款利率计算的利息。投资公司提起上诉，二审法院认为救助合同的订立过程中不存在重大误解，南海救助局亦不存在乘人之危的情形，案涉合同不应予以变更或撤销。本案救助系合同救助，救助方按照被救助方的指挥进行救助，不论救助是否有效果，被救助方都应该按照海商法第一百七十九条的规定，根据救助方使用的人力和设备，按约定支付报酬。双方约定的是被救助方对救助方的履约行为给予的经济回报，该约定费用应属于救助报酬，依法应适用海商法第一百八十三条的规定。故投资公司可仅按照船舶获救价值占全部获救价值的比例38.85%向南海救助局承担救助报酬。遂判决投资公司向南海救助局支付救助报酬2561346.93元及其自2011年10月19日起至判决确定的支付之日止按中国人民银行同期流动资金贷款利率计算的利息。

## (三) 学理争议

关于雇佣救助的属性及其法律适用，学界有着不同的观点。有学者认为雇佣救助不具有《1989年国际救助公约》和海商法第九章海难救助中"无效果，无报酬"原则的构成要件，雇佣救助合同约定固定报酬金额，排除了《1989年国际救助公约》和海商法第九章的适用，可适用合同法等其他法律的有关规定。也有学者主张雇佣救助合同的性质应为海上服务合同。亦有学者持不同观点，认为雇佣救助属于《1989年国际救助公约》和海商法规定的海难救助。综上，学理对于雇佣救助的法律属性及其法律适用有着较大的争议，本案的判决有助于厘清关于雇佣合同的学理争议，从而明晰有关雇佣救助合同的法律适用。

## (四) 指导意义

本案的审理充分体现了司法改革成果。

第一，体现了深化司法公开的要求。此次庭审邀请全国人大代表、最高人民法院特邀监督员与特约咨询员旁听庭审，充分满足新闻媒体旁听需求，全程网上直播庭审，展示了中国法院公开透明、公正司法的良好形象和中国法治建设成就。

第二，落实了司法责任制的要求。由最高人民法院副院长、大法官担任审判长亲自审理案件并当庭作出宣判，落实了司法责任制改革要求，真正"让审理者裁判，由裁判者负责"，同时也为"院庭长回归审判台"作出表率。

第三，体现了以庭审为中心的要求。案件审理中，合议庭充分尊重当事人的诉讼权利，缜密组织法庭调查。根据庭审实际情况，审判长准确归纳案件争议焦点，正确引导当事人进行辩论，充分体现了推进以审判为中心的诉讼制度改革成果。

第四，体现了统一法律适用的要求。在国际国内对《1989年国际救助公约》适用的某些关键性问题长期存在争议的情形下，最高人民法院通过本案的审理首次明确了《1989年国际救助公约》及相关国内法条款的具体适用，明确在《1989年国际救助公约》和我国海商法对雇佣救助合同没有具体规定的情况下，可以适用我国合同法的相关规定确定当事人的权利义务。本案例确认的裁判规则解决了海难救助合同纠纷案件中的重要问题，为类似案件的审理提供了明确的法律适用规则，对于规范全国法院正确审理同类案件、维护公平合理的海上经济秩序、倡导和鼓励海上救助，保护海上人命、财产和生态环境安全，具有重要的指导作用。本案判决也为国际司法界处理同类案件提供了可资借鉴的案例，对于不断增强中国对国际规则的话语权，努力提高中国司法的国际地位，为"一带一路"倡议和海洋强国战略实施提供坚实的司法服务保障，履行中国作为一个负责任大国的应有担当，均具有重要意义。

### 三、裁判要点的理解与说明

本指导案例的裁判要点确认：（1）《1989 年国际救助公约》和我国海商法规定救助合同"无效果，无报酬"，但均允许当事人对救助报酬的确定另行约定。若当事人明确约定，无论救助是否成功，被救助方均应支付报酬，且以救助船舶每马力小时和人工投入等作为计算报酬的标准时，则该合同系雇佣救助合同，而非《1989 年国际救助公约》和我国海商法规定的救助合同。（2）在《1989 年国际救助公约》和我国海商法对雇佣救助合同没有具体规定的情况下，可以适用我国合同法的相关规定确定当事人的权利义务。现围绕与该裁判要点相关的问题逐一解释和说明如下。

### （一）《1989 年国际救助公约》关于固定费率标准合同及其报酬的规定

《1989 年国际救助公约》中直接与救助合同及救助报酬有关的条约为第 1 条 a 项（救助作业的定义）、第 2 条（适用范围）、第 6 条（救助合同）、第 12 条（支付报酬的条件）、第 13 条（评定报酬的标准）等。

单从《1989 年国际救助公约》第 1 条 a 项、第 2 条和第 6 条第 1 款规定的字面意思看，根据通常理解，一项行为只要符合既定"救助作业"即可，而不论救助报酬确定或者支付的方式，也不论约定救助的合同性质是承揽、雇佣或者其他。也就是说，《1989 年国际救助公约》从整体上应当适用于当事人约定固定费率的海难救助合同。《1989 年国际救助公约》第 13 条第 2 款规定了报酬应由所有的船舶和其他财产利益方按其获救船舶和其他财产的价值比例进行支付的规则（以下简称比例承担规则）。第 2 款开头即对救助报酬有明确限定，限定为"按照第 1 款确定的报酬（payment of a reward fixed according to paragraph 1）"，而没有放宽为可以作为宽泛理解的"报酬"（a reward），其文义包含两点：一是该款规定的比例承担规则仅涉及报酬，而不含酬金（remuneration）或者补偿（compensation）；二是该款规定的比例承担规则仅涉及根据第1款所列10项因素确定的救助报酬，而不含根据其他标准确定的救助报酬。《1989年国际救助公约》第6条第1款规定，"除合同另有明示或默示的规定外，本公约适用于任何救助作业"，从此条规则来看，《1989年国际救助公约》允许合同约定不同于"无效果，无报酬"的报酬支付条件，在合同约定不同支付条件情况下，仅影响报酬的支付，但不影响《1989年国际救助公约》其他条款的适用。故《1989年国际救助公约》秉承契约自由原则，只不过进行适当限制而已，当事人可以就救助报酬的确定标准作出不同约定，包括可以另行约定固定费率。根据第13条第1款所列10项因素所确定的救助报酬，一般适用于救助双方当事人就救助报酬确定标准没有约定或者没有不同约定情形，主要体现为所谓"无效果，无报酬"救助，而不包括当事人直接约定固定费率标准的救助。

### （二）我国海商法关于固定费率标准合同及其报酬的规定

我国海商法中关于海难救助的规定吸收和借鉴了《1989年国际救助公约》中的规定。海商法第一百八十条规定了救助报酬的确定因素，该条对应《1989年国际救助公约》第13条第1款、第3款内容，第一百八十三条规定对应该公约第13条第2款内容，但是海商法第一百八十三条规定救助报酬应当按照获救财产价值的比例承担原则时，在具体措辞上仅规定"救助报酬"，而没有像《1989年国际救助公约》第13条第2款对救助报酬进行限定，省略《1989年国际救助公约》中关于"按照第1款确定的"限制语。如果我国制定海商法时严格、准确采纳《1989年国际救助公约》，该法第一百八十三条规定救助报酬时应当表述为"依照本法第一百八十条第一款确定的救助报酬"。查阅海商法立法资料可知，立法机关并无在海商法第一百八十三条中作出与《1989年国际救助公约》不同规定的意图。如上所述，对于海商法第一百八十三条应当作出与《1989年国际救助公约》第13条第2款一致的解释，即海商法第一百八十三条规定比例承担规则所涉救助报酬，应当是指依照该法第一百八十条第一款所列10项因素所确定的救助报酬，而不包括根据当事人约定的固定费率所确定的救助报酬。海商法第一百七十五条第二款关于船长代理权的规定基本与《1989年国际救助公约》第 6 条第 2 款的规定相同。海商法第一百七十九条的规定中"或者合同另有约定外"的但书足以表明该法允许当事人在"无效果，无报酬"原则外另行约定其他报酬给付规则，包括允许约定固定费率。也就是说，海商法同样整体上适用于当事人约定固定费率的海难救助（合同），但第一百八十条和第一百八十三条不适用于解决该类救助的报酬确定与承担问题。

### （三）有关合同法等民事基本法的适用

鉴于《1989 年国际救助公约》第 13 条第 2 款和海商法第一百八十三条规范的对象是根据法定 10 项因素确定的救助报酬，而当事人约定采用固定费率确定的救助报酬的承担问题，根据特别法没有规定时适用一般法的原则，需要在《1989 年国际救助公约》和海商法之外从民事基本法律中寻找依据。《1989 年国际救助公约》和海商法明确船长有为船舶所有人和船上财产所有人签订救助合同的代理权，包括约定采取固定费率。对于固定费率救助报酬的承担问题，《1989 年国际救助公约》第 13 条第 2 款和海商法第一百八十三条的规定不能适用，根据我国国内法中关于（直接）代理与间接代理的规定，结合代理人的缔约名义，可以大致分为三类情形。

（1）如果船长（代理人）以船舶所有人和船上财产所有人（各被代理人）名义共同或者分别与救助人签订救助合同，则救助人应当直接向各被代理人分别主张救助报酬各自应当承担的部分，而不能直接请求上述数个被代理人中一人先行承担全部救助报酬。

（2）船长（代理人）仅以自己的名义而没有以船舶所有人和船上财产所有人（各被代理人）名义签订救助合同，事后船长才向救助人披露船上财产所有人的情形。在这种情况下，民法通则或者民法总则关于代理的规定不能适用，因为该法规定的代理属于以被代理人名义行事的直接代理；合同法第四百零二条和第四百零三条规定的间接代理制度只能参照适用，因为该两条规定处在该法第二十一章委托合同中，而船长与船舶所有人或者货物所有人之间一般并没有处理海难救助事务的委托合同，严格地讲，合同法第四百零二条和第四百零三条适用于有委托合同存在的情形，而船长基于法定代理权与第三人（救助人）签订救助合同不在该两条规定的涵盖范围中。但是，在法律对代理人基于法定代理权以自己名义行事的法律效果没有专门规定的情况下，参照适用合同法第四百零二条和第四百零三条的规定是合适的。合同法第四百零二条适用的情形"第三人在订立合同时知道受托人与委托人之间的代理关系",一般理解该情形还要以第三人确切知道委托人为谁为限,而实践中船长签订救助合同时往往并不告知救助人船上货物权利人的情况。根据合同法第四百零三条第二款规定的精神,救助人可以选择向船长(间接代理的受托人或者代理人)请求全部救助报酬,也可以请求船舶所有人和船上财产所有人(委托人或者被代理人)分别承担救助报酬。基于船长是船舶所有人(暂不考虑光船租赁情形)的雇员,船长在受雇佣范围行事原则上应当由船舶所有人承担,故救助人可以根据合同法第四百零三条第二款的规定选择仅请求船舶所有人承担全部救助报酬,也可以选择分别向船舶所有人和船上财产所有人请求救助报酬。

(3)如果船长仅以船舶所有人名义与救助人签订救助合同,事后船长或者船舶所有人向救助人披露获救船上财产的所有人,参照上述分析,救助人可以选择仅请求船舶所有人承担全部救助报酬,也可以选择分别向船舶所有人和船上财产所有人请求救助报酬。在"加百利"轮海难救助纠纷案中,救助人具有上述选择权,其选择向船舶所有人请求全部救助费用,具有法律和法理依据。

(执笔人:最高人民法院民四庭　余晓汉　赵　珂<br>
编审人:最高人民法院研究室　石　磊)

# 指导案例 111 号《中国建设银行股份有限公司广州荔湾支行诉广东蓝粤能源发展有限公司等信用证开证纠纷案》的理解与参照

——跟单信用证下持有提单的开证行享有何种权利

2019 年 2 月 25 日，最高人民法院发布了第 21 批指导性案例，包括第 107 号至第 112 号共 6 件指导性案例。这批案例为涉"一带一路"建设专题指导性案例，总结了审判实践中某些普遍的疑难复杂法律适用问题，有利于进一步明确裁判规则，统一司法尺度。其中，第 111 号指导案例为《中国建设银行股份有限公司广州荔湾支行诉广东蓝粤能源发展有限公司等信用证开证纠纷案》。为了正确理解和准确参照适用该指导案例，现对该指导案例的选编过程、裁判要点、参照适用等有关情况予以解释和说明。

## 一、案例选编过程

本案为最高人民法院审理的申请再审案件，由最高人民法院审判委员会专职委员刘贵祥大法官担任审判长。经提审审结后，该案例曾被评选为"一带一路"十大典型海事案例，具有十分重要的指导价值。经最高人民法院民四庭法官会议讨论，根据庭领导指示，作为备选指导性案例推荐。最高人民法院案例指导工作办公室收到该案例后，经初审认为基本符合要求，并提交最高人民法院研究室室务会讨论。2018 年 9 月 30 日，最高人民法院研究室室务会经讨论，认为该案例具有一定指导价值，但涉及一些法律适用问题，建议征求相关专家意见后再报审委会讨论。承办人征求了本案合议庭成员高晓力法官及大连海事大学韩立新教授、中国政法大学张丽英教授意见,均回复表示同意推荐,并对案例文本提出了一些修改意见。案例经过修改提交最高人民法院民专会予以讨论。11月20日,最高人民法院民专会第302次会议讨论通过该案例。2019年2月25日,最高人民法院以法〔2019〕3号文件将该案例编入第21批指导性案例予以发布。

## 二、关于本案例的相关情况

### (一)基本案情

建行广州荔湾支行与蓝粤能源公司于2011年12月签订了《贸易融资额度合同》及《关于开立信用证的特别约定》等相关附件,约定该行向蓝粤能源公司提供不超过5.5亿元的贸易融资额度,包括开立等值额度的远期信用证。粤东电力等担保人签订了保证合同等。2012年11月,蓝粤能源公司向建行广州荔湾支行申请开立8592万元的远期信用证。为开立信用证,蓝粤能源公司向建行广州荔湾支行出具了《信托收据》,并签订了《保证金质押合同》。信托收据确认自收据出具之日起,建行广州荔湾支行即取得上述信用证项下所涉单据和货物的所有权,建行广州荔湾支行为委托人和受益人,蓝粤能源公司为信托货物的受托人。信用证开立后,蓝粤能源公司进口了164998吨煤炭。建行广州荔湾支行承兑了信用证,并向蓝粤能源公司放款84867952.27元,用于蓝粤能源公司偿还建行首尔分行的信用证垫款。建行广州荔湾支行履行开证和付款义务后,取得了包括本案所涉提单在内的全套单据。蓝粤能源公司因经营状况恶化而未能付款赎单,故建行广州荔湾支行在本案审理过程中仍持有提单及相关单据。提单项下的煤炭因其他纠纷被广西防城港市港口区人民法院查封。建行广州荔湾支行提起诉讼,请求判令蓝粤能源公司向建行广州荔湾支行清偿信用证垫款本金84867952.27元及利息;确认建行广州荔湾支行对信用证项下164998吨煤炭享有所有权,并对处置该财产所得款项优先清偿上述信用证项下债务;粤东电力等担保人承担担保责任;等等。

建行广州荔湾支行向广州市中级人民法院起诉,请求判令:(1)蓝粤能源公司向建行广州荔湾支行清偿信用证垫付款本金人民币84867952.27元(以下币种如未特别注明的,均为人民币)及至全部清偿日止的利息(含罚息和复利,按每日万分之五计息,自2013年3月8日起计算,暂计至 2013 年 3 月 21 日为 551641.70 元);(2) 确认上述信用证项下 164998 吨煤属于建行广州荔湾支行的财产,并以处置该财产所得款项优先清偿上述信用证项下债务;(3) 粤东电力、蓝海海运、蓝文彬对蓝粤能源公司应承担的上述债务承担连带清偿责任;(4) 粤东电力、蓝海海运自 2013 年 3 月 6 日起按其向建行广州荔湾支行承担保证责任应支付的金额依每日万分之五的标准支付违约金直至付清所有款项之日止;(5) 确认建行广州荔湾支行对蓝文彬持有的蓝粤能源公司 6% 的股权享有优先受偿权;(6) 蓝粤能源公司、粤东电力、蓝海海运、蓝文彬承担本案全部诉讼费用以及建行广州荔湾支行为实现上述债权所产生的必要费用。

(二) 裁判结果

广州市中级人民法院一审支持建行广州荔湾支行关于蓝粤能源公司还本付息以及担保人承担相应担保责任的诉请,但以信托收据及提单交付不能对抗第三人为由,驳回建行广州荔湾支行关于请求确认煤炭所有权以及优先受偿权的诉请。建行广州荔湾支行不服一审判决驳回所有权及优先受偿权诉请的判项,提起上诉。广东省高级人民法院二审予以维持。建行广州荔湾支行不服二审判决,向最高人民法院申请再审。最高人民法院再审改判支持建行广州荔湾支行对案涉信用证项下提单对应货物处置所得价款享有优先受偿权,但不支持其所有权主张。

(三) 理论及实务界的争议

本案属于开证申请人与开证行之间因申请开立信用证而产生的欠款纠纷,涉及的主要法律问题是,因对外付款而合法持有提单的开证行对提单项下货物享有何种权利?一些学者认为,信用证交易是单据交易,开证行因付款"买单"而合法持有提单,既然提单是所有权凭证,其当然对提单项下货物享有所有权。也有一些学者认为,在银行持有提单的情况下,不论是从法律关系的角度看,还是从交易惯例及法律规定的情况看,都不宜认定银行是提单项下货物的所有权人。那么,提单是否为所有权凭证?持有提单是否一定对提单项下货物享有所有权?如果银行不享有所有权,则其享有的是什么权利?这些是当前亟待解决的法律问题。

本案涉及的另一个重要法律问题是如何认定信托收据的性质与效力。开证申请人在不能备款赎单的情况下,可以向银行申请叙做进口押汇,基本做法是：开证申请人向银行提交叙做进口押汇申请书，申请叙做进口押汇业务，同时进口商还要向银行出具一份由银行事先制定的作为格式合同的信托收据，承诺信用证项下的货权或货物的所有权归属于银行，其系代银行占有和处理货物，所得款项用来清偿银行的融资款，然后银行才将进口货物的全套单据交给进口商。在叙做进口押汇情况下，信托收据究竟是一个单方允诺还是要约？它设立的是信托关系、质押关系还是让与担保关系？如果说其属于非典型担保中的让与担保，是否具有物权效力？开立信用证时设立的担保能否继续适用于进口押汇业务？银行能否既主张享有权利质权又主张让与担保？与通常情况不同，本案中，当事人在信用证开证申请阶段就向银行出具信托收据，而不是在不能备款赎单从而申请叙做进口押汇情况下才出具信托收据；且银行在收到信托收据后还持有提单，这就使得本案的情形在银行实务中并不具有典型性。但要想对本案所涉信托收据作出准确认定，必须要全面了解进口押汇的实务操作以及信托收据在通常情况下的性质与效力，就此而言，本文对进口押汇、信托收据等问题所作的分析，对准确界定信托收据的性质及效力、明确银行与开证申请人之间的权利义务关系等都具有一定程度的指导意义。

（四）指导价值

首先，本案再审判决的指导意义体现在对裁判规则的统一上。本案所涉法律问题众说纷纭。此前，单就提单的物权凭证属性的问题，理论及实务界便存在至少三种争议的声音：一种为否定说，一种为物权凭证说，一种为所有权凭证说。关于持有提单的信用证开证行享有何种权利，更是观点各异，有同时履行抗辩权说、所有权说、担保权说，担保权说中又有动产质权、权利质权、留置权、让与担保等认识之别。本案再审判决作为最高人民法院的终审判决，明确了提单可为所有权凭证，但提单持有人并不当然是提单项下货物的所有权人，并明确了持有提单的信用证开证行在何种情况下享有提单质权，统一了该疑难法律问题的裁判规则，避免了规则的缺位给国际贸易及司法实践造成的困扰。此外，本案判决还澄清了审判实践中的诸多误解，就与本案有关的一些争议问题确立了裁判规则。例如，针对二审判决将通知实际占有人作为指示交付的生效要件进而认为建行广州荔湾支行未取得提单项下货物的所有权是因为没有证据证明当事人已将提单交付的事实通知承运人，再审判决虽然维持其结论，但纠正了其理由，认为根据物权法第二十六条，"指示交付并不以通知实际占有动产的第三人作为完成交付的必要条件"，并参照合同法第八十条第一款的规定，认为提单交付之时，即完成了提单项下货物的指示交付，未经通知，只是对实际占有人不能发生对抗效力而已，不能由此得出"不构成提单项下货物交付"的结论。

其次，本案再审判决的指导意义还表现在多种法律解释方法的运用上。综观本案判决，法官综合运用了文义解释、体系解释、目的解释、历史解释等多种法律解释方法，辨法析理透彻、充分。以体系解释为例，针对建行广州荔湾支行关于其持有提单就是货物的所有权人的主张，判决书以动产交付作为类比，"动产占有人受领动产的交付，究竟是享有所有权、动产质权，还是基于合同关系的占有，均取决于当事人之间的合同如何约定"，形象地揭示了"提单持有人是否就因受领提单的交付而取得物权以及取得何种类型的物权，均取决于其所依据的合同如何约定"之理论依据。再如，判决书以基于委托保管提单的法律关系为例，"如果仅仅是基于委托保管提单的法律关系，提单持有人固然可凭单要求承运人交付货物，但如其主张对货物享有所有权或他物权，则显然不具有合法性和正当性"，较好地反证了提单持有人并非必然对提单项下的货物享有所有权。总之，再审判决书大量援引海商法、物权法、合同法及相关司法解释进行论证说理，使每一项论述均以具体的法律条文为基础，尽显法解释学的魅力。

最后，本案再审判决凸显对当事人意思自治的尊重和合同解释的重要性。与法律解释旨在探求立法原意不同，合同解释旨在探求当事人的真实意思。在本案中，最高人民法院认为，"在合同条款有两种以上的解释时，不应当采纳使部分合同条款成为赘文的解释，而应当采纳使各个合同条款都具备一定意义的解释"。在此基础上，法官将涉案《贸易融资额度合同》及《关于开立信用证的特别约定》、信托收据等作为一个整体，在体系中探究当事人的真意，依据合同解释原则及跟单信用证的基本机制和惯例，得出蓝粤能源公司与建行广州荔湾支行签订的《关于开立信用证的特别约定》中约定建行广州荔湾支行有权"行使担保权利"，该担保权利即为提单权利质权。当事人既然有设立提单权利质押的合意，且建行广州荔湾支行又持有提单，从而满足了权利质押物权公示的要件，依据物权法第二百二十四条的规定，即可认定建行广州荔湾支行对持有的提单享有的是提单质权。

综上，本指导案例确认的裁判规则对提单的物权凭证属性，以及提单持有人享有何种权利等疑难法律问题作出了明确判断，具有重要的指导价值，对于统一该领域的法律适用标准具有标杆意义。

### 三、裁判要点的理解与说明

本指导案例的裁判要点确认：（1）提单持有人是否因受领提单的交付而取得物权以及取得何种类型的物权，取决于合同的约定。开证行根据其与开证申请人之间的合同约定持有提单时，人民法院应结合信用证交易的特点，对案涉合同进行合理解释，确定开证行持有提单的真实意思表示。（2）开证行对信用证项下单据中的提单以及提单项下的货物享有质权的，开证行行使提单质权的方式与行使提单项下货物动产质权的方式相同，即对提单项下货物折价、变卖、拍卖后所得价款享有优先受偿权。现围绕与该裁判要点相关的问题逐一解释和说明如下。

#### （一）关于提单的属性问题

关于提单的属性问题，历来众说纷纭、莫衷一是，有债权凭证说、占有权说、所有权凭证说、综合权利凭证说等诸种学说。就本案来说，建行广州荔湾支行认为提单是所有权凭证，其是提单的合法持有人，故对案涉货物享有所有权。二审法院则仅将提单视为债权凭证，否认其物权凭证的属性，认为提单的交付仅意味着提货请求权的转移，不意味着物权的移转，并以建行广州荔湾支行未提供证据证明已经将货物转让的事实通知实际占有货物的承运人从而完成交付为由，既驳回了其有关确认对涉案货物享有所有权的诉讼请求，又驳回了其享有权利质权的诉讼请求。可见，提单的属性问题不仅是一个理论问题，更是一个涉及当事人切身利益的重大实务问题，有必要予以厘清。合议庭在综合分析各种学说基础上，结合相关法律规定、司法判例以及法律原理，认为：提单兼具债权凭证与物权凭证的双重属性，是物权凭证中的所有权凭证。提单表征的是基于所有权的原物返还请求权。在海上货物运输合同中，货物所有权人将货物交付给承运人并由其实际占有后，并未丧失所有权。既然货物所有权人对货物仍然享有所有权，而提单是据以向承运人提取货物的唯一凭证，其当然可以基于对货物的所有权请求承运人返还货物，此为基于所有权产生的原物返还请求权,属于物权请求权的范畴。还要看到,提单不仅是提取货物的唯一凭证,而且本身就代表货物,持有提单就相当于占有货物,交付提单就相当于交付货物,提单代表货物的功能凸显了提单的所有权凭证属性。提单为什么能够代表货物?从前述提单发展的历史看,本质上源于为解决在途货物买卖难以实际交付货物的情况下,何时移转所有权这一问题。商人们在长期的实践中创设出了提单代表货物、交付提单就意味着交付货物的规则,从而使提单具有了所有权凭证的属性。从这一意义上说,提单的所有权凭证属性本质上并非源于逻辑的推演,而是源于国际货物贸易的实践,是实践的产物。

(二)关于持有提单的开证行享有何种权利

开证行建行广州荔湾支行在主张权利时,体现出了一定的层次性:它先是以持有提单为由主张享有提单项下货物的所有权;退而又以享有权利质权为由对提单项下货物处置后所得价款享有优先受偿权。分析持有提单的开证行究竟享有何种权利,有必要考察其享有的是所有权还是担保物权,如果是担保物权则属于哪一种类型。我们认为,开证行不享有提单项下货物的所有权,其享有的仅是权利质权。本案中,建行广州荔湾支行持有提单,提单可以设立权利质权,有关合同既有设定担保的一般约定,又有以自己的意思处分提单的明确约定,依据合同法第一百二十五条有关合同解释的规定以及物权法第二百二十四条关于权利质押的规定,应当认定建行广州荔湾支行享有提单权利质权。

(三)关于信托收据及相关问题

本案中,双方当事人都将信托收据作为论证自己主张的重要证据,蓝粤能源公司据此认为建行广州荔湾支行怠于履行交单义务,应向其承担违约责任;而建行广州荔湾支行则认为,其主张对提单项下货物享有所有权的最终目的在于以货物的处置价款优先偿还信用证项下款项,实际上是根据信托收据主张享有让与担保权利,同时又认为信托收据具有质押合同的性质。同一份信托收据,为什么双方当事人会作出完全相反的解读,甚至同一个当事人还据以主张两种不同的担保权利?这就涉及信托收据的性质与效力问题。

本案信托收据尽管名为"信托收据",性质上则属于让与担保合同,是信用证开证申请合同的从合同,是一种非典型担保形态。开证申请合同已经针对信用证项下的单据及货物约定了质权条款,在此情况下又通过出具信托收据设定让与担保,导致在同一个物上设定了权利性质相互冲突的两种担保行使:让与担保与权利质权,建行广州荔湾支行只能择其一而行使。但建行广州荔湾支行既主张质权又主张让与担保,考虑到让与担保并非法定的物权类型且亦无对抗效力、建行广州荔湾支行并未实际交单等因素,并结合当事人真实的意思表示以及交易习惯,合议庭最终认定双方仅设立了权利质权,而驳回了建行广州荔湾支行有关其享有提单项下货物所有权并以货物处置后的价值优先清偿信用证项下款项的该项诉讼请求。

关于本案信托收据的效力。信托收据是开证申请人向银行发出的要约,根据合同法第二十二条的规定,建行广州荔湾支行接受信托收据意味着银行以自己的积极行为对要约进行了承诺,合同有效成立。合同一经成立就生效,建行广州荔湾支行依约负有放单义务,并只有在放单后才享有信托收据所约定的权利。建行广州荔湾支行未交付提单或提单项下货物,不产生以让与货物所有权形式担保建行广州荔湾支行债权的相应效果。同时,蓝粤能源公司在信用证项下的付款责任并不因出具信托收据而免除,蓝粤能源公司受能源市场因素影响,经营状况明显恶化,可能丧失履约能力,且其他债权人对蓝粤能源公司包括提单项下货物在内的财产已经采取保全措施,建行广州荔湾支行一旦将提单交付给蓝粤能源公司,将可能丧失对提单或提单项下货物享有的担保物权。在此情况下,建行广州荔湾支行基于不安抗辩权拒绝放单,不构成违约,当然亦不能作为免除或减轻蓝粤能源公司信用证项下的付款责任的理由,故蓝粤能源公司认为建行广州荔湾支行违约在先的主张不能成立。

信托收据在本案中具有重要的证据作用。双方都不否认信托收据的真实性,且都将其作为论证自己主张的重要证据,因此信托收据在本案中具有重要的证据作用。其证据作用表现在,信托证据也从另一个侧面证明银行在设立"信托"之前对信用证项下提单及货物不享有所有权。

(执笔人:最高人民法院民四庭　赵　珂
　编审人:最高人民法院研究室　石　磊)

# 指导案例 112 号《阿斯特克有限公司申请设立海事赔偿责任限制基金案》的理解与参照

## ——海事赔偿责任限制基金中"事故原则"判断之阐明

2019 年 2 月 25 日,最高人民法院发布了第 21 批指导性案例,包括第 107 号至第 112 号共 6 件指导性案例。这批案例为涉"一带一路"建设专题指导性案例,总结了审判实践中某些普遍的疑难复杂法律适用问题,有利于进一步明确裁判规则,统一司法尺度。其中,第 112 号指导案例为《阿斯特克有限公司申请设立海事赔偿责任限制基金案》。为了正确理解和准确参照适用该指导案例,现对该指导案例的选编过程、裁判要点、参照适用等有关情况予以解释和说明。

### 一、案例选编过程

本案为最高人民法院提审案件,经最高人民法院民四庭遴选,推荐作为备选指导性案例。最高人民法院案例指导工作办公室收到该案例后,经初审认为基本符合要求,并提交最高人民法院研究室室务会讨论。2018 年 9 月 30 日,最高人民法院研究室室务会经讨论,认为该案例有利于明确相关案件审判规则,为"一带一路"建设贡献司法智慧,同意作为备选指导性案例予以推荐。11 月 20 日,最高人民法院民专会第 302 次会议讨论通过该案例。2019 年 2 月 25 日,最高人民法院以法〔2019〕3 号文件将该案例编入第 21 批指导性案例予以发布。

## 二、关于本案例的相关情况

### (一) 基本案情

韩国籍"艾侬"(SAARAON)轮的所有人为阿斯特克有限公司,船舶总吨位为2030吨。2014年6月5日,"艾侬"轮自秦皇岛开往天津港装货途中,在河北省昌黎县、乐亭县海域驶入养殖区域,造成了相关养殖户的养殖损失。

阿斯特克有限公司向天津海事法院(以下简称一审法院)提出申请称:其所属的总吨位为2030吨的"艾侬"轮收到养殖损害索赔请求,索赔人认为该轮于2014年6月5日自秦皇岛开往天津港装货途中,闯入了水产养殖区并造成损失。对于该次事故所造成的非人身伤亡损失,阿斯特克有限公司作为该轮的船舶所有人申请设立海事赔偿责任限制基金,责任限额为422510特别提款权及该款项自2014年6月5日起至基金设立之日止的利息。

李某国、李某永、赵某军、齐某平、齐某奎提出异议称:其经营的扇贝养殖区在中文版22001号海图上有明确标识,阿斯特克有限公司明知所经海域为养殖区且夏季必然有养殖的情况下仍强行穿越养殖区,属于未尽到安全注意义务且轻率的行为,其申请设立海事赔偿责任限制基金于法无据;本案中,涉案船舶还曾驶入郭某武和刘某忠的养殖区,该养殖区与李某国等人的养殖区相距6至7海里,航行时间约40分钟。在此情形下,涉案船舶进入养殖区造成损害的行为属于不相干的多次海上事故。按照"一次事故,一个限额"的原则,阿斯特克有限公司应当就上述多次事故分别设立限制基金,而不能就整个航次设立一个限制基金。

郭某武、刘某忠提出异议称:其经营的扇贝养殖区在中文版11710号海图上有明确标识,阿斯特克有限公司未尽到安全注意义务驶入其养殖区造成损失,其申请设立海事赔偿责任限制基金于法无据;涉案船舶进入多个养殖区,造成多个海上事故,阿斯特克有限公司应分别设立多个限制基金。

赵某刚、赵某田、刘某平提出异议称:其经营的养殖区已经唐山市海事局公示。在此情形下,涉案船舶驶入其经营的养殖区造成损害事故系阿斯特克有限公司明知可能造成损失而轻率不作为引起的,故不应准许其设立海事赔偿责任限制基金。

赵某卫称：其经营的养殖区经昌黎县海洋局批准，涉案船舶驶入其经营的养殖区造成损害事故系阿斯特克有限公司明知可能造成损失而轻率不作为引起的，故不应准许其设立海事赔偿责任限制基金。

### （二）裁判结果

一审法院认为，对于"特定场合发生的事故"的理解，应结合事故发生的时间、地点、原因等因素进行综合考虑。本案中，整个养殖损害事故发生于同一航次下的特定时间段内，在发生过程上具有连续性；涉案养殖区域分布相对集中，均处于同一海域；涉案养殖损害事故均是由于阿斯特克有限公司所属的"艾侬"轮错误驶入海上养殖区域所致，养殖损害后果系同一原因造成。因此，本案中船舶驶入养殖区域的行为实际构成一次海上养殖损害事故，阿斯特克有限公司有权就该事故造成的非人身伤亡损失申请设立一个海事赔偿责任限制基金。一审法院遂裁定：准许阿斯特克有限公司提出的设立海事赔偿责任限制基金的申请。郭某武、刘某忠提起上诉。二审法院认为，郭某武、刘某忠提出本案应审查阿斯特克有限公司是否有权限制赔偿责任，虽然责任限制的援用与责任限制基金的设立具有密切的联系，但两者是分属实体法和程序法的两项制度，彼此独立，是否享受责任限制并非设立责任限制基金的必要条件。在判断涉案事故是否属于一次事故时，应从事故的因果关系进行分析。本案中，涉案船舶虽驶入多个养殖区，造成了不同养殖户的损失，但由于各养殖区之间的分布相对集中，涉案船舶驶入不同养殖区发生于同一航次下的特定时间段，因此，整个事故的发生过程具有连续性，损失的产生均系涉案船舶错误驶入养殖区所引起。在郭某武、刘某忠并未提供证据证明涉案船舶在驶入不同的养殖区时，存在另外的原因致使上述因果关系中断的情况下，涉案事故应认定为一次事故。遂裁定：驳回上诉，维持原裁定。

### （三）司法实务与理论现状

经过类案检索，实务中出现的海事赔偿责任限制基金案中涉及事故原则的裁判较少，在本案作出裁判前，涉及海商法第二百一十二条的判决多为多个责任主体在一次事故中设立一个海事赔偿责任限制基金，而本案判决后，2018年分别出现两例涉及海事赔偿责任限制基金中"一次事故，一个限额;多次事故,多个限额"的事故原则,均以两次事故是否因同一原因所致作为事故的裁判标准。

理论中,学者也多持因果链说,认为特定事故可理解为在特定的时间和地点因同一原因而发生的事故。在同一航次中,基于不同原因发生的或者相互之间没有直接因果关系的数个事故,即使时间间隔很短,也构成数个特定事故。

海商法第二百一十二条确立海事赔偿责任限制实行事故原则,即"一次事故,一个限额;多次事故,多个限额"。但在具体案件审理中,如何判断是一次事故还是多次事故,海商法未加以明确,实践审判案例也存在一定的混乱。本案判决就一次航行过程中数次冲撞养殖区的行为进行了仔细的研究、细致的区分,确定了此类事故的裁判标准。即判断一次还是多次事故的关键是分析两次事故是否因同一原因所致。如果因同一原因发生多个事故,但原因链没有中断,则应认定为一个事故。如果原因链中断,有新的原因介入,则新的原因与新的事故构成新的因果关系,形成新的独立事故。本案判决对争议焦点及诉辩意见归纳准确,对法律关系阐述清晰,对当事人权利义务分析到位,对证据采纳得当充分,对事实认定客观全面。裁判文书的体例和整体结构符合裁判文书的制作要求,格式规范,结构完整,布局合理,文字简洁明了,用词准确客观,说理充分透彻。

最高人民法院终审裁定对"一次事故,一个限额"原则进行了全面深入的分析,是该原则在司法实践中较为经典的运用,明确了申请设立海事赔偿责任限制基金中一次事故、多次事故的判断标准,对今后的海事司法实践具有积极的指导意义。该指导案例确认的裁判规则不仅有利于规范海上航行秩序,有效维护养殖户的合法权益,也为类似案件审理提供了明确具体的裁判标准。

### 三、裁判要点的理解与说明

本指导案例的裁判要点确认:海商法第二百一十二条确立海事赔偿责任限制实行"一次事故,一个限额;多次事故,多个限额"的原则。判断一次事故还是多次事故的关键是分析事故是否因同一原因所致。如果因同一原因发生多个事故,且原因链没有中断,应认定为一次事故。如果原因链中断并再次发生事故,则应认定为形成新的独立事故。现围绕与该裁判要点相关的问题逐一解释和说明如下:

一般民事损害赔偿制度遵循填平原则，但海事赔偿责任限制制度区别于此。由于与海事相关的事故所导致的损害往往数额巨大，出于鼓励海上贸易的立法目的，通过设立海事赔偿责任限制制度以对船舶所有人等责任人进行有限度的保护，保障其有一定资本维持运营，从而促进航运市场的发展，这一做法得到了国际公约和各国立法的普遍接受。由于这一制度是对责任主体的赔偿责任的限制，故仍须施加一定的限制以维持责任人与受损方之间的利益平衡，例如，责任主体在符合法律规定的条件下即丧失责任限制的权利，对海事赔偿责任限额的确定也以实际损失为基础进行计算。海事赔偿责任限制制度更多是对于公共政策规则的体现。

而在海事赔偿责任限制基金的设立中，主要遵循"事故原则"，这一原则具体体现在我国海商法第二百一十二条的规定："本法第二百一十条和第二百一十一条规定的赔偿限额，适用于特定场合发生的事故引起的，向船舶所有人、救助人本人和他们对其行为、过失负有责任的人员提出的请求的总额。"海商法第二百一十二条中所用的表述为"特定场合"，这与《1957年责任限制公约》中第2条中采用的"任何特定场合"相类似。"事故原则"与"航次制度"相对，后者指一个航次适用一个责任限额，而不论该航次中实际发生了几次特定事故，显然航次制度对责任人的保护力度较之前者更大。

实践中，当出现一系列损害时，须辨明是一次事故还是多次事故所致，对此，英国采用因果关系标准，即损害是否为同一行为之结果，而损害发生的时间间隔长短并非主要考虑因素。我国学者司玉琢认为，判断是否属于一次事故时，应当从事故的因果联系角度进行分析。

本案判决对事故的判断标准亦采纳了因果链的分析方式，即判断一次还是多次事故的关键是分析两次事故是否因同一原因所致。如果因同一原因发生多个事故，但原因链没有中断，则应认定为一个事故。如果原因链中断，有新的原因介入，则新的原因与新的事故构成新的因果关系，形成新的独立事故。在司法实践中，应具体结合实际，对导致事故的原因类别、原因链是否中断、是否有新原因介入等因素进行分析辨别，以判断是否为一个事故。

就本案而言，涉案船舶实际驶入了郭某武经营的养殖区，导致郭某武遭受损失，发生第一次侵权行为。依据航行轨迹，船舶随后进入刘某忠的养殖区，由于郭某武与刘某忠的养殖区毗邻，相距约500米，基于船舶运动的惯性及船舶驾驶规律，涉案船舶在当时情形下无法采取合理措施避让刘某忠的养殖区，致使第二次侵权行为发生。从原因上分析，两次损害行为均因船舶驶入郭某武养殖区之前，船员疏于瞭望的过失所致，属同一原因，且原因链并未中断，故应将两次侵权行为认定为一次事故。

船舶驶离刘某忠的养殖区进入开阔海域，航行约9000米，时长约半小时后进入李某国等人的养殖区再次造成损害事故。在进入李某国等人的养殖区之前，船员应有较为充裕的时间调整驾驶疏忽的心理状态，且在预知航行前方还有养殖区存在的情形下，更应加强瞭望，避免再次造成损害。涉案船舶显然未尽到谨慎驾驶的义务，致使第二次损害事故的发生。

两次事故无论从时间关系还是从主观状态方面均无关联性，第二次事故的发生并非第一次事故自然延续所致，两次事故之间并无因果关系。虽然两次事故的发生均因"同一性质的原因"即船员疏忽驾驶所致，但并非基于"同一原因"引起两次事故。依据"一次事故，一次限额"的原则，涉案船舶应分别针对两次事故设立不同的责任限制基金。

（执笔人：最高人民法院民四庭　赵　珂

编审人：最高人民法院研究室　石　磊）

# 指导案例 113 号《迈克尔·杰弗里·乔丹与国家工商行政管理总局商标评审委员会、乔丹体育股份有限公司"乔丹"商标争议行政纠纷案》的理解与参照

——商标法视野下的在先姓名权保护

2019 年 12 月 24 日,最高人民法院发布了第 22 批指导性案例,包括第 113 号至第 116 号共 4 件指导性案例,含 3 件知识产权案例和 1 件国家赔偿案例。这批案例都是由最高人民法院副院长、大法官担任审判长审理的案件,专业性强、问题新颖,充分展现了司法改革的精神和成果。

第 22 批指导性案例总结了审判实践中带有普遍性的疑难复杂法律适用问题,进一步明确裁判规则,统一裁判标准。其中,第 113 号指导性案例为《迈克尔·杰弗里·乔丹与国家工商行政管理总局商标评审委员会、乔丹体育股份有限公司"乔丹"商标争议行政纠纷案》。为正确理解和准确参照适用该指导性案例,现对该指导性案例的选编过程、裁判要点、参照适用等有关情况予以说明。

## 一、案例选编过程

2016 年 12 月 8 日,最高人民法院对再审申请人迈克尔·杰弗里·乔丹与被申请人原国家工商行政管理总局商标评审委员会(以下简称商标评审委员会)①、一审第三人乔丹体育股份有限公司(以下简称乔丹公司)商标争议行政纠纷 10 件案件(以下简称"乔丹"系列案件)进行公开宣判。

---

① 根据中央机构改革部署,原商标评审委员会的相关职责已由国家知识产权局统一行使。

"乔丹"系列案件是近年来最高人民法院审理的最受关注的知识产权典型案件,在国际上产生了巨大影响,对于指导类似案件审判,弘扬社会主义核心价值观,增强全民法治观念,推进法治社会建设均具有积极深远的影响,受到国内外舆论的广泛赞誉,取得了良好的政治效果、法律效果和社会效果。

第113号指导性案例所依据的(2016)最高法行再27号案(以下简称27号案),由最高人民法院副院长陶凯元大法官担任审判长,与王闯[①]、夏君丽[②]、王艳芳、杜微科共同组成合议庭进行审理。鉴于本案对于商标法中的在先姓名权保护相关法律适用问题具有重要指导价值,民三庭将本案作为指导性案例进行推荐。2019年9月16日,最高人民法院研究室室务会讨论同意,建议提交审委会讨论。12月17日,该案例经最高人民法院民专会第330次会议讨论,同意作为指导性案例。12月24日,最高人民法院以法〔2019〕293号文件将该案例编入第22批指导性案例予以发布。

## 二、关于本案例的相关情况

### (一)基本案情

2012年,再审申请人迈克尔·杰弗里·乔丹向商标评审委员会提出撤销申请,请求撤销乔丹体育股份有限公司(以下简称乔丹公司)的10件争议商标,主要理由为:第一,再审申请人是世界知名的篮球运动体育明星,在我国具有极高的知名度。相关公众看到与"乔丹""QIAODAN"相同或者相似的标志,就会将其与再审申请人关联在一起。争议商标的注册容易导致相关公众将之与再审申请人相关联。乔丹公司未经再审申请人许可,擅自将与再审申请人中文译名相同或近似的标志"乔丹""QIAO-DAN"申请注册为商标,损害了再审申请人的在先姓名权,违反了2001年修正的商标法第三十一条有关"申请商标注册不得损害他人现有的在先

---

[①] 时任最高人民法院民三庭副庭长,现任山东省高级人民法院党组副书记、副院长、审判委员会委员。

[②] 时任最高人民法院民三庭审判长,现任海南自由贸易港知识产权法院党组书记。

权利"的规定①。第二,乔丹公司申请注册争议商标违反了商标法第十条第一款第八项有关"有其他不良影响"的规定,以及商标法第四十一条第一款有关"以其他不正当手段取得注册"的规定。

2014年4月14日,商标评审委员会作出10项争议裁定,裁定维持10项争议商标。其主要理由为:第一,关于商标法第三十一条。(1)争议商标文字"乔丹""QIAODAN"与"Michael Jordan"及其中文译名"迈克尔·乔丹"存在一定区别,并且"乔丹"为英美普通姓氏,难以认定这一姓氏与再审申请人之间存在当然的对应关系。(2)在宣传使用再审申请人的姓名及形象时,再审申请人及其商业合作伙伴耐克公司使用的是"Michael Jordan"或"迈克尔·乔丹"的全名,以及与再审申请人飞身扣篮动作形象相关的标志。(3)乔丹公司分别于2001年、2003年获准注册第1541331号"乔丹"商标(以下简称331号商标)、第3028870号"⛹"图形商标(以下简称870号商标),并曾受到驰名商标保护。乔丹公司对上述商标相关标志已进行长期、广泛的宣传使用,获得了较高的市场声誉,这一事实与再审申请人及耐克公司的商业活动并存市场已长达近二十年,双方已分别形成了各自的消费群体和市场认知。(4)尽管有部分媒体在有关篮球运动的报道中以"乔丹"指代再审申请人,但使用数量有限。不论是媒体报道,还是耐克公司,均未就这一指代称谓形成统一、固定的使用形式。相较于乔丹公司对争议商标相关标志的使用,从双方使用的广泛性、持续性、唯一对应性等方面综合考虑,本案尚不能认定"乔丹"与再审申请人之间的对应关系已强于乔丹公司。综上,争议商标的注册未损害再审申请人的姓名权。第二,争议商标的注册不属于商标法第十条第一款第八项、第四十一条第一款规定的情形。

再审申请人不服被诉裁定,向北京市第一中级人民法院(以下简称一审法院)提起行政诉讼,请求撤销被诉裁定。一审法院判决维持被诉裁定。再审申请人不服提起上诉。北京市高级人民法院二审判决驳回上诉,维持原判。

再审申请人不服二审判决,以二审判决认定事实和适用法律均有错误等为由,向最高人民法院申请再审,请求撤销被诉裁定以及一审、二审判

---

① 2019年修改的商标法第三十二条规定:"申请商标注册不得损害他人现有的在先权利,也不得以不正当手段抢先注册他人已经使用并有一定影响的商标。"

决,判令商标评审委员会对争议商标重新作出裁定。最高人民法院于2015年12月18日作出（2015）知行字第319号等10项行政裁定,裁定提审10件"乔丹"系列案件。

(二) 审理过程

"乔丹"系列案件是最高人民法院首个以"全媒体"形式现场直播庭审和宣判的典型案件。在2016年4月26日"世界知识产权日",最高人民法院对10件案件进行了公开开庭审理;2016年12月8日,最高人民法院对系列案件进行了公开宣判。新浪网、中国庭审公开网、最高人民法院官方微信和微博、新浪微博法院频道等平台全程视频或文字直播庭审、宣判过程。众多国内外新闻媒体的记者、当事人代表和社会公众,以及有关国家的驻华使节、世界知识产权组织的官员等到最高人民法院旁听。中央电视台、人民日报、新华社、BBC等境内外主流媒体对本案庭审、宣判均进行了大量宣传报道。

27号案的争议焦点为争议商标的注册是否损害了再审申请人就"乔丹"主张的在先姓名权,违反商标法第三十一条关于"申请商标注册不得损害他人现有的在先权利"的规定①。该争议焦点分为以下八个具体问题:第一,再审申请人主张保护姓名权的法律依据是什么？第二,再审申请人主张的姓名权所保护的具体内容是什么？第三,再审申请人在我国具有何种程度和范围的知名度？第四,再审申请人及其授权的耐克公司是否主动使用"乔丹",其是否主动使用的事实对于再审申请人在本案中主张的姓名权有何影响？第五,争议商标的具体情形是否会使相关公众误认为与再审申请人具有关联？第六,乔丹公司对于争议商标的注册是否存在明显的主观恶意？第七,乔丹公司的经营状况,以及乔丹公司对其企业名称、有关商标的宣传、使用、获奖、被保护等情况,对本案具有何种影响？第八,再审申请人是否具有怠于保护其主张的姓名权的情形,该情形对本案有何影响？

经最高人民法院审判委员会讨论决定,最高人民法院就上述八个具体问题分别认定如下。

---

① 2001年修正的国商标法第三十一条规定:"申请商标注册不得损害他人现有的在先权利,也不得以不正当手段抢先注册他人已经使用并有一定影响的商标。"

第一，关于再审申请人主张保护姓名权的法律依据。判决认为，依照民法通则第九十九条①、侵权责任法第二条②的规定，自然人依法享有姓名权。争议商标的注册损害他人在先姓名权的，应当认定该争议商标的注册违反商标法第三十一条的规定。未经许可擅自将他人享有在先姓名权的姓名注册为商标，容易导致相关公众误认为标记有该商标的商品或者服务与该自然人存在代言、许可等特定联系的，应当认定该商标的注册损害他人的在先姓名权，违反商标法第三十一条的规定。

第二，关于再审申请人能否就"乔丹"享有姓名权。判决认为，在适用商标法第三十一条关于"不得损害他人现有的在先权利"的规定时，自然人就特定名称主张姓名权保护的，该特定名称应当符合以下三项条件：其一，该特定名称在我国具有一定的知名度、为相关公众所知悉；其二，相关公众使用该特定名称指代该自然人；其三，该特定名称已经与该自然人之间建立了稳定的对应关系。外国人外文姓名的部分中文译名符合三项条件的，也可以获得姓名权的保护。本案现有证据足以证明"乔丹"在我国具有较高的知名度、为相关公众所知悉，我国相关公众通常以"乔丹"指代再审申请人，"乔丹"已经与再审申请人之间形成了稳定的对应关系，故再审申请人就"乔丹"享有姓名权。

第三，正确认定再审申请人在我国具有何种程度和范围的知名度，对于认定再审申请人能否就"乔丹"享有姓名权，乔丹公司对于争议商标的注册是否存在明显的主观恶意，以及相关公众是否会误认为标记有争议商标的商品与再审申请人具有关联等具体问题均具有重要影响。本案证据可以证明在争议商标的申请日之前，直至2015年，再审申请人在我国一直具有较高的知名度，其知名范围已不仅仅局限于篮球运动领域，而是已成为具有较高知名度的公众人物。

第四，"使用"是姓名权人享有的权利内容之一，并非其承担的义务，

---

① 根据该案情况，应适用民法通则。该法第九十九条规定："公民享有姓名权，有权决定、使用和依照规定改变自己的姓名，禁止他人干涉、盗用、假冒。法人、个体工商户、个人合伙享有名称权。企业法人、个体工商户、个人合伙有权使用、依法转让自己的名称。"

② 侵权责任法第二条规定："侵害民事权益，应当依照本法承担侵权责任。本法所称民事权益，包括生命权、健康权、姓名权、名誉权、荣誉权、肖像权、隐私权、婚姻自主权、监护权、所有权、用益物权、担保物权、著作权、专利权、商标专用权、发现权、股权、继承权等人身、财产权益。"

更不是姓名权人"禁止他人干涉、盗用、假冒",主张保护其姓名权的法定前提条件。在符合判决阐明的有关姓名权保护的三项条件的情况下,包括在我国具有一定知名度的外国人在内的自然人有权根据商标法第三十一条的规定,就其并未主动使用的特定名称获得姓名权的保护。

第五,再审申请人及其姓名"乔丹"在我国具有长期、广泛的知名度,相关公众熟悉并普遍使用"乔丹"指代再审申请人。"乔丹"与再审申请人之间已经建立了稳定的对应关系。因争议商标标志仅为"乔丹"文字,故在争议商标指定使用的商品类别上,相关公众看到争议商标后容易由此联想到再审申请人本人,进而容易误认为标记有争议商标的商品与再审申请人存在代言、许可等特定联系。

第六,乔丹公司申请注册争议商标时是否存在主观恶意,是认定争议商标的注册是否损害再审申请人姓名权的重要考量因素。本案证据足以证明乔丹公司是在明知再审申请人及其姓名"乔丹"具有较高知名度的情况下,擅自注册了包括争议商标在内的大量与再审申请人密切相关的商标,放任相关公众误认为标记有争议商标的商品与再审申请人存在特定联系的损害结果。乔丹公司的行为有违民法通则第四条规定的诚实信用原则,其对于争议商标的注册具有明显的主观恶意。

第七,关于乔丹公司的经营状况,以及乔丹公司对其企业名称、有关商标的宣传、使用、获奖、被保护等情况,对本案具有何种影响。判决认为,在认定争议商标的注册是否损害他人在先姓名权时,关键在于是否容易导致相关公众误认为标记有争议商标的商品或者服务与姓名权人之间存在代言、许可等特定联系,其构成要件与侵害商标权的认定不同。乔丹公司恶意申请注册争议商标,损害再审申请人的在先姓名权,明显有悖于诚实信用原则。因此,乔丹公司的经营状况,以及乔丹公司对其企业名称、有关商标的宣传、使用、获奖、被保护等情况,均不足以使得争议商标的注册具有合法性。

第八,再审申请人在争议商标注册之日起五年内向商标评审委员会提出撤销申请,符合商标法第四十一条第二款规定。再审申请人的行为不属于怠于保护其姓名权的情形。

基于上述理由,最高人民法院在27号案中认定涉案争议商标的注册损害了再审申请人对"乔丹"享有的在先姓名权,违反商标法第三十一条有关"申请商标注册不得损害他人现有的在先权利"的规定,应予撤销,据此判决：撤销商标评审委员会作出的被诉裁定及一、二审判决，判令商标评审委员会针对争议商标重新作出裁定。

### 三、裁判要点的理解与说明

该指导案例的裁判要点为：第一，姓名权是自然人对其姓名享有的人身权，姓名权可以构成商标法规定的在先权利。外国自然人外文姓名的中文译名符合条件的，可以依法主张作为特定名称按照姓名权的有关规定予以保护。第二，外国自然人就特定名称主张姓名权保护的，该特定名称应当符合以下三项条件：（1）该特定名称在我国具有一定的知名度，为相关公众所知悉；（2）相关公众使用该特定名称指代该自然人；（3）该特定名称已经与该自然人之间建立了稳定的对应关系。第三，使用是姓名权人享有的权利内容之一，并非姓名权人主张保护其姓名权的法定前提条件。特定名称按照姓名权受法律保护的，即使自然人并未主动使用，也不影响姓名权人按照商标法关于在先权利的规定主张权利。第四，违反诚实信用原则，恶意申请注册商标，侵犯他人现有在先权利的"商标权人"，以该商标的宣传、使用、获奖、被保护等情况形成了"市场秩序"或者"商业成功"为由，主张该注册商标合法有效的，人民法院不予支持。现围绕与该裁判要点相关的问题解释和说明如下。

### （一）在商标法领域应依法保护自然人的在先姓名权

随着经济社会发展，人民群众在公平、正义、安全、环境等方面的要求日益增长，希望对权利的保护更加充分、更加有效。① 党的十九大明确提出，要保护人民人身权、财产权、人格权。姓名是自然人在社会中区别于其他人的标志和符号，对于社会中的自然人来说意义极为重大。② 姓名权是自然人享有的基本人身权利，对自然人姓名权的维护就是对人格尊严的维护。③ 系列案件通过适用商标法第三十一条、民法通则第九十九条、

---

① 参见周强：《以习近平新时代中国特色社会主义思想为指导 充分发挥审判职能作用 确保民法典正确贯彻实施》，载《求是》2020年第12期。
② 参见黄薇主编：《中华人民共和国民法典人格权编解读》，中国法制出版社2020年版，第105页。
③ 参见黄薇主编：《中华人民共和国民法典人格权编解读》，中国法制出版社2020年版，第107页。

侵权责任法第二条第二款的规定,依法保护了再审申请人对"乔丹"享有的在先姓名权,对于维护权利人的人格尊严,保护权利人尤其是名人姓名所蕴含的经济权益,维护公平竞争的市场秩序,净化商标注册和使用环境等均具有重要的意义。

从人格权法发展来看,呈现出商业化利用发展的趋向,人格权的可利用性和财产属性也得到不断的彰显[①]。美、德及我国均以法院判决或立法,肯定姓名、肖像等人格特征具有一定的经济(财产)价值。[②] 名人的姓名、肖像等具有一定的社会知名度,因此在商业上具有相当程度的利用价值。[③] 姓名权人在一定程度上可以对自己的姓名进行商业利用,允许他人使用自己的姓名并取得一定的经济利益。[④] 名人代言日益成为经营者提升品牌形象、推销商品或者服务、扩大知名度的一种重要的营销手段。2015年,我国对广告法进行修正,增加了有关"广告代言人"的规定,从立法上对广告代言行为予以确认。侵权责任法第二十条关于侵害他人人身权益造成财产损失的赔偿的规定[⑤],也充分体现了我国法律对包括姓名权在内的人身权益中所蕴含的经济利益(财产利益)的承认和保护。根据该条规定,侵害非物质性人身权益的财产损失,可以根据不同的侵权行为和相关证据具体判断处理[⑥],主要也是针对人格权商业化利用现象[⑦]。

系列案件判决立足于我国相关立法、审判实践和法学理论研究发展成果,适应经济社会发展和保护民事主体合法权益的需要,对自然人尤其是名人姓名权中蕴含的经济利益予以了明确肯定。判决指出,在适用商标法第三十一条的规定对他人的在先姓名权予以保护时,不仅涉及对自然人人格尊严的保护,而且涉及对自然人姓名,尤其是知名人物姓名所蕴含的经

---

① 王利明:《人格权法》,中国人民大学出版社2016年版,第106页。
② 参见王泽鉴:《人格权法》,北京大学出版社2013年版,第459页。
③ 参见王利明:《人格权法》,中国人民大学出版社2016年版,第106页。
④ 参见黄薇主编:《中华人民共和国民法典人格权编解读》,中国法制出版社2020年版,第111页。
⑤ 侵权责任法第二十条规定:"侵害他人人身权益造成财产损失的,按照被侵权人因此受到的损失赔偿;被侵权人的损失难以确定,侵权人因此获得利益的,按照其获得的利益赔偿;侵权人因此获得的利益难以确定,被侵权人和侵权人就赔偿数额协商不一致,向人民法院提起诉讼的,由人民法院根据实际情况确定赔偿数额。"
⑥ 参见全国人大常委会法制工作委员会民法室编:《中华人民共和国侵权责任法条文说明、立法理由及相关规定》,北京大学出版社2010年版,第75页。
⑦ 参见王利明:《人格权法》,中国人民大学出版社2016年版,第106页。

济利益的保护。鉴于商标的主要作用在于区分商品或者服务的来源,故未经许可擅自将他人享有在先姓名权的姓名注册为商标的,不仅会损害该自然人的人格尊严,而且容易导致相关公众误认为标记有该商标的商品或者服务与该自然人存在代言、许可等特定联系。该行为在损害该自然人姓名权的同时,也损害了消费者的合法权益。

## (二) 自然人就特定名称主张姓名权保护时应当符合的条件

在确定自然人就特定名称主张姓名权保护时所应当符合的条件时,应将在先姓名权人与商标注册人的利益平衡作为重要的考量因素。27号案参照《最高人民法院关于审理不正当竞争民事案件应用法律若干问题的解释》(以下简称不正当竞争解释)第六条第二款的规定,明确了自然人就特定名称主张姓名权保护时应当符合的三项条件。判决指出,在解决本案涉及的在先姓名权与注册商标权的权利冲突时,应合理确定在先姓名权的保护标准,平衡在先姓名权人与商标权人的利益。既不能由于争议商标标识中使用或包含有仅为部分人所知悉或临时性使用的自然人"姓名",即认定争议商标的注册损害该自然人的姓名权;也不能如商标评审委员会所主张的那样,以自然人主张的"姓名"与该自然人形成"唯一"对应为前提,对自然人主张姓名权的保护提出过苛的标准。由于重名的原因,姓名与自然人之间难以形成唯一对应关系。而且,除本名外,自然人还可以有艺名、笔名、译名等其他名称。从我国的历史文化传统来看,古人还可以有字、号等。[①] 在特定情况下,相关公众更熟悉并习惯以自然人本名之外的其他名称(例如艺名、笔名等)[②] 指代该自然人,其他名称的知名度可能比其本名的知名度更高。因此,如果以商标评审委员会主张的"唯一"对应作为认定姓名权的前提条件,将使得与他人重名的人,或者除本名之外还有笔名、译名等其他名称的人,不论各名称的知名度或者相关公众认知情况如何,均无法获得姓名权的保护。判决指出,自然人所主张的特定名称与该自然人已经建立稳定的对应关系时,即使该对应关系达不到"唯一"的程度,也可以依法获得姓名权的保护。

---

① 例如,在我国家喻户晓的宋代文学家苏东坡,其本名为苏轼,字子瞻,号东坡居士。
② 例如,香港小说家金庸在我国具有很高的知名度,但金庸系其笔名,而其本名为查良镛确。

最高人民法院参照适用了不正当竞争解释第六条第二款的规定①,进一步指出特定名称要获得姓名权的保护,还应具有一定知名度、为相关公众所知悉,并用于指代该自然人。虽然该司法解释规定是针对"擅自使用他人的姓名,引人误认为是他人的商品"的不正当竞争行为的认定而作出的司法解释,但该不正当竞争行为本质上也是损害他人姓名权的侵权行为。认定该行为时所涉及的"引人误认为是他人的商品",与本案中认定争议商标的注册是否容易导致相关公众误认为存在代言、许可等特定联系,是密切相关的。故参照适用上述司法解释的规定,确定自然人就特定名称主张姓名权保护的条件。

(三)关于权利人对姓名的"使用"及其影响

民法通则第九十九条第一款规定:"公民享有姓名权,有权决定、使用和依照规定改变自己的姓名,禁止他人干涉、盗用、假冒。"使用自己的姓名是自然人享有姓名权的重要内容,也是姓名权的本质特征。姓名权人有权按照自己的意志决定如何使用自己的姓名,任何组织和个人不得干涉或者妨碍,也不得盗用或者假冒姓名权人的姓名。② 因此,"使用"是姓名权人享有的权利内容之一,并非其承担的义务,更不是姓名权人"禁止他人干涉、盗用、假冒",主张保护其姓名权的法定前提条件。

对于具有一定知名度的外国人,虽然其本人或者利害关系人可能并未在我国境内主动使用其姓名,但随着互联网的普及,新闻资讯的传播,以及国际经济、文化、人文交流的不断深入,该外国人可能在我国相关公众中亦具有一定的知名度。或者即使其本人或者利害关系人在我国境内主动使用了特定的中文译名,但由于便于称呼、语言习惯、文化差异等原因,我国相关公众、新闻媒体所熟悉和使用的"姓名"与其主动使用的姓名并不完全相同。例如在本案中,我国相关公众、新闻媒体普遍以"乔丹"指代再审申请人,而再审申请人及其商业合作伙伴耐克公司则主动使用的是"迈克尔·乔丹"。但不论是"迈克尔·乔丹"还是"乔丹",在相关公众

---

① 具有一定的市场知名度、为相关公众所知悉的自然人的笔名、艺名等,可以认定为反不正当竞争法第五条第三项规定的姓名。

② 参见黄薇主编:《中华人民共和国民法典人格权编解读》,中国法制出版社2020年版,第110页。

中均具有较高的知名度,均被相关公众普遍用于指代再审申请人,且再审申请人并未提出异议或者反对,故可以依法获得姓名权保护。

(四) 关于诚信原则在本案中的适用

诚实守信是人类社会普遍崇尚的基本价值,诚信原则是民事主体从事民商事活动时所应遵循的基本原则①。针对商标领域较为突出的违反诚实信用原则的现象,我国在2013年第三次修正商标法时,在商标法第七条中增加了"申请注册和使用商标,应当遵循诚实信用原则"的规定。②

司法裁判具有重要的规则指引作用和价值引导作用,通过明辨是非和明晰法律标准,能够为当事人选择正确行为模式提供指引,维护诚实守信等社会主义核心价值观。在系列案件中,最高人民法院将诚信原则作为裁判的基本原则,从两个方面强调了诚实信用原则的重要性。

其一,将乔丹公司申请注册争议商标时是否存在主观恶意,作为认定争议商标的注册是否损害再审申请人姓名权的重要考量因素。判决从乔丹公司申请注册争议商标时对再审申请人姓名及其知名度的知晓情况、乔丹公司对于使用"乔丹"申请注册争议商标不能做出正当合理的解释、乔丹公司及其关联公司申请注册与再审申请人密切相关的其他商标三个方面,对乔丹公司的主观恶意进行了详细分析和认定。对于乔丹公司、商标评审委员会关于乔丹公司的行为属于延续性注册、防御性注册的主张,均未予支持。

其二,虽然乔丹公司经过多年的经营,已具有较大的规模,占据了一定的市场份额,在相关行业具有一定的知名度;其运动鞋产品及装潢分别被最高人民法院在另案中认定为知名商品和知名商品的特有装潢,相关商标曾被国家工商行政管理总局商标局认定为驰名商标,但并不影响关于争议商标的注册损害再审申请人在先姓名权的认定。其关键原因之一在于,乔丹公司系恶意申请注册争议商标,损害再审申请人的在先姓名权,明显有悖于诚实信用原则。乔丹公司主张的所谓"市场秩序"或者"商业成功"并不完全是乔丹公司诚信经营的合法成果,而是一定程度上建立于相关公众误认的基础之上。维护此种市场秩序或者商业成功,不仅不利于保

---

① 民法通则第四条规定:"民事活动应当遵循自愿、公平、等价有偿、诚实信用的原则。"民法典第七条规定:"民事主体从事民事活动,应当遵循诚信原则,秉持诚实,恪守承诺。"
② 郎胜主编:《中华人民共和国商标法释义》,法律出版社2013年版,第19页。

护姓名权人的合法权益，而且不利于保障消费者的利益，有悖于商标法的立法宗旨。

## 四、参照适用时应注意的问题

为了回应新时代人民群众对人格尊严、人格权保护的迫切需求，2020年5月公布的民法典专设人格权编，对民事主体的生命权、身体权等权利，以及人身自由、人格尊严进行全面保护。人格权独立成编，是我国民法典的重大制度创新，彰显了人民立场和人文关怀，是在私法领域落实宪法尊重和保障人权的重要体现。关于姓名权，民法典第一千零一十二条规定："自然人享有姓名权，有权……许可他人使用自己的姓名。"该条有关"许可他人使用自己的姓名"的权利，是在民法通则第九十九条规定的基础上新增加的规定，是对姓名利益与主体适当分离的现象在立法上的肯定。①

2017年1月11日发布的《最高人民法院关于审理商标授权确权行政案件若干问题的规定》（以下简称商标授权确权规定）中，吸收了系列案件判决中的有关认定。商标授权确权规定第二十条规定如下："当事人主张诉争商标损害其姓名权，如果相关公众认为该商标标志指代了该自然人，容易认为标记有该商标的商品系经过该自然人许可或者与该自然人存在特定联系的，人民法院应当认定该商标损害了该自然人的姓名权。当事人以其笔名、艺名、译名等特定名称主张姓名权，该特定名称具有一定的知名度，与该自然人建立了稳定的对应关系，相关公众以其指代该自然人的，人民法院予以支持。"上述规定明确了判断损害在先姓名权的认定标准，即"相关公众容易认为标记有该商标的商品系经过该自然人许可或者与该自然人存在特定联系的"；还明确了姓名保护的范围不限于本名，规定了自然人就特定名称主张姓名权保护时应当符合的条件，即"特定名称具有一定的知名度，与该自然人建立了稳定的对应关系，相关公众以其指代该自然人"。

（执笔人：最高人民法院知识产权审判庭　杜微科

编审人：最高人民法院研究室　石　磊）

---

① 参见最高人民法院民法典贯彻实施工作领导小组主编：《中华人民共和国民法典人格权编理解与适用》，人民法院出版社2020年版，第192页。

# 指导案例 114 号《克里斯蒂昂迪奥尔香料公司诉国家工商行政管理总局商标评审委员会商标申请驳回复审行政纠纷案》的理解与参照

## ——商标国际申请进入中国国家阶段的审查程序与法律适用标准

2019 年 12 月 24 日,最高人民法院发布了第 22 批指导性案例,包括第 113 号至第 116 号共 4 件指导性案例,含 3 件知识产权案例和 1 件国家赔偿案例。这批案例专业性强、问题新颖,都是由最高人民法院副院长、大法官担任审判长审理的案件,充分展现了司法改革的精神和成果。这批指导性案例总结了审判实践中某些普遍的疑难复杂法律适用问题,有利于进一步明确裁判规则,统一裁判标准。其中,第 114 号指导性案例为《克里斯蒂昂迪奥尔香料公司诉国家工商行政管理总局商标评审委员会商标申请驳回复审行政纠纷案》。为了正确理解和准确参照适用该指导性案例,现对该指导性案例的选编过程、裁判要点、参照适用等有关情况予以解释、论证和说明。

## 一、案例选编过程

2018 年 4 月 26 日,最高人民法院公开开庭审理并当庭宣判了由陶凯元副院长担任审判长的克里斯蒂昂迪奥尔香料公司与国家工商行政管理总局商标评审委员会商标驳回复审行政纠纷案。本案宣判后,社会反响积极良好,认为此案平等保护了中外权利人的合法利益,进一步树立了中国加强知识产权司法保护的负责任大国形象。通过本案的司法审查程序,最高人民法院纠正了商标行政机关关于事实问题的错误认定,强化了行政程序正当性的要求,充分体现了司法保护知识产权的主导作用。考虑到本案在优化国际商标注册程序、督促行政机关积极履行马德里协定在内的国际公约义务等方面均有着较强的指导意义,民三庭向案例指导工作办公室推荐本案作为备选指导性案例。2018 年 7 月,案例指导工作办公室收到该案例后,经过初审,认为符合指导性案例的基本要求,遂提交研究室室务会进行讨论。2019 年 5 月 24 日,研究室室务会经过讨论,同意该案例作为备选指导性案例提交审委会讨论。12 月 17 日,该案例经最高人民法院民专会第 330 次会议讨论,同意作为指导性案例。12 月 24 日,最高人民法院以法〔2019〕293 号文件将该案例编入第 22 批指导性案例予以发布。

## 二、关于本案例的相关情况

涉案申请商标为国际注册第 1221382 号商标（见图 1）,申请人为克里斯蒂昂迪奥尔香料公司（以下简称迪奥尔公司）。经国际注册后,迪奥尔公司根据《商标国际注册马德里协定》《商标国际注册马德里协定有关议定书》的相关规定,通过世界知识产权组织国际局（以下简称国际局）向包括中国在内的多个国家提出领土延伸保护申请。2015 年 7 月 13 日,原国家工商行政管理总局商标局向国际局以申请商标缺乏显著性为由,驳回全部指定商品在中国的领土延伸保护申请。后原国家工商行政管理总局商标评审委员会（以下简称商标评审委员会）维持商标局驳回决定,一审、二审法院维持商标评审委员会复审决定。其后,最高人民法院裁定提审本案,并改判撤销一审、二审判决及被诉决定,判令商标评审委员会重新作出复审决定。最高人民法院认为,根据现有证据,申请商标请求在中国获得注册的商标类型为"三维立体商标",而非记载于商标局档案并作为商标局、商标评审委员会审查基础的"普通商标"。此外,迪奥尔公司在评审程序中明确了申请商标的具体类型为三维立体商标,并通过补充三面视图的方式提出了补正要求。在申请材料仅欠缺商标法实施条例规定的部分视图等形式要件的情况下,商标行政机关应当秉承积极履行国际公约义务的精神,给予申请人合理的补正机会。据此,商标评审委员会应当基于迪奥尔公司在复审程序中提出的与商标类型有关的复审理由,纠正商标局的不当认定,并根据三维标志是否具备显著特征的评判标准,对申请商标指定中国的领土延伸保护申请是否应予准许的问题重新进行审查。

图1　申请商标

本案在"世界知识产权日"当天进行了公开开庭审理，并当庭作出宣判。国内外多家新闻媒体、部分人大代表、政协委员、知识产权学者和社会公众以及有关国家的驻华使节旁听了审理过程，并对案件处理结果给予高度肯定和赞誉。我国正在积极构建开放型经济体系，大力推动建立双边贸易区和亚太自由贸易区，实施"一带一路"战略，企业纷纷走出去，特别需要良好的国际贸易、投资和知识产权保护环境。为适应我国开放型发展战略的新目标，需要我们更加积极主动地运用知识产权制度，加强知识产权保护，在参与、推动乃至引领国际知识产权保护和规则制定方面发挥更大作用。最高人民法院通过本案的司法审查程序，纠正了商标行政机关关于事实问题的错误认定，强化了对行政程序正当性的要求，充分体现了司法保护知识产权的主导作用。此外，优化商标国际注册程序，是我国积极履行马德里协定在内的国际公约义务的重要体现。本案通过为国际商标申请人提供及时有效的司法救济，全面保护了境外当事人的合法权利，对于宣传中国知识产权司法保护成果，主动参与、推动和引领国际知识产权保护和规则制定，努力将中国法院打造成当事人信赖的国际知识产权争端解决"优选地"，将大有裨益。

## 三、裁判要点的理解与说明

该指导案例的裁判要点确认：（1）商标国际注册申请人完成了《商标国际注册马德里协定》及其议定书规定的申请商标的国际注册程序，申请商标国际注册信息中记载了申请商标指定的商标类型为三维立体商标的，应当视为申请人提出了申请商标为三维立体商标的声明。因国际注册商标的申请人无须在指定国家再次提出注册申请，故由世界知识产权组织国际局向中国商标局转送的申请商标信息，应当是中国商标局据以审查、决定申请商标指定中国的领土延伸保护申请能否获得支持的事实依据。（2）在申请商标国际注册信息仅欠缺商标法实施条例规定的部分视图等形式要件的情况下，商标行政机关应当秉承积极履行国际公约义务的精神，给予申请人合理的补正机会。现围绕与该裁判要点相关的问题逐一解释和说明如下。

## （一）关于商标国际注册程序中基础事实的审查

根据《商标法实施条例》第十三条的规定，以三维标志申请商标注册的，应当在申请书中予以声明，说明商标的使用方式，并提交能够确定三维形状的图样，提交的商标图样应当至少包括三面视图。本案中，双方当事人争议的焦点之一即为申请商标的具体类型。对此，商标局的档案信息中记载为"普通商标"，但迪奥尔公司提交的国际注册信息中记载为"三维立体商标"。由于申请商标的具体类型与其显著性审查标准直接相关，作为本案的基础事实，法院应当首先进行审查。法院注意到，商标国际注册申请不同于国内申请程序，即国际注册商标的申请人无须在指定国家再次提出注册申请，相关申请材料应当以国际局在受理国际申请时的内容为准。因此，由国际局向商标局转送的申请商标信息，应当是商标局据以审查、决定申请商标指定中国的领土延伸保护申请能否获得支持的事实依据。从本案现有证据看，首先，来源于世界知识产权组织官方网站的申请商标国际注册信息明确载明，申请商标的类型为"三维立体商标"，而非记载于商标局档案并作为商标局、商标评审委员会审查基础的"普通商标"。在此基础上，也可合理推定，在申请商标指定中国进行领土延伸保护的过程中，国际局向商标局转送的申请信息与之相符，商标局应知晓上述信息，并将上述商标类型信息记载在商标申请档案之中。其次，迪奥尔公司就本案提出复审请求的过程中，也再次对商标类型作出明确，并通过补充三维视图的方式提出了补正请求。基于上述事实，商标局、商标评审委员会应当以国际注册档案中记载的相关信息为依据，作为本案审查的事实基础。因此，通过本案的司法审查程序，司法机关对于商标国际注册程序中基础事实的确定问题也再次作出了规则指引，即应当以国际局向商标局转送的申请商标信息为准，并在此基础上进行相应的行政及司法审查程序。

## (二) 关于国际注册申请程序中当事人的补正机会

《商标法实施条例》第四十三条规定："指定中国的领土延伸申请人，要求将三维标志、颜色组合、声音商标作为商标保护或者要求保护集体商标、证明商标的，自该商标在国际局国际注册登记簿登记之日起三个月内，应当通过依法设立的商标代理机构，向商标局提交本条例第十三条规定的相关材料。未在上述期限内提交材料的，商标局驳回该领土延伸申请。"对于三维标志、颜色组合、声音等新类型的商标申请客体而言，相对于文字、图形等平面商标，在构成方式、审查基础方面均存在一定的差异，为保证对可注册性作出准确判断，商标申请人应当严格按照《商标法实施条例》的要求，及时提交视图、声音样本等材料。但同时我们也应当注意到，马德里协定及其议定书制定的主要目的，就是通过建立国际合作机制，确立和完善商标国际注册程序，减少和简化注册手续，便利申请人以最低成本在所需国家获得商标保护。因此，在对国际商标申请进行审查的过程中，我们也应当秉持积极履行国际公约义务的精神，在不违反法律规定的前提下，充分考虑国际申请程序的特殊性，给予申请人合理的补正机会等必要的便利。从本案的相关事实来看，在国际注册程序中，迪奥尔公司已经按照《商标法实施条例》的要求，对商标的类型及使用方式作出声明，并提交了申请商标的一面视图。在此情形下，应当视为迪奥尔公司已经根据马德里协定及其议定书的规定，完成了申请商标的国际注册程序，以及《商标法实施条例》第十三条规定的声明与说明义务。在申请材料仅欠缺商标法实施条例规定的部分视图等形式要件的情况下，商标行政机关应当秉承积极履行国际公约义务的精神，给予申请人合理的补正机会，从而使国际申请程序与国内审查程序实现顺畅衔接。

(执笔人：最高人民法院知识产权审判庭　佟　姝
编审人：最高人民法院研究室　石　磊)

# 指导案例 115 号《瓦莱奥清洗系统公司诉厦门卢卡斯汽车配件有限公司等侵害发明专利权纠纷案》的理解与参照

——功能性特征的认定标准以及部分判决与临时禁令的制度衔接

2019 年 12 月 24 日，最高人民法院发布了第 22 批指导性案例，包括第 113 号至第 116 号共 4 件指导性案例，总结了审判实践中某些普遍的疑难复杂法律适用问题，有利于进一步明确裁判规则，统一司法尺度。其中，第 115 号指导案例为《瓦莱奥清洗系统公司诉厦门卢卡斯汽车配件有限公司等侵害发明专利权纠纷案》。为了正确理解和准确参照适用该指导案例，现对该指导案例的基本案情、裁判要点、参照适用等有关情况予以解释和说明。

## 一、案例选编过程及指导意义

本案是最高人民法院知识产权法庭成立后敲响"第一槌"的案件，聚焦功能性技术特征认定标准和部分判决与临时禁令制度衔接两大问题，在实体和程序问题上均具有重要指导意义。最高人民法院知识产权法庭推荐本案作为备选指导性案例后，最高人民法院案例指导工作办公室经过初审认为，本案例基本符合指导性案例要求，并提交最高人民法院研究室室务会讨论。2019 年 9 月 16 日，最高人民法院研究室室务会讨论同意，建议提交院审委会讨论。12 月 17 日，该案例经最高人民法院民事专业委员会第 330 次会议讨论，同意作为指导性案例。2019 年 12 月 24 日，最高人民法院以法〔2019〕293 号文件将本案例编入第 22 批指导性案例予以发布。

本案深入阐释了功能性特征的认定标准，首次探讨了部分判决制度和临时禁令制度的关系,明确了两种制度并存时的适用条件和规则,对技术类知识产权案件审判机制创新、提升保护效率和降低维权成本具有重要价值。

### 二、关于本案例的相关情况

瓦莱奥清洗系统公司(以下简称瓦莱奥公司)系名称为"机动车辆的刮水器的连接器及相应的连接装置"、专利号为 ZL200610160549.2 的中国发明专利的专利权人。瓦莱奥公司于 2016 年向上海知识产权法院提起诉讼称,厦门卢卡斯汽车配件有限公司(以下简称卢卡斯公司)、厦门富可汽车配件有限公司(以下简称富可公司)未经许可制造、销售、许诺销售,陈某某制造、销售的雨刮器产品落入其专利权保护范围,请求判令卢卡斯公司、富可公司、陈某某停止侵权,赔偿损失及制止侵权的合理开支暂计 600 万元。后瓦莱奥公司申请上海知识产权法院作出部分判决,认定卢卡斯公司、富可公司、陈某某构成侵权,并判令其停止侵权。此外,瓦莱奥公司还提出了行为保全(又称临时禁令)申请,请求裁定卢卡斯公司、富可公司、陈某某立即停止侵权行为。上海知识产权法院于 2019 年 1 月 22 日作出部分判决,认定卢卡斯公司、富可公司构成侵权并判令其停止侵权;因已认定构成侵权,故未对临时禁令申请作出处理。

卢卡斯公司、富可公司不服上述部分判决,向最高人民法院提起上诉,请求撤销该判决,改判驳回瓦莱奥公司关于停止侵权的诉讼请求。瓦莱奥公司则在二审中继续坚持其行为保全申请,请求法院裁定卢卡斯公司、富可公司、陈某某立即停止侵权行为。

最高人民法院经审理认为,上海知识产权法院关于本专利权利要求"在所述关闭位置,所述安全搭扣面对所述锁定元件延伸,用于防止所述锁定元件的弹性变形,并锁定所述连接器"的技术特征属于功能性特征的认定,以及关于被诉侵权产品具有与前述技术特征等同的技术特征的认定有误,但其关于被诉侵权产品落入涉案专利权保护范围的结论正确,故判决驳回上诉、维持原判。鉴于该案当庭宣判维持了关于停止侵权的原审判决,故无必要作出停止侵权的临时禁令,但判决仍对部分判决与临时禁令的制度衔接问题作出了明确指引。

## 三、裁判要点的理解与说明

该指导案例的裁判要点确认：第一，如果专利权利要求的某个技术特征已经限定或者隐含了特定结构、组分、步骤、条件或其相互之间的关系等，即使该技术特征同时还限定了其所实现的功能或者效果，亦不属于《最高人民法院关于审理侵犯专利权纠纷案件应用法律若干问题的解释（二）》第八条所称的功能性特征。第二，在专利侵权诉讼程序中，责令停止被诉侵权行为的行为保全具有独立价值。当事人既申请责令停止被诉侵权行为，又申请先行判决停止侵害，人民法院认为需要作出停止侵害先行判决的，应当同时对行为保全申请予以审查；符合行为保全条件的，应当及时作出裁定。

现围绕与该裁判要点相关的问题逐一解释和说明如下。

### （一）关于功能性特征的判断标准

#### 1. 功能性特征的法律特点

在专利法上，功能性特征是指通过记载发明创造的功能或者效果而不是结构等来限定其所保护的技术方案的技术特征。功能性特征是一种独具特色的技术特征，需要遵循特殊的侵权比对方法。如果仅仅从功能性特征的文字表述看，其似乎应该被理解为涵盖了能够实现该功能的任何可能的结构或者手段。但是，这种理解可能会将专利权利要求的保护范围扩大至申请人在申请日时并未预想到的技术手段，因而导致专利保护范围与申请人的技术贡献不相适应。为了明确功能性特征的限定内容，实现专利权利要求的保护范围与申请人的技术贡献相一致，《最高人民法院关于审理侵犯专利权纠纷案件应用法律若干问题的解释》（以下简称《解释一》）第四条将功能性特征的内容限定为"说明书和附图描述的该功能或者效果的具体实施方式及其等同的实施方式"。随后，《最高人民法院关于审理侵犯专利权纠纷案件应用法律若干问题的解释（二）》（以下简称《解释二》）第八条又进一步明确了功能性特征的侵权对比方法。该条第二款规定："与说明书及附图记载的实现前款所称功能或者效果不可缺少的技术特征相比，被诉侵权技术方案的相应技术特征是以基本相同的手段，实现相同的功能，达到相同的效果，且本领域普通技术人员在被诉侵权行为发生时无需经过创造性劳动就能够联想到的，人民法院应当认定该相应技术特征与功能性特征相同或者等同。"由此观之,两个司法解释对于功能性特征的规定具有两个重要特点:一是功能性特征所涵盖的实施方式的范围受到限制,其涵盖范围仅包括专利说明书和附图所给出的该功能或者效果的具体实施方式及其等同的实施方式。二是功能性特征的等同范围受到限制,其等同判断以实现其功能或者效果不可缺少的技术手段为对象,限于侵权行为发生时与该技术手段基本相同的手段,且其功能或者效果应该相同。因此,判断某一特征是否功能性特征,直接关系其限定的权利要求的保护范围。在这个意义上,功能性特征并非一个纯粹的事实概念,而是一个法律概念,其本质是基于权利要求保护范围与申请人的技术贡献相一致原则,对其字面范围和等同范围均进行限缩。

2. 功能性特征的具体判断标准

《解释二》第八条第一款规定了功能性特征的判断标准:"功能性特征,是指对于结构、组分、步骤、条件或其之间的关系等,通过其在发明创造中所起的功能或者效果进行限定的技术特征,但本领域普通技术人员仅通过阅读权利要求即可直接、明确地确定实现上述功能或者效果的具体实施方式的除外。"尽管上述规定从正反两个方面界定了功能性特征的含义,但由于实践问题的复杂性,对于功能性特征的判断仍然存在较大争议。争议的核心在于,功能性特征的具体判断标准是什么。要解决这一争议,首先要了解实践中涉及功能或者效果的技术特征的具体类型,然后结合功能性特征的法律实质进行判断。

在实践中,涉及功能或者效果的技术特征主要有三种类型,但并非任何描述了其所实现的功能或者效果的特征均是功能性特征。一是仅仅限定了技术特征的功能或者效果,而不限定该技术特征的结构、组分、步骤、条件或其之间的关系。这种类型的技术特征通常并未涉及任何有关结构、组分、步骤、条件等内容,本领域技术人员只能根据该技术特征所描述的功能或者效果,结合说明书和附图所描述实现该功能或者效果的具体实施方式来理解其具体结构、组分等特征。正因如此,这种类型的技术特征会出现其字面涵盖范围超出其技术贡献的可能,并成为前述司法解释所重点规制的对象。这种类型的技术特征是典型的、法律意义上的功能性特征。二是既限定技术特征的结构、组分、步骤、条件或其之间的关系,又限定了该技术特征所起到的功能或者效果,但是该功能或者效果是该结构、组分、步骤、条件等所必然带来的结果。对于此种类型的技术特征而言,其已经限定了具体的结构、组分等内容，体现了发明的技术贡献，其所描述的功能或者效果仅仅是对该结构、组分等所必然具有的效果的客观记载，因而该功能或者效果对于该技术特征不具有实质限定意义。虽然这类技术特征表面上具有功能或者效果的描述，但是其本质是结构、组分、步骤、条件特征，其所描述的功能或者效果对于该发明不具有实质限定作用。这种类型的技术特征通常不会出现其字面涵盖范围超出其技术贡献的可能，因而不作为前述司法解释意义上的功能性特征对待。可见，这种类型的技术特征徒具功能性特征的形式，实际上并非法律意义上的功能性特征。三是既限定该技术特征的结构、组分、步骤、条件或者关系，又限定了其所起到的功能或者效果，且只有该结构、组分、步骤、条件或者关系等与其所起到的功能或者效果联系起来，才能确定其结构、组分、步骤、条件或者关系等的具体内容。本案为这类技术特征提供了一个很好的实例。本案争议的技术特征是："在所述关闭位置，所述安全搭扣面对所述锁定元件延伸，用于防止所述锁定元件的弹性变形，并锁定所述连接器。"这一技术特征的特点是，既限定了特定的方位和结构——"所述安全搭扣面对所述锁定元件延伸"，又限定了该方位和结构的功能——"用于防止所述锁定元件的弹性变形，并锁定所述连接器"。而且，该方位和结构及其所起到的功能无法割裂，只有将两者结合起来理解，才能清楚地确定该方位和结构的具体内容。在这种类型的技术特征中，其描述的功能或者效果对于理解其同时描述的结构等内容必不可少，其有关方位、结构关系的限定和功能限定在侵权判定时均应予以考虑。不过，就本质而言，该技术特征中有关功能或者效果的描述旨在对其已经给出的特定结构、组分、步骤、条件、关系等内容进行限定，并非意图涵盖任何实现其所描述的功能或者效果的所有手段。因此，这种类型的技术特征通常亦不会出现其字面涵盖范围超出其技术贡献的可能性，亦非法律意义上的功能性特征。

由上述分析可见，只有那些仅仅限定了技术特征的功能或者效果，而对结构、组分、步骤、条件或者关系等不作任何限定的技术特征，才属于法律意义上的功能性特征。正如本案判决所言："功能性特征是指不直接限定发明技术方案的结构、组分、步骤、条件或其之间的关系等，而是通过其在发明创造中所起的功能或者效果对结构、组分、步骤、条件或其之间的关系等进行限定的技术特征。如果某个技术特征已经限定或者隐含了发明技术方案的特定结构、组分、步骤、条件或其之间的关系等，即使该技术特征还同时限定了其所实现的功能或者效果，原则上亦不属于上述司法解释所称的功能性特征，不应作为功能性特征进行侵权比对。"

（二）关于对行为保全申请的处理

本案是一个针对停止侵害专利权部分先行作出的部分判决，一审判决支持了专利权人关于停止侵害的诉讼请求。一审程序中，专利权人还提出了责令被告停止侵害涉案专利权的诉中行为保全申请，至本案被告上诉至最高人民法院时，一审法院对该诉中行为保全申请尚未作出处理。因此，本案还涉及对于当事人在一审中提出的诉中行为保全申请的处理问题。

本案中，专利权人提出的是责令被告停止侵害涉案专利权的行为保全申请。该申请的核心内容与一审法院已经作出的认定被告行为构成侵犯专利权并判令被告停止侵权行为的部分判决在内容上存在重合之处，在功能上具有尽快明确各方当事人之间的法律关系状态、提高纠纷解决效率的类似之处。但作为两种不同的制度设计，责令停止侵害的行为保全申请具有独特价值。例如，当发生申请人利益被侵害的紧急情况或者给申请人造成损害的其他情况，判令停止侵害的部分判决因处于上诉状态而尚未发生效力时，责令停止侵害的诉中行为保全措施可以起到及时制止侵权行为的效果，能够更加及时有效保护专利权。特别是，我国相关民事诉讼法律并未规定未生效判决临时执行制度，责令停止侵害的行为保全可以提到临时执行的效果，填补上述制度缺憾。基于上述考虑，本案判决明确阐释了诉中行为保全申请与停止侵害的部分判决之间的关系，指出了诉中行为保全申请的独立价值，倡导人民法院在作出停止侵害的部分判决的同时，支持专利权人关于责令停止侵权行为的保全申请，从而完善了专利权的司法保护机制，提高了专利司法保护质效。

**四、参照适用时应注意的问题**

（一）关于功能性特征的例外

本案例第一点裁判要点实质拓宽了《解释二》第八条第一款关于功能性特征的除外规定。于此，有以下两点值得关注。

第一，功能性特征的例外不限于本领域普通技术人员仅通过阅读权利要求即可直接、明确地确定实现上述功能或者效果的具体实施方式的技术

· 893 ·

特征,其至少还包括如下两类情形:一是功能或者效果是结构、组分、步骤、条件或者关系的必然结果,即该功能或者效果属于冗余记载;二是功能或者效果并非结构、组分、步骤、条件或者关系的必然结果,但与结构、组分、步骤、条件或者关系相关联,只有将二者结合起来才能明确技术特征的具体实施方式。该两类技术特征虽然具有功能性特征的形式,但其实质上并非功能性特征,不宜作为功能性特征处理。

第二,功能性特征例外情形的判断本质上仍属于权利要求解释范畴,应当遵循权利要求解释的一般原则和惯常步骤,以本领域技术人员视角,通过阅读权利要求书、说明书及其附图后进行判断,不能脱离说明书仅根据权利要求对技术特征进行片面解读。阅读说明书的重要作用尤其体现在两个方面:一是不阅读说明书,难以明确技术特征是否隐含了特定结构、组分、步骤、条件或者关系等;二是不阅读说明书,难以明确具有实质限定作用的功能或者效果是否需要与结构、组分、步骤、条件或者关系限定结合起来才能明确技术特征的具体实施方式。

### (二)关于诉中行为保全申请的管辖

行为保全的目的在于给请求人提供临时便捷的保护,同时兼顾稳妥保护被申请人的利益。基于上述目的,人民法院对于行为保全申请既需要及时进行处理,又需要在必要时听取双方当事人的意见,尽可能保证有关行为保全申请的处理与裁判结果相一致。因此,一审法院在诉讼过程中收到申请人的行为保全申请时,应当及时予以处理。一旦作出判决作出、当事人提出上诉且第二审人民法院已经接到报送的案件,一审法院则不宜再处理行为保全申请,而应由二审法院管辖并处理。正因如此,本案判决以"第二审人民法院收到报送的案件"为时间节点,确定了诉中行为保全申请的管辖:"对当事人不服原审判决提起上诉的案件,当事人在第一审程序中提出行为保全申请的,在第二审人民法院接到报送的案件之前,由第一审人民法院管辖;在第二审人民法院接到报送的案件之后,应由第二审人民法院管辖。"

(执笔人:最高人民法院知识产权法庭 朱 理 廖继博
编审人:最高人民法院研究室 李予霞)

# 指导案例 116 号《丹东益阳投资有限公司申请丹东市中级人民法院错误执行国家赔偿案》的理解与参照

——因被执行人确无清偿能力而终结本次执行的可以申请国家赔偿

2019年12月24日,最高人民法院发布了第22批指导性案例,包括第113号至第116号共4件指导性案例,含3件知识产权案例和1件国家赔偿案例。这批案例专业性强、问题新颖,都是由最高人民法院副院长、大法官担任审判长审理的案件,充分展现了司法改革的精神和成果。这批指导性案例总结了审判实践中某些普遍的疑难复杂法律适用问题,有利于进一步明确裁判规则,统一裁判标准。其中,第116号指导性案例为《丹东益阳投资有限公司申请丹东市中级人民法院错误执行国家赔偿案》。为了正确理解和准确参照适用该指导性案例,现对该指导性案例的选编过程、裁判要点、参照适用等有关情况予以解释、论证和说明。

## 一、案例选编过程

最高人民法院赔偿办在申诉审查阶段,经审查认为该案属于典型的错误执行造成重大损失又得不到国家赔偿的案件,遂决定由最高人民法院赔偿办副主任祝二军承办并担任审判长,合议庭成员为高珂、梁清。后经审判长会议讨论,逐级报经周强院长批准,决定本案由最高人民法院赔偿委员会提审,合议庭成员变更为5人,由陶凯元副院长担任审判长,增加执行局副局长黄金龙担任合议庭成员。本案经公开质证,圆满审结,取得了良好的政治效果、法律效果和社会效果。2018年8月,最高人民法院赔偿办向最高人民法院案例指导工作办公室推荐该案例作为备选指导性案例。经过初审,最高人民法院案例指导工作办公室认为基本符合指导性案例要求,并提交最高人民法院研究室室务会讨论。2019年5月24日,最高人民法院研究室室务会经讨论,同意推荐该案例,并要求承办人进一步征求执行局意见。执行局同意推荐该案例,并对裁判要点提出了文字性修改意见。经研究,此类案件受理量平稳趋缓,该案例典型示范意义很强,对于规范法院执行行为、维护司法公正、救济和保障当事人合法权益能起到明显的积极作用,故建议提交审委会讨论。12月17日,该案例经最高人民法院民专会第330次会议讨论,同意作为指导性案例。12月24日,最高人民法院以法〔2019〕293号文件将该案例编入第22批指导性案例予以发布。

## 二、关于本案例的相关情况

### (一)简要案情

本案因丹东益阳投资有限公司(以下简称益阳公司)与丹东轮胎厂债权转让合同还款纠纷一案的执行工作引发。1997年丹东轮胎厂从交通银行丹东分行借款422万元,后该笔债权几经转手由益阳公司购得。益阳公司向辽宁省丹东市中级人民法院(以下简称丹东中院)提起民事诉讼,要求丹东市轮胎厂偿还该款及利息。在案件审理过程中,丹东中院根据益阳公司的财产保全申请,于2007年5月作出民事裁定:冻结轮胎厂银行存款1050万元或查封其相应价值的财产,并向丹东市国土资源局发出协助执行通知书,要求协助查封丹东轮胎厂的6宗土地。2007年6月丹东中院作出民事判决书,丹东轮胎厂于判决发生法律效力后十日内偿还益阳公司欠款422万元及相应利息。判决生效后,丹东轮胎厂没有自动履行,益阳公司向丹东中院申请强制执行。2007年11月丹东市人民政府市长办公会议议定,将丹东轮胎厂资产变现用于安置职工和偿还债务。后丹东市国土资源局和丹东市产权交易中心分别发布将丹东轮胎厂有关土地挂牌出让公告。2008年1月30日,丹东中院作出民事裁定,解除对轮胎厂有关土地的查封。随后轮胎厂土地被整体出让,出让款4680万元由轮胎厂用于偿还职工内债、职工集资、医药费、普通债务等,但没有给付益阳公司。

2009年起益阳公司多次递交国家赔偿申请,丹东中院一直未作出决定。2015年7月益阳公司向辽宁省高级人民法院（以下简称辽宁高院）赔偿委员会申请作出赔偿决定。在辽宁高院赔偿委员会审理过程中，丹东中院以丹东轮胎厂现暂无其他财产可供执行为由，裁定终结本次执行程序。此后，辽宁高院赔偿委员会以民事执行程序尚未终结，不符合国家赔偿立案条件为由，决定驳回丹东益阳公司的国家赔偿申请。益阳公司不服，提出申诉。2018年3月最高人民法院赔偿委员会决定提审本案。

（二）争议焦点及裁判结果

最高法院赔偿委员会认为：本案基本事实清楚，证据确实、充分，申诉双方并无实质争议。双方争议焦点主要在于三个法律适用问题：第一，丹东中院的解封行为在性质上属于保全行为还是执行行为？第二，丹东中院的解封行为是否构成错误执行，相应的具体法律依据是什么？第三，丹东中院是否应当承担国家赔偿责任？

关于第一个焦点问题。益阳公司认为，丹东中院的解封行为不是该院的执行行为，而是该院在案件之外独立实施的一次违法保全行为。对此，丹东中院认为属于执行行为。最高人民法院赔偿委员会认为，丹东中院在审理益阳公司诉丹东轮胎厂债权转让合同纠纷一案过程中，依法采取了财产保全措施，查封了丹东轮胎厂的有关土地。在民事判决生效进入执行程序后，根据《最高人民法院关于人民法院民事执行中查封、扣押、冻结财产的规定》第四条的规定，诉讼中的保全查封措施已经自动转为执行中的查封措施。因此，丹东中院的解封行为属于执行行为。

关于第二个焦点问题。益阳公司称，丹东中院的解封行为未经益阳公司同意且最终造成益阳公司巨额债权落空，存在违法。丹东中院辩称，其解封行为是在市政府要求下进行的，且符合最高人民法院的有关政策精神。对此，最高人民法院赔偿委员会认为，丹东中院为配合政府部门出让涉案土地，可以解除对涉案土地的查封，但必须有效控制土地出让款，并依法定顺位分配该笔款项，以确保生效判决的执行。但丹东中院在实施解封行为后，并未有效控制土地出让款并依法予以分配，致使益阳公司的债权未受任何清偿，该行为不符合最高人民法院关于依法妥善审理金融不良资产案件的司法政策精神，侵害了益阳公司的合法权益，属于错误执行行为。

至于错误执行的具体法律依据，因丹东中院解封行为发生在2008年，故应适用当时有效的司法解释,即最高人民法院 2000 年发布的《最高人民法院关于民事、行政诉讼中司法赔偿若干问题的解释》。由于丹东中院的行为发生在民事判决生效后的执行阶段,属于擅自解封致使民事判决得不到执行的错误行为,故应当适用该解释第四条第七项规定的违反法律规定的其他执行错误情形。

关于第三个焦点问题。益阳公司认为,被执行人丹东轮胎厂并非暂无财产可供执行,而是已经彻底丧失清偿能力,执行程序不应长期保持"终结本次执行程序"状态,而应实质终结,故本案应予受理并作出由丹东中院赔偿益阳公司落空债权本金、利息及相关诉讼费用的决定。丹东中院辩称,案涉执行程序尚未终结,被执行人丹东轮胎厂尚有财产可供执行,益阳公司的申请不符合国家赔偿受案条件。对此,最高人民法院赔偿委员会认为,执行程序终结不是国家赔偿程序启动的绝对标准。一般来讲,执行程序只有终结以后,才能确定错误执行行为给当事人造成的损失数额,才能避免执行程序和赔偿程序之间的并存交叉,也才能对赔偿案件在穷尽其他救济措施后进行终局性的审查处理。但是,这种理解不应当绝对化和形式化,应当从实质意义上进行理解。在人民法院执行行为长期无任何进展、也不可能再有进展,被执行人实际上已经彻底丧失清偿能力,申请执行人等已因错误执行行为遭受无法挽回的损失的情况下,应当允许其提出国家赔偿申请。否则,有错误执行行为的法院只要不作出执行程序终结的结论,国家赔偿程序就不能启动,这样的理解与国家赔偿法以及司法解释制定的初衷是背道而驰的。本案中,丹东中院的执行行为已经长达十一年没有任何进展,其错误执行行为亦已被证实给益阳公司造成了无法通过其他渠道挽回的实际损失,故应依法承担国家赔偿责任。辽宁高院赔偿委员会以执行程序尚未终结为由决定驳回益阳公司的赔偿申请,属于适用法律错误,应予纠正。

至于具体损害情况和赔偿金额,经最高人民法院赔偿委员会组织申诉人和被申诉人进行协商,双方就丹东中院(2007)丹民三初字第 32 号民事判决的执行行为自愿达成如下协议:(1)丹东中院于本决定书生效后五日内,支付益阳公司国家赔偿款 300 万元;(2)益阳公司自愿放弃其他国家赔偿请求;(3)益阳公司自愿放弃对该民事判决的执行,由丹东中院裁定该民事案件执行终结。

最高人民法院赔偿委员会认为,本案丹东中院错误执行的事实清楚,证据确实、充分；辽宁高院赔偿委员会决定驳回益阳公司的申请错误，应予纠正；益阳公司与丹东中院达成的赔偿协议，系双方真实意思表示，且不违反法律规定，应予确认。依照国家赔偿法第三十条第一款、第二款和《最高人民法院关于国家赔偿监督程序若干问题的规定》第十一条第四项、第十八条、第二十一条第三项的规定，最高人民法院赔偿委员会决定如下：（1）撤销辽宁高院赔偿委员会（2015）辽法委赔字第29号决定；（2）丹东中院于本决定生效后五日内，支付益阳公司国家赔偿款300万元；（3）准许益阳公司放弃其他国家赔偿请求。

（三）典型意义

据了解，目前全国许多地方法院审理的国家赔偿案件中，错误执行赔偿案件数量占比一半左右。但是，其中绝大多数赔偿申请均被法院赔偿委员会驳回，而驳回最常用的理由就是民事案件执行程序尚未终结。之所以出现这种情况，一方面与司法解释规定得不够精细有关，有关司法解释规定，错误执行赔偿一般应在民事执行程序终结以后才能提出，列举的可以申请赔偿的情形也不全面；另一方面与司法实务部门理解有所偏颇、适用不够精准有关。实践中，许多民事案件的执行程序确实尚未终结，有的还以"终结本次执行程序"的形式出现，但事实上法院确实存在明显的执行错误，被执行人又长期没有清偿能力（也几乎不可能再有清偿能力）。这些案件既执行不掉，又难以进入国家赔偿程序，不仅给人民群众留下"执行难""赔偿难"的负面印象，影响了司法公正高效权威的形象，而且给人民群众造成了"二次伤害"，必须坚决予以纠正。最高人民法院赔偿委员会审结本案，为处理此类纠纷树立了标杆，具有积极明确的典型示范意义，即对于人民法院确有错误执行行为，确已造成损害，被执行人长期没有清偿能力的案件，即使执行程序尚未终结，也可以进行国家赔偿。

### 三、裁判要点的理解与说明

该指导案例的裁判要点确认：人民法院执行行为确有错误造成申请执行人损害，因被执行人无清偿能力且不可能再有清偿能力而终结本次执行的，不影响申请执行人依法申请国家赔偿。现围绕与该裁判要点相关的问题逐一解释和说明如下。

## （一）如何理解国家赔偿法意义上的执行程序终结

现行法律只是规定了当事人申请错误执行赔偿的程序，而没有规定当事人申请错误执行赔偿的条件。国家赔偿法第三十八条规定："人民法院在民事诉讼、行政诉讼过程中，违法采取对妨害诉讼的强制措施、保全措施或者对判决、裁定及其他生效法律文书执行错误，造成损害的，赔偿请求人要求赔偿的程序，适用本法刑事赔偿程序的规定。"

对于当事人申请错误执行国家赔偿的条件，现行司法解释进行了规定。2011年3月施行的《最高人民法院关于适用〈中华人民共和国国家赔偿法〉若干问题的解释（一）》第八条规定："赔偿请求人认为人民法院有修正的国家赔偿法第三十八条规定情形的，应当在民事、行政诉讼程序或者执行程序终结后提出赔偿请求，但人民法院已依法撤销对妨害诉讼采取的强制措施的情形除外。"简单地说，就是当事人申请错误执行国家赔偿，必须等执行程序终结以后。

为了避免对上述解释进行"一刀切"式的僵化理解，最高人民法院在其他司法解释中对类似情形作了进一步规定。2016年10月1日起施行的《最高人民法院关于审理民事、行政诉讼中司法赔偿案件适用法律若干问题的解释》第十九条规定："公民、法人或者其他组织依据国家赔偿法第三十八条规定申请赔偿的，应当在民事、行政诉讼程序或者执行程序终结后提出，但下列情形除外：（一）人民法院已依法撤销对妨害诉讼的强制措施的；（二）人民法院采取对妨害诉讼的强制措施，造成公民身体伤害或者死亡的；（三）经诉讼程序依法确认不属于被保全人或者被执行人的财产，且无法在相关诉讼程序或者执行程序中予以补救的；（四）人民法院生效法律文书已确认相关行为违法，且无法在相关诉讼程序或者执行程序中予以补救的；（五）赔偿请求人有证据证明其请求与民事、行政诉讼程序或者执行程序无关的；（六）其他情形。赔偿请求人依据前款规定，在民事、行政诉讼程序或者执行程序终结后申请赔偿的，该诉讼程序或者执行程序期间不计入赔偿请求时效。"

可以看出，如果严格依照现有司法解释规定，类似本案的情形很难进行国家赔偿，没有明确的条文予以规定，勉强可以作为依据的是《最高人民法院关于审理民事、行政诉讼中司法赔偿案件适用法律若干问题的解释》第十九条第一款第六项规定的"其他情形。"这种状况对于保护当事人申请国家赔偿的权益、规范依法执行行为十分不利。笔者认为，执行程序终结不是国家赔偿程序启动的绝对标准，对于执行程序终结应当从实质意义上理解。一般来讲，执行程序只有终结以后，才能确定错误执行行为给当事人造成的损失数额，才能避免执行程序和赔偿程序之间的并存交叉，也才能对赔偿案件在穷尽其他救济措施后进行终局性的审查处理。但是，这种理解不应当绝对化和形式化，应当从实质意义上进行理解。在人民法院执行行为长期无任何进展、也不可能再有进展，被执行人实际上已经彻底丧失清偿能力，申请执行人等已因错误执行行为遭受无法挽回的损失的情况下，应当允许其提出国家赔偿申请。否则，有错误执行行为的法院只要不作出执行程序终结的结论，国家赔偿程序就不能启动，这样的理解显然是与国家赔偿法以及司法解释制定的初衷背道而驰。

（二）终结本次执行能否视同执行程序终结

长期以来，对于终结本次执行是否视同执行程序终结，各方面争论很大。有人认为，终结本次执行可以视同执行程序终结；也有人认为，终结本次执行不能视同执行程序终结；还有人认为，终结本次执行一定期限后可以视同执行程序终结。

我们认为，从国家赔偿的角度看，终结本次执行应该视同执行程序终结。理由如下。

第一，从终结本次执行程序的适用条件看。终结本次执行程序以前使用率比较高、使用得比较混乱，这是事实，但是现在状况已经明显改善。2016年12月起施行的《最高人民法院关于严格规范终结本次执行程序的规定（试行）》第一条要求终结本次执行必须同时符合下列五项条件：（1）已向被执行人发出执行通知、责令被执行人报告财产；（2）已向被执行人发出限制消费令，并将符合条件的被执行人纳入失信被执行人名单；（3）已穷尽财产调查措施，未发现被执行人有可供执行的财产或者发现的财产不能处置；自执行案件立案之日起已超过三个月；（4）被执行人下落不明的，已依法予以查找；（5）被执行人或者其他人妨害执行的，已依法采取罚款、拘留等强制措施，构成犯罪的，已依法启动刑事责任追究程序。可以看出，终结本次执行的使用条件已经非常严格，必须同时符合上述五项条件，而在同时符合上述五项条件的条件下仍然不能执行，那么虽然形式上可以终结本次执行，但法院已经不可能再采取其他更有效的执行措施，实质上应该视同执行程序已经终结。

第二，从终结本次执行程序的法律后果看。根据《最高人民法院关于严格规范终结本次执行程序的规定（试行）》的规定，终结本次执行以后，法院的义务性动作只是在五年内每六个月通过网络执行查控系统查询一次被执行人的财产状况，也可以根据当事人的申请进行一些其他工作，从执行效果来讲已经没有多大意义，实质上与执行程序已经终结无异。

第三，国家赔偿不否认被执行人可能的后续执行义务。国家赔偿案件当事人遭受的损失，虽然是法院在执行民事案件时造成的，但其根源在于民事案件的被执行人没有正确履行执行义务。如果被执行人履行了执行义务，那么即便法院存在错误执行行为，对申请执行人一般也不会造成损失。因此，赔偿义务机关在进行国家赔偿以后，就相应获得了对民事案件被执行人的代为求偿权，可以从被执行人处予以追偿。当然，后续执行到位的可能性也即追偿得以实现的可能性是非常小的。但也正是因为这种可能性非常小，所以才应赋予当事人申请国家赔偿的权利，让赔偿义务机关来承担错误执行造成的损失。

第四，最高人民法院的实践支持这种观点。在审理益阳公司申请丹东中院国家赔偿申诉案件时，也存在丹东中院裁定终结本次执行程序的行为，最高人民法院赔偿委员会主要从被执行人长期没有清偿能力的角度来认定本案实质上执行程序已经终结，并决定应予赔偿，而没有考虑丹东中院裁定终结本次执行的行为，即无论丹东中院是否作出终结本次执行程序的裁定。最高人民法院赔偿委员会的这种做法实际上支持了终结本次执行视同执行程序终结的观点。

## 四、参照适用时应注意的问题

适用本指导性案例时，应该注意以下几点。

第一，本指导性案例主要解决的是国家赔偿案件的程序性受理问题。也就是说，具有本指导性案例类似情形的，请求人提出国家赔偿申请时，人民法院应当予以受理，不能以执行案件尚未终结为由驳回请求人赔偿申请。至于受理以后的实体问题，如人民法院执行行为是否错误、是否造成损失、错误执行行为与造成损失之间是否有因果关系等，则应该由人民法院或者人民法院赔偿委员会根据具体案件情况综合判断决定。

第二，从法律和司法解释依据看，人民法院或者人民法院赔偿委员会对类似案件作出赔偿决定时，目前应该引用国家赔偿法第三十八条和《最高人民法院关于审理民事、行政诉讼中司法赔偿案件适用法律若干问题的解释》第十九条第一款第六项的规定。当然，如果认定错误执行行为发生在 2016 年 10 月以前，则应该引用当时有效的法律和司法解释条文，如前所述。

第三，人民法院或者人民法院赔偿委员会此前已经作出驳回赔偿申请决定的案件，请求人参照该指导性案例重新提出请求的，人民法院应当予以受理。根据国家赔偿法的规定，人民法院作出自赔决定后，请求人没有向上一级人民法院赔偿委员会申请作出赔偿决定的，人民法院的自赔决定就发生法律效力；人民法院赔偿委员会的赔偿决定，一经作出就发生法律效力；请求人对此不服的，可以向上一级人民法院赔偿委员会申诉一次。对于这三种情形下已经作出驳回赔偿申请决定的案件，具有本指导性案例类似情形的，请求人均可以重新提出请求。

（执笔人：最高人民法院赔偿办　祝二军

编审人：最高人民法院研究室　石　磊）

# 指导案例117号《中建三局第一建设工程有限责任公司与澳中财富（合肥）投资置业有限公司、安徽文峰置业有限公司执行复议案》的理解与参照

——以开具、交付商业承兑汇票方式履行执行依据确定的债务，汇票不能对付的，不能认定为已经实际履行了债务

2019年12月24日，最高人民法院发布了第23批指导性案例，包括第117号至第126号共10件指导性案例，这批案例为执行专题指导性案例，总结了近些年执行领域中某些普遍的疑难复杂法律适用问题，有利于进一步明确裁判规则，统一司法尺度。其中，第171号指导案例为《中建三局第一建设工程有限责任公司与澳中财富（合肥）投资置业有限公司、安徽文峰置业有限公司执行复议案》。为了正确理解和准确参照适用该指导案例，现对该指导案例的选编过程、裁判要点、参照适用等有关情况予以解释和说明。

## 一、案例选编过程及指导意义

2019年最高人民法院执行局向案例指导工作办公室推荐该案例作为备选指导性案例。最高人民法院案例指导工作办公室经过初审认为，该案例基本符合指导性案例要求，并提交最高人民法院研究室室务会讨论。2019年9月16日，最高人民法院研究室室务会讨论同意，建议提交审委会讨论。12月17日，该案例经最高人民法院民专会第330次会议讨论，同意作为指导性案例。12月24日，最高人民法院以法〔2019〕294号文件将该案例编入第23批指导性案例予以发布。

## 二、关于本案例的相关情况

### （一）案件基本情况及裁判结果

中建三局第一建设工程有限责任公司（以下简称中建三局一公司）与澳中财富（合肥）投资置业有限公司（以下简称澳中公司）建设工程施工合同纠纷一案经安徽省高级人民法院（以下简称安徽高院）调解结案，安徽高院作出的民事调解书，确认各方权利义务。调解书确认的调解协议第一条第六款第二项、第三项约定本协议签订后为偿还澳中公司欠付中建三局一公司的工程款，向中建三局一公司交付付款人为安徽文峰置业有限公司（以下简称文峰公司）、收款人为中建三局一公司（或收款人为澳中公司并背书给中建三局一公司），金额总计为人民币 6000 万元的商业承兑汇票。同日，安徽高院组织中建三局一公司、澳中公司、文峰公司调解的笔录载明，文峰公司明确表示自己作为债务承担者加入调解协议，并表示知晓相关的义务及后果。之后，文峰公司分两次向中建三局一公司交付了金额总计为 6000 万元的商业承兑汇票，但该汇票因文峰公司相关账户余额不足、被冻结而无法兑现，也即中建三局一公司实际未能收到 6000 万元工程款。

中建三局一公司以澳中公司、文峰公司未能履行调解书确定的义务为由，向安徽高院申请强制执行。案件进入执行程序后，执行法院冻结了文峰公司的银行账户。文峰公司不服，向安徽高院提出异议称，文峰公司不是本案被执行人，其已经出具了商业承兑汇票。另外，即使其应该对商业承兑汇票承担代付款责任，也应先执行债务人澳中公司，而不能直接冻结文峰公司的账户。

安徽高院于 2017 年 9 月 12 日作出（2017）皖执异 1 号执行裁定，支持了文峰公司关于自己不是被执行人的请求：变更该院（2015）皖执字第 00036 号执行案件被执行人为澳中公司；变更合肥开发区法院（2016）皖 0191 执 10 号执行裁定被执行人为澳中公司。中建三局一公司不服，向最高人民法院申请复议。最高人民法院于 2017 年 12 月 28 日作出（2017）最高法执复 68 号执行裁定，认为中建三局一公司申请法院对文峰公司强制执行并无不当，裁定撤销安徽高院（2017）皖执异 1 号执行裁定。

## (二) 案例涉及的主要法律问题

本案主要涉及两大法律问题：第一，文峰公司是否应为本案的被执行人；第二，如果应为本案的被执行人，那么，文峰公司签发并交付商业承兑汇票的行为，是否等于其已经履行完毕了义务。

关于第一个问题，涉及对债务承担的认识。债务承担一般分为两类，一是免责的债务承担，通俗地说就是债务人的替换，指不改变债务的同一性而依合同将债务转移的现象，原债务人因此而免负债务，仅承担人（新债务人）作为债务人；二是并存的债务承担，承担人（新债务人）加入债权债务关系后，并不发生债务的转移，承担人与原债务人一起承担债务。① 我国合同法第八十四条规定："债务人将合同的义务全部或部分转移给第三人的，应当经债权人同意。"这是我国现行法中关于债务承担的总括性规定。民法典则用了第五百五十一条、第五百五十二条两个条文对债务承担进行了总括性规定。② 本案中，因为文峰公司在调解笔录中明确表示自己作为债务承担人加入调解协议，故结合调解协议、调解笔录和调解书，应认定其为案涉债务的债务承担人，其对案涉债务负有清偿责任，执行法院可以在其债务承担范围内对其强制执行。

关于第二个问题，涉及对票据相关法律关系的分析。与票据有关的法律关系，一般包括原因关系（系当事人间授受票据的原因）、资金关系（系指当事人间在资金供给或资金补偿方面的关系）、票据预约关系（系当事人间有了原因关系之后，在发出票据之前，就票据种类、金额、到期日、付款地等票据内容及票据授受行为订立的合同）和票据关系（系当事人间基于票据行为而直接发生的债权债务关系）。其中，原因关系、资金关系、票据预约关系属于票据的基础关系，是一般民法上的法律关系。③在分析具体案件时，要具体区分前述四种关系，不能混为一谈。本案中，

---

① 参见韩世远：《合同法总论》，法律出版社2011年版，第485页。
② 民法典第五百五十一条规定："债务人将债务的全部或者部分转移给第三人的，应当经债权人同意。债务人或者第三人可以催告债权人在合理期限内予以同意，债权人未作表示的，视为不同意。"第五百五十二条规定："第三人与债务人约定加入债务并通知债权人，或者第三人向债权人明确表示愿意加入债务，债权人未在合理期限内明确拒绝的，债权人可以请求第三人在其愿意承担的债务范围内和债务人承担连带责任。"
③ 参见谢怀栻：《票据法概论》，法律出版社2006年版，第38~43页。

调解协议关于文峰公司应开具和交付票据的约定,属于票据预约关系范畴,而文峰公司作为债务承担人加入债权债务关系,则属于原因关系范畴。文峰公司如期开具真实、足额、合法的商业承兑汇票,仅是履行了其票据预约关系层面的义务。但在原因关系层面,因票据付款账户余额不足、被冻结而不能兑付案涉汇票,文峰公司并未实际履行,故执行法院对其强制执行、冻结其银行账户并无不当。

### (三) 案例的指导价值

第三人在民事调解过程中,以债务承担人身份加入债权债务关系的,能否对其在债务承担范围内强制执行,因没有明确的法律规定,执行实务中存在一定的模糊认识。而在涉票据执行实务中,有关债务人已经出具并交付了票据本身是否即已履行了债务的问题,经常存在争论,亟须从理论高度予以清晰分析与阐释,以明确办案理念,统一裁判尺度。

## 三、裁判要点的理解与说明

该指导案例的裁判要点确认:根据民事调解书和调解笔录,第三人以债务承担方式加入债权债务关系的,执行法院可以在该第三人债务承担范围内对其强制执行。债务人用商业承兑汇票来履行执行依据的债务,虽然开具并向债权人交付了商业承兑汇票,但因汇票付款账户资金不足、被冻结等不能兑付的,不能认定实际履行了债务,债权人可以请求对债务人继续强制执行。现围绕与该裁判要点相关的问题逐一解释和说明如下。

### (一) 文峰公司的债务承担性质

本案中,文峰公司在调解笔录中明确表示自己作为债务承担者加入调解协议,并表示知晓相关的义务及后果,故文峰公司是债务承担人。但问题在于文峰公司具体应承担的清偿责任是什么呢?要确定该问题,首先要明确文峰公司加入债权债务的行为,是属于免责的债务承担还是并存的债务承担。

关于两种债务承担的概念,上文已经作了介绍。二者的主要区别在于,原债务人是否脱离债的关系而由新债务人承担全部责任。[①] 文峰公司

---

① 参见王利明:《民法》,中国人民大学出版社 2007 年版,第 496 页。

表示自己作为债务承担者加入债权债务，并不涉及免除原债务人澳中公司履行债务的问题，澳中公司仍然在债权债务关系之中，仍然要负履行债务的责任，故文峰公司的债务承担行为属于并存的债务承担。但是，关于并存的债务承担情况下，债务承担者具体应承担的清偿责任范围问题，合同法并未作出明确规定。依我国学者通说，在并存的债务承担场合，债务人与作为承担者的第三人之间成立连带关系，他们共为连带债务人。[1]更加准确地说，应该是债务承担者在其表示的愿意承担的债务范围内，与原来的债务人一起承担连带责任。民法典第五百五十二条就此作出了更加明确的规定："第三人与债务人约定加入债务并通知债权人，或者第三人向债权人明确表示愿意加入债务，债权人未在合理期限内明确拒绝的，债权人可以请求第三人在其愿意承担的债务范围内和债务人承担连带责任。"综合本案的民事调解书、调解笔录来看，文峰公司作为债务承担者加入中建三局一公司与澳中公司债权债务关系，所表示愿意承担的债务总额为6000万元，故其应就该6000万元的债务与澳中公司一起承担连带清偿责任。故执行程序在此范围内执行文峰公司，冻结其银行账户，并无不当。文峰公司关于应先执行债务人澳中公司，而不能直接冻结文峰公司账户的主张于法无据，不能成立。

（二）文峰公司应履行的义务及法理分析

1. 涉票据法律关系的分类

有关票据的法律关系，基本上可以分为两类：票据关系和非票据关系。而非票据关系又可基本分为两类：票据法上的非票据关系和民法上的非票据关系，其中，民法上的非票据关系也被称为票据基础关系。办理本案，最需了解和掌握的就是票据关系和票据基础关系。

所谓票据关系，是指当事人间基于票据行为而发生的债权债务关系，质言之，就是由发票人发出票据、受款人取得票据等票据授受行为而直接形成的债权债务关系。这种关系仅因票据授受这种形式而发生，而对于票据授受的真实原因及前提在所不问，因此，票据关系被认为是一种形式关系或抽象关系。

所谓票据基础关系（又称票据的实质关系），是指作为票据授受的原

---

[1] 参见韩世远：《合同法总论》，法律出版社2011年版，第494页。

因和前提而存在的关系，包括原因关系、资金关系、预约关系等三种。原因关系，又名票据原因，是指当事人间授受票据的原因。凡事皆有因果，发票人之所以发出票据并将之交付给受款人，而受款人之所以接受票据，在经济上和法律上必有一定的原因，例如，买方为支付货款而向卖方出具本票，买方与卖方之间的买卖关系即为原因关系。资金关系，是存在于汇票的发票人与付款人之间、支票的发票人与付款人之间的基础关系，又称为票据资金关系。汇票或支票的发票人之所以委托付款人付款，而付款人之所以甘作资金义务人，愿意付款（或承兑），一般是因为他们之间有资金关系，即有关于资金的约定或安排（例如，发票人在付款人处存有资金等）。预约关系，是由当事人在授受票据之前，就票据的种类、金额、到期日、付款地等事项达成合意而形成的合同关系。票据预约合同的目的是对即将发生的票据授受行为进行准备和安排。

一般而言，当事人间先有了原因关系，再有预约关系，然后根据票据预约签发票据，产生票据关系。①

2. 文峰公司应履行的两项义务及其相互关系

调解书确认的调解协议第一条第六款第二项、第三项约定本协议签订后为偿还澳中公司欠付中建三局一公司的工程款，向中建三局一公司交付付款人为文峰公司、收款人为中建三局一公司（或收款人为澳中公司并背书给中建三局一公司），金额总计为人民币6000万元的商业承兑汇票。该约定正是"对即将发生的票据授受行为进行准备和安排"，给文峰公司明确了票据预约范畴的开具和交付票据的义务。

同时，如前所述，文峰公司作为债务承担者加入中建三局一公司与澳中公司债权债务关系，在6000万元的范围内与澳中公司承担连带责任，故文峰公司负有向中建三局一公司连带清偿该6000万元款项的义务。这是文峰公司承担开具、交付票据义务的原因，也即文峰公司之所以承诺开具和交付金额为6000万元的票据，正是为了履行该6000万元的连带清偿义务，故文峰公司承担的连带清偿6000万元的义务，是其开具、交付金额为6000万元票据的原因行为。二者一个属于票据预约层面的法律关系，一个属于原因层面的法律关系，并行不悖，是文峰公司根据民事调解书和调解笔录均应履行的义务。

---

① 参见谢怀栻：《票据法概论》，法律出版社2006年版，第38~43页。

于此须特别注意的就是，有人或许会认为，文峰公司之所以开具、交付票据，目的就是要履行其承担的连带清偿6000万元的责任，现在，文峰公司既然已经履行了开具和交付票据的义务，其就不应再承担连带清偿6000万元的责任；否则，无异于让文峰公司重复承担了法律责任。真实的情况是这样的吗？这就需要用到民法的新债清偿理论来予以分析。

文峰公司根据票据预约合同履行开具、交付票据的义务，目的是形成新的票据之债，并以此来清偿旧的原因之债，是一种举新债偿旧债的方法，在民法上被称为"新债清偿"或"间接给付"，即"因清偿债务而为异于原定给付之给付"①，通俗地说，就是"以负担新债务清偿旧债务的间接给付，又称为新债清偿"②。因为新债清偿仅使债权人获得了一种新的清偿债权的方法，旧债务并未实际得到清偿，故旧债务并不消灭，"新旧两债同时并存，必须使债权人就新债务受满足后，旧债务始行消灭"③。由上可知，文峰公司履行出票、交票义务的法律效果是产生了新的票据债权债务关系，但并没有消灭旧的原因债权债务关系。原因债务将与票据债务同时并存，只要票据债务没有得到实际清偿，文峰公司就仍须履行连带清偿6000万元的义务。

因此，安徽高院关于文峰公司已经以开具并交付票据方式履行完毕义务，不再是被执行人的观点错误。最高人民法院（2017）最高法执复68号执行裁定明确指出，文峰公司如期开具并交付商业承兑汇票，仅是履行了票据预约关系层面的义务，而对于其债务承担义务，因其票据付款账户余额不足、被冻结而不能兑付案涉汇票，其并未实际履行，故中建三局一公司申请法院对文峰公司强制执行，并无不当。

## 四、参照适用时应注意的问题

在参照适用本案例时，还要注意一个问题，即执行法院可否直接执行票据权利。以本案为例，即执行法院可否根据已经开具的商业承兑汇票，要求相关的票据义务人（如银行）承担清偿责任？答案是否定的。

---

① 史尚宽：《债法总论》，中国政法大学出版社2000年版，第819页。
② 王泽鉴：《民法概要》，北京大学出版社2009年版，第237页。另外，王先生在该页指出，签发票据作为清偿租金、价金等债务的方式，是实务上常见的间接给付类型。
③ 史尚宽：《债法总论》，中国政法大学出版社2000年版，第819~820页。

基于票据本身而产生的各种权利义务关系，是票据关系。票据关系中票据债权，是一种具有二次性或二重性的请求权，表现在：付款请求权为第一次请求权，追索权为第二次请求权。[①] 所谓付款请求权（第一次请求权），是持票人（受款人或最后持票人）向票据主债务人（汇票上的承兑人、本票的发票人、保付支票的付款人）或其他付款义务人请求按票据所记载的金额付款的权利。所谓追索权（第二次请求权），是持票人行使付款请求权而被拒绝或有其他法定原因时，请求发票人、背书人等法定的担保义务人以及他们的保证人，履行他们的担保责任，偿还票据金额以及其他费用的权利。但不管是付款请求权还是追索权，在本案及类似案例中，均未经过执行依据所确认，其是否确定产生以及应如何行使，以及是否存在有效的票据抗辩权等问题，涉及的法律主体众多且性质复杂，应通过诉讼程序进行实体审理。在未经诉讼程序审理并取得执行依据的情况下，执行程序不宜直接对该票据权利（票据债务）强制执行。

(执笔人：最高人民法院执行局　邱　鹏　林　莹
编审人：最高人民法院研究室　马蓓蓓)

---

[①] 参见王保树：《中国商法》，人民法院出版社2010年版，第524~525页。

# 指导案例118号《东北电气发展股份有限公司与国家开发银行股份有限公司、沈阳高压开关有限责任公司等执行复议案》的理解与参照

## ——债权人撤销权诉讼的执行问题

2019年12月24日,最高人民法院发布了第23批指导性案例,包括第117号至第126号共10件执行领域的指导性案例。其中,第118号指导性案例为《东北电气发展股份有限公司与国家开发银行股份有限公司、沈阳高压开关有限责任公司等执行复议案》。为了正确理解和准确参照适用该指导性案例,现对该指导性案例的选编过程、裁判要点、参照适用等有关情况予以解释、论证和说明。

### 一、案例选编过程

2019年最高人民法院执行局向最高人民法院案例指导工作办公室推荐该案例作为备选指导性案例。最高人民法院案例指导工作办公室经过初审认为,该案例基本符合指导性案例要求,并提交最高人民法院研究室室务会讨论。2019年9月16日,最高人民法院研究室室务会讨论同意,建议提交审委会讨论。12月17日,该案例经最高人民法院民专会第330次会议讨论,同意作为指导性案例。12月24日,最高人民法院以法〔2019〕294号文件将该案例编入第23批指导性案例予以发布。

### 二、关于本案例的相关情况

(一)基本案情

国家开发银行股份有限公司(以下简称国开行)与沈阳高压开关有限

责任公司（以下简称沈阳高开）、东北电气发展股份有限公司（以下简称东北电气）、沈阳变压器有限责任公司、东北建筑安装工程总公司、新东北电气（沈阳）高压开关有限公司（现已更名为沈阳兆利高压电器设备有限公司，以下简称新东北高开）、新东北电气（沈阳）高压隔离开关有限公司（原沈阳新泰高压电气有限公司，以下简称新东北隔离）、沈阳北富机械制造有限公司（原沈阳诚泰能源动力有限公司，以下简称北富机械）、沈阳东利物流有限公司（原沈阳新泰仓储物流有限公司，以下简称东利物流）借款合同、撤销权纠纷一案，经北京市高级人民法院（以下简称北京高院）一审、最高人民法院二审，最高人民法院于2008年9月5日作出(2008)民二终字第23号民事判决，最终判决结果为：（1）沈阳高开偿还国开行借款本金人民币15000万元及利息、罚息等，沈阳变压器有限责任公司对债务中的14000万元及利息、罚息承担连带保证责任，东北建筑安装工程总公司对债务中的1000万元及利息、罚息承担连带保证责任。（2）撤销东北电气以其对外享有的7666万元对外债权及利息与沈阳高开持有的在北富机械95%的股权和在东利物流95%的股权进行股权置换的合同；东北电气与沈阳高开相互返还股权和债权，如不能相互返还，东北电气在24711.65万元范围内赔偿沈阳高开的损失，沈阳高开在7666万元范围内赔偿东北电气的损失。（3）撤销沈阳高开以其在新东北隔离74.4%的股权与东北电气持有的在沈阳添升通讯设备有限公司（以下简称沈阳添升）98.5%的股权进行置换的合同。双方相互返还股权，如果不能相互返还，东北电气应在13000万元扣除2787.88万元的范围内赔偿沈阳高开的损失。依据上述判决内容，东北电气需要向沈阳高开返还下列三项股权：在北富机械的95%股权、在东利物流的95%股权、在新东北隔离的74.4%股权，如不能返还，扣除沈阳高开应返还东北电气的债权和股权，东北电气需要向沈阳高开支付的款项总额为27000万余元。判决生效后，经国开行申请，北京高院立案执行，并于2009年3月24日，向东北电气送达了执行通知，责令其履行法律文书确定的义务。

2009年4月16日，被执行人东北电气向北京市高级人民法院（以下简称北京高院）提交了《关于履行最高人民法院（2008）民二终字第23号民事判决的情况说明》（以下简称说明一），表明该公司已通过支付股权对价款的方式履行完毕生效判决确定的义务。北京高院经调查认定，根据中信银行沈阳分行铁西支行的有关票据记载，2007年12月20日，东北电气支付的17046万元分为5800万元、5746万元、5500万元，通过转账付给沈阳高开；当日，沈阳高开向辽宁新泰电气设备经销有限公司（沈阳添升98.5%股权的实际持有人，以下简称辽宁新泰），辽宁新泰向新东北高开，新东北高开向新东北隔离，新东北隔离向东北电气通过转账支付了5800万元、5746万元、5500万元。故北京高院对东北电气已经支付完毕款项的说法未予认可。此后，北京高院裁定终结本次执行程序。

2013年7月1日，国开行向北京高院申请执行东北电气因不能返还股权而按照判决应履行的赔偿义务，请求控制东北电气相关财产，并为此提供保证。2013年7月12日，北京高院向工商管理机关发出协助执行通知书，冻结了东北电气持有的沈阳高东加干燥设备有限公司67.887%的股权及沈阳凯毅电气有限公司10%（10万元）的股权。

对此，东北电气于2013年7月18日向北京高院提出执行异议，理由是：北京高院在查封财产前未作出裁定；履行判决义务的主体为沈阳高开与东北电气，国开行无申请强制执行的主体资格；东北电气已经按本案生效判决之规定履行完毕向沈阳高开返还股权的义务，不应当再向国开行支付17000万元。同年9月2日，东北电气向北京高院出具《关于最高人民法院（2008）民二终字第23号判决书履行情况的说明》（以下简称说明二），具体说明本案终审判决生效后的履行情况：（1）关于在北富机械95%股权和东利物流95%股权返还的判项。2008年9月18日，东北电气、沈阳高开、新东北高开（当时北富机械95%股权的实际持有人）、沈阳恒宇机械设备有限公司（当时东利物流95%股权的实际持有人，以下简称恒宇机械）签订四方协议，约定由新东北高开、恒宇机械代东北电气向沈阳高开分别返还北富机械95%股权和东利物流95%股权。（2）关于新东北隔离74.4%的股权返还的判项。东北电气与沈阳高开、阜新封闭母线有限责任公司（当时新东北隔离74.4%股权的实际持有人，以下简称阜新母线）、辽宁新泰于2008年9月18日签订四方协议，约定由阜新母线代替东北电气向沈阳高开返还新东北隔离74.4%的股权。2008年9月22日，各方按照上述协议交割了股权，并完成了股权变更工商登记。相关协议中约定，股权代返还后，东北电气对代返还的三个公司承担对应义务。

2008年9月23日，沈阳高开将新东北隔离的股权、北富机械的股权、东利物流的股权转让给沈阳德佳经贸有限公司，并在工商管理机关办理完毕变更登记手续。

## （二）裁判结果

北京高院审查后，于 2016 年 12 月 30 日作出（2015）高执异字第 52 号执行裁定，驳回了东北电气的异议。东北电气不服，向最高人民法院申请复议。最高人民法院于 2017 年 8 月 31 日作出（2017）最高法执复 27 号执行裁定，驳回东北电气的复议请求，维持北京高院（2015）高执异字第 52 号执行裁定。

## （三）争议问题

### 1. 关于国开行是否具备申请执行人的主体资格问题

本案诉讼案由是借款合同、撤销权纠纷，法院经审理，判决支持了国开行的请求，判令东北电气偿还借款，并撤销了东北电气与沈阳高开股权置换的行为，判令东北电气和沈阳高开之间相互返还股权，东北电气如不能返还股权，则承担相应的赔偿责任。相互返还这一判决结果不是基于东北电气与沈阳高开双方之间的争议，而是基于国开行的诉讼请求。东北电气向沈阳高开返还股权，不仅是对沈阳高开的义务，而且实质上主要是对胜诉债权人国开行的义务。故国开行完全有权利向人民法院申请强制有关义务人履行该判决确定的义务。

### 2. 关于东北电气是否履行了判决确定的义务问题

法律设置债权人撤销权制度的目的，在于纠正债务人损害债权的不当处分财产行为，恢复债务人责任财产以向债权人清偿债务。东北电气返还股权、恢复沈阳高开的偿债能力的目的，是向国开行偿还其债务。只有在通知胜诉债权人，以使其有机会申请法院采取冻结措施，从而能够以返还的财产实现债权的情况下，完成财产返还行为，才是符合本案诉讼目的的履行行为。任何使国开行诉讼目的落空的所谓返还行为，都是严重背离该判决实质要求的行为。因此，认定东北电气所主张的履行是否构成符合判决要求的履行，都应以该判决的目的为基本指引。

## （四）指导意义

关于债权人行使撤销权的实体法律效果，一般认为原则上适用"入库规则"，即通过撤销行为返还的财产并非直接用于对行使撤销权的债权人清偿，而是仍应向债务人返还，并作为所有债权人的债权的担保。但在撤销权诉讼案件的执行实践中，因涉及受让人返还财产行为及债务人清偿行为，容易发生受让人与债务人恶意串通，损害债权人利益的情形，如何限制债务人通过不予受领、受领后再次处分或其他方式来规避执行，实现债权人保全债权的目的，成为此类案件的难点。本案执行复议裁定强调了受让人返还财产，不仅是对债务人的义务，实质上是对胜诉债权人的义务，只有在通知胜诉债权人，使其有机会申请法院对受让人返还的财产采取查封、冻结措施，从而能够以返还的财产实现债权的情况下，受让人完成的财产返还行为，才是符合撤销权诉讼目的的履行行为，否则其返还行为不能对抗债权人。本案对债权人通过撤销权的强制执行程序确保其债权受偿，以及通过实体法和程序法的衔接，撤销权诉讼和强制执行的配合，来实现撤销权制度的规范目的，均具有较为重要的理论和实践价值，对执行实践也具有一定的指导意义，故作为指导案例予以发布。

### 三、裁判要点的理解与说明

该指导案例的裁判要点确认：（1）债权人撤销权诉讼的生效判决撤销了债务人与受让人的财产转让合同，并判令受让人向债务人返还财产，受让人未履行返还义务的，债权人可以债务人、受让人为被执行人申请强制执行。（2）受让人未通知债权人，自行向债务人返还财产，债务人将返还的财产立即转移，致使债权人丧失申请法院采取查封、冻结等措施的机会，撤销权诉讼目的无法实现的，不能认定生效判决已经得到有效履行。债权人申请对受让人执行生效判决确定的财产返还义务的，人民法院应予支持。现围绕与该裁判要点相关的问题解释和说明如下。

（一）关于债权人撤销权的性质问题

债权人撤销权，是指债权人对于债务人所为的危害债权的行为，可请求法院予以撤销以维持债务人责任财产的权利。债权人撤销权制度的规范目的在于撤销债务人实施的危害债权的行为，恢复债务人的责任财产，保全一般债权人的共同担保。

对于债权人撤销权的性质，学界见解不一，存在形成权说、请求权说、折中说、诉权说等学说。形成权说认为，债权人的撤销权是形成权，撤销权在性质上是根据债权人的意思表示，使债务人与第三人之间的法律行为的效力溯及既往地消灭，此种诉讼称为形成之诉。请求权说认为，撤销权为债法上的请求权,撤销权的本质是一种返还请求权,即债权人得请求因债务人的行为受有利益的人返还所得利益。依据该说,债权人行使撤销权仅仅享有一项债权,而不是直接取得标的物的所有权,提起撤销的诉讼为给付之诉。折中说又称请求权和形成权兼具说,此种观点认为债权人撤销权具有请求权和形成权的多重性质,债权人请求撤销债务人的诈害行为,使诈害法律行为的效力消灭,这具有形成权性质;债权人在撤销以后又请求回复债务人财产原状,并享有请求回复债务人财产的权利,这具有请求权性质。诉权说认为,债权人的撤销权是实体法所规定的诉权,撤销权人要行使撤销权,不能直接针对债务人或第三人提出请求,而必须要通过提起诉讼的方法才能行使,且胜诉债权人得以该判决为执行名义,直接向受益人为强制执行。[1]

我国学者通说采取折中说,即债权人撤销权兼具撤销和财产返还请求的性质,是撤销诈害行为、请求归还脱逸财产的权利。[2] 具体来说,就债权人撤销债务人与第三人之间的行为而言,为形成权,具有形成之诉的性质;就其得请求第三人将财产返还于债务人而言,则为请求权,具有给付之诉的性质。[3] 本案亦采折中说观点,即债权人国开行不仅有权撤销债务人沈阳高开与受让人东北电气之间的置换合同,也有权请求东北电气将案涉股权返还于沈阳高开。

### (二) 关于撤销权诉讼中的债权人申请执行问题

针对债权人的撤销权,合同法第七十四条第一款规定:"因债务人放弃其到期债权或者无偿转让财产,对债权人造成损害的,债权人可以请求人民法院撤销债务人的行为。债务人以明显不合理的低价转让财产,对债权人造成损害,并且受让人知道该情形的,债权人也可以请求人民法院撤销债务人的行为。"

在债权人撤销权诉讼中,债务人与受让人的合同被撤销后,如果受让人未向债务人返还受让的财产,债权人能否申请强制执行,即债权人是否

---

[1] 参见王利明:《合同法研究(第二卷)》,中国人民大学出版社2015年版,第125页。
[2] 参见韩世远:《合同法总论》,法律出版社2018年版,第458页;崔建远:《合同法》,法律出版社2000年版,第131页;王利明:《民商法研究》,法律出版社2001年版,第644页。
[3] 参见万鄂湘主编:《债法理论与适用Ⅰ(总论及合同之债)》,人民法院出版社2005年版。

撤销权诉讼中的适格申请执行人，司法实务中存在不同理解。一种观点认为，债权人不是适格申请执行人，因为债权人撤销权诉讼只是撤销了债务人与受让人之间的合同，债权人没有请求受让人返还财产的权利，是否请求受让人返还财产，应由债务人决定。另一种观点认为，债权人是适格申请执行人，因为债权人撤销权包含了请求受让人返还财产的权利。我们认为，第二种观点更为可采，也符合债权人撤销权制度的规范意旨。

民事诉讼法第二百三十六条第一款规定："发生法律效力的民事判决、裁定，当事人必须履行。一方拒绝履行的，对方当事人可以向人民法院申请执行，也可以由审判员移送执行员执行。"《最高人民法院关于人民法院执行工作若干问题的规定（试行）》第十八条规定："人民法院受理执行案件应当符合下列条件：……（2）申请执行人是生效法律文书确定的权利人或其继承人、权利承受人……"据此，生效法律文书的适格申请执行人应当是生效法律文书确定的权利人或其继承人、权利承受人。本案中，案涉生效判决已经确认国开行享有撤销权，并依法撤销了沈阳高开与东北电气之间的置换合同，判令双方相互返还股权和债权。而东北电气和沈阳高开之间相互返还股权和债权是对国开行的义务。如前所述，债权人撤销权兼具撤销和财产返还请求的性质，国开行作为借款合同、撤销权纠纷一案的胜诉方，依据生效判决，向人民法院申请强制有关义务人履行该判决确定的义务，主体适格，亦符合法律规定。

从债权人撤销权制度的规范意旨也能得出这一结论，债权人行使撤销权是为了保全债务人的责任财产，而债权人行使撤销权的前提是债务人存在放弃其到期债权、无偿转让财产或者以明显不合理的低价转让财产的行为，实践中，债务人实施这些行为往往是为了逃避债务，若债务人而非债权人才是申请执行的适格主体，则会产生反向激励的效果，引发道德风险，即债务人不会积极地请求受让人返还财产，如此，债权人提起撤销之诉的目的就无法实现，债权人撤销权制度就会成为一纸具文。

（三）关于撤销权诉讼中的受让人履行义务的方式问题

债权人撤销权制度的规范意旨在于保全债务人的责任财产，作为债务人财产的受让人，应当以符合债权人撤销权制度规范意旨的方式履行生效判决确定的义务，即受让人返还财产应当达到恢复债务人责任财产的效果。

本案中，法院判令东北电气向沈阳高开返还股权，是为了恢复沈阳高开的偿债能力，进而达到沈阳高开向国开行清偿债务的目的。因此，受让人东北电气在返还财产时应当及时通知胜诉债权人国开行，以使其有机会申请法院采取冻结措施，真正实现保全债权人责任财产的效果。这一通知义务在性质上属于随附义务。合同法第六十条规定："当事人应当按照约定全面履行自己的义务。当事人应当遵循诚实信用原则，根据合同的性质、目的和交易习惯履行通知、协助、保密等义务。"该条第二款是对债务人随附义务的规定，尽管该义务规定在合同法中，但是通说认为随附义务也是整个债法的重要规则。① 在债权人撤销权诉讼中，受让人的返还义务虽不是合同义务，但是法定义务，因而受让人在履行主给付义务——返还财产时，也应当遵循诚信原则，依据债权人撤销权制度的规范意旨履行通知的义务，及时通知债权人采取必要措施，以保全债务人的责任财产。

有观点认为，债权人撤销权诉讼中，受让人只需要向债务人返还财产即可，无须通知债权人，对受让人强加通知义务，会增加受让人负担，有违公平正义原则；同时，即便受让人没有履行通知义务，返还的财产再次被债务人处分，如果存在债务人通过转让财产损害债权人债权的行为，债权人仍然可以通过债权人撤销诉讼达到保全债务人责任财产的目的。笔者认为，一方面，受让人的通知义务并不重大，不会明显增加受让人的负担；另一方面，虽然债权人还可以通过撤销权诉讼维护权利，但这并不符合诉讼经济的原则，只会增加债权人的诉累，也会浪费紧张的司法资源。因此，认定受让人负有通知义务，符合债权人撤销权制度的规范意旨和诉讼经济原则，也不会违背公平正义原则。

本案中，受让人东北电气没有真实地支付股权对价款；尽管东北电气与沈阳高开之间确实有运作股权返还的行为，但其事前不向人民法院和债权人作出任何通知，致使股权变更登记到沈阳高开名下的次日即被转移给其他公司，债权人国开行的诉讼目的不能实现，且东北电气在整个运作过程中的行为有规避履行判决义务之嫌，因而不能认定生效判决已经得到有效履行。

---

① 参见陈界融：《中国民法学·债法学源论》，人民法院出版社2006年版。

### 四、参照适用时应注意的问题

在参照适用该案例时应注意两个问题。

一是债权人撤销权兼具撤销（形成权）和财产返还请求（请求权）的性质，形成权和请求权分属债权人撤销权的不同权能，债权人可以选择行使，也可以一并行使。实践中，债权人常常只诉请撤销债务人与受让人订立的合同，而不请求返还财产，这是债权人只选择行使债权人撤销权的形成权能，属于对自身权利的处分，应当予以尊重。但是如果债权人仅选择撤销合同，这属于形成之诉，由于生效判决主文没有给付内容，债权人无法就受让人返还财产申请强制执行。

《最高人民法院关于适用〈中华人民共和国民事诉讼法〉的解释》第四百六十三条第一款规定："当事人申请人民法院执行的生效法律文书应当具备下列条件：……（二）给付内容明确。"《最高人民法院关于人民法院执行工作若干问题的规定（试行）》第十八条规定："人民法院受理执行案件应当符合下列条件：……（4）申请执行的法律文书有给付内容，且执行标的和被执行人明确……"可见，当事人据以向人民法院申请强制执行的生效法律文书必须符合给付内容明确的条件，而在债权人撤销权诉讼中，若债权人仅诉请撤销合同，则生效判决并无明确给付内容，债权人就受让人返还财产申请强制执行，不符合申请强制执行的条件，应当裁定不予受理。

二是受让人返还财产未履行通知义务，只是违反了随附义务，并不必然导致主给付义务——返还财产未能实现，实践中应当根据案件具体情况，考虑受让人对财产被再次转移等不符合撤销权规范意旨的情况，是否具有故意或重大过失，不能仅依据受让人未履行通知义务就认定其未有效履行生效判决确定的义务，而要求受让人再次履行，否则有违公平原则。

（执笔人：最高人民法院执行局　杨　春
编审人：最高人民法院研究室　李予霞）

# 指导案例 119 号《安徽省滁州市建筑安装工程有限公司与湖北追日电气股份有限公司执行复议案》的理解与参照

## ——当事人在申请强制执行前达成的和解协议对执行程序的影响及救济程序

2019 年 12 月 24 日，最高人民法院发布了第 23 批指导性案例，包括第 117 号至第 126 号共 10 件执行领域的指导性案例。本次集中发布的 10 个执行指导性案例，具有实体与程序交织、公法与私法融合的共同特点，体现出正确的价值取向和规范重点。其中，第 119 号指导性案例为《安徽省滁州市建筑安装工程有限公司与湖北追日电气股份有限公司执行复议案》。为了正确理解和准确参照适用该指导性案例，现对该指导性案例的选编过程、裁判要点、参照适用等有关情况予以解释、论证和说明。

### 一、案例选编过程

2019 年最高人民法院执行局向最高人民法院案例指导工作办公室推荐该案例作为备选指导性案例。最高人民法院案例指导工作办公室经过初审认为，该案例基本符合指导性案例要求，并提交最高人民法院研究室室务会讨论。2019 年 10 月 22 日，最高人民法院研究室室务会讨论同意，建议提交审委会讨论。12 月 17 日，该案例经最高人民法院民事专业审判委员会第 330 次会议讨论，同意作为指导性案例。12 月 24 日，最高人民法院以法〔2019〕294 号文件将该案例编入第 23 批指导性案例予以发布。

### 二、关于本案例的相关情况

安徽省滁州市建筑安装工程有限公司（以下简称滁州建安公司）与湖

北追日电气股份有限公司（以下简称追日电气公司）建设工程施工合同纠纷一案，青海省高级人民法院（以下简称青海高院）于2016年4月18日作出（2015）青民一初字第36号民事判决，判令追日电气公司于本判决生效后十日内给付滁州建安公司工程款1405.02533万元及相应利息等，后追日电气公司不服，向最高人民法院提起上诉。二审期间，追日电气公司与滁州建安公司于2016年9月27日签订了《和解协议书》，约定："1. 追日电气公司在青海高院一审判决书范围内承担总金额463.3万元，其中（1）合同内本金413万元；（2）受理费11.4万元；（3）鉴定费14.9万元；（4）律师费24万元……3. 滁州建安公司同意在本协议签订后七个工作日内申请青海高院解除对追日电气公司全部银行账户的查封，解冻后三日内由追日电气公司支付上述约定的463.3万元，至此追日电气公司与滁州建安公司所有账务结清，双方至此不再有任何经济纠纷。"和解协议签订后，追日电气公司依约向最高人民法院申请撤回上诉，滁州建安公司也依约向青海高院申请解除了对追日电气公司的保全措施。追日电气公司于2016年10月28日向滁州建安青海分公司支付了412.880667万元，滁州建安青海分公司开具了一张413万元的收据。2016年10月24日，滁州建安青海分公司出具了一份《情况说明》，要求追日电气公司将诉讼费、鉴定费、律师费共计50.3万元支付至程某男名下。后为开具发票，追日电气公司与程某男、王某刚、何某倒签了一份标的额为50万元的工程施工合同，追日电气公司于2016年11月23日向王某刚支付40万元、2017年7月18日向王某刚支付了10万元，青海省共和县国家税务局代开了一张50万元的发票。

后滁州建安公司于2017年12月25日向青海高院申请强制执行。青海高院于2018年1月4日作出（2017）青执108号执行裁定并实际冻结了追日电气公司存款共计126.605118万元，还向追日电气公司送达了（2017）青执108号执行通知书及（2017）青执108号执行裁定。追日电气公司不服青海高院上述执行裁定，向该院提出书面异议，主要理由是双方于2016年9月27日协商签订《和解协议书》，且追日电气公司已完全履行了上述协议约定的全部义务。现滁州建安公司以协议的签字人王某刚没有代理权而否定《和解协议书》的效力，提出强制执行申请的理由明显不能成立，并违反诚实信用原则，青海高院作出的执行裁定应当撤销。后青海高院作出（2017）青执异18号执行裁定，撤销该院（2017）青执108号执行裁定。滁州建安公司不服，向最高人民法院提出了复议申请，主要理由是：案涉《和解协议书》的签字人为"王某刚"，其无权代理滁州建安公司签订该协议，该协议应为无效；追日电气公司亦未按《和解协议书》履行付款义务；追日电气公司提出的《和解协议书》亦不是在执行阶段达成的，若其认为《和解协议书》有效，一审判决不应再履行，应申请再审或另案起诉处理。最高人民法院经审查作出（2018）最高法执复88号执行裁定，驳回其复议请求，维持青海高院（2017）青执异18号执行裁定。

本案主要争议焦点是当事人在强制执行程序启动前达成的《和解协议书》的性质和效力应如何认定，其履行情况对执行程序应产生何种影响等。民事诉讼法第二百三十条规定了执行和解的形式要件和法律效力，第四百六十六条、第四百六十七条以及《最高人民法院关于执行和解若干问题的规定》（以下简称《执行和解规定》）第二条、第九条等予以进一步细化。[①] 但对于当事人在申请强制执行前达成的和解协议，或执行过程中当事人自行达成且事后未提交法院的和解协议，将对法院执行程序产生何种影响，当事人应通过何种程序主张排除执行依据的执行力，以及法院对该和解协议的效力及履行情况进行审查的边界和限度等问题，理论界和实务中还存在一定争议。有观点认为，应将当事人在执行外达成的和解当作执行和解对待，对当事人的争议直接在执行异议中解决；另有观点认为，此类和解应通过另行起诉的方式解决，且不属于重复起诉。[②]

为统一裁判尺度，《执行和解规定》第一条第一款规定，"当事人可以自愿协商达成和解协议，依法变更生效法律文书确定的权利义务主体、履行标的、期限、地点和方式等内容。"实际上明确了"执行外"当事人也可达成和解协议，扩大了和解协议的范围，并在第十九条补充规定了执行过程中当事人自行达成但未提交法院的执行外和解协议的效力及异议程序。[③] 本案的特殊之处在于当事人系在申请执行前而非在执行过程中自愿

---

[①] 根据《执行和解规定》第二条的规定，执行和解包括各方当事人共同向人民法院提交书面和解协议的；一方当事人向人民法院提交书面和解协议，其他当事人予以认可的；当事人达成口头和解协议，执行人员将和解协议内容记入笔录，由各方当事人签名或者盖章的。执行和解的法律效果是执行法院可以依当事人申请或依职权直接裁定中止执行。

[②] 参见王柏东、程立：《生效法律文书执行力的阻却与回归——以执行外和解对执行程序的影响为视角》，载《法律适用》2020年第2期。

[③] 参见最高人民法院执行局编著：《最高人民法院执行司法解释条文适用编注》，人民法院出版社2019年版，第239页。

达成了《和解协议书》，但其与《执行和解规定》第十九条规定的执行外和解在本质上相同，均因未共同向执行法院提交而不能由执行法院直接裁定中止执行，同时考虑到该两类执行外和解均涉及变更原生效法律文书确定的权利义务等，其全部履行或部分履行也应对原生效法律文书的执行力产生一定影响，否则可能构成双重给付并有违公平和诚信原则。

本案一方面明确了执行程序开始前，即使双方当事人自行达成和解协议并实际履行，执行法院也应受理一方的执行申请，即该和解协议不能自动阻却生效裁判进入执行程序；另一方面，在进入执行程序后，当事人可参照《执行和解规定》第十九条的规定，通过执行异议程序解决执行外和解对生效裁判执行力的阻却等问题。此外，当事人在本案中还对《和解协议书》的效力、履行等问题产生争议，法院综合当事人提交的证据材料并适用民事实体法规则及证据规则等，进行实体审查和判断，虽然与执行异议的形式审查原则不符，但是在法律尚未规定债务人异议之诉的情况下，这种处理具有现实妥当性，也是更好平衡各方当事人利益的合理选择。故本案系较为典型的处理执行外和解审查程序、适用规则及法律效果的案例，对实践中处理此类案件具有一定的指导意义，故作为指导案例予以发布。

### 三、裁判要点的理解与说明

该指导案例的裁判要点确认：执行程序开始前，双方当事人自行达成和解协议并履行，一方当事人申请强制执行原生效法律文书的，人民法院应予受理。被执行人以已履行和解协议为由提出执行异议的，可以参照《执行和解规定》第十九条的规定审查处理。现围绕与该裁判要点相关的问题逐一解释和说明如下。

#### （一）执行外和解协议的法律性质

如上所述，在我国现行法律框架内，与执行程序相关的和解协议可划分为执行和解与执行外和解，后者又可根据和解协议形成的时间进行进一步细分。两者的根本区别在于是否共同向执行法院提交，或者在执行法院通过签字或盖章的形式进行了共同确认。执行和解协议因有双方共同向法院表示确认的意思表示，故执行法院进行形式审查后即可中止执行，其对执行程序的影响是直接和主动的。正因执行和解在形式和效力上的特殊性，理论上对其性质产生较大争议，有私法行为说、诉讼行为说及一行为两性质说等不同的观点。①而执行外和解的法律性质则较为单纯，其虽然也是建立在生效法律文书所确定的实体权利义务基础上，对已有的权利义务在当事人之间进行的重新分配，但因不直接与执行程序产生关联，故仍应界定为私法上的法律行为，属于处分执行依据所确定权利义务的一类特殊民事合同。一方面，其达成具有实体法上的效力，有关成立、生效、无效、可撤销都可以依照民事实体法来加以判断；另一方面，因为执行外和解体现了债权人处分债权的意思，只要和解协议真实合法，就应承认其合同效力，且该类和解协议与原生效法律文书之间不是完全对立的，是债权人对原生效法律文书中的执行债权予以部分放弃或处分的产物，并没有替代原生效法律文书。②如此在当事人达成执行外和解后，其实体权利义务的分配即呈现出和解协议与生效法律文书（执行依据）共同规范、双轨调整的局面，为避免被执行人双重给付等不公平的情形，就有必要通过妥当的程序设计来落实执行外和解的法律效力。

## （二）执行外和解协议对生效法律文书执行力的影响

首先，在将执行外和解协议界定为一类特殊的民事合同的基础上，可以认定其仅对双方当事人具有约束力，并不直接约束法院或对执行程序的进行产生影响。具体来说，当事人达成该类和解协议后，既不使原生效裁判丧失既判力，也不能直接消灭原生效裁判的执行力，或者自动地排除或中止其执行力。若该和解协议是在进入执行程序前达成的，权利人仍可依据原生效法律文书向法院申请强制执行，执行法院不能以义务人主张已达成和履行和解协议或和解协议已履行完毕为由拒绝受理；若该和解协议是在执行过程中达成的，执行法院亦不能主动停止执行。③这是因为执行程序最为强调迅速、及时和连续的效率原则，这就要求执行法院应严格依照

---

① 参见汤维建、许尚豪：《论民事执行程序的契约化——以执行和解为分析中心》，载《政治与法律》2006年第1期；张卫平：《执行和解制度的再认识》，载《法学论坛》2016年第4期；韩波：《执行和解争议的法理分析》，载《法学》2002年第9期。

② 参见肖建国、赵晋山：《民事执行若干疑难问题探讨》，载《法律适用》2005年第6期。

③ 关于包括执行外和解在内的诉讼外和解不能自动阻碍生效判决的执行，可参见王亚新：《一审判决效力与二审中的诉讼外和解协议》，载《法学研究》2012年第4期；还有观点进一步从程序上认为诉讼外和解即使履行完毕，原生效判决也可以申请执行。参见吴泽勇：《"吴梅案"与判决后和解的处理机制》，载《法学研究》2013年第1期。

执行依据确定的内容执行，倘若因为当事人在实体法层面达成和解协议就不再执行原生效法律文书，事后又因为一方当事人不履行或者不完全履行和解协议而重新启动原生效法律文书的执行程序，显然有违执行程序的效率原则，既不利于维护生效裁判的权威，也模糊了审判和执行的界限。且生效裁判系经过较为严格的诉讼程序作出，本身具有较强的证明力和公信力，这决定了应首先执行其确定的权利义务，而将提起异议或诉讼的责任分配给被执行人。故本案裁判要旨首先明确了二审期间当事人达成和解协议，人民法院准许撤回上诉的，一审判决已生效并产生执行力，权利人有权申请执行一审判决。

其次，执行外和解与强制执行作为实现当事人实体权利的两种途径，产生了实质上的竞合关系。因为当事人达成协议的目的即为变更原生效法律文书确定的权利义务，所以和解协议达成后，当事人的实体层面上的权利义务应该优先受和解协议的调整和规范，这也是尊重当事人真实意思及避免双重给付的必然要求。当然，如上所述，考虑到执行程序以效率作为第一原则，实体上的和解协议并不能自动阻断生效法律文书的执行力，只不过义务人可以依据和解协议提出异议或抗辩来排除执行力。在义务人提出此类异议或抗辩后，执行法院应经过特定程序审查及认定和解协议的效力和履行情况，并据此确认是否应该排除执行。具体而言，若和解协议依法成立并生效，且当事人已完全履行和解协议，则当事人的实体权利已经实现，生效法律文书确定的权利义务应认为已经消灭，执行程序应该终结；若当事人拒绝履行和解协议，或者存在迟延履行、不完全履行等行为导致和解协议的目的不能实现的，另一方可行使合同解除权，双方的实体权利义务关系将回归到生效裁判，执行程序也继续进行；若和解协议因违反强制性规范而无效或因欺诈、胁迫等被撤销，同样当事人不能以和解协议排除执行。实践中较有争议的是虽然和解协议在履行上存在瑕疵，但尚未构成根本违约的程度，是否执行原执行依据。笔者认为对此应该参照适用《执行和解规定》第十五条的规定，即和解协议履行完毕，申请执行人因被执行人迟延履行、瑕疵履行遭受损害的，可以向执行法院另行提起诉讼，而不宜再执行原生效法律文书。

### (三) 当事人主张排除生效法律文书执行力的程序

如上所述，当事人在判决发生既判力后仍可以从实体法上处分诉讼标的，即处分判决中确定的法律后果，只要当事人对此享有处分权即可，此时的和解协议不影响原生效裁判的法律效力，但可能影响其执行力。① 这种影响是通过当事人提出异议或抗辩的特定程序实现的。关于具体程序路径的选择，应综合考虑异议的性质和目的，当事人程序保障以及现行法律规定等多个因素。从理论和比较法上而言，当事人以生效法律文书作出后又达成和解协议且履行完毕为由，主张应撤销或终止执行的，系以既判力基准时点之后发生的实体抗辩理由为依据，认为原生效文书确定的实体债权已经消灭，属于实体法律关系的争议，应通过诉讼承担解决，又考虑到该诉讼的目的在于排除执行依据的执行力，因此属于典型的债务人执行异议之诉。

因种种原因，我国尚未建立起完整的和体系化的债务人异议之诉制度。为实现该类诉讼的制度功能，目前司法解释采取了参照适用的规范模式，在《最高人民法院关于人民法院办理执行异议和复议案件若干问题的规定》第七条第二款规定，被执行人以债权消灭、丧失强制执行效力等执行依据生效之后的实体事由提出排除执行异议的，人民法院应当参照民事诉讼法第二百二十五条规定进行审查，即以执行异议复议程序暂时替代债务人异议之诉这种救济途径。关于执行外和解如何对执行程序产生影响，《执行和解规定》第十九条进一步作出细化规定，即执行过程中，被执行人根据当事人自行达成但未提交人民法院的和解协议，或者一方当事人提交人民法院但其他当事人不予认可的和解协议，应通过民事诉讼法第二百二十五条的规定向执行法院提出异议，在执行异议复议程序中解决。可以说上述两条规定无论在体系还是规范目的上都是一脉相承的。本案中，当事人系在申请执行前达成的和解协议，与《执行和解规定》第十九条规定的和解协议具有同质性，因此可以参照该条规定的程序和规则处理，其中包括该条第一项关于"和解协议履行完毕的，裁定终结原生效法律文书的执行"的规定，申请执行人主张应通过再审或者另诉解决，缺乏法律依据，也与被执行人排除执行的目的相违背。

关于执行法院在异议复议程序中审查的边界和限度问题。本案中，当事人还对和解协议的效力和是否履行完毕等实体问题产生争议。一般而言，执行异议复议属于非诉纠纷解决机制，重点在于纠正执行程序中的错

---

① 参见赵秀举：《论民事和解协议的纠纷解决机制》，载《现代法学》2017年第1期。

误执行行为,属于程序性而非实体性的救济途径,一般无须也不能审查实体争议。但如上所述,目前因缺乏债务人异议之诉制度,只能以执行异议复议程序予以替代,若在该程序上回避审查实体争议,则上述司法解释的规范目的将会落空,被执行人也会丧失实体权利的救济途径。因此考虑到我国现行执行救济规范体系的特殊性,法院在债务人以债权消灭、丧失强制执行效力等执行依据生效之后的实体事由提出排除执行异议的异议审查程序中,应例外地对债权是否消灭或是否受到妨碍等实体事由进行审查。当然,毕竟执行异议复议的审查程序较为简单,无法给予当事人最为充分的程序保障,在立法论上还是应当正本清源,尽快建立符合审执分离原则及实体救济与程序救济合理区分的债务人异议之诉制度。①

**四、参照适用时应注意的问题**

首先,本指导案例与最高人民法院指导案例 2 号相比,在案情上具有相似之处。当事人均是在一审判决生效后的二审审理阶段达成和解协议,并根据和解协议的约定撤回上诉,指导案例 2 号的裁判要旨为一方当事人不履行和解协议,另一方当事人申请执行一审判决的,人民法院应予支持。主要是明确在一方不履行和解协议时,一审判决即为生效判决,法院应执行该判决,而当事人达成的和解协议因未经法院依法确认制作调解书,不具有强制执行力。本案则侧重于在程序层面明确和解协议本身不能直接消除一审的执行力,不影响法院受理当事人对一审生效判决的执行申请,法院也无须在立案时审查和解协议的履行情况;此外还明确了执行立案后,被执行人可通过执行异议程序,以和解协议已履行完毕为由主张排除一审判决的执行力。两个指导案例互为补充,对申请执行前达成的诉讼外或执行外和解协议的效力进行了全面规范。

其次,本指导案例强调人民法院生效裁判作出后,当事人在申请执行前达成并履行完毕和解协议,被执行人可通过执行异议程序主张排除生效裁判的执行力,这是在债务人异议诉讼制度尚未系统建立的情况下所采取的替代性解决措施。但如果执行依据系赋予强制执行力的公证债权文书,根据《最高人民法院关于公证债权文书执行若干问题的规定》第二十二条第一款关于"有下列情形之一的,债务人可以在执行程序终结前,以债权

---

① 参见张卫平:《执行救济制度的体系化》,载《中外法学》2019 年第 4 期。

人为被告,向执行法院提起诉讼,请求不予执行公证债权文书:(一)公证债权文书载明的民事权利义务关系与事实不符;(二)经公证的债权文书具有法律规定的无效、可撤销等情形;(三)公证债权文书载明的债权因清偿、提存、抵销、免除等原因全部或者部分消灭"的规定,若当事人在公证债权文书之外另行签订和解协议并实际履行完毕的,将出现公证债权文书载明的民事权利义务关系与事实不符或者公证文书载明的债权因当事人清偿而消灭等情况,债务人可依据本条规定向执行法院提起诉讼,请求不予执行该公证债权文书。该诉讼的性质仍为债务人异议之诉,系最高人民法院在赋强公证文书执行中对债务人救济途径作出的探索性规定,符合此类纠纷解决的本质。

(执笔人:最高人民法院执行局 杨 春 孙 超
编审人:最高人民法院研究室 李予霞)

## 指导案例 120 号《青海金泰融资担保有限公司与上海金桥工程建设发展有限公司、青海三工置业有限公司执行复议案》的理解与参照

——诉讼保全的执行担保中关于"无财产可供执行或其财产不足清偿债务"的规定,应当适用一般保证的执行规则

2019 年 12 月 24 日,最高人民法院发布了第 23 批指导性案例,包括第 117 号至第 126 号共 10 件指导性案例,这批案例为执行专题指导性案例,总结了近些年执行领域中某些普遍的疑难复杂法律适用问题,有利于进一步明确裁判规则,统一司法尺度。其中,第 120 号指导案例为《青海金泰融资担保有限公司与上海金桥工程建设发展有限公司、青海三工置业有限公司执行复议案》。为了正确理解和准确参照适用该指导案例,现对该指导案例的选编过程、裁判要点、参照适用等有关情况予以解释和说明。

### 一、案例选编过程及指导意义

2019 年最高人民法院执行局向最高人民法院案例指导工作办公室推荐该案例作为备选指导性案例。最高人民法院案例指导工作办公室经过初审认为,该案例基本符合指导性案例要求,并提交最高人民法院研究室室务会讨论。2019 年 10 月 22 日,最高人民法院研究室室务会讨论同意,建议提交审委会讨论。12 月 17 日,该案例经最高人民法院民专会第 330 次会议讨论,同意作为指导性案例。12 月 24 日,最高人民法院以法〔2019〕294 号文件将该案例编入第 23 批指导性案例予以发布。

## 二、关于本案例的相关情况

### (一) 基本案情

青海省高级人民法院（以下简称青海高院）在审理上海金桥工程建设发展有限公司（以下简称金桥公司）与青海海西家禾酒店管理有限公司（后更名为青海三工置业有限公司，以下简称家禾公司）建设工程施工合同纠纷一案期间，依金桥公司申请采取财产保全措施，冻结家禾公司账户存款1500万元（账户实有存款余额23万余元），并查封该公司32438.8平方米土地使用权。之后，家禾公司以需要办理银行贷款为由，申请对账户予以解封，并由担保人宋万玲以银行存款1500万元提供担保。青海高院冻结宋万玲存款1500万元后，解除对家禾公司账户的冻结措施。2014年5月22日，青海金泰融资担保有限公司（以下简称金泰公司）向青海高院提供担保书，承诺家禾公司无力承担责任时，愿承担家禾公司应承担的责任，担保最高限额1500万元，并申请解除对宋万玲担保存款的冻结措施。青海高院据此解除对宋万玲1500万元担保存款的冻结措施。案件进入执行程序后，经青海高院调查，被执行人家禾公司除已经抵押的土地使用权及在建工程外（在建工程价值4亿余元），无其他可供执行财产。保全阶段冻结的账户，因提供担保解除冻结后，进出款8900余万元。执行中，青海高院作出执行裁定，要求金泰公司在三日内清偿金桥公司债务1500万元，并扣划担保人金泰公司银行存款820万元。金泰公司对此提出异议称，被执行人家禾公司尚有在建工程及相应的土地使用权，请求返还已扣划的资金。

青海高院于2017年5月11日作出（2017）青执异12号执行裁定：驳回金泰公司的异议。金泰公司不服，向最高人民法院提出复议申请。最高人民法院于2017年12月21日作出（2017）最高法执复38号执行裁定：驳回金泰公司的复议申请，维持青海高院（2017）青执异12号执行裁定。

### (二) 争议观点

《最高人民法院关于人民法院执行工作若干问题的规定（试行）》第八十五条规定了诉讼保全中的执行保证，即"人民法院在审理案件期间，保证人为被执行人提供保证，人民法院据此未对被执行人的财产采取保全措施或解除保全措施的,案件审结后如果被执行人无财产可供执行或其财产不足清偿债务时,即使生效法律文书中未确定保证人承担责任,人民法院有权裁定执行保证人在保证责任范围内的财产。"对其中"无财产可供执行或其财产不足清偿债务"如何理解,存在不同认识。

一种观点认为,本案情况可参照担保法关于一般保证相关规定的精神处理。《最高人民法院关于人民法院执行工作若干问题的规定(试行)》制定于1998年,距今已有二十二年。其中,第八十五条的规定与担保法原理以及司法实践都已不相适应,应当作出相应调整。《最高人民法院关于人民法院执行工作若干问题的规定(试行)》第八十五条规定的担保,类似于担保法规定的一般保证。担保法第十七条第一款及第二款规定:"当事人在保证合同中约定,债务人不能履行债务时,由保证人承担保证责任的,为一般保证。一般保证的保证人在主合同纠纷未经审判或者仲裁,并就债务人财产依法强制执行仍不能履行债务前,对债权人可以拒绝承担保证责任。"《最高人民法院关于适用〈中华人民共和国担保法〉若干问题的解释》第一百三十一条规定:"本解释所称'不能清偿'指对债务人的存款、现金、有价证券、成品、半成品、原材料、交通工具等可以执行的动产和其他方便执行的财产执行完毕后,债务仍未能得到清偿的状态。"该规定确定了方便执行的原则,即在被执行人有财产但不方便执行的情况下,可执行一般保证人的财产。参照该精神,《最高人民法院关于人民法院执行工作若干问题的规定(试行)》第八十五条规定的"无财产可供执行或其财产不足清偿债务",应解释为《最高人民法院关于适用〈中华人民共和国担保法〉若干问题的解释》第一百三十一条中的"不能清偿",可以适用一般保证的执行规则,即"可以执行的动产和其他方便执行的财产执行完毕后,债务仍未能得到清偿的",即可执行保证人的财产。

另一种观点认为,将《最高人民法院关于人民法院执行工作若干问题的规定(试行)》第八十五条规定的"无财产可供执行或其财产不足清偿债务"解释为一般保证中的"不能清偿",既无法律依据,亦有违担保人对人民法院的信赖。第一,"无财产可供执行或其财产不足清偿债务"与"不能清偿"的内涵不同。"无财产可供执行"不能等同于"不能清偿","财产不足清偿债务"的判断标准相较"不能清偿"也更为严格。"财产不足清偿债务"是客观标准,财产不足以清偿"是一种比较客观的标准,要求被执行人的财产无法变现或者经过变价确实不足以清偿债务。而"不能清偿"较为主观，只要方便执行的财产执行完毕即可认为不能清偿。《最高人民法院关于民事执行中变更、追加当事人若干问题的规定》即对"不足以清偿"和"不能清偿"进行了严格的区分，故二者不能等同。①第二，将"无财产可供执行或其财产不足清偿债务"解释为"不能清偿"，有违担保人对法院的信赖。担保人提出在被执行人无力承担时由其承担相应责任，法院对此确认，担保人由此具有对法院的信赖利益。在执行环节如果不按照法院确定的顺序进行执行，将会出现法院前后意见不一的情况，有损司法公信力。

（三）推荐理由

《最高人民法院关于人民法院执行工作若干问题的规定（试行）》第八十五条规定保证人在审理案件期间为被执行人提供保证，人民法院据此未对被执行人的财产采取保全措施或解除保全措施的，如果被执行人无财产可供执行或其财产不足清偿债务时，可以执行保证人在保证责任范围内的财产。在具体适用上，如何把握"无财产可供执行或其财产不足清偿债务"的标准，保证人提供的此种保证是否属于一般保证，能否适用担保法和《最高人民法院关于适用〈中华人民共和国担保法〉若干问题的解释》关于一般保证的执行规则，存在一定争议。案例明确了案件审理期间的该保证类似于担保法规定的一般保证责任，如果保证人承诺在被执行人无财产可供执行或其财产不足清偿债务时承担保证责任，应当适用一般保证的执行规则，在方便执行的财产执行完毕后债务仍未能清偿的，即可执行保证人在保证责任范围内的财产。本案例对此类案件的执行和法律适用，具有较强的指导意义。

本案中，执行法院认为虽然被执行人有可供执行的财产，但财产价值巨大，远远超过执行标的，处分起来既不经济，且可能对被执行人生产经营产生巨大不利影响。直接执行保证人的存款，使其保证追偿权与本身享有的抵押权统一行使，有利于推进房地产项目，有利于实现、平衡各方的

---

① 在《最高人民法院关于民事执行中变更、追加当事人若干问题的规定》中，对被执行人为法人的情形，变更追加的标准采用了较为严格的"财产不足以清偿"，相应的救济途径为变更追加异议之诉；对被执行人为其他组织的情形，则采用了较为宽松的"不能清偿"标准，相应的救济途径为向上一级法院申请复议。

经济利益。最高人民法院作出执行复议裁定认可了这一观点,并且明确以下法律问题:一是《最高人民法院关于人民法院执行工作若干问题的规定(试行)》第八十五条规定的案件审理期间保证人提供的保证类似于担保法规定的一般保证责任,可以适用一般保证的执行规则。二是根据《最高人民法院关于适用〈中华人民共和国担保法〉若干问题的解释》第一百三十一条的规定,一般保证执行中,并非只有在债务人没有任何财产可供执行的情形下,才可以要求一般保证人承担责任,即使债务人有财产,但只要其财产不方便执行,即可执行一般保证人的财产。《最高人民法院关于人民法院执行工作若干问题的规定(试行)》第八十五条规定的"无财产可供执行或其财产不足清偿债务"的判断标准,亦应根据上述标准把握。三是方便执行的财产一般是指可以执行的动产和其他方便执行的财产,对于不动产是否方便执行,应当根据案件具体情况作出判断。

### 三、裁判要点的理解与说明

该指导案例的裁判要点确认:在案件审理期间保证人为被执行人提供保证,承诺在被执行人无财产可供执行或者财产不足清偿债务时承担保证责任的,执行法院对保证人应当适用一般保证的执行规则。在被执行人虽有财产但严重不方便执行时,可以执行保证人在保证责任范围内的财产。现围绕与该裁判要点相关的问题逐一解释和说明如下。

第一,《最高人民法院关于人民法院执行工作若干问题的规定(试行)》第八十五条规定的担保属于执行担保的特殊形式,担保人承担责任的条件应当与执行担保基本一致。所谓执行担保,是指通过将被执行人的部分责任财产特定地用于清偿执行债权或者增加被执行人的责任财产范围等手段保障执行债权获得清偿的制度。[①] 民事诉讼法第二百三十一条规定了执行担保制度,即"在执行中,被执行人向人民法院提供担保,并经申请执行人同意的,人民法院可以决定暂缓执行及暂缓执行的期限。被执行人逾期仍不履行的,人民法院有权执行被执行人的担保财产或者担保人的财产"。《最高人民法院关于人民法院执行工作若干问题的规定(试行)》第八十五条规定了诉讼保全中因被保全人提供担保而解除查封,执行依据生效后被执行人未履行义务时,担保人的责任承担问题。从《最高人民法

---

[①] 参见肖建国主编:《民事执行法》,中国人民大学出版社2014年版,第175页。

院关于人民法院执行工作若干问题的规定（试行）》的体例上看，第八十五条规定在"执行担保和执行和解"部分，是对民事诉讼法第二百三十一条执行担保制度的解释。之所以这样规定，其观念上的前提是，财产保全也是一种执行措施，而且无论是保全本身还是保证人的保证都是直接为了将来执行的目的。① 故《最高人民法院关于人民法院执行工作若干问题的规定（试行）》第八十五条规定的担保，属于执行担保的一种特殊形式。在执行担保制度中，并未要求首先执行被执行人的财产，故在诉讼保全阶段被保全人提供担保的情况下，要求对主债务人执行穷尽时才可执行担保人的财产，显然是不合理的。从制度合理化和逻辑一致性的角度看，有必要适用相对宽松的一般保证的规则，无须对被执行人执行穷尽时才能执行担保人。

第二，《最高人民法院关于人民法院执行工作若干问题的规定（试行）》第八十五条规定的担保是建立在民商事担保制度基础之上，应当适用民商事担保的规则。执行担保是民商事担保制度在执行过程中适用的结果，从制度范畴来看，执行担保应属广义上的担保制度的一种，实质是由一般民事担保制度与民事执行程序相结合而产生的一种特殊担保制度。执行担保与民商事担保的基本原理是一致的，皆为义务人以自身或他人的财产为将来可能发生的义务不履行作担保，都属于"债"的保全，二者在性质、功能和目的上均有诸多相通之处。因此，关于担保关系的一般规定同样适用于执行担保的情形，即负责执行的人民法院可以依当事人在提供执行担保时的约定来决定如何执行担保人的财产。故《最高人民法院关于人民法院执行工作若干问题的规定（试行）》第八十五条虽然没有提到，但执行时还是应当区分保证人的责任是一般保证责任还是连带保证责任。② 如果当事人没有特别约定为连带保证责任，根据《最高人民法院关于人民法院执行工作若干问题的规定（试行）》第八十五条中"被执行人无财产可供执行或其财产不足清偿债务时"的条件，应当将该保证理解为一般保证。一般保证是保证人责任最轻的一种担保方式，即使是这种方式，亦未

---

① 参见黄金龙：《关于人民法院执行工作若干问题的规定实用解析》，中国法制出版社 2000 年版，第 260 页。

② 参见黄金龙：《关于人民法院执行工作若干问题的规定实用解析》，中国法制出版社 2000 年版，第 260 页。

要求对被执行人穷尽执行后才能执行保证人。因此，《最高人民法院关于人民法院执行工作若干问题的规定（试行）》第八十五条中的"无财产可供执行或其财产不足清偿债务"，应当按照一般保证中"不能清偿"的标准理解，即只要被执行人方便执行的财产经执行不足以清偿，即可执行保证人。

第三，《最高人民法院关于人民法院执行工作若干问题的规定（试行）》第八十五条规定了因担保而解除查封，为避免损害债权人的利益，提供担保的效果不应低于查封。相较执行担保中的暂缓执行，诉讼保全中执行保证的效力是解除（或放弃）对保全查封的查封，对债权人的权益影响更大，从公平的角度考虑，担保人提供保证的效果不应低于查封。在查封财产的情况下，债权人胜诉后即可要求变价财产偿还债务，如果担保人提供保证解除查封，反而要对被执行人穷尽执行后才能要求担保人承担责任，对债权人来说有失公平。担保制度的目的是保证债权实现，将《最高人民法院关于人民法院执行工作若干问题的规定（试行）》第八十五条规定"无财产可供执行或其财产不足清偿债务"理解为一般保证中的"不能清偿"，保证人承担保证责任时不再要求穷尽对被执行人的执行，更有利于实现保证的制度价值，体现了担保的目的以及对各方当事人的权利平衡。

## 四、参照适用时应注意的问题

参照适用该案例时应注意正确把握一般担保中的先诉抗辩权问题。担保法第十七条第一款及第二款规定了一般保证及先诉抗辩权，即"当事人在保证合同中约定，债务人不能履行债务时，由保证人承担保证责任的，为一般保证。一般保证的保证人在主合同纠纷未经审判或者仲裁，并就债务人财产依法强制执行仍不能履行债务前，对债权人可以拒绝承担保证责任"。这里的先诉抗辩权采用的是"不能履行"的标准。质言之，在债务人能够清偿债务时，担保人有先诉抗辩权，执行中不能执行担保人的财产。因此，判断债务人是否达到"不能履行"的标准对担保人是否承担责任至关重要。《最高人民法院关于适用〈中华人民共和国担保法〉若干问题的解释》第一百三十一条指出，"本解释所称'不能清偿'指对债务人的存款、现金、有价证券、成品、半成品、原材料、交通工具等可以执行的动产和其他方便执行的财产执行完毕后，债务仍未能得到清偿的状态"。

这里的"不能清偿"对应了担保法第十七条条规定"不能履行",对主债务人"不能履行"的情形作了限定,尤其是在执行阶段的标准作了限定,其核心是方便执行财产。所谓"方便执行财产",是指清偿直接、变现容易、回收便捷的财产,一般指司法解释中列举的存款、现金、有价证券、成品、半成品、原材料、交通工具等动产,但不限于动产(不能一概而论)。具体而言,土地、建筑物、企业设备、对外债权等变现周期长,一般不属于"方便执行财产",但仍须以法院根据财产实际状态判断是否方便执行为准。① 如果债务人的"方便执行财产"已执行完毕,即使债务人还有其他难以回收或变现的财产没有被执行,仍则构成"不能清偿"。②

(执笔人:最高人民法院执行局　邵长茂
编审人:最高人民法院研究室　马蓓蓓)

---

① 参见曹士兵:《中国担保制度与担保方法》,中国法制出版社2007年版,第95页。
② 参见曹士兵:《中国担保制度与担保方法》,中国法制出版社2007年版,第95页。

# 指导案例 121 号《株洲海川实业有限责任公司与中国银行股份有限公司长沙市蔡锷支行、湖南省德奕鸿金属材料有限公司财产保全执行复议案》的理解与参照

——保全执行中协助执行义务的确定

2019年12月24日,最高人民法院发布了第23批指导性案例,包括第117号至第126号共10件指导性案例,这批案例为执行专题,总结了近些年执行领域中一些普遍的疑难复杂法律适用及执行规范问题,有利于进一步明确裁判规则,统一执法尺度。其中,第121号指导案例为《株洲海川实业有限责任公司与中国银行股份有限公司长沙市蔡锷支行、湖南省德奕鸿金属材料有限公司财产保全执行复议案》。为了正确理解和准确参照适用该指导案例,现对该指导案例的选编过程、裁判要点、参照适用等有关情况予以解释和说明。

## 一、推选过程及其指导意义

2019年最高人民法院执行局向最高人民法院案例指导工作办公室推荐该案例作为备选指导性案例。最高人民法院案例指导工作办公室经过初审认为,该案例基本符合指导性案例要求,并提交最高人民法院研究室室务会讨论。2019年9月16日,最高人民法院研究室室务会讨论同意,建议提交审判委员会讨论。同年12月17日,该案例经最高人民法院民事专业审判委员会第330次会议讨论,同意作为指导性案例。2020年12月24日,最高人民法院以法〔2019〕294号文件将该案例编入第23批指导性案例予以发布。

该案例旨在填补、丰富保全执行案件的办理方法与审查规则，明确保全执行中，保管人的"协助执行义务"并非当然、无偿之义务。一般认为，保全执行主要是完成对保全标的物的查封、扣押和冻结（以下合称查扣冻措施），以担保债务履行。此类执行实施案件并不涉及财产处置问题，通常较少产生争议。本案通过执行复议程序，纠正了执行法院不当执行行为，并明确办理保全执行案件应秉持善意执行理念。结合具体案情，一方面，可及时变价处置保全标的物，将保全标的物转化为价金后继续采取查扣冻措施；另一方面，应注意保管人租金损失或者保管费用的问题，保管人费用可从保全标的物变价款中优先支付，或者由申请保全人负担。

## 二、关于本案例的相关情况

湖南省高级人民法院（以下简称湖南高院）在审理中国银行股份有限公司长沙市蔡锷支行（以下简称中行蔡锷支行）与湖南省德奕鸿金属材料有限公司（以下简称德奕鸿公司）等金融借款合同纠纷案中，依中行蔡锷支行申请，作出民事诉讼财产保全裁定，冻结德奕鸿公司银行存款4800万元，或查封、扣押其等值的其他财产。德奕鸿公司因生产经营租用株洲海川实业有限责任公司（以下简称海川公司）厂房，租期至2015年3月1日，该公司将质押给中行蔡锷支行的铅精矿存放于此。2015年6月4日，湖南高院作出协助执行通知书及公告称，人民法院查封德奕鸿公司所有的堆放于海川公司仓库的铅精矿期间，未经准许，任何单位和个人不得对上述被查封资产进行转移、隐匿、损毁、变卖、抵押、赠送等，否则将依法追究其法律责任。2015年3月1日，德奕鸿公司与海川公司租赁合同期满后，德奕鸿公司既未续约，也没有向海川公司交还租用厂房，更没有交纳房租、水电费。海川公司遂以租赁合同纠纷为由，将德奕鸿公司诉至湖南省株洲市石峰区人民法院（以下简称石峰区法院）。石峰区法院经审理作出判决，判令案涉租赁合同解除，德奕鸿公司于判决生效之日起十五日内向海川公司返还租赁厂房，将囤放于租赁厂房内的货物搬走。德奕鸿公司于判决生效之日起十五日内支付欠缴租金及利息。海川公司据此就德奕鸿公司清场问题申请强制执行，并作为利害关系人对湖南高院作出的协助执行通知书及公告提出执行异议，要求申请保全人中行蔡锷支行将上述铅精矿搬离仓库，赔偿其租金损失。

湖南高院于2016年11月23日作出（2016）湘执异15号执行裁定，

驳回海川公司的异议。海川公司不服,向最高人民法院申请复议。最高人民法院于 2017 年 9 月 2 日作出(2017)最高法执复 2 号执行裁定,撤销湖南高院(2016)湘执异 15 号执行裁定,湖南高院应查明案涉查封财产状况,依法确定查封财产保管人并明确其权利义务。

本案经执行局专业法官会议讨论并投票,推荐结案法律文书作为优秀裁判文书。为促进执行规范化建设,执行局开展案例指导工作中,再次对具有典型意义和指导性的案件予以筛选。综合考虑本案相关法律适用意见较为成熟,且可解决实践中的具体问题等多个因素,遂将本案推荐至案例指导工作办公室作为备选案例。

### 三、裁判要点的理解与说明

指导案例 121 号的裁判要点确认:财产保全执行案件的保全标的物系非金钱动产且被他人保管,该保管人依人民法院通知应当协助执行。当保管合同或者租赁合同到期后未续签,且被保全人不支付保管、租赁费用的,协助执行人无继续无偿保管的义务。保全标的物价值足以支付保管费用的,人民法院可以维持查封直至案件作出生效法律文书,执行保全标的物所得价款应当优先支付保管人的保管费用;保全标的物价值不足以支付保管费用,申请保全人支付保管费用的,可以继续采取查封措施;不支付保管费用的,执行法院可以处置保全标的物并继续保全变价款。现围绕与该裁判要点相关的问题逐一解释和说明如下。

#### (一)关于协助执行义务的性质问题

所谓协助执行义务,是指根据人民法院裁定和协助执行通知书,协助执行人负有的协助实施执行措施的义务。协助执行义务是法定义务,其法律依据包括民事诉讼法第二百四十二条、第二百四十三条、第二百四十四条、第二百五十一条等。根据人民法院法律文书载明的执行措施的不同,协助执行义务的内容又可包括财产线索查询、查扣冻措施协助、资金划拨、登记变更、配合提存等。因此,同一法律主体,基于不同的法律关系,可能同时负担不同的义务,享有不同的权利。既可能是复数的公法义务(权利),也可能是复数的私法权利(义务),还可能二者兼具,在现实中呈现出复杂的权利义务状态。原则上,因不同法律关系基础所产生的不同权利义务,遵循各自的规范逻辑运行。私法权利不得改变公法义务,公法义务不得消灭私法权利,反之亦同。

(二) 关于协助执行人的范围问题

本案裁判要点中:保全执行案件的保全标的物系非金钱动产且被他人保管,该保管人依人民法院通知应当协助执行。这涉及协助执行人的范围问题。在我国实证法中,并未明确协助执行人的范围,通常只在规定执行措施时,概括要求"有关单位"应当协助执行。[①] 根据其与执行财产在法律上或者事实上存在的关联,可将前述"有关单位"作如下类型化归纳:其一,是对财产享有处分权限或者能够控制财产权属变动者。例如,应当向被执行人支付工资的单位[②]、被执行人名下不动产的登记机构[③]等;其二,是财产的实际占有者。例如,被执行人财产的保管人[④];其三,掌握可供执行财产线索(被执行人不到案时掌握其下落)的主体等。需要指出的是,属于前述情况,仅是成为协助执行人的必要条件,而协助执行义务的实际产生,还需要人民法院作出具体裁定或者相关法律文书。

就本案而言,其特殊性在于:湖南高院虽然已经作出保全裁定,且在协助执行公告中载明未经准许,任何单位和个人不得对德奕鸿公司财产进行转移、损毁、变卖等,但其作出的协助执行通知书却未将德奕鸿公司财产的实际占有者,即海川公司列为协助执行人。如此一来,便产生海川公司是否负有协助执行义务的问题。

应当明确的是,湖南高院作出的保全裁定、执行公告和协助执行通知书,均已发生法律效力。据此,德奕鸿公司所有的存放于海川公司仓库的铅精矿,在法律性质上属于查封财产。若海川公司隐藏、转移、变卖、毁

---

[①] 民事诉讼法第二百四十二条第二款规定:"人民法院决定扣押、冻结、划拨、变价财产,应当作出裁定,并发出协助执行通知书,有关单位必须办理。"

[②] 民事诉讼法第二百四十三条第二款规定:"人民法院扣留、提取收入时,应当作出裁定,并发出协助执行通知书,被执行人所在单位、银行、信用合作社和其他有储蓄业务的单位必须办理。"

[③] 《最高人民法院关于人民法院办理财产保全案件若干问题的规定》第十六条规定:"人民法院在财产保全中采取查封、扣押、冻结措施,需要有关单位协助办理登记手续的,有关单位应当在裁定书和协助执行通知书送达后立即办理。针对同一财产有多个裁定书和协助执行通知书的,应当按照送达的时间先后办理登记手续。"

[④] 《最高人民法院关于人民法院民事执行中查封、扣押、冻结财产的规定》第十五条第一款规定:"对第三人为被执行人的利益占有的被执行人的财产,人民法院可以查封、扣押、冻结;该财产被指定给第三人继续保管的,第三人不得将其交付给被执行人。"

损该财产,将构成妨害民事诉讼,亦有法律依据。① 在此种情况下,不能仅以协助执行通知书未列明海川公司,即否定海川公司对保全执行法院负有的协助义务。一方面,虽然海川公司与德奕鸿公司间的租赁合同已被解除,但铅精矿仍由海川公司实际占有,海川公司具备负担协助执行义务的必要条件;另一方面,法律要求人民法院发出协助执行通知书,目的在于保障协助执行人知晓义务与提出异议的权利。而就本案而言,海川公司已然知晓义务内容,且实际行使了提出执行异议的权利,此时若仍以协助执行通知书未列明海川公司为由否定其负有协助义务,将出现海川公司虽无协助执行义务,却又不得搬离铅精矿,且无权提出异议的吊诡局面,实乃陷入形式窠臼而背离法律目的,并不可取。

综上所述,应当认定海川公司对保全执行法院负有协助义务。湖南高院未在协助执行通知书中列明海川公司并向其送达,属于程序瑕疵,应予注意。

### (三) 关于保全标的物保管费用的负担问题

本案裁判要点为:当保管合同或者租赁合同到期后未续签,且被保全人不支付保管、租赁费用的,协助执行人无继续无偿保管的义务。保全标的物价值足以支付保管费用的,人民法院可以维持查封直至案件作出生效法律文书,执行保全标的物所得价款应当优先支付保管人的保管费用;保全标的物价值不足以支付保管费用,申请保全人支付保管费用的,可以继续采取查封措施。不支付保管费用的,可以处置保全标的物并继续保全变价款。这涉及保全标的物保管费用的负担问题。

我国法律上对保全标的物的保管费用如何负担,并无明确规定。实务操作中,一般可由申请执行人预交垫付,之后用执行保全标的物所得价款退还,费用最终应由被执行人负担。就本案而言,海川公司与德奕鸿公司之间事先存在租赁合同关系,若无保全执行的相关情事,德奕鸿公司在租赁合同到期后继续使用案涉厂房,海川公司可以主张租赁合同继续有效、

---

① 民事诉讼法第一百一十一条规定:"诉讼参与人或者其他人有下列行为之一的,人民法院可以根据情节轻重予以罚款、拘留;构成犯罪的,依法追究刑事责任:……(三)隐藏、转移、变卖、毁损已被查封、扣押的财产,或者已被清点并责令其保管的财产,转移已被冻结的财产的……"

租金继续计算。易言之，海川公司有权就其厂房被占用获得对价。此种权利，不因海川公司负担协助执行义务而消灭。虽然人民法院的保全执行让铅精矿成为查封财产，但并未改变该财产继续占用海川公司厂房的事实，认为海川公司应当负担无偿保管义务的主张与理由，难以成立。此外，即便认为在原租赁合同到期后，海川公司与德奕鸿公司间成立保管关系，也不能改变前述结论。因为在保管关系下，海川公司难以向德奕鸿公司返还铅精矿的，可以将之拍卖或者变卖后提存价款，仍不负担无偿保管的义务。

在肯定协助执行人有权获得保管或者租赁费用之后，需要进一步明确该费用的负担问题。在保全标的物价值足以支付费用的情况下，标的物本身即可担保协助执行人的费用债权的实现。因此，人民法院可以维持查封，直至案件作出生效法律文书。执行保全标的物变价款应当优先支付协助执行人的保管费用。在保全标的物价值不足以支付费用的情况下，原本应当及时处置标的物，但若申请保全人支付费用的，协助执行人合理支出或者损失的费用债权得以实现，人民法院可以继续对标的物采取保全措施。

（四）关于不宜长期保管物品的保全执行问题

本案裁判要点明确：保全标的物价值不足以支付保管费用，申请保全人不支付保管费用的，可以处置保全标的物并继续保全变价款。这涉及不宜长期保管物品的保全执行问题。

在保全标的物价值不足以支付保管费用的情况下，协助执行人的费用债权无法由标的物担保实现，若申请保全人亦不支付，则协助执行人财产权益将遭受损害。此时仍继续以查封方式保全标的物，实乃放任协助执行人的损害扩大，难谓善意执法，处理结果亦不合理。此时，执行法院应将标的物及时处置并继续保全变价款，至少让协助执行人尽快止损，这种做法显然更为妥当。

《最高人民法院关于适用〈中华人民共和国民事诉讼法〉的解释》（以下简称《民事诉讼法解释》）第一百五十三条规定："人民法院对季节性商品、鲜活、易腐烂变质以及其他不宜长期保存的物品采取保全措施时，可以责令当事人及时处理，由人民法院保存价款；必要时，人民法院可予以变卖，保存价款。"在方法论上，一个法条的概括规定之前若有例示规定,则概括规定在性质上必须具备例示规定之法律特征,否则该例示将毫无意义。就上述条文而言,应当归纳"季节性商品、鲜活、易腐烂变质"的法律特征,作为界定"其他不宜长期保存的物品"的依据。自"季节性商品、鲜活、易腐烂变质"与诉讼保全有关的方面观察,其法律特征在于:自身价值会随时间经过而显著减损,导致担保当事人权益实现的可能性亦随时间经过而降低,因而产生及时处置的必要。

本案中,因保管铅精矿所产生的费用随时间经过而增加,若铅精矿的价值不足以支付且申请保全人亦不支付该费用,则海川公司的费用债权尚且难以实现,执行债权方(申请执行人)的利益更不待言。据此,应当认为本案保全标的物属于"其他不宜长期保存的物品",人民法院可依据《民事诉讼法解释》第一百五十三条予以及时处置。

### 三、参照适用时应注意的问题

需指出,民事保全制度是保障权利人进行民事诉讼的结果,能够得以实现的应急性救济制度,其目的在于保护利害关系人不致遭受无法弥补的损失。[①] 因此,相较于具有明确财产或者行为给付内容的终局执行,保全执行行为应体现善意执行理念,实现强制性与协调性的统一,特别是保全财产由案外第三人保管的案件。而协助执行作为人民法院执行工作的"一种辅助性制度"[②],是指由人民法院以外的单位或者个人,按照执行法院的要求,协助执行发生法律效力的法律文书所确定内容的法律行为。该制度无论在寻找被执行人、查找被执行财产,还是控制可供执行财产等方面都发挥着巨大的作用。根据民事诉讼法第二百四十九条规定,被执行人未按执行通知履行法律文书确定的义务,人民法院有权根据不同情形扣押、冻结、划拨、变价被执行人的财产。人民法院决定扣押、冻结、划拨、变价财产,应当作出裁定,并发出协助执行通知书,有关单位必须办理。拒不履行协助执行义务的,人民法院可以根据民事诉讼法第一百一十四条和《民事诉讼法解释》第一百九十二条规定,采取罚款、拘留、发出司法建议等强制措施,督促其履行。此外,保全财产的查控,不仅需要公安、税务、工商、国土、金融机构、被执行人所在单位、持有被执行人财产的法

---

① 参见江伟主编:《民事诉讼法学》,复旦大学出版社 2005 年版,第 227 页。
② 参见田平安主编:《民事诉讼法》,法律出版社 2005 年版,第 416 页。

人或自然人帮助查找和控制保全财产,还会需要协助执行人帮助维持矿石、煤炭、钢铁等仓储现场的秩序,而前述主体承担协助执行义务的能力存有较大差别。因此,保全执行除了执行工作本就具有的强制性外,还表现出复杂性与协调性的特点。执行法院不仅应保障诉讼财产保全裁定的内容及时实现,而且执行中还应贯彻善意执行理念,公平保护当事人及协助执行人的合法权益。协助执行作为执行工作的重要一环,协助执行的单位或个人在履行协助执行义务的同时,也享有一定的权利。执行法院发出协助执行通知书后,保管人有权要求执行法院工作人员出具相关手续、有权要求法院提供协助执行通知书,以确保协助执行申请的合法性。而其在协助执行过程中所产生的费用,协助执行主体可以要求执行法院按照执行实际支出费用予以处理。

(执笔人:最高人民法院执行局　刘少阳
编审人:最高人民法院研究室　马蓓蓓)

# 指导案例 122 号《河南神泉之源实业发展有限公司与赵某军、汝州博易观光医疗主题园区开发有限公司等执行监督案》的理解与参照

——合并执行不改变受偿顺位

2019 年 12 月 24 日,最高人民法院发布了第 23 批指导性案例,包括第 117 号至第 126 号共 10 件执行领域的指导性案例。其中,第 122 号指导性案例为《河南神泉之源实业发展有限公司与赵某军、汝州博易观光医疗主题园区开发有限公司等执行监督案》。为了正确理解和准确参照适用该指导性案例,现对该指导性案例的选编过程、裁判要点、参照适用等有关情况予以解释、论证和说明。

## 一、案例选编过程

2019 年最高人民法院执行局向最高人民法院案例指导工作办公室推荐该案例作为备选指导性案例。最高人民法院案例指导工作办公室经过初审认为,该案例基本符合指导性案例要求,并提交最高人民法院研究室室务会讨论。2019 年 10 月 22 日,最高人民法院研究室室务会讨论同意,建议提交审委会讨论。12 月 17 日,该案例经最高人民法院民专会第 330 次会议讨论,同意作为指导性案例。12 月 24 日,最高人民法院以法〔2019〕294 号文件将该案例编入第 23 批指导性案例予以发布。

## 二、关于本案例的相关情况

河南省平顶山市中级人民法院(以下简称平顶山中院)在执行陈某

利、郭某宾、春某峰、贾某强申请执行汝州博易观光医疗主题园区开发有限公司（以下简称博易公司）、闫某萍、孙某英民间借贷纠纷四案中，原申请执行人陈某利、郭某宾、春某峰、贾某强分别将其依据生效法律文书拥有的对博易公司、闫某萍、孙某英的债权转让给了河南神泉之源实业发展有限公司（以下简称神泉之源公司）。依据神泉之源公司的申请，该院于2017年4月4日作出（2016）豫04执57-4号执行裁定，变更神泉之源公司为上述四案的申请执行人，债权总额为129605303.59元（包括本金、利息及其他费用），并将四案合并执行。

2017年4月1日10时至4月2日10时，平顶山中院在淘宝网对博易公司部分土地使用权（汝国用〔2013〕第0069号中的部分）及部分地上建筑物进行拍卖，拍卖保留价为177922700元，因无人竞买而流拍。后神泉之源公司申请将流拍财产（B14-03地块内的温泉酒店除外）以物抵债。对于博易公司破产管理人所欠施工单位的工程款，神泉之源公司及其股东陈某利、郭某宾、春某峰、贾某强向平顶山中院出具承诺书，承诺在施工单位决算后，由其予以退还。因案外人汝州及时雨经济管理服务有限公司（以下简称及时雨公司）对流拍财产中的1号住宅楼提出执行异议，平顶山中院于2017年4月4日作出（2016）豫04执57-5号执行裁定，"将扣除温泉酒店及1号住宅楼后的流拍财产，以保留价153073614元以物抵债给神泉之源公司。对于博易公司所欠施工单位的工程款，在施工单位决算后，由神泉之源公司及其股东陈某利、郭某宾、春某峰、贾某强予以退还"。

赵某军、刘某珠、王某东等提出异议。平顶山中院作出（2017）豫04执异27、29、30号执行裁定，裁定驳回异议。赵某军等向河南省高级人民法院（以下简称河南高院）申请复议。河南高院作出（2017）豫执复148、149、158号执行裁定，裁定撤销平顶山中院（2017）豫04执异27、29、30号执行裁定及（2016）豫04执57-5号执行裁定。神泉之源公司向最高人民法院申诉，请求撤销异议及复议裁定，维持平顶山中院作出的（2016）豫04执57-5号执行裁定。

最高人民法院经审查认为，本案争议焦点为：针对以物抵债裁定提出异议是否超过法定期限；以物抵债裁定是否损害查封顺位在先的其他债权人利益；以物抵债裁定是否会导致土地与房产权属不一致。

（一）关于针对以物抵债裁定提出异议是否超过法定期限的问题

通常将在结案通知书之前发出以物抵债裁定理解为一般执行行为，对该以物抵债裁定提出异议应在执行程序终结之前。但在以物抵债裁定送达之日即终结全案执行程序的特殊情形下，在审查当事人、利害关系人对以物抵债裁定提出异议是否超过期限时，参照适用《最高人民法院关于对人民法院终结执行行为提出执行异议期限问题的批复》对终结执行行为提出异议的期限规定更为公正。从本案查明情况看，执行法院收到赵某军执行异议材料的时间为2017年4月13日，收到刘某珠、王某东等人执行异议材料的时间为2017年4月25日。而平顶山中院以物抵债裁定落款时间为2017年4月4日，提出异议时明显没有超过六十日期限，该院受理异议并无不当。

（二）关于以物抵债裁定是否损害查封顺位在先的其他债权人利益的问题

执行法院虽将春某峰、贾某强的案件与陈某利、郭某宾的案件合并执行，但仍应按照春某峰、贾某强、陈某利、郭某宾依据相应债权申请查封的顺序确定受偿顺序。因神泉之源公司受让了贾某强、春某峰及陈某利、郭某宾债权，平顶山中院裁定将全部涉案财产抵债给神泉之源公司，实质上是将查封顺位在后的原贾某强、春某峰债权受偿顺序提前，影响了在先轮候查封的债权人的合法权益。

（三）关于以物抵债裁定是否会导致土地与房产权属不一致的问题

物权法确立了土地使用权与地上建筑物、构筑物及附属设施一体化处理原则，人民法院在执行程序中处置相关财产时，也应遵循这一原则，将土地使用权与地上建筑物、构筑物一并处分。河南高院认为平顶山中院所作以物抵债裁定，将导致未抵债给神泉之源公司的部分建筑物的产权人与该建筑物所占用范围内的土地使用权人不一致的裁定并无不当。

### （四）在整体拍卖流拍后以整体抵债，才符合以物抵债规定的精神

若以其中部分财产抵债，则会导致所抵债部分财产与原拍卖标的物不同。本案执行法院对案涉财产进行了整体拍卖，神泉之源公司就不存在撤销理由的部分财产抵债的意见，不予采纳。

执行程序具有实体与程序交织，公法与私法融合的特点，执行程序在保障及时执行生效法律文书，追求执行效率的同时，也要注意公平保护当事人、利害关系人合法权益，实现效率与公正的有机统一。采取查封措施是执行中常规的控制性措施，同时也与当事人实体权利密切相关，影响当事人在分配款项时的受偿顺位。一般情况下，执行程序中以查封先后确定受偿顺位。由于实践中通常会出现若干债权人依据不同执行依据申请执行同一债务人的情况，如果案件分散在不同执行法院，则在同一执行法院的若干案件，有时会发生执行措施"借用"情况，也就是将在先采取的查封效果，推及其后受理的其他执行案件，让后来的债权人享有与在先债权人同等待遇，从而让同一执行法院的若干申请执行人顺位优先于其他执行法院受理案件的债权人。还有的法院仅对其中一个案件采取了查封措施，却以几个案件的标的总额来确定是否超标的查封，实际上也是将一个案件的查封效力扩张到了其他案件，也会对债务人或者其他轮候查封债权人产生不利影响。

本案例针对上述问题，明确了查封效力仅限于一案，不能因几个执行案件被执行人相同或者申请执行人相同，执行法院即将几个执行案件合并执行，将一案的查封效力扩张及于其他执行案件。在根据查封顺位确定清偿顺位的情况下，仍应按照申请执行人的各个债权的查封、受偿顺序进行清偿，即使裁定以物抵债，也应严格在申请执行人应受清偿的债权范围内抵偿债务，避免侵害顺位在先的其他债权人的利益。

### 三、裁判要点的理解与说明

该指导案例的裁判要点确认：执行法院将同一被执行人的几个案件合并执行的，应当按照申请执行人的各个债权的受偿顺序进行清偿，避免侵害顺位在先的其他债权人的利益。现围绕与该裁判要点相关的问题解释和说明如下。

## (一) 执行竞合时受偿顺位确立原则

关于受偿顺位，解决的是执行程序中产生的竞合问题。在几个金钱给付债权人对同一被执行人申请执行，或者对同一财产申请执行时会产生执行竞合，需要明确债权人之间的受偿顺位，是债权人平等受偿还是按其他规则确定受偿先后顺序。在金钱给付债权人与物的交付等非金钱给付权利人或者几个非金钱给付权利人都要求执行同一财产的情形下，都会产生执行竞合问题。

在执行竞合情形下，各国对受偿顺位的规定不尽相同。就金钱给付债权竞合而言，不论被执行人是自然人还是法人，一般采用参与分配程序解决受偿问题。针对确定受偿顺位的方式不同，大体分为平等主义、优先主义及折中主义。德国采取优先主义，其理论基础是认为债权人在扣押物上取得质权，扣押在先所生的质权优先于扣押在后所生的质权。日本和法国采用平等主义，债权人根据其债权数额所占全部债权的比例，平均受偿。其理论基础是认为债务人的财产是其全体债权人的共同担保。折中主义是指债务人的财产不足以清偿债权时，申请执行的债权人与一定期限内参与分配的债权人，成为一个团体，以债权的数额比例平均受偿，并优先于该期限后申请参与分配的债权人。[①]

我国法律和司法解释对执行竞合的处理方式主要有两种。一般情况下，采取优先主义。《最高人民法院关于人民法院执行工作若干问题的规定（试行）》第八十八条第一款规定，多个债权人对同一被执行人申请执行，各债权人对执行标的物均无担保物权的，按照执行法院采取执行措施的先后顺序受偿。优先主义的优点之一在于促使当事人积极主动行使权利，而不是坐等分享他人维权的结果，优点之二在于有利于快速推动执行程序，不会因不断有人主张参与分配而拖延执行程序。优先主义的前提一般是被执行人的财产足以清偿债权人的债权，但被执行人财产是其债务的总担保，当财产不足时，如果仍然一律采取优先主义，就与债权平等原则相违悖。因此，在法人财产不足以清偿债务时，有破产制度确保债权平等受偿。而在被执行人为非法人且其财产不足以清偿的情形下，由于没有破产制度确保当事人平等受偿，因此债权人可以通过参与分配程序获得平等

---

[①] 参见肖建国主编：《民事执行法》，中国人民大学出版社2014年版，第304页。

受偿。

## （二）确定不动产查封、受偿顺序的具体方法

由于一般情况下按照执行法院采取执行措施的先后顺序确定受偿顺序，因此，确定执行措施采取的顺序尤为重要，其中争议较多的是不动产查封顺序问题。有人认为，土地和房屋的查封顺序要分别确定。其依据为《最高人民法院关于人民法院民事执行中查封、扣押、冻结财产的规定》第九条第二款"查封已登记的不动产，应当通知有关登记机关办理登记手续。未办理登记手续的，不得对抗其他已经办理登记手续的查封行为"的规定，和第二十三条第二款"地上建筑物和土地使用权的登记机关不是同一机关的，应当分别办理查封登记"的规定。本案申诉人也是这种观点，其认为陈某利、郭某宾是第一顺位、第二顺位的查封申请人，春某峰、贾某强对建筑物、构筑物的查封属第一顺位、第二顺位。本案事实是，贾某强虽申请执行法院对案涉土地B29地块运营商总部办公楼采取了查封措施，但该建筑占用范围内的土地使用权此前已被其他案件执行法院查封。

最高人民法院此前在相关案件中，对查封顺序确定原则也有过明确意见。最高人民法院（2016）最高法执监204号执行裁定书中表述道：《最高人民法院关于人民法院民事执行中查封、扣押、冻结财产的规定》第二十三条第一款规定："查封地上建筑物的效力及于该地上建筑物使用范围内的土地使用权，查封土地使用权的效力及于地上建筑物，但土地使用权与地上建筑物的所有权分属被执行人和他人除外。"虽然该条第二款同时规定，"地上建筑物和土地使用权的登记机关不是同一机关的，应当分别办理查封登记"，但其目的是要求执行法院完善执行措施，进行充分公示，未分别办理查封登记并不影响其查封效力。该生效裁判遵循了未分别办理房、地查封手续时的房地一体的查封生效规则。

最高人民法院在（2018）最高法执他10号给宁夏回族自治区高级人民法院的函中重申，《最高人民法院关于人民法院民事执行中查封、扣押、冻结财产的规定》第二十三条第一款规定，"查封地上建筑物的效力及于该地上建筑物使用范围内的土地使用权，查封土地使用权的效力及于地上建筑物，但土地使用权与地上建筑物的所有权分属被执行人与他人的除外"，这是"房地一体"原则在执行程序查封、扣押、冻结措施中的体现。虽然该条第二款同时规定，"地上建筑物和土地使用权的登记机关不是同

一机关的,应当分别办理查封登记",但其目的是要求执行法院完善执行措施,进行充分公示,避免执行争议,但因为该条第一款已对查封的效力范围作了明确规定,即使未分别办理查封登记也不影响查封效力。《最高人民法院关于人民法院民事执行中查封、扣押、冻结财产的规定》第二十三条与第九条第二款规定的"未办理登记手续的,不得对抗其他已经办理了登记手续的查封、扣押、冻结行为",并不存在矛盾之处。在法院仅对土地使用权进行了查封登记,但未对地上建筑物进行查封登记,或者仅对地上建筑物进行了查封登记,但未对地上建筑物使用范围内的土地使用权进行查封登记的情况下,其后其他法院即使对未进行查封登记的地上建筑物或土地使用权进行了查封登记,也只能认定为轮候查封。

根据上述精神,贾某强对相关建筑物及该建筑物占用范围内的土地使用权均系轮候查封。陈某利、郭某宾虽仅对土地使用权采取查封措施,根据查封土地使用权的效力及于地上建筑物的规定精神,陈某利、郭某宾对本案所涉建筑物的查封顺序亦同于对土地使用权查封顺序。

### (三)合并执行不能改变受偿顺位

一般情况下,对被执行人财产按照执行法院采取执行措施的先后顺序受偿,但在合并执行情况下,如何确定采取执行措施先后顺序却容易产生混乱。合并执行并不是严格的法律概念,是一种实践中通常的做法,一般将不同承办法院、承办法官办理的,同一被执行人的案件交由承办法院、同一承办法官办理,统一开展财产调查、评估、处置及分配。合并执行在强化执行管理、集中执行资源方面具有意义。有的当事人认为,一旦合并执行,则其中一个案件中的查封效力及于其同一执行法院执行的其他案件。尤其在多个债权人债权均转让给同一债权人的情况下,更容易认为债权转让前其中某一案件采取的首封的效力及于债权转让后的其他债权,也就是让受让债权的主体可以就受让的债权全部金额优先受偿。这种观点的错误在于,以因各种原因形成的合并执行,否定了不同债权之间的相对独立性。即使发生合并执行,甚至像本案一样,数个债权主体最终归于一个主体,由一个法院执行,但不能因为执行法院或者债权主体的同一,否定数个债权债务关系的相对独立性。由于数个债权债务关系相对独立,则基于其中一个债权债务关系采取的强制措施的效力,仅能及于由该债权债务关系形成的执行案件,并据此确定受偿顺位,不能因为合并执行改变当事人的法律地位及受偿顺序,否则就可能损害其他债权人的合法利益。

执行法院虽将春某峰、贾某强的案件与陈某利、郭某宾的案件合并执行,但仍应按照春某峰、贾某强、陈某利、郭某宾依据相应债权申请查封的顺序确定受偿顺序。因神泉之源公司受让了贾某强、春某峰及陈某利、郭某宾债权,平顶山中院裁定将全部涉案财产抵债给神泉之源公司,实质上是将查封顺位在后的原贾某强、春某峰债权受偿顺序提前,影响了在先轮候查封的债权人的合法权益。平顶山中院在陈某利、郭某宾、春某峰、贾某强将债权转让给神泉之源公司后将四案合并执行,但该四案查封土地、房产的顺位情况不一,也并非全部首封案涉土地或房产。平顶山中院未按照法律规定采取执行措施的先后顺序确定受偿顺序,裁定将博易公司的部分土地使用权及地上部分建筑物以物抵债给神泉之源公司,该执行行为违反法律规定,侵害了顺位在先的其他债权人利益。

(执笔人:最高人民法院执行局　向国慧
编审人:最高人民法院研究室　李予霞)

# 指导案例 123 号《于某岩与锡林郭勒盟隆兴矿业有限责任公司执行监督案》的理解与参照

## ——因未经批准而未生效的矿权转让合同纠纷判决的准确理解及执行的边界

2019 年 12 月 24 日,最高人民法院发布了第 23 批指导性案例,包括第 117 号至第 126 号共 10 件指导性案例,这批案例为执行专题指导性案例,总结了近些年执行领域中某些普遍的疑难复杂法律适用问题,有利于进一步明确裁判规则,统一司法尺度。其中,第 123 号指导案例为《于某岩与锡林郭勒盟隆兴矿业有限责任公司执行监督案》。为了正确理解和准确参照适用该指导案例,现对该指导案例的选编过程、裁判要点、参照适用等有关情况予以解释和说明。

### 一、案例选编过程及指导意义

2019 年最高人民法院执行局向最高人民法院案例指导工作办公室推荐该案例作为备选指导性案例。最高人民法院案例指导工作办公室经过初审认为,该案例基本符合指导性案例要求,并提交最高人民法院研究室室务会讨论。2019 年 9 月 16 日,最高人民法院研究室室务会讨论同意,建议提交审委会讨论。12 月 17 日,该案例经最高人民法院民专会第 330 次会议讨论,同意作为指导性案例。12 月 24 日,最高人民法院以法〔2019〕294 号文件将该案例编入第 23 批指导性案例予以发布。

该案例明确了对于确定采矿权转让合同尚未生效、应当履行审批手续类判决的准确理解和执行边界。此类判决的履行,涉及行政审批和行政许可问题,应如何理解、执行此类判决,实际中存在不同认识。一方面,执行机构对执行此类案件的工作思路和处理方式存在误解,有越权执行的现象;另一方面,当事人亦寄希望于以司法权替代行政审批。该案例对于澄清处理这类问题的思路与方式,解决实践问题,具有典型意义和普遍指导意义。同时,对于涉及行政审批和行政许可的其他类型执行案件,也具有一定参考价值。

## 二、关于本案例的相关情况

2008年8月1日,锡林郭勒盟隆兴矿业有限责任公司(以下简称隆兴矿业)作为甲方与乙方于某岩签订《矿权转让合同》,约定隆兴矿业将阿巴嘎旗巴彦图嘎三队李瑛萤石矿的采矿权有偿转让给于某岩。于某岩依约支付了采矿权转让费150万元,并在接收采矿区后对矿区进行了初步设计并进行了采矿工作。而隆兴矿业未按照《矿权转让合同》的约定为于某岩办理矿权转让手续。2012年10月,双方当事人发生纠纷,并诉至内蒙古自治区锡林郭勒盟中级人民法院(以下简称锡盟中院)。锡盟中院认为,隆兴矿业与于某岩签订的《矿权转让合同》,系双方当事人真实意思表示,该合同已经依法成立,但根据相关法律规定,该合同系行政机关履行行政审批手续后生效的合同。对于矿权受让人的资格审查,属行政机关的审批权力,非法院职权范围,故隆兴矿业主张于某岩不符合法律规定的采矿权人的申请条件,请求法院确认《矿权转让合同》无效并给付违约金的诉讼请求,该院不予支持。对于于某岩反诉请求判令隆兴矿业继续履行办理采矿权转让的各种批准手续的请求,因双方在《矿权转让合同》中明确约定,矿权转让手续由隆兴矿业负责办理,故该院予以支持。对于于某岩主张由隆兴矿业承担给付违约金的请求,因《矿权转让合同》虽然依法成立,但处于待审批尚未生效的状态,而违约责任以合同有效成立为前提,故不予支持。锡盟中院作出民事判决,主要内容为隆兴矿业于判决生效后十五日内,按照《矿权转让合同》的约定为于某岩办理矿权转让手续。

隆兴矿业不服提起上诉。内蒙古自治区高级人民法院(以下简称内蒙古高院)认为,《矿权转让合同》系隆兴矿业与于某岩的真实意思表示,该合同自双方签字盖章时成立。根据合同法第四十四条规定,依法成立的合同,自成立时生效。法律、行政法规规定应当办理批准、登记等手续生效的,依照其规定。根据《探矿权采矿权转让管理办法》第十条规定,申请转让探矿权、采矿权的,审批管理机关应当自收到转让申请之日起四十日内，作出准予转让或者不准转让的决定，并通知转让人和受让人。批准转让的，转让合同自批准之日起生效。不准转让的，审批管理机关应当说明理由。《最高人民法院关于适用〈中华人民共和国合同法〉若干问题的解释（一）》第九条第一款规定，依照合同法第四十四条第二款的规定，法律、行政法规规定合同应当办理批准手续，或者办理批准、登记手续才生效，在一审法庭辩论终结前当事人仍未办理登记手续的，或者仍未办理批准、登记等手续的，人民法院应当认定该合同未生效。双方签订的《矿权转让合同》尚未办理批准、登记手续，故《矿权转让合同》依法成立，但未生效，该合同的效力属效力待定。于某岩是否符合采矿权受让人条件，《矿权转让合同》能否获得相关部门批准，并非法院审理范围。原审法院认定《矿权转让合同》成立，隆兴矿业应按照合同继续履行办理矿权转让手续并无不当。如《矿权转让合同》审批管理机关不予批准，双方当事人可依据合同法的相关规定另行主张权利。内蒙古高院作出民事判决，维持原判。

锡盟中院根据于某岩的申请，立案执行，向被执行人隆兴矿业发出执行通知，要求其自动履行生效法律文书确定的义务。因隆兴矿业未自动履行，故向锡林郭勒盟国土资源局发出协助执行通知书，请其根据生效判决的内容，协助为本案申请执行人于某岩按照《矿权转让合同》的约定办理矿权过户转让手续。锡林郭勒盟国土资源局答复称，隆兴矿业与于某岩签订《矿权转让合同》后，未向其提交转让申请，且该合同是一个企业法人与自然人之间签订的矿权转让合同。依据法律、行政法规及地方法规的规定，对锡盟中院要求其协助执行的内容，按实际情况属协助不能，无法完成该协助通知书中的内容。于某岩于2014年5月19日成立自然人独资的锡林郭勒盟辉澜萤石销售有限公司，并向锡盟中院申请将申请执行人变更为该公司。

内蒙古自治区锡林郭勒盟中级人民法院于2016年12月14日作出（2014）锡中法执字第11号执行裁定，驳回于某岩申请将申请执行人变更为锡林郭勒盟辉澜萤石销售有限公司的请求。于某岩不服，向内蒙古自治区高级人民法院申请复议。内蒙古自治区高级人民法院于2017年3月15日作出（2017）内执复4号执行裁定，裁定驳回于某岩的复议申请。于某岩不服内蒙古自治区高级人民法院复议裁定，向最高人民法院申诉。最高人民法院于2017年12月26日作出（2017）最高法执监136号执行裁定书，驳回于某岩的申诉请求。

最高人民法院认为，本案执行依据的判项为隆兴矿业按照《矿权转让合同》的约定为于某岩办理矿权转让手续。根据现行法律法规的规定，申请转让探矿权、采矿权的，须经审批管理机关审批，其批准转让的，转让合同自批准之日起生效。本案中，一审、二审法院均认为对于矿权受让人的资格审查，属审批管理机关的审批权力，于某岩是否符合采矿权受让人条件、《矿权转让合同》能否获得相关部门批准，并非法院审理范围，因该合同尚未经审批管理机关批准，因此认定该合同依法成立，但尚未生效。二审判决也认定，如审批管理机关对该合同不予批准，双方当事人对于合同的法律后果、权利义务，可另循救济途径主张权利。鉴于转让合同因未经批准而未生效的，不影响合同中关于履行报批义务的条款的效力，结合判决理由部分，本案生效判决所称的隆兴矿业按照《矿权转让合同》的约定为于某岩办理矿权转让手续，并非对矿业权权属的认定，而首先应是指履行促成合同生效的合同报批义务，合同经过审批管理机关批准后，才涉及办理矿权转让过户登记。因此，锡盟中院向锡林郭勒盟国土资源局发出协助办理矿权转让手续的通知，只是相当于完成了隆兴矿业向审批管理机关申请办理矿权转让手续的行为，启动了行政机关审批的程序，且在当前阶段，只能理解为要求锡林郭勒盟国土资源局依法履行转让合同审批的职能。

矿业权因涉及行政机关的审批和许可问题，不同于一般的民事权利，未经审批的矿权转让合同的权利承受问题，与普通的民事裁判中的权利承受及债权转让问题有较大差别，通过执行程序中的申请执行主体变更的方式，并不能最终解决。本案于某岩主张以其所成立的锡林郭勒盟辉澜萤石销售有限公司名义办理矿业权转让手续问题，本质上仍属于矿业权受让人主体资格是否符合法定条件的行政审批范围，应由审批管理机关根据矿权管理的相关规定作出判断。于某岩认为，其在履行生效判决确定的权利义务过程中，成立锡林郭勒盟辉澜萤石销售有限公司，是在按照行政机关的行政管理规定完善办理矿权转让的相关手续，并非将《矿权转让合同》的权利向第三方转让，亦未损害国家利益和任何当事人的利益，其申请将采矿权转让手续办至锡林郭勒盟辉澜萤石销售有限公司名下，完全符合矿产资源法、《矿业权出让转让管理暂行规定》、《矿产资源开采登记管理办法》，以及《内蒙古自治区国土资源厅关于规范探矿权采矿权管理有关问题的补充通知》等行政机关在自然人签署矿权转让合同情况下办理矿权转让手续的行政管理规定,此观点应向相关审批管理机关主张。锡盟中院和内蒙古高院裁定驳回于某岩变更主体的申请,符合本案生效判决就矿业权转让合同审批问题所表达的意见,亦不违反执行程序的相关法律和司法解释的规定。

### 三、裁判要点的理解与说明

该指导案例的裁判要点确认:生效判决认定采矿权转让合同依法成立但尚未生效,判令转让方按照合同约定办理采矿权转让手续,并非对采矿权归属的确定,执行法院依此向相关主管机关发出协助办理采矿权转让手续通知书,只具有启动主管机关审批采矿权转让手续的作用,采矿权能否转让应由相关主管机关依法决定。申请执行人请求变更采矿权受让人的,也应由相关主管机关依法判断。现围绕与该裁判要点相关的问题解释和说明如下。

1. 办理矿权转让手续的判项需结合相关法律和判决理由作出准确理解

本案执行依据的判项为"隆兴矿业按照《矿权转让合同》的约定为于某岩办理矿权转让手续"。该判项复述了合同条款的约定内容。该段文字的字面含义,可以包含将涉案矿权转移手续办理过户登记到于某岩名下的意思。这也应当是双方合同所要达到的最终效果。但矿业权转让合同具有特殊性。根据现行法律法规的规定,申请转让探矿权、采矿权的,须经审批管理机关审批,其批准转让的,转让合同自批准之日起生效。因此,该判项是否表示要求转让方立即将矿业权转移登记到于某岩名下,需要根据判决理由作出解释。本案中,一审、二审法院均认为对于矿权受让人的资格审查,属审批管理机关的审批权力,于某岩是否符合采矿权受让人条件、《矿权转让合同》能否获得相关部门批准,并非法院审理范围,因该合同尚未经审批管理机关批准,因此认定该合同依法成立,但尚未生效。判决实质上是支持了"于某岩请求判令隆兴矿业继续履行办理采矿权转让的各种批准手续的请求"。二审判决也指出,如审批管理机关对该合同不予批准,双方当事人对于合同的法律后果、权利义务,可另循救济途径主张权利。

针对须经审批生效的合同问题,《最高人民法院关于适用〈中华人民共和国合同法〉若干问题的解释(二)》第八条规定:"……经批准或者登记才能生效的合同成立后,有义务办理申请批准手续的一方当事人未按照法律规定或者合同约定办理申请批准的,属于合同法第四十二条第(三)项规定的'其他违背诚实信用原则的行为',人民法院可以根据案件的具体情况和相对人的请求,判决相对人自己办理有关手续;对方当事人对由此产生的费用和给相对人造成的实际损失,应当承担损害赔偿责任。"《最高人民法院关于审理外商投资企业纠纷案件若干问题的规定(一)》也提出,合同因未经批准而未生效的,不影响合同中关于履行报批义务的条款的效力。①《最高人民法院关于审理矿业权纠纷案件适用法律若干问题的解释》第七条明确:"矿业权转让合同依法成立后,在不具有法定无效情形下,受让人请求转让人履行报批义务或者转让人请求受让人履行协助报批义务的,人民法院应予支持,但法律上或者事实上不具备履行条件的除外。人民法院可以依据案件事实和受让人的请求,判决受让人代为办理报批手续,转让人应当履行协助义务,并承担由此产生的费用。"

本案判决判项内容系针对设定采矿权基础的民事合同纠纷作出的,其处理与上述司法解释的精神是一致的。结合判决理由部分,本案生效判决所称的隆兴矿业按照《矿权转让合同》的约定为于某岩办理矿权转让手续,并非对矿业权权属的认定,而是要求隆兴矿业履行一系列行政手续,其中首先应是指履行促成合同生效的合同报批义务,即负有采矿权转让报批义务的隆兴矿业公司履行报批义务。合同经过审批管理机关批准后,才涉及办理矿权转让过户登记。对于该采矿权是否符合转让条件、受让人是否符合采矿权受让条件、采矿权转让是否获得批准等均应由国土资源主管部门依据涉矿法律法规甚至国家相关政策审核决定。

2. 执行法院向行政机关发出协助执行通知书的作用

判决确定败诉方履行行政审批等有关手续的,在强制执行法原理上属于行为义务的执行,具体可归结为意思表示请求权的执行。域外执行法对意思表示请求权的执行,实际上采取法律拟制的方式实现,判决一经作出生效,即视为义务人已经提出或已经向行政机关提出办理行政手续的意思

---

① 《最高人民法院关于审理外商投资企业纠纷案件若干问题的规定(一)》第一条规定:"当事人在外商投资企业设立、变更等过程中订立的合同,依法律、行政法规的规定应当经外商投资企业审批机关批准后才生效的,自批准之日起生效;未经批准的,人民法院应当认定该合同未生效。当事人请求确认该合同无效的,人民法院不予支持。前款所述合同因未经批准而被认定未生效的,不影响合同中当事人履行报批义务条款及因该报批义务而设定的相关条款的效力。"

表示，由此债权人可以自己直接向行政机关申请办理相关手续。意思表示请求权执行的方式，需要把登记机关理解为辅助执行机关，其应依法自动予以办理。但因在法律层面上并无明文，目前实践中，只能以法院出具协助执行通知书的方式落实，相当于由法院代替义务人向行政机关提出请求。在不动产登记领域，国土资源部发布的《不动产登记暂行条例实施细则》第十九条第一款规定："当事人可以持人民法院、仲裁委员会的生效法律文书或者人民政府的生效决定单方申请不动产登记。"这个规定体现了意思表示请求权拟制实现的具体方式。但即使这个领域，因各地登记机关未能完全践行相关规定要求，一般也仍是由法院发出协助执行通知书后才启动办理程序。对此，可以参照的法律依据为民事诉讼法第二百五十一条的规定即"在执行中，需要办理有关财产权证照转移手续的，人民法院可以向有关单位发出协助执行通知书，有关单位必须办理"。但在涉及矿业权转让合同审批手续办理问题上，只能是参照基本程序框架，通过发出协助执行通知书而由行政机关启动审批程序，不能代替行政机关的具体的自主审批权限。

本案在隆兴矿业公司未主动履行生效裁判的情况下，于某岩向人民法院申请强制执行，人民法院通知国土资源主管部门协助执行，实际上依然是代替隆兴矿业公司启动行政程序，只能理解为要求锡林郭勒盟国土资源局依法履行转让合同审批的职能。

国土资源主管部门接到人民法院协助执行通知书后有权对采矿权转让是否符合矿产资源法等涉矿法律法规规定的条件进行合法合规审核，人民法院不宜以其执行民事判决的司法权干涉国土资源主管部门行政权的依法行使。人民法院判决报批义务人办理采矿权转让过户手续，以及人民法院向国土资源部门发出协助执行通知书，并不意味着必然产生采矿权实际过户的法律后果，采矿权的权利能否转移还依赖国土资源主管部门的行政审批是否通过。

当然，本案中国土资源部门以当事人未向其提交申请为由，表示不能协助，实际上混淆了当事人自主申请审批与法院依据生效判决要求协助审批，并不妥当。对此，当事人可以继续向行政机关提出请求，人民法院也应与行政机关沟通协调，请其履行基于法院协助执行请求而启动的审批职责。

3. 申请执行人请求变更采矿权受让人为其独资设立的公司问题

矿业权因涉及行政机关的审批和许可问题，不同于一般的民事权利，未经审批的矿权转让合同的权利承受问题，与普通的民事裁判中的权利承受及债权转让问题有较大差别。普通民事合同胜诉权利人的权利转让，主要取决于该权利转让方的意志。而矿权转让的原合同及新的受让主体均需经过行政审批。对此，通过执行程序中的申请执行主体变更的方式，并不能最终解决。且本案于某岩主张以其所成立的独资公司名义办理矿业权转让手续问题，还涉及是否违反合同约定的禁止向第三方转让的实体问题，在原矿权转让合同未经审批的情况下，也不适合由人民法院直接作出相关裁定。这些问题本质上仍属于矿业权受让人主体资格是否符合法定条件的行政审批范围，应由审批管理机关根据矿权管理的相关规定作出判断。于某岩认为，其在履行生效判决确定的权利义务过程中成立公司，是在按照行政机关的行政管理规定完善办理矿权转让的相关手续，并非将《矿权转让合同》的权利向第三方转让，亦未损害国家利益和任何当事人的利益，其申请将采矿权转让手续办至公司名下，完全符合矿产资源法、《矿业权出让转让管理暂行规定》、《矿产资源开采登记管理办法》，以及《内蒙古自治区国土资源厅关于规范探矿权采矿权管理有关问题的补充通知》等行政机关在自然人签署矿权转让合同情况下办理矿权转让手续的行政管理规定，此观点应向相关审批管理机关主张。

4. 行政机关不批准情况下受让人的救济途径

《最高人民法院关于审理矿业权纠纷案件适用法律若干问题的解释》第十条专门对报批后未获批准的法律后果作了规定："国土资源主管部门不予批准矿业权转让申请致使矿业权转让合同被解除，受让人请求返还已付转让款及利息，采矿权人请求受让人返还获得的矿产品及收益，或者探矿权人请求受让人返还勘查资料和勘查中回收的矿产品及收益的，人民法院应予支持，但受让人可请求扣除相关的成本费用。当事人一方对矿业权转让申请未获批准有过错的，应赔偿对方因此受到的损失；双方均有过错的，应当各自承担相应的责任。"据此，若当地国土资源主管部门明确于某岩以及其设立的独资公司不符合采矿权受让条件，不予批准，则属于履行不能，于某岩只能行使合同解除权，并要求隆兴矿业公司承担相应的法律责任。

（执笔人：最高人民法院执行局　黄金龙　魏　丹<br>编审人：最高人民法院研究室　马蓓蓓）

# 指导案例 124 号《中国防卫科技学院与联合资源教育发展（燕郊）有限公司执行监督案》的理解与参照

——执行和解协议履行不能时可继续执行原生效裁判

2019 年 12 月 24 日，最高人民法院发布了第 23 批指导性案例，包括第 117 号至第 126 号共 10 件指导性案例，这批案例为执行专题指导性案例，总结了近些年执行领域中某些普遍的疑难复杂法律适用问题，有利于进一步明确裁判规则，统一司法尺度。其中，第 124 号指导案例为《中国防卫科技学院与联合资源教育发展（燕郊）有限公司执行监督案》。为了正确理解和准确参照适用该指导案例，现对该指导案例的选编过程、裁判要点、参照适用等有关情况予以解释和说明。

## 一、案例选编过程及指导意义

2019 年最高人民法院执行局向最高人民法院案例指导工作办公室推荐该案例作为备选指导性案例。最高人民法院案例指导工作办公室经过初审认为，该案例基本符合指导性案例要求，并提交最高人民法院研究室室务会讨论。2019 年 9 月 16 日，最高人民法院研究室室务会讨论同意，建议提交审委会讨论。12 月 17 日，该案例经最高人民法院民专会第 330 次会议讨论，同意作为指导性案例。12 月 24 日，最高人民法院以法〔2019〕294 号文件将该案例编入第 23 批指导性案例予以发布。

对于执行实践中执行和解协议与原生效法律文书的关系问题，《最高人民法院关于执行和解若干问题的规定》（以下简称《执行和解规定》）第九条予以了明确，即被执行人一方不履行执行和解协议的，申请执行人可以申请恢复执行原生效法律文书,也可以就履行执行和解协议向执行法院提起诉讼。但该司法解释对于当因和解协议约定的具体给付内容不确定,导致无法判断合同当事人承担的权利和义务,当事人法律地位不固定、亦无法判断违约责任承担时,申请执行人一方是否可申请继续执行或者恢复执行原生效法律文书并未予以明确。本案涉及的执行和解协议,正是由于其约定缺乏最终确定性,导致无法确定该协议的给付内容及违约责任承担,客观上已无法继续履行,此时对于原生效裁判文书与执行和解协议的关系处理,则需要明确规则指引。通过这一案件的审查,第一次明确了:当和解协议因其自身缺陷导致客观上无法履行时,人民法院可根据申请执行人的申请,继续执行或恢复执行生效法律文书。和解执行协议中约定的原执行依据未涉及的内容,以及履行过程中产生争议的部分,相关当事人可以通过另行诉讼等其他程序解决。此案的裁判,填补了司法解释规定的空白,对执行实践有较大的指导意义。

## 二、关于本案例的相关情况

联合资源教育发展(燕郊)有限公司(以下简称联合资源公司)与中国防卫科技学院(以下简称中防院)合作办学合同纠纷案,经北京仲裁委员会审理后作出(2004)京仲裁字第0492号裁决书(以下简称0492号裁决书),裁决:(1)终止本案合同;(2)被申请人(中防院)停止其燕郊校园内的一切施工活动;(3)被申请人(中防院)撤出燕郊校园;……以上裁决第二项、第三项被申请人(中防院)的义务,应于本裁决书送达之日起三十日内履行完毕。

联合资源公司依据0492号裁决书申请执行,三河市人民法院立案执行。2005年12月8日双方签订《联合资源教育发展(燕郊)有限公司申请执行中国防卫科技学院撤出校园和解执行协议》(以下简称《协议》)。《协议》载明:"为履行裁决,在法院主持下经过调解,双方同意按下述方案执行。本执行方案由人民法院监督执行,本方案分三个步骤完成。具体内容如下:一、评估阶段:(一)资产的评估。联合资源公司资产部分:1. 双方同意在人民法院主持下对联合资源公司资产进行评估。2. 评估的内容包括联合资源公司所建房产、道路及设施等投入的整体评估,土地所有权的评估。3. 评估由双方共同选定评估单位,评估价作为双方交易的基本参考价。中防院部分:1. 双方同意在人民法院主持下对中防院投入联合资源公司校园中的资产进行评估。2. 评估的内容包括：（1）双方《合作办学合同》执行期间联合资源公司同意中防院投资的固定资产；（2）双方《合作办学合同》执行期间联合资源公司未同意中防院投资的固定资产；（3）双方《合作办学合同》裁定终止后中防院投资的固定资产。具体情况由中防院和联合资源公司共同向人民法院提供相关证据。（二）校园占用费由双方共同商定。（三）关于教学楼施工，鉴于在北京仲裁委员会仲裁时教学楼基础土方工作已完成，如不进行施工和填平，将会影响周边建筑及学生安全，同时为有利于中防院的招生，联合资源公司同意中防院继续施工。（四）违约损失费用评估。1. 鉴于中防卫技术服务中心1000万元的实际支付人是中防院，同时校园的实际使用人也是中防院，为此联合资源公司依据过去各方达成的意向协议，同意该1000万元在方案履行过程中进行考虑。2. 由中防卫技术服务中心违约给联合资源公司造成的实际损失，应由中防卫技术服务中心承担。3. 该部分费用双方协商解决，解决不成双方同意在法院主持下进行执行听证会，法院依听证结果进行裁决。二、交割阶段：1. 联合资源公司同意在双方达成一致的情况下，转让其所有的房产和土地使用权，中防院收购上述财产。2. 在中防院不同意收购联合资源公司资产情况下，联合资源公司收购中防院资产。3. 当第1点、第2点均无法实现时，双方同意由人民法院委托拍卖。4. 拍卖方案如下：A. 起拍价，按评估后全部资产价格总和为起拍价。B. 如出现流拍，则下次拍卖起拍价下浮15%，但流拍不超过两次。C. 如拍卖价高于首次起拍价，则按下列顺序清偿，首先清偿联合资源公司同意中防院投资的固定资产和联合资源公司原资产，不足清偿则按比例清偿。当不足以清偿时联合资源公司同意将教学楼所占土地部分（含周边土地部分）出让给中防院，其资产由中防院独立享有。拍卖过程中双方均有购买权。"

上述协议签订后，执行法院委托华信资产评估公司对联合资源公司位于燕郊开发区地块及地面附属物进行价值评估，评估报告送达当事人后联合资源公司对评估报告提出异议，此后在执行法院的主持下，双方多次磋商，一直未能就如何履行上述和解协议达成一致。双方当事人分别对本案在执行过程中所达成的和解协议的效力问题，向执行法院提出书面意见。

三河市人民法院于2016年8月26日作出（2005）三执字第445号之一执行裁定：（1）联合资源公司与中防院于2005年12月8日达成的和解协议有效。（2）联合资源公司与中防院在校园内的资产应按双方于2005

年 12 月 8 日达成的和解协议约定的方式处置。联合资源公司不服,向河北省高级人民法院提起执行申诉。河北省高级人民法院于 2017 年 3 月 21 日作出(2017)冀执监 130 号执行裁定:(1)撤销三河市人民法院作出的(2005)三执字第 445 号执行裁定、(2005)三执字第 445 号之一执行裁定书及河北省廊坊市中级人民法院作出的(2016)冀 10 执复 46 号执行裁定。(2)继续执行 0492 号裁决书中的第三项、第五项内容(中防院撤出燕郊校园、中防院应向联合资源公司支付代其垫付的仲裁费用 173407.45元)。(3)驳回联合资源公司的其他申诉请求。中防院不服,向最高人民法院申诉。最高人民法院于 2018 年 10 月 18 日作出(2017)最高法执监 344 号执行裁定:(1)维持河北省高级人民法院(2017)冀执监 130 号执行裁定第一项、第三项。(2)变更河北省高级人民法院(2017)冀执监 130 号执行裁定第二项为继续执行北京仲裁委员会作出的 0492 号裁决书中的第三项内容,即"被申请人中国防卫科技学院撤出燕郊校园"。(3)驳回中防院的其他申诉请求。

　　本案系在《执行和解规定》刚刚出台的背景下,在执行和解中遇到的新型典型案例,相关法律适用问题在该司法解释中并未明确规定,经合议庭数次讨论,并组织资深法官研讨,考虑到该案例确立的对执行和解协议本身的审查原则,可以有效解决实践中执行和解与原执行依据之间关系的处理问题等因素,遂推荐为备选的指导性案例。

### 三、裁判要点的理解与说明

　　该指导案例的裁判要点确认:申请执行人与被执行人对执行和解协议的内容产生争议,客观上已无法继续履行的,可以执行原生效法律文书。对执行和解协议中原执行依据未涉及的内容,以及履行过程中产生的争议,当事人可以通过其他救济程序解决。现围绕与该裁判要点相关的问题逐一解释和说明如下。

#### (一)执行和解协议的性质

　　从执行理论及立法实践出发,执行和解协议可以被定义执行程序中,当事人(或与案外人)通过实体处分权的方式就执行事项或债务履行予以调整的协议。其形式可以表现为对执行依据所确认的债权的减少或免除、权利义务主体、债务履行的时间、方式的变更、执行财产标的的限定等。[①]

关于执行和解协议的性质，学者先后提出了私法行为说（其中又分为诺成合同说、实践合同说、附条件合同说等）、诉讼行为说、两行为并存说、一行为两性质说等观点。一行为两性质说（又作二行为合体说、竞合说、两面说）认为诉讼和解是具有双重属性的特殊行为，是同一行为同时具有两种行为的性质。诉讼和解一方面是当事人双方间存在的私法上的和解契约，同时，又是在当事人之间以及当事人和法院之间存在的诉讼行为。这种学说照顾了诉讼上和解的两种属性，又避免了两行为并存说的不足之处，故为德国、日本民事诉讼理论界的通说。从我国关于执行和解制度的立法沿革来看，不论是最高人民法院关于执行和解协议的另诉问题先后作出过部分复函和批复，及至民事诉讼法第二百三十条、《最高人民法院关于适用〈中华人民共和国民事诉讼法〉的解释》（以下简称《民事诉讼法解释》）第四百六十七条、《执行和解规定》第九条等条文规定看，目前司法实践中对执行和解协议的性质，倾向于一行为两性质说，既充分尊重了和解协议作为合同的私法效力，又赋予其在特定司法程序下代替生效法律文书的公法效力。

## （二）执行和解协议与原执行依据债权的关系

### 1. 现有立法模式——附条件的替代

既然承认执行和解协议的一行为两性质说，势必不能回避一个问题，即执行和解协议与生效法律文书确定的债权之间究竟应当为何种关系。和解协议基于原执行依据确定的债权而订立，根据和解协议形成的当事人之间的新的债权债务关系与原执行债权基于相同的原因事实，如果申请执行人就该部分要求债务人同时履行原执行依据及和解协议，则构成重复受偿。故申请执行人执行选择实现和解协议形成的债权或者执行依据确认的债权。据此，执行理论中对于和解协议形成的债权与执行依据确认的债权之间的关系模式也主要有以下三种：（1）替代模式，即和解协议形成的债权优于执行依据确认的债权，用前者替代后者，申请执行人只能实现和解

---

[①] 从《执行和解规定》第一条第一款"当事人可以自愿协商达成和解协议，依法变更生效法律文书确定的权利义务主体、履行标的、期限、地点和方式等内容"的规定，亦可推知执行和解协议的基本内涵与外延。

协议形成的债权；（2）抗辩模式，即执行依据确认的债权优于和解协议形成的债权，在双方达成执行和解协议的情形下，债权人仍然有权申请实现执行依据确认的债权，和解债权仅构成对抗执行行为的抗辩事由；（3）平行模式，即执行依据确认的债权与和解协议形成的债权处于并列关系，具有同等实体法效力，债权人可以行使选择权，任意择一行使权利。而从我国现有法律规定看，二者关系大体遵循附条件的替代模式，细节的变化则是，对于替代模式例外情形的扩大或限缩——表现在：民事诉讼法第二百三十条中规定了当事人不履行和解协议的，人民法院可以根据当事人的申请，恢复对原生效法律文书的执行。此处并未限定是申请执行人抑或是被执行人不履行和解协议；《民事诉讼法解释》第四百六十七条则规定，当"一方当事人"不履行或不完全履行和解协议时，"对方当事人"可以申请恢复执行原生效法律文书；《执行和解规定》第九条则规定，将和解协议替代原执行依据的情形限缩为了仅当"被执行人"不履行和解协议时，申请执行人才得申请恢复原生效法律文书的执行。可以看出，这一立法模式的变化初衷是在执行和解中基于申请执行人放弃权利甚至被迫和解，而被执行人利用执行和解制度拖延执行的情形时有发生，其将选择恢复执行原生效裁判的权利单方赋予申请执行人亦是基于此种目的考虑。然而这一立法模式不可避免产生的缺陷即是，"绝对优于"的立法例无法涵括执行实践中和解债权与执行债权之间丰富、多样的关系状态。[①] 本案出现的在执行和解协议本身因客观履行不能时，申请执行人要求继续执行原生效裁判，而被执行人则坚持要求继续履行执行和解协议，此时应何去何从，即出现了法律适用上的空白。

2. 新债清偿与债的更改

不可否认的是执行和解协议具有合同的性质，在此情形下，回归民法理论体系中，对和解协议与生效裁判分别确立的债权之间的关系进行分析，从而在形成"合同僵局"情形时，解决当事人救济路径选择之困，不失为一种良性突破。有学者采用类型化分析的方法，将执行和解协议中的债权视为一种新的债权，即"和解债权"，认为这种新的债权不是替代原生效法律文书所确定的债权，而是两个债权并存，当和解债权履行之后，原生效法律文书所确定的债权才归于消灭。一旦和解债权得不到履行，则

---

[①] 参见肖建国、黄忠顺：《执行和解协议的类型化分析》，载《法律适用》2014年第5期。

原生效法律文书确认的债权依然可以强制执行。① 这一理论对应的即为"新债清偿"理论。新债清偿，也称为新债抵偿、间接给付或为清偿之给付，经由此种契约，当事人将原债务关系消灭，而以新的债务关系替代之，其行为意思被称为更替意思，其所欲之效果被称为债务更新。是指因清偿债务而为异于原定给付之给付，因债权人就新给付之实行受满足，而使旧债务消灭。②

与新债清偿概念对应，且有着诸多相似之处的，则是债的更改理论。所谓债的更改，也称债务更新、债务更替，经由此种契约，当事人将原债务关系消灭，而以新的债务关系替代之，其行为意思被称为更替意思，其所欲之效果被称为债务更新。③ 债务更新与新债清偿不同之处在于当事人是否有"更改之意思"，即以新债务代替旧债务以消灭旧债务的意思表示。

回归到本案中的和解协议来看，该协议并不构成债的更改。本案中，中防院与联合资源公司并未约定协议成立后0492号裁决书中的裁决内容即告消灭，而是明确约定双方当事人达成执行和解的目的，是为了履行0492号裁决书。该种约定实质上只是以成立新债务作为履行旧债务的手段，新债务未得到履行的，旧债务并不消灭。而按照一般执行和解与原执行依据之间关系的处理原则，只有通过和解协议的完全履行，才能使得原生效法律文书确定的债权债务关系得以消灭，执行程序得以终结。若和解协议约定的权利义务得不到履行，则原生效法律文书确定的债权仍然不能消灭。可以看出，新债清偿理论，更符合本案执行和解协议设定的权利义务与原执行依据项下权利义务之间的关系本质。从本案的和解执行协议履行情况来看，该协议中关于资产处置部分的约定，由于未能得以完全履行，故其并未使原生效法律文书确定的债权债务关系得以消灭，即中防院撤出燕郊校园这一裁决内容仍需执行。申请执行人仍然得以申请继续执行原生效法律文书。

---

① 参见肖建国、黄忠顺：《执行和解协议的类型化分析》，载《法律适用》2014年第5期。
② 参见林诚二：《民法债编总论讲义》，我国台湾地区瑞兴图书股份有限公司1992年版，第111页。
③ 参见黄立：《民法债编总论》，中国政法大学出版社2002年版，第674页。

## （三）执行和解协议约定不明造成客观履行不能时当事人救济路径的选择

从民事诉讼法第二百三十条的规定可以看出，当和解协议存在效力瑕疵时，即申请执行人因受欺诈、胁迫与被执行人达成和解协议的，申请执行人得向法院申请恢复对原生效法律文书的执行。但是对于因执行和解协议自身约定出现障碍，导致协议本身无法履行时，申请执行人能否申请恢复原生效法律文书的执行，包括《执行和解规定》在内的法律、司法解释等则并未规定。本案执行和解协议中约定了0492号裁决书未涵盖的双方资产处置的内容，在交割阶段设置了三种方案：方案1：联合资源公司在双方达成一致的情况下，转让其所有的房产所有权和土地使用权，由中防院收购。方案2：中防院不同意收购联合资源公司资产的情况下，由联合资源公司收购中防院财产。方案3：当方案1、方案2均无法实现时，双方同意由人民法院委托拍卖，并就拍卖方案、清偿范围和顺序、双方购买权进行了约定。上述方案是对未来资产若干处置方式的一种框架性安排，对双方的权利义务关系约定并不确定，联合资源公司和中防院并不存在固定的出售和购买的法律地位和权利义务，而是在特定条件成就时，双方的买卖关系及角色可以互换。由此导致特定当事人无法依据该协议请求一定给付。方案1设定了前提条件，即是在"双方达成一致的情况下"，联合资源公司才将所有房产所有权和土地使用权转让给中防院。在双方未能达成一致的情况下，联合资源公司并不负有在将来与中防院成立特定买卖关系的义务，即根据该条的约定，在双方无法协商一致的情况下，不能强制联合资源公司缔约，故实际上，方案1无法达到中防院所追求的效果。从双方长达十余年未能协商一致的客观现实来看，也印证了这一点。并且，该协议亦未约定双方如不能缔结特定的某一买卖法律关系，则应由何方承担违约责任之内容。相反，该协议设置的方案是，方案1不可行时，如中防院不同意收购资产，则以方案2解决，如1、2均不可行，则按照方案3处置。但事实是，按照中防院的诉求，其一直主张按照方案1收购联合资源公司在燕郊校区的房产所有权和土地使用权，方案2自始并未进入实质磋商阶段。方案3则是交由法院拍卖相关资产。在一般执行案件中，这种约定属于当事人之间对执行措施的合意，法院可以按照合意处理，但前提必须是在法院采取措施前双方之间始终意见一致。但本案的实际情况是，

0492号裁决书对于资产处置并未作出裁决,双方当事人对所约定处置的资产最基础的评估范围都存在重大争议,在此情况下,由执行法院不经审判程序,直接在执行程序中对和解执行协议涉及的资产进行强制处置,无法律依据。由此,归结于执行和解协议的部分内容约定缺乏最终确定性,导致无法确定该协议的给付内容及违约责任承担,客观上该执行和解协议已无法继续履行。

如前所析,既然本案执行和解协议符合新债清偿的性质,即当新债未履行完毕之时,旧债并不消灭,则原执行依据所确定的债权亦未消灭,此时,允许申请执行人转而选择申请继续执行原生效法律文书,既是从本案执行和解协议与原生效裁决的关系分析得出的合理结论,也是本案和解协议在实际履行中陷入僵局,导致本案长达十几年不能执行完毕时,为避免严重损害生效裁判文书债权人合法权益的必然选择。而和解执行协议中约定的原执行依据未涉及的内容,以及履行过程中产生争议的部分,相关当事人可以通过另行诉讼等其他程序解决,对此,现有法律均已设置了救济路径,并不存在障碍,于此不再赘述。

### (四)执行权对执行和解协议的审查范围

由于我国现有法律将执行和解定位为兼有公法和私法上的双重效力,执行和解协议在特定情形下具有替代原执行依据,决定执行程序走向的功能,一经人民法院执行人员确认并实际得以履行,它又是当事人为消灭与人民法院之间业已存在的诉讼法律关系从而结束执行程序的诉讼行为,[①]这就势必引发执行权对执行和解协议实质审查的问题。现有法律规范对此设计了如下模式:对执行和解本身存在的无效或者可撤销的效力瑕疵问题,赋予当事人、利害关系人向执行法院提起诉讼的权利[②];对于执行和解协议是否履行完毕,进而能否导致原生效裁判不再执行,则由执行机构

---

① 参见金俊银:《对执行和解若干问题的探讨》载《法律适用》2005年第9期。
② 《执行和解规定》第十六条规定:"当事人、利害关系人认为执行和解协议无效或者应予撤销的,可以向执行法院提起诉讼。执行和解协议被确认无效或者撤销后,申请执行人可以据此申请恢复执行。被执行人以执行和解协议无效或者应予撤销为由提起诉讼的,不影响申请执行人申请恢复执行。"

作出判断。[①] 执行权不同于审判权，不能对一项新产生的实体法律关系进行全面的审查判断，受权力边界所限，根据现行法律及司法解释的规定，执行权只对和解协议是否履行进行审查，并决定是否恢复执行，但是，既然关系执行程序是否应当继续，执行案件是否就此终结，则执行和解协议的约定是否具有最终确定性，双方权利义务协议的给付内容及违约责任承担是否确定，是否存在客观上的履行障碍，均应属于执行权予以审查的范围，法院在执行和解制度运行过程中的"引导者"与"监督者"的角色不能缺位。这也是平衡当事人私权处分，保障程序便利与效率，以更充分保护当事人合法权益的最佳选择。

### 四、参照适用时应注意的问题

从程序上看，本案执行过程中，执行法院并未下发中止裁定以中止对0492号裁决书的执行，故本案自双方对执行和解协议履行产生争议继而无法继续履行后，并不存在对此前已经中止执行的裁决书恢复执行的问题，而是对执行依据的继续执行。但这一细节并不影响本案例确立的裁判要旨，无论执行案件是否已中止执行，当执行和解协议因约定缺乏最终确定性而陷入客观无法履行之僵局时，执行法院可以作出判断，转而继续执行或根据申请执行人的申请恢复执行原生效法律文书。

（执笔人：最高人民法院执行局　朱　燕<br>
编审人：最高人民法院研究室　马蓓蓓）

---

[①]《执行和解规定》第十一条规定："申请执行人以被执行人一方不履行执行和解协议为由申请恢复执行，人民法院经审查，理由成立的，裁定恢复执行；有下列情形之一的，裁定不予恢复执行：（一）执行和解协议履行完毕后申请恢复执行的；（二）执行和解协议约定的履行期限尚未届至或者履行条件尚未成就的，但符合合同法第一百零八条规定情形的除外；（三）被执行人一方正在按照执行和解协议约定履行义务的；（四）其他不符合恢复执行条件的情形。"

# 指导案例 125 号《陈某果与刘某坤、广东省汕头渔业用品进出口公司等申请撤销拍卖执行监督案》的理解与参照

## ——网络司法拍卖属于强制执行措施应适用民事诉讼法及司法解释

2019 年 12 月 24 日,最高人民法院发布了第 23 批指导性案例,包括第 117 号至第 126 号共 10 件指导性案例,这批案例为执行专题指导性案例,总结了近些年执行领域中某些普遍的疑难复杂法律适用问题,有利于进一步明确裁判规则,统一司法尺度。其中,第 125 号指导案例为《陈某果与刘某坤、广东省汕头渔业用品进出口公司等申请撤销拍卖执行监督案》。为了正确理解和准确参照适用该指导案例,现对该指导案例的选编过程、裁判要点、参照适用等有关情况予以解释和说明。

### 一、案例选编过程及指导意义

2019 年最高人民法院执行局向最高人民法院案例指导工作办公室推荐该案例作为备选指导性案例。最高人民法院案例指导工作办公室经过初审认为,该案例基本符合指导性案例要求,并提交最高人民法院研究室室务会讨论。2019 年 9 月 16 日,最高人民法院研究室室务会讨论同意,建议提交审委会讨论。12 月 17 日,该案例经最高人民法院民专会第 330 次会议讨论,同意作为指导性案例。12 月 24 日,最高人民法院以法〔2019〕294 号文件将该案例编入第 23 批指导性案例予以发布。

### 二、关于本案例的相关情况

广东省汕头市中级人民法院在执行申请执行人刘某坤与被执行人广东

省汕头渔业用品进出口公司等借款合同纠纷一案中，于2016年4月25日通过淘宝网司法拍卖网络平台拍卖被执行人所有的位于汕头市升平区永泰路145号13—1地号地块的土地使用权，申诉人陈某果先后出价5次，最后一次于2016年4月26日10时17分26秒出价5282360.00元确认成交，成交后陈某果未缴尚欠拍卖款。2016年8月3日，陈某果向广东省汕头市中级人民法院提出执行异议，认为拍卖过程一些环节违反拍卖法等相关法律规定，请求撤销拍卖，退还保证金23万元。

广东省汕头市中级人民法院于2016年9月18日作出（2016）粤05执异38号执行裁定，驳回陈某果的异议。陈某果不服，向广东省高级人民法院申请复议。广东省高级人民法院于2016年12月12日作出（2016）粤执复字243号执行裁定，驳回陈某果的复议申请，维持汕头市中级人民法院（2016）粤05执异38号执行裁定。申诉人陈某果不服，向最高人民法院申诉。最高人民法院于2017年9月2日作出（2017）最高法执监250号，驳回申诉人陈某果的申诉请求。

本案的网络拍卖行为发生于2016年4月，此时《最高人民法院关于人民法院网络司法拍卖若干问题的规定》尚未施行。此时相关法律规定主要有2012年民事诉讼法、拍卖法、《最高人民法院关于人民法院民事执行中拍卖、变卖财产的规定》《最高人民法院关于人民法院委托评估、拍卖和变卖工作的若干规定》等，但这些法律、司法解释之间存在不一致的地方，有些已不能适应司法实践的发展。在本案当事人提出应援引、适用拍卖法相关拍卖规则从而认为应撤销本次网络司法拍卖的情况下，网络司法拍卖行为究竟是何种性质的行为，应该适用何种法律予以评判成为本案亟待明确的问题。

本案开宗明义，对人民法院司法拍卖行为的性质和适用的法律规范予以明确，即人民法院司法拍卖是人民法院依法行使强制执行权，就查封、扣押、冻结的财产强制进行拍卖变价进而清偿债务的强制执行行为，其本质上属于司法行为，具有公法性质。人民法院在司法拍卖中应适用民事诉讼法及相关司法解释对人民法院强制执行的规定。网络司法拍卖是人民法院司法拍卖的一种优选方式，亦应适用民事诉讼法及相关司法解释对人民法院强制执行的规定。如上所述，本案网络拍卖行为发生时间早于《最高人民法院关于人民法院网络司法拍卖若干问题的规定》，当时生效的法律法规对此网络司法拍卖的规定针对性不强，相互间存在不一致的地方。在这种背景下，本案针对实践中的问题，对人民法院网络司法拍卖行为性质和适用法律进一步以明确，对这段时期的司法实践有较强的示范效应和指导作用，从一定层面维护了网络司法拍卖的司法权威。

### 三、裁判要点的理解与说明

该指导案例的裁判要点确认：网络司法拍卖是人民法院通过互联网拍卖平台进行的司法拍卖，属于强制执行措施。人民法院对网络司法拍卖中产生的争议，应当适用民事诉讼法及相关司法解释的规定处理。现围绕与该裁判要点相关的问题逐一解释和说明如下。

#### （一）司法拍卖的性质理解

根据拍卖法第三条规定："拍卖是指以公开竞价的形式，将特定物品或者财产权利转让给最高应价者的买卖方式。"可见，拍卖是通过组织多人公开对某一物品进行竞价，获得物品最高市场价格，以期实现价格与物品本身的价值相一致的一种有效方式和商品流通的一种重要形式。拍卖，按照拍卖人或者拍卖程序作为标准，可以分为任意拍卖与强制拍卖。任意拍卖是公民或者法人基于自由意志，将特定的物品或者财产权利转让给最高应价者的行为，亦称为私法上的拍卖。而强制拍卖是由权力机关基于国家强制力对特定当事人的财产实施的拍卖，[①] 也称为公法上的拍卖，或司法拍卖。

虽然拍卖本身作为一种市场行为属于私法管辖的范围，但是司法拍卖作为一种强制执行措施，对其规定多见于公法性质的强制执行法律和司法解释中，其性质究竟为何？众说纷纭，大体可概括为以下三种学说。

持私法说的学者认为，司法拍卖的实质就相当于民法上的买卖关系，两者并无明显差别。有学者认为"在早期民事诉讼法学成立之初，其学理构架具有浓厚的私法色彩，影响所致，认为强制执行行为是私权的行使，强制拍卖是强制执行中的一种变价措施，其性质自然也是私法行为，属于司法买卖的一种"[②]。私法说强调整个司法拍卖实质上就是一个要约邀请、

---

[①] 参见江必新、刘贵祥：《最高人民法院关于人民法院网络司法拍卖若干问题的规定理解与适用》，中国法制出版社2017年版，第55页。

[②] 陈荣宗：《民事程序法与诉讼标的理论》，人民法院出版社1997年版，第73页。

邀约和承诺的过程。按照私法说的逻辑，在司法拍卖过程中，虽然有国家公权力机关——人民法院的介入，其也仅仅处于出卖人的地位，与买受人形成的拍卖关系和民法中的买卖契约关系并无二致。

持公法说的学者认为，司法拍卖是由债权人因无法实现债权而向法院申请启动的，人民法院一旦介入此债权关系，无论是在司法拍卖之前对涉案财产的查封、扣押等强制措施，还是司法拍卖之后的财产分配，整个程序都是由法院主导，事实上形成了国家机关与民事主体之间的关系。德国学者通常采公法说，他们认为买受人取得拍卖物的所有权是原始取得。被拍卖的物品，不是基于债务人的自愿而进行的，而是执行机关利用法律赋予的公权力，剥夺债务人的所有权再通过拍卖这一形式转让给买受人，实际上与公用征收的性质类似。[1]

折中说的学者认为，司法拍卖兼有公法上的处分和私法买卖的性质和效果。[2] 该学说认为司法拍卖虽然是法院强制拍卖债务人所拥有的物品以抵偿其债务，具有强制性，但是在拍卖过程中却是完全按照自由买受规则进行的，买受人有充分的自主性来决定是否购买以及以多少金额购买。折中说将司法拍卖分为两个阶段：第一阶段，法院凭借法律赋予的强权力在无须考虑债务人意愿的基础上以类似征收的程序剥夺债务人对物品的所有权；第二阶段，按照市场拍卖的规则，在自由、平等基础上进行交换。

本案对司法拍卖的性质予以明确：司法拍卖就是一种强制拍卖，是人民法院作为执行机关，就查封的执行标的物按照拍卖的方式出卖给最高应价者，以取得价金的执行措施。就司法拍卖的性质而言，司法拍卖程序是始于债权人申请，法院受理强制执行之后，由法院作为执行机关进行主导，通过司法拍卖方式最大限度提高执行效果，实现债权人的利益的一种程序。在这种程序中，国家强制力起决定性作用。因此，司法拍卖本质上仍然是以法院强制力为基础的公法行为，拍卖阶段法院作为出卖人与买受人达成买卖契约并不影响司法拍卖的本质属性。对司法拍卖的性质予以界定和明确，有助于对本案适用法律问题的理解。

---

[1] 参见史尚宽：《物权法论》，中国政法大学出版社2000年版，第296页。
[2] 参见邵明：《民事诉讼法学》，中国人民大学出版社2007年版，第596页。

## (二) 司法拍卖模式的发展及网络司法拍卖的特点

1991年的民事诉讼法第二百二十三条规定，被执行人未按执行通知履行法律文书确定的义务，人民法院有权查封、扣押、冻结、拍卖、变卖被执行人应当履行义务部分的财产。第二百二十六条规定，财产被查封、扣押后，执行员应当责令被执行人在指定期间履行法律文书确定的义务。被执行人逾期不履行的，人民法院可以按照规定交有关单位拍卖或者变卖被查封、扣押的财产。自此，从法律层面明确赋予了人民法院司法强制拍卖权。这段时期，司法拍卖基本是在法院主导下进行。但因为相关法律法规很不健全，各种程序规范严重缺失，人民法院自主拍卖的权力没有受到应有的制约，司法拍卖在实际操作过程中出现诸多问题。

1998年《最高人民法院关于人民法院执行工作若干问题的规定（试行）》，第四十六条第一款规定："人民法院对查封、扣押的被执行人财产进行变价时，应当委托拍卖机构进行拍卖。"2004年《最高人民法院关于人民法院民事执行中拍卖、变卖财产的规定》第三条规定："人民法院拍卖被执行人财产应当委托具有相应资质的拍卖机构进行，并对拍卖机构的拍卖进行监督，但法律、司法解释另有规定的除外。"上述规定在确立人民法院处置被执行人财产时拍卖方式优先的同时，在拍卖方式的选择上，实际对1991年民事诉讼法的相关规定作了限缩解释，确立了应当委托拍卖机构拍卖的制度。[①] 其后，为进一步规范司法拍卖、变卖环节，最高人民法院遵循委托拍卖优先原则先后出台《最高人民法院关于人民法院委托评估、拍卖和变卖工作的若干规定》《最高人民法院关于执行权合理配置和科学运行的若干意见》等一系列规定，形成一整套司法拍卖规范，对法院委托拍卖行为进行约束。司法强制拍卖进入委托拍卖模式优先时代。与法院自主拍卖相比，委托拍卖公司拍卖能够形成一定的分工和制约，在一定程度上防范拍卖环节中的违法违纪甚至司法腐败问题。但在实际运行中，也产生了拍卖佣金过高、被委托的拍卖公司良莠不齐、出现围标串标以及职业控场等问题。

随着网络信息技术的发展，网络司法拍卖应运而生。自2010年出现之

---

[①] 参见江必新、刘贵祥：《最高人民法院关于人民法院网络司法拍卖若干问题的规定理解与适用》，中国法制出版社2017年，第59页。

日起，网络司法拍卖就体现出不同于传统拍卖模式的诸多特性：一是市场超地域化，只要有条件上网，人人都可参与，均可能成为司法拍卖的买家，打破了传统拍卖中参拍人必须到场的规则；二是拍卖快捷化，计算机程序和网络技术能够自动处理网络拍卖中的信息传递，无须人为操作，加快了交易速度；三是拍卖虚拟化，参拍人观察拍品、参与竞拍过程、拍卖支付等，均无须当面进行，可通过互联网完成；四是交易成本低廉化，网络司法拍卖大大降低了拍卖中介服务成本、信息公开成本、参与竞拍成本及拍卖过程中的场地费等实际支出；五是拍卖信息透明化，拍品展示、竞拍过程均通过网络向社会最大范围的公开，参拍人无须通过纸质媒体即可获知完全相同的信息。网络司法拍卖因其上述特性，迅猛发展起来，成为不可忽视的一种司法拍卖方式。本案中的拍卖行为亦采取了此种方式。

（三）本案法律适用问题

本案的网络司法拍卖行为发生于 2016 年 4 月 26 日，在《最高人民法院关于人民法院网络司法拍卖若干问题的规定》公布和施行之前。当时国内的形势是：网络司法拍卖已经迅速发展，全国已经有 1000 多家法院自主开展网络拍卖。仅 2015 年一年，拍卖就达 12.4 万余次，处置标的物 5.7 万余件，成交率达 84%，平均溢价率达 36.7%。但是，网络司法拍卖作为一种新的事物，实践中不可避免地遇到一些问题。首先是拍卖模式多样、拍卖主体多元问题突出：包括公共网络拍卖平台，由专业的网络运营商设计并经营；私人的网络拍卖平台，由单位或个人拍卖特定的商品；传统拍卖模式，规则照旧，只是转移到网络上进行等。其次是操作规程不一问题，相关法律规定的适用问题亦不明确。当时规范司法拍卖行为的法律规范大致有 2012 年民事诉讼法、拍卖法、《最高人民法院关于适用〈中华人民共和国民事诉讼法〉的解释》、《最高人民法院关于人民法院执行工作若干问题的规定（试行）》、《最高人民法院关于人民法院民事执行中拍卖、变卖财产的规定》、《最高人民法院关于人民法院委托评估、拍卖工作的若干规定》等，由于部分规定出台时间较早，主要规范的是委托拍卖方式，已经不能满足实践发展需要。同时上述法律法规之间部分规定存在一定冲突和不一致的地方，对司法拍卖的性质问题长期存有一定争议，在新的网络拍卖规定尚未出台前，如何在案件审理中适用以上法律法规成为本案亟须解决的一个问题。尤其当拍卖法确立的具体规则与网络司法拍卖操作规则不一致时，能否以该法律规定否定网络司法拍卖的效力是本案的一个重要问题。

2012年民事诉讼法第二百四十七条规定："财产被查封、扣押后，执行员应当责令被执行人在指定期间履行法律文书确定的义务。被执行人逾期不履行的，人民法院应当拍卖被查封、扣押的财产……"。2015年《最高人民法院关于适用〈中华人民共和国民事诉讼法〉的解释》第四百八十八条规定："依照民事诉讼法第二百四十七条规定，人民法院在执行中需要拍卖被执行人财产的，可以由人民法院自行组织拍卖，也可以交由具备相应资质的拍卖机构拍卖。交拍卖机构拍卖的，人民法院应当对拍卖活动进行监督。"从以上规定可以看出，此时拍卖可以分为两种形式：一是由人民法院自行组织拍卖；二是交由具备相应资质的拍卖机构拍卖。而且，对交由拍卖机构拍卖的，人民法院应当进行监督。以上规定再次强调了人民法院自行拍卖的形式，同时在委托拍卖中进一步强化了人民法院的监督职责。一定程度上反映出司法拍卖与拍卖法规范的拍卖企业进行的拍卖活动适用范围并不相同。

本案申诉人依据拍卖法第三十条、第五十二条等规定，认为本案的网络司法拍卖不符合拍卖法确立的规则从而是违法的，例如，未签订成交确认书、在拍卖过程中拍卖标的物的委托人同时又是竞买人等情形。而能否用拍卖法的相关规定作为评判网络司法拍卖行为合法的依据是本案首先要解决的问题。鉴于之前对司法拍卖性质的分析和判断，笔者认为，总体而言，网络司法拍卖是人民法院通过互联网拍卖平台进行的司法拍卖，属于强制执行措施。人民法院对网络司法拍卖中产生的争议，应当适用民事诉讼法及相关司法解释的规定处理。而拍卖法规范的是拍卖企业进行的拍卖活动，与司法拍卖存在明显不同，因此，不能以拍卖法确立的一些具体细则否定本案网络司法拍卖行为的效力。

具体来说，关于申诉人提出的未签订成交确认书的问题。所谓拍卖成交确认书是国内拍卖界的习惯做法，在域外拍卖活动中几乎没有见到，拍卖成交书的出现可以追溯到1987年，当时拍卖市场操作中，拍卖以落槌来宣告交易成功，一诺千金并没有一纸文书作证明，万一拍卖某方反悔，证据难觅，因此就设计了一个拍卖成交确认书以作为拍卖成交证据。[①] 然而对于新兴的网络司法拍卖，竞价过程、竞买号、竞价时间、是否成交等均在交易平台展示，该展示具有一定的公示效力，对竞买人具有拘束力。该项内容从申诉人提供的竞买记录也可得到证实。且在本案网络司法拍卖时，民事诉讼法及相关司法解释均没有规定网络司法拍卖成交后必须签订成交确认书。因此，申诉人称未签订成交确认书、不能确定权利义务关系的主张不能得到支持。当然，之后出台的《最高人民法院关于人民法院网络司法拍卖若干问题的规定》第二十二条，为防止特定人员参与拍卖，方便社会监督的角度，还是明确了由网络司法拍卖平台以买受人的真实身份自动生成确认书并公示的规则，这点应引起注意。

对于申诉人提出的申请执行人作为委托人不能参与竞买的问题。我们认为，网络司法拍卖是人民法院依法通过互联网拍卖平台，以网络电子竞价方式公开处置财产，本质上属于人民法院"自主拍卖"，不存在委托拍卖人的问题。本案的申请执行人不能视为拍卖的委托人。而且《最高人民法院关于人民法院民事执行中拍卖、变卖财产的规定》第十五条第二款明确规定申请执行人、被执行人可以参加竞买，作为申请执行人只要满足网络司法拍卖的资格条件即可以参加竞买。因此，申诉人的这一理由同样是不能成立的。同时，本案进一步明确，在网络司法拍卖中，即竞买人是否加价竞买、是否放弃竞买、何时加价竞买、何时放弃竞买完全取决于竞买人对拍卖标的物的价值认识。从申诉人提供的竞买记录看，申诉人在2016年4月26日9时40分53秒出价2377360元后，在竞买人叫价达到5182360元时，分别在2016年4月26日10时01分16秒、10时05分10秒、10时08分29秒、10时17分26秒加价竞买，足以认定申诉人对于自身的加价竞买行为有清醒的判断。

（执笔人：最高人民法院执行局　万会峰　邵夏虹
编审人：最高人民法院研究室　马蓓蓓）

---

[①] 参见江必新、刘贵祥：《最高人民法院关于人民法院网络司法拍卖若干问题的规定理解与适用》，中国法制出版社2017年版，第307页。

# 指导案例 126 号《江苏天宇建设集团有限公司与无锡时代盛业房地产开发有限公司执行监督案》的理解与参照

——被执行人在规定期限内未履行和解协议且在和解协议约定义务履行完毕前申请执行人申请恢复执行的，根据案件具体情形并非当然应当恢复执行

2019 年 12 月 24 日，最高人民法院发布了第 23 批指导性案例，包括第 117 号至第 126 号共 10 件指导性案例，这批案例为执行专题指导性案例，总结了近些年执行领域中某些普遍的疑难复杂法律适用问题，有利于进一步明确裁判规则，统一司法尺度。其中，第 126 号指导案例为《江苏天宇建设集团有限公司与无锡时代盛业房地产开发有限公司执行监督案》。为了正确理解和准确参照适用该指导案例，现对该指导案例的选编过程、裁判要点、参照适用等有关情况予以解释和说明。

## 一、案例选编过程及指导意义

2019 年最高人民法院执行局向最高人民法院案例指导工作办公室推荐该案例作为备选指导性案例。最高人民法院案例指导工作办公室经过初审认为，该案例基本符合指导性案例要求，并提交最高人民法院研究室室务会讨论。2019 年 10 月 21 日，最高人民法院研究室室务会讨论同意，建议提交审委会讨论。12 月 17 日，该案例经最高人民法院民专会第 330 次会议讨论，同意作为指导性案例。12 月 24 日，最高人民法院以法〔2019〕294 号文件将该案例编入第 23 批指导性案例予以发布。

该案例是关于被执行人不履行或者不完全履行和解协议时恢复原生效法律文书执行的相关规则适用问题。2015 年《最高人民法院关于适用〈中

华人民共和国民事诉讼法〉的解释》（以下简称《民事诉讼法解释》）第四百六十七条规定，一方当事人不履行或者不完全履行在执行中双方自愿达成的和解协议，对方当事人申请执行原生效法律文书的，人民法院应当恢复执行。实践中，是否只要一方当事人在约定期限内未履行和解协议，经另一方当事人申请就应当恢复执行，于具体案件中存在争议。总体说来，是否恢复执行还是应当综合考虑各方因作具体判断。本案合议庭即是在综合判断的基础上，认定不予恢复执行。其裁判思路对于类似案件具有一定的参考价值。

## 二、关于本案例的相关情况

江苏天宇建设集团有限公司（以下简称天宇公司）与无锡时代盛业房地产开发有限公司（以下简称时代公司）建设工程施工合同纠纷一案，江苏省无锡市中级人民法院（以下简称无锡中院）于2015年3月3日作出（2014）锡民初字第00103号民事判决，时代公司应于本判决发生法律效力之日起五日内支付天宇公司工程款14454411.83元以及相应的违约金。时代公司不服，提起上诉，江苏省高级人民法院（以下简称江苏高院）二审维持原判。因时代公司未履行义务，天宇公司向无锡中院申请强制执行。

在执行过程中，天宇公司与时代公司于2015年12月1日签订《执行和解协议》，约定：（1）时代公司同意以其名下3套房产（云港佳园53-106、53-107、53-108商铺，非本案涉及房产）就本案所涉金额抵全部债权；（2）时代公司在十五个工作日内，协助天宇公司将抵债房产办理到天宇公司名下或该公司指定人员名下，并将3套商铺的租赁合同关系的出租人变更为天宇公司名下或该公司指定人员名下；（3）本案目前涉案拍卖房产中止十五个工作日拍卖（已经成交的除外）。待上述事项履行完毕后，涉案房产将不再拍卖，如未按上述协议处理完毕，申请人可以重新申请拍卖；（4）如果上述协议履行完毕，本案目前执行阶段执行已到位的财产，返还时代公司指定账户；（5）本协议履行完毕后，双方再无其他经济纠葛。

和解协议签订后，2015年12月21日（和解协议约定的最后一个工作日），时代公司分别与天宇公司签订2份商品房买卖合同，与李某奇签订1份商品房买卖合同，并完成3套房产的网签手续。2015年12月25日，天宇公司向时代公司出具两份转账证明，载明：兹有本公司购买硕放云港佳园53-108、53-106、53-107商铺，购房款冲抵本公司在空港一号承建工程中所欠工程余款，金额以法院最终裁决为准。2015年12月30日，时代公司、天宇公司在无锡中院主持下，就和解协议履行情况及查封房产解封问题进行沟通。无锡中院同意对查封的39套房产中的30套予以解封，并于2016年1月5日向无锡市不动产登记中心新区分中心送达协助解除通知书，解除了对时代公司30套房产的查封。因上述3套商铺此前已由时代公司于2014年6月出租给江苏银行股份有限公司无锡分行（以下简称江苏银行）。2016年1月，时代公司（甲方）、天宇公司（乙方）、李某奇（丙方）签订了一份《补充协议》，明确自该补充协议签订之日起时代公司完全退出原《房屋租赁合同》，天宇公司与李某奇应依照原《房屋租赁合同》中约定的条款，直接向江苏银行主张租金。同时三方确认，2015年12月31日前房屋租金已付清，租金收款单位为时代公司。2016年1月26日，时代公司向江苏银行发函告知。租赁关系变更后，天宇公司和李某奇已实际收取自2016年1月1日起的租金。2016年1月14日，天宇公司弓奎林接收3套商铺初始登记证和土地分割证。2016年2月25日，时代公司就上述3套商铺向天宇公司、李某奇开具共计3张《销售不动产统一发票（电子）》，3张发票金额总计11999999元。发票开具后，天宇公司以时代公司违约为由拒收，时代公司遂邮寄至无锡中院，请求无锡中院转交。无锡中院于2016年4月1日将发票转交给天宇公司，天宇公司接受。2016年11月，天宇公司、李某奇办理了3套商铺的所有权登记手续，李某奇又将其名下的商铺转让给案外人罗某明、陈某。经查，登记在天宇公司名下的2套商铺于2016年12月2日被甘肃省兰州市七里河区人民法院查封，并被该院其他案件轮候查封。

2016年1月27日及2016年3月1日，天宇公司两次向无锡中院提交书面申请，以时代公司违反和解协议，未办妥房产证及租赁合同变更事宜为由，请求恢复本案执行，对时代公司名下已被查封的9套房产进行拍卖，扣减3张发票载明的11999999元之后，继续清偿生效判决确定的债权数额。2016年4月1日，无锡中院通知天宇公司、时代公司：时代公司未能按照双方和解协议履行，由于之前查封的财产中已经解封30套，故对于剩余9套房产继续进行拍卖，对于和解协议中3套房产价值按照双方合同及发票确定金额，可直接按照已经执行到位金额认定，从应当执行总金额中扣除。同日即

2016年4月1日，无锡中院在淘宝网上发布拍卖公告，对查封的被执行人的9套房产进行拍卖。时代公司向无锡中院提出异议，请求撤销对时代公司财产的拍卖，按照双方和解协议确认本执行案件执行完毕。

无锡中院于2016年7月27日作出（2016）苏02执异26号执行裁定：驳回时代公司的异议申请。时代公司不服，向江苏高院申请复议。江苏高院于2017年9月4日作出（2016）苏执复160号执行裁定：（1）撤销无锡中院（2016）苏02执异26号执行裁定。（2）撤销无锡中院于2016年4月1日作出的对剩余9套房产继续拍卖且按合同及发票确定金额扣减执行标的的通知。（3）撤销无锡中院于2016年4月1日发布的对被执行人无锡时代盛业房地产开发有限公司所有的云港佳园39-1203、21-1203、11-202、17-102、17-202、36-1402、36-1403、36-1404、37-1401室9套房产的拍卖。天宇公司不服江苏高院复议裁定，向最高人民法院提出申诉。最高人民法院于2018年12月29日作出（2018）最高法执监34号执行裁定：驳回申诉人天宇公司的申诉。

本案被执行人时代公司根据和解协议应履行的义务主要为提供必要手续协助将抵债房产过户到申请执行人天宇公司一方名下。时代公司确实没有在执行和解协议约定的期限2015年12月21日之前履行和解协议，直至2016年2月25日时代公司才开出并提交办理过户必要的房产销售发票，而在此之前天宇公司已经于2016年1月27日申请恢复执行。《民事诉讼法解释》第四百六十七条的规定："一方当事人不履行或者不完全履行在执行中双方自愿达成的和解协议，对方当事人申请执行原生效法律文书的，人民法院应当恢复执行，但和解协议已履行的部分应当扣除。和解协议已经履行完毕的，人民法院不予恢复执行。"根据一般观点，只要一方当事人不履行和解协议，且在和解协议履行完毕前对方当事人已经申请恢复执行的，就应当恢复执行。本案似乎应当恢复执行。但最高人民法院最终支持了本案不恢复执行的意见并作出裁判，这是根据案件的具体情况进行综合评判的结果。主要考虑了以下因素：一是尽管被执行人没有在规定期限内履行和解协议约定的义务，但其已经开始履行义务，如协助办理抵债房产的网签手续、处理抵债房产租赁合同权利的移转、办理初始登记证和土地分割证等。其履行行为虽已迟延，但仍属于积极履行。二是申请执行人明知被执行人的履行行为超过约定期限，仍然对该履行行为积极配合，予以接受，在继续履行和解协议上与被执行人形成较强的信赖关系。三是没有证据证明被执行人迟延履行导致签订和解协议的目的落空，申请执行人的利益受到严重损害。四是尽管申请执行人在对方履行完毕之前已经申请恢复执行，但执行法院实际上并未恢复执行。在法院实际恢复执行前被执行人已经履行完毕，再恢复执行已不适当。该种情形可以认定为《民事诉讼法解释》规定的和解协议已经履行完毕不再恢复执行的情形。上述裁判理由虽然与本案的具体情况紧密相扣，但其中涉及对司法解释相关规定的理解，也可为类似案件的处理提供思路与参照。

## 三、裁判要点的理解与说明

该指导案例的裁判要点确认：在履行和解协议的过程中，申请执行人因被执行人迟延履行申请恢复执行的同时，又继续接受并积极配合被执行人的后续履行，直至和解协议全部履行完毕的，属于民事诉讼法及相关司法解释规定的和解协议已经履行完毕不再恢复执行原生效法律文书的情形。现围绕与该裁判要点相关的问题逐一解释和说明如下。

### （一）关于不履行、不完全履行、迟延履行的辨析

根据《民事诉讼法解释》第四百六十七条规定，一方当事人不履行或者不完全履行和解协议的，即可根据对方当事人的申请恢复执行。对于不履行和不完全履行的认定决定了是否应恢复执行的判断。同时，迟延履行也是一个相关联的概念。不履行、不完全履行、迟延履行均是未按照协议约定履行的状态。不履行指基于主客观原因没有履行协议约定的义务，包括主观上的拒绝履行，因客观原因不能履行等各种不履行协议的状态。不完全履行指虽然履行了义务，但履行不符合义务本旨的状态，也可称为瑕疵履行。迟延履行指能够履行，但在履行期限届满时却未履行的状态。如果将不履行作广义理解，不完全履行和迟延履行均可以归入不履行之中。由于《民事诉讼法解释》第四百六十七条将不履行和不完全履行并列，因此将两者区分理解为宜。迟延履行属于在履行期限届满时未履行的状态，就履行期限届满的时点判断，可以归入该条规定的不履行之中。因此，和解协议签订之后，一方当事人拒绝履行或因客观原因不能履行，在履行期限届满时仍未履行，以及虽履行但不符合约定的，均可认为符合《民事诉讼法解释》四百六十七条规定的"不履行或者不完全履行"的情形，对方当事人申请恢复执行的，原则上可以恢复执行。

## （二）是否恢复执行仍然需要考虑的因素

同样是《民事诉讼法解释》第四百六十七条规定，和解协议已经履行完毕的，人民法院不予恢复执行。《最高人民法院关于执行和解若干问题的规定》第十五条规定："执行和解协议履行完毕，申请执行人因被执行人迟延履行、瑕疵履行遭受损害的，可以向执行法院另行提起诉讼。"因此，出现不履行、不完全履行以及迟延履行和解协议情形的，并非必然就要恢复执行。其中最为重要的一点就是，如果和解协议已经履行完毕，再申请恢复执行则人民法院不应支持。问题是，如果当事人已经开始履行协议且已经构成迟延履行，在协议履行完毕之前对方当事人申请恢复执行的是否应当恢复执行？本案即是出现了此种情形。时代公司已经构成迟延履行，但其已经开始履行协议，天宇公司正是在时代公司履行完毕全部义务之前申请恢复执行。对此，应当综合考虑各方因素予以判定。

首先，即便当事人一方已经开始履行，但对方当事人申请恢复执行的，一般仍应恢复执行。当事人在迟延履行的情况下开始履行，仍然属于未按协议约定履行义务，属于《民事诉讼法解释》四百六十七条规定的不履行和解协议。此时对方当事人及时提出恢复执行申请，应当维护其合法权益，及时恢复执行。但对方当事人对于该履行行为予以接受和积极配合，则另当别论。此种接受和积极配合行为体现出对方当事人对继续履行和解协议的认可，在双方当事人之间就继续履行和解协议形成了一定的信赖和预期。在没有新的充分理由时，仅根据对方当事人的申请即恢复执行，与诚信原则不符，对履行和解协议一方保护不力。本案中时代公司在迟延的情况下，积极履行义务，天宇公司积极配合并一一接受履行，即是该种情形，不能简单地因天宇公司又申请了恢复执行即恢复执行。

其次，在迟延履行和解协议的过程中，需要考虑迟延履行的行为是否导致对方当事人利益受到重大损害。迟延履行往往需要经历一定的过程，即便在对方当事人接受履行的情况下，如果该迟延履行行为导致对方当事人重大损害，甚至使其签订和解协议的目的落空，则仍然应当支持其恢复执行。恢复执行原生效法律文书类似于解除和解协议，合同法或者民法典关于解除合同的条件部分可以参照。上述法律均规定，当事人一方迟延履行致使不能实现合同目的的，另一方当事人可以解除合同。在和解协议履行中，如果迟延履行导致一方当事人重大损失或者不能实现签订和解协议的目的的，可以要求不再继续履行和解协议，恢复原生效法律文书执行。因此，虽然本案中时代公司在迟延的情况下继续履行协议，天宇公司也予以接受，但天宇公司仍然可以在履行过程中主张恢复执行，关键就是要衡量该迟延履行的具体情形及其对申请执行人天宇公司利益的影响。合议庭经审查，认为没有证据证明时代公司的迟延履行给天宇公司造成重大损失或者签订和解协议目的落空，相反，天宇公司积极接受履行及其利益，也反映出该履行行为为天宇公司认可，符合其签订和解协议的目的。因此，虽然天宇公司在时代公司履行完全部义务之前已经申请恢复执行，执行法院未予及时恢复执行是适当的。

第三，和解协议是否履行完毕是决定是否恢复执行的重要因素。从《民事诉讼法解释》第四百六十七条的规定看，和解协议已经履行完毕的不再恢复执行，似乎规定得很明确，不应该有争议。但本案却有一定的特殊性。即天宇公司申请恢复执行时时代公司并未履行完毕，只是因执行法院没有及时恢复执行，在天宇公司再次要求恢复执行时和解协议已经履行完毕。本案判断是否应当恢复执行时，关于执行完毕与否的考虑因素是应当以第一次申请恢复执行时间点为准还是以第二次申请时甚至是之后的时间点为准，值得考虑。根据《民事诉讼法解释》第四百六十七条的规定，恢复执行一般应当具备以下要件：一是一方当事人不履行或者不完全履行和解协议；二是对方当事人申请恢复执行；三是和解协议并未履行完毕。该三个要件也是人民法院判断是否应当恢复执行的标准。故此处和解协议是否履行完毕的判断时间点应当是当事人申请恢复执行时。因此，本案首先应当判断在天宇公司第一次申请恢复执行和解协议时和解协议是否执行完毕。鉴于当时并未履行完毕，当时执行法院首先应当考虑恢复执行。但基于前述时代公司积极履行以及天宇公司予以接受并积极配合等原因综合考虑，执行法院不予恢复执行是适当的。在天宇公司再次申请恢复执行时，由于和解协议已经履行完毕，对于其第二次恢复执行申请，已经不具备《民事诉讼法解释》第四百六十七条规定的基本要件，则更不应该恢复执行。

本案人民法院正是综合考虑上述因素，最终判定本案不宜恢复执行。对于时代公司迟延履行和解协议给天宇公司造成的损失，天宇公司通过另行诉讼的方式主张权利。

（执笔人：最高人民法院执行局　熊劲松

编审人：最高人民法院研究室　马蓓蓓）